VAN GOGH

STEVEN NAIFEH E GREGORY WHITE SMITH

Van Gogh

A vida

Tradução
Denise Bottmann

9ª reimpressão

Companhia Das Letras

Pela permissão de reproduzir os materiais a seguir, agradecemos:

Ton de Brouwer: trechos de *Van Gogh en Nuenen*, 2ª edição, de Ton de Brouwer (Venio, Holanda: Van Spijk, 1998). Reproduzido com a permissão de Ton de Brouwer, fundador da Vincente at Nuenen, www.vgvn.nl.

Fuller Technical Publications: trechos de *Vincent and Theo van Gogh: A Dual Biography*, de Jan Hulsker, org. James M. Miller (Ann Arbor, MI: Fuller Technical Publications, 1990). Reproduzido com a permissão de Fuller Technical Publications.

Hachette Book Group: trechos de *The Complete Letters of Vincent van Gogh*, tradução de Johanna Bonger, publicado originalmente por The New York Graphic Society e depois por Little, Brown & Co. (2ª edição, 1978, 3ª, 1988). Reproduzido com a permissão de Hachette Book Group.

Rizzoli International Publications, Inc.: trechos de *Van Gogh: A Retrospective*, org. Susan A. Stein (Nova York: Hugh Lauter Levin Associates, 1986). Reproduzido com a permissão de Rizzoli International Publications, Inc., 300 Park Avenue South, New York, NY 10010, www.rizzoliusa.com.

Thames and Hudson Ltd.: trechos de *Taine's Notes on England*, de Hippolyte Taine, tradução de Edward Hyams (Londres: Thames and Hudson, 1957). Reproduzido com a permissão de Thames and Hudson Ltd., London.

Ken Wilkie: trechos de *In Search of Van Gogh*, de Ken Wilkie (Roseville, CA: Prima Books, 1991). Citações no texto atribuídas a Enid Dove-Meadows, Piet van Hoorn, Baroness Bonger e Madame Baize foram feitas por Ken Wilkie. Reproduzido com a permissão de Ken Wilkie.

Grafia atualizada segundo o Acordo Ortográfico da Língua Portuguesa de 1990, que entrou em vigor no Brasil em 2009.

Título original: Van Gogh — The Life

Imagem de capa: *Autorretrato*, 1887, óleo sobre cartão de Vincent van Gogh (1853-90), 41 × 33. Van Gogh Museum, Amsterdam (Vincent van Gogh Foundation).

Preparação: Leny Cordeiro

Índice remissivo: Luciano Marchiori

Revisão: Carmen T. S. Costa, Ana Maria Barbosa

Dados Internacionais de Catalogação na Publicação (CIP)
(Câmara Brasileira do Livro, SP, Brasil)

Naifeh, Steven
Van Gogh : a vida / Steven Naifeh e Gregory White Smith ; tradução Denise Bottmann. — 1ª ed. — São Paulo : Companhia das Letras, 2012.

Título original: Van Gogh : The life.
ISBN 978-85-359-2197-7

1. Gogh, Vincent van, 1853-1890 2. Pintores – Holanda – Biografia I. Smith, Gregory White. II. Título.

12-12661 CDD-750.92

Índice para catálogo sistemático:
1. Pintores holandeses : Biografia e obra 750.92

EDITORA SCHWARCZ S. A.
Rua Bandeira Paulista, 702, cj. 32
04532-002 — São Paulo — SP
Telefone: (11) 3707-3500
www.companhiadasletras.com.br
www.blogdacompanhia.com.br
facebook.com/companhiadasletras
instagram.com/companhiadasletras
twitter.com/cialetras

A nossas mães, Marion Naifeh e Kathryn White Smith, as primeiras a nos mostrar a alegria da arte, e a todos os artistas da Juilliard School, que desde então trazem tanta alegria a nossas vidas, dedicamos este livro com gratidão.

S. N.

G. W. S.

Sumário

PARTE 2: OS ANOS HOLANDESES, 1880-6

PARTE 3: OS ANOS FRANCESES, 1886-90

Ilustrações

PRANCHAS EM CORES

Primeiro caderno [após a página 288]

A colheita, junho de 1888
Barcos pesqueiros na praia de Saintes-Maries-de-la-Mer, final de junho de 1888
O zuavo, junho de 1888
La mousmé, sentada, julho de 1888
Retrato do carteiro Joseph Roulin, começo de agosto de 1888
Retrato de Patience Escalier, agosto de 1888
Natureza-morta: vaso com oleandros e livros, agosto de 1888
O Café Terrace na Place du Forum, Arles, à noite, setembro de 1888
O café noturno na Place Lamartine em Arles, setembro de 1888

Segundo caderno [após a página 608]

A Casa Amarela ("A rua"), setembro de 1888
Noite estrelada sobre o Ródano, setembro de 1888
Autorretrato (dedicado a Paul Gauguin), setembro de 1888
Retrato da mãe do artista, outubro de 1888
Jardim público com casal e abeto azul: O jardim do poeta III, outubro de 1888
Diligência de Tarascon, outubro de 1888
A arlesiana: Madame Ginoux com livros, novembro de 1888 (ou maio de 1889)
Madame Roulin embalando o berço (La Berceuse), janeiro de 1889
Cadeira de Vincent com seu cachimbo, dezembro de 1888
Cadeira de Gauguin, dezembro de 1888
Autorretrato com orelha enfaixada e cachimbo, janeiro de 1889
Natureza-morta: vaso com quinze girassóis, agosto de 1888
Íris, maio de 1889
Noite estrelada, junho de 1889
Ciprestes, 1889
Troncos de árvore com hera, julho de 1889
Autorretrato, setembro de 1889
O quarto, começo de setembro de 1889
O semeador, novembro de 1888
Campos de trigo com ceifador, começo de setembro de 1889
Retrato de Trabuc, um auxiliar do hospício de Saint-Paul, setembro de 1889
Árvores no jardim do hospício de Saint-Paul, outubro de 1889
Colheita de azeitonas, dezembro de 1889
Meio-dia: descanso do trabalho (a partir de Millet), janeiro de 1890
Ravina Les Peiroulets, outubro de 1889
Flores de amendoeira, fevereiro de 1890
Íris, maio de 1890
A igreja de Auvers, junho de 1890
Retrato do doutor Gachet, junho de 1890
Jardim de Daubigny, julho de 1890
Raízes de árvore, julho de 1890
Campo de trigo com corvos, julho de 1890

Árvore genealógica das famílias Van Gogh e Carbentus

JAN VAN GOGH
c.1530/1540-?

GERRIT VAN GOGH
c.1590/1600-1648

VINCENT VAN GOGH
1634-?

GERRIT VAN GOGH
1636/39-1714

VINCENT VAN GOGH
1674-1746

DAVID VAN GOGH
1697-1740

VINCENT VAN GOGH
(ESCULTOR)
1720-1802

JAN VAN GOGH
1722-1784

JOHANNES VAN GOGH
1763-1840

VINCENT VAN GOGH
1789-1874

ELIZABETH HUBERTA
VRIJDAG
1790-1857

GERRIT CARBENTUS
1697-1756

HERMANUS CARBENTUS
1732-1800

GERRIT CARBENTUS
1761-1797

WILLEM CARBENTUS
1792-1845

ANNA CORNELIA VAN
DER GAAG
1792-1855

HENDRIK (HEIN) VINCENT VAN GOGH
1814-1877

JOHANNES (JAN) VAN GOGH SR.
1817-1885

WILHELMINA (ELIZE) BRUINS
1819-1864

WILLEM DANIEL VAN GOGH
1818-1872

MAGDALENA SUSANNA VAN STOCKUM
1828-1904

VINCENT (CENT) VAN GOGH
1820-1888

CORNELIA (CORNELIE) CARBENTUS
1829-1913

CORNELIS (COR) MARINUS VAN GOGH
1824-1908

MARIA (MIETJE) JOHANNA VAN GOGH
1831-1911

THEODORUS (DORUS) VAN GOGH
1822-1885

ANNA CORNELIA CARBENTUS
1819-1907

WILLEMINA (MINA) CATHARINA
GERARDINA CARBENTUS
1816-1904

JOHANNES PAULUS STRICKER
1816-1886

CLARA ADRIANA CARBENTUS
1817-1866

ARIE CARBENTUS
1826-1875

SOPHIE (FIE) CORNELIA ELISABETH
VAN BEMMEL 1828-1897

JOHANNUS (JAN) RUTGERUS CARBENTUS
1827-1875

CORNELIA (CORNELIE) CARBENTUS
1829-1913

VINCENT (CENT) VAN GOGH
1820-1888

Hendrik Jacob Eerligh van Gogh
1853-1886

Johannes van Gogh Jr.
1854-1913

Vincent van Gogh
1852-1852

Vincent Willem van Gogh
1853-1890

Anna Cornelia van Gogh
1855-1930

Joan Marius van Houten
1850-1945

Theo van Gogh
1857-1891

Johanna (Jo) Gezina Bonger
1862-1925

Vincent Willem van Gogh
1890-1978

Elisabeth (Lies) Huberta van Gogh
1859-1936

Jean Philippe Theodore du Quesne van Bruchem
1840-1921

Willemina (Wil) Jacoba van Gogh
1862-1941

Cornelis (Cor) Vincent van Gogh
1867-1900

Cornelia Adriana Stricker ("Kee Vos")
1846-1918

Christoffel Martinus Vos
1841-1878

Johannes (Jan) Paulus Vos
1873-1928

Ariëtte (Jet) Sophia Jeanette Carbentus
1856-1894

Anton Mauve
1838-1888

Para a árvore genealógica completa, visite www.vangoghbiography.com [*em inglês*]

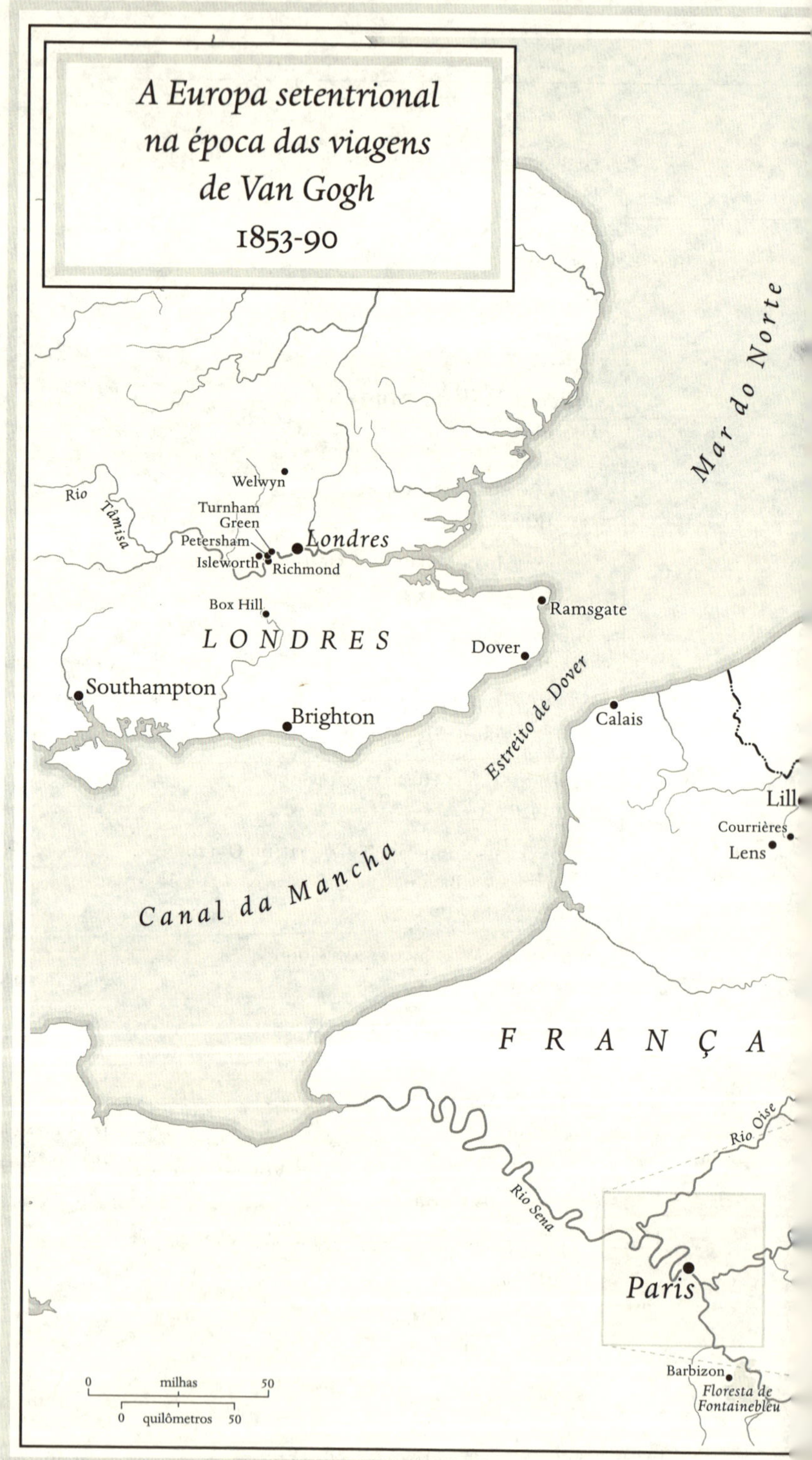
A Europa setentrional na época das viagens de Van Gogh 1853-90
Mar do Norte
Welwyn
Rio Tâmisa
Turnham Green
Petersham
Londres
Isleworth
Richmond
Box Hill
Ramsgate
LONDRES
Dover
Southampton
Estreito de Dover
Calais
Brighton
Lill
Courrières
Lens
Canal da Mancha
FRANÇA
Rio Oise
Rio Sena
Paris
Barbizon
Floresta de Fontainebleu
0 milhas 50
0 quilômetros 50

Groningen
DRENTHE
Zweeloo
Hoogeveen
Nieuw-Amsterdam
Veenoord
Zuider-zee
Haarlem
Amsterdam
Leiden
OS PAÍSES BAIXOS
Scheveningen
Haia
Rotterdam
Dordrecht
's-Hertogenbosch
BRABANTE DO NORTE
Breda
Eindhoven
BRABANTE DO SUL
Antuérpia
ALEMANHA
Bruxelas
BÉLGICA
Tournai
BORINAGE
Mons
Charleroi
MAPA INSERIDO NA PÁGINA SEGUINTE
Região de Paris
Chaponval
Auvers-sur-Oise
Pontoise
Oise
Sena
Argenteuil
Asnières
La Grand Jatte
Montmartre
Passy
Paris
Rio Sena

Brabante e Borinage
Dordrecht
's-Hertogenbosch
BRABANTE DO NORTE
Zevenbergen
Helvoirt
Prinsenhage
Breda
Tilburg
OS PAÍSES BAIXOS
Etten
Zundert
Nuenen
Eindhoven
Kalmthout
BRABANTE DO SUL
Antuérpia
Gheel
Mechelen
Bruxelas
BÉLGICA
Rio Scheldt
Tournai
BORINAGE
Mons
Charleroi
Wasmes/
Petit Wasmes
Cuesmes
Frameries
FRANÇA
0 milhas 20
0 quilômetros 20

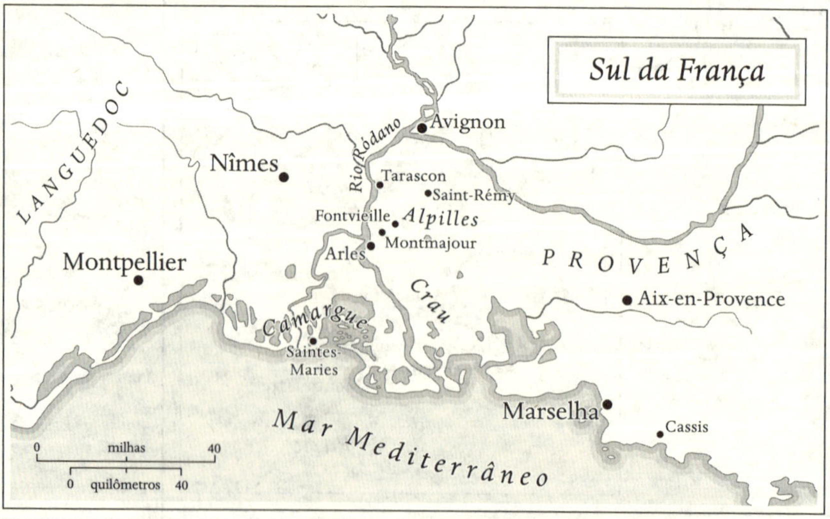
Sul da França
LANGUEDOC
Avignon
Rio Ródano
Nîmes
Tarascon
Saint-Rémy
Fontvieille
Alpilles
Montmajour
Arles
Montpellier
PROVENÇA
Crau
Aix-en-Provence
Camargue
Saintes-Maries
Marselha
Cassis
Mar Mediterrâneo
0 milhas 40
0 quilômetros 40

VAN GOGH

Autorretratos, lápis e nanquim sobre papel, 1887, 31 × 24 cm.

Prólogo

Um coração fanático

Theo imaginou o pior. A mensagem dizia apenas que Vincent tinha "se ferido". Enquanto corria até a estação para pegar o próximo trem até Auvers, seus pensamentos vagavam de trás para diante. Da última vez que havia recebido uma mensagem parecida, era um telegrama de Paul Gauguin informando que Vincent estava "gravemente enfermo". Theo chegara à cidade meridional de Arles e encontrara o irmão na enfermaria de um hospital, com a cabeça enfaixada e perdido em desvarios.

Dessa vez, o que encontraria ao final da viagem?

Em momentos assim — e eram muitos —, Theo retornava às lembranças do Vincent que tinha conhecido no passado: um irmão mais velho ardoroso e irrequieto, mas também cheio de brincadeiras animadas, uma enorme afinidade e uma infinita capacidade de admiração. Em seus passeios de infância nos campos e matas ao redor da cidade holandesa de Zundert, onde haviam nascido, Vincent o apresentava às belezas e mistérios da natureza. No inverno, Vincent o ensinava a patinar e andar de trenó. No verão, mostrava-lhe como construir castelos nas trilhas de areia. Na igreja aos domingos e em casa no piano da sala, ele cantava com voz firme e límpida. No quarto do sótão que dividiam, conversavam até tarde da noite, o que criava com o irmão mais novo um vínculo que as irmãs, para implicar, chamavam "veneração", mas que Theo, mesmo décadas mais tarde, se orgulhava de considerar "adoração".

Era com este Vincent que Theo fora criado: guia aventureiro, que lhe dava inspiração e lhe passava reprimendas, um entusiasta enciclopédico, crítico engraçado, companheiro divertido, um olhar que atravessava tudo. Como *esse* Vincent, *seu* Vincent, tinha se transformado naquela alma tão atormentada?

Theo achava que sabia a resposta: Vincent era vítima do próprio coração, um coração fanático. E tentava explicar: "Tem algo na maneira como ele fala que leva as pessoas a amá-lo ou odiá-lo. Não poupa nada nem ninguém". Muito depois que os outros já tinham abandonado os exageros ansiosos da juventude, Vincent ainda seguia essas regras impiedosas. Paixões titânicas, implacáveis, lhe assolavam a vida. "Sou um fanático!", declarou em 1881. "Sinto um poder dentro de mim... um fogo que não posso apagar e preciso manter aceso." Fosse catando besouros nas margens dos córregos de Zundert, colecionando e catalogando gravuras, pregando o evangelho cristão, devorando Shakespeare ou Balzac em leituras febris ou praticando interações cromáticas, ele fazia tudo com a obsessão cega e urgente de uma criança. Até o jornal ele lia "num frenesi".

Essas tempestades de ardor tinham transformado um garoto de inexplicável impetuosidade numa alma geniosa e esgotada: um estranho no mundo, um exilado na própria família, um inimigo de si mesmo. Ninguém conhecia melhor do que Theo — que acompanhara a trajetória torturada do irmão em quase um milhar de cartas — as exigências inflexíveis que Vincent impunha a si mesmo e aos outros e os problemas intermináveis que decorriam disso. Ninguém entendia melhor o preço em solidão e frustração que Vincent pagava por suas investidas contra a vida, que apenas o derrotavam e não resultavam em nada; ninguém sabia melhor como era inútil alertá-lo contra si mesmo. "Fico muito irritado quando me dizem que é arriscado se lançar ao mar", disse Vincent a Theo, uma vez em que ele tentou intervir. "Há segurança no olho do furacão."

Como alguém haveria de se surpreender que um coração fanático desses produzisse uma arte tão fanática? Theo sabia o que comentavam em boatos e aos cochichos sobre o irmão. "*C'est un fou*", diziam. Mesmo antes dos acontecimentos em Arles havia dezoito meses, antes das internações em hospitais e manicômios, desqualificavam a arte de Vincent como obra de um louco. Um crítico havia declarado que as formas distorcidas e as cores berrantes eram "produto de uma mente doentia". O próprio Theo passou anos tentando, em vão, domar os excessos do pincel do irmão. Se pelo menos não usasse tanta tinta — não espalhasse camadas tão grossas... Se pelo menos diminuísse o ritmo — não soltasse tantas obras tão depressa... ("Às vezes trabalho rápido demais", retrucou Vincent. "É um defeito? Não posso fazer nada.") Os colecionadores queriam capricho e bom acabamento, era o que Theo lhe dizia constantemente, e não estudos infindáveis, furiosos, convulsivos — o que Vincent chamava de "pinturas cheias de pintura".

A cada solavanco do trem que o levava à cena da mais recente catástrofe, Theo podia ouvir anos de escárnios e zombarias. Durante muito tempo, por orgulho de família ou afeto fraterno, Theo resistira às acusações de loucura. Vincent era apenas "um ser excepcional"; um cavaleiro lutando contra moinhos de vento, um Quixote; um sublime excêntrico, talvez — não um louco. Mas o episódio de Arles tinha mudado tudo isso. Mais tarde, Theo escreveria: "Muitos pintores enlouqueceram, mas mesmo assim começaram a produzir verdadeira arte. O gênio perambula por esses caminhos misteriosos".

E ninguém tinha perambulado por um caminho mais misterioso do que Vincent: um curto período inicial no comércio de arte, que não deu certo, uma tentativa ilegítima de ingressar no sacerdócio, uma missão evangélica como andarilho, uma incursão em ilustrações de revistas, finalmente uma breve e fulgurante carreira como pintor. Onde o temperamento rebelde e vulcânico de Vincent se mostrou de forma mais espetacular foi na pura e simples quantidade de imagens que continuavam a jorrar de sua existência maltrapilha, mesmo quando se amontoavam nas despensas, nos sótãos e nos quartos de hóspedes da família, dos amigos e dos credores, sem que quase ninguém os visse.

Para Theo, apenas quem observasse esse temperamento e o rastro de lágrimas que deixava conseguiria realmente entender a arte do irmão, com sua inabalável motivação interior. Essa era sua resposta a todos que depreciavam os quadros — ou as cartas — de Vincent como extravagâncias de um pobre coitado, como muitos ainda faziam. E insistia: só conhecendo Vincent "por dentro" seria possível ver sua arte como seu criador a via, ou senti-la como ele a sentia. Poucos meses antes da fatídica viagem de trem, Theo enviara uma mensagem de agradecimento ao primeiro crítico que teve a coragem de elogiar o trabalho do irmão: "O senhor leu essas pinturas e, ao fazê-lo, enxergou com grande clareza o homem por trás delas".

Como Theo, o mundo da arte na segunda metade do século XIX se interessava pelo papel da biografia na obra do autor. Émile Zola abrira as portas com seu apelo a uma arte "de carne e osso", na qual pintura e pintor se fundiam. Zola escreveu: "O que procuro num quadro, antes de qualquer outra coisa, é o homem". Ninguém acreditava na importância da biografia com fervor maior do que Vincent van Gogh. "[Zola] diz uma coisa bonita sobre a arte", escreveu ele em 1885: "'No quadro (na obra de arte), procuro, amo o homem — o artista'". Ninguém colecionava biografias de artistas com avidez maior do que Vincent — tudo, desde volumes alentados a

Jardim de uma casa de banhos, lápis e nanquim sobre papel, agosto de 1888, 61 × 49 cm.

"lendas", "trivialidades" e boatos. Tomando Zola ao pé da letra, escolhia cada pintura pelos indícios que mostravam "o tipo de *homem* que está *por trás* da tela". No início da carreira de artista, em 1881, ele disse a um amigo: "Em geral, e mais especialmente com os artistas, presto tanta atenção ao homem que faz a obra quanto à obra em si mesma".

Para Vincent, sua arte era um registro mais verdadeiro, mais revelador ("tão profundo — tão infinitamente profundo") de sua vida, até mais do que a enxurrada de cartas que sempre vinham de acompanhamento. Ele acreditava que toda onda de "serenidade e felicidade", todo estremecimento de dor e desespero ingressavam na pintura; todo sofrimento se infundia em imagens que geravam sofrimento; todo retrato se fazia em autorretrato. E dizia: "Quero pintar o que sinto e sentir o que pinto".

Essa convicção o guiou até a morte — poucas horas depois da chegada de Theo a Auvers. De fato, ninguém enxerga de fato suas pinturas sem conhecer sua história. "O que minha arte é, eu sou também."

PARTE I

OS ANOS INICIAIS
1853-80

Vincent van Gogh, aos treze anos.

1. Diques e represas

Entre os milhares de contos que Vincent van Gogh consumiu em toda uma vida de leitor incansável, um deles ocupava lugar especial em sua imaginação: "História da mãe", de Hans Christian Andersen. Sempre que estava com alguma criança, ele contava e recontava a triste história da mãe amorosa que prefere deixar o filho morrer a expô-lo ao risco de uma vida infeliz. Vincent conhecia o conto de cor e salteado em várias línguas, inclusive num inglês de sotaque carregado. Para ele, com uma vida tão cheia de infelicidade, sempre procurando a si mesmo na arte e na literatura, o conto de Andersen sobre o sinistro amor materno possuía um poder inigualável, e o fato de recontá-lo até a obsessão mostrava como eram também inigualáveis seus anseios e mágoas.

Anna, sua mãe, nunca entendeu o filho mais velho. As excentricidades de Vincent, mesmo quando pequeno, contrariavam sua visão de mundo profundamente convencional. A inteligência errante do filho desafiava o alcance limitado da percepção e curiosidade intelectual da mãe. Ele lhe parecia cheio de ideias estranhas e "sonhadoras"; ela lhe parecia tacanha e insensível. Quanto mais se passava o tempo, menos a mãe gostava do filho. A incompreensão deu lugar à impaciência; a impaciência, à vergonha; a vergonha, à raiva. Quando Vincent atingiu a idade adulta, ela já tinha praticamente perdido a esperança. Desprezava as pretensões religiosas e artísticas do filho como "vagabundagens sem futuro" e comparava sua vida errante a uma morte

Anna Carbentus.

na família. Acusava-o de infligir deliberadamente "dor e sofrimento" aos pais. Descartava de modo sistemático todas as pinturas e desenhos que ele deixava em casa, como se fosse lixo (já tinha jogado fora quase todos os objetos de recordação de sua infância), e tratava sem muita consideração as obras que ele lhe deu depois.

Depois que ela morreu, entre seus pertences encontraram apenas algumas das cartas e obras de arte que Vincent tinha lhe enviado. Nos últimos anos de vida do filho (Anna sobreviveu dezessete anos a ele), eram cada vez mais raras as cartas da mãe e, quando ele ficou internado perto do final, ela nunca foi visitá-lo, apesar das frequentes viagens que fazia para ver outros parentes. Mesmo depois da morte dele, quando lhe veio a fama tardia, ela jamais lamentou ou retificou seu veredicto de que a arte de Vincent era "ridícula".

Vincent nunca entendeu a rejeição da mãe. Às vezes ele desabafava com raiva, dizendo que era uma mulher "de coração empedernido", "de um amor amargurado". Às vezes culpava a si mesmo por ser uma "pessoa meio estranha, meio cansativa... que só traz perdas e mágoas". Mas nunca deixou de tentar ganhar sua aprovação. No fim da vida, ele pintou o retrato dela (a partir de uma fotografia) e afixou um poema com a triste pergunta: "Quem é a donzela que meus espíritos buscam/ Entre a censura fria e a praga das calúnias?".

Anna Cornelia Carbentus se casou com o reverendo Theodorus van Gogh num dia de céu límpido, em maio de 1851, em Haia, sede da monarquia holandesa e, segundo um relato, "o lugar mais agradável do mundo". Cultivada com base no mangue que tinha uma mistura perfeita de areia e argila para o plantio de flores, Haia em maio era um verdadeiro paraíso: flores se abriam numa abundância incomparável na beira das estradas e nas margens dos canais, em parques e jardins, em balcões e varandas, em jardineiras nas janelas e vasos às portas, e até nas barcaças deslizando pelas águas. A constante umidade que emanava dos canais e lagos sob a sombra das árvores "parecia pintar todas as manhãs com um verde mais fresco e mais intenso", como escreveu um visitante encantado.

No dia das núpcias, a família de Anna espargiu pétalas pelo caminho dos recém-casados e enfeitou todos os pontos de parada do percurso com coroas de folhagens e flores. A noiva saiu da casa da família Carbentus na Prinsengracht até a Kloosterkerk, uma preciosidade do século XV que ficava numa avenida bordejada de tílias e cercada por residências suntuosas no coração monárquico da cidade. Sua carruagem percorreu ruas que faziam a inveja de um continente sujo: todas as vidraças recém-lavadas, todas as portas recém-pintadas ou envernizadas, todos os vasos de cobre polidos, em todas as entradas das casas, todas as lancetas de todos os campanários recém-folheadas a ouro. "Os próprios telhados parecem lavados diariamente", maravilhou-se um estrangeiro, e as ruas eram "tão limpas como o assoalho de uma sala". Um lugar assim, escreveu outro visitante, "é capaz de despertar a inveja de todos pela felicidade de seus moradores".

A vida de Anna Carbentus foi moldada pela gratidão por dias idílicos como esses, em lugares idílicos como esse — e pelo medo de que pudessem desaparecer de uma hora para outra. Ela sabia que nem sempre tinha sido assim, nem para sua família, nem para seu país.

Em 1697, o destino da família Carbentus estava suspenso por um fio: Gerrit Carbentus, o único membro da família que sobrevivera às guerras, às enchentes, aos incêndios e às pestes dos 150 anos anteriores. Os antepassados de Gerrit haviam desaparecido na carnificina geral da Guerra dos Oitenta Anos, uma revolta das Dezessete Províncias dos Países Baixos contra seus brutais governantes espanhóis. Ela se iniciou em 1568, segundo um relato, quando os cidadãos protestantes em cidades como Haia se rebelaram "num cataclismo de fúria e destruição histérica". As vítimas eram amarradas juntas e atiradas do alto das janelas, afogadas, decapitadas e queimadas. A Inquisição Espanhola reagiu condenando todos os habitantes dos Países Baixos, 3 milhões deles, homens, mulheres e crianças, à morte como hereges.

Por oitenta anos, de uma ponta à outra da plácida paisagem holandesa, foram incessantes os combates de exército contra exército, religião contra religião, classe contra classe, milícia contra milícia, vizinho contra vizinho, ideia contra ideia. Um visitante de Haarlem viu "muitas pessoas enforcadas em árvores, patíbulos e outras vigas horizontais em vários lugares". Por toda parte, incêndios reduziam as casas a cinzas, famílias inteiras ardiam na fogueira, as estradas ficavam juncadas de cadáveres.

De vez em quando o caos diminuía (como quando as províncias holandesas declararam independência do rei espanhol em 1648 e decretaram o fim da guerra), mas logo novas ondas de violência se alastravam pela região. Em 1672, o chamado Rampjaar (Ano da Catástrofe), quando mal transcorrera o prazo de uma geração desde o fim da Guerra dos Oitenta Anos, outra fúria transbordou das ruas tranquilas e impecáveis de Haia: multidões acorreram ao centro da cidade, perseguiram os ex-dirigentes do país e os esquartejaram à sombra da mesma Kloosterkerk onde, mais tarde, Anna Carbentus iria celebrar seu matrimônio.

Mas nem a guerra, nem esses paroxismos coléricos da comunidade constituíam a principal ameaça à família Carbentus. Como muitos conterrâneos, Gerrit Carbentus passou a vida toda sob o risco iminente da destruição provocada pelas enchentes. Era assim desde o final da Era Glacial, quando a laguna na foz do Reno começou a se encher de um solo rico de aluvião, que foi irresistível para os primeiros colonos que ali se estabeleceram. Aos poucos, os colonos construíram diques para conter as águas do mar e cavaram canais para drenar os pântanos que se formavam atrás dos diques. Nos séculos XVI e XVII, quando a invenção dos moinhos de vento permitiu a drenagem de vastas áreas, teve início um processo de recuperação de terras em escala verdadeiramente grandiosa. Entre 1590 e 1740, mesmo quando os mercadores holandeses conquistavam o mundo do comércio e estabeleciam prósperas colônias em hemisférios distantes, mesmo quando artistas e cientistas holandeses criavam uma Idade de Ouro que rivalizava com o Renascimento italiano, mais de 300 mil acres foram incorporados aos Países Baixos, aumentando quase em um terço o total de solo arável.

Mas nada detinha o mar. Apesar de mil anos de um trabalho colossal — e, em alguns casos, justamente por causa disso —, as inundações continuavam tão inevitáveis como a morte. Com uma apavorante imprevisibilidade, as ondas transpunham os diques ou os diques desmoronavam sob as ondas, ou ambos, e a água se precipitava terra adentro, cobrindo as planícies rurais. Às vezes o mar simplesmente avançava e tragava a terra. Numa única noite de 1530, vinte vilarejos afundaram no abismo, deixando apenas a ponta dos pináculos das igrejas e as carcaças do gado acima da superfície da água.

Era uma existência precária, e Gerrit Carbentus, como todos os seus conterrâneos, herdou uma percepção aguçada, uma sensibilidade de marinheiro, da iminência da calamidade. Entre os milhares que morreram na batalha contra o mar no último quartel do século XVII estava o tio de Gerrit Carbentus, que se afogou no rio Lek. Foi se somar ao pai, à mãe, aos irmãos e irmãs, aos sobrinhos e sobrinhas de Gerrit, bem como à sua esposa e toda a família dela, que pereceram antes que ele completasse os trinta anos.

Gerrit Carbentus nascera ao final de uma sublevação cataclísmica; seu neto, que também se chamava Gerrit, chegou no início de outra. Desde os meados do século XVIII, em todo o continente europeu, as reivindicações revolucionárias de eleições livres, de ampliação do direito de voto e da abolição de impostos iníquos se fundiram com o espírito utópico do Iluminismo, criando uma força tão irresistível quanto a guerra ou o mar.

Era apenas questão de tempo antes que o entusiasmo revolucionário alcançasse a família Carbentus. Quando as tropas da nova República francesa entraram na Holanda em 1795, vieram como libertadoras. Mas ficaram como conquistadoras. Os soldados se aboletaram em todas as residências do país (inclusive da família Carbentus); bens e capitais (como as moedas de ouro e prata da família) foram confiscados; os lucros desapareceram; os negócios fecharam; os preços dispararam. Gerrit Carbentus, que trabalhava com couro e era pai de três filhos, perdeu seu ganha-pão. Mas o pior ainda estava por vir. No dia 23 de janeiro de 1797, Gerrit saiu cedo de casa, em Haia, para ir trabalhar numa cidade próxima. Às sete da noite, foi encontrado na beira da estrada para Rijswijk, roubado, espancado, agonizando. Quando foi levado para casa, já estava morto. A mãe, "ensandecida de dor, abraçou o corpo inerte e verteu uma torrente de lágrimas sobre ele", segundo a crônica da família Carbentus, um diário do clã mantido por gerações de cronistas. "Este foi o fim de nosso querido filho, que era por si mesmo um prodígio."

Gerrit Carbentus deixou uma esposa grávida e três filhos pequenos. Um deles era Willem, de cinco anos de idade, avô do pintor Vincent Willem van Gogh.

Nas primeiras décadas do século XIX, com o recuo da maré napoleônica, os holandeses voltaram a consertar os diques do Estado. Era tão generalizado o medo de cair de novo naquele violento redemoinho que a moderação se tornou a ordem do dia: na política, na religião, na ciência e nas artes. "O medo da revolução deu origem ao crescimento de sentimentos reacionários", escreveu um cronista, e as características definidoras da época passaram a ser "a presunção e a vaidade nacional".

Enquanto o país começava a sair das sombras da rebelião e das sublevações, Willem Carbentus reconstruía sua vida entre os destroços da tragédia pessoal. Casou-se aos 23 anos e teve nove filhos nos doze anos seguintes — sem nenhum natimorto, o que era de admirar. A estabilidade política e o "orgulho nacional" também trouxeram benefícios. Uma súbita onda de interesse por tudo o que era holandês criou uma explosão na demanda de livros. De Amsterdam ao menor dos vilarejos, formavam-se grupos para promover a leitura de tudo, dos clássicos aos manuais de instruções. Aproveitando a oportunidade, Willem transferiu sua experiência no trabalho com o couro para a arte de encadernação de livros e abriu uma oficina na Spuistraat, principal zona comercial de Haia. Nas três décadas seguintes, transformou a oficina numa empresa próspera, criando a numerosa família nos aposentos de cima. Em 1840, quando o governo estava procurando um encadernador para a última versão da Constituição longamente discutida, recorreu a Willem Carbentus, que a partir daí passou a se apresentar como "encadernador real".

A recuperação por meio da moderação e da obediência às regras deu certo para o país e para Willem, mas não para todos. Da prole de Willem, a segunda filha, Clara, era considerada "epiléptica" numa época em que essa palavra era utilizada para encobrir todo um universo sombrio de angústias mentais e emocionais. Sem nunca ter se casado, ela vivia no limbo da negação da realidade imposto pelo decoro familiar, e sua doença só foi reconhecida muito mais tarde pelo sobrinho, o pintor Vincent van Gogh. O filho de Willem, Johannus, "não seguiu o rumo normal na vida", como escreveu cripticamente sua irmã, e depois se suicidou. Ao fim, até o próprio Willem, apesar do êxito, sucumbiu. Em 1845, aos 53 anos de idade, ele morreu "de uma doença mental", como diz a crônica da família numa rara admissão. O atestado oficial, mais circunspecto, registra como causa do óbito uma "febre catarral", doença bovina que afetava periodicamente o gado nas áreas rurais, mas nunca atingia o homem. Os sintomas, que talvez tenham servido de base para o diagnóstico oficial, eram excesso de agitação, espasmos, espuma pela boca e morte.

Cercada de tais lições, Anna, a filha do meio de Willem, cresceu com uma visão sombria e temerosa da vida. Por toda parte havia forças ameaçando devolver a família ao caos de onde conseguira sair tão pouco tempo antes, com o mesmo ímpeto repentino e destruidor do mar tragando uma aldeia. O resultado foi uma infância cercada pelo medo e pelo fatalismo: pela sensação de que a vida e a felicidade eram precárias, e assim não se podia confiar nelas. Segundo as palavras da própria Anna, o mundo era "um lugar cheio de problemas e preocupações [que] são inerentes a ele"; um lugar onde "as decepções nunca cessarão" e apenas os tolos "querem muito" da vida. Devíamos simplesmente "aprender a suportar", dizia ela, "entender que ninguém é perfeito", que "sempre existem falhas na realização de nossos desejos", e que as pessoas deviam ser amadas "apesar de seus defeitos". A natureza humana, em especial, era caótica demais para merecer confiança, sempre em risco de se descontrolar. E avisava aos filhos: "Se pudéssemos fazer tudo o que quiséssemos, sem sofrer as consequências, sem ser vistos, sem ser incomodados, não nos desviaríamos ainda mais do caminho certo?".

Anna cresceu e continuou com essa visão pesada durante a idade adulta. Sempre séria no trato com a família e os amigos, ficava melancólica e remoía miudezas constantemente, vendo sempre algum perigo ou tristeza em qualquer ocasião de alegria. O amor desaparecia; os entes queridos morriam. Quando o marido a deixava, mesmo por curtos períodos, ela se torturava com a ideia de que ele ia morrer. Ao contar como tinha sido sua festa de casamento, entre a descrição dos arranjos de flores e os passeios de carruagem pelas matas, volta e meia ela lembrava um parente doente que não pôde ir. E concluiu: "As bodas foram acompanhadas de muita tristeza".

Para conter as forças obscuras, Anna se mantinha em atividade frenética. Aprendeu a tricotar desde menina, e pelo resto da vida manejou as agulhas com uma "rapidez assustadora", segundo a crônica da família. Era missivista "incansável", cujas cartas — cheias de múltiplas inserções e uma sintaxe atropelada — mostram o mesmo ímpeto apressado rumo a lugar nenhum. Tocava piano. Lia porque "mantém a gente ocupada [e] distrai a cabeça", dizia ela. Como mãe, era obcecada com as vantagens da preocupação e insistia nisso com os filhos a cada oportunidade. "Obrigue a cabeça a se ocupar de outras coisas", foi o conselho que deu a um deles como tratamento para o "desânimo". (Foi uma lição que seu filho Vincent, talvez o artista mais deprimido e de produtividade mais incandescente da história, aprendeu até bem demais.) Quando nada mais funcionava, Anna se punha a limpar furiosamente. "Aquela queridíssima mamãe está ocupada com a limpeza", escreveu o marido, lançando algumas dúvidas sobre a eficácia de todas as estratégias da esposa, "mas pensa e se preocupa com tudo."

As mãos ativas de Anna também se dedicaram à arte. Junto com pelo menos uma irmã, Cornelia, ela aprendeu a desenhar e pintar aquarelas, passatempo adotado pela nova burguesia como símbolo e vantagem do ócio. Seu tema favorito era o usual dos artistas de salão da época: flores — buquês de violetas, ervilhas-de-cheiro, jacintos, miosótis. As irmãs Carbentus podem ter recebido algum incentivo nessa atividade convencional do excêntrico tio Hermanus, que pelo menos uma vez se apresentou como pintor. Também tinham o apoio e o exemplo de uma família nada convencional de artistas, os Bakhuyzen. As visitas de Anna à casa deles eram verdadeiras imersões no mundo da arte. O pai Hendrik, respeitado paisagista, dava aulas não só aos filhos (dois dos quais se tornaram artistas importantes) e talvez às irmãs Carbentus, mas também a um grupo variável de alunos que, mais tarde, criaram um novo movimento artístico enfaticamente holandês, a Escola de Haia. Trinta e cinco anos após as visitas de Anna, o mesmo movimento serviria de porto de onde seu filho deslancharia em sua breve carreira de artista, sujeita a tantas tempestades.

Como criança medrosa, Anna foi naturalmente atraída para a religião.

Exceto pelos casamentos e batismos, o aparecimento da religião no registro da família Carbentus é relativamente tardio: quando o exército francês chegou a Haia em 1795, o cronista culpou "a mão pesada de Deus" pelas depredações dos soldados aboletados e pelo confisco das moedas. Dois anos depois, quando a fúria que se desencadeara na terra encontrou Gerrit Carbentus sozinho na estrada de Rijswijk, a crônica irrompe de súbito num lamento de devoção: "Permita-nos Deus aceitar Suas decisões com coração obediente". Era esta a essência do sentimento religioso que nasceu dos anos de turbulência — tanto na família Carbentus quanto no país: o reconhecimento temeroso das consequências do caos. Sangrado e exaurido, o povo passou de uma religião que infundia vigor aos fiéis para outra que confortava os assustados. Anna sintetizou bem os objetivos mais amenos do novo credo: "preservar, apoiar e consolar".

Mais tarde, quando as tempestades aumentaram e se multiplicaram, Anna procurava refúgio na religião com ansiedade cada vez maior. O mais leve sinal de perturbação em sua vida ou alguma transgressão dos filhos desencadeava uma torrente de considerações devotas. Dos exames na escola à procura de emprego, toda crise acarretava um sermão invocando Sua benevolência ou Sua clemência. "Que o bom Deus te ajude a continuar honesto", escreveu ao filho Theo quando ele recebeu uma promoção. Invocava Deus para proteger os filhos contra tudo, desde a tentação sexual às chuvas, insônias e credores. Mas, acima de tudo, recorria a Ele para se proteger das forças obscuras que trazia dentro de si. Suas incessantes panaceias — tão parecidas com as variações mais obsessivas do filho Vincent sobre temas religiosos e profanos — revelam uma necessidade de apaziguamento que nunca poderia ser atendida. Embora defendendo constantemente o poder de consolo da fé, o máximo que Anna — ou Vincent — conseguiu se aproximar de um verdadeiro conforto fornecido pela religião foram essas insistentes fórmulas encantatórias.

Em todos os aspectos da vida, e não apenas na religião, Anna procurava um terreno seguro. "Aprendam sempre a vida normal", aconselhava aos filhos. "Sigam sempre pelo bom caminho." Numa sociedade pós-revolucionária, pós-traumática — uma sociedade que sempre valorizou e muitas vezes impôs a obediência —, era um ideal almejado praticamente por todos. A normalidade era o dever de toda moça holandesa, e não existia ninguém mais cumpridor de seus deveres do que Anna Carbentus.

Assim, não admira que, em 1849, ao completar trinta anos ainda solteira, Anna sentisse necessidade urgente de encontrar marido. Todos os irmãos, exceto a epiléptica Clara, o perturbado Johannus e a caçula Cordelia, já estavam casados. Apenas uma prima tinha demorado mais do que Anna — até os 31 anos —, e acabou se casando com um viúvo, destino comum para as mulheres que esperavam demais. Séria, severa, simples, ruiva, trintona, Anna parecia fadada a um destino ainda pior: acabar solteira.

O golpe final veio em março de 1850, quando Cornelia, dez anos mais nova que Anna, anunciou o noivado com um próspero negociante de gravuras em Haia, chamado Van Gogh. Ele morava em cima de sua galeria na Spuistraat, não muito longe da oficina de Carbentus, e, como Cornelia, tinha um irmão que estava demorando para se casar: Theodorus, pregador religioso, com 28 anos de idade.* Três meses mais tarde, arranjou-se um encontro entre Theodorus e Anna. Theodorus (a família o chamava de Dorus) era esbelto e bonito, com "traços finamente esculpidos" e cabelos cor de areia que já começavam a ficar grisalhos. Era calado e hesitante, ao contrário do irmão muito sociável. Morava em Groot Zundert, um pequeno vilarejo perto da fronteira com a Bélgica, longe da sofisticação da corte em Haia. Mas nada disso tinha importância. A família era respeitável; as alternativas, improváveis. Parecia tão ansioso quanto ela em arranjar um casamento. Depois de se conhecerem, o anúncio do noivado foi quase imediato.

Em 21 de maio de 1851, Theodorus van Gogh e Anna Carbentus se casaram na Kloosterkerk. Após a cerimônia, o casal foi para Groot Zundert, no Sul católico. Mais tarde, Anna relembrou o que sentiu na véspera do casamento: "A noiva não deixava de se sentir inquieta quanto ao futuro lar".

* O caráter e a família de Dorus serão tratados no capítulo 4, "Deus e dinheiro".

2. Um posto avançado nas charnecas

Aos olhos do recém-chegado, principalmente vindo de uma cidade tão principesca como Haia, o município de Zundert devia parecer um ermo desolado. E, de fato, grande parte dele era mesmo. Mais da metade do município — que se estendia por vários quilômetros em todas as direções, partindo do pequeno núcleo de construções que formavam a cidade de Groot Zundert ("Grande Zundert", para diferenciá-la da vizinha Klein Zundert, a "Pequena Zundert") — consistia em pântanos e charnecas: áreas batidas pelo vento, praticamente sem árvores, com matos e capoeiras que desconheciam trato e arado. Salvo um ou outro pastor tocando um rebanho de carneiros, um ou outro camponês cortando turfa ou colhendo urze para escovas e vassouras, nada quebrava o enorme silêncio que pendia sobre o horizonte vazio. Os cronistas da época se referiam à região como "território virgem".

Apenas a grande estrada construída por Napoleão, a Napoleonsweg, ligava o povoado de Groot Zundert ao mundo exterior. Com uma fila dupla de faias e carvalhos a perder de vista, em linha reta como se desfilassem numa parada, pela estrada passava todo o comércio por via terrestre vindo da Bélgica e outros lugares ao sul, atravessando o vilarejo empoeirado. Hospedarias, tavernas, estábulos, lojinhas de varejo se sucediam na famosa estrada (o próprio imperador havia passado por ali), quase superando em quantidade as 126 casas onde moravam os 1200 habitantes do município.

Por causa da movimentação comercial, Zundert era um lugar desproporcionalmente sujo e desorganizado. Sobretudo na época das festas, quando os noivos recém-casados chegaram, as várias estalagens e tavernas em volta da praça da cidade, o Markt, ficavam lotadas de rapazes barulhentos, bebendo, cantando, dançando, muitas vezes brigando. Eram comuns as farras públicas ao estilo brueghelianο nessas "feiras de diversão" (Brueghel tinha nascido nas vizinhanças), em que a licenciosidade etílica, a grosseria e principalmente a indiferença aos níveis sociais e aos costumes sexuais confirmavam todos os estereótipos vulgares do caráter holandês rústico abominado em centros urbanos como Amsterdam e Haia.

Mas, saindo da estrada principal, Groot Zundert continuava praticamente inalterada pelos vaivéns do comércio. Quando Anna chegou em 1851, quase quarenta anos após Waterloo, a Napoleonsweg permanecia sendo a única rua calçada da cidade, e suas únicas indústrias ainda eram minúsculas cervejarias e curtumes caseiros. Os camponeses, na maioria, mal produziam o suficiente para alimentar a família — batatas, basicamente — e ainda usavam bois para puxar o arado. O "produto" mais lucrativo de Zundert continuava a ser a areia fina e branca escavada dos campos estéreis e usada em toda a Holanda para arear móveis e assoalhos até ficarem lisos e claros. Na maioria, as famílias ainda dividiam o único aposento da casa com os animais de criação e usavam a mesma roupa o ano inteiro. Apenas uma pequena porcentagem dos cidadãos de Zundert tinha bens suficientes para pagar o imposto censitário que dava direito a voto, enquanto um quarto das crianças em idade escolar era carente o suficiente para receber ensino gratuito. De modo geral, pessoas das cidades prósperas do Norte, como Haia, iam a Zundert somente para explorar a outra matéria-prima abundante, além da areia: mão de obra barata.

Para os citadinos holandeses propriamente ditos, como Anna van Gogh, Zundert não era só um vilarejo rural pobre e rústico; não era na verdade holandês. Durante séculos, Zundert e todos os outros municípios próximos haviam procurado sua identidade e liderança não nas cidades-Estados da República holandesa, no Norte, e sim no Sul, Bruxelas e Roma. Junto com a maior parte da Bélgica setentrional, os municípios da Holanda meridional pertenciam a Brabante, um ducado medieval que tivera sua glória própria nos séculos XIII e XIV, antes que viesse a perder gradualmente o poder e suas fronteiras fossem absorvidas nos impérios vizinhos, conforme os domínios mudavam. Em 1581, quando os holandeses se declararam independentes do domínio espanhol, Brabante ficou separado do vizinho ao norte por uma grande distância política, econômica e sobretudo religiosa que nunca viria a ser superada. De esmagadora maioria católica e monárquica, Brabante continuou do lado oposto desse abismo ao longo de todos os acontecimentos sangrentos e formadores dos séculos XVII e XVIII.

Mesmo depois que Napoleão foi derrotado em Waterloo em 1815 e toda a Bélgica foi unificada com as antigas províncias holandesas para formar o Reino dos Países Baixos Unidos, as animosidades continuaram a fermentar. Os brabantinos se ressentiam da hegemonia política e econômica do Norte e resistiam à sua dominação cultural, e até à língua; os moradores do Norte desprezavam os brabantinos como gente ignorante, supersticiosa e não confiável. Em 1830, quando os belgas romperam com os Países Baixos Unidos e declararam a independência da Bélgica, essas hostilidades mútuas vieram a público. Os brabantinos do lado holandês da fronteira se aliaram aos brabantinos do lado belga, e por quase uma década muitos holandeses acharam que todo o terço meridional do país iria se erguer numa revolta.

Um tratado em 1839, que dividiu Brabante ao meio, teve efeitos devastadores em áreas de fronteira como Zundert. Terras e famílias foram divididas, fecharam-se as estradas, congregações inteiras foram desligadas de suas igrejas. O governo holandês em Haia tratou Zundert e os municípios próximos ao longo da nova fronteira como território inimigo ocupado. Havia um único ponto de passagem que atendia a toda a vastidão de terras ermas, sem trilhas, que cercavam a vila. Os sitiantes tinham de andar vários quilômetros para transportar os torrões de turfa, única fonte de combustível, das charnecas até suas casas, e os guardas impunham um pesado tributo a todos os bens que atravessavam a fronteira. Havia policiais militares monitorando a nova fronteira e percorrendo as estradas para impedir migrações clandestinas. Os brabantinos reagiram com uma ousada campanha de contrabando, muita favorecida pela paisagem agreste e pela terrível miséria.

A revolta belga e a "ocupação" que se seguiu apenas aprofundaram a intensa cisão entre católicos e protestantes. Durante dois séculos, as charnecas arenosas de Zundert tinham sido varridas pela ida e volta de exércitos, que estabeleciam uma religião e expulsavam outra. Quando se aproximavam tropas católicas vindas do Sul ou tropas protestantes vindas do Norte, congregações inteiras recolhiam seus pertences e fugiam. As igrejas eram vítimas de vandalismos e confiscos. Então mudavam os ventos políticos: chegavam novas autoridades, reinstituíam-se as velhas igrejas, vinha a desforra, novas medidas de opressão eram impostas aos infiéis.

Na última rodada, durante a Revolta Belga, depois que os católicos quebraram as vidraças da igrejinha de Groot Zundert, os protestantes tinham demorado para voltar. Quando os Van Gogh chegaram vinte anos depois, a congregação protestante somava apenas 56 pessoas de um pequeno número de famílias, na proporção de uma

O Markt em Zundert; a casa paroquial onde Vincent nasceu está no centro.

para trinta em relação aos católicos, e constituíam um posto avançado da verdadeira fé nas charnecas papistas. Os protestantes suspeitavam profundamente das intenções católicas e tomavam o máximo cuidado para evitar conflitos com as autoridades católicas. Os católicos boicotavam os negócios protestantes e maldiziam o protestantismo, que chamavam de "a fé do invasor".

O novo lar de Anna, a casa paroquial de Zundert, dava de frente para o Markt, bem no meio dessa fronteira tumultuada.

Praticamente tudo o que acontecia em Zundert acontecia no Markt: criadas se acotovelavam e trocavam mexericos no poço da vila, funcionários públicos cumpriam suas tarefas cercados por multidões arruaceiras, as carruagens e diligências postais entravam e faziam a muda dos cavalos nos espaçosos estábulos ali perto. Aos domingos, uma voz trovejante lia as notícias nos degraus da prefeitura, que ficava exatamente em frente à casa paroquial. Passavam tantos coches e carroças pelo Markt que os moradores tinham de ficar com o vidro das janelas fechado por causa das nuvens de poeira que levantavam. Quando chovia, as partes de terra batida da praça se transformavam em charcos por onde era impossível passar.

Simples e discreto, o presbitério era do começo do século XVII. Nos 250 anos até aquela data, tinha abrigado uma longa série de famílias de pastores, ganhando algumas ampliações, mas quase nenhuma melhoria. Ficava espremido entre os vizinhos maiores dos dois lados, e apenas a estreita fachada de tijolo tinha vista para a praça.

A porta dava entrada para um corredor escuro, comprido e estreito, que ligava uma sala formal na frente, usada para as funções da igreja, a um único aposento escuro mais no fundo, que era onde de fato morava a família. O corredor terminava numa cozinha pequena. Adiante ficava o banheiro e um celeiro — tudo conectado, numa sequência quase sem iluminação. Havia só uma privada, que ficava atrás de uma porta no canto do celeiro. Ao contrário da maioria dos habitantes de Zundert, Anna não precisava sair para usar a privada lá fora.

Apresentando da melhor maneira possível a súbita mudança de meio, Anna descreveu a casa paroquial à sua família em Haia como um "lugar no campo" onde era possível desfrutar a simplicidade pastoril da vida rural. Mas as amenidades não podiam disfarçar a verdade: depois de sua vida de solteira no mundo distinto e requintado de Haia, ela tinha vindo parar num posto avançado religioso sob constante ameaça, num lugar inóspito e desconhecido, cercada por habitantes que, na maioria, não gostavam de sua presença, dos quais ela desconfiava e cujo dialeto mal conseguia entender. E tampouco era possível disfarçar a solidão. Sem poder andar desacompanhada pelas ruas da cidade, ela recebeu uma sucessão constante de visitas da família e, no final do verão, voltou a Haia, onde ficou por um bom período.

Conforme todas as outras características de sua vida anterior se desfaziam, uma se tornou cada vez mais importante: a respeitabilidade. Anna sempre vivera pelas regras das convenções. Mas agora, sob a férrea disciplina imposta pelo isolamento e pela hostilidade, essas regras adquiriram novo significado. Em primeiro lugar, e acima de tudo, as regras requeriam que as mulheres de pastores, todas elas, tivessem filhos — montes de filhos. Não eram raras as famílias com dez ou mais. Era um imperativo estratégico e religioso para garantir a sobrevivência do posto avançado na geração seguinte — e Anna van Gogh estava começando tarde. Quando voltou a Haia no final do verão, anunciou com orgulho "a futura chegada de um pequeno acréscimo à família, esperança que nos foi dada por Deus".

Em 30 de março de 1852, Anna deu à luz um natimorto. "*Levenloos*" — sem vida — anotou o escrivão municipal à margem do livro, ao lado do registro de nascimento sem nome. "Nº 29." Praticamente nenhuma família em Zundert — ou em qualquer outro lugar da Holanda —, rica ou pobre, ficava isenta da mais misteriosa de todas as operações de Deus. A família Carbentus era típica, e sua crônica estava forrada de natimortos anônimos e bebês que não sobreviveram.

Em gerações anteriores, a morte de uma criança muitas vezes dispensava funerais; o "nascimento" de um natimorto nem sequer recebia menção. Mas a nova burguesia não deixava passar nenhuma oportunidade de se afirmar. E em especial o luto por um pequeno inocente fascinava a imaginação pública. Um escritor holandês o definiu como "a mais violenta e profunda de todas as dores". Os álbuns de poesias dedicadas exclusivamente ao tema alcançavam um nível estratosférico de vendas. Romances como *A loja de antiguidades*, de Dickens, com a cena da Pequena Nell no leito de morte, fascinaram toda uma geração. Quando chegou o momento de enterrar seu filho, Anna exigiu todos os acessórios do novo costume. Foi aberto um túmulo no pequeno cemitério protestante ao lado da igreja de Zundert (a primeira vez que se fazia isso para um natimorto), o qual foi coberto com uma bela lápide de pedra, de tamanho suficiente para caber uma inscrição bíblica, um favorito nas coletâneas de poesias da época: "Vinde a mim as criancinhas...". A data indicava apenas o ano, 1852; em vez do nome dos pais desolados, dava o nome do natimorto: Vincent van Gogh.

Para Anna, a escolha do nome dos filhos apenas muito remotamente era uma questão de preferência pessoal. Como tudo o mais em sua vida, a escolha era determinada por regras. Assim, quando Anna deu à luz outro filho em 30 de março de 1853, um ano exato após a morte do primeiro, já estava predeterminado que ele receberia os nomes dos dois avôs: Vincent e Willem.

A coincidência que Vincent Willem van Gogh nascesse no ano seguinte, no mesmo dia do natimorto enterrado sob uma lápide inscrita com o nome de "Vincent van Gogh", iria se mostrar de interesse muito maior para os comentadores futuros do que para os Van Gogh. Anna continuou a gerar uma grande família com a disciplina de um relógio. Em 1855, quase dois anos após o nascimento de Vincent Willem, nasceu uma menina, Anna Cornelia. Dois anos depois (1857), outro menino, Theodorus. Dois anos depois (1859), mais uma menina, Elisabeth. Em 1862, uma terceira filha, Willemina. Por fim, cinco anos depois (1867), aos 47 anos de idade, Anna trouxe ao mundo o último filho, também um menino, Cornelis Vincent. Anna controlava o processo de maneira tão cerrada que seis dos sete filhos faziam aniversário entre meados de março e meados de maio, e dois nasceram com apenas um dia de diferença (além dos dois Vincent nascidos no mesmo dia).

Tal era a família de Anna van Gogh. No resto dos vinte anos que morou em Zundert, Anna dedicou a maior parte de suas energias e toda a sua mania de ordem e conformidade temerosa a criar esses seis filhos. "Somos moldados primeiro pela família e depois pelo mundo", escreveu ela.

Concentrando-se de forma tão exclusiva na vida do lar, Anna não só cumpria seus deveres de esposa e protestante, mas também mantinha as convenções de sua classe social. Tinha início o que os historiadores chamariam de "a era do triunfo da

Irmãs e irmãos de Vincent (em sentido horário a partir do lado superior esquerdo: Anna, Theo, Lies, Cor e Wil).

família". As crianças haviam deixado de ser pequenos adultos à espera de crescer. A infância se tornara um estado de ser próprio e precioso — "a sagrada juventude", como diziam — e a maternidade era uma vocação sagrada. "Deve-se garantir que [a juventude] partilhe o mínimo possível as mazelas da sociedade", advertia um dos mais populares manuais de educação da época. "Uma vida toda pela frente não consegue compensar uma juventude reprimida." Centenas de livros assim, e uma quantidade ainda maior de romances, aproveitavam e instruíam a nova obsessão da classe média. A mensagem desses livros era muito familiar a Anna: o mundo exterior era um lugar perigoso e turbulento; a família constituía o supremo refúgio.

Anna imprimiu essa visão receosa e fechada a todos os filhos. Não sendo de natureza afetuosa e pouco dada a contato físico, ela travava uma campanha verbal incessante: a afirmação dos laços de família, a invocação dos deveres filiais, a declaração de amor e a invocação dos sacrifícios dos pais, infinitamente entretecidas para formar o tecido da vida cotidiana. Não só a família deles era de uma felicidade única, como também uma "vida doméstica feliz" era indispensável para qualquer alegria. Sem ela, o futuro só podia ser "solitário e incerto". Sua campanha endossava a missão da unidade da família — o que um historiador chamou de "totalitarismo familiar" — que preenchia a literatura da época, na qual costumavam comparecer expressões de devoção familiar acompanhadas por soluços incontroláveis. "Não podemos viver uns sem os outros", escreveu Anna ao filho Theo, de dezessete anos. "Amamos demais uns aos outros para ficarmos separados ou não abrirmos mutuamente nossos corações."

No ambiente emocional claustrofóbico do presbitério (uma "atmosfera estranha, suscetível", segundo um relato), a campanha de Anna só podia sair vitoriosa. Os filhos cresceram presos à família como náufragos agarrados a uma jangada. "Oh! Não consigo imaginar como seria se um de nós tivesse de partir", escreveu a filha Elisabeth, que a família chamava de Lies, aos dezesseis anos. "Sinto que somos todos juntos, que somos um só... Se agora faltasse alguém, era como se essa unidade tivesse deixado de existir." A separação, emocional ou física, de qualquer membro era dolorosa para todos. As reuniões eram celebradas com lágrimas de alegria e investidas do poder até de curar doenças.

Anos depois, quando a separação se tornou inevitável, todos os filhos de Anna sofreram a dor do afastamento. Sucediam-se as cartas (não somente de Vincent), de uns para os outros, num enorme empenho para manter os elos familiares. Acometidos de acessos de "inexprimível saudade" durante toda a vida adulta, segundo um dos parentes por afinidade, continuavam cautelosos em relação ao mundo exterior, preferindo a segura vida substituta que encontravam nos livros, em vez da realidade que os cercava. Para todos eles, uma das maiores alegrias da vida seria manter toda a família unida no presbitério, à semelhança de uma nau; um dos maiores medos da vida seria se ver excluído de tal alegria. "O sentimento de família e nosso amor recíproco é tão forte", escreveu Vincent anos depois, "que o coração se eleva e o olhar se volta para Deus e roga: 'Permite que eu não me afaste demais deles, não tempo *demais*, ó Senhor'."

Não admira que um dos livros mais importantes que o jovem Vincent van Gogh ganhou para ler tenha sido *Der schweizerische Robinson* [A família Robinson], que conta a história da família de um pastor que naufragou e foi parar numa ilha tropical deserta, obrigada a depender exclusivamente de seus membros para sobreviver num mundo adverso.

Anna van Gogh reagiu ao tormento da nova vida na charneca impondo os rigores da normalidade à família com o mesmo ardor que os impunha a si mesma.

Todos os dias, mãe, pai, filhos e governanta faziam uma caminhada de uma hora dentro e em torno da cidade, cobrindo uma área que, além das ruas empoeiradas, incluía campos e jardins. Para Anna, esses passeios não só revigoravam a saúde da família ("a cor e o brilho"), mas também rejuvenesciam o espírito. O ritual diário mostrava o status burguês da família — os trabalhadores jamais conseguiriam tirar uma hora de folga durante o dia — e selava a unidade familiar com a sanção da gloriosa Natureza.

Anna fez um jardim. Os jardins e hortas das casas de família eram uma instituição holandesa fazia séculos, graças à fertilidade do solo e também por causa da isenção de impostos feudais sobre os produtos dessas culturas domésticas. Para a burguesia oitocentista, que vivia com bastante folga, os jardins de flores se tornaram marca de lazer e fartura. Os ricos construíram casas de campo, a classe média prodigalizava seus cuidados a pequenos jardins na cidade, os pobres plantavam em vasos e jardineiras de janela. Em 1845, o livro de Alphonse Karr, *Voyage autour de mon jardin* [Viagem ao redor de meu jardim], levou a paixão holandesa por jardins às emoções mais profundas do sentimentalismo vitoriano e se transformou imediatamente num favorito de famílias como os Carbentus e os Van Gogh. ("O amor entre as flores não é egoísta", instruía Karr, "elas são felizes amando e florindo.") Pelo resto da vida, Anna acreditou que "trabalhar no jardim e ver as flores crescerem" eram coisas fundamentais para a saúde e a felicidade.

O jardim em Zundert, que ficava atrás do celeiro, era grande pelos padrões urbanos de Anna. Comprido e estreito, como a casa paroquial, era cercado por uma sebe de faias bem aparada e descia num declive suave até os campos de trigo e cevada mais adiante. Ela dividiu cuidadosamente a área em seções, colocando as flores mais perto da casa. Com o tempo, as flores acabaram expulsando os legumes mais proletários, que foram banidos para um lote pegado ao cemitério ali próximo, onde o presbitério plantava cereais, fazia medas de feno e cultivava árvores frutíferas para vender no mercado. Fiel ao gosto vitoriano, Anna tinha preferência por flores delicadas e miúdas — tagetes, resedás, gerânios, chuva-de-ouro — em arranjos fartos e multicoloridos. Segundo ela, o perfume era mais importante do que a cor, mas dava preferência ao vermelho e ao amarelo. Adiante dos canteiros, alinhavam-se arbustos de framboesas e amoras-pretas e árvores de frutas — maçãs, peras, ameixas e pêssegos — que coloriam o jardim na primavera.

Encerrados no escuro presbitério durante todo o longo inverno, os filhos de Anna monitoravam cada nuance da estação e comemoravam a primeira margarida ou o primeiro estorninho como prisioneiros postos em liberdade. A partir daí, o centro de gravidade da família se transferia para o jardim. Dorus estudava e escrevia os sermões. Anna lia à sombra de um toldo. As crianças brincavam entre as colheitas e construíam castelos nas trilhas de areia fina. Todos os integrantes da família Van Gogh dividiam a responsabilidade pelos cuidados com o jardim. Dorus podava as árvores e as trepadeiras (parreiras e heras); Anna, as flores; cada criança tinha seu próprio terreninho para plantar e colher.

Inspirada nos elaborados conceitos de Karr sobre as plantas e os insetos, Anna utilizava o jardim para ensinar aos filhos os "significados" da natureza. O ciclo das estações sintetizava o ciclo da vida, e além disso o ciclo sazonal podia ser marcado pelo florescimento e o fenecimento de determinadas plantas: as violetas representavam a coragem da primavera e da juventude; a hera, a promessa de vida após o inverno e a morte. A esperança podia nascer do desespero, "assim como a flor cai da árvore e brota uma vida nova e vigorosa", escreveu Vincent mais tarde. As árvores — principalmente as raízes — afirmavam a promessa da vida após a morte. (Karr dizia que algumas árvores, como o cipreste, "crescem nos cemitérios com maior beleza e vigor do que em qualquer outro lugar".) No jardim de Anna, o sol era o "Doce Senhor" cuja luz dava vida às plantas, assim como Deus dava "paz a nossos corações"; e as estrelas eram a promessa do sol que retornaria na manhã seguinte, para "criar a luz das trevas".

Todas as lições de simbolismo que Vincent acabou transformando em pinturas

— extraídas da mitologia cristã, da arte e da literatura —, todas elas no início desenvolveram raízes no jardim materno.

A família Van Gogh fazia as refeições no aposento onde vivia, o cômodo nos fundos da casa. Como tudo na vida de Anna, a alimentação estava sujeita às convenções. A alimentação modesta e regular era considerada essencial para a boa saúde e a integridade moral. Mas, com duas cozinheiras na cozinha minúscula, Anna podia ceder a suas aspirações burguesas com refeições mais variadas e elaboradas, especialmente aos domingos. Se durante a semana o jantar era o momento do culto diário à família, o jantar aos domingos era a grande missa. Essas calmas extravagâncias de jantares com quatro ou cinco pratos deixaram uma profunda marca em todos os filhos, sobretudo Vincent, cuja constante obsessão pela comida e suas tentativas esporádicas de morrer de fome refletiam as turbulentas relações familiares.

Depois do jantar, todos se reuniam em torno do fogão para outro ritual: o ensino da história da família. Dorus, o pai, que segundo a filha Lies era "bem informado sobre esses assuntos", contava histórias de ancestrais ilustres que tinham servido ao país durante suas múltiplas provações. Essas histórias sobre um passado tão distinto consolavam Anna em seu isolamento entre as charnecas, voltando a ligá-la à cultura e à classe social que havia deixado para trás. Como praticamente todos de sua geração, Anna e Dorus van Gogh sentiam uma grande nostalgia pelo passado do país — especialmente a "Idade de Ouro" seiscentista, quando as cidades-Estados do litoral dominavam os oceanos do planeta, alimentavam um império e eram os mentores da civilização ocidental nas ciências e nas artes. As aulas ao lado do fogão transmitiam à família um fascínio pela história e também uma vaga saudade desse Paraíso perdido.

Todos os filhos de Anna e Dorus herdaram suas nostalgias pelo passado, tanto do país quanto de suas famílias. Mas ninguém sentiu esse aguilhão agridoce com maior intensidade do que o primogênito Vincent, que depois se descreveu "enfeitiçado por fragmentos do passado". Quando adulto, devorava histórias e romances ambientados em épocas passadas — que sempre imaginou mais puras, melhores do que a época em que vivia. Em tudo, da arquitetura à literatura, ele lamentava as virtudes perdidas de outros tempos ("os dias difíceis, mas nobres") e as insuficiências do presente insípido e "insensível". Para Vincent, a civilização estaria sempre "em declínio" e a sociedade era invariavelmente "corrupta". "Sinto cada vez mais uma espécie de vazio", disse mais tarde, "que não consigo preencher com as coisas atuais."

Na arte, Vincent quase sempre se apresentaria como o paladino dos artistas esquecidos, dos temas arcaicos e movimentos extintos. Queixava-se da arte e dos artistas de sua época com lamúrias, explosões reacionárias e hinos melancólicos aos paraísos artísticos perdidos. Como a mãe, sentia agudamente que a felicidade era fugidia e evanescente — "a efemeridade das coisas na vida moderna" — e confiava que só a memória poderia capturá-la e conservá-la. Durante toda a vida, sempre pensava nos locais e fatos de seu próprio passado, e rememorava as alegrias perdidas com uma intensidade ilusória. Sofria de acessos de nostalgia que às vezes o paralisavam durante semanas, e revestia algumas lembranças com a força mágica de um mito. Mais tarde escreveu: "Há momentos na vida em que tudo, também dentro de nós, é plena paz, e toda a nossa vida parece uma trilha pela charneca; mas nem sempre é assim".

Todos os serões na casa paroquial terminavam da mesma maneira: com um livro. Longe de ser uma atividade solitária e solipsista, a leitura em voz alta unia a família e a separava daquele oceano de analfabetismo católico rural que os cercava. Anna e Dorus liam um para o outro e para os filhos; as crianças mais velhas liam para as mais novas; depois, anos mais tarde, os filhos liam para os pais. A leitura em voz alta, além de educar e entreter, servia para consolar os doentes e distrair os preocupados. Fosse à sombra do toldo no jardim ou à luz de um lampião, a leitura era (e continuaria a ser) a voz reconfortante da unidade familiar. Muito depois de terem cada qual seguido seu rumo, os filhos continuavam a trocar e recomendar livros com entusiasmo, como se nenhum livro fosse verdadeiramente lido enquanto não o fosse por todos.

Se a Bíblia sempre foi considerada "o melhor livro", mesmo assim as estantes do presbitério se curvavam sob o peso de inúmeros clássicos edificantes: românticos alemães como Schiller, Goethe, Uhland e Heine; Shakespeare (em tradução holandesa); e até algumas obras francesas de autores como Molière e Dumas. Estavam excluídos os livros considerados imoderados ou perturbadores, como *Fausto*, de Goethe, além de obras mais modernas de Balzac, Byron, Sand e, depois, Zola, que Anna descartava como "frutos de grandes intelectos, mas almas impuras". Lastimava-se que o maior livro holandês da época, *Max Havelaar* (de Eduard Dekker, com o pseudônimo de Multatuli), desferisse ataques virulentos à presença colonial holandesa na Indonésia e à "autoglorificação e benevolência hipócrita" da classe média holandesa. Outros entretenimentos infantis mais populares, em especial as histórias de índios e caubóis que vinham dos Estados Unidos, eram tidos como "estimulantes demais" para uma criação adequada.

Como a maioria das famílias letradas na Europa vitoriana, os Van Gogh reservavam um lugar especial no coração para as histórias sentimentais. Todos ansiavam pelo último livro de Dickens ou de seu conterrâneo Edward Bulwer-Lytton (o primeiro a escrever "Era uma noite escura e tempestuosa..."). A tradução holandesa de *A cabana do pai Tomás*, de Harriet Beecher Stowe, chegou a Zundert mais ou menos na época do nascimento de Vincent, apenas um ano depois de sair o último capítulo nos Estados Unidos, e foi recebida no presbitério com a mesma aprovação entusiástica que teve por toda parte.

As crianças Van Gogh entraram no mundo da literatura permitida por duas portas: a poesia e os contos de fada. A poesia, decorada e declamada, era o método preferido para ensinar as crianças a ser virtuosas e devotas e a obedecer aos pais. Na casa paroquial, "contos de fada" significavam apenas uma coisa: Hans Christian Andersen. "O patinho feio", "A princesa e a ervilha", "A roupa nova do imperador", "A pequena sereia" já tinham aclamação mundial quando Anna começou a formar família. Não sendo explicitamente cristãos nem de um didatismo categórico, os contos de Andersen captavam a nova visão da infância, mais extravagante, alimentada pelo lazer vitoriano. O incitamento de contos que ressaltavam as fraquezas humanas, e muitas vezes sem final feliz, escapou aos censores do presbitério.

A leitura de Vincent viria a se estender muito além dos livros aprovados pelos pais. Mas esses contatos iniciais determinaram a trajetória. Ele lia a uma velocidade alucinante, consumindo livros numa rapidez espantosa que se manteve praticamente inalterada até o último dia de vida. Começava com um livro de determinado autor, e então devorava toda a sua obra em poucas semanas. Deve ter gostado muito de aprender poesia desde cedo, pois continuou a decorar livros de poemas, semeava suas cartas de versos e passava dias copiando as poesias para álbuns bem cuidados e sem erros. Também continuou a adorar Hans Christian Andersen. O mundo imaginário de Andersen, vívido e repleto de plantas antropomórficas e abstrações personificadas, de sentimentos exagerados e imagens epigramáticas, deixaram claras marcas na imaginação de Vincent. Décadas mais tarde, diria que os contos de Andersen eram "gloriosos... tão lindos e reais".

As festividades no presbitério ofereciam uma oportunidade especial para mostrar a solidariedade familiar diante do isolamento e das adversidades. O calendário do lar protestante exemplar de Zundert era repleto de comemorações: dias santos, feriados nacionais, aniversários (inclusive os das tias, tios e criados), datas anuais e "dias do nome" (reservados para comemorar o dia dos santos com o mesmo nome de batismo das pessoas). Anna organizava todas as festas na casa paroquial e dedicava todas as suas energias psíquicas e sua nostalgia antecipatória a esses cenários de unidade familiar. Bandeirolas, tranças de folhagens, ramalhetes de flores da estação enfeitavam os aposentos escuros. Bolos e biscoitos especiais eram arrumados na mesa decorada com pencas de frutas e ramos floridos. Anos depois, os filhos de Anna enfrentariam viagens penosas, às vezes vindo de longe, para participar dessas comemorações. Quando não podiam comparecer, enviavam cartas a todos, não só ao homenageado, congratulando-os pela feliz ocasião — costume holandês que transformava toda festividade numa celebração da família.

No extenso calendário festivo, nada se igualava ao Natal. Desde a Noite de São Nicolau, em 5 de dezembro, quando um tio em visita vestido de Sinterklaas distribuía doces e presentes, até o Dia da Caixinha ou Dia de Santo Estevão, em 26 de dezembro, os Van Gogh celebravam a união mística entre a Sagrada Família e a própria família. Durante a semana, o aposento da frente do presbitério ressoava de leituras bíblicas, cânticos natalinos e o tinido das xícaras de café, enquanto os integrantes da minúscula congregação se reuniam em torno da lareira enfeitada com grinaldas. Sob a direção de Anna, os filhos decoravam uma enorme árvore de Natal com fiapos de papel dourado e prateado, bolas, frutas, nozes, doces e dezenas de velas. Em volta da árvore, empilhavam-se presentes para as crianças não só da família, mas de toda a congregação. Anna decretou: "O Natal é a época mais linda no lar". No dia de Natal, Dorus ia com Vincent e os outros filhos visitar os correligionários doentes — "para levar são Nicolau" até eles.

A cada Natal, ao calor do fogão nos fundos da casa, a família terminava a leitura anual de algum dos cinco livros natalinos de Dickens. Dois permaneceram na imaginação de Vincent até o fim da vida: *Um cântico de Natal* e *O homem assombrado*. Ele relia esses contos quase todos os anos, com as imagens fortes de castigos faustianos, crianças em perigo e o mágico poder restaurador da vida doméstica e do espírito natalino. "A cada vez, são novos para mim", disse ele. No fim da vida, o conto de Dickens sobre o homem perseguido pelas lembranças e "um estranho ao coração de sua mãe" iria perturbá-lo de uma maneira que jamais teria imaginado quando menino, junto ao fogão em Zundert. O que ele sentia nessa época, e nos anos futuros iria sentir com intensidade cada vez maior, era a união indissolúvel entre o Natal e a família. Redlaw, o atormentado Scrooge de *O homem assombrado*, diz: "É como se o nascimento de Nosso Senhor fosse para mim o nascimento de tudo pelo que algum dia senti afeto, pranteei ou me deleitei".

Nenhuma comemoração estava completa sem presentes. Desde a mais tenra idade, os filhos Van Gogh iam encontrar ou criar seus presentes de aniversário e datas anuais. Todos sabiam montar arranjos de flores e cestas de alimentos. Por fim, todos os filhos de Anna desenvolveram um repertório de habilidades manuais que atendiam à demanda de lembrancinhas para as festas. As meninas aprendiam a bordar, a fazer crochê, tricô e macramê; os meninos, a fazer peças de argila e de madeira.

E todos aprendiam a desenhar. Sob a tutela da mãe, todos os filhos Van Gogh dominavam as artes sociais da colagem, do desenho e da pintura, para enfeitar e personalizar os presentes e bilhetes que trocavam incessantemente. Uma simples caixa podia ser enfeitada com um buquê de flores pintadas; a cópia de um poema, com um festão de papel recortado. Ilustravam as histórias favoritas, associando palavras e imagens como os livros de emblemas que eram tão usados para ensinar lições de moral às crianças. Com o tempo, as gravuras impressas e outros itens comprados em loja viriam a substituir as colagens e os bordados nas comemorações familiares, mas mesmo assim os presentes feitos à mão continuariam a ser considerados as oferendas mais autênticas no altar da família.

Para sobreviver aos rigores da vida no posto avançado, os filhos de Anna tinham de ser disciplinados como soldados de fronteira. Todos os olhares estavam sobre eles, amistosos e inamistosos. O comportamento na casa paroquial era regido por uma só palavra: o dever. "O dever acima de todas as outras coisas", dizia Anna.

Essas exortações traziam o peso de séculos de doutrina calvinista e necessidade holandesa. O brado de Calvino — "Tudo o que não é dever é pecado" — tinha uma ressonância especial para os habitantes de uma terra sob constante ameaça de inundações. Nos primeiros tempos, se os diques se rompessem, o dever de todos era muito claro: corriam para o rompimento com pás na mão. Suspendiam-se os conflitos, declarava-se uma "paz de dique". Quem duvidasse ou se esquivasse era exilado; quem transgredisse, era condenado à morte. Se uma casa pegava fogo, o dono tinha o dever de apagá-lo imediatamente para impedir que as chamas se alastrassem para os vizinhos. O dever do asseio protegia todos contra contágios e contaminações. Na geração de Anna, o dever tinha alcançado o status de uma religião, e famílias holandesas como os Van Gogh adoravam uma "santíssima trindade" doméstica: o Dever, a Decência e a Solidez.

O dever significava, em primeiro lugar e acima de tudo, manter a posição da família na sociedade.

Na época em que Anna Carbentus trocou sua condição de solteira de classe média alta em Haia pela vida de esposa de um pastor em Zundert, não havia, segundo um importante historiador do período, "nenhum país na Europa... onde as pessoas [tivessem] uma consciência de classe mais aguda em relação à maneira de viver, aos círculos a que pertenciam e à categoria social em que estavam situados" do que a Holanda. A ascensão social era praticamente impossível — e vista com profunda desaprovação. O declínio social era o terror de todos, exceto dos que já estavam na base da pirâmide social. E, numa época em que havia uma profunda divisão de classe entre o campo e a cidade, uma transferência permanente para uma área rural como Zundert constituía exatamente essa ameaça de declínio.

O pastor e sua esposa ocupavam o topo da minúscula elite de Zundert. Fazia séculos que pastores como Dorus van Gogh vinham estabelecendo a linha moral e intelectual do país, e entrar no sacerdócio ainda era uma das únicas duas maneiras de ascender na escala social (a outra era ir para o mar). O salário de Dorus era modesto, mas a igreja fornecia à família os requisitos do status — uma casa, uma arrumadeira, duas cozinheiras, um jardineiro, uma carruagem e um cavalo — que lhes davam a sensação e a aparência de ser mais ricos do que eram. Os passeios da família à tarde reforçavam a ilusão: Dorus de cartola e as crianças com a governanta. Esses símbolos de status amorteciam a queda de nível social que Zundert representava para Anna, a qual se agarrava a eles com mais do que a habitual preocupação e tenacidade. "Não temos dinheiro", resumia, "mas ainda temos bom nome."

Para proteger esse bom nome, Anna instilou nos filhos o dever de se ligar apenas aos "bons círculos civilizados". Praticamente todo sucesso e felicidade na vida, para ela, decorriam do convívio com boas companhias; todo fracasso e desgraça, de cair em má companhia. Durante a vida inteira dos filhos, Anna sempre os incentivou a "se dar com os abastados", alertando contra os riscos de se ligar aos que "não são de nossa classe". Ficava encantada sempre que um deles era convidado a ir à casa de uma "família distinta" e dava instruções detalhadas para cultivar essas relações.

Em Zundert, o "bom círculo" consistia apenas em algumas famílias distintas que passavam o verão no local e alguns profissionais liberais protestantes. Anna não deixava os filhos se aventurarem além ou abaixo desse círculo minúsculo. Além estavam apenas famílias católicas; abaixo, os trabalhadores de Zundert — aqueles que enchiam a praça do mercado (e as temidas festas) e cuja companhia, protestante ou católica, era um convite, segundo Anna, a todas as formas de comportamento degradante. E aconselhava: "É melhor ficar em torno de gente de categoria, pois fica-se mais exposto a tentações quando se lida com as classes mais baixas".

Ainda mais distante do círculo, absolutamente intangível, ficava a massa plebeia dos camponeses e diaristas da roça, sem nome, sem rosto, sem terra, que vagueavam na periferia da consciência dos educados. Aos olhos da classe de Anna, eram a ralé da humanidade, não só obstinadamente ignorantes e imorais, mas privados dos "luxos do coração" (a sensibilidade e a imaginação) e indiferentes à morte. "Amam e sofrem como gente esgotada e só vivem de batatas", ensinava um manual de criação dos filhos que era lido pela família Van Gogh. "O coração deles é como seu intelecto: não foi além da escola primária."

Para garantir que não iriam transgredir essas fronteiras sociais, as crianças Van Gogh eram proibidas de brincar na rua. Com isso, passavam a maior parte do tempo isoladas dentro de casa ou no jardim, como em uma ilha, tendo apenas a si mesmas como companhia.

Para se mover em qualquer bom círculo, mesmo um tão pequeno e distante como o de Zundert, a pessoa tinha de andar com roupas adequadas, é claro. "Apresentar-se de maneira agradável também é um dever", ensinava Anna. As roupas eram uma obsessão especial dos holandeses fazia muito tempo, e mostravam as sutis diferenças de classe que tanto os preocupavam. Cavalheiros como Dorus usavam chapéu; trabalhadores (e meninos) usavam gorros e bonés. Cavalheiros usavam casacas formais; trabalhadores usavam batas. Somente uma mulher ociosa podia se permitir o incômodo das saias armadas de crinolina que Anna usava. Os trajes, assim como os passeios diários com que se mostravam à comunidade, marcavam os Van Gogh como integrantes da classe média alta.

Como era inevitável, as roupas adquiriram um significado simbólico entre os filhos Van Gogh, e o primeiro boné, o primeiro terno ou casaco comprado em loja, como sinal de que já eram crescidos, eram tratados como marcos do orgulho e do nível social da família. Mais tarde, pai e mãe despejavam conselhos aos filhos em variantes intermináveis da lição dos passeios à tarde em Zundert: "Sempre garanta que, ao olhá-lo, as pessoas vejam um cavalheiro". Na verdade, as roupas boas e a aparência asseada apontavam algo ainda mais importante do que a posição social: indicavam a ordem interior. Como ensinavam Anna e Dorus, "o que a pessoa usa exteriormente" reflete "o que vai no coração". Uma mancha na roupa era como uma mancha na alma; um chapéu caro garantiria que se causasse "uma boa impressão por fora, mas também por dentro".

Esta era a outra lição dos passeios da família em Zundert: as roupas eram um compromisso público de boa conduta e retidão moral. Pelo resto da vida, os filhos Van Gogh encarariam qualquer passeio em público como uma espécie de desfile de moda da alma. Anos depois, Anna disse ao filho Theo que andar com um terno elegante "mostrará às pessoas que você é o filho do reverendo Van Gogh". Vinte anos depois de sair de casa, ao deixar o hospício em Arles (onde fora internado por instabilidade mental depois de cortar um pedaço da orelha), a principal preocupação de Vincent era: "Preciso de alguma roupa nova para sair à rua".

No presbitério de Zundert, mesmo o coração tinha seu dever. Em holandês, chamava-se *degelijkheid*. Para Anna, essa era "a base e fonte de uma vida feliz". A terceira figura da santíssima trindade social, a *degelijkheid* (geralmente traduzida para o inglês, de maneira não muito própria, como "*solidity*", "firmeza"), intimava o coração holandês a se proteger contra as variações e tumultos da emoção, que tinham se mostrado tão devastadores no passado. A história ensinara que a toda vitória se seguia uma derrota, a toda fartura, a escassez, a toda bonança, a tempestade, a toda Idade de Ouro, o apocalipse. A única proteção do coração diante da inexorável mudança do destino era procurar o sólido terreno intermediário, fosse na prosperidade ou na adversidade, no entusiasmo ou no desespero. Na alimentação, na indumentária, mesmo na pintura, os holandeses procuravam a regra áurea do meio-termo: o equilíbrio prudente e estável entre o luxo e a frugalidade.

A *degelijkheid* se enquadrava plenamente nas instâncias vitorianas para reprimir emoções impróprias, e também na posição do novo protestantismo rejeitando o ardor calvinista. Aqui, da mesma forma, a natureza temerosa e defensiva de Anna se alinhava com o *Zeitgeist*, o espírito da época. Como inveterada equilibrista entre positivos e negativos em suas melancólicas ruminações, Anna se via no papel de manter o barco do presbitério numa horizontal emocional. Lembrava aos filhos que aos bons tempos sempre se seguiria "o infortúnio"; aos "problemas e preocupações" sempre se seguiriam "o consolo e a esperança". Não se passava um momento de alegria no lar dos Van Gogh sem que Anna chamasse a atenção para seu inevitável preço, seu "lado sombrio". Mas a melancolia também era proibida. E resumia: "Aquele que se recusa a aceitá-la e mantém o autocontrole é um homem feliz".

Os filhos Van Gogh cresceram num mundo privado de emoção e de cor: um mundo onde todos os excessos — de um lado o orgulho e a paixão, de outro, o remorso e a indiferença — eram aplainados e concentrados a serviço da *degelijkheid*; um mundo onde todo positivo devia ser compensado pelo negativo; um mundo onde o elogio era sempre temperado pela expectativa, o incentivo, pela advertência, o entusiasmo, pela cautela. Depois de saírem do presbitério que era quase uma ilha, todos os filhos de Anna foram golpeados por extremos de emoções das quais não tinham nenhuma experiência e para as quais não tinham nenhuma defesa. Todos mostraram uma espantosa insensibilidade ou obtusidade ao lidar com crises emocionais — em alguns casos, com resultados catastróficos.

Dever, Decência, Firmeza. Tais eram as convenções de uma vida feliz — as bússolas de uma vida moral — sem as quais "a pessoa não consegue ser normal", advertia Anna. O descumprimento ofendia a religião, a classe e a ordem social. O descumprimento trazia vergonha à família. Ou pior. A literatura da época era cheia de contos moralizantes sobre a "má vida", com tombos pela escada social abaixo. Como exemplo mais próximo, Dorus tinha um sobrinho cuja conduta vergonhosa obrigara a mãe viúva a se exilar, vindo a "morrer de muita vergonha", segundo o cronista da família, "e lançou uma sombra em nossa casa".

Com tais pesadelos em mente, Anna e Dorus criaram os filhos num ambiente de risco constante e amor condicional. Um passo em falso poderia levar a pessoa ao "caminho escorregadio", como dizia Dorus, com consequências devastadoras para todos. Como era inevitável, os filhos Van Gogh cresceram com um profundo medo de "falhar". O medo do fracasso "pendia como uma nuvem" sobre eles, segundo um relato, instilando em todos um sentimento de culpa por antecipação que iria perdurar muito tempo depois de terem saído do presbitério. "Quanto temos de amar nosso pai e nossa mãe?", lamentou-se um deles a outro. "Tudo o que faço nunca está nem de longe bom para eles."

Em toda véspera de Ano-Novo, os filhos Van Gogh se reuniam e oravam juntos: "Guardai-nos do excesso de pecados". E ninguém rezava com mais fervor que o primogênito, Vincent.

3. Um menino estranho

Um passante que se aproximasse da casa paroquial de Zundert na década de 1850 poderia ver um rostinho numa das janelas do segundo andar, olhando o movimento no Markt. Não deixaria de notar o cabelo — uma cabeça coberta de cachos ruivos, crespos e grossos. O rosto era esquisito: comprido, de testa alta e queixo saliente, bochechas cheias, olhos sem profundidade, nariz grande. O lábio inferior era saltado num eterno beiço de amuo. A maioria dos passantes, se chegassem a vê-lo, teria apenas esse vislumbre passageiro de Vincent, o filho recluso do pastor.

Quem o encontrasse notava imediatamente como era parecido com a mãe: o mesmo cabelo ruivo, os mesmos traços largos, a mesma constituição compacta. Era muito sardento, e tinha olhos pequenos, de um azul-esverdeado claro, que mudavam constantemente. Num instante eram penetrantes, a seguir ficavam vazios. Ao encontrar estranhos, o menino se mostrava tímido e reticente. Abaixava a cabeça e se mexia nervoso. Enquanto a mãe se ocupava com a visita, oferecendo chá e biscoitos e falando das últimas novidades da realeza em Haia, Vincent escapava sorrateiro da sala e voltava a seu posto na janela do sótão ou retomava alguma outra atividade solitária. Em muitas visitas, a impressão que ele deixava era a de um "*een oarige*", um menino estranho.

Os que prestavam mais atenção ou conheciam melhor a família notariam outras semelhanças entre a mãe convencional e o filho estranho — semelhanças que iam além do cabelo ruivo e dos olhos azuis. Ele tinha a mesma visão temerosa da vida, o mesmo olhar desconfiado da mãe. Tinha o mesmo gosto pelos bens de primeira necessidade e por coisas mais finas — arranjos de flores, tecidos, decoração do ambiente (e, mais tarde, por pincéis, canetas, papéis e tintas). Ele absorvera a obsessão materna pelas prerrogativas da posição e status, bem como as rígidas expectativas em relação a si mesmo e aos outros, baseadas em estereótipos de classe e origem. O menino, apesar das atitudes inquietas e arredias, também era capaz de amenidades e dissimulações, como ela, e também já era um pouquinho esnobe. Como a mãe, muitas vezes se sentia solitário, sempre preocupado, e assim era uma criança séria e ansiosa — se é que chegava a ser uma criança.

Tinha a mesma necessidade materna de se manter em movimento, sempre frenético, sempre fazendo alguma coisa. Desde que ela o ensinou a escrever, o menino nunca tinha as mãos desocupadas. Aprendeu a passar o lápis no papel antes de entender os sinais que estava copiando. E a escrita, para ele, nunca perdeu essa pura alegria caligráfica. Como a mãe, escrevia a uma velocidade febril — como se o maior inimigo fosse o ócio ("É errado ficar sem fazer nada", advertia) e o maior medo, o vazio. E perguntava: o que poderia ser mais "infeliz" do que "uma vida de inatividade?". "Seja ativo ou morra."

As mãos sempre ocupadas de Vincent seguiram as mãos maternas na arte. Anna queria que os filhos tivessem a mesma educação refinada que ela tivera — um desafio e tanto num posto de fronteira como Zundert. Um elemento indispensável nessa educação era o contato com as belas-artes. As filhas aprenderam a tocar piano, como a mãe. Todos tinham aulas de canto. E, começando com Vincent, Anna apresentou todos eles ao desenho — não como atividade infantil, mas como trabalho artístico. Durante algum tempo, talvez tenha continuado com sua atividade pessoal de amadora e, assim, além de ensinar o filho, dava-lhe também o exemplo. Em dado momento, suas duas amigas artistas de Haia, as irmãs Bakhuyzen, foram visitar Zundert, e as três saíam para desenhar juntas a cidade.

Não se sabe se Vincent se juntou a elas naquele dia, mas, afora isso, ele sempre seguia os passos artísticos da mãe. Como na poesia, começou copiando. Usando gravuras e livros de desenho para principiantes, criou laboriosamente suas primeiras imagens, inclusive uma cena rural que fez para o aniversário do pai em fevereiro de 1864. Anna lhe dava seus trabalhos para decalcar e colorir: flores, sobretudo, nos buquês decorativos que ela tanto apreciava. Algumas vezes, ele saía de lápis e caderno na mão e tentava desenhar o mundo ao redor. Um de seus primeiros modelos foi o gato preto da família, que ele desenhou subindo numa macieira nua. Mas se revelou

Celeiro e casa de fazenda, fevereiro de 1864, lápis sobre papel, 20 × 26,98 cm.

um desenhista tão ruim que, frustrado, destruiu o desenho logo depois de pronto e, segundo a mãe, nunca fez nenhum outro desenho à mão livre enquanto morou no presbitério. Mais tarde, Vincent descartou todo o trabalho da infância em duas palavras — "pequenos rabiscos" — e disse: "É fato e verdade que só mais tarde a sensibilidade artística se desenvolve e amadurece".

Vincent era profundamente afeiçoado à mãe. No futuro, sentiria os olhos "se umedecerem" e "o coração se derreter" à vista de qualquer mãe e filho. As atividades e as imagens que associava à maternidade — fazer arranjos florais, costurar, embalar um berço, e até simplesmente sentar junto ao fogo — tomavam conta dele na vida e na arte. Agarrou-se a um afeto materno de tipo infantil, e seus respectivos símbolos, até os vinte e tantos anos de idade. Era com frequência tomado (na verdade, acometido) pela necessidade de ganhar, ou recuperar, as boas graças da mãe. Sentia profunda afeição por figuras maternas e um desejo igualmente forte de desempenhar um papel de mãe na vida dos outros. Dois anos antes de morrer, ao pintar um retrato da mãe "como a vejo em minha memória", Vincent pintou ao mesmo tempo um autorretrato usando exatamente a mesma paleta de cores.

Apesar desse apego especial, ou talvez por causa da inevitável decepção, Vincent se transformou num menino birrento e malcriado. O processo começou cedo, com acessos tão descontrolados de raiva que mereceram menção especial na crônica da família. Perdendo a paciência num desses ataques "insuportáveis", a avó paterna de Vincent (a qual tinha criado onze filhos) lhe deu uns sumários petelecos nos ouvidos e o expulsou da sala. Anos depois, Anna se queixou: "A época para mim mais trabalhosa foi quando tínhamos apenas Vincent". Críticas parecidas pipocavam nas lembranças familiares que, afora isso, são verdadeiros bastiões da circunspecção. Ele aparece como "teimoso", "desobediente", "genioso", "difícil de lidar"; "esquisito" com "modos estranhos" e "temperamento difícil". Sessenta anos depois, até a empregada da família lembrava claramente como Vincent era "impertinente" e "do contra", rotulando-o como "o menos agradável" das crianças Van Gogh.

Era barulhento, briguento, "nunca prestava a menor atenção ao que o mundo chama de 'ordem'", reclamou um dos parentes. Costumava evitar as saídas que a mãe organizava (para visitar famílias distintas da região) e passava um tempo enorme com os criados (com os quais dividia o sótão da casa). Na verdade, os maus modos de Vincent pareciam, em larga medida, visar diretamente à mãe ciosa de sua posição social e amante da boa ordem. Quando ela elogiou um elefantinho de argila que ele tinha feito, Vincent o atirou no chão. Anna e Dorus tentavam castigar o filho — com efeito, todos os cronistas da família concordam que Vincent recebia castigos mais severos e mais frequentes do que todos os outros irmãos. Mas sem nenhum resultado visível. "Ele parece escolher de propósito o jeito de criar dificuldades", lamentava Dorus. "É um tormento de nossas almas."

De seu lado, Vincent se sentia cada vez mais frustrado, afastado e rejeitado — um emaranhado de sentimentos que veio a caracterizar sua vida futura, assim como a resignação piedosa caracterizava a de seus pais. Anos depois de sair de Zundert, ele se queixaria: "A família é uma reunião inevitável de pessoas com interesses contrários, cada qual oposta às demais, e duas ou mais só são da mesma opinião quando se trata de se unir contra outra".

Embora continuasse a sentir uma emoção fervorosa pela família e seus rituais, Vincent procurava cada vez mais escapar a ela. A natureza chamava. Em comparação com a claustrofobia física e emocional do presbitério, os campos e charnecas das vizinhanças exerciam uma atração irresistível. Desde cedo, Vincent começou a vaguear além do celeiro, além do reservatório de água da chuva, descendo a colina, passando o quaradouro onde estendiam as roupas brancas da família, atravessando o portão do quintal e indo para os campos adiante. Os sítios de Zundert eram, na grande maioria, relativamente pequenos, mas para as crianças Van Gogh, engaioladas no estreito jardim do presbitério, aquele mar de trigo e centeio, retalhado em pequenas propriedades ao redor da cidade, parecia imenso: "a terra do desejo", como elas diziam.

Vincent ia pelo caminho que atravessava as várzeas e levava ao leito arenoso de um riacho, o Grote Beek, onde a água sempre corria fresca, mesmo nos dias mais quentes do verão, e ali deixava as marcas dos pés impressas na areia fina e úmida. De vez em quando, os pais iam até lá nas caminhadas diárias da família — mas as crianças eram proibidas de se aproximar da água. Vincent, porém, ia mais longe. Seguia para o sudoeste, onde as lavouras se dissolviam no agreste: quilômetros e mais quilômetros de várzeas arenosas atapetadas de urzes e tojos, de baixadas pantanosas eriçadas de juncos, de chapadas de pinheiros.

Talvez tenha sido nessas caminhadas pelos brejos vastos e desérticos que Vincent descobriu a luz especial e o céu próprio de sua terra natal: a combinação única de maresia e nuvens movediças que tanto fascinava os artistas fazia séculos. "O mais harmonioso de todos os países", disse um pintor americano em 1887, referindo-se à Holanda, "um céu do mais puro turquesa [e] um sol suave lançando uma luz cor de açafrão sobre todas as coisas".

Além do céu e da luz, os holandeses eram famosos desde longa data pela curiosidade e pela observação atenta (foram os holandeses que inventaram tanto o microscópio quanto o telescópio). Os pântanos ventosos de Zundert ofereciam um campo sem fim para todos os poderes de observação de Vincent. Aquela meticulosa atenção que tinha desenvolvido ao copiar os desenhos da mãe agora se concentrava nos desígnios de Deus. Sondava profundamente as vinhetas fugidias da vida na charneca: o abrir-se de uma flor silvestre, a faina de um inseto, um passarinho fazendo seu ninho. Passava os dias "observando e estudando a vida da vegetação rasteira", comentou a irmã Lies. Sentava-se nas margens arenosas do Grote Beek por horas a fio, olhando o tráfego dos percevejos de água. Seguia o voo das cotovias que saíam da torre da igreja, vinham aos feixes de trigo e chegavam aos ninhos escondidos entre o centeio. Era capaz de andar entre os campos de cereal crescido "sem quebrar nenhum talo, mesmo fininho", dizia Lies, e se inclinava ao lado do ninho durante horas, só observando. "Seu intelecto era dado a observar e pensar." Anos mais tarde, Vincent escreveu a Theo: "Temos o mesmo gosto de espiar os bastidores... Talvez seja por causa de nossa meninice em Brabante".

Mesmo nessas andanças solitárias, porém, Vincent arranjava algum jeito de desafiar e provocar os pais.

Anna e Dorus van Gogh também amavam a natureza — daquela maneira cômoda e reconfortante típica da classe ociosa oitocentista. "Você encontrará [na natureza] uma amiga muito agradável e conversadora", prometia um dos livros favoritos deles, "se cultivar a intimidade com ela." O casal tinha passado a lua de mel em Haarlemmerhout, uma floresta de 1,5 mil anos de idade, repleta de pássaros, flores silvestres e fontes de águas terapêuticas. Em Zundert, percorriam as trilhas da várzea e mostravam um ao outro alguma vista pitoresca: uma formação de nuvens, um reflexo de árvores numa poça, o jogo de luz na água. Davam uma pausa nas atividades cotidianas para apreciar o crepúsculo, e de vez em quando saíam para procurar mirantes onde pudessem vê-lo melhor. Acreditavam na união mística entre natureza e religião: era a crença vitoriana tão difundida de que a beleza na natureza tocava as "notas mais elevadas" do eterno e que a apreciação das belezas naturais era um "culto".

Mas nada disso explicava nem justificava os longos sumiços solitários de Vincent — em todas as estações, chovesse ou fizesse sol. Para aflição dos pais, ele parecia gostar especialmente de caminhar à noite e em meio a tempestades. E não se limitava às trilhas da várzea nem às ruelas de mato do povoado. Pelo contrário, afastava-se da rota batida, indo para regiões que ninguém frequentava e por onde nenhuma pessoa respeitável ousaria se arriscar — lugares esquecidos por Deus onde só se encontrariam campônios pobres cortando turfa e colhendo urzes ou pastores pastoreando seus rebanhos. A simples perspectiva de tais contatos alarmava Anna e Dorus. Uma vez, Vincent foi parar perto de Kalmthout, um povoado a dez quilômetros de distância, no lado belga da fronteira — rota usada apenas por contrabandistas —, voltando para casa tarde da noite, com as roupas sujas e os sapatos enlameados e estragados.

O mais preocupante, no entanto, era que ele ia sozinho. Anna, em particular, tinha uma profunda desconfiança da solidão sob todas as suas formas. Um manual de educação de filhos, muito conhecido na época, advertia rigorosamente que todas as "saídas ao campo" deviam ser supervisionadas de perto, do contrário "o jovem desaparece nas matas e encontra... tudo o que é capaz de inflamar sua imaginação". Vincent passava cada vez mais tempo naquelas trilhas rurais solitárias, e cada vez menos tempo "visitando" ou brincando com outros meninos. Os colegas de escola, mais tarde, o recordavam como "distante" e "retraído": um menino que "tinha pouco a ver com outros garotos". Disse um deles: "Vincent costumava sair sozinho e vagueava durante horas... indo bem longe da [cidade]".

Seu isolamento chegava ao presbitério cheio de gente.

A julgar pelo afeto que sentiu durante toda a sua vida por bebês e criancinhas, Vincent deve ter tido algumas alegrias em casa na época de Zundert — pelo menos no começo, quando o presbitério tinha ambos. Dividia os quartos do sótão com os pequeninos, brincava e lia para eles, e sem dúvida era como um pai para os irmãos de outras maneiras também, mesmo quando suas relações filiais com Anna e Dorus se deterioraram. Mas, conforme cada um deles ia crescendo e começava a assumir uma personalidade adulta, os sentimentos mais amorosos diminuíam. Anna, sua irmã mais velha, ficava cada vez mais parecida com a mãe, nos gestos e nos traços: sem humor, crítica e fria ("um pouco como o polo Norte", disse um irmão). A irmã Lies era seis anos mais nova e estava se tornando uma mocinha frágil e poética quando a angústia adolescente de Vincent começou a perturbar a paz doméstica. Amante da música e da natureza, com cartas tristes sempre repletas de doridos "ohs!" e lamentos sobre a unidade familiar, Lies nunca perdoou plenamente Vincent por ameaçar essa unidade. A irmã caçula, Willemina (que chamavam de Wil), nasceu quando Vincent estava com nove anos, durante os anos mais tensos na paróquia. Uma incógnita para Vincent na época, a menininha correndo em volta dele era o único espírito afim entre suas "manas". Séria e obediente quando criança, mais tarde Wil desenvolveu ambições intelectuais e artísticas e, com isso, foi a única irmã de Vincent que chegou a apreciar sua arte.

O companheiro obrigatório de Vincent em seus primeiros anos era o irmão Theo. Nascido em 1857, um mês depois do quarto aniversário de Vincent, Theo chegou no momento certo. Foi o primeiro irmão pelo qual Vincent pôde sentir uma afeição realmente paterna. Os dois eram inseparáveis nas brincadeiras. Vincent ensinou a Theo habilidades próprias de meninos, como jogar bolinha de gude e construir castelos de areia. No inverno, patinavam, andavam de trenó e jogavam jogos de tabuleiro ao pé do fogo. No verão, brincavam de "pular vala" e outras "brincadeirinhas engraçadas" que Vincent inventava para deleite do irmão.

Numa família que, afora isso, racionava rigorosamente as manifestações de afeto dos pais, Theo retribuía a generosa atenção de Vincent com um apego que chegava às raias da "adoração", segundo a irmã Lies. Para Theo, Vincent era "mais do que um ser humano normal". Décadas depois, Theo comentou: "Eu o adorava mais do que se possa imaginar". Desde cedo, os dois irmãos dividiam um quartinho no segundo andar, e é bem provável que dormissem na mesma cama. Na privacidade desse reduto no sótão, com as paredes forradas por um papel azul que ele iria lembrar vividamente pelo resto da vida, Vincent exercitava seus incipientes talentos de falador — um falador rápido e veemente — junto ao afetuoso irmão.

Porém, por mais que tentasse, Vincent não podia transformar Theo na mesma pessoa. Ficavam cada vez mais diferentes com o passar dos anos. Theo tinha o físico

Theo van Gogh, aos treze anos.

esbelto e os traços delicados do pai, enquanto o corpo e o rosto de Vincent se engrossavam com a idade. Theo era loiro, Vincent era de um ruivo-vivo. Os olhos claros eram parecidos, mas, no rosto delicado de Theo, pareciam sonhadores, não penetrantes. E Theo não tinha a saúde de ferro do irmão mais velho. Desde pequeno, como todos os outros filhos Van Gogh à exceção de Vincent, volta e meia adoecia, era terrivelmente sensível ao frio e vivia com achaques crônicos.

O que mais diferenciava os dois irmãos, no entanto, era o temperamento. Vincent era sombrio e desconfiado, Theo era alegre e sociável. Vincent era tímido, Theo era "caloroso", como o pai, segundo Lies, "uma alma cordial desde o instante em que nasceu". Vincent ruminava preocupações, Theo era sempre "animado e contente", mesmo na adversidade, segundo seu pai — tão animado que, quando ouvia os passarinhos cantando, costumava "assobiar junto com eles". Com sua boa aparência e espírito alegre, Theo fazia amizades com naturalidade. Os mesmos colegas de escola que lembravam um Vincent triste e distante lembravam o irmão mais novo (Ted, como diziam) como garoto divertido e tagarela. Vincent era "estranho", Theo era "normal": assim lembrava a empregada da família.

Em casa, num agudo contraste com o irmão, Theo atendia ao chamado do Dever. Logo se tornou o ajudante especial da mãe, e "mãos fiéis" auxiliavam na cozinha e no jardim. Anna o chamava de "meu angélico Theo". Com extraordinária compreensão dos sentimentos alheios e extremamente sensível à boa opinião dos outros, ele fazia o papel de pacificador da família, décadas antes que Vincent viesse a testar os limites desse papel. ("Você não concorda que devíamos [tentar] agradar a todos?", dizia Theo, expressando um sentimento nada vincentiano.) Dorus também reconhecia as qualidades especiais do filho que levava seu nome e deu início a uma pródiga campanha educativa que se prolongaria até a morte. Mais tarde diria que Theo era "nosso orgulho e alegria", e lhe escrevia carinhosamente dizendo que "você tem sido como uma flor de primavera para nós".

A relação especial entre os dois irmãos não teria como sobreviver a esse contraste. Enquanto Vincent se retraía mais e mais num isolamento taciturno, a estrela de Theo subia cada vez mais na família. ("Querido Theo, saiba que você é nosso bem mais precioso", escreveu-lhe a mãe mais tarde.) Ao sentir que o irmão lhe escapulia, Vincent tentava segurá-lo com uma conspiração de desavença contra os pais — algo que iria fazer várias vezes no futuro. Mas em vão. Discutiam com aspereza, num padrão próprio de um pátio de recreio na escola e que daria o colorido a todas as suas altercações futuras ("*Eu* não sou convencido, *você* é que é!" "Engula isso!"). A crescente discórdia entre eles chamou a atenção do pai, que ralhou e comparou os dois a Jacó e Esaú, invocando a história bíblica do irmão mais novo que usurpou o direito de primogenitura do mais velho.

Quando Vincent chegou à adolescência, já iniciara seus passeios solitários pela zona rural, e a relação entre os dois irmãos havia se transformado. Agora, quando Vincent se esgueirava pelo portão do jardim e ia para suas expedições, passava pelos irmãos "sem cumprimentar", como lembrava um deles, e nem mesmo Theo perguntava: "Posso ir junto?". Lies disse: "O irmão e as irmãs eram estranhos para ele [... ele era] um estranho para si mesmo".

A solidão definiu a infância de Vincent van Gogh. "Minha meninice foi triste, fria e estéril", escreveu mais tarde. Cada vez mais distante dos pais, das irmãs, dos colegas de escola e mesmo de Theo, procurava sempre mais o bálsamo da natureza, revelando com suas ausências o que mais tarde revelaria em palavras: "Vou me refrescar, me rejuvenescer na natureza". Encontrava confirmação para esse recurso (como sempre fazia) na literatura. Começou a ler autores românticos como Heinrich Heine, Johann Uhland e sobretudo o belga Henri Conscience. "Caí no abismo do mais profundo desânimo", escrevia Conscience numa passagem que se tornou uma das favoritas de Vincent, e assim "passei três meses nas charnecas [...] onde a alma na presença da criação imaculada de Deus se livra do jugo das convenções, esquece a sociedade e solta suas amarras com a força da juventude renovada".

Como os românticos que admirava, porém, Vincent encontrava consolo, mas também perigo na imensa impassibilidade da natureza. O indivíduo podia se perder e se sentir diminuído, sentir-se inspirado e esmagado pela imensidão. Para Vincent, a natureza sempre teve esse duplo aspecto: consolava-o na solidão, lembrava-o de seu afastamento do mundo — especialmente de um mundo onde a natureza e a família estavam entrelaçadas de maneira tão íntima. Estava ali sozinho com a criação de Deus, ou estava ali apenas abandonado? De tempos em tempos, ao longo de toda a vida, ele iria procurar consolo para seus problemas enfronhando-se nos ermos agrestes, onde só encontraria ainda mais solidão e acabaria voltando ao mundo em busca da companhia humana que sempre lhe escapava, mesmo na infância, mesmo dentro da própria família.

Para preencher o vazio, Vincent começou a colecionar — atividade que, de maneira um tanto incongruente, iria acompanhá-lo em toda a sua vida de andarilho. Como se tentasse capturar e trazer para casa a companhia que encontrava na natureza, ele começou a colecionar e a catalogar as flores silvestres que cresciam nas margens dos riachos e nas várzeas. Empregou seu conhecimento das aves migratórias para iniciar uma coleção de seus ovos. Depois, quando iam para o sul, recolhia os ninhos. Os besouros se tornaram uma paixão avassaladora — a primeira de muitas outras. Ele recolhia os bichinhos do riacho e das moitas com uma rede de pesca, punha numa garrafa, levava para a casa paroquial, onde as irmãs soltavam gritinhos de horror diante dos troféus.

Uma vida inteira de atividade solitária e obsessiva teve início em seu quarto no sótão, onde passava noites e noites estudando e classificando suas coleções, identificando as variedades das flores silvestres, registrando onde nasciam as mais raras, examinando as diferenças entre os ninhos de tordos e melros, tentilhões e carriças ("Aves como a carriça e o papa-figo dourado são verdadeiros artistas", concluiu ele). Fazia caixinhas para guardar sua coleção de besouros, forrando cuidadosamente cada uma delas com papel, fixava os espécimes com um alfinete, então punha um rótulo em cada caixa com o nome em latim — "uns nomes horríveis de compridos", lembrava Lies, "mas [Vincent] sabia todos de cor".

Num dia de chuva em outubro de 1864, Dorus e Anna van Gogh meteram o filho distante e emburrado dentro do coche amarelo da família e subiram 22 quilômetros ao norte, até a cidade de Zevenbergen. Lá, nos degraus de um internato, despediram-se do menino de onze anos e foram embora.

As tentativas de Anna e Dorus de educar o filho mais velho em Zundert tinham resultado em frustração e fracasso. Quando Vincent fez sete anos, tinham atravessado a praça do mercado e levado o menino até a nova escola pública, que ficava bem em frente do presbitério. Antes de construírem a nova escola, a situação do ensino em Zundert, como em todo o Brabante, "não valia uma palha", segundo um pai zangado. As famílias locais, na maioria, nem se davam ao trabalho de mandar os filhos à escola (o analfabetismo grassava); se o faziam, era para alguma das várias escolas ilegais mantidas em casas particulares, onde o ensino era dominado pela doutrinação católica e por uma grade horária que não atrapalhasse as tarefas de casa e a época das colheitas.

Mas Anna via a educação como mais um privilégio e dever de classe — como passear e andar arrumado —, uma mostra de status social, além de uma preparação para se mover bem nos círculos certos. Anna e Dorus tinham motivos para crer que Vincent ia se dar bem na escola. Era inteligente e preparado (é bem provável que já soubesse ler e escrever aos sete anos). Mas as malcriações de Vincent logo exasperaram o mestre-escola muito rigorista, Jan Dirks, famoso por "dar tapões nos ouvidos" dos alunos recalcitrantes. Um colega de classe relembrava que Vincent "fazia travessuras" e "apanhava de tempos em tempos", fato que decerto contribuiu para que ele matasse aulas sistematicamente.

Anna e Dorus tentaram de tudo para salvar a educação do filho, em risco de soçobrar: professores particulares, aulas à noite e até cursos no verão. Mas nada funcionou. No fim de outubro de 1861 — Vincent mal completara quatro meses do segundo ano na escola —, os pais o tiraram da escola pública de Zundert. Em vez de oferecer estrutura e disciplina, a experiência em sala de aula tinha apenas exacerbado suas manias errantes. Saiu daquele breve contato ainda mais retraído e desobediente do que antes, se possível. Anna pôs a culpa na escola: insistiu depois que "o contato com os meninos campônios" tinha "embrutecido" o filho. Os meninos católicos da classe baixa e o mestre-escola católico Dirks — toda aquela "má companhia", concluiu ela, era responsável pelas atitudes cada vez mais rebeldes de Vincent.

Nos três anos seguintes, os frustrados pais de Vincent tentaram educá-lo em casa. Apesar das despesas, contrataram uma governanta, que acomodaram no segundo andar. Dorus, que dava aulas diárias de religião a todas as crianças protestantes do local (e ele mesmo tinha sido educado em casa), montou o currículo. Vincent passava uma parte do dia no escritório paterno no andar de cima, aprendendo com os pastores-poetas (caros a Dorus) que vinham perdendo rapidamente a influência no ensino holandês em todo o resto do país. Mas mesmo o pastor tão tolerante não conseguiu lidar muito tempo com o filho. Em 1864, ficou decidido que Vincent teria de ir para um internato.

A Escola Provily dominava a rua estreita que ligava a prefeitura à igreja protestante em Zevenbergen. Nos dois lados da Zandweg alinhavam-se mansões muito mais elegantes do que qualquer coisa existente em Zundert, mas nenhuma era mais imponente que a do número A40. Belos vitrais coloridos encimavam a porta da frente e as janelas altas do primeiro andar. A fachada de tijolos tinha acabamentos em pedra — material de construção raro em Zundert: com pedras angulares, pilastras de pedra, grinaldas de pedra, frutas de pedra, sacadas de pedra. Seis cabeças de leão em pedra espiavam lá do alto de uma profunda cornija de pedra. Quando Anna e Dorus deixaram o filho no majestoso salão da escola, certamente acreditavam que, por fim, o estavam conduzindo ao caminho certo.

No novo lar luxuoso de Vincent, um pessoal numeroso atendia às necessidades de um número relativamente pequeno de alunos: 21 meninos e treze meninas, de famílias protestantes importantes de todo o Brabante — altos funcionários públicos, fazendeiros abastados, donos de refinarias e comerciantes locais prósperos. Além do fundador Jan Provily, de 64 anos de idade, de sua esposa Christina e do filho Pieter, o corpo docente incluía dois professores titulares, quatro professores assistentes e uma governanta importada de Londres. O currículo oferecia um enorme leque de cursos para o ensino primário e o ensino secundário. Tudo isso custava, é claro. Como pastor, Dorus pode ter recebido uma contribuição extra, mas cada florim gasto na educação de Vincent representava um sacrifício para um clérigo com a família em crescimento e uma congregação pobre.

Mas a única coisa que Vincent sentiu foi abandono. Quando os pais se afastaram na carruagem, a solidão o devastou. Pelo resto da vida, ele recordaria aquele adeus à porta da escola como uma pedra de toque emocional — um paradigma da despedida em lágrimas. "Fiquei nos degraus na frente da escola do sr. Provily", escreveu a Theo doze anos mais tarde. "Podia ver a pequena carruagem amarela se afastando na estrada — molhada de chuva e com árvores esparsas de cada lado —

atravessando as várzeas." Na época, porém, nenhum resplendor sentimental poderia distraí-lo da conclusão óbvia. Depois de onze anos de incessantes exortações sobre a unidade familiar, ele fora afastado do reduto paroquial, posto à deriva. Anos mais tarde, iria comparar sua situação em Zevenbergen à de Cristo desamparado no Jardim do Getsêmani, suplicando ao pai para vir salvá-lo.

Os dois anos seguintes na Escola Provily apenas confirmaram seus piores receios. Nada podia ser mais paralisante para um garoto sensível, tímido em público e genioso no íntimo, do que a exposição emocional de um internato. O pequeno novato ruivo, com sotaque do interior, pavio curto e maneiras estranhas, retraiu-se ainda mais em sua concha de melancolia pré-adolescente. No fim da vida, comparou seus dias na Escola Provily à reclusão num manicômio: "Agora sinto tudo fora do lugar, como quando era um menino de doze anos no internato", escreveu no hospício de Saint-Rémy.

Vincent empreendeu uma campanha acirrada — como faria tantas vezes no futuro — para revogar o exílio. Poucas semanas depois, Dorus voltou à escola para consolar e acalmar o pobre filho. "Atirei os braços no pescoço do pai", escreveu ele mais tarde sobre o reencontro emocionado. "Naquele momento, ambos sentimos que havia um Pai no céu." Mas Dorus não levou o filho de volta para Zundert. Vincent teve de esperar até o Natal para rever a família. Passados mais de dez anos, a irmã Lies lembrava vividamente o júbilo do irmão ao voltar ao presbitério: "Lembra quando Vincent veio de Zevenbergen para casa? Que dias lindos foram aqueles... desde então, nunca mais nos divertimos tanto nem passamos dias tão felizes juntos", escreveu a Theo em 1875.

Mas, depois, Vincent foi obrigado a voltar aos leões de pedra na Zandweg. Nos dois anos seguintes, Dorus foi visitá-lo outras vezes e Vincent voltou a Zundert para outras festas em família. Enfim, no verão de 1866, respondendo ao que deve ter sido uma enxurrada de cartas saudosas em que Vincent despejava toda a sua frenética energia e as mágoas da solidão (criando um padrão para o futuro), seus pais cederam. Finalmente poderia deixar sua luxuosa prisão de Zevenbergen.

Mas não voltar para casa.

Não está muito claro por que Anna e Dorus decidiram transferir o desconsolado filho da Escola Provily para a Rijksschool Willem II em Tilburg, ainda mais longe de casa. Como em Zevenbergen, Dorus provavelmente conseguiu uma vaga na Escola de Tilburg através de relações familiares. Outro fator parece ter sido o dinheiro. À diferença de Provily, Tilburg gozava os privilégios de ser uma Hogere Burgerschool (Escola Secundária do Burgo) — HBS —, instituição financiada pelo Estado, criada sob a égide de uma nova lei que incentivava o ensino público como forma de difundir valores laicos e burgueses.

Embora mais barata, a Escola de Tilburg era ainda mais imponente do que a mansão do sr. Provily na Zandweg. Em 1864, o rei holandês havia doado o palácio e os jardins reais no centro da cidade para serem usados no ensino secundário. O edifício em si era matéria de pesadelo dos alunos. Uma estrutura estranha, baixa e larga, ameaçadora, com torres nos cantos e plataformas de ameias, parecia mais uma prisão do que um palácio. Como nova HBS, Tilburg havia atraído um grande corpo de professores ilustres. Como a maioria deles trabalhava em tempo parcial, o currículo oferecia uma ampla variedade de cursos — com tudo, de astronomia à zoologia — e contava com os talentos de pedagogos e estudiosos de cidades distantes como Leiden, Utrecht e Amsterdam.

Mas nada disso fazia diferença para Vincent. Zevenbergen ou Tilburg, ambas eram simples extensões de seu exílio. No máximo ele se recolheu ainda mais em sua concha protetora e direcionou o ardor de seu desespero para os trabalhos escolares (como, mais tarde, iria direcionar para seus quadros). Embora se queixasse de que "não aprendi absolutamente nada" em Provily, ele foi aceito no primeiro ano de Tilburg sem precisar frequentar o curso preparatório exigido à maioria dos candidatos. Com o início das aulas em 3 de setembro de 1866, o currículo intensivo da escola absorveu toda a sua energia fanática com longas horas de ensino do holandês, alemão, inglês, francês, álgebra, história, geografia, botânica, zoologia, geometria e educação física. As aulas de educação física, dadas por um sargento da infantaria, incluíam o treinamento em fila cerrada e o "ensino do manejo de armas". Mas, mesmo quando marchava na Willemsplein diante da escola com suas ameias, tendo ao ombro o fuzil de cadete fornecido pelo Estado, continuava a sonhar com a Grote Beek, os besouros do brejo, os ninhos das cotovias entre o centeio.

Toda a sua experiência em Tilburg parece ter se passado da mesma maneira: num estado de vagueza e ausência mental. Em toda a sua correspondência, não há uma única menção ao tempo que passou lá. Enquanto a maioria dos colegas se debatia com a carga pesada dos cursos, Vincent preenchia as horas de solidão decorando grandes trechos de poesias em francês, inglês e alemão. Em julho de 1867, tinha conquistado o quarto lugar na turma, o que lhe permitiu passar para o nível seguinte (o segundo em cinco). Mesmo assim, nenhuma de suas tarefas escolares, por ótimas que fossem, parece ter interrompido o drama interior que o destroçava.

Nem mesmo o curso de artes.

O carismático professor do curso, Constantin Huysmans, era a estrela mais cintilante do corpo docente de Tilburg. O principal pedagogo de arte na Holanda tinha praticamente escrito o livro sobre educação artística, defendendo o papel central do desenho no preparo dos jovens para os desafios da nova era industrial. Huysmans começou a dar aulas em Tilburg aos 55 anos, e vinha liderando a luta por uma melhor educação artística nas escolas muito antes do nascimento de Vincent. O que havia começado como simples manual de desenhos em 1840 se transformara num movimento popular maduro. Huysmans sustentava que a educação artística era a chave para uma nova idade de ouro na Holanda: o sucesso econômico por meio de um desenho melhor. O aluno que aprendesse a desenhar bem não só adquiriria "um olho rápido e seguro", prometia, mas também desenvolveria um intelecto "acostumado à atenção constante" e alerta às "impressões da beleza".

A sala de aula onde Vincent entrou pela primeira vez no outono de 1866 refletia o pensamento de Huysmans sobre o ensino das artes. Cada aluno tinha seu próprio banco e prancheta em torno de uma mesa larga no centro da sala, onde ficava o "modelo" do dia: um pássaro ou um esquilo empalhado, um braço ou um pé de gesso. Huysmans percorria a sala, dando a todos os alunos, um por vez, alguns momentos de atenção exclusiva — estilo radicalmente novo num sistema pedagógico que acabava de sair de um passado árido dominado pelo ensino de cátedra. "O próprio professor precisa ser o método vivo", dizia Huysmans, "adaptando-se ao tema e sobretudo à maior ou menor capacidade do aluno." Os estudantes o elogiavam, considerando-o "estimulante" e "inspirador".

Na sala de aula, tal como em seus textos, Huysmans defendia ardorosamente uma nova maneira de pensar a arte — uma nova maneira de criar e olhar. Rejeitava os "truques e técnicas" que por tanto tempo tinham sido os elementos dominantes nas escolas de arte, e insistia que os alunos procurassem "o poder da expressão". Como defensor da arte prática, abria os olhos de suas turmas para a "arte" em imagens usuais, como os mapas dos atlas e as ilustrações botânicas. Desdenhava airosamente a precisão técnica e incentivava os alunos a "desenhar a impressão que causa o objeto, e não tanto o objeto em si". Ao desenhar um muro, dizia ele, "o artista que copia cada bloquinho de pedra e cada pincelada de cal não entende sua vocação: devia se tornar pedreiro".

Em vista de seu gosto pessoal pelo desenho paisagístico, era inevitável que Huysmans levasse os alunos ao ar livre para desenhar o que chamava de "a fonte de toda beleza, a natureza gloriosa de Deus". Era também um caloroso defensor da perspectiva. Segundo ele, o primeiro e principal objetivo da educação artística era "alimentar um aguçado poder de observação". E não havia nada mais fundamental para alcançar esse objetivo — *ver* — do que a perspectiva. Outro pilar do método de Huysmans era estudar outras obras de arte. Dedicava muito tempo a uma enorme coleção de reproduções, que utilizava para ilustrar as aulas dentro da classe. Incentivava os alunos a frequentar museus e exposições sempre que pudessem e a desenvolver uma "sensibilidade artística" própria. Sem essa sensibilidade, dizia ele, "não se consegue produzir nada belo ou elevado".

Huysmans estava sempre disposto a atender os alunos em sua casa, perto da escola, que era repleta de uma vasta coleção de livros e periódicos, além de seus próprios quadros — basicamente paisagens sombrias do campo brabantino e interiores escuros de casas rurais. Solteirão sociável, já de idade, Huysmans não se recusava a narrar suas lembranças de juventude como pintor paisagista em Paris, os sucessos no Salon, as amizades com artistas importantes, o período que passou no Sul da França.

Tudo isso e muito mais estava ao alcance de qualquer estudante interessado. Mas Vincent pouco se importava. Nunca mencionou Huysmans nem suas aulas. Anos depois reclamou: "Se na época houvesse alguém para me dizer o que era a perspectiva, de quanta desgraça isso me teria poupado". Mesmo quando Vincent apresentou suas primeiras tentativas artísticas, nem as aulas nem as obras de Huysmans receberam qualquer menção.

Com sua extraordinária capacidade de memorizar, Vincent sem dúvida reservou de lado alguns aspectos do que vira e ouvira para reencontrar inconscientemente anos depois: a alegria de catalogar reproduções; a arte subestimada das imagens do cotidiano; as paisagens e interiores escuros do Brabante; a insistência sobre o valor prático da arte; a defesa de que a expressividade era mais importante do que a habilidade técnica; a convicção de que a verdadeira arte, como qualquer outro ofício, podia ser alcançada pela aplicação diligente, e não só pelo talento ou pela inspiração. Tudo isso afloraria, ou reafloraria, na vida futura de Vincent. Mas só depois de um sono de quase vinte anos.

Os poucos colegas de turma de Vincent (que tinham se reduzido a nove no segundo ano) teriam se enquadrado no ideal de Anna quanto à "companhia certa", mas nenhum deles conseguiria fazer amizade com o garoto estranho do interior que vivia tão fechado em si mesmo. Todos tinham crescido na área de Tilburg; todos continuavam a morar com a família. Quando tocava o último sinal da escola, apenas Vincent se arrastava pela neve ou pela chuva para uma casa que não era seu lar. A família que lhe dava pensão, os Hannick, o tratava como seria de esperar de um casal

Vincent van Gogh na escadaria da Escola Tilburg.

quase sexagenário diante de um menino rabugento de treze anos que lhes fora empurrado. Vincent nunca voltou a mencionar os Hannick.

Privado de qualquer apoio emocional, seu estado de espírito se afundava cada vez mais entre sentimentos opostos de raiva e saudade. Os 32 quilômetros entre Tilburg e Zundert — o dobro da distância de Zevenbergen — desestimulavam as visitas dos pais e as viagens para casa. Quando chegava à estação ferroviária em Breda e a carruagem amarela não aparecia — como às vezes acontecia —, ele tinha de percorrer a pé o restante do caminho até o presbitério, uma caminhada de mais de três horas. Mesmo nas raras ocasiões de férias, os irmãos o viam cada vez menos, enquanto aquele estranhamento o levava a mergulhar em algum livro ou a cruzar o portão do jardim do presbitério para ir passear sozinho.

No entanto, a cada vez que voltava para a escola, as saudades de casa tornavam a se apoderar dele; retornava o exílio. Era um ciclo doloroso, que as voltas ao lar, com as inevitáveis despedidas, serviam apenas para piorar. Numa fotografia escolar tirada nessa época, Vincent está sentado na fila da frente, com as pernas e os braços cruzados, os ombros encolhidos, o corpo inclinado para a frente, como se prendesse a si mesmo. Há um quepe militar pousado no joelho. Os outros alunos estão relaxados, estendem as pernas, esticam o braço, se inclinam para trás, olham distraídos para o lado. Vincent não. Com as bochechas caídas e o eterno bico de birra, ele se retrai em si mesmo e olha a câmera carrancudo, como se espreitasse o mundo de um reduto oculto e solitário.

Em março de 1868, poucas semanas antes do décimo quinto aniversário e dois meses antes do fim do ano letivo, Vincent saiu da Escola Tilburg.

Talvez tenha feito todo o caminho a pé até Zundert — sete horas — em vez de pegar o trem para um trecho. Se assim foi, terá sido a primeira de muitas caminhadas longas, solitárias, de autopunição, que marcaram pontos importantes de sua vida. Não há registros da acolhida que teve, ao aparecer à porta do presbitério de malas na mão. Não tinha nenhuma explicação convincente para dar aos pais. Por mais que lamentassem o dinheiro já gasto em sua educação — as mensalidades, a pensão, a viagem — e a vergonha por tamanho fracasso e tanto desperdício aos olhos dos outros, Vincent se manteve inabalável. Teve o que queria. Estava em casa.

Nos dezesseis meses subsequentes, Vincent se agarrou à vida que recuperara na ilha doméstica, uma fantasia restauradora reforçada por um novo irmãozinho em casa, Cor, com um ano de idade. Desafiando o sentimento de culpa que se acumulava a cada mês de ociosidade, ele resistiu a todas as propostas em relação ao futuro, preferindo passar os dias na Grote Beek, nas charnecas e em seu santuário no sótão. É provável que seu tio rico, negociante de arte em Haia, tenha lhe oferecido um emprego. Se ofereceu, Vincent recusou, continuando com suas atividades solitárias.

Ele devia saber que as indagações sobre seu futuro e os remorsos que por certo despertavam não podiam ficar eternamente de lado. Por mais resoluto que passeasse entre as urzes, montasse suas coleções ou se perdesse num livro, mais cedo ou mais tarde teria de enfrentar as expectativas frustradas da família. Sobretudo as paternas.

4. Deus e dinheiro

Todos os domingos, a família Van Gogh, vestida de preto, saía solenemente da casa paroquial de Zundert até a igreja próxima dali. Lá tomavam seus lugares num banco especial, na frente do pequeno santuário alto e despojado. Daquele ponto aos pés do púlpito, Vincent podia observar todo o desenrolar da cerimônia. Os sons agudos de um pequeno órgão convocavam os quarenta ou cinquenta presentes a se pôr de pé. A música chamava os diáconos, com seus mantos compridos escuros e os rostos severos, medindo os passos ao se aproximar. Por fim aparecia o pastor.

Era baixo e magro; dificilmente se faria notar numa multidão. Mas aqui a cerimônia o punha em destaque. A luz se refletia nos cabelos de um louro prateado. O rosto brilhava em contraste com a roupa toda negra, o V invertido do colarinho engomado apontando para ele como uma flecha.

Então subia ao púlpito.

Elevando-se no ar, encimado por uma caixa de ressonância maciçamente entalhada, os parapeitos altos cercando um espaço que mal dava para uma pessoa, o púlpito parecia um escrínio ricamente aparelhado, abrindo-se apenas o suficiente para revelar seu conteúdo precioso. Todos os domingos, Dorus van Gogh subia com toda a cerimônia os degraus íngremes e entrava no recinto sagrado. Vincent se sentava tão perto que precisava esticar o pescoço para ver o pai subindo.

Daquela posição elevada, Dorus conduzia o ofício: anunciava cada hino, pedia

Theodorus (Dorus) van Gogh.

música com um aceno de mão, guiava a congregação nas preces e nos salmos. Em seus sermões — a alma do serviço religioso — utilizava o alto-holandês, que raramente se ouvia nos grotões provincianos de Brabante. Se seguia as convenções da eloquência sacra daquela época, a pequena igreja devia reverberar com os excessos histriônicos da retórica vitoriana: as declamações altissonantes, as variações exageradas no volume e na velocidade, as cadências melodramáticas, as repetições numa escalada cada vez mais rápida, o clímax retumbante. Seu corpo também falava com gestos amplos, grandiosos: o braço num vasto movimento abrangente, o dedo investindo com ímpeto, tudo teatralmente ressaltado pelas mangas que estufavam.

Dorus van Gogh era o interlocutor de Deus para os protestantes de Zundert, mas não só: era também o líder deles. À diferença dos párocos em outras partes do país, Dorus era o pastor espiritual e temporal de seu minúsculo rebanho de pioneiros protestantes naquele posto de fronteira nas charnecas. Privados de qualquer contato, exceto os indispensáveis, com a comunidade católica que os cercava, os membros da congregação utilizavam a casa paroquial como centro espiritual e clube social, quase diariamente ocupando a sala da frente dos Van Gogh com leituras, aulas e visitas informais.

Dorus atuava não só como líder de sua própria comunidade, mas também como embaixador junto à comunidade católica mais numerosa. Sua missão não era converter os papistas de Zundert, e sim lhes negar hegemonia naquela região em disputa. Em todas as comemorações públicas, Vincent teria visto o pai entre os notáveis da cidade reunidos na plataforma, ao lado das autoridades eleitas, além de seu equivalente católico. Nas campanhas públicas de arrecadação de fundos, como uma de grande porte para as vítimas de uma enchente, Dorus sempre tinha uma atuação de liderança visível, igualando florim por florim as contribuições do prefeito. Esses atos públicos, como suas caminhadas diárias pela cidade, de cartola e família a reboque, serviam para mostrar aos católicos de Zundert que os protestantes estavam ali para ficar.

Para os paroquianos que viviam em sítios isolados e vilarejos minúsculos espalhados pelo enorme município, o papel de Dorus era ainda mais fundamental. Proibidos pelo costume de manter relações com os vizinhos católicos, esses pioneiros religiosos dependiam das visitas semanais do pastor para se reassegurarem da graça divina, mas também de algo ainda mais importante: dinheiro. A infestação de pulgões e as quebras das safras em ondas sucessivas tinham devastado as famílias rurais da área. Camponeses que já viviam no nível de subsistência passaram a depender dos donativos da igreja. Como dispensador desses fundos escassos, Dorus van Gogh detinha poder de vida e morte sobre seu extenso rebanho. Quando Vincent ia com o pai nessas visitas à zona rural, via que ele era saudado não só com reverência, mas também com profunda gratidão.

Com a própria sobrevivência em jogo, Dorus ignorava em larga medida os aspectos mais sutis da doutrina religiosa. Sobretudo num lugar de fronteira como Zundert, o que importava era o vigor masculino e a fertilidade feminina, não a pureza doutrinal. "Sabemos que falar de religião e moral é de menor importância", escreveu Anna van Gogh. A lista de paroquianos, que incluía luteranos, menonitas e arminianos, mostrava o ecumenismo pragmático do pároco. Mas para Dorus, se o dogma pouco importava, a disciplina era tudo. Uma ausência injustificada no culto de domingo gerava invariavelmente uma visita zangada do pastor naquela mesma semana. Tratava os paroquianos extraviados com severidade — "um verdadeiro papa protestante em miniatura", como disse uma testemunha — e vociferava contra aquela "escória" que questionava sua autoridade. Defendia com ardor as prerrogativas de sua posição, queixando-se contrariado a seus superiores eclesiásticos quando os magros proventos do cargo lhe dificultavam "sustentar a família de acordo com seu nível".

Dentro dos muros do presbitério, o papel de Dorus como líder espiritual se fundia com o de pai. Para os Van Gogh, o culto dominical nunca terminava de fato: apenas se transferia para a sala da frente, onde os guarda-louças eram cheios de cálices e pratos de comunhão, bíblias, hinários e livros de salmos. Em cima do cofre ficava uma estátua de Cristo, e na parede havia um crucifixo com rosas entrelaçadas. A semana inteira os filhos Van Gogh ouviam a voz paterna característica da igreja — pregando, louvando, lendo a Bíblia — que ressoava do santuário na sala da frente e ecoava por todo o estreito e comprido presbitério. E todas as noites, à mesa de jantar, ouviam a mesma voz orando: "Ó Senhor, une-nos estreitamente e permite que nosso amor por Ti fortaleça sempre mais esta união".

Quando não estava pregando ou orando, Dorus se conservava distante da família, que continuava a aumentar. Fechado e taciturno, passava longas horas em seu escritório do segundo andar, lendo e preparando os sermões, tendo apenas seu gato por companhia. A solidão era preenchida pelos prazeres que se permitia: fumava cachimbo e charuto, e bebericava uma ampla variedade de bebidas alcoólicas. As horas de isolamento eram pontuadas por "passeios vigorosos e estimulantes", que considerava "alimento para o espírito". Quando ficava doente, o que ocorria com frequência, tornava-se ainda mais taciturno e se retraía mais no isolamento, acreditando que, "se me poupar, vai passar mais depressa". Nessas reclusões voluntárias, sentia-se "entediado e mal-humorado", recusando qualquer alimento por acreditar que o jejum aceleraria a recuperação.

Como a maioria dos pais daquela época, Dorus se considerava "o representante de Deus [que] exercia um poder similar ao de Deus" dentro de casa. Para ele, o posto avançado e a família não podiam admitir "dissensões", e impunha a unidade dentro da família, tal como impunha à sua congregação, com uma veemência inflexível. Era tomado de "paixões violentas" de fúria moralista quando sua autoridade — a autoridade de Deus — era questionada. Vincent cedo aprendeu que desapontar o pai era desapontar a Deus. "O amor que honra o pai", insistia Dorus, era o mesmo amor "que abençoa o mundo". Cometer ofensa a um era cometer ofensa ao outro; rejeitar um era rejeitar ambos. Em anos futuros, ao procurar a absolvição dos pecados, Vincent confundia irremediavelmente "pai" e "Pai", e não encontrava perdão em nenhum dos dois.

Mas havia um outro Dorus van Gogh. Em vez de invocar uma autoridade "papal", esse segundo Dorus recorria à persuasão gentil e a solicitações bondosas para manter os filhos no caminho certo. Esse Dorus não "suspeitava" nem "julgava", apenas lhes "dava apoio" e "encorajava". Esse Dorus lhes pedia desculpas quando os magoava e corria até a cabeceira de suas camas quando ficavam doentes. Esse Dorus afirmava que sua "meta na vida... [é] viver com e *para* nossos filhos".

Vincent tinha dois pais porque, na época, a própria paternidade estava em crise. Na metade do século XIX, na esteira da Revolução Francesa, o questionamento de toda autoridade, tanto espiritual como temporal, havia alcançado o próprio núcleo do contrato social: a família. A figura tradicional do pai patriarcal, que comandava a família "como os deuses no Olimpo", tinha se tornado mais uma relíquia do *Ancien Régime*, segundo o manual de educação de filhos mais famoso da época. A família moderna, tal como o Estado moderno, devia adotar "a Democracia" e se basear no "respeito pelo outro", e não na hierarquia e no medo. O livro aconselhava os pais a descer do "trono" — e do púlpito — e "se envolver mais na vida dos filhos, ouvir mais as opiniões deles". Em suma, "um pai deve ser amigo do filho".

Dorus van Gogh absorveu essas lições. "Você sabe que tem um pai que também quer ser como um irmão para você", escreveu ao filho Theo, então com dezenove anos.

Dividido entre o pai patriarcal exigido pelo posto avançado de Zundert e o pai moderno esperado por sua classe social, Dorus continuou a alternar os papéis entre as crises sucessivas da infância de Vincent. Depois das críticas ferozes vinham os protestos de amor ("Não conseguimos respirar com liberdade se há alguma sombra no rosto de um de nossos filhos"); depois das condenações altissonantes, as elaboradas desculpas de boas intenções ("Apenas aponto coisas que você terá de decidir por si mesmo... Seria desleal se não pensássemos a respeito ou reservássemos nossas opiniões"). Dizia respeitar a "liberdade" dos filhos, mas assediava-os constantemente acusando-os de "fazer desordem" e "trazer tristeza e preocupação" à vida dos pais.

Para um menino solitário e carente, era uma armadilha inescapável. Vincent não podia senão imitar a figura distante que subia ao púlpito todos os domingos. Ele adotou a mesma maneira de falar por rodeios e de enxergar metaforicamente o mundo. Desenvolveu a mesma desconfiança emocional em público, e em privado dissecava seus sentimentos com o mesmo racionalismo equivocado. Abordava o mundo exterior com a mesma atitude de autodefesa e suspeita. Tratava as pessoas que o questionavam com a mesma inflexibilidade fanática e, quando tinha a impressão de ser menosprezado, reagia com a mesma fúria paranoica. A introversão do filho refletia o fechamento do pai; o ânimo sorumbático de um se espelhava na melancolia do outro. Como o pai, Vincent jejuava para expiar suas faltas. Em sua atividade de colecionador e depois como pintor, Vincent reproduzia as longas horas de atividade solitária de Dorus no escritório do segundo andar. A imagem do pai ajudando os necessitados e consolando os sofredores — recebendo amor e sendo bem acolhido pelo reconforto que levava — se tornou a imagem central da vida adulta de Vincent, a imagem que impulsionou todas as suas ambições posteriores na vida e na arte. "Como deve ser glorioso ter uma vida com o respaldo de alguém como o Pai", disse certa vez.

Mas, no fundo de todas as tentativas de Vincent de ganhar as graças do pai estava aquele outro Dorus, o juiz implacável. Para um homem que considerava a alegria "o fruto de uma fé inocente", um filho triste como Vincent devia parecer privado da graça divina. Para um homem que acreditava que "o indivíduo se torna uma pessoa ao manter contato com os outros", a introversão de Vincent era a marca indelével de um pária. Para um pai que insistia com os filhos para "trabalhar sempre pela proximidade mútua", o espírito de contradição de Vincent era uma afronta constante à unidade familiar. Para um homem que exortava os filhos a "sempre ter um interesse na vida", o obstinado isolamento de Vincent na escola e mesmo em casa devia parecer um repúdio à própria vida.

Ao fim e ao cabo, a despeito do que dissessem os livros e por mais que desejasse sinceramente ajudar o filho, Dorus nunca conseguiu aceitar Vincent como ele era. Apesar das promessas constantes em contrário, nunca conseguiu se abster de julgar — e condenar — o filho genioso, teimoso, excêntrico. A quebra de tantas promessas apenas levou pai e filho a uma espiral interminável de provocação, rejeição e remorso da qual Vincent, apesar de tentar várias vezes, jamais conseguiu sair.

Numa infância definida quase exclusivamente pela família, apenas uma figura disputava o papel de exemplo a ser imitado por Vincent: o tio negociante de arte Vincent van Gogh. Outros parentes faziam visitas mais frequentes ou levavam vidas mais movimentadas (o tio Jan tinha navegado por todo o globo e lutara nas Índias Orientais). Mas o "*Oom* Cent" podia reivindicar um duplo direito a um lugar especial no mundo de Vincent. Primeiro, era casado com Cornelia, a irmã mais nova de Anna Carbentus, reforçando os laços familiares entre os Van Gogh e os Carbentus. Segundo, por razões que se mantinham misteriosas, ele e a esposa não podiam ter filhos. Devido a essa combinação, Cent era quase um segundo pai para a família do irmão — e o jovem Vincent, que levava seu nome, era para Cent o mais próximo de um filho (e herdeiro) que poderia ter.

Nos primeiros anos de vida de Vincent, o tio Cent morava em Haia e ia a Zundert com alguma frequência. Os irmãos Cent e Dorus, com diferença de apenas dois

Tio Cent van Gogh.

anos, eram parecidos fisicamente (a mesma constituição franzina, o mesmo cabelo claro). Mas as semelhanças paravam por aí. O pai Dorus era rigoroso e severo, o tio Cent era divertido e despreocupado. Dorus citava versículos da Bíblia, Cent contava histórias. Tinham escolhido como esposas duas irmãs tão diferentes entre si quanto eles mesmos. A mãe Anna fechava a carranca e passava repreensões; a tia Cornelia era pródiga em mimos para os sobrinhos, dando-lhes a mesma atenção que recebera como filha caçula da família e sabendo que nunca teria filhos.

A maior diferença — que permeava todos os encontros entre eles — era, claro, o dinheiro. Tio Cent era rico. Ele e a esposa se vestiam de maneira impecável. As histórias que contava eram cheias de reis, rainhas e barões do comércio, não de sitiantes e artesãos. Morava numa grande mansão dourada em Haia, não num pequeno presbitério rural. Quando Vincent estava com nove anos, Cent se mudou para Paris, ocupando uma sucessão de *villas* e apartamentos luxuosos que a família não cansava de alardear. O pai parecia quase nunca ter saído daquele local isolado e inóspito que era Zundert, enquanto o tio abraçava o mundo. Nas cartas que os pais liam em voz alta, cheios de orgulho, Vincent acompanhava as viagens do tio às antigas cidades da Itália, às montanhas da Suíça (Vincent cresceu sonhando em ver as montanhas) e às praias do Sul da França. Cent passava os invernos na Riviera e, em todos os Natais, enviava ao presbitério gelado seus votos de boas-festas, que mandava de uma terra "encantadora" onde "crescem ao ar livre" frutas exóticas que, na Holanda, só davam em estufa.

Vincent decerto se perguntava como o pai e o tio, dois irmãos tão parecidos, podiam ter chegado a vidas tão diversas, como a mesma família podia ter gerado homens tão diferentes.

A contradição estava profundamente entranhada na história da família Van Gogh. Os primeiros moradores do pequeno vilarejo de Goch, na Westfália, que saíram do vale do Reno no século XV foram atraídos pela vida religiosa. Espalharam-se Van Goch e Van Gogh pelos mosteiros dos Países Baixos. Um século depois, alguns eram militantes tão fervorosos que chegavam a "ser ofensivos", segundo a crônica familiar — acusação séria num século devastado por guerras religiosas.

Esses primeiros missionários se depararam com uma sociedade que vivia um profundo conflito em relação ao papel de Deus e do dinheiro. As perorações dos calvinistas recém-chegados contra o "lucro sórdido" não caíam bem numa terra de solos pobres, onde o dinheiro era a única maneira de manter a atividade de sustento, o comércio. Como sempre, os holandeses demonstraram uma maravilhosa engenhosidade para conciliar seus instintos aquisitivos e suas aspirações espirituais: os ricos ficavam devidamente "constrangidos" com suas riquezas e ao mesmo tempo as apresentavam como sinal da graça divina; a falência e o fracasso nos negócios continuavam a encimar a lista dos pecados mortais.

Quando os Van Gogh apareceram em Haia no século XVII, também tinham contraído o vírus mercantil holandês. Estabelecendo-se inicialmente como alfaiates, dedicaram seus talentos a atender à florescente demanda por artigos de luxo. Numa corrida para exibir suas riquezas fabulosas, mantendo ao mesmo tempo a modéstia puritana, os burgueses da Idade de Ouro recorriam a seus alfaiates. O negro solene do recato holandês começou a se aliviar com fios de ouro e prata. Nos meados do século, os Van Gogh estavam trabalhando com metais preciosos, em vez de moldar almas humanas. Mestres alfaiates como Gerrit van Gogh eram valorizados pelos quilômetros de fios de ouro com que bordavam coletes, gibões e mantos que pendiam de tanto peso. Quando David van Gogh nasceu, em 1697 (no mesmo ano de Gerrit Carbentus), os Van Gogh já tinham o metal precioso como única atividade profissional: manufaturavam os fios de ouro que agora enfeitavam todos os elementos da cultura da alta burguesia holandesa, dos uniformes às cortinas e tapeçarias.

Alguns dos Van Gogh fizeram uma fusão entre as ambições temporais e as espirituais: um foi advogado de mosteiros e conventos; outro somou a vocação de médico e a vocação de clérigo, curando corpos e almas. Mas geralmente as famílias dividiam os deveres entre os filhos. Jan, o filho mais novo de David van Gogh, deu continuidade ao negócio da família, o ouro; mas Vincent, o filho mais velho, se tornou artista. Quando esse Vincent chegou à capital francesa em algum momento da década de 1740, os parisienses, de início, provavelmente estropiavam o sobrenome "Van Gogh". Como seu famoso homônimo pintor, esse Vincent van Gogh (sempre havia um ou mais com o mesmo nome, em todas as gerações) levou uma vida desregrada e pouco convencional. Depois de vaguear pelo continente europeu como soldado mercenário, declarou-se escultor. Casou-se quatro vezes, mas morreu sem filhos. O sobrinho Johannes, filho de seu irmão Jan, herdou o negócio lucrativo da família, a manufatura de fios de ouro, porém acabou largando a atividade e passou a se dedicar exclusivamente à pregação do Evangelho — assim encerrando o círculo completo da história familiar e devolvendo-a às suas raízes na missão da Reforma.

Johannes deu ao filho único o nome de seu tio artista sem filhos: Vincent. Sessenta e quatro anos depois, esse Vincent daria o mesmo nome ao neto, o pintor Vincent van Gogh.

Vincent, filho de Johannes, seguiu o pai na carreira do sacerdócio. Mas ainda assim não pôde escapar à maldição da ambivalência que perseguira a família durante dois séculos. Tal como o pai, Vincent desposou uma mulher rica e se candidatou apenas a cargos nas congregações mais abastadas. Em Breda, a antiga sede da Casa de Nassau, situada no extremo norte do Brabante católico, ele encontrou o posto ideal para um clérigo promissor, cheio de energia, com gosto pelos confortos da vida material. Instalou a família enorme (que veio a ter treze membros) numa casa suntuosa na Catharinastraat, a rua principal da cidade.

Dessa sólida posição, ele ascendeu rapidamente à liderança da "Sociedade pela Prosperidade", a iniciativa missionária de sua igreja no Sul católico. Longe de ser uma entidade beneficente tradicional, a Sociedade considerava sua missão um investimento. Em segredo — para evitar conflitos com as autoridades católicas —, comprava casas e terras em zonas católicas e para lá transferia protestantes pobres para cultivar as áreas. Como qualquer investidor, a Sociedade esperava um retorno do dinheiro aplicado — tanto na forma de pagamento pelas terras arrendadas quanto no crescimento das famílias para fortalecer as congregações protestantes em dificuldades no Brabante. Durante 42 anos, Vincent foi o "caixa" da Sociedade, recrutando centenas de agricultores com a dupla promessa da Sociedade: o retorno financeiro e a salvação espiritual.

O reverendo Van Gogh incentivava os filhos a ter uma vida séria de "trabalho e oração", mas também lhes incutiu suas aspirações burguesas pessoais. A crônica da família está repleta de amorosas descrições de porcelanas, pratarias, móveis e tapeçarias; de relatórios detalhados sobre os aumentos salariais e os preços pagos; de lamentos pela perda de promoções e pela dilapidação de heranças; de louvores às vantagens de ser dono em vez de inquilino.

Assim, não chegava a surpreender que nenhum dos seis filhos do reverendo mostrasse interesse em segui-lo na carreira sacerdotal. Um a um, lançaram-se a carreiras com ambições sociais e financeiras. O mais velho, Hendrik (que chamavam de Hein), viu uma boa oportunidade no setor livreiro e, ao fazer 21 anos, abriu loja própria em Rotterdam. E também ele desposou a filha de um ricaço. O segundo filho, Johannes (Jan), foi buscar fortuna na marinha holandesa. O terceiro, Willem, entrou no oficialato. O caçula, Cornelis (Cor), ingressou no funcionalismo público.

O reverendo transferiu suas esperanças de um herdeiro espiritual para seu homônimo Vincent (Cent). Mas, pouco tempo depois, Cent adoeceu de escarlatina e, quando se recuperou, estava fraco demais para o estudo intenso exigido pelo sacerdócio. Ou assim dizia ele. Fosse por causa das "enxaquecas terríveis" ou, como seus irmãos, por total desinteresse pelas ambições religiosas do pai, Cent logo desistiu de estudar qualquer coisa. Após um breve período de aprendizado com o irmão Hein em Rotterdam, ele se mudou para Haia, onde trabalhou numa loja de tintas, levando uma vida de solteiro sociável, conversador e mulherengo.

Com isso, restava apenas Theodorus.

Em quarenta anos de sermões, Dorus van Gogh pregou milhares de imagens, versículos e parábolas. Mas uma tinha um significado todo especial para ele: a parábola do semeador. Paulo escrevera aos gálatas: "Pois tudo o que o homem semear, também colherá". Para Dorus, as palavras de Paulo não eram apenas uma exortação a procurar a recompensa espiritual em vez dos prazeres terrenos. Quando pregava a parábola aos agricultores de Zundert que lavravam os campos arenosos, o semeador se tornava o modelo da perseverança diante da adversidade. Aquele seu trabalho de Sísifo, como o dos camponeses locais, afirmava o poder da persistência em vencer todos os obstáculos, em triunfar de todos os reveses. "Pensem em todos os campos que foram abandonados por gente de visão curta", pregava Dorus, "mas que, pelo trabalho árduo do semeador, acabaram rendendo bons frutos."

Se a parábola do semeador perseverante tinha um significado especial para Dorus van Gogh, era porque ele a vivera pessoalmente.

Toda a infância de Dorus foi uma luta. A cronista da família, sua irmã Mietje, declarou que ele era "um bebê muito fraquinho" desde o nascimento em 1822, e nunca recuperou plenamente a saúde e as forças. Só aprendeu a andar aos dois anos e vários meses. Conservou a constituição franzina de menino durante toda a vida. Sétimo entre onze filhos, quinto entre seis filhos homens, mal conheceu os pais. Herdou a "aparência fina e delicada" do pai, mas não a agilidade mental. Seus modestos êxitos acadêmicos resultavam da aplicação, não da aptidão. Era conhecido como "meticuloso" e esforçado — "um bom trabalhador" que começava a estudar todos os dias às cinco da manhã.

Talvez porque a doença fosse uma constante em sua infância, Dorus queria ser médico. Em 1840, a medicina era a carreira ideal para o filho de um pastor sério e em ascensão social, com gosto pelo trabalho pesado e um vago desejo de fazer o bem. Chegou a pensar em prestar serviço militar nas Índias Orientais (onde o irmão Jan ficou estacionado algum tempo), o que lhe daria gratuidade no curso de medicina. Mas, quando as ambições frustradas do pai recaíram tardiamente sobre ele, Dorus não conseguiu se opor.

O sacerdócio não era de maneira nenhuma uma escolha óbvia. Como seu irmão Cent, Dorus gostava dos prazeres temporais contra os quais Paulo advertira os gálatas. Mais tarde, citando um poeta que lhe era caro, Dorus se referiu à sua juventude em termos claramente sensuais, comparando-a a "um trigal, belo e prazenteiro aos olhos; gemendo, agitando-se, avolumando-se ao vento matinal". Como ele próprio reconhecia, os anos estudantis foram cheios de "interações íntimas" e "coisas loucas". Anos depois, quando seus próprios filhos começaram a se entregar às tentações da carne, Dorus admitiu que, "quando eu tinha sua idade, passei pelo mesmo".

A vida universitária em Utrecht foi solitária e estranha para ele. Mas tal era o campo que o destino lhe designara, e estava decidido a fazer com que frutificasse, por mais estéril e pouco promissor que parecesse. "Estou feliz por ter escolhido ser um pastor", escreveu logo após sua chegada. "Parece-me uma bela profissão." Estudava com tanto afinco que volta e meia adoecia. Num ano, quase morreu.

Na Holanda dos meados do século XIX, somente alguém com uma determinação cega seria capaz de ver o sacerdócio como uma "bela profissão". Na verdade, em 1840 a Igreja Reformada holandesa estava em franca turbulência. As tempestades simultâneas da revolução e da ciência tinham desprendido as amarras da teologia fundada em verdades reveladas. Apenas cinco anos antes, o teólogo alemão David Strauss havia colocado uma bomba sob o edifício do cristianismo ocidental com a publicação de *Das Leben Jesu* (*A vida de Jesus*), livro que analisava a Bíblia como livro histórico e Cristo como simples mortal.

Quando Dorus iniciou seus estudos, o longo monopólio do clero sobre o pensamento holandês estava se desfazendo. As novas classes burguesas, muito poderosas, exigiam uma religião menos punitiva, mais conciliadora — uma religião *moderna* que lhes permitisse gozar simultaneamente da graça de Deus e da nova prosperidade adquirida. Atendendo a essa demanda, havia surgido um novo tipo de protestantismo holandês. Intitulando-se Movimento de Groningen (nome da universidade no norte da Holanda onde lecionava a maioria de seus proponentes) e invocando como modelo o humanismo bíblico de Erasmo, essa nova escola rejeitava não só os velhos dogmas, mas a própria noção de dogma. Em lugar disso, adotava uma nova ideia de Cristo, que incluía o Jesus histórico ("como Ele viveu na terra há 1800 anos") e o Jesus espiritual que veio "para tornar a humanidade sempre mais semelhante à imagem de Deus". Como réplica a *Das Leben Jesu*, que demolia o mito de Cristo, os groningenses reviveram o Jesus da *Imitatio Christi* (*Imitação de Cristo*) de Tomás de Kêmpis, um vade-mécum quatrocentista repleto de orientações práticas para levar uma vida de acordo com Cristo. "Usa as coisas temporais, mas deseja as coisas eternas", aconselha Jesus na *Imitatio*, confirmando que mesmo um rico podia ser um bem-aventurado se realizasse a "união com Cristo" em seu coração.

A própria família de Dorus reconhecia que ele "não [tinha] talento" como orador público. Os sermões que fazia — compridos, tortuosos, cheios da pedagogia inerte e pesada típica dos groningenses — eram parecidos com sua caligrafia, que o filho Theo dizia ser "muito elegante, mas também muito ilegível". Para piorar as coisas, sua voz não era límpida, e os ouvintes costumavam não entender ou entender mal o que dizia. Num de seus primeiros sermões, ele tentou limpar a garganta pondo uma bala na boca, e o discurso ficou tão ininteligível, segundo uma testemunha, que a congregação "ficou com medo que houvesse algo de errado com seus órgãos da fala".

Mas Dorus era perseverante. Finalmente, depois de três anos de recusas, lhe ofereceram em janeiro de 1849 uma paróquia num município remoto na fronteira belga, chamado Zundert. O pastor que estava saindo disse que a congregação era

A igreja de Zundert.

"um campo bem amanhado". Na verdade, o semeador perseverante não poderia ter encontrado terreno mais árido. O cronista da família, sempre otimista, descreveu o novo emprego como o "posto ideal" para Dorus, citando um famoso poema sobre um singular presbitério rural entre os pântanos. Mas a realidade de Zundert, com o pequeno grupo de protestantes acossados num oceano de antagonismos católicos, não guardava a mais remota semelhança com a visão romântica do poeta. E nem os maiores arroubos de entusiasmo familiar poderiam disfarçar o triste fato de que a congregação zundertiana, cuja própria existência vivia suspensa por um fio, representava o degrau mais baixo da Igreja Reformada holandesa. "Este reduzido rebanho foi pequeno desde o começo", comentou Dorus pesaroso, "e não teve nenhum aumento apreciável nos 250 anos desde então."

E o futuro parecia ainda menos promissor. Uma sucessão de pragas da ferrugem e quebra das safras havia mergulhado muitos agricultores na miséria. Como às vezes se passavam semanas sem ter nada para alimentar suas famílias, quando conseguiam obter alguma ração de gado, era o que comiam. No caminho até a igreja, os fiéis corriam o risco de se deparar com bandos de camponios famintos e desesperados que perambulavam pelo campo, esmolando e roubando. A pequena congregação sofreu graves baixas quando uma epidemia de tifo varreu a cidade, matando indiscriminadamente protestantes e católicos. Entre mortes e deserções, a minúscula população protestante de Zundert caiu pela metade numa única década.

Tal era o inóspito terreno pantanoso onde Dorus pôs seu arado em abril de 1849. Deu um exemplo de fé no futuro ao se casar e trazer de Haia a esposa Anna Carbentus. Arrecadou dinheiro entre a meia dúzia de protestantes abastados de Zundert e comprou um órgão. No espírito de cooperação que movia a Sociedade pela Prosperidade, conseguiu que um fabricante de tapetes de Breda fornecesse rocas de fiar a viúvas da congregação, que recebiam pagamento por peça pelas meadas que produzissem. Mesmo sendo tempos difíceis, ele cortou os subsídios assistenciais da igreja — tarefa ingrata que incluía expulsar os agricultores das terras de propriedade da igreja, se necessário à força, e muitas vezes com consequências calamitosas.

Para Dorus van Gogh, semear e colher não eram apenas metáforas. Como o pai, ele trabalhava a terra brabantina de todas as maneiras, exceto com as próprias mãos. Como administrador local da Sociedade, ele localizava as terras e sítios à venda; avaliava o solo, a drenagem, as pastagens; negociava os arrendamentos. Orientava os agricultores a drenar e a amanhar a terra, dizia o que e onde deviam plantar e como adubar o solo (coisa fundamental no terreno arenoso de Zundert). Era um supervisor exigente, classificando cada arrendatário pela habilidade, diligência, comportamento e asseio. Tinha esposa obtusa, indiscreta ou desleixada? Tinha filhos demais para alimentar, ou gado insuficiente para a compostagem? Para os que mostravam bom desempenho, Dorus fazia tudo o que podia para protegê-los contra os tormentos da pobreza e das dívidas. Defendia-os no conselho diretor da Sociedade — os "Senhores em Breda", como dizia —, argumentando que a igreja tinha uma obrigação especial em relação aos "poucos membros que ficam aqui, nas barricadas".

Mas mesmo os soldados nas barricadas tinham de acertar as contas. O Deus holandês era um senhorio compreensivo, porém Sua paciência e Seu bolso tinham limites. Se um agricultor morria e a esposa não conseguia honrar os compromissos, Dorus a despejava e vendia os bens da família em hasta pública. Nem a família de uma vítima do tifo ficou imune. Na direção da Sociedade, Dorus despejou a viúva e os dez filhos do falecido. Outra viúva alegou que o despejo não lhe deixaria alternativa para sustentar os cinco filhos a não ser a prostituição. Mas os Senhores se mostraram irredutíveis. Quando o fabricante de tapetes reclamou da qualidade do fio produzido pelas viúvas no programa de assistência de Dorus, a Sociedade cancelou o programa. Não se pretendia que soldados e viúvas dessem lucro, apenas que pagassem as contas. Do contrário, o apoio da Igreja poderia ser visto como caridade, a qual, como observou o prefeito de Zundert, "apenas alimenta a preguiça do povo".

Fosse em questões de Deus ou de dinheiro, esta era a síntese, o núcleo central do sucesso holandês: a independência financeira. Era aqui, nesse nível fundamental, que as ambições espirituais e temporais holandesas se encontravam. Não bastava a devoção, não bastava o trabalho devoto — "o pão de cada dia" que vinha do "suor do rosto" —, nem neste mundo, nem no próximo. Não poderia existir nenhum êxito espiritual sem um mínimo de êxito temporal.

Foi essa a lição que Dorus ensinou a seus arrendatários rurais — e ao filho Vincent: "Ajude-nos ajudando a si mesmo". Sem independência financeira, não podia existir respeito próprio. "Garanta sua independência", escreveu Theo van Gogh ao irmão mais novo, Cor, "pois ser dependente é uma desgraça para você e para os outros." Décadas mais tarde, quando Vincent, pelas grades da janela de sua cela no hospício de Saint-Rémy, observava um semeador trabalhando lá fora — o qual ele iria imortalizar numa pintura —, não pôde se abster de lamentar a indolência e o desperdício que estava vendo. Numa carta para casa, criticou o agricultor por viver da caridade de uma terra fértil. "Os sítios aqui produziriam o triplo se fossem devidamente adubados", escreveu ele.

Para Vincent, tal como para Dorus, nada existia num vazio temporal: nem a natureza, nem a religião, nem a arte. Tudo e todos tinham de triunfar *neste* mundo para ter alguma esperança de triunfo no próximo.

Enquanto Dorus van Gogh dava continuidade aos serviços de seus antepassados a Deus, o irmão Cent se dedicava à outra atividade tradicional da família: o dinheiro. Depois de dois anos em Haia, sua vida de solteiro folgazão tinha despertado a atenção e a carranca dos pais. "Há muitas coisas que os desagradam", insinuou obscuramente a cronista da família. Por instâncias deles, ao que parece, Cent deixou a casa e o emprego do primo dissoluto e, em 1841, abriu uma loja a poucas quadras de distância, na Spuistraat, vendendo tintas e acessórios para artistas.

Na maioria, os artistas que se tornaram clientes da nova loja eram, tal como Cent, jovens de boa família, *bons vivants* filhos de uma burguesia endinheirada com tempo ocioso para aproveitar a abastança. Encantador e muito sociável, de inteligência rápida e riso fácil, Cent se locomovia com igual desenvoltura entre os melhores salões da sociedade de Haia e as mais enfumaçadas tavernas de artistas. Mantinha a conversação social de dia, farreava de noite. Vestia-se com elegância; brilhava no teatro amador; adorava cantar. "Era um grupo muito alegre e animado", lembrava um de seus camaradas.

Provavelmente foi sua vida social agitada nesse ambiente burguês que levou Cent à descoberta que o tornaria um grande milionário. Em meados do século XIX, a nova classe média holandesa, e na verdade de toda a Europa, estava comprando estampas de arte. As vendas de tudo, de xilogravuras baratas a dispendiosas águas-fortes de ponta-seca, dispararam quando grandes contingentes europeus foram apresentados aos luxos de ter dinheiro para gastar e de rivalizar nas compras. Imagens clássicas e históricas, cenas naturais idealizadas, naturezas-mortas, objetos religiosos lotavam as casas dos novos-ricos.

Na Holanda, a mesma onda de nostalgia que inspirava centenas de livros sobre a história holandesa também gerou milhares de imagens de um passado holandês pitoresco, singular, enaltecedor — as chamadas pinturas de gênero, ou cenas da vida cotidiana. Imagens dos grandes nomes da Idade de Ouro, em especial de Rembrandt, voltaram de roldão ao imaginário público e às paredes das salas de visitas. Os holandeses, como os demais europeus, também foram tomados pela febre da moda que se irradiava do Sul. Jornais e revistas alardeavam sonoramente os artistas e quadros vencedores no Salon anual de Paris, alimentando a demanda de estampas com fantasias mitológicas ou cavalheiros em trajes típicos nacionais, enquanto a burguesia tinha pressa em reivindicar para si o último grito da moda.

Em meados da década de 1840, a lojinha de tintas de Cent van Gogh se tornou um dos únicos lugares em Haia a vender reproduções e gravuras artísticas. Em 1846, o negócio estava prosperando rapidamente. Em maio do mesmo ano, Cent foi a Paris visitar o homem que lhe fornecia muitas das estampas que vendia na loja — na verdade, a maioria das estampas que eram vendidas na Europa: Adolphe Goupil. O francês alto e empolado sentiu simpatia imediata pelo holandês miúdo e de fala persuasiva, que o espantou pela pouca idade. Goupil também tinha começado jovem. Partindo de uma lojinha no Boulevard Montmartre em 1827, ele havia construído um império das imagens: um monopólio vertical que incluía várias lojas em Paris, uma filial em Londres e um agente em Nova York, e além disso uma enorme fábrica onde filas de gravadores e impressores abasteciam suas lojas — e intermediários como Cent van Gogh por toda a Europa — com milhares de gravuras de todos os formatos, temas e preços imagináveis.

Cent voltou da viagem a Paris com uma nova decisão. No mesmo ano em que Dorus se candidatou ao sacerdócio, 1846, Cent van Gogh prometeu a si mesmo que faria grande fortuna. Encerrando seus dias de *flâneur* frívolo, por fim se casou — na idade excepcionalmente tardia de trinta anos —, escolhendo como esposa Cornelia Carbentus, a irmã mais nova de outro comerciante promissor de Haia, o encadernador de livros Gerrit Carbentus. Quando descobriu que a esposa não podia ter filhos, não hesitou em pô-la para trabalhar na loja, como forma de reduzir as despesas (preocupação constante de Cent, econômico nos detalhes).

Com uma energia que desafiava a saúde sempre frágil e um tino empresarial que quase se igualava ao de seu mentor francês (um amigo o descreveu como "um negociante cuidadoso... esperto... perspicaz"), Cent se pôs a reproduzir o sucesso de Adolphe Goupil na Holanda. Seu lema: "Tudo vende".

Logo captou a essência do gênio de Goupil: as imagens eram mercadorias, não obras de arte únicas. Para ter sucesso, um vendedor de gravuras precisava apenas avaliar o gosto do público e encontrar as imagens que servissem a ele. Goupil tinha um olho para imagens que era lendário. Logo Cent se mostrou à altura. Não se passou muito tempo, e o trânsito entre Paris e Haia corria nas duas direções: Goupil enviava as últimas estampas da moda, adaptadas de pinturas francesas; Cent remetia à fábrica de reprodução de Goupil imagens de artistas holandeses que julgava "vendáveis" — palavra que era sua marca registrada. Em viagens incessantes, ele percorria o continente europeu em busca de imagens, artistas e até escolas inteiras de artistas, para alimentar a demanda insaciável pela arte consoladora, sentimental, elegante, decorativa. Como Goupil, ele vendia imagens em todos os tamanhos e formatos, de todos os preços. Em meados da década de 1850, o desenvolvimento das técnicas de reprodução fotográfica permitiu que ambos acrescentassem a seus sortimentos fotogravuras baratas em quantidade e variedade inesgotáveis, abrindo assim um vasto mercado de compradores de classe média. No fim da década, Goupil tinha construído uma fábrica inteira dedicada ao novo meio de comunicação de massa.

Enquanto expunha sem cessar na loja e gastava prodigamente com os artistas e as imagens de boa saída — como os dramas religiosos de Ary Scheffer e as pinturas de animais de Rosa Bonheur —, Cent também incentivava artistas holandeses, franceses e alemães menos conhecidos a criar imagens vendáveis, pondo seus trabalhos na loja e às vezes chegando a comprá-los. Fornecia materiais, e mesmo dinheiro, para jovens artistas de Haia cujas obras julgava promissoras. Mas não era caridade. Como os "Senhores em Breda", Cent considerava esses subsídios como investimentos. Nunca dava materiais nem dinheiro a um artista sem receber obras em troca. Nunca comprava, vendia ou apoiava artistas com estilos pictóricos que lhe parecessem invendáveis. Em suma, os artistas, tal como as viúvas, tinham de se sustentar sozinhos.

A divindade holandesa do comércio sorria radiosa aos esforços de Cent. Em 1848, outra revolução na França, somada a um grande surto de construção de ferrovias e à adrenalina do império colonial, acordou a economia europeia de uma de suas longas letargias. Agora, pelo visto, todos queriam obras de arte. Estimulado pelo sucesso do irmão, Hein van Gogh começou a vender gravuras em sua livraria em Rotterdam, e em 1849 o caçula Cor abriu uma loja de livros e gravuras em Amsterdam, cujo sucesso acompanhou a onda do momento. No fim da década, a lojinha de Cent na Spuistraat tinha mudado de nome, ganhando um título grandioso, Internationale Kunsthandel Van Gogh, e o sobrenome Van Gogh se tornou praticamente sinônimo de comércio de arte em toda a Holanda e mesmo no exterior.

Em vista da tremenda expansão e da prosperidade fenomenal de sua empresa, era inevitável que, mais cedo ou mais tarde, Cent viesse a concorrer ou se associar com Adolphe Goupil. Em fevereiro de 1861, quinze anos após o primeiro encontro, os dois se sentaram no imenso *hôtel* na Rue Chaptal onde ficava a nova sede da Goupil em Paris, e assinaram um contrato de sociedade. Muita coisa havia mudado naqueles anos. Goupil, ainda mais do que Cent, tinha prosperado de modo fantástico durante a explosão de consumo da década anterior. Nada anunciava seu sucesso mais clamorosamente do que o imenso casarão no número 9 da Rue Chaptal. Com cinco andares de calcário no grandioso estilo Império rebuscado com que o barão Haussmann estava reurbanizando Paris, a sede incluía galerias dignas de um rei, ateliês para artistas favoritos, instalações gráficas e um *appartement* de luxo para visitas de alto gabarito.

O acordo foi um golpe de sorte extraordinário para o filho de um pároco de Brabante, agora com quarenta anos de idade. Tecnicamente era uma sociedade (Goupil com uma maioria de 40%, Cent com 30% e Léon Boussod, sócio de Goupil, 30%), mas o contrato liberava Cent de qualquer obrigação administrativa, criando-lhe um feudo de privilégio e influência que o projetou imediatamente à aristocracia dos novos tempos.

No fim do ano, a loja em Haia tinha se transferido da estreita Spuistraat para uma nova sede luxuosa na área muito movimentada da Plaats, e mais uma vez mudou de nome, passando a se chamar Goupil & Cie. Nominalmente, continuava sob a administração de um Van Gogh (Hein tinha vendido a livraria de Rotterdam em 1858 e viera trabalhar para o irmão bem-sucedido), mas começou a prover uma quantidade maior de pinturas francesas — as fantasias orientalistas de Gérôme e as moças de olhos tristes de Bouguereau — junto com as paisagens e pinturas de gênero holandesas, mais em conta, que por muito tempo tinham sido o esteio do negócio. E, naturalmente, oferecia "um sortimento completo de gravuras do catálogo" da Goupil, como garantia Cent aos clientes em sua carta de despedida. Poucos meses depois de inaugurar a nova loja, Cent e a esposa deixaram Haia e se mudaram para o luxuoso *appartement* de Goupil em Paris.

Cent continuou a viajar, como embaixador informal do império internacional de Goupil. Quando as reproduções da empresa ganharam uma medalha de ouro na Feira Mundial de 1867, Cent presenteou Guilherme III, rei da Holanda, com uma cópia das estampas premiadas. Quando a rainha Vitória quis comprar um quadro, foi Cent van Gogh que foi ao castelo de Balmoral representando o ducado de Goupil. Só a saúde frágil o impediu de visitar a filial mais dinâmica da empresa, recém-criada em Nova York. Quando assuntos de negócio ou de família o levavam à Holanda, ele ficava na nova loja na Plaats, que os moradores locais continuavam a chamar "a casa de Van Gogh". Em 1863, ele convenceu os sócios a abrir outra filial da Goupil em Bruxelas e nomeou o irmão Hein como *gérant* (gerente).

Cent se dedicava cada vez mais aos hábitos da fortuna e do lazer. Fiel à categoria social que o enriquecera, deu início a uma coleção de arte. Antes, ele comprava quadros para ajudar os artistas amigos, para garantir os direitos de reprodução ou simplesmente para abastecer o acervo da loja. Agora, comprava pelo puro prazer de ter e mostrar. Via-se sempre às voltas com o local onde ficavam os quadros da coleção que não parava de crescer, e mudou várias vezes a disposição deles, numa sucessão de domicílios suntuosos. Em 1865, encontrou um palácio na Avenue de Malakoff, perto do mais grandioso de todos os grandiosos novos bulevares de Haussmann e do local de passeio mais elegante da cidade, a Avenue de l'Impératrice. Situado a meio caminho entre o altaneiro Arco do Triunfo e o Bois de Boulogne, o novo lar de Cent tinha uma vista em toda a fachada dando para o famoso *tour du lac*, o desfile diário do "pessoal mais fino" de toda a Paris.

Mas nem Paris era perfeita em todas as estações. Assim, no inverno de 1867-8 Cent foi para o Sul — como faria seu sobrinho exatos vinte anos depois — em busca de um local para passar o inverno e um alívio para os problemas respiratórios que afetavam cada vez mais sua vida de ócio deslumbrante. Encontrou ambos no pequeno balneário litorâneo de Menton, logo adiante de Nice, que dava para as águas azuis da Côte d'Azur. Nos vinte anos seguintes, ele e Cornelia iriam para lá quase todos os invernos, tão encantados com os serviços dos grandes hotéis da cidade que nunca se deram ao trabalho de comprar uma casa.

Nos verões, Cent voltava à terra de sua infância. Em Prinsenhage, um enclave milionário nos arredores de Breda, ele construiu uma mansão esplêndida, sólida e robusta como a prefeitura de Zundert, ali perto, só que ainda maior. Com seu imenso jardim em estilo inglês, as estufas, os estábulos, a casa do cocheiro e a mais nova moda senhorial, uma "galeria de quadros", Huize Mertersem superava de longe as mansões rurais da velha aristocracia que pretendia imitar.

Em novembro de 1867, prematuramente debilitado e de fôlego curto, mas com apenas 47 anos, Cent recebeu uma das maiores honras do país. O rei Guilherme III, descendente dos príncipes de Orange, conferiu a Vincent van Gogh, descendente de fiandeiros de fios de ouro, o título de cavaleiro da Ordem da Eikenkroon (Coroa de Carvalho).

Apenas quatro meses depois de ser sagrado cavaleiro, seu sobrinho homônimo Vincent abandonou a escola em Tilburg e voltou para a casa paroquial de Zundert desmoralizado e em atitude de desafio. Para os pais, não podia haver contraste mais acachapante. Se Vincent não podia portar o bom nome e a mais excelsa finalidade da família servindo a Deus — e estava ficando cada vez mais evidente que não podia ou não queria —, a única alternativa decente seria honrar o nome recém-galardoado da família no comércio.

Vincent não conseguia se decidir. "Eu tinha de escolher uma profissão", escreveu mais tarde sobre aquela época, "mas não sabia qual." Ele passou o resto do ano (1868) numa obstinada paralisia ("mover-se é tão horrível", disse certa vez), agarrando-se à casa paroquial da qual os pais haviam tentado expulsá-lo várias vezes. Vagueava pelos pântanos, catava besouros, imerso em suas coleções no refúgio do sótão, ignorando o constrangimento crescente quando os paroquianos e moradores da cidade começaram a falar do filho esquisito e preguiçoso do pastor.

Cada êxito do tio Cent só contribuía para aumentar o peso da expectativa e da impaciência. A cada honraria crescia o legado do tio sem filhos — que por muito tempo se considerou que caberia por direito a Vincent — e a obstinação do rapaz gerava cada vez mais perplexidade. Ninguém duvidava que Cent estava disposto a ser generoso com a família. Esse ponto tinha ficado muito claro no ano anterior ao longo e idílico descanso de Vincent, quando o gerente da loja de Haia teve morte inesperada e Cent nomeou para o cargo principal um empregado de 23 anos de idade, de fora da parentela. A nomeação de um jovem dinâmico que não fazia parte da família foi um recado claro — ao que parece para todos, menos para Vincent: o tio Cent estava disposto a promover desde logo, e de maneira decisiva, o primeiro jovem Van Gogh que se mostrasse merecedor.

Por fim, em julho de 1869, dezesseis meses depois de abandonar a escola, Vincent cedeu. Se foi pela pressão cumulativa do constrangimento e do incitamento ou pela intervenção persuasiva de Cent em pessoa (que visitou Zundert várias vezes naqueles dezesseis meses), provavelmente nem o próprio Vincent sabia. Para garantir que o filho recalcitrante e imprevisível não mudasse de ideia no último minuto, Dorus foi com ele na viagem de trem até Haia. Lá, em 30 de julho, ele registrou Vincent, que acabava de fazer dezesseis anos de idade, como "auxiliar de escritório" na Goupil & Cie., e se despediu com uma bênção na qual certamente se mesclavam encorajamento, advertência e apreensão.

5. A estrada de Rijswijk

Lançados os dados, Vincent abraçou a nova vida. Como se quisesse redimir-se de anos de isolamento e meses de indolência, ele assumiu o novo papel com a determinação obsessiva que iria caracterizar todas as suas iniciativas. Da noite para o dia, o menino rústico do interior, com os sapatos enlameados e uma rede cheia de besouros, se transformou num promissor aprendiz comercial, um cosmopolita na mais cosmopolita de todas as cidades holandesas. Usava o figurino de verão de um jovem cavalheiro (meias brancas, chapéu de palha), e passava os domingos não na Grote Beek, mas com as outras pessoas elegantes que passeavam pela praia de Scheveningen, um balneário próximo no mar do Norte. No trabalho, entregava-se ao papel de "*protégé*" (termo dele) do eminente fundador da empresa, o tio Cent, ostentando "certo orgulho apropriado", admitiu ele, por terem o mesmo nome.

Se Vincent precisava de um modelo para seguir — ou um vislumbre do que lhe reservava o futuro —, bastava olhar o chefe, Hermanus Gijsbertus Tersteeg (que todos conheciam como H. G.). Bem-apessoado, trabalhador, numa posição bem além de seus 24 anos, Tersteeg era um novo tipo de homem. Tinha alcançado o topo da carreira em idade tão precoce não pelas vias tradicionais, as ligações familiares, e sim pelas novas vias: o mérito pessoal. Mesmo na adolescência, quando era aprendiz numa livraria de Amsterdam, Tersteeg havia demonstrado o pragmatismo e o bom senso tão caros aos holandeses. E se vestia bem. Tudo isso, somado a uma memória

H. G. Tersteeg.

fenomenal, um bom olho para os detalhes e "maneiras refinadas", logo lhe valeu a confiança de Cent van Gogh, que sem dúvida reconheceu alguns traços de si mesmo no rapaz esperto e persuasivo. Passados apenas seis anos de seu ingresso na firma, Tersteeg foi promovido a *gérant* da loja principal.

O jovem chefe mostrou especial solicitude pelo mais novo empregado da firma. Convidava Vincent para tomarem café no apartamento no andar de cima da loja, onde morava com a jovem esposa Maria e a filhinha de colo, Betsy. Vincent encontrou muitos motivos de admiração em seu novo chefe. Como Vincent, Tersteeg era um leitor voraz e poliglota. Já tendo um papel de liderança na agitada comunidade literária de Haia, Tersteeg adorava falar de livros — "irradiava poesia", disse Vincent — e Vincent adorava escutá-lo. "Ele me causou forte impressão", disse mais tarde. "[Para mim] era um ser de ordem superior."

Tendo Tersteeg como modelo, Vincent se atirou com gosto ao novo serviço. "Vivo muito ocupado e contente com ele", escreveu a Theo, "pois é o que quero."

Vincent passava a maior parte do tempo no depósito, fora das vistas públicas, onde se realizava a imensa maioria das transações da loja e onde se faturava a maior parte da receita, atendendo às encomendas de gravuras. Depois de localizar as imagens solicitadas no enorme acervo da loja, Vincent montava, embrulhava e empacotava o pedido para remessa. De vez em quando, ajudava a embalar um quadro na sala de expedição ou atendia algum cliente no setor de artigos de pintura (o único remanescente da empresa original de Cent).

Como uma "loja de departamentos" completa, a firma também dispunha de um ateliê de restauração, um setor de emolduramento e até um serviço de leilão, sendo que todos podiam demandar os serviços de um aprendiz. No suntuoso espaço da galeria pública da loja, sempre havia exposições a montar, quadros a pendurar, a remover ou a levar para uma mostra privada. Para conter as despesas, Tersteeg (como Cent) mantinha a loja com um mínimo de funcionários. Havia apenas dois aprendizes, um deles Vincent, geralmente trabalhando do amanhecer à noite, inclusive nos sábados. Sem dúvida havia empregados (ubíquos e invisíveis na época) para fazer as tarefas mais simples, como varrer e esfregar o chão, mas, na correria de um dia movimentado, um aprendiz como Vincent podia estar fazendo de tudo, desde tirar o pó das molduras até arrumar as vitrines.

No entusiasmo pelo novo emprego, Vincent sentiu um interesse súbito e febril, típico dele, por um tema pelo qual jamais tinha demonstrado qualquer curiosidade especial: a arte. "Devorou" livros sobre história da arte, artistas, coleções de arte na Holanda e no estrangeiro. Dedicou-se às revistas de arte mais recentes — que abundavam na sociedade cosmopolita culta de Haia. Visitava frequentemente a coleção real holandesa no Mauritshuis, a poucos passos da Plaats, com suas paredes forradas de pinturas da Idade de Ouro, como a *Vista de Delft*, de Vermeer, e a *Aula de anatomia*, de Rembrandt. Fez peregrinações a Amsterdam para ver *O alegre bebedor*, de Frans Hals, e, naturalmente, a *Ronda noturna*, de Rembrandt; a Bruxelas para ver as joias dos grandes flamengos "primitivos" (como Vincent chamava pintores como Jan van Eyck e Hans Memling); à Antuérpia para ver Rubens. "Vá ao museu sempre que puder", aconselhou ao irmão; "é uma boa coisa conhecer os velhos pintores."

Também estudava "novos" pintores — isto é, artistas holandeses da época, como Andreas Schelfhout e Cornelis Springer, apreciados pelo tio. Via-os não só nas paredes da Goupil, mas também em outras galerias, em "feiras" de arte locais, geralmente expostos no meio de um amontoado de antiqualhas e bricabraques, e no novo Museum van Moderne Kunst (Museu de Arte Moderna), recém-inaugurado, que ficava a poucas quadras da pensão onde Vincent se hospedava.

Tudo indica que foi em lugares assim que Vincent viu os primeiros sinais de uma revolução se aproximando na arte. Aqui e ali, entre as fileiras de moinhos, cenas urbanas, barcos assaltados por temporais, cenas de idílica patinação que constituíam os temas constantes dos artistas holandeses por mais de um século, ele viu alguns quadros — na maioria paisagens — com formas vagas, pinceladas indistintas, cores atenuadas, luz diáfana; quadros totalmente diferentes das obras de cores fortes e detalhes pintados com precisão que se multiplicavam em torno deles. Para os olhos inexperientes de Vincent, talvez parecessem inacabados, como para tantos outros na época. Mas logo Tersteeg começou a vendê-los, e os artistas que pintavam esses quadros passaram a vir à loja para comprar materiais e conhecer o novo aprendiz de nome famoso. No começo da década de 1870, Vincent viu os trabalhos de Jozef Israëls, Jacob Maris, Hendrik Willem Mesdag, Jan Weissenbruch e Anton Mauve, e é quase certo que os conheceu pessoalmente, todos eles pintando no novo estilo — que logo receberia o nome de "Escola de Haia" — que enfim iria libertar a arte holandesa do domínio da Idade de Ouro.

Vincent por certo ouviu histórias sobre o novo movimento: suas origens em passeios de grupo pela zona rural; a importância da pintura em *plein air* (ao ar livre); o novo preceito de captar "a impressão virgem da natureza" que artistas como Israëls tinham trazido de uma aldeia remota na França, chamada Barbizon. Vincent avidamente acrescentou as obras dos "novos" pintores holandeses e seus primos franceses, como Camille Corot e Charles Jacques, às paredes já abarrotadas de seu *musée imaginaire*, enquanto Tersteeg começava com cautela a testar o mercado para elas.

No entanto, mais uma década se passaria antes que os pintores de Barbizon ganhassem lugar de destaque nas paredes de brocado da Goupil. E com uma revolução se agitando na arte holandesa, ninguém prestou muita atenção a outro grupo de pintores franceses que tinham aprendido as lições de Barbizon sobre a luz e as impressões, num rumo muito diferente. No outono de 1871, a chegada à Holanda de um jovem pintor francês chamado Claude Monet passou praticamente despercebida na Plaats.

Mesmo que Vincent tenha assistido ao nascimento de um novo movimento artístico, seu aprendizado mais importante estava se dando no depósito da Goupil, no caleidoscópio de imagens que passavam diariamente por sua escrivaninha — em xilogravuras, entalhes, águas-fortes, litografias, fotogravuras, fotografias, álbuns de artistas, livros e revistas ilustradas, catálogos, monografias e edições especiais. A Goupil agora tinha dominado a arte de vender imagens em todos os mercados e de usar o sucesso de um quadro para vender suas reproduções a rodo. As imagens de grande saída estavam disponíveis em todos os tamanhos e formatos, com todos os níveis de qualidade e preço — em alguns casos, alcançando o do próprio original.

O resultado foi uma explosão de imagens: havia de tudo, desde as fantasias históricas ricamente detalhadas de Paul Delaroche aos ícones domésticos de Hugues Merle; das cenas bíblicas em claro-escuro de Rembrandt às imagens devocionais de Jesus de Ary Scheffer (as quais definiriam Cristo por mais de um século); das encantadoras pastorinhas de Bouguereau às sedutoras orientais de Gérôme; das agitadas cenas de batalhas às cenas sentimentais da vida rural italiana; dos românticos canais de Veneza às visões nostálgicas de uma Holanda seiscentista; das caçadas a tigres na África às sessões do Parlamento britânico; das partidas de uíste às vastas batalhas marítimas; das magnólias do Novo Mundo às palmeiras egípcias; dos bisões nas planícies americanas à rainha Vitória no trono. Todas essas imagens povoavam os olhos argutos e insaciáveis de Vincent. "Um estímulo contínuo para despertar a imaginação", foi como um observador descreveu o enorme catálogo de gravuras da Goupil. "Ao vê-las, quantas viagens fazemos na imaginação, quantas aventuras sonhamos, quantos quadros pintamos!"

Vincent mantinha o espírito aberto de um vendedor diante das imagens que lhe passavam pela escrivaninha. De fato, raras vezes em toda a sua vida ele se deteve para criticar uma obra ou um artista em particular. Esse oceano de imagens, em vez de submergir seu entusiasmo, parecia embalá-lo em suas ondas. "*Admire o máximo que puder*", aconselhou a Theo dessa vez; "*a maioria das pessoas não admira o suficiente.*" Quando tentou anotar seus "favoritos", saiu uma lista enorme — sessenta nomes de artistas famosos e obscuros. Havia românticos holandeses, orientalistas franceses, paisagistas suíços, pintores belgas de camponeses, pré-rafaelitas ingleses, vizinhos da Escola de Haia, novatos de Barbizon, favoritos do Salon, "[e] há também os velhos mestres". "Eu poderia continuar assim não sei por quanto tempo", acrescentou exasperado. Mesmo assim, somente dez anos depois Vincent admitiu seu gosto pelos quadros frívolos e tolos da vida cortesã dos pintores italianos e espanhóis da época. "Eu achava magníficas", relembrou em 1882 em tom meio desenxabido, "aquelas penas de pavão brilhantes."

Por algum tempo, Vincent parecia de fato ter mudado de rumo, deixando de lado as frustrações melindrosas da adolescência com a mesma decisão com que tinha abandonado a rede e a garrafa dos besouros. Em alguns aspectos, os anos de solidão voluntária e raivosa lhe haviam dado as habilidades ideais para o novo emprego. A observação atenta e o discernimento preciso que havia praticado com os ninhos das aves e as perninhas dos insetos agora podiam se aplicar às sutis gradações nas estampas finais de uma reprodução em série ou às variações estilísticas entre as diferentes transposições do mesmo quadro feitas pelos diversos gravuristas. A energia ilimitada para colecionar e classificar, somada a uma memória excepcional, o ajudava a controlar tudo, desde a torrente de imagens no depósito até o enorme sortimento de artigos de pintura. O cuidado solitário e meticuloso que havia dedicado à sua coleção de besouros agora podia ser empregado na sala de empacotamento e expedição ou nos mostruários da vitrine.

Com talento inato para os arranjos, Vincent tinha um olho apurado para enxergar relações entre imagens: não só por tema ou artista, mas pelos materiais, pelo estilo e por elementos intangíveis, como a sensação e o "peso". (Assim, por exemplo, ele observou que uma pintura de Mesdag ficava "pesada" ao lado de um Corot.) Aos amigos (e decerto aos clientes), aconselhava que montassem "álbuns de recortes", que andavam na moda — eram álbuns com folhas em branco em que a pessoa podia colar imagens de sua preferência. E explicava: "A vantagem é que você pode arrumar do jeito que quiser". Ele começou uma coleção própria de gravuras (principiando pelos italianos das "penas de pavão") que iria aumentar e modificar, com constantes arranjos e rearranjos pelo resto da vida, aguçando e tornando sempre mais sutis as noções de ordem e contexto.

Fosse por causa do conhecimento e entusiasmo ou de suas ligações familiares, Vincent logo foi autorizado a lidar diretamente com o público na galeria da Goupil, forrada de veludo, que parecia uma sala de visitas, onde as paredes escuras estavam cobertas de quadros com elegantes molduras douradas e nos divãs turcos descansavam cavalheiros de cartola. Em poucos anos, Vincent estava atendendo alguns dos melhores clientes da firma. Demonstrava uma percepção instintiva do valor e da raridade, da moda e da demanda, e não tinha a menor relutância quanto ao imperativo de vender. Em 1873, ele foi junto nas viagens comerciais a Bruxelas, Antuérpia, Amsterdam e outras cidades para ganhar clientes e mostrar as *nouveautés*, os últimos acréscimos ao catálogo da Goupil. Em algum momento aprendeu contabilidade. Vincent estava tão bem assentado no novo papel que assegurou aos pais que nunca mais precisaria procurar emprego.

Mas nenhum êxito ou promessa de êxito conseguia curar sua solidão. Uma década mais tarde, Vincent descreveu aqueles primeiros anos em Haia como "uma época desgraçada". De início, pode ser que tenha atribuído sua infelicidade ao trauma da despedida, coisa que sempre temia. "O começo é talvez mais difícil do que qualquer outra coisa", alertou Theo em 1873, quando este saiu de casa e começou a trabalhar. "Sei muito bem como você deve estranhar." Mas, dois anos depois, teve de

Galeria Goupil, Haia.

reconhecer que o problema não se resumia a saudades de casa. Apesar dos entretenimentos cosmopolitas da cidade; apesar do apoio cordial de uma comunidade repleta de relações familiares; apesar das longas horas de muito trabalho, Vincent trouxera consigo aquele inabalável isolamento dos pântanos de Zundert.

No trabalho, as exigências de uma loja com quantidade insuficiente de funcionários dificultariam a socialização mesmo para alguém de natureza sociável. Sendo os dois únicos auxiliares, Vincent e Teunus van Iterson não podiam tirar folga ou férias na mesma época. As ligações familiares de Vincent, reforçadas no começo pelas visitas frequentes do tio à loja, também separavam o rapaz dos outros empregados, mesmo se sua personalidade estranha e arrogante já não o fizesse. Nessa época, adoentado e frustrado, Cent se tornara um supervisor resmungão e opressivo, e, quando ia a Paris ou à Riviera, o afastamento dele era um alívio para Tersteeg e sem dúvida para outros também. "Era um senhor difícil, rabugento", relembrou Tersteeg tempos depois, "batendo sempre na mesma tecla."

No inverno de 1870, Cent foi acometido de uma doença quase fatal, e Tersteeg assumiu o controle completo na Plaats. Quase de imediato, sua atitude em relação ao sobrinho do dono mudou. Desde o começo, Tersteeg, que era educado e cerimonioso, se sentira incomodado com a grosseria e a esquisitice de Vincent, que atribuía à sua criação rústica. (Ele via o pai de Vincent a uma luz desfavorável, em comparação a Cent e suas maneiras sofisticadas.) Agora, Tersteeg começava a mostrar esse desdém com palavras ríspidas e ironias depreciativas. Vincent respondia com a mesma ambivalência dolorosa que sentia em relação ao pai: retraía-se no respeito e na "timidez" em presença do chefe ("Mantinha minha distância", lembrava ele), ao mesmo tempo alimentando uma mágoa pela rejeição que nunca iria se cicatrizar.

Aproximando-se o Natal de 1870, depois de um ano e meio em Haia, Vincent ainda se sentia infeliz. Havia muita gente na casa onde morava, não muito longe da loja, desde a própria família do dono, os Roose, a vários pensionistas da idade de Vincent (inclusive Iterson, seu colega de trabalho). Mas, aparentemente, ninguém lhe fazia companhia. Ele se retirou para os velhos hábitos solitários, preferindo passear sozinho pela zona rural dos arredores em vez de ir patinar com os moradores da casa. Os pais e o tio de Vincent reclamavam muito que o rapaz não "procurasse boa companhia" nos anos que passou em Haia, apesar das múltiplas ocasiões e dos constantes incentivos. Mas o convívio social exigia dinheiro, e o magro salário de Vincent não era suficiente nem para cobrir o preço da cama e comida na casa dos Roose; o pai tinha de complementar seus rendimentos. "Verdadeira pobreza", foi como, mais tarde, ele descreveu sua condição. Quanto ao Natal, o percurso de trem até Zundert saía caro, e sempre havia a possibilidade de que Tersteeg cancelasse sua folga de Natal — como de fato cancelou —, pois era a época de maior movimento na loja.

Então, em novembro de 1870, veio a notícia realmente devastadora: a família estava saindo de Zundert. Depois de 22 anos, Dorus tinha sido transferido para Helvoirt, a cerca de quarenta quilômetros a leste de Breda, onde outra minguada congregação brabantina precisava do semeador perseverante. Naquele ano, a família Van Gogh celebrou seu último Natal em Zundert. Em fevereiro de 1871, deixaram para sempre a casa paroquial, o jardim, o riacho e a charneca.

Numa onda de nostalgia precipitada pela mudança, Vincent recorreu ao único aliado que tinha no presbitério: Theo.

De início, foram frustrados os esforços de restabelecer contato com o irmão que antes o adorava. Os amigos de Theo em Helvoirt, filhos da família *junker* que persuadira Dorus e Anna a deixar Zundert, viam em Vincent apenas o que todos os demais viam: um rapaz esquisito e "difícil" — que "não prestava para nada", na avaliação deles. Quando ia visitá-los, troçavam dele pelas costas. Anos depois, lembravam que Theo era da mesma opinião sobre o irmão que vinha visitá-lo — "e dizia isso em alto e bom som", comentou um deles. "Os dois não eram muito chegados."

Então, em agosto de 1872, provavelmente depois de grande insistência de Vincent, Theo foi visitá-lo em Haia. Agora tinha quinze anos, quase a mesma idade de Vincent quando saiu de casa. Theo ficou algum tempo — o suficiente para Vincent se acostumar com sua companhia. Visitaram o Mauritshuis, onde Vincent podia exibir todos os seus novos e assombrosos conhecimentos. Mas, de modo geral, apenas passeavam. Um dia resolveram ir até a praia de Scheveningen. Vincent escolheu não o caminho pela avenida elegante, cheia de mansões, e sim uma vereda secreta entre as matas. (Dizia "minhas matas".) Num outro dia tomaram a direção oposta: o leste, para os lados de Rijswijk, provavelmente para ir a uma festa de família.

Os dois irmãos foram pela marginal que acompanhava o dique, ao lado do canal de Rijswijk. Vez por outra passava uma barcaça à vela. Em dias sem vento, os cavalos (e as pessoas) ainda usavam a marginal para rebocar as cargas que vinham pelo canal. Pararam num moinho do século XVII, construído para drenar as várzeas do dique. Uma roda-d'água de sete metros ainda executava esse trabalho de Sísifo. Por uma janela na parte de baixo do moinho, o moleiro vendia enguias assadas e leite ordenhado de uma vaca ali do local, a um centavo o copo. Os dois tomaram leite e foram até a casa onde havia a festa, nas margens do canal. Quando os convidados se reuniram para tirar uma foto, os irmãos ficaram lado a lado na fila de trás: Theo muito obediente e imóvel durante a longa exposição, Vincent quase tão irrequieto quanto as crianças na fila da frente, que saíram borradas no retrato.

Aquela caminhada até Rijswijk, tal como a despedida garoenta em Zevenbergen, logo adquiriu uma aura mítica para Vincent. Anos depois, lembraria com uma doída saudade "aquela vez, muito tempo atrás, quando... fomos juntos pela estrada de Rijswijk e tomamos leite no moinho". Comentou que a lembrança daquele dia era "talvez a mais bonita que tenho", e lamentou que "seria impossível pôr no papel o que vi e senti". Pelo resto da vida se referiu àquele dia como um paraíso perdido de "afinidade" e compartilhamento entre dois irmãos "unidos num só... sentindo, pensando e acreditando como iguais". Se era verdade ou não — se Theo deixara de lado a zombaria e as opiniões depreciativas dos amigos —, não fazia diferença. Vincent precisava acreditar que finalmente tinha companhia.

Rijswijk estabeleceu um padrão, que não mudaria pelo resto de sua vida: a nostalgia como antídoto da solidão; o passado como lenitivo do presente. Logo depois que Theo foi embora, Vincent começou a lhe escrever: "*Waarde Theo* [Querido Theo], Nos primeiros dias senti sua falta; eu estranhava não o encontrar quando voltava para casa à tarde". Foi o início de uma correspondência que se transformaria num dos grandes documentos da experiência humana.

* * *

É quase certo que um dos temas de conversa na estrada de Rijswijk eram as mulheres — em especial uma linda loirinha chamada Caroline Haanebeek, que também esteve na festa daquele dia. Extrovertida, alegre, desenvolta (a julgar por suas cartas posteriores), ela era o oposto do rapazola macambúzio. Adorava música — não os sóbrios cânticos dos salões da sociedade cultivada, mas melodias populares alegres como "*Riez, riez, mes jeunes amours*" ("Riam, riam, meus jovens amores"), cantigas que zombavam do decoro pelo simples fato de usarem o francês. Ela gostava de se divertir, e tratava os rapazes de maneira simples e direta que devia parecer um agradável flerte no mundo severo da sociedade de Haia. Mesmo Dorus van Gogh aprovava seus encantos: "a mais delicada flor", como disse ele. De fato, ela estava com flores silvestres nos cabelos naquela reunião familiar às margens do canal de Rijswijk.

Vincent talvez tenha sido apaixonado por Caroline, à distância, durante algum tempo. Suas referências enigmáticas a ela, mais tarde, sugerem um primeiro amor, casto e profundo. Disse que foi uma paixão "intelectual", não "física". "Metade de mim fantasiava que eu estava apaixonado", escreveu ele, "e com a outra metade eu estava mesmo." Se chegou a declarar esse amor, não terá sido numa voz romântica e aliciante, e sim insistente e agressiva — a voz que Vincent sempre iria usar para obrigar as paixões (suas e dos outros) a se submeter a ele. Era a voz da solidão desesperada. "Eu só queria dar, sem pedir nada em troca." Tenha expressado ou não sua paixão, certamente não foi correspondido. Quando ele e Theo chegaram à festa naquele dia, decerto ficou sabendo que Caroline Haanebeek pensava em se casar com o primo deles, Willem van Stockum. Ela pode até ter escolhido a festa como ocasião para anunciar o noivado. Na foto do grupo, Caroline está ao lado de Van Stockum, erguendo a mão de brincadeira para a câmera, como se quisesse mostrar um anel no dedo.

A reação de Vincent ao anúncio do noivado foi clara. "Se eu não conseguir uma boa mulher", disse a Theo, "vou pegar uma ruim... Prefiro estar com uma puta que não presta do que ficar sozinho." Movido mais pela solidão do que pelo erotismo ("minhas *paixões físicas* eram muito fracas na época", admitiu mais tarde), começou a frequentar prostitutas.

Não era difícil encontrá-las em Haia. A poucas quadras da loja da Goupil, numa zona superpovoada de construções medievais de madeira, chamada Geest, Vincent podia encontrar praticamente tudo o que quisesse, menos um afeto genuíno. Apesar de uma onda de reforma nas décadas de 1860 e 1870, que exigia que os bordéis se registrassem e as prostitutas passassem por exames médicos periódicos, o antigo comércio do sexo florescia ininterrupto nas ruas. Para cada bordel que era fechado por questões de regulamento, abria-se uma cervejaria ou uma loja de tabaco "com atendimento feminino". Mais tarde, quando Theo se mudou para Haia, Vincent o aconselhou a não frequentar esses lugares, "a menos que não tenha alternativa — aí, de vez em quando, não há nenhum mal nisso".

As idas de Vincent ao Geest, que começaram pelo menos no outono de 1872, aos dezenove anos de idade, foram as primeiras numa sequência de visitas a becos e vielas escuras do cais que se prolongaram até o fim da vida, em busca de uma intimidade que não encontrava em nenhum outro lugar. Sua primeira parada numa nova cidade costumava ser num bordel. Às vezes ia e ficava apenas sentado, bebendo, jogando cartas ou conversando — "sobre a vida, sobre os problemas, sobre a infelicidade, sobre tudo". Se o gerente do bordel o punha para fora, ele ficava junto à entrada, só observando os clientes que entravam e saíam. Quando o recebiam, adotava também as grosserias de prostíbulo dos outros clientes e era capaz de rivalizar em piadas e alusões obscenas com o mais despachado deles. Mas seus contatos pessoais com "aquelas mulheres que são tão perdidas e estão tão condenadas" sempre pareciam marcados pela compreensão e pela falta de entusiasmo sexual. Admitiu que sentia "uma afeição especial" por elas, e prudentemente aconselhou Theo a frequentar apenas as prostitutas "pelas quais você pode sentir alguma coisa".

Mais tarde, Vincent comentou que, passados os primeiros anos mais infelizes, por volta de 1872 sua estada em Haia se tornou "muito mais feliz". Mas era inevitável que a combinação entre um coração vulnerável e recursos limitados gerasse algum problema. Só podemos inferir qual teria sido a natureza exata do problema, mas foi grave o suficiente para Vincent comentar que ficou "com medo" da reação dos pais e se sentiu "tomado por uma espécie de pânico". Desesperado, tentou se aconselhar com Tersteeg. O jovem chefe respondeu nos termos mais ríspidos: Vincent teria de abandonar as atividades proibidas — quase certamente um romance ou uma série de romances. Se continuasse, estaria violando suas "obrigações em relação à família". Ao que parece, Tersteeg o advertiu que, se não abandonasse tal ou tais ligações, a família poderia tomar providências para mantê-lo sob tutela judicial. Mesmo dez anos depois, Vincent lembrava a resposta de Tersteeg como uma dolorosa traição, escrevendo: "Desde então eu me arrependo de ter tocado no assunto com ele".

No Natal, "o assunto" havia chegado aos ouvidos dos Van Gogh. Vincent sempre suspeitou que o responsável foi Tersteeg. Anos depois, ele escreveu: "Agora tenho quase certeza de que, muito tempo atrás, ele disse coisas a meu respeito que contribuíram muito para me colocar sob uma luz desfavorável". Tenha sido Tersteeg ou não a avisar a família, a má notícia teve consequências imediatas e devastadoras. Já antes disso, seu desempenho no serviço havia despertado sérias preocupações. Em outubro de 1872, a cronista da família, irmã do tio Cent, anotou algumas dúvidas sobre o sobrinho Vincent — dúvidas que só podiam ter vindo do próprio Cent: "Às vezes acredita-se que ele pode se tornar muito conveniente, e depois o contrário".

Quando tais dúvidas chegaram ao presbitério em Helvoirt, soou o sinal de alarme. O dinheiro andava mais curto do que nunca. A perspectiva de assumir mais uma vez o ônus financeiro de sustentar Vincent, além do receio de que seu retorno desencadeasse mais uma rodada de constrangimentos aos olhos da nova comunidade, fez com que a prioridade da família fosse salvar o emprego dele. Dorus escreveu a um parente: "Você bem pode imaginar como andamos ocupados com o caso [de Vincent]".

Enquanto isso, os contatos com Vincent vinham cada vez mais marcados por "coisas desagradáveis", como disse ele mais tarde. Dorus afogava o filho indócil em poemas, folhetos e cartas de motivação e advertência, insistindo para "lutar contra si mesmo", "confessar [sua] fraqueza" e "afastar o coração do pecado". Talvez por insistência de Dorus, Vincent passou a frequentar aulas sobre a Bíblia, mas ostentou a maior indiferença a elas. Aos colegas de pensão na casa dos Roos, ele se apresentava como ateu. Desafiando as instâncias do pai para admitir sua culpa e mostrar arrependimento, Vincent preferiu procurar consolo na literatura profana sobre o aprimoramento pessoal, em franca expansão na época. Tirou um retrato em que aparecia tão carrancudo que nem a mãe conseguiu gostar (ela disse que era uma expressão "azeda").

As linhas do campo de batalha estavam definidas. Deve ter sido um Natal de atrito e rispidez — o primeiro de muitos — quando Vincent e os pais reencenaram mais uma vez os conflitos, que agora já eram constantes. Na véspera de Ano-Novo, ele estava de volta à casa dos Roos em Haia, onde um colega de pensão o viu sentado junto à lareira, "atirando calmamente ao fogo, uma por uma, as páginas de uma brochura religiosa que seu pai lhe dera".

A primeira vítima do turbilhão da vida de Vincent foi o irmão Theo. As pressões financeiras em Helvoirt estavam chegando à beira de uma crise. Não só havia a probabilidade cada vez maior de Vincent ser devolvido ao seio da família, mas também o risco de ser sorteado para o recrutamento militar quando completasse vinte anos, em março de 1873. Dorus teria apenas duas escolhas: ou deixar que ele fosse combater uma revolta colonial em Sumatra — vergonha inominável e praticamente uma renúncia a qualquer futuro — ou comprar sua baixa militar, uma despesa impraticável. A família precisava de outra fonte de renda, e apenas Theo poderia fornecê-la. Depois de muita discussão, Dorus e Cent arranjaram uma vaga de aprendiz para ele — como a de Vincent — na filial da Goupil em Bruxelas. De início Theo resistiu. Ao contrário do irmão mais velho, ele gostava da escola e detestou a ideia de deixar os amigos de Helvoirt. Mas o dever vinha em primeiro lugar. "Deus o chamou para este serviço", disse-lhe Dorus. No início de janeiro de 1783, com apenas quinze anos, Theo tomou o trem para Bruxelas e começou a trabalhar.

Anna e Dorus incentivaram o novo funcionário da Goupil a "se tornar tão competente como Vincent". Mas, nos bastidores, empenharam-se vivamente para garantir que Theo não seguisse o exemplo do irmão teimoso em outros aspectos. Hospedaram-no na casa de um pastor, que também lhe dava aulas para a crisma, e o matricularam num "clube de jovens" para ocupar o tempo livre com as pessoas certas (uma "proteção contra más influências"). Despejaram recomendações para que frequentasse a igreja, obedecesse ao chefe, andasse bem-arrumado e comesse carne ("para ficar forte"). As advertências mais rigorosas iam contra as desventuras sexuais e a negligência religiosa, as duas armadilhas em que Vincent tinha caído. "Sempre se prenda a seus princípios", escreveu Dorus. "A felicidade só se encontra no caminho do decoro e da devoção genuína."

Apesar da dor inicial com a solidão e a insatisfação com o reverendo que era seu senhorio, Theo se deu bem em Bruxelas. No prazo de um mês, o circunspecto *gérant* da loja, Tobias Victor Schmidt, estava enviando relatórios elogiosos sobre a "adaptação" de Theo ao ofício e prevendo seu sucesso na carreira. Dorus mandou congratulações ao filho ("É maravilhoso que você tenha tido um começo tão bom") e o chamou de "valente" — um grande elogio, vindo do semeador perseverante. Theo aprendeu contabilidade e estudava francês à noite. O *gérant* Schmidt logo criou tanta afeição pelo mais novo auxiliar que o convidou para morar em seu apartamento, em cima da loja. A diferença com o irmão às voltas com seus problemas não escapou à atenção. Anna lhe escreveu: "Você está indo tão bem, em comparação à vida de Vincent".

Provavelmente Vincent o incentivara a ingressar no ramo da arte, mas não tão cedo nem a tal distância; ao que parece, ele ficou surpreso com a decisão de enviar Theo a Bruxelas. Vincent lhe escreveu na época do Ano-Novo de 1873: "Que boa notícia acabei de saber pela carta do pai. Desejo-lhe sorte de todo o meu coração".

Logo a alegria superou a surpresa. "Fico muito feliz que você [agora] trabalhe na mesma firma", escreveu algumas semanas mais tarde. Depois Vincent veio a ver essa mudança como a consumação do vínculo que tinham criado em Haia, no verão anterior, e escreveu eufórico: "*Ainda* temos muito a conversar". Numa fervorosa afirmação de solidariedade fraterna, inundou o irmão de conselhos, instruções e incentivos. Consolou a solidão inicial de Theo, ouvindo nela ecos da própria solidão; cumprimentou-o pelos primeiros sucessos; compadeceu-se da tremenda carga de trabalho de um aprendiz. Falava dos artistas e pediu várias vezes a Theo que lhe contasse "que quadros você vê e quais você prefere".

Para Vincent, o novo papel de Theo cumpria a promessa da estrada de Rijswijk: dois irmãos "unidos num só... sentindo, pensando e acreditando como iguais". Entusiasmado com essa visão, Vincent iniciou o novo ano com um ímpeto de energia renovada. Viajava a negócios, visitava clientes e nunca perdia ocasião de ver outras pinturas. Restabeleceu contato com os parentes e chegou a participar de ocasiões sociais, como festas em barcos. Depois de cada nova experiência, corria para a pena e o papel, para dividi-la com Theo. Às vezes, seu novo gosto pelo trabalho beirava uma alegria desvairada, quando ele agia como torcedor e modelo para seu jovem *protégé* em Bruxelas: "[A Goupil] é uma casa realmente esplêndida", escreveu ele. "Quanto mais a gente trabalha lá, mais aumenta nossa ambição."

Mas a decisão já estava tomada: Vincent teria de deixar Haia.

Cent e Tersteeg haviam chegado a essa conclusão provavelmente no Natal, em suas habituais confabulações e planejamentos para o ano seguinte. Dorus, que nunca hesitava em intervir junto "aos senhores" quando se tratava do interesse dos filhos, deve ter participado da decisão. No fim de janeiro, Tersteeg informou a Vincent que ele seria transferido "talvez muito brevemente" para a filial da Goupil em Londres. Não há registro das razões da transferência. Vincent, pelo visto, não sabia quais eram ou não quis dividi-las com o irmão. Disse apenas: "Ficou decidido que tenho de ir embora".

Mas era inegável a ligação entre sua má conduta e o afastamento da cidade. Se ele persistisse naquele caminho irregular, ameaçava lançar descrédito à família, ao bom nome da família e mesmo ao negócio familiar. Outros fatores podem ter colaborado para a decisão. As relações tensas de Vincent com os pais só podem ter reforçado as dúvidas de Cent sobre o sobrinho que trazia seu nome. Na foto que tirou em dezembro, Vincent aparece com roupas amarrotadas e um ar irritado — o contrário do tio lépido e garboso e do irmão mais novo, tão sociável. A irmã Lis comentou mais tarde que "a timidez e a aparência desajeitada foram prejudiciais para ele em seus negócios".

Mas a demissão estava fora de questão. Não só constrangeria a família, como lançaria mais um peso sobre as finanças apertadas de Dorus. E também seria jogar fora o único bem incontestável de Vincent: seu incrível conhecimento do enorme sortimento de imagens da Goupil. Por essas razões, a transferência para Londres provavelmente representava a solução perfeita (e mostrava o dedo do astuto Tersteeg): a filial londrina só fazia vendas no atacado; não tinha galeria. Como vendia apenas para comerciantes, não para clientes do varejo, o contato de Vincent com o público seria muito restrito — e, mesmo assim, apenas com o público inglês. "Estavam-no mandando para Londres para ver se seria mais fácil para ele negociar com os ingleses", relembrava a irmã.

Porém, numa empresa baseada nas vendas, uma empresa em que o talento do vendedor determinava o avanço na carreira e definia o sucesso, ficava difícil disfarçar a vergonha de ser transferido para um depósito atacadista num local distante. Mesmo assim a família tentou. Depois de tomada a decisão, todos os envolvidos tentaram maquiar a verdade. No começo do ano, antes mesmo de ser avisado da transferência, Vincent recebeu um bom aumento — o suficiente para não precisar mais do complemento de casa — e um bônus equivalente a um mês de salário, cinquenta florins, que mandou em grande parte para o pai, como certamente se esperava que fizesse. Anna se disse "surpresa" ao saber da notícia, mas, de qualquer modo, resolveu tratá-la como uma promoção. Dorus, mais propenso a saber toda a verdade, agarrou-se à sua fé na "bênção e orientação de Deus", porém mais tarde admitiu desanimado: "Não sei o que seria desejável". Tersteeg complementou a encenação com uma carta elogiosa após o fato consumado, apenas para disfarçar. Dorus informou o conteúdo a Theo: "Ele faz os mais altos elogios [a Vincent] e diz que sentirá muita falta dele, e que os aficionados, os compradores, os pintores e todos os que visitavam a loja gostavam da presença de Vincent e que certamente ele tem um grande futuro pela frente".

Mas nada do que dissessem conseguiria enganar ou consolar Vincent. A notícia da transferência foi tão dolorosa que ele demorou mais de um mês para contar a seu protegido em Bruxelas. "Imagino que você saiba que estou indo para Londres", escreveu afinal a Theo em meados de março, quando fazia mais de um mês que Theo sabia da notícia. "Fico com pena de sair daqui." Começou a fumar cachimbo — o lenitivo paterno para a melancolia — e aconselhou o irmão a fazer o mesmo. "É um remédio para a tristeza, que ultimamente venho sentindo de vez em quando." Fez-se de forte para o irmão, com votos de "não levar as coisas muito a peito", e assegurou bravamente à mãe: "Penso em aproveitar tudo e aceitar tudo". Mas sua "tristeza" foi exacerbada pelas incertezas constantes da transferência. De início marcada para o verão, sua partida foi adiada para "logo, logo" — como se Cent e Tersteeg mal pudessem esperar para tirá-lo da frente —, depois foi marcada para maio, e então voltaram a se apressar. No começo, ele iria direto para Londres; depois, iria a Londres passando por Paris. Só na última semana acabaram acertando os detalhes: ele tomaria um trem para Paris em 12 de maio.

Os meses de incerteza foram cheios de um vago temor, enquanto Vincent previa a solidão e as saudades que iria enfrentar. "Provavelmente terei de morar sozinho", especulava com melancolia. "Imagine minha tristeza em ter de partir." Andava pela cidade e pela área rural com um bloco de rascunho, registrando memórias do "lar" antes de deixá-lo. Fazia um esboço rápido a lápis, que depois trabalhava ternamente, traçando as linhas a pena e as sombras leves a lápis, antes de dá-los aos pais e ao irmão. Sem dúvida essas oferendas rituais o consolavam: uma delas mostrava a vista da rua pela loja da Goupil; outra, um canal e uma marginal como aquela que percorrera com Theo no dia da ida a Rijswijk; outra, uma longa estrada com uma carruagem — como a dos pais em Zevenbergen — afastando-se na distância.

Vincent continuou a trabalhar, tirando apenas uma breve folga na Páscoa, até dois dias antes de partir. Então arrumou sua única mala (deixando muita coisa para trás, como se esperasse voltar logo) e foi até Helvoirt, para sua última despedida da família. Mas ali não o aguardava nenhum consolo. Do presbitério de sua memória restava apenas uma sombra. A irmã Anna estava fora, num colégio interno; Theo, em Bruxelas. Encontrou o pai sobrecarregado de preocupações. O pior pesadelo de Dorus se concretizara: Vincent fora sorteado com um número baixo no recrutamento, obrigando o pastor a cavar os magros recursos para conseguir 625 florins — quase um ano de salário — que pagaria a um substituto, um pedreiro, para ir combater no lugar do filho.

Por uma estranha coincidência, o domingo que Vincent passou em Helvoirt era o Dia de São Jó — o dia de homenagem ao patriarca sofredor do Antigo Testamento. Dorus conseguiu um tempinho para uma rápida "conversa" com o filho, Anna só perguntou: "Você deixou tudo em ordem?", e aparentou surpresa quando Vincent se engasgou de emoção e não conseguiu responder nada.

Ele ficou em Paris poucos dias, que mal bastaram para ver a cidade caleidoscópica. "Grande demais, confusa demais", foram as únicas impressões que relembrou mais tarde. Conseguiu abarrotar suas horas de imagens: mais de 4 mil quadros na exposição recém-inaugurada do Salon; um dilúvio de Rubens no Luxemburgo; e o

Louvre, claro, lar de tantas imagens que ele embalara cuidadosamente e despachara nos últimos quatro anos. Percorreu o mundo do tio Cent: o grandioso *hôtel* de calcário na Rue Chaptal, a galeria opulenta, a oficina gráfica, o enorme depósito; a loja anterior no Boulevard Montmartre e a nova loja, imensa ("muito maior do que eu pensava", disse a Theo), à sombra do novo e gigantesco teatro da Garnier. Jantou na residência de Cent, onde conheceu artistas e amigos elegantes do tio.

E então foi embora. Pelo visto, a única razão da ida a Paris era permitir que o tio Cent e sua esposa o acompanhassem na travessia do canal da Mancha — a família se reunindo mais uma vez. Assim, quando foram embora, ele foi também: um trem para Dieppe, um barco para Brighton, um trem até Londres.

Para Vincent, tudo isso se passou num borrão indistinto — "agradável" foi o único termo que lhe ocorreu para descrever a viagem na carta ao irmão Theo —, tudo já previamente marcado pelo drama da separação e da recriminação pessoal que levava dentro de si. Mais tarde, ele admitiu: "Quando vi [Paris] pela primeira vez, o que senti mais que tudo foi uma infelicidade medonha que não consegui afastar". Quanto mais coisas lhe mostrava Cent, quanto mais festas cintilantes frequentava, quanto mais artistas conhecia, quanto mais comentários faziam sobre seu ilustre nome, mais dor e mais tristeza deve ter sentido.

Pois agora estava claro, olhando em torno de si, que este futuro não lhe cabia mais. Ele nunca seria o filho que Cent não teve. O caminho para aquela vida estava lá atrás em Haia, ou ali em Paris, não a uma mesa atendendo encomendas numa sala dos fundos em Londres. Já tinha sido expulso daquele caminho. O longo exílio já se iniciara.

6. O exilado

Em 1873, Londres era a maior cidade do mundo. Com 4,5 milhões de habitantes, era duas vezes maior que Paris e 45 vezes maior que Haia. Um crítico da época descreveu Londres como uma "imensa mancha preta" se espraiando para a área rural num pesadelo cartográfico de ruas estreitas e entrelaçadas. Em Haia, Vincent podia encontrar pastagens virgens a poucos minutos da pensão onde se hospedava; em Londres, uma ida ao campo levava "vários dias e uma sucessão de táxis", segundo um visitante. Henry James, que chegara quatro anos antes, declarou que se sentiu "esmagado" pela cidade. Vincent, claro, já tinha visto outras cidades: Amsterdam, Bruxelas e até Paris. Mas nada naquelas breves excursões poderia preparar o jovem interiorano de Brabante para o que James chamou de "imensidão inconcebível" da capital do mundo.

Enquanto as ruas de Haia zumbiam com uma atividade ordeira, as ruas de Londres explodiam caoticamente. Desde o primeiro dia em que ele se apresentou ao trabalho no escritório da Goupil na Southampton Street, logo depois do Strand, Vincent se viu lançado a um oceano turbulento de gente, como jamais poderia imaginar. As ruas viviam tão congestionadas que a pessoa podia atravessar de uma calçada a outra sem pôr o pé no chão. Enormes colunas sinuosas de pedestres enchiam as calçadas, lotavam as pontes, abarrotavam as praças, sobretudo no fim do dia. Aqui e ali as avalanches eram interrompidas por mendigos, engraxates, prostitutas, mímicos, garis, meninos de rua descalços dando cambalhotas por um *penny*, camelôs vendendo de tudo, qualquer artigo ou serviço, num modo de falar aos berros como jamais se ouvia nas escolas da Holanda.

A coisa mais estranha para Vincent, no entanto, era a sujeira. Comparada a Haia com suas janelas limpas e ruas impecáveis, Londres era uma gigantesca cloaca — "aquela cidade grande e imunda", dizia John Ruskin, "vertendo veneno por todos os poros". Uma fuligem preta e gordurenta cobria tudo — das fachadas vitorianas dos escritórios da Southampton Street à Catedral de São Paulo e ao Museu Britânico. Sobretudo no verão, quando Vincent chegou, um fedor de urina subia das sarjetas e esgotos de toda a cidade, fazendo os ricos se refugiarem no campo e todos os outros se embriagarem.

Como centenas de milhares de outros recém-chegados, esmagados pela cidade cada vez mais insuportável, Vincent procurou refúgio naquele sucedâneo de vida campestre que era a periferia. Na época de sua chegada, ondas e ondas de "vilas" — casas idênticas em filas intermináveis — cercavam a cidade por todos os lados. Numa dessas novas comunidades (provavelmente no sudoeste, em torno de Greenwich), Vincent encontrou uma pensão. Disse que o bairro era "tão calmo e agradável que a gente quase esquece que está em Londres". A casa, no estilo gótico em moda, com um "belo jardim na frente", tinha espaço para acomodar a senhoria, suas duas filhas e quatro pensionistas. Em troca dessa réplica de uma vida em vilarejo, Vincent tinha de começar sua baldeação para o trabalho às seis e meia da manhã. Ia a pé até um píer no Tâmisa, pegava um vapor para uma hora de travessia, então se acotovelava entre as ruas apinhadas até chegar à porta da Goupil.

Estando na cidade, ia para os espaços verdes. "Por toda parte você vê parques encantadores", escreveu a Theo. No horário do almoço e depois do expediente, ele ia espairecer na relativa solidão e tranquilidade daqueles grandes fragmentos verdejantes, sobretudo o Hyde Park, com suas árvores antigas, os prados de carneiros e os lagos de patos, onde podia se imaginar de volta às margens da Grote Beek.

Punido com sua expulsão de Haia, Vincent tentou um recomeço diferente. Certamente tendo nos ouvidos as vozes de censura dos pais e do tio, ele iniciou sua permanência em Londres num alvoroço de socialização. O próprio Cent deu o pontapé inicial convidando Vincent para jantar com alguns dos clientes mais importantes da Goupil em Londres. Passou um sábado "glorioso" com seus colegas da galeria num barco no Tâmisa. Também comentou os "agradáveis serões"* com os colegas pensionistas — um alegre trio de alemães — cantando ao piano da sala e dando longos passeios pelo campo nos fins de semana.

Em junho, o novo chefe de Vincent, Carl Obach, convidou o recente funcionário tão bem relacionado para passar um domingo em Box Hill, um morro de grés alto e escarpado ao sul da cidade. O panorama que se descortinava nas alturas batidas pelo vento — num dia límpido, a vista abarcava todo o Sudoeste da Inglaterra, de Londres ao canal — evidenciava com toda a nitidez topográfica a distância da terra natal, formada por baixadas, de onde Vincent fora banido. Ele escreveu a Theo: "O país é lindo aqui, totalmente diferente da Holanda".

Vincent tranquilizou os pais, escrevendo-lhes que tinha voltado a frequentar a igreja. Para provar, enviou-lhes um pequeno desenho a bico de pena da Igreja Reformada holandesa em Londres, a Austin Friars. Mas a notícia que talvez mais tenha alegrado a casa paroquial de Helvoirt foi a de que Vincent havia comprado uma cartola. Anna exultou: "Em Londres não se pode passar sem ela".

Eram maneiras de tentar se encaixar de novo na categoria social que a mãe desejava para ele. Vincent contou entusiasmado a visita que havia feito à "Rotten Row", a alameda real em Hyde Park para passeios a cavalo, bordejada de árvores, onde os cavaleiros de Londres apareciam todas as tardes com suas roupas mais elegantes e as mais esplêndidas equipagens. "Uma das cenas mais bonitas que vi", escreveu Vincent. Seus gostos artísticos também pareciam se guiar por novos ditames. Depois de abarcar praticamente tudo sem restrições, durante quatro anos, seu olho crítico se afunilou e adotou um foco mais concentrado e comercial. Entre os artistas britânicos que descobriu, encontrou apenas dois de fato dignos de elogios: George Boughton e John Everett Millais — ambos pintores de sucesso comercial, plenamente enquadrados no gosto convencional. (Na verdade, Boughton tinha contrato com a Goupil.) Vincent fazia menções de passagem a alguns outros artistas, manifestando admiração pelo tom sentimental, pela ostentação *nouveau riche* e pelo "valor monetário" — em suma, por seu caráter comercial.

Não tinha nenhum interesse por imagens controvertidas, como as novas repre-

* A partir daqui, todas as citações das cartas de Vincent são da mesma época (isto é, no arco de um ano) dos fatos citados, exceto indicação em contrário. Quando a citação não pertencer a esse arco temporal, virá indicada no texto com o uso de "mais tarde" ou "antes", ou termos equivalentes. Salvo indicação em contrário, todas as citações foram extraídas das cartas de Vincent. Para mais informações sobre as fontes, ver "Nota sobre as fontes", p. 1041.

sentações sociais realistas de mães desamparadas, de pobres amontoados, de bebês abandonados e de viúvas enlutadas. Pelo contrário, as obras que citava nas cartas para a família celebravam o estilo de vida e os valores que estavam no centro das vendas da Goupil e das expectativas dos Van Gogh: um jovem casal elegante flagrado num momento de doce intimidade na alcova em *A lua de mel*; uma jovem mãe bem-vestida, levando ternamente seu bebezinho à igreja em *O batismo*; duas moças com elegantes vestidos de festa subindo furtivamente uma escadaria magnífica para trocar segredos em *Devonshire House*. Imagens assim, afirmava Vincent, mostram "a vida moderna como ela é".

Ele visitou a Exposição de Verão na Royal Academy, mas saiu de lá com um atípico espírito intransigente, zombando de várias obras específicas e descartando a arte inglesa em geral como "muito ruim e desinteressante". A revolução nas xilogravuras produzidas em massa, que ocorria em revistas como *The Graphic* e *The Illustrated London News*, simplesmente não cabia na escala comercial de Vincent, embora estivesse acontecendo quase a seu lado, no Strand. Todas as semanas, ele se somava à multidão que se reunia na frente das gráficas dos jornais para dar uma primeira olhada nas novas edições. Mas as imagens grossas em branco e preto, que via nas janelas, pareciam "totalmente impróprias", admitiu mais tarde. "Não gostava nada [delas]."

Depois de dar uma volta pela National Gallery, ele comentou somente uma paisagem holandesa que viu no museu. Na Dulwich Picture Gallery, alguns "esplêndidos" Constable em exposição apenas lhe recordaram seus favoritos de Barbizon em Haia. Ao que parece, só uma mostra itinerante de artistas belgas conhecidos lhe despertou uma emoção genuína ("Foi um verdadeiro prazer ver aquelas pinturas belgas", escreveu ele) e, impaciente, pediu a Theo notícias do Salon de Paris.

Mas Vincent não deixava passar nada. Os Leonardo e os Rafael na National Gallery, os Gainsborough e os Van Dyke na Dulwich, os Turner no museu de South Kensington (antecessor do Victoria and Albert Museum) — todos ficaram armazenados no museu aparentemente ilimitado da memória de Vincent, para ser convocados anos mais tarde, muitas vezes num nível impressionante de detalhe. As ilustrações "toscas" de mendigos e enjeitados em *The Graphic*, por exemplo, reaflorariam após uma década para se tornar uma obsessão decisiva. Na época, porém, a única imagem que cativou a imaginação de Vincent naquele verão foi uma pintura de Boughton com um jovem cavalheiro andando pela propriedade da família, com uma mulher que parece ser a mãe. Chamava-se *O herdeiro*. Gostou tanto que fez um esboço reproduzindo o quadro e enviou à família.

Mesmo procurando a reconciliação, o afastamento de Vincent aumentava.

Tudo lhe lembrava o lar. Um passeio dominical o fez pensar "com saudades" nos passeios dominicais de Haia. A pensão lhe dava saudades da vida na casa dos Roos. Escreveu: "Não me esqueço [deles] e gostaria muito, muito mesmo de passar um serão [lá]". Colocou nas paredes de seu novo quarto exatamente as mesmas estampas que tinha no anterior. Ansiava por notícias de casa e em todas as datas festivas da família pedia queixoso que contassem como tinha sido. Um dia bonito desencadeava um tropel de saudades. "Você deve ter passado dias agradáveis em casa", escreveu a Theo, "como eu gostaria de rever todos eles."

Nenhuma de suas tentativas iniciais de se integrar socialmente deu certo. Os primeiros companheiros e até o *gérant* Obach logo desapareceram da correspondência. Em parte era por causa da língua: ele mesmo admitiu que entendia inglês muito melhor do que falava. Quando chegou, brincou dizendo que o papagaio da senhoria falava inglês melhor do que ele. Mesmo assim, seu bom alemão não impediu que os colegas alemães da pensão também o abandonassem. Para os pais, que sempre se preocupavam com sua introversão, Vincent atribuiu a iniciativa de afastamento a si mesmo, não aos outros. E explicou o rompimento aos pais dizendo: "[Eles] gastavam demais".

Mas era evidente que havia outras forças em ação. Os velhos hábitos de isolamento estavam se reinstalando. Mais tarde, Vincent escreveu sobre o tempo que passou em Londres: "Lá, nunca me senti em meu elemento". Como em Haia, evitava aglomerações (deixando assim de conhecer pontos turísticos usuais como a Torre de Londres e o Museu de Cera de Madame Tussaud). Pelo contrário, dedicava tempo cada vez maior a atividades solitárias — "passeando, lendo e escrevendo cartas". Um antigo colega de trabalho de Haia, que foi visitá-lo em agosto, encontrou Vincent cheio de *Weltschmerz* ("cansaço do mundo") e sofrendo de "enorme solidão". Anos depois, Vincent comentou que seu estado de espírito em Londres era "empedernido, árido... duro em vez de sensível... em relação às pessoas". Os pais se preocupavam com suas cartas "pesarosas". Voltaram a usar a palavra "estranho" ao manifestar seus temores.

Em vez de derrubar os muros do isolamento e do alheamento, o emprego de Vincent só fez aumentá-los. O trabalho — atender aos pedidos de atacado dos negociantes de estampas — lhe dava saudades do serviço mais variado em Haia. "A casa aqui não é tão interessante como a de lá", reclamou com Theo. A filial londrina não tinha galeria, não tinha mostras de vitrine, não tinha bandeiras comemorativas nem folhagens festivas. Os únicos clientes eram comerciantes e seus subordinados que passavam às pressas numa cidade apressada. Não tinham tempo para falar de arte. Nem havia uma loja de tintas e materiais onde os artistas pudessem procurar artigos, trocar sugestões e conversar. O depósito era bastante movimentado (processava mais de cem ilustrações por dia), mas o sortimento era limitado, e Vincent não tinha grande apreço pela maioria das imagens que lhe passavam pela mesa. E resmungou numa carta a Theo: "Boas pinturas [são] muito difíceis de encontrar". Tudo lhe recordava seu afastamento do mundo artístico cheio de vida no continente. "Conte-me principalmente quais são as pinturas que você tem visto nos últimos tempos", pediu ao irmão, "ou se foi publicada alguma nova litografia ou água-forte. Conte-me tudo o que puder sobre essas coisas, pois não vejo muito disso por aqui."

Cada dia desse tédio mortal ("que corrói", dizia ele) era uma censura — um lembrete dos caminhos que não tomara, das oportunidades que desperdiçara. "Nada é tão bonito como me parecia no começo", escreveu no primeiro dos muitos clarões de consciência que iria ter: "Talvez seja culpa minha mesmo". Arriscou uma melancólica esperança de que algum dia — "mais para a frente" — "talvez eu preste para alguma coisa", mas devia saber que agora perdera a vez. Seus contatos em Londres sugerem que a autoconfiança vacilava e o sentimento de vergonha aumentava. Ficou tão "intimidado" com seu novo herói George Boughton que, quando se encontraram, "não me atrevi a falar" com ele. Quando o pintor holandês Matthijs Maris foi ao escritório da Goupil, Vincent se sentiu "acanhado demais para falar".

Assim como a língua exacerbava seu isolamento, o dinheiro exacerbava seu sentimento de culpa — como faria pelo resto da vida. Mesmo com o salário quase dobrado, quando mudou para Londres, o que recebia mal dava para cobrir as despesas. "Para economizar os centavos", parou de tomar a balsa até a cidade e passou a fazer o caminho todo a pé, cruzando o Tâmisa por uma das pontes lotadas de gente. Prometeu que encontraria uma pensão mais em conta. As cartas para casa eram cheias de promessas de economizar e mea-culpa tão exagerados por pequenos gastos que indicam um sentimento de culpa mais profundo e mais implacável. Enquanto isso, os pais enviavam notícias cada vez mais sinistras sobre as dificuldades financeiras em Helvoirt e valentes compromissos de fazer mais sacrifícios pelos filhos. Anna escreveu: "Tentaremos viver com economia e ficaremos felizes quando o dinheiro que investimos em você demonstrar ter sido bem gasto; essa é a melhor taxa de juros que se pode querer".

Em agosto, as saudades da família, o isolamento e a recriminação pessoal tinham se transformado em depressão. Durante meses, Vincent tentara tranquilizar os pais, dizendo que estava "contente", "indo bem", "sentindo uma grande satisfação" no novo emprego. Com Theo, ele podia se abrir mais, embora mantendo o estoicismo. Em junho, escreveu: "Em vista das circunstâncias, estou me saindo bastante bem". Em julho: "Provavelmente vou me acostumar". Em agosto: "Vou aguentar mais um pouco".

Procurando uma válvula de escape para o desânimo que ameaçava vencê-lo, Vincent começou uma correspondência pessoal com Caroline Haanebeek, agora casada. Com seu frenesi habitual, inundou-a de imagens sugestivas e aduladoras (algumas em poemas, outras em gravuras) de jovens damas loiras e donzelas campestres em poses coquetes. Transcreveu um poema de John Keats sobre uma "bela donzela" com "os cabelos soltos brilhantes" e lhe recomendou outro poema de Keats, mais extenso e repleto de imagens eróticas. Enviou-lhe um resumo de *L'amour*, o popular manual amoroso francês de Jules Michelet, descrevendo um homem perseguido pelo retrato de uma mulher "que tomou meu coração, tão ingênuo, tão honesto... Esta mulher ficou em meu espírito". Invocou a relação anterior entre eles numa linguagem mais apropriada a um casal de amantes separados que a dois amigos distantes, e recomendou que ela lesse *Evangeline*, de Longfellow, história de uma jovem acadiana do Canadá arrancada a seu verdadeiro amor.

O que Vincent esperava conseguir com essa sedução verbal e visual da feliz esposa Caroline? Foi, de fato, a primeira de toda uma vida de campanhas impossíveis para transformar os sentimentos alheios pela persuasão. Mostra sua capacidade de criar ligações ilusórias e os extremos a que tais ilusões podiam levá-lo. Também revela em que medida ele já tinha começado a procurar consolo — isto é, uma mediação entre a realidade hostil e o desejo de ser feliz — na literatura e na arte. Vincent disse a Caroline que buscava "um lar na terra... um lugarzinho no mundo aonde somos enviados para ficar". E escreveu: "Ainda não cheguei lá, mas estou me esforçando e talvez ainda possa alcançá-lo".

No outono de 1873, os pais de Vincent se aperceberam de outro tom na voz do primogênito em Londres. "Estamos recebendo cartas animadas", declarou Dorus um tanto surpreso. Mas a razão não era Caroline Haanebeek, que rejeitara a estranha corte que ele lhe fazia.

Vincent tinha encontrado uma nova família.

Nos dezessete anos de vida que lhe restavam, Vincent tentaria várias vezes se ligar a outra família, à medida que se distanciava mais e mais da sua. Já tentara pelo menos uma vez em Haia, cultivando assiduamente a devoção da pequena Betsy Tersteeg, na esperança de conseguir um lugar para si na jovem família de seu chefe, tão unida. Talvez tenha tentado de novo em Londres com o novo chefe, Obach, indo visitar sua esposa e filhos. Nos anos seguintes, iria se sentir atraído sobretudo por famílias incompletas: famílias que haviam perdido o marido e pai, ou nunca tinham

Ursula e Eugenie Loyer.

tido um, deixando um vazio que podia preencher rapidamente; famílias entre as quais podia sentir, para variar, uma boa acolhida.

Era uma família desse tipo que Ursula Loyer e a filha Eugenie deviam lhe parecer. Vincent entrou como pensionista da casa na 87 Hackford Road em Brixton, onde mãe e filha mantinham uma pequena escola diurna para meninos. O aluguel era mais barato e a caminhada até o serviço mais curta (menos de uma hora). Desde o começo, Vincent deve ter considerado a viúva Ursula, de 58 anos, e Eugenie, a filha de dezenove anos, como almas irmãs: sofridas, errantes, em busca de um "lar na terra". Mesmo o sobrenome Loyer parecia desenraizado — uma adorável palavra em francês ("loa-iê") removida por uma desagradável pronúncia inglesa, "ló-ier", que se pronunciava como *lawyer*, advogado.

Filha de um capitão da marinha, Ursula tinha o calejado estoicismo de uma esposa de marinheiro. "O nome dela está escrito no livro da vida", comentou Vincent. Miúda e magra, com feições desproporcionais para seu tamanho, Ursula tinha sido batida, mas não vencida, pela vida. Uma neta, mais tarde, definiu a avó como "uma velha alma bondosa", sem "nenhuma ponta de tristeza". Eugenie, por sua vez, já era uma mulher e tanto. Com a cabeça volumosa, os traços largos, a constituição sólida, podia ser a irmã de Vincent (que puxou à mãe), até no basto cabelo ruivo que usava preso num coque flamejante. Tendo passado a maior parte da vida sem pai nem irmãos, ela se conduzia mais como homem do que como mulher: voluntariosa, controladora, "dominadora [e] difícil", segundo a filha, com "espírito mordaz" e gênio estourado.

O membro faltante, que dava à família o sobrenome mestiçado, tinha falecido mais de dez anos antes. Jean-Baptiste Loyer também era um homem sem lar. Nascido na Provença, tinha se exilado por problemas de família. Chegou a Londres como estrangeiro, casou-se com Ursula e teve apenas a filha Eugenie, antes de sucumbir a uma tuberculose fatal. Segundo a lenda familiar, o último desejo de Loyer foi morrer na terra natal. Com a esposa e a filha pequena, voltou à França e alugou uma cabana no litoral, onde os amigos o levavam diariamente até a praia no fim da tarde, para contemplar o pôr do sol. Chegada a hora da morte, ele se confessou e "todos os presentes choraram ao ouvir sua vida pura e virtuosa". Um documento contando esses fatos acabou chegando às mãos de Vincent. Verídica ou não, a história do exílio e da volta à terra natal o comoveu tanto que guardou uma cópia durante muitos anos, a qual transcreveu e enviou aos familiares. O relato terminava: "Ele amou a natureza e enxergou Deus, este estrangeiro no mundo".

Era inevitável que Vincent passasse a ver Ursula e Eugenie pelo prisma desse conto sentimental. Em vez de uma senhoria franzina e sua filha teimosa (ele nunca escreveu uma palavra sobre elas a Theo), Vincent via uma pequena família corajosa, seguindo na trilha de um grande pesar. "Nunca vi nem sonhei com nada parecido ao amor entre [elas]", escreveu à irmã Anna. Desde o minuto em que se instalou no minúsculo quarto do terceiro andar, Vincent tomou essa família rompida, mas amorosa, como o quadro onde ele, como um fragmento partido, se encaixaria à perfeição. "Agora tenho um quarto como sempre quis", escreveu, comparando as novas acomodações a seu quarto no sótão em Zundert. Para completar o devaneio, chamou Theo para ficar com ele: "Oh, meu velho! Quero tanto que você venha".

Via reprises da infância por toda parte: no jardim onde as Loyer plantavam flores e legumes; nas coleções de borboletas e ovos de passarinhos que enchiam a casa; no bulício diário das crianças que vinham para as aulas. Fez vários desenhos do novo lar, que deu de presente à nova e à antiga família. Na época do Natal de 1873, ele ajudou a enfeitar a casa com azevinho e comemorou "à inglesa", com bolo de frutas secas e cânticos natalinos. Seu primeiro Natal longe de casa se passou sem a dor da saudade que o afetaria mais tarde. E se vangloriou a Theo: "Espero que o seu Natal tenha sido tão feliz quanto o meu".

Fortalecido por esse sentimento de pertença recém-conquistado, Vincent começou o novo ano decidido a reivindicar de volta seu lugar na própria família. Escrevia fielmente para casa, sempre em tom alegre. Dedicou-se ao serviço maçante com um afinco que lhe valeu elogios que chegaram a Paris (e, de lá, a Helvoirt). Ganhando um belo aumento de Ano-Novo, mandou tanto dinheiro para casa que os pais ficaram preocupados que ele estivesse "tirando de si mesmo". Chegou a entrar em contato com o ex-chefe e favorito da família, H. G. Tersteeg.

No centro dessa nova campanha de reabilitação estavam os planos de trazer a irmã Anna para a Inglaterra. Encontrando-lhe um emprego de governanta numa família inglesa, ele conseguiria aliviar a pressão financeira sobre o presbitério e reconquistaria as graças dos pais. Em janeiro, deu início à campanha em duas frentes. Para os pais, era o incansável defensor das vantagens práticas da ideia: Anna poderia fazer as entrevistas pessoalmente, surgiriam outras propostas, ela poderia treinar seu inglês. Ele pôs anúncios em jornais, procurou empregos adequados, escreveu cartas de consulta. Chegou a se prontificar a ir até Helvoirt para acompanhar a irmã na travessia do mar do Norte. A mãe escreveu: "Que amor, com tanta vontade de ajudar".

Mas, para Anna, Vincent fez outro discurso, que tocasse seu coração solitário de adolescente. Ressaltou o afeto e a cordialidade das Loyer — tão diferentes da formalidade impessoal do internato onde ela estava. Seriam para ela, como eram para ele, uma segunda família. Eugenie e Vincent tinham combinado que seriam "entre si como irmã e irmão", escreveu ele a Anna, a qual "deveria considerá-la uma irmã também". "Seja gentil com ela, por mim", resumiu Vincent. Ursula escreveu uma carta calorosa a Anna, insistindo que considerasse a casa na Hackford Road "como seu próprio lar" e convidando que viesse para a festa de noivado de Eugenie "com um rapaz de bom gênio que saberá dar a ela o devido valor".

Vergados sob o peso constante das dificuldades financeiras, os pais de Vincent relutaram, mas acabaram concordando com seus planos. Em junho, ele iria até Helvoirt e acompanharia Anna à Inglaterra, onde iria ajudá-la a encontrar trabalho (e sustentá-la nesse meio-tempo). Vincent subiu às nuvens. Escreveu a Theo: "Nossa Anna vai vir. Como vai ser maravilhoso para mim! É quase bom demais para ser verdade".

Mesmo quando a campanha de Vincent para reconquistar seu lugar na família parecia apontar para o sucesso, porém, esse lugar lhe estava sendo tomado. Em novembro, seis meses apenas após a remoção de Vincent, Theo foi transferido para a filial da Goupil em Haia. Ele se hospedou na pensão onde estivera Vincent e assumiu a maioria das funções do irmão na loja. O *gérant* Tersteeg convidou Theo para o apartamento em cima da loja, para o café e conversas ilustradas, tal como havia feito com Vincent.

O contraste entre os dois irmãos não podia ser maior. Com boa aparência e maneiras gentis, Theo se dava bem em qualquer companhia. Os clientes diziam que era "atencioso" e "delicado" — dois adjetivos jamais ouvidos a respeito de Vincent. Não só Theo era mais parecido com o tio famoso como tinha a famosa "lábia" de Cent. Mesmo aos dezesseis anos, Theo "sabia como lidar" com os clientes, segundo um relato: sabia como "ajudá-los a ter mais discernimento", e de uma forma que "sempre achavam que a escolha tinha sido deles". Logo ganhou elogios não só do chefe exigente ("Como você é bem talhado para este ramo", admirou-se Tersteeg), como também do tio Cent, sempre atento, que não ouviu "nenhuma palavra contra" *este* sobrinho.

Depois da decepção de Vincent, o sucesso de Theo foi comemorado no presbitério de Helvoirt com alegria e alívio. Ele renovara as esperanças da família em dar um herdeiro ao tio Cent e, além disso, já tinha alcançado (aos dezessete anos) um grau de independência que Vincent levara anos para atingir. Dorus escreveu: "É um privilégio que você já esteja ganhando tanto. Isso significa muito!". Em Haia, Theo cumpria as obrigações familiares que frequentemente Vincent tinha ignorado. Por dar um exemplo tão admirável, os pais o cobriam de gratidão, de estímulo e indisfarçada preferência. Escreviam-lhe: "Fique bem e continue a ser sempre nossa alegria e recompensa!".

As notícias sobre o sucesso de Theo, divulgadas em cartas para toda a família, não passaram despercebidas em Londres. Na época do Natal, Tersteeg já comentara com Vincent a rápida ascensão do irmão. Ele se declarou "contente" com as boas-novas, mas não demonstrou. Enquanto mantinha uma correspondência ativa com outras pessoas, suas cartas a Theo foram rareando, numa lentidão ressentida. Quando chegava a escrever, as cartas eram curtas e superficiais. Rompendo dois meses de silêncio, Vincent explicou ríspido: "Ando muito ocupado". Acabaram-se os pedidos insistentes de "conte-me o que você tem visto". Em vez disso, Vincent sugeriu a Theo em tom de superioridade: "Pense a respeito e talvez você tenha algumas perguntas [sobre arte] a me fazer". Theo assumiu depressa o papel do correspondente mais irregular, às vezes demorando semanas para responder às cartas do irmão; ao contrário de Vincent, que costumava despachar logo as respostas a Theo, depois de um ou dois dias — um abraço assimétrico no qual os dois se manteriam presos pelo resto da vida.

Em junho, quando Vincent voltou a Helvoirt para levar Anna até Londres, a relação entre os irmãos havia esfriado. E Vincent tampouco teve a acolhida calorosa e grata que esperava. Em vez de entusiasmo pela nova vida e pela nova família, encontrou apenas desconfiança. Talvez tenha sido culpa de Anna. A tentativa de Vincent de ganhá-la para sua campanha, falando em amor, tinha saído pela culatra. Casamenteira incansável, Anna começou a tecer tramas fantasiosas de adolescente, tão logo recebeu a primeira carta de Vincent sobre as Loyer. Poucos dias depois de alertada pelo irmão: "Mocinha, não fique imaginando que há nisso mais do que lhe escrevi", Anna comentou com Theo suas especulações de que havia "mais do que um amor fraterno" entre Vincent e Eugenie. Por mais que Vincent negasse e insistisse que "não mencione isso em casa", certamente Anna insinuou aos pais, como fizera com Theo, que havia ali um amor nascente. "Retificações" posteriores, informando do noivado de Eugenie com outro homem, apenas aumentaram a perplexidade e a preocupação na casa paroquial, onde sempre duvidavam dos motivos e intenções de Vincent e, ademais, talvez já soubessem da excêntrica corte epistolar que ele havia feito a Caroline Haanebeek.

Como de costume, os Van Gogh puseram a culpa nas companhias de Vincent. As versões contraditórias sobre a disponibilidade de Eugenie lançaram uma luz desfavorável sobre sua mãe Ursula, a quem Anna se referia desdenhosamente como "aquela velha senhora". Que espécie de mãe exporia a reputação da filha a ambiguidades tão danosas? O próprio fato de ser uma família incompleta, que tanto atraía Vincent, parecia a seus pais muito preocupante e "pouco natural". "Não são uma família como as pessoas normais", Anna alertou Theo. Dorus, claro, questionava os critérios morais de qualquer coisa afetada pela imoralidade francesa. A hipótese de que Eugenie fosse "filha do amor", isto é, de mãe solteira, deve ter se insinuado em seus mais profundos temores. Reclamavam que havia "segredos demais" na casa de Hackford Road e receavam que as Loyer "não estavam fazendo bem nenhum" a Vincent.

Quanto mais Vincent insistia nas alegrias da nova família — "maravilhosa", dizia ele, "uma fuga dos problemas e inquietações da vida" —, mais os pais temiam que fosse outra das estranhas "ilusões" do estranho filho, "que certamente sofrerá uma decepção". Quanto mais ele detalhava o afeto que lá encontrava, mais Anna e Dorus se afligiam com "sua vida solitária e fechada demais" na casa da Hackford Road. Anna se sentia ofendida com aqueles relatos entusiásticos de Vincent sobre um amor familiar longe do lar. No mundo de Anna, onde os laços de família eram únicos e invioláveis, não havia lugar para a fervorosa insistência de Vincent quanto às novas relações "irmão/irmã" e seus apelos para que esses estrangeiros distantes fossem tratados como membros da família. Dorus compartilhava as apreensões da esposa.

E então apareceu Theo.

As notícias de seu mais recente triunfo o precederam em Helvoirt. Em meados de junho, ele conhecera a soberana da Holanda, a rainha Sofia, que fora visitar a loja na Plaats. Não demorou muito e tio Cent o apresentou a outro tipo de realeza: Adolphe Goupil. O tempo e os talentos de Theo eram tão requisitados que quase teve de cancelar a ida a Helvoirt, onde receberia Vincent. O reencontro dos dois irmãos depois de um ano foi, na melhor das hipóteses, cortês. Falaram de negócios, mas aparentemente foi só. Na manhã seguinte, quando Theo voltou às pressas para Haia, Vincent, abespinhado, não quis acompanhá-lo.

Quanto mais a família o marginalizava e desconfiava dele, mais Vincent se retraía. Passou a maior parte do tempo em Helvoirt enchendo um caderninho de desenhos com "instantâneos" de sua vida em Londres. Depois que Theo saiu, ele continuou a obra de documentação pessoal. Fez desenhos da casa paroquial de Helvoirt e deu às irmãs Lies e Wil. Para os pais, fez um desenho grande com a vista que tinha em sua janela na Hackford Road — imagem que pretendia ou tranquilizá-los quanto à visita de Anna ou desafiá-los mostrando que continuaria lá, ou as duas coisas ao mesmo tempo. Em palavras que Vincent não ouvia em casa fazia muito tempo, a mãe aprovou plenamente que ele se dedicasse ao desenho como um passatempo construtivo. "Todos nós ficamos muito felizes com isso", escreveu a Theo. "É um dom muito agradável que pode ser bem empregado."

Vincent resistia à ideia de partir, como sempre. Conforme se aproximava a data de ir embora, foi ficando mais irritadiço e alheio. Quando o assunto de Londres veio à tona, ele apenas se queixou da neblina. "Não era ele mesmo", Anna se queixou depois a Theo. Dorus, que adoeceu fisicamente depois da morte do pai em maio, retirou-se da vida do presbitério para a reclusão melancólica, como era seu hábito. Vincent mal o viu na última semana que passou em Helvoirt. Embora já tivesse prolongado a estada além dos dez dias originalmente reservados para a viagem, Vincent escreveu de última hora ao chefe Obach, pedindo mais tempo. Também cancelou a passagem que faria por Haia para ver o irmão, aproveitando o tempo extra numa correria frenética final para desenhar — como se uma imagem a mais fosse amolecer os corações que pareciam estar contra ele.

Mas nada funcionou. Sua campanha malograra. Quando Vincent e a irmã saíram da estação de trem de Helvoirt em 14 de julho, os pais tinham passado a ver Anna como a salvação de Vincent, e não o contrário.

Depois de voltar a Londres, não se passou um mês e Vincent deixou a casa da Hackford Road. Nunca explicou o motivo. Quando retornou de Helvoirt, ele retomou amistosamente a relação com as Loyer. Ursula e Eugenie acolheram Anna de braços abertos. "São boas pessoas", escreveu ela aos pais. "Procuram nos dar o máximo conforto." De início, Vincent parecia delirar de felicidade com a companhia da irmã e escreveu a Theo: "Você pode imaginar como é agradável estarmos aqui juntos". Todo dia de manhã, indo a pé para o trabalho, Anna o acompanhava durante uma parte do caminho, depois ensaiava ao piano na sala de visitas das Loyer. Visitou o emprego dele e jantou com o chefe Obach. Nos fins de semana, percorriam os museus e faziam piqueniques nos parques. Vincent aprendeu a nadar.

O que provocou o desfecho abrupto desse breve idílio de verão? À falta de qualquer explicação, os pais de Vincent viram apenas a consumação de seus presságios negativos. "No fim as coisas não eram tão maravilhosas nas Loyer", escreveu Dorus. "Fico contente com isso, pois eu tinha uma sensação incômoda com o fato de ficarem lá." Anna concordava: "Estou contente que ele não esteja mais lá. A vida real é diferente daquilo que se imagina". Anos mais tarde, criou-se uma lenda familiar em torno da súbita partida de Vincent, atribuindo-a a um amor não correspondido. Em sua versão inicial, Johanna Bonger, a futura esposa de Theo, especulou se Vincent não teria se apaixonado por Eugenie Loyer — versão que somava o romantismo de colegial de Anna e dela mesma e lançou dezenas de biógrafos aos mares da pura especulação. "Ele tentou de tudo para fazê-la romper o noivado", escreveu Bonger, "mas não conseguiu." Foi sua "primeira grande dor", dizia ela, que mudou Vincent para sempre. Foi o que o tornou, nas palavras de Irving Stone, o divulgador mais famoso dessa sua versão, "sensível à dor dos outros".

Sem dúvida, a realidade era ao mesmo tempo mais prosaica e mais profunda. A família de colcha de retalhos que ele tinha na Hackford Road não poderia se sustentar por muito tempo. Ele mal conhecia a própria irmã Anna, que a adolescência havia transformado numa jovem de dezenove anos desconfiada e recriminadora. O mais importante, talvez, é que ela não conhecia o irmão. Depois de semanas procurando emprego em vão, as perspectivas de trabalho de Anna diminuíram. "Creio que vai ser muito difícil", Vincent explicou a Theo. "Em todos os lugares, dizem que ela é nova demais." Como prometera sustentar a irmã até que ela encontrasse serviço, Vincent teve de encarar sua própria crise financeira na hora de pagar o aluguel de agosto — hora que, para ele, era sempre um momento especialmente volátil. A mistura entre seus sentimentos de culpa, a impaciência exigente de Anna e o pavio curto de Eugenie tornava a desavença quase inevitável.

Em 15 de agosto, Vincent havia encontrado novos alojamentos a 1,5 quilômetro de distância, pondo fim ao ano de hospedagem na casa das Loyer — a primeira das várias ligações intensas que terminariam em rupturas súbitas e traumáticas, quando as famílias postiças não correspondiam a suas expectativas de encontrar conforto nelas. "Ele se ilude com as pessoas", escreveu Anna em seu único comentário sobre o mês que passou com Vincent e as Loyer. "Se não se mostram à altura de sua opinião demasiado rápida sobre elas, fica tão desapontado que se tornam como que um ramalhete de flores murchas para ele."

A despeito do motivo, a expulsão (ou fuga) de Vincent da casa da Hackford Road marcou o início de outra longa fase de depressão, entre tantas que lhe marcaram a vida. Poucos dias depois, como se fosse obra do destino, Anna encontrou emprego em Welwyn, uma cidadezinha a cinco horas de trem de Londres, e saiu dos novos alojamentos que o irmão tinha alugado na Kennington Road. Sozinho pela primeira vez em um ano, Vincent logo retomou os hábitos da solidão e da melancolia que alimentara na infância. Parou de desenhar e procurou os velhos lenitivos da literatura e da arte. Comia pouco e descuidava da aparência. Cortou os contatos sociais e passou a descurar das obrigações no serviço, atraindo uma séria repreensão de Prinsenhage, como informou a mãe, onde tio Cent "queria que [Vincent] saísse e visse gente"; "é necessário para o futuro dele". Como para castigar a família antiga pelo insucesso da nova, ele parou de escrever para casa. "Dói-nos que ele não escreva", lamentou Dorus a Theo, "e é prova de que ele não está bem."

Londres não tinha nenhuma charneca para onde Vincent pudesse escapar. Mas oferecia distrações e consolos que não se encontravam na Grote Beek, com uma fauna muito mais estranha e variada. Mais tarde, ele contou a um amigo que "perambulava muito pelas vielas", sobretudo à noite, depois do longo expediente de trabalho.

Sem traquejo social, ansiando por contato humano, despido de qualquer remorso fazia muito tempo, Vincent se viu na capital mundial da companhia paga. Mais de 80 mil prostitutas, muitas das quais mal haviam chegado à adolescência, exerciam seu ofício numa metrópole onde se atingia a maioridade com apenas doze anos. Nas áreas de Londres que Vincent frequentava, não faltavam oportunidades. "Você não consegue dar cem passos sem tropeçar em vinte mulheres de rua", reclamou um visitante ao dar um passeio pelo Strand. Os serviços eram oferecidos por 3 mil bordéis oficiais, e no mínimo mais a metade disso em cafeterias, charutarias, salões dançantes e "casas noturnas", todos vendendo os mesmos serviços. Além disso, as prostitutas se reuniam em "enxames" em determinados locais (Oxford Street, St. James's Square, Covent Garden), vários deles a poucos passos da loja da Goupil. Abordavam os passantes com um despudor que desarmava os incautos. Tinham muitos nomes: meretrizes, messalinas, decaídas, *lorettes*, marafonas, putas e "criaturas degradadas".

Vincent se referia a elas como "moças que amam demais".

Numa carta a Theo, em agosto, Vincent anunciou audaciosamente seu novo estilo de vida em Londres: "A virgindade da alma e a impureza do corpo *podem* andar juntas". Feita essa ressalva, Vincent iniciou mais uma campanha encarniçada para pôr fim a seu exílio. Se não podia reconquistar as graças dos pais, podia pelo menos pleitear a lealdade do irmão. E, para isso, havia maneira melhor do que a isca da licenciosidade sexual?

Como Vincent por certo sabia, Dorus vinha travando uma batalha contra os anjos mais tenebrosos de Theo desde seus quinze anos, quando saiu de casa. A cidade grande de Bruxelas oferecia tentações especiais, mas mesmo a transferência de Theo para a relativa segurança de Haia (provavelmente orquestrada pelo pai) não refreou as ensandecidas admoestações de Helvoirt — "fique em guarda", "desvie-se das pedras", "não se faça conhecido como um farrista" —, todas elas advertências cifradas sobre os perigos do sexo. Quando uma paixão não correspondida fez Theo ir atrás de sexo nos becos escuros do Geest, Vincent agarrou a ocasião.

Enquanto Dorus insistia no decoro e na pureza, Vincent pregava a tolerância e os prazeres da carne. "O animal precisa sair", explicava ele. Enquanto Dorus aconselhava Theo a comprar um almanaque bíblico e iniciar cada manhã com um versículo apropriado, Vincent contrapunha suas próprias lições bíblicas: "Julgas pela carne: eu não julgo ninguém" e "Atire a primeira pedra aquele que nunca pecou". Pressionava Theo a enfrentar o pai com firmeza ("Siga suas próprias ideias") e, em vez de Cristo, citava Jules Michelet, autor daquele outro evangelho do coração humano, *L'amour*. Enquanto Dorus tentava aterrorizar Theo com sonhos "medonhamente" pressagiosos de "terríveis descaminhos" na cidade, Vincent lhe acenava tentações com imagens como *Margarida à fonte*, a visão de Goethe da graciosa virgindade impotente diante da tentação.

Em sua batalha faustiana pelo coração de Theo, tal como fora sua campanha pelo de Caroline Haanebeek, Vincent mobilizou todos os meios de persuasão de que dispunha. Enviou a Theo estampas com camponesinhas atraentes (o ícone do sexo sem culpa na época) e um retrato de Camille Corot (famoso tanto pelos quadros quanto pela amante) com as instruções "pendure estes em seu quarto". Recomendou a pintura das voluptuosas *Lenhadoras* (*Les bûcheronnes*), de Corot, e as camponesas de Jules Breton dançando ao redor de uma fogueira, num delírio de inocência e sensualidade (*Véspera de são-joão*). Entre todas as obras expostas na mostra da Royal Academy naquele ano, ele elogiou apenas as moças fáceis e elegantes de James Tissot.

Na literatura, ele escolheu não só românticos alemães como Goethe e Heine (o qual sabidamente mantinha uma balconista como amante), mas também franceses como Charles Sainte-Beuve, cujos sonetos mesclavam a admiração pela natureza e o desejo lascivo pelo ideal feminino; Armand Silvestre, que pintava retratos com texto de camponesas com "almas profundas como o mar" e "blusas moldadas nos seios"; Émile Souvestre, premiado romancista que gostava de narrar amores frustrados ("Este ano estarei com o coração partido, pois aquela que amei não me amou"); e Alfred de Musset, avatar da angústia romântica, famoso por seu tempestuoso romance com George Sand.

Os argumentos apaixonados de Vincent logo se transformaram numa investida total, obsessiva, para cima do irmão mais novo — a primeira de muitas que se seguiriam. A defesa da liberdade sexual era apenas a ponta de lança. Suas exortações acabaram se ampliando para abarcar o amor e o sentimento de pertença, a melancolia e a saudade — temas que o perseguiam visivelmente em seu alheamento cada vez maior. Seu fervor em persuadir era tão intenso que não cabia nas cartas. No começo de 1875, ele comprou um álbum para Theo e começou a preencher as páginas em branco com longas transcrições das obras desses e de outros autores, tudo numa letra miúda, caprichada, sem erros. Depois de ocupar todas as páginas do primeiro álbum, ele comprou outro e também o preencheu, copiando os textos à luz de gás até tarde da noite.

Até que ponto esse coro exaltado entrou nas cartas de Vincent, não sabemos. Dos seis meses entre agosto de 1874 e fevereiro de 1875, não há notícia de que tenha restado alguma carta dele ao irmão, apesar dos indícios de que escreveu algumas. A única coisa que sobrou da campanha de Vincent são dois pequenos álbuns encapados com papel colorido. Os 73 registros, que ocupam mais de cem páginas, mostram a profundidade e o desespero de seus rogos no inverno de 1874 para reconstituir aquela aliança especial que, em sua imaginação, fora estabelecida na estrada de Rijswijk enquanto se afastava cada vez mais do resto do mundo.

Em outubro, a luta de Vincent com os pais veio às claras. Fazia quase dois meses que não escrevia para casa — uma transgressão inédita do dever familiar. Quando deixou de escrever até mesmo por ocasião do aniversário da mãe em setembro, não havia mais como negar a hostilidade daquele silêncio. Anna se desesperou: "Vincent não escreve mais, nem nas datas importantes". "Oh, Theo! Você não sabe quanta dor isso está nos causando." À falta de qualquer notícia, os pais imaginaram o pior. Teceram várias teorias sobre o que estaria errado: Vincent não estava comendo direito, não saía o suficiente (precisava "se dar [mais] com os bem de vida"), passava tempo demais sozinho, o ar de Londres tinha "efeitos nocivos". Chegaram a fazer a implausível sugestão de que precisava ler mais ("muda a cabeça para outras coisas"). Receavam que tivesse deixado de frequentar a igreja, levando Anna a acusá-lo de "não cooperar" com os planos divinos para sua felicidade.

Arrastando-se o silêncio até outubro, a inquietação dos pais aumentou quando, pela primeira vez de que se tem notícia, enfrentaram a possibilidade de que o problema do filho fosse mais profundo. Escreveram: "Pobre garoto, ele não facilita as coisas para si mesmo... Ficamos infelizes quando não conseguimos aceitar quem somos". Tio Cent visitou Helvoirt em alguma altura de setembro, e então as ansiedades represadas de Dorus e Anna transbordaram. Logo depois, Vincent recebeu um recado dos "senhores" da Goupil, avisando que ia ser transferido temporariamente para Paris.

Vincent ficou furioso com aquela intromissão. Despachou uma carta raivosa que rompia as convenções familiares do eufemismo, do refreamento das emoções negativas e da infalibilidade dos pais. Acusou o pai, em especial, de interferir em sua vida, acusação que Dorus só pôde negar com minúcias próprias de um advogado ("Não fui eu que falei com o tio; foi ele que falou comigo" sobre Paris). Na verdade, Dorus tinha se encontrado com Cent e o sócio Léon Boussod duas semanas antes de ser anunciada a transferência, e informara Theo antes mesmo que Vincent soubesse da notícia. Vincent tentou acreditar no argumento do pai, que disse que o tio Cent "queria que ele trabalhasse na 'matriz' e se familiarizasse melhor com tudo o que há no depósito de Paris". Mas continuou agitado, confirmando que eram motivos de queixa mais antigos, mais profundos, que estavam em ação. Em vez de fazer uma visita de despedida à irmã em Welwyn, ele enviou um breve bilhete pedindo que devolvesse sua mala. Recusou-se de propósito a passar aos pais seu endereço em Paris e até a avisar a data da viagem, obrigando-os a pedir a informação a Theo.

Vincent embarcou para a França em 26 de outubro. Em Helvoirt, Dorus e Anna adotaram a atitude costumeira de aguardar e manter as esperanças. "Não queremos desesperar", insistiram. Rezavam fervorosamente para que "o envolvimento de Deus nessa transferência traga [Vincent] de volta a nós, a Ele e a si mesmo, e volte a ser feliz". Mas, nos momentos mais sombrios, com a chegada do inverno e o silêncio obstinado de Vincent, toda a família começou a pensar o impensável. A irmã Lies se inquietava que Vincent talvez nunca voltasse a ser "como costumava ser" e previu que "se passará muito tempo até voltarmos a vê-lo". Dorus qualificou o comportamento do filho como "não natural" e alertou: "dificilmente pode ter consequências positivas". O julgamento de Anna foi o mais duro de todos: "Ele se retirou do mundo e da sociedade", escreveu ela. "Finge não nos conhecer... É um estranho."

* * *

Assim foi que Vincent caiu em desgraça junto à família — num padrão que se repetiria várias vezes nos anos seguintes. A campanha para conseguir um emprego para Anna foi apenas a primeira de muitas tentativas de recuperar seu lugar de direito no paraíso perdido da casa paroquial de Zundert — lembrança que adquiria vulto maior à medida que se afastava dela. A retirada solitária para o mundo noturno de Londres foi a primeira das muitas vezes em que resvalou para a culpa e os excessos autodestrutivos; as exortações literárias e artísticas, o primeiro de muitos esforços de reverter seu isolamento (e revidar aos pais) arrancando-lhes Theo; sua fúria contra o pai por causa da transferência temporária para Paris, a primeira de muitas explosões de raiva ferida que só fizeram aprofundar a desavença.

Esse padrão se repetiu quase de imediato.

Tomado novamente pelos sentimentos de família com a aproximação do Natal, afinal Vincent rompeu o silêncio. Os pais responderam na mesma moeda, minimizando a tempestade recente como "aquele estado de espírito", e logo se puseram a planejar a reunião da família para as festas. Atrasando-se por causa do clima e do trabalho, Vincent veio de Paris numa dramática correria de última hora e chegou em casa numa noite de Natal digna de um livro. "Que maravilhosa estava Helvoirt naquela noite [com] as luzes do povoado e da torre da igreja entre os choupos cobertos de neve", lembrou mais tarde. A volta ao lar numa noite estrelada e enluarada, num coche aberto, logo se converteu numa das recordações mágicas de Vincent — tão veloz girara a roda da saudade desde a dolorosa partida de Londres, poucos meses antes.

De regresso à Inglaterra em janeiro, ele voltou a se dedicar ao trabalho e ao dever. Suas cartas surgem depois de seis meses de mágoa borbulhando de animação com a nova galeria da loja (que abriu quando estava em Paris) e a perspectiva de vender quadros, e não só reproduções. "Nossa galeria agora está pronta e é muito bonita", gabou-se a Theo, "temos algumas pinturas magníficas." Escreveu "boas cartas" também aos pais, "cheias de ambições". Depois de ver Vincent em Londres, a irmã Anna informou numa carta que ele "parecia muito bem" e assegurou aos pais que ele estava se alimentando direito e cuidando das roupas.

Vincent não deixou passar o aniversário do pai em fevereiro (ao contrário do da mãe), e seus parabéns transbordavam de "profunda emoção", como notou Dorus. De presente, Vincent mandou dinheiro aos pais, para tirar fotos e fazer cópias para os filhos. Essa ideia era o ponto culminante de um cuidado constante da família em tirar retratos, e foi também o primeiro sinal de uma obsessão retratística que acabaria por conduzir Vincent aos limites da expressão artística.

Em março, ele tentou sem sucesso convencer os chefes da Goupil a transferir Theo de Haia para Londres, e assim poderem ficar juntos. "Como gostaria de tê-lo aqui", escreveu Vincent num lampejo de determinação: "temos de conseguir isso algum dia".

Mas Vincent e família não podiam fugir ao passado com tanta facilidade. O Natal perfeito em Holveirt foi toldado pelo aviso de Dorus, comunicando que a última parcela pela substituição de Vincent no serviço militar estava em aberto, devolvendo a família à crise financeira. A irmã Lies comentou que o pai tinha feito ouvidos moucos às palavras bondosas e aos "pensamentos puros" de Vincent, quando estava em casa. E Lies lamentou: "Se pelo menos uma vez o pai tivesse ouvido, como teria uma ideia diferente de [Vincent]". E, a despeito de toda a ardente dedicação à família e às obrigações que retomou no ano novo, Vincent continuou a atormentar os pais com a inconstância e a brevidade de suas cartas.

No trabalho, seu novo entusiasmo não conseguia mascarar os problemas que o assediavam desde Haia: a falta de "traquejo social" e de talento para as vendas. Conforme se aproximava a mostra de inauguração da nova galeria, essas falhas devem ter se patenteado com clareza cada vez maior ao *gérant* Obach. A relação entre os dois ficou tão azeda que podem ter discutido abertamente. (Mais tarde, Vincent escarneceu, furioso, do "materialismo" e da estreiteza de Obach, chamando-o de "louco".) De novo, começaram a circular pela Goupil reclamações sobre a inadequação de Vincent para o serviço, reclamações que ele admitiu ao negá-las de antemão: "Não sou o que muitos agora pensam que sou".

Em meados de maio, poucos dias antes da inauguração da nova galeria, Vincent recebeu o aviso de que seria transferido imediatamente para Paris. Mais uma vez, disseram que seria uma transferência "temporária", mas agora o recado era inequívoco: "os senhores" tinham perdido toda a confiança nele. Não poderiam lhe confiar um cargo de responsabilidade. Estava sendo substituído por outro aprendiz, um inglês. Não iria voltar.

Em Helvoirt, seus pais temeram pelo pior. Dorus se afligiu: "Espero que isso não o magoe demais". Theo lamentou que "ninguém próximo a [Vincent] sente qualquer solidariedade por ele"; "[ninguém] sabe o que se passa em seu coração"; "ninguém confia nele, apesar de suas boas intenções". Como uma pessoa com a "sensibilidade" do irmão iria reagir a um dissabor tão grande?

Finalmente chegou uma carta de Paris. Dorus a qualificou de "carta estranha", sem explicar a razão. Pode ter sido a carta à qual Vincent anexou um poema, "L'exilé", traduzido em holandês para os pais:

De margem em margem
De que serve bani-lo?
[...]
De uma terra querida
É um filho desolado.
Ofereçamos uma pátria
Uma pátria
Ao pobre exilado.

Depois de ler a carta, Dorus sugeriu que talvez o "calor e o esforço" tivessem "estimulado demais" o filho. Mas não conseguiu evitar uma explicação mais sombria e confidenciou a Theo: "Apenas aqui entre nós, creio que é uma doença, do corpo ou da mente".

7. Imitação de Cristo

Paris estava em alvoroço. Era o inverno de 1875 e o mundo da arte sofria as investidas de um grupo de jovens pintores rebeldes que se intitulavam Société Anonyme, mas cujos inimigos tinham lhes colado vários rótulos depreciativos, entre os quais "impressionalistas", "impressionistas" e "lunáticos". Diziam enxergar o mundo de uma nova maneira, com o improvável argumento de que as cores vivas e as pinceladas indefinidas que usavam em suas obras captavam as imagens de modo mais científico — de forma que "mesmo o mais atento físico não encontraria nenhum defeito em suas análises", como escreveu um dos poucos críticos favoráveis. Afirmavam até que "pintavam" a luz — embora rejeitassem o uso de sombras escuras, o meio tradicional de representar o jogo da luz nos objetos. Diziam que suas pinturas alegres e etéreas eram "pequenos fragmentos do espelho da vida universal" ou, simplesmente, "impressões".

As afirmações de que o impressionismo representava a "próxima onda" na arte foram recebidas às vaias e gargalhadas entre a maior parte do mundo artístico de Paris, ainda profundamente envolvido com as academias renascentistas do desenho e da modelagem e com a hegemonia comercial do Salon. Qualificavam as novas obras de "crimes", "absurdos" e "manchas de lama", e acusavam radicais como Claude Monet de conduzir uma "guerra contra a beleza". Jornalistas escandalizados comparavam as novas obras às de "um macaco que pegou uma caixa de tintas". "Pura loucura", ofendeu-se *Le Figaro*, "um espetáculo horrorizante."

A tempestade por fim desabou em março de 1875. Precisando desesperadamente de dinheiro, um grupo de artistas em ascensão (entre eles Monet e Renoir) organizou a venda de algumas de suas controvertidas obras na principal casa de leilões da cidade, o Hôtel Drouot. O evento desencadeou quase um motim. Os espectadores insultavam aos berros as obras e os artistas. À apresentação de cada peça choviam as zombarias; e então, quando era vendida por alguns tostões — cinquenta francos por uma paisagem de Monet —, viam as risadas de escárnio. "É pela moldura!", gritava alguém. O leiloeiro ficou com medo de que a multidão frenética "me levasse para um hospício", lembrou mais tarde. "Eles nos trataram feito uns imbecis!" A coisa ficou tão feia que os organizadores precisaram chamar a polícia para impedir que o tumulto acabasse em pancadaria.

Dois meses depois, Vincent chegava a Paris.

A essa altura, a tempestade tinha se alastrado por todos os cantos do mundo fechado e intriguento das artes. Os jovens artistas e os funcionários das galerias que enchiam as *brasseries* de Montmartre, onde Vincent encontrou um apartamento, não falavam de outra coisa. Os artistas no centro da turbulência se reuniam quase todas as noites em cafés — primeiro o Guerbois, depois o Nouvelle-Athènes — a poucas quadras da galeria Goupil na Rue Chaptal, onde Vincent trabalhava. No Moulin de la Galette, próximo do apartamento de Vincent, Renoir armou seu cavalete para pintar os casais dançando valsa à luz mosqueada sob os arvoredos. Em qualquer noite, em qualquer das dezenas de teatros de variedades e cabarés noturnos a poucos minutos a pé dos aposentos de Vincent, ou em qualquer um dos cafés baratos frequentados por quem gostava de dançar, podia-se ver Degas empunhando seu bloco de desenhos.

O caminho que Vincent percorria com frequência até as outras lojas da Goupil passava pelos ateliês de Renoir e Manet. Quando o Salon de 1875 recusou um dos trabalhos de Manet, ele convidou o público para ir ao ateliê e ver a obra com os próprios olhos — e milhares de pessoas atenderam ao convite. Perto da loja da Goupil na Avenue de l'Opéra, quem iria deixar de ver os anúncios da galeria Durand-Ruel chamando o público para conhecer os mais recentes escândalos dos impressionistas: o retrato estranhamente informal de um dia de expediente na *Bolsa de Algodão de Nova Orléans* e a surpreendente imagem que Monet pintou da esposa num quimono japonês vermelho-vivo? Em junho, Vincent foi ao local do tumultuado leilão, o Hôtel Drouot, não muito longe da loja da Goupil no Boulevard Montmartre. Numa de suas várias idas àquela área, por certo terá passado por um jovem corretor de valores (e colecionador dos primeiros impressionistas) chamado Paul Gauguin, que trabalhava na Bolsa ali perto e pintava nas horas vagas.

Mas nada disso foi registrado por ele. Apesar da polêmica que crepitava ao seu redor, apesar das conversas ao almoço e das discussões no bar, apesar das resenhas indignadas e das defesas ardorosas, apesar do furor — sem falar das imagens interessantes e desconcertantes —, Vincent nunca disse uma palavra sobre o impressionismo ou qualquer proponente da nova escola durante o tempo que passou em Paris. Uma década mais tarde, quando o irmão tentou despertar-lhe o interesse pelos "novos artistas", a única coisa que respondeu foi: "Não vi absolutamente *nada* deles". Em 1884, escreveu, pondo a palavra pouco conhecida entre aspas: "Do que você me falou sobre o 'impressionismo', não entendi muito bem o que ele de fato é".

Onde estava Vincent? Como podia ter ignorado a guerra de palavras e imagens que se travava nas galerias onde trabalhava, nos cafés onde comia, nos jornais que lia, nas ruas que percorria? Como podia estar tão desligado? A resposta era tão simples quanto a carta "estranha" que enviou aos pais ao chegar a Paris: Vincent encontrara a religião.

Todas as quintas à noite e duas vezes aos domingos, o Tabernáculo Metropolitano no sul de Londres ficava lotado de peregrinos. Vinham aos milhares, bloqueando as ruas em todas as direções. Enchiam o amplo auditório do teatro, que ficava tão abarrotado que a multidão transbordava para o pátio e se espalhava até onde o som podia alcançar. Vinham de todas as partes: de Londres, do campo e até da Califórnia e da Austrália. Vinham basicamente das camadas de prosperidade recente: funcionários de escritório, lojistas, burocratas, donas de casa — uma burguesia alienada, que suspirava por uma válvula de escape do prosaísmo opressivo da vida moderna. Alguns vinham por devoção, outros por desilusão, outros por curiosidade. Mas todos estavam ali pela mesma razão: para ouvir os sermões de Charles Haddon Spurgeon.

Entre os peregrinos do inverno de 1874-5 estava um holandês solitário, Vincent van Gogh.

Depois de deixar as Loyer, Vincent se mudara para uma pensão a poucas quadras do imenso pórtico coríntio do palácio religioso de Spurgeon. O pregador batista tinha toda a Inglaterra vitoriana sob seu domínio (corriam boatos de que a própria rainha Vitória, disfarçada, frequentava o culto). Apresentando-se em público desde muito tempo, Spurgeon se transformara de um "rapazote pregador" sensacional aos vinte anos em um magnata religioso aos quarenta. Seu império incluía uma faculdade, um orfanato e um enorme catálogo de publicações. Mas a alma de seu sucesso ainda era o desempenho pessoal, três vezes por semana, no grandioso palco que construíra para si em Newington. Numa plataforma cercada de grades, do tamanho de um ringue de boxe, bem no centro de um mar de adoradores, com mais de 4 mil fiéis, Spurgeon pregava a promessa de redenção: de "erguer os homens da mais baixa degradação" e de "trazer alegria onde há dor".

Homem robusto e desenvolto, de rosto largo e barba, Spurgeon se locomovia pelo palco oferecendo o que chamava de "bom senso" com a facilidade e a animação de um tio simpático. Dirigia-se à divindade com uma intimidade que chocava muita gente. Pregava "a humanidade real" de Cristo. Dizia: "Sinta-o como um parente próximo, carne de sua carne, sangue de seu sangue". "Amontoava metáforas e mais metáforas", usando as mesmas parábolas das sementes de mostarda, dos semeadores e da "ovelha extraviada" usadas pelo pai de Vincent. Falava muitas vezes das relações familiares e apresentava Cristo como paradigma do amor incondicional dos pais. Utilizava o exemplo de sua própria juventude dissipada para mostrar que ninguém estava fora do alcance do perdão do Pai — ou do pai.

A mensagem estava em perfeita sintonia com um jovem desobediente, cheio de recriminações contra si mesmo, distante do lar.

Enquanto isso, em seu quartinho não muito distante na Kennington Road, Vincent iniciava outra peregrinação — uma peregrinação interior pelo único campo onde se sentia inteiramente à vontade: os livros. Era a "época do conselho", como denominou o historiador Peter Gay, uma época em que o "burguês angustiado", procurando refugiar-se das enormes transformações sociais, científicas e econômicas do século, recorria aos livros para "reencantar seu mundo". Vincent era um deles. "Ando lendo muito agora", escreveu a Theo. Ansioso por acreditar em alguma coisa, mas afastado das fontes religiosas da infância, ele procurava em todas as direções: nas coletâneas de poesias e volumes de filosofia; nos guias da natureza e livros de moral edificante; nos romances de George Eliot e novelas sentimentais tolas; em obras historiográficas maçantes e, a última mania em voga, as biografias — em busca de novas fontes de mistério num mundo sempre mais literal.

O primeiro guia foi Jules Michelet, mestre em muitos dos novos gêneros. Primeiro, Michelet cativou a imaginação de Vincent com seus livros extremamente personalizados sobre a história natural e o mundo animal, fascinando o pequeno colecionador de besouros e ninhos de aves com obras como *L'oiseau* (*O pássaro*) e *L'insecte* (*O inseto*). Michelet apenas reforçou esse fascínio com seus manuais excêntricos e chauvinistas de amor e sexo (explorando, entre outras coisas, uma obsessão fetichista por sangue) que ajudara Vincent em suas vicissitudes românticas e sexuais de anos anteriores.

Mas Michelet era basicamente um historiador, e foi percorrendo seus vários volumes abrangentes de história que Vincent se arriscou nas águas mais fundas e mais perigosas da fé. Michelet escrevia história como seu amigo Victor Hugo escrevia literatura: com uma narrativa vigorosa, uma retórica elevada e uma visão grandiosa. Nas histórias de Michelet, Vincent encontrou pela primeira vez um mundo livre do jugo do cristianismo: um mundo onde *le peuple* (o povo), e não Deus, fazia a história; um mundo onde o único verdadeiro determinismo era o determinismo do espírito humano. Numa mensagem plenamente afinada com uma era ansiosa, mas ateia, Michelet sustentava que a Revolução Francesa, e não a vida de Cristo, era o principal acontecimento na história humana, o triunfo supremo da liberdade sobre a fatalidade, da vida sobre a morte.

Com fervor religioso, Vincent se lançou ao estudo dos acontecimentos de 1789. Além das narrativas historiográficas, leu romances inspirados por "aqueles dias inesquecíveis". A soma das vívidas evocações de Michelet e de narrativas de ficção melodramáticas como *Um conto de duas cidades*, de Dickens, fez vibrarem as cordas da imaginação nostálgica de Vincent. Pelo resto da vida ele pranteou esse paraíso perdido da liberdade e fraternidade, ao mesmo tempo acreditando que poderia ser reconquistado.

Na primeira transferência para Paris, no fim de 1874, ele tinha acrescentado algumas pinturas à sua celebração das glórias da Revolução. Ficou impressionado com um quadro em particular, a imagem de um jovem revolucionário com o *bonnet rouge*, que lhe parecia "indescritivelmente belo e inesquecível". Via nele o rosto de Cristo, "marcado por aqueles tempos de cataclismo". Voltando a Londres em 1875, Vincent pendurou uma reprodução do quadro em seu quarto na Kennington Road, como um ícone de devoção. Nos anos que se seguiram, iria invocá-lo várias vezes como símbolo da esperança e promessa de redenção. "Há nele algo do espírito da ressurreição e da vida", dizia.

Leu também Hippolyte Taine, outro historiador francês cujas tentativas de conciliar ciência e religião ameaçavam afastá-lo ainda mais das verdades tranquilizadoras da casa paroquial de Zundert. Para Taine, a religião não era senão a projeção infantil das fraquezas humanas no reino do invisível e do incognoscível. Como só se pode conhecer verdadeiramente o que é passível de observação e experiência, dizia Taine, o único tipo de pensamento válido é o científico. O que os seres humanos podiam fazer era observar e classificar, e só. Vincent, que sempre ansiou pelo consolo do infinito e nunca perdeu o gosto pelos excessos poéticos e pela sentimentalidade moralista da literatura romântica, parece ter resistido ao desprezo de Taine pela verdade transcendental. Mas, sob outros aspectos, as ideias de Taine ofereciam uma espécie de salvação para um desajustado social introvertido e livresco como Vincent. As "realidades internas" tinham mais importância do que as meras aparências, dizia Taine; e apenas a "reflexão interior" — uma intensa luta pessoal com o incognoscível — podia levar a um verdadeiro entendimento dos mistérios supremos da vida. Todas as concepções de verdade e beleza, todas as "sugestões do infinito" derivavam dessa sublime solidão.

Vincent também encontrava um bálsamo nos densos argumentos e máximas brilhantes de Thomas Carlyle, outro romântico descrente que tentava reconstituir sua fé. Para Carlyle, o destino do homem era ser um peregrino, era lutar com a dúvida, rejeitar as velhas crenças e procurar novas revelações no "Mundo Invisível". Numa frase que deve ter ressoado com uma vibração toda especial para Vincent, Carlyle dizia que o fato de se desfazer das velhas crenças era como tirar uma roupa surrada. Como Vincent, o herói do *Sartor Resartus* de Carlyle tinha sido expulso do lar idílico da infância, afastado da família, infeliz nas amizades, desdenhado no amor, obrigado a enfrentar sozinho o mundo ("uma Alma solitária entre aqueles milhões de opressores"). Depois de passar por uma crise de sofrimento e dúvida, ele renasce, à semelhança de Cristo, com uma nova fé.

Em seu livro *On heroes*, que Vincent também leu com grande empenho, Carlyle explorava melhor o que significava levar uma vida cristã. Jesus pode ter sido "o maior de todos os Heróis", dizia ele, mas era apenas um entre muitos. Os heróis podiam ser profetas (como Maomé ou Lutero) ou estadistas (como Napoleão), mas também podiam ser poetas como Dante, Shakespeare ou Goethe. Podiam até ser artistas. O que os fazia heróis, segundo Carlyle, não era a influência que exerciam sobre o mundo, mas sim a maneira de verem o mundo. Em passagens que devem ter comovido o coração do observador dos córregos de Zundert, Carlyle atribuía aos heróis poetas um tipo especial de visão: a capacidade de "discernir o encanto das coisas", de apreciar sua "harmonia interna". "Em cada estrela, em cada folha de grama, se abrirmos os olhos e a mente, não é um Deus que se faz visível?", dizia ele.

Os heróis de Carlyle tampouco eram modelos de perfeição. Como Vincent, haviam enfrentado o desalento e a descrença em si. O Dante carlyliano era "um homem insignificante, errante, sofredor"; seu Shakespeare, uma alma infeliz que passou anos "se debatendo em águas profundas" e "nadando para salvar a vida". Seus heróis não tinham a menor preocupação com as "respeitabilidades apuradas" do comportamento convencional, e a excentricidade deles ofuscava os outros e os próprios familiares, que não enxergavam seu verdadeiro valor. Provido apenas da "sinceridade do coração" e de uma "visão clara, que enxerga tudo", prometia Carlyle, mesmo um jovem com defeitos, avesso às convenções, distante da família e ridicularizado pelo mundo, poderia encontrar a "divindade" dentro de si.

Para Vincent, este era o consolo supremo: uma identificação com Cristo. Não só santificava sua dor e tornava heroica sua solidão, como também derrotava as críticas farisaicas do pai. E ainda oferecia a promessa de perdão e redenção — um fim a seu exílio errante.

Mas foi outro livro que Vincent leu naquele inverno que realmente selou sua identificação messiânica — e selou de maneira tão profunda que, anos depois, ela ressurgiria de seu espírito perturbado com a força de um delírio. O livro era *Vie de Jésus*, o relato *vérité* de Ernest Renan sobre o nascimento do cristianismo. Foi tão grande o impacto da biografia de Renan sobre a imaginação de Vincent que, em fevereiro de 1875, ele enviou um exemplar ao irmão, junto com o álbum de poesias a que se dedicara durante todo o inverno. Sobretudo na França católica, as proposições de Renan de que Cristo era um simples mortal, a eucaristia, apenas "uma metáfora" e os milagres não passavam de ilusões de espíritos supersticiosos desencadearam uma tempestade de polêmicas. Mas, como protestante holandês criado à sombra do *Das Leben Jesu* e do humanismo bíblico dos groningenses, Vincent não veria nada de chocante nessa posição. O que o impressionou em Renan foi o eloquente retrato de um homem em busca de si mesmo.

O Jesus de Renan era, como Vincent, um "interiorano", um galileu com "uma intensa afinidade" com a natureza, na qual procurava frequente consolo. Primogênito de vários irmãos e irmãs, celibatário, o Jesus de Renan se afastou da família e veio a valorizar mais "a união do pensamento" do que "os laços de sangue". O Jesus de Renan, como Vincent, era um homem de humor inconstante: ora tomado pela fúria, ora possuído por rompantes de entusiasmo, ora imobilizado pela melancolia. Era um *homem* com falhas profundas. Irritava-se com os obstáculos. Discutia sem cessar e enxergava sua vida como uma luta constante contra as forças da hipocrisia e da estreiteza mental. Isolado, no ostracismo, desprezava as convenções e gostava de zombar das amenidades sociais da época. "O contato com o mundo o feria e o revoltava", segundo Renan. No final, ele esquecera totalmente "o prazer de viver, de amar, de ver e de sentir".

Mas tais tormentos e provações constituíam apenas a passagem necessária para a redenção final: não numa ressurreição literal (Vincent nunca demonstrou nenhum interesse pela Paixão de Cristo), e sim apontando o caminho para uma nova vida, o término de uma jornada. Para a espécie humana, esse destino era a utopia prometida, a materialização das revoluções apocalípticas de Michelet. Para os párias semelhantes a Jesus, como Vincent, era um local na alma onde finalmente poderiam encontrar conforto e sentimento de integração.

Durante todo o inverno e a primavera de 1874-5, essas ideias fermentaram na solidão do quartinho da Kennington Road. Os pais de Vincent tiveram apenas alguns indícios nas cartas esparsas e curtas que ele lhes escreveu. No Natal, a irmã Lies manifestou sua admiração pelas "ideias puras" de Vincent. Em fevereiro, até o próprio Dorus percebeu alguns "bons pensamentos" nos votos de aniversário do filho. É quase certo que Vincent transmitiu esses "pensamentos" a Theo nos seis meses de cartas faltantes. Acrescentou com entusiasmo trechos de suas leituras de Taine, Carlyle e Renan aos álbuns de poesias que estava preparando para o irmão, criando um pastiche incongruente de lirismo langoroso e densa filosofia que refletia à perfeição os arroubos de sua mente maníaca. Igualmente à vontade entre as ideias mais profundas e o sentimentalismo mais superficial (versatilidade que depois teve um papel fundamental em sua arte), sentia-se tocado pelas amigáveis exortações de Spurgeon em prol de uma fé singela, ao mesmo tempo que abraçava o obscuro "infinito divino" de Carlyle e o controverso Cristo de Renan.

Mas, quando chegou a Paris, a busca de respostas tinha se resumido a um único imperativo: "Tema a Deus e siga seus mandamentos", aconselhou ao irmão no verão de 1875, "pois este é todo o dever do homem".

A vitória do ardor evangélico sobre a angústia existencial — a vitória de Spurgeon sobre Carlyle — nas reflexões em que se debatia Vincent pode ter resultado de uma peregrinação que fez naquela primavera a Brighton, o balneário no litoral sul onde evangélicos de toda a Europa se reuniam em maio e junho, para uma das grandes "convenções" que marcaram o revivalismo espiritual da década de 1870. Embora tenha perdido a convenção propriamente dita, mais tarde Vincent comentou que era sempre "emocionante" ver "milhares de pessoas agora afluindo para ouvir os evangelistas".

Qualquer que fosse a razão, a transformação tinha sido completa. Em Paris, ele se lançou a um paroxismo de devoção religiosa. Todas as noites lia a Bíblia com fervor e enchia suas cartas com a sabedoria do livro santo. Impôs uma disciplina monástica à sua rotina: acordar ao amanhecer e deitar-se cedo (contrariando um longo hábito). Resumiu seu dia a Theo com o antigo lema monástico *ora et labora*. Evitava os prazeres da carne e criou um novo interesse de tipo sacramental pelo pão ("a matéria da vida") — duas atitudes que prenunciavam as autopunições que se seguiriam.

Escrevendo a uma velocidade vertiginosa, inundava a família e os amigos com cartas de exortação: cartas recheadas de passagens bíblicas, de hinos, versículos de inspiração e aforismos homiléticos. Era uma tal avalanche que mesmo o piedoso Dorus se sentiu incomodado e queixou-se a Theo: "[Vincent] está sempre com um estado de espírito tão sério". Sempre desconfiando dos excessos, Dorus pode ter reconhecido na recente paixão do filho não o ardor de um homem abraçando novos anjos, e sim o desespero de um homem fugindo de antigos demônios. Em setembro, Vincent contou a Theo: "Hoje de manhã ouvi um belo sermão. 'Esquece o que ficou para trás', disse o pregador. 'Tem mais esperanças do que lembranças'".

Em seu alvoroço para abandonar o passado, Vincent renunciou a quase tudo que antes lhe era precioso — em alguns casos, até poucos meses antes. Depois de anos incentivando as aventuras românticas do irmão, agora aconselhava Theo a "guardar o coração contra toda tentação". Depois de anos espreitando uma oportunidade de sucesso como comerciante de arte, agora rejeitava qualquer noção de êxito mundano e queria apenas se tornar "rico em Deus". Quase chegou a renunciar à própria arte. "Você não deve exagerar... o sentimento pela arte", alertou a Theo. "Não se entregue *totalmente* a ela." Depois de um inverno às voltas com as novas ideias arrojadas de Carlyle e Taine, agora as descartava como "desvios" e aconselhou Theo a não pensar "com demasiada profundidade", para que a razão não pusesse em risco a fé. Abjurando de suas desobediências e desafios da infância e adolescência, aconselhava com insistência o irmão a buscar sempre "o caminho estreito" (expressão que tomou emprestada ao pai). E depois de anos de observância esporádica, foi rigoroso e imperioso ao instruir Theo a "ir à igreja todos os domingos; mesmo que o sermão não seja bom".

A transformação talvez mais espantosa — certamente a mais surpreendente para Theo — foi quando Vincent rejeitou Michelet, seu herói por tanto tempo. Em setembro, Theo enviou uma carta com uma menção favorável a *L'amour*, livro que o irmão insistira que ele lesse no ano anterior. Vincent rabiscou depressa uma resposta alarmada à carta de Theo — "Não leia mais Michelet" — e despachou de volta pelo mesmo correio. Poucas semanas depois, enviou mais um alerta ansioso: "Vou destruir todos os meus livros de Michelet etc. Quero que você faça o mesmo". Um mês depois, retomou: "Você fez o que eu o aconselhei a fazer, livrar-se das obras de Michelet?". E de novo, passada uma semana: "Aconselhei você a destruir seus livros, e faça isso já; sim, faça isso".

Por que essa perseguição? No espírito de Vincent, obcecado pela culpa, Michelet tinha virado sinônimo de sexualidade. Evitar os textos eróticos do francês era parte essencial do regime que Vincent propunha para evitar as tentações do sexo — tentações que, para Vincent, estavam apenas aguardando o instante em que ele baixaria a guarda. (Seu regime incluía ler a Bíblia e visitar os amigos no fim da tarde com a maior frequência possível.) Logo o fervor moralista de Vincent passou para outros livros também. Com um tom categórico que só podia refletir a própria incerteza, ele ordenou ao irmão que não lesse nada além da Bíblia, rejeitando todo o resto como "repugnante". Românticos como Heine e Uhland eram "armadilhas perigosas", alertou a Theo. "Fique em guarda... não se entregue a eles." Quanto à *Vie de Jésus* de Renan, ele trovejou: "Jogue fora".

Em lugar de Michelet, Renan e todos os outros livros banidos no outono de 1875, Vincent empurrou um novo favorito para o irmão: *Imitatio Christi* (*Imitação de Cristo*), de Tomás de Kêmpis. Ainda mais que a Bíblia, esse guia espiritual quatrocentista para os noviços dos mosteiros dava expressão e vida a Cristo — não como figura biográfica, mas como amigo íntimo. Ao contrário do "herói" de Carlyle e de Renan — uma figura distante numa missão milenarista —, o Jesus de Kêmpis fala diretamente ao leitor na "linguagem do coração": com sinceridade, bom senso e grande compreensão da fraqueza humana. Ele aconselha, exorta, repreende, afaga. Com sua mescla original de sabedoria clássica e doçura medieval, a *Imitatio* se demonstrou o reconforto perfeito para a alma sofrida de Vincent. O Jesus de Kêmpis assegura a seus seguidores que "Deus ama a nós, tanto em nossas falhas como em nossos sucessos" e que a solidão é um sinal de devoção, não uma maldição. Todos os verdadeiros fiéis vivem como "estrangeiros e peregrinos no mundo", diz Kêmpis, e "suportam alegremente o exílio interior do coração".

Numa sucessão de cartas naquele outono, Vincent tentou interpretar o papel do Cristo consolador de Kêmpis para o irmão de dezoito anos. Triste com a morte de vários amigos, descontente com o serviço, acamado por causa de uma luxação, Theo representava um teste ideal para o novo e beatífico Vincent. Em vez das exortações e estímulos usuais, ele enviou ao irmão conselhos serenos para que tomasse as turbulências da adolescência como "nada além de vaidade"; não levasse os contratempos "a sério *demais*"; não depusesse muitas expectativas nas coisas terrenas; e até "não sonhasse" demais. "Tudo vem sempre para o bem daqueles que amam a Deus", escreveu a propósito do tornozelo torcido do irmão. "Coragem, querido filho", concluiu filosoficamente, "chuva e sol se alternam ao longo de todo o caminho — sim, até o fim." Para um rapaz volúvel, cuja vida até então tinha sido eivada de rompantes descontrolados e decepções amargas, era um grande salto da imaginação — uma tentativa desesperada de agarrar aquela serenidade que sempre lhe escapara na vida real.

Além de Theo, Vincent enviou exemplares da *Imitatio* também às irmãs Wil e Anna, e todos diziam receber "boas cartas" dele. Mas a pessoa que sentiu toda a força de sua veemência naquele outono não foi Theo nem qualquer outro Van Gogh. Foi seu colega Harry Gladwell.

Vincent conheceu o rapaz inglês de dezoito anos no escritório da Goupil na Rue Chaptal, para onde, como era o caso de muitos aprendizes da Goupil, seu pai, um negociante de arte, o enviara para aprender o ofício. Com seus modos de interiorano, um francês estropiado e as orelhas de abano, Gladwell era uma figura quase cômica no cosmopolitismo de Paris. "No começo", contou Vincent, "todo mundo ria [dele], até eu." Mas a religião uniu os dois. Em outubro, dividiam não só a pensão, como também o catecismo. Todas as noites liam a Bíblia em voz alta, com a intenção de "lê-la do começo ao fim", segundo Vincent. Todos os domingos iam "ao maior número possível de igrejas", saindo de manhã cedo e voltando tarde da noite. Vincent pregava, ardoroso, a *Imitatio* de Kêmpis ao jovem companheiro, censurando o rapaz saudoso de casa por "suspirar" demais pela família — o que violava a instrução de Kêmpis de se retirar do mundo e procurar a solidão. Gladwell era muito apegado ao pai, o que lhe valeu uma reprimenda especialmente ríspida de Vincent, que disse que aquilo era "perigoso" e "pernicioso" — "idolatria, não amor". Segundo Kêmpis, o amor entre pais e filhos devia ser marcado pela tristeza e pelo arrependimento, insistiu Vincent — pelo menos nesta vida.

Mas, tratando-se de Harry Gladwell, Vincent ignorou a advertência de Kêmpis para "fechar a porta" a ligações emocionais. Tanto tempo carente de companhia, Vincent encontrou em Gladwell, desterrado e canhestro como ele, um espelho de si mesmo e também uma nova alma a formar. Logo ampliou as leituras noturnas, que passaram a incluir suas poesias prediletas (uma intimidade de fato familiar). Cuidava dos hábitos alimentares de Gladwell, apresentou-o às alegrias de colecionar estampas e levou-o aos museus, mostrando "as pinturas de que eu mais gosto". Sem amigos, Gladwell, que tinha exatamente a mesma idade de Theo, aceitou de bom grado o papel de irmão mais novo, dócil e atento, que Theo havia abandonado fazia muito tempo. Todas as manhãs, ia ao quarto de Vincent para acordá-lo e lhe preparar o desjejum. Iam e voltavam do trabalho juntos, jantavam juntos em volta do fogãozinho no quarto de Vincent ("*nosso* quarto", dizia Vincent) e faziam longas caminhadas emocionantes pelas ruas de Paris. Anos depois, Vincent recordava com afeto: "Gostaria de caminhar novamente com [Harry] ao crepúsculo, ao longo do Sena". "Tenho saudades de ver seus olhos castanhos, que brilhavam tanto."

A devoção da amizade, que pouco conhecia, somada à nova devoção religiosa, expulsou todo o resto. Enquanto o mundo artístico de Paris se incendiava de polêmicas; enquanto jovens artistas planejavam uma insurreição nas *brasseries* e os tradicionalistas retaliavam com editoriais furibundos; enquanto as cenas ribeirinhas de Argenteuil, de Monet e Renoir, eram objeto de ridículo e zombaria — ou de defesa —, tudo isso se passando ao redor de Vincent, ele se enfurnava em seu "cubículo" (a expressão é sua) em Montmartre com o jovem acólito, lendo a Bíblia e seguindo o exemplo do Cristo de Kêmpis: "Afasta teu coração do amor das coisas visíveis e te volta para as coisas invisíveis".

Mas, assim como não podia resistir ao bálsamo da companhia de Gladwell, Vincent não conseguia abandonar sua vida vicária nas imagens. Pelo contrário, pôs a arte a serviço de sua mais recente obsessão. Já em Londres, no ano anterior, ele tinha começado a acrescentar imagens explicitamente religiosas ao estoque de suas favoritas. Foi até o Museu Britânico, em agosto de 1874, só para ver um dos desenhos de Rembrandt com a vida de Cristo. Durante o inverno, quando sua peregrinação mental ia de Spurgeon a Michelet, então a Carlyle e a Renan, a galeria de imagens na parede do quarto ilustrava seus passos. Saíram as cenas de mulheres provocadoras e da vida burguesa; entraram cenas de leituras bíblicas, de batizados, heróis religiosos e cerimônias pias. A concepção da divindade na Natureza, de Carlyle, gerou um tropel de imagens de auroras serenas, crepúsculos cintilantes, céus turbulentos e nuvens baixas (sobretudo do paisagista francês Georges Michel) — consolidando um vínculo entre natureza e religião que jamais se desfaria.

Mas a Natureza divina de Carlyle logo cedeu lugar ao Cristo triunfante de Renan. Numa exposição comemorativa das obras de Camille Corot, o mais emotivo de todos os paisagistas de Barbizon, Vincent assinalou apenas uma obra, *O horto das oliveiras*. Numa mostra de antigos mestres, seus elogios foram para a *Deposição da cruz*, de Rembrandt. Entre as imensas riquezas do Louvre e de Luxemburgo, recomendou que Theo visse *Ceia em Emaús*, de Rembrandt, outra cena da vida de Jesus. Para o aniversário da mãe em setembro, ele enviou duas gravuras: *Sexta-Feira da Paixão* e *Santo Agostinho*. Poucos meses depois de chegar a Paris, acrescentara às imagens na parede do quarto uma cena da natividade, a pintura de um monge e uma estampa chamada *A imitação de Jesus Cristo*.

As obsessões transcendentais de Vincent só se somaram a seus problemas no trabalho. O entusiasmo com que iniciara o serviço em maio logo arrefeceu, quando soube em junho que não voltaria a Londres, ao contrário do que pensava e esperava. A devoção a Cristo pode ter sido um consolo para sua decepção, mas não lhe granjeou nenhuma amizade, exceto a de Gladwell, entre os colegas de trabalho na Rue

Chaptal. Nada podia destoar mais do bastião de mercantilismo cosmopolita de Adolphe Goupil do que a *Imitatio* de Kêmpis, com suas exortações ao desprendimento e ao ascetismo. O que fariam os colegas aprendizes, filhos de comerciantes em treinamento, com o ditame de Kêmpis: "Não agrades aos ricos nem queiras o convívio dos que são importantes aos olhos do mundo"? Se Vincent tentou convertê-los — como por certo tentou —, sem dúvida recebeu a mesma negativa impaciente que ouvira do tio Cent: "Nada sei do sobrenatural".

Mais tarde, Vincent desdenhou seu serviço no salão comercial da Goupil como "entreter as visitas", sugerindo ao mesmo tempo as temidas exigências sociais do ofício e seu fraco desempenho nas vendas. Suas deficiências inatas para o papel de vendedor — a aparência rude, o olhar perturbador, as maneiras estabanadas — devem ter se tornado ainda mais dissonantes na Rue Chaptal do que eram na Plaats. As damas parisienses que iam fazer suas compras no luxuoso palácio de arte decorativa da Goupil se referiam a ele como "*ce Hollandais rustre*" (esse holandês rústico) e ficavam rígidas de tanto desdém quando ele ia atendê-las. Vincent tratava os clientes não como fregueses que devia agradar, mas como novatos que precisava educar — arregimentar para suas paixões mais recentes — ou, às vezes, como filisteus que devia disciplinar. Ficava "exasperado" com a "burrice" de alguns clientes, segundo uma versão. E quando alguém defendia uma compra dizendo "*C'est la mode*", ele recuava de espanto e raiva. Os clientes respondiam na mesma moeda, indignados que esse atendente esquisito "ousasse questionar o gosto deles". Nesses atritos, o apelo de Kêmpis à honestidade nos gestos e nas palavras só fazia reforçar a obstinação natural de Vincent. Em mais de uma ocasião, sua *impolitesse* alarmou tanto os superiores que estes foram obrigados a tomar medidas disciplinares contra ele, para evitar que desse "mau exemplo" aos colegas de trabalho.

Para piorar as coisas, o apelo de Kêmpis a tomar o lado dos "simples e humildes" levou o gosto artístico de Vincent a errar por direções ainda mais antagônicas e idiossincráticas. Ele desenvolveu uma obsessão especial pelas obras estranhas e sombrias do artista holandês Mattijs Maris, ex-participante da Comuna de Paris que morava não muito longe da pensão de Vincent em Montmartre. Maris era outro filho caído da burguesia. Tinha trabalhado na Goupil e pintava no mesmo estilo convencional dos irmãos Jacob e Willem, artistas de sucesso. Mas dera as costas a tudo aquilo. Descartando seus trabalhos anteriores como simples "coisas comerciais", ele começou a pintar num estilo simbolista sinistro e passou a viver como exilado e recluso. Quando Vincent defendeu o "gênio" de Maris para seus pais, eles reagiram com cautela e Dorus lamentou: "[Ele] está muito entusiasmado com as pinturas de cores tristes de Maris". "Gostaria que ele preferisse as expressões de uma vida de mais energia, algo feito em cores fortes e brilhantes."

Apesar de morarem perto, Vincent nunca registrou nenhuma visita ao misantropo Maris. Mas, em todos os aspectos importantes, tinha encontrado um espírito afim. Partilhavam os mesmos interesses supraterrenos; a mesma história de afastamento da família e ardor revolucionário; a mesma trajetória de excentricidade, rejeição e isolamento. Em algum momento daquele outono, Vincent começou a preparar um álbum de poesias para o pintor. Invocou Kêmpis já no primeiro registro: "Quando se é um estranho em toda parte, que felicidade ter o próprio coração como o amigo mais autêntico".

A soma entre as lições de Kêmpis, o exemplo de Maris e os problemas constantes na Goupil aos poucos transformou o mundo de Vincent. Abandonou atitudes anteriores — não só em relação à profissão do tio, mas também em relação às riquezas e aos privilégios em geral. Desenvolveu uma aversão duradoura pela classe a que antes aspirava — a classe que, como sua família, não o aceitava. Segundo a irmã Lies, Vincent passou a ver o comércio como mera "tentativa de tirar o máximo dos outros" e o comércio da arte como "simples roubo legalizado". Mais tarde diria: "Tudo, tudo está nas garras dos cambistas". Com raiva, sem rumo, ele se queixava de depressão e retomou seu tratamento da "tristeza", o cachimbo. Perambulava interminavelmente pelas ruas de Paris, evitando museus, mas se demorando nos cemitérios. Referia-se desdenhoso à sua vida na Goupil como "aquele outro mundo" e descurava de seus deveres familiares em relação ao tio benfeitor, Cent. No sinal talvez mais claro de sua revolta interior, Vincent começou a desafiar o rigoroso código de indumentária, tanto da família quanto da profissão. Como dizia Kêmpis, a espiritualidade devota "não evita o que é maltrapilho e não se importa em usar roupas velhas e esfarrapadas".

A única vaidade a que Vincent não conseguia renunciar, a despeito do exemplo de Cristo, era o desejo de ver a família. Como sempre, a aproximação do Natal transformava esse desejo numa expectativa arrebatadora. Como seu pai tinha aceitado um novo cargo, a família ia comemorar as festas em Etten, um vilarejo nos arredores de Breda, a seis quilômetros apenas de Zundert. Assim, o Natal seria uma dupla volta ao lar. Já em agosto, Vincent começou a planejar o feriado. Em setembro, escreveu a Theo: "Estou esperando tanto o Natal", e pediu ao encarregado dos pagamentos que retivesse mensalmente uma parte de seu salário, porque "quero estar com muito dinheiro perto do Natal". Dezembro começou com uma torrente de cartas e uma afobação nos planos para a viagem. Quando chegou à galeria um quadro mostrando a cena de uma aldeia coberta de neve, Vincent logo imaginou a reunião de Natal que se aproximava. E escreveu, esperançoso: "Ele nos diz que o inverno é frio, mas que os corações humanos são quentes".

Os meses de desejos e expectativas, porém, só fizeram aumentar o peso da culpa e do fracasso, que levou consigo no trem noturno que saiu de Paris em 23 de dezembro. A notícia que tinha a dar aos pais iria toldar a festa mais querida e mais brilhante da família: não podia ficar na Goupil.

Os relatos sobre a humilhação derradeira de Vincent são confusos e incompletos, mas todos coincidem em um ponto: ele sabia que seria demitido. Numa carta posterior a Theo, disse que a demissão não era "de todo imprevista" e admitiu vagamente que havia "feito coisas que, em certo sentido, eram muito erradas". Uma delas era, sem dúvida, a viagem para passar o Natal em casa, que não tinha sido autorizada. Na verdade, parece que a licença natalina de Vincent foi cancelada, talvez no último minuto — ocorrência que não era incomum na temporada de maior movimento na loja. Mas, depois de meses planejando e ansiando pela ocasião, Vincent desobedeceu à chefia e resolveu ir de qualquer maneira. Pode ter sido numa discussão sobre o cancelamento de última hora que "tive um acesso de raiva e saí", como admitiu a Theo anos mais tarde. De início, não disse nada à família. Só depois de encerradas as comemorações e quando Theo já voltara a Haia, Vincent sentou com o pai para uma "conversa de coração aberto".

Mesmo então, ele não mencionou a saída não autorizada nem a demissão que devia vir, mas apresentou o problema em termos mais gerais e emocionais. "Sem dúvida ele *não* está feliz", Dorus avisou a Theo depois da conversa. "Creio que lá não é o lugar certo para ele... Talvez seja necessário mudar de colocação." Mesmo quando o trem saiu de Breda para Paris, em 3 de janeiro, Vincent ainda não havia contado a verdade aos pais. Na despedida, Vincent "foi da opinião de que devia ficar [na Goupil]", como Dorus escreveu a Theo. Anna anotou as palavras de despedida do filho: "Estou indo para meu trabalho".

Como Vincent temia, a demissão foi de fato o primeiro tema quando voltou ao serviço em 4 de janeiro. Léon Boussod, um dos sócios de Cent, deu a notícia num encontro que Vincent descreveu como "muito desagradável". Diante da saída sem autorização, que vinha coroar uma ladainha de reclamações dos clientes, medidas disciplinares e transferências de advertência, Vincent se recolheu ao silêncio. "Não fiz muita questão de responder", disse a Theo. Devia saber que não tinha escolha, a não ser acatar uma decisão que, evidentemente, já fora aprovada no escalão mais alto. Em janeiro, a cronista da família Van Gogh anotou sucintamente: "Vincent foi avisado de que não trabalhava mais na casa Goupil... Os senhores tinham percebido já fazia muito tempo que ele não era talhado para o negócio, mas mesmo assim o deixaram ficar enquanto foi possível por causa do tio [Cent]".

Vincent tentou salvar o que pôde daquele naufrágio. Numa carta ao pai, no mesmo dia, por fim admitiu a saída sem autorização, mas descreveu a demissão sumária como se, num gesto de dignidade, ele tivesse pedido as contas. Para Theo, usou a alegoria de si mesmo como uma "maçã madura", que mesmo "uma leve brisa fará cair da árvore". Pelo resto da vida, Vincent repetiria mentalmente aquele episódio humilhante, arrependendo-se de sua "passividade" cristã e insistindo que poderia ter se defendido das acusações de Boussod, mas preferiu se calar. "Se quisesse, poderia ter dito um monte de coisas em resposta", explicou a Theo num comentário inesperado, anos depois, "coisas que acredito que me permitiriam ficar."

Mas nada do que pudesse ter dito ou feito, naquele momento ou em qualquer outro, seria capaz de atenuar a vergonha. "Que confusão ele armou!", resmungou Dorus. "Que escândalo e que vergonha!... Isso nos fere muito." E Anna deplorou: "É terrivelmente triste; quem esperaria esse desfecho?... Não enxergamos nenhuma luz... está tudo muito escuro". Deixando de lado toda reserva, os pais despejaram seu "amargo desapontamento" e "pesar indescritível" em cartas e mais cartas a Theo. Definiram a humilhação de Vincent como "uma cruz que nosso Pai dos Céus pôs em nossos ombros" e esperavam apenas que a notícia do escândalo não chegasse a Etten.

Qualquer solidariedade que sentissem por Vincent foi anulada pela certeza de que ele mesmo atraíra a catástrofe sobre si — e sobre a família. Dorus pôs a culpa na falta de ambição de Vincent, em sua incapacidade de "cuidar de si mesmo" e sua "perspectiva mórbida da vida". Anna, cujo irmão Johannus tinha se suicidado poucos meses antes (por alguma depravação inconfessável), atribuiu a sina de Vincent à sua rejeição dos deveres sociais e familiares. "Que pena que Vincent não se envolveu mais na vida familiar de acordo com nossa posição na sociedade", escreveu ela. "Sem isso, não há como ser uma pessoa normal." Mesmo Theo concordou, oferecendo aos pais o parco consolo de que Vincent "vai encontrar problemas aonde quer que vá". A cronista da família resumiu a opinião de consenso: "[Vincent] sempre foi estranho".

O pastor e sua esposa fizeram o que podiam para minimizar os danos. Instruíram Theo, e sem dúvida outros, a não comentar o episódio de Paris. Todo mundo devia "agir como se não tivesse acontecido nada". Se lhe perguntassem, ele devia dizer apenas que "Vincent quer mudar de emprego". Enquanto isso, Dorus pediu a seu irmão Cor que arranjasse um lugar para Vincent em sua livraria em Amsterdam. Se

Vincent se transferisse de uma empresa Van Gogh para outra antes do fim do aviso prévio (Boussod tinha lhe dado até o dia 1º de abril), ainda seria possível evitar a pior humilhação. Por algum tempo, Dorus chegou a pensar que o filho poderia reverter a decisão dos "senhores" em Paris. Numa série de cartas angustiadas, insistiu nos mais enfáticos termos que Vincent procurasse Boussod, apresentasse suas desculpas, lamentasse o erro e pedisse o emprego de volta.

Não adiantou nada. Boussod foi inflexível. Tio Cor manifestou sua solidariedade pelo dilema da família, mas não quis oferecer um emprego ao sobrinho problemático. E do tio Cent não veio uma palavra de pesar ou consolo — embora seus sentimentos depois tenham ingressado na crônica da família. A cronista, tia Mieetje, escreveu: "Grande decepção para o tio, que tinha esperanças de um bom futuro para [Vincent] em consideração ao nome".

Em Etten, Dorus chorou como se o filho tivesse morrido. Retirou-se para o escritório e escreveu um sermão para o domingo seguinte: "Bem-aventurados os que choram, pois serão consolados".

Aflitos para preservar o único vínculo com as boas graças de Cent, Dorus e Anna desencadearam uma campanha para isolar Theo da vergonha acarretada pela escandalosa queda do irmão. Insistiram para que ele mantivesse suas boas relações na Goupil (em especial com Tersteeg). Alertaram: "Lembre que Vincent não fez isso". Anna deu um conselho muito direto, que não guardava nenhuma semelhança com a mãe da casa paroquial de Zundert: "Sejamos todos independentes e não vamos depender demais uns dos outros". Se Theo mostrou algum sinal de solidariedade fraterna, logo se apressaram em dissipá-la. Vincent devia ter aprendido a lição, escreveram eles, "por mais íntegro e bondoso que ele seja". E para que Theo não esquecesse os danos que seu irmão tinha causado, assinavam as cartas como "com tristeza, pai e mãe".

No quarto em Montmartre, transido de remorsos, Vincent examinou o desastre de sua vida. Mais tarde, referiu-se aos acontecimentos de janeiro como "uma calamidade" — "o solo cedeu sob meus pés" — "tudo o que eu tinha construído desmoronou". Seis anos de trabalho na Goupil não tinham dado em nada. Denegrira o nome que usava com tanto orgulho; constrangera o irmão cuja admiração lhe era tão cara; desgraçara a família a que tanto desejava se reunir. Numa tentativa tardia de remendar a situação, ele enviou uma enxurrada de cartas e presentes à família e aos amigos, mas recebeu apenas respostas corteses — ou, no caso do tio Cent, simplesmente nenhuma resposta. Theo escrevia tão pouco que Vincent tinha de implorar por notícias: "Quero muito saber de você... fale-me de seu dia a dia". O que ele de fato soube de Theo, sobretudo por outras vias, apenas aumentou a dor: uma nova promoção, uma viagem comercial de sucesso na primavera, outra salva de elogios do tio Cent, um aumento salarial considerável. Esmagado de culpa, Vincent devolveu quarenta florins que o pai lhe remetera.

No fim de janeiro, Harry Gladwell saiu da pensão de Vincent, somando à vergonha o isolamento. É evidente que Vincent desconfiou daquela coincidência, ocorrida poucas semanas depois do atrito com Boussod. Num acesso da paranoia que mais tarde iria tragá-lo, Vincent atribuiu o abandono de Gladwell a uma conspiração contra ele. As visitas ocasionais do rapaz inglês, depois disso, não o impediram de voltar a cair nos velhos padrões de solidão e autocomiseração. "De vez em quando nos sentimos solitários e ansiamos por amigos", escreveu a Theo, tentando se distanciar daquela mágoa com o uso do pronome no plural, como fazia com frequência. "Seríamos muito diferentes e mais felizes se encontrássemos um amigo do qual pudéssemos dizer: 'É ele'." Alguns dias depois da saída de Gladwell, Vincent se ligou a outro funcionário da loja, outro jovem holandês problemático, Frans Soek. Vincent convidou Soek a seu quarto e leu Andersen para ele. Visitou o apartamento de Soek em Paris, onde morava com a esposa e a sogra. Referiu-se a elas como "duas almas compassivas" e talvez tenha imaginado por algum tempo em convertê-los em sua próxima família.

Mas Vincent precisava partir. A vergonha era demasiada para continuar em Paris. Seus pais lhe fizeram o devido convite para ficar em Etten, mas lá certamente a vergonha o aguardava também. Por motivos que nunca revelou, Vincent estava "determinadíssimo" a voltar para a Inglaterra. Mas precisava de um emprego para viver. O orçamento apertado de Dorus jamais conseguiria financiar suas andanças mesmo que ele aceitasse o dinheiro do pai. Vincent, porém, não conseguia pensar em nada que tivesse vontade de fazer. Com o súbito "erradicamento" (o termo é seu) da Goupil, ele se sentiu desmoralizado, perdido e bastante mortificado com a perspectiva de ter de procurar emprego. E se lamentou: "Fica-se simplesmente 'desempregado', uma figura suspeita". Os pais sugeriram que fosse trabalhar com contabilidade ou aproveitasse sua inquestionável força física (e única experiência profissional) trabalhando num museu de arte. Ou, se ainda tinha "amor por sua profissão", por que não se estabelecer como comerciante de arte, como haviam feito os tios?

Mas Vincent não mostrava nenhum interesse por arte. Só queria saber do drama de reparação que vinha se desenrolando em seu quartinho com Frans Soek e

Harry Gladwell, que ainda aparecia para as leituras semanais de poesia. Vincent escreveu ao pai, em termos vagos, que sentia "uma inclinação para a instrução" e esperava que "se seguisse o entusiasmo". Havia lido *Felix Holt*, de George Eliot, romance em que o herói sustenta a si e à mãe viúva dando aulas a garotos. Pensou em fazer o mesmo. Sem levar em conta nenhum outro critério, Vincent começou a responder aos anúncios dos jornais ingleses procurando professores e preceptores particulares. Os pais não tinham a menor esperança de que conseguisse. Preocupados, disseram: "É preciso muito estudo e esforço para adquirir a habilidade e o tato necessário, e não está claro que ele queira se preparar".

Todas as consultas de Vincent foram rejeitadas ou nem tiveram resposta. Aproximando-se a data de saída do serviço, foi ficando cada vez mais ansioso. O 1º de abril adquiria o vulto do Dia do Juízo Final. "Minha hora se aproxima", escreveu a Theo. Desafiando os pais, decidiu ir para Londres — com ou sem emprego — logo que saísse da Goupil; daria uma rápida parada em Etten a caminho da Inglaterra. Enquanto isso, lutava para conter a crescente onda de ansiedade e recriminação pessoal recorrendo novamente ao Cristo de Kêmpis. Assegurava a *Imitatio*: "Sentirás grande conforto na provação... quando os homens te desprezam". Cristo não fora também "abandonado pelos amigos e conhecidos"?

Mas, conforme se aproximava a data da partida, Vincent recorreu a consolos mais antigos e profundos. A despeito da iminente pobreza, comprou mais estampas para sua coleção que não parava de crescer. Passou as últimas semanas em Paris não se despedindo dos amigos nem revisitando locais preferidos, mas completando o álbum que começara para Matthijs Maris. Com o mundo artístico se sublevando em torno dele e sua própria vida desmoronando, Vincent se sentava sozinho no quartinho do sótão, copiando trechos e mais trechos das vozes de sua adolescência — Andersen, Heine, Uhland, Goethe —, convocando à base de pena e tinta seus amigos mais sinceros; ocupando as mãos com páginas e páginas de uma caligrafia cerrada e impecável; acalmando o cérebro com as imagens familiares daqueles autores que repetia como se fossem mantras — neblinas ao anoitecer, o luar prateado, amantes mortos e andarilhos solitários — e confortando o coração com suas promessas insistentes de um amor mais elevado.

Na sexta-feira, 31 de março, um dia depois de completar 23 anos de idade, Vincent deixou Paris. A partida se deu em boa ordem, coisa atípica para Vincent, que detestava despedidas e passaria o resto da vida indo embora às pressas para evitá-las.

Presbitério e igreja em Etten, abril de 1876, lápis e tinta sobre papel, 8,47 × 17,46 cm.

Gladwell, que se despediu dele na estação ferroviária, ocupou a vaga de Vincent na Goupil e se mudou para seu quarto em Montmartre — reproduzindo exatamente o papel de Theo três anos antes, em Haia. No último minuto, chegou uma carta oferecendo um emprego numa escola infantil em Ramsgate, uma colônia balneária no litoral da Inglaterra. A notícia deu à partida de Vincent o ar de um recomeço, ao invés de um final ignominioso. Não era grande coisa (de início, o serviço não era remunerado), mas pelo menos lhe fornecia quarto, comida e um lugar distante para esconder a vergonha.

A curta estada em Etten reavivou velhos anseios. Vincent fez um desenho a lápis do novo lar da família, a igreja e a casa paroquial de Etten, com cada estaca da cerca e cada caixilho das janelas detalhados com carinho e cada contorno meticulosamente reforçado à pena. Tomou um trem até Bruxelas para visitar o tio Hein, que estava doente. Talvez tenha feito uma visita a Zundert. Os pais disseram que foram "bons dias" os que passou em Etten, e insistiram, esperançosos: "Ele é um bom homem". Vincent parecia querer ficar. Uma visita que originalmente duraria "poucos dias" aos poucos se dilatou para algumas semanas. Em 8 de abril chegou Theo, que fizera um desvio na rota de sua viagem comercial de primavera para ir a Etten.

Mas Vincent não podia ficar. Sempre que se levantava o assunto da arte, como era inevitável, os pais não conseguiam ocultar a decepção de que ele estivesse trocando uma profissão que conhecia tão bem por uma que desconhecia totalmente. "É incrível como ele ama a arte e como ela o afeta, tendo de abandoná-la por completo", lamentou Anna. "Esperamos que ele encontre uma boa vocação [mas] 24 meninos num internato não é pouca coisa." A chegada de Theo apenas deu maior relevo ao fracasso de Vincent. Em vez de se lançar ao desconhecido, Theo estava voltando a Haia para ajudar na mudança da Goupil para uma nova galeria, ainda maior, na Plaats.

O trem de Vincent saiu às quatro da tarde de 14 de abril, dois dias antes da Páscoa, com destino ao porto de Rotterdam. Apenas naquele momento, sozinho na plataforma, Vincent pareceu entender o que havia feito: banira a si mesmo. Num súbito arrependimento, pegou um pedaço de papel e começou a rabiscar um bilhete queixoso. Começava: "Já nos separamos muitas vezes antes, [mas] dessa vez foi mais doloroso do que costumava ser". Depois de embarcar no trem, continuou a escrever, apresentando o argumento para voltar. "Mas agora [há] também mais coragem por causa da esperança mais firme, do desejo mais forte, da bênção de Deus." Era o argumento que usaria pelos cinco anos seguintes, nas palavras e nas ações (e depois nas imagens): se amasse Deus o suficiente, a família teria de aceitá-lo de volta.

Poucos meses antes, Vincent descobrira um poema que expressava à perfeição a mescla de saudade, remorso e ressentimento que sentiu quando o trem se afastou das várzeas e dos riachos de infância. Enviou-o a Theo, dizendo que "me emocionou especialmente":

Com que ímpeto se lança um coração ferido
[...]
Para o primeiro asilo onde, jovem e em paz,
Ele se ouvia cantar em meio ao silêncio.

Com que ávido ardor, alma, te alimentas
Do teto natal, dos prados e flores na enseada
[...]
E no entanto, ó Quimera, enganava-nos então.

Pois em tua bela miragem um soberbo futuro,
Como um esplêndido verão, abria seu rico feixe
Cujas espigas flutuantes eram verdadeiros sóis.

Mentias. Mas que irresistíveis encantos têm
Esses fantasmas que vemos nas rubras distâncias
Se irisarem pelo grande prisma das lágrimas!

[Qu'impétueusement un coeur blessé s'élance,
Lorsque l'hiver l'étreint sous son linceul épais,
Vers le premier asile où, jeune et dans la paix,
Il s'écoutait chanter au milieu du silence.

Avec quelle âpre ardeur, âme, tu te repais
Du toit natal, des prés et des fleurs bordant l'anse
De l'étang où l'oiseau sur les joncs se balance;
Et pourtant, ô Chimère, alors tu nous trompais!

Car dans ton beau mirage un avenir superbe,
Comme un été splendide ouvrait sa riche gerbe
Dont les épis flottants étaitent de vrais soleils.

Tu mentais. Mais qu'ils ont d'irrésistibles charmes
Ces fantômes qu'on voit dans les lointains vermeils
S'iriser à travers le grand prisme des larmes!]

8. A marcha do peregrino

Doze anos depois, em Arles, aguardando insone a chegada de Paul Gauguin, Vincent van Gogh passou muitos fins de noite num café frequentado por mendigos e vagabundos — os "errantes da noite", dizia ele. Considerava-se um errante também — condenado a vaguear sem fim à luz amarela dos cafés que atravessavam a madrugada abertos, perseguindo uma miragem da "família e terra natal" que só existia na imaginação nostálgica de quem não as possuía. "Sou um viajante indo a algum lugar e a algum destino... [só que] o lugar e o destino não existem", escreveu ele.

Vincent deu início a essa jornada quando foi para a Inglaterra, em abril de 1876.

Nos oito meses seguintes, quase não parou. Ricocheteando de um ponto a outro, de emprego em emprego, percorreu centenas de quilômetros do interior da Inglaterra, "indo a algum lugar". Tomou barcos, trens, ônibus, carroças e até metrô. Mas andava, principalmente. Numa época em que viajar de trem era tão barato que mesmo balconistas pobres podiam comprar um bilhete de terceira classe, Vincent andava. Andava com qualquer tempo, a qualquer hora do dia e da noite, dormindo ao relento, apanhando algo para comer nos campos, comendo em albergues públicos ou simplesmente não comendo nada. Andou até ficar com o rosto tisnado de sol, as roupas esfarrapadas, as solas dos sapatos gastas. Andava num ritmo constante — três milhas [4,8 quilômetros] por hora, segundo seus cálculos — como se o destino não importasse; como se a caminhada em si — a simples soma dos quilômetros, o desgaste do couro dos sapatos, o esfiapamento dos cadarços, o crescimento de bolhas — desse a medida da devoção do indivíduo.

Em Ramsgate, andava pelas praias pontilhadas de "cabines rolantes". Andava pelas docas e pelos imensos molhes que se estendiam na direção da terra natal. Andava pelas trilhas no alto dos penhascos de grés com suas "moitas de espinheiros retorcidos" e árvores resistentes curvadas pelo vento. Andava pelos campos de cereais que flutuavam acima do mar, subindo até a borda dos montes, tão convidativos quanto as charnecas de Zundert e a poucos minutos da escola onde lecionava. Andava pelas angras e baías que se estendiam pela costa.

Passados apenas dois meses, quando a escola se transferiu de Ramsgate para Londres, ele seguiu a pé — uma caminhada de oitenta quilômetros sob um calor causticante de verão — a jornada solitária mais longa da época na Inglaterra. "É um passeio e tanto", gabou-se a Theo. Uma balsa subindo o Tâmisa o teria levado em poucas horas, por poucos *pennies*. Dormiu uma noite nos degraus de uma igreja e ficou apenas dois dias, sem descanso, antes de partir de novo para visitar a irmã Anna em Welwyn, 48 quilômetros adiante. No dia seguinte, andou os últimos quarenta quilômetros até Isleworth, o vilarejo no extremo de Londres para onde fora transferida a escola.

Com uma localização pitoresca numa curva do Tâmisa, Isleworth seria o local ideal para ele se estabelecer. Mas Vincent usava o lugar como base de onde saía para constantes expedições até a cidade, a dezesseis quilômetros rio abaixo. Geralmente ignorando os trens frequentes, ele sempre fazia a rota a pé, com chuva ou sol, de dia e de noite, saindo cedo e voltando tarde, ocasionalmente duas ou três vezes no mesmo dia. Cada ida a Londres justificava uma dúzia de percursos menores: caminhadas intermináveis ziguezagueando pelo trânsito maluco da cidade e por ruelas labirínticas para ver o lugar do antigo emprego, para visitar um ex colega, para examinar uma perspectiva de emprego, e até para ver uma igreja importante — qualquer coisa, parecia, para se manter em movimento.

Em julho, trocou de emprego. O novo serviço, numa outra escola em Isleworth, *exigia* que ele fosse a Londres e a outras localidades para visitar alunos doentes e pais com o pagamento atrasado — obrigações que o levaram a alguns dos bairros mais distantes da cidade. Em setembro, pensou em ir a Liverpool ou Hull — para procurar outro emprego, disse ele. Em outras ocasiões, falava em pegar um navio para a América do Sul. Escreveu a Theo: "Às vezes a gente se pergunta: 'como vou chegar a meu destino?'".

O que impelia Vincent por aquelas estradas rurais e aquelas ruas urbanas lotadas de gente, talvez empurrando-o até o outro lado do mundo? Em parte, era a mesma necessidade de fugir que o levara a abandonar Paris e Etten. No verão e no outono, falou nas cartas em romper os grilhões e escapar para a "segurança", em fugir do pecado e da "tranquilidade enganosa" de sua vida anterior. Lia livros sobre trânsfugas e se consolava sonhando com a escapatória derradeira da morte.

Sem dúvida era também um revide aos pais. Alternava cartas com detalhes de suas penosas andanças e um silêncio sinistro — combinação perfeita, se não intencional, para puni-los gerando preocupação. "Ele continua fazendo caminhadas de horas", escreveu Dorus a Theo, "o que, receio, afetará sua aparência e ele se tornará ainda menos apresentável... esses excessos não são corretos... Sofremos por causa disso."

Mas ninguém sofria mais com os "excessos" de Vincent do que o próprio Vincent. Mais tarde, escreveu: "Naqueles anos, eu estava fora, sem amigos nem auxílio, passando por grande aflição". Na verdade, a finalidade efetiva desse suplício pode ter sido a autopunição. Evidentemente, cada passo arrastava o peso de uma enorme carga de culpa. "Impede-me de ser um filho que causa vergonha", escreveu logo depois de chegar à Inglaterra. Em carta após carta, ele reconhecia seus sentimentos de "grande desajuste", "imperfeição" e "indignidade". Admitiu que "odiava a própria vida" e ansiava pelo dia em que conseguisse "esquecer os pecados de minha juventude". E se lamentava: "Quem me libertará totalmente e para sempre do corpo desses fatos, e por quanto tempo terei de lutar contra mim mesmo?".

Os meses de fuga em autopunição foram acompanhados por uma avalanche de imagens consoladoras. Imagens de viagens e viajantes, despedidas e voltas ao lar, caminhadas em devaneios amorosos e buscas de fundo moral sempre tinham avivado a imaginação de Vincent. Agora se tornavam seu esteio. Retornou aos velhos favoritos, como Longfellow, com *Evangeline* e *The courtship of Miles Standish*, narrativas de um exílio transformador, e leu *Hyperion*, do mesmo autor, história de um jovem poeta melancólico vagueando pela paisagem apocalíptica da Europa pós-napoleônica em busca de si mesmo. Adotou como novo evangelho *Tales of a wayside inn*, livro de contos de um andarilho, de Longfellow. Sentiu-se tão comovido com a heroína sem lar de *The wide, wide world*, o grande sucesso sentimental de Elizabeth Wetherell, que leu o livro para seus alunos e enviou um exemplar a Theo.

Colecionava cenas de despedidas lacrimosas e reencontros sublimes: cenas como a abertura de *Le conscrit*, de Henri Conscience, que copiou numa caligrafia caprichada. ("Soou a hora da despedida!... Apertando a mão de sua mãe... cobre o rosto com a mão para ocultar as lágrimas que correm pelas faces e diz numa voz quase inaudível: 'Adieu'.") Encontrou a mesma imagem tocante em *Les adieux*, pintura de Gustave Brion que mostra um rapaz se despedindo dos pais entre lágrimas copiosas. Durante algum tempo, essa imagem ocupou uma posição devocional em sua coleção de estampas, que de alguma maneira conseguiu conservar durante todas as peregrinações do verão e do outono. Em maio, enviou uma versão do quadro aos pais, pelo aniversário de casamento.

As estradas desempenhavam na imaginação de Vincent um papel tão importante quanto na vida diária. Ele crescera num lugar cheio de caminhos retos como trilhos, bordejados de árvores a perder de vista. A mãe lhe ensinara desde cedo sobre "o caminho da vida", e o pai tinha especial apreço por uma estampa mostrando uma procissão fúnebre numa trilha por entre um trigal. Não admira que Vincent tenha aprendido a ver uma jornada em cada caminho e uma vida em cada jornada. Ao fitar as paisagens, seus olhos sempre buscavam o caminho. Pendurou no quarto uma estampa como a do pai, mostrando uma estrada rural que sumia na distância. Uma de suas estrofes favoritas falava na voz de um viajante cansado: "A estrada é toda ela numa subida?/ Sim, até o final./ A jornada levará o dia todo?/ Da manhã à noite, meu amigo".

Assim como via uma jornada em toda estrada, via um peregrino em todo viajante. Kêmpis aconselhava: "Se quiseres perseverar e ter um avanço espiritual, vê-te como um exilado e um peregrino nesta terra". Tendo agora embarcado em sua viagem solitária, Vincent encontrava novo incentivo nas histórias de viajantes piedosos palmilhando caminhos terrenos rumo a destinos supraterrenos. No álbum que preparou para Matthijs Maris em Paris, ele transcreveu as estrofes iniciais de "Der Pilger", de Uhland, sobre um peregrino no caminho da Cidade Santa. Num livro de poesia holandesa que o pai lhe enviou, Vincent marcou (e copiou numa carta para Theo) apenas um poema: "De pelgrimstogt" ("A peregrinação"), outra história sobre o "árduo caminho para uma vida melhor".

Mas nenhum peregrino causou maior impressão em seu espírito do que a figura que descobriu em *A marcha do peregrino*, de John Bunyan. E disse ao irmão: "Se você tiver oportunidade de ler, verá que é extremamente valioso". Tal como Vincent, o peregrino de Bunyan, Cristão, abandona lar e família para empreender uma jornada perigosa, encontrando pelo caminho as fraquezas, as loucuras e as tentações humanas em todas as suas formas. Tal como a arte posterior de Vincent, a história de Bunyan infunde no mundo esquemático da alegoria uma premência emocional que surpreendeu e cativou os leitores, quando foi publicado pela primeira vez em 1678, e que nos dois séculos seguintes lhe valeu um lugar de honra ao lado da Bíblia, em todo lar letrado da Inglaterra. Vincent escreveu: "De minha parte, aprecio-o muitíssimo".

Mas o Cristão de Bunyan tinha de concorrer com um viajante diferente na imaginação de Vincent. Em outro livro, ele encontrou a história do *pillawer* — o "trapeiro" —, que cavava a vida perambulando pelas vielas, catando trapos para vender aos fabricantes de papel. A história o comoveu tanto que copiou num álbum na íntegra: "As pessoas fecham a porta ao vê-lo... É um estrangeiro na aldeia onde foi batizado... Não sabe o que acontece na própria família".

Acumulavam-se os quilômetros, gastavam-se as solas, e esta era a imagem que assombrava cada vez mais a jornada de Vincent. "Anda, anda, o trapeiro anda, como um judeu errante. Ninguém gosta dele."

A jornada de Vincent começou numa casa de aspecto desleixado, infestada de insetos, em Ramsgate. Ele deve ter achado que entrara num dos contos de seu amado Dickens — um dos contos sombrios. A escola dirigida por William Post Stokes não guardava nenhuma semelhança com as instituições formais e dotadas de verbas que Vincent conhecia por experiência própria. Vinte e quatro meninos entre dez e catorze anos se apinhavam na casa estreita da 6 Royal Road, a escassos cem metros da beira de um penhasco que se precipitava vertiginosamente ao mar. Vincent reclamou dos assoalhos apodrecidos, das janelas quebradas, da luz fraca e dos corredores escuros do edifício. "Uma visão bastante melancólica", disse ele. O jantar consistia em pão e chá, mas o resto do dia era tão lúgubre que os garotos ansiavam pelo horário da refeição, ele escreveu.

Nessas condições deploráveis, Vincent cambaleava como um herói de Dickens sob o peso da faina incessante. Das seis da manhã às oito da noite, ele e um colega "professor assistente" tinham a responsabilidade completa por todos os alunos da escola. Ensinava-lhes "um pouco de tudo": francês, alemão, matemática, recitação e "ditado". Levava-os a passeios e à igreja; vistoriava o dormitório pulguento e punha-os na cama à noite. Deu-lhes banho pelo menos uma vez. Nas horas vagas, fazia consertos e serviços de manutenção. "É uma tarefa pesada", disse estoicamente.

O próprio Stokes era uma figura dickensiana que completava o quadro. Grandão, careca, com densas suíças, Stokes dirigia sua escola como um negócio. Estando o sistema de ensino público sobrecarregado pelas demandas da nova classe média, qualquer um que tivesse uma casa e tintas de erudição podia abrir uma escola. Stokes tinha "apenas um objetivo", escreveu Vincent mais tarde: "dinheiro". Conduzia o negócio "de forma misteriosa", segundo Vincent; nunca falava do passado e pegava todo mundo desprevenido com suas idas e vindas inesperadas. O excesso de segredos fazia de Stokes um mestre temperamental: num momento estava jogando bolinha de gude com os alunos, no instante seguinte ficava colérico com a arruaça da meninada e mandava todos para cama, sem jantar. Quinze dias depois da chegada de Vincent, Stokes anunciou bruscamente que a escola se mudaria para Isleworth, onde sua mãe mantinha um empreendimento parecido.

As cartas de Vincent logo silenciaram sobre o assunto do emprego e passaram a se concentrar na paisagem da cidade durante um temporal violento ou no "espetáculo do mar" visto pela janela da frente da escola ("inesquecível", disse ele). Sem dúvida, aquele trabalho duro ficava ainda mais duro por causa de seu inglês limitado e de sotaque carregado. Escreveu com franqueza: "Não é fácil perceber se estão aprendendo o que lhes ensinamos". Vincent também considerava a sovinice de Stokes "repulsiva". Quando pediu o pequeno pagamento que Stokes lhe prometera depois de um mês de experiência, o dono da escola se negou a pagar e respondeu brusco: "Consigo professores suficientes só por casa e comida".

Na época em que a escola se mudou, em meados de junho, Vincent já estava procurando outra coisa em outro lugar. Tal era, afinal, a sina do peregrino. Escreveu: "Devemos prosseguir calmamente em nosso caminho".

Depois de dois meses como professor, tinha decidido virar missionário.

O desejo de conduzir os outros à Verdade tinha profundas raízes na natureza de Vincent. Anos de afastamento, de ruminação sorumbática e solidão moralista tinham lhe deixado um impulso irreprimível de persuadir os outros. Ele achava que, para usufruir plenamente um entusiasmo, era preciso compartilhá-lo. A persuasão bem-sucedida, mesmo em assuntos triviais, era uma validação no nível mais visceral. A incapacidade de persuadir significava a absoluta rejeição. Nesse aspecto, a irrupção do fervor missionário no verão de 1876 era um prosseguimento inevitável dos álbuns de poesia para Theo e do aprendizado conjunto com Gladwell — mais uma na série infinda de campanhas de vida ou morte para corrigir erros inomináveis.

Em sua nova vocação, Vincent encontrou incentivo e até inspiração nos romances de George Eliot. Livros como *Felix Holt*, *Adam Bede*, *Silas Marner* e *Cenas da vida clerical*, que enviou sem exceção aos pais naquele inverno, constituíam a ponte perfeita para retornar da devoção insular de Kêmpis ao mundo da ficção que Vincent sempre amou. *Felix Holt* conta a história de um rapaz "rude" que rejeita o legado da família e segue uma vida de fervor político e religioso entre o proletariado e, nisso, redefine o que é um "fracasso". Em *Adam Bede* e *Cenas da vida clerical*, indivíduos com defeitos, consumidos de culpa, alcançam um martírio heroico servindo aos pobres e levando uma vida de absoluta abnegação pessoal. Ignorando francamente o ceticismo de Eliot quanto à religião em geral e ao evangelismo em particular, Vincent encontrou inspiração inclusive no retrato devastador da seita fundamentalista da Lantern Yard que Eliot pinta em *Silas Marner*. "Há um tal anseio pela religião entre o povo das cidades grandes", escreveu ele, que grupos como o da Lantern Yard ofereciam "o reino de Deus na terra, nada mais, nada menos".

Em resposta a esse "anseio", Vincent começou a procurar um novo serviço. Descreveu o emprego ideal a Theo em termos que acompanhavam de perto suas leituras: devia "ser algo entre um clérigo e um missionário", devia incluir a pregação, "sobretudo à população trabalhadora"; devia ficar "nos subúrbios de Londres". Num exercício que certamente foi penoso, ele preparou uma breve autobiografia (um *levensschets*, ou "esboço de vida"), que reunia semiverdades cheias de culpa, esperanças exageradas e súplicas humildes: "Pai... faz de mim um de teus servos contratados. Sê misericordioso com este pecador". Em junho, enquanto ainda estava em Ramsgate, ele enviou sua declaração a um pregador de Londres. E escreveu: "Quando eu morava em Londres, frequentei muito sua igreja. Agora gostaria de pedir sua recomendação para procurar uma colocação".

De fato, Londres enxameava de missões. Numa contracorrente gerada pela onda de secularização que se estendera pela Inglaterra vitoriana em décadas anteriores, a religião voltava a ser vista como solução de todos os males da sociedade. Na década de 1870, surgira um consenso entre a burguesia de que o aumento nos índices de criminalidade e a miséria persistente não refletiam defeitos ocultos daquele novo mundo resplandecente, mas eram agouros de uma deficiência espiritual. Os trabalhadores desassossegados precisavam de fé, não de direitos; e nenhum problema social podia resistir muito tempo aos efeitos benéficos da caridade e do ensino religioso. Em virtude disso, o dinheiro afluiu a rodo para novas seitas, pastores revivalistas (como Charles Spurgeon) e missões evangélicas — sobretudo voltadas aos pobres e às classes operárias. Mais de quinhentas associações beneficentes distribuíam todo ano mais de 7 milhões de libras, uma soma fabulosa. Todos os anos, as sociedades bíblicas distribuíam gratuitamente mais de 500 mil exemplares da Bíblia.

Era tão fanática a crença nos benefícios da distribuição da Bíblia que foi reconhecida como uma nova "vocação" religiosa: o *colportage*. Spurgeon criou uma escola inteira apenas para formar *colporteurs* — homens e mulheres que iam de porta em porta, levando volumes da Bíblia, "entre classes quase inacessíveis a tais influências". As chamadas "carroças da Bíblia" percorriam as ruas movimentadas, com homens de voz potente lendo as Escrituras em voz alta, lotadas de pilhas do "Bom Livro". Nas esquinas das ruas apinhadas, membros da Sociedade da Pregação ao Ar Livre levavam a luz aos passantes. Nas estações ferroviárias, estrangeiros em viagem ficavam atônitos ao encontrar grandes Bíblias presas com correntinhas nas salas de espera, enquanto nos parques dezenas de pregadores laicos ficavam ali lendo a Bíblia numa das mãos e um guarda-chuva na outra.

Ao mesmo tempo, mais de mil missionários remunerados se espalhavam por Londres — desde a City pavorosamente abarrotada de gente aos mais novos e distantes subúrbios do operariado. As igrejas evangélicas, como a de Spurgeon, eram as pontas de lança nessa ofensiva, mas enormes entidades não congregacionais, como a Missão da City de Londres, forneciam muitos dos soldados necessários para travar a nova guerra contra a miséria e a perdição. Dezenas de sociedades assistenciais especializadas concorriam entre si para mitigar os sofrimentos e salvar as almas de ébrios, prostitutas arrependidas, criadas perdidas, crianças maltratadas. Em 1875, um ano antes de Vincent voltar a Londres, um ex-pregador laico chamado William Booth encabeçou uma nova congregação para "reconquistar" os corações dos trabalhadores com uma mistura de evangelismo de rua, assistência missionária e música para a elevação espiritual. Deu ao grupo o nome de Exército da Salvação.

Apesar de toda a agitação missionária ao redor, Vincent não conseguiu — ou não quis — encontrar emprego. Depois de sua visita inicial em meados de junho, ele voltou várias vezes a Londres "para ver se havia uma chance de se tornar" missionário, como informou a Theo. Para reforçar, no pedido de emprego ele dizia que havia "convivido com pessoas das classes baixas" em Paris e Londres e que, como estrangeiro, poderia atender melhor a outros estrangeiros "em busca de trabalho [ou] em dificuldades". Mas de nada adiantou. O insucesso das tentativas pode indicar que ele tinha pouco traquejo linguístico ou que sua abordagem era pouco convincente e afastava as pessoas. Mesmo os pessimistas pais de Vincent ficaram espantados com o insucesso. Anna escreveu: "A gente pensa que é fácil encontrar colocação num mundo tão grande".

Por outro lado, esse fracasso pode ter revelado suas dúvidas a respeito do futuro. "Vejo claramente uma luz ao longe", reconheceu a Theo, "[mas] essa luz volta e meia desaparece." Vincent forneceu apenas uma explicação implausível para a incapacidade de encontrar alguma colocação que servisse: "a pessoa precisa ter pelo menos 24 anos de idade", foi o que escreveu aos pais e a Theo. Era a desculpa inatacável de um rapaz com medo de enfrentar novas rejeições. Poucas semanas depois de sua incursão inicial, ele concluiu: "É muito duvidoso que eu venha a ter um grande avanço nessa profissão".

Em vez de persistir ou explorar alternativas sólidas, logo passou a devanear, com projetos exóticos e improváveis. Talvez inspirado por notícias melodramáticas nos jornais a respeito da pobreza e dos sofrimentos nas minas de carvão (muitas vezes acompanhadas de ilustrações fortes em branco e preto), pensou em ir para os distritos mineiros no Oeste da Inglaterra, para pregar aos trabalhadores de lá. Por algum tempo pensou em se somar a uma missão que ia para a América do Sul. Mas essas ideias também não deram em nada. Seu projeto de ser missionário durou apenas um mês.

No começo de julho, tinha se retirado para seu quarto em Isleworth, armando uma cena de martírio por se sentir rejeitado e ainda procurando a "luz ao longe". Considerava o emprego de professor frustrante e "humilhante". Depois de mais uma rodada de promessas não cumpridas e negociações inúteis, ele saiu da escola de Stokes. (Disse aos pais que pediu demissão, mas depois insinuou que Stokes é que o demitira — ou estava prestes a demiti-lo.) Enquanto isso, foi ver um emprego muito parecido em outra escola de meninos, a algumas centenas de metros de distância. Em 8 de julho, mudou-se para a Holme Court, a escola dirigida pelo reverendo Thomas Slade-Jones, enquanto continuava a trabalhar em meio período para Stokes. Essa transição oscilante confundiu um pouco seus pais, que inicialmente tinham ficado contentes com a mudança, pois Vincent dizia que a escola de Slade-Jones era "mais elegante". Dorus exclamou: "Oh!, ainda não está nada claro".

Mas uma coisa *estava* clara: Vincent não se sentia feliz. Escrevia aos pais cartas melancólicas reclamando do emprego, da escola e de sua solidão (eram as férias de verão, e os alunos estavam fora). Os pais comentaram com Theo: "Ele está passando uma fase difícil; sua vida não está fácil". E Anna concluiu: "Penso que é uma questão de recear o trabalho entre os meninos. Penso que ele tem medo de falhar". E previu categoricamente que Vincent "não conseguirá ficar naquela profissão". Precisava de um novo rumo que pudesse "moldá-lo para a vida cotidiana" e "tornar sua vida mais calma e mais feliz". Chegou a sugerir: "Gostaria que ele trabalhasse com a natureza ou com a arte — daria motivos de esperança".

Apenas em agosto Vincent reencontrou um rumo, e não foi o sugerido pela mãe. Dois dias antes de uma visita que planejava fazer a Harry Gladwell, que estava passando as férias de verão com a família perto de Londres, Vincent recebeu a notícia de que a irmã de Harry, de dezessete anos de idade, tinha morrido depois de um acidente com cavalo. Ele saiu imediatamente para uma caminhada de seis horas, atravessando Londres "de um extremo ao outro". Chegou no exato momento em que a família de luto voltava do enterro. Ficou subjugado pela "cena de dor". Sentiu "algo verdadeiramente sagrado" na casa e quis estabelecer uma conexão, mas não conseguiu. "Senti uma espécie de timidez e vergonha", confessou a Theo no dia seguinte. "Queria consolá[-los], porém fiquei constrangido."

Somente com o velho amigo Harry ele pôde desempenhar o papel que ardia dentro de si. Num longo passeio, falaram "sobre tudo", escreveu Vincent, "sobre o reino de Deus, a Bíblia", como faziam em Paris. Enquanto percorriam a plataforma da estação de uma ponta a outra, Vincent despejou uma torrente de consolação desvairada, como um sermão. Naquele instante, disse ele, sentiu "o mundo comum" subitamente "animado por pensamentos que não eram comuns".

Logo depois disso, decidiu virar pregador.

Para Vincent, pregar significava uma coisa só: consolar. A Igreja Reformada holandesa, em lugar do pecado e do castigo do catolicismo, tinha como cerne o consolo. A "indizível consolação" de um Deus zeloso e amoroso enchia os documentos fundadores da Igreja, os Formulários da Unidade. No aguerrido posto de fronteira religioso de Zundert, o primeiro dever do pregador era confortar, não converter. Dorus van Gogh fornecia consolo espiritual e apoio financeiro a seu precário rebanho. Em tempos de doença e morte, oferecia-lhes uma proteção contra a solidão nesta vida e a certeza de um amor mais elevado na próxima. Em tempos normais, serenava suas inquietações e aplacava seus medos. Os sermões de Dorus, mais do que instruir ou iluminar, teciam mantos protetores de "palavras balsâmicas", usando os fios das Escrituras e dos episódios bíblicos.

Não havia quem precisasse mais do bálsamo da religião do que Vincent, claro. Desde a infância, ele se fixou na imagem de Cristo como sofredor e consolador dos sofrimentos. Tal era a imagem que se imprimiu para sempre em sua imaginação, com uma gravura de Ary Scheffer, *Christus Consolator*, que havia na casa paroquial de Zundert. Ilustrando uma passagem da Bíblia ("Vim para curar os aflitos"), tornou-se uma das imagens religiosas preferidas num século obcecado por imagens do sofrimento inocente: um Cristo triste e aureolado aparece cercado por suplicantes prostrados de dor, de tristeza, de opressão e desespero. Uma das mãos está aberta para mostrar o estigma, lembrete de seu próprio sofrimento. A mensagem era clara: o sofrimento aproxima o homem de Deus. Como escreveu Dorus: "A tristeza não faz mal, mas nos ensina a ver as coisas com um olhar mais devoto". A melancolia, dizia Vincent, é "ouro fino".

Sua leitura dos românticos acrescentou novas camadas de imagens e significa-

Ary Scheffer, *Christus Consolator*, 1836-7, óleo sobre tela, 1,89 × 2,48 m.

dos ao ícone de Scheffer, apresentando-o a novas formas de sofrimento, novos mitos da salvação, novos paradoxos de esperança e novas aberturas para o sublime — tudo isso preenchendo seus álbuns e decorando suas paredes. Muito antes de pregar o Evangelho, Vincent pregava a "melancolia serena" da natureza e se consolava com suas imagens na poesia e na pintura. Seguia a sombra de Cristo nos textos de Carlyle e de Eliot, que transpuseram o tema da redenção pelo sofrimento para um mundo moderno, interiorizado. Eliot escreveu em *Adam Bede*: "O sofrimento profundo, inexprimível, bem pode ser considerado um batismo, uma regeneração, a iniciação a um novo estado".

Quando um exilado Vincent redescobriu Jesus em 1875, em seu quartinho na Kennington Road, recorreu inicialmente ao Cristo consolador da infância. Para Renan, Ele era "o grande consolador da vida", que "enchia as almas de alegria neste vale de lágrimas". O Cristo de Kêmpis prometia: "Teus atos de penitência serão transformados em júbilo". Um trecho de Coríntios logo se tornou o mantra de consolo de Vincent: "sofredor, mas sempre jubiloso". Nessas quatro palavras, Vincent descobriu a expressão perfeita da alquimia de felicidade que sempre esperara da religião (e, mais tarde, esperaria da arte). Escreveu: "Encontrei uma alegria na dor. A dor é melhor do que o riso".

Essa nova perspectiva de uma vida transformando a aflição em felicidade lhe despertou tanto entusiasmo que comprou um par de botas novas — "para me preparar para novas caminhadas" — e persuadiu o patrão, o reverendo Slade-Jones, a deixá-lo frequentar a igreja metodista em Richmond, bem em frente a Isleworth, do outro lado do Tâmisa. No encontro semanal de orações que Slade-Jones promovia na igreja, Vincent começou a "visitar as pessoas [e] conversar com elas". Não se passou muito tempo e foi convidado a "dizer algumas palavras" ao grupo. Na escola, Slade-Jones permitiu que Vincent dedicasse mais tempo à devoção religiosa e menos ao ensino escolar. Vincent orientava os 21 meninos no estudo da Bíblia e rezava com eles todos os dias de manhã e no final da tarde. À noite, sentava-se entre as camas dos garotos nos dormitórios de luz apagada, e contava histórias edificantes da Bíblia e da literatura.

Impressionado com o fervor de Vincent, Slade-Jones o convidou a frequentar a igreja congregacional em Turnham Green, uma pequena comunidade a quase cinco quilômetros de Isleworth, descendo o Tâmisa, onde pregava. Vincent preparava a pequena igreja feita de ferro para as reuniões e ofícios e ensinava na escola dominical. Os outros professores aceitaram bem o jovem holandês estranho como colega, mas continuavam a estropiar o sobrenome ("Mr. van Gof"), até que Vincent os convenceu a tratá-lo pelo prenome, "Mr. Vincent". Além das aulas dominicais, ele organizou um ofício nas noites de quinta-feira para jovens e ficou com a responsabilidade de visitar os alunos faltosos e doentes. Logo a seguir, Slade-Jones enviou o jovem auxiliar, entusiasmado e cheio de energia, a uma terceira igreja, uma minúscula capela metodista em Petersham, a 3,5 quilômetros de Isleworth, rio acima, para conduzir um ofício dominical vespertino.

A certa altura dessa azáfama devota, Vincent teve autorização de Slade-Jones para pregar um sermão de sua autoria. Orgulhoso com a incumbência, entregou-se a preparativos febris. Praticava nas reuniões semanais de orações em Richmond e com os meninos nas aulas de estudos bíblicos. (Às vezes eles dormiam no meio de uma história, admitiu ele.) Fez listas com seus versículos, parábolas, hinos e poemas favoritos, e transcreveu para um "livro de sermões". A julgar pelas longas cartas que escreveu a Theo naquele outono, que certamente bebiam na fonte do livro, este devia ser uma fantasia frenética de consolação, excedendo em muito todos os álbuns anteriores — um reflexo fiel de sua imaginação arrebatada enquanto se preparava para a nova vida como pregador. Dizia: "Quem quiser pregar o Evangelho primeiro deve tê-lo no coração. Oh! Possa eu encontrá-lo". Ao fim de cada dia, subia até seu

Igrejas em Petersham e Turnham Green, esboço em carta, novembro de 1876, nanquim sobre papel, 4,12 × 9,84 cm.

quarto no terceiro andar da Holme Court e caía no sono ainda com uma Bíblia na mão e uma reprodução do *Christus Consolator* fitando-o da parede.

Finalmente, no domingo 29 de outubro, Vincent subiu no púlpito da igreja metodista de Richmond para fazer seu primeiro sermão. Descreveu o acontecimento em detalhes arrebatados numa carta a Theo, dois dias depois, pintando a cena como a abertura de um romance de Eliot:

> Era um dia claro de outono e um belo passeio daqui até Richmond, ao longo do Tâmisa, onde se refletiam as grandes nogueiras com suas frondes de folhagens amarelas e o céu azul límpido. Por entre as copas das árvores via-se aquela parte de Richmond que fica na colina: as casas com seus telhados vermelhos, as janelas sem cortinas e os jardins verdes, encimadas pelo pináculo cinza da igreja; embaixo, a longa ponte cinzenta com os altos choupos de ambos os lados, por onde as pessoas passavam como figurinhas negras.

Ao pé do púlpito ele parou, inclinou a cabeça e orou: "Ó Pai, em Teu nome iniciemos". Enquanto subia, sentiu como se estivesse "saindo de uma caverna subterrânea escura" e foi tomado por uma visão do futuro "pregando o Evangelho onde eu estiver".

Para seu texto, escolheu os Salmos: "Sou um estrangeiro na terra...".

"É uma velha crença", começou ele, "e é uma boa crença, que nossa vida é a marcha de um peregrino."

Impossível saber o que os fiéis pensaram ou o quanto entenderam do sermão daquele dia. Vincent falava um inglês correto, mas muito rápido e com sotaque carregado. Alguns membros da congregação já o tinham ouvido falar antes nos encontros semanais, e por certo tinham aprendido a lidar com seus tropeços numa língua estrangeira. Porém ninguém estava preparado para a explosão de fervor que se ouviu naquela manhã.

> Mas, embora renascer para a vida eterna, para a vida de Fé, Esperança e Caridade — e uma vida perene — para a vida de um cristão e de um trabalhador cristão, seja uma dádiva de Deus, uma obra de Deus — e apenas de Deus, ainda assim tomemos o arado para lavrar o campo de nosso coração, lancemos nossa rede mais uma vez...

Em seu fervor de ministrar consolo, Vincent acumulou Escrituras e mais Escrituras, versículos e mais versículos, aforismos e mais aforismos, num dilúvio de devoções obscuras e ardentes. Passava bruscamente de arrojadas exortações a exegeses confusas, de clichês insípidos a analogias esquisitas ("Não nos sentimos amiúde como a viúva e o órfão — também na alegria e na prosperidade, e ainda mais do que na dor — por causa do pensamento em Ti?"). As metáforas se misturavam e se metamorfoseavam sob a pressão daquele ardor. Estranhas súplicas confessionais irrompiam da retórica pesada com uma premência que certamente alarmou os ouvintes: "Queremos saber que somos Teus e que Tu és nosso, queremos ser Teus — ser cristãos — queremos um Pai, o amor de um Pai e a aprovação de um Pai".

Vincent havia dito que seu objetivo era pregar com "simplicidade" e "de todo o coração". Quem o ouviu jamais duvidaria que falava com o coração. Mas mesmo seu pai, cujos sermões não eram propriamente um modelo de clareza ou concisão, criticou seu tratamento obscuro e retorcido das Escrituras. Após receber uma das longas cartas que Vincent escreveu ensaiando seu sermão, Dorus se queixou a Theo: "Se ao menos ele aprendesse a manter a simplicidade de uma criança, e não continuasse sempre a encher a carta com textos da Bíblia de maneira tão exagerada e rebuscada demais". Quer Vincent aceitasse ou não a crítica, admitia o problema: "Não falo sem dificuldade". E reconheceu: "Como isso soa a ouvidos ingleses, não sei". Poucas semanas depois, sentiu-se obrigado a avisar à congregação: "Vocês vão ouvir um inglês ruim".

Mas continuou a avançar de todo modo, temendo a perspectiva de outro revés em sua jornada. "Ficarei infeliz se não puder pregar o Evangelho", escreveu sombriamente no começo de novembro. "Se minha sina não é pregar... bem, então a *infelicidade* é minha sina."

* * *

Havia, porém, um local onde Vincent encontrava o consolo simples que procurava, mas não conseguia dar.

Desde a infância ele sentira a atração dos hinos. Todos os domingos, a entoação solene preenchia a igrejinha de Zundert, muitas vezes ao som do órgão ressonante que Anna tocava. Desde que Vincent chegou a Londres, em 1873, parecia "inebriado pelas palavras doces e melodiosas" dos hinos sacros ingleses, segundo sua cunhada, tão diferentes dos hinos de penitência de sua meninice calvinista. "Do que ele mais gosta é do órgão e do canto", comentou Dorus quando o filho estava na Inglaterra fazia apenas um mês. No Tabernáculo Metropolitano de Spurgeon, certamente Vincent somou sua voz ao coro de milhares de fiéis — experiência que, segundo um participante, era como flutuar num "imenso oceano de melodia que sobe, desce, se avoluma e inunda o local". Ele pediu a Theo que lhe enviasse um hinário holandês e lhe enviou em troca dois hinários ingleses. Levava um hinário popular a todo lugar aonde ia, e o conhecia tão bem que se referia aos hinos prediletos pelo número.

Quando Vincent chegou a Isleworth, os hinos tinham se tornado seu grande consolo. Cantava todos os dias de manhã e no fim da tarde, com seus alunos das aulas sobre a Bíblia. Atravessando os corredores de Holme Court, quando ouvia um menino a "cantarolar o trecho de algum hino", sentia brotar dentro de si "a velha fé". No quarto à noite, ouvia os hinos que se elevavam do piano da escola lá embaixo e lhe vinha uma onda de conforto sublime que podia lhe arrancar lágrimas inexplicáveis. Em suas jornadas incansáveis daquele outono, percorrendo as ruas da cidade alumiadas a gás e as estradas desertas do campo, cantava suavemente os hinos para si mesmo, disse ele, quando "não há ninguém por perto".

E prosseguia ininterrupto, verso após verso, quilômetro após quilômetro, hino após hino. "Existem muitos hinos lindos", escreveu ele.

Vincent adorava as letras: comoventes e heroicas, ternas e arrebatadas, súplices e serenas, pesarosas e jubilosas. Inspirando-se nos hinários da época, que traziam apenas as letras, e não a melodia, tratava-as como poemas, copiando os versos em cartas e álbuns. Mas era a música que lhes imprimia um poder hipnótico. Com melodias feitas para vozes inexperientes e harmonias fáceis para bandas de rua, os hinos exerciam seu fascínio por meio da simplicidade e da familiaridade. "Sobretudo quando ouvimos várias vezes", escreveu ele, "passamos a gostar muito deles." Diversos falavam no mesmo tom imperioso e suplicante do próprio Vincent. Seu favorito,

"Conte aquela velha história", parece a súplica de uma criança insistente, querendo ouvir uma história antes de dormir como o conforto final do dia:

Conte a história bem simples, como a uma criança,
Pois estou fraco e cansado, impotente e aviltado.

Conte sempre a história, se quer mesmo ser
Um consolo para mim na hora da dificuldade.

Conte aquela velha história, conte aquela velha história,
Conte aquela velha história de Jesus e Seu amor.

Era isso o que Vincent queria dizer quando, mais de dez anos depois, escreveu que queria que seus quadros "digam algo reconfortante como reconfortante é a música... algo sobre o eterno". Podemos procurar em sua infância e adolescência os primeiros sinais da nova arte que logo irromperia no mundo, mas onde esse futuro se anuncia com maior clareza é aqui, nos sentimentos profundos, nos recursos simples e nos anseios imortais dos hinos que se elevavam do quarto no terceiro andar da Holme Court.

Em outubro, os pais de Vincent escreveram avisando que Theo tinha ficado gravemente enfermo. Dorus correu à cabeceira do filho em Haia; Anna foi logo depois e ficou durante toda a longa convalescença. De início, Vincent respondeu com uma avalanche de palavras e imagens consoladoras. "Como desejo revê-lo", escreveu ao irmão febril e acamado. "Ah, às vezes tenho saudades tão grandes!" Tomado de nostalgia, ele pediu três dias de licença ao reverendo Slade-Jones, para voltar à Holanda. "Além de querer sentar à cama de Theo", disse ele, "gostaria muito de rever minha mãe e, se possível, também ir a Etten para ver e falar com meu pai."

Vincent já tinha sentido muitos desses acessos de saudades desde que saíra de Etten em abril. A travessia de 1876 lhe trouxe lembranças dolorosas do malfadado retorno à Inglaterra em 1874, com Anna. A vista da janela da escola, que dava para a baía em Ramsgate, o fazia pensar na terra natal do outro lado, no continente. Pela mesma janela, ele observava os alunos se despedindo dos pais e sentia um aperto no coração, como eles. Para compartilhar a dor, desenhou a cena "melancólica" e mandou para casa com uma mensagem tristonha: "Nenhum de nós jamais esquecerá a vista daquela janela".

Nas escolas em Ramsgate e Isleworth, todo aluno lhe recordava Theo. Sempre que passeava com eles, fazia castelos de areia, mostrava-lhes estampas ou colocava-os para dormir, "eu preferiria que você estivesse comigo", como escreveu ao irmão. Num passeio à praia, colheu dois liquens e enviou a Theo como lembrança. Numa visita a Hampton Court em junho, encontrou uma pena num ninho de gralha e remeteu na carta seguinte. Em julho, alimentou uma rápida fantasia de se reunir ao irmão em Haia e até lhe pediu que o ajudasse a encontrar um emprego na cidade, "ligado à Igreja".

Despejava uma quantidade torrencial de cartas a outros familiares, inclusive à irmã Anna em Welwyn, a amigos da família (até Tersteeg) e a velhos conhecidos como Frans Soek e Harry Gladwell em Paris. Em suas idas frequentes a Londres, procurava os lugares e as pessoas que evocavam seu passado na cidade: o chefe Obach e ex-colegas da Goupil, como Elbert Jan van Wisselingh, George Reid e Henry Wallis. Empenhou-se especialmente em cultivar uma nova família entre os Gladwell, que ainda pranteavam a perda da filha. "Eu amo aquelas pessoas", declarou ele. "Compadeço-me delas." Quando estava em Londres, nunca perdia ocasião de visitar o pai de Harry na loja ou de se desviar quilômetros de sua rota para ver a família em Lee. Talvez até tenha feito um álbum para eles, símbolo máximo da ligação familiar.

Vincent tentou o mesmo truque afetivo com a família de seu empregador, o reverendo Thomas Slade-Jones e a esposa Annie. Com seis filhos e o estilo de vida pastoral, os Slade-Jones pareciam perfeitamente talhados para preencher o vazio na vida de Vincent. Como o presbitério de Zundert, Holme Court era uma ilha autossuficiente, com grandes árvores sombreando o pátio, trepadeiras subindo pelos muros e vários animais de estábulo. Vincent se desdobrou ao máximo para conquistar um lugar ali, como havia feito na casa das Loyer na Hackford Road. Cuidava da horta e do jardim, dava aulas às crianças da família, lia para eles na hora de dormir. Num ritual nostálgico, enfeitava a casa com folhagens nos dias santos. Dedicou dias de muito trabalho ao livro de visitas que Annie mantinha. Enchendo páginas e páginas, de cima a baixo, com uma letrinha miúda, transcreveu hinos, versículos da Bíblia, poemas e trechos em prosa que mais apreciava — em francês, alemão e holandês, além do inglês —, numa tentativa maníaca de se incluir na família.

Nessa busca afetiva, chegou inclusive a procurar as Loyer. Em novembro, enfrentando certo constrangimento e uma longa caminhada pelo inverno rigoroso de Londres, voltou à casa da Hackford Road para desejar um feliz aniversário a Ursula.

Mas, ao fim e ao cabo, nem os Gladwell, nem os Slade-Jones, nem as Loyer conseguiam preencher o vazio. Só uma família conseguiria. Em outubro, a notícia da doença de Theo e a aproximação do Natal se somaram para gerar um novo acesso de nostalgia doméstica. "Ó Zundert!", exclamou. "Tuas lembranças por vezes são quase acabrunhantes." Por onde ia, via imagens do lar. Ao visitar as galerias de Londres, demorava-se com "prazer intenso" em pinturas da Holanda. Contava aos alunos histórias sobre "a terra sem colinas", onde "as casas e as ruas eram tão limpas e imaculadas como os brinquedos dos gigantes nas *Viagens de Gulliver*". Reproduzia incansavelmente a viagem na imaginação: "Que prazer será descer o Tâmisa e atravessar o mar", escreveu ele, "para ver aquelas amigáveis praias e torres das igrejas holandesas à distância". Relia os poemas da infância e copiava velhos favoritos, como Longfellow, banhados de recordações e saudades:

Vejo as luzes do povoado,
Cintilando na chuva e neblina,
E sou tomado por uma tristeza
Que de minha alma não declina.

Eram visões assim que levaram Vincent a pedir alguns dias de licença ao reverendo Slade-Jones para ir visitar o irmão doente em Haia. A primeira solicitação foi recusada, mas Vincent suplicou e insistiu com tantos rogos que Slade-Jones finalmente cedeu e disse: "Escreva à sua mãe. Se ela consentir, eu também consentirei".

Mas ela não consentiu. Num golpe devastador, Anna van Gogh respondeu que Vincent devia esperar até o Natal para voltar ao lar — "e queira Deus que então tenhamos uma reunião feliz". Vincent não comentou nada nas cartas a Theo (que ele sabia que eram lidas pela mãe), mas extravasou sua dor no sermão da semana seguinte: "A jornada de nossa vida vai do regaço amoroso de nossa Mãe na terra aos braços de nosso Pai no céu... Algum de nós terá esquecido as horas douradas de nossos primeiros tempos no lar e desde que deixamos aquele lar — pois muitos de nós tiveram de deixar aquele lar...".

Depois que a mãe lhe recusou a autorização para voltar, Vincent perdeu o entusiasmo por qualquer outra coisa. Seu circuito de obrigações entre a Holme Court, a capela de Petersham e a igreja de ferro em Turnham Green agora parecia uma corveia. Mesmo as caminhadas que tanto lhe agradavam agora eram motivo de reclamação nas cartas para casa. Em vez de peregrino, agora se dizia "menino de recados" de Slade-Jones, palmilhando o campo em insensatas "jornadas sobre-humanas". E não era de grande ajuda que o mestre-escola lhe tivesse designado a triste tarefa de cobrar os pagamentos atrasados em suas visitas aos pais dos alunos, muitos deles vivendo na pobreza. (O próprio Slade-Jones não se apressava em pagar o magro salário de Vincent, afirmando com toda a calma que "Deus cuida dos que obram por Ele".)

Para Vincent, obcecado com a chegada do Natal e a perspectiva de se reunir à família, os dias, mesmo muito ocupados, demoravam a passar. "Como estou ansiando pelo Natal e por vocês todos", escreveu a Theo; "tenho a sensação de ter envelhecido anos nestes últimos meses." À noite, ele se sentava exausto no quarto, fitava as fotos dos pais pregadas na parede, revivia lembranças queridas de outros Natais: em especial, seu retorno de última hora a Helvoirt, dois anos antes (e antes da desonra em Paris), quando a lua iluminava os choupos cobertos de neve e as luzes do povoado piscavam na escuridão.

Imagens assim — extraídas da literatura, da Bíblia, da pintura e dos hinos, além do próprio passado — se tornavam cada vez mais o único conforto genuíno de Vincent. Desdenhado pela família, acossado por remorsos, ele se recolheu à turbulenta solidão da própria fantasia, em que todas essas imagens "ganhavam vida instilada variadamente por forças múltiplas", como escrevera Eliot em *Silas Marner*, "se movendo e se entrecruzando para sempre com consequências incalculáveis".

A imagem que mais o obcecou naquele outono e inverno foi a do Filho Pródigo. Mais de uma vez pregou a parábola do esbanjador errante que "não era mais digno de ser chamado teu filho". A história apareceu nos *levensschets* autobiográficos de Vincent, e ressoa em todo o seu primeiro sermão. Pendurou na parede do quarto uma reprodução de *L'enfant prodigue*, de Ary Scheffer, mostrando um pai de aparência divina abraçando um jovem penitente de olhos umedecidos de lágrimas. Enviou à mãe uma cópia da mesma imagem, por ocasião de seu aniversário. Monomaníaco como sempre, perseguiu esse símbolo da reconciliação e da redenção não só na arte, mas também na literatura e na poesia. Estudava-o, pregava-o e incluía-o nas histórias edificantes que contava aos meninos na hora de dormir.

Na sofreguidão de encontrar imagens consoladoras, Vincent passou a apagar cada vez mais as distinções entre o real e o imaginário. Suas cartas transbordavam de "pinturas com palavras" — inspiradas pelas descrições brilhantes de Eliot — que transformavam o cotidiano em eternidade. Uma aurora vista num trem em movimento se tornava "um verdadeiro sol de Páscoa"; a casa de um sacristão sob a chuva se convertia num refúgio da fé; a margem serena do rio se transformava numa promessa de redenção: "As nogueiras, o céu azul límpido e o sol da manhã se refletiam na água do Tâmisa; a relva era de um verde cintilante e ouvia-se o som dos sinos de igreja em todas as direções". Em tais imagens, Vincent combinava observação e imaginação para criar uma realidade melhor, mais consoladora. Introduzia contradições e impossibilidades, comprimia o tempo, ornamentava com metáforas favoritas, omitia à vontade qualquer coisa que não servisse a seus propósitos. Ao descrever um cortiço londrino, não fez nenhuma menção à pobreza, ao crime, à aglomeração ou à sujeira, citando apenas os pitorescos pobres piedosos apressando-se sob os lampiões de gás num final de sábado, antecipando com ansiedade o Dia do Descanso — "que é um conforto tão grande naqueles bairros pobres".

As imagens consoladoras que Vincent extraía da literatura e da arte passavam por uma transformação parecida ao reimaginá-las — ao simplificá-las e intensificá-las — na busca do fugidio amparo para sua própria alma. Mudava os nomes dos poemas e das pinturas. Deixava de lado personagens destoantes e concepções autorais. Como os livros ilustrados da infância, enxertava palavras nas imagens e imagens nas palavras, remodelando-as incessantemente para se ajustarem à narrativa consoladora que desejava. Juntava pinturas e poemas, às vezes copiando diretamente linhas da Bíblia e da literatura em suas estampas, para criar colagens consoladoras. Esse processo de sobrepor palavras e imagens atendia tão bem à sua imaginação maníaca e à sua busca de consolo que viria a se tornar sua principal maneira de ver e enfrentar o mundo.

Os frequentadores da igreja metodista de Richmond cedo tiveram um vislumbre, sem dúvida desconcertante, desse processo em ação. Ao concluir o primeiro sermão, Vincent lhes falou de "uma pintura muito bonita" que vira uma vez. Chamava-se *A marcha do peregrino*. Mas a imagem que descreveu não guardava a mais remota semelhança com o quadro de George Boughton que vira na Royal Academy dois anos antes, em 1874. Na descrição de Vincent, o horizonte plano e o céu nublado de Boughton se transformaram num panorama deslumbrante de colinas e montanhas vistas ao "esplendor" de um crepúsculo romântico ("as nuvens cinzentas com seus rebordos de prata, ouro e púrpura"). Ele substituiu a planície e a cidade fortificada de Boughton pela Cidade Celestial de Bunyan — no cimo de uma montanha "onde o sol poente lança um resplendor". Na pintura de Boughton, uma donzela de túnica branca oferece água aos peregrinos na jornada esfalfante. Na visão de Vincent, a jovem se converte num anjo vestido de negro, figura saída de um conto de Andersen.

A essa mescla de pintura, literatura e Bíblia, Vincent acrescentou uma última camada: ele mesmo. Em sua visão, o anjo oferece consolo não a um grupo, mas apenas a um peregrino solitário que "esteve caminhando por longo tempo e está muito cansado". Conversam nas palavras das poesias favoritas de Vincent e o peregrino retoma o caminho, "sofredor, mas sempre jubiloso".

Somente mesclando realidade, pintura e imaginação, Vincent conseguiria se aproximar da verdadeira fonte de sofrimento, bem como da única fonte de genuíno consolo: sua família. Assim como adotou o perfil do peregrino no quadro de Boughton, da mesma forma adotaria o perfil do Filho Pródigo tantas vezes abraçado pelo pai na estampa de Scheffer, nos sermões e nas histórias para os alunos na hora de dormir. Essa sobreposição de camadas lhe permitia colocar a si e a própria família em imagens pictóricas e literárias, fosse Theo como jovem herói revolucionário, tio Cent como burguês da Idade de Ouro ou o pai e a mãe como os genitores ternos e afetuosos de um poema de George Eliot. Permitia-lhe enxergar a casa paroquial de Zundert em todas as imagens de um lar feliz e se ver como o recruta de Conscience, arrancado ao seio da família amorosa, como o clérigo com defeitos, mas exemplar, de *Felix Holt* ou como o Cristão peregrino de Bunyan.

No fundo, era este o poder consolador que a arte compartilhava com a religião na imaginação de Vincent: ambas ofereciam um conjunto de imagens de conciliação e redenção com as quais ele poderia reimaginar sua própria vida de fracassos e recriminações pessoais. Era um poder extraordinário. A intimidade súplice das visões religiosas de Vincent deve ter desconcertado os ouvintes. "Pode uma mulher esquecer seu filho de peito", clamou ele, "a ponto de não se compadecer do filho de seu ventre?" O entrelaçamento incessante entre Pai e pai, Filho e filho, na imaginação de Vincent, transformava todo o cristianismo numa tela para sua autobiografia. Escreveu: "A natureza de todo verdadeiro filho realmente guarda alguma semelhança com a do filho que morreu e ressuscitou".

A partir daí, o vínculo entre religião e família passaria a lhe assombrar a imaginação, a arte e, por fim, a sanidade mental. Ele tomou a oferta de redenção da Bíblia como uma promessa de perdão e conciliação dentro da própria família. Assegurou a Theo: "Quem está no alto pode nos tornar irmãos do pai". O consolo dessa promessa constituía o núcleo emocional de sua experiência do sublime. Quando a religião, a literatura ou a arte levava Vincent às lágrimas, o que ocorria com frequência, a nota de fundo que soava sob todas as camadas e mais camadas de referências era, em última instância, a do amor e da saudade. "Esse tipo de amor", escreveu Eliot em *Adam Bede*,

> dificilmente se distingue do sentimento religioso. Que profundo e valioso amor é este, seja de mulher ou filho, de arte ou música? Nossas carícias, nossas palavras ternas, nosso êxtase sereno sob a influência de poentes outonais, de panoramas de colunatas, de calmas estátuas majestosas ou de sinfonias de Beethoven, todos eles trazem em si a consciência de ser meras ondas e ondulações num oceano insondável de amor e beleza: nossa emoção em seu momento mais ardente passa da

expressão ao silêncio; nosso amor em sua torrente mais volumosa ultrapassa seu objeto e se perde no sentimento de divino mistério.

O perigo, claro, era que Vincent confundisse esses palimpsestos de amor: que tomasse o imaginado pelo real. Já então, algumas vezes o desespero e o entusiasmo de Vincent beiravam o delírio, e fatos que dizia verídicos tomavam feições de fantasia. Conforme se aproximava o Natal, parecia cada vez mais incapaz de distinguir entre suas imagens mentais e os fatos de sua vida. Contemplava as fotos dos pais na parede e recitava incessantemente a oração da casa paroquial de Zundert: "Ó Senhor, une-nos estreitamente entre nós e permite que nosso amor por Ti fortaleça sempre mais esta união". Para um dos últimos sermões antes de partir, recorreu mais uma vez à parábola do Filho Pródigo: "Mas, quando ainda estava muito distante, seu pai o viu e se compadeceu".

Nas vésperas do Natal, essa imagem se apoderou dele — como se fosse, de fato, a acolhida que o aguardava em Etten. E entoou: "Ficaremos comovidos ao ouvir pronunciado o nome de Deus, sim, da mesma forma como ficamos comovidos ao rever nosso pai depois de estar longe do lar por muito tempo". Diante de tais visões, o mundo real não possuía mais nenhum interesse. Só conseguia pensar em voltar ao lar e se tornar o "irmão do pai". E podia ouvir as vozes dos pais cantando o hino que trazia dentro de si:

Volta ao lar, volta ao lar! Estás com o coração exausto,
Pois foi escuro o caminho, tão solitário e bravio;
Ó filho pródigo!
Volta ao lar; oh, volta ao lar!
Volta ao lar, volta ao lar! Da dor e da culpa,
Do pecado e da vergonha, e do sorriso do tentador,
Ó filho pródigo!
Volta ao lar; oh, volta ao lar!

9. Ó Jerusalém, ó Zundert!

A acolhida que aguardava Vincent em Etten não condizia com nenhuma das ilustrações na parede de seu quarto nem com os versos de seu hinário. As perambulações, em vez de diminuir, só pioraram sua vergonha. Os meses de cartas intermitentes e vagas tinham deixado os pais ainda menos receptivos do que estavam quando ele fugiu em abril. A cada vez que saía de um emprego não remunerado e "sem futuro" e ia para outro, reabria as feridas. "Estamos cada vez mais preocupados com o passar do tempo", escreveu Dorus a Theo em setembro, "e receamos que ele fique incapaz de se adequar à vida prática. É muito triste." Tentaram lhe incutir algum bom senso. Se realmente queria ser pregador, disseram-lhe, teria de estudar para isso — e, no meio-tempo, devia encontrar um emprego remunerado. Mas as considerações dos pais recebiam sempre alguma resposta vaga ou eram simplesmente ignoradas. Eles tomaram as esquivas do filho como falta de convicção — ou, pior, como covardia. Anna concluiu: "Ele parece não ter coragem de tomar um rumo de estudos". E Dorus acrescentou: "Não consigo imaginá-lo como pregador. Nunca vai conseguir viver disso".

À ausência de progressos, ficaram ruminando o que teria saído errado na vida de Vincent — no próprio Vincent — para lhes trazer tamanha provação. Como sempre, puseram a culpa em suas dificuldades de se relacionar com os círculos certos e em seu desleixo pela aparência. Mas culparam principalmente sua atitude: a "natureza mórbida", a "tendência à melancolia". Dorus escreveu: "Tudo bem quanto à seriedade, mas a seriedade deve sempre vir associada à jovialidade e à força". E Anna lamentava: se ele pelo menos tivesse "um coração alegre", não seria tão propenso a "excessos"; iria "se tornar uma pessoa mais normal e prática".

Mas nem suas avaliações mais pessimistas os tinham preparado para a ideia de Vincent de ir para a América do Sul como missionário. O pai considerou o projeto "irrefletido" e "franco disparate" — "um empreendimento muito caro que por certo não levaria a nada". Antes tinham questionado a dedicação de Vincent; agora duvidavam de seu juízo. "Em primeiro lugar e acima de tudo a pessoa precisa ter bom senso", disse Dorus com rispidez. "Não consigo lhe dar *a menor ideia* do quanto sofremos por causa disso."

Quando Vincent chegou a Etten em 21 de dezembro, foi recebido não de braços abertos e lágrimas de alegria, mas com uma "enxurrada de censuras", como disse mais tarde.

O Natal se desenrolou exatamente de acordo com o ritual do presbitério: os usuais bolos e biscoitos, a toalha vermelha, os festões de folhagens. Anna tocou órgão; Dorus visitou os doentes. Mas o estado de espírito em nada lembrava o dos Natais anteriores. "Quanta preocupação esse menino está causando ao pai e à mãe", escreveu a irmã Lies. "É visível no rosto deles." Lies criticava em Vincent a incompetência, a incapacidade de encontrar emprego e principalmente o fervor religioso ("Creio que a devoção dele tolda seu cérebro", disse ela). Ao que parece, apenas Theo o defendeu de tais acusações. Disse aos irmãos que Vincent não era um "homem normal" — ao que Lies respondeu que, se fosse, seria melhor para todo mundo, inclusive para ele mesmo. Mas a chegada tardia e o retorno apressado de Theo a Haia também eram uma forma de castigo. E mal conseguimos imaginar o clima de censura que Vincent sentiu na casa do tio Cent em Prinsenhage, onde a família Van Gogh passou o dia de Natal.

Chegara ao lar em busca de redenção, como o Filho Pródigo, e encontrou apenas desaprovação. "Tudo o que a gente faz, está errado", queixou-se. Um conhecido que o viu depois do Natal comentou mais tarde que "parecia estar sofrendo de um sentimento de injustiça — havia algo solitário na figura dele". Reclamou que se sentia "fatigado" e "cansado de tudo". No inequívoco código dos versículos do Evangelho, confessou que "chorava" à noite. Uma longuíssima caminhada pela neve, apesar do tempo rigoroso e de um frio excepcional, prenunciou as autopunições que logo viriam. Num momento de profunda sinceridade, reconheceu a Theo que sentia "uma grande depressão porque tudo o que fiz deu em nada".

Apenas a dor da culpa é capaz de explicar por que Vincent concordou, no fim de dezembro, em abrir mão da vocação religiosa. Com uma humildade atípica, aceitou os argumentos que os pais vinham levantando durante todos os meses de exílio: precisava "parar de seguir as próprias vontades" e se pôr "de volta no caminho para uma vida normal". Concordou em procurar emprego, e ali por perto — no país. Ainda poderia seguir uma carreira religiosa em algum momento do futuro, concedeu Dorus, mas apenas se se mostrasse "realmente sério a respeito", disposto a dedicar "pelo menos oito anos de estudos" se preparando para ela. Porém o pai não encorajou tais expectativas. Em vez disso, lembrou a Vincent que ele podia levar uma vida "útil e virtuosa" em qualquer profissão que escolhesse, porque "a religião não está separada da vida real".

Na verdade, Dorus já tinha arranjado um emprego para ele. Provavelmente a pedido do tio Cent, um livreiro de Dordrecht, a cerca de trinta quilômetros de Etten, oferecera a Vincent uma vaga para fazer a escrituração e o registro das vendas. Poucos dias depois de concordar com o plano paterno, Vincent pegou o trem até Dordrecht e fez uma entrevista com Pieter Braat, velho cliente da Goupil. De volta a Etten, Dorus o enviou a Prinsenhage para um último ato de penitência: assegurar ao tio Cent como estava grato por essa nova oportunidade. Na viagem até a casa do tio, Vincent projetou seus sentimentos na tela da natureza: "Era uma noite de tempestade, com as nuvens escuras e seus contornos prateados".

Num ímpeto de obediência, Vincent — agora com 24 anos — se atirou ao novo serviço na Blussé e Van Braam Livreiros, na praça central de Dordrecht. Começou a trabalhar logo após o Ano-Novo, e praticamente ignorou o término do "período de experiência" de uma semana que, a rigor, lhe daria ocasião para reconsiderar. Antes mesmo que sua bagagem chegasse da Inglaterra, ele se mudou para uma pensão do outro lado da praça onde ficava a livraria. Após algumas semanas de cartas "tristonhas", parecia ter deixado o passado para trás. Escreveu uma longa carta à família Slade-Jones, avisando que não ia voltar. Disse a Theo: "Queria que eles me guardassem na memória e pedi que envolvessem minha recordação no manto da caridade".

Saindo da temporada mais movimentada de vendas, a livraria estava com uma quantidade enorme de serviço contábil, que o ocupava até tarde da noite. "Mas gosto assim", escreveu ele. "O sentimento de dever santifica e unifica tudo, compondo um grande dever com os vários deveres pequenos." Ao que parece, aceitou a lógica desse novo caminho, dizendo aos pais "como apreciou estar de volta a seu país" e explicando a Theo que o "dever" exigia que optasse pelo soldo de um escriturário em vez do de um pregador, "porque no futuro um homem precisa de mais". Comentou

Scheffersplein, a praça do mercado em Dordrecht; a Blussé e Van Braam Livreiros, onde Vincent trabalhou, está no centro.

com um colega da livraria que estava "muito contente em não ser mais um fardo para os pais".

Para um emprego que constituía um esperançoso passo retroativo, Vincent não poderia ter encontrado uma cidade melhor do que Dordrecht. Era a mais antiga da Holanda e ficava na confluência de quatro rios. Estava totalmente cercada de água desde a grande inundação de 1421. Funcionando como posto de pedágio, Dordrecht havia arrecadado fortunas fabulosas, durante séculos, com as taxas sobre materiais e produtos que iam e vinham do mar. Os mercadores construíram luxuosas casas desproporcionais ao longo dos canais e no perímetro, onde recebiam a realeza e preparavam a independência holandesa. Artistas da Idade de Ouro como Cuyp, Van Goyen, Maes e Ruisdael acorriam à "deliciosa paisagem" com seus cais arborizados, a orla cintilante e os rios envoltos em magia.

Mas, quando Vincent chegou, Dordt (como todo mundo dizia) tinha decaído para uma pobreza de tipo pitoresco, com seus antigos esplendores preservados nas cinzas do desleixo e da nostalgia. As imagens douradas de outrora e as estranhas glórias daqueles remanescentes fanados, porém, tinham assegurado a Dordt um lugar especial na imaginação holandesa. Assim, quando Vincent percorria as ruas sinuosas e via por toda parte os contornos de escadarias precárias, balaustradas negras, telhados vermelhos e águas prateadas — imagens que haviam provocado lágrimas de saudades em Paris e Londres —, deve ter se sentido em casa: em casa de uma maneira como nunca poderia se sentir em Etten, que pouco conhecia; em casa de uma maneira como só poderia se sentir apenas em outro lugar, numa outra ilha atemporal: Zundert.

Mas não era suficiente. Uma volta ao lar na imaginação, mesmo na poderosa imaginação de Vincent, não era uma volta ao lar na realidade; e a simples obediência à ordem do pai jamais poderia satisfazer seu anseio por um abraço no Filho Pródigo. Logo retomou os velhos hábitos de reclusão e ruminação sorumbática. Depois de algumas tentativas salteadas de manter um convívio social, ele se recolheu a uma solidão quase absoluta. "Não tinha contato com ninguém", relembrou Dirk Braat, o filho do dono da livraria. "Mal dizia uma palavra... Não creio que haja alguém em Dordrecht que o tenha conhecido." Na pensão, segundo o senhorio, ele era "singularmente silencioso" e "sempre queria ficar sozinho".

Passava as horas de folga durante o dia em extensas caminhadas — "sempre sozinho", segundo Braat — e as longas noites, lendo. Rijken, o dono da pensão e comerciante de cereais, acordava todas as madrugadas às três da manhã, para verificar o celeiro, e costumava notar uma "atividade fantasmagórica" no quarto de Vincent: o arrastar de pés e uma luz sob a porta. Quando Rijken não aceitou pagar o óleo adicional que precisava para suas elucubrações, Vincent comprou velas — com um risco de incêndio que apavorou o nervoso senhorio. Durante o dia, outro som vindo do quarto de Vincent alarmou Rijken: marteladas de pregos. "Não consegui suportar esse Van Gogh cobrindo as paredes com aquelas [gravuras]", disse Rijken a um entrevistador, décadas mais tarde, "fincando impiedosamente os pregos no bom papel de parede."

Entre os colegas de trabalho e de pensão, Vincent era tímido e intimidante. Como todos os escriturários, ele trabalhava de pé à mesa, normalmente das oito da manhã à meia-noite (com duas horas para o almoço). Mas passava boa parte do tempo, segundo Braat, "distraído" ou "sonolento" por causa das noites maldormidas ou insones. Braat logo percebeu que Vincent só estava ali porque a família "não sabia na verdade o que fazer com o garoto". Como em Paris, os clientes não podiam confiar em Vincent. "Quando precisava dar alguma informação às senhoras e outros clientes sobre as estampas", lembrava um colega da loja, "ele não dava a menor atenção aos interesses do patrão e dizia explicitamente, sem papas na língua, o que pensava sobre o valor artístico delas." Por fim, ele ficou autorizado a vender apenas gravuras de meio centavo para as crianças e papel em branco para os adultos. "Ele era de fato quase inútil", disse Braat. "Pois não tinha a mais leve noção do comércio livreiro e não fazia o menor esforço para aprender." Apesar de seis anos de experiência na Goupil, os colegas o consideravam "um novato no ramo".

Apenas uma vez, quando houve um alagamento na cidade no meio da noite e todo mundo se apressou, ao estilo holandês imemorial, em salvar o que pudessem das águas que subiam, Vincent sentiu alguma ligação com as pessoas em torno dele. "Foi uma barulheira e um alvoroço", contou empolgado a Theo, "em todos os andares estava todo mundo ocupado, levando as coisas para cima, e um barquinho veio flutuando pela rua." No dia seguinte, na livraria, ele arrastou fardos e mais fardos de livros encharcados para um lugar mais alto, ganhando a admiração dos colegas pela diligência e energia física. Escreveu num raro lampejo de contentamento: "Trabalhar com as mãos durante um dia é uma diversão bastante agradável; quem dera fosse por outra razão".

Para as pessoas de fora, que, ao contrário de sua família, não tinham acompanhado sua lenta dissociação do mundo real, ou não conseguiam considerar sua estranheza como simples esquisitice, ou não falavam sua ardente linguagem religiosa, a natureza introvertida e excêntrica de Vincent podia ser inquietante. Consideravam sua aparência estranha e desagradável. Anos mais tarde, lembravam sua "cara rústica, sardenta", a boca "torta", os "olhos estreitos e penetrantes", o cabelo ruivo vivo cortado tão curto que "ficava arrepiado". "Não, não era um rapaz atraente", disse Dirk Braat. E sua insistência em usar uma cartola puída — triste relíquia dos velhos tempos de jovem cosmopolita em Londres — não ajudava muito. "Que chapéu!", exclamou Braat. "Dava até medo de ficar com a aba na mão se você pegasse nele."

Com a aparência estranha e o ar taciturno e solitário, Vincent inspirava chacota. Os colegas de pensão zombavam de seu jeito sério e faziam barulho para atrapalhar sua interminável leitura, obrigando-o a sair para a rua à noite em busca de silêncio. Chamavam-no de "bicho esquisito", "sujeito estranho", "maluco". As torturas vinham não só da rapaziada arruaceira da pensão, mas também da esposa do senhorio, que o repreendia pelos hábitos estranhos, e do próprio Rijken, que mais tarde assim resumiu o comportamento de Vincent: "Era como se o sujeito tivesse perdido o juízo".

Apenas uma pessoa, Paulus Görlitz, seu colega de quarto, expressou amizade. Auxiliar de ensino (como Vincent tinha sido na Inglaterra) e que também trabalhava na livraria em meio período, Görlitz não podia saber no que estava se metendo quando concordou em dividir o quarto com o recém-chegado. Felizmente para ambos, Görlitz, que estava estudando para se formar como professor, tinha o mesmo gosto pelos livros e pelo isolamento. Görlitz comentou mais tarde: "À noite, quando [Vincent] vinha para casa, costumava me encontrar estudando... e então, depois de me dizer alguma palavra de estímulo, também começava a trabalhar". De vez em quando passeavam juntos, e Vincent contava a Görlitz, que dava aulas numa escola para carentes, suas "histórias pungentes" do reverendo Thomas Slade-Jones e seus "meninos dos cortiços de Londres". Mas, em geral, Görlitz ouvia os incessantes monólogos do colega de quarto. Quando Vincent falava, disse Görlitz, "animava-se de entusiasmo", o rosto "mudava e se iluminava de uma maneira admirável".

Vincent falava cada vez mais de religião.

Era inevitável que a solidão e os anseios de Vincent logo readquirissem uma feição religiosa. Durante algum tempo desde a chegada a Dordrecht, ele parecia ter abandonado o fervor evangélico e aceitado o argumento paterno de que era possível fazer um "trabalho religioso" sem seguir necessariamente uma carreira religiosa. Mas aquele meio-termo não conseguiria resistir por muito tempo aos hábitos excêntricos de Vincent e sua tendência de seguir adiante, rumo ao desconhecido. Por fim, segundo todos os que moravam ou trabalhavam com ele em Dordrecht, Vincent retornou ao fanatismo religioso que definira sua peregrinação na Inglaterra. "A observância rigorosa era o cerne de seu ser", escreveu Görlitz. "Interessava-se excessivamente pela religião", lembrava Dirk Braat. Como em Paris, Vincent se dedicou à Bíblia, dessa vez com uma obsessão ainda mais febril. "A Bíblia é meu consolo, meu apoio na vida", disse a Görlitz. "É o livro mais belo que conheço." Reafirmou a promessa que havia feito em Montmartre: "ler diariamente [até] conhecê-la de cor".

No serviço, ele transcrevia longos trechos das Escrituras em holandês, então traduzia para o francês, o alemão e o inglês, separando em quatro colunas simétricas, como os registros num livro de contabilidade. Görlitz contou: "Se encontrava um texto bonito ou lhe ocorria um pensamento devoto, punha por escrito; não conseguia resistir". O espetáculo de Vincent perdido nesse devaneio de transcrições se converteu em motivo de constante irritação para Braat pai, o dono da loja. "Oh, céus!", reclamava, "aquele menino está parado lá de novo traduzindo a Bíblia." Na pensão, Vincent lia seu grande volume da Bíblia até altas horas da noite, copiando e decorando os trechos. Em muitas noites, ele lia até dormir e Görlitz o encontrava "de manhã na cama com seu 'livro da vida' no travesseiro". Pendurava ilustrações bíblicas em todas as paredes, imagens e mais imagens, principalmente de Jesus, até que "o quarto inteiro ficou decorado com imagens bíblicas e do *ecce homo*", comentou Görlitz. Em todas as imagens redigia a mesma inscrição: "Sofredor, mas sempre jubiloso". Na Páscoa, emoldurou de palmas todas as imagens de Cristo. Görlitz disse: "Eu não era devoto, mas ficava comovido ao observar a devoção *dele*".

Com esse acesso de religiosidade, retornou o estilo de vida monástico que Vincent tinha compartilhado com Harry Gladwell em Montmartre. Segundo Görlitz, Vincent "vivia como um santo", era "frugal como um eremita" e "se alimentava como um franciscano em penitência". Comia carne apenas aos domingos, e mesmo assim em pequena quantidade, dizendo aos colegas de pensão que zombavam dele: "Para os homens, a vida física deveria ser uma questãozinha secundária; os alimentos de origem vegetal bastam, o resto é luxo". Quando o senhorio reclamava de seus hábitos pouco saudáveis, ele respondia com indiferença kempiana: "Não preciso de comida, não preciso de descanso". Remendava suas roupas e, de vez em quando, saltava uma refeição, para poder comprar comida para os cachorros de rua. Permitia-se apenas um luxo: o cachimbo, que fumava quase incessantemente, enquanto se dedicava à Bíblia durante a madrugada.

Como em Paris, aos domingos Vincent ia de igreja em igreja numa maratona devota, ignorando as diferenças entre luterana e reformada, holandesa e francesa, e até entre católica e protestante, às vezes engatando três ou quatro sermões num dia. Quando Görlitz se mostrou surpreso com esse ecumenismo, Vincent respondeu: "Vejo Deus em todas as igrejas... o dogma não importa, o importante é o espírito do Evangelho, e esse espírito eu encontro em todas as igrejas". Para ele, a única coisa que importava era a pregação. Em cartas a Theo, ele comentou que o padre católico procurava animar os camponeses pobres e tristes de seu rebanho, ao passo que o pastor protestante utilizava "ardor e entusiasmo" para impor sobriedade aos citadinos presunçosos de sua congregação.

Como era inevitável, esses circuitos dominicais lhe reacenderam a vontade de pregar. Começou a estudar em seu quarto as obras do pregador mais inspirador que conhecia, Charles Spurgeon, e passou a escrever sermões nas horas avançadas da noite, durante seus estudos. Regalava os colegas trocistas da pensão com leituras edificantes de improviso, mesmo quando riam e faziam caretas. Punha a paciência de todos à prova, mesmo a de Görlitz, com preces intermináveis à hora do jantar. Quando Görlitz insistiu que não perdesse tempo com as almas dos pensionistas, Vincent devolveu: "Que riam... algum dia aprenderão a dar valor".

Só uma congregação recebeu calorosamente os ofícios de Vincent naquele inverno — mas era a mais importante de todas.

* * *

Theo tinha se desgraçado por causa de uma mulher. Apaixonara-se por "uma moça de classe inferior" (como Vincent diria mais tarde). Talvez a tivesse engravidado. Em respeito tanto pela moça quanto pela própria família, Theo comunicou a situação aos pais e se prontificou a desposar a jovem. A perspectiva de mais uma vergonha em família era devastadora em Etten, onde ainda não se apagara a nódoa da desonra de Vincent. Mas a reação de Anna e Dorus foi diferente da que tiveram com o primogênito. Desqualificando calmamente o amor de Theo pela moça como mera "ilusão", passaram-lhe apenas uma leve reprimenda ("Nosso doce Senhor não condena, mas perdoa com brandura") e lhe arrancaram a promessa de que não a veria mais.

Quando Theo rompeu essa promessa três meses depois, Dorus explodiu. Qualificou a relação de "sórdida e abominável" — uma relação ímpia "baseada somente na cupidez e na lascívia", que, se Theo a mantivesse, iria levá-lo à ruína e à danação. Anna rogou: "Abra os olhos. Resista ao perigo de ceder... Deus o ajudará a encontrar uma moça decente... uma moça que ficaremos contentes em chamar de filha". Dividido entre o amor e o dever, Theo entrou em desespero. Pensou em sair do país, achando que, se ficasse, só continuaria a trazer dor e infelicidade a todas as pessoas que amava. "Estou tão triste e sozinho", escreveu ao irmão. "Queria poder me afastar de tudo. Fui eu que causei tudo isso, e só trago sofrimento para todos."

O grito de socorro de Theo precipitou os desejos de pregação de Vincent e, com isso, ele retomou a jornada que iniciara na Inglaterra.

Como havia feito no outono anterior, quando Theo ficou doente, Vincent deu início a uma frenética campanha de consolo, dedicando toda a energia contida de suas longas obsessões à congregação de um membro só. Em passagens que evocam e, algumas vezes, retomam exatamente o sermão de Richmond, ele insistia que Theo procurasse consolo em Cristo. Apenas através d'Ele, dizia Vincent, as lágrimas de remorso se transformariam em "lágrimas de gratidão", e do "coração exausto" poderia brotar uma "força vital". Na afobação para reconfortar Theo, Vincent misturava livremente sua própria solidão e sentimento de culpa aos do irmão. Fica difícil discernir quem está consolando quem. E escreveu: "Há uma época na vida em que a pessoa se cansa de tudo e sente, talvez corretamente, que tudo o que faz está errado".

As longas cartas que enviou ao irmão aflito eram repletas de poemas, trechos da Bíblia, hinos, catecismos e exortações. Como em seu sermão, nas incessantes invocações do Pai, da Mãe e da infância idílica, Vincent procurou reconfortar Theo invocando o passado que viveram juntos. Insistia para que lesse os poetas da meninice de ambos, como De Génestet e Longfellow. Usava o recurso sintético das imagens — a ilustração de uma revista mostrando a área de uma igreja ao crepúsculo — para relembrar o bálsamo supremo da casa paroquial de Zundert. E quando as imagens criadas por terceiros se mostravam insuficientes, criava imagens próprias. Dias depois de uma das visitas de Theo, ele recriou o tempo que tinham passado juntos, revestindo-o com todos os detalhes vívidos e sentimentais que usara para transformar uma pintura de Boughton em *A marcha do peregrino*:

> As horas que passamos juntos correram depressa demais. Penso no caminhozinho atrás da estação, onde olhávamos o sol se pondo atrás dos campos, o céu anoitecendo que se refletia nas valas, onde ficam aqueles troncos velhos cobertos de musgo, e ao longe o pequeno moinho de vento, e sinto que irei passear por lá muitas vezes, pensando em você.

O reavivamento do fervor religioso de Vincent não teve boa acolhida em Etten. Dorus e Anna ficaram preocupados, tomando-o como presságio de outro ciclo de "excessos" — mais andanças sem futuro, enquanto a possibilidade de uma vida normal se fazia cada vez mais distante. Para eles, a carreira religiosa exigia anos de paciente dedicação aos estudos. Sem isso, Vincent jamais estaria qualificado para qualquer coisa, exceto algum trabalho missionário menor numa terra estranha, sob a égide de alguma seita marginal, como o metodismo. "Realmente espero que ele não precise ir para o estrangeiro outra vez", queixou-se Anna. "Gostaria que ele continuasse com o trabalho atual", disse Dorus, insone de preocupação pelas perspectivas de Vincent.

Decidido a impedir qualquer outro desvio do caminho da independência financeira, provavelmente alerta à conduta cada vez mais excêntrica de Vincent em Dordrecht, Dorus combinou uma visita do filho ao tio Cor em Amsterdam. Se Vincent trabalhasse numa empresa familiar como a livraria de Cor, poderia se ligar mais ao ofício e também poderiam monitorá-lo mais de perto, atentos a sinais de problemas. Amsterdam oferecia uma rede de segurança com vários parentes, inclusive o outro tio ilustre da família, Jan, contra-almirante e comandante naval do porto de lá. Por instâncias do pai, Vincent escreveu ao tio Cor antes da visita, desculpando-se vagamente pelos "relativos fracassos" do passado e indagando com discrição sobre alguma colocação.

Mas se Dorus esperava que o encontro de 18 de março fosse acalmar as pretensões religiosas de Vincent, deve ter sofrido uma grande decepção. Ele foi a Amsterdam embalando-se numa nova onda de fervor religioso. Theo acabava de receber ordens de abandonar sua bem-amada, levando Vincent a um surto de consolações que coroou todo um inverno de encontros clandestinos, cartas em tom confessional, juras de amor fraterno imorredouro, o que, tudo somado, levara seu ardor fraterno e religioso a um clímax febril. Em vez de concordar com os planos do pai, Vincent reafirmou inflexível seu desejo de se "tornar um cristão e um trabalhador cristão". O encontro com tio Cor, aliás em meio a atritos, deixou a questão no ar.

No dia seguinte, num gesto que parece ter apanhado todos de surpresa, Vincent organizou às pressas uma visita a seu tio por afinidade, o importante pregador Johannes Stricker, certamente na esperança de apresentar seu pleito a ouvidos mais receptivos. Apesar de outra rodada de desestímulos, Vincent saiu de Amsterdam em 19 de março com o espírito animado e cheio de expectativas ansiosas, por ilusórias que fossem. Em vez de norteá-lo para o caminho de uma vida normal, a visita havia fortalecido sua decisão de voltar ao serviço de Deus.

Mas dessa vez seu propósito adquiriu novas formas. "É minha prece e desejo ardente", anunciou a Theo poucos dias depois de sair de Amsterdam, "que o espírito de meu pai e o espírito de meu avô possam pairar sobre mim."

Vincent tinha decidido que queria ser pastor, como o pai. "Se um dia eu tiver a alegria de me tornar pastor e desempenhar minha tarefa como nosso pai", escreveu ele, "renderei graças a Deus."

Era uma grande distância do quarto solitário em Kennington Road; uma grande distância das missas lotadas no Tabernáculo Metropolitano e do fervor fundamentalista em Brighton; uma grande distância do ardor apocalíptico de Michelet e do inseparável cristianismo de Carlyle. Nada na *Imitatio Christi* — que foi por tanto tempo a outra Bíblia de Vincent — apontava para um presbitério no interior rural da Holanda. Kêmpis pregava o desprendimento do mundo — o exato contrário das intervenções políticas, sociais e financeiras de Dorus na vida de seus paroquianos. O que o Jesus de Kêmpis pensaria de despejar viúvas por não conseguir pagar o arrendamento da terra? Que lugar havia na igreja do pai para o evangelismo dos metodistas de Richmond ou dos congregacionistas de Turnham Green? Que lugar havia para o tipo de entusiasmo messiânico que enviava missionários à América do Sul ou às minas de carvão para salvar almas? Em sua rota pessoal, Vincent fora a igrejas que punham o coração acima do intelecto, o fervor acima da instrução; igrejas em que um jovem estrangeiro de sobrenome impronunciável e cheio de paixão, mas praticamente nada mais, podia dizer o que sentia — uma grande distância da igreja do pai, em que séculos de derramamento de sangue tinham alimentado uma religiosidade mais calma e moderada.

Na verdade, apesar dos desvios e retrocessos, a peregrinação de Vincent sempre tinha seguido por esse caminho. Desde o momento em que queimou os folhetos de inspiração do pai, após sua primeira queda em desgraça em Haia, Vincent garantiu que a religião seria a única via para a reconciliação. Mesmo em seu fanatismo inicial, mesmo quando renunciou a *L'amour*, de Michelet, e condenou Gladwell por seu afeto paterno "idólatra", Vincent enchia suas cartas de doídas declarações de amor e admiração pelo pai. Escreveu a Theo logo depois de chegar a Paris: "Teríamos de lutar na esperança de nos tornarmos homens como nosso pai". Rezava para ter algum dia as "asas" da fé que possuía o pai, para que também pudesse "planar sobre a vida, sobre o túmulo e a morte!". Mesmo quando horrorizou os pais com os projetos de ir em missão ao outro lado do mundo, sentava-se em seu quartinho em Holme Court e rezava a Deus para "me fazer o irmão de meu pai".

Dordrecht aumentou a proximidade entre Vincent e o pai, como não acontecia desde a infância, ou talvez desde nunca. Dorus tinha destacado as vantagens do emprego na livraria de Dordrecht, com a promessa de que Vincent poderia vir constantemente a Etten nos domingos, pois ficava perto. Poucos dias depois de se mudar, Vincent já começou a programar a primeira visita. Mais tarde, Anna registrou: "Ele passou um domingo muito agradável em casa, muito aconchegante". Após alguns dias, o pai, indo a Haia, parou em Dordrecht. Concentrando anos de anseios em quatro horas ininterruptas de um "glorioso" dia de inverno, Vincent fez uma caminhada com o pai, tomou cerveja com ele, mostrou-lhe o quarto e o levou para ver o *Christus Consolator* de Scheffer. Dorus se admirou com o conhecimento artístico de Vincent ("ele estava em seu elemento no museu") e provavelmente voltou a insistir para que procurasse um emprego com tio Cor e desistisse da carreira religiosa. Como escreveu a Theo: "Melhor que ele não se aprofunde demais nisso". Mas Vincent só ouvia as palavras de aprovação do pai, pelas quais ansiava por tanto tempo. "É um rapaz tão bom", disse Dorus depois da visita.

Vincent passou o resto do inverno feliz da vida com essa perspectiva de reconciliação. Retomou o amor do pai pelos pássaros e trocou novidades com ele. Dorus viu o primeiro estorninho; Vincent, a primeira cegonha. Juntos ficaram atentos à primeira cotovia da primavera. Reproduziu também o interesse do pai pelas plantas — principalmente pela hera que sempre ficara sob a responsabilidade de Dorus na casa paroquial de Zundert. Releu os poemas favoritos do pai e acrescentou às gravuras da parede uma reprodução da *Mater Dolorosa* de Paul Delaroche, imagem que sempre esteve no escritório paterno em Zundert. Nas cartas de consolo ao irmão, Vincent adotou o tom afetuoso e protetor do pai — "Não tenhamos segredos" — e declarou solenemente que o amor de pai "é ouro puro": "Pois quem é mais querido do que o pai,/ No reino de Deus ou na Terra".

Para celebrar essa nova identidade entre eles, Vincent deu a Dorus, por ocasião de seu aniversário, um exemplar de *Cenas da vida clerical*, de George Eliot, e combinou com Theo que este lhe daria *Adam Bede*, outro romance sobre um pastor. Quando Dirk Braat se atreveu a criticar o reverendo Van Gogh por ser um pároco rural que nunca iria além de pequenas paróquias como Etten, Vincent ficou indignado. "Foi a única vez que eu vi Van Gogh bravo", comentou Braat. "O pai dele estava com toda certeza no lugar certo: um autêntico pastor." Pode ter sido em Dordrecht que Vincent começou a usar uma batina de pastor que tinha sido de Dorus.

Quando Vincent encontrou o tio Cor em Amsterdam, sua decisão de *se tornar* o pai beirava o delírio. Escreveu a Theo: "Até onde vai a memória em nossa família, que é uma família cristã em todos os sentidos, sempre houve, de geração em geração, um membro que pregava o Evangelho". Agora era *ele* o "chamado para tal serviço", para que "minha vida possa se assemelhar cada vez mais" à vida do Pai. Apesar dos nítidos sinais em contrário, vindos de Etten, Vincent declarou que o pai queria que o filho fosse pregador. "Sei que ele anseia em seu coração que aconteça algo que me permita seguir sua profissão", insistiu com Theo e, sem dúvida, com os tios: "O Pai sempre esperou isso de mim". Mas, quase ao mesmo tempo, Dorus escreveu a Theo: "Gostaria que ele ficasse em seu trabalho atual; isso nos aflige".

Para o mundo exterior e certamente para os pais, esse desafio de Vincent à realidade, sua decisão em persistir diante da oposição maciça, parecia um obstinado espírito de contradição — uma teimosia voluntariosa e muitas vezes autodestrutiva. Parecia que, quanto mais decididamente os pais o empurravam para o ramo da arte, mais decididamente ele fincava posição em seguir as pegadas do pai. Mesmo quando um importante pregador de Dordrecht procurou redirecionar seu ardor religioso de volta para o trabalho missionário, Vincent recusou e insistiu: "Quero ser pastor, como meu pai". O que ninguém entendia, à exceção talvez de Theo, era tudo o que estava em jogo nesse momento. "Oh, Theo, Theo, se pelo menos eu desse certo nisso", escreveu-lhe Vincent entre as angústias da nova obsessão. "Espero e creio que minha vida mudará de alguma maneira, e que este anseio por Ele será atendido." Se pudesse "perseverar nesse rumo", imaginava Vincent, o "grande peso" dos fracassos anteriores lhe seria tirado dos ombros e as censuras que lhe queimavam os ouvidos finalmente cessariam. E disse: "meu pai e eu agradeceríamos fervorosamente ao Senhor" por isso.

Se às vezes Vincent podia ser tão irritante e rebarbativo, chegando até a confrontos agressivos, o espírito de contradição que os outros viam nele era, na verdade, apenas a persistência de anseios profundos demais para ser abandonados: imagens que continuavam vivas na mente, por força de uma imaginação vigorosa que submetia a si um mundo cada vez mais adverso.

Logo ficou claro a que ponto ela era vigorosa. No começo de abril, Vincent voltou a Zundert.

A viagem foi motivada por uma carta de casa, com a notícia de que Dorus tinha ido visitar um velho agricultor em Zundert, ex-paroquiano seu, que estava no leito de morte. "Ele pediu que me chamassem", escreveu Dorus. "Atravessamos a charneca de coche até a casa dele. O pobre homem está com muitas dores. Gostaria que fosse libertado de seu sofrimento!" Logo que leu a carta, Vincent saiu correndo da livraria, parando apenas para pedir dinheiro emprestado a Görlitz. Quase sem fôlego, disse-lhe sobre o moribundo: "Aprecio tanto aquele homem! Gostaria muito de vê-lo uma vez mais. Quero fechar seus olhos".

Na verdade, a viagem a Zundert tinha sido planejada durante anos — constantemente reencenada na imaginação de Vincent, a cada vez que se acabrunhava de saudades. "Ó Zundert!", exclamou na Inglaterra. "Tuas lembranças às vezes quase me subjugam." Programara uma ida até lá no Natal — época perfeita — apenas para ouvir as críticas da família e a insistência para que fosse procurar emprego. Desde então, com a proximidade do lar e a inédita intimidade com o pai, aquelas saudades constantes de Vincent chegaram ao auge. Em devaneios complicados, cheios de lembranças vivas e novas esperanças, ele resumiu a Zundert de sua imaginação:

> Os velhos tempos me voltaram à lembrança... como costumávamos passear com o Pai... e ouvíamos a cotovia nos escuros campos de trigo verde crescendo, contemplávamos o céu azul reluzente com as nuvens brancas no alto, então o caminho pavimentado e os choupos. Ó Jerusalém, Jerusalém! Ou melhor: Ó Zundert! Ó Zundert!

Mais do que a doença de um agricultor que mal conhecia (e que estava doente fazia mais de um ano), foi essa imagem de Zundert, essa promessa da imaginação de voltar a um lar da imaginação, que levou Vincent de volta, correndo na escuridão, ao lugar de seu exílio original. Como explicou a Theo: "Meu coração se sentia atraído com tanta força a Zundert que eu ansiava por ir para lá também".

Tomou o trem e fez a pé os últimos vinte quilômetros. "Estava tão bonito na charneca", contou a Theo no dia seguinte; "embora escuro, dava para enxergar a charneca, os pinheirais e os banhados se estendendo em toda a volta." Ele ornamentou aquela imagem com um floreio romântico esperançoso, antevendo a nova vida que iria começar: "O céu estava encoberto, mas a estrela vespertina brilhava entre as nuvens e de vez em quando apareciam outras estrelas". Estava voltando às várzeas da infância, mas também às trilhas que o pai percorrera, aos vilarejos que o pai visitara, aos agricultores que consolara e, por fim, à igreja onde pregara. "Era muito cedo quando cheguei à igreja em Zundert", escreveu ele; "tudo estava muito sossegado. Percorri todos os velhos lugares queridos." Então sentou-se no cemitério junto à igreja e esperou o sol nascer.

Algumas horas depois, soube que o doente tinha falecido durante a noite.

Mas Vincent tinha vindo consolar os vivos. Tinha vindo fazer o que vira o pai fazer centenas de vezes, nessa vila, para essas pessoas. "Estavam tão tristes e com o coração tão pesado", contou ele, "que fiquei contente em estar com eles e partilhar de seus sentimentos." Não sendo mais o noviço reticente que havia sido no enterro de Susannah Gladwell, Vincent rezou junto com eles e lhes leu a Bíblia — exatamente como teria feito o pai. Visitou a família do falecido e foi ver o corpo.

Não havia o que lhe desse mais vida do que a presença da morte. "Oh! Foi tão bonito", disse relembrando a cena. "Nunca esquecerei aquela nobre cabeça descansando no travesseiro: o rosto mostrava sinais de sofrimento, mas tinha uma expressão de paz e certa santidade." Mais tarde, ele comentou como "a calma, a dignidade e o silêncio solene da morte faziam contraste conosco, os vivos". Para completar seus devaneios sobre o passado, foi visitar os empregados que o acompanharam durante a infância no presbitério: um jardineiro e uma arrumadeira. "As lembranças de todos os que amamos permanecem e voltam a nós", escreveu logo após a visita. "Não morreram, estão adormecidas e é bom revivê-las."

No mesmo dia, Vincent foi à casa paroquial de Etten, percorrendo mais sete quilômetros e completando a jornada de volta que iniciara exatamente um ano antes. Tinha banido a si mesmo numa Sexta-Feira Santa. Retornava uma semana depois da Páscoa, nove dias após completar 24 anos de idade. Vincent tomou claramente essa viagem a Zundert como um novo início. Na carta que enviou a Theo no mesmo dia, já revestira o episódio com a imagem do renascimento mais vigorosa que conhecia. Escreveu: "Você conhece a história da Ressurreição; tudo me fez lembrar dela naquela manhã, no cemitério silencioso".

Vincent ressurgiu de sua ida a Zundert embevecido com a imagem de si mesmo como pastor, à semelhança do pai. Todos os obstáculos restantes se desfizeram ao calor dessa nova paixão. O mais intratável deles era a longa insistência dos pais sobre a necessidade de se dedicar a sete ou oito anos de estudos teológicos, como haviam feito o avô e Dorus. Vincent sempre resistira à ideia — em parte por impaciência virtuosa, em parte pelo horror às despesas que isso imporia ao orçamento sempre apertado da família. Poucas semanas antes, ele reafirmara essa resistência nos termos mais claros. "Meu desejo é tão fervoroso", escreveu a Theo a respeito de suas novas intenções, "mas como vou realizá-lo? Se pelo menos eu pudesse dispensar esse estudo difícil e demorado para me tornar pregador do Evangelho."

Agora, porém, ao sol poente de Zundert, a perspectiva de passar anos estudando se tornou uma questão de orgulho e teimosia. Um clérigo em Dordrecht tentou persuadi-lo de que "o estudo preliminar [era] duro demais para ele", mais tarde comentou Dirk Braat, pois "nunca tinha concluído a escola primária". Mas, como lembrou o colega de quarto Görlitz, Vincent estava decidido a passar pelas mesmas provações que o pai passara. Tinha virado "uma obsessão".

A estranha peregrinação de Vincent a Zundert, ao luar, despertou o efeito exatamente contrário em seus pais. Nas semanas anteriores, comovidos com seu ardor, as dúvidas alimentadas por tanto tempo tinham começado a ceder. No fim de março, Görlitz estivera em Etten e se mostrara compreensivo em relação ao sofrimento de Vincent. Quando Anna perguntou: "Como Vincent está se saindo? Ele se adapta?", Görlitz respondeu sem rodeios: "Senhora, para lhe dizer a verdade, Vincent não se dá bem na profissão. Ele tem um único desejo ardente: ser pregador". Logo a seguir, Dorus pediu ao cunhado Johannes Stricker que se informasse sobre o que Vincent precisaria fazer para se preparar para os exames da universidade — o primeiro passo para ser admitido nos estudos teológicos em Amsterdam. Mas, quando Vincent apareceu à porta uma semana depois da Páscoa, cansado, todo desgrenhado e desalinhado depois da longa caminhada e da noite solitária no cemitério de Zundert, todas as apreensões de Dorus voltaram de supetão. Escreveu perguntando, cauteloso: "Theo, o que você diz de Vincent nos surpreender outra vez? Ele devia ser mais cuidadoso".

Porém, depois que Vincent concordou com as condições sobre os estudos preparatórios, os pais não tiveram outra escolha senão lhe dar apoio. Os demais parentes reagiram de maneira parecida — com dúvidas, mas com senso de obrigação — quando Dorus recorreu a eles pedindo ajuda. Tio Stricker, que era quem menos conhecia o passado de Vincent, foi quem manifestou o maior entusiasmo, não só indicando o melhor tutor para preparar Vincent para os exames (sobretudo em latim e grego), como também se prontificando a acompanhar seus progressos e a orientar seus estudos religiosos. Pregador culto e influente, Stricker também poderia apresentar Vincent ao mundo clerical de Amsterdam, que era de predomínio liberal e onde, apesar de suas posições relativamente conservadoras, ele gozava de grande respeito.

Como ele mesmo tinha sido reprovado no exame de ordenação, Stricker estava disposto a conceder o benefício da dúvida em relação às pretensões de Vincent. "Nosso bom Senhor gosta de surpresas", disse animadamente. Tio Jan, o contra-almirante, ofereceu a Vincent um quarto em sua casa espaçosa, num grande conjunto de edifícios militares que dava para o porto de Amsterdam. Viúvo, sem filhos em casa, Jan podia proporcionar não só alimentação e moradia (tinha criadagem), como também o ingresso na sociedade — perspectiva que de fato agradou a Anna. Ela escreveu: "Se Vincent quer mesmo se tornar pastor, precisa saber lidar com pessoas de nível social mais alto, e não só com gente de vida simples". Embora não assumisse nenhum tipo de supervisão do sobrinho problemático, Jan realmente poderia encontrar "um emprego decente" para Vincent, para ajudar nas despesas. "Pelo menos há um raio de esperança nesse assunto", escreveu Anna. Tio Cor, o negociante de gravuras, ofereceu uma soma para ajudar a pagar as aulas de Vincent e um fardo de papel de boa qualidade para escrever, mas foi só.

Dentre todos os parentes, apenas tio Cent, que mais conhecia o passado do sobrinho, negou ajuda. Em uma negativa de tom brutalmente comercial, que enviou a ele e também a seus pais, declarou que "não concordava com as ideias de Vincent", como escreveu Anna a Theo. "O tio não crê que os planos dele apresentem uma boa perspectiva e que é *isto* que ele julga de fato necessário para Vincent." Também cortou qualquer conversa adicional sobre o assunto, praticamente lavando as mãos em relação ao imprestável homônimo. Como disse Vincent a Theo: "Ele achou que não adiantaria nada continuar a correspondência, pois não podia ser de nenhum auxílio para mim nesse caso". Theo apresentou aos pais uma interpretação generosa da recusa de Cent — "O tio não consegue ver que Vincent está realmente bem-intencionado" —, mas Anna teve uma reação alarmada a essa sua solidariedade com o irmão: "[O tio] sabe muito bem que Vincent é uma boa pessoa; ele apenas não concorda, e espero que tenha sido franco com Vincent a esse respeito". E acrescentou num ímpeto de agourenta franqueza: "E nem nós, nem você estamos nos sentindo à vontade com isso".

Mas, por fim, a família adotou a atitude já habitual de esperança cautelosa, preferindo imaginar — uma vez mais — que Vincent havia afinal regressado da charneca. "Será maravilhoso", escreveu Lies, "se ele puder ver sua ilusão se transformar em realidade." Anna fez o que já havia feito muitas vezes: deixou o assunto nas mãos de Deus. Escreveu a Theo: "Ficaríamos muito felizes se víssemos todos vocês realizarem seus destinos e se tornarem boas pessoas, a começar pelo mais velho". Dorus, como o filho, se consolou pregando um sermão. Tema: "O homem nasceu para sofrer" — "como os problemas e as preocupações moldam o coração e o tornam sensível ao consolo e à esperança". Como presente de despedida, deram a Vincent o símbolo supremo da esperança que não abandonavam: um terno novo.

Vincent se lançou impetuoso ao novo rumo, parecendo não se abalar com as dúvidas que o cercavam. Começou de imediato a estudar os livros de catecismo, copiando freneticamente páginas e mais páginas para ocupar os pensamentos e manter as próprias dúvidas à distância. Anos depois, confessou o profundo ceticismo que sentia em relação ao projeto a que estava prestes a se lançar. Mas agora, impelido por uma forte onda de obsessão e identificação, apenas se entregou a mais orações ("Senhor, desejo tanto ser sincero"), anotou frases de incentivo nas margens de suas gravuras e dobrou a assiduidade com que frequentava a igreja. Consolou-se com uma última visita para ver o *Christus Consolator* e imagens que ele mesmo tinha criado: imagens com igrejas, trilhas pela charneca, a luz do entardecer, com anotações escritas. Combatia suas objeções mentais anestesiando-se com a repetição de aforismos e trechos bíblicos. Num momento de lucidez lancinante, ele explicou a Theo: "Estou lutando pela estima de alguns entes queridos. Se Deus quiser, conseguirei".

Depois de deixar Dordrecht em 2 de maio, Vincent ficou em Etten durante uma semana, num último devaneio familiar. No caminho para Amsterdam, parou em Haia, onde Theo, por insistência dos pais, levou o irmão para cortar o cabelo. ("Faça um gesto de caridade", instruiu Dorus. "Creio que um barbeiro em Haia ainda conseguiria dar um jeito.") Então Vincent seguiu para Amsterdam, prometendo "pôr minha mão no arado".

As imagens da semeadura e da colheita perseguiram a imaginação de Vincent em sua nova vida. Numa das últimas cartas que enviou de Dordrecht, disse a Theo que esperava se tornar um "semeador da Palavra" — "como quem semeia trigo nos campos". No domingo anterior à partida do filho, Dorus, que colocava sua vida nos sermões tal como Vincent mais tarde colocaria sua vida nas pinturas, havia escolhido como tema a passagem dos Gálatas que mais apreciava: "Pois o que o homem semear, ele colherá". E disse: "A obra de Deus, que está tão intimamente ligada à da humanidade, traz soluções inesperadas e abençoadas. Semeamos e colhemos, [mas] não somos apenas nós que estamos dando nosso melhor; Deus sustém, abençoa e abre caminhos em nosso auxílio e felicidade".

Para o semeador perseverante que era Dorus van Gogh, esta constituía a mensagem mais consoladora que podia dar ao filho, ao pôr mais uma vez sua mão no arado. E com certeza não foi por acaso que o sermão retomou uma passagem de um dos livros favoritos de Vincent, *Cenas da vida clerical*, que ambos, pai e filho, tinham lido pouco tempo antes:

> Ela tentou dar esperança e confiança, embora fosse difícil crer que o futuro seria outra coisa que não a colheita da semente que estava sendo semeada diante de seus olhos. Mas sempre há uma semeadura que não se vê nem se ouve, e por toda parte nascem doces flores sem nossa antevisão nem nosso trabalho. Colhemos o que semeamos, mas a Natureza tem o amor acima e além dessa justiça, e nos dá sombra, flores e frutos que não brotam de nenhum plantio nosso.

10. Cabeça ao vento

Dia após dia, da casa do tio que dava para o porto de Amsterdam, Vincent via desenrolar-se o intenso trabalho. Todas as manhãs, um exército de trabalhadores entrava pelo portão do arsenal da marinha — tantos que o estrépito das botas no pavimento ressoava "como o bramido do mar", nas palavras de Vincent. Trabalhavam desde o alvorecer (no verão, às cinco da manhã) até que os acendedores dos lampiões começavam suas rondas. Alguns iam para os estaleiros, construindo de tudo, desde couraçados de guerra a escunas de longos mastros. Mas a maioria se encaminhava para as docas, onde pás mecânicas, guindastes de madeira e o peito nu dos homens travavam uma batalha encarniçada contra as águas incessantes e o fundo intratável do mar.

Vincent considerava aquela luta diária "um espetáculo grandioso" e seguia atentamente o lento desenrolar daquela faina. "Quem precisa aprender a trabalhar deve observar os trabalhadores", escreveu ele. Apenas com aquela "perseverança paciente" deles e a fé na "ajuda de Deus" era possível realizar uma grande obra. Ele via combaterem não só o "solo" esponjoso de Amsterdam — mais água do que terra, exigindo montanhas de areia para assoreá-lo —, mas também a imprevisibilidade das intempéries da natureza. Com o traiçoeiro mar do Norte a menos de quarenta quilômetros a oeste e o temperamental Zuider Zee logo a leste, as tempestades ganhavam uma vida devastadora sem nenhum aviso, inundando os diques, rompendo as linhas, derrubando as instalações provisórias, arrastando a areia, destruindo o trabalho de semanas. Mas, no dia seguinte, os operários voltavam e reparavam os danos, reenchiam os diques, amarravam de novo as estacas da linha do porto, reconstruíam os andaimes e assim, se Deus quisesse, afastavam um pouquinho o mar e aumentavam um pouquinho os muros de proteção.

Essa era a história de Amsterdam, reencenada aos olhos de Vincent. Desde a construção da primeira represa no rio Amstel, no século XIII, aquele empreendimento cívico chamado Amsterdam tinha sido uma luta incessante contra a natureza. "A cidade impossível", diziam os historiadores. Na Idade de Ouro, quando nenhum problema parecia capaz de vencer o engenho holandês, Amsterdam iniciou um programa de escavação de canais, que deu à cidade sua configuração característica, com vias aquáticas em semicírculos concêntricos, como tigelas encaixadas. Os mercadores ricos de Amsterdam fincaram estacas de madeira no terreno mole, para alicerçar suas mansões. Porém, por mais valas e canais que cavassem, nunca conseguiram drenar todo o fundo pantanoso. Por mais terra e areia que despejassem por trás dos diques, os edifícios continuavam a afundar: o chão rachava, os alicerces trincavam, as fachadas se inclinavam perigosamente.

O porto também desafiava a lógica e as forças da natureza. Sem acesso direto ao mar, só se chegava a ele passando por um labirinto de ilhas e baixios que rapidamente se enchia de sedimentos e destroços, enquanto os dois lados do canal reconquistavam terra firme. Devido à mudança constante dos bancos de areia e aos ventos contrários, muitas vezes os navios tinham de ficar esperando dias a pequena distância, aguardando condições propícias para entrar no porto. Os moradores de Amsterdam pareciam entender como a cidade era improvável e como as conquistas eram efêmeras. Ao contrário dos orgulhosos cidadãos de outras grandes cidades europeias, nunca se davam ao trabalho de erguer monumentos: nada de avenidas grandiosas, nada de amplos espaços públicos, nada de memoriais imponentes a glórias do passado. Eram acusados de não ter fé nos símbolos, de só se interessar por coisas materiais. Porém evidentemente não era bom negócio nem bom simbolismo construir estruturas grandiosas sobre a areia.

Mas construir, eles construíam. E quando o novo canal para o mar do Norte foi inaugurado em 1876, Amsterdam viveu mais uma explosão de sucesso pouco provável. O trabalho faraônico a que Vincent assistia da janela do tio era apenas um entre centenas de projetos semelhantes, que tinham começado empurrar a modorrenta cidade seiscentista para a nova era industrial. A baía de IJ, que é a linha-d'água de Amsterdam, rugia com o estrépito do ferro, do aço e das máquinas a vapor, enquanto ampliavam o porto, construíam novos atracadouros, erguiam novas ilhas.

As ferrovias ganhavam força com os projetos para uma nova estação ferroviária, de grandes dimensões, junto às docas. Canais e canais desapareciam e nasciam novos bairros. Os habitantes locais chegaram a pensar em monumentos: um grande museu novo para celebrar — o que mais seria — a Idade de Ouro da cidade. Por onde andava, Vincent via os significativos montes de areia — símbolos ao mesmo tempo da transitoriedade e do perpétuo esforço — que acompanhavam cada projeto de construção, todos atestando o poder da esperança sobre a experiência, o poder da imaginação sobre a realidade.

Tendo inspiração praticamente em todas as esquinas da cidade, Vincent se lançou a seu grande trabalho pessoal. Declarou: "Às vezes é correto levar alguma coisa até o fim agindo com determinação, *coûte que coûte* (custe o que custar)". Sem um trabalho que lhe desviasse a atenção (ele não aceitou o emprego que o tio lhe conseguira), Vincent podia se dedicar irrestritamente à tarefa que tinha pela frente. E era uma tremenda tarefa. Antes de poder dar início a qualquer estudo teológico, precisava ser aceito numa universidade. Era algo difícil mesmo para os alunos do colegial com todos os cursos preparatórios necessários (principalmente latim, que ainda era o idioma de todos os estudos avançados). Apenas uma pequena parcela dos estudantes com o secundário completo conseguia entrar numa das três universidades do país. Para Vincent, que tinha saído da Escola Tilburg no segundo ano do curso, e isso nove anos antes, os exames de ingresso constituíam uma barreira quase intransponível. Foi avisado de que precisaria de pelo menos dois anos no preparatório.

Vincent estava decidido a conseguir em menos tempo. "Que Deus me conceda o saber necessário para terminar meus estudos o mais cedo possível", escreveu impaciente, "para que eu possa cumprir os deveres de um clérigo." Entregou-se a um cronograma ininterrupto de estudos, que começava ao amanhecer com latim e grego e terminava à noite com matemática e álgebra. No meio, ele amontoou todo o resto: literatura, história, geografia. Estudava com uma pena na mão, escrevendo longos resumos dos enormes tratados que lhe ocupavam as noites e lhe forçavam a vista. Copiava vastos trechos, às vezes livros inteiros. "Não conheço maneira melhor de estudar", insistia ele. À noite, costumava trabalhar na sala de estar, escrevendo furiosamente à luz de querosene até que o tio (sempre um madrugador, como bom marinheiro) o mandava para a cama. Ele tentava continuar no quarto, mas descobriu que "a tentação de dormir quando fica tarde é forte demais".

A religião não fazia parte dos estudos para os exames de ingresso, mas Vincent não conseguiu resistir muito tempo. Logo estava estudando a Bíblia inteira, conseguindo de alguma maneira encontrar tempo em seu horário apertado para fazer longas listas de parábolas e milagres, pondo-os em ordem cronológica, em holandês, inglês e francês. Explicou a Theo: "Afinal, a Bíblia é o essencial".

Vincent se dedicou a todos esses estudos com uma intensidade que ultrapassava até mesmo o fervor usual com que se lançava a novos empreendimentos, aplicando-se "com a tenacidade de um cão roendo um osso", como disse. Enchia as cartas com orgulhosas declarações de "constância" e "perseverança" e promessas de "travar o bom combate", "com a ajuda de Deus". Contrariando o toque de recolher do tio, ele "estendia" o dia dos dois lados — antes do amanhecer até "altas horas da noite". "Devo me manter acordado enquanto conseguir manter os olhos abertos", disse a Theo. Numa rara visita aos parentes, ficou lendo num canto, enquanto os demais jogavam baralho. Lia enquanto andava pelo labirinto das ruas e canais de Amsterdam. Nunca saía da cidade, mesmo quando Theo lhe mandou dinheiro para ir a Haia ver uma exposição de desenhos.

Interrompia os estudos apenas uma vez por semana. Mas não para descansar. Como em Dordrecht, ele reservava os domingos para os sermões — o máximo que conseguisse encaixar no dia (numa das contas, eram "seis ou sete"). Saía da casa do almirante às seis da manhã para assistir ao culto matinal na igreja mais próxima, a Oosterkerk (Igreja Oriental), onde o tio Jan tinha lugar reservado. De lá, caminhava 1,5 quilômetro pela orla até a Capela Oudezijds, uma igreja quatrocentista espremida num denso entrelaçamento de ruas na parte mais antiga da cidade. Com suas traves em treliça, como um navio, e os entalhes de figuras pagãs nas vigas, a Oudezijds fora preterida em favor de igrejas mais novas em bairros mais elegantes. Muitas vezes, as únicas companhias de Vincent nos antigos bancos da capela eram marinheiros velhos, grumetes e crianças do orfanato ali da vizinhança. Mas o tio Stricker pregava lá com bastante frequência e Vincent ia visitá-lo na casa contígua à capela. Vincent admirava "o calor e a sinceridade" dos sermões do tio, e às vezes percorria longas distâncias para ouvi-lo pregar também em outras igrejas.

Da Oudezijds ele seguia a oeste, por mais 1,5 quilômetro, até a Westerkerk (Igreja Ocidental), uma das maiores igrejas reformadas dos Países Baixos, com um campanário alto onde o sino anunciava as horas a toda a Amsterdam. Lá, Vincent podia ouvir outro pastor que admirava, Jeremias Posthumus Meyjes. Dorus dera a Vincent uma carta de apresentação para o pai de Meyjes, que também era pastor. Ao ver a "figura alta, nobre" de Meyjes filho, Vincent enxergou seu próprio futuro: pastor e filho de pastor. Da Westerkerk, podia tomar o rumo norte, subindo oitocentos metros pela Prinsengracht, com casas de ambos os lados, até a Norderkerk (Igreja do Norte), onde tanto Stricker quanto Meyjes pai às vezes pregavam seus sermões.

Estas quatro igrejas — Leste, Oeste, Norte e Oudezijds — eram os pontos cardeais, as estações da peregrinação semanal de Vincent. Desde a saída até o retorno, cobria cerca de doze a treze quilômetros num só domingo, sem se deixar deter pelo calor, pelo vento, pela escuridão ou pelas chuvas que caíam em torrentes inesperadas, de todos os lados. Até Vincent, que normalmente não era de fazer muitas brincadeiras sobre si mesmo, parecia gracejar quando comentou com Theo sobre "a quantidade assustadora de pórticos de pedra e chãos de igreja que tenho sob os olhos e sob os pés".

A única pessoa que conheceu de perto o ardor de Vincent foi seu tutor, Maurits Benjamin Mendes da Costa. Vincent o tratava apenas por "Mendes". Judeu português, arrimo de uma família numerosa, Mendes morava com vários parentes no fim do velho bairro judeu na zona leste de Amsterdam, a oitocentos metros dos estaleiros. Tinha 26 anos, mas parecia muito mais jovem, franzino, com traços sefarditas marcados e uma sombra de bigode. No começo de maio, "avisado de antemão" por Stricker quanto ao "comportamento incomum" de Vincent, Mendes o recebeu apreensivo, em seu quarto que dava para a praça Jonas Daniel Meyer. Surpreendeu-se com o ar "contido" do novo aluno, em vista da pequena diferença de idade entre eles. "Sua aparência não era de forma nenhuma desagradável", escreveu Mendes numa reminiscência trinta anos depois. Onde outros viam uma "rudeza" campônia nas sardas e no cabelo ruivo, no "rosto rústico" e nas "mãos nervosas", Mendes viu uma "singularidade encantadora".

Vincent retribuiu a estima do professor com uma bombástica admiração. A Theo, descreveu-o como "uma pessoa muito notável" e acrescentou: "Não devemos falar de gênio com demasiada leviandade, mesmo acreditando que há mais no mundo do que muitos supõem". Nas aulas matinais, levava-lhe de presente livros, gravuras e flores, "porque você é muito bondoso comigo", dizia a Mendes. Dava grande atenção ao irmão cego e à tia com retardo mental de seu professor. Numa tentativa evidente de se distanciar do preconceito social que ainda recaía sobre os judeus, mesmo em Amsterdam, Vincent escreveu na guarda de um livro que deu a Mendes: "Nele não há judeu e grego, nem servo e senhor, nem homem e mulher". Relatou vivamente aos pais o encorajamento inicial que lhe dera o professor. "Mendes disse [a Vincent] que está muito confiante de que ele concluirá seus estudos", comentou Anna aliviada, em julho.

A necessidade de fazer por merecer a confiança do tutor apenas fez Vincent redobrar o trabalho, que já era frenético. Mendes relembrava com clareza como ficava observando Vincent pela janela de seu escritório, vindo para a aula com uma determinação inflexível em cada passo. "Ainda posso vê-lo... sem casaco... atravessando a praça larga... com os livros sob o braço direito, apertados junto ao corpo... a cabeça ao vento."

Mas desde o começo surgiram sinais de problemas. O trabalho não rendia de acordo com a dedicação de Vincent. "Não me vem com a facilidade e a rapidez que eu gostaria", admitiu ele. Tentou se tranquilizar dizendo que "a pessoa tem de se acostumar a ele" e que "a prática leva à perfeição". Procurava desculpas. "Nem sempre é fácil perseverar no estudo simples e metódico, depois de todos aqueles anos de agitação emocional", explicou a Theo. Mas, poucas semanas depois de começar as aulas, os relatos mudaram de tom, passando da linguagem do otimismo para a da obrigação. Seu espírito decidido começou a se toldar de dúvidas. Rezava por um raio que lhe devolvesse a convicção. E imaginava: "Depois de um período de decepção e dor, chega-se a uma época da vida em que nossos desejos e vontades ardentes se realizam *de um golpe*". Mas, sem esse raio, Vincent enxergava cada vez menos perspectivas de êxito. Admitiu: "Humanamente falando, dir-se-ia que não é possível acontecer". Comparava-se ao profeta Elias, aguardando o "baixo fio de voz" de Deus falando da caverna. Reassegurou a Theo e a si mesmo: "O que é impossível ao homem é possível a Ele".

Mas passaram-se meses e o raio não veio. Nenhuma voz falou. Com seu baixo nível de tolerância a frustrações e com seu espírito peripatético, Vincent logo passou a achar irresistíveis as distrações. As idas à casa de Mendes, para as aulas, se transformaram em excursões sinuosas pelo pitoresco Bairro Judeu. As caminhadas aumentaram e o levavam sempre mais longe. Foi a pé até o mar em Zeeburg, aos cemitérios judeus na periferia da cidade, aos "sítios e banhados" ainda mais adiante. As visitas às livrarias viravam ocasião de compra de livros que não estavam em nenhuma lista de leituras. "Invento algum pretexto para ir lá sempre que possível", reconheceu ele, porque as livrarias "sempre me lembram que existem coisas boas no mundo." Numa surpreendente sugestão de desagrado, reclamou com Theo sobre suas leituras noturnas da Bíblia: "Quando tiver terminado, vou passar para algo que valha a pena". As cartas a Theo e aos pais se faziam cada vez mais compridas e mais frequentes (às vezes, duas por dia), e traem um espírito desassossegado que só se mantinha sob controle com votos sempre mais defensivos de dedicação e autodisciplina.

Em meados do verão, com uma onda de calor castigando a cidade e fazendo as águas dos canais desprenderem um vapor fétido, o grande entusiasmo de Vincent tinha minguado e se transformado numa sucessão de queixas e resmungos. O que podia ser mais "opressivo", escreveu em tom azedo, do que "aulas de grego no centro de Amsterdam, no centro do bairro judeu, numa tarde de verão quente e abafada, sabendo que o esperam muitos exames difíceis, montados por professores muito cultos e inteligentes". Reclamou que sua "labuta contínua" gerava apenas "parca satisfação" e "nenhum resultado". Começou a culpar os outros por sua situação e apresentou um juízo claro sobre seu trabalho: "Não gosto dele". Pela primeira vez, chegou a imaginar o fracasso. "Quando penso que tantas pessoas estão com os olhos postos em mim", escreveu ele,

> que vão saber onde está a falha se eu não passar... [que] vão dizer pela expressão do rosto: "Nós o ajudamos e fomos uma luz para você, fizemos o que podíamos por você. Você tentou honestamente? Qual é agora nossa recompensa e o fruto de nosso trabalho?".

Então, quando se perguntou por que haveria de prosseguir, "a despeito de tudo que parece estar contra mim", a resposta veio carregada de desespero: "Para que eu saiba o que responder àquelas censuras que me ameaçam".

Apesar de tudo, em agosto, quando chegou o momento da primeira inspeção que lhe faria o tio Stricker, ficou assente que ele estava em condições de prosseguir. Como disse Vincent num tom menos entusiasmado que de início, Stricker e Mendes "não pareceram insatisfeitos".

Dorus tinha apenas uma queixa sobre a nova vida de Vincent em Amsterdam: seu hábito constante de se retrair e ficar ruminando sorumbaticamente. Dorus escreveu: "Gostaria que ele tivesse um pouco mais de animação e não se afastasse tanto da vida cotidiana". Algumas semanas depois de iniciar os estudos, Vincent reclamou que estava com "o ânimo abatido". E confessou: "Às vezes, nossa alma afunda dentro de nós e é assustador". Ao pensar na luta que tinha pela frente, sentia tanto "cansaço" que lhe doía a cabeça. "Minha cabeça às vezes pesa, arde com frequência e meus pensamentos ficam confusos", escreveu, registrando os primeiros prenúncios do torvelinho que o assaltaria no futuro.

Sentia-se cada vez mais um estranho na casa onde morava com o tio. O contra-almirante Johannes van Gogh era um homem empertigado, de queixo quadrado, longo cabelo grisalho e "um amor desmedido pela ordem", segundo um parente. "Viveu sua vida privada, tal como a vida pública, com uma precisão militar." Veterano de guerras no outro extremo do mundo, tendo enfrentado as dificuldades de longas viagens e separações da família que chegavam a durar cinco anos, tio Jan

Contra-almirante Johannes van Gogh (tio Jan).

não tinha paciência com as tempestades mentais do sobrinho. Comandara homens e navios na guerra; singrara mares desconhecidos; manobrara os primeiros vapores da marinha numa época em que o vapor ainda era uma força indômita e caprichosa. Famoso por utilizar navegação por bússola no pior dos temporais, "sereno e valente" na adversidade, ele havia conquistado a admiração dos subordinados, o respeito dos superiores e o respeito de seu país.

Agora sexagenário, ao fim de uma carreira ilustre, Jan recebera Vincent em sua casa "apenas para agradar a seus pais", segundo a irmã Lies. Embora de vez em quando levasse o sobrinho a visitas familiares e compromissos oficiais, os dois faziam as refeições em separado e, em geral, só percebia a presença do sobrinho quando sua conduta estranha perturbava o ambiente doméstico do comandante. ("Não posso mais ficar acordado até tão tarde", escreveu Vincent a Theo em outubro. "O tio proibiu estritamente.") Quanto às dúvidas crescentes de Vincent, cujos propósitos começavam a vacilar, não podia existir anátema maior para o almirante confiante e destemido, que a cronista da família descreveu como "sempre seguro do que estava fazendo". Na verdade, o único conselho que parece ter dado ao sobrinho desanimado foi um militaresco "Prossiga".

Para qualquer lugar que se virasse naquele outono, Vincent encontrava a mesma indulgência cautelosa e as mesmas exortações virtuosas para se esforçar mais. Tio Stricker tomou a sério seu papel de guia e conselheiro. Convidava o sobrinho para jantar ou para visitá-lo no escritório, onde Vincent podia usufruir o grande acervo de belos livros do pastor, além de um retrato de Calvino pintado por Ary Scheffer. Stricker, com sessenta anos, era uma pessoa afável e espirituosa, de olhos tristes, cavanhaque que parecia uma escova e um gosto excêntrico por versículos da Bíblia. (Uma vez, ele compilou todas as passagens que traziam a palavra "esterco" ou "estrume".) Embora fosse conhecido como divulgador da "nova" teologia, tinha tendências conservadoras em matéria de ideias e sentimentos, o que o fazia pouco receptivo ao entusiasmo evangélico e ao torturado exame de consciência de Vincent. Era também Stricker que controlava os gastos: Dorus tinha lhe confiado o dinheiro para as despesas de Vincent — demonstrando uma falta de confiança que, por mais justificada que fosse, havia de causar ressentimento no filho.

Por algum tempo, parecia possível que o reverendo Meyjes, da Westerkerk, pudesse preencher o vazio gerado pela falta de companhia e de compreensão. Vincent descreveu o pastor de 46 anos como "um homem muito dotado [de] grande talento e grande fé... Causou uma profunda impressão em mim". Ele visitou o escritório de Meyjes, onde conversaram sobre a Inglaterra e as experiências do pastor oficiando a "trabalhadores e suas mulheres". Na casa junto à igreja, Vincent conheceu a família de Meyjes. "São pessoas muito boas", disse a Theo. Mas, por razões que não estão claras, o relacionamento com Meyjes logo definhou. Talvez alarmado pelos acessos desenfreados de atenção que sempre acompanhavam a admiração de Vincent por alguém, Meyjes começou a se retrair: primeiro se omitindo, depois o evitando explicitamente.

Houve apenas um parente que se aproximou mais desse papel de preencher o constante vazio de Vincent. O tio Stricker tinha uma filha chamada Cornelia Vos, que a família chamava de Kee. Ela morava com o marido e o filho de quatro anos perto da Westerkerk, que Vincent costumava visitar em seus circuitos dominicais. Simples, amante dos livros, dotada de um temperamento sereno, aos 31 anos Kee era dedicadíssima ao marido doente, Cristofell, que fora obrigado a abandonar a carreira de pastor devido a um problema nos pulmões, e ao filho Jan. Vincent saiu de uma das primeiras visitas a eles se sentindo, como sempre acontecia, inebriado pela imagem da vida familiar perfeita. "Eles se amam de verdade", escreveu. "Vê-los sentados um ao lado do outro à noite, à luz suave da pequena sala de estar, perto do quarto do filho, que de vez em quando acorda e pede alguma coisa à mãe, é um idílio."

Como a maioria das famílias que exerciam atração em Vincent, os Vos tinham sido tocados — e enobrecidos — pela tragédia. Apenas dois meses antes da chegada de Vincent, morrera o filho mais novo do casal, com um ano de idade. O quadro familiar ainda era banhado por uma atmosfera de dor e sofrimento, e Vincent absorvia aquele ar. "Também têm vivido dias de ansiedade e noites de insônia, medos e problemas", escreveu ele, referindo-se tanto ao fantasma do bebê morto quanto à enfermidade do pai. Mas o mesmo drama que atraía Vincent também o excluía. Com a chegada do inverno, a saúde de Cristoffel piorou, e a família triste e preocupada se fechou em torno dele. Por fim, os Vos, tal como os Meyjes, desapareceram das cartas de Vincent. Mas, ao contrário destes últimos, os Vos reapareceriam anos depois em sua vida, para desencadear uma destruição inimaginável.

O único respiro nas nuvens que se avolumavam apareceu em setembro, quando Harry Gladwell veio em visita. Vincent escreveu: "Foi uma sensação deliciosa ouvir a voz de Gladwell no vestíbulo". Fazia apenas um ano desde a pesarosa despedida de ambos na estação ferroviária perto de Londres. Gladwell continuava a trabalhar na Goupil em Paris. Tinha vindo a Haia a negócios e, a pedido de Theo, estendeu a viagem até Amsterdam para ver Vincent. Passaram dois dias turbilhonantes visitando igrejas e encontrando pastores. À noite, mantinham conversas em que desnudavam a alma e liam juntos a Bíblia (Vincent escolheu a parábola do semeador). Ele insistiu com o amigo que também ingressasse no clero: que saísse da Goupil e escolhesse "o amor de Cristo e a pobreza". Mas Gladwell, então com dezenove anos, ignorou as súplicas. Logo depois de ir embora, Gladwell deixou de responder às cartas de Vincent, e em seis meses tinha desaparecido totalmente de sua vida.

No inverno de 1877, a solidão obrigou Vincent a procurar companhia no único lugar que lhe restava: o passado. Quando saiu para passear com os cães do tio ao longo das docas, numa noite estrelada, o cheiro de alcatrão do estaleiro lhe fez lembrar "os bosques de pinheiros" do lar e foi tomado pelas recordações. "Revejo tudo diante de meus olhos", escreveu num devaneio nostálgico surpreendente num jovem de 24 anos. "Amei tantas coisas." Cada local onde tinha morado agora lhe parecia um paraíso perdido. Não só Zundert ("Nunca esquecerei aquela última visita"), mas também Londres e Paris ("Muitas vezes me lembro delas com ternura e melancolia"). Mesmo Haia, local de seu primeiro e decisivo fracasso, se transformou saudosamente numa lembrança da mocidade inocente e despreocupada.

Mas o lugar que mais lhe despertava saudades era a Inglaterra. Tudo lhe lembrava o país: cada dia de chuva, cada trecho de hera, cada ruela medieval. Lia livros e revistas em inglês, frequentava locais onde se falava inglês. Um desses locais era a igreja anglicana. Enfiada num quintal escondido no extremo da cidade, essa construção seiscentista tinha sido usada como refúgio católico quando a famosa tolerância de Amsterdam permitia a prática de outras religiões, desde que não ficasse à vista. Situada em seu quintal secreto, cheio de vegetação, como uma imagem saída de Eliot, a igreja anglicana também oferecia um retiro perfeito para Vincent — uma ilha completa e idílica como uma recordação. "Ao anoitecer, ela é tão pacífica naquele quintal silencioso entre as moitas de espinheiros", escreveu ele. "Parece dizer: *In loco isto dabo pacem*... neste lugar, darei paz." Aqui, neste pedaço de outro país, numa igreja clandestina separada da terra natal do próprio Vincent, na companhia de outros estrangeiros, falando uma língua que não era a sua, ele encontrou uma espécie de sentimento de integração. "Amo aquela igrejinha", disse a Theo.

Quando se aproximava a segunda sabatina, Vincent teve de utilizar toda a sua faculdade imaginativa para escapar à inevitabilidade do fracasso. De certa forma, ele reformulou a recusa de Gladwell, apresentando-a como uma vitória de seu projeto de seguir os passos do pai. "Oh, rapaz, como deve ser glorioso ter uma vida atrás de si como a do Pai", escreveu a Theo logo depois que Harry foi embora, "permita-nos Deus sermos e nos tornarmos cada vez mais filhos seguindo seu espírito e seu coração." Ele leu um romance baseado na *Odisseia* de Homero e se imaginou como o famoso rei errante, com seu descontentamento, a rispidez de maneiras, a agitação dos pensamentos, a história de suas provações, sua sobrevivência e um coração "como um poço profundo". Imaginou-se, como Ulisses, chegando ao cabo da longa jornada e "revendo o local de tão fervoroso anseio".

Mas a sabatina no fim de outubro demoliu qualquer fantasia desse gênero. Mendes avisou a Stricker que o aluno se mostrava incapaz de aprender o grego. E recordou mais tarde: "De qualquer maneira que eu tratasse, qualquer meio que eu inventasse para tornar a tarefa menos tediosa, não adiantou nada". Stricker chamou Vincent para uma "longa conversa", em que Vincent reconheceu que achava a tarefa "muito difícil", mas protestou que estava se esforçando ao máximo, "de todas as maneiras possíveis". Novamente comovidos pelo empenho de Vincent, Stricker e Dorus decidiram que ele "deveria tentar mais uma vez". Tomariam a decisão final na sabatina seguinte, em janeiro.

Vincent agora via com clareza o que estava em jogo. Escreveu: "*É uma corrida e uma luta pela minha vida*, nada mais, nada menos".*

* Salvo indicação contrária, o itálico nas citações das cartas de Vincent consta no próprio original.

Mais tarde, ele se referiu aos meses subsequentes como "a pior época de toda a minha vida". Oscilando entre o pavor do fracasso e a ansiedade de se sair bem, entrou numa espiral de desespero e delírio. De alguma maneira conseguiu redobrar os esforços — ficando acordado a noite inteira, contra as ordens do tio, deixando a iluminação bem fraquinha, tomando uma quantidade infindável de café e gastando tanto em fumo de cachimbo que Theo precisou remeter-lhe dinheiro para a contribuição dominical na coleta da igreja. Também redobrou as orações, mais convicto do que nunca de que somente Deus lhe poderia dar "o saber necessário". Fortalecia-se com uma campanha frenética de poemas, Escrituras e panaceias ("Quando estou fraco, então sou forte"; "Tenha firmeza"; "O que não tem remédio deve ser aceito") — todos enviados a Theo, mas dirigidos a seu tumulto mental. "Nunca desespero", repetia sem cessar — muito embora, anos depois, Mendes lembrasse que Vincent chegava para as aulas com um ar de "triste desespero indescritível".

Os malogros do passado o perseguiam como Fúrias. Ele confessou que trazia "dor e infelicidade a mim e aos outros". Lamentava a vergonha de sua demissão da Goupil e a indecisão em que se debatia desde aquela época. E lastimava: "Se pelo menos eu lhe tivesse dedicado toda a minha energia antes, sim, agora eu teria avançado mais". A perspectiva iminente de outro fracasso o acabrunhava de sentimento de culpa. Os pais tinham apertado ainda mais o orçamento que já era apertado, para ajudar a pagar as aulas e a hospedagem, acrescentando centenas de florins a uma vida toda de despesas. O fracasso significaria que tudo aquilo tinha sido um desperdício. "Dinheiro não dá em árvore", avisava Dorus. "A educação de nossos filhos tem sido dispendiosa — de um deles mais do que os outros." Numa das peregrinações dominicais de Vincent, num possível ato de desesperada contrição, ele pôs no prato de coleta da igreja seu relógio de prata. E escreveu: "Quando penso em tudo isso, na dor, na decepção, na vergonha... gostaria de estar longe de tudo!". Rogou a Deus que "me deixe completar um único trabalho importante em minha vida".

Suas cartas revelam um espírito subitamente toldado pelo remorso e pela recriminação pessoal. Advertiu: "Existe muito mal no mundo e coisas terríveis em nós mesmos". Falava do "lado sombrio da vida" e de seu "eu malévolo" que fugia ao trabalho e cedia à tentação. Punia-se por misteriosos "dias de trevas". Insistia que "conhecer-se [é] desprezar-se" — doutrina de autodepreciação que atribuía a Cristo e a Kêmpis. Quando Mendes objetou que essa interpretação era dura demais, Vincent teve uma reação veemente: "Quando olhamos outros que fazem mais e são melhores do que nós, logo começamos a odiar nossa vida por não ser tão boa quanto a dos outros".

Tanta culpa não passaria impune. Durante o dia, ele retomou as mortificações de sua primeira fase de fervor. Alimentava-se apenas de pão — uma "côdea de pão preto de centeio" — invocando o exemplo de Elias e a instrução de Cristo no Sermão da Montanha: "E digo, não se preocupem com o que comeremos ou o que beberemos". Saía na chuva e no frio sem casaco. À noite, privava-se de sono com quantidades exageradas de fumo e café ("é uma boa coisa se entupir de café", dizia) e então torturava os breves momentos de descanso dormindo apoiado na bengala.

Em algumas noites, escapulia da casa antes que se trancassem as portas e dormia no chão de um telheiro próximo, "sem cama nem lençol", segundo Mendes, a quem Vincent contou esse ritual de autopunição, pois "sentiu que tinha perdido o direito ao privilégio de dormir na cama aquela noite". O inverno de 1877-8 teve muitas tempestades e um tempo ruim, mas, segundo Mendes, "ele preferia fazer assim no inverno, para que o castigo... fosse mais severo". Quando invocava a si uma penitência ainda mais dura, contou Mendes, Vincent levava a bengala para a cama, usando-a para desferir pancadas nas costas.

A soma das pressões e das privações cobrou um altíssimo preço. Segundo o relato de um parente, Vincent teve um "colapso mental" naquele inverno. Os pais e os irmãos observaram horrorizados como a caligrafia das cartas se deteriorou junto com suas faculdades mentais. "Eram simples traços de pena sem sentido nem razão, nada mais", disse um deles. As cartas a Theo eram bombásticas, delirantes, incoerentes — sinal, talvez, de que já começara a beber ou primeiras irrupções de uma doença mais profunda, ainda não diagnosticada. As enxaquecas pioravam à medida que se fortaleciam as vozes interiores que duvidavam e condenavam a si mesmo. E se queixava: "Quando a pessoa tem muitas coisas para pensar e fazer, às vezes fica com a sensação: 'Quem sou eu? O que estou fazendo? Para onde estou indo?'. E o cérebro oscila".

Pela primeira vez de que se tem registro, pensou em suicídio. "Meu desjejum foi um naco de pão duro e um copo de cerveja", gracejou sombriamente em agosto, "é o que Dickens aconselha aos que estão à beira do suicídio, como uma boa maneira de afastá-los de sua intenção, pelo menos por algum tempo." Em dezembro, o humor negro deu lugar à obsessão por cemitérios e ao desejo intenso pelo dia em que "Deus afastará todas as lágrimas". Manteve um livro de orações fúnebres no bolso durante todo o inverno, e lia suas páginas com tanta frequência que acabou desgastando-o. Falava com inveja do finado agricultor de Zundert: "Ele se libertou do fardo da vida, que temos de carregar".

Nem mesmo o Natal conseguiu interromper a espiral descendente. No estado em que se encontrava, Vincent ansiava mais do que nunca pela ocasião. Descreveu-o a Theo como "a luz acolhedora das casas" numa noite de tempestade: "Os dias sombrios antes do Natal são como uma longa procissão no fim da qual brilha esta luz". Não tinha voltado ao lar da família desde que iniciara as aulas, e não via o pai desde a sabatina desfavorável de outubro. Estando a terceira e decisiva sabatina a menos de um mês, era evidente sua esperança de que a magia daquele período abrandasse os corações em seu favor. "Não consigo nem dizer o quanto anseio pelo Natal", escreveu a Theo. "Realmente espero que o Pai fique satisfeito com o que tenho feito."

Para Theo e os demais irmãos, ele fingia que tudo ia bem. Às vésperas do retorno, assegurou-lhes: "Agora terminei os rudimentos de latim e grego", e afirmou que os estudos tinham sido, "no todo, [uma] boa coisa". Chegou cedo a Etten e se demorou lá durante semanas depois de passado o Natal, assumindo o papel do filho devoto e obediente. Fazia longas caminhadas com os pais e ia andar de trenó com Cor, então com dez anos de idade. Visitou o curso de costura da mãe (disse: "É de fato encantador; dá vontade de pintar") e acompanhava o pai durante as visitas nos dias santos. Como gesto final de expiação, fez uma peregrinação até a Prinsenhage, para visitar tio Cent, que estava enfermo.

Mas os pais não se deixaram enganar nem se acalmaram. "Se ao menos eu tivesse alguma razão para ficar um pouco tranquilo sobre o futuro de Vincent", lamentou Dorus depois que o filho finalmente foi embora, em janeiro. Anna rezou uma desesperada prece de Ano-Novo pelo filho sempre inconstante: "Possa ficar cada vez mais normal... Ainda estamos preocupados com ele: era e continua a ser estranho". Quanto às bravas pretensões de Vincent em ocupar o lugar do pai, coube à irmã Lies, com sua habitual franqueza, anunciar o veredicto implacável da família. Disse que estava "maluco com a religião" e descartou seus projetos religiosos com uma única palavra, *kerkdraver*, termo holandês que designa um beato fanático de fé espalhafatosa, mas superficial. Depois das festas, ela escreveu sardônica: "Agora que ele anda tão santo, espero nunca ficar assim".

O fiasco do Natal não deixaria dúvidas no espírito de Vincent quanto à mensagem que lhe trouxe o pai, quando chegou a Amsterdam no começo de fevereiro, para a terceira e última prova. Além de censurá-lo por manter os hábitos antissociais e levar uma "vida pouco saudável", Dorus acusou o filho de não se comprometer efetivamente com suas tarefas. Para ressaltar o argumento, sentou-se com Vincent no pequeno escritório e corrigiu alguns de seus escritos, repreendendo-o pelos "múltiplos erros". Depois de ir embora, contou a Theo: "Receio que [Vincent] não tenha intelecto para estudar".

Só havia uma solução. Para evitar mais uma desonra a si e à família, Vincent teria de trabalhar com maior afinco. Dorus foi severo: ele "não [era] mais uma criança" — havia escolhido uma meta; agora tinha a obrigação de alcançá-la. Dorus estabeleceu um novo regime, mais rigoroso, para os estudos de Vincent; para garantir que fosse cumprido, combinou com o tio Stricker que ele supervisionaria suas aulas duas vezes por semana. Por fim, tocou o nervo mais sensível de Vincent. O dinheiro tinha se tornado um "problema terrível", disse Dorus, e a partir daquele momento Vincent teria de contribuir para seu próprio sustento. Devia arranjar um emprego.

Antes de partir, Dorus levou Vincent a todas as pessoas que havia decepcionado ou das quais tinha se afastado nos oito meses em que morava em Amsterdam: Mendes, Stricker, tio Cor, reverendo Meyjes. Então, depois de passar quatro dias na cidade, ainda "inquieto" sobre o futuro, Dorus partiu. Vincent, que sempre tinha pavor de despedidas, ficou observando enquanto o trem onde embarcara o pai saía da estação. Ficou na plataforma, paralisado, até que o último fio de fumaça se perdeu de vista. Quando voltou à casa do tio, foi para seu escritoriozinho e examinou os livros e papéis que continuavam onde o pai estivera a corrigi-los. Olhou a cadeira vazia onde se sentara Dorus e rompeu em lágrimas. "Chorei como uma criança", admitiu a Theo.

Menos de duas semanas depois, Vincent van Gogh expôs sua primeira obra de arte. Desenhada "com giz vermelho em papel pardo grosso", ficou numa sala da escola dominical, num porão tão escuro que precisava de uma lamparina para enxergar, mesmo ao meio-dia. "Quero fazer essas coisas de vez em quando", escreveu Vincent, "pois certamente é muito improvável que eu consiga algum dia dar certo... [E] se eu fracassar, quero deixar aqui e ali uma marca minha."

11. "*Dat is het*"

Vincent sempre teve necessidade da arte: para fugir do mundo e para lhe dar outra forma. Apesar dos protestos de inquebrantável devoção e sólido objetivo, a religião nunca atendeu tal necessidade. Em sua reclusão monástica em Paris em 1876, escreveu uma carta aos pais "apenas sobre pinturas". Em suas andanças à moda de Bunyan pelas estradas rurais da Inglaterra, ele visitou a coleção real em Hampton Court, com seus retratos pintados por Holbein e Rembrandt e suas galerias de italianos, entre eles um Leonardo. "Foi um prazer rever quadros", comentou com Theo. Em Dordrecht, no exato momento em que retomava o ardor religioso e decidia seguir os passos paternos, visitou várias vezes os museus artísticos da cidade. Poucos dias depois de chegar a Amsterdam, começou a fazer visitas paralelas ao santuário da Idade de Ouro em Amsterdam, a Trippenhuis.

A toda parte que ia, Vincent preenchia a solidão com imagens. Enchia de gravuras as paredes de todos os quartos onde morava. Dera início a seus estudos em Amsterdam com a valente promessa de conter sua obsessão em colecionar gravuras. Mas não transcorreu muito tempo e se pôs a frequentar as bancas de livros e os vendedores de ilustrações que se enfileiravam no itinerário que percorria até o apartamento de Mendes no Bairro Judeu. "Tenho a chance de escolher gravuras baratas", justificou-se a Theo. Precisava delas para "dar alguma atmosfera a meu quartinho", disse ele, "para ter novas ideias e reanimar meu espírito". Comprou gravuras com "temas latinos e gregos", alegando que favoreceriam os estudos, além de imagens de evangelistas, párocos, sacristias e batismos. Rebatizava velhos favoritos profanos com títulos religiosos, de forma que eles também se ajustassem à nova missão.

Mas as imagens religiosas nunca substituíram as imagens sentimentais que alimentavam a ideia de Vincent sobre uma realidade diferente, melhor. Suas pinturas de sofredores idealizados e de narrativas bíblicas, de Cristos no Horto e de Maters Dolorosas com os olhos lacrimejantes, erguidos aos céus, dividiam as paredes do aposento com meninos indo para a escola, meninas voltando saltitantes da igreja para casa, velhos caminhando penosamente pela neve, mães estoicas indo buscar carvão para o fogo do lar.

Mesmo quando o pai e o tio Stricker o repreendiam pela conduta relapsa e pelos "múltiplos erros", cada vez mais Vincent se refugiava mentalmente nesse outro mundo. Na igreja, ao ver uma velha dormitando num banco próximo, ocorreu-lhe uma água-forte de Rembrandt. Em seus estudos, a batalha de Waterloo tomou a forma de um quadro com o cerco de Leiden que tinha visto certa vez. Lia livros e imaginava as ilustrações que deviam acompanhar o texto e qual artista deveria pintá-las.

Para inspiração, punha retratos de figuras históricas na escrivaninha, enquanto estudava. Um livro chamado *Lendas do Antigo Testamento* o incentivou a ler outro do mesmo autor, *Lendas de artistas*. Nos passeios pelos atracadouros, via temas para quadros, não para sermões. Comprava gravuras para suas aulas com Mendes e não raro ficava depois da aula, para "conversar sobre sua ocupação anterior, o comércio de arte", como lembrou Mendes. O único novo conhecido que ele menciona em todas as cartas de Amsterdam era um atendente da galeria do tio Cor. Embora prometesse mais uma vez que iria se dedicar incessantemente aos estudos e se impusesse um regime brutal de longas horas diurnas e noites exaustivas, ele dava uma escapada até a loja do tio para mergulhar na leitura de números atrasados das revistas de arte que havia por ali, onde, confessou, "encontrava muitos velhos amigos".

No verão de 1877, dois eventos permitiram que Vincent afinal unificasse a fervorosa paixão de sua vida: a reconciliação com a família através da religião e o grande interesse consolador da existência, a arte.

Um desses acontecimentos foi um sermão que Vincent ouviu na Capela Oudezijds num domingo logo cedo, no dia 10 de junho. O pregador naquele dia não era o tio Stricker, e sim um pastor mais jovem, animado, calvo e de bastas suíças. Eliza Laurillard representava uma nova geração de pregadores holandeses dispostos a abordar a cultura burguesa em seus próprios termos. Mais conhecido por seus livros populares do que por sermões obscuros, Laurillard pregava uma mensagem familiar e reconfortante, mas ao mesmo tempo original e surpreendente. O texto escolhido: a parábola do semeador. E começava: "Jesus andou no campo recém-semeado".

Era um tema usual dos "sermões da natureza" que tinham convertido Laurillard num dos pregadores mais solicitados da Holanda. Utilizando imagens simples e expressivas, ele apresentava um Cristo não só *na* natureza, mas também em intimidade com os processos da natureza (arar, semear, colher) e indissociável das belezas da natureza. Dorus van Gogh e Charles Spurgeon tinham pregado o evangelho das sementes fecundas, dos vinhedos férteis e dos raios de sol "restauradores". Karr e Michelet haviam encontrado Deus nas flores e nas frondes das árvores. Carlyle declarara a "divindade da Natureza". Mas Laurillard e outros foram além. Encontrar beleza na natureza não era apenas uma maneira de conhecer a Deus, propunham eles: era a única maneira. E os que conseguiam enxergar e expressar essa beleza — escritores, músicos, pintores — eram os mais verdadeiros intermediários de Deus.

Para Vincent, esse era um novo ideal, absolutamente empolgante, da arte e dos artistas. Antes, a arte sempre *servira* à religião: desde os onipresentes livros de emblemas, que ensinavam lições edificantes às crianças, às gravuras devocionais que pendiam em todos os quartos de Van Gogh. Mas Laurillard pregava uma "religião da beleza", na qual Deus era natureza, natureza era beleza, arte era adoração, artistas eram pregadores. Em suma, arte era religião. "Ele me causou profunda impressão", escreveu Vincent, retornando várias vezes para ouvir os sermões de Laurillard. "É como se ele pintasse, e sua obra é ao mesmo tempo elevada e nobre." Vincent comparou Laurillard a dois grandes nomes de sua imaginação, Andersen e Michelet. "Ele tem os sentimentos de um artista no verdadeiro sentido do termo", escreveu a Theo.

As comparações com Andersen e Michelet, ambos objetos de paixão que compartilhava com o irmão, foram cuidadosamente escolhidas. Vincent estava também respondendo ao outro evento fundamental do verão de 1877: Theo anunciara que queria ser artista.

Tendo completado apenas vinte anos e já acometido por crises de depressão que acabariam por debilitá-lo, Theo fora lançado a uma crise existencial no inverno anterior, depois do terceiro romance desastroso no mesmo número de anos. Em maio, depois que sua recusa em romper o romance desencadeou a cólera paterna, ele não viu outra escolha senão sair de Haia e começar uma vida nova e uma nova carreira em algum outro lugar. Porém os alarmes em Etten soaram ainda mais alto a esse projeto. Um escândalo privado era abominável, mas outra vergonha familiar seria catastrófica. "Estas são novas preocupações, e muito grandes", escreveu Dorus enquanto se preparava às pressas para uma viagem de emergência até Haia, para impedir aquele plano "louco" de Theo. "Peço que não dê nenhum passo precipitado... Peço que espere até conversarmos."

Theo já tinha contado a Vincent seu plano de sair da Goupil, provavelmente desde a primavera, antes que os pais soubessem que ele tinha retomado o romance. Ao mesmo tempo, sem dúvida, alimentava a ideia de se tornar artista. Contente que o irmão desdenhasse a empresa que o desdenhara, Vincent se uniu à causa de Theo. Enviou a usual avalanche de apoio: hinos à admirável "vida e obra" de artistas que ambos apreciavam (Breton, Millet, Rembrandt) e um exemplar de *Lendas de artistas*. Em meados de maio, a caminho de Amsterdam, ele parou em Haia para fazer com o irmão uma visita a Anton Mauve, primo por afinidade, que era um pintor muito admirado e de sucesso.

Nos últimos tempos, Theo andava vendo Mauve com frequência, tanto em sua casa na cidade quanto no estúdio perto da praia, em Scheveningen. Encantador, bem-educado, com uma família jovem e um confortável estilo de vida burguês, Mauve oferecia um modelo perfeito da carreira artística de sucesso que Theo certamente imaginava para si. A visita de Vincent deu o empurrão final. Logo depois que o irmão seguiu para Amsterdam, Theo avisou aos pais sua intenção de sair da Goupil. Vincent ficou felicíssimo à ideia do irmão rompendo com as convenções e tomando um novo rumo — tal como ele tinha feito. Vibrou com aquela corroboração de seus próprios passos. "Meu passado renasce quando penso em seu futuro", escreveu ele.

Vendo ao seu alcance a concretização daquela visão na estrada de Rijswijk — dois irmãos "unidos num só... sentindo, pensando e acreditando como iguais" —, Vincent apregoou a fraternidade entre pregadores e artistas de maneira ainda mais arrojada do que Laurillard. Enxergava "uma semelhança" entre as obras de artistas como Millet e Rembrandt e "a obra e a vida do Pai". E atribuía à nova vocação de Theo o mesmo poder transformador que reivindicava para a sua: "Quando vejo uma pintura de Ruysdael [ou] Van Goyen, relembro sempre as palavras 'Sofredor, mas sempre jubiloso'".

Porém Theo não conseguiu seguir adiante. Poucos dias depois de anunciar sua grande decisão, voltou correndo a Etten para se retratar, antes que o pai fosse até ele. Por falta de convicção ou por excesso de senso de dever, ele ficaria na Goupil. De início, pediu transferência para outro lugar — Paris ou Londres. Mas Dorus o dissuadiu inclusive dessa ideia. Tio Cent aconselhou o sobrinho ambicioso, "de muita lábia", a não "estragar seu futuro com a precipitação". Em vez disso, ele aconselhou a Theo que devia "se concentrar em se fazer indispensável". Com repreensões e afagos, Theo deixou o assunto de lado, depressa encerrando a primeira das inúmeras simulações de rebeldia que periodicamente se repetiriam em sua carreira.

Vincent, por outro lado, não cederia com tanta facilidade. Fortalecido pelas ideias de Laurillard e motivado pela imagem de uma perfeita irmandade, continuou a encorajar as ambições artísticas de Theo, tempos depois de ele ter retrocedido. Pelo resto da vida, Vincent iria insultar o irmão e se torturar com a imagem de uma solidariedade fraterna que vivera, apenas uma semana, no verão de 1877.

Obcecado por essa imagem e guiado por Laurillard, Vincent continuou, com sua imaginação vigorosa, a criar novas ligações entre arte e religião, atando-as numa unidade ainda mais sólida. Ambas tinham raízes comuns na Natureza, dizia ele, e além disso compartilhavam todo um acervo de imagens românticas, desde os céus estrelados aos "olhos lacrimejantes". Para Vincent, essas imagens agora falavam não só do amor perdido, mas do "Amor de Deus". Provinham da mesma fonte — "uma fonte mais profunda em nossas almas", disse ele —, uma fonte que estava além da consciência ou da habilidade manual. Ambas prometiam a renovação, fosse pela revolução ou pelo apocalipse, e ambas ofereciam "uma parcela do espírito da ressurreição e da vida".

Como a divindade de Carlyle, ambas residiam na particularidade deste mundo, e não na perfeição do além: num cavalo de tração com o lombo arriado de peso, aguardando paciente a próxima carga; na contorção espiralada de um galho de árvore; num par de botas velhas. Todos eram "nobres e belos", dizia ele, "com uma beleza estranha e peculiar". Também tinham a mesma linguagem. Não só o simbolismo dos sóis e dos semeadores, mas o mesmo modo de expressão — uma "simplicidade do coração e simplicidade do intelecto" que Vincent via em obras tão distintas quanto as de Michelet e o Livro de Reis. E tampouco era uma linguagem que exigia anos de estudo para dominá-la. "Pode ser entendida por todos", insistia ele, porque "possui uma eloquência que conquista o coração, porque provém do coração".

Por fim, arte e religião tinham o mesmo poder característico da imaginação de Vincent, o poder de consolar — o poder de "trazer luz às trevas", de transformar o sofrimento em conforto, a dor em júbilo. E declarou: "Pois é isto o que a grande arte faz: dá-lhe ânimo e alimenta sua vida interior". Era o poder que trazia lágrimas aos olhos de Vincent diante de uma passagem da Bíblia, de um conto de Andersen ou à vista do "sol brilhando entre as folhas ao entardecer". Quando Vincent sentia esse poder — pois era mais um sentimento que uma percepção —, reconhecia-o imediatamente. Exclamava: "*Dat is het*", "*É isso*".

Vincent tinha ouvido essa expressão pela primeira vez com Mauve, anos antes, em Haia. Na época, ela se aplicava apenas à arte — o eureca de um pintor, rendendo tributo à imagem certa, à captura satisfatória da essência inefável de um tema. Agora, ele a aplicava a qualquer coisa que evocasse essa conjunção nova e misteriosa entre arte e religião. "Você vai encontrar *isso* em todas as partes", dizia; "o mundo está cheio d*isso*." Encontrava *isso* num conjunto de casas velhas numa pracinha atrás da Oosterkerk — uma vinheta de humilde persistência esperando apenas ser vista por um artista. Encontrava *isso* num sermão sobre a morte de uma criança — "Era *isso*" também, dizia. Estivesse num quadro ou num sermão, *isso* despertava um sentimento de jubilosa consolação. *Isso* iluminava a condição humana — como sempre fizera a arte — e, como a religião, conferia sentido à vida perante o sofrimento inevitável e a morte inexorável. Pregadores e artistas podiam da mesma forma proporcionar o consolo do *isso*, argumentava Vincent, desde que "se aplicassem de coração, mente e alma". Seu pai tinha *isso*, claro. Mas, na união de Vincent entre arte e religião, tio Cent também tinha *isso*: "algo indescritivelmente fascinante e, devo dizer, algo bom e espiritual".

Vincent encontrava *isso* na vida cotidiana. "Em certos momentos", escreveu ele, "as coisas corriqueiras causam uma impressão extraordinária e têm um significado profundo e um aspecto diferente." Uma menina que viu no mercado de flores, tricotando enquanto o pai camponês vendia vasos, tinha *isso*: "tão simples com sua touquinha preta e um par de olhos brilhantes e risonhos". Velhos, como o sacristão enrugado da Oosterkerk, tinham *isso*. O que possuíam em comum, observou Vincent, era a "alma" — termo que usava para se referir a qualquer peso, aflição ou tristeza (como a pobreza ou a velhice) que os afastava da beleza vazia, sem alma, que se encontrava nas pinturas dos Salons e nos bancos das igrejas. Sempre suscetível à sua própria fisionomia de traços rudes, cada vez mais ele passou a ver a fealdade externa como sinal de "espiritualidade" interna. E afirmou ao ver um voluptuoso nu de Gérôme: "Preferia ver uma mulher rústica, pois o que importa, de fato, um corpo bonito?".

Na imaginação sempre visual de Vincent, *isso* também tinha rosto. Anos de imersão obsessiva e profunda na Bíblia lhe tinham imprimido uma imagem indelével: a de um anjo. Escreveu a Theo em meio à sua crise: "Também é bom acreditar que agora, assim como nos dias de outrora, há um anjo não distante dos que se sentem tristes". Na Inglaterra, ele jurou que via o "semblante de um anjo" quando seu pai pregava. Em Amsterdam, fixou-se na passagem de Elias "tocado por um anjo" enquanto dormia sozinho no deserto. Escreveu a Theo sobre o anjo que disse "Não temas" a Paulo e sobre o anjo que visitou Cristo no Jardim das Oliveiras e "deu força a Ele, Cuja alma sofria mesmo se aproximando a morte". Comprou uma gravura de Rembrandt, *O Anjo deixando a família de Tobias*, representação admirável do momento em que o arcanjo Rafael, depois de devolver a visão ao cego Tobias, se revela e sobe às alturas num fulgor de luz e com as vestes imateriais rodopiantes.

Para Vincent, os anjos sempre seriam os instrumentos de consolação divina, os mensageiros do conforto de Deus: pairando, sempre pairando "não distantes de nós — não distantes dos que estão com o coração ferido e o espírito abatido". Apesar dos avanços de um mundo cada vez mais cético e dos conceitos modernos de um universo dessacralizado, apesar de seu tremendo e desesperado esforço em criar um *isso* que abrangesse tudo e ocupasse o lugar da exigente fé paterna, Vincent se prendia a essas encarnações anteriores da possibilidade divina, a esses núncios do sublime. Até o fim da vida, eles continuaram a lhe pairar na imaginação, encarnando sua última esperança ilusória de reconciliação com um Pai desamparado e desamparador. No hospício em Saint-Rémy, entre imagens de semeadores, ciprestes e noites estreladas, ele pintou um retrato radiante do arcanjo Rafael.

Em Amsterdam, Vincent logo começou a experimentar as novas ideias que vinha formulando. "Feliz aquele que aprende com *isso*, com a verdade, não com palavras fugazes, mas com esse próprio *isso*, que se mostra como *isso* que é", afirmava ele. Além de colecionar gravuras, copiar trechos e registrar exemplos durante seus passeios, ele tentava captar o *isso* no meio que melhor conhecia: as palavras. Indo além das pinturas anotadas que por muito tempo encheram suas cartas a Theo, procurou evocar não só imagens, mas momentos completos: fragmentos de experiência imbuídos de significado mais profundo — imbuídos d*isso*. Essa nova visão se mostrou ativamente em dezembro, quando ele descreveu as docas que via pela janela:

> Está caindo o crepúsculo... Aquele pequeno renque de choupos — suas formas esguias e galhos finos se destacam com tanta delicadeza contra o céu cinza do anoitecer; [...] Mais adiante fica o jardinzinho e a cerca com as roseiras, e por todo o cais as figuras negras dos operários, e também o cachorrinho... À distância podem-se ver os mastros dos navios no cais... e bem agora estão acendendo os lampiões aqui e ali. Neste instante soa o sino e toda a torrente de operários flui para o portão.

Era evidente que Vincent considerava tais criações como coisas novas e repletas de significado. Mais tarde, no mesmo mês, juntou "alguns escritos" que tinha composto e levou a um livreiro para encaderná-los num volume.

Vincent já tinha aprendido a trabalhar com camadas de palavras e imagens, buscando o que chama de "a mais bela expressão". Uma densa multiplicação de versículos, hinos e poemas ocupava as margens de sua coleção de gravuras. Mas a busca do *isso* — do "significado profundo e aspecto diferente" — transformava essas imagens compostas, tal como transformara suas pinturas anotadas, em explorações extremamente criativas.

Ao descrever um passeio ao longo da margem do rio IJ, ao cair da noite, ele se empenhou em expressar — a primeira de muitas vezes — o conforto que encontrava no céu noturno. Começou com a "lua cintilante" e "aquele silêncio profundo". Acrescentou versos de um poema ("Ouve-se sob as estrelas a voz de Deus"), citações literárias (o "abençoado crepúsculo" de Dickens) e trechos bíblicos ("ao crepúsculo, quando dois ou três se reúnem em Seu nome"). Lembrando um desenho que vira no passado, ele reimaginou o céu da noite como fundo para uma cena bíblica de Rembrandt, em que "a figura de nosso Senhor, nobre e imponente, se destaca grave e escura contra a janela por onde cintila o lusco-fusco do anoitecer". Para Vincent, essa promessa de redenção era a Verdade consoladora — o *isso* — em toda noite de luar ou em todo céu estrelado.

> Espero nunca esquecer o que aquele desenho parece me dizer: "Sou a luz do mundo, quem me seguir não caminhará na escuridão, mas terá a luz da vida". [...] Tais coisas diz o crepúsculo aos que têm ouvidos para ouvir e coração para entender.

A busca do *isso* também transformava os retratos. A "expressão tempestuosa, trovejante" numa velha gravura de um almirante holandês do século XVII lhe recordava seu herói religioso, Oliver Cromwell. Um nobre retrato de Ana da Bretanha invocava imagens "do mar e das costas rochosas". O retrato de um menino na Revolução Francesa, *Cidadão do ano V*, que ficou em sua parede durante anos, subitamente reaflorou à sua imaginação, trazendo no rosto jovem e resignado toda a paixão e a adversidade do próprio Vincent quando atingiu a maioridade religiosa. ("Ele está perplexo por descobrir que ainda está vivo depois de tantas catástrofes.") Seu olhar de síntese combinava o "esplêndido" retrato do menino de *bonnet rouge* com Michelet, Carlyle, Dickens e todas as suas leituras sobre a Revolução, que então formava "um bom e belo conjunto".

Mas nenhum retrato composto que ele "pintou" naquele inverno foi mais incisivo do que o autorretrato que fez. Folheando revistas de arte velhas na livraria do tio, encontrou uma água-forte intitulada *Uma xícara de café*, que assim descreveu a Theo:

> Um jovem com traços bastante severos e marcados e uma expressão séria que parece estar refletindo sobre um trecho da *Imitação [de Cristo]* ou planejando algum trabalho difícil, mas bom, como somente *une âme en peine* é capaz de fazer.

A esse imperturbável autorretrato, ele acrescentou um pós-escrito premonitório: "Tal trabalho nem sempre é o pior; pois o que é forjado na dor vive para sempre".

Em algum momento ele deu o passo final. Ao invés de colocar suas palavras nos desenhos alheios, passou a colocar seus desenhos nas palavras alheias. Era uma linha fácil de transpor. Vincent crescera fazendo desenhos como registros e lembranças para dar de presente. Depois de sair de casa, desenhava como forma de compartilhar sua vida com os parentes e outras pessoas: desenhava o quarto, a casa, a igreja. Sempre que os pais se mudavam, ele desenhava a nova casa paroquial. Quando saía de algum lugar, invariavelmente fazia desenhos como lembranças, para entrelaçar às suas memórias.

Os primeiros desenhos que fez no verão de 1877 não eram diferentes. Só que agora o lar que queria compartilhar não se encontrava em nenhum mapa. "Na semana passada, cheguei ao Gênesis 23", contou a Theo sobre seus avanços no estudo da Bíblia, "onde Abraão sepulta Sara na gruta de Machpelah; espontaneamente, fiz um pequeno desenho de como eu imaginava o lugar." O desenho que ele anexou à carta era de dimensões reduzidas (menos de 16 por 8 cm), mas continha todo um mundo. Com pequenos traços de uma pena fina, ele desenhou a entrada da gruta escura no centro e, no alto dela, um marco de pedra com uma inscrição infinitesimal. À direita há uma trilha, que se percebe pelos matos à sua beira, e um trio de árvores retorcidas e nodosas, que vão desaparecendo ao fundo; à esquerda, um bando de pássaros levanta voo num campo ao longe. Ao lado do marco de pedra, ele desenhou uma pequena touceira, com seus galhos finos definidos por um traço fino como fio de cabelo, encimada por um tufo de flores desenhadas com uma segurança que sugere que ele sabia exatamente que tipo de arbusto era aquele.

Depois de ouvir a pregação de Laurillard, as intenções de Vincent nesses desenhos mudaram. Deixaram de ser simples registros de locais, reais ou imaginários, e se tornaram *expressões*. "O que desenho, vejo claramente", escreveu ele. "Nesses [desenhos], posso falar com entusiasmo. Encontrei uma voz." Imediatamente provou sua nova voz numa imagem bíblica que sempre o obcecara: Elias, o errante, a exemplo de Cristo. Vincent contou a Theo: "Fiz [um desenho] hoje de manhã, representando Elias no deserto sob um céu de tempestade".

Na busca da "expressão completa", essas primeiras tentativas logo foram subs-

A gruta de Machpelah, maio de 1877, nanquim sobre papel, 7,25 × 15,75 cm.

tituídas por outra forma de paisagem imaginária: os mapas. O fascínio de Vincent pela geografia e por mapas deve ter se iniciado com os anos de infância, quando morava numa cidade que era ponto de parada nas viagens de uma movimentada estrada transcontinental, com as notícias que um tio enviava de locais distantes como as praias da França meridional e dos Alpes suíços e com um outro tio que explorava locais incrivelmente exóticos do mundo, como Bornéu e Java. Movido pelo mesmo fascínio, ele sempre foi receptivo a pseudorreligiões e a ficções científicas que prometiam outros mundos em planetas distantes, e manteve esse fascínio até o fim da vida, quando olhava o céu noturno e enxergava um mapa da eternidade.

Em Amsterdam, mesmo com a pesada carga de trabalho, ele criava mapas com a pródiga energia que caracterizava todas as suas grandes obsessões. Gastava suas preciosas economias em mapas "de um centavo" e ia visitar Stricker, o reverendo Meyjes, Mendes e a livraria do tio Cor especialmente para ver e copiar os magníficos volumes de mapas coloridos à mão, feitos pelos grandes cartógrafos do século, Spruner e Stieler, com seus formatos panorâmicos, a topografia sugestiva e as inscrições meticulosas. "Obra de *verdadeiros artistas*", dizia ele.

Nunca se reconhecera realmente a diferença entre fazer mapas e fazer imagens artísticas na Holanda, com suas injunções simultâneas de explorar e descrever os locais. Na Idade de Ouro, a *Arte da pintura*, de Johannes Vermeer, trazia um mapa tão preciso que era possível usá-lo na navegação. Vincent acrescentou mapas às gravuras em suas paredes e recomendou a Theo que fizesse o mesmo. Ele usava os mapas, como as gravuras, para criar imagens compostas. Fazia mapas elaborados das regiões que estudava e então transcrevia longos trechos de seus textos na mesma folha, "criando assim um conjunto com os dois". Um mapa de Normandia pedia uma página de Michelet. A um mapa da França, ele acrescentou "uma lista de tudo o que consigo lembrar sobre a Revolução Francesa". Ornamentou um mapa da rota de Paulo pela Ásia Menor com trechos das epístolas do santo. Apesar do peso cada vez maior dos estudos, ele trabalhava laboriosamente em cada mapa, copiando-o várias vezes até "ficar com a qualidade que quero, a saber, que foi feito com sentimento e amor".

Naquele inverno, um mapa em especial o absorveu. Tomando emprestado do tio Stricker um livro sobre a geografia da Palestina, Vincent começou a criar um mapa da Terra Santa. Numa enorme folha de papel, com quase 90 por 150 cm, ele desenhou cuidadosamente todas as cidades e regiões, rios e montanhas, vales e oásis desse mundo invisível. Sombreou dentro dos contornos e coloriu as fronteiras. Num dos cantos pôs uma planta de Jerusalém, com a cidadela e os muros denteados da cidade, o monte das Oliveiras, o Gólgota — marcos de seus últimos três anos —, tudo desenhado com mão ansiosa e ingênua — tudo "feito com devoção amorosa", explicou ele.

Quando o pai foi a Amsterdam em fevereiro de 1878, para a terceira sabatina, Vincent estava com o mapa pronto para lhe presentear — como prova de sua dedicação, talvez, ou como pedido de paciência. Mas, em sua rememoração torturada daqueles dias, Vincent jamais mencionou o presente ao pai. Dez dias depois, levou uma cópia do mesmo mapa, desenhado em giz vermelho, à sala de aula no porão escuro de uma pequena capela perto do Bairro Judeu e lá o pendurou. "Pensei que aquela salinha podia ser um bom lugar para ele", escreveu a Theo. "É apenas uma luzinha muito pequena... mas deixe-me mantê-la acesa."

Depois do encontro catastrófico com o pai, Vincent entendeu com clareza que nunca se sairia bem nos estudos. "É muito duvidoso que algum dia eu passe em todos os exames", escreveu a Theo numa admissão inevitavelmente dolorosa. Mas não podia desistir. Nem, apesar de suas exortações incessantes a Theo e suas invocações cada vez mais elaboradas *disso*, pensou em se tornar ele próprio um artista. Pelo contrário, renovava promessas de maior dedicação e criava novas ilusões de êxito. "Preciso continuar", dizia. "Não há solução a não ser voltar ao trabalho, pois sem dúvida é este o meu dever, custe o que custar."

E então outro caminho se abriu. Em 17 de fevereiro, poucos dias depois que seu pai foi embora, Vincent alterou sua rotina dominical e foi visitar a Waalse Kerk (Igreja Francesa). No púlpito elevado estava um clérigo visitante, vindo "das vizinhanças de Lyon", que fez um sermão como Vincent jamais ouvira.

A mesma Revolução Industrial que tinha trazido grandes riquezas a algumas pessoas, como o tio Cent, havia lançado centenas de milhares de outras numa miséria inimaginável. Como centro da indústria francesa, sobretudo do setor têxtil, Lyon tinha sofrido mais do que outros locais com condições de trabalho e de subsistência desumanas, com exploração da mão de obra infantil e doenças em grau descontrolado. Essa epidemia geral de exploração e sofrimento, que dera origem a um movimento dos operários, o qual já era o mais ativo e militante na França, foi o tema do sermão daquela manhã na Waalse Kerk. O pregador falou da situação dos trabalhadores apresentando "histórias da vida do operariado nas fábricas", relembrou Vincent.

Vincent foi sensível não só às imagens confrangedoras, que sempre lhe pareciam mais eloquentes do que a realidade, como também ao portador da mensagem: um estrangeiro sincero e desajeitado, debatendo-se com as palavras. "Notava-se que ele falava com alguma dificuldade e esforço", contou a Theo, "mas mesmo assim suas palavras eram eficazes porque vinham do coração — apenas estas têm poder suficiente para tocar outros corações."

Vincent agarrou aquele exemplo como uma tábua de salvação. Encontrou nas palavras do pregador francês, com alcance evangélico voltado para os trabalhadores pobres de Lyon, um novo modelo para seu projeto agora a perigo de se tornar "um verdadeiro cristão": praticaria "boas ações". As referências aos estudos praticamente desapareceram de suas cartas, quase da noite para o dia. Sumiram também as infindáveis elucubrações filosóficas, os densos problemas com o conteúdo das Escrituras e os voos homílicos e retóricos. Corrigiu-se: "Melhor dizer poucas palavras, mas cheias de significado". Discutiu com seu tutor sobre o valor e a pertinência de suas aulas. "Mendes", perguntou ele, "você acha mesmo que tais horrores são necessários para alguém que quer o que eu quero?" Em vez de sermões e estudos, ele propôs o trabalho como expressão suprema da espiritualidade e exaltou a "sabedoria natural" dos camponeses, superior à erudição livresca. Em vez de um pastor culto como o pai, agora Vincent aspirava a ser um "operário" do Senhor. "Operários, vossa vida é repleta de sofrimentos", escreveu Theo, repetindo um folheto evangélico francês. "Operários, sois bem-aventurados."

Vincent começou a pregar a apoteose da "gente simples" (como ele dizia) no inverno de 1878. Mas a ideia já tinha raízes profundas em sua imaginação. No lar de sua infância, raramente viam camponeses de verdade e nunca conversavam sobre eles. Vincent tinha pouco contato com os arrendatários supervisionados pelo pai; menos contato ainda com os camponeses invisíveis e em geral sem terra que ocupavam o nível mais baixo da escala social de Anna van Gogh; e contato de nenhum tipo com a classe nascente de operários no Brabante escassamente industrializado. Não tinha nenhuma experiência concreta para contrapor à concepção dos pais, que consideravam os camponeses "rudes, incultos, sensuais, toscos e agressivos", ou à nova concepção vitoriana romantizada, sardonicamente resumida por George Eliot: "Lavradores idílicos... alegres a conduzir os animais com o arado; pastores idílicos faz[endo] amor recatadamente sob as moitas de espinheiros; aldeões idílicos danç[ando] na penumbra quadriculada de luz". Como a maioria dos filhos da burguesia, muitas vezes Vincent amalgamava essas narrativas conflitantes — o agricultor nobre, o animal de carga, a fantasia libertina — e assim sua imaginação podia ser igualmente cativada por reverentes retratos de camponeses em oração e imagens maliciosas de jovens campônias em poses sedutoras, mantendo-se indiferente ao terrível drama dos camponeses de carne e osso.

Vincent já se sentira tomado de ardor evangélico em relação aos despossuídos na Inglaterra, sobretudo com base em suas leituras de *Silas Marner* e *Adam Bede*, de George Eliot. Mas aquele fervor havia esmorecido à enorme intensidade de sua identificação com o pai. Ainda no verão anterior, sua única exigência quanto a uma futura paróquia era que fosse "pitoresca". Porém a visão que o tomou de súbito em Amsterdam naquele inverno ia muito além da idealização romântica das gravuras em seu quarto, do imperativo hereditário do sacerdócio paterno ou mesmo do realismo camponês simpatizante de Eliot. Agora ele imaginava lavradores e operários não só como ícones da sensibilidade romântica ou como modelos de devoção religiosa, mas também como objetos de emulação. "É certo tentar ser *como* [eles]", disse: agarram-se à fé apesar da labuta interminável e do completo desamparo; suportam as dificuldades com paciência e dignidade; morrem, como o velho agricultor de Zundert, serenos na redenção final. Em suma, eles tinham o *isso*.

A nova concepção de Vincent sobre o trabalho abençoado veio acompanhada por uma explosão fulgurante de novas imagens. Alfaiates, tanoeiros, lenhadores, cavadores povoavam os batismos e as ações de graças em suas paredes. As obras do santo padroeiro dos pintores de cenas camponesas, Jean-François Millet, retornaram ao "Solo Sagrado" no panteão de sua imaginação. Essas imagens, dizia ele, eram dotadas de "alma". A faina pesada e a aparência humilde das figuras provavam que eram "mais ricas em espírito" e, portanto, "mais belas". "*Dat is het*", declarou.

Era uma definição do *isso* que ia muito além dos méritos de uma pintura, além da síntese entre perfeição artística e inspiração divina, além da "alegria e alimento da vida interior". Na imaginação alvoroçada de Vincent, o *isso* tinha se tornado um modo de vida — um chamado superior à religiosidade do pai ou à estética do irmão — uma convocação para se aplicar sem reservas nem concessões à criação de uma "obra sincera". "Deve ser bom morrer sabendo que se fez alguma obra sincera", escreveu ele, "e sabendo, por isso, que se permanecerá vivo na memória pelo menos de algumas pessoas e se deixará um bom exemplo aos que virão."

Era, claro, um padrão com grau de exigência impossível para um rapaz desajeitado, isolado, que admitia sentir-se "como Robinson Crusoe". Apesar disso, Vincent abraçou o novo chamado com toda a sua peculiar intensidade. Depois de ouvir o pregador francês na Waalse Kerk, procurou o pastor regular da igreja, Ferdinand Henri Gagnebin. Considerado um "radical" na acomodada comunidade clerical de Amsterdam, o suíço Gagnebin incentivou Vincent a seguir a nova vocação. "Esqueça totalmente de si mesmo e se atire ao trabalho sem reservas", aconselhou ele. Vincent encontrou incentivo semelhante na afastada igreja anglicana, onde vinha passando cada vez mais tempo aos domingos, enquanto diminuía sua dedicação às aulas e à sua própria igreja. O pastor de lá, William Macfarlane, o apresentou a outro pastor do círculo de pregadores evangélicos de Amsterdam, um inglês de nome August Charles Adler, cuja missão era converter judeus ao cristianismo.

Adler, ele mesmo judeu convertido, estava com 42 anos e chegara recentemente a Amsterdam sob os auspícios da Sociedade Britânica para a Propagação do Evangelho entre os Judeus, um ramo radical da Igreja Anglicana. Com sua população judaica numerosa e na maioria pobre, Amsterdam era desde longa data um dos centros continentais para "o combate à ignorância e às trevas judaicas", como dizia um dos relatos. Apesar da resistência feroz e por vezes violenta dos rabinos locais, a Sociedade havia construído uma igreja missionária na Barndesteeg, no fim do Bairro Judeu.

Em 17 de fevereiro de 1878, Vincent começou a ensinar na escola dominical, no porão da Zionskapel. Não se sabe até que ponto ele participou da missão evangelizadora mais ampla da igreja — medida anualmente pelo anúncio da quantidade de judeus batizados —, visto que ocultou suas atividades, reduzindo muito a correspondência com Theo. Talvez tenha acompanhado Adler em suas constantes visitas de evangelização nas áreas judaicas, ou tenha se somado ao grupo de vendedores de livros religiosos da igreja, que iam de porta em porta do apinhado Bairro Judeu, oferecendo os Evangelhos. Como Vincent, Adler apreciava muito George Eliot e lhe recomendou que lesse *Romola*, o romance de Eliot baseado no grande pregador ativista Savonarola. Vincent admirava o inglês calvo, que parecia um urso, e certamente lhe confidenciou seu novo sonho de dedicar a vida a servir os necessitados, considerando que as aulas na escola dominical eram a primeira "luzinha". E disse a Theo: "Adler não é homem que deixe [essa luz] se extinguir".

Tendo começado na Zionskapel, Vincent se entregou a um surto de entusiasmo e atividade missionária nas semanas subsequentes. Fazia proselitismo a parentes distantes e mesmo em igrejas católicas. No começo de março, pujante de ardor renovado, parecia disposto a se afastar de seus estudos e a abraçar a nova missão como catequista: simples professor do catecismo. Passaria a vida levando conforto, anotando textos nas gravuras, desenhando mapas — um discípulo *disso*.

Mas seus pais não concordavam com aquela visão. "Um catequista!", gemeu Dorus. "Isso não garante o pão na mesa." Era a indignidade máxima. Os catequistas ocupavam o nível mais ínfimo na hierarquia do trabalho religioso; eram leitores de baixa posição, mal remunerados, num trabalho mecânico e repetitivo, recitando silogismos para crianças. Anos de esforço e preocupação, milhares de florins, noites insones, viagens cansativas, pedidos de apoio aos parentes, tudo isso para quê? Para um *catequista*? Não que a notícia fosse inesperada. Dorus retornara da prova de fevereiro desanimado quanto às perspectivas de êxito do filho. Logo a seguir, Vincent escreveu uma "carta estranha, contraditória", reclamando dos estudos e talvez mencionando pela primeira vez a temida palavra "catequista". A ela se seguiu uma carta do tio Jan, "preocupado com o estudo [de Vincent]". Em algum momento, o tio Stricker, que se encontrava regularmente com Vincent, somou sua voz ao coro crescente de inquietação.

"É um suplício para nossas almas", escreveu Dorus a Theo. Anna comparou a uma morte na família. "Ele quer um emprego na igreja, mas sem estudar", escreveu horrorizada; "que perspectiva para sua honra — e para a nossa!" Puseram a culpa dessa última calamidade nas novas companhias que Vincent andava frequentando — pastores "ultraortodoxos" como Adler, Gagnebin e Macfarlane — cujas ideias radicais o tinham levado a "um número ainda maior de erros em seu trabalho", segundo Dorus. Mas culpavam sobretudo Vincent. "Existe uma ligação muito próxima entre erros humanos e resultados infelizes", escreveu o pai. "Ele não conhece a alegria de viver." Torciam as mãos de exasperação. "Fizemos tudo o que podíamos para colocá-lo num caminho respeitável!", disseram os pais. "É como se ele escolhesse de propósito o rumo das dificuldades."

Vincent não escreveu em seu aniversário em 30 de março, e essa foi a gota d'água. Numa carta severa, Dorus exigiu que ele deixasse o emprego na escola dominical de Adler. Vincent objetou numa longa resposta lamuriosa, mas Dorus se manteve firme, citando "o perigo de que [Vincent] entregasse seu coração ao mais secundário e, por causa disso, deixasse de lado o mais importante". A altercação parecia fadada a desandar num franco desafio. "*Enfin*, sentemos e esperemos", escreveu Dorus em tom de cansaço e resignação. "É como a calmaria antes da tempestade."

No começo de abril, tentando uma última vez intermediar a paz em família, Theo foi a Amsterdam para ver o irmão. Dorus e Anna o haviam mantido bem informado do suplício que estavam vivendo. Mas o relacionamento entre os irmãos não tinha mais aquele poder restaurador que tivera no passado. Os acontecimentos do verão anterior haviam deixado um ressaibo amargo. Apesar de manter suas declarações de amor fraterno, Vincent nunca perdoou inteiramente Theo por abandonar o plano de sair da Goupil e se juntar a ele na busca do *isso*. Outro fato que não contribuía muito era que Theo e Dorus tinham trocado visitas frequentes no intervalo daqueles meses. Era inevitável que Vincent começasse a questionar a lealdade original do irmão.

Em meados de março, as suspeitas mais paranoicas de Vincent pareceram confirmar-se com a notícia de que Theo seria transferido para a Goupil de Paris. Depois do episódio de rebeldia no ano anterior, Theo tinha se oferecido para trabalhar em alguma das filiais da Goupil. Chegou a aprender inglês, caso fosse enviado para Londres. Mas Paris ainda era a capital do império Goupil, e agora era também o local da Exposition Universelle de 1878, exuberante exposição de arte, ciência e tecnologia de cinco continentes. Dorus escreveu orgulhoso: "É de fato uma oportunidade extraordinária de conhecer aquele mundo colossal em seu redor". Mas, para Vincent, Paris era o lugar de seu fracasso mais doloroso, a desonra familiar da qual parecia incapaz de se livrar. Agora Theo iria para Paris e tomaria o emprego — e o legado — de Vincent numa rejeição devastadora, não só dos conselhos incansáveis do irmão e da perfeita fraternidade entre eles, mas também do *isso*.

Se o anúncio de Theo não abriu as represas do ressentimento e da recriminação contra si mesmo, o júbilo em Etten por certo o fez. "Querido Theo, continue a ser o orgulho e a alegria dos pais que têm sofrido tantos abalos", escreveram eles. "É um raio de sol nesses dias difíceis."

Mal tinham se passado duas semanas e Theo foi visitar Vincent em sua missão pacificadora. Ao que tudo indica, os dois tiveram uma briga séria. Vincent continuou a discutir nas cartas das semanas subsequentes, querendo ter a última palavra contra o argumento aparentemente irrefutável do sucesso de Theo. Verberou contra a vida fácil e superficial de Theo. Zombou de seus "círculos civilizados" e do "ambiente fino". Chamou-o de "tacanho e medroso", acusou-o de "se afastar de tudo o que é natural" e, assim, de perder sua "verdadeira vida interior". Comparou o caminho livre e desimpedido do irmão rumo ao sucesso e sua própria trilha acidentada, e minimizou a aventura de Theo em Paris com uma advertência agourenta: "Pode haver uma aurora brilhante, mas há também uma meia-noite escura e um calor escaldante e opressivo ao meio-dia".

Quanto à sua carreira, não tinha outra escolha senão prosseguir como catequista, insistiu ele; qualquer outra coisa seria um "retrocesso". Tendo acabado de fazer 25 anos, precisava "realizar-se" em alguma coisa: estabelecer uma "maneira de pensar e agir" independente do pai e do passado. Defendeu Adler e seu trabalho na escola dominical com profunda emoção. Em resposta à inevitável pergunta, "Do que você vai viver?", Vincent recorreu a uma autoridade maior. "Feliz aquele que tem fé em Deus", declarou com um argumento que passaria o resto da vida tentando demonstrar, "pois no fim virá a superar todas as dificuldades da vida, embora não sem problemas e mágoas."

A oposição de Theo, como a do pai, serviu apenas para fortalecer a decisão de Vincent. Em páginas e mais páginas de argumentação tortuosa e um frenético autoencorajamento, ele reafirmou seu compromisso com o *isso* num êxtase fervoroso. "Necessita-se nada menos do que do infinito e do milagroso", declarou ele, "e bem faz o homem que não se satisfaz com nada menos." Montou longas listas de livros, poemas e imagens, além da Bíblia, aos quais pretendia dedicar a vida como "*un homme intérieur et spirituel*". Iria se juntar às fileiras de autores, poetas e artistas que "pensavam um pouco mais profundamente e buscavam, trabalhavam e amavam um pouco mais do que o resto, que sondavam as profundezas do oceano da vida".

Quando Theo falou do dever de Vincent em relação à família, este apregoou um dever mais alto em relação a *isso* — "aquela centelha divina", aquele "fogo na alma" —, o dever de "continuar amando fielmente o que é de fato digno de amor". Claro, iria "encontrar tristeza genuína e decepções reais", disse ele, mas, para ser verdadeiro, o amor precisava ser testado pela vida — "como o ouro é testado pelo fogo".

Impelido por essa visão do "*rayon d'en haut*" (raio do alto), Vincent por fim rompeu explicitamente com o pai. No começo de junho, depois de expirado o prazo que Dorus dera para que o filho deixasse a Zionskapel, Vincent escreveu que pretendia continuar como catequista e adiar seus estudos para alguma data posterior. Dorus logo propôs um acordo: se Vincent continuasse com as aulas pelo menos por três meses ("para se instruir melhor e ter paciência para refletir"), Dorus tentaria encontrar uma colocação para ele em algum lugar. Vincent rejeitou de forma sumária a proposta. Não voltaria aos estudos e iria procurar por contra própria um trabalho missionário.

No verão, uma batalha que se iniciara com as fintas e recuos típicos das disputas da família Van Gogh tinha se convertido em ríspido confronto — a "explosão" que Dorus previra muito tempo antes. Mais tarde, Vincent descreveu o rompimento e seus desdobramentos nos termos mais amargos: "infeliz", "ridículo", "de uma tolice absoluta, ainda estremeço ao pensar nele". Escreveu: "*Todas as pessoas* em quem eu tinha confiado mudaram totalmente e me abandonaram por completo". Anos depois, comentaria pesaroso que "um longo e arraigado mal-entendido entre o Pai e mim" se iniciou "quando declarei que não continuaria meus estudos em Amsterdam".

E então, de repente, em 5 de julho, ele voltou para casa.

Depois de meses declarando sua independência, impetuoso e desafiador, e mal passado um ano depois de iniciar um programa de sete anos de estudos, o retorno de Vincent a Etten marcou um humilhante reconhecimento de seu fracasso. Anos depois, ele diria que fora empurrado para os estudos universitários ("Eu tinha muitas dúvidas sobre o plano"). Chegou a dizer que tinha abandonado de propósito as aulas de línguas, "para que a vergonha da desistência recaísse sobre mim e mais ninguém".

Mas nada disso explica o súbito retorno ao lar. Podia ter ficado e seguido a nova vocação em Amsterdam, cidade que tinha sua própria miséria e opressão, cheia de missões e missionários. Ou podia ter concretizado a ameaça de procurar colocação em outro lugar, com uma das igrejas "ultraortodoxas" desprezadas pelo pai, como a de Adler, que tinha missões em comunidades judaicas por toda a Europa e o Oriente Médio. Em vez disso, ele concordou em voltar para casa e esperar que o pai lhe encontrasse a colocação "conveniente" que tinha antes rejeitado com arrogância. Abjuraria do evangelismo radical e da busca do *isso*. Voltaria a um caminho "respeitável" de pregar o Evangelho em troca de mais uma chance de reconciliação.

A rendição foi completa. Mesmo antes de ir para casa, ele cessou todas as suas atividades independentes, desde dar aulas na escola dominical a escrever a Theo. Quando Dorus decidiu que a Bélgica era o melhor lugar para encontrar uma colocação, Vincent parou de procurar outro local. Os requisitos para pregar na Bélgica católica eram muito menos rigorosos que na Holanda. Anna escreveu esperançosa: "Pessoas inteligentes e respeitáveis sem dúvida se dão bem lá, mesmo sem diploma". Quando ainda estava em Amsterdam, Vincent escreveu conscienciosamente longas cartas acompanhando as consultas do pai e se prontificou a ir até Bruxelas para pleitear seu caso em pessoa. Em meados de julho, Dorus conseguiu uma entrevista de Vincent numa escola evangélica em Bruxelas. Pai e filho foram juntos até lá, acompanhados pelo reverendo Thomas Slade-Jones, de Isleworth, que se materializou de modo misterioso bem a tempo de dar uma boa recomendação de Vincent.

Enquanto aguardava notícias da escola, Vincent se empenhou ao máximo para ser um bom filho. Fazia longos passeios com o irmão Cor, então um menino de onze anos cheio de energia, que adorava desenhar e queria ser oficial da cavalaria quando crescesse. Num dia quente de verão, sentaram-se a uma sombra e desenharam "um pequeno mapa de Etten e redondezas", contou Vincent. Ajudou nos preparativos do grande acontecimento do verão: o casamento da irmã mais velha, Anna, com Joan van Houten, um cidadão próspero e respeitável de Leyden, fazendo arranjos de flores e folhagens. Seguia o pai feito uma sombra, muitas vezes o acompanhando em suas visitas paroquiais durante a semana e nos sermões de domingo. Quando Dorus estava fora, Vincent ficava sentado em seu quarto, que dava para o jardim, e escrevia sermões e mais sermões, preparando-se para sua nova vida.

Em julho, Vincent foi com o pai a Zundert, onde Dorus pregou na igrejinha e depois visitou os doentes. No retorno para casa, Dorus parou a carruagem e caminharam juntos pela charneca à luz do entardecer. Foi o momento mais próximo a que Vincent chegou daquela reconciliação que tanto desejava. Ele registrou o momento numa imagem carregada d*isso*:

> O sol estava se pondo rubro atrás dos pinheiros e o céu do entardecer se refletia nos banhados; a charneca e a areia amarela, branca e cinza estavam repletas de harmonia e sentimento — veja, há momentos na vida em que tudo, dentro de nós também, fica cheio de paz e sentimento e toda a nossa vida parece um caminho pela charneca.

Os dias que antecederam sua partida foram cheios de alegria exterior, mas também de um turbilhão interior. Ele brigou com a noiva ("Vincent está mais teimoso do que nunca", reclamou Anna) e se esquivou aos deveres sociais. "Ele está mais retraído do que nunca", escreveu a mãe na véspera do casamento. O aparecimento do tio Cent e do tio Stricker na cerimônia num belo dia de agosto só podem ter reforçado a aura de fracasso e rejeição, enquanto Vincent se preparava mais uma vez para abandonar a única vida que realmente desejava.

Quatro dias depois do casamento, Vincent foi para a escola evangélica em Bruxelas que o pai escolhera para ele. Ia começar com um "teste" de três meses. Caso se saísse bem, poderia matricular-se no curso completo da escola, de três anos de duração. Quando o viram partir na estação ferroviária, os pais sentiram muito receio. "Vemos sua partida com preocupação", Anna escreveu a Theo. "As ideias dele sobre a vida cotidiana são tão doentias que não creio que consiga ensinar às pessoas." (A irmã Anna foi mais direta: "Receio que a teimosia dele seja um obstáculo em sua nova colocação".) Dorus cercou seus temores de resignação. "Não tenho ilusões sobre Vincent", escreveu ele. "Não consigo evitar o medo de sofrermos uma nova decepção."

Na verdade, a "escola" de Bruxelas era uma miragem. Criada apenas dois anos antes, ela consistia numa única sala, cinco alunos (três em tempo integral e dois em meio período) e um professor. Quem dava as aulas era Dirk Bokma, perneta, ex-diretor de escola primária, com o auxílio de alguns pastores evangélicos locais, de concepções semelhantes, que apareciam de vez em quando e davam aulas de graça. Afora isso, a escola não tinha corpo docente fixo, nem diretoria, nem verba.

Fustigada por ferozes rivalidades sectárias dentro da minúscula comunidade evangélica belga, a escola nunca encontrou base institucional e sobrevivia apenas graças à energia e ao entusiasmo de seu fundador, Nicolaas de Jonge, um jovem pastor "não ortodoxo", e à liberalidade de alguns patronos de posses. Num país onde o evangelismo era dominado desde muito tempo por missionários estrangeiros — sobretudo holandeses e britânicos —, De Jonge pregava um nativismo religioso radical. Ele insistia que a única maneira de conseguir que o Evangelho alcançasse o povo era falar em sua língua, o flamengo, e não o "holandês chique" de pastores reformados como Dorus van Gogh. "Flamengo para Flandres!" era seu lema.

O fato de Dorus ter enviado o filho à escola quixotesca e militante de De Jonge, ou de Vincent ter ido, é o sinal mais claro do mútuo desespero. Como qualquer falante de holandês, Vincent conseguia entender e falar flamengo. Mas o estilo formal de pregação do pai o marcou desde o início como estrangeiro, numa escola dedicada ao "dialeto do povo" e contrária à "holandização". O idioma pouco familiar, somado à tendência de Vincent de sobrecarregar a fala com retórica e referências complicadas, o obrigava a ler seus sermões, em vez de pregá-los — uma violação do princípio da escola de "apresentar preleções populares e atraentes, curtas e interessantes em vez de compridas e eruditas". Aos domingos, quando ensinava a Bíblia nos povoados próximos de Mechelen e Lier, Vincent se sentia "como um gato num ambiente estranho" — muito longe do "orador popular" que pretendia ser, com "a capacidade de falar às pessoas com seriedade e sentimento, fluência e facilidade". Nos demais dias da semana, ele chegava a passar catorze horas por dia na pequena classe, penando nas aulas de história, latim e Bíblia, todas dadas em flamengo.

A perspectiva de mais um fracasso levou Vincent a uma espiral de depressão e autopunição. Na pensão onde morava em Laeken, no norte da cidade, abstinha-se de comer e dormia no chão, e não na cama. No frio do outono, saía sem agasalho suficiente para as longas caminhadas pela cidade, ao longo do canal Charleroi. Na escola, dispensava a carteira e ficava com o caderno no colo, o que sugeria para os colegas trocistas "um escriba da Idade Média". Como em Amsterdam, Vincent procurava consolo nos cemitérios e em longos passeios a esmo, até os confins da cidade onde, dizia ele, "se tem um sentimento puro, peculiar, como o de saudades de casa, com uma ponta de intensa melancolia".

Anos mais tarde, os colegas de Vincent se lembravam dele como aluno rabugento, suscetível, volátil, que num minuto era desrespeitoso e desbocado — "Ah, professor, estou pouco ligando" — e no minuto seguinte se mostrava "furiosamente indignado". Um deles disse: "Ele não sabia o que era obediência". Uma vez, quando um colega o provocava, Vincent lhe desferiu "um tamanho soco que ele nunca mais voltou", segundo uma testemunha. "Ah, aquele rosto ardendo de indignação e cólera!... Nunca vou me esquecer. Que deplorável que [alguém] tão devotado a Deus se descontrolasse tanto." Uma visita de Theo em 15 de novembro só deve ter ajudado a tornar o fracasso ainda mais intolerável. Voltando triunfalmente de Paris, onde tinha cuidado do estande da Goupil na Exposition Universelle, era inquestionável que Theo havia envergado o manto de herdeiro do tio e de orgulho da família. Parecia até outra pessoa, com uma elegante barba arruivada. Não podia haver contraste mais forte com o irmão perdido, desalentado e cada vez mais amargurado.

Ninguém há de ter se surpreendido quando Vincent não passou no teste de três meses. Não permitiram que continuasse no curso da escola. Os pastores que lhe davam aulas não viram nele "nenhum sinal de ser um estudante aplicado". Sem dúvida por respeito a seu pai, concordaram que Vincent poderia continuar assistindo às aulas, mas não lhe dariam nenhum tipo de apoio. Vincent explicou o revés a Theo de maneira muito prosaica: "Não posso frequentar a escola nas mesmas condições que permitem aos alunos flamengos nativos". Mas nada conseguiria disfarçar a vergonha em Etten. Dorus e Anna entraram em desespero com esse último fiasco. "Não contamos nada a ninguém", escreveram a Theo, "você também não conte... O que vai acontecer?"

Vincent ficou devastado. Tinha fracassado mais uma vez, agora no nível mais baixo da formação religiosa. Para onde iria dali? Depois do veredicto, não conseguia comer nem dormir. Ficou doente e emagreceu tão rápido que o dono da pensão se sentiu obrigado a escrever aos pais dele e pedir que "venham e levem Vincent para casa". "Ele não dorme e parece estar numa crise nervosa", Dorus contou a Theo no fim de novembro. "Estamos muito preocupados." Sem dizer nada a Vincent, Dorus se programou para ir a Bruxelas. Enquanto isso, porém, Vincent decidiu ir embora. Escreveu ao irmão: "Para ficar aqui mais tempo, precisaria ter mais recursos financeiros do que tenho agora, que é zero". Na verdade, o pai tinha se oferecido para continuar a pagar a pensão em Bruxelas, enquanto ele procurava outro emprego. Mas Vincent recusou o oferecimento.

Quanto mais Vincent afundava, mais se agarrava ao *isso*. Poucas semanas antes de sair de Etten, ele havia escrito a Theo: "*Isso* tem sido uma característica notável na arte e continuará a ter grande influência sobre muita gente". Em sua breve estada em Bruxelas, ele foi pelo menos uma vez aos Musées Royaux des Beaux-Arts. A única carta restante de Bruxelas está repleta de comentários sobre quadros e artistas. Ele via *isso* por toda parte: numa casa velha coberta de trepadeiras "como uma pintura de Thijs Maris"; numa alameda "gótica" de tílias de cepos nodosos e raízes retorcidas digna de uma "gravura fantástica de Albrecht Dürer". Quando Theo esteve lá, os irmãos passaram quase todo o tempo olhando pinturas e examinando gravuras. "Como a arte é rica", escreveu Vincent logo depois; "se a pessoa consegue lembrar o que viu, nunca fica sem pensamentos nem realmente sozinha, nunca fica solitária."

Ele continuava a procurar "expressões completas" — imagens compostas que "falam à sua própria maneira, bastando ouvi-las". Na escola evangélica, desenhava no quadro-negro para "completar" suas respostas às perguntas dos professores. Em suas andanças pelo "Quartier de l'Industrie", transformava os relances das oficinas "pitorescas" em reflexões sobre a mortalidade ("Elas dizem: 'Trabalhe durante o dia, a noite vem quando ninguém pode trabalhar'"). A imagem de cavalos velhos puxando carroças de lenha, "profundamente sozinhos e desolados", se tornou uma lição sobre o significado da vida e uma reflexão sobre seu sombrio destino pessoal: "O pobre cavalo... parado ali paciente e dócil, mas valoroso e incansável... espera sua hora derradeira".

A imagem mais completa, no entanto, foi a que Vincent criou às vésperas da saída de Bruxelas. Ele começou com uma descrição de uma região no Sul da Bélgica, chamada Borinage, que encontrara num "pequeno manual de geografia". Como suas queridas gravuras, o manual apresentava um retrato dos habitantes da região, os borineses, afetuoso e imbuído de um significado mais profundo:

> [Eles] encontram trabalho apenas nas minas de carvão. [...] O mineiro é um tipo especial de Borinage, a luz do dia não existe para ele e, exceto aos domingos, nunca vê o sol. Trabalha laboriosamente a uma lâmpada de luz pálida e fraca, num túnel estreito... trabalha entre mil riscos constantes; mas o mineiro belga é de temperamento alegre, está acostumado àquele tipo de vida e, quando desce o poço, levando no cimo do chapéu uma lampadazinha para guiá-lo na escuridão, ele se confia a Deus.

A esta descrição comovente do trabalho e da fé, Vincent acrescentava uma camada de referências que vinha das Escrituras: a profecia de Isaías de que "os que caminhavam na escuridão viram uma grande luz" e a promessa dos Salmos de que "Aos justos se ergue a luz na escuridão". De sua vida pessoal, ele acrescentou duas coisas: a lembrança de ter se candidatado ao trabalho missionário nas minas de carvão na Inglaterra e um desejo para o futuro — que ele também pudesse algum dia encontrar uma luz na escuridão do fracasso e da vergonha. "Sempre me ocorre", escreveu, "que, quando vemos uma imagem de indizível e inexprimível desolação — de solidão, de pobreza e miséria, o fim ou o extremo de todas as coisas —, então brota em nosso espírito o pensamento de Deus."

Para completar a imagem, Vincent fez um desenho.

Escolheu como tema um barzinho que viu num de seus vários passeios pelo canal Charleroi, principal artéria da Bruxelas industrial. O bar ficava pegado a um grande galpão, para onde vinha o carvão das minas do Sul do país, trazido em barcaças pelo canal. Com o carvão, vinham os mineiros, expulsos de seus lares pelo desemprego e pelas crises econômicas, na esperança de encontrar trabalho nas fábricas e fundições que se estendiam ao longo do canal. "Vê-se aqui muita gente que trabalha nas minas de carvão", anotou Vincent, "e é um tipo de gente muito característica."

Esses eram os mineiros da região de Borinage sobre a qual tinha lido no livro de geografia. Eles se reuniam diariamente no espaço acolhedor daquele barzinho, chamado Au Charbonnage (Na Carvoaria). "Os operários vão lá na hora do almoço, comer pão e tomar seu copo de cerveja", escreveu ele.

Vincent desenhou o bar, dedicando toda a sua habilidade a este "rabisco", como o chamou, pouco maior que um cartão-postal: o telhado baixo e abaulado, o reboco falho e manchado, a tabuleta na porta (com sua letra), as pedras duras do calçamento do lado de fora e as cortinas macias do lado de dentro. Acrescentou uma afável lua

O café "Au Charbonnage", novembro de 1878, lápis e nanquim sobre papel, 39,4 × 39,4 cm.

crescente e sombreou toda a imagem num lusco-fusco cinzento, com um toque tão leve que mal se viam os toques do lápis. As únicas coisas que ficaram sem sombra foram as duas janelas iluminadas e a bandeira da porta — a "luz de dentro". Quando terminou, dobrou cuidadosamente o desenho e anexou numa carta a Theo como um anúncio: sim, ele também se dirigia *au charbonnage*.

Uma semana depois, foi embora. Enfraquecido, no auge do inverno, sem recursos, sem planos e sem perspectivas, foi para o Borinage, em busca do quimérico *isso* que criara. Saiu tão depressa que talvez já nem estivesse mais em Bruxelas quando o pai chegou para levá-lo de volta a Etten. "Vou me manter longe": foi o pensamento, admitiu ele mais tarde, que o fez sair de Bruxelas. Se os dois chegaram a se cruzar, certamente Dorus tentou consolar o filho inconstante com a mesma mensagem que pregara à sua congregação na véspera de sair de Etten: "Sou o semeador. Gente de pouca visão rejeitou muitos campos que, graças ao trabalho árduo do semeador, produziram bons frutos. Esse mesmo semeador não abandonará nenhum de seus filhos".

Mas Vincent tinha em mente outro versículo da Bíblia e, poucos dias antes de sair de Bruxelas, começou a escrever um sermão sobre a parábola da "figueira estéril", sobre um homem que esperou durante estações e mais estações que sua figueira frutificasse, até que, tendo desistido, finalmente cortou a árvore.

Mais tarde, Vincent disse a Theo que foi para o Borinage para provar "que não me faltava coragem". Na época, justificou sua atitude para si mesmo (e, sem dúvida, para os pais) como mais uma prova de devoção. Prometeu que iria "observar e aprender", e voltaria "com algo para dizer que realmente valesse a pena ouvir" — como homem "melhor e mais maduro". Mais de um ano antes, porém, num de seus raros rompantes de surpreendente franqueza, ele havia confessado as verdadeiras razões para suas investidas impetuosas rumo a lugar nenhum:

> Quando penso que há tantas pessoas que estão de olhos postos em mim, que vão saber de quem é a culpa se eu falhar, que me passarão reprimendas... o medo do fracasso, de cair em desgraça — então também sinto o desejo: gostaria de estar longe de tudo!

12. A região negra

O trem levou Vincent a um lugar que não aparecia em nenhum guia. Para um menino que cresceu nas charnecas intocadas de Zundert, nem a superfície da Lua pareceria tão estranha. Aqui e ali, num horizonte plano, erguiam-se imensos cones negros: abruptos, isolados, sem nenhum traço característico; marcado demais para ser natural, grande demais para ser obra humana. Em alguns havia mato crescendo; outros ainda fumegavam com um inesgotável fogo interior, como grandes furúnculos na paisagem. "A região inteira parece carcomida por uma enorme chaga", escreveu outro visitante do Borinage:

> o ar fica turvo de fuligem sob a lenta e incessante saída do carvão; a fuligem que transborda ininterruptamente das chaminés altas cobre todo o campo e ele parece insalubre, entregue à destruição na fumaça turbilhonante, como convulsionado, devastado e inchado com os abscessos dos montes de escória das minas de carvão.

Praticamente nenhuma árvore cortava esse panorama desolado. Tirando algumas pequenas hortas e jardins, todo e qualquer plantio tinha fugido diante do assalto implacável dos enormes montes de escória fumegante. Mesmo no verão, como observou um visitante, a terra era tão desértica que "emocionava o coração ver as folhas empoeiradas de um gerânio seco no parapeito de uma janela". No inverno, a neve ficava cinzenta na hora em que caía. Quando derretia, o solo cinza ficava preto, as estradas viravam uma lama que parecia piche, e tão densa que sugava os sapatos de quem estivesse andando a pé, e a água corria negra pelos riachos. Mesmo em dias que seriam claros, o vapor cinza dos montes de escória e a fuligem das chaminés ficavam suspensos no ar, apagando a distinção entre céu e solo. As noites caíam numa escuridão sem nenhuma estrela, como o mundo dos ínferos. Os moradores locais chamavam ali de *le pays noir* — a região negra.

Nos povoados com casas de estuque e tijolo, sem identidade própria, que pontilhavam cada quilômetro das estradas afundadas, Vincent conheceu os verdadeiros borinenses: gente negra da região negra. "As pessoas saem totalmente pretas das minas escuras", contou a Theo; "parecem verdadeiros limpadores de chaminés." Não só os homens, mas famílias inteiras tinham a cor das minas. As crianças trabalhavam porque, sendo miúdas, eram as únicas que conseguiam se enfiar por entre as fissuras da terra onde se escondia o carvão; as mulheres, porque a família precisava do dinheiro. Depois do trabalho, os homens se sentavam de cócoras na soleira de seus casebres mambembes, fumando; as mulheres — "negras artificiais", como disse um observador — arrastavam as crianças "com cara de velhas" para buscar água e fazer o *dénoircissement* diário, isto é, tirar o pretume do dia.

Para os homens, o *dénoircissement* não tinha mais efeito. Em sua maioria, eles tinham as marcas permanentes dos arranhões e esfolados das minas, com a pele branca dos braços e do peito tatuada "como mármore de veios azuis". De fato, traziam todas as cicatrizes do trabalho: o corpo cansado e recurvado (a expectativa média de vida era de 45 anos); o rosto emaciado e castigado pelas intempéries; a lembrança dos entes queridos perdidos para as minas; a consciência de que os filhos os seguiriam ao interior da terra porque, como escreveu Émile Zola, "ninguém inventara ainda uma maneira de viver sem alimento". Segundo outro relato, todas as manhãs, ao se despedir das esposas e mães, maridos, filhos e filhas choravam "como se nunca mais fossem voltar".

Iam para as minas num "enorme e triste rebanho humano". No inverno, partiam antes que a primeira luz acinzentada da manhã despontasse, à luz de lamparinas, seguindo para os sinistros faróis dos altos-fornos de fogo azulado e o fulgor vermelho dos fornos de coque. Em todas as vilas carvoeiras do Borinage, a mina projetava sua sombra sobre todo o resto. Com sua montanha de escória, a chaminé encimando tudo e os fantásticos andaimes de metal, podia-se ver e sentir a mina num raio de quilômetros. E ouvi-la também. O som ensurdecedor da enorme roda giratória, as descargas vibrantes do vasto motor, o trovejar retumbante das fundições,

Mina de carvão de Marcasse, poço 7.

o toque incessante dos sinos que marcavam cada movimento de içar a carga, tudo isso se espalhava pela paisagem a uma distância quase igual das cinzas asfixiantes. Cercada por muros altos de tijolos, que pareciam fortificações, e fossos de cinzas e gases fétidos, todas as manhãs a mina engolia milhares de operários "como uma fera impiedosa", escreveu Zola em *Germinal*, romance ambientado numa mina de carvão francesa junto à fronteira, "lutando para digerir sua refeição de carne humana".

De alguma maneira, Vincent encontrou energias para a nova tarefa. Apesar da vida de rigores que se impusera em Bruxelas, ele chegou ao Borinage "bem-vestido" e "exib[indo] todas as características do asseio holandês", segundo o pastor que o recebeu. Para poupar os borinenses francófonos dos tropeços em seu sobrenome holandês de difícil pronúncia, ele se apresentou simplesmente como "Monsieur Vincent".

Dispondo da recomendação paterna, de um francês passável e de um ardor revigorado, logo encontrou colocação em Petit Wasmes, um dos vários vilarejos que se acachapavam à sombra das minas de Marcasse e Frameries. Lá, uma pequena congregação havia acabado de criar sua igreja e, por lei, tinha direito a um pregador pago pelo Estado. Enquanto se finalizava essa situação, o comitê evangélico regional concordou em contratar Vincent por um período de seis meses de experiência, como "pregador laico e professor de catecismo". Ofereceram-lhe um pequeno salário e, depois de uma breve hospedagem na casa de um vendedor de livros religiosos em Pâturages, perto dali, instalaram-no na casa de um dos membros mais prósperos da congregação, Jean-Baptiste Denis, agricultor que morava com seus cinco filhos numa "casa bastante boa" em Petit Wasmes.

Vincent logo criou um curso de catecismo para as crianças da congregação. Lia para elas, conduzia os hinos, ensinava as histórias da Bíblia usando mapas da Terra Santa que ele mesmo desenhava. Nos serões, ia visitar os membros da congregação em suas casas, onde se reuniam pequenos grupos para "aulas" religiosas. Também visitava os doentes, "pois aqui há muitos", disse a Theo. "Acabei de visitar uma velhinha [que] está extremamente enferma, mas cheia de fé e paciência. Li um capítulo com ela e rezamos todos juntos." As primeiras cartas para a família iam cheias de notícias entusiasmadas sobre a nova função. "É o tipo de trabalho que ele gosta de fazer", escreveu Anna, alimentando mais uma esperança cautelosa. "Está muito satisfeito lá." Até o pai ficou impressionado com essas primeiras notícias. Em janeiro, Dorus escreveu a Theo: "Ele parece estar trabalhando com bom resultado e ambição. Estamos muito contentes por ele".

Como a nova congregação a cargo de Vincent tinha se separado da igreja em Wasmes em data muito recente, precisava fazer suas reuniões num velho salão de baile, o Salon du Bébé. O salão, com capacidade para quase cem pessoas, já fora adaptado para fins religiosos numa região inundada de missões evangélicas. Em sua mansarda na casa de Denis, Vincent preparava sermões para os operários e agricultores que todos os domingos se acotovelavam no Bébé. Ele retomou a mensagem do pregador de Lyon: "Pensemos em [Cristo] como trabalhador, com vincos de dor, sofrimento e cansaço no rosto". Quem poderia entender melhor a vida de um "operário e trabalhador de vida dura", perguntava no sermão, "do que o filho de um carpinteiro... que trabalhou trinta anos numa oficina humilde para cumprir a vontade de Deus?".

Como inspiração, bastava-lhe olhar pela janela e ver a melancólica procissão de mineiros que todas as manhãs passava ali embaixo: homens e mulheres em "farrapos de mina", os tamancos batendo na madrugada ainda escura. Ou todas as noites, catorze horas depois, quando retornavam — "a mesma coisa ontem, a mesma coisa amanhã", segundo um relato, "como tem sido há séculos. Como verdadeiros escravos".

Era apenas questão de tempo até que Vincent, movido de fervor, se juntasse à fila cinzenta que descia para o fundo da terra.

"É um lugar deprimente", escreveu a respeito de sua visita à mina de Marcasse, uma das mais antigas, perigosas e horríveis da região: "choças miseráveis, algumas árvores mortas negras de fumaça, moitas de espinhos, monturos, montes de cinzas, pilhas de carvão imprestável". Dirigiu-se à boca da mina passando pela vasta e surreal paisagem do complexo mineiro: o galpão de triagem coberto por um oleado, o local de arejamento, a torre da bomba de drenagem, as fornalhas de coque e os altos-fornos. Ao longe, cavalos avançavam penosamente subindo as laterais da montanha negra, puxando barricas e mais barricas de cinzas e refugos de carvão. Provavelmente atravessou o vestiário, onde um enorme fogão a carvão dava aos mineiros o que Zola chamava de "uma boa dose de calor" antes de descerem.

Mas nada podia tê-lo preparado para a boca da mina, uma ampla construção de tijolos com janelas encardidas e uma agitação frenética: a vibração da grande máquina de cobre, as batidas constantes dos braços de aço, a pulsação contínua do exaustor; o trovejar das barricas pesadas rolando pelo chão de ferro; o rangido dos cabos pretos de sujeira pendentes no alto. Os cabos iam da grande roda do motor, passando por polias gordurosas de graxa suspensas de uma armação de ferro que encimava a boca da mina como o esqueleto de um campanário. O rangido das polias anunciava a chegada e a partida das gaiolas, conforme vinham das profundezas com as cargas de carvão, e então desciam outra vez, lotadas de mineiros — "tragando homens como se o poço fosse uma boca a engoli-los", escreveu Zola.

A gaiola do elevador mergulhava a 635 metros de profundidade, caindo "feito uma pedra". Os mineiros ficavam descalços, de lâmpada na mão, espremidos em barris de carvão vazios, enquanto as vigas de guia dentro da escavação vertical "passavam voando como trilhos sob um trem expresso". O ar gelava e começava a pingar água sobre a gaiola, das paredes da escavação: primeiro em gotas, depois um dilúvio. Passavam por três níveis abandonados: iam tão fundo que os mineiros se referiam ao mundo do alto como "lá em cima no Inferno"; tão fundo que a luz do dia que era visível no alto da escavação diminuía até se tornar um pontinho tão pequeno como uma estrela no céu.

Do "salão" cavado no fundo do poço, irradiavam-se galerias em todas as direções, buscando os esquivos veios de carvão, alguns com poucos centímetros de espessura, dobrados como panos frouxos em todo o submundo pedregoso. Enquanto Vincent tropeçava por uma dessas passagens escuras na direção do som distante das picaretas, o forro de madeira rebaixava e as paredes de tábuas se estreitavam — ele comparou os túneis a "grandes chaminés". As poças d'água no chão se espalhavam, formando um lago contínuo. A temperatura subia depressa, passando do furacão gelado do poço vertical, onde havia mais ventilação, para o ar mais quente e parado das galerias. No fim, ele estava caminhando curvado, com água pelos tornozelos, num "calor sufocante, pesado como chumbo".

De vez em quando, ouvia um rugido surdo no túnel, mais adiante, "como o rolar dos trovões numa tempestade". Instantes depois, materializava-se uma aparição nas trevas: era um cavalo puxando uma sucessão de barris cheios. Tinha de se achatar contra as paredes irregulares e escorregadias para deixá-lo passar. Os mineiros invejavam os cavalos bem nutridos, que passavam a vida toda no subterrâneo, num calor acolhedor e entre o "cheiro gostoso de palha fresca sempre limpa". A uma profundidade ainda maior, onde os cavalos não conseguiam chegar, meninos miúdos e meninas carregadoras arrastavam os barris: os meninos berrando palavrões o mais alto que podiam, as meninas "bufando e suando como éguas com excesso de carga", conforme descreveu Zola.

Por fim, Vincent chegou até os mineiros. A galeria não terminava propriamente: minguava, dissolvendo-se numa mistura de fendas minúsculas e túneis tão estreitos que ficava impossível avançar e "pareciam continuar para sempre", disse ele. Acrescentou que esses pequenos nichos eram "*des caches*", "locais de esconderijo, locais onde os homens procuram". Comparou-os a celas numa "prisão subterrânea" ou "divisões numa cripta". "Em cada uma daquelas celas", explicou a Theo, "há um mineiro com uma roupa de pano grosso, imundo e preto como um limpador de chaminés, tirando carvão com picareta, à luz fraca de uma pequena lâmpada."

A descida na mina de Marcasse em janeiro de 1879 representou o ponto alto dos dois anos que Vincent passou no Borinage. Desceria pelo menos mais uma vez (em março do mesmo ano) durante sua permanência na região, mas então já havia iniciado uma descida muito mais perigosa: a descida às profundezas que só voltaria a visitar dez anos depois, quando foi internado num manicômio em Arles: a descida à região mais negra de todas.

A queda teve início quase de imediato. "Estamos começando a ficar preocupados de novo com ele", escreveu Dorus poucas semanas depois que Vincent começou como pregador no Bébé; "apontam problemas no horizonte." Os membros da congregação borinense não se deram bem com Vincent, nem Vincent se deu bem com eles. Sua ideia, nascida de um manual de geografia, com mineiros devotos enfrentando a escuridão e a morte com "disposição de ânimo" logo se desfez diante da realidade de um povo reticente e fechado. Ao chegar, ele os descreveu a Theo como "simples e de boa natureza". Não muito tempo depois, tinham se tornado "ignorantes e incultos" — "nervosos", "suscetíveis", "desconfiados".

Ele quebrava a cabeça com o estranho dialeto da região, "que falam numa rapidez espantosa". Tentou acompanhar falando seu francês parisiense o mais depressa possível — estratégia que só trouxe mais desentendimentos e pelo menos um bate-boca. Parece ter ficado surpreso quando descobriu que a maior parte da congregação não sabia ler, e logo lamentou que, como "homem culto e respeitável", não encontrava "companhia" em tal "ambiente não civilizado". Os mineiros, por seu lado, consideravam o novo pregador um forasteiro. O comparecimento aos sermões, que Vincent fazia em francês, começou "salteado" e logo caiu. Não tendo "o caráter e o temperamento de um mineiro", ele lamentou que "nunca [se] daria bem nem ganharia a confiança deles".

Como sempre fazia quando a realidade ameaçava, Vincent foi se retraindo cada vez mais na ilusão. Defendia vigorosamente o "pitoresco" da paisagem desolada e o "encanto" dos borinenses. Comparava os montes de escória negra às belas dunas de Scheveningen. Dizia: "Tem-se uma sensação de lar aqui, como na charneca". Mesmo depois de descer na mina, não abandonou a visão do *isso* que o levara ao Borinage. Definiu a visita de seis horas à mina infernal de Marcasse como "uma expedição muito interessante". Sua descrição parece o relatório de um naturalista sobre o habitat de alguma ave ou inseto: cheia de termos técnicos (*maintenages*, *gredins*, *accrochage*, *tailles à droit*, *tailles à plat*), mas nenhuma palavra de horror ou solidariedade. Embora reconhecesse a "má fama" da mina — "porque muitos morrem nela, descendo ou subindo, ou por causa do ar envenenado, explosões de gás, infiltrações de água, desmoronamentos etc." —, ele insistia que a vida lá dentro das minas era melhor do que a vida nos vilarejos desolados lá fora, e que os mineiros preferiam a noite permanente do trabalho à "vida morta e desalentada" do mundo à superfície, tal "como os marinheiros em terra firme ficam saudosos do mar, a despeito de todos os perigos e dificuldades que os ameaçam".

Vincent escorou a ilusão com imagens. Desde a paisagem desolada à figura dos mineiros machucados, tudo lhe recordava as gravuras de sua preferência. A neblina densa criava "um efeito fantástico de claro-escuro" como as "pinturas de Rembrandt". A seu ver, Matthijs Maris poderia criar um "quadro maravilhoso" dos mineiros "emaciados e batidos pelas intempéries". Se algum artista pudesse pintar os mineiros trabalhando em suas celas subterrâneas, como num Estige, "seria algo novo e inédito".

Em vez de reconhecer todo o verdadeiro sofrimento em seu redor, Vincent voltou às imagens do sofrimento em seus livros favoritos. "Ainda existe tanta escravidão no mundo", escreveu a propósito de *A cabana do pai Tomás*, "e, neste livro admiravelmente maravilhoso, essa questão importante é tratada com muita sabedoria, muito amor, muito zelo e interesse pelo verdadeiro bem-estar dos pobres oprimidos."

Nunca registrou nenhuma palavra desaprovando o tratamento dado aos mineiros do Borinage — região notória, mesmo numa época insensível, por suas pavorosas condições de trabalho —, mas saudou *Tempos difíceis*, de Dickens, como "uma obra-prima", pelo "retrato sensível e comovente de um operário". A certa altura, parece ter admitido que preferia o fac-símile dos pobres e oprimidos que encontrava nas gravuras e nos livros, em vez da realidade diante de seus olhos. E insistiu: "Um quadro de Mauve, Maris ou Israëls diz mais e com maior clareza do que a própria natureza".

Pregava essa ilusão. Vincent tinha vindo a uma região fervilhante de agitação social. Nos trinta anos desde que Marx e Engels escreveram o *Manifesto comunista* em Bruxelas, ali perto, os mineiros de carvão do Borinage tinham iniciado um movimento operário socialista que acabaria se alastrando pelo continente europeu. Ondas e ondas de greves sangrentas e repressões brutais haviam fomentado um movimento sindical militante, que encontrava em comunidades como Wasmes o apoio de uma rede de associações, cooperativas e *mutualités*, todas decididas a corrigir as crueldades e injustiças da nova ordem capitalista.

Mas a concepção de Vincent, tomando os mineiros como heróis cristãos, não admitia o conceito de vítima. A miséria deles, como a sua, aumentava a proximidade com Deus. Precisavam de Tomás de Kêmpis, não de Karl Marx. Em vez de se revoltar, ele os exortava a enaltecer a dor — a se rejubilar com o sofrimento. "Deus quer que, à imitação de Cristo, o homem viva e caminhe com humildade na terra", pregava ele, "não procure o céu, mas se curve às coisas humildes, aprendendo com o Evangelho a ser manso e humilde no coração." Ele chegara com a expectativa de que os mineiros, como aqueles que "andavam na escuridão", abraçassem essa mensagem kempiana de serena resignação — para ele, o supremo consolo dos desgraçados e oprimidos, tal como para o cavalo da carroça de lenha.

Entre greves, interrupções do trabalho e "discursos rebeldes", a que assistiu algumas vezes, Vincent se prendeu àquela noção. Sublinhou no velho livro de salmos que utilizava no Bébé: "Filho de Deus, exilado na terra, ergue os olhos, sê paciente e serás consolado, dirigindo-te a Deus". Mas, numa comunidade fervilhando de injustiças, em que os salários tinham caído a um terço nos últimos três anos e as pessoas morriam às centenas nas explosões, desmoronamentos e epidemias descontroladas, a mensagem de Vincent só fazia afastá-lo ainda mais das "pobres criaturas" que queria confortar.

Restou-lhe somente uma via de consolação: assistir os enfermos. Todos os anos, as minas do Borinage descartavam centenas de operários alquebrados, queimados, esmagados, envenenados pelos gases, pelas cinzas ou pela terrível falta de higiene.

Os doentes e os moribundos não questionavam as ilusões de Vincent nem decompunham analiticamente seus sermões. Recebiam bem o estranho holandês pela ajuda oferecida, coisa tão rara. "Há muitos casos de febre maligna e febre tifoide", informou a Theo. "Numa casa, todos estão com febre e pouca ou nenhuma ajuda têm, e assim os doentes têm de cuidar dos doentes."

Vincent se lançou a essa corrente de sofrimento com altruísmo e desprendimento. Visitava lares em quarentena por causa do tifo, prontificava-se a fazer os serviços domésticos, ficava em vigília dias a fio. Depois de explosões e acidentes na mina, corria para ajudar os feridos, inclusive um homem que ficou "queimado da cabeça aos pés". Rasgou panos para fazer bandagens, que colocava com cera e azeite que às vezes comprava do próprio bolso. Trabalhava "dia e noite", segundo um relato, sentado à cabeceira dos doentes rezando, evangelizando, e "caía de joelhos de cansaço e alegria" quando os pacientes se recuperavam.

Mas não era suficiente. Não passou muito tempo e Vincent voltou à costumeira espiral sombria de recriminação e punição a si mesmo. Recusava qualquer alimento, contentando-se com pão — sem manteiga — e uma papa de arroz com um pouco de açúcar. Não cuidava das roupas, não tomava banho com muita frequência e muitas vezes saía sem agasalho no inverno gelado. Como em Amsterdam e Bruxelas, considerou "luxuosas demais" suas acomodações e logo se mudou da casa de Denis, em Petit Wasmes, para uma minúscula palhoça abandonada, nas cercanias. Recusou o conforto de uma cama e procurou "a madeira mais dura" que havia para fazer uma prancha para dormir. Pendurou suas ilustrações nas paredes da choça e se retirou cada vez mais recluso em seu mundo pessoal: atendia os doentes e feridos de dia; à noite, lia, fumava, estudava a Bíblia e sublinhava trechos do livro de salmos. Emagreceu tanto que a esposa de Denis ficou com medo de que, fraco e desabrigado em sua cabaninha, ele caísse vítima da epidemia de tifo que grassava por toda parte.

Denis e outros membros da congregação consideraram que a choupana não era apropriada a um pregador e reclamaram muito da "*folie réligieuse*" de Vincent. Ele se defendeu citando Kêmpis — "o Senhor não tinha onde pousar *Sua* cabeça" —, mas seus críticos tomaram a frase como uma blasfêmia. A soma entre a insatisfação com seus sermões, a estranha autodegradação de seu novo lar, a teimosia em não seguir os conselhos e mesmo a assistência maníaca aos doentes levou os membros da igreja a chamar um inspetor do Comitê Evangélico de Bruxelas para verificar a nomeação do novo pregador — uma clara ameaça de demiti-lo. Passara-se apenas um mês desde que iniciara sua nova vida, e Vincent enfrentava mais uma vez o fracasso iminente.

A notícia não causou surpresa em Etten. As cartas dele, contando os terríveis ferimentos, as doenças desenfreadas, as visitas às minas de carvão, só fizeram aumentar a ansiedade dos pais. Dorus temia que, "estando tão concentrado em cuidar e atender os doentes e feridos", Vincent se desviasse de seus deveres religiosos. Anna se inquietava com a aparência do filho, pois "lá deve ser tão sujo". Receberam também uma carta de Madame Denis, contando em detalhes "a vida miserável que [Vincent] estava levando" na choupana coberta de palha, além de uma outra, do próprio Vincent, "confirmando nosso receio de que não tinha cama, não tinha lençóis, nem local para lavar as roupas", comentou Anna. Reagindo aos protestos da congregação, ele contestou seus críticos — "não é da conta deles" — e mais uma vez defendeu suas atitudes invocando Kêmpis e escrevendo: "Jesus também manteve a calma durante a tempestade, e a maré pôde mudar".

Mas Dorus achou melhor não esperar. Enfrentando as tempestades de inverno, seguiu para o Borinage em 26 de fevereiro. Quando chegou, o inspetor, reverendo Rochedieu, já estava lá e ouvira as reclamações contra o novo pregador. Rochedieu concluiu que Vincent havia mostrado "um lamentável excesso de fervor missionário" e passou uma "vigorosa repreensão" no jovem pregador genioso. Mas, pelo visto, não bastara para remover Vincent da palhoça, porque foi lá onde o pai o encontrou, "deitado num saco recheado de palha, parecendo assustadoramente fraco e macilento", segundo uma testemunha ocular.

Vincent "se deixou conduzir como uma criança", segundo a mesma testemunha, e no dia seguinte, atravessando a neve cinzenta, Dorus o levou numa visita de penitência aos três clérigos locais, que agora tinham em mãos o precário destino dele. No espírito do semeador perseverante, Dorus exortou o filho a adotar "planos de aprimoramento, mudança e energia positiva". Arrancou-lhe a promessa de que cuidaria da aparência, obedeceria aos superiores da igreja e usaria a pequena choça apenas como "estúdio ou local de trabalho".

Mas ninguém se deixou enganar. Anna não tinha esperanças: "Ele é teimoso e obstinado demais para seguir qualquer conselho". A Theo, Vincent pintou um quadro enganoso da visita paterna, escrevendo-lhe no dia seguinte: "Ele não esquecerá facilmente o Borinage"; "ninguém que visite esta região curiosa, notável e pitoresca consegue esquecê-la". Mas, logo depois que Dorus foi embora, viram Vincent cuspindo na casa de Denis. Escreveu aos pais, em tom de desafio: "Talvez as coisas devam piorar antes de poder melhorar".

A explosão veio sem aviso prévio. A invasão de picaretas, lâmpadas e ar desencadeou forças que estavam encerradas dentro da terra desde sua formação. Incolor e inodoro, o gás se avolumava na mina a cada novo golpe das picaretas, a cada pedra que caía, a cada retirada de carvão. Bastou uma faísca — de uma lâmpada com defeito ou de uma fricção nos varões de uma barrica — para provocá-la. Foi o que aconteceu em 17 de abril de 1879, na mina Agrappe, nas Frameries, a meros três quilômetros de Wasmes.

O clarão de uma chama azul característica do metano deu início à reação em cadeia. A explosão enviou uma onda de pressão ao corredor estreito com força suficiente para atirar longe os mineiros, até o fundo da galeria, amontoando-os nas fendas da hulha. Os veteranos sabiam que, ao ouvir o chiado do gás — o "ar explosivo", como diziam —, deviam se arremessar ao chão, pois imediatamente viria uma labareda como de um maçarico — o clarão — na altura de um homem. O vento sugou o pó de carvão por todas as fendas e fissuras, ficando então suspenso no ar e dando tempo para se incendiar com aquele clarão. O pó de carvão conseguia converter mesmo um pequeno lampejo do ar viciado num inferno de chamas que se alastraram, enquanto o vento e então o fogo se espalharam retumbantes pela mina, como pelo cano de uma arma. A onda de pressão arrancou as vigas da abóbada da mina, provocando novas quedas; retorceu os varões e arremessava as barricas vazias como projéteis pelas galerias. O fogo se alastrou pelos túneis a mais de mil quilômetros por hora, arrastando tudo pelo caminho — ferramentas, cavalos, homens, crianças — com a ferocidade de um alto-forno.

O desastre subterrâneo se anunciou ao mundo quando o vento e o fogo encontraram a escavação vertical e explodiram pelo poço da mina num estrondo descomunal — "como o estampido de um canhão gigantesco", segundo um relato; o ascensorista que operava as cabinas ficou instantaneamente carbonizado. Logo depois, uma gigantesca bolha de gás subiu pelo poço de ventilação ao lado e explodiu numa enorme bola de fogo, no meio do complexo mineiro. As moças que trabalhavam no galpão de seleção da hulha ficaram queimadas a um grau irreconhecível. O poço continuou a soltar explosões, arremessando ao ar centenas de toneladas de pedra e carvão. Numa das explosões, subiram as roupas que a corrente ascendente arrancara dos mineiros mortos.

Uma imensa "coluna de fogo", visível a vários quilômetros de distância, e gigantescas nuvens de fumaça negra logo anunciaram aos arredores o cataclismo que se processava nas entranhas da terra. Mulheres e crianças acorreram às estradas, apressando-se na direção da mancha negra que se espraiava no céu. Quando as primeiras se aproximaram da mina, ouviram o som pavoroso das explosões abafadas, que ainda prosseguiram durante horas, e sentiram os tremores do solo. O pátio da mina logo ficou lotado, enquanto elas olhavam "arfando de esperança" os sobreviventes que saíam trôpegos, com o rosto ferido e enegrecido, e as padiolas eram ininterruptamente levadas à enfermaria ou à capela. Aos gemidos de dor logo se somaram as pragas e os gritos de raiva, conforme aumentavam as pilhas dos corpos esquartejados e se evidenciava a magnitude da tragédia. (Morreram 121 mineiros.) A polícia teve de fechar os portões para impedir um motim de angústia e indignação.

É impossível supor que Vincent van Gogh não tenha participado desse panorama de sofrimento e necessidade de consolo que tomou conta do pátio da mina Agrappe naquele dia e nos subsequentes. Filhos que perderam os pais e mães que perderam os filhos choravam inconsoláveis, enquanto outros aguardavam numa incerteza angustiante as notícias sobre o destino dos parentes ainda desaparecidos (foram cinco dias até a retirada dos últimos sobreviventes). Espalhou-se o rumor de que havia quase cem mineiros presos atrás de um desmoronamento de pedras. As equipes de resgate podiam ouvir os uivos dos feridos. Todas as famílias de mineiros conheciam o horror do "ar viciado que ficava", o gás que não explodira e continuava na mina, capaz de asfixiar um indivíduo em questão de minutos. Os mineiros presos cantavam para evitar "cair no gás". Certamente Vincent terá se comovido com a imagem dos mineiros encerrados lá embaixo, receando a morte a qualquer instante, erguendo um hino de esperança na mais profunda escuridão.

Logo após a calamidade, iniciaram-se os cortejos fúnebres. Em pranto e em protesto, seguiam sinuosas pela paisagem amortalhada as comitivas de negro, lúgubre e múltipla réplica do ícone da infância de Vincent, *Procissão fúnebre pelos campos de trigo*. A indignação com aquele sofrimento se estendeu por toda a Bélgica, onde o pior acidente mineiro da década desencadeou protestos do operariado e levou um governo moribundo a exigir melhorias na segurança das minas. Chegou até mesmo a Etten. "É pavoroso, aquele acidente terrível", escreveu Dorus a Theo. "Que situação para aquelas pessoas — enterradas vivas e quase sem esperanças de ser resgatadas a tempo." Mas Dorus também pressentiu o perigo para o filho instável e sensível. "Espero que não cause dificuldades a Vincent", acrescentou ele. "Apesar de todas as suas esquisitices, ele demonstra verdadeiro interesse por aqueles infelizes. E certamente Deus sabe disso. Oh, tomara que as coisas estejam bem com ele!"

Mas não estavam bem. Logo que o pai deixou o Borinage, Vincent retomou sua missão ilusória e obstinada. No que uma testemunha chamou de "frenesi de sacrifício pessoal", ele doou quase todas as roupas e o pouco dinheiro que tinha, e mesmo o relógio de prata do qual já tentara se desfazer outra vez. Rasgou as roupas de baixo para fazer bandagens. Em março, devolveu ao pai o dinheiro enviado para pagar a pensão, sinal de que tinha voltado para a palhoça. Em resposta às determinações de Rochedieu para que diminuísse o excesso de zelo, Vincent se dedicou ainda mais à sua visão medieval da piedade cristã, negando-se os prazeres do alimento, do agasalho e do leito. Andava descalço no inverno e usava as mesmas roupas feitas de saco que os mineiros usavam. Deixou totalmente de tomar banho e dizia que o sabão era um "luxo pecaminoso". Passava cada vez mais tempo com os doentes e feridos, declarando-se "preparado para qualquer sacrifício que lhes diminua o sofrimento".

Depois da explosão da mina em abril, Dorus e Anna nutriram a breve esperança de que Vincent iria se fazer "útil" nos trabalhos de recuperação, sobre os quais informava os pais mantendo o suspense. Mas, se tanto, o acidente em Frameries apenas acelerou a espiral descendente.

Em julho, o Comitê Evangélico decidiu encerrar a atividade de Vincent na igreja. O relatório oficial do Comitê deu como razão da dispensa apenas suas dificuldades em pregar. "Para qualquer pessoa que lidere uma congregação, é indispensável o talento para falar", dizia o relatório. "À ausência dessa qualidade torna-se totalmente impossível o exercício da principal função de um evangelista." Mas seus pais — e talvez o próprio Vincent — conheciam a verdadeira razão. "Ele não cede aos desejos do Comitê", escreveu Dorus. "Nada vai mudá-lo. É uma provação terrível."

O Comitê lhe deu três meses para encontrar outra colocação, mas seria impensável continuar a pregar em Wasmes durante esse período. Devido às censuras e advertências constantes dos superiores e à sua própria conduta cada vez mais excêntrica, os membros da congregação tinham se voltado contra Vincent. Nas reuniões, insultavam-no e zombavam às claras de suas maneiras estranhas. As crianças de suas queridas aulas de catecismo se rebelaram contra ele. Sem dúvida repetindo o que diziam os pais, elas o chamavam de *"fou"* — louco; essa é a primeira vez que a palavra aparece nos registros de sua vida. E Vincent não podia ir para casa; evidentemente, a perspectiva de retornar mais uma vez de uma missão fracassada o fazia sentir-se esmagado de vergonha e sentimento de culpa. Dorus escreveu: "Nós o convidamos a vir para casa, mas ele não quer de maneira nenhuma".

Numa derradeira tentativa de salvar sua missão belga, Vincent foi procurar Abraham Pieterszen, o pregador que ajudara Dorus a conseguir o ingresso de Vincent na escola evangélica em Bruxelas. Quando estudava lá, Vincent tinha ido várias vezes à igreja de Pieterszen em Mechelen. Em 1º de agosto, usando uma roupa de saco dos mineiros, ele partiu em outra das longas jornadas errantes, de autopunição, que tanto acompanharam as crises de sua vida. Depois de dormir duas noites ao relento, ele chegou com os pés sangrando à casa onde Pieterszen se hospedava em Bruxelas. A mocinha que atendeu à porta deu um grito e saiu correndo, pois "ele parecia muito desleixado e perigoso". Pieterszen insistiu que ele voltasse à casa dos pais em Etten, mas, inflexível, Vincent se recusou. "Ele estava decidido", informou Pieterszen a Dorus. "Ele é o pior inimigo de si mesmo."

Não conseguindo dissuadi-lo, Pieterszen, embora relutante, deu a Vincent uma carta de apresentação a um pregador no Borinage, que atendia apenas por Frank. Morava em Cuesmes, uma vila mineira a apenas sete quilômetros de Wasmes. Como "evangelista independente", Frank não tinha igreja ou congregação, nem a menor possibilidade de pagar um salário a Vincent. Era praticamente um solitário no deserto pregando a palavra de Deus a quem quisesse ouvir. Vincent seria "assistente" de Frank. Era um final humilhante para suas grandes ambições. No dia seguinte, ele voltou à região negra e se apresentou na casa de "Frank, o Evangelista", informando o endereço apenas como "*au Marais*", no pântano.

Restava somente uma pessoa a quem Vincent podia pedir ajuda. Logo depois de chegar a Cuesmes, ele escrevinhou uma carta curta suplicando a Theo que fosse visitá-lo.

Quanto mais Vincent se afundava na ilusão e no desespero, mais falta sentia do irmão. "Não sou feito de pedra nem de ferro, como uma bomba ou um poste de luz", escreveu. "Como todos, preciso de amizade ou afeto ou de companhia íntima... Não consigo passar sem essas coisas e não sentir um vazio." Comparou-se a um prisioneiro numa solitária e se referiu a Theo como "*compagnon de voyage*", sua única "razão para viver". Apenas os laços de irmandade entre eles lhe permitiam sentir que sua vida "talvez preste para alguma coisa" e não "totalmente descartável e sem valor".

Mas as saudades de Vincent não podiam cobrir a distância cada vez maior entre eles. Os irmãos não se viam desde o retorno triunfante de Theo, vindo de Paris no último novembro — quase no mesmo momento em que Vincent fugia desesperado para Bruxelas. Pela primeira vez em seis anos, não se viram no Natal, pois Vincent ficou em seu cargo em Petit Wasmes. A correspondência entre eles tinha definhado, tornando-se formal e inconstante, com intervalos de meses entre as cartas, sem que Vincent sequer insinuasse as revoltas no Borinage — apenas repetia que Theo viesse visitá-lo. Continuava a se apresentar ao irmão como um missionário do *isso* e descrevia a região negra como uma terra "peculiar" e "pitoresca", de grande sensibilidade e caráter.

Mas Theo conhecia a verdadeira história. Ouvira as exclamações inquietas dos pais, conforme eram arrastados a uma decepção e uma vergonha crescentes pelo filho. Quando Vincent foi demitido de seu posto em Petit Wasmes, a solidariedade de Theo também já tinha se esgotado em grande medida. Vincent "fez sua própria escolha", disse friamente à mãe.

Quando Theo chegou à estação ferroviária em Mons, na segunda semana de agosto, vinha preparado para dizer a Vincent as duras verdades que o pai se abstivera de dizer, por medo de outra explosão. Num longo passeio, Theo disse a Vincent que fazia muito tempo que ele vinha "descendo ladeira abaixo"; que chegara a hora de "melhorar de vida"; que precisava parar de viver às custas do pai e começar a ganhar a própria vida. Poderia talvez retomar o serviço de guarda-livros que tinha feito em Dordrecht, sugeriu Theo, ou se empregar como aprendiz numa carpintaria. Podia ser barbeiro ou bibliotecário. A irmã Anna achava que ele daria um bom padeiro. Se quisesse voltar ao mundo da arte, podia "gravar cabeçalhos de faturas e cartões de visitas". A despeito do caminho que escolhesse, disse Theo, seus dias de andanças à toa — sua vida "insignificante", "sem fazer nada" — tinham de acabar.

Diante dos protestos de Vincent (citando Kêmpis) sobre um chamado imperioso à pobreza e ao sacrifício, Theo descartou essas ideias "como noções religiosas impraticáveis e escrúpulos idiotas" que apenas impediam o irmão de "ver as coisas direito". E quando Vincent tentou invocar as promessas de irmandade no canal de Rijswijk, oito anos antes, Theo retrucou: "Você mudou desde aquela época, não é mais o mesmo". Por fim, claramente falando pelos pais, Theo desferiu aquela que, para ele, era a acusação mais grave contra o irmão: ele tinha causado "muita discórdia, infelicidade e sofrimento entre nós e em nossa casa".

Foi essa última acusação que, pelo visto, atingiu o alvo. Vincent podia se esquivar e contornar o problema, como fez tão logo Theo foi embora, numa carta que somava sofismas em tom superior, atitudes de indignação e tentativas de aliciamento fraterno, num grande esforço de negar a situação. Mas a acusação de que causara dor aos pais ateou fogo e inflamou tal sentimento de culpa que nem todos os poderes de autocomiseração e autojustificação de Vincent conseguiriam apagar. E admitiu num relance de contrição: "Pode ser que tenha sido tudo por minha culpa".

Só havia uma maneira de extinguir aquelas chamas. Logo depois de postar sua réplica a Theo, foi até Mons e tomou o primeiro trem para o norte. Depois de mais de um ano resistindo encarniçadamente, tendo o desejo por fim vencido a vergonha, Vincent foi para a casa dos pais.

"De repente ele apareceu à nossa porta", contou Anna a Theo. "Ouvimos: 'Olá, pai, olá, mãe', e era ele." Deram-lhe roupa e alimento, mas, depois disso, concederam-lhe apenas olhares céticos de soslaio e um silêncio queixoso. "Está em pele e osso", escreveu Anna, "[e] tem uma expressão esquisita no rosto." Não era a acolhida ao filho pródigo pela qual Vincent sempre ansiara. Feridos e cansados depois de tantos planos e tantas decepções, os pais conservaram uma distância cautelosa. Mas Vincent entendeu a cautela como indiferença, e logo afundou numa solidão rude e grosseira que deve ter redespertado, de ambos os lados, todas as piores lembranças da casa paroquial de Zundert. "Ele fica lendo livros de Dickens o dia inteiro", contou Anna, "e não faz mais nada. Não fala, apenas responde nossas perguntas. [...] Muitas vezes dá respostas estranhas também. [...] Não diz uma palavra a respeito de mais nada; nada sobre o trabalho no passado, nada sobre o trabalho no futuro."

Decidido a romper aquele silêncio, Dorus levou Vincent numa caminhada até Prinsenhage, para visitar o tio Cent. Mas o trajeto de oito quilômetros resultou apenas em catástrofe. Naquela ocasião, o senso de dever paterno de Dorus já estava gasto por anos de mágoas e desapontamentos. Ele tinha escrito a Theo: "Amanhã vai fazer dez anos que [Vincent] saiu de nosso lar e o levei a Haia para trabalhar na Goupil", apenas uma semana antes da chegada inesperada de Vincent a Etten. "Estamos cansados e desanimados." Mas Vincent também carregava bastante ressentimento, convencido de que suas ambições religiosas tinham sido traídas pelas exigências paternas. Quase ao mesmo tempo que Dorus reclamava da intransigência do filho, Vincent se queixava entristecido a Theo: "Você sabe como as coisas foram planejadas e discutidas, debatidas e avaliadas, conversadas com sensatez, e no entanto como o resultado foi infeliz... Receio um resultado parecido se eu seguir conselhos sensatos dados com as melhores intenções".

Bastou uma simples faísca de "gênio esquentado" — não se sabe se de Vincent ou do pai — para desencadear uma explosão tão feroz que Vincent teve de fugir de casa.

Depois disso, foi a escuridão total. Passou um ano sem escrever a Theo; ou, se escreveu, as cartas desapareceram. Praticamente todas as cartas da família nesse período tiveram o mesmo destino. Quer tenha sido expulso pelo pai ou por aversão a si mesmo, Vincent voltou à região negra. Tinha ingressado em seu pior pesadelo. Às vésperas da viagem para Etten, escrevera a Theo:

> Se eu viesse a acreditar seriamente que estava sendo um transtorno ou um fardo para você ou lá em casa, e que seria melhor que eu nem aparecesse... se eu realmente fosse pensar tal coisa, ficaria esmagado de tristeza e teria de lutar com o desespero [e] iria querer que não me restasse muito tempo de vida.

Nos seis meses seguintes, Vincent se puniu com uma ferocidade que assustou até os borinenses acostumados à desgraça. Rejeitando o relativo conforto da casa em Cuesmes onde morava o evangelista Frank, ele retomou com fervor renovado as mortificações do passado: ficar sem alimento, sem abrigo, sem banho, sem descanso, sem agasalho, por períodos incrivelmente longos. Quando se permitia dormir, procurava um celeiro ou lhe bastava deitar ao relento. Vivia de cascas de pão e de "batatas queimadas pela geada".

Não conseguiu trabalho nem consolo com Frank (que nunca mais voltou a mencionar). Nenhuma igreja em Cuesmes lhe daria um encargo, remunerado ou voluntário; sua fama o acompanhava desde o Bébé. Dorus, ao que parece, enviava algum dinheiro, mas Vincent dava tudo o que recebia aos pobres, comprava Bíblias que distribuía ou simplesmente devolvia. Quando ia às minas para evangelizar, era alvo de insultos e zombarias dos mineiros. Estes consideravam seu estranho comportamento "ofensivo" e "chocante". Por períodos cada vez mais prolongados, ele evitava totalmente as pessoas, ou as pessoas o evitavam. Um morador local lembrava tê-lo visto murmurando: "Todos acham que eu não valho nada".

A imaginação de Vincent o acompanhou na escuridão. Pôs "de lado" não só a pena com que escrevia sua correspondência, mas também o lápis que usava para desenhar. Deve ter se negado o prazer pela coleção pessoal de gravuras, para a qual dificilmente haveria lugar em sua existência de mendigo e despossuído. Sua vida criativa se reduziu aos livrinhos de bolso que, ao que parece, levava por toda parte. Mas mesmo eles pareciam escolhidos pelo manto em que o envolviam. Desde a distopia de *Tempos difíceis*, de Dickens, à *Cabana do pai Tomás*, de Stowe, Vincent revisitava as lembranças mais desoladoras de seu passado. Um ano antes, tinha lido o relato arrebatador da Revolução Francesa, de Michelet. Agora lia *O último dia de um condenado*, de Victor Hugo, uma narrativa claustrofóbica sobre a injustiça e a morte indiscriminada durante o Terror. "Estamos todos condenados à morte", finaliza Hugo, "embora o prazo até a execução varie." Vincent encontrou uma visão ainda mais sombria em *Oresteia*, de Ésquilo, acompanhando o terrível destino dos vencedores de Troia. Nesta que é a mais bárbara e terrível das tragédias gregas, o mundo é definido por crimes em família — infanticídio, parricídio, matricídio —, e o filho culpado foge de casa, perseguido pelas Fúrias do remorso.

Por fim, Vincent se arriscou a descer nas profundezas niilistas e desnudadas do *Rei Lear* de Shakespeare. "Meu Deus, como Shakespeare é lindo", exclamou na primeira carta após o longo silêncio; "quem mais é tão misterioso como ele?"

Para um leitor como Vincent, que adotava as manias da época por narrativas com a redenção do sofrimento e a vitória do amor, *Lear* representava uma insuportável mortificação das esperanças. A morte de Cordélia, em especial, transgredia todas as normas da sensibilidade vitoriana, e era frequente que a peça fosse encenada com outro fim, um final feliz em vez do intolerável desfecho de Shakespeare. Vincent deve ter encontrado um estranho consolo nessa história sombria de um pai levado à dor por seus próprios erros, com os sofrimentos altivos de um homem que, "mais do que pecar, sofreu pecados cometidos por outrem". Vincent manifestou uma admiração especial pelo caráter "nobre e distinto" de Kent, o duque que se disfarça de criado e é castigado por sua franqueza. Mas, avançando o inverno, passou a se identificar mais e mais com o protagonista que se suplicia, o primogênito traído, Edgar. Expulso por Lear, invisível ao pai cego, morando numa caverna nas charnecas, fazendo-se passar por louco, um "pobre farrapo nu... sem casa... sem comida... preso e enjaulado em miséria andrajosa", Edgar foge aterrorizado de torturadores que não se veem e, como o trapeiro, "bebe a camada verde do charco estagnado".

Vincent foi visto naquele inverno com o rosto enegrecido, descalço, em andrajos, perambulando pela paisagem desolada entre a neve e os temporais. Os conhecidos de outrora, entre eles Denis, o avisaram: "Seu estado mental não está normal". Os camponeses que o encontravam na charneca simplesmente o diziam louco. E ele respondia: "Jesus, Nosso Senhor, também era louco" — defesa que alguns tomavam como prova de seu transtorno mental. Esfregava as mãos sem cessar, como se tentasse remover uma mancha indelével, e os vizinhos que passavam pelo celeiro onde costumava dormir ouviam seu pranto. Segundo um relato, ele "se sujeitou à indignidade suprema" tirando todas as roupas e, como Edgar, "respondendo com o corpo despido à desgraça dos céus". "És o próprio demônio", diz Lear a Edgar, "um homem desabrigado não passa de um simples e pobre animal de pés fendidos, como és." Num momento de compaixão a Lear, Vincent viu um trabalhador que tinha feito uma camisa de um saco impresso com a palavra "Frágil". "Ele não deu risada, mas falou daquilo em tom de piedade durante dias seguidos", lembrava um morador local. No livro de salmos, sublinhou em traços curtos e expressivos:

Minha alma agoniza...
Meu Deus, meu Deus, por que me abandonaste,
Longe de teu consolo, em minha profunda angústia...
Dia e noite temeroso invoco teu nome
mas tua voz santa não responde a meus brados;
sinto por fim minha vida quase extinta de dor.

Negros pensamentos suicidas percorriam os meses de tormento que infligia a si mesmo. Desde que vira a mãe na plataforma do trem, na partida em julho, Vincent se sentira sucumbir à "melancolia", como disse a ela mais tarde, "como se estivesse se despedindo pela última vez". Apenas um mês depois, quando o Comitê finalmente oficializou seu fracasso em Petit Wasmes, Vincent escreveu a Theo num tom ainda mais desgraçado: "Minha vida vem se tornando cada vez menos preciosa, uma questão muito menos importante e de mais indiferença para mim".

Vincent pode não ter tentado se matar, mas, antes de findar o inverno, saiu numa jornada de autopunição que tinha o mesmo significado. No início de março, desnutrido, fraco, mal agasalhado, saiu de novo do Borinage e tomou o rumo oeste. Percorreu de trem o trecho que lhe permitiram os poucos francos que tinha no bolso. Chegando à fronteira francesa, começou a andar. Talvez pretendesse ir a Calais, 160 quilômetros a noroeste, que ficava apenas a cerca de trinta quilômetros da Inglaterra de suas lembranças, do outro lado do canal da Mancha. Antes disso, em seu desespero, ele tinha escrito ao reverendo Slade-Jones em Isleworth, único lugar onde não fracassara em sua missão. Slade-Jones respondera num raro tom de encorajamento, propondo erguer uma série de "igrejinhas de madeira" no Borinage. A grande ambição de Vincent em pregar o Evangelho perdera força a essa cintilação ilusória.

Fosse essa ou não a estrela que ele seguiu ao sair da região negra, logo a viagem se mostrou de uma dureza superior até mesmo à sua capacidade de autopunição. Açoitado por chuvas e ventos gelados, sem dinheiro para comer ou se abrigar, ele contou mais tarde que "andava e andava sem parar, como um vagabundo, sem encontrar descanso, comida ou abrigo em nenhum lugar". Dormia em carroças abandonadas, em montes de lenha, em celeiros, e acordava coberto de geada. Procurou trabalho — "teria aceitado qualquer coisa", disse ele —, mas ninguém contratou aquele vagabundo estranho. "Eu estava no estrangeiro, sem amigos nem ajuda", relembrou, "sofrendo grandes provações." Perseverou até chegar a Lens, a apenas 65 quilômetros de onde partira, e deu meia-volta. Na viagem de regresso, fez uma breve parada na vila de Courrières, perto de Lens, onde Jules Breton tinha um ateliê. Por muito tempo, Vincent tinha apreciado os poemas e os quadros de Breton. Quando estava na Goupil, chegara a conhecer o artista pessoalmente. Mas era uma vida anterior. Agora, limitou-se a ficar parado do lado de fora do ateliê, envergonhado demais para bater à porta.

Depois de apenas três dias, alquebrado no corpo e no espírito, ele voltou à região negra. Mais tarde admitiria: "Aquela viagem quase me matou".

Foi nesse estado que os pais o viram, cerca de uma ou duas semanas mais tarde, em Etten. Pode ter ido sozinho, mancando (reclamou dos "pés estropiados" depois da viagem abortada), no entanto é mais provável que alguém da comunidade tenha avisado de novo Dorus, que foi ao Borinage e trouxe o filho de volta para casa — como várias vezes ameaçara fazer. Depois de "perder a esperança" no destino de Vincent, lamentando que tal era "a cruz que temos de carregar", Dorus finalmente decidira tomar as rédeas da questão.

Decidira internar o filho num manicômio.

A cidade de Gheel ficava a apenas 65 quilômetros ao sul de Etten, logo depois da fronteira belga. Desde o século XIV, os peregrinos iam a Gheel em busca de curas milagrosas para problemas mentais, atribuídos à obra do demônio. Como todos os peregrinos, ficavam hospedados na casa das famílias locais, permanecendo muitas vezes durante anos e assumindo algum papel na vida da cidade. Em 1879, os séculos de peregrinações tinham remodelado Gheel, a qual se transformara num único manicômio aberto: "a Cidade dos Simplórios". À exceção de uma pequena clínica, não havia celas, guardas ou muros. Mil "dementes" — como eram invariavelmente designados — viviam entre os 10 mil habitantes sãos, alojados como pensionistas nas casas, onde faziam serviços domésticos e até exerciam algum ofício "sem ser contrariados em seus caprichos [e] despercebidos em suas peculiaridades", segundo os anúncios que Dorus deve ter lido.

Numa época de assustadores hospícios públicos, onde os reclusos costumavam ficar acorrentados por longos períodos ou eram humilhados por visitas que pagavam para entrar, apenas para zombar deles, a existência de Gheel facilitou um pouco a decisão angustiante de Dorus. A cidade ficava a uma distância que permitia visitas periódicas, mas de segurança para se manter fora das vistas públicas. Como todas as famílias vitorianas, o maior medo dos Van Gogh era o impronunciável estigma da insanidade — estigma este que não diminuíra com os avanços recentes no entendimento e tratamento das doenças mentais. Tudo — desde as chances de promoção de Theo na Goupil às possibilidades matrimoniais das irmãs mais novas, e até a capacidade de Dorus de ficar diante de sua congregação sem se sentir envergonhado — dependia de um sigilo absoluto.

Mas, para confiar Vincent a qualquer manicômio, Dorus precisava de um "atestado de insanidade", emitido por um médico especialista que tivesse examinado o paciente. Depois de ter chegado à casa em março, em algum momento Dorus marcou uma consulta para ver o professor Johannes Nicolaas Ramaer, um importante "alienista" em Haia e inspetor de hospícios para maníacos. Segundo a recordação muito posterior de Anna, inicialmente Vincent concordou em consultar Ramaer para "pedir remédios". Mas no último instante, talvez percebendo as intenções paternas, ele se recusou a ir. Lembrou mais tarde: "Resisti com todas as minhas forças".

A única maneira de internar o filho sem um atestado, como Vincent provavelmente sabia, era convocar um "*conseil de famille*" para respaldar o pedido de internamento — coisa que Dorus relutaria em fazer.

Mas agora ele estava decidido. "Meu pai chamou a família para uma reunião", Vincent contou anos depois a um amigo, "para me trancafiar como louco." Para conseguir a tutela do filho — que acabara de fazer 27 anos —, Dorus procurou que o declarassem incompetente "por razões *físicas*" — devido à sua incapacidade de cuidar de si mesmo. Qualificou Vincent de "perturbado" e "perigoso" e apresentou suas fantasias kempianas de "optar por uma vida de pobreza" como prova de sua insanidade.

Em algum momento daquela primavera, numa raiva feroz, Vincent deixou Etten outra vez. Disse que "não queria mais ver" os pais e, em atitude de desafio, voltou ao local de sua ruína, o Borinage. Podia estar escapando à campanha para interná-lo ou pode ter sido para contrariar o pedido do pai para que ficasse, achando que Dorus queria apenas mantê-lo fora das vistas para evitar que trouxesse ainda mais vergonha à família. Logo que chegou de volta a Cuesmes, enviou aos pais um exemplar de *O último dia de um condenado*, que foi exatamente o golpe que deve ter pretendido. "Hugo está do lado dos *criminosos*", escreveu a mãe horrorizada. "O que seria do mundo se as coisas más fossem consideradas boas? Pelo amor de Deus, isso não está certo."

Mas, depois de um breve período sozinho na região negra, a raiva de Vincent se converteu em desespero. Todas as suas missões tinham fracassado. Suas congregações o haviam rejeitado; o Deus delas o traíra. Sua família o renegara muito antes que ele a renegasse. A briga por causa de Gheel tinha destroçado até a esperança de reconciliação — a esperança que sustentara durante a solidão e a miséria dos últimos três anos. Sem lar, sem um tostão, sem amigos, sem fé, Vincent atingira o fundo do poço em sua longa descida. Estava esmagado pelo sentimento de culpa e de desgosto por si mesmo. Definiu-se como "um tipo de sujeito instável e censurável... de uma safra ruim... que nunca faz nada direito". Reclamou que sentia "uma frustração medonha roendo" seu espírito e "uma onda de náusea crescendo por dentro". "Como posso ser de valia para alguém?", concluiu amargurado. "A solução melhor e mais sensata de todas seria partir... deixar de existir."

Das profundezas dessa mais negra região, após quase um ano de silêncio, ele se dirigiu a seu "*waarde* Theo". "Mantive silêncio por muito tempo", escreveu em julho. "[Agora] cheguei a uma espécie de beco sem saída, estou com problemas, o que mais posso fazer?"

Foi o início de um dilúvio: uma tempestade até então represada de protestos, autocomiseração, confissões e súplicas na carta mais longa que escrevera até então. Defendeu seus esquisitos excessos de comportamento simplesmente dizendo: "Sou um homem de paixões". Se parecia que "não prestava para nada", que era um "*fainéant*", um vadio, era porque estava com "as mãos atadas". Se parecia bravo, era porque estava "louco de dor" — como um pássaro preso que "bate a cabeça contra as grades da gaiola". Entre páginas e mais páginas de atitude defensiva e casuística retorcida, porém, erguia-se um *cri de coeur* genuíno: "Nem sempre a pessoa sabe do que é capaz", escreveu Vincent, utilizando as construções veladas que sempre envolviam suas confissões mais dolorosas, "mas mesmo assim sente instintivamente: Presto para alguma coisa! Minha existência não é privada de sentido!... Como posso ser de valia, como posso ser útil? Há algo dentro de mim, mas o que pode ser?".

Theo ouviu os rogos do irmão. Na ocasião seguinte em que Vincent lhe escreveu, já tinha uma resposta à sua pergunta. Informou numa breve carta, um mês depois: "Ando desenhando e estou com pressa de retomar".

13. A terra dos quadros

Theo sempre tinha encorajado os desenhos do irmão, da mesma forma que os pais: como um dos poucos méritos sociais restantes de Vincent, uma ligação com o mundo burguês que ele parecia decidido a rejeitar em todos os demais aspectos. Na verdade, quando partiu para o Borinage, Vincent estava disposto a se desfazer desse último resquício de sua vida pregressa. "Eu gostaria de começar a desenhar uns esboços de algumas das coisas que encontro", escreveu um dia antes de sair de Bruxelas, "mas, como isso provavelmente me afastaria de minha verdadeira tarefa, é melhor nem começar." Pelo visto, essa proibição não se aplicou a quatro mapas da Terra Santa que o pai lhe pediu que fizesse, logo após chegar a Petit Wasmes. Mas, depois disso, ele se prendeu à promessa de abstinência artística em todas as crises do inverno e primavera de 1878-9. Foi só depois que seu mundo começou a desmoronar, em maio, que prometeu aos pais que "faria o máximo" para retomar o desenho.

Theo se somou aos incentivos. "Devo ter alguns desenhos para lhe mostrar", disse Vincent às vésperas da visita do irmão em agosto de 1879, sem dúvida respondendo a alguma pergunta. "Muitas vezes desenho até tarde da noite." Desenhava as "roupas e ferramentas" dos mineiros e pequenos panoramas das minas de carvão — seu novo lar. Ao que parece por sugestão de Theo, Tersteeg enviou um conjunto de tintas de aquarela a Vincent, para poder dar um leve colorido aos mapas e esboços. Ele chamava o resultado de "recordações". Captavam "o aspecto das coisas daqui", escreveu ele. Na viagem para visitar o reverendo Pieterszen, levou alguns desenhos para mostrar ao pastor, o qual pintava aquarelas por entretenimento.

Mas nem Vincent, nem Theo tinham esses desenhos em grande conta. "Nem vale a pena descer do trem por causa deles", escreveu Vincent na defensiva, antes da chegada do irmão. Depois de vê-los, Theo parece ter concordado. Durante a longa conversa sobre o futuro de Vincent — abordando as possíveis escolhas da profissão de marceneiro e guarda-livros —, em momento algum, ao que parece, passou pela cabeça de Theo que o irmão podia se tornar artista. Nos meses de trevas que se seguiram, Vincent não teve nenhuma dificuldade em pôr "de lado" o bloco de desenhos e as aquarelas, junto com todos os imerecidos confortos burgueses, como alimento, cama e roupa.

Quando Vincent ressurgiu em julho seguinte, com a longa carta suplicante, Theo insistiu que ele retomasse o desenho como uma "atividade manual" — um interesse saudável para manter a cabeça e as mãos ocupadas, impedindo que ficasse obcecado com seus problemas e restabelecendo sua ligação com o mundo. E sugeriu que até poderia vender os mapas, os desenhos e as aquarelas para ajudar no próprio sustento.

De início, Vincent rejeitou a ideia. "Achei inviável e não quis nem ouvir", lembrou mais tarde. Mas a proposta pareceu muito mais plausível e atraente do que parecia no verão anterior. Com efeito, Vincent tinha vendido alguns desenhos seus naquele ínterim. O pai pagara dez francos por cada mapa da Terra Santa e Pieterszen comprara um ou mais desenhos dos mineiros. (Sem que o filho soubesse, Dorus tinha remetido o dinheiro para Pieterszen comprá-los, com a instrução de que o usasse para "incentivar a recuperação [de Vincent], sem deixar que ele saiba que veio de mim".) Não era muito, mas foi o suficiente para alimentar a vontade de pagar as próprias contas. "Tenho desperdiçado tempo quando se trata de ganhar a vida", admitiu na carta de julho.

Além disso, Vincent havia descoberto novos prazeres em desenhar. Depois de meses despertando apenas insultos e zombarias em público, agora ele podia sair com um bloco de desenhos, não uma Bíblia, e desenhar em paz. Um morador local relembrou: "Ele retratava mulheres catando carvão, mas não se dava nenhuma importância àquilo. Não levávamos a sério". Para um indivíduo que tinha medo das pessoas, mas ansiava pela companhia humana, a oportunidade de observar silenciosamente os outros se mostrou animadora. E a chance de dominar um contato social — recrutando e retratando modelos — se mostrou empolgante. Em algumas semanas, tinha começado a procurar "modelos com alguma personalidade... masculinos e femininos".

Depois das rigorosas provações do inverno, o desenho, que antes era um passatempo, agora atendia também a necessidades mais profundas. Com a derrocada final das ambições evangélicas de Vincent, restou-lhe apenas a arte como invocação de um chamado superior. Ele retomou prontamente os argumentos de Amsterdam, anunciando a unidade entre arte e religião. "Passa-se com os artistas o mesmo que se passa com os evangelistas", insistiu. "Tente captar a essência do que os grandes artistas, os mestres sérios, dizem em suas obras-primas e neles você reencontrará Deus." "Tudo o que é bom e belo de verdade... vem de Deus." Dedicando-se ao desenho, Vincent poderia continuar seu trabalho de missionário da "beleza interior, moral, espiritual e sublime". Não abandonara suas ambições. Não mudara de curso. Não fracassara. Seus problemas tinham sido por culpa de evangelistas "odiosos e tirânicos", afirmou ele, que, como as "velhas escolas acadêmicas" de arte, "excluem o indivíduo de espírito aberto".

Declarar-se artista também alimentava outra esperança de reconciliação: o sonho da estrada de Rijswijk — dois irmãos "unidos num só... sentindo, pensando e acreditando como iguais". Terminado o longo inverno do distanciamento, afluíram de volta os velhos sentimentos de solidariedade. Apenas o "poder mágico" da irmandade podia abrir a gaiola na qual se sentia preso, afirmou Vincent. Dizendo que sentia "saudades da terra dos quadros", insistiu que seu entusiasmo pela arte não diminuíra durante as perambulações no Borinage. Definiu enfaticamente suas novas pretensões artísticas como resposta à sugestão de Theo ("Penso que você prefere me ver fazendo algo de bom, em vez de não estar fazendo nada") e invocou a restauração da "*entente cordiale*" fraterna para "nos fazermos de mútuo proveito".

Vincent resolveu até retomar a correspondência em francês, como tributo à nova vida de sucesso do irmão em Paris e à identidade de ambos como cidadãos da francófona "terra dos quadros".

Posta a serviço dessa nova missão, a vigorosa imaginação de Vincent, que o levara à região negra e o manteve vivo, agora começava a remodelar suas experiências de lá. Quando Theo escreveu sobre a inspiração que muitos artistas franceses haviam encontrado em Barbizon, vilarejo na floresta de Fontainebleau ao sul de Paris, Vincent reformulou sua viagem no inverno anterior como uma busca artística similar. Respondeu: "Não estive em Barbizon, [mas] fui a Courrières no inverno passado". Na imaginação de Vincent, aquela jornada infernal, sem esperança nem destino, de seis meses antes, tinha se transformado numa peregrinação em busca do *isso* — um "passeio a pé" de inspiração, além da oportunidade de visitar Breton, o grande pintor de Barbizon, pelo qual Theo nutria a mesma reverência do irmão.

Na visão de Vincent, uma zona rural idílica, com medas de feno, casas cobertas de sapé, um "solo de marga, quase cor de café", apagava os montes de escória fumegante que dominavam o distrito mineiro francês ao redor de Courrières, tal como o belga ao redor de Cuesmes, e um céu francês "belo, brilhante" substituía a sufocante neblina poluída do Borinage, a poucos quilômetros de distância. Povoou sua fantasia com camponeses pitorescos, saídos diretamente das gravuras que os dois irmãos tinham em suas paredes: "todos os tipos de trabalhadores, cavadores, lenhadores, um lavrador conduzindo a carroça e a silhueta de uma mulher de touca branca". Vincent chegou a reelaborar os suplícios que sofreu, de fome e de frio, como as provações transformadoras do Cristão de Bunyan. "Não me arrependo", disse revendo seu julgamento não só sobre a viagem, mas sobre o período todo que passou na região negra, "porque vi algumas coisas interessantes e os ordálios de sofrimentos terríveis nos ensinam a enxergar as coisas com outros olhos."

Apesar do inverno de privações, ele agarrou sua nova vocação com uma tremenda energia, somando seu habitual entusiasmo vertiginoso pelos novos inícios a uma determinação encarniçada de deixar o passado para trás. Da casa em Cuesmes, ele ficou importunando Theo e outras pessoas pedindo "modelos" com os quais pudesse aprender o novo evangelho. Queria principalmente o manual de estudos de Charles Bargue em duas partes, *Exercices au fusain* (Exercícios em carvão) e *Cours de dessin* (Curso de desenho), e o livro de Armand Cassagne, *Guide de l'alphabet du dessin* (Guia do ABC do desenho), um manual prático semelhante sobre o uso da perspectiva. Devorou esses calhamaços, com os exercícios em ordem de complexidade crescente e a promessa de sucesso infalível para o estudante aplicado — repetindo página por página, sem cessar. "Agora terminei todas as sessenta folhas", escreveu quando terminou pela primeira vez, entre muitas, os *Exercices au fusain*. "Trabalhei quase uma quinzena inteira nele, do início da manhã até a noite... ele revigora meu lápis."

Vincent trabalhava com uma intensidade impressionante, instalando-se numa banqueta portátil no pequeno aposento do segundo piso, que dividia com os filhos do senhorio, curvando-se sobre um grande caderno de desenho equilibrado no colo, com Bargue e Cassagne em tamanho natural apoiados junto a ele. Trabalhava enquanto lhe permitia a luz — ao ar livre, no jardim, quando o tempo permitia. Em apenas duas semanas, disse ter terminado 120 desenhos. Declarou: "A cada dia, minha mão e minha cabeça ficam mais fortes e mais flexíveis". Achava os exercícios "exigentes" e às vezes "extremamente maçantes", mas não ousava reduzir o ritmo frenético. "Se eu parar de pesquisar, aí, pobre de mim, estarei perdido", escreveu. "É

Mineiros na neve ao amanhecer, agosto de 1880, lápis sobre papel, 13 × 20,3 cm.

assim que vejo: continue, continue, venha o que vier." Comentou com Theo sobre um "grande fogo" que ardia dentro de si.

Para alimentar esse fogo, não lhe bastavam os exercícios. Pediu com insistência a Theo que lhe enviasse outras imagens para copiar, começando pelo icônico *Les quatre heures de la journée* (As quatro horas do dia) e *Les travaux des champs* (Os trabalhos dos campos), de Millet, imagens que teve por anos na parede dos quartos onde morou e que continuaria a copiar pelo resto da vida. No começo, dedicando-se de modo incansável a seus manuais, ele pediu apenas águas-fortes de "mestres" do desenho de figuras, como Millet e Breton. "São essas as coisas que quero estudar", frisou ele. Mas logo passou a pedir paisagens: desde gigantes da Idade de Ouro, como Ruisdael, a heróis de Barbizon, como Charles Daubigny e Théodore Rousseau.

No entanto, por mais imagens que Theo lhe enviasse, Vincent não conseguia resistir ao impulso de sair de seu apertado "ateliê" para procurar imagens por conta própria. Apesar das promessas reiteradas de que concluiria os exercícios antes de tentar desenhar "ao vivo", ele vagueava pela cidade desenhando retratos e vinhetas: mulheres carregando sacos de carvão, uma família colhendo batatas, vacas num pasto. Chegou a convencer alguns moradores locais, inclusive sua antiga senhoria Esther Denis, a posar para ele.

Levava seu banquinho dobrável até a entrada da mina e registrava em desenhos toscos, de traço infantil, tudo o que via — tentativas inexperientes que mesmo ele desqualificou, considerando-as "canhestras". (Mais tarde, admitiu que destruíra todos os trabalhos desse período.) Mesmo assim, fez projetos elaborados para dois desenhos em grandes dimensões: um, com os mineiros indo para o trabalho de manhã cedo ("sombras passando, indistintas à luz do amanhecer"), e o outro, de acompanhamento, com a volta do trabalho (com "um efeito das silhuetas castanhas, com um leve toque de luz, contra um céu mosqueado ao crepúsculo"). Muito antes de terminar o *Cours de dessin*, ele pôs no papel a primeira dessas imagens. "Não podia deixar de rascunhar em tamanho grande o desenho dos mineiros indo para o poço da mina", confessou a Theo.

Mas nesse furor, nessa ressurreição de um entusiasmo promissor, voltava sempre a uma imagem específica. "Já desenhei 'O semeador' cinco vezes", escreveu em setembro, "e vou retomá-lo mais uma vez. Fico totalmente absorvido naquela figura."

Em outubro de 1880, apenas dois meses depois de se declarar artista, Vincent saiu do Borinage. Restava-lhe pouco menos de uma década de vida — apenas um quarto dela. Tomou o trem em Mons, aonde havia chegado dois anos antes vindo de Bruxelas, e retornou para essa cidade. Só que agora, em vez de uma pasta de sermões, levava uma pasta de desenhos. Reclamou que tinha "sofrido infortúnios na 'região negra' belga" e precisava de um ateliê melhor, da companhia de outros artistas e de "coisas boas de ver", a fim de esquecer aqueles infortúnios e "eu mesmo fazer boas coisas".

Na verdade, a trajetória artística de Van Gogh, curta e incandescente, já havia se iniciado. Ele sempre se revigorava desenhando figuras, mesmo que nunca tivesse êxito. Como maneira de tocar os sentimentos que valorizava e criar as ligações humanas que desejava, nunca teve tema mais satisfatório do que as figuras, mesmo tendo criado algumas das paisagens mais sublimes da arte ocidental. A mesma convicção profunda quanto ao poder transformador do trabalho — a religião materna de "se manter ocupado" —, que lhe permitira atravessar as inconcebíveis dificuldades da Inglaterra, Amsterdam, Bruxelas e Borinage, agora seria aplicada à impossibilidade quase certa do sucesso artístico. Os atritos desse impulso cego continuariam a gerar a mesma angústia que ele se infligiu nos urzais infestados de pulgões da região negra.

Vincent continuaria a se alternar entre votos ambiciosos de aprender os fundamentos do novo ofício e gritos de exasperação quando o progresso se demonstrava vagaroso. Volta e meia expunha planos grandiosos para se aperfeiçoar, os quais, como quando se dedicou à vocação religiosa, logo tropeçavam em sua impaciência, em seus interesses errantes e no medo de falhar. Assim como deixou inacabada uma quantidade de desenhos muito maior do que havia começado (além de maçante, ele achava difícil o processo de transformar um esboço num desenho acabado), ele largou pela metade, ao longo de sua carreira, uma série de projetos iniciados entre acessos de entusiasmo febril que sempre rejeitavam medidas que não fossem radicais.

Essa recusa do cálculo e da moderação lhe permitia ser impiedosamente autocrítico e de um otimismo infindável: sempre na promessa e na expectativa de se aperfeiçoar; sempre aguardando o raio que fulminaria, a voz de Deus que falaria ou o anjo que apareceria. "Estou trabalhando muito, mas por ora não está rendendo resultados especialmente satisfatórios", ele escreveu na primeira de inúmeras vezes numa carta do Borinage. "Mas tenho toda esperança de que esses espinhos, no devido tempo, tragam alvas flores e que essas lutas que parecem infrutíferas não sejam senão as dores do parto." A súbita partida de Bruxelas — poucos dias depois de assegurar a Theo que "a melhor coisa para mim é ficar aqui e trabalhar com o máximo afinco que puder" — foi a primeira de muitas fugas preventivas para manter viva aquela esperança.

Também em sua vida emocional, Vincent nunca saiu do Borinage. Quando Theo lhe enviou cinquenta francos em junho, o fato não só reacendeu o relacionamento entre eles, como deu início a uma dependência financeira que duraria pelo resto da vida de Vincent. Dali a poucos meses, ele exporia o primeiro daqueles inúmeros argumentos queixosos e coercitivos, pedindo mais subsídios, que se tornariam a desgastante marca característica da correspondência entre ambos. Em setembro, ele escreveu: "Sinceramente, para poder trabalhar de maneira adequada, preciso de pelo menos cem francos por mês", e acrescentou uma advertência: "A pobreza interrompe o avanço dos melhores intelectos". Com esse apoio monetário, ficou evidente e inegável a inversão das posições relativas dos irmãos dentro da família — "se eu desci no mundo, você subiu nele de outra maneira", admitiu Vincent —, inaugurando todo um novo mundo de reservas e desconfianças. Mas, ao mesmo tempo, o dinheiro conferia uma nova ponta de desespero ao velho anseio de Vincent por uma solidariedade fraterna. Não bastaria mais o "poder mágico" da fraternidade: Vincent agora precisava do engajamento absoluto de Theo nessa empreitada conjunta de sua carreira artística. O trabalho *dele* era cria *de ambos*, dizia Vincent, gerado pelo estímulo decisivo que Theo lhe dera no verão de 1880.

Mas sua "dependência deprimente" (a expressão é dele) criou novas ondas de culpa e ressentimento. A culpa se expressava em seus protestos de trabalho árduo, nos pedidos de paciência em tom de desculpas, nas promessas patéticas de que reembolsaria o irmão. ("Um dia ou outro, vou ganhar uns centavos com alguns desenhos", escreveu em sua primeira genuína carta de artista.) O ressentimento encontrava voz em esquemas de manipulação, cobranças em escala crescente e acessos de indignação moral quando Theo, inevitavelmente, não acompanhava Vincent em sua ideia de que aquele era um empreendimento conjunto. Quando Vincent saiu do Borinage, Theo já tinha assumido por completo o papel de Dorus, nesse círculo vicioso de culpa e raiva: uma espiral em que às vezes o ressentimento prevalecia sobre a gratidão, nenhum apoio bastava, gestos de generosidade recebiam em resposta espasmos de desdém. Em setembro, Theo convidou Vincent a Paris. Vincent respondeu com um pedido velado de dinheiro para visitar Barbizon, mas então, sem qualquer aviso, se mudou para Bruxelas.

Finalmente, pela pura força da imaginação, Vincent saía do Borinage com sua visão do "*isso*" incólume, sem ser toldada pelos anos de contratempos e sofrimentos. Ele disse a Theo: "Meu ser interior não mudou... Eu penso, acredito e amo com mais seriedade agora do que pensava, acreditava e amava naquela época". O objetivo supremo continuava a ser a consolação; o meio supremo, a verdade; o sentimento supremo e redentor, a dor. Sua imaginação já se ocupava em transformar os anos de exílio e provação na matéria do *isso* — o "sofrimento interior" que via nas obras de todos os artistas que admirava. Afirmou que buscava imprimir a seu trabalho "um tom mais nobre, mais digno e, se posso assim dizer, mais evangélico". Falou do desafio que o aguardava numa retórica bíblica ("Estreito é o caminho, penosa a passagem e poucos a encontram") e apresentou seu renascimento na região negra como uma ressurreição. Escreveu: "Mesmo naquela profunda miséria, senti minha energia reviver e disse a mim mesmo: apesar de tudo, eu me erguerei de novo. Retomarei o lápis".

PARTE 2

OS ANOS HOLANDESES
1880-6

Vincent van Gogh, aos dezoito anos.

14. Corações de gelo

Ele avultava sobre Bruxelas como uma fantasia de antigos impérios desaparecidos. Mesmo num século encantado consigo mesmo, o Palais de Justice se destacava como um marco de grandiosidade. "Um pouco de Michelangelo, um pouco de Piranesi e um pouco de loucura", disse o poeta Verlaine sobre aquela estrutura que parecia uma Torre de Babel, a qual estava quase pronta quando Vincent chegou em outubro de 1880.

Mas, evidentemente, ele tinha de ser enorme (o maior projeto de um edifício individual do século XIX), porque Bruxelas tinha algo a provar. Animada pelo quinquagésimo aniversário de independência e acumulando fortunas com suas colônias africanas, a jovem Bélgica começara a transformar a antiquada capital numa cidade de categoria internacional — para inverter séculos de domínio francês ou holandês e transformar Bruxelas num centro de prestígio e esplendor capaz de rivalizar com Paris. O que o barão Haussmann havia feito na capital francesa, o rei Leopoldo II estava fazendo em Bruxelas: acabando com grandes trechos da cidade medieval para dar espaço às novas avenidas grandiosas de *appartements* burgueses e novos edifícios do comércio, do governo e das artes. Fora da cidade velha, Leopoldo construiu um imenso parque para se equiparar ao Bois de Boulogne de Paris e uma vasta área descoberta para feiras onde, em 1880, o país comemorou seu aniversário com um jubileu que fazia lembrar a Exposition Universelle de Paris.

Mas Bruxelas também se beneficiara com o longo eclipse à sombra de Paris. As sucessivas convulsões políticas tinham levado várias ondas de refugiados intelectuais e artísticos a esse porto seguro de língua francesa. Karl Marx e outros pais do socialismo podiam escrever e publicar no país sem medo de ser perseguidos. O anarquista Paul Proudhon ("A propriedade é um roubo!") escapou à prisão em Bruxelas. Como Vincent devia saber, foi ali que Victor Hugo iniciou seus vinte anos de exílio — os anos mais prolíficos de sua vida imensamente produtiva. Lá também Charles Baudelaire fugiu à perseguição pelas "perversidades" do simbolismo. Foi aonde Verlaine levou seu amor proibido, Arthur Rimbaud, e fez os primeiros rascunhos de *Romances sans paroles*. Na época em que Vincent chegou, Bruxelas havia consolidado sua fama como local que recebia gente de mentalidade incomum, desgarrada da terra natal, que lá podia reassentar seu destino.

Foi nessa cidade de novas ambições e que oferecia uma segunda oportunidade que Vincent fez sua aposta desesperada de uma nova vida. Os problemas do passado desapareceram de sua correspondência. Apenas o nome do bar e estalagem onde se hospedou, Aux Amis de Charleroi, sugeria o tempo negro que passara na região negra. (Charleroi era a capital da região das minas de carvão.) Em seu quartinho em cima do bar, no número 72 do Boulevard du Midi, dando para a estação de trem, ele retomou o trabalho febril. "Estou avançando com vontade", garantiu a Theo depois de chegar. "Temos de fazer os mesmos esforços de seres perdidos e desesperados."

Vivendo de café e pão, que ficavam disponíveis gratuitamente 24 horas por dia no bar, ele se atirou à última parte do curso de Bargue, que mostrava como fazer cópias a partir dos grandes retratos a traço de Rafael e Holbein. Mas, ao mesmo tempo, voltou aos exercícios mais simples a carvão e refez todos eles. Fez também mais cópias de suas gravuras favoritas de Millet, experimentando a pena, que considerou frustrante. ("Não é tão fácil como parece", queixou-se ele.) Dedicou-se a um grande livro de anatomia, copiando as ilustrações em larga escala de crânios, membros e músculos até percorrer "todo o corpo humano", de frente, de costas e de lado. Então procurou fontes veterinárias para ilustrações de cavalos, vacas e carneiros, para dominar também a anatomia animal. Arriscou-se inclusive nas pseudociências da fisiognomia e da frenologia, na convicção de que um artista devia saber "como o caráter se expressa nos traços e no formato do crânio".

Vincent informou devidamente os pais e Theo desses esforços hercúleos, trabalhando para desfazer o juízo negativo da família sobre ele com o mesmo afinco com que trabalhava para dominar os mistérios da figura. Se "faço progressos e meu desenho melhora", escreveu aos pais, "tudo vai se acertar, mais cedo ou mais tarde".

Enviava-lhes desenhos ("para que possam ver que estou trabalhando"), acompanhados de lamentos reafirmando sua diligência e sinceridade. Não enviava praticamente nenhuma carta sem acrescentar algum comentário sobre a dificuldade da tarefa diante de si ou promessas de que acabaria se dando bem. "No conjunto, posso dizer que tive avanços", escreveu no dia de Ano-Novo de 1881. "[Agora] é capaz de eu conseguir ir mais rápido."

Comprou roupas e sapatos novos, e informou com orgulho: "têm um bom corte e me assentam melhor do que qualquer outro que consigo lembrar". Chegou a enviar uma amostra de tecido do terno para a aprovação dos pais, comentando com um inédito senso de moda que "tem se usado muito este material, sobretudo em ateliês". Acrescentou tranquilizador que "também reabasteci minhas roupas de baixo com três ceroulas" e que estava indo aos banhos públicos "duas ou três vezes por semana".

Atendendo a outra reclamação dos pais, Vincent retomou a busca de "boa companhia". Mal chegou a Bruxelas, informou que conhecera "vários jovens que também estavam começando a estudar desenho". Insistiu com Theo que lhe enviasse cartas de apresentação, pois o irmão tinha trabalhado quase um ano na cidade. Uma de suas primeiras paradas depois de chegar foi a galeria Goupil na Rue Montagne de la Cour, 58, junto ao novo grandioso local de exposições de Leopoldo, os Musées Royaux des Beaux-Arts. Esperava que o antigo patrão de Theo, o *gérant* Schmidt, pudesse ajudá-lo a "estabelecer relações com alguns dos jovens artistas daqui", disse ele. Quando Theo respondeu enviando as apresentações, Vincent foi imediatamente procurar as pessoas. Apresentou-se a Willem Roelofs, o decano dos pintores holandeses expatriados em Bruxelas, e talvez tenha encontrado Victor Horta, jovem arquiteto belga que acabara de voltar de Paris para se matricular na Academia de Bruxelas. Theo também pode lhe ter fornecido uma carta de apresentação para outro pintor holandês expatriado, Adriaan Jan Madiol. Vincent relatou ansioso essas incursões sociais aos pais e se comprometeu a restabelecer relações com pessoas caras à família, como Tersteeg e Schmidt e, por extensão, o tio Cent.

Entre todos os novos conhecidos de Vincent, ninguém agradou mais aos pais ou desempenhou maior papel em sua vida do que Anthon Gerard Alexander Ridder van Rappard. (Vincent sempre se referia a ele, oralmente ou por escrito, apenas como Rappard.) Como quase todas as pessoas que Vincent encontrou em Bruxelas, Rappard já era conhecido de Theo. Tinham sido apresentados não muito tempo antes em Paris, durante o estágio de Rappard no ateliê de Jean-Léon Gérôme, artista acadêmico importante e genro de Adolphe Goupil. Como muitos dos amigos de Theo, Rappard encarnava o ideal de "companhia civilizada" de Anna Carbentus. Filho caçula de um próspero advogado de Utrecht, de origem nobre, ele havia frequentado as devidas escolas burguesas; circulava nos ambientes certos e passava as férias no estilo certo, fosse velejando no lago de Loosdrecht ou indo a balneários elegantes como Baden-Baden.

Quando Vincent, numa manhã do fim de outubro de 1880, chegou ao ateliê bem equipado de Rappard, à Rue Traversière, na zona norte de Bruxelas, encontrou um rapaz de bela aparência, rico, de boas maneiras, com 22 anos de idade, um ano mais novo que Theo. Mesmo além das diferenças evidentes nas posses, na aparência física e na posição social, os dois artistas não podiam ser mais diferentes. Rappard era calmo, de bom coração, amigável, qualidades que desenvolvera por ter sido estimado durante toda a vida. Assíduo frequentador de clubes, ele se movimentava com o traquejo da grande experiência em reuniões sociais, muito apreciado pelos incontáveis amigos pela mente sensata e pelo coração estável. Vincent era briguento, irritadiço, metido a virtuoso; nunca ficava inteiramente à vontade na companhia dos outros; era dado a explosões de veemência que faziam desandar qualquer conversa. Depois de anos vivendo fechado dentro de si, ele tinha perdido quase todo senso de convívio social e tratava qualquer contato como uma alternativa entre atacar ou ser atacado.

As maneiras impecáveis de Rappard se estendiam a seus dotes intelectuais: não era dotado de grande curiosidade nem tinha uma imaginação muito exuberante. Lia os jornais "por alto" e falava vagamente de temas intelectuais, preferindo sempre as posições convencionais de sua classe. Nada podia ser mais diferente do intelecto esfaimado e contraditório, das explosões de entusiasmo vulcânicas de Vincent.

Anos depois, relembrando o primeiro encontro, Rappard comentou que Vincent era "violento" e "fanático". Vincent comentou que Rappard era "elegante" e "superficial" (mesmas críticas que fazia a Theo). Rappard reclamou que Vincent "não era fácil de lidar". Vincent reclamou que Rappard era "*abominavelmente* arrogante". Mesmo assim, quando se despediram naquele primeiro dia, Vincent tinha decidido — e estabelecido suas ambições de uma nova vida — conquistar a amizade de seu jovem conterrâneo. "Não sei se é uma pessoa com quem alguém como eu poderia viver e trabalhar", arriscou-se timidamente. "Mas com certeza vou vê-lo outra vez."

Nos meses seguintes, ele levou o novo amigo — o primeiro desde Harry Gladwell — a longos passeios pelo campo e se tornou presença assídua no ateliê espaçoso e bem iluminado de Rappard. Juntos exploravam os prazeres das Marolles, a zona de prostituição de Bruxelas, onde, ao que parece, Vincent desistiu das mortificações de sua vida anterior. Reticente de início, depois Rappard acolheu bem o novo

Anthon Ridder van Rappard.

e esquisito companheiro. A mesma timidez errante que o levara de uma vontade inicial de entrar na marinha, fizera-o passar por quatro escolas de arte diferentes sem concluir nenhuma delas, encontrou porto seguro no entusiasmo tirânico de Vincent. Indefinido e, de acordo com um amigo, "sempre insatisfeito consigo mesmo", Rappard se rendeu de bom grado à paixão de Vincent, mantendo-se calmo durante suas explosões, às vezes evitando sua companhia, mas sem o contestar jamais.

Em outra atenção aos pais, cuja fé na instrução era inabalável, Vincent solicitou inscrição na Académie Royale des Beaux-Arts. Resistira quando o *gérant* Schmidt lhe sugeriu essa ideia logo ao chegar, com a alegação muito implausível de que poderia pular a primeira fase da formação acadêmica devido a seus estudos do curso de Bargue. Depois de tantas tentativas malogradas, a perspectiva de continuar com mais aulas por certo lhe parecia desalentadora. Disse que precisava na verdade trabalhar diretamente com um artista experiente num ateliê. Mas, com a recomendação posterior de Roelofs e, sem dúvida, a atraente possibilidade de estar junto com Rappard, que estudava na Academia, logo mudou de ideia.

Ele se candidatou às aulas em Dessin d'après l'Antique (desenho a partir de moldes de gesso de estátuas antigas) e seu consolo era que pelo menos teria "uma sala aquecida e iluminada" durante o inverno pouco agradável de Bruxelas. O curso era gratuito, mas a Academia selecionava os candidatos. Enquanto aguardava impaciente o resultado de sua inscrição, Vincent encontrou um "pintor pobre" que lhe daria aulas de perspectiva a 1,5 franco por sessão de duas horas. "Não posso avançar sem alguma instrução", disse ele. Mesmo isso agradou tanto aos pais que eles prontamente se dispuseram a pagar pelas aulas.

Nada definiu melhor a reencarnação de Vincent em 1881 do que a questão monetária. Entre todas as críticas levantadas contra ele nos anos anteriores, a que mais pesava na nova existência era a acusação de que não se sustentava sozinho. Era, afinal, a acusação que Dorus utilizara para conseguir algum compromisso dele. A dor e a humilhação daquelas lembranças lhe tinham expulsado do espírito qualquer referência a Tomás de Kêmpis. Desde que chegou a Bruxelas, não cessava de anunciar em alto e bom tom sua decisão de ganhar a vida. "Minha meta deve ser aprender a fazer alguns desenhos que sejam apresentáveis e vendáveis o mais rápido possível", declarou na primeira carta que enviou de Aux Amis, "para começar a ganhar alguma coisa com meu próprio trabalho." A primeira parada em Bruxelas tinha sido na Goupil, como uma retomada simbólica da herança mercantil da família — "Agora retornei ao campo da arte", anunciou ele. A Theo, confidenciou sua esperança de que, "se eu der duro... talvez tio Vincent ou tio Cor façam alguma coisa — se não para me ajudar, ao menos para ajudar o pai".

Durante o inverno, continuou a insistir com os pais: "*Vou* viver disso... Um bom desenhista certamente consegue encontrar trabalho hoje em dia... Há muita procura por essas pessoas, e há colocações muito bem pagas". Comentou os honorários altos que recebiam os desenhistas em Paris ("de dez a quinze francos por dia"), em Londres e "outros lugares, a mesma coisa e até mais". Não só para os pais, mas também para Theo ele justificava todos os esforços, todas as despesas como indispensáveis para essa única meta. O desenho a bico de pena servia como uma "boa preparação, caso mais tarde se queira aprender água-forte". As aulas de perspectiva e anatomia animal o ajudariam a se "tornar melhor desenhista e conseguir algum trabalho regular". Como para provar sua nova boa-fé burguesa, enchia as cartas de jargão comercial: sobre o "bom retorno" que conseguiria sobre o custo dos materiais, o "capital" de sua formação, os altos "juros" que ele acabaria rendendo.

Em algum momento, Vincent deve ter chegado a reunir coragem para fazer uma "visita de vendas". Com pasta na mão, foi visitar um ex-colega evangélico dos tempos de escola, Jozef Chrispeels, que havia ingressado no exército. Interrompendo sem a menor cerimônia as atividades no campo de exercícios no forte onde Chrispeels estava estacionado, Vincent pediu para ver o ex-colega. "Um sargento veio me avisar: 'Há um homem que quer falar com o senhor'", recordava Chrispeels décadas mais tarde. "Era Van Gogh com uma grande pasta debaixo do braço." Vincent lhe mostrou os únicos desenhos que tinha prontos, os mineiros que continuava a desenhar e redesenhar depois de sair do Borinage. A reação de Chrispeels, se é que chegou a manifestá-la, não teria sido encorajadora. Ele lembrou a impressão que teve: "Como aquelas figurinhas rígidas pareciam estranhas!".

Mas Vincent era impermeável ao ceticismo e incapaz de meias medidas. Algum tempo depois, suas novas aspirações a um status burguês geraram novos excessos. Na tentativa de acelerar sua carreira e alcançar artistas jovens como Rappard (ele tinha aguda consciência de estar começando tarde), rapidamente começou a gastar mais dinheiro do que os pais podiam lhe fornecer. Dorus tinha combinado que lhe mandaria sessenta francos por mês, mas só o aluguel em Aux Amis custava cinquenta francos. Era veemente em alardear sua frugalidade — "Vocês não devem imaginar que vivo na riqueza aqui" —, mas na verdade não poupava despesas. Nos primeiros meses, comprou quatro ternos (um de veludilho, "material que se pode usar em qualquer lugar"). Retomou a coleção de estampas com mais uma dúzia de gravuras de Millet, dizendo que eram "úteis", pois "é bem possível que alguma hora eu trabalhe a partir de xilogravuras". Consumia materiais de desenho a uma velocidade furiosa, enchendo dezenas de folhas de papel caro numa única sessão. Ele criou uma justificativa para esse consumo prodigioso que invocaria pelo resto da vida: "Quando gasto mais, avanço mais depressa e faço mais progressos".

O que mais custava a seus parcos recursos eram os modelos. Os contatos fortuitos de Vincent no Borinage, onde os locais não se importavam que ele ficasse espiando suas lidas, haviam lhe deixado um apetite insaciável por esse pré-requisito de sua vocação artística. Outros estudantes de artes esperavam um ano ou mais para começar a desenhar ao vivo; Vincent ainda estava em seus *Exercices au fusain* quando contratou seu primeiro modelo para o quartinho em cima de Aux Amis. "Tenho um modelo quase diariamente", anunciou feliz, poucos meses depois de se declarar artista, "um velho carregador, algum operário, algum menino, que posa para mim." Ele mostrava as poses que queria — sentado, de pé, trabalhando com pá, carregando uma lanterna —, ralhava pela falta de jeito deles, desenhava-os vezes e mais vezes. Mas em Bruxelas, ao contrário do Borinage, os modelos tinham de ser pagos. "Modelos são caros", queixava-se, mesmo pedindo mais modelos para "poder trabalhar muito melhor".

Os modelos também precisavam de roupas. Em fevereiro, com os pais já alarmados com o aumento das despesas, Vincent informou que estava juntando uma coleção de roupas "para os modelos de meus desenhos". Fez uma longa lista do que queria, inclusive "roupas de trabalhadores", tamancos de madeira, gorros brabantinos, bonés de mineiro, oleados de pescador — "e também algumas roupas femininas". Antecipando-se às objeções dos pais em relação às despesas, ele insistiu que "desenhar o modelo *com os trajes necessários* é a única maneira verdadeira de dar certo". Os modelos também demandavam um ateliê, acrescentou ele. Seu quartinho mal iluminado em cima de Aux Amis (cujo aluguel não ia poder pagar naquele mês por falta de dinheiro) não era mais suficiente. "Só vou conseguir quando tiver uma espécie de ateliê próprio", disse ele.

Os pais cambaleavam sob essas exigências que cresciam numa espiral. Os sessenta francos que Dorus enviava todos os meses representavam mais de um terço de seu salário como pastor. Quando levantaram a questão, Vincent negou com veemência que estivesse fazendo alguma extravagância e lhes lembrou intencionalmente os excessos contrários de seu passado. Mais uma vez, Theo ouviu os lamentos que se erguiam em Etten: "A melancolia tomou conta de nós por causa do sofrimento em relação a Vincent".

Dessa vez, Theo estava em condições de fazer alguma coisa em relação a esse sofrimento. Graças a uma promoção recente, por fim ganhava o suficiente para assumir um compromisso com os pais: a partir de agora, *ele* iria sustentar o irmão. "É ótimo que você queira nos ajudar com as despesas de Vincent", escreveu Dorus. "Asseguro-lhe que é um alívio não pequeno para nós." A promessa de Theo teria consequências inimagináveis.

A generosidade de Theo, porém, derivava mais do senso de dever que de um afeto fraterno. Apesar ou talvez por causa de sua intervenção decisiva no verão anterior, desde então seu relacionamento com Vincent tinha esfriado muito. A mudança inesperada para Bruxelas certamente irritou Theo, que gostava de planejar as coisas com cuidado, e a visita inicial de Vincent ao *gérant* Schmidt na Goupil redespertou o receio de que ele criasse constrangimentos para a família. Theo respondeu prontamente ao irmão, pedindo que evitasse a galeria (utilizando como desculpa uma disputa judicial pendente) e ignorou de propósito quando Vincent lhe pediu que pressionasse Schmidt para que este o ajudasse a se lançar na nova carreira. Os dois últimos meses de 1880 se passaram sem que os irmãos trocassem nenhuma carta, nem mesmo no Natal, ocasião em que se completavam dois anos que não se viam.

Em janeiro, Vincent despachou seus votos de Ano-Novo em tom de reprimenda: "Como faz tanto tempo que não tenho notícias suas... nem tive a mais leve resposta à minha última carta, não será descabido lhe pedir algum sinal de vida". Dizendo que o silêncio do irmão era "estranho e bastante inexplicável", pôs-se a especular sobre a causa: "Ele tem medo de se comprometer aos olhos de Messrs. Goupil & Cia. mantendo contato comigo?... Ou será que tem medo de que eu lhe peça dinheiro?". Depois de uma tentativa canhestra de fazer piada ("você poderia pelo menos ter esperado até eu tentar espremer alguma coisa de você"), ele procurou corrigir o estrago se retratando ("escrevi minha última carta num momento de raiva... vamos esquecê-la"). Mas, meses antes que o primeiro franco ou florim mudasse de mãos, instaurara-se o tom defensivo, ressentido, antagônico que iria caracterizar os dez anos subsequentes.

Em algum momento da segunda quinzena de março, finalmente a incumbência passou para Theo. Dorus foi a Bruxelas para dar a notícia a Vincent. Enquanto isso, Theo estabelecia os termos de seu auxílio. À semelhança do último encontro em Mons, que fora catastrófico, ele instou com Vincent que arranjasse um emprego e frisou que, até lá, teria de viver dentro do orçamento. Aconselhou o irmão a pensar na dificuldade financeira não como "desvantagem" e sim como oportunidade. Para reduzir as despesas com modelos, ele se prontificou a enviar um manequim de segunda mão, com os membros ajustáveis para as poses. Reiterou o convite para Vincent se reunir a ele em Paris, onde morariam juntos e ficaria mais barato, adoçando a sugestão com a perspectiva de que Vincent poderia receber "orientação e ensino" de Hans Heyerdahl, jovem pintor norueguês que havia estreado recentemente no Salon. "É disso mesmo que preciso", concedeu Vincent, que já manifestara várias vezes a vontade de conseguir um arranjo desses.

Mas Theo resistiu aos pedidos do irmão para lhe enviar mais dinheiro — especificamente, à sua insistência de que era "impossível" viver com menos de cem francos por mês. Enquanto isso, a distância entre as novas pretensões burguesas de Vincent e sua falta de dinheiro crônica apenas se fazia mais evidente. Amigos como Van Rappard, cuja opinião lhe era muito valiosa, começaram a questionar o "fato estranho e inexplicável" de estar sempre tão "duro", apesar do sobrenome famoso e dos tios ricos — perguntas que ameaçavam pôr a pique todo o seu empenho em deixar o passado para trás. E se queixou: "[Eles acham] que deve haver alguma coisa errada comigo... e não vão querer ter nada comigo". Pela pressão das perguntas, ele acabou descendo à indignidade de procurar um emprego. Apresentou-se a algumas gráficas, na esperança de praticar suas habilidades no desenho e talvez aprender litografia. Mas foi "rejeitado em todas as partes", comentou mais tarde. "Diziam que não havia serviço, que os negócios andavam fracos." Por fim, conseguiu apenas um trabalho: desenhar fogões para um ferreiro.

Suas ambições de uma nova vida sofriam investidas de todos os lados. Sua experiência na Academia de Bruxelas foi tão insatisfatória que nunca mais falou do assunto nem guardou nenhum rascunho do que fez lá. Talvez sua inscrição não tenha sido aceita ou pode ter desistido logo depois de começar. Seja como for, não tinha companhia entre os colegas. Ao que parece, não fez nenhuma amizade entre os quase mil alunos da Academia, sendo que um deles disse mais tarde que evitava Vincent "porque terminaríamos numa tremenda briga no mesmo minuto".

Os modos estranhos de Vincent e sua condição de *persona non grata* na Goupil logo ameaçaram se converter em "assunto de mexericos nos ateliês", o que, por sua vez, alimentou sua paranoia. Ele punha a culpa da frieza de pessoas como o pintor holandês Roelofs na falsa posição em que seus pais e Theo o haviam colocado. Reclamava que as pessoas "[me] acusam de muitas vilanias e más intenções que nunca passaram pela minha cabeça", e que os circunstantes que o viam trabalhar "pensam que fiquei louco e, claro, riem de mim". Em sua defesa, ele só podia dizer: "Poucos sabem por que um artista age de uma maneira e não de outra".

A cada nova indignidade, ele se irritava mais com o fato de a família, principalmente os tios, não virem em seu auxílio. Por que o onipotente tio Cent não podia pelo menos "aplainar o caminho" para ele? Por que o tio Cor, tão rico e que tantas vezes apoiava outros desenhistas, não ajudava a *ele*? Não deviam mostrar a mesma "boa vontade" com a própria família? Ele e Cor tinham discutido três anos antes, em Amsterdam, quando Vincent largou os estudos, "mas isso é razão para continuar meu inimigo para sempre?", perguntava. Pensou em lhes escrever, porém ficou com receio de que nem lessem suas cartas. Pensou em visitá-los, mas ficou com receio de que não o recebessem bem. Quando o pai foi visitá-lo em março, Vincent suplicou que interviesse em seu favor: fizesse com que os tios "me vejam com novos olhos".

Em algum momento, ele reuniu coragem para escrever a Tersteeg. Durante meses alimentara a esperança de ir a Haia no verão, para restabelecer relações com o antigo patrão, retomar contato com seu primo Anton Mauve, artista de sucesso, e "ter algum convívio com pintores". Mas Tersteeg respondeu à sugestão de Vincent com um repúdio categórico que parecia falar por toda a família. Ele acusou Vincent de querer "viver da generosidade dos tios" e disse que não tinha "direito de fazer uma coisa dessas". Ao pedido de Vincent de ir até Haia, Tersteeg foi taxativo: "Não, claro que não, você perdeu seus direitos". Quanto a suas pretensões artísticas, Tersteeg sugeriu maliciosamente que ele se sairia melhor "dando aulas de inglês e francês". "De uma coisa ele tinha certeza", comentou Vincent com amargura: "Eu não era artista".

Por fim, Vincent decidiu levar sua precária campanha de reabilitação ao lugar para onde seguiam todas as suas campanhas: o lar da família. Sem dúvida, ajudou-o nessa decisão o plano de Rappard de passar o verão em casa. Nessa época, Vincent fazia quase todo o trabalho no ateliê da Rue Traversière, de forma que, quando Rappard saiu de Bruxelas, ele teve de sair também. Vincent passara a considerar o jovem amigo como modelo do artista e cavalheiro que ele queria ser. Se Rappard podia passar o verão passeando de barco e desenhando no seio da família, por que Vincent não poderia? Por algum tempo alimentou a fantasia de ir para algum local elegante de veraneio (que chamava de "o campo") e dividir as despesas com outro pintor. Mas, afora Rappard, ninguém iria com ele, os custos de ir sozinho eram proibitivos. E concluiu: "A maneira mais barata seria talvez passar este verão em Etten".

De fato, em momento algum houve dúvida sobre o destino que tomaria. O inverno solitário e rigoroso de Bruxelas havia imprimido uma nova urgência em seu velho desejo de reconciliação, que ainda não se concretizara. Às vésperas da partida, ele escreveu a Theo: "É necessário para que se restabeleçam as boas relações entre mim e a família". Estava decidido a reverter o juízo negativo da região negra — o que ele chamava de "sofrimentos e vergonha" do passado. Imaginava que, uma vez reconquistando seu lugar em Etten, conseguiria se reaproximar dos tios e estes, por sua vez, lhe estenderiam a mão.

Mas voltar para casa não foi fácil. Não estivera lá desde o inverno anterior, quando o pai tentou interná-lo no manicômio de Gheel. Tinha passado o verão anterior no Borinage, e não em Etten, porque acreditava que os pais preferiam tê-lo à distância. Mesmo agora, Vincent pediu a Theo que intercedesse junto a Dorus e que acalmasse os receios dos pais quanto a mais um ciclo de vergonha. "Estou disposto a ceder sobre a roupa", disse ele, "ou qualquer outra coisa que quiserem."

A princípio, ele pretendia ficar em Bruxelas até a partida de Rappard em maio, mas a atração do lar foi forte demais. Logo que soube que Theo iria passar a Páscoa (17 de abril) em Etten, Vincent deixou abruptamente o quarto em Aux Amis e tomou o trem para o norte. (Saiu tão às pressas que teve de voltar depois dos feriados para recuperar o resto de seus pertences.) Como sempre, Vincent dispunha sua vida nas imagens que via — e, agora, nas imagens que fazia. Na viagem a Etten, uma imagem em particular voltou a ocupar sua imaginação: o semeador. Tão logo chegou, sentou-se e fez outra cópia do ícone milletiano da nova vida: o ícone paterno da perseverança diante do fracasso. Como para mostrar suas novas habilidades aos olhares atentos dos pais, dedicou-se à figura tão conhecida, imitando uma água-forte com milhares de minúsculos traços a pena, com intermináveis hachuras em todos os sentidos, com sombras e mais sombras, numa maníaca prova de dedicação.

Vincent quase nem parou para saborear a volta ao lar, dizendo apenas: "Estou muito contente que as coisas tenham se arranjado, de forma que posso trabalhar aqui em paz durante algum tempo". Mergulhou com energia renovada no projeto que lhe permitira aquele retorno. Quando não chovia — o que não era muito frequente na primavera úmida de Etten —, seguia para as matas e charnecas, em busca de um lugar para abrir sua cadeira dobrável. Usava uniforme adequado a um jovem artista veraneando no campo: uma camisa larga, sem o colarinho duro, e um chapéu de feltro da moda. Nos dias frios, punha um casaco.

Saía com a cadeira, uma pasta de papéis e uma prancheta de madeira. Trabalhava com tanta intensidade — empunhando o lápis grosso de carpinteiro como se fosse uma faca — que precisava da prancheta pesada para não rasgar o papel. Postava-se na frente de árvores e arbustos, diante de celeiros e cabanas de camponeses, perante moinhos e várzeas, ao longo de estradas e igrejas. Desenhava animais pastando e ferramentas agrícolas — arados, rastelos, carrinhos de mão — onde estivessem. Na vila de Etten (o dobro do tamanho de Zundert, porém mais pobre), invadia as lojas dos comerciantes para praticar desenho em perspectiva. Em dias de tempo fechado, e às vezes mesmo com tempo bom, ficava dentro de casa e se empenhava furiosamente em seus "exercícios": copiando mais Millet e percorrendo Bargue mais uma vez, "com um tremendo empenho", segundo uma visita naquele verão. "Espero fazer a maior quantidade de estudos que conseguir", disse a Theo. Anos depois, a empregada do presbitério de Etten relembrou que, às vezes, ele passava a noite inteira desenhando e, "quando a mãe dele descia de manhã, às vezes ainda o encontrava trabalhando".

Mas, para realizar seus projetos de independência financeira, a coisa mais necessária, dizia ele, era desenhar a partir de modelos. "Quem aprende a dominar uma figura pode ganhar um bom tanto", escreveu. Se dominasse o desenho de figuras, poderia fazer os tipos de imagens que apareciam constantemente nas revistas ilustradas — sobretudo imagens pitorescas da vida rural. Sob a égide de artistas como Millet e Breton, essas imagens tinham se tornado item indispensável da cultura popular — as preferidas de uma burguesia sem raízes que procurava mitos reconfortantes para substituir o consolo da religião. Seus estudos de paisagens e interiores, terreiros e ferramentas, cópias de Millet e dos *Exercices*, tudo se prestava a essa ambição maior. "Preciso desenhar cavadores, semeadores, homens e mulheres no arado, sem cessar", explicou a Theo, "examinar e desenhar tudo o que faz parte da vida rural."

Na busca desse objetivo exclusivo, Vincent vagueava pelos campos em redor de Etten, procurando modelos. No começo, como no Borinage, desenhou lavra-

O semeador (*a partir de Millet*), abril de 1881, nanquim sobre papel, 47,94 × 36,19 cm.

dores nos campos onde trabalhavam. Irrompia impávido nas casas dos sítios, para desenhar as mulheres no serviço doméstico. Mas, não sendo rápido nem hábil o suficiente para captar as atividades em andamento, precisava que eles posassem. Às vezes, convencia-os a posar ali mesmo — no campo, no terreiro ou dentro de casa —, imobilizando-se no local, com a pá apoiada ou o arado no chão. Quando podia, levava-os até o presbitério, onde tinha montado um ateliê numa construção anexa abandonada. Ali, à luz generosa de uma ampla janela em arco, colocava-os em poses, de pé, inclinados, virados, ajoelhados. Costumava desenhá-los de lado para evitar os problemas de escorço na perspectiva. Dava lhes algum apoio: um ancinho, uma vassoura, uma pá, um cajado de pastor, um saco de semeador. Podia começar pedindo-lhes que retomassem as posições em que ele os desenhara antes, no campo, para lhe permitir corrigir as proporções e definir melhor as linhas. Mas muitas vezes usava o mesmo modelo em vários papéis. Empregava as mesmas folhas grandes de papel exigidas pelos exercícios de Bargue, que consumia à mesma velocidade frenética.

Vincent recrutava os modelos usando dinheiro e um entusiasmo intimidador. "Obrigava as pessoas a posar para ele", lembrava um morador; "elas tinham medo dele." Os locais começaram a evitar o filho "peculiar" do pároco, ao vê-lo vindo pela estrada, "sempre olhando em frente", concentrado na nova missão. "Era desagradável ficar com ele", comentou um deles. No ateliê, forçava os modelos até cansar, como forçava a si mesmo. Redesenhava incessantemente as mesmas poses e ralhava com os modelos amadores por não pararem quietos. Segundo um deles, Vincent "trabalhava num desenho horas a fio, até conseguir pegar a expressão que desejava". Por seu lado, Vincent se queixava de que era "duro fazer as pessoas entenderem como posar". Dizia que seus modelos eram "irremediavelmente cabeçudos" e ridicularizava a insistência caipira deles em posar com seus trajes domingueiros engomados, "sem nenhuma marca das saliências e reentrâncias características dos joelhos, dos cotovelos, das escápulas ou de qualquer outra parte do corpo".

Por algum tempo, parecia que o mundo iria se render a esse furacão de energia. Num contraste marcado com sua estada anterior em Etten, a casa paroquial começava a parecer um lar, e seus ocupantes, uma família. A casa era grande e quadrada. Atrás da fachada imponente, os quartos eram simples, mas amplos e confortáveis, com muitas janelas por onde entrava a brisa do verão. Nos fundos, um jardim acolhedor, cheio de roseirais, se aninhava entre a casa e um muro coberto de trepadeiras. Junto ao muro havia um caramanchão de madeira. No verão, ele ficava forrado de folhagens floridas. A família costumava sentar à sua sombra, comendo sanduíches ao entardecer. Nos dias de chuva, reuniam-se em torno de uma mesa redonda, na sala de estar, à luz de uma lâmpada a óleo que pendia do teto.

Ao longo do verão, Cor veio passar as férias da escola em Greda, a irmã Lies veio de Soesterberg para uma visita, a irmã Wil, agora com dezenove anos e de volta da Inglaterra, posou para um dos primeiros retratos de Vincent. "Ela posa muito bem", relatou ele. Para substituir a companhia de Theo, Vincent encontrou dois rapazes, Jan e Willem Kam, filhos do pastor do povoado vizinho de Leur. Ambos artistas amadores, os irmãos Kam acompanhavam Vincent em suas expedições de desenho e o observavam enquanto ele trabalhava no ateliê. "Ele queria que seus desenhos fossem exatos — e lucrativos", lembrou Willem anos depois. "Ele falava de Maris e Mauve", relembrou Jan, "mas principalmente de Millet."

Tranquilizados com a boa companhia dos irmãos e pelos votos constantes de Vincent de "ganhar a vida", mesmo Dorus e Anna começaram a relaxar da longa tensão. Naquele verão, não chegou a Theo nenhuma palavra de crítica ou preocupação. De bom grado ofereceram o anexo do presbitério, uma escola dominical desativada, para o estranho ritual de Vincent com os camponeses locais, confiando na ideia (e nos vigorosos protestos dele) de que era um passo essencial na longa jornada para sair da região negra — o retorno a salvo do primogênito para a "vida normal", coisa pela qual nunca tinham deixado de rezar.

Parecia que todas aquelas orações tinham sido atendidas quando Anthon van Rappard chegou em junho. Para Vincent e os pais, a visita do jovem cavalheiro de sobrenome nobre coroava a fantasia de uma nova vida. No dia da chegada, os Van Gogh levaram o ilustre hóspede numa longa caminhada para exibi-lo aos vizinhos. Rappard foi com eles à igreja no domingo e se sentou na frente do grande santuário medieval, no banco lateral reservado para a família do pastor, onde toda a congregação podia vê-lo. Ele recebeu aprovação familiar definitiva quando Vincent o levou a Prinsenhage para conhecer o tio enfermo Cent (que estava doente demais para recebê-los).

Vincent exultou com a aprovação dos pais, tanto quanto com as atenções do novo amigo. "Van Gogh estava muito animado naquela época", lembrou Jan Kam a propósito da visita de Rappard, "mais alegre do que jamais voltei a vê-lo." Com o banquinho dobrável e o bloco de desenhos na mão, Vincent levou o novo "companheiro de viagem" (o mesmo termo que aplicava a Theo) para visitar todos os seus locais favoritos nos arredores de Etten: as matas profundas e misteriosas de Liesbosch a leste; a "famosa" aldeia de Heike ao sul (casa dos refugiados "ciganos" e outras "ralés" onde Vincent costumava recrutar modelos); a estranha área de baixadas, chamada Passievaart, a oeste.

Em vários pontos do percurso, numa celebração de fraternidade artística que Vincent tentaria reencenar pelo resto da vida (sobretudo na Casa Amarela em Arles), os dois armavam suas banquetas lado a lado e compartilhavam a atividade artística.

Depois de iniciado o desenho, os papéis se invertiam: Rappard conduzia e Vincent seguia. Quanto maior o calor com que seus pais acolhiam o jovem cavalheiro artista, maior a avidez com que Vincent acolhia a arte cavalheiresca do amigo. Ainda em Bruxelas, ele já admirava os desenhos de Rappard a lápis e pena, com árvores, panoramas e vinhetas de paisagens, dizendo que eram "muito graciosos e agradáveis". Adotara os meios preferidos de Rappard, a pena de junco e o nanquim, e seus toques curtos e rápidos para transmitir a variedade infinita das texturas da natureza. Na verdade, Vincent ia às charnecas de Etten em parte como imitação do jovem companheiro, o qual, como muitos artistas iniciantes, desde a adolescência fazia visitas ao campo para desenhar, todos os verões.

Depois que Rappard se juntou a ele, Vincent deixou de lado a longa obsessão com o desenho de figuras e, pela primeira vez, passou a dedicar toda a sua atenção à paisagem. Ambos desenharam vistas da estrada para Leur, ladeada por renques de salgueiros decotados; ambos desenharam os limites da floresta em Liesbosch; ambos desenharam o pântano de Passievaart com a vila de Seppe no horizonte.

Anthon van Rappard, *O Passievaart perto de Seppe* (*Paisagem perto de Seppe*), junho de 1881, lápis sobre papel, 11,74 × 17,14 cm.

Apesar dos mesmos temas, dos mesmos meios e até dos mesmos ângulos de visão, as imagens resultantes dessas sessões conjuntas eram tão diferentes entre si quanto os dois artistas. Do ponto que tinham escolhido na margem do Passievaart, o desenho de Van Rappard olhava para o outro lado do banhado, mostrando a cidadezinha à distância como uma ilha de sombras pesada a lápis, flutuando no meio da uma ilha de papel branco pouco maior do que um cartão-postal. O pântano era sugerido por alguns traços aleatórios a lápis para os juncos e as algas, e as nuvens, por levíssimas sombras de cinza. Vincent, diante do mesmo panorama pantanoso, baixou a vista. Recuando o horizonte quase até o alto da folha de papel, que era muito maior que a de Rappard, ele relegou a vila à insignificância e fixou o olhar na água abundante de vida a seus pés: um mundo repleto onde se entrançavam caniços, flores, ninfeias e folhas, cada qual com seu próprio arco ou inclinação, com sua própria forma e sombra, com seu próprio reflexo hachurado na superfície parada do brejo iluminado pelo sol. Com uma veemência maníaca que não era ensinada em nenhum livro de exercícios, ele encheu a parte inferior da folha com pingos agrupados, pontos escuros distribuídos ao acaso, círculos flutuantes e linhas sinuosas, na tentativa

Pântano com lírios-d'água, junho de 1881, lápis e nanquim sobre papel, 23,81 × 30,79 cm.

de representar a fertilidade insondável que ele tão bem conhecia pelas margens do Grote Beek. Acrescentou um pássaro, visitante saído de sua infância, planando baixo sobre a água em busca da vida que se agitava inequivocamente sob os traços do lápis.

Em outro desenho daquele verão — enquanto Rappard continuava a desenhar representações corretas e despojadas das estradas rurais com suas aleias de árvores e das vistas pantanosas —, Vincent explorou uma paisagem ainda mais exótica e inesperada. Provavelmente depois que o amigo foi embora, foi vaguear pelo jardim atrás da casa paroquial e concentrou seu olhar intenso no caramanchão de madeira apoiado ao muro do fundo. Ele já tinha desenhado várias vezes as casas ou detalhes das casas onde morava a família, para dar como lembrança ou guardar como recordação. O esboço que ele começou naquele dia de verão talvez tenha sido concebido como um presente para Rappard ou para a irmã Wil, que deixou Etten mais ou menos na mesma época.

O banco de madeira junto ao muro coberto pela trepadeira parece recém-desocupado, com as laterais curvilíneas pendendo como se estivessem tristes. Diante dele, uma cadeira metálica empurrada para longe, fora da sombra da pérgula, aparece num isolamento pouco natural. No espaço entre o banco e a cadeira, jazem no chão uma cesta e uma luva de jardinagem, bruscamente abandonados. Em volta dessa cena de fantasmas, a imaginação maníaca de Vincent teceu uma rede de vida ainda mais vertiginosa do que as margens pantanosas do Passievaart — como se, olhando com a devida intensidade, pudesse mitigar a dor da solidão. As trepadeiras percorrem o muro como fendas, matos se eriçam sob os pés, flores brotam de densos maços de folhas pontiagudas, moitas de pinheiros explodem, folhas obscurecem o céu numa nevasca de pontos e riscos. Mas, em vez de reconfortar o observador, esse entrelaçamento de vida turbulenta e indiferente apenas intensifica o vazio da pérgula abandonada. Era uma dolorosa contradição na natureza à qual Vincent iria retornar com frequência nos anos futuros.

O término da visita de Rappard, que se estendeu por doze dias, deixou Vincent ainda mais solitário do que antes, ainda mais afoito em conseguir a reconciliação devida ao Filho Pródigo. Depois de tanto buscar e tanto sofrer, não merecia o abraço irrestrito que Rappard recebia de sua família aristocrática — principalmente de seu pai advogado? Em seu desejo renovado de conquistar os corações por tanto tempo contrários a ele, Vincent deve ter extraído forças do retrato de inextinguível solicitude e perdão paterno que encontrou em *Le père Goriot*, de Balzac, que leu naquele verão. A visita de Theo em julho — para a qual Anna, Wil e Lies retornaram a Etten — demonstrava as alegrias da preferência familiar num contraste tão intolerável que Vincent alegou que estava doente e se recolheu ao leito. De licença do novo cargo como *gérant* de uma das três lojas da Goupil em Paris, Theo, com seus trajes elegantes e maneiras parisienses, era um nítido lembrete da distância que Vincent ainda precisaria percorrer para recuperar o que havia perdido.

Então, poucas semanas depois da partida de Theo, Vincent julgou ver uma oportunidade para cobrir essa distância e, ao mesmo tempo, para terminar seus anos de solidão. Em agosto, pediu Kee Vos em casamento.

Vista do mar em Scheveningen, agosto de 1882, óleo sobre tela, 34,5 × 51 cm.

Duas mulheres no pântano, outubro de 1883, óleo sobre tela, 27 × 35 cm.

Cabeça de mulher,
março de 1885,
óleo sobre tela,
43 × 33,5 cm.

Os comedores de batatas, abril-maio de 1885, óleo sobre tela, 82 × 114 cm.

A torre da igreja velha de Nuenen ("O cemitério dos camponeses"),
maio-junho de 1885, óleo sobre tela, 65 × 88 cm.

Cesto de batatas, setembro de 1885, óleo sobre tela, 44,5 × 60 cm.

Natureza-morta com Bíblia, outubro de 1885, óleo sobre tela, 65 × 78 cm.

Par de sapatos, começo de 1887, óleo sobre tela, 34 × 41,5 cm.

Torso de Vênus, junho de 1886, óleo sobre cartão, 35,5 × 27 cm.

No café: Agostina Segatori em Le Tambourin, janeiro-março de 1887, óleo sobre tela, 55,5 × 47 cm.

Garrafa e prato com frutas cítricas, fevereiro-março de 1887, óleo sobre tela, 46 × 38 cm.

Vista do apartamento de Theo, março-abril de 1887, óleo sobre tela, 46 × 38 cm.

Hortas em Montmartre: La Butte Montmartre, junho-julho de 1887, óleo sobre tela, 96 × 120 cm.

Interior de um restaurante, junho-julho de 1887, óleo sobre tela, 45,5 × 56 cm.

Fritilárias num vaso de cobre, abril-maio de 1887, óleo sobre tela, 73,5 × 60,5 cm.

Autorretrato, primavera de 1887, óleo sobre cartão, 42 × 34,5 cm.

Campo de trigo com perdiz, junho-julho de 1887, óleo sobre tela, 54 × 64 cm.

Autorretrato com chapéu de palha, agosto-setembro de 1887, óleo sobre cartão, 41 × 33 cm.

Ameixeira florida: a partir de Hiroshige, outubro-novembro de 1887, óleo sobre tela, 55 × 46 cm.

Retrato de Père *Tanguy*, 1887, óleo sobre tela, 92 × 75 cm.

Autorretrato como pintor, dezembro de 1887-fevereiro de 1888, óleo sobre tela, 65 × 50,5 cm.

Pessegueiro rosa em flor (*Reminiscência de Mauve*), março de 1888, óleo sobre tela, 73 × 59 cm.

A ponte Langlois em Arles com lavadeiras, março de 1888, óleo sobre tela, 54,5 × 65 cm.

A colheita, junho de 1888, óleo sobre tela, 73 × 92 cm.

Barcos pesqueiros na praia de Saintes--Maries-de-la-Mer, final de junho de 1888, óleo sobre tela, 64 × 81 cm.

O zuavo, junho de 1888, óleo sobre tela, 65 × 54,3 cm.

La mousmé, sentada, julho de 1888, óleo sobre tela, 74 × 60 cm.

Retrato do carteiro Joseph Roulin, começo de agosto de 1888, óleo sobre tela, 81 × 65,5 cm.

Retrato de Patience Escalier, agosto de 1888, óleo sobre tela, 64 × 54 cm.

Natureza-morta: vaso com oleandros e livros, agosto de 1888, óleo sobre tela, 60 × 73 cm.

O Café Terrace na Place du Forum, Arles, à noite, setembro de 1888, óleo sobre tela, 81 × 66 cm.

O café noturno na Place Lamartine em Arles, setembro de 1888, óleo sobre tela, 70 × 89 cm.

15. *Aimer encore*

Vincent não via a prima desde a última vez que visitou a casa dos Vos em Amsterdam, em 1878. Nos três anos desde aquela data, a vida dos dois tinha mudado de maneira irreversível. Christoffel, o marido doente de Kee, falecera mais tarde naquele mesmo ano, logo antes de Vincent ser reprovado na escola evangélica e ir para a região negra. Podem ter se desencontrado quando Kee esteve em visita a Etten no fim do verão de 1879 — na época em que Vincent apareceu inesperadamente, vindo do Borinage, para o confronto fatídico com o pai. Ao que parece, não mantinham correspondência.

Quando chegou ao presbitério para uma demorada visita em agosto de 1881, Kee, com 35 anos, não era mais a mãe valorosa e assediada da casa "onde mora o amor" que Vincent lembrava de Amsterdam. Ainda extremamente pesarosa com uma morte que lhe parecia injusta, Kee conservava o luto: uma figura séria e severa com um vestido de cetim negro abotoado até em cima, que selara, pela dor, um compromisso perpétuo com o finado marido e, pela perda sofrida por ambos, um compromisso perpétuo com o Jan, o tímido filho agora com oito anos.

A morte do marido de Kee apenas aprimorou a imagem que tanto encantara Vincent em Amsterdam. "Aquela sua dor profunda me toca e me comove", escreveu ele. Tal como antes, sua tristeza clamava por consolo — o que, para Vincent, ainda era o chamado supremo do coração —, e a minúscula família de dois seres feridos parecia ainda mais necessitada da completude que ele queria fornecer. Mas

Vincent também a enxergava de outra maneira. Como parte de suas novas intenções de abandonar a mortificação kempiana e reconquistar as graças da família, Vincent decidira que precisava de uma esposa. "Eu era contra ficar sozinho", lembrou mais tarde. Os pais haviam manifestado várias vezes o desejo de ver todos os filhos casados e, em especial quanto a Vincent, acreditavam que o casamento o faria se assentar e "o motivaria a adquirir uma posição social".

Vincent conversara sobre suas intenções com Theo em julho, antes da chegada de Kee, expondo sua longa frustração ("As mulheres são a desgraça dos justos") e sua nova decisão. "Um homem não pode permanecer no mar aberto", argumentou ele; "precisa ter uma casinha em terra firme com algum fogo na lareira — com uma esposa e filhos em volta dessa lareira." Reforçou esse novo imperativo com uma leitura frenética da vasta literatura vitoriana sobre o amor e o casamento. Devorou *Shirley*, de Charlotte Brontë, um romance de oitocentas páginas sobre a corte e as vantagens do casamento, em três dias. Da mesma autora leu também *Jane Eyre*, uma história de amor (e casamento) que triunfa sobre a abnegação, e dois romances de Harriet Beecher Stowe, *My wife and I* e *We and our neighbors*, extensos tratados sobre a inviolabidade doméstica e familiar.

Quando Kee chegou em agosto, Vincent já devia estar entregue a uma paixão febril por antecipação. Em uma ou duas semanas, sem esperar algum sinal de que seus sentimentos eram correspondidos — ou sem se importar se não o eram —, ele se declarou a Kee. "Eu te amo como a mim mesmo", disse e lhe perguntou se ela "se arriscaria a se casar comigo." Pelo visto, o pedido a apanhou desprevenida — ou talvez o fervor de Vincent tenha ofendido a prima séria e recatada. Kee respondeu com uma "frieza e rudeza" pouco usuais nela. Aos argumentos displicentes do primo, ela bufou mal-humorada: "Nunca, nunca, jamais, nunca!".

Logo depois disso, Kee deixou Etten e voltou a Amsterdam com o filho.

Mas Vincent não desistiu. Nem uma rejeição tão veemente foi capaz de tirar a imagem que agora alimentava na mente. Assim como passara a ver o casamento com Kee como elemento essencial para a decisão de uma nova vida, inevitavelmente viu a negativa dela como mais uma rejeição igual às do passado. Nos meses subsequentes, sua imaginação obsessiva e defensiva iria compor todos os seus desejos e anseios numa única ilusão, um novo e vigoroso delírio de redenção: se conseguisse reverter o "nunca, jamais, nunca" de Kee, não só poderia consolar a viúva desolada, ser um pai para o menino sem pai, atender às expectativas de Anna e Dorus, pôr fim à sua solidão e gozar da união restauradora celebrada nos livros, como também poderia afinal anular o terrível julgamento do passado.

Kee Vos-Stricker
e o filho Jan, c. 1881.

Tão logo Kee foi embora, Vincent iniciou mais uma campanha frenética de cartas para se mostrar digno da mão da prima. Isso significava provar, mais do que qualquer outra coisa, que poderia ganhar o sustento criando peças de arte que fossem vendáveis. "Tenha certeza de que estou me esforçando muito para mudar muitas coisas em mim mesmo", escreveu a Theo, "principalmente as tristes condições da minha situação financeira." Passou a crer que, se ao menos conseguisse ganhar mil florins por ano, poderia "mudar as opiniões".

Para esse objetivo, ele juntou seus melhores desenhos e foi para Haia — viagem que vinha anunciando fazia quase um ano. Em dois dias de correria, Vincent entrou em contato com todas as pessoas que, em sua opinião, podiam ajudar a vender seus trabalhos ou, pelo menos, torná-los mais vendáveis. A pessoa mais importante sob esse aspecto era H. G. Tersteeg. Apesar da troca de cartas ríspidas na primavera anterior, Vincent se arriscou a fazer uma visita ao ex-patrão na loja da Goupil na Plaats. "O sr. Tersteeg foi muito gentil", escreveu a Theo com alívio evidente. Diante dos desenhos de Vincent a partir dos antigos mestres — mas *não* de sua própria obra —, Tersteeg admitiu que mostravam "algum avanço". "Pelo menos ele atribui algum valor ao fato de eu fazê-los", comentou Vincent, animado.

Com uma carta de apresentação de Theo, Vincent foi ao ateliê de Théophile de Bock, um protegido do artista de maior sucesso comercial em Haia, Hendrik Mesdag. De Bock tinha voltado do Barbizon para ajudar Mesdag em seu *magnum opus*, o *Panorama maritime*, uma pintura de doze metros de comprimento e 360 graus de visão da orla marítima de Scheveningen, que ficava num pavilhão próprio, construído expressamente para ela. Outros artistas descartaram o *Panorama*, que acabava de ter sua estreia, como obra comercial e "não artística", mas Vincent, quando De Bock o levou para vê-lo, elogiou a mais recente atração turística de Haia. Escreveu a Theo: "É uma obra que merece todo o respeito".

Em seu circuito pelos ateliês e exposições, Vincent também encontrou Willem Maris, o caçula dos irmãos pintores Maris, cujas aquarelas com cenas campestres holandesas envoltas em névoa lhe garantiam um belo rendimento, e Johannes Bosboom, eminência parda da Escola de Haia. Aos 64 anos, fazia muito tempo que Bosboom levava uma vida bastante confortável, vendendo suas imagens nostálgicas de interiores de igrejas a um público cada vez mais secularizado. Com sua pasta sempre em mãos, Vincent pediu ao veterano Bosboom (muito apreciado por tio Cent) "sugestões" para melhorar o traço. "Gostaria apenas de ter mais oportunidade de receber tais sugestões", lamentou ele.

Mas Vincent tinha ido a Haia antes de mais nada para ver uma pessoa: seu primo por afinidade, Anton Mauve. Várias vezes relembrara com afeto a visita com Theo ao ateliê de Mauve em Scheveningen, no começo do verão de 1877, e, praticamente na mesma hora em que se declarou artista, tinha resolvido que voltaria lá. Nos quatro anos de intervalo, Mauve havia se assentado como um dos pintores de maior sucesso comercial da Holanda. Os colecionadores apreciavam suas imagens taciturnas de camponeses e pescadores em tons apagados e luz suave. Com igual habilidade na aquarela e na tinta a óleo, ele podia transformar a cena mais prosaica (uma vaca ou um cavaleiro solitário) num poema cromático pungente, usando o pincel no estilo que se celebrizara com a escola francesa de Barbizon. Em Scheveningen, ele se detinha tanto nos pitorescos barcos pesqueiros que precisavam de cavalos que os puxassem até a praia sem enseadas quanto na aristocracia elegante que ia ao mar de trajes completos, usando cabines rolantes para entrar no mar, oferecendo assim aos clientes burgueses um passado idealizado e um presente prazeroso.

As imagens agradáveis de Mauve, dono de uma personalidade afável, embora tristonha, tinham convertido o pintor numa figura popular não só entre os colecionadores, mas também entre os colegas artistas de Haia, onde ajudou a fundar uma associação de desenho e participava da principal entidade artística da cidade, o Pulchri Studio. Desde que se casara com a sobrinha de Anna Carbentus em 1874, Mauve também se tornara caro à família Van Gogh. Além de oferecer um lar a Theo em Haia, os Mauve tinham hospedado os pais de Vincent na casa que possuíam nas dunas de Scheveningen, e as duas famílias costumavam trocar presentes nas festas.

Esse era o artista que Vincent queria ser. Com seu belo estúdio bem equipado, um casamento feliz e a família crescendo, agora com quatro filhos, com seu sucesso comercial e a boa posição social, Mauve, aos 42 anos, encarnava o ideal da realização e aprovação que constituía a meta mais ambicionada de Vincent. No curto tempo que passou em Scheveningen, Vincent viu "muitas belas coisas", como disse. Mauve e ele sentiam a mesma admiração por Millet — o símbolo do sucesso artístico e comercial —, e Mauve deu "inúmeras sugestões" a Vincent sobre seus desenhos. Na despedida, disse a Vincent que repetisse a visita dali a alguns meses para acompanhar seus progressos. Era exatamente a dádiva que Vincent esperava ao vir até Haia: uma manifestação de apoio do primo bem-sucedido à sua nova missão de anular o passado. Contou a Rappard: "Mauve me deu coragem quando eu precisava. É um homem de gênio".

Vincent voltou a Etten transbordando de novas energias: e tanto que não conseguiu esperar chegar para dar vazão a elas. Na viagem de trem, voltando para casa, desceu em Dordrecht e enfrentou um temporal para desenhar um conjunto de moinhos de vento que vira durante o longo percurso, criando um precedente para uma vida inteira de desafio às forças da natureza, como um rei Lear, para captar uma imagem. De volta ao presbitério, ele retomou o frenesi de verão com o desenho de figuras, percorrendo o campo atrás de modelos e enchendo folhas e mais folhas com estudos de cavadores, semeadores e pastores em poses duras e rígidas; de moças varrendo e descascando batatas; de "um camponês velho e doente, numa cadeira junto à lareira, com a cabeça entre as mãos" — pose que o perseguiria até o fim da vida. Lotava suas cartas com os nomes dos pintores de figuras que tinham sua admiração e ocupava páginas e mais páginas com rascunhos rápidos dos estudos que estava fazendo: um catálogo de seu árduo trabalho tão detalhadamente maníaco e defensivo quanto as cartas que, antes, havia preenchido com frases das Escrituras para provar sua devoção.

Moinhos de vento perto de Dordrecht, agosto de 1881, aquarela, pincel e giz em papel, 25,71 × 60 cm.

Vincent experimentou os novos materiais recomendados por Mauve: carvão e giz de várias cores, às vezes reduzidos a tocos sem ponta; aquarela, desde a transparência de uma camada bem fina até a opacidade da tinta a óleo; creiom, meio macio com base de óleo em formato de lápis. Como que tentando submeter as imagens (ele falava em "se atracar" com uma figura e em "se agarrar a ela"), Vincent usava todos esses meios na mesma folha, aplicando-os com tanta força que apenas o papel mais grosso conseguia resistir ao massacre. "Tive um trabalho danado com aquele novo material", admitiu mais tarde. "Às vezes ficava tão impaciente que pisoteava no carvão e ficava completamente desanimado." Apesar dos contratempos e das frustrações, ele continuava a se aferrar com tenacidade a seu otimismo missionário. E disse: "O que antes me parecia totalmente impossível agora está aos poucos se tornando possível". Quando Theo escreveu dizendo que via progressos nos últimos desenhos, Vincent respondeu com um voto solene: "Vou me empenhar ao máximo para não decepcionar você".

Vincent se empenhou ao máximo com os pais também. Numa rara demonstração de autocontrole, ele ocultou o desapontamento que sentiu quando não o apoiaram no pedido de casamento a Kee Vos, naquele verão. Anna ofereceu "muitas palavras de consolo" ao filho depois de ser recusado pela prima, mas manteve Kee longe dele até o fim de sua estada. "Ela podia ter tomado meu partido com um pouco mais de solidariedade", queixou-se a Theo. Dorus lhe oferecera apenas uma enigmática parábola sobre "alguém que comeu demais e outro alguém que comeu de menos" (por certo uma referência à desigualdade entre os dois). Mesmo assim,

Vincent deixou de lado esses sinais de menosprezo, empenhado em seu objetivo maior de conquistar afeto e concordância. Após o retorno de Haia, ele também foi até Prinsenhage para visitar o tio Cent, esperando remediar um relacionamento de importância crucial para a nova vida que almejava. Para sua surpresa, o envelhecido tio recebeu-o bem e lhe disse "que eu poderia ter de fato uma chance se trabalhasse bastante e fizesse progressos". Ao fim da visita, Cent lhe deu uma caixa de tintas, incentivo que Vincent considerou inesperadamente tocante. "Estou muito contente em tê-la", disse ele.

A reconciliação com Cent, o apoio de Mauve, o afinco constante, as promessas reiteradas de conseguir a independência financeira, os votos de "largar o desânimo e a tristeza" e "adotar uma visão mais alegre da vida" acabaram acendendo mais uma faísca de esperança no presbitério. Vincent comentou que os pais "são muito bons comigo e mais gentis do que nunca", gabando-se de maneira enigmática que "tive um bom progresso... não só no desenho, mas também em outras coisas".

O que mais inspirava confiança no futuro entre a família Van Gogh era a incipiente amizade de Vincent com Anthon van Rappard. Logo após sua ida a Prinsenhage, Vincent convidou Rappard para uma nova visita a Etten. "Todos nós ficaríamos muito felizes em tê-lo de novo conosco", escreveu ele numa longa carta que se equilibrava precariamente entre a adulação descarada e o conselho condescendente. "Meu amigo Rappard deu um grande passo em frente", começava ele, usando o mesmo tratamento elevado em terceira pessoa que usava com Theo. "Tenho minhas razões para crer que você alcançou um ponto de revolução e reforma. *Ça ira!* [que assim seja]." Vincent tentou tornar o convite mais sedutor, sugerindo que Rappard poderia ter um avanço na carreira por intermédio de seu primo Mauve, de seu irmão *gérant* em Paris e sobretudo de seu tio famoso em Prinsenhage. Chegou a dizer que havia mostrado alguns esboços da carta do amigo ao tio Cent. "[Ele] os considerou muito bons", informou Vincent, "e observou com prazer que você está progredindo."

No fim de outubro, Rappard parou em Etten durante sua viagem de volta a Bruxelas, onde tinha se matriculado em mais uma academia para pintar nus. Vincent fora contra esse plano desde o instante em que soube dele. Alegou várias vezes que Rappard devia ficar na Holanda e desenhar "gente comum usando suas roupas" — exatamente o que Vincent estava fazendo. "Em hipótese nenhuma *eu* vou para o estrangeiro", disse com rispidez, "pois *eu* tenho feito bons progressos desde que voltei à Holanda." Invocou o patriotismo do amigo como forma de apelar à sua fraternidade. "Tal como vejo, a melhor coisa que podemos fazer é trabalhar na Holanda a partir da natureza", escreveu ele. "Então somos *nós mesmos*, então nos sentimos *em casa*... nossas raízes estão no solo holandês." Mas não adiantou. Enquanto Vincent ainda invocava a "afinidade espiritual" entre eles, Rappard foi para Bruxelas, deixando Vincent com mais uma situação constrangedora de ter seu ardor desdenhado.

Um fracasso muito mais arrasador espreitava em Amsterdam: sua corte a Kee Vos chegara a um impasse. Depois de meses soterrando Kee sob suas lamúrias por carta, Vincent recebeu uma advertência séria do pai dela: "Sua recusa é absolutamente definitiva", escreveu o reverendo Stricker. Pedia a Vincent que cessasse qualquer iniciativa de estabelecer contato com a filha. Se ele continuasse, advertiu o reverendo, arriscaria "romper relações amistosas e velhos laços". Vincent desafiou a proibição e mandou mais uma leva de súplicas insistentes — dirigidas a Kee e aos pais dela —, solicitando um ano inteiro de acesso irrestrito a Kee para convencê-la de que, na verdade, ambos "eram feitos um para o outro".

Os dois lados logo remeteram a disputa ao supremo tribunal familiar em Prinsenhage. Tio Cent, prudente, tentou acalmar o sobrinho eternamente problemático oferecendo-lhe compreensão caso prometesse não "falar nem escrever mais nada sobre esse assunto". Mas Vincent não aceitou a sugestão. "Ninguém no mundo a bem da justiça deveria me pedir uma coisa dessas", protestou ele. "Uma cotovia não consegue se abster de cantar na primavera." Acusou os dois tios, Cent e Stricker, de "tentarem atrapalhar meus projetos".

Era inevitável que, ao enfrentar tio Cent, Vincent atrairia os pais para a briga. Depois de darem suas condolências superficiais naquele verão, Anna e Dorus tinham em larga medida se afastado da corte estranha e indesejada do filho — sem dúvida receando que qualquer oposição iria apenas atiçar as chamas. Mas, por fim, tiveram de ceder às pressões de Amsterdam e Prinsenhage para refrear a insistência constrangedora de Vincent. Qualificaram o pedido de casamento (que os pegara totalmente de surpresa) como "impróprio e indelicado" e instaram com ele para deixar o assunto de lado, dizendo que estava "definido e acabado". Mas, como a tentativa de persuasão deu em nada, não lhes restou saída senão a intervenção direta. No começo de novembro, determinaram que Vincent suspendesse toda a correspondência.

Somente quando o confronto com os pais chegou a esse impasse foi que Vincent escreveu ao irmão sobre Kee Vos. Numa carta que ardia de frustração, ele narrou os acontecimentos dos dois últimos meses. "Há algo dentro de mim que quero comentar com você", iniciou ele. "Neste verão, cresceu em meu coração um profundo amor." Por que tinha esperado tanto para falar desse profundo amor? "Eu apreciaria muito se você conseguisse persuadir o pai e a mãe a ser menos pessimistas", escreveu ele, recrutando Theo para a rixa familiar que se avolumava. "Uma palavra sua talvez tenha maior influência sobre eles do que qualquer coisa que eu possa dizer."

Com isso, Vincent angariou a plena participação do irmão na campanha de persuasão mais encarniçada de todas as que empreendeu — numa vida já repleta de campanhas encarniçadas. Depois de passar um ano escrevendo a Theo uma média de apenas uma carta por mês, agora ele escreveu nove longas cartas nas três semanas seguintes, às vezes com intervalo de apenas um dia — a carta do dia seguinte recomeçando de onde a carta do dia anterior tinha parado, seus pensamentos afluindo ao papel num tropel tão maníaco que, tão logo dobrava a folha e postava, já agarrava outra folha e a preenchia inteira, de forma que as cartas formavam uma torrente contínua de palavras.

Vincent se apresentava como paladino e mártir do amor. Jurava "me atirar" e "me entregar totalmente e com todo o meu coração, profundamente e para sempre", ao amor. Nunca na verdade tinha conhecido o amor antes de Kee, afirmou, apenas "fantasiei que estava amando". O verdadeiro amor o resgatara de uma vida "ressequida, deformada e acometida por toda espécie de extrema infelicidade". E se não conseguisse fazer com que ela o amasse? Então "é bem possível que continue solteiro para sempre".

Cada carta se elevava a novos píncaros de ardor, irrompendo vezes sem conta em francês, a língua do coração. Ele releu *L'amour* e *La femme*, de Michelet, e enchia suas cartas com versos extraídos desses evangelhos dos perdidos de amor. "*Père* Michelet diz a todos os jovens: 'Para se tornar homem, você precisa sentir o alento de uma mulher sobre si'." Sua nova paixão facilmente deslizou para as cadências retóricas bíblicas da paixão anterior. "A angústia da minha alma não terá sido em vão", disse sobre a corte malograda. "Mesmo que eu caia noventa e nove vezes, na centésima ficarei de pé." "Pois de fato, entre todos os poderes, o mais poderoso é o Amor."

Pela repetição maníaca, Vincent transformou o devastador "nunca, não, nunca" de Kee numa legenda para as forças que se opunham a ele — a relutância de Kee e a interferência da família. Para expressar sua recusa inflexível de ceder a essas forças, ele criou frases próprias para se inspirar: "Ela, e mais ninguém" e principalmente "*aimer encore*". "Qual é o contrário de 'nunca, não, nunca'? *Aimer encore!*", explicou a Theo. "Não cantarei outra canção senão *aimer encore!*"

Dispersa no torvelinho de metáforas e melodramas, de fervor missionário e romantismo francês, estava a mulher no olho do furacão: Kee Vos. Nos milhares e milhares de palavras que lhe jorravam da pena, Vincent praticamente não dedicou uma única à sua amada: nenhuma descrição afetuosa, nenhuma recordação feliz, nenhum hino à sua valorosa viuvez ou à sua dedicação ao papel de mãe, nenhum lamento por terem partido. Páginas inteiras, cartas inteiras se sucediam sem qualquer menção a seu nome. Quando ela chega a aparecer, Vincent a descreve como uma figura de uma de suas ilustrações ou um personagem de um conto de Andersen: "Oh, Theo, ela tem um caráter de tanta profundidade... [Tem] uma casca exterior de despreocupação, mas por dentro é um tronco de madeira mais rija, e de fina qualidade!" Mesmo Theo chegou a comentar a falta de "sentimentos ternos e íntimos" nas cartas do irmão.

Nas mesmas semanas em que inundava Theo com suas declarações febris de uma paixão incontrolável, Vincent não disse uma palavra sobre a crise em torno de Kee Vos nas quatro extensas cartas que enviou a Anthon van Rappard. Pelo contrário, engajou-se numa segunda campanha, quase igualmente fanática, para curvar à sua vontade disposições diferentes. O esforço de Vincent em bajular e intimidar o novo amigo para que se submetesse fraternalmente a seu domínio prosseguiu mesmo depois que Rappard deixou Etten, em fins de outubro. Sua campanha contra a arte acadêmica (em especial o desenho a partir de modelos nus) adquiriu a força da ventania que acompanhava aquele temporal em torno de Kee Vos. Aturdido com as cartas que começaram a bombardeá-lo depois de chegar a Bruxelas, de grande carga emotiva e cheias de argumentos insistentes, Rappard, que era um rapaz de decoro, criticou "o prazer de discutir" de Vincent.

Mas, ao contrário das polêmicas e desafios que enviava a Theo, as cartas que Vincent remetia a Rappard eram cheias de cortesias, desculpas, expressões de humildade, reconhecimento de dúvidas, enquanto Vincent tentava criar uma aproximação por meio dos laços de amizade, coisa com a qual não estava muito habituado. "Vou ser muito cuidadoso, pois sou aquele tipo de sujeito capaz de estragar as coisas sozinho quando elas parecem bem", escreveu ele numa confissão impensável em sua outra campanha. Enquanto repelia a família com intransigência e uma retórica incendiária, tentava persuadir o amigo com elaborados silogismos de brincadeira, insinuações sexuais e trocadilhos divertidos. Para Theo, ele invocava a pureza e a castidade de seu amor por Kee. Para Rappard, ele criticava a insipidez do amor romântico e defendia o imperativo da satisfação carnal.

Se o vulcão emocional que explodiu em novembro de 1881 não dizia respeito a Kee Vos nem ao amor romântico, então a que se referia? A resposta estava por toda parte, enterrada sob a cinza das palavras. "O pai e a mãe não entendem nada do '*aimer encore*'", escreveu ele. "Não podem me sentir nem me compreender." "Falta-lhes afeto, afinidade viva." "Estão criando um deserto em volta deles." "Endureceram o coração." "São mais duros que pedra."

Vincent tinha escorado sua vida nova, o retorno da região negra, em Kee Vos. Imaginava que, casando-se com ela, conseguiria afastar os erros do passado e arremessaria sua carreira incipiente para o mundo abastado de amigos como Anthon van Rappard. Seus pais, na medida em que não apoiavam a corte a Kee, por mais quixotesca que fosse, estavam traindo aquele projeto e o entregavam aos julgamentos do passado. "Eles pensam que sou fraco de caráter, que não tenho estofo", escreveu amargurado a Theo. "Para o pai e a mãe, sou pouco mais que uma pessoa meio estranha, meio cansativa... Quando estou em casa, tenho um sentimento de solidão, de vazio."

Mesmo quando os pais tentaram se manter à distância ("o pai e a mãe prometeram não se opor, se ao menos eu os deixar de fora do assunto"), Vincent não quis abrir mão deles. Manifestou espanto quando eles disseram que a questão não lhes "dizia respeito". Afinal, a aprovação dos pais era o verdadeiro objetivo de Vincent; o verdadeiro obstáculo era o "nunca, não, nunca" deles. Se tivessem tomado ativamente o partido dele, a recusa de Kee nem teria maior importância. Era o coração frio deles, não o dela, que precisava se abrandar e "*aimer encore*", voltar a amar.

Em meados de novembro, Vincent tinha passado a ver sua corte a Kee como nada mais, nada menos que uma luta pelo "direito de existir". Já tinha passado tempo demais nas profundezas, dizia ele, e se recusava a "voltar para o abismo". A única coisa que ele pedia, disse melancólico, era "amar e ser amado — viver". Cada vez mais movido pela paranoia e pelas lembranças da tentativa de interná-lo em Gheel, ele acusou os pais de conspirar para se livrar dele. Quando o alertaram que não rompesse os laços familiares com aquela sua teimosia obstinada, ele tomou o aviso como ameaça e retaliou se fazendo de invisível — sem falar nem responder quando lhe falavam. "Durante alguns dias, eu não disse uma palavra e ignorei totalmente o pai e a mãe", informou a Theo, que ficou consternado. "Eu queria mostrar a eles como seria se se rompessem os laços."

Dia após dia, ele se afundava numa espiral de ilusão. Arrogava-se com orgulho o título de "sublime tolo" e veio a considerar sua aposta louca e cega na afeição de Kee como uma declaração espiritual. "Tudo por tudo é realmente a coisa verdadeira", declarou ele. "É *isso*." Numa febre da imaginação, Vincent via o coração de Kee se abrandando em relação a ele. "Ela está começando a entender que não sou um ladrão nem um criminoso", afirmou, "mas, pelo contrário, por dentro sou mais calmo e sensato do que pareço por fora." Pintou o futuro de ambos juntos — "Conto com ela, que se unirá em muitas campanhas artísticas comigo" — e ornou essa ilusão com a imagem mais promissora que conhecia: "Enquanto o céu se nubla e se carrega de brigas e maldições, ergue-se uma luz a seu lado".

Por fim, em entrega total à ilusão que havia criado, Vincent decidiu ir a Amsterdam e "resgatar" sua amada. Resolveu: "Devo fazer isso um dia totalmente inesperado e tomá-la de surpresa".

Mas, para ir a Amsterdam, precisava de dinheiro. E, para isso, precisava de Theo. Entre o furacão de palavras, Theo tinha lutado para se manter neutro. Sempre no papel de pacificador, aconselhara cautela desde o começo. "Cuidado para não construir castelos demais no ar *antes* de ter certeza de que o trabalho não será em vão", escreveu ele. Sua ambiguidade desencadeou uma resposta radical previsível em Vincent: "Desde o início desse amor, senti que, a menos que eu me lançasse a ele *sans arrière pensée* [sem refletir], entregando-me por completo e com todo o meu coração, profundamente e para sempre, não teria absolutamente nenhuma chance". Como que tentando diminuir a velocidade da espiral do irmão, Theo demorava a responder cada correspondência urgente, causando uma frustração interminável e até despertando suspeitas em Vincent. "Não vai me trair, mano?", indagou depois de chegar uma carta de Theo aos pais, mas nenhuma para si.

Apesar dessa acolhida duvidosa, Vincent começou a pressionar o irmão para conseguir dinheiro, logo depois de informá-lo sobre o "caso". Insistiu que seu amor por Kee efetivamente melhorava sua qualidade artística, e enviou alguns desenhos a Theo, assegurando que, "desde que estou amando, há mais realidade [neles]". Quando Theo continuou a criticá-los pelo traço duro e severo, Vincent retrucou que apenas Kee poderia abrandá-lo. Prometeu ao irmão que iria "fazer montes de desenhos... o que você quiser" e garantiu que "*aimer encore* é também a melhor receita para *dessiner encore* [continuar desenhando]". Mas, como Theo continuava a resistir, Vincent foi obrigado a recorrer a ameaças sinistras de distúrbios em família. "Se eu não [for] logo, vai acontecer alguma coisa... que poderá me causar grande dano. Não me peça para ir por aí."

Antes que Theo pudesse responder, alguns acontecimentos em Etten estragaram os planos de Vincent e levaram a um confronto final. Em 18 de novembro, depois de uma discussão furiosa, Dorus ameaçou expulsar de casa o filho incontrolável. O motivo imediato, ao que parece, foi a tentativa grotesca de Vincent de se fazer "invisível". ("Eles ficaram espantados com meu comportamento", informou orgulhoso.) Mas, na verdade, o conflito vinha se armando fazia algum tempo. Apesar da relutância inicial de tomar partido, Dorus fora atirado ao centro da batalha pelos dois lados. Uma vez engajados na refrega, pai e filho logo reconstruíram as barricadas de antagonismo que tinham se erguido na longa luta dos estudos de Vincent e no episódio de Gheel. Dorus acusou o filho de "amargar" de propósito a vida dos pais, e lhe censurou a conduta excêntrica e as ideias francesas imorais. Vincent respondeu acenando as obras "infectas" de Michelet na cara do pai e provocando: "Dou mais valor aos conselhos de Michelet que aos [seus]". Criticou a obstinação "irritante" do pai e insinuou a ameaça de que, se os pais continuassem a atrapalhar o curso do amor, "não vou conseguir me conter". Dorus disse ao filho: "Você está me matando".

Nessa guerra de ofensas numa escalada crescente, era inevitável que Vincent atacasse a religião do pai. O *verdadeiro* Deus "nos impele a *aimer encore* com força irresistível" e a religião "soaria vazia", declarou ele, "se a pessoa tivesse de esconder seu amor e não pudesse seguir os ditames do coração". Condenou aqueles como o pai, contrários ao *aimer encore*, como "*bégueules dévotes collet monté*" (beatas devotas empertigadas), desprezando seus conceitos sobre a moral e a virtude como "absurdos". Numa reviravolta surpreendente, visivelmente pretendendo desferir uma ofensa máxima, ele negou a autoridade especial da Bíblia. "Também leio a Bíblia de vez em quando", disse, "assim como às vezes leio Michelet, Balzac ou Eliot... Mas realmente não me interessa aquela baboseira toda sobre o bem e o mal, a moralidade e a imoralidade."

Com tais provocações pesando no ambiente, o presbitério estava pronto para uma explosão. Num tremendo acesso de raiva que despertava lembranças do Borinage e de Gheel, Dorus investiu contra a insistência inadmissível do filho em perseguir Kee Vos e "criar problemas entre nós". Mas Vincent não quis recuar. "Existem coisas que um homem simplesmente *não pode* deixar passar", disse a Theo, coisas contra as quais "qualquer um com sangue nas veias irá protestar com todas as forças". A disputa entre ambos só terminou quando Dorus arremessou a praga suprema — "Deus te amaldiçoe" — e mandou Vincent "se mudar para algum outro lugar".

A perspectiva de deixar Etten e ter de encontrar uma nova casa e um novo ateliê por conta própria deixou Vincent em pânico. "Não, não, não é este o caminho", escreveu a Theo no mesmo dia, suplicando-lhe que interviesse junto ao pai. "Se eu for arrancado de repente daqui, vou ter de começar de novo alguma outra coisa." "Não pode ser!", protestou. "Não, não, não, não pode estar certo que queiram me pôr para fora de casa bem neste momento." Mas nem a ameaça de expulsão foi capaz de demovê-lo da ilusão de que tinha posto tudo em jogo. "Prefiro desistir do trabalho que acabei de começar e todos os confortos desta casa a me resignar a não escrever para ela ou para seus pais", declarou Vincent. Pediu novamente a Theo que lhe enviasse dinheiro para a viagem até Amsterdam, pois assim "posso pelo menos ver seu rosto uma vez mais".

Depois de alguns dias, Theo atendeu aos dois pedidos do irmão: escreveu uma carta aos pais para abrandar a crise e enviou dinheiro a Vincent para a viagem. Vincent escreveu na mesma hora uma carta impetuosa aos Stricker, destinada, disse ele, a arrancar do reverendo "uma determinada exclamação que certamente não usaria num sermão". Então se precipitou para Amsterdam, *"plus vite que ça"* (mais rápido que esta carta), para o confronto que sem dúvida encenara milhares de vezes na imaginação.

Para conseguir passar pela barreira do pai de Kee, ele encenaria um confronto dramático numa visita de surpresa, de maneira que o pobre pastor "não teria alternativa a não ser fechar os olhos para manter a paz". Ele esperou a hora do jantar e então tocou a campainha da casa da família na Keizersgracht. Mas, quando um criado o levou à sala de jantar, Kee não estava ali. O filho Jan estava, mas Kee não. Vincent conferiu os pratos. "Havia um prato na frente de cada um, mas nenhum prato a mais", relembrou. "Esse detalhe me surpreendeu. Eles queriam me fazer crer que Kee não estava e tiraram o prato dela. Mas eu sabia que ela estava lá."

Quando Vincent pediu para ver Kee, o reverendo Stricker respondeu que ela não estava. "Ela saiu de casa no momento em que soube que você estava aqui", disse ele. Mas Vincent não acreditou. Ele de imediato enfrentou o reverendo e se lançou às frases veementes que vinha ensaiando fazia semanas. "Fiquei um pouco esquentado", admitiu a Theo. "Não tive papas na língua." Stricker também vinha acumulando sua raiva para aquele momento. "Ele também não teve papas na língua", contou Vincent, "indo até onde um clérigo pode ir. E embora não tenha dito literalmente 'Deus te amaldiçoe', é o que teria dito qualquer um no estado do tio Stricker e que não fosse clérigo."

Vincent voltou na noite seguinte e Kee desapareceu outra vez. Os pais e o irmão dela acusaram Vincent de "tentar coagi-la". Repetiram-lhe várias vezes que "o assunto [estava] morto e enterrado" e que "tirasse isso da cabeça". Ridicularizaram suas pretensões matrimoniais dizendo que, a menos que suas perspectivas financeiras melhorassem, "não havia a mais remota possibilidade de conquistá-la". Zombaram de sua declaração "ela, e mais ninguém", dizendo-lhe que a resposta de Kee era "Certamente ele não". Às alegações de *aimer encore*, revidaram com uma rejeição devastadora: "Sua persistência é *repugnante*". Ele continuou a pedir para vê-la, para ter alguns minutinhos para expor diretamente sua posição a ela. A certa altura, ele pôs a mão na chama de uma lamparina a gás e disse: "Deixem-me vê-la pelo tempo que eu conseguir manter minha mão nesta chama". Alguém acabou apagando a lamparina, mas, mesmo semanas depois, suas queimaduras ainda se viam à distância.

Ele esteve lá uma terceira vez, porém tornaram a lhe dizer: "*Você não vai vê-la*". "[Ela] desapareceu todas as vezes", lamentou-se. Dirigindo-se para a saída pela última vez, declarou abatido: "O caso não está encerrado". Mas estava, claro. "[Meu] amor por ela recebeu um golpe mortal", reconheceu mais tarde. Partiu de Amsterdam sentindo "uma melancolia indizível... um vazio, um enigma inexprimível dentro de mim". A imagem que o impelira a extremos tão autodestrutivos, a imagem de uma nova vida, de "uma casinha na praia com uma mulher e filhos ao redor da lareira", tinha se perdido para sempre, tal como o sonho de seguir nas pegadas do pai morrera nos pântanos negros do Borinage.

Tal como antes, pensou em se matar. "Sim, entendo as pessoas que se afogam", disse ele. Mas lembrou uma linha de Millet: "*Il m'a toujours semblé que le suicide était une action de malhonnête homme*" (Sempre me pareceu que o suicídio era uma ação de desonestos). E escreveu: "Encontrei forças nesta frase e considerei muito melhor me animar e encontrar lenitivo no trabalho".

Vincent jamais poderia voltar ao lar. Tentou muitas vezes, mas sempre com resultados catastróficos. A rejeição em Amsterdam fora completa, definitiva e permanente. Em "Certamente ele não", de Kee, e "Sua persistência é repugnante", dos Stricker, Vincent ouvia as vozes de toda a sua família e de todo o seu passado. Depois de Amsterdam, restavam apenas duas pessoas em seu mundo sombrio: o irmão Theo e o primo Anton Mauve. "O pai não é alguém por quem posso sentir o que sinto por, digamos, você ou Mauve", escreveu a Theo quando se aproximava o Natal de 1881. "Amo de verdade o pai e a mãe, mas é um sentimento muito diferente do que tenho por você ou por Mauve. O pai não consegue me sentir ou me entender, e eu não consigo me enquadrar no sistema do pai e da mãe, é asfixiante demais e me sufocaria."

Enquanto arfava para conseguir respirar, Vincent chegou sem anunciar à casa de Mauve em Haia, no fim de novembro, vindo diretamente da catástrofe ocorrida em Amsterdam. Não voltou a Etten nem disse aos pais aonde estava indo. Mauve tinha prometido que visitaria Etten naquele inverno para iniciar Vincent nos "mistérios da paleta". Agora, pelo contrário, Vincent tinha ido até Mauve. Com o coração "batendo muito forte", de medo de outra rejeição, pediu ao primo que o deixasse ficar "por um mês mais ou menos" e lhe permitisse "incomodá[-lo] de vez em quando pedindo auxílio e conselho". Como explicação, apresentou apenas uma expressão francesa enigmática para transmitir a pressão que sentia: "*J'ai l'épée dans les reins*" (estou com a faca nas costas).

Ele ficou numa estalagem das redondezas e todos os dias ia até o confortável ateliê de Mauve, junto ao canal, na zona leste da cidade. Como Vincent insistia em fazer obras de fácil saída, Mauve o apresentou à aquarela, meio difícil, mas lucrativo, que ele dominava muito bem. "Que coisa esplêndida é a aquarela", exultou Vincent depois de fazer o retrato de uma camponesa com algumas poucas pinceladas de cores leves. "Expressa atmosfera e distância, de forma que a figura fica cercada de ar e pode respirar." Com a orientação do primo, Vincent começou a sentir progressos quase de imediato — "o cintilar de uma verdadeira luz", como disse. "Gostaria que você visse [minhas] aquarelas", escreveu a Theo em mais um cauteloso surto de esperança. "Sinto que agora estou começando a começar a fazer alguma coisa séria."

Enquanto recuperava a confiança artística, sua imaginação começava a reparar os estragos criados pelas tempestades dos últimos meses. Para manter a compostura diante de Theo, não comentou quase nada sobre o desastre em Amsterdam, exceto que "o tio Stricker ficou bastante zangado". Pôs em Kee a culpa pelo fracasso da missão. As tolas ideias dela sobre um "amor místico" tinham lhe mostrado que ele precisava de uma mulher *de verdade* — isto é, uma prostituta.

Enviou ao irmão um relato detalhado de seu encontro com uma mulher assim logo depois de sair da casa dos Stricker em Amsterdam. Numa narrativa "realista" como os romances franceses rejeitados pelo pai, Vincent descreveu o "quartinho modesto" dela e "a cama muito simples". A mulher era "rústica, não vulgar", disse ele, e "já não [era] jovem, talvez da mesma idade de Kee Vos". Como Kee, tinha um filho e "a vida lhe deixara marcas". Mas, ao contrário de Kee, "era forte e saudável", não aprisionada pela devoção "gélida" a um marido morto.

Para se vingar do pai, Vincent renunciou não só ao amor romântico, mas também à religião. "Deus não existe!", proclamou ele. "Para mim, o Deus dos clérigos está totalmente morto." Vangloriou-se a Theo que Dorus e o tio Stricker "me consideram um ateu" e descartou com displicência a acusação com a famosa tirada de Sarah Bernhardt: "*Que soit!*" (Que seja!). Na religião e no amor, Vincent se imaginava desdenhando, não desdenhado. Comparou seu longo fascínio por Kee a "ficar recostado tempo demais a uma parede de igreja caiada de branco, dura e fria", e agora se declarava livre das restrições debilitantes do coração e da alma.

Com essas amplas renúncias, Vincent imaginava reverter todas as amargas derrotas do inverno num único gesto — e assim escapar por mais algum tempo aos julgamentos do passado. "Você não pode imaginar a sensação de libertação que come-

Burrico e carroça, outubro de 1881, carvão e giz sobre papel, 41,59 × 60,32 cm.

ço a ter", escreveu ele. Nas primeiras semanas de dezembro, ele reforçou esse novo mito de redenção por meio do "realismo" com os votos de "me tornar mais realista em tudo" e páginas e mais páginas de imagens "realistas" de campônios holandeses e vinhetas da vida rural.

Sem dúvida sentindo como essa resolução era ilusória, ele resistiu vigorosamente a voltar a Etten, onde ela enfrentaria um teste de realidade. "Gostaria de ficar aqui mais tempo", escreveu de Haia, "até alugando um quarto aqui... por alguns meses (e talvez até mais)." Pediu a Theo que enviasse mais dinheiro e defendeu suas despesas avultadas com materiais e modelos com uma explicação singela: "É um pouco arriscado continuar realista".

Uma semana antes do Natal, alarmado com os gastos vultosos de Vincent, Dorus foi a Haia para reaver o filho encrenqueiro mais uma vez. Vincent apelou em vão a Mauve, o qual o acalmou com a promessa de visitá-lo em Etten de um vago compromisso de continuar o aprendizado na primavera. Com o apoio de Mauve, Vincent arrancou do pai a promessa de que poderia alugar um ateliê separado em Etten e que não interferiria em seu projeto artístico. "O pai precisa ficar fora disso", escreveu a Theo. "Preciso ser livre e independente, o que é desnecessário dizer."

Mas não adiantou. O desfecho estava decidido desde o momento em que Vincent voltou a pôr os pés na casa paroquial. Durante alguns dias, ele tentou o remédio usual do entusiasmo e do trabalho para se distrair dos desdobramentos inevitáveis que se seguiriam. Chegou a encontrar um possível ateliê, um galpão em Heike, povoado vizinho, onde estivera várias vezes desenhando e recrutando modelos. Porém no dia de Natal, não tendo se passado sequer uma semana desde seu retorno, toda a precária ilusão caiu por terra.

Começou quando Vincent falou que não iria à igreja. "Naturalmente disse a eles que isso estava fora de questão", contou a Theo, "que eu considerava todo o sistema religioso deles horrível." O incêndio logo se alastrou de Deus para Kee Vos, para Gheel e além, até que a paisagem inteira dos últimos quatro anos foi tragada por labaredas de culpa e recriminação. "Não me lembro de ter sentido tamanha raiva em toda a minha vida", admitiu Vincent.

Na "cena violenta" que se seguiu, Vincent desafogou toda a sua frustração reprimida num acesso furioso de indignação moralista, com impropérios e pragas profanas. Havia poupado os sentimentos do pai e engolido seus insultos intoleráveis por tempo demais, declarou ele. "Não consegui mais reprimir minha raiva."

A cena só terminou quando Dorus gritou: "Chega!". Mandou que o filho fosse embora e não voltasse mais. "Saia de minha casa", trovejou ele, "e quanto mais cedo melhor, melhor em meia hora do que em uma hora." Dessa vez não havia choro nem vela. Era a expulsão que Vincent receara por tanto tempo. Ao sair, ouviu trancarem a porta atrás dele.

Vincent nunca se recuperou dos acontecimentos do dia de Natal de 1881. "É e continua a ser uma chaga que carrego comigo", escreveu dois anos depois. "É funda e não tem como se curar. Depois de anos, ainda será como foi no primeiro dia." Para ele, era o auge de todas as ofensas e injustiças dos anos anteriores, muitas das quais lhe haviam causado um desespero de dores excruciantes. Dessa vez, porém, ele não foi vagar pela região negra. Dessa vez, ele tinha uma nova luz a guiá-lo: uma nova religião, o realismo; um novo pregador, Anton Mauve.

Quando Vincent ainda estava em Haia, Mauve o levara até o ateliê e montara uma natureza-morta com uma caneca, uma garrafa e um par de tamancos. "É assim que você deve segurá-la", disse enquanto lhe mostrava a paleta oval com as tintas.

Vincent escreveu empolgado a Theo: "Com a pintura começa minha verdadeira carreira".

16. O punho do desenhista

Vincent rumou direto para Haia, consumindo-se de raiva e amargura. Com as terríveis provações dos anos anteriores — os conflitos constantes com o pai, os meses batalhando por Kee Vos, o clímax nos acontecimentos do Natal —, seu ardor se converteu em indignação fervente e suas atitudes de defesa se transformaram numa couraça de ressentimento. "Eu costumava sentir muitos remorsos, ficava muito triste e me recriminava porque as coisas entre meus pais e mim corriam mal", escreveu ele. "[Mas] isso acabou, de uma vez por todas."

Rompendo descaradamente o acordo de não voltar à casa de Mauve pelo menos durante três meses, ele se dirigiu para lá de imediato e pediu para retomar o aprendizado. Num gesto cuja clara intenção era assustar e alarmar a família, pegou dinheiro emprestado com Mauve para alugar um quarto ali perto. Desdenhando as acusações paternas de ser esbanjador, Vincent teve gastos extravagantes para decorar o aposento. Numa atitude que mostrava abertamente suas intenções de ficar, encheu o quarto de móveis que comprou, em vez de alugar. Adquiriu uma montanha de novas estampas para enfeitar as paredes e flores para a mesa. Uma semana depois, não lhe sobrava um tostão. Então sentou e escreveu aos pais, anunciando orgulhoso o que tinha feito, declarando que a relação entre eles terminara e lhes desejando causticamente um feliz ano novo.

Também escreveu a Theo, descrevendo sua nova vida sem nenhuma compunção ("Tenho um verdadeiro ateliê meu mesmo, e estou muito contente") e fazendo insinuações sombrias de que talvez fosse obrigado a tomar dinheiro emprestado de Mauve outra vez se Theo não lhe recheasse os bolsos vazios — ou poderia até ir pedir a Tersteeg. Receando mais um constrangimento na família, Theo mandou o dinheiro, mas não sem o censurar por se comportar tão mal em relação aos pais. "Por que raios você é tão infantil e tão desavergonhado?", ralhou ele. "Um dia você vai lamentar muito por ter sido tão insensível nessa questão." Vincent estourou de raiva com aquela censura, numa longa réplica enfurecida, e declarou: "Não vou me desculpar de nada". À acusação de Theo de que tanta petulância afetava a saúde do pai, já idoso, Vincent retrucou com acidez: "O assassino deixou a casa". Em vez de diminuir suas exigências, reclamou que Theo não tinha enviado dinheiro *suficiente* e insistiu que o irmão lhe garantisse outras remessas, porque "preciso saber com alguma segurança com o que posso contar".

Foi com esse espírito de raiva e contestação que Vincent deu início à sua atividade artística. A arte não era apenas uma vocação, era um chamado às armas. Ele comparou sua carreira a "uma campanha militar, uma batalha ou uma guerra" e prometeu "travar meu combate, vender caro a minha vida e tentar sair vitorioso". "A persistência", bradou ele, "é melhor que a rendição." Esbravejou contra seus críticos — "as pessoas que veem em mim amadorismo, indolência, viver às custas dos outros" — e prometeu combatê-las de maneira ainda "mais feroz e selvagem" até derrotá-las com seu "punho de desenhista".

Apenas uma pessoa parecia imune à beligerância geral e indiscriminada de Vincent: Anton Mauve. Homem sensível e decoroso, lutando para manter o decoro familiar sem ser arrastado para o mais negro melodrama da família, Mauve abriu a casa e o ateliê ao primo desabrigado. "Ele me ajudou e me incentivou de todas as maneiras práticas e amigáveis", escreveu Vincent. Apesar das evidentes diferenças de espírito e idade (quinze anos), Mauve talvez visse no jovem um pálido reflexo de seu próprio passado. Filho malquisto de um pastor, tinha saído de casa aos catorze anos para se tornar artista, frustrando os projetos da família de suceder ao pai no sacerdócio.

Como Vincent, Mauve tinha passado seus primeiros anos como artista pobre disposto a alcançar sucesso comercial fazendo imagens convencionais que vendessem bem. Como Vincent, Mauve se atirava ao trabalho com um afinco que beirava a obsessão. Para terminar uma pintura, às vezes ele se trancava no ateliê por dias a fio. "Ele dá a cada pintura e a cada desenho uma pequena parte de sua vida", comentou Vincent com admiração. Fora do trabalho, Mauve também encontrava consolo na natureza. Tinha o mesmo gosto de Vincent pelas longas caminhadas, sobretudo ao

Anton Mauve, 1878.

anoitecer, bem como a mesma sensibilidade aguçada pelo sublime. Embora preferisse música a literatura (costumava cantarolar Bach enquanto trabalhava), Mauve também admirava muito os contos de Andersen, que muitas vezes recitava para os filhos, num quadro de intimidade familiar que por certo comovia o coração exilado de Vincent.

A generosidade de Mauve com Vincent representava um sacrifício extraordinário para um e uma oportunidade sem precedentes para o outro. Homem de extrema reserva, Mauve raramente admitia a presença de terceiros no estreito círculo de sua família e era ainda mais raro que admitisse visitas em seu ateliê. Não aceitava alunos. Embora ativo e muito admirado no mundo artístico de Haia, em geral se mantinha afastado das atividades sociais. Recebia um convidado por vez, escolhendo as amizades pelo gosto refinado e pelos "dons de bom senso e humor". Ficava nervoso com grupos grandes e "conversas vazias". Apesar de seu amor pela música, não ia a concertos porque achava enervantes os ruídos da plateia. Detestava qualquer perturbação ou "violência" no gosto ou no temperamento, que podiam prejudicar o que chamava de natureza "lírica" de sua sensibilidade.

Ao franquear a prezada serenidade de sua vida a Vincent, Mauve lhe oferecia não só um sucedâneo de família, como também uma oportunidade de progresso com a qual outros jovens artistas na Holanda nem podiam sonhar. Pois Mauve não era apenas um mestre culto; era uma das principais figuras da Escola de Haia, movimento artístico holandês que tinha se elevado aos píncaros do sucesso de crítica e de vendas nos dez anos desde que Vincent o conhecera, quando era aprendiz na Goupil. Os pintores da Escola de Haia não só reivindicavam o manto da Idade de Ouro, mas dispunham de um público cada vez maior de colecionadores, sobretudo na Inglaterra e nos Estados Unidos, dispostos a pagar um alto preço pelas cores tristes, pelo primoroso trabalho do pincel e pelos temas pitorescos da nova arte holandesa. Em 1880, as pinturas da Escola de Haia dominavam as vendas na loja da Goupil na Plaats, e a produção de seus artistas mais famosos — em especial Anton Mauve — não conseguia acompanhar a demanda no país e no exterior.

Como o movimento que encabeçava, Mauve estava no auge do sucesso quando Vincent chegou a Haia nos dias finais de 1881. Os críticos aplaudiam e os colecionadores disputavam suas belas imagens da vida nas dunas e nas várzeas, fossem em óleo ou aquarela. Os colegas já tinham começado a cercá-lo com uma "auréola de veneração devota", como se diria mais tarde, louvando-o como "pintor poeta", "gênio", "mago". Em 1878, homenagearam-no com a escolha para a direção da sociedade mais prestigiosa do mundo da arte, o Pulchri Studio.

Passara-se apenas uma semana desde a chegada de Vincent e, num primeiro sinal do que poderia lhe reservar o futuro, Mauve indicou o jovem primo para se tornar membro associado do Pulchri, honra inédita para um novato retardatário. "Depois disso", escreveu Vincent a Theo num arroubo ambicioso, "vou me tornar membro pleno o mais breve possível."

Em seu confortável ateliê na Uileboomen, Mauve ofereceu ao jovem *protégé* uma vantagem ainda mais importante para sua nova carreira. Vincent ia quase todos os dias observar e aprender — sua primeira oportunidade de estudar um pintor maduro ao cavalete. Trabalhando a uma velocidade atordoante, Mauve tinha controle absoluto do pincel, traçando os detalhes mais ínfimos e os efeitos mais evanescentes com toques precisos e resolutos. A experiência e os intermináveis passeios para desenhar ao ar livre tinham aprimorado sua facilidade inata, a ponto de os olhos e a mão parecerem trabalhar em perfeita simultaneidade e harmonia.

Na época em que Vincent chegou, Mauve acabava de iniciar uma grande tela, com um barco pesqueiro sendo arrastado na praia de Scheveningen por uma parelha de cavalos, tema sobre o qual ele havia pintado muitas variações. A água espumante e a areia úmida da cena deram a Vincent ocasião de observar o mestre criando a atmosfera perolada que o celebrizara. Todos os pintores da Escola de Haia eram elogiados (ou criticados) pela paleta atenuada. Ao invés de cores vivas e contrastantes, usavam um espectro restrito de cores apagadas para criar poemas de tom melancólico e banhados de luz tênue. De início ridicularizados como "a escola cinzenta", eles acreditavam que a pintura "tonal" captava melhor o "cinza cálido e fragrante" da terra natal, tão saturada de umidade.

Ninguém recriava essa luz marinha argêntea melhor do que Anton Mauve. Na pintura que Vincent viu nascer no ateliê, Mauve banhou toda a cena com ela: desde as nuvens de cerração sobre o mar às poças d'água deixadas pelo recuo da maré, às areias escorregadias e ao barco de cor negra. "Theo, que coisas grandiosas são o tom e a cor", escreveu Vincent em êxtase. "Mauve me ensinou a ver tantas coisas que eu não via antes."

Apesar da dedicação ao trabalho e à família, Mauve conseguiu tempo para o primo "novato". Apontava os erros de Vincent, fazia sugestões, corrigia detalhes de proporção e perspectiva, às vezes na própria folha de Vincent. Dava seus conselhos com autoridade mesclada de respeito, que condizia perfeitamente com o estado vulnerável em que se encontrava o primo. "Se ele me diz, 'Isso ou aquilo não está bom'", contou Vincent a Theo, "logo acrescenta: 'mas tente desta ou daquela maneira'." Artesão meticuloso, Mauve enaltecia as virtudes dos bons materiais e da boa técnica ("use o pulso, não os dedos") e dava "aulas" sobre problemas comuns, tais como desenhar mãos e rostos — exatamente o tipo de conselho prático que Vincent mais desejava: a informação experiente da qual se sentia privado por ter começado tarde.

Atendendo à preocupação mais premente do discípulo — como fazer obras vendáveis —, Mauve continuou a encaminhá-lo para a aquarela. Impaciente e voluntarioso, Vincent sempre tinha se debatido com esse meio frágil (dizia que era "diabólico"), usando-o apenas para realçar e colorir os desenhos. Mas Mauve, aquarelista de primeira, mostrou-lhe como *desenhar* usando apenas as manchas luminosas de cor. "Mauve me mostrou uma nova maneira de fazer alguma coisa", exultou ele. "Estou gostando cada vez mais... é diferente e tem mais força e vigor."

Ávido por ganhar aprovação depois de anos de censuras, Vincent se agarrou às atenções do primo ilustre. "A aprovação de Mauve", disse ele, "é para mim como água para uma planta seca." Num fervor de gratidão, multiplicava os louvores ao novo mentor. "Amo Mauve", escreveu. "Amo o trabalho dele — e me considero afortunado por estar aprendendo com ele." Vincent lhe comprava presentes, imitava seu jeito de falar, adorava seus elogios, aceitava suas críticas e repassava fielmente a Theo cada palavra do mestre. "Mauve diz que vai demorar pelo menos uns dez desenhos até eu aprender a manejar bem o pincel", escreveu ele, "assim não fico desanimado nem com meus erros."

Vincent estava tão apaixonado pelo novo mentor que dispensou qualquer outra companhia. "Não quero me cercar muito de outros pintores", disse ele, "[porque] a cada dia acho Mauve mais inteligente e mais digno de confiança, e o que mais posso querer?" Pediu mais dinheiro a Theo, para que não se sentisse embaraçado pela penúria diante do primo distinto, e pretendia se "vestir um pouco melhor", agora que era frequentador regular do estúdio na Uileboomen. "Agora sei a direção que devo tomar", escreveu solene, "e não preciso me esconder." Graças a Mauve, disse ele, "a luz começa a despontar [e] está nascendo o sol".

Mas não podia durar. Ninguém conseguia atender por muito tempo às demandas da admiração de Vincent, em especial Mauve, indivíduo tão suscetível e introvertido. E os arroubos desbragados de entusiasmo de Vincent estavam sempre fadados a acabar em desilusão. O relacionamento já tinha começado a se desgastar quando Mauve foi visitar Vincent, em 26 de janeiro, no aposento de segundo andar na periferia da cidade. Enquanto estava lá, apareceu um dos "modelos" de Vincent: uma velha que ele recrutara na rua — único lugar onde conseguia encontrar gente disposta a posar pelo pouco que podia pagar.

Vincent tentou remediar a situação constrangedora fazendo a pobre mulher posar e mostrando a Mauve suas habilidades no desenho. Mas a tentativa resultou apenas em constrangimento, desencadeando uma discussão entre mestre e discípulo. Vincent tentou minimizar a desavença como atrito inevitável entre dois temperamentos artísticos — "somos igualmente nervosos", explicou a Theo —, mas o episódio o transtornou tanto que foi para a cama com "febre e os nervos atacados".

Nas semanas seguintes, numa sucessão de cartas furiosas, Vincent aumentou a divergência até se converter num *casus belli* por antecipação. Mauve, ao que parece, tinha se decepcionado com a cena no ateliê de Vincent, tomando-a como o pior tipo de atitude amadora. E insistiu: se Vincent de fato quisesse aprender a desenhar figuras, devia começar copiando moldes de gesso — o método tradicional — em vez de desperdiçar seu tempo (e o dinheiro do irmão) com gente da rua, fingindo que aprendia. "Ele falou comigo... de uma forma que nem o pior professor da academia teria falado", esbravejou Vincent.

As linhas no campo de batalha estavam traçadas. Em vez de esperar a inevitável rejeição, Vincent partiu para o ataque. Acusou Mauve de ter "mentalidade estreita", de ser "indelicado", "mal-humorado e bastante descortês". Converteu a divergência num ataque velado a todo o seu projeto artístico, alegando que Mauve desprezava secretamente seu trabalho e alimentava o desejo "de que eu desista". Exagerou os termos da discussão, elevando-a a uma briga não entre modelos vivos e moldes de gesso, mas entre o desenho e a aquarela; e, a seguir, entre o realismo e o academicismo. Dizendo que a aquarela era "exasperante" e "inútil", Vincent praticamente desistiu de aprender o meio — uma rejeição sonora ao mestre.

Por outro lado, continuou a trabalhar com a modelo, argumentando que estava "ficando mais acostumado a [ela], e por isso mesmo devo prosseguir". Como que decidido a transformar a disputa em confronto, continuou a exigir a atenção do primo. Pareceu chocado quando Mauve se retraiu ainda mais (e se queixou: "Mauve tem feito muito pouco por mim nos últimos tempos") e sinceramente magoado quando o primo reagiu exasperado: "Nem sempre estou com disposição de lhe mostrar coisas, [e] que raios, você terá de esperar o momento certo".

Quando Vincent insistiu ainda mais, Mauve perdeu a calma. Numa provocação venenosa, ele arremedou "malevolamente" a fala "nervosa e alvoroçada" do discípulo e imitou suas caretas de intenso fervor. "Ele é muito esperto nessas coisas", comentou Vincent mais tarde, numa lembrança dolorosa. "Era uma caricatura minha admirável, mas feita com ódio." Vincent tentou se defender e disse a Mauve: "Se você tivesse passado noites de chuva nas ruas de Londres ou noites de frio no Borinage, também teria essas linhas tão feias no rosto e talvez também uma voz áspera".

Mas a verdadeira resposta veio mais tarde, quando Vincent voltou a seu quarto e atirou os moldes de gesso que tinha dentro da lata de carvão, esmigalhando-os. "Vou desenhar a partir daqueles moldes somente quando estiverem brancos e inteiros outra vez", jurou com mágoa furiosa, "quando não houver mais pés e mãos de seres vivos para desenhar." Então, num gesto final de provocação, voltou à presença de Mauve e fez questão de se exibir pelo gesto de desafio. E bradou: "Não me fale de gesso outra vez, não suporto". Mauve expulsou imediatamente Vincent de seu ateliê e jurou que "não teria mais nada a ver com ele" pelo resto do inverno.

O contato durara no máximo um mês.

Com H. G. Tersteeg, o rompimento foi ainda mais rápido. O precoce *gérant* da Goupil, agora com 36 anos, estava no epicentro do mundo artístico de Haia, e sua estrela subia cada vez mais com o sucesso dos pintores da Escola de Haia, que apoiava desde longa data. Ninguém, nem mesmo Mauve, poderia contribuir mais para impulsionar a carreira de Vincent.

De início, Tersteeg recebeu bem o antigo aprendiz em Haia, parecendo ter deixado de lado o rancor dos últimos contatos entre eles, na primavera anterior, quando acusou Vincent de viver às custas dos tios e o aconselhou a ser professor em vez de artista. Vincent participou do espetáculo de reconciliação, dizendo que "foi tudo perdoado e esquecido" e "o que passou, passou". Mas claro que nada mudara. Assim como não deixava passar nenhum gesto depreciativo, Vincent não deixava passar nenhuma ocasião de testar a cortesia alheia. Não fazia nem duas semanas que chegara a Haia, ele foi até Tersteeg e lhe pediu 25 florins emprestados, o que não era pouco. Tersteeg deu o troco esperando três semanas antes de fazer a primeira visita ao apartamento de Vincent.

Quando afinal foi visitá-lo, o conflito foi aberto. Perspicaz e autoritário, sem as peias do parentesco, Tersteeg não mediu as palavras. Qualificou os desenhos a bico de pena — que eram o orgulho de Vincent — de "insípidos" e "invendáveis", além de criticá-lo por insistir nos esboços amadorísticos e canhestros que enchiam o ateliê. Desdenhou os prezados modelos de Vincent com um altivo "Não existem modelos em Haia". Se Vincent realmente queria viver da profissão de artista, disse Tersteeg, teria de abandonar o desenho de figuras e se dedicar à aquarela — paisagens, de preferência. Também teria de desistir das imagens grandes, do manual de Bargue, que eram as preferidas de Vincent, e fazer trabalhos menores. Tersteeg fez troça quando Vincent defendeu seus desenhos dizendo que tinham "personalidade" e, quando ele lhe mostrou as pastas volumosas para mostrar o afinco com que trabalhava, o *gérant* falou que todo o conteúdo delas era "uma perda de tempo". O desenho de figuras, disse a Vincent, "é uma espécie de narcótico que você usa para não sentir a dor causada pelo fato de não conseguir fazer aquarelas".

Mesmo pelos padrões do passado de conflitos que tinham, essa era uma acusação devastadora. Tersteeg sempre tivera um instinto malévolo em atingir os pontos fracos de Vincent; e Vincent sempre fora especialmente suscetível às censuras do ex-patrão. Magoadíssimo, Vincent soltou uma enxurrada de protestos. A violência dessa reação iria afastá-lo das convicções que professava poucas semanas antes e o lançaria a um novo rumo, cheio de perigos. Dizendo que Tersteeg era "irrefletido" e "superficial", foi veemente na defesa dos desenhos, reiterando que "há muitas coisas de bom neles". Sustentou que o desenho figurativo a partir de modelos vivos era mais difícil e mais "sério" — isto é, mais capaz de expressar verdades profundas — do que a aquarela.

Logo a altercação subiu de tom e se transformou num repúdio geral do objetivo que o guiava desde que saíra do Borinage: sustentar-se vendendo seus trabalhos. "Não vou correr atrás de apreciadores ou negociantes de arte", declarou ele; "eles que venham a mim." Em vez de "agradar ao público", queria somente "ser fiel a mim mesmo" — ainda que isso significasse expressar "coisas rudes de maneira rude". Se apenas um mês antes ele se dizia um novato ansioso, ávido por aprender, agora se apresentava como artista perseguido defendendo a própria integridade. "Desde quando eles podem forçar ou tentar forçar um artista a mudar sua técnica ou seu ponto de vista?", perguntou indignado. "Creio que é uma grande impertinência tentar uma coisa dessas." "Não vou deixar que me obriguem a fazer um trabalho que não mostre meu próprio caráter."

Em fevereiro, as discussões viraram ferinamente pessoais. Vincent montou o estopim enviando a Tersteeg uma carta que o acusava de ser cúmplice no rompimento com Mauve. Quando Theo atrasou uma remessa mensal de dinheiro, também suspeitou que o ardiloso *gérant*, que acabava de voltar de Paris, envenenara seu irmão contra ele. "É possível que você tenha ouvido alguma coisa de Tersteeg que o influenciou?", perguntou depois. Não tendo ainda recebido a remessa de dinheiro, Vincent foi até a Goupil e confrontou "Sua Excelência". Exigiu que Tersteeg honrasse a obrigação de Theo dando-lhe dez florins. Tersteeg respondeu com "tantas censuras — quase diria insultos", vociferou Vincent, "que mal consegui me controlar".

Tersteeg retomou a acusação da primavera anterior, dizendo que a "vocação" artística de Vincent não passava de fingimento e preguiça, e que devia desistir. "Você precisa ganhar a vida", disse ele: arranje um emprego e pare de "tirar dinheiro" de Theo. Disse-lhe sem rodeios: "Você começou tarde demais". Quanto à possibilidade de vir a ter algum sucesso, Tersteeg repetiu com veemência a opinião que já lhe dera na primavera anterior: "De uma coisa eu tenho certeza, você não é artista". Descartou o trabalho de Vincent com um fagueiro "*ni fait ni à faire*" (nada feito, nada a fazer). Mas dessa vez foi mais longe, valendo-se de sua posição como amigo da família que conhecia Vincent desde Zundert para emitir um juízo demolidor: "Você fracassou antes e agora vai fracassar de novo... Essa sua pintura vai ser como todas as outras coisas que começou, não vai dar em nada".

Vincent ficou destroçado. Tersteeg disse "coisas que ferem o coração e doem na alma", escreveu amargurado a Theo. Acusou Tersteeg de nutrir uma inexplicável antipatia pessoal por ele desde os primeiros tempos. "Durante anos ele me considerou uma espécie de sonhador incompetente", escreveu. "[Ele] sempre parte da ideia fixa de que não sou capaz de fazer nada e não presto para nada." Embora rejeitando categoricamente o juízo de Tersteeg sobre seu futuro como artista — "Realmente tenho a sensibilidade artística correndo em minhas veias", insistiu —, também não entendia por que o *gérant* não "pede coisas que *eu* sei *fazer*, em vez de pedir coisas impossíveis". Mas depois a raiva voltou e ele comentou que sentia saudades dos bons velhos tempos quando gente como Tersteeg podia ser mandada para a guilhotina, com os outros vilões do *Ancien Régime*.

Quando Theo tentou acalmar a tempestade dizendo a Vincent para "ficar em bons termos com Tersteeg [porque] é quase um irmão mais velho para nós", Vincent teve um acesso de fúria por rivalidade fraterna. A ideia do irmão mais novo se aliando ao janota usurpador e arrivista aumentou ainda mais sua aversão. Fez uma relação obsessivamente minuciosa de todas as formas de traição que Tersteeg usara contra ele ao longo dos anos. Quando Theo pediu que ele retirasse as grosserias, Vincent foi categórico ao se negar. Pelo contrário, ampliou seus ataques até incluir *todos* os negociantes de arte, empenhando-se incansavelmente em criar uma distância entre o irmão e o "Satã" Tersteeg. Iludindo-se durante algumas semanas, procurou inclusive convencer mais uma vez Theo a deixar o emprego e se tornar artista, desafiando-o a repudiar o pérfido *gérant* e declarar sua solidariedade com o irmão verdadeiro. "Continue a ser algo melhor do que H.G.T.!", exortou-o Vincent. "Seja um pintor!"

A certa altura, Vincent concordou em se manter afastado de Tersteeg durante seis meses. Em outro momento, alegou total indiferença por ele ("Tersteeg é Tersteeg, e eu sou eu") e garantiu "esquecê-lo por completo". Poucos dias depois que Vincent havia assegurado a Theo que se "afastara definitivamente", Tersteeg fez uma visita inesperada ao ateliê de Vincent, desencadeando mais um surto de raiva e enfrentamento. "Preciso fazê-lo entender que ele me julga de maneira superficial demais", espumou Vincent.

Esse era o padrão que marcaria o relacionamento de Vincent com Tersteeg pelo resto da vida: acessos periódicos de raiva, aos quais se sucediam tentativas relutantes de reconciliação, seguidas por declarações vazias de indiferença, numa ciranda obsessiva que nunca parava. Depois de anos de rancor, os acontecimentos do inverno e da primavera tinham transformado o elegante *gérant* no arqui-inimigo impiedoso de Vincent — tão implacável na arte quanto seu pai era na vida. Ele voltaria constantemente a essa ferida incurável em suas cartas, atraído pelo desejo irresistível de fazer uma arte vendável, da qual Tersteeg parecia sempre deter o segredo; ou pela inevitável, mas intolerável aliança entre Tersteeg e Theo, irmãos na família Goupil da qual Vincent fora banido; ou ainda pelos ecos de suas próprias dúvidas pessoais, que julgava ouvir nas críticas de Tersteeg.

Mauve e Tersteeg não eram exceções. Vincent brigava com todo mundo. Em raras ocasiões contava suas brigas a Theo, mas elas ressoam em toda a correspondência nos nomes de colegas artistas que aparecem brevemente e nunca mais voltam a ser mencionados, deixando os vestígios de uma divergência apenas devido ao sumiço súbito e inexplicado. Nomes como Jules Bakhuyzen, Bernard Blommers, Piet van der Velden e Marinus Boks, que em geral são apresentados num caloroso acesso de entusiasmo, testemunham o malogro de um projeto de amizade.

Alegando que não precisava de amigos, Vincent desdenhava dos colegas, dizendo que eram maçantes, preguiçosos, burros, "mentirosos inveterados". Mesmo os artistas de sua admiração não conseguiam resistir a suas atenções por muito tempo. Em fevereiro, ele visitou o ateliê de Jan Hendrik Weissenbruch, membro veterano da Escola de Haia que conhecera quase uma década antes quando era aprendiz na Goupil. Senhor afável e excêntrico (que chamavam de Weiss, o Bonachão), Weissenbruch lhe deu um pouco de incentivo para diminuir a mágoa pelo afastamento de Mauve. Disse (segundo Vincent) que achava que ele desenhava "bem pra diabo" e se prontificou a substituir Mauve como tutor e orientador de Vincent. "Considero um grande privilégio visitar pessoas tão inteligentes", escreveu Vincent a Theo depois do encontro. "É exatamente o que eu quero." Mas nunca comentou nenhum outro contato com o Bonachão e, no verão, falou dele apenas como uma cara lembrança.

A amizade com Théophile de Bock, que Theo tentara atar no verão anterior, também se desfez rapidamente. Os dois tinham muito em comum: ambos começaram tarde na carreira artística (De Bock, com trinta anos, tinha sido escriturário da ferrovia); ambos adoravam Millet. Mas Vincent duvidou do genuíno comprometimento do colega desde o primeiro instante. Quando De Bock disse que admirava Camille Corot, o paisagista de Barbizon, Vincent o censurou por trair Millet e o acusou de "não ter fibra". Reclamou que De Bock não aceitava seus conselhos. "Ele fica bravo quando a gente diz algumas coisas que fazem parte do mero beabá", escreveu Vincent. "Toda vez que o vejo, tenho a mesma sensação: o sujeito é fraco demais." Depois de uma visita, concluiu com aspereza: "Ele nunca vai fazer nada de bom — a menos que mude". Depois disso, os dois só voltaram a se ver quando se cruzavam por acaso na rua.

No primeiro semestre de 1882, Vincent chegou a se dizer *"en froid"* (esfriado) com o distante Anthon van Rappard, que não admitira a derrota na batalha epistolar de ambos sobre o desenho acadêmico. Quando Rappard lhe escreveu uma réplica enérgica por volta do Ano-Novo, Vincent encerrou imediatamente a correspondência, bufando: "Nada ou quase nada em sua carta tem fundamento". "Tenho coisas mais sérias a fazer do que escrever cartas." Apenas a distância e o silêncio impediram que o nome Van Rappard integrasse a lista cada vez mais comprida de amizades perdidas ou abandonadas.

Além do mais, Vincent havia encontrado um substituto. George Hendrik Breitner tinha 24 anos, a mesma idade de Theo, quando começou suas incursões noturnas com Vincent no Geest, a zona de prostituição de Haia, no começo de 1882. Expulso dois anos antes da escola de arte, Breitner já está se convertendo num iconoclasta da Escola de Haia, apesar dos laços de amizade que mantinha com Willem Maris e o poderoso Mesdag, para quem trabalhara no *Panorama*. Não tinha nada a perder ao se ligar com o pária Van Gogh. (Como Rappard, Breitner conhecera antes Theo.)

Como com Rappard, Vincent se lançou de imediato a uma bombástica campanha de camaradagem. Em uma ou duas semanas, os dois saíram em vários passeios para desenhar e trocaram diversas visitas a seus respectivos ateliês, enquanto continuavam com suas andanças noturnas. Como com Rappard, Vincent punha a solidariedade fraterna na frente do imperativo artístico e seguia a liderança do rapaz. Breitner abandonara em larga medida sua formação clássica e abraçara o corajoso naturalismo de escritores franceses como Zola e os irmãos Goncourt. Enquanto Vincent ia ao Geest para recrutar modelos que usaria para suas cenas milletianas da vida rural, Breitner ia porque seu tema era a cidade em si. Ele afirmava que os artistas modernos deviam encontrar inspiração não num passado rural mítico, e sim na urgência sombria da vida urbana contemporânea. Dizia-se um "pintor do povo".

Vincent acompanhava o rapaz com grande afã aos dispensários públicos, aos saguões de espera das estações de trem, aos mercados de turfa, aos pontos de venda de loterias e às lojas de penhores. No começo, essas expedições lhe serviam apenas como maneira de encontrar novos temas para estudos de figuras que faria mais tarde, em seu ateliê, com um modelo. Mas, adotando o hábito de Breitner, logo ele passou a desenhar diretamente as cenas da vida nas ruas — o balcão de vendas de uma padaria, a escavação caótica de uma rua, uma calçada vazia —, temas, todos esses, pelos quais nunca tinha demonstrado o menor interesse. Os resultados não foram propriamente encorajadores. Ansioso por captar o bulício da vida urbana que fascinava Breitner, mas incapaz de abandonar sua preferência por figuras solitárias, Vincent criou pelo menos uma cena de rua bastante esquisita, mostrando uma criancinha engatinhando ao lado de uma valeta aberta e uma velha de bengala colidindo com um cavador de valas.

Todas as suas tentativas de criar amizades malogravam igualmente. Quando

Breitner foi para o hospital em começo de abril, por causa de uma doença venérea, Vincent já andava a espinafrá-lo por ter "medo de pegar modelos". Vincent foi visitá-lo no hospital, mas quando ele próprio foi hospitalizado, dois meses depois, Breitner não se sentiu na obrigação de retribuir a gentileza. Aliás, passaram um ano sem se falar. Admitindo que Breitner "rompeu totalmente o contato", Vincent estourou em recriminações magoadas, desqualificando os quadros dele como pinturas "tediosas", "sem graça", "de borrões a torto e a direito", e insinuando que não pegava mais modelos por falta de virilidade.

Como era brigar com Vincent van Gogh? O tio Cor descobriu quando o visitou no começo de março. Vincent não via esse outro tio negociante de arte desde que tinham discutido sobre sua decisão de abandonar os estudos em Amsterdam. Depois de passar um ano reclamando amargamente que Cor não apoiara seu início de carreira, Vincent engoliu o orgulho e convidou o tio endinheirado para conhecer seu novo ateliê. Receava a ocasião e se armou contra outro fiasco, como os que tinham ocorrido com Mauve e Tersteeg, prometendo de antemão que ia parar "de correr atrás" de negociantes, "sejam eles quem forem".

No dia combinado, esse reservatório de ressentimento fatalmente transbordaria. Quando Cor comentou que Vincent precisava "ganhar seu próprio pão", foi o que bastou. "Ganhar o pão?", exclamou Vincent.

> O que você quer dizer? Ganhar o pão, ou merecer o pão? Não merecer seu pão — isto é, ser indigno dele — por certo é um crime, pois todo homem honesto é digno de seu pão; mas infelizmente, não conseguir ganhá-lo, mesmo merecendo, é um infortúnio, um grande infortúnio. Assim, se você me diz: "Você é indigno de seu pão", está me insultando. Mas se está fazendo a observação bastante justa de que nem sempre ganho meu pão — pois às vezes fico sem nada —, bom, pode ser verdade, mas aí de que serve a observação? Se for isso o que você está dizendo, não vai me adiantar nada.

Quando os amigos e parentes reclamavam do gênio esquentado de Vincent, era a isso que se referiam. As discussões pareciam nascer do nada. O próprio Vincent conta que acontecia de entrar no ateliê de outro artista e "imediatamente, às vezes em menos de cinco minutos", se metia numa briga tão acalorada que "nenhum dos lados pode avançar ou recuar". Uma palavra, um gesto, um simples olhar eram capazes de desencadear uma tremenda tempestade verbal, que aturdia e deixava sem fala interlocutores como tio Cor, que ficavam com a impressão de que tinham se

Rua em obras com cavadores, abril de 1882, lápis e nanquim sobre papel, 42,86 × 62,86 cm.

intrometido em alguma raivosa discussão íntima. As divergências aumentavam num instante, enquanto o fervor proselitista e a agressividade à flor da pele de Vincent se fundiam numa argumentação frenética que não conhecia peias nem razões. "Nem sempre falo com justeza", admitiu mais tarde, "e deixo minha imaginação se desprender da realidade e vejo as coisas de maneira muito fantasiosa." Arrebatado por essas ilusões da retórica, levava suas posições a extremos absurdos, reduzia todos os relativos a absolutos, não concedia nada, vergastava rispidamente seus críticos numa linguagem que muitas vezes vinha a lamentar depois.

Ninguém entendia essa veemência autodestrutiva melhor do que o próprio Vincent. Atribuía-a por vezes à "agitação nervosa" ou à "passionalidade agravada pelo temperamento". "Sou um fanático!", era sua explicação. "Vou em determinada direção e quero que os outros venham comigo!" E declarou: "Aqueles que são sérios de coração... muitas vezes têm algo de desagradável em si". Mas, num momento de franqueza — raro nessa época —, ele reconheceu a verdade. "Não é incomum que eu fique imensamente melancólico, irritadiço, com fome e com sede, por assim dizer, de compreensão; e, quando não a tenho, procuro agir com indiferença, falar com rudeza e muitas vezes até jogar lenha na fogueira."

Mas dessa vez tio Cor não deixou que o furor de Vincent o desviasse de suas boas intenções. Folheando as grossas pastas de desenhos do sobrinho, ele parou numa das cenas de rua que Vincent tinha feito com Breitner e perguntou: "Você podia fazer mais destas?". Vibrando de emoção com sua primeira encomenda — "um raio de esperança", disse ele —, Vincent deixou de lado os argumentos intransigentes sobre a integridade artística, que expusera na discussão com Tersteeg, e concordou, animado, em fazer doze vistas da cidade por 2,5 florins cada. Embora tenha ficado visivelmente sentido quando Cor olhou centenas de figuras sem dizer uma palavra, Vincent o poupou das furiosas investidas que havia lançado contra Mauve e Tersteeg, ao defender o desenho com modelos.

Isto é, até a hora em que ele saiu. Como o pagamento não chegou imediatamente depois do envio dos desenhos, Vincent, desconfiado, tomou aquilo como um insulto. Mesmo depois de receber uma segunda encomenda de mais seis desenhos em abril, ele continuou a questionar as motivações do cliente. Em maio, tolhido pela desconfiança, ameaçou parar totalmente a nova encomenda. "Não mereço ter de considerar isso como caridade", protestou ele. Theo afinal conseguiu persuadi-lo a terminar os desenhos, mas, quando Cor lhe pagou abaixo do que esperava *e* enviou o pagamento "sem escrever nenhuma palavra", Vincent explodiu de indignação.

Pensou ver no silêncio do tio uma pergunta desdenhosa: "Você acha mesmo que esses desenhos têm o mais remoto valor comercial?". A essa imaginária reprimenda, ele formulou uma réplica ousada:

> Não tenho a pretensão de estar familiarizado com o valor comercial das coisas... Pessoalmente atribuo mais importância ao valor artístico e prefiro me interessar pela natureza em vez de calcular preços... [Se] não posso dar minhas coisas de graça é porque, como todos os outros seres humanos, tenho minhas necessidades humanas, precisando de alimento e de um teto sobre minha cabeça.

Prevendo que tal argumento seria considerado "ingrato, grosseiro e impertinente", Vincent imaginou a reação do tio: "Seu tio em Amsterdam, que lhe quer tanto bem, é tão bondoso e o ajuda tanto, censura-o pela arrogância e obstinação... Você o tratou com tanta ingratidão que a culpa é só sua". A essa repreensão imaginária, Vincent formulou um orgulhoso desafio em resposta: "Estou disposto a me conformar em perder seu patrocínio".

Era o tipo de discussão que Vincent teria pelo resto da vida — ainda mais acesa porque se dava inteiramente apenas na cabeça dele.

* * *

Enquanto Vincent brigava com mentores, protetores e colegas artistas, prosseguia na batalha com sua arte. O punho de desenhista "não obedece à minha vontade", reclamava ele. Os problemas que enfrentava desde que se declarara artista continuavam a frustrá-lo e a lutar contra ele. Nos desenhos de figura, os corpos se esticavam e se dobravam em posições impossíveis; os rostos desapareciam em borrões indefinidos. Nas aquarelas, faltavam as manchas e as cores se turvavam. Nos desenhos em perspectiva, as linhas se enviesavam fora de esquadro, as sombras caíam em ângulos contraditórios, as figuras flutuavam sem proporção nem relação com o plano.

Vincent reagia a esses constantes reveses com uma mescla de valente otimismo em prol de Theo e uma angústia calada que só revelou mais tarde. "O jeito que saíam me deixava desesperado", disse no ano subsequente a esses primeiros desenhos. "Armei uma confusão total." Como que negando a prova dos próprios olhos, ele redobrou o esforço, tal como tinha feito quando os estudos em Amsterdam começaram a dar errado. Reunia ânimo com a linguagem do combate, prometendo subjugar as imagens e triunfar na "luta corpo a corpo" com a natureza.

Em vez de ir mais devagar e dedicar mais cuidado a cada desenho, ele se forçou a ir mais depressa, alegando que a rapidez e a quantidade gerariam bons resultados da mesma forma que a precisão ou a facilidade. "Coisas como estas são difíceis e nem sempre funcionam direito", explicou ele. "Quando funcionam, às vezes é o resultado final de uma série inteira de insucessos." Calculou que, se um em cada vinte desenhos desse certo, poderia fazer pelo menos um bom desenho por semana — um desenho "mais característico, sentido de modo mais profundo", do qual poderia dizer: "Este vai durar".

Quando um desenho assim surgia entre a enxurrada de malogros, Vincent fazia cópias e mais cópias, às vezes dez em seguida, como se não soubesse se ou quando surgiria outro. ("Depois a pessoa nem sabe como fez aquilo.") Ele admitiu que trabalhava assim em parte porque não conseguia trabalhar de outra maneira: "Há algo em minha constituição que não quer ser muito cuidadoso". Mas sem dúvida era um método plenamente adequado à sua imaginação maníaca missionária — uma discussão incansável com as imagens que tinha em mente —, e Vincent o consagrou com o exemplo de perseverança diante da adversidade mais encorajador que conhecia: "quanto mais se semeia, mais se pode esperar colher", escreveu ele.

Vincent também pôs sua arte a serviço das batalhas que travava com o mundo. As divergências cada vez mais ásperas com Mauve e Tersteeg o impeliram a se afundar ainda mais na obsessão pelo desenho de figura, apesar de sua persistente incapacidade de representar a forma humana de maneira convincente. E declarou: "A figura toma mais tempo e é mais complicada, mas penso que, no longo prazo, vale mais a pena". Fez incursões em outros tipos de imagens — cenas de rua com Breitner, paisagens urbanas para Cor —, mas sempre voltava às figuras, desafiando a posição não só de Mauve e Tersteeg, mas também de sua mão desobediente. Todo esforço artístico começava e terminava com o desenho de figura, dizia ele — inclusive a paisagem. "[Deve-se] desenhar um salgueiro como se fosse um ser vivo", escreveu ele, "e o ambiente vem quase como uma continuação." Ele reforçava essa devoção militante pela figura lendo a biografia de Millet ("Que gigante!"), escrita por Alfred Sensier, e fazia sua defesa com uma campanha de imagens e palavras alimentada pelo grito de batalha de Millet: "*L'art c'est un combat*".

Para fazer frente aos argumentos de Mauve e Tersteeg em favor da aquarela — e contra seus queridos desenhos a bico de pena —, Vincent decidiu provar que suas imagens em branco e preto podiam atingir a mesma tonalidade soturna das manchas de aquarela que o mundo queria obrigá-lo a fazer. Ele trabalhou sem cessar sobre os desenhos, sombreando, esfregando e apagando incansavelmente, usando lápis de carpinteiro, pena e nanquim, pincel e tinta, carvão, giz e creiom, procurando alcançar as modulações sutis de cinza que se equiparariam ao tom de "lusco-fusco letárgico" das aquarelas de Mauve. "Este pequeno desenho me deu mais trabalho do que gastei em muitas aquarelas", disse a propósito de uma dessas experiências. A respeito de outra, declarou: "Passei o lápis de grafite... como se estivesse pintando".

Mas o processo o levou a novos conflitos, tanto com as imagens quanto com os materiais. Os traços de lápis podiam ser apagados ou mesmo raspados (desde que Vincent não rasgasse o papel, coisa que fazia com frequência); o carvão podia ser parcialmente removido com um lenço ou uma pena. Mas as imagens escureciam cada vez mais à medida que ele as retrabalhava, procurando uma atmosfera "mais quente e mais profunda", e tinha de lutar para que não ficassem "pesadas, grossas, pretas e baças". Muitos desenhos que ele fez para o tio mostram as tensões dessa luta: céus baixos pesando ameaçadores, rios escuros atravessando campos ainda mais escuros, sombras velando construções mesmo em plena luz do dia. Quando Mauve via desenhos como esses, reconhecia a ambiciosa intenção de criar o clima da cor sem recorrer a ela. "Quando você desenha", disse a Vincent, "você é um pintor."

Em abril, Vincent enviou a Theo um desenho de figura que anunciava uma nova ofensiva em sua batalha de imagens contra um mundo que o desaprovava. Era uma mulher nua, vista de lado, as pernas dobradas e erguidas até os seios e a cabeça enterrada entre os braços cruzados.

Vincent tinha começado a desenhar nus.

Em abril de 1882, apenas três meses depois de chegar a Haia, Vincent, com seu incansável espírito combativo, tinha ficado praticamente sem nenhum amigo numa cidade que fazia trezentos anos que sua família considerava como lar. Como membro associado do Pulchri Studio, ele tinha o direito de desenhar a partir de modelos duas vezes por semana na imponente sede da sociedade na Prinsengracht, mas nunca escreveu uma palavra nem deixou um desenho que sugerisse que havia utilizado esse privilégio. "Não consigo suportar o ar abafado de uma sala cheia", explicou ele. "Não gosto de companhia."

Mesmo assim, no fim de março Vincent tentou organizar uma mostra de suas imagens favoritas em branco e preto no concorrido programa de exposições do Pulchri. Embora tivesse o apoio de Bernard Blommers, um famoso pintor da Escola de Haia, a proposta foi rejeitada e mesmo ridicularizada pela maioria dos membros da sociedade. Descartaram as prezadas imagens de Vincent, considerando-as meras "ilustrações": superficiais demais, sentimentais demais, comerciais demais para ser levadas a sério em termos artísticos. Vincent, que encarava mesmo as pequenas divergências como ataques pessoais, tomou a rejeição como uma declaração de guerra. Disse que a opinião deles era uma "tapeação" e que "segurassem a língua até aprenderem eles mesmos a desenhar melhor".

Depois disso, Vincent se retraiu totalmente, sonhando com denúncias virulentas da "arrogância pedante" dos colegas e fantasias de vingança futura. "Em um ano — ou não sei quanto tempo — vou saber desenhar", prometeu ele, "e então vão me ouvir trovejar: 'Vão para o inferno'; [...] 'Saiam daí, vocês estão atrapalhando minha luz'. Que vá para o inferno quem quer me estorvar."

Quanto mais ataques repelia, de mais ataques suspeitava. Possuído pela paranoia, acusava as pessoas de rir às suas costas, de conspirar para "obstruir" seu caminho, de o "tentarem devorar". Apesar do precoce acesso imerecido a luminares como Mauve e Tersteeg, ele se manifestou chocado com a "inveja" e as "intrigas" de que se imaginava vítima. Tentou explicar o antagonismo como artístico e inevitável: "Quanto mais meus desenhos melhorarem, mais dificuldade e oposição encontrarei". Mas ouvia os cruéis escárnios de Mauve, do inverno anterior, ecoando por toda parte. "Se fazem comentários sobre meus hábitos — quer dizer, a roupa, o rosto, a maneira de falar, o que posso responder?", perguntou a Theo. "Sou mesmo tão *mal-educado*, insolente e indelicado? Posso ser tal monstro de insolência e grosseria? Mereço ser afastado da sociedade?"

Em maio, Mauve ressurgiu na vida de Vincent o tempo suficiente para confirmar as vozes paranoicas que ouvia na mente. Mesmo tendo o prazo de banimento expirado em abril, Mauve conseguira evitar qualquer outro contato com o ex-discípulo. Vincent reclamou: "Um dia ele está doente, no outro dia precisa de repouso, depois está ocupado demais". Tinha escrito uma carta afável a Mauve, mas ele a ignorou. Os dois se falaram apenas uma vez, rapidamente, na rua. Bravo com essa frieza constante, Vincent tinha lhe escrito outra carta, dessa vez áspera, retomando a última discussão (sobre o desenho a partir de moldes de gesso) na tentativa inútil de encerrar o relacionamento em seus próprios termos e não nos de Mauve. A carta dizia: "Para você, é difícil demais me orientar, e para mim é difícil demais ser orientado por você se exige 'obediência estrita' a tudo o que diz — não posso aceder a isso. Então este é o fim do orientar e ser orientado". Mantendo Mauve seu silêncio, Vincent se sentiu "sufocar" com aquela indiferença. Queixou-se de que o choque da posição de Mauve, ao abandoná-lo, tornava-lhe impossível trabalhar, e disse: "Não consigo olhar um pincel; fico nervoso".

Mas, poucas semanas depois, quando por acaso topou com Mauve na Scheveningen, Vincent recuperou o punho de desenhista. Pediu que Mauve viesse ver seu trabalho e que "conversassem sobre as coisas". Mauve não aceitou e disse sem rodeios: "Com certeza não irei, está tudo acabado". Quando Vincent lhe recordou que o tio Cor vira seu trabalho e até fizera uma encomenda, Mauve escarneceu: "Isso não quer dizer nada; vai ser a primeira e última, e ninguém vai se interessar por você". Vincent fincou posição e insistiu: "Sou um artista", ao que Mauve voltou a acusá-lo de amadorismo e acrescentou perfidamente: "Você tem um caráter ruim".

Mais tarde, Vincent comparou aquele encontro a uma tortura.

Na traição de Mauve, como em todas as calamidades daquela primavera, Vincent julgou ver a mão enluvada de H. G. Tersteeg. Desde a desavença em fevereiro, Vincent suspeitava que o *gérant* andava conspirando contra ele. Vivia no temor constante de que o implacável ceticismo de Tersteeg contagiasse parentes distantes, sobretudo tio Cent, e sem dúvida atribuiu a hostilidade dos membros do Pulchri à influência ubíqua de Tersteeg. Quando a atitude de Mauve em relação a ele "mudou de repente", Vincent imediatamente acusou Tersteeg de envenenar os ouvidos de seu mentor. Num delírio paranoico, ele imaginou Tersteeg sussurrando a Mauve: "Tome cuidado, não confie nele em relação a dinheiro. Deixe que vá, não o ajude mais; como negociante, não vejo nada de bom resultando disso". Movido por essas visões, Vincent imaginou Tersteeg como o mentor de uma conspiração incansável — um "vento venenoso" —, com vistas a expulsá-lo de Haia. Acusou-o de calúnia e traição; amaldiçoou-o como "inimigo que inveja até a luz dos meus olhos".

Em abril, Vincent imaginou que o *gérant* conspirador pretendia conquistar Theo. "[Tersteeg] me disse que ia providenciar que você parasse de me mandar dinheiro", escreveu frenético de preocupação. "[Ele disse] 'Mauve e eu poremos um fim a isso'."

Até então, Theo fora poupado da força bruta do punho do desenhista. Ao contrário das pirotecnias retóricas e das ásperas recriminações contra Mauve e Tersteeg, as cartas de Vincent ao irmão, embora fossem às vezes tensas, às vezes raivosas, nunca tinham chegado à franca hostilidade. Depois das censuras do irmão nas cartas de janeiro e da reação de desafio de Vincent, a correspondência entre ambos se assentou numa rotina de cautelosa intimidade — do lado de Vincent, uma mistura volátil de pedidos e ameaças; do lado de Theo, incentivos e advertências. Sob a superfície, grassava a discórdia.

O problema era dinheiro. Para Vincent, não havia assunto mais sensível ou inflamável. Desde que fora expulso de Etten no Natal, sua guerra contra o mundo tinha feito do dinheiro a questão central entre os irmãos. Vincent desdenhara a (surpreendente) proposta dos pais de lhe emprestar dinheiro depois de ir para Haia ("Odeio ter de prestar contas ao pai de cada centavo que gasto", disse com rispidez), e tio Cent não caía mais nas histórias tristes do sobrinho fazia muito tempo. Assim, restava apenas Theo. Mas sua ajuda não era totalmente garantida. Em dezembro, ele tinha recusado mandar a Vincent o dinheiro de que precisava para estender sua permanência inicial em Haia, depois de sair da casa dos Stricker.

Foi sem dúvida com essa recusa em mente que Vincent lhe escreveu num tom de desafio, no primeiro pedido de dinheiro na nova casa. Depois de gastar até o último centavo os cem florins que Mauve lhe emprestara, comprando móveis e "enfeites" para seus aposentos, ele expôs a situação ao irmão. "Agora estou nisso e a sorte está lançada", escreveu sem o menor constrangimento. "Claro que preciso lhe perguntar, Theo, se de vez em quando você me remeterá o que conseguir poupar sem inconveniência para seu lado." Depois de uma semana, Vincent deixou de lado a máscara respeitosa e se tornou exigente: "Theo, o que está acontecendo com você?... Não recebi *nada*... me mande pelo menos uma parte [do dinheiro] em resposta a esta".

A demora de Theo em enviar um segundo montante em fevereiro confirmou as ansiedades de Vincent e condenou a relação entre os dois a um ciclo interminável de solicitações ressentidas e maquinações carregadas de sentimento de culpa. Premido por uma dependência que detestava e uma dívida que não podia negar, Vincent oscilava entre a exigência petulante e a gratidão relutante. Acalmava o irmão prometendo que ia se vestir melhor, se dar mais com as pessoas e, acima de tudo, fazer uma arte que vendesse — sempre assegurando que seria logo. Aplacava o irmão prometendo que ia trabalhar com afinco e economizar ao máximo, além de demonstrar sua perspicácia financeira (calculando os dias até a hora em que estaria quase "sem um centavo sequer"). Desfiava histórias comoventes de sofrer desmaios por causa da "escassez de fundos". Reclamava que ficava angustiado e febril de preocupação quando o dinheiro de Theo demorava para chegar. Argumentava que cada franco que Theo retinha causava prejuízo à sua arte, e não se cansava de lembrar ao irmão, em variações infindáveis, que "o sucesso ou o insucesso de um desenho também depende em grande medida do estado de ânimo e da condição do pintor".

Também fazia ameaças. Era cada vez mais direto ao advertir Theo sobre as calamidades que recairiam sobre si se não recebesse mais dinheiro logo: o constrangimento, o desalento, a enfermidade (dores de cabeça e febre), a depressão — e especialmente os problemas mentais. "Não esqueça que vou ter um colapso se sofrer preocupações e ansiedades demais", escreveu invocando a crise do Borinage e o motim familiar em torno de Gheel. "Já bastam todos os problemas e ansiedades com meus desenhos", insinuou gravemente. "Se eu tivesse muitas outras preocupações... iria perder a cabeça."

Enquanto isso, Vincent continuava a gastar dinheiro num ostensivo desdém pelos limites do bolso de Theo. Ele sempre tinha sido perdulário, jamais fazendo as contas, jamais poupando. Citava como modelo o aristocrático Van Rappard. "Vejo novamente em Rappard como é prático usar boas coisas", explicou. "O ateliê de Rappard é muito bom e tem uma aparência muito confortável." Mesmo assim, ele deveria poder viver com os cem francos que Theo lhe enviava todos os meses. O salário médio de um trabalhador era de vinte francos por semana, muitas vezes sustentando uma família inteira com isso. Embora Vincent tivesse despesas que nenhum trabalhador tinha, também recebia remessas de seu papel favorito (caro) graças a Theo, além de uma receita extra com suas "vendas" a tio Cor e Tersteeg. Não, quando Vincent alegava pobreza ou deixava de pagar o aluguel, era porque tinha gastado os últimos tostões em livros, em suportes "especiais" de penas, num novo cavalete, em novos modelos, em melhorias no apartamento ou acréscimos à coleção cada vez maior de gravuras e ilustrações. (Cinco meses depois de chegar a Haia, já tinha mais de mil.) E, além disso, nunca passou sem uma mocinha que pagava para lhe varrer e limpar o ateliê.

O problema não se resumia ao mero esbanjamento. Vincent tinha passado a acreditar que merecia ser sustentado. Fosse como atitude de desafio ou numa autojustificativa desesperada, ou por ambas, ele afirmava que seu afinco no trabalho e a nobreza de intenções lhe davam direito ao dinheiro do irmão. Assim, quando Theo o pressionou para que fizesse obras mais vendáveis, para ganhar a vida, ele retrucou com despreocupação: "Parece-me que é muito menos uma questão de *ganhar* que de *merecer*". Armado com esse sentimento ilusório de direito e merecimento, Vincent afirmava em alto e bom som suas prerrogativas artísticas; dispensava um aprendizado formal; recusava-se a arranjar um emprego para ajudar nas despesas; exigia um ateliê amplo, bem abastecido, uma quantidade prodigiosa de material e um fluxo constante de modelos particulares — e tudo isso enquanto mal passava de um novato pouco promissor. Transferia suas dívidas crescentes a Theo usando no máximo a mais leve expressão de pesar ("não vejo outra maneira"), ao mesmo tempo disfarçando o caráter indigno dessa dependência com uma avalanche de cartas com autojustificativas argumentando seu direito a receber ainda mais dinheiro. Zombava dos "pobres-diabos" que compravam bilhetes de loteria "com seus últimos centavos, dinheiro que devia servir para comprar comida", ao passo que ele mesmo iniciava projetos e comprava artigos de luxo sem um tostão no bolso, apenas aguardando a próxima remessa de Theo.

A ameaça de Tersteeg — "vou providenciar um fim para isso" — lançou Vincent num pânico moralista. "Como é possível, e o que deu nele para querer me tirar o pão?", escreveu morto de medo de que Tersteeg e Mauve fossem conspirar com seu irmão, com o qual tinha tantas afinidades, para lhe cortar os fundos. Procurou que Theo lhe assegurasse apoio com frases para angariar sua boa vontade ("Lutei o máximo possível durante este inverno todo") e clamorosos gemidos de dor: "Às vezes meu coração parece que vai se romper".

Mas também com uma atitude de desafio. Ao invés de moderar suas pretensões de merecimento, Vincent as intensificou. Em lugar dos cem francos por mês, agora queria 150 — quase metade do salário de Theo. E queria um ateliê novo — maior, porque "é muito melhor para posar". E, acima de tudo, queria uma garantia. "Insisto em tê-la para que eu não precise mais recear que o estritamente necessário venha a me ser tirado", determinou ele, "nem fique sentindo sempre como se fosse uma caridade." Não importava o que fizesse — ou deixasse de fazer —, o dinheiro deveria continuar a chegar, declarou ele, porque "um trabalhador merece seu salário". Era uma exigência de ter a independência financeira sem os meios financeiros, uma combinação inédita, e Vincent insistiu que o irmão a mantivesse.

Theo chegara ao mesmo impasse cruel de Mauve e Tersteeg: Vincent se negou a abrir mão de sua obsessão pelo desenho de figura, ou ao menos restringi-la. Com um absolutismo fanático, tinha se declarado discípulo do corpo humano, recusando qualquer concessão como forma de capitulação e respondendo a todos os questionamentos com uma obstinação indignada. Mesmo a incapacidade de igualá-lo em paixão era um gesto de covardia moral inaceitável, como tinham aprendido Breitner, De Bock e os artistas do Pulchri.

Por que desenhar figuras era tão importante a ponto de Vincent se dispor a enfrentar duas das figuras mais importantes na arte holandesa e até a desafiar a boa vontade do irmão? Por que sacrificar suas melhores chances de sucesso, as oportunidades de convívio entre seus pares e a própria sobrevivência por causa de uma forma artística para a qual não demonstrara nenhum talento e resistia a todas as tentativas de lhe ensinarem os rudimentos? Era apenas seu espírito de contradição, o punho do desenhista ainda brandindo enraivecido diante do mundo, depois dos dois golpes em Amsterdam e Etten? Ou havia mais coisas em jogo?

A resposta devia ser evidente para qualquer um que visitasse o apartamentinho na Schenkweg.

Não era grande coisa: um aposento só, com uma fornalha bojuda com saída de ar encaixada numa lareira de imitação, uma alcova para a cama e uma janela que dava para o quintal atravancado de um carpinteiro e os varais da vizinha. O edifício, de construção barata e estilo indefinível, ficava numa região nova da cidade, pouco urbanizada, nos arredores de Haia, logo adiante da estação de Rijnspoor: uma área com terrenos de hortas e caminhos pavimentados com escória de hulha, com as trepidações e apitos incessantes dos trens a poucos passos de distância. Nem cidade, nem campo, era uma terra de ninguém por onde as pessoas "de bem" raramente se arriscavam e nunca se instalavam.

Mesmo assim, os vizinhos deviam ficar curiosos com o estranho desfile de visitantes que subiam ao apartamento dos fundos do segundo andar da Schenkweg, nº 138. Às vezes Vincent os levava; às vezes, chegavam desacompanhados. Iam e vinham durante o dia todo, de manhã até o anoitecer: meninos e meninas, com ou sem as mães; velhos e moços, velhas e moças — mas nunca damas. Ninguém usava roupas de sair. Todos vestiam "roupas de bater"; era visível que muitos nem tinham outras.

Eram os modelos de Vincent. Recrutava-os onde podia: nos dispensários públicos e estações de trem, em orfanatos e asilos, ou simplesmente na rua. No começo, ele tentou contratar modelos com experiência, como os que Mauve usava, mas saíam muito mais caro do que ele podia pagar. Além disso, parecia sentir um estranho prazer em abordar desconhecidos e pedir que posassem para ele. Somando persuasão e intimidação, a "caça" (termo dele) a modelos se ajustava perfeitamente a seu espírito missionário. Mas era muito mais difícil em Haia do que na paróquia rural de Etten, onde ele podia ser convincente alegando um *droit d'artiste*. "Tenho muito problema [em encontrar] modelos", reclamou logo depois de chegar.

Alguns se recusavam à longa caminhada até o ateliê na periferia; outros prometiam, mas não iam. Alguns iam, mas nunca voltavam. Alguns recusavam porque receavam "ter de ficar nus"; alguns só podiam ir aos domingos. Alguns gozavam dele porque usava roupas velhas e manchadas de tinta; outros, porque usava um casaco elegante. O dinheiro tinha um peso decisivo em cada encontro. Pais exigiam somas exorbitantes para os filhos posarem, obrigando Vincent a recrutar órfãos; para voltar, vários modelos exigiam um pagamento extra pela longa baldeação. Ele tentava economizar pedindo que ficassem imóveis enquanto desenhava, mas achou a experiência profundamente insatisfatória. "O resultado sempre foi me dar uma grande vontade de uma pose mais demorada", disse ele; "a posição simplesmente parada de um homem ou um cavalo não me satisfaz."

Depois que conseguia que alguém fosse ao seu ateliê, a soldo, por adulação ou a rogo, Vincent tomava posse do modelo. "Ele era tudo, menos bonzinho", relembrou um deles. Em algum local do apartamento de um cômodo só, os modelos punham as roupas que ele fornecia e então adotavam a posição que determinasse. Vincent recriava poses dos *Exercices* de Bargue, de sua coleção de gravuras e de seus próprios desenhos anteriores. Refazia incessantemente as poses favoritas com os mesmos modelos usando roupas diferentes, ou com diferentes modelos. Recriava cenas que havia esboçado na rua: um menino puxando uma corda de cânhamo num canal; uma mulher andando perto de um hospício. Arrancava o máximo de poses possíveis de cada modelo, como se temesse ser o último. Desenhava cada pose de frente, de costas e de lado.

Embora trabalhasse rápido, cada desenho levava em geral pelo menos meia hora para fazer — e isso depois da tarefa tediosa e demorada de encontrar a luz correta e ajustar a pose até ficar exatamente como queria. Quando acabavam as poses, fazia estudos de cabeça, pescoço, peito, ombros, mãos, pés — devorando cada modelo com o lápis e o carvão incansáveis até que a luz do sol desaparecesse da janela voltada para o sul. Quando o frio do inverno diminuía, mesmo um pouquinho só,

Vincent levava os modelos para fora ou mandava que o encontrassem em determinado local e horário, para poder definir a posição da figura no desenho ou ver onde incidia a luz. O trabalho demandava "afinco" não só para ele, mas também para os modelos, coisa que Vincent reconhecia; quando a luz, a pose ou o lápis lhe falhavam de alguma maneira, ele "ficava furioso" e saltava da cadeira gritando "Raios, está tudo errado!" ou coisa pior. Era frequente que os modelos reclamassem, e às vezes se limitavam a virar as costas e ir embora — como faziam os amigos em sua outra vida.

Apesar dos problemas, os modelos nunca eram suficientes para ele. Em Etten, podia contar com modelos todos os dias, pois na maioria eram camponeses que lhe custavam apenas quatro francos por semana. Mesmo então, ele reclamava que não bastavam. Em Haia, os modelos profissionais cobravam o mesmo tanto *por dia*, mas ainda assim enquanto tivesse dinheiro ele os contratava. Logo começou a percorrer o submundo dos pobres e desabrigados de Haia, dispostos a fazer praticamente qualquer coisa em troca de alguns centavos. (As mães que viviam da assistência pública recebiam apenas três francos por semana.) Mas o custo menor dos modelos amadores apenas o espicaçou a contratar mais e com mais frequência. Em um mês, ele tinha modelos "todos os dias, de manhã até o anoitecer". Quando encontrava modelos que o agradassem, apressava-se a oferecer incentivos para mantê-los, inclusive remuneração fixa (quer os utilizasse ou não), aumentos e adiantamentos. Em março, ele tinha pelo menos três modelos "por contrato" dessa maneira, com o compromisso de pagar dois francos por dia, num total de sessenta francos por mês: quase dois terços do que lhe enviava Theo. E já estava programando uma elaborada campanha de verão para desenhar nus.

Para justificar esses gastos extraordinários, Vincent repisou a Theo todos os argumentos imagináveis. E insistia: quanto mais gastasse com modelos, melhor ficaria o trabalho. Avisou que trabalhar sem modelo seria sua "ruína" e que tentar desenhar uma figura de memória era "arriscado demais". Alegou que seus modelos lhe davam a coragem de que precisava para ter sucesso. Por causa deles, disse mais tarde, "não temia nada". Jurou que sacrificaria todo o resto, de alimento a materiais de trabalho, para poder gastar mais com modelos. Na ânsia de argumentar, chegou a se desprender dos princípios aos quais, pouco tempo antes, tinha aderido tão enfaticamente perante Mauve e Tersteeg. De um lado, anunciou a superioridade moral do desenho de figura como "a maneira mais segura de penetrar profundamente na natureza". De outro lado, defendeu o desenho de figura como o caminho mais propício para garantir o sucesso comercial, citando ilustradores de revistas famosos que "têm modelos quase todo dia".

Mulher sentada num cesto com a cabeça nas mãos, março de 1883, giz sobre papel, 47,72 × 29,52 cm.

Essas justificativas misturadas serviam para mascarar uma só, e muito mais profunda: em seu ateliê, o senhor era ele. Segundo sua própria versão, Vincent exercia, ou tentava exercer, domínio sobre seus modelos, tratando cada sessão como uma luta pelo controle, com apenas dois resultados possíveis: submeter-se ou ser obrigado à submissão. A qualidade que Vincent mais admirava nos modelos era a "boa vontade", segundo dizia, e gostava de falar que "faço o que quero com os modelos" e "os que me interessam, eu consigo que posem para mim, onde eu quiser e pelo tempo que eu quiser". Comparava constantemente modelos e prostitutas, louvando a submissão como a virtude suprema de ambos. Muitas vezes punha os modelos em poses submissas — pernas dobradas, cabeças inclinadas, rosto enterrado nas mãos — e em seus comentários sobre os modelos se multiplicam termos referentes à coerção e à dominação. "Apodere-se do modelo", aconselhava. "Não se torne o escravo de seu modelo."

Adotava como ideal o poder que um médico exercia sobre seus pacientes. "Como sabe eliminar os escrúpulos deles e conseguir que façam exatamente o que ele quer", escreveu com uma admiração mesclada de inveja. Manifestava admiração especial por médicos que eram "bruscos" ao lidar com os pacientes e "menos temerosos de feri[-los] um pouco". "No futuro", afirmou ele depois de observar um desses médicos em ação, "tentarei lidar com meus modelos da maneira como ele faz com os pacientes, ou seja, tendo um controle firme sobre eles e colocando-os sumariamente na posição desejada." Uma de suas imagens favoritas na época mostrava um grupo de policiais segurando à força um criminoso numa cadeira para tirar uma foto, lutando para mantê-lo parado. Chamava-se *The bashful model* [O modelo a contragosto].

A luta de Vincent com os modelos reproduzia sua luta com os materiais (alguns deles "ouvem com inteligência e obedecem", dizia ele, enquanto outros são "indiferentes e de má vontade") e, no fundo, a batalha maior da própria arte. "No começo, o artista sempre enfrenta resistência da natureza", explicava:

> mas, se ele realmente a levar a sério, não se deixará vencer por aquela oposição... é preciso agarrá-la, e com mão firme... E tendo lutado e combatido com a natureza por algum tempo, agora sinto que ela está mais submissa e se rende melhor... [Às] vezes é um pouco o que Shakespeare chama de "domar a megera".

Apenas no ateliê, com seus modelos, Vincent podia anunciar algum progresso nessa luta mortal. Em qualquer outra parte, a vitória sempre lhe fugia: com a família, nas amizades, nas relações com os mentores, mesmo em seu amor por Theo, sempre sujeito a ajustes e concessões. Apenas no ateliê ele podia simular um controle que o mundo lhe negava em todos os demais lugares. Apenas ali, comandando seus pobres modelos obedientes, ele podia fazer a vida se submeter às imagens que tinha na mente. "Ah, se fosse possível lidar com as pessoas apenas dentro do ateliê!", exclamou ele. "Mas pessoalmente não consigo me acertar com as pessoas fora dele, e não consigo que façam coisa alguma."

Nesse mundinho comandado pelo punho do desenhista, Vincent descobriu uma nova família. Impotente e desamparado em qualquer outra parte (a ideia de ir a Etten "me dá arrepios", disse ele), Vincent encontrou nos rituais de dominação e submissão que encenava diariamente no ateliê de Schenkweg um fac-símile da família ideal que tantas vezes tentara impor a seus pais e irmãos, mas não conseguira. Escolhia o que vestiriam e dava-lhes os papéis que iriam desempenhar. Colocava-os nas poses desejadas com uma firme mão paternal: uma mãe costurando junto à janela, uma irmã fazendo o serviço de casa, um pai tranquilo junto ao fogão. Na hora da refeição, comiam juntos ao redor da mesa de cozinha. Dava festas para as crianças; à noite, é mais do que provável que às vezes também lhes desse abrigo.

Embora muito cioso de seu reino, ele se preocupava constantemente com o bem-estar emocional de seus modelos e queria fortalecer os pretensos laços entre eles com uma afeição genuína. "Consigo desenhar melhor os modelos quando os conheço bem", dizia. Para dar corpo a essa fantasia, não deixava passar ocasião de contratar membros da mesma família para posar. Nos primeiros meses, recrutou uma mulher com a filha pequena e a mãe idosa, e exultou: "São pessoas pobres e têm uma esplêndida boa vontade".

Era apenas uma questão de tempo até que lhe viesse o desejo de completar esse fragmento de família. No começo de maio, Vincent escreveu a Theo declarando seu amor pela mulher, uma prostituta, que estava grávida. Revelou que fazia meses que vinha sustentando secretamente a ela e sua família.

E disse que ia desposá-la.

17. Minha pequena janela

É mais que provável que Theo soubesse do relacionamento do irmão com a prostituta Sien Hoornik muito antes que Vincent lhe contasse. Sempre dividido entre o ocultamento e o enfrentamento, Vincent tentara ocultar o romance apenas de modo muito esporádico, desde o início, provavelmente no fim de janeiro de 1882 — num gesto de notável soberba, em vista dos escândalos de seu próprio passado, sem contar os olhos curiosos e os ouvidos atentos de uma cidade cheia de parentes. Mas, a cada vez que um emissário da família ia ao ateliê da Schekweg e o encontrava trabalhando com seu "modelo", ele passava semanas angustiado que pudessem revelar seu segredo a Theo. Qualquer sinal de desagrado de Paris fazia disparar perguntas ansiosas e indiretas ("Você por acaso sabe algo que eu não sei?") e estranhos comentários abstratos sobre uma inviolável "barreira entre assuntos artísticos e assuntos pessoais".

Mesmo sem notícias de primeira mão, Theo certamente desconfiava de alguma coisa. Numa época em que era muito fácil a passagem entre posar como modelo e ser prostituta, e as ligações amorosas entre artistas e modelos já eram um respeitável lugar-comum no mundo da arte, os comentários incessantes de Vincent sobre modelos nunca poderiam evitar um subtexto sexual. Os dois irmãos tinham trocado por muito tempo histórias de putas e amantes. Mesmo em seus anos religiosos, Vincent era obcecado por "mulheres decaídas", "homens carnais" e os perigos de um "desejo violento". Ao visitar uma prostituta em Amsterdam após o malogro na casa dos

Stricker, ele escreveu a Theo sobre seu afeto especial por "aquelas mulheres que são tão perdidas, condenadas e desprezadas".

No fim de janeiro de 1882, Vincent enviou a Theo mais um hino em louvor às prostitutas, junto com esta instrução explícita:

> Não se deve hesitar em ir a uma prostituta de vez em quando, se for alguém em quem você possa confiar e sentir algo por ela, pois realmente há muitas. Para quem leva uma vida puxada, é necessário, absolutamente necessário, para se manter bem e saudável.

Naquela mesma semana, Vincent anunciou em triunfo: "Estou com uma modelo em caráter regular, todos os dias de manhã ao anoitecer, e ela é boa". Logo depois disso, declarou que tinha começado a desenhar nus.

Foi apenas três meses depois que a verdade veio à tona. Premido entre o medo de que Mauve ou Tersteeg desmascarasse a situação e as crescentes exigências financeiras de sua nova "família", em abril Vincent decidiu que precisava contar ao irmão sobre Sien. Mas, em vez de uma confissão direta, de consequências incertas, ele preferiu lançar outra campanha de persuasão. Em oito cartas em quatro semanas, expôs seus argumentos em proporções iguais de cálculo e veemência — em parte uma súmula legal, em parte um *cri de coeur* — numa tentativa de situar a revelação que faria da maneira mais capaz de angariar compreensão.

Primeiro, entregou-se a uma espiral de ataques a Tersteeg e Mauve, apresentando-se como vítima da implacável inimizade dos dois. Um se opunha à sua arte e o outro não gostava de seus modos e do jeito como se vestia, insistiu ele, visando claramente a tirar a credibilidade de ambos como comentadores imparciais de sua vida particular.

Então reformulou os termos de sua arte. Invocando pela primeira vez a retórica de Breitner como "pintor do povo", disse que sua arte *exigia* que descesse ao nível dos "operários e pobres" que posavam para ele. Apontou como sua verdadeira inspiração as ilustrações realistas sociais de revistas inglesas que tinha visto oito anos antes em Londres — imagens que, na época, não pareciam lhe ter causado nenhuma impressão. "Onde os desenhistas que trabalham para o *Graphic*, o *Punch* etc. pegam seus modelos?", indagou, numa pergunta tão carregada de insinuações que Theo pode tê-la entendido como confirmação de qualquer suspeita que tivesse. "Não vão procurá-los pessoalmente nas ruelas mais pobres de Londres — sim ou não?"

Se não se dava bem na companhia dos artistas dândis de Haia, se seus modos

Sofrimento, abril de 1882, giz sobre papel, 44,45 × 26,27 cm.

não agradavam ao burguês Mauve ou ao respeitável *gérant*, era porque pertencia a uma "esfera diferente daquela da maioria dos artistas". Sua arte exigia algo mais profundo, algo mais fiel à natureza. "Não quero que a beleza venha do material", disse, pondo de lado qualquer reclamação sobre a crueza de seus desenhos, "e sim de dentro de mim." Essa verdade, essa beleza era, claro, o amor. Não um amor qualquer, mas o amor por uma mulher que *também* pertencia àquela outra esfera — uma "mulher do povo".

Para concluir sua defesa, Vincent lembrou a Theo o amor não correspondido por Kee Vos e a tempestade que foi em sua família quando lhe negaram o objeto daquele desejo. "No ano passado, eu lhe escrevi muitas cartas cheias de reflexões sobre o amor", disse ele. "Agora não faço mais isso porque estou ocupado demais pondo essas mesmas coisas em prática... Teria sido melhor continuar a pensar nela sem ver qualquer outra coisa que me cruzasse o caminho?" Numa hipótese quase indisfarçada, ele perguntou o que mais podia fazer se uma modelo lhe dissesse: "Vou vir não só hoje, mas amanhã e depois de amanhã; eu entendo o que você quer. *Faça como quiser*". Se isso acontecesse — *quando* isso acontecesse —, todos os seus problemas estariam resolvidos, disse ele; seus desenhos iriam melhorar, começariam a vender e (o mais importante para Theo) a paz familiar se restauraria: "O pai e a mãe virão me ver e isso vai gerar nos dois lados uma mudança em nossos sentimentos".

Como sempre, os argumentos de Vincent encontraram máxima expressão em imagens. Em meados de abril, ele enviou a Theo um desenho que sintetizava todas as suas mais sinceras súplicas. Era uma mulher nua, sentada, inclinada sobre o colo, braços cruzados, cabeça curvada — uma rede de membros angulosos desenhados com o contorno bem marcado da *académie* Bargue em que se baseava a pose. A figura dobrada ocupa quase toda a folha, como se estivesse encerrada dentro de uma caixa. Pelos seios caídos e o estômago saliente, vê-se que está grávida.

Sobre essa imagem de completa vulnerabilidade, Vincent estendeu todos os seus argumentos em favor do relacionamento ainda oculto. Invocou não só as expressivas ilustrações de mães sofridas e desamparadas nas revistas que tinha visto em Londres, mas também Michelet, cuja ampla visão de um amor abrangente justificava tudo, e Millet, cuja xilogravura de uma pastora constituía mais um símbolo da vulnerabilidade feminina. Ele preencheu o verso com uma infinidade de plantas simbólicas escolhidas cuidadosamente — lírios para a inocência, galantos para a pureza, hera para a fidelidade — e acrescentou uma árvore cheia de brotos representando a renovação da esperança e a redenção através do amor. Retomou a ferida aberta do tema de Kee Vos — "o vazio no coração que nada preencherá", e por fim escreveu apenas uma palavra no pé da página, em inglês — "*Sorrow*" [Sofrimento] — como uma legenda de todo o seu pleito.

Vincent declarou que era "a melhor figura que desenhei até agora".

No último minuto, estando iminente a revelação, ele enviou outro desenho cercado por outra moldura de palavras. Mostrava uma árvore negra esquelética, com as raízes destroçadas expostas por uma tempestade — mais um estudo da vulnerabilidade e tenacidade diante da adversidade. "Procurei introduzir nesta paisagem o mesmo sentimento que pus em [*Sofrimento*]", explicou: "o aferrar-se convulsivo e apaixonado à terra, embora semiarrancada pela tempestade. Quis expressar algo da luta pela vida naquela figura de mulher pálida e magra, tal como nas raízes negras, retorcidas e nodosas".

No começo de maio, esgotara-se o tempo. Convencido de que seu segredo não estava mais em segurança, Vincent finalmente confessou a verdade. Adotando um tom de indignação virtuosa, entrelaçou sua confissão com todas as defesas do mês anterior: "Desconfiei de alguma coisa... está no ar... estão guardando algo de mim,

Vincent está escondendo alguma coisa que não pode vir à luz do dia", começou ele dirigindo-se não só a Theo, mas também aos inimigos ausentes Mauve e Tersteeg:

> Bem, cavalheiros, eu lhes pergunto, a vocês que valorizam as maneiras e a cultura... o que é mais cultivado, mais sensível, mais valoroso: abandonar uma mulher ou se preocupar com uma mulher que foi abandonada? No inverno passado, conheci uma mulher grávida, abandonada pelo homem cujo filho carregava no ventre. Uma grávida que percorria as ruas no inverno — precisava ganhar a vida, e vocês sabem como. Tomei esta mulher como modelo e trabalhei com ela durante todo o inverno.

Quem era esta mulher?

Clasina Maria Hoornik cresceu numa Haia invisível aos olhos dos Van Gogh. Seu pai, Pieter, portador e carregador, pode ter carregado pacotes dos Van Gogh ou entregado cartas numa casa da família Carbentus. O irmão de Pieter, cocheiro, pode ter levado um Van Gogh em visita a algum lugar ou um Carbentus a uma loja. A mãe de Pieter, que também se chamava Clasina, pode ter acolhido em sua cama algum concupiscente tio Van Gogh em perambulação pelo Geest, nos dezesseis anos entre o nascimento de Pieter e o casamento dela com um ferreiro, que provavelmente ferrou algum cavalo dos Van Gogh. A parca documentação nos arquivos públicos dá a entender que foi uma história de nascimentos ilegítimos, casamentos forçados, mortes de nascituros, divórcios, novos casamentos e dificuldades de subsistência.

Pieter Hoornik teve onze filhos com a esposa Maria Wilhelmina Pellers, e teve de lutar sem sucesso para sustentá-los, até que o esforço o matou em 1875, aos 52 anos de idade. Naquela altura, três filhos seus já tinham morrido. Os três meninos mais velhos tinham saído para o mundo, para se virar sozinhos, e os outros três (todos com menos de dez anos) foram encaminhados para um orfanato. Apenas a primogênita e a caçula ficaram com a mãe Maria. Nessa época, a mais velha, Clasina, com 25 anos, já tinha dado à luz o primeiro filho ilegítimo, que morreu uma semana depois.

Clasina (que chamavam de "Sien"), junto com a irmãzinha de três anos e a mãe de 46, fez o que tinha de ser feito. Os irmãos podiam ir se virando com pequenos serviços e consertos — arrumar telhados, limpar depósitos, consertar móveis —, ganhando apenas o suficiente para o álcool e o tabaco, enquanto providenciavam a nova geração de filhos ilegítimos nos cortiços apinhados do Geest. Mas a nova era não oferecia tais oportunidades a mulheres pobres que tinham de se sustentar sozinhas. O capitalismo trouxe uma avalanche de novos empregos em centros comerciais como Amsterdam, mas havia poucas fábricas em Haia, cidade sem porto. Oficinas sem licença pagavam uma miséria por longas horas de trabalho em condições pavorosas; e o trabalho por empreitada que podia ser feito em casa, principalmente costura, era inconstante, mal remunerado e com pouca iluminação (muitas vezes causando cegueira). Nem mesmo os patrões benevolentes pensavam em pagar um salário de subsistência às mulheres, cujos rendimentos sempre foram considerados apenas complementares.

Sien e a mãe declararam várias vezes que trabalhavam como costureiras ou faxineiras, mas esses termos eram usados de maneira vaga, tanto pelas vítimas quanto pelas autoridades, para encobrir a vergonha da miséria e suas consequências inevitáveis. (Na Inglaterra, a palavra *milliner*, "modista de chapéus", se tornou um eufemismo para prostituta.) Na certidão de nascimento de seu segundo filho ilegítimo, nascido em 1877, Sien constava civilizadamente como "*zonder beroep*", sem profissão. A assistência pública e as obras de caridade da igreja davam apenas a mais precária proteção contra a catástrofe, mas, para qualquer coisa a mais, uma mulher não tinha escolha a não ser encontrar um homem — fosse para a vida ou para a noite.

A prostituição dava dinheiro, porém não segurança. A concorrência era acirrada. Um trabalho que não exigia experiência e apenas um mínimo de fala atraía mulheres não só do campo, mas também de outros países. Muitas das prostitutas levavam uma vida nômade, indo de bairro em bairro, de cidade em cidade, de país em país, a cada dois ou três meses. Para conseguir segurança para a mãe, a irmã e o recém-nascido, Sien poderia ter se inscrito em algum dos bordéis oficiais da cidade — herança do "sistema francês" napoleônico da prostituição regulamentada pelo Estado. Mas isso significava a humilhação de se registrar oficialmente como "mulher pública" — uma "mulher do povo" — portando o notório cartão vermelho e se sujeitando a exames de saúde periódicos. A documentação e o opróbrio público (aqui era a Holanda, não a França) mantinham muitas mulheres, como Sien, fora dos registros oficiais.

Mas uma mulher de iniciativa podia encontrar inúmeras oportunidades de sustento, se não de segurança, nas dezenas de cervejarias, bares, cafés e cabarés que se alinhavam nas ruas estreitas do Geest. Fora do sistema oficial, a prostituição se expandia. Sofregamente devorada pelo mesmo consumismo burguês e pela mesma nova prosperidade que aqueciam o mercado de gravuras e reproduções, a prostituição tinha se tornado mais onipresente e lucrativa do que nunca. As repetidas campanhas de respeitabilidade e saúde pública, muito apreciadas em áreas rurais conservadoras, só tinham conseguido empurrar prostitutas e clientes para enclaves maiores e em menor número em cidades como Haia, criando um submundo de operárias carnais trabalhando em oficinas e em casa, numa atividade tão massacrante e inelutável quanto em seus correspondentes à luz do dia.

A sobrevivência nesse mundo cobrara seu preço a Sien Hoorni. Em 1879, teve seu terceiro filho ilegítimo, um menino que morreu aos quatro meses. Ao conhecer Vincent, menos de dois anos depois, Sien tinha 32 anos, mas parecia dez anos mais velha. Pálida e cadavérica, com faces encovadas e olhos mortiços, fazia muito tempo que tinha perdido qualquer atrativo que possuísse antes, aos olhos de maridos que pulavam a cerca e de rapazes que gostavam de uma aventura. Em *Sofrimento*, Vincent lhe fizera um favor ao desenhá-la com a cabeça baixa, ocultando o rosto coberto de marcas de bexiga. "Essa mulher feia, fanada", foi como ele a descreveu na época, "que não é mais bonita, não é mais jovem, não é mais coquete, não é mais frívola." Anos de clientes rudes, humilhações públicas e indiferença do Estado lhe tinham subtraído os últimos refinamentos. Rabugenta, dada a acessos de raiva, praguejava feito um marinheiro, raramente tomava banho, fumava charutos, bebia como homem. Uma afecção crônica na garganta tinha deixado sua voz rouca e estranha.

Vincent comentou que outras pessoas achavam Sien "repulsiva" e "insuportável". Criatura de bares e calçadas à noite, dispensários públicos e estações de trem durante o dia, sobrava-lhe pouco tempo para cuidar da irmã ou da filha ("uma menina levada, doente e malcuidada", dizia Vincent). Anos fumando e bebendo, malnutrida, várias vezes grávida, com pelo menos um aborto e o desgaste do trabalho noturno, o corpo de Sien estava reduzido a um "estado lastimável", segundo Vincent, "um trapo imprestável", devastado de dor, anemia e os "sintomas terríveis" da tuberculose. Sua única alegria na vida, além do gim e dos charutos, parecia ser a esperteza adquirida nas ruas de ter alguma vantagem. Era analfabeta, com quase toda a certeza, e embora nominalmente fosse católica apostólica, não se podia dar ao luxo de ter convicções religiosas — nem qualquer outro entusiasmo que pudesse prejudicar sua luta cotidiana. Nem mesmo a alegria da maternidade. Poucos anos depois de conhecer Vincent, ela entregou a parentes os dois filhos sobreviventes.

Mas, para Vincent, ela era "um anjo".

Onde os outros viam uma pecadora e sedutora — um exemplo de advertência contra a lascívia feminina sem freios, "condenada" com justiça pelo estilo de vida desregrado —, Vincent via uma esposa e uma mãe. "Tenho a sensação de estar *em casa* quando estou com ela", disse. "Ela me dá meu '*lar e lareira*'." Vincent arrolou suas virtudes domésticas — quieta, econômica, adaptável, prestimosa, útil — e descreveu com orgulho como ela remendava as roupas dele e limpava o ateliê. Incluía suas habilidades culinárias entre as "coisas que fazem a vida valer a pena" e considerou-a ainda melhor do que uma enfermeira que tinha cuidado dele e de Theo em Zundert. "Ela sabe me acalmar", escreveu ele, "e isso é uma coisa que não consigo fazer sozinho."

Onde os outros viam uma mulher que sobrevivia à base de espertezas e maquinações, Vincent via uma "moça" passiva e obediente, frágil demais até para arrumar a própria cama. Chamava-a de "pobre criatura" — "mansa como uma pomba domesticada". Comparava-a à inocente ovelha desgarrada da parábola do "pobre homem que tinha apenas uma ovelhinha". "Ela havia sido criada na casa dele — comia de seu pão, bebia de sua xícara, dormia em seus braços e era como uma filha para ele." No olhar vazio e impenetrável de Sien, Vincent via a expressão de "um cordeiro que diria: 'Se tiverem de me matar, não tentarei me defender'".

Em vez de uma meretriz vulgar e mal-humorada, Vincent via uma Madona. "É maravilhoso como ela é pura", disse ele. Louvava sua delicadeza de sentimentos e a bondade de seu coração, e disse a ela que não importava o que havia feito no passado, pois "você sempre será *boa* a meus olhos". Considerava-a uma heroína em perigo e a si mesmo como seu salvador. Quanto mais depravada a história da vida de Sien, mais sólida se tornava a fantasia da salvação e redenção, até que finalmente Vincent invocou a maior das regenerações possíveis, por meio do amor. Citando a súplica de Cristo no Getsêmani — "*Fiat voluntas*" (Seja feita a Tua vontade) —, ele prometeu que salvaria Sien, tal como havia salvado os mineiros feridos no Borinage.

Vincent via o rosto em Sien em toda parte: numa Mater Dolorosa de Eugène Delacroix, nas damas de negros cabelos idealizadas de Ary Scheffer (pintor do *Christus Consolator*), na heroína de um romance de Victor Hugo. Ao folhear sua pasta de gravuras, ele a via como a corajosa matriarca defendendo a família para não ser deportada, em *Emigrantes irlandeses*; como a mulher desesperada, obrigada a escolher entre vender o corpo ou deixar os filhos passarem fome em *Sua pobreza, mas não sua vontade, consente*; como a mãe desolada deixando o filho de colo à porta de um orfanato em *O enjeitado*; como a esposa aflita olhando o marido preso e conduzido em algemas pela polícia em *O desertor*. "Ela é igual a esta", dizia a cada imagem.

Por fim, Vincent via em seu rosto marcado pela varíola uma imagem de Cristo — "um ar triste como um *Ecce Homo*, só que neste caso está no rosto de uma mulher".

Vincent não só via, vivia as imagens. Com sua curiosidade sem limites, o ardor obsessivo, a enorme receptividade e a impressionante capacidade de rememoração, entrelaçava-as em sua consciência como reflexos profundos. Vindo de uma infância definida por imagens — que pregavam, alertavam, agradavam, inspiravam —, ele continuou a ordenar e descrever o mundo real a partir de um mundo figurado.

Julgava as pessoas pelas estampas que tinham nas paredes ou pelas imagens com as quais mais se assemelhavam. Usava imagens para cortejar e para castigar; ilustrava seu próprio avanço tortuoso com a galeria que variava em suas paredes. Nas cartas a Theo, invocava imagens para reforçar seus argumentos ou para expressar seus sentimentos, a tal ponto que os dois irmãos falavam uma linguagem imagética praticamente exclusiva deles: raízes de árvores e pastorinhas, trilhas nas várzeas e pátios de igreja, filhas de estalajadeiros e jovens revolucionários. A cada vez que um dos irmãos se apaixonava por uma mulher de classe inferior, bastava a simples menção a uma Mater Dolorosa para explicar tudo. Vincent sonhava em Andersen e tinha pesadelos em Goya, dizia ele.

Conforme passava de crise em crise, Vincent fazia exigências cada vez maiores às imagens: fazia alterações, combinações e sobreposições, criando "expressões" mais e mais sofisticadas, como a *Marcha do peregino* de seu sermão em Richmond. No esforço de consolar (e ser consolado), seus olhos se fixavam cada vez mais em seu mundo imaginado de filhos pródigos, semeadores perseverantes, barquinhos em mares tempestuosos, e cada vez menos no mundo real em seu redor.

Com a sequência de desastres que se iniciou em 1879 — o Borinage, Gheel, Kee Vos e agora Sien —, ele se entregou totalmente ao abraço dessa outra realidade reconfortante. Olhava a paisagem devastada do Borinage e via "as pinturas medievais de Brueghel". Uma carroça cheia de mineiros feridos lhe lembrou uma estampa de Jozef Israëls; uma prostituta velha foi citada como "uma figura esquisita de Chardin ou Jan Steen". Uma gravura talhada em madeira com uma greve de mineiros de carvão, examinada longamente no conforto de seu ateliê em Haia, parecia mais real — mais comovente, mais inspiradora — do que sua experiência concreta daquela greve três anos antes. Enxergava-se melhor qualquer sofrimento ou miséria com as lentes corretoras da arte, e era possível aprender todas as lições reais do amor a partir de sua pasta de ilustrações. Mesmo quando afirmava com vigor seu "sentimento pelas coisas em si, pela realidade", Vincent insistia que a "realidade" de Millet ou de Maris "é mais real do que a própria realidade". E declarou: "A arte é a essência da vida".

Na realidade de Vincent, as imagens contavam histórias. Para ele, que vinha de uma tradição de livros de emblemas e manuais ilustrados para crianças, as imagens nunca poderiam se esquivar a suas obrigações narrativas. Na Inglaterra, dava aulas a partir de gravuras. Quando se preparava para os exames universitários em Amsterdam, usava as imagens como recurso didático e imaginava ilustrações para os textos que não eram ilustrados. Como pregador, enchia as margens de suas estampas religiosas com trechos das Escrituras e de poemas, numa narração contínua. Sempre ficava fascinado com sequências de imagens ilustrando episódios ("A vida de um cavalo", "As cinco idades de um ébrio") e, mais tarde, iria pensar incessantemente nos ordenamentos que daria à própria obra, na tentativa de criar um conjunto mais eloquente do que as partes.

Vincent descrevia quadros a Theo com o prazer de um narrador contando uma história:

> [Um velho] está sentado num canto perto da lareira, onde um pequeno toco de carvão rebrilha levemente na penumbra. Pois esse velho está sentado numa pequena cabana escura, uma cabana velha com uma pequena janela de cortinas brancas. Seu cachorro, que envelheceu junto com ele, está sentado ao lado de sua cadeira — aqueles dois velhos amigos se olham, um olha dentro dos olhos do outro, o cachorro e o homem. E enquanto isso o velho tira do bolso sua bolsinha de tabaco e acende o cachimbo na penumbra.

As pastas de gravuras de Vincent eram repletas de imagens assim (*Diálogo silencioso*, de Israël), que destilavam suas narrativas em títulos, legendas ou inscrições: "Às portas da morte", "Uma mão auxiliadora", "Esperanças e temores", "A luz de outrora", "De volta ao lar". Mesmo em seus primeiros trabalhos, como *Sofrimento*, Vincent seguia a moda vitoriana da arte que contava histórias e passava algum ensinamento moral. O primeiro nu que ele enviou a Theo em abril de 1882, mostrando uma mulher que se põe de súbito sentada na cama, veio com uma explicação narrativa:

> Há um poema de Thomas Hood que fala de uma senhora rica que não consegue dormir à noite, porque foi comprar um vestido de dia [e] viu a pobre costureira — pálida, tuberculosa, emaciada — sentada a trabalhar num quarto abafado. E agora a consciência lhe dói por causa de sua riqueza, e ela desperta tomada de ansiedade à noite.

Ele também lhe pôs um nome: *A grande dama*. Para Vincent, nenhuma imagem estaria completa sem uma legenda sugestiva ou ousada — escrita ou não na parte de baixo — e rejeitava categoricamente obras que não acatassem esse imperativo narrativo, como as visões sombrias, "místicas", de seu amigo Breitner.

Na realidade de Vincent, as imagens também precisavam ter "significação". Qualquer imagem que não fosse além de seu tema imediato, que não remetesse a um sentido mais profundo, uma conotação mais abrangente, ele descartava como mera "impressão" — uma invenção efêmera, como um esboço, de utilidade apenas para o artista em sua busca continuada de algo mais "nobre e sério". Para ter significação, uma imagem precisava eliminar todas as especificidades do mundo observado e "se concentrar naquilo que nos faz parar e pensar". Uma imagem que "se ergue *acima* da natureza", dizia ele, "é a coisa mais elevada na arte".

Numa imaginação embebida de metáforas e noções medievais de imanência, qualquer tema podia aspirar à significação. Mesmo os cavalos velhos na praia, na pintura de Mauve, pregavam a Vincent "uma filosofia poderosa, profunda, prática, silenciosa": "Pacientes, submissos, de boa vontade... Resignam-se a viver e trabalhar algum tempo mais, porém, se tiverem de ir amanhã para o abatedouro, bom, que seja, estão prontos". O mundo de Vincent estava repleto de imagens "significativas" como esses "velhos pangarés maltratados": peregrinos andarilhos, estradas bordejadas de árvores, cabanas perdidas no deserto, pináculos de igreja no horizonte, velhas costurando estoicamente junto ao fogo, velhos em desespero, famílias jantando, legiões de trabalhadores. "Há mais alma no *Semeador* de Millet", declarou ele, "do que num lavrador comum no campo."

Na realidade de Vincent, as imagens despertavam emoções. Nascido numa família e numa época imbuídas de sentimentalismo, Vincent recorria às imagens não só para se instruir e se inspirar, mas, acima de tudo, para se emocionar. A arte deveria ser "pessoal e íntima", dizia ele, e lidar com "o que nos toca como seres humanos". Ele distribuía aquele amor vitoriano não só por cenas melodramáticas — vigílias ao leito de morte, despedidas lacrimosas, reuniões jubilosas —, mas também pelas ternas cenas abundantes de meninas com cestos, avós e netinhos, namorados flertando, famílias rezando, flores e gatinhos — um conjunto de imagens tão caras ao gosto popular que deram origem a todo um novo setor: a fabricação de cartões comemorativos. Ele saudava o "sentimento" como a condição indispensável de toda grande arte, e estabeleceu como meta suprema de sua própria arte "fazer desenhos que *toquem* algumas pessoas".

Na realidade de Vincent, mesmo as paisagens tinham de falar ao coração. Como escreveu, "O segredo da bela paisagem reside principalmente na verdade e no sentimento sincero". Elogiava os pintores de Barbizon pela intimidade "sofrida" com a natureza. Mas, para Vincent, a natureza sempre fora uma fonte de imagens e emoções: desde os consolos oferecidos pelas urzes e margens dos regatos às metáforas de Karr e Michelet. As paisagens que ele começou a colecionar desde novo refletiam tanto o assombro romântico perante a Natureza sublime quanto o código vitoriano dos sentimentos da Natureza. Cada estação, cada hora do dia, cada condição meteorológica tinha seu efeito emocional específico. As pinturas se chamavam simplesmente "Efeito do outono", "Efeito do anoitecer", "Efeito do amanhecer" ou "Efeito da neve". Cada uma oferecia uma tonalidade emocional, como a legenda numa estampa, tão segura e reconfortante quanto uma historinha infantil: a aurora como esperança, o poente como serenidade, o outono como melancolia, a penumbra como saudades.

Na realidade de Vincent, a busca da significação e a busca do sentimento exigiam, ambas, simplicidade. Em seu trabalho, dizia procurar imagens "que quase todos irão entender" — dizia simplificar cada imagem "até os elementos essenciais, com um esquecimento deliberado daqueles detalhes que não fazem parte". Apesar de sua inteligência sutil e abrangente, ele preferia imagens que não fossem enigmáticas nem indiretas. Sério demais para a ironia, extraía do mais denso Carlyle e da mais profunda Eliot apenas as lições mais diretas. Em romances enormes, às vezes ele enxergava apenas um personagem, não raro secundário, devolvendo o reflexo de como via a si mesmo e ao mundo. Vincent nunca abandonou seu amor de infância por fábulas e parábolas, sobretudo as de Andersen, e o gosto por imagens vivas e narrativas simples. Tratava as fábulas adultas de Dickens como narrativas verídicas, permitindo-se apenas ocasionalmente espreitar o coração sombrio do inglês. Assim como lia Dickens como se fosse Zola, lia Zola como se fosse Dickens, atraindo esses autores tão diversos para as reduções que operava em seu mundo imaginário.

A busca de verdades simples dominava o mundo visual de Vincent. Adorava charges de todas as espécies, desde as sátiras da revista britânica *Punch* às caricaturas dos dois grandes ilustradores franceses do século, Paul Gavarni e Honoré Daumier, cujos desenhos engraçados, às vezes hilariantes, da vaidade burguesa e da bufoneria burocrática tinham um peso de humanidade tão grande quanto os camponeses de Millet na dura labuta. "Há força e uma profundidade séria [neles]", escreveu Vincent. Como Daumier e Millet, ele também sentia o fascínio vitoriano pelos "tipos". A ideia de que o comportamento humano podia ser explicado pela aparência física era apenas uma das várias pseudociências reconfortantes geradas pelas sublevações sociais, econômicas e espirituais do século. Ela permeava a cultura popular: desde o charlatanismo da frenologia, de menor importância, à grande arte de Balzac na *Comédia humana*. A obra de Dickens, tão amado por Vincent, representava uma espécie de bíblia para os que acreditavam em tipos e suas correlações insuperáveis entre a conduta interna e a externa, entre a superfície e a essência.

Criado numa cultura de distinções inconfundíveis — católicos/protestantes, ricos/pobres, cidade/campo, senhores/servos —, Vincent se tornou um discípulo fervoroso da tipologia muito antes de começar a desenhar figuras. Se os besouros e os ninhos de aves podiam ser catalogados e etiquetados, por que não as pessoas? "Tenho o hábito de observar muito atentamente a aparência física exterior das pessoas para captar sua verdadeira constituição mental", escreveu ele. Com a mãe, sem dúvida, desde cedo aprendeu a ler não só a classe social, mas também o caráter das pessoas na roupa que vestiam. Também herdou sua fé inabalável em estereótipos. Para Vincent, judeus eram livreiros ou agiotas e "negros" (qualquer não branco) trabalhavam pesado. Americanos ("ianques") eram obtusos e grosseiros; escandinavos eram ordeiros; médio-orientais (todos "egípcios"), enigmáticos; meridionais, temperamentais; setentrionais, fleumáticos.

Tais eram as imagens simples que povoavam o mundo de Vincent: trabalhadores "incultos" com rosto "largo e rude"; jovens damas de traços finos e pregadores solenes; velhos curvados e camponeses robustos. Com esse molde da infância, os novos evangelhos da fisiognomia e da frenologia, a "*tournure*" de Daumier e Gavarni, os ícones de Millet e dos ilustradores ingleses apenas acrescentavam novas camadas de detalhamento e confirmação.

Tal era a "realidade" que Vincent impunha sempre mais ao mundo que o rodeava. "Vejo um mundo", disse ele, "que é totalmente diferente do mundo que a maioria dos pintores vê." Era uma realidade que requeria "significação". Quando viu um grupo de pobres reunidos em expectativa do lado de fora de uma casa lotérica, deu à cena o nome de "Os pobres e o dinheiro". Assim, explicou, "ela assumiu uma significação maior e mais profunda para mim do que tinha à primeira vista". Em suas caminhadas, reconhecia apenas efeitos. ("Toda a natureza é uma exposição em 'Branco e Preto' indescritivelmente bela durante aqueles efeitos da neve.") Era uma realidade com a ternura da emoção. A notícia da morte de um amigo podia passar quase sem menção, mas à visão de seu retrato se escancaravam as comportas da dor.

Era uma realidade de simplicidade intransigente. Mesmo suas maiores paixões tinham de se adequar a formas simples, como as legendas em suas estampas, fossem elas "triste, mas sempre jubiloso" ou "*aimer encore*". Com essa lente, as irritações do cotidiano apareciam como "*petites misères de la vie humaine*" [pequenas misérias da vida humana], e os mistérios mais profundos eram "*quelque chose là-haut*" [algo superior]. Pelo resto da vida, nenhuma crise ou arroubo de entusiasmo conseguiria escapar à redução incessante de algum lema. De *foi de charbonnier* a *rayon blanc*, ele obrigava o mundo a se encaixar em categorias, como se estivesse fixando insetos numa caixa ou dispondo gravuras dentro de uma pasta. Evitava a ambiguidade e via charges metafóricas onde os outros viam apenas a dura realidade.

Ao olhar as pessoas, via apenas tipos. Desde o belo e aristocrático Van Rappard à sórdida meretriz Sien, nunca tinham mais realidade que os personagens de um livro ou as figuras de uma página — traçados indelevelmente pelo destino com os contornos gerais do tipo a que pertenciam. ("*Vejo* as coisas como desenhos a bico de pena", disse ele.) À exceção de Sien, nenhum dos modelos que durante dois anos passaram pelo ateliê na Schenkweg jamais mereceu uma palavra pessoal ou qualquer observação além de uma descrição física. Desenhava órfãos com frequência, mas nunca comentava suas condições. Sobre um incapacitado, ele escreveu apenas: "Um sujeitinho, com um pescoço fino e comprido, numa cadeira de rodas, foi esplêndido".

Tratava as pessoas de acordo com o tipo, esperava que agissem de acordo com o tipo, julgava-as de acordo com o tipo. Ricos como o tio Cent *deviam* pensar apenas em dinheiro, dizia ele. "Não se pode esperar outra coisa." Mas os clérigos, como seu pai, "devem ser humildes e se contentar com coisas simples". Os pobres deviam se ajudar mutuamente; as mulheres e as crianças (mas não os homens) deviam "aprender a frugalidade". As mulheres burguesas deviam ser cultas, mas não intelectuais; as mulheres de classe baixa, nenhum dos dois. Os operários nunca deviam entrar em greve, mas apenas "continuar a trabalhar ao máximo". Por quê? Porque, como personagens de um romance, "era impossível [para eles] agir de outra maneira".

Acima de tudo, os artistas deviam agir como artistas. Em sua atitude de desafio ao mundo, Vincent invocava reiteradamente o destino do "tipo" para definir e justificar a si mesmo. Se não procurava boas companhias era porque, "como pintor, deve-se *deixar de lado* outras ambições sociais". Se sofria "acessos temporários de fraqueza, nervosismo e melancolia", era em virtude de "algo peculiar na constituição de todo pintor". Se levava uma vida problemática, fora do convencional, era porque "condiz com a minha profissão... sou um pintor pobre". Mesmo o "rosto feio e o casaco roto" faziam parte do tipo. E se não mudava de ideia sobre sua paixão por Kee Vos, sobre a decisão de desenhar figuras, de usar modelos ou de se casar com Sien, era porque assim ele era, e um artista não poderia ser de nenhuma outra maneira. "Não pretendo pensar e viver com menos paixão do que faço", declarou. "Eu sou eu."

Nesse mundo de desenhos a bico de pena, Sien Hoornik também tinha seu lugar. Para Vincent, como para toda a sua época, não havia tipologia mais rigorosa que a das mulheres (uma camisa de força que fora apresentada caridosamente no tratado de Michelet sobre a mulher, *La femme*). Na forma mais pura, eram criaturas delicadas, amorfas, intrinsecamente frágeis e de vontade fraca, destinadas por Deus ao amor. Sem amor, uma mulher se tornava um motivo icônico de piedade — "ela perde a vivacidade e o encanto desaparece", dizia Vincent. Imagens de mulheres tristes, desamparadas, sem amor ocupavam a mentalidade vitoriana como uma espécie de pornografia da emoção: esposas de soldados partindo, moças sem lar, mães sem maridos, viúvas sofredoras. Vincent se emocionava profundamente à visão de mulheres solitárias e sem amor, fosse numa estampa ou num banco de igreja. Contou a Theo: "Desde menino, muitas vezes erguia um olhar de infinita solidariedade e até respeito ao rosto de uma mulher que tinha passado da flor da idade, como se trouxesse inscritas as palavras: aqui a vida e a realidade deixaram suas marcas". As mães eram o outro símbolo de feminilidade capaz de levar Vincent às lágrimas. Suas coleções sempre incluíam esse gênero indispensável do sentimentalismo oitocentista, e ele tecia imagens maternas vívidas com os fios da experiência pessoal, muito antes de pôr o lápis no papel.

Uma prostituta grávida reunia o desamparo de todas as mulheres, o *pathos* das mulheres não amadas e os sentimentos comoventes da Mãe Amorosa. Na tipologia de Vincent, apenas poucas "sedutoras" escolhiam efetivamente a prostituição. A imensa maioria de mulheres decaídas era apenas de vítimas de homens sem amor e de sua própria natureza fraca. Para ele, todas as mulheres eram enganadas com facilidade e logo abandonadas, mas sobretudo as mulheres pobres, se não tivessem o amparo de um homem, estavam sempre "em grande perigo imediato de se afogar no charco da prostituição", perdendo-se para sempre. Uma mãe prostituta de certa idade, como Sien, tocava todos esses talismãs da piedade. "*Minha mulherzinha pobre, fraca, maltratada*", era como Vincent a chamava, "uma criatura infeliz, esquecida, solitária." Não ajudar essa criatura triplamente condenada seria "monstruoso", protestava ele. E dizia: "Ela tem algo de sublime para mim".

Em desenhos e mais desenhos, ele situou Sien nessa tipologia íntima. Desenhou-a como o "animal nu e maltratado" de *Sofrimento*; como jovem viúva vestida de preto e repleta de melancolia; como matrona costurando serenamente para a família. Colocou-a em pose de mãe, usando como filhas a filha e a irmã. Apenas sugerindo sua fisionomia com os traços mais superficiais, representou-a feliz no aconchego doméstico: varrendo o chão, rendendo graças na hora da refeição, segurando uma chaleira, indo à igreja. Mesmo grosseiros, esses desenhos a lápis e a carvão, tomados em conjunto, representam o primeiro esforço retratista de Vincent — o primeiro de muitos pelos anos subsequentes que, como estes, revelariam muito mais sobre o artista e seu mundo interior do que sobre a figura retratada ou o mundo real.

* * *

Entocado em seu ateliê da Schenkweg, cercado de prostitutas posando como ícones maternais, órfãos como engraxates, vagabundos como agricultores milletianos, aposentados como pescadores, Vincent podia manter o mundo real à distância. O próprio ateliê se converteu num albergue noturno, numa choupana de camponês, numa cabana de pescador, numa estalagem de aldeia, num dispensário público. Vincent ajustava a luz que jorrava pela janela usando venezianas e quebra-luzes de musselina — não só para recriar os contrastes misteriosos de uma ilustração da *Graphic* ou a luz cálida e tênue de uma reprodução de Rembrandt, mas também para deixar o mundo lá fora.

As janelas sempre haviam desempenhado um papel especial na vida de Vincent. Como observador e deslocado do mundo, ele tinha marcado seu lugar desde cedo, na janela da casa paroquial que dava para o Markt de Zundert. Vinte e nove anos depois, continuava ali. Sempre que chegava a um novo lar, registrava afetuosamente a vista que tinha pela janela e às vezes fazia um desenho, como em Brixton e Ramsgate. Suas descrições das cenas que via pela janela, muitas vezes repletas de anseios e nostalgia, não se distinguem de suas descrições das estampas nas paredes do quarto.

Esses relatos frequentes e detalhados evidenciam que Vincent passava muitas horas, de dia e de noite, olhando pela janela, observando sem ser observado o movimento distante de outras vidas: dos estivadores de Amsterdam aos cavadores das carvoeiras ferroviárias perto de seu ateliê em Haia. Em qualquer espaço interno, fosse real ou pintado, ele se preocupava com a disposição da janela, e a vista pelas janelas era um tema que voltaria repetidas vezes para obcecar seu mundo de imagens. Desde a época em que começou a montar ateliês para si em 1881, reclamava constantemente dos defeitos das janelas, e gastava em adaptações uma quantidade de seus preciosos fundos muito maior do que suas necessidades artísticas poderiam justificar.

Entre as imagens mais antigas que Vincent desenhou depois de chegar a Haia estava a vista de sua janela: um atravancamento de vários quintais, formando uma colcha de retalhos, cada terreno separado do outro por cercas, todos visíveis da janela de Vincent no segundo andar. Em maio, quando o tio Cor encomendou um segundo conjunto de cenas urbanas, ele voltou à janela e desenhou a vista em detalhes amorosos e saudosos: a área para lavar e estender roupa do edifício onde morava, no primeiro plano, e o quintal cheio de atividade de uma carpintaria logo adiante — tudo apresentado com uma soma de intensa observação e distanciamento voyeurista que repetia toda uma existência de ver sem ser visto. "Pode-se olhá-lo por todos os

Pátio de carpintaria e lavanderia, maio de 1882, lápis e nanquim sobre papel, 28,25 × 47 cm.

lados, em cada canto e em cada fenda", escreveu orgulhoso de seu desenho. As lavadeiras e os carpinteiros atravessam o meticuloso amontoamento de detalhes da cena como fantasmas, observados à revelia, mal deixando algum traço de vida.

Era evidente que Vincent sentia algo muito satisfatório nessa atitude de espreita. Quando ia ao albergue à procura de modelos, punha-se secretamente na frente de uma janela que dava para fora e desenhava as atividades que espiava na área em torno. Na agitação do Geest, tinha vontade de se retirar a uma distância segura e ficar observando sem ser observado. "Gostaria de poder ter livre acesso às casas", escreveu ele, "e sentar junto às janelas sem cerimônia." No verão, quando se mudou para um novo aposento no edifício ao lado, foi logo à janela, que era mais alta, e desenhou mais uma vez a mesma cena. "Você precisa me imaginar sentado à minha janela do sótão às quatro da manhã", contou a Theo, "estudando as campinas e o pátio da carpintaria com minha grade de perspectiva."

Quando saía do ateliê para o mundo, Vincent levava junto sua grade. A primeira vez que ouviu falar de enquadramentos em perspectiva foi nos textos de Armand Cassagne, desenhista francês autor de vários livros para artistas e amadores. Vincent tinha lido o livro de Cassagne para crianças, *Guide de l'alphabet du dessin*, quando saiu pela primeira vez do Borinage. Cassagne recomendava o uso de um "*cadre rec-*

tificateur" (quadro retificador), que consistia num pequeno retângulo de papelão ou madeira, dividido por linhas em quatro retângulos iguais. Segurando esse quadro na frente de uma vista, o desenhista podia isolar a imagem a ser desenhada e calcular melhor as proporções.

Mas foi apenas quando chegou a Haia, mais de um ano depois, que encomendou a um carpinteiro uma grade dessas. Sempre desejando soluções simples e sentindo dificuldade com a "mágica" da proporção, ele viu na sugestão de Cassagne a chave para domesticar sua mão desobediente e desvendar os mistérios da arte vendável. A grade que ele encomendou ainda era pequena (29,21 × por 17,78 cm), mas estava bem distante do *cadre rectificateur* de Cassagne, que era de bolso. E, em vez de dois fios de arame em interseção, o quadro de Vincent tinha dez ou onze, criando uma grade de pequenos quadrados como os vidros de uma janela, por onde podia espiar e transferir laboriosamente cada contorno para a mesma grade que havia no papel.

Apesar do equilibrismo necessário para segurar a grade, o caderno de desenhos e se manter em posição, Vincent levava seu retangulozinho para todos os lugares: pelo bairro de Schenkweg, para as ruas da cidade, às dunas de Scheveningen e por toda a zona rural de entremeio. Por toda parte, ele segurava sua grade e "retificava" o mundo. Chamava-a de "visor" ou "olho mágico". "Creio que você pode imaginar o prazer que é focar meu visor sobre o mar, sobre as campinas verdes", exultava ele. "Pode-se olhar por ele *como uma janela*" (grifo dele). Para excluir o mundo que extrapolava do quadro, ele envesgava os olhos — truque que provavelmente foi Mauve quem lhe ensinou — até ficar visível apenas a cena indistinta e entrecruzada em seu visor.

Desenho após desenho, ele vibrava com os resultados. "As linhas dos telhados e calhas correm na distância como flechas disparadas de um arco", vangloriou-se a Theo sobre um desenho bem-sucedido. Levava a grade ao sótão para desenhar a vista dos quintais cheios de atividade e da "infinidade de vegetação suave e delicada, quilômetros e quilômetros de planícies" mais além. Gostou tanto que encomendou mais duas grades, maiores e mais resistentes, a última um equipamento de luxo com os cantos de ferro e pés reguláveis, especiais para terrenos irregulares — "uma bela peça de artesanato", disse ele. Chegou a levá-la para o ateliê, onde usou o dispositivo para observar Sien e os outros modelos, desenhando-os "fielmente e com amor, olhando com calma pela minha janelinha".

Nos meses que antecederam o nascimento do bebê de Sien, Vincent viu apenas uma imagem: a família. Depois de anos de tentativas — com sua família e famílias alheias —, afinal conseguira encontrar uma família que o aceitava. "*Ela* vê que não sou rude", escreveu quase assombrado a respeito de Sien, "e quer ficar comigo." Imagens de maternidade permeavam suas cartas a Theo, embora continuasse a reter a chave que revelaria o significado delas. Todos os dias no ateliê, ele escolhia poses para os modelos prenunciando a visão que tinha em mente: o "laço triplo e absoluto" entre homem, mulher e filho, de Michelet.

Com essa imagem firme em seu visor, Vincent excluía todo o resto. Mesmo quando os atritos com Mauve e Tersteeg ameaçaram resultar no fim do apoio financeiro de Theo, Vincent gastou prodigamente com sua família imaginária: remédios para Sien, o aluguel da mãe de Sien, roupinhas para o bebê que estava por nascer. Usou o dinheiro do aluguel que Theo lhe enviara para pagar o médico de Sien, precipitando uma tremenda crise quando o senhorio ameaçou despejá-lo. Mesmo antes de passar essa tempestade, ele começou a pressionar Theo para se mudar para um apartamento maior, logo ao lado, aprofundando a ilusão a cada carta.

Tomado pela mesma febre de cuidar dos outros que o acometera no Borinage, Vincent se dedicou a "salvar" a mulher decaída na qual apostara tudo. Fez com que ela passasse a tomar banho e fizesse longas caminhadas. Ministrou-lhe "fortificantes". Garantiu que se alimentasse de "comida simples" e tivesse muito descanso e ar puro. "Tomei-a e lhe dei todo o amor, toda a ternura, toda a atenção que havia em mim", escreveu ele, emoldurando o relacionamento como um modelo de caridade cristã. Quando ela foi dar entrada na maternidade em Leiden, Vincent foi junto. Médico frustrado, como o pai, Vincent representou Sien nas discussões com a equipe do hospital e agiu como marido em todos os outros aspectos.

Ele mantinha um foco tão exclusivo em devolver "a pobre criatura" à vida que descuidou da própria saúde, que andava declinando. Depois de se queixar de modo fatalista de cefaleias, febre e fraqueza em janeiro (lamentando que "minha juventude se foi"), quase não fez menção a seu estado de saúde na profusão de cartas naquela primavera, e descartou qualquer problema com um ousado "não cedi a ele".

Theo deve ter se surpreendido quando lhe chegou uma carta no começo de junho, anunciando: "Estou no hospital... tenho o que eles chamam de 'gonorreia'".

Mas nem a doença foi capaz de abalar a vida de Vincent concentrada em imagens ou sua nova visão de família. Apesar da provável responsabilidade de Sien em levá-lo àquela condição, ele deu entrada no hospital com uma animação extraordinária para um homem de 29 anos que nunca havia tido uma doença séria na vida. A sordidez de uma enfermaria coletiva com dez leitos, urinóis transbordando, enfermeiros ríspidos, lhe pareceu "não menos interessante do que um saguão de espera de terceira classe", disse ele. "Como eu adoraria fazer alguns estudos [daqui]." Os médicos lhe garantiram que a gonorreia era leve e precisaria de apenas algumas semanas de tratamento (comprimidos de quinino para a febre e banhos de sulfato para debelar a infecção). Confinado ao leito, ele tinha levado alguns romances de Dickens e livros de perspectiva para estudar. Mas, quando os enfermeiros saíam da sala, ele se esgueirava da cama para ir espiar pela janela. "Tem-se uma visão geral de cima", escreveu ele.

Vincent sempre gostou de estar na companhia de médicos. (Anos depois, em Arles, ele disse que a pintura "é, até certo ponto, um consolo por eu não ser médico".) De início, também recebeu visitas para lhe erguer o ânimo: o velho colega da Goupil, Iterson; o primo Johan; mesmo Tersteeg, com seu irritante senso de decoro. Mas as visitas que realmente o confortavam eram as de Sien. "Ela veio me visitar regularmente", contou orgulhoso a Theo, "e me trazia carne defumada e açúcar ou pão." Numa dessas vezes, em 13 de junho, enquanto aguardava no saguão do hospital a abertura do horário de visitas, Sien viu um pastor grisalho, baixo, caminhando a passos largos para a ala da enfermaria, usando seus privilégios clericais. Era o pai de Vincent.

Dorus van Gogh sem dúvida viu a humilde grávida no saguão, quando passou a seu lado para reencontrar Vincent pela primeira vez desde a fatídica discussão no dia de Natal. Tão logo soube da internação de Vincent, ele saiu de Etten para vir fazer as pazes com o filho doente. "Convidei Vincent para vir ficar conosco por algum tempo, depois que deixar o hospital", informou a Theo, "para que possa recuperar as forças." Se fosse antes, Vincent por certo teria sucumbido a mais uma esperança de reconciliação. Ou uma palavra inoportuna poderia ter redespertado os intensos antagonismos que haviam prejudicado tantos encontros anteriores. Mas agora o espírito de Vincent estava solidamente concentrado em sua nova família, não na antiga.

Durante a conversa, Dorus notou que Vincent "ficou olhando inquieto para a porta, como se aguardasse uma visita que não deveria me encontrar ali". Vincent declinou o convite de voltar para casa, dizendo apenas "Quero voltar ao trabalho". Depois disso, comentou a visita de surpresa que lhe fizera o pai como uma aparição espectral indesejada, saída de um conto de Dickens. Disse a Theo: "Foi muito estranho para mim, mais ou menos como um sonho".

Mas Sien não pôde manter as visitas. Em 22 de junho, ela mesma deu entrada em outro hospital, em Leiden, preparando-se para um parto que os médicos previram que seria difícil e arriscado. Logo depois que ela interrompeu as visitas, Vincent sofreu uma recaída. Tomado de emoção, ele atribuiu a piora de seu estado à separação. Foi transferido para outra enfermaria, para cuidados mais intensos, e submetido a um novo regime para combater a infecção que retornava. Para drenar a bexiga e irrigar o canal inflamado, os médicos inseriram em seu pênis cateteres de tamanho cada vez maior. A infecção e a irritação tópica dificultavam a inserção, que se fazia mais dolorosa. O processo de "alargar" o canal causava dores tão excruciantes que ele passou dias mancando de dor.

Mesmo assim, praticamente não reclamava. Sua imaginação estava empenhada numa dor muito mais forte. "Quais são os sofrimentos nossos, como homens", escreveu de seu leito no hospital, "comparados àquela dor terrível que as mulheres têm de suportar durante o parto?"

Logo se sentiu esmagado pela imagem de Sien dando à luz. No fim de junho, recebeu uma carta melancólica às vésperas de seu internamento definitivo. "Ela ainda não deu à luz", informou a Theo; "a espera se prolonga há dias. Estou muito ansioso a respeito." A coragem e a paciência de Sien em enfrentar o sofrimento apenas o inflamaram mais. Precisava ir vê-la. Em 1º de julho, ainda não se tendo curado, ainda "fraco e abatido" com seus tratamentos, ele deixou a enfermaria e foi para Leiden. Levando a mãe e a irmã de nove anos de Sien, chegou na hora exata da visita semanal. "Você pode imaginar como estávamos ansiosos", escreveu a Theo naquele mesmo dia:

> sem saber o que ouviríamos quando perguntássemos aos atendentes do hospital sobre ela. E qual não foi nossa alegria quando ouvimos: "Internada ontem à noite... mas não devem falar com ela por muito tempo"... não vou esquecer facilmente aquele "não devem falar com ela por muito tempo", pois significava "vocês ainda podem falar com ela", quando seria tão possível ouvir "vocês nunca mais vão falar com ela".

Sien estava na velha enfermaria da maternidade do Hospital das Clínicas de Leiden, uma soturna casa dickensiana que compartilhava um pátio sem luz e sem ar com a sala de autópsias do hospital. De vez em quando, um assistente legista esvaziava um balde de eflúvios negros no esgoto do pátio. Mesmo de dia, a sala da maternidade era escura, com o forro alto e as cortinas pesadas. Em julho, abriam-se os janelões, mas eram raras as brisas. Havia leitos enfileirados nos dois lados, com dois pacientes por leito: uma grávida e uma parturiente recente. Havia um cesto para roupas sujas ao lado de cada cama e um berço aos pés do leito.

Não era um lugar fácil para se dar entrada no mundo. Segundo um relato anterior, "as enfermeiras eram rudes e indiferentes; só ajudavam as novas mães se ganhassem uma gorjeta; e muitas vezes retinham uma parte dos remédios e da comida extra. A comida era uma lavagem". Algumas condições haviam melhorado. Um maior conhecimento das bactérias e de antissépticos tinha pelo menos eliminado o tipo de epidemia que costumava grassar à solta na enfermaria, matando dez por cento das mulheres que haviam dado à luz. Mesmo assim, as condições inaceitáveis continuavam a manter "as mulheres de bem" em casa, com suas parteiras, deixando maternidades como esta cheias de "solteiras, ignorantes e desonradas", segundo o diretor do hospital, "esgotadas pela pobreza e a privação".

Quando Vincent chegou, o bebê finalmente aparecera no canal vaginal, após um longo trabalho de parto complicado por uma infecção do útero e pelo esgotamento nervoso da mãe. Pelas quatro horas e meia que se seguiram, ele continuou ali, "firmemente preso", segundo o relato de Vincent, enquanto cinco médicos, um depois do outro, tentavam arrancá-lo com fórceps e Sien se contorcia de dor. Deram-lhe clorofórmio, mas ela não perdeu a consciência em momento algum. Por fim o bebê saiu: um garoto de 3,5 quilos, enrugado e com icterícia. Doze horas após o parto, Sien ainda estava desorientada de dor e com "uma fraqueza mortal". Tinha sido um choque tão grande em seu organismo, informou o médico, que "levará anos até que ela recupere totalmente a saúde". Quanto ao bebê, continuavam as dúvidas se sobreviveria.

Mas o relato eufórico de Vincent pinta um quadro muito diferente. Em vez de um lúgubre pátio de autópsias, ele viu "um jardim repleto de sol e vegetação" pela janela da enfermaria, e a dor de Sien lhe pareceu apenas uma comovente "sonolência entre o sono e a vigília". Seu sofrimento "a refinou", disse ele, dando-lhe "mais espírito e sensibilidade"; o bebê enfermiço, amarelado de icterícia, aos pés da cama, tinha um "ar de conhecedor do mundo" que o encantou. Aos olhos de Vincent, tudo — o quarto soturno, a mãe pálida, a criança amarela, o passado atormentado, a noite infernal — se transformou numa imagem de amor triunfante. "Quando ela me viu, sentou-se na cama e ficou tão alegre e animada como se não tivesse acontecido nada", escreveu ele, confirmando o êxito de sua missão de resgate. "Seus olhos estavam radiantes de gratidão e amor pela vida."

Fosse por gratidão ou calculismo, Sien escolheu para o filho um nome que não tinha nenhum antecedente em sua família: Willem, o nome do meio de Vincent. Os acontecimentos do dia "me fizeram tão feliz que chorei", escreveu contando a Theo.

Ele voltou a Haia em êxtase. Não enxergava nada, a não ser a imagem da família agora emoldurada em sua imaginação: "um lar meu". Em 29 anos de entusiasmos cegos, nenhum rivalizava com esse. Enquanto Sien e o bebê se recuperavam em

Berço, julho de 1882, esboço em carta, giz sobre papel.

Leiden, Vincent começou a montar um lar para sua nova família. Sem uma palavra a Theo, alugou o apartamento vizinho que cobiçava fazia tempos. Num frenesi de decoração (notoriamente retomado seis anos depois na Casa Amarela em Arles), mobiliou o aposento, inclusive com uma poltrona de vime para a convalescente, uma grande cama para os pais e um berço com armação de ferro para o bebê.

Comprou lençóis para as camas, talheres para a cozinha, flores para a janela, descartando sumariamente as preocupações de Theo com as despesas: "Custou o que custou". Comprou um colchão novo para o dormitório do sótão que dividiria com Sien e ele mesmo o recheou com todo o cuidado. Decorou o grande ateliê voltado para o norte, "como uma barcaça confortável" ("Amo meu ateliê como um marinheiro ama seu navio", disse ele), depois forrou as paredes com seus estudos e uma seleção de suas estampas mais preciosas: o *Cristo*, de Scheffer, *O enjeitado*, de Holl, e *O semeador*, de Millet. Sobre o berço, pendurou *Lendo a Bíblia*, de Rembrandt.

"Agora, graças a Deus, este pequeno ninho está pronto", anunciou ele.

Sozinho num novo lar, aguardando ansioso o retorno de Sien, Vincent deixou que a imaginação escapasse de suas amarras apertadas. Numa noite de tempestade no começo de julho, olhou em torno do apartamento vazio e sentiu-se tomado pela imagem da vida em família. Sobretudo a visão do berço vazio "se apoderou" dele num devaneio de sentimentos de família. "Não posso olhar para ele sem emoção", escreveu na mesma noite a Theo. Viu-se "sentado ao lado da mulher que eu amo com um bebê no berço a nosso lado", e essa visão desencadeou um fluxo de amadas imagens da maternidade e da "eterna poesia" do Natal. Em todas elas, Vincent via a esperança — "uma luz nas trevas, um brilho numa noite escura".

Terminou a carta daquela noite a Theo com uma pergunta: "Você acha que o pai continuaria a ser frio e a encontrar defeitos — ao lado de um berço?".

Durante toda a primavera e o verão, num furor epistolar, Vincent se empenhou para que Theo compartilhasse sua visão da bem-aventurança doméstica.

Theo logo sinalizara seu desgosto, negando-se a fazer qualquer comentário sobre a peça central do argumento de Vincent, o desenho *Sofrimento*, embora o irmão tivesse voltado várias vezes ao tema. Uma carta em meados de maio, com cinquenta francos — o suficiente para Vincent postergar o despejo por mais algumas semanas —, pelo menos indicou que Theo não o abandonara. Mas, no bilhete anexo, Theo foi muito claro ao rejeitar a ilusão de família de Vincent. Acusou Sien de fingimento e Vincent de credulidade: ela "o enganou" e ele "se deixou ludibriar", disse Theo. Vincent não tinha escolha, a não ser "desistir dela". Deixando de lado o que deve ter sentido como uma profunda traição (todas aquelas cartas com queixas e apelos de necessidade extrema — tudo embuste), Theo sugeriu uma solução simples: "Pague e dispense". Se Vincent queria salvar Sien da prostituição, podia lhe dar dinheiro ou contratá-la à sua vontade, aconselhou Theo, mas não devia em hipótese nenhuma se casar com ela. Alertou o irmão contra a "obstinação" nesse assunto. "[Não] insista temerariamente em querer as coisas da sua maneira."

Mas o ideal de Vincent não cedeu. "É minha intenção final me casar com ela o mais breve possível", respondeu, desafiador, no mesmo dia. Seguiram-se longas cartas, às vezes duas no mesmo dia, em que ele lutava furiosamente para reverter a posição de Theo. Multiplicava argumentos numa mescla sempre variável de sinceridade e logro, de confissão e manipulação, de paixão e polêmica.

Às manifestações de ternura e devoção ("Sinto uma grande calma, ânimo e alegria ao pensar nela") seguiam-se sóbrias promessas de parcimônia e pragmatismo ("Nem sei lhe dizer como ela é útil para mim"). Numa das cartas, adotou ousadamente o elevado argumento moral ("O que vem para mim em primeiro lugar e acima de tudo é isto: *não vou enganar nem abandonar uma mulher*") e descartou com altivez "*l'opinion publique*". Mas, em outra carta do mesmo dia, afirmou que desposar

Sien era "a única maneira de deter os comentários do mundo", preocupando-se por ser "censurado devido a uma relação ilícita". Alegou um imperativo religioso para se casar com Sien ("É vontade de Deus que o homem não viva sozinho, e sim com esposa e filho"), mas também defendeu o casamento como a solução óbvia para a necessidade de ter sexo seguro e confiável.

Defendeu com vigor as imagens que lhe povoavam a mente. Pintou com traços sempre mais intensos o modelo típico da mulher decaída e da salvação pelo amor, que tanto acalentava. "Ela morreria se tivesse de voltar às ruas", rogou ele. Desposando-a, ele poderia "salvar a vida de Sien" e impedi-la de "recair naquele estado terrível de doença e sofrimento em que a encontrei". Reforçou essa imagem com relatórios dos médicos detalhando como sua saúde continuava delicada, e preveniu sombriamente que a rejeição de Theo poderia causar "um prolapso do útero talvez incurável". A certa altura, chegou a alegar que o médico havia *prescrito* o casamento: "Seu primeiro remédio, o medicamento mais importante, era ter um lar próprio; foi nisso que ele continuou insistindo". Recusá-la agora, decretou Vincent, "seria um assassinato".

Invocou o quadro comovente de Sien e o bebê ("tão calmo, tão delicado, tão tocante, como uma água-forte"), bem como suas prerrogativas como O Artista ("Minha profissão me permite realizar esse casamento"). Ele e Sien viveriam juntos "como verdadeiros boêmios" e, por causa dela, iria se "tornar um artista melhor". Revelando novos detalhes sobre a fria acolhida que teve na casa da família Stricker em Amsterdam ("Senti que meu amor — tão verdadeiro, tão honesto e forte — tinha sido literalmente *espancado até a morte*"), Vincent invocou um martírio de amor a exemplo de Cristo: "Após a morte há a ressurreição. *Resurgam* [Ressurgirei]".

Em apoio a tais imagens, Vincent recrutou um novo aliado, de tremendo peso: Émile Zola. Fazia apenas pouco tempo que viera a conhecer os romances do grande escritor francês, ao que parece por meio de seu efêmero amigo Breitner. De início impressionado com as vívidas descrições de Paris feitas por Zola, como se visse as cenas do alto de uma janela, Vincent logo se sentiu atraído para a outra realidade que Zola apresentou nos vários volumes da saga dos Rougon Macquart: um mundo de ambições malogradas, de infortúnios, de amores impossíveis; um mundo onde, sempre e sempre, a tipologia é destino. "Este Émile Zola é um artista glorioso", escreveu a Theo em julho, enquanto devorava um romance após o outro. "Leia tudo o que puder dele."

Vincent citou em particular *O ventre de Paris*, em que Zola celebra a vitória da humanidade boêmia sobre a ortodoxia burguesa. Vincent se identificou não com Claude

Lantier, o artista fracassado do livro, e sim com Madame François, mulher bondosa que salva o infeliz herói Florent. Era uma imagem de salvação que reverberava, a despeito das diferenças de classe e sexo, no cerne do relacionamento de Vincent com Sien e também com o irmão — ao mesmo tempo, salvador e objeto de salvação. "O que você acha de Mme. François, que levantou e colocou o pobre Florent em sua carroça, quando ele estava estendido inconsciente no meio da estrada?", perguntou enfaticamente ao irmão. "Creio que Mme. François é de fato humana; tenho feito, e vou fazer, por Sien o que penso que alguém como Mme. François faria por Florent."

Em Paris, essa torrente de retórica grandiloquente e de imagens ilusórias teve efeito contrário. Em vez de ganhar a aprovação para o casamento, os argumentos de Vincent levaram Theo a questionar a sanidade mental do irmão. Redespertando o fantasma de Gheel, ele alertou Vincent que os pais poderiam tentar mais uma vez declará-lo incapaz quando soubessem do projeto de casamento. A isso, Vincent teve um rompante de fúria e indignação que extravasou em semanas de cartas seguidas. Chegando num momento em que Mauve e Tersteeg já o estavam atacando, e a ameaça de despejo o deixava vulnerável a acusações de "incompetência em assuntos financeiros" (outro motivo para pedir a tutela), comentários sobre uma internação apenas intensificaram sua paranoia. Se os pais tivessem a "vontade e a temeridade" de tentar interná-lo, advertiu a Theo, ele iria submetê-los aos altos custos e à "desonra pública" de uma longa briga judicial. Ou pior. Em tom ameaçador, ele contou o caso de um homem que tinha sido injustamente declarado incapaz pelos pais, e "então esmagou com um porrete os miolos de seu tutor". Segundo Vincent, o assassino foi absolvido por ter agido em "legítima defesa".

Os alertas sinistros e súplicas desesperadas de Vincent de fato conseguiram arrancar do irmão um aumento em sua mesada: de cem para 150 francos por mês. (Sempre duvidando da capacidade de Vincent de administrar orçamentos, Theo insistiu em remeter o dinheiro em três parcelas, nos dias 1º, 10 e 20 de cada mês.) Mas, sobre a questão principal, Theo se manteve inflexível: não apoiaria o casamento com Sien. Nem concordaria em continuar a sustentar Vincent, se ele resolvesse se casar com ela de qualquer maneira. Em todo caso, concordou que iria visitar o novo "lar" do irmão no começo de agosto. Para Vincent, com sua fé inabalável no poder das imagens, isso bastava para manter vivas as esperanças. "Estou curioso para ver o que você vai dizer sobre a casa nova", escreveu ansioso, "e também o que vai pensar de Sien, quando conhecer a ela e ao bebezinho. Espero de todo o coração que sinta alguma afinidade."

Com toda a sua fantasia da casa, da esposa e da família agora dependendo da aprovação de Theo, o tom das cartas de Vincent mudou radicalmente: do desafio autodestrutivo passou para a lisonja, o afeto e a pacificação. No começo de julho, ele escreveu: "Mano, tenho pensado muito em você nesses dias, porque tudo o que tenho realmente vem de você: minha vontade de viver e minha energia também". Reafirmou a promessa tantas vezes rompida de "poupar e economizar em todos os aspectos", deixou de lado a melancolia e se voltou a prometer um "trabalho encarniçado", apesar dos problemas de saúde que persistiam.

Vincent procurou corrigir aquele seu inverno de desafios também no cavalete e no bloco de desenhos. Depois de passar meses defendendo com fúria o desenho de figura à exclusão de tudo o mais, ele adotou as imagens paisagísticas em que Theo insistia desde longa data. Desistiu com serenidade de seus projetos de passar o verão desenhando nus e foi várias vezes a Scheveningen para desenhar salgueiros, baixadas e vistas descoradas com "um autêntico caráter e sentimento holandês". Assegurou ao irmão que "estou totalmente arrebatado pela paisagem".

Numa inversão ainda mais acentuada, ele afrouxou seu punho de desenhista e retomou os delicados desafios da aquarela, que não só Theo, mas também Mauve e Tersteeg tanto lhe haviam aconselhado em vão. "Sinto grande vontade de começar a *pintar* outra vez", anunciou Vincent, atribuindo de modo muito implausível aquela súbita reviravolta ao ateliê mais espaçoso, com iluminação melhor e um guarda-louças para armazenar suas tintas, que "assim não vão fazer muita bagunça nem sujeira". Como se se desculpasse pelo passado, retomou imagens anteriores e as refez em cor, então informando a Theo: "Creio que agora você vai gostar".

Sabendo que a trégua que mais agradaria a Theo seria uma trégua em família, Vincent chegou a contatar os pais, pondo de lado semanas de ríspidas acusações sobre a tutela e a internação em Gheel e retomando uma correspondência cordial (sem nenhuma palavra sobre Sien). Traçou o plano de convidar o pai a visitá-lo em Haia, e assim ele também poderia ver a casa nova de Vincent e sentir o poder das imagens da vida familiar. "Vou pedir ao pai que venha de novo aqui", contou a Theo.

> Então vou lhe mostrar Sien e seu bebezinho... e a casa em ordem e o ateliê cheio das coisas em que estou trabalhando... tudo isso vai causar uma impressão melhor, mais profunda e mais favorável no pai... e quanto ao que o pai vai dizer sobre meu casamento, creio que dirá: "Case-se com ela".

Apenas duas semanas antes da visita de Theo, essa imagem de reconciliação foi posta à prova. No dia 18 de julho de manhã, H. G. Tersteeg apareceu à porta da

Schenkweg, nº 136. Lá se deparou com o quadro mágico que, esperava Vincent, mudaria os sentimentos de seus familiares: Sien com o bebê ao seio.

"Qual é o significado daquela mulher e daquela criança", perguntou Tersteeg. "É sua modelo ou é alguma coisa a mais?" Vincent, apanhado de surpresa, gaguejou uma justificativa, mas Tersteeg desqualificou a explicação de que era sua família, dizendo que aquilo era "ridículo". "Você enlouqueceu?", exclamou ele. "Sem dúvida isso é fruto de um espírito e de um temperamento desequilibrado." Ameaçou escrever aos pais de Vincent para informá-los sobre aquela caricatura burlesca e a nova humilhação que estava infligindo à família. Falou que Vincent era "tão tolo quanto um homem que quer se afogar". Mas reservou o golpe mais cruel para o final. Ao sair, quando passou por Sien, Tersteeg disse a Vincent: "Você vai fazer esta mulher infeliz".

Tão logo saiu, Vincent tomou da pena e do papel e escreveu a Theo uma carta ardendo de indignação antes refreada. Disse que Tersteeg era "insensível, dominador, indelicado, indiscreto" e esbravejou por "se intrometer em meus assuntos mais íntimos" e ter "uma atitude de policial". "Creio que ele ficaria olhando totalmente impassível se Sien estivesse se afogando", escreveu causticamente, "sem erguer um dedo, e diria que era um favor para a sociedade." A acusação de Tersteeg, dizendo que Vincent devia ter enlouquecido ao tomar mulher e filhos, desencadeou um paroxismo bastante violento:

> *Nunca* um médico me disse que havia algo de anormal em mim no sentido e da forma que Tersteeg se atreveu a me dizer hoje de manhã. Que eu não era capaz de pensar ou que minha mente era perturbada. Nenhum *médico* me disse isso, nem no passado nem no presente; sem dúvida tenho uma constituição nervosa, mas não tenho dúvida de que não há nenhum problema real nisso. Então foram insultos sérios da parte de Tersteeg, tal como da parte do pai, mas ainda piores, quando quis me mandar para Gheel. Não posso aceitar tais coisas submissamente.

Sob a raiva ardente e promessas de vingança, porém, Vincent tinha sofrido um golpe esmagador. Reconhecendo que a "interferência inoportuna" de Tersteeg em Etten poderia "estragar tudo outra vez", retirou bruscamente sua exigência de se casar com Sien. "Proponho deixar toda a questão do casamento civil parada por tempo indeterminado", escreveu numa segunda carta no dia seguinte, "até que meu desenho tenha melhorado o suficiente para eu ser independente." Depois de meses de constantes decisões de contar aos pais sobre sua nova família, a despeito das consequências, ele concordou sem alarde que "o assunto não precisa ser discutido por ora". Seu plano de reconciliação teria de esperar.

Com isso, só restava Theo. Nas semanas entre a visita de Tersteeg e a do irmão, Vincent se entregou a um profundo devaneio de saudades fraternas. Suas cartas transbordavam de súplicas pedindo compreensão e das mais pungentes esperanças de ter uma justificativa perfeita. "Quero que as pessoas digam de meu trabalho: aquele homem sente profundamente, aquele homem sente agudamente", escreveu. "Apesar de minha chamada grosseria — entende? — talvez até por causa dela... eu gostaria um dia de mostrar com meu trabalho o que um excêntrico desses, um zé-ninguém desses, tem em seu coração."

Na véspera da chegada de Theo, no começo de agosto, Vincent reafirmou a imagem da qual, disse ele, "depende todo o meu futuro". "Sien e o bebê estão bem e ficando mais fortes, e amo os dois", escreveu ao irmão. "Vou desenhar o bercinho mais cem vezes."

Como era inevitável, a realidade o desapontou.

Os dois irmãos, que não se viam fazia um ano, tentaram ambos recriar o arredio vínculo entre eles. Theo trouxe presentes dos pais, além de creiom e papel de desenho de Paris. Vincent levou o irmão para um passeio nas dunas de Scheveningen, para gozar "areia, mar, céu" — tal como tinham feito no último encontro em Haia, cinco anos antes. Theo foi a Schenkweg para conhecer a casa nova do irmão.

Mas nada, nem mesmo a visão do amado berço de Vincent, o comoveu. "Não se case com ela", disse a Vincent. Sempre buscando um equilíbrio entre o dever fraterno e o dever familiar, Theo prometeu que continuaria a sustentá-lo por mais um ano, apesar de Sien, afastando assim o pior pesadelo do irmão. Porém, em troca, pediu que Vincent parasse com a campanha para a aceitação de sua nova família — não só com os pais, mas até com ele mesmo, Theo. (Nos seis meses seguintes, não há nenhuma menção ao nome ou à pessoa de Sien nas cartas de Vincent.) Seria afastada da boa reputação da família, bem como de qualquer registro público.

Mas não foi apenas o silêncio que Theo pediu. A arte de Vincent também precisaria mudar. Apesar de sua conversão de última hora à paisagem e às cores, Vincent continuava a resistir às pressões de Theo para fazer trabalhos que vendessem. Poucos dias antes, Vincent afirmara numa carta que "trabalhar para o mercado, em minha opinião, não é exatamente a maneira correta" e descartou a "especulação" artística como mera forma de "ludibriar amadores". Theo veio decidido a colocar Vincent na linha. Reiterou a exigência de que ele deixasse de lado o desenho de figuras em branco e preto e se concentrasse em cores e paisagens — ou seja, na *pintura*.

Como Vincent tinha usado muitas vezes a desculpa das despesas que acarretava a pintura para manter a inércia, Theo lhe deu um montante adicional para comprar os artigos necessários. Para garantir que o compromisso fosse fielmente cumprido, insistiu que Vincent lhe enviasse provas de seu "progresso numa direção que é sensata" no futuro próximo.

Esse foi o preço que Theo pediu para continuar a sustentá-lo; essa foi sua resposta a *Sofrimento*: Vincent teria de apagar Sien não só de sua vida pública, mas também de sua arte.

Quando Vincent não conseguia dormir, o que acontecia com frequência depois que Sien e o bebê voltaram do hospital, ele descia ao ateliê, onde tirava do guarda-louças as grandes pastas de ilustrações e ficava vendo e meditando sobre as imagens familiares pela centésima vez. "Toda vez que eu me sinto um pouco estranho", disse ele, "encontro em minha coleção de xilogravuras um estímulo para trabalhar com ânimo renovado." À diferença da realidade, essas imagens se mantinham dentro de suas margens brancas e ordenadas. Escreveu mais tarde: "Sempre lamento que a estátua e a pintura não sejam vivas".

Por meses, até por anos, ele tentara de todas as maneiras obrigar a realidade a se adaptar ao mundo sentimental e cheio de clichês que havia dentro de suas pastas: isolando-a em fragmentos, revestindo-a de imagens, destilando-a em imagens; cercando-a com uma incansável moldura de palavras. O atrito resultante desse esforço gerara apenas calor: reações acesas com os colegas artistas, os mentores, os pais, o irmão.

No verão de 1882, daquele mesmo atrito e depois de tanto calor, finalmente começava a surgir alguma luz.

18. O homem órfão

Os pescadores na praia devem ter se perguntado quem seria aquela figura estranha e solitária no alto de uma duna a trinta metros de distância, observando-os a lutar com o mar. Não podia ser um turista; o tempo estava inclemente demais para se apreciar a vista. Bátegas de chuva e vendavais de até oitenta quilômetros por hora fustigavam as dunas onde estava o estranho. O pessoal da cidade que todos os verões lotava Scheveningen, uma pequena aldeia de pescadores, estaria olhando a fúria das forças da natureza na segurança das varandas e salas dos hotéis. Lutando para trazer até a praia os pequenos pesqueiros de camarão, de fundo chato, antes que chegasse o pior da tempestade, os pescadores provavelmente não imaginavam que a figura isolada que os observava no horizonte varrido pelo vento era, na verdade, um pintor.

Vincent tinha vindo preparado para combater o mau tempo. Apesar do calor de agosto, estava com calças grossas que lhe protegiam as pernas do capim áspero dos areais e do cesto de peixes grosseiro que usava para sentar. Às vezes chutava o cesto de lado e se ajoelhava, sentava ou até se estendia de borco na areia. Também tinha comprado sapatos resistentes, prevendo dias como esse. Com a bata de linho grosso encharcada e grudada no corpo, ele se imaginava "como Robinson Crusoé".

Levava tantos equipamentos de pintura que não cabiam no bonde de Haia até lá, e acabou indo a pé até a praia. Logo após a visita de Theo, com um maço de notas no bolso que lhe dera o irmão, Vincent tinha comprado uma nova caixa de tintas, paleta, pincéis e dezenas de tubos de tinta (novidade recente que apenas pouco tempo antes liberara os pintores de seus ateliês). Também comprou um novo conjunto de aquarela — um enorme avanço em relação aos pires pouco práticos que usava para misturar as cores. Com toda essa carga e mais a volumosa grade de perspectiva, uma tela esticada com papel afixado nela e provisões de pão e café, lá foi ele se batendo da Schenkweg até o mar, num percurso de quase cinco quilômetros que seria penoso mesmo com tempo bom.

No temporal, nada disso tinha importância. A ventania e as nuvens de areia brincavam de destruir todo o equipamento e os rituais artísticos, borrando o panorama que se tinha na grade de perspectiva e cobrindo tintas e pincéis com uma crosta de partículas de areia a cada vez que ele abria a caixa. A tela estendida ameaçava sair voando a cada rajada de vento. Mais de uma vez, naquele tempo intratável, ele foi obrigado a se refugiar numa pequena estalagem atrás das dunas. No fim, acabou deixando lá a maior parte do material. Quando o tempo se acalmava de novo, abastecia a paleta de mais tinta e os bolsos de mais tubos e saía outra vez. Escalava a duna úmida e ventosa, segurando firme a tela numa das mãos e, na outra, a paleta e alguns pincéis. "O vento soprava tão forte que eu mal conseguia ficar de pé", relatou a Theo, "e mal conseguia enxergar por causa da areia voando ao redor."

Parecia revigorado pela tempestade: sentia-se com ânimo total. Com a bata se agitando loucamente a cada rajada, de alguma maneira ele conseguiu pintar as pesadas nuvens cinzentas e o mar turvo e encapelado, trabalhando com a rapidez que lhe permitia a mão, indo da paleta ao papel. Aplicou a tinta "grossa e grudenta", "rápido como um relâmpago", num frenesi espontâneo diante do qual nem vinha ao caso sua inexperiência, como tampouco lhe servia a grade de perspectiva. Era uma criação direta da imagem, num rompante, que condizia muito melhor com sua imaginação maníaca do que as naturezas-mortas no ateliê tranquilo de Mauve, onde tivera sua única experiência anterior com tinta a óleo. Pelo menos duas vezes o temporal o obrigou a voltar para dentro, onde viu que o quadro estava "tão coberto com uma camada grossa de areia" que precisou raspá-lo e refazer a imagem de memória. Por fim, deixou a tela de lado e voltou correndo para o temporal, apenas "para reavivar a impressão".

Nesses extremos da arte e da natureza, Vincent fez uma descoberta espantosa: sabia pintar.

"Quando pinto", escreveu a Theo, "sinto um poder da cor em mim que não tinha antes, coisas de amplitude e força." Depois de alguma hesitação inicial, ele "mergulhou de cabeça" no novo meio, com todo o seu típico fervor e plena entrega de si. Em apenas um mês desde a visita de Theo, Vincent pintou pelo menos duas dúzias de cenas de praias, matas, campos e jardins. Ele "pintava das primeiras horas da manhã até tarde da noite, quase sem parar nem para comer ou beber".

Sentiu um prazer juvenil na liberdade que suas "aventuras" pictóricas lhe davam. Insistindo que tudo parecia mais bonito quando estava molhado, a cada temporal saía em busca de temas, pondo-se de joelhos para pintar e se enlameando da cabeça aos pés. Num dos quadros, pintou uma mocinha de branco abraçada a uma árvore cercada por um oceano de húmus vegetal, com pinceladas grossas de marrom e preto com uma verossimilhança tão voluptuosa que "você consegue sentir o perfume da mata", disse ele. Sentia prazer na docilidade tátil da tinta a óleo, tão diferente da aquarela. Desde o começo, ele espalhava tinta à vontade na tela ou no papel — "não se deve economizar o tubo", dizia — e raspava fora sem remorso. Espremia o tubo e então trabalhava a tinta com um pincel, evitando esmaltes e misturando as cores diretamente na superfície, como se receasse demasiada ponderação.

Maravilhava-se com os resultados. "Tenho certeza de que ninguém diria que são meus primeiros estudos de pintura", escreveu orgulhoso. "Para dizer a verdade, fico um pouco surpreso. Eu esperava que as primeiras coisas fossem um desastre, [mas] não estão nada mal." "*Nem eu mesmo sei* como pinto", admitiu. "Apenas sento com um quadro em branco na frente do lugar que me atrai [e] olho o que está diante de meus olhos." Mesmo assim, elas lhe pareceram tão boas que pregou nas paredes do ateliê, substituindo seus amados desenhos de figura. Nas cartas, descrevia suas cores e temas em extremo detalhe. Falava de "alguma coisa infinita na pintura", de "harmonias ocultas" e "coisas ternas", e chegou a afirmar o inconcebível: "[Pintar] é mais agradável que desenhar". "É tão prazeroso para expressar os sentimentos", admirou-se como se fosse a primeira vez, "combina tanto comigo que vai ser muito difícil que não continue a pintar *para sempre.*" "Tenho um coração de pintor", declarou. "Tenho a pintura na medula dos ossos."

E então parou. Mal se passara um mês de dedicação heroica, um consumo fenomenal de tinta e alegações constantes de ir "em frente a toda velocidade" e "malhar o ferro enquanto está quente", largou por completo a pintura. Para justificar a retirada imprevista, apresentou uma infinidade de argumentos. O mais veemente e menos convincente era o custo. "Embora pessoalmente eu adore pintar", disse, "no momento não vou pintar tanto quanto exigem minha vontade e minha ambição por causa da grande despesa."

A realidade, evidentemente, era muito menos simples e muito mais dolorosa.

Vincent realizara seu desejo. Concretizara-se sua fantasia de uma família propriamente dita, uma ilha afastada do mundo real. Ninguém o visitava e ele não tinha ninguém para visitar. As expedições para pintar, que lhe ocupavam o dia, significavam que mesmo seu grupo esfarrapado de modelos não tinha razão para cobrir a longa distância até o ateliê. Seus conhecidos e colegas artistas, a começar por Mauve e Tersteeg, o tinham abandonado de todo. Eles "me consideram um pária", admitiu Vincent. "Olham-me com desprezo e me acham uma nulidade." Quando o viam na rua, escarneciam. Caso Vincent os visse primeiro, desviava para evitar confrontos. "Eu evitava de propósito aqueles que eu achava que se envergonhavam de mim", reconheceu mais tarde.

No começo, Vincent fingiu não se importar que o mundo o tivesse abandonado e dizia não entender por que a "boa vontade" das pessoas fora "tão passageira como fogo de palha". Às vezes, punha a culpa em sua aparência rude, em sua falta de traquejo social ou em seus nervos sensíveis. Outras vezes, sucumbia à paranoia, imaginando todas as "coisas excêntricas e ruins [que] pensam e dizem a meu respeito" e criticando a falta de espírito fraterno entre os artistas que não prestavam mútuo apoio. Mas, às vezes, a verdade se revelava óbvia demais para ser negada: "Eles julgam minhas ações insensatas".

Aos poucos ficou evidente o preço que pagava por suas ilusões. "Gostaria de ir ver algum amigo ou gostaria que um amigo viesse até em casa", escreveu. "Fica-se com uma sensação de vazio quando não se pode ir a lugar nenhum e ninguém aparece." Sobretudo ao se arriscar num novo território artístico, Vincent sentia agudamente a falta de mentores e colegas. Ficava ruminando sem cessar a perda da orientação que lhe dera Mauve, oscilando entre a raiva e o pesar. "Muitas vezes sinto a vontade e a necessidade de pedir o conselho de alguém", admitiu. "Dói-me o coração sempre que penso nisso." Queria observar outros artistas trabalhando e desejava muito que "me aceitassem assim como eu sou".

Às vezes a cisma o levava aos mais negros pensamentos, tal como, ao ler Zola, a saga da degeneração familiar lhe incutira as ideias de maldições genéticas e destinos inelutáveis. "O que sou eu aos olhos da maioria das pessoas", lamentava, "uma nulidade, um excêntrico ou um sujeito desagradável — alguém que não tem e nunca terá nenhuma posição na sociedade, em suma, o ínfimo dos ínfimos." Em busca de consolo, volta e meia pensava na história de Robinson Crusoé, o marinheiro náufrago, "que não perdeu a coragem no isolamento".

Mesmo quando percorria as ruelas de seu amado Geest, longe das sensibilidades burguesas da família e dos colegas artistas, Vincent se sentia deslocado. Com as roupas surradas, os modos atípicos e a carga de equipamentos estranhos, atraía uma atenção indesejada, não só da molecada atrevida das ruas que sempre o atormentava, como dos passantes que expressavam livremente suas opiniões. "Esse aí é um pintor esquisito", disse um deles e Vincent ouviu. Em locais públicos como os dispensários dos pobres e as estações ferroviárias, muitas vezes aprontava tanta cena, com uma "rabiscação veemente" em suas grandes folhas de papel, que lhe pediam que saísse dali. Numa ocasião, em visita ao mercado de batatas, alguém na multidão gozadora "cuspiu em cima de minha folha de papel o pedaço de fumo que estava mascando", relatou ele, contrito. "Provavelmente acham que sou um doido quando me veem desenhando com gestos a torto e a direito que não significam nada para eles."

Por fim, a mera proximidade de gente passou a enervá-lo. "Você não pode imaginar como é irritante e desgastante quando as pessoas sempre ficam tão perto de você", escreveu. "Às vezes isso me deixa tão nervoso que tenho de desistir." E de fato acabou desistindo: passou a evitar locais públicos, exceto nas primeiras horas da manhã (às quatro, no verão), quando dividia as ruas apenas com os garis.

A família não lhe oferecia consolo. Lançado à deriva numa jangada de mentiras, a cada dia que passava Vincent via definhar sua esperança de reconciliação com os pais. "É pior do que não ter nenhum lar, nem pai, nem mãe", escreveu. "É uma grande dor." Em agosto, a família se mudou para Nuenen, vila a 65 quilômetros a leste de Etten, onde Dorus aceitara um novo cargo — aumentando ainda mais a distância entre Vincent e seu sonho de voltar ao presbitério de Zundert. Ele tentou retomar a correspondência com os pais, mas seu segredo sempre pesava a cada troca de amenidades. Tampouco podia conversar com eles sobre o trabalho. "Receio que o pai e a mãe nunca consigam realmente apreciar minha arte", concluiu com desalento. "Será sempre uma decepção para eles."

O afastamento apenas aumentou quando Dorus fez uma visita de surpresa ao Schenkweg, no fim de setembro. Não tendo como esconder Sien e o bebê, Vincent fingiu que ela era apenas uma pobre mãe doente, merecedora de piedade, que ele sentia obrigação de ajudar. Nada de amor ou casamento — apenas dever cristão. De volta a Nuenen, Dorus enviou um pacote que incluía um casaco feminino — demonstração exterior de apoio ao mais recente projeto de caridade de Vincent. Mas nem pai, nem filho se deixaram enganar. Quase um ano depois, Vincent reconheceu que a visita não deixara nenhuma dúvida sobre a posição dos pais: "Estavam mais ou menos envergonhados de mim".

O voto de silêncio em relação a Sien, além de tirar a legitimidade de sua vida com ela, também afastou Vincent da única pessoa que importava: Theo. Sob o peso da proibição, suas cartas caíram na superficialidade, com referências codificadas e circunlocuções insondáveis. Ou simplesmente escrevia com menos frequência. Cada florim injustificado que gastava com Sien (ou com o bebê, a filha, a irmã, a mãe) apenas aumentava o peso da culpa que ele sempre sentia por pegar dinheiro de Theo. A essa dívida não revelada, Vincent agora acrescentava os custos da pintura a óleo, um novo patamar assustador de despesas que excediam em muito o papel, o lápis e o carvão a que estava acostumado. "É tudo tão caro", queixou-se logo depois de começar, "e acaba tão rápido." E pouco ajudava que utilizasse para pintar o mesmo método maníaco de tentativa e erro em que se baseava para desenhar. "Muitas coisas que eu começo se mostram erradas", explicou ele, "e então é preciso recomeçar, e todo o trabalho foi em vão."

O golpe derradeiro veio no fim de setembro, quando Theo pediu para ver um dos novos estudos a óleo com que Vincent andava tão entusiasmado. No começo, ele não quis mandar nada, com a vaga desculpa da diferença entre um estudo e uma pintura acabada. "Fazer estudos é como semear, fazer quadros é como colher", explicou ele.

Mas nenhuma desculpa era capaz de esconder a verdade: tinha perdido a segurança. Quando afinal cedeu e enviou a Theo um estudo (de raízes de árvore), mandou anexa uma carta repleta de autocríticas e justificativas. Apenas cinco semanas depois de se gabar que "ninguém diria que são meus primeiros estudos de pintura", Vincent fazia uma autodefesa exaltada, invocando sua inexperiência. "Faz muito pouco tempo que estou usando o pincel", escreveu. "Se você se decepcionar, lembre que faz pouquíssimo tempo que comecei a pintar." Rogou a Theo para "não julgar o futuro a partir de um só" e terminou com um pedido patético para que ele fosse indulgente: "Se, ao olhá-lo... você não se arrepender de me ter possibilitado fazê-lo, ficarei satisfeito e continuarei com ânimo corajoso".

Ridicularizado em público, escarnecido pelos colegas artistas, afastado do irmão, enfrentando as exigências de uma nova família e de um novo meio, Vincent escapou para o passado numa onda de nostalgia. Pôs a culpa de seu ostracismo no "ceticismo, indiferença e frieza" da vida moderna: sua decadência, sua insipidez, sua falta de paixão. Com uma pungência surpreendente num homem de 29 anos, ele deplorou a juventude perdida e amaldiçoou as fábricas, as ferrovias e as colheitadeiras que estavam roubando a "dura poesia" do campo brabantino. Escreveu a Theo: "Minha vida não é tão ensolarada agora como era naquela época".

Como sempre, sua imaginação o acompanhou nessas saudades do passado. Releu os contos de Andersen, a estrela guia de sua infância. Pôs de lado Zola e voltou ao romantismo barato de Erkmann-Chatrian, num recuo de cem anos no tempo e ainda mais na sensibilidade. A Revolução Francesa sempre avultara na imaginação de Vincent como um paraíso perdido de indivíduos heroicos e ideais nobres, e mais uma vez se deteve nela como seu verdadeiro lar no tempo. "Havia sem dúvida alguma coisa mais calorosa naqueles dias", escreveu ele, "mais alegre e despreocupada do que hoje."

Também na arte, ele examinou o século anterior e concluiu que tinha chegado tarde demais: o desfile já passara. Mesmo quando impressionistas como Monet, Renoir e Pissarro comemoravam sua sétima exposição coletiva em Paris, mesmo quando Gauguin estava fazendo planos de superá-los e Manet se aproximava da morte, Vincent suspirava pelos dias de Millet, Corot e Breton. A arte entrara num "acentuado declínio", dizia; "o capricho e a saciedade" tinham substituído a paixão. Os artistas haviam traído o espírito da Revolução — "a honestidade, a ingenuidade" e sobretudo a *fraternité*. "Eu tinha imaginado que os pintores formavam uma espécie de círculo ou sociedade em que reinavam o calor, a cordialidade e certa espécie de harmonia", escreveu ele. Em virtude disso, a arte nunca voltaria a atingir aquelas alturas. "Mais alto do que o cimo da montanha não há como subir... Alcançou-se o topo."

Para recuperar esse paraíso perdido de paixão e solidariedade, Vincent se voltou inevitavelmente para sua coleção de gravuras. Tal como haviam definido sua realidade por muito tempo, agora definiam suas ambições. Nessas imagens em reconfortante branco e preto, com uma organização cuidadosa e uma montagem amorosa, ele encontrava uma comunidade de artistas que o acolhia bem, mesmo que apenas na imaginação. Sua coleção incluía desde alegorias renascentistas de Dürer a paisagens urbanas surrealistas modernas, mas as campanhas e atribulações dos últimos meses tinham conferido posição especial a um grupo de artistas em particular: os ilustradores ingleses.

Desde a década de 1840, os editores de jornais londrinos começaram a recrutar artistas para avivar suas páginas com imagens chamativas. O mesmo público de prosperidade recente que permitira o enorme desenvolvimento do setor de reproduções artísticas também consumia com grande apetite as ilustrações de fatos do momento, de figuras públicas, de locais exóticos e das últimas modas. Quando Vincent chegou a Londres em 1873, a grande febre eram os semanários ilustrados. Assim como o público leitor aumentou e se sofisticou, o mesmo aconteceu com as imagens. Graças aos mesmos avanços gráficos que fizeram a fortuna de Adolphe

Luke Fildes, *Candidatos ao ingresso num albergue temporário*, 1874, óleo sobre tela, 1,35 m × 2,5 m.

Goupil e Cent van Gogh, os editores conseguiam atingir uma sutileza de tons e detalhes impensável nos primeiros tempos, quando os desenhos eram laboriosamente entalhados ao contrário em blocos de madeira. As técnicas de impressão mais apuradas também permitiram a inserção de imagens em página dupla — uma experiência visual surpreendente numa época criada com livros pequenos e ilustrações do tamanho de um selo.

Quando o custo social da prosperidade burguesa começou a se fazer sentir, as revistas ilustradas também registraram as injustiças e vergonhas da nova ordem econômica, bem como os fáceis remédios vitorianos da fé e da caridade. Quando trabalhava como aprendiz na Goupil, Vincent tinha visto o enorme interesse público gerado por essas imagens dos párias da sociedade, mas sem as considerar como obras de arte. Na exposição da Royal Academy de 1874, ele viu *Candidatos ao ingresso num albergue temporário*, de Luke Fildes, uma pintura lúgubre e sombria de uma fila de pobres de Londres do lado de fora de um abrigo, numa noite gelada. *Candidatos* despertou tal sensação pública que tiveram de erguer barreiras para conter as multidões em clamor que queriam vê-la. Mas o único comentário de Vincent sobre a exposição foi a respeito de algumas pinturas de moças que considerou "bonitas".

Agora, dez anos depois, ele mesmo abandonado e malquisto, Vincent anunciou que essas imagens dramáticas e seus criadores eram os autênticos herdeiros do espírito de 1793: "Para mim, os artistas ingleses em branco e preto são para a arte o que Dickens é para a literatura. Possuem exatamente o mesmo sentimento nobre e saudável". Considerava-os "artistas do povo" e elogiava o trabalho deles nos termos moralistas que utilizava para defender o próprio trabalho — e, de fato, a si mesmo: "sólido e substancial", "rude e audacioso", "cheio de sentimento e personalidade", "bruto". Dizia: "São pinturas que não têm nada, *e mesmo assim têm tudo*". O fato de serem consideradas por conhecedores sofisticados do mundo artístico, como Mauve e Tersteeg (e Theo), como grosseiras e ultrapassadas, ou por seus colegas do Pulchri Studio como *divertissement* de bar, apenas avivava ainda mais a paixão de Vincent por elas. Iria resgatá-las do descaso cruel e da condenação injusta tal como resgatara Sien. Quem melhor para defender uma arte rude e rejeitada do que um artista rude e rejeitado?

Vincent começou a colecionar os trabalhos de ilustradores ingleses pouco depois de chegar a Haia em janeiro de 1882, após anos ignorando-os em favor de estampas francesas e holandesas. Além do preço acessível, também encarnavam um objetivo artístico que podia ser alcançado. Por certo ele não conhecia nada nem remotamente semelhante aos esboços "toscos e desajeitados" que tinha trazido de Etten e do Borinage. Em Haia, logo encontrou livreiros que lhe forneciam um suprimento infindável de estampas e exemplares antigos de revistas como *The Graphic*, *Punch* e *The Illustrated London News*, das quais podia recortar e montar as ilustrações.

No verão de 1882, a procura de trabalhos desses artistas se converteu numa obsessão completa, suplantando, por um tempo, até mesmo Millet e Breton na galeria das manias autobiográficas de Vincent. "São grandes artistas, esses ingleses", explicava em termos que chegavam a ser uma defesa de si mesmo. "Têm outra maneira totalmente diferente de sentir, conceber e se expressar, se a gente se der ao trabalho de entendê-los." Vincent acabou comprando o lote de uma década inteira de *The Graphic* — de 1870 a 1880 —, mais de quinhentos números em 21 volumes. Como dizia, eram "algo sólido e substancial a que se pode recorrer nos dias em que se sente fraqueza".

Em maio, o velho amigo de Vincent, Anthon van Rappard, parou em Haia antes de seguir para sua expedição anual de desenho no verão. Os dois sempre tinham alimentado um interesse comum por gravuras; ambos colecionavam estampas e ilustrações desde longa data. Mas muitas coisas haviam mudado nos cinco meses desde que Vincent cortara o contato com o amigo de maneira sumária, declarando-se oficialmente "*en froid*" [de relações cortadas] com ele. Tinha sido rejeitado por Kee Vos, expulso pelos pais, afastado pelos tios importantes, excomungado por Mauve, denunciado pelo influente Tersteeg. Depois da tanta rejeição e humilhação, a possibilidade de retomar a amizade com Rappard lhe oferecia o amparo de uma boa reputação. E chegava no momento certo: poucas semanas antes que Vincent planejasse contar a Theo o longo romance secreto com Sien — uma confissão que ameaçava desfazer o único laço que o mantinha ligado ao mundo.

Após a visita de Rappard, Vincent se sentiu tomado de sentimentos de solidariedade que não tinha desde suas sessões de leitura da Bíblia com Harry Gladwell em Paris, sete anos antes. Dessa vez, o evangelho era em branco e preto; os santos, ilustradores. Ele remeteu longas listas de suas imagens e artistas prediletos e pediu ao amigo que respondesse em espécie. Elaborou cartas enciclopédicas mostrando seu espantoso conhecimento dos gravuristas, períodos, estilos e escolas. Convidou Rappard a testar seus conhecimentos com jogos de aficionados identificando gravuras e decifrando assinaturas. Trocavam livros dos desenhistas e sobre os desenhistas. Vincent sempre folheava suas pastas em busca de duplicatas para enviar ao *confrère*. Quando as duplicatas se acabaram, ele revirou as caixas de revistas velhas na esperança de encontrar mais. Queria que suas coleções fossem exatamente iguais.

Vincent encontrou em Rappard não só um companheiro de obsessões, mas também uma voz solitária de compreensão e apoio para uma missão que devia parecer cada vez mais impossível. "É um homem que entende minhas intenções e sabe avaliar todas as dificuldades", escreveu Vincent a Theo depois da visita de Rappard em maio. Quando Rappard teceu comentários favoráveis sobre seus desenhos, Vincent se derreteu de gratidão:

> O que mais quero é que as pessoas sintam alguma afinidade pelo meu trabalho; isso me dá tanto prazer... Pois abate muito, desanima e pesa muito se nunca se ouve alguém dizer: Isso ou aquilo está certo... É tão empolgante quando percebemos que outros realmente sentem alguma coisa daquilo que se tentou expressar.

Vincent podia projetar no amigo ausente todas as frustrações, raivas, desilusões e temores que havia acumulado no longo inverno de lutas e cismas: seu espanto com o comportamento insultante dos colegas artistas de Haia; a paranoia de que Mauve e Tersteeg ainda estariam "pregando peças" nele; e, claro, seu martírio de um trabalho não reconhecido.

Em suas cadências marciais favoritas, Vincent alistou Rappard em sua batalha não só contra a comunidade, mas contra toda a época. "Creio que seria uma boa coisa se concentrássemos nossa atenção nos homens e obras de outrora", escreveu ele, "para que não se diga de nós: 'Rappard e Vincent também podem ser incluídos entre os *décadents*'." Em trechos que o simpático e convencional Rappard deve ter achado engraçados e desconcertantes, Vincent lamentava o destino de ambos como párias artísticos e desajustados sociais. "Eles nos desprezam como nulidades desagradáveis e briguentas", escreveu ele num delírio de solidariedade. "Consideram-nos maçantes e tediosos em nosso trabalho e nossas pessoas." "Prepare-se para ser incompreendido, desprezado e caluniado." Embora Rappard gozasse do conforto do lar dos pais em Utrecht, tivesse um amplo círculo de amigos, fosse sócio numa série de clubes de artistas, Vincent o recrutou para uma vida solitária e monástica de devoção artística. "A pessoa se sente mais fraca como artista quanto mais se associa a outros artistas", escreveu ele. "Creio que Tomás de Kêmpis diz em algum lugar: 'Nunca me misturei com os seres humanos sem me sentir menos humano'."

Contra essa maré de nostalgia e obsessão, autodefesa e anseio fraterno, a perspectiva da pintura era nenhuma. Em meados de agosto, Vincent soube que Rappard havia voltado de sua expedição com cadernos cheios de desenhos de figura. Naquela época, Sien havia se recuperado o suficiente para voltar a posar. A retirada começou logo a seguir, anunciada por um estudo de figura feita a carvão e óleo, com "pouquíssima cor".

Em meados de setembro, Vincent anunciou um novo projeto: "Quero fazer grupos de pessoas", disse ele, "no dispensário público, no saguão de espera da estação, no hospital, na casa de penhores... conversando na rua ou vagueando". Tais imagens, que tinham sido itens constantes de *The Graphic* e outras revistas, exigiriam "inúmeros estudos e esboços de cada figura em separado" — em outras palavras, mais modelos. Em poucas semanas, porém, a nova iniciativa malogrou, devido à hostilidade que Vincent encontrava a cada vez que ia desenhar uma multidão e à sua decisão de utilizar a aquarela — ao que parece para agradar a Theo —, meio que lhe parecia frustrante para captar a forma humana fugidia, em especial.

Vincent nunca renunciou explicitamente à pintura. Mas as provas do recuo se amontoavam em seu ateliê. No fim de setembro, estava de volta enfurnado em seu mundo da Schenkweg, com seus carvões, lápis e a família de modelos, rabiscando desenhos de figura ao ritmo de uma dúzia por dia. De vez em quando, ainda professava amor pela pintura, pela cor ou pela paisagem — sobretudo para acalmar as preocupações de Theo sobre o caráter comercial de seus trabalhos —, mas voltou a trabalhar quase exclusivamente com o branco e preto de suas gravuras e de sua *fraternité* com Rappard. Pegou todas as telas que sobraram das poucas semanas de pintura e usou para tampar as janelas do ateliê, criando assim uma luz mais favorável para seus modelos.

* * *

Depois de deixar de fazer cenas de multidão, Vincent tomou inspiração em outra imagem famosa de *The Graphic*, *Domingo no asilo de veteranos de Chelsea*, de Hubert Herkomer. Quando saiu em 1871, a imagem de um velho veterano de guerra, derreado num banco durante um encontro de camaradas, teve uma acolhida tão boa que Herkomer pintou uma versão em quadro, que teve aclamação internacional com um título mais sentimental, *A última chamada*, outro quadro que Vincent vira em Londres em 1874, mas não comentou nada.

Em setembro, Rappard começou uma série de desenhos no instituto dos cegos em Utrecht, projeto que prometia muitas imagens igualmente tocantes. Quase no mesmo instante, como que numa mesma iniciativa, Vincent passou a recrutar modelos no asilo de indigentes do Geest. Apresentou sua estranha proposta a muitos veteranos idosos, mas apenas um voltou várias vezes. Chamava-se Adrianus Jacobus Zuyderland.

Talvez Vincent soubesse seu nome, mas nunca o mencionou. E Zuyderland nem teria respondido se Vincent o chamasse pelo nome: era surdo. Como todos os ocupantes do Asilo dos Aposentados holandeses, ele usava um número de identificação na manga: 199. Também vestia o uniforme de todos os aposentados do sexo masculino: casaca e cartola — um esfarrapado arremedo de elegância que o identificava por toda parte como objeto de caridade. Nos dias frios, Zuyderland usava um casacão de peito duplo, como os dos velhos soldados do *Asilo de veteranos* de Herkomer. Apesar de seu casaco de feitio militar e da medalha na lapela, ninguém tomaria o velho Zuyderland, de 72 anos de idade, por soldado ou senhor distinto. O cabelo branco desgrenhado saía por sob o chapéu e roçava a gola do casaco. A cartola encobria o cocuruto totalmente calvo. No rosto pendiam vastas suíças. Tinha nariz largo e curvo, orelhas de abano, olhos miúdos de pálpebras pesadas. Vincent o dizia "*echt*" — autêntico.

No ano seguinte, Zuyderland foi várias vezes ao apartamento na Schenkweg — ao que parece sempre que podia, visto que os moradores do asilo só podiam sair três dias por semana e tinham de estar de volta no fim da tarde. Por cinquenta centavos ao dia (que Zuyderland era obrigado a entregar ao abrigo), Vincent finalmente tinha um modelo compatível com sua capacidade de desenhar. Com uma paciência de Jó, Zuyderland permanecia durante horas, enquanto Vincent o desenhava em todas as posições imagináveis: de pé, sentado, curvado, de joelhos — de frente, de costas, de lado. Às vezes aparece frágil e encurvado, em outras ocasiões, aprumado como um

Hubert von Herkomer, *A última chamada: domingo no asilo de veteranos de Chelsea* (detalhe), 1871, xilogravura, 29,2 × 22,5 cm.

soldado. Posava com bengala, com bastão, com guarda-chuva; de cartola, de boné, chapéu na mão e cabeça descoberta. Vincent lhe dava algum acessório — um lenço, um copo, uma xícara, um livro, um cachimbo, uma escova, um ancinho — e o punha em pose de comer, beber, ler, fazer alguma tarefa manual. Somava-se a Sien, à mãe, à filha e ao bebê para compor "retratos de família".

Embora o albergue proibisse que os pensionistas usassem "qualquer roupa externa fora do asilo que não a fornecida pelos diretores", Zuyderland obedecia a Vincent, vestindo os trajes e portando os símbolos dos "tipos" que povoavam sua imaginação. Um avental, um barrete e uma cesta de turfa o transformavam em camponês; uma pá, em cavador; um chapéu de oleado, em pescador; uma picareta, em mineiro; um cachimbo e uma capa, em artista. Vincent o ajeitava à mesa, fazia-o posar rezando uma oração e o desenhava como pai de família dando graças pela refeição. Passava uma sacola de pano pelo ombro descaído do velho e o desenhava vezes e vezes como O semeador.

Zuyderland aguentava todas as poses com o estoicismo dos cavalos de carroça que Vincent tanto admirava. Para Vincent, que raramente conseguia modelos por mais de uma ou duas sessões e, mesmo assim, tinha de lhes implorar indulgência e tentar acompanhar a impaciência deles, a paciência de Zuyderland era uma dádiva dos céus. Com isso, Vincent podia experimentar mais poses, bem como fazer e refazer cada uma delas até conseguir o contorno correto — condição fundamental para o sucesso, em vista da maneira muito aleatória com que Vincent tratava os estudos. A paciência de Zuyderland também lhe permitia dedicar mais tempo ao acabamento de cada contorno e concentrar sua extraordinária capacidade de observação no jogo das sombras nas pregas de um casaco ou nas dobras de um sapato. Ele voltou às dimensões maiores e aos traços arrojados de *Sofrimento* — que ainda considerava seu melhor desenho —, mas acrescentando as hachuras vigorosas das gravuras inglesas que recheavam suas pastas.

Nos longos meses de inverno no ateliê da Schenkweg, Vincent veio a se afeiçoar a seu modelo dócil, paciente, surdo feito uma porta. Como os velhos veteranos da *Última chamada* de Herkomer, Zuyderland devia considerar Vincent como um náufrago do passado, um dos "leais veteranos" em vias de extinção, remanescentes da época de Millet e Dickens. Sem lar, sem esposa, sem filhos, sem amigos, sem tostão, Zuyderland também era um Robinson Crusoé no mundo, encalhado no insensível presente. Vincent costumava se referir a ele usando um termo dado a todos os "pobres velhos do asilo": "*weesman*", homem órfão.

Era apenas uma questão de tempo até que o novo entusiasmo de Vincent pelo desenho, por Van Rappard e pelo passado se cristalizasse numa das manias propulsoras que inevitavelmente se apoderavam dele. No fim de outubro, ele recebeu uma carta de Rappard que avivou todas as brasas ardentes, que se transformaram numa enorme labareda de obsessão. A carta trazia o resumo de um artigo de Hubert Herkomer que saíra numa revista inglesa. Numa linguagem tão emotiva como em *A última chamada*, Herkomer defendia as imagens em branco e preto e enaltecia os ilustradores ingleses (ele inclusive) por elevar a forma à sua mais alta expressão. Em termos que deviam parecer saídos diretamente da cabeça de Vincent, Herkomer saudava as glórias desaparecidas da xilogravura e, numa afirmação surpreendente, declarava que as ilustrações publicadas numa única revista, *The Graphic*, representavam uma expressão artística tão "verdadeira e completa" quanto todas as pinturas de todas as paredes de todos os museus do mundo.

Velho com um bastão, setembro-novembro de 1882, lápis sobre papel, 50,5 × 30,2 cm; e *Velho de casaca*, setembro-dezembro de 1882, lápis sobre papel, 47,6 × 25,7 cm.

Vincent encontrou nas "palavras vigorosas" de Herkomer a justificativa para todos os argumentos apaixonados que usara para defender sua arte rejeitada. A sinceridade de coração era mais importante do que a agilidade da mão do artista, afirmava Herkomer; a coragem, mais do que a habilidade; o ardor, mais do que a formação. Enaltecia as "vantagens morais" do desenho em relação a outras formas artísticas e exaltava os desenhistas acima de todos os demais artistas. Elogiava o tom de preferência à cor e o vigor de preferência ao cuidado. Em palavras que transformavam a nostalgia e o afastamento de Vincent em símbolos de coragem, Herkomer advertia contra os perigos do "convencionalismo doentio" e deplorava a decadência das tendências artísticas mais recentes (inclusive em *The Graphic*), investindo sobretudo contra a "tola escola" do impressionismo, fundada por "mentes semiformadas" que pintavam "toda [e] qualquer coisa que veem na Natureza, sem levar em consideração nenhum critério de beleza ou interesse do tema".

Alemão de nascimento, criado nos Estados Unidos, um estranho nos círculos fechados da arte inglesa, Herkomer pintou um quadro do início de sua carreira que atenuou os receios mais profundos de Vincent (o qual era apenas quatro anos mais novo que ele). Herkomer também conhecera a pobreza e o descaso. Também deixara de pagar o aluguel por falta de dinheiro, lutara para conseguir modelos e sofrera perseguições. Mesmo o inglês denso e carregado de Herkomer, tão parecido com o de Vincent, parecia falar em seu favor. "A coisa toda é extremamente sólida, forte, honesta", escreveu Vincent a propósito do artigo. "Para mim é uma inspiração, e me faz bem ao coração ouvir alguém falar dessa maneira."

A polêmica de Herkomer, ora estimulante, ora consoladora, acrescentou um fervor evangélico à missão de Vincent em defesa do desenho em branco e preto. Como em Amsterdam cinco anos antes, a devoção sincera cedeu lugar ao fanatismo. Depois de uma longa ausência, ressurgiram as imagens religiosas em suas cartas, junto com uma cadência bíblica altissonante e trechos das Escrituras. Ele descreveu sua coleção de estampas como "uma espécie de Bíblia" que lhe incutia um "espírito de devoção". Como um Savonarola contemporâneo, invectivava contra a decadência da nova arte e a "deterioração da sociedade atual"; contra a maré crescente de superficialidade e convencionalismo; contra a exaltação da "grandeza material" em detrimento da "grandeza moral".

No ateliê, Vincent se entregou a essa nova ideia de redenção com um frenesi de desenhos. Durante o outono, desenhou Sien, sua família e o homem órfão Zuyderland, bem como outras pessoas do albergue e do orfanato, além dos operários da carpintaria vizinha. Desenhou cavalos na rua, pagando aos donos para segurar os animais enquanto rabiscava feito louco. "Estou trabalhando com todas as minhas forças", escreveu ele, ao contar que tinha feito pilhas e mais pilhas de estudos. "Quanto mais se faz, mais se quer fazer." Como homenagem a seu novo Kêmpis, Vincent deu início a uma série de retratos como os que Herkomer havia feito para a série "Cabeças do Povo", em *The Graphic*. Essas imagens, desenhadas a partir de modelos, mas com intenção de representar tipos genéricos e identificáveis (O Mineiro, O Pescador, O Lavrador), tinham atraído a atenção de Vincent mesmo antes da convocatória de seu artigo. Em junho, Vincent enviara cópias das ilustrações de *The Graphic* a Theo.

Em meados de outubro, Vincent começou a aproximar a grade de perspectiva dos modelos, criando múltiplos retratos em grande escala, com cabeça e ombros, de Sien, de sua mãe e de Zuyderland. Posavam com elementos característicos (chapéu, boné, touca, capuz de oleado), símbolos de tipos humanos que, esperava Vincent, lhes confeririam universalidade. Livre das restrições da retratística ("*o tipo* [é] destilado a partir de muitos *indivíduos*", explicou a Theo), Vincent permitia que o lápis corresse obsessivamente pelo papel de rascunho, trabalhando o contorno grosso para criar tipos humanos melancólicos e densamente sombreados. Das dezenas de retratos que fez naquele inverno, apenas alguns — um com a irmãzinha de Sien, com dez anos de idade, o cabelo raspado por causa dos piolhos e um olhar desconfiado; outro com o livreiro Jozef Blok, com cenho carregado e olhar impaciente — apontam para alguma coisa mais profunda do que os impassíveis ícones laicos de Herkomer.

Em novembro, Vincent criou o mais legítimo atestado de seu novo evangelho. Mais uma vez inspirado em *Domingo no asilo de veteranos de Chelsea*, de Herkomer, ele se empenhou em captar o mesmo *pathos* da morte inexorável. O peso da mortalidade o perseguia desde sua sombria jornada no Borinage. Tirou de suas pastas um desenho que havia feito no ano anterior em Etten, com um velho sentado com a cabeça entre as mãos, curvado sob o drama e a inutilidade da vida. Chamava-se *Esgotado*. Colocou cuidadosamente Zuyderland na mesma posição, montou sua grade de perspectiva e desenhou o contorno dessa figura ferida e pesarosa. Desde *Sofrimento*, ele não dedicava tanto cuidado ou investia tanto significado a uma imagem. "Tentei expressar... o que me parece uma das provas mais sólidas da existência de '*quelque chose là-haut*' [algo superior]", explicou num extenso comentário que parecia um sermão. "Na expressão infinitamente tocante desse velhote... há algo de nobre, algo de grande que não pode ser destinado aos vermes."

Mas, para Vincent, nenhuma visão da salvação estaria completa sem a promessa de reconciliação com a família — a nascente de onde brotavam todas as suas manias. Também nesse aspecto Herkomer oferecia uma esperança. Além de ser um ilustrador próspero e bem-sucedido, ele apregoava uma mensagem de fartura e ocasião propícia que conquistaria o coração de qualquer Van Gogh. "[Em] uma época de rápido reconhecimento e retorno", prometia Herkomer no mesmo artigo, um artista que se especializasse em xilogravuras logo ganharia o sustento e não precisaria se preocupar com as vendas. Por quê? Porque na nova era do consumismo burguês (uma era de "utilidade e pressa", como dizia), a demanda por xilogravuras seria maior que a de qualquer outra forma de arte. Baratas, com facilidade de reprodução

Esgotado, novembro de 1882, lápis sobre papel, 50,16 × 30,79 cm.

e "razoavelmente compreensíveis para a maioria dos intelectos", as gravuras em madeira proporcionavam "prazer e instrução" para as massas, e as massas sempre iriam "clamar por bons trabalhos".

Tais perspectivas caíram como uma dádiva divina na instável atividade artística de Vincent. Apesar das batalhas retóricas com Mauve e Tersteeg, Vincent ainda se prendia ao projeto com que saíra do Borinage: a independência financeira. As cartas a Theo oscilavam entre altas invocações de integridade artística e solenes promessas de se dedicar ao sucesso comercial. As palavras de Herkomer prometiam a libertação dessa ambivalência. Por meio da xilogravura com produção em massa, uma arte simples e sincera poderia tocar diretamente as pessoas, afirmava ele, contornando a "influência perniciosa" de comerciantes como Tersteeg; e um artista simples e sincero poderia colher os frutos do sucesso sem sacrificar a alma.

Dias depois de ler o artigo de Herkomer, Vincent decidiu criar uma imagem que atingisse esse equilíbrio perfeito. Utilizando como modelo a gravura do *Asilo de veteranos*, de tremenda popularidade, ele anunciou o plano de "produzir uma obra de Arte em branco e preto com um tema marcante que atrairia a atenção e firmaria uma reputação". Com isso, imaginava ele, conseguiria, tal como Herkomer, reverter o desprezo dos pares, a rejeição da família e a indiferença do mundo.

No fim de outubro, inadvertidamente, Theo permitiu que se concretizasse a grande nova meta de Vincent. Numa carta, ele descreveu alguns progressos recentes na litografia, método tradicional para a produção em massa de imagens que fora em larga medida eclipsado por técnicas de impressão mais modernas, como a fotogravura. Como a litografia consistia em desenhar direto numa pedra litográfica (a partir da qual se faziam as reproduções), ela era muito admirada por sua fidelidade à visão do artista, bem como pela expressiva melancolia de seus pretos aveludados. Mas os desafios práticos (e os custos) de trabalhar com um creiom oleoso num bloco de calcário restringiam sua utilização mais ampla, sobretudo entre os artistas mais jovens. Theo, em sua carta, comentava uma nova técnica que permitia aos artistas desenharem uma imagem com creiom litográfico num papel especial, que podia ser transferido de forma mecânica para uma pedra, contornando assim a etapa mais cara e difícil do processo. "Se for verdade", Vincent respondeu de imediato, "mande-me todas as informações que conseguir reunir sobre a maneira de trabalhar com esse papel, e tente me conseguir um pouco dele, para eu fazer um teste." Como Theo estava demorando para responder, Vincent foi até uma loja de produtos artísticos, a Smulders, e comprou pessoalmente um pouco do novo papel. Sem a menor ideia de como usá-lo, levou o papel para casa, copiou nele um de seus desenhos do homem órfão, Zuyderland, e levou-o de volta ao balconista atônito da Smulders, para imprimir, tudo isso em poucas horas. Ele ficou tão empolgado com a gravura resultante que, sem esperar a reação de Theo, montou planos detalhados para fazer uma série completa de gravuras semelhantes — "não elaboradas demais, mas feitas *vigorosamente*" — e reservou seis pedras na Smulders. Escolheu como modelo *Les travaux des champs*, de Millet, símbolo do trabalho redentor que lhe permitira sair da região negra. Começou com a imagem de "uma mulher carregando um saco de carvão na cabeça" — outra variação de *Esgotado* — e planejou a próxima imagem da série, uma "pequena caravana" de mulheres das minas.

Num arroubo de entusiasmo, ele imaginou que seu álbum de gravuras lhe garantiria serviço como ilustrador ou, pelo menos, lhe daria "prestígio aos olhos... das revistas". Propôs ir à Inglaterra procurar emprego, certo de que as revistas de lá estariam com falta de desenhistas competentes, uma vez que estava para ocorrer o ressurgimento da litografia — o que ele esperava se desse a qualquer momento. Em Londres, planejava encontrar o próprio Herkomer, além da famosa *Graphic*. "Não

Mineiras, novembro de 1882, aquarela sobre papel, 32,06 × 50,16 cm.

creio que é todo dia que encontram alguém que pensa em fazer ilustrações como especialidade", escreveu ele. Entre os primeiros desenhos que recriou para suas novas pedras, havia dois com título em inglês, inclusive *Sofrimento*.

A visão do sucesso era tão sólida que os contratempos apenas o incentivavam a saltos da imaginação ainda maiores. Desde o início, ele esperava que o álbum iria ligá-lo ainda mais a Anthon van Rappard e planejou contribuições do amigo. Mas, logo que Rappard manifestou suas reservas sobre o projeto, Vincent sugeriu uma nova ideia, ainda mais grandiosa: ele montaria uma comunidade de artistas, os quais contribuiriam para o grande empreendimento — com ilustrações e dinheiro — trabalhando juntos, tal como os ilustradores ingleses haviam feito nos dias de glória de *The Graphic*.

A cada salto de fantasia, Vincent defendia sua posição com a mesma mistura de invenção delirante e cálculo a sério, de inspiração e reflexão, que, enfim, moldaria sua arte. Ele concebeu o projeto como nada menos que um dever moral e convocou o irmão com a retórica revolucionária de 1793: devia-se "agir, não deliberar... É possível fazer coisas grandiosas... *En avant et plus vite que ça* [Avante e mais depressa]". Elaborou um contrato pormenorizado para o grupo de artistas revolucionários que tinha em mente, um manifesto que estabelecia não só o programa artístico (materiais, temas e preços), mas também a divisão dos lucros, os direitos de voto, as obrigações dos acionistas, a distribuição dos ativos.

Tudo isso para nada. Mais uma vez, seus planos grandiosos sucumbiram a suas expectativas exageradas. Theo, que aprendera a conversar com o volátil irmão sobre determinados temas apenas com silêncios pausados, nunca deu uma resposta direta ao projeto do álbum. Na verdade, nem mesmo Vincent parecia muito persuadido pelas promessas de sucesso comercial que fazia e depois retirava, às vezes na mesma carta, repetidas vezes. Sua atitude em relação à popularidade também sofreu uma série de guinadas radicais. No começo, ele desdenhava o reconhecimento público, dizendo: "deixa-me absolutamente indiferente". Mas, quando soube que os trabalhadores da Smulders tinham pedido para pendurar uma de suas gravuras na parede da loja, ele saudou o discernimento do "homem comum" e se impôs a meta de ter suas gravuras pregadas na "casa e sítio de todo trabalhador". Semanas depois, porém, manifestou outra vez seu desdém pelo gosto público.

As imagens também o traíam. Nenhum meio podia aguentar por muito tempo o peso do ardor, da nostalgia e de justificação final que Vincent trazia à sua arte. Mas a litografia se mostrou especialmente intratável. A cada vez, ele ficava decepcionado com os resultados. A dupla transferência — do desenho para a pedra e da pedra para a gravura — trazia uma série de excentricidades ao processo criativo. A perda do controle sobre o processo lhe despertava crises de ódio. No processo de impressão, a tinta escorria e borrava, manchando algumas imagens e turvando outras. À sua maneira, a litografia por transferência era tão implacável como a aquarela: depois que o creiom a óleo encostava no papel, não havia retorno. Ele tentava eliminar o creiom com a raspadeira usada para as pedras, mas até o papel mais grosso ficava reduzido a frangalhos. Tentava "retocar" os próprios desenhos com tinta autográfica — outro meio "traiçoeiro". Mas, quando o desenho era umedecido durante a transferência, a tinta se dissolvia — não deixando "nada além de um borrão preto, em vez do desenho", deplorou ele. Então tentou fazer as mudanças direto na pedra, usando o canivete como raspadeira. Por fim, pegou as gravuras prontas e tratou como desenhos em gestação, usando uma pena para elaborar detalhes e acrescentar um plano de fundo.

Vincent reclamava infindavelmente a Theo sobre o quanto "se perdia [dos desenhos] ao transferi-los"; como as gravuras eram menos expressivas em comparação aos originais, perdendo "animação" e "variedade de tons". Falou de impressões que ficaram "estragadas" e "mal impressas". Mesmo as melhores lhe pareciam insatisfatórias; as piores, disse a Rappard que eram "fracassos" e "tristes abortos". Enviou cópias a Theo acrescentando suas desculpas à mão. No fim de novembro, depois de apenas quatro semanas e seis imagens, Vincent anunciou o epitáfio do projeto:

"Digo-lhe que a insatisfação com o trabalho ruim, o fracasso das coisas, as dificuldades da técnica podem causar uma melancolia terrível".

O golpe final veio da fonte mais inesperada: *The Graphic*. No número de Natal de 1882, os editores da revista contestaram frontalmente as lamúrias de Herkomer. Negaram as acusações de uma decadência artística e desqualificaram as sombrias advertências de Herkomer sobre a falta de desenhistas competentes. "Além de nossos artistas profissionais", gabaram-se os editores, "temos nada menos que *dois mil, setecentos e trinta* amigos espalhados por todo o mundo, que nos enviam esboços ou desenhos elaborados." O editorial demolia os argumentos restantes de Vincent quanto à viabilidade comercial de seu projeto. Numa evidente tentativa de reduzir os estragos, enviou a Theo um exemplar da revista com uma denúncia furibunda em anexo. Mas as palavras atingiram sua última esperança. "Isso me entristece, acaba com meu prazer, me transtorna, e fico absolutamente perdido sobre o que fazer", escreveu num momento de profunda franqueza. "Quando comecei, eu pensava: 'Se eu conseguir tal e tal progresso... estarei no rumo certo e encontrarei meu caminho na vida'."

Enquanto isso, nem tudo ia bem no apartamento da Schenkweg.

Os temporais do verão tinham cedido lugar aos rigores do inverno. As sequelas da hospitalização acompanharam Vincent ao longo do outono. Reclamava que sentia "uma fraqueza indescritível", estava "fraco", "absolutamente infeliz". Cansava-se com facilidade, resfriava-se com frequência, dormia aos sobressaltos. Era torturado por fortes dores de dente que refletiam nos olhos e nos ouvidos. Os olhos às vezes doíam tanto "que o puro fato de olhar as coisas me incomodava", escreveu. Cada mal-estar, acrescido da alimentação muito deficiente e talvez de excessos alcoólicos, cobrava um preço muito evidente. Os conhecidos que topavam com Vincent nas ruas geladas viam seus olhos congestionados e faces encovadas, e achavam que "parecia estar saindo de uma farra... obviamente estava no caminho da dissipação".

Tão logo passou a euforia com o nascimento do bebê em agosto, Vincent começou a dar sinais de problemas com a nova família — sinais de angústia por trás do voto de silêncio. A vida na Schenkweg perdera sua "despreocupação", disse ele. Vinha se tornando cada vez mais difícil "conservar algum vigor". Escreveu sobre sua desilusão com generalidades codificadas com cautela: "Mesmo que as coisas saiam de maneira diversa do que se pretendia originalmente, é preciso reunir e retomar a coragem". Abandonou em silêncio o plano de "desenhar o bercinho mais cem vezes".

Com a promessa pouco convincente de perseverar, Vincent combatia ataques cada vez mais sérios de depressão — dias em que "a vida é da cor de água suja". "Meu coração pesa quando penso no rumo que as coisas estão tomando", admitiu. Às vezes, parecia perder interesse no próprio trabalho, lamentando a maçada constante que era. Olhava as pilhas e pilhas de seus estudos e se queixava: "Não me interessam... Acho todos ruins". Mesmo seu precioso acervo de ilustrações perdeu o poder de consolar. Depois de montar cuidadosamente um novo lote de estampas, escreveu que se sentia tomado por "um sentimento bastante melancólico de 'para quê?'".

A aproximação do Natal trouxe um novo ímpeto de fazer com que a nova família preenchesse o vazio deixado pela antiga, numa tentativa que era plausível graças a seu afeto pelo bebê Willem. Pensou ver "algo profundo, infinito e eterno... na expressão dos olhos do menino". Chamou Sien e o filho para uma série conjunta de esboços, na tentativa de atraí-los para a fantasia de redenção que, para Vincent, tal como para Dickens, era o coração e a alma do Natal. Colocou o homem órfão, Zuyderland, em pose lendo a Bíblia e recitando preces. O que pretendia nesses desenhos, disse ele, era "expressar o sentimento próprio do Natal". Sentou-se ao lado do "fogo aconchegante de Natal" e leu *Um cântico de Natal*.

Mas Dickens escreveu outro conto de Natal que Vincent também releu naquele ano: *O homem mal-assombrado*. Conforme se aproximava o primeiro aniversário da briga com o pai e a expulsão de Etten, Vincent se assemelhava cada vez mais ao protagonista solitário do conto, ansiando pelo perdão dos "sofrimentos, erros e problemas" do passado.

Sentia-se perseguido pela vergonha do fracasso constante. "A pessoa fica com sentimento de culpa, de deficiência, de não cumprir as promessas", escreveu. "Tem a sensação de que vai bater numa pedra a qualquer momento." Quando suas defesas cediam, Vincent via no espelho um "leproso" de incompetência e infortúnio. "Fica-se com vontade de gritar de longe para as pessoas: 'Não se aproximem demais de mim, o contato comigo traz sofrimento e perda'." No fim do ano, examinou os destroços de seu projeto artístico e apresentou suas humildes desculpas a Theo: "Lamento não ter conseguido fazer nenhum desenho vendável neste ano. Na verdade não sei onde está o erro".

No dia de Ano-Novo de 1883, uma revelação inesperada vinda de Paris forçou Vincent a confessar sua luta pessoal para criar uma família na Schenkweg. Theo estava com uma amante. Num rompante de solidariedade, Vincent escreveu sobre o dilema de ambos: "Para você e para mim, na calçada fria e cruel apareceu uma triste figura de mulher, de despertar piedade, e nem você nem eu fomos indiferentes". Aproveitando a notícia para reafirmar suas prerrogativas de irmão mais velho, doutrinou Theo sobre as dificuldades e, sobretudo, a mutabilidade do amor: sobre os ciclos de "secar e rebrotar... crescer e diminuir... esgotamento e impotência" que tão bem conhecia. Mas os conselhos logo se converteram em confissões quando a situação de Theo liberou Vincent para revelar todas as angústias que tinha guardado por tanto tempo.

"Tenho tido algumas experiências desagradáveis", escreveu a respeito da vida com o clã Hoornik, "algumas, na verdade, muito sórdidas." O choro incessante do pequeno Willem atrapalhava o sono já inquieto de Vincent. A irmã de Sien vagueava pela casa como menina de rua que era: ansiosa e desconfiada, sempre pronta para iniciar atritos raivosos. A irmã de Sien era "uma criatura insuportável, burra, maldosa". Juntas "me exploram", queixou-se ele. A própria Sien tinha engordado e ficado mais preguiçosa na longa convalescença. Mesmo depois que voltou a posar, era por breves períodos. Exigia ser paga em dinheiro e ainda deixava o serviço da casa para Vincent. Sua resistência pode ter se estendido também para outras obrigações domésticas: Vincent confessou que não sentia mais "paixão" por ela, apenas uma "piedade insondável".

Criticou o mau humor e as maneiras rudes dela — os mesmos sinais de vitimização que ele havia enaltecido seis meses antes. Criticou sua estreiteza mental e o desinteresse por livros ou pela arte — defeito que só se fazia ainda mais agudo enquanto o resto do mundo desmoronava. "Se eu não procurasse a arte na realidade", disse Vincent num momento de clareza brutal, "provavelmente iria considerá-la uma obtusa." Referiu-se, enigmático, a alguma coisa que descobrira sobre o passado de Sien e que causou tremendos danos em seu amor por ela — chegou a matá-lo. "Quando o Amor morre", indagou-se ele, "é impossível para a Caridade ainda se manter viva e desperta?" E sugeriu de modo patético o fosso que descobrira existir entre ambos: "Não existe aqui uma alma na qual eu possa confiar".

No meio desse melodrama, Anthon van Rappard começou a escapar do alcance de Vincent. O distanciamento teve início com mais uma discussão sobre os defeitos de desenho nas litografias de Vincent. Afoito para preservar o envolvimento do amigo em seu projeto de um álbum como prova de sua viabilidade, Vincent se controlou na época do Natal. Quando menos, seu crescente isolamento em Haia apenas exacerbava a insistência pegajosa em cada amizade. Enviou a Rappard livros e poemas, pequenos truques no desenho, uma efusão de lisonjas, votos ardorosos de fraternidade. Nos termos mais prementes, propôs que trocassem visitas em seus respectivos ateliês e planejou irem juntos ao campo para desenhar, até mesmo ao Borinage. "Considero o amor — como a amizade — não apenas um sentimento", escreveu desafiando Rappard a lhe corresponder em fervor, "mas principalmente como *ação*."

Numa invocação altissonante da "unidade espiritual" entre ambos, Vincent fantasiava um elo que ia além da simples amizade. "Sempre que pessoas diferentes amam a mesma coisa e trabalham nela juntas", disse ele, "sua união faz a força... forma-se uma unidade." Era o elo a que tantas vezes convocara Theo — a visão da estrada de Rijswijk — dois irmãos "unidos num só: sentindo, pensando e acreditando como iguais" —, um casamento artístico de "*duas* pessoas de bem... com as mesmas intenções e objetivo na vida, movidas pelo mesmo propósito sério". Até quando seu sonho de uma nobre associação de artistas — uma reencarnação de *The Graphic* — feneceu no inverno de seu descrédito, Vincent continuou a imaginar um par perfeito de "corações humanos que buscam e sentem as mesmas coisas". "O que não poderiam realizar!", exclamou.

Era a mesma visão que teria com Paul Gauguin seis anos depois, com resultados calamitosos.

As visões utópicas de Vincent, fossem de família ou de amizade, não deixavam espaço para concessões. Em seu espelho tirânico, Rappard não podia se diferenciar nem superá-lo em nenhum aspecto. "Ambos estamos exatamente no mesmo nível", disse ele a Theo. "Não tento competir com ele como pintor, mas não deixarei que ele me vença no desenho." "Eu desprezaria uma amizade que não exigisse algum esforço de ambos os lados para manter o mesmo nível", disse ele, defendendo apenas um casamento perfeito e eterno de iguais.

Nenhuma amizade seria capaz de arcar com esse peso por muito tempo. Em março de 1883, quando Rappard anunciou a intenção de submeter um quadro para uma exposição em Amsterdam, teve início o inevitável desenlace. Vincent reagiu com uma chuva de protestos. Investiu contra o conceito de exposição com a fúria de um amante traído. Alegando um conhecimento íntimo do ramo desde seus tempos na Goupil, denunciou as exposições como mera charlatanice — uma fraude simulando unidade e cooperação numa época em que os artistas precisavam demais de *verdadeira* "solidariedade mútua, lealdade e amizade calorosa".

Rappard respondeu aos ataques da maneira mais cortante de todas — ignorou-os. Seu quadro, *Pintores de azulejos*, apareceu na Exposição Internacional inaugurada em Amsterdam dois meses depois. Vincent, claro, começou imediatamente a tentar reparar a brecha que abrira entre ambos. Em maio, por fim conseguiu combinar as visitas recíprocas que tanto queria. Mas o estrago estava feito. Vincent teria outras chances, mas em dois anos a amizade se acabaria por completo. Depois disso, Vincent e Rappard nunca mais se falariam.

Enquanto Rappard se mantinha à distância, Vincent recorreu a outros companheiros mais dóceis, como Herman van der Weele, genro do gerente de uma loja de tintas onde muitas vezes Vincent acumulava dívidas. Como professor na escola secundária local, Van der Weele dominava a arte pedagógica de encorajar sem aprovar — uma ausência de crítica que Vincent interpretava avidamente como elogio. "Ao observar meus estudos", contou ele depois de uma das visitas de Van der Weele a seu ateliê, "ele não foi tão rápido em dizer: 'Isso ou aquilo não está certo'." Naquela primavera, depois de meses de incentivo de Van der Weele, Vincent afinal abandonou as sóbrias figuras e "cabeças do povo" isoladas com que se atormentara durante todo o inverno.

Em maio, Vincent concordou em dar aulas de desenho ao filho de outro comerciante de tintas, ao que parece como forma de pagar suas contas invariavelmente estouradas. Antoine Furnée, de vinte anos, que estava estudando para um exame de agrimensura, enfrentou o auge da amargura de Vincent contra uma comunidade de artistas que agora denunciava como "mentirosos inveterados". Mestre tão rígido quanto fora rebelde como aluno, Vincent reprovou as aquarelas amadorísticas de Furnée, dizendo que eram "medonhas", "manchas horríveis", e lhe impôs um regime estrito, composto apenas de desenho. "Fiz que desenhasse muitas coisas de que não gostava", informou orgulhoso a Theo. Nas excursões de desenho que faziam juntos, segundo Furnée, Vincent não parava de falar: enchia os ouvidos do aluno fascinado com todos os argumentos reprimidos para os quais não tinha outro público.

Mas Vincent não encontrava consolo nesses contatos ocasionais. "Gostaria de encontrar e manter uma *verdadeira* amizade", lamentou, "[mas] é difícil para mim... Quando é convencional, é quase inevitável a amargura." Dizia-se uma "*sentinelle perdue*" (sentinela perdida) — "um pobre pintor doente se batendo" — e se comparou às gravuras despedaçadas que tirava das latas de lixo: "ignorado e desprezado como porcaria sem valor, lixo, refugo". Via em sua solidão um martírio pela arte, seguindo-se a seu martírio pelo amor. Sua imaginação transbordava imagens de mártires solitários para consolar seu isolamento, desde Cristo no Horto ao Patinho Feio de Andersen. Representava-se como Quasímodo, o desprezado corcunda de pernas cambaias de Hugo em *Notre Dame de Paris*. Das profundezas do desprezo por si mesmo, ele se recompunha invocando o brado patético do corcunda: "*Noble lame, vil fourreau/ Dans mon âme je suis beau*" (Nobre lâmina, vil bainha/ Em minha alma sou belo).

Em 30 de março, Vincent passou sozinho o dia de seu aniversário de trinta anos, relendo *Les misérables*, a história do exilado perseguido de Hugo. "Às vezes não consigo acreditar que tenho apenas trinta anos", escreveu. "Sinto-me muito mais velho quando penso que a maioria das pessoas que me conhece me considera um fracasso, e como isso pode ser verdade."

Para escapar a tais pensamentos, Vincent saía em longas caminhadas. Deixando os incômodos do apartamento da Schenkweg, percorria as vielas familiares do Geest e ia até a praia distante de Scheveningen, dizendo que a orla era um grande antídoto "para um homem que está triste e abatido!". Andava na chuva e na neve. Passava pela casa luxuosa de Jozef Israëls — ainda o modelo da devoção religiosa e prosperidade burguesa de Millet — e fitava ansioso a porta aberta. ("Nunca entrei", comentou pesaroso.) Pensou em ir mais longe — em escapar para o campo, para o Borinage ou para a Inglaterra.

Para evitar encontrar antigos conhecidos, em especial Tersteeg, Vincent andava pelas ruas do centro, pavimentadas de pedras redondas, apenas à noite. Na Plaats vazia, costumava se deter à janela iluminada da Goupil e fitava as obras expostas lá dentro. Num anoitecer de abril, ficou um bom tempo fitando uma pequena marina de Jules Dupré. Sete anos antes, tinha dado ao pai uma reprodução daquela mesma imagem ou de outra muito parecida, depois de ser despedido da Goupil. Era uma pintura sombria — em especial à luz a gás fraca e bruxuleante — e por isso voltou várias outras vezes para *vê-la* de verdade. "Que impressão extraordinariamente bonita ela causa!", escreveu a Theo. Em tons escuros e pinceladas bruscas, o quadro mostrava um barquinho preso entre um mar revolto e um céu bravio. Na distância, uma fresta nas nuvens mostrava uma ilha de luz onde a água era calma e verde. A proa frágil do barco apontava para a luz distante. "Quando minhas preocupações aumentam demais", escreveu ele, "me sinto como um barco num furacão."

Mas às vezes não havia nenhum raio de luz ao longe, e a vida era "como uma espécie de monte de cinzas", e ele precisava de todas as forças para não "olhar o insondável". Falava diretamente sobre o pesar ("algumas coisas nunca voltarão") e indiretamente sobre o suicídio — e o que poderia existir além. "Começa-se a ver cada vez com mais clareza", escreveu ele, "que a vida é apenas uma espécie de época da semeadura, e a colheita não é aqui."

Na Schenkweg, a única escapatória era a ilusão. Pressionado por Theo a fazer obras que vendessem, sem contato com pessoas de fora, perseguido pelos credores, Vincent se refugiou cada vez mais fora da realidade. No começo da primavera, iniciou mais um plano ambicioso de criar uma imagem icônica como o *Asilo de vetera-*

nos — uma *manifestação* que atenderia à ordem de Herkomer de "atrair a atenção e firmar uma reputação". Tendo nos ouvidos os estímulos de Van der Weele e nos olhos competitivos os quadros de Rappard com os pintores de azulejos, ele retomou um velho tema: os dispensários dos pobres. Visitara em Bruxelas os *établissements de bouillon* com Rappard. Também desenhara o dispensário municipal de Haia com Breitner. O tema lhe permanecera na imaginação durante todo o inverno, reforçado por várias ilustrações de seu acervo, sobrevivendo até à tentativa malograda das cenas de grupo em aquarela, em setembro.

Mas dessa vez ele não precisou encarar as multidões hostis no Geest nem o escárnio dos clientes dos dispensários públicos. Dessa vez, recriou a cena inteira no próprio ateliê.

Numa extravagância de despesas que não podia se permitir, Vincent transformou o cômodo da frente do apartamento numa réplica do dispensário dos pobres que conhecia. Contratou mão de obra para instalar venezianas de várias folhas nas três grandes janelas do ateliê, que davam para o norte, "para que a luz caia exatamente como no próprio local". Usando as telas que antes serviam de anteparos, montou uma divisória num dos extremos do aposento e nela desenhou a pequena abertura dupla por onde serviam a sopa no dispensário de verdade. Pintou o cômodo todo com os lambris cinzentos do original. "Prestando atenção nessas coisas", explicou a Theo, "tem-se a cor local de maneira muito mais correta."

Vincent enviou ao irmão extensas descrições da montagem, com elaborados desenhos ilustrando cada característica e explicando suas funções. Nenhum detalhe passou desatendido; nenhuma despesa foi poupada. Contratou uma legião de modelos e comprou "roupas *reais*" para todos eles — casacas remendadas "pitorescas" e panos grosseiros como os de suas ilustrações. "Amanhã", escreveu ardendo de expectativa, "vou ter a casa cheia de gente."

No dia seguinte, Vincent desenhou do amanhecer ao fim do dia, mudando as posições dos modelos, abrindo e fechando as venezianas para ter a incidência correta da luz na cabeça das figuras e poder "transpor o personagem de maneira mais forte e completa". Gostou tanto dos resultados que na mesma hora se pôs a planejar outras alterações, outras despesas, outros modelos e muitos, muitos outros desenhos. "Simplesmente continuo desenhando", disse quanto aos planos do futuro, "só isso." Comentou com Theo que se sentia "à vontade e contente" com os modelos no ateliê. A cena lhe recordava uma gravura de sua coleção, mostrando um corredor nos escritórios de *The Graphic* na época do Natal, quando todos os modelos que tinham aparecido na revista durante o ano iam apresentar seus votos natalinos. Era uma

Distribuição de sopa num dispensário público, março de 1883, giz sobre papel, 56,51 × 44,45 cm.

procissão de inválidos, mendigos e cegos, cada qual se segurando na aba do casaco do outro, todos unidos pelo espírito redentor do Natal.

Agora ele podia viver com aquela gravura. Imaginou não só uma série de desenhos de um dispensário dos pobres, não só uma série de cenas de grupo, mas um Natal permanente na Schenkweg — um "lugar onde os modelos poderiam se encontrar todos os dias, como nos velhos tempos da *Graphic*":

> Meu ideal é trabalhar com mais e mais modelos, um rebanho todo de pobres que teriam no ateliê uma espécie de refúgio nos dias de inverno, ou quando estivessem desempregados ou passando por grande necessidade. Onde saberiam que há fogo, comida e bebida para eles, e um pouco de dinheiro a receber. Hoje em dia, é apenas em escala muito pequena, mas...

19. Jacó e Esaú

Em Paris, Theo leu a carta do irmão sentindo mais uma onda de susto e desalento. O excêntrico plano de transformar o apartamento da Schenkweg num dispensário de pobres particular sintetizava todos os exageros e extravios de Vincent em sua carreira artística falha e instável — carreira que parecia cada vez mais fadada ao insucesso, como acontecera com todas as suas outras iniciativas.

Theo tentara orientá-lo devidamente para o rumo correto — sem muito êxito. De fato, ao rememorar os dois últimos anos, devia lhe parecer que passara o tempo inteiro discutindo com o irmão seus rumos artísticos. Desde o outono de 1880, os dois se digladiavam sobre questões artísticas, fossem grandes ou pequenas. Theo dizia que os primeiros desenhos de Vincent, de simplicidade puritana e sentimentalismo rebuscado, eram antiquados — um ataque direto aos excessos nostálgicos do irmão. Reclamava que, além de grandes demais para atrair compradores, também eram "secos demais" (crítica à preferência de Vincent pelo lápis), escuros demais, escassos demais — ataques que atingiam todo o cânone do branco e preto que Vincent tanto amava. Insistia com o irmão que encontrasse temas mais alegres do que os soturnos trabalhadores e patéticos velhos a que costumava dar preferência. Os clientes queriam imagens "agradáveis e atraentes", disse Theo, não "coisas de sentimento mais melancólico".

Exortava constantemente o irmão a fazer mais paisagens — para as quais Vincent parecia ter um talento inato — e insistia sem cessar que usasse mais cor e trabalhasse mais as imagens. Repetiu várias vezes que aquelas intermináveis figuras solitárias contra um fundo vazio nunca venderiam. Se seus dez anos no ramo lhe ensinaram alguma coisa, era que as pessoas compravam arte porque *gostavam* dela, porque achavam bonito e agradável. Não dariam um figo seco pelos princípios ardorosos ou pela retórica cansativa de Vincent: queriam "detalhes", queriam "acabamento".

Vincent tinha respondido a todas essas sugestões com um fluxo interminável de argumentos. Durante o inverno, o fluxo se convertera numa torrente, enquanto ele procurava justificar o aumento das despesas e a manutenção do mesmo estilo. Pelo menos duas vezes por semana aparecia um gordo envelope na correspondência da Goupil endereçado a Theo, com justificativas grandiloquentes e promessas de progresso futuro que o irmão lhe enviava. Depois de longa experiência, sem dúvida Theo sabia que qualquer crítica aberta poderia desencadear um surto defensivo que duraria semanas ou até meses. Assim, como fizera o pai antes dele, Theo evitava o confronto direto, envolvendo suas tentativas de persuasão em generalidades sobre paletas "vívidas" e as belezas naturais. Descrevia extensamente cenas coloridas que resultariam em magníficos quadros e entoava louvores aos coloristas e paisagistas de sucesso.

Mas Vincent enfrentava as descrições das cartas do irmão cena por cena, artista por artista, sugestão por sugestão, numa batalha indireta tão acirrada quanto uma discussão aberta. Pedia conselhos constantes, em geral nos termos mais afetuosos, mas quase nunca os aceitava. Reiterava seu amor pela aquarela e pela paisagem, porém adiava qualquer retomada da pintura para um futuro indefinido. Num revide especialmente esperto, Vincent elogiou as vívidas descrições visuais que o irmão lhe enviava como provas da verdadeira vocação de Theo e voltou a insistir que se tornasse pintor — no fundo, devolvendo ao irmão o ônus de um potencial não realizado.

Desviava das críticas à "secura" reclamando da mesada curta que Theo lhe enviava ("minha vida é frugal e apertada demais") e alegando que todos os principiantes sofriam dos mesmos problemas. Respondeu ao pedido de Theo para que fizesse imagens mais agradáveis desenhando um de seus modelos empurrando "um carrinho cheio de esterco". Quando Theo insistiu que trabalhasse melhor os desenhos, Vincent respondeu com um hino à "honestidade, simplicidade e verdade" de suas imagens despojadas. Apesar da intensa pressão para fazer trabalhos menores (não só de Theo, mas também de Mauve e de Tersteeg), ele defendeu com veemência o uso das folhas grandes, do tamanho de Bargue, descartando como "absurdos" os argumentos contra elas e jurando que jamais mudaria. Por fim, negou a Theo o direito de fazer *qualquer* comentário sobre seus desenhos antes de ver a totalidade deles em seu ateliê.

Grande parte dos conselhos de Theo parecia pretender encaminhar o irmão destemperado para a nova arte do impressionismo. Em seus cinco anos em Paris, Theo vira o grupo de artistas como Manet, Degas e Monet se erguer das profundezas humilhantes do leilão de 1876 no Hôtel Drouot. Suas imagens coloridas e contestadoras ainda não tinham desbancado gigantes comerciais como Bouguereau e Gérôme, cujas obras ainda forravam as galerias suntuosas da Goupil, mas os ventos da moda e do capitalismo estavam soprando claramente a favor deles. Um ano antes, em 1882, o Estado francês havia retirado o patrocínio oficial do Salon, deixando todos os artistas à mercê do mercado. Os impressionistas, que até então tinham montado sete coletivas anuais, já conheciam bem as novas regras do sucesso. Como jovem *gérant* num bastião da velha ordem, o próprio Theo ainda levaria muitos anos até começar a negociar obras de artistas como Monet e Degas, mas já começara a considerar inevitável o sucesso comercial da nova escola. "A mim parece totalmente natural", escreveu ao irmão sobre a revolução que pairava no ar, "que venha a ocorrer a mudança desejada." Reconhecendo que Vincent nunca dominaria a técnica da transposição precisa e a habilidade na modelagem de seus heróis como Millet e Breton, Theo deve ter visto nas imagens bruscas e inacabadas do impressionismo um lar perfeito para o olho impaciente e a mão insubordinada do irmão.

Mas Vincent resistia a todos os esforços de persuadi-lo a abandonar a influência do passado. Em sua opinião, a mudança trazida pelos impressionistas não era natural nem desejável. Ficou especialmente indignado com a sugestão de Theo, segundo o qual iriam eclipsar seus eternos favoritos Millet e Breton. Associou os impressionistas às forças da decadência contra as quais Herkomer havia "tocado o sinal de alarme". "As mudanças que os modernos têm feito na arte nem sempre são para melhor", acautelou o irmão, "nem nas obras nem nos próprios artistas." Acusou os impressionistas de "perder de vista a origem e o objetivo" da arte. Relacionou as cores adocicadas e as formas indistintas dos impressionistas à "pressa e alvoroço" da vida moderna, às feias casas de veraneio em Scheveningen, ao desaparecimento dos pântanos do Brabante e a tudo o que havia "tirado a alegria da vida". Rejeitou o vago estilo "*à peu près*" (aproximado) de transpor a realidade e desqualificou as pretensões impressionistas a um cromatismo científico como mera "habilidade". A habilidade, alertou ele, nunca salvaria a arte; apenas a sinceridade poderia salvá-la.

Vincent mantinha uma oposição tão vigorosa ao impressionismo que nem mesmo Zola conseguiu abrandá-la. Com efeito, ele incluiu o pintor vanguardista decadente Claude Lantier, personagem de Zola, em seus ataques à nova arte. "Seria preferível ver outro tipo de pintor que não Lantier representado por Zola", escreveu em novembro de 1882, no auge da discussão com Theo. Vincent ouvira falar que, para a figura de Lantier, Zola tinha se baseado no pioneiro impressionista Édouard Manet — "não o pior exemplo daquela escola que, penso eu, se chama impressionista", admitiu ele, utilizando o termo pela primeira vez. Embora reconhecesse a habilidade de Manet, Vincent criticou as ideias artísticas modernas de Zola, considerando-as "superficiais", "erradas", "incorretas e injustificadas", e descartou Manet e seus similares por não fazer "parte do núcleo do corpo artístico". Longe de seguir o caminho dos mestres do passado, o novo estilo "estava em plena contradição com o estilo desses mestres". E comentou, incrédulo e horrorizado: "Você notou que Zola simplesmente não menciona Millet?".

O debate dos irmãos se concentrava sobretudo no postulado central do impressionismo: o preto em si não existe na natureza. Para um artista que havia alicerçado todo seu precário projeto em imagens em branco e preto, tal afirmativa era um questionamento de sua própria existência. Embora admitisse por alto a ideia desse conceito, Vincent insistiu que Theo e os impressionistas tinham entendido exatamente o inverso. Eles afirmavam que todos os pretos eram feitos de cores, enquanto Vincent pontificava que, na verdade, todas as cores eram feitas de branco e preto. "Dificilmente existe alguma cor que não seja cinza", explicou. "Na natureza, não se enxerga nada a não ser esses tons ou sombras." O dever supremo do colorista, declarou, era "encontrar os cinzentos da natureza em sua paleta". Para provar seu argumento, Vincent enviou descrições detalhadas, cheias de matizes e sombras: campos com "solo castanho-cinza", horizontes de "faixas acinzentadas", vistas com "um céu um tanto amarelado, mas ainda assim cinzento".

No ateliê, como que contestando os cautelosos incentivos de Theo para adotar a luz e a cor do impressionismo, Vincent se lançou a uma campanha obsessiva durante todo o inverno, em busca do mais preto dos pretos.

Theo teve notícias dessa jornada de contestação já em abril de 1882 — no exato momento em que Vincent reconheceu o rompimento com Mauve e abandonou o entusiasmo pela aquarela. Decidido a provar que o meio escolhido, o branco e preto, equivalia ao meio rejeitado, pôs-se a procurar modos de combinar o preto saturado de seus amados desenhos a bico de pena com a modelagem vigorosa e os tons variados dos esboços a lápis. Gostava do preto do carvão, mas, com seu estilo de trabalho frenético, quase sempre borrava ou carregava demais as imagens antes de conseguir fixá-las. Então tentou fazer com que os desenhos a lápis ficassem mais parecidos com o carvão — mais pretos —, removendo-lhes o brilho com banhos de fixador. "Simplesmente despejo um copo grande de leite, ou de água com leite, por cima dele", foi como descreveu seu procedimento pouco ortodoxo. "Isso dá um preto saturado especial, muito mais eficaz do que costuma se ver num desenho a lápis." Um visitante do ateliê da Schenkweg, em 1882, ficou surpreso ao ver Vincent "limpando continuamente seus estudos com baldes cheios de água suja".

O fascínio austero da litografia — à qual se dedicou logo que Theo começou a pressionar seriamente para usar mais cor — foi um novo reforço para a obsessão de Vincent com o preto. Convenceu-se de que as tentativas anteriores para fazer desenhos que servissem de matrizes para a reprodução tinham falhado porque os pretos que usara — fosse a lápis, carvão ou giz — não eram pretos o bastante. Por alguns meses, o creiom litográfico, uma barra densa de preto oleoso com a consistência de sabão, lhe pareceu o próprio Graal do negrume que tanto buscava. À diferença do creiom normal, o creiom litográfico também aderia às marcas de lápis, e assim Vincent podia terminar um desenho com o lápis, fixá-lo com leite e então retrabalhar a imagem com o creiom, alcançando o "preto glorioso" que almejava. Também descobriu que, se mergulhasse o desenho na água, o creiom amolecia e ele podia usar pincel como se fosse tinta, obtendo negros profundos e aveludados que lhe recordavam as ilustrações inglesas. Chamava esse procedimento estranho e arriscado de "*pintar de preto*".

Mesmo depois do recuo do projeto de litografia, Vincent continuou a usar o creiom litográfico, argumentando que "dá a mesma profundidade de efeito, a mesma riqueza de valor cromático de uma pintura". Mas não demorou muito e ele descobriu um preto ainda mais preto. Revirando o ateliê atravancado de coisas, Vincent encontrou alguns pedaços de giz preto "natural" que Theo trouxera de Paris no verão anterior. "Fiquei assombrado com sua bela cor preta [e] o *tom maravilhosamente cálido*", contou a Rappard. Talvez por admirar sua rude autenticidade (numa época em que os gizes, em sua maioria, eram fabricados), Vincent o apelidou de "*bergkrijt*", giz de montanha. "Há alma e vida naquele material", declarou. "Nada me agrada mais do que trabalhar com ele."

Com seu bastão preto apontado, de 12,5 centímetros de comprimento, Vincent aparou todos os gestos de Theo em defesa da alegria, da cor, da luz e do impressionismo. Os desenhos que Theo recebeu após os complexos preparativos para o dispensário dos pobres em março de 1883 apresentavam uma síntese bastante categórica da longa preocupação do irmão com o preto: combinavam giz de montanha, creiom litográfico, aquarela preta e nanquim. Do ponto de vista de Theo, essas imagens irredutíveis deviam parecer praticamente iguais aos desenhos que vira no ateliê de Vincent no verão anterior, ou mesmo no verão de dois anos antes, em Etten: escuras, sem alegria, sem encanto — exercícios de contestação e negação.

* * *

As escaramuças sobre a arte apenas reproduziam antagonismos mais fundos em relação à completa dependência de Vincent diante do irmão. Seus pedidos de dinheiro se faziam cada vez mais estridentes. Escreveu: "Preciso dele tanto quanto uma campina precisa da chuva depois de uma longa estiagem". E, por mais que Theo enviasse, ele sempre precisava de mais. Gastava com uma facilidade que com certeza apavorava o irmão, comprava a crédito com frequência e nunca parava de fazer melhoramentos no ateliê. Como sempre, Vincent atribuía as grandes despesas ao trabalho intenso e às demandas da arte, mas, quando aludiu enigmaticamente aos "gastos domésticos" e "graves preocupações", Theo deve ter desconfiado de outras razões indesejadas para sua liberalidade.

Quando Theo avisou em maio que os negócios na Goupil estavam fracos e suas finanças pessoais andavam "bastante apertadas", Vincent não recuou um centímetro. E exortou: "Redobremos nossa energia". "Vou me dedicar em dobro a meus desenhos, mas você precisa se dedicar em dobro a me mandar dinheiro." Dizendo que o dinheiro era absolutamente indispensável, advertiu a Theo que "reduzi-lo seria como me asfixiar ou me afogar. Quer dizer, ficar sem ele é como ficar sem ar". Passou por cima dos pedidos de paciência e sacrifício que lhe fazia Theo, solicitando mais modelos, e desconsiderou qualquer sugestão de encontrar um emprego remunerado.

Essa mescla de esbanjamento e desinteresse em procurar independência financeira gerou uma crítica ríspida de Paris. Mas, em vez de recuar diante da reprimenda de Theo, Vincent reforçou sua posição. Rejeitou francamente a simples ideia de um emprego como um "pesadelo", e lembrou com petulância a Theo que seu dever fraterno era "confortar" o irmão, não "afligi-lo ou desanimá-lo".

Parecia cada vez mais que Vincent era impelido por correntes ocultas de um espírito de contradição, respondendo à generosidade com ingratidão, à devoção com ressentimento. Comparava a dependência em relação ao irmão mais novo com uma espécie de cativeiro — "como o besouro que está amarrado num barbante e só pode voar um pouco e logo fica inevitavelmente tolhido". Embora de vez em quando ainda fizesse algumas tentativas de pacificação e apresentasse declarações de amor fraterno, os contra-ataques se tornavam mais ferinos. Negou-se a atender os vários pedidos de Theo para fazer visitas profissionais e se vestir melhor (argumentando que sua arte sairia prejudicada se melhorasse a aparência). Quando Theo se atreveu a insinuar que ele não tinha avançado muito naqueles dois anos como artista, Vincent pôs a culpa de sua lentidão no descaso de Theo e na verba insuficiente que lhe mandava. Passou a fazer comentários cada vez mais venenosos sobre os comerciantes de arte: não só em suas bombásticas teorias conspiratórias a Rappard, mas diretamente a Theo.

Quanto mais Theo o pressionava a fazer obras vendáveis, mais rispidamente Vincent resistia, até que, no verão de 1883, ele tentou encerrar a discussão de uma vez por todas com uma ameaça sinistra: "Se você *insiste* em que eu vá pedir às pessoas que comprem de mim, *eu vou*", escreveu ele, "mas *nesse caso* talvez eu fique melancólico... Querido irmão, o cérebro humano não consegue suportar tudo: há um limite... Tentar ir e falar com as pessoas sobre meu trabalho me deixa mais nervoso do que seria conveniente para mim".

Com todas essas tensões se prolongando entre eles, Theo planejou ir a Haia em sua licença anual, em agosto de 1883. Os dois irmãos não se viam desde o verão anterior, quando Theo tentou, mas não conseguiu, desalojar Sien do apartamento da Schenkweg. Um ano depois, o assunto ainda turvava todas as suas discussões. Com a perspectiva de mais um confronto, as cartas de Vincent transbordavam de ansiedade pelo futuro e de lembranças de traições passadas, que recuavam numa linha ininterrupta até o presbitério de Zundert. "O pai costumava refletir sobre a história de Jacó e Esaú em relação a você e a mim", escreveu alguns meses depois, invocando a história bíblica de outro irmão mais novo que usurpou o primogênito, "e não [estava] totalmente errado."

Apenas uma questão tinha a absoluta concordância dos dois irmãos em discórdia: a amante de Theo.

As mulheres sempre foram o ponto fraco de Theo. Numa vida regida pelo dever e por uma abnegação quase monástica, as excursões do coração eram a única válvula de escape. Sendo um rapaz de 25 anos, solteiro, atraente, sociável na mais sociável das cidades, não precisava procurar muito. Paris enxameava de mulheres à procura de ligações vantajosas. Ondas de imigração econômica por toda a Europa, e sobretudo na França rural, tinham levado dezenas de milhares de solteiras para a Cidade Luz. Muitas eram educadas e até cultas: as filhas de lojistas e negociantes do interior. Nem todas estavam fadadas ao meretrício — pelo menos não no sentido tradicional. Muitas vezes com as bênçãos da família, aprestavam-se como ansiosas voluntárias para o grande vórtice de ascensão social que atraía tudo, inclusive o amor, para o novo igualamento burguês. Vinham a Paris na esperança de encontrar casamento e dinheiro, embora não necessariamente juntos nem necessariamente nessa ordem.

Entre elas estava uma moça da Bretanha chamada Marie.

O sobrenome de Marie, como grande parte de sua vida, não consta dos registros. Ela e Theo parecem ter se conhecido no fim de 1882 em "circunstâncias dramáticas", na expressão misteriosa de Vincent. Em vista do circuito cosmopolita de Theo, que compreendia galerias e lojas de luxo durante o dia, cafés e restaurantes elegantes à noite, a expressão não dá nenhuma pista. Em Paris, flamejando com o glamour do dinheiro e a nova iluminação elétrica, todo encontro prometia "circunstâncias dramáticas". Talvez Vincent se referisse ao dilema melodramático em que Marie se apresentou para ser salva por Theo: abandonada por um amante imprestável, sem um tostão por ter pagado as dívidas dele, acometida por uma aflição cruel, mas não especificada.

Não restou nenhuma palavra sobre sua aparência física, mas é evidente que parecia atraente e encantadora a Theo. Filha única de uma família católica que, segundo Vincent, era de classe média respeitável, Marie devia ser jovem. Sabia ler e era "não sem cultura". Theo falava amorosamente de seu *"je ne sais quoi"* provinciano, mesmo quando se afligia ternamente com sua singeleza. Descreveu-a a Vincent como uma moça do campo cheia de vigor, com o ar marinho do litoral bretão ainda em seus cabelos, donzela vivaz de uma pintura de Jules Breton que os dois irmãos tanto amavam, apanhada numa sórdida desventura urbana própria de um romance de Zola. Com sua habitual resolução sempre conscienciosa, Theo se entregou não apenas a uma ligação carnal, mas a uma reabilitação completa. Pressionou funcionários em seu favor, acomodou-a num quarto de hotel, tentou lhe encontrar emprego. Impetuoso no amor como era cauteloso em todo o resto, Theo pensou em desposá-la quase de imediato.

Vincent respondia a cada pormenor das confissões amorosas de Theo com um entusiasmo que beirava o delírio. As discussões sobre arte e dinheiro foram substituídas por manifestações de solicitude sincera e até sugestões de sacrifício. "Salvar uma vida é uma coisa bela e grandiosa", escreveu Vincent. "Não a prive de nada por minha causa." Quando o êxtase de Theo sucumbiu, como sempre, às cismas sobre o futuro, Vincent iniciou uma campanha de consolação que relembrava as campanhas do álbum de poesias, de anos anteriores, enchendo cartas e mais cartas de conselhos e consolos ao irmão que sofria por amor. Afirmando seu maior conhecimento dos assuntos do coração, ofereceu de tudo, de orientações práticas para manter uma amante ("Seria desejável para ela estar em outro lugar que não seja um lúgubre quarto de hotel") a instruções detalhadas sobre a corte amorosa ("Mostre-lhe inequivocamente que você não pode viver sem ela"). Enviou listas de leituras românticas (em especial Michelet) e a galeria de imagens de um amante, incluindo a indefectível Mater Dolorosa.

Liberado de seu voto de silêncio graças ao novo dilema romântico de Theo, Vincent traçou paralelos incessantes entre Marie e Sien ("Nós dois paramos e seguimos o impulso humano de nosso coração"). Quando Marie foi hospitalizada para uma operação em fevereiro, Vincent viu no fato uma repetição da crise médica de Sien e o utilizou para acertar velhas contas e reivindicar velhas prerrogativas. Arrolou as semelhanças com o caso de Sien em parágrafos numerados e discorreu sobre os poderes restauradores do "amor e da lealdade". "Sim, realmente penso que a vida dela pode depender disso", afirmou ele.

Em maio, finalmente Theo reuniu coragem para pedir aos pais autorização para se casar com Marie. Quando negaram ("Há algo de imoral numa relação com uma mulher de posição mais baixa na vida", explicou Dorus), a fantasia de uma revanche e justificação final de Vincent parecia ter se materializado. Ele despejou uma enxurrada de condenações sobre o pastor e sua esposa, dizendo-os "indizivelmente pretensiosos e de uma impiedade absoluta". Nos termos mais terríveis, conclamou o irmão a romper com os pais e se juntar a ele numa rebelião explícita. Depois de meses de indecisão, começou a pressionar clamorosamente pelo casamento, insistindo que era a coisa certa a fazer, "mesmo se não se sabe de antemão como essa mulher vai se revelar mais tarde". Chegou a instigar Theo ao comprometimento máximo — a ruptura mais segura, mais irrevogável com os pais: "Julgo *desejável* que haja uma criança".

Vincent se esforçou especialmente em aprofundar a cisão entre o irmão e o pai. Atacou a desumanidade e a crueldade da conduta de Dorus. "Contrariar os interesses de tal mulher, *impedir* sua salvação, é *monstruoso*", escreveu ele. "Você e eu também às vezes fazemos coisas que talvez sejam pecaminosas: mas, apesar disso, não somos inclementes e sentimos piedade." Vincent lançou apenas o mais fino véu sobre suas intenções divisionistas, qualificando a discussão sobre Marie como "uma crise que pode fazer com que alguns se liguem com mais firmeza, enquanto, por outro lado, pode fazer com que outros se afastem".

Mas, mesmo vituperando contra o pai, outra corrente contrária o aproximava de Dorus e aumentava a divergência com Theo. Dorus foi até Haia em maio e Vincent declarou que foi o encontro mais amistoso entre ambos desde 1877, quando Dorus passara "um dia glorioso" com ele em Dordrecht. Apesar do rancor irreprimível que enchia as cartas de Vincent, falaram apenas rapidamente de Sien e nada comentaram sobre Marie. Depois disso, Vincent programou que faria o retrato do pai e falou dele em termos afetuosos e generosos, inéditos na longa história do antagonismo entre ambos. Na inversão suprema dos papéis, Vincent se apresentou como pacificador da família. "Eu ficaria contente", escreveu a Theo em palavras que por certo o deixaram boquiaberto de incredulidade, "se, com um pouco de boa vontade, fosse possível preservar a paz."

Mas não adiantou. No fim, Theo escolheu o dever em vez do amor, a família em vez da fraternidade. Como sempre fazia, aliás. Sem dúvida ofendido pelos ataques de Vincent aos pais e talvez incomodado pela tutela militante do irmão (e talvez alerta a seus desígnios), Theo providenciou que Marie se mantivesse a certa distância, mantendo-a financeiramente, fazendo acordos discretos com os pais dela e continuando a vê-la — justo o contrário do que aconselhava Vincent.

No fim de julho, menos de um mês antes da visita programada a Haia, Theo reconquistou as graças dos pais e destruiu as ilusões de Vincent de corrigir o que chamava de "falsa posição" com o irmão. Theo iria chegar ao ateliê de Schenkweg de novo fortalecido por seus próprios sacrifícios para exigir o mesmo de Vincent.

Conforme se aproximava o dia do acerto, Vincent se apressou em tentar reparar as divergências e decepções que haviam preenchido o ano desde a última visita de Theo. Numa campanha movida por doses sempre variáveis de amor fraterno, culpa e ressentimento, procurou acalmar o irmão com imagens e palavras. Em maio e junho, criou uma série de desenhos que remeteu como prova de sua dedicação em fazer trabalhos mais elaborados, como insistia Theo. Essas cenas grandes, povoadas de figuras, retratavam grupos empenhados numa atividade coletiva: desenterrando batatas, carregando carvão, cortando turfa, transportando areia. Gabou-se da complexidade e variedade dessas imagens e garantiu a Theo: "[Elas] vão lhe agradar mais do que aqueles estudos isolados".

Em junho, Vincent prometeu a Theo que retornaria à aquarela em breve — "provavelmente antes de sua chegada". Mas foi apenas um mês depois que pegou a caixa de tintas que pouco usava e foi ao campo para fazer "algumas aquarelas para variar". Mesmo então, adiou qualquer outra tentativa até a chegada do irmão, "quando decidiremos juntos se vou fazer uma série de pequenas aquarelas para você — apenas como experiência". A pintura a óleo também reapareceu de súbito nos meses que precederam a vinda de Theo. Vincent identificou algumas "coisas esplêndidas para pintar" e declarou que estava "justamente com o estado de ânimo agora [para pintar]". Informou que estava fazendo algumas paisagens, tema favorito do irmão, em passeios de desenho ao campo e à praia de Scheveningen.

Em julho, usando tinta nanquim, pintou um campo de batatas aninhado entre as dunas, com as fileiras do tubérculo convergindo para um horizonte em múltiplas camadas de campos, touceiras e colinas — uma visão serena e envolvente da natureza como jamais fizera. Em outra pintura, agora conhecida apenas no rápido esboço que enviou numa carta a Theo, Vincent fez uma fileira de arbustos "emaranhados pelo vento marinho" numa trilha pela orla. Os seis arbustos batidos ocupam quase toda a imagem, vergando-se e tremulando como chamas ao vento. Estando à vontade por ser um "rabisco" informal, Vincent captou o cenário em traços turbilhonantes da pena, aos quais faltava apenas a cor das pinceladas que viriam no futuro.

Às vésperas da chegada de Theo, Vincent anunciou seus planos de montar um estoque de artigos de pintura e rearranjou o ateliê às pressas, substituindo os estudos de figura onipresentes por alguns dos esboços de pintura que havia feito no fervor do verão anterior. "Pareceu-me que, afinal, havia algo neles", reassegurou ao irmão.

Em vez das imagens agradáveis que Theo queria, Vincent o inundou de palavras agradáveis. O ritmo de suas cartas se acelerou, passando de uma por semana em abril para uma por dia nas semanas que antecediam a visita fatídica, enquanto Vincent se apressava em emoldurar suas modestas imagens com uma grandiosa retórica. "Ocorreu uma revolução em mim", anunciou ele; "o tempo está maduro... soltei as rédeas." Garantiu reiteradamente a Theo que estava apenas a poucos dias, a poucos modelos, a poucos esboços de "algo amplo e audacioso", "algo reconfortante, algo que faz pensar".

Apresentou o conjunto de desenhos mais recentes como prova de que estava próximo "o momento" em que faria uma imagem vendável e previu confiante que "as pessoas vão mudar sua opinião de que faço ou planejo coisas absurdas". Além de prometer um futuro brilhante se Theo tivesse paciência, alertou sobre terríveis consequências caso não tivesse. "Não me importo com nada a não ser o trabalho", disse ele, acenando de novo a bandeira vermelha da instabilidade mental. "Fico melancólico quando não posso continuar com meu trabalho." A perspectiva de ter de deixá-lo, insinuou sombriamente ao se aproximar a visita do irmão, "me faz lamentar que eu não tenha adoecido e morrido no Borinage naquela vez, em vez de passar a pintar".

A visita iminente também animou Vincent a retomar a atividade que mais odiava: o convívio social. Depois de mais de um ano de isolamento à Robinson Crusoé na Schenkweg, ele comentou que tivera encontros amigáveis com negociantes de arte e outros artistas. Trocou livros e visitas de ateliê com Breitner, que retornara a Haia para o verão. Numa ida até Scheveningen, visitou Bernard Blommers, pintor de sucesso da Escola de Haia que tinha desaparecido da vida de Vincent na mesma

Caminho da praia, julho de 1883, esboço numa carta, nanquim sobre papel, 7,62 × 13,33 cm.

época de Anton Mauve. Em julho, vencendo as dificuldades dessas lembranças, Vincent mostrou a Blommers seus trabalhos recentes e informou muito satisfeito: "Ele quer que eu continue".

Também fez uma visita a Théophile de Bock, o protegido de Mesdag com o qual já tinha se desentendido várias vezes. De Bock alugara uma casa bem junto à estrada que ia de Haia a Scheveningen. Em seu informe a Theo, em vez de zombar das pretensões burguesas de De Bock (como antes fazia com muita frequência) ou de criticá-lo por não usar mais modelos, Vincent manifestou sua admiração pelas paisagens "bonitas", "luminosamente pintadas", e em certa medida recuou de seus ataques ferozes ao impressionismo. "Não me importa que seja inacabado", disse de um dos trabalhos de De Bock. "[É] meio romântico, meio realista — uma composição de estilos que não me desagrada." Chegou a combinar que utilizaria um aposento da casa de De Bock como segundo domicílio, onde poderia armazenar seus materiais, e ficaria muito mais fácil ir até a praia — combinação que apresentou a Theo como potencial garantia de fazer mais paisagens.

Para demonstrar o empenho em vender seus trabalhos, Vincent inverteu a retórica que mantinha fazia meses e recorreu mais uma vez aos parentes de que tinha se distanciado. Enviou ao tio Cor, em Amsterdam, dois de seus desenhos de grupo com a pálida esperança de que "possam ser o meio de encontrar novas ligações e talvez de restabelecer relações". Assegurou a Theo que estava "muito ansioso para ficar novamente em bons termos com Mauve". Estava tão iludido que pediu a Theo que persuadisse Mauve a lhe estender mais uma vez "uma mão de auxílio".

O caminho até as graças do tio Cent, porém, passava pela Plaats, Goupil & Cie., e pelo pequeno escritório de H. G. Tersteeg nos fundos da loja. Era uma reversão muito mais difícil de negociar. Mal fazia um mês que Vincent havia responsabilizado Tersteeg por todas as atribulações do ano anterior e prometera "nunca mais cruzar com ele". Vincent esperava que Theo pudesse "escrever uma palavrinha" e "conseguir algum arranjo" com o inflexível *gérant*. Propôs ao irmão que intermediasse uma reaproximação.

Passado um mês sem resposta, revigorado por seus novos desenhos e aflito em "dissolver o gelo" entre eles, Vincent voltou à galeria Goupil pela primeira vez em mais de um ano e encarou seu desafeto. Tersteeg o recebeu com formalidade. Sendo uma pessoa fácil de ofender, Vincent interpretou a atitude como uma acolhida fria: "Eis você aí, me incomodando outra vez — me deixe em paz". Vincent tinha levado um de seus desenhos de trabalhadores em grupo, este com uma fila de cavadores, e ofereceu como presente a Tersteeg. "Entendo perfeitamente bem que este desenho pode não ser nada para você", disse ao estender a grande folha na escrivaninha de Tersteeg, "mas vim lhe mostrar porque faz tempo que você não vê nenhum trabalho meu e porque queria provar que não guardo nenhum ressentimento pelo que aconteceu no ano passado."

"Também não guardo nenhuma mágoa", disse Tersteeg enfastiado, mal olhando a imagem à sua frente. "Quanto ao desenho, eu lhe disse no ano passado que você devia fazer aquarelas... Isto aqui não vende, e ter saída comercial é o mais importante." Aqui também Vincent viu na declaração do *gérant* uma mensagem muito mais ríspida: "Você é uma mediocridade e é arrogante porque não cede e faz coisinhas medíocres; está ficando ridículo com essa sua chamada 'busca'".

Combatendo o desânimo, Vincent voltou às pressas para casa e passou o resto do dia redesenhando a imagem, "para acabar melhor as figuras". Escreveu ao irmão um relato pormenorizado do fiasco: uma história dilacerada entre a fúria, a dor e o desespero, que se entendeu em várias cartas extensas e queixosas. "Às vezes fica-se deprimido com isso e a pessoa se sente acabrunhada e quase aturdida", escreveu ele. "A vida às vezes fica deprimente e o futuro, sombrio." Amaldiçoou Tersteeg e todos os semelhantes a ele — "os fátuos, os impotentes, os céticos, os *gozadores burros* e idiotas". "Ele continua a achar que tudo o que faço é errado... Eu não ficaria nada surpreso se ele considerasse meu trabalho maluco."

Estoicamente, jurou que iria ignorar as dúvidas que o cercavam e continuaria a trabalhar com constância — "enfrentar a situação e seguir meu próprio caminho". Mas em toda a vistosa retórica é possível discernir um único receio crescente: que as palavras pérfidas de Tersteeg pudessem ser uma pequena amostra do amargo remédio que Theo lhe traria em agosto.

Enquanto Vincent protestava contra o "*eterno* não" de Tersteeg, seus argumentos em defesa de uma vida viável em Haia — argumentos que apresentaria a Theo — estavam se desmoronando ao seu redor.

As dívidas continuavam a aumentar. No fim de julho, os credores estavam batendo à porta. Vincent registrou uma "escaramuça" especialmente desagradável com um cobrador — agora ocorrência habitual na Schenkweg:

> Falei a ele que pagaria logo que recebesse, mas que no momento não tinha um único centavo... Pedi que deixasse a casa, e por fim o empurrei pela porta; mas ele, que talvez estivesse esperando isso, me agarrou pelo pescoço, me atirou contra a parede e depois me derrubou no chão.

Vincent também havia ignorado meses de intimações fiscais. Quando os coletores vieram receber os impostos, ele desafiou: "Acendi meu cachimbo com suas intimações". Mas, quando voltaram e ameaçaram confiscar todos os seus bens para ir a leilão, ele protestou aos brados de indignação virtuosa ("Millet e os outros mestres continuaram a trabalhar até receber mandados judiciais e alguns estiveram na prisão") e alegação de pobreza. Mas, ao mesmo tempo, fez questão de se certificar que Theo era o proprietário de toda a sua obra (pondo-a fora do alcance dos credores) e pensou em declarar falência simplesmente sumindo da praça: primeiro, escondendo-se em seu segundo domicílio em Scheveningen; depois, se necessário, mudando-se para o campo.

Depois de meses resistindo aos pedidos de mais dinheiro do irmão, Theo afinal enviou um extra de cinquenta francos para ajudar Vincent a se manter de pé até o encontro de agosto. Poucos dias depois, Vincent anunciou que tinha comprado um cavalete novo.

Enquanto as dívidas aumentavam, ele se afundava mais e mais no isolamento. Em junho, recusaram-lhe permissão de desenhar no albergue, cortando seu contato com Zuyderland e outros moradores da instituição. Logo depois, perdeu outra fonte de modelos, a carpintaria do bairro. O amigo Van der Weele foi para o campo em meados de julho, e suas ambiciosas promessas de visitar De Bock e Blommers se evaporaram no denso mormaço de verão, deixando-o sozinho nas longas caminhadas pela duna.

Enquanto isso, na Schenkweg, a "família" de Vincent entrava numa espiral rumo ao inevitável rompimento. Sob as tensões do isolamento e da escassez, Sien se rebelava cada vez mais com a barganha que lhe caíra dos céus. "Às vezes, o gênio dela fica quase insuportável", reconheceu Vincent. "De vez em quando entro em desespero." Aflito, querendo preservar a fantasia da salvação, escalava vilões a torto e a direito para justificar a preguiça, o relaxamento e as explosões de mau gênio cada vez mais violentas de Sien. O principal vilão era a mãe, Maria Wilhelmina Hoornik, que se mudara para o apartamento de Schenkweg durante o inverno e logo começou a criar encrencas.

Em sua paranoia, Vincent enxergava traição por toda parte. Maria não estava agindo sozinha, dizia, e sim como instrumento de uma "família intrometida, caluniosa, provocadora" — "*lobos*", como os qualificava. Acusava-os de semear a insatisfação e a desconfiança; de "tentar afastar [Sien]" e arrastá-la de volta para sua vida anterior. Imaginava-os cochichando no ouvido dela: "Ele ganha muito pouco", "Ele não presta para você", "Certamente um dia ele vai te abandonar". Mesmo depois que Maria foi embora em maio, Vincent continuou a culpar a família pela "recaída" de Sien. Pediu a Sien que cortasse o contato com seus parentes. Mas Sien nunca cortou. "Ela prefere ouvir e acreditar nos que diziam que eu ia abandoná-la", queixou-se ele. Mas ainda assim Vincent se prendia a ela — sobretudo a seu bebê de colo, Willem. "Muitas vezes ele fica comigo no ateliê, e dá gritinhos para os desenhos", escreveu num outro devaneio doméstico. "[Quando] vem engatinhando de quatro até mim, dando gritinhos de alegria, não tenho a menor dúvida de que está tudo certo."

Enquanto as finanças e a vida de família se desfaziam, a saúde física de Vincent também continuava a se deteriorar.

Era como se as doenças dele nunca se curassem, apenas se acumulassem. Durante toda a primavera e o verão, continuaram as notícias de nervosismo, estados febris, desfalecimentos e tonturas, que se tornavam mais defensivas — como sempre — conforme se acercava a data de chegada do irmão. As queixas iam de algo específico (desarranjo estomacal, "dor entre os ombros") a impressões indefinidas ("sensação de prostração" ou simplesmente "me sinto um caco"). Em geral recaíam sobre a questão financeira, pois Vincent convertia seus males em mais uma acusação contra a sovinice do irmão. "Estou com uma sensação de fraqueza no estômago porque não há comida suficiente", escreveu, numa época em que tinha dinheiro para comprar roupas para os modelos e fazer melhorias no ateliê. De qualquer forma, os distúrbios eram bastante reais. Mesmo quando ele se alimentava de modo adequado, o estômago se revoltava, desencadeando dores de cabeça e tonturas que se prolongavam por um bom tempo.

Para Vincent — que, como o pai, acreditava numa relação entre a saúde física e a saúde mental —, esses males persistentes despertavam os temores mais sombrios. Em parte como ameaça, em parte por medo, ele começou a especular sobre os efeitos dos "nervos extenuados", o perigo de cair em melancolia e a fatalidade da loucura. Tais presságios ganharam uma vida aterradora em julho, quando Vincent foi visitar o ateliê de George Breitner. Desde o momento em que entrou na mansarda de Breitner, guarnecida apenas "com uma navalha e uma cama", Vincent sentiu uma alma torturada. Nas paredes, viu pinturas em várias fases de execução — imagens tenebrosas pintadas em pinceladas largas e afoitas — que pareciam, disse ele, "manchas de cor apagada num papel de parede descorado, mofado e manchado de fungo".

Num raro acesso de crítica, Vincent desqualificou todas as pinturas de Breitner, dizendo que eram "absurdas", "ridículas", "desajeitadas" e "esquisitas" — "impossíveis e sem sentido como no sonho mais insensato". Para criar tais imagens, afirmou ele, um artista teria de estar "numa perturbação de espírito" — se não totalmente insano. Avaliou que Breitner tinha "se afastado muito de uma visão racional e equilibrada das coisas" e que o esgotamento nervoso o deixara "incapaz de produzir uma única linha ou pincelada equilibrada, sensata". Envolveu essa visão do colapso mental e artístico com uma imagem de Émile Wauters, *La folie d'Hugues van der Goes* (*A loucura de Hugues van der Goes*), uma representação assustadora do pintor quatrocentista notoriamente insano, sentado retorcendo as mãos, de olhos esbugalhados, possuído por demônios invisíveis.

Vincent saiu do ateliê de Breitner "tomado por uma depressão que não consigo explicar direito" e escreveu imediatamente um relato detalhado a Theo, como um instrutivo episódio de alerta e também um grito de medo às vésperas da chegada do irmão. Era só isso que podia fazer, afirmou ele, para combater as "dificuldades [que] sobem como uma maré" e "a dúvida que me oprime". Se perdesse aquela batalha — ou fosse levado a abandoná-la —, as consequências poderiam ser devastadoras. "Não se deve crer que as coisas são de fato tão sombrias como se supõe", advertiu. "Do contrário, a pessoa enlouqueceria."

À medida que se aproximava o dia da chegada de Theo, Vincent antevia a avaliação com tal ansiedade que tinha medo de dormir à noite. Pelo contrário, trabalhava direto até depois de nascer o sol, fumando seu cachimbo, desenhando e redesenhando as imagens familiares numa tal fúria para se distrair até que "caía de exaustão". Alegava constantemente a "serenidade" em seu trabalho, mas as cartas se eriçavam num tom defensivo. Quando um quadro de seu amigo Van der Weele ganhou uma medalha de prata, apressou-se a tranquilizar Theo: "Eu também serei capaz de fazer algo do gênero no futuro". Quando Theo lhe sugeriu que passasse algumas semanas no campo, para se recuperar e melhorar a saúde, Vincent logo suspeitou que era uma maneira de lhe diminuir o apoio e descartou a ideia de forma brusca: "Tirar um descanso está fora de questão".

Mas nada conseguiria desencorajar a fantasia de Vincent quanto a uma irmandade perfeita. A visão que ele e Theo tinham compartilhado na estrada de Rijswijk corria num perpétuo contraponto ao rancor e ao ressentimento das divergências cotidianas. Bastava-lhe caminhar sozinho nas dunas de Scheveningen, onde tantas vezes passeara com o irmão no passado, para voltar a sentir aquela energia e aquele jorro de esperança que sempre o acompanhavam. "Não ficaria surpreso se você também se lembrasse do local", escreveu após uma caminhada dessas. "Penso que, se estivéssemos juntos de novo naquele local, ficaríamos num tal estado de espírito que não hesitaríamos sobre o trabalho, mas sentiríamos claramente o que devemos fazer."

Mas os sentimentos de Theo em relação ao irmão também eram sujeitos a grandes variações emocionais (Vincent chamava de "oscilações"). E os anos de discussões incessantes e sacrifícios sem reconhecimento tinham esgarçado seus sentimentos fraternos, reduzidos a um puído senso de dever. No fim de julho, pouco antes de uma missão que certamente o apavorava, Theo enviou ao irmão uma cruel amostra prévia da mensagem que iria levar: "Pouca esperança posso lhe dar para o futuro". Fossem resultantes de impaciência, falta de consideração ou raiva descontrolada, as palavras de Theo atingiram Vincent como um golpe devastador. "Elas me atingiram de chofre, em cheio no coração", respondeu de imediato. "Sinto meu ardor desaparecendo... Isso me soa como se você pessoalmente não tivesse nenhuma confiança em mim. É verdade?" Numa segunda carta no mesmo dia, Vincent deu vazão a todas as dúvidas e recriminações interiores que tinham ficado represadas nos meses de atitudes arrogantes e desafiadoras:

> Todos os meus problemas se juntam para me esmagar, e é demais para mim porque não consigo mais enxergar o futuro com clareza. Não consigo expor de nenhuma outra maneira, e não consigo entender por que não haveria de me sair bem em meu trabalho. Tenho posto todo o meu coração nele e, pelo menos agora, isso me parece um erro... Às vezes fica difícil demais, e mesmo contra a vontade bate uma grande infelicidade... Sou apenas um fardo para você.

Poucos dias antes da chegada de Theo, Vincent fez um passeio solitário pelas dunas. Os pensamentos de morte preenchiam o silêncio. A praia deserta e o "ânimo tristonho" o fizeram pensar no perfil de um artista, que lera numa revista, o qual morrera aos 38 anos, disse a Theo, e isso levou, o que era inevitável, a uma série de cálculos mórbidos. "Não só comecei a desenhar relativamente tarde na vida, mas também pode ser que eu não possa contar com muitos anos mais de vida." Transformando um arrepio ao sentir a própria mortalidade num pedido de compreensão e paciência, ele extraiu a lição da história e explicou ao irmão:

> Gostaria de deixar alguma lembrança na forma de desenhos e pinturas... Tenho de realizar em poucos anos algo repleto de amor e coração, e tenho de fazê-lo com vontade. Se eu viver mais, *tant mieux*, mas tirei isso da cabeça. *Algo precisa ser realizado* nesses próximos anos.

Meses e meses de discussões incansáveis tinham se reduzido a este simples apelo: "A única coisa que eu quero é fazer algum bom trabalho".

O trem de Theo chegou no fim da tarde de sexta-feira, no dia 17 de agosto. Nada do que aconteceu nas poucas horas seguintes saiu de acordo com os esperançosos planos que Vincent traçara nos meses anteriores. Em vez de ficar para o fim de semana, Theo parou apenas entre um trem e outro. Em vez de fazer uma avaliação detalhada do trabalho de Vincent, Theo talvez nem tenha ido ao ateliê da Schenkweg (provavelmente para evitar Sien). Seu único comentário sobre a arte do irmão foi um vago tributo à sua "virilidade". Em vez de um passeio até Scheveningen para uma "bela caminhada" nas dunas, os irmãos percorreram as ruas da cidade enquanto findava o dia e apareciam os acendedores de lampiões. Em vez de uma solidariedade fraterna da fantasia de Vincent, os dois tiveram uma ríspida altercação.

Abandonando a cuidadosa circunspecção da correspondência, eles reabriram todas as feridas que tinham se infligido nos doze meses desde o último encontro, cada um levando o outro a cóleras intensas e a silêncios despeitados. Dessa vez, Theo *insistiu* que Vincent encontrasse emprego e se empenhasse mais em vender seus trabalhos. O movimento na Goupil tinha caído bastante (como em todos os setores, na recessão de 1882-3) e as finanças de Theo estavam muito apertadas, chegando ao limite. Seu salário era dividido em seis partes — entre pais, irmãos e amante — e não podia prometer que continuaria a mandar 150 francos todo mês.

Espicaçado pela acusação que sentiu nos apuros de Theo, Vincent investiu contra a vida frívola e superficial do irmão em Paris. Recusou-se sem rodeios a procurar emprego, rejeitou com altivez a ideia de vender ele mesmo seus trabalhos (o que comparou a "pedir esmolas") e contrapôs: "É muito penoso para mim falar com outras pessoas". "A melhor coisa seria continuar a trabalhar até que os amantes da arte se sintam espontaneamente atraídos por meu trabalho." Devolvendo ao irmão a acusação de preguiça, culpou Theo por não se empenhar o suficiente em vender seus desenhos nem em sanar os desentendimentos com Tersteeg, Mauve e os tios importantes.

Theo contou que, na verdade, tinha conversado pouco tempo antes com o tio Cor em Amsterdam, o qual concordara em encomendar outra série de desenhos de Vincent. O tio estava inclusive disposto a lhe fazer um bom adiantamento. Mas sob uma condição: Vincent teria de deixar Sien.

Isso elevou a discussão a novos patamares de rancor sobre o tema mais sensível de todos. Vincent acusou o irmão e o pai de crueldade, por lhe terem negado seu único verdadeiro amor, Kee Vos — "uma ferida que carrego comigo" —, e por empurrá-lo para os braços de "uma puta fanada" e seus "bastardos". Theo retrucou que Sien tinha afastado justamente as pessoas de quem Vincent mais precisava, como Tersteeg. Por fim, Theo lançou sua acusação mais incendiária: que Vincent era o pai da criança.

A fúria que se seguiu ("É *inegável* que perdi o controle", confessou Vincent) estilhaçou qualquer fragmento restante de sentimento fraterno. Vincent deve ter ouvido na acusação do irmão, fundada ou não, a voz reprovadora do pai. Quando o trem de Theo saiu da estação naquela noite, o pensamento de Vincent na hora da partida foi que o irmão tinha *se transformado* em seu pai.

Quando Theo foi embora, estava claro que Vincent deixaria Sien. Escolheria a família antiga em vez da nova. A única questão era quando e como iria justificar o fato. "Não me apresse nas várias coisas que não podemos resolver de imediato", escreveu ao irmão num acesso de arrependimento, logo depois de voltar da estação ferroviária, "pois preciso de algum tempo para decidir."

Nas três semanas seguintes, ele se debateu com o inevitável em quase uma dúzia de longas cartas angustiadas. Votos de devoção eterna e pedidos de compreensão se atropelavam com explosões de falso moralismo e acusações ferinas de descaso por parte de Theo, enquanto Vincent afundava nas correntes de amor e ressentimento, concordância e resistência que se entrechocavam. Confessava-se batendo no peito, e logo vinham extensos pós-escritos de desafio, retirando qualquer concessão. Promessas de cooperação ("Estou à sua disposição") colidiam com pedidos para deixá-lo "seguir meu próprio caminho, do jeito que eu sou" — às vezes no mesmo parágrafo. Um dia declarava que preferiria arrumar um serviço humilde de entregador a "sobrecarregar demais" o irmão; no dia seguinte, desafiador, dizia que preferia "morrer a fazer qualquer coisa que não seja meu trabalho".

O primeiro impulso de Vincent diante desse conflito, dessa "luta no mais fundo de mim", não foi o de resolvê-lo e sim de fugir a ele. Apenas dois dias após a visita de Theo, propôs sair de Haia. "Gostaria de ficar sozinho com a natureza durante algum tempo", anunciou, "longe da cidade."

A ideia de ir para o campo vinha se insinuando fazia mais de um ano, quando Vincent tentou imitar artistas prósperos que, como Mauve, iam todos os anos para casas no campo ou, como Anthon van Rappard, se dirigiam para regiões distantes, a fim de desenhar com folga e lazer. Poucas semanas antes, no começo de agosto, Theo sugerira que ele fosse passar algumas semanas nos pôlderes, as terras baixas holandesas, para tirar férias do calor e da opressão da cidade. Mas agora a pressão dos credores e dos coletores de impostos tinha imprimido uma urgência prática a esse luxo burguês. Dessa feita, Vincent falou em tomar residência permanente "naquela área de charnecas e pântanos", onde, imaginava ele, "poderei fazer o que quiser". A Theo, ele apresentou a mudança como uma medida econômica — uma alternativa mais saudável e mais barata à vida urbana, fonte de temas melhores (mais vendáveis) e modelos mais em conta, garantindo assim a Theo que teria as paisagens que apreciava e as economias que solicitava.

A primeira opção de Vincent foi, é claro, o lar da família. Pouco antes, no mês anterior, ele se deixara dominar pelas saudades das charnecas e pinheirais do Brabante. E mais uma vez imaginara uma harmoniosa chegada ao lar, não só recebendo uma boa acolhida dos pais, mas também imaginando que posariam para ele tal como sua família fictícia na Schenkweg. "O que me agradaria demais fazer é [desenhar] a figurinha do pai numa trilha pela charneca... Além disso, o pai e a mãe de braços dados, digamos." Mas, acrescentou categórico, eles teriam de posar com paciência. "Terão de entender que o assunto é sério... E assim terão de ser gentilmente avisados de que devem adotar a pose que eu escolher, sem mudá-la."

Na vida real, porém, Theo tinha excluído Nuenen — e na verdade todo o Brabante — enquanto Vincent continuasse com sua escandalosa "família". Deve ter reforçado essa posição no encontro em Haia, pois, quando Vincent anunciou logo depois seus planos de se mudar para o campo, já escolhera outro destino: Drente.

Drente era uma província distante, que se estendia quase até o extremo norte da Holanda, que desde longa data havia conquistado um lugar na geografia artística e familiar íntima de Vincent. Mauve fora até lá no outono de 1881 e convidara Vincent a ir com ele, antes de adoecer e desistir da viagem. Rappard visitara Drente em 1882 e novamente em 1883, voltando com relatos deslumbrantes de "pôr o pé na estrada", além de desenhos e pinturas que Vincent examinou no ateliê do amigo em Utrecht. Com base nisso, Vincent havia imaginado a distante Drente como "algo parecido com o Brabante quando eu era novo". De fato, foi o reaparecimento de Rappard em Haia — indo mais uma vez a Drente — naquele exato momento que consolidou a decisão de Vincent. Agarrando-se ao último vínculo remanescente que lhe manteria as boas graças da família, imaginou que Rappard o visitaria com mais frequência em Drente e enumerou as maneiras como "poderemos aproveitar a companhia um do outro". Imaginou também que ambos fundariam uma espécie de colônia a que poderiam vir outros artistas e "[se] embeber na serenidade da natureza nas charnecas".

E imaginou levar Sien com ele. "Gostaria de morar com ela em algum lugar num vilarejo onde ela não visse nada da cidade e levasse uma vida mais natural", disse, incorporando a velha ideia de salvação em sua nova visão de retirada para o campo. Numa avalanche de argumentos, digladiou-se para resgatar sua fantasia familiar da lógica cruel de Theo. "Se eu abandonasse a mulher, talvez ela ficasse louca", declarou; além disso, "o menino realmente me adora". Numa febre de autojustificação, até se dispôs de novo a desposá-la.

Mas Vincent tinha lançado a sorte com Theo, e Theo estava inflexível. Vincent, claro, pôs toda a culpa pelo rompimento em Sien: sua perfídia, sua recaída, sua recusa em romper relações com sua família de salafrários. No dia 2 de setembro, um domingo, a fez sentar na saleta de estar do apartamento da Schenkweg e lhe disse as mesmas duras verdades que Theo lhe lançara. "É impossível ficarmos juntos", declarou ele. "Um faz o outro infeliz." Insistiu para ela "se endireitar", mas duvidava que o fizesse. Quanto ao futuro dela, deu-lhe o mesmo conselho solene que tantas vezes lhe dera Theo: "Arranje um emprego".

Até o momento em que seu trem saiu de Haia na terça-feira, dia 11 de setembro, Vincent continuou a se sentir acossado por dúvidas e remorsos. Alimentava a fantasia de que Sien o acompanharia ou que ele poderia ficar, mesmo enquanto saldava suas dívidas com o dinheiro que lhe dera o tio Cor e providenciava com o senhorio o armazenamento de seus bens no sótão do prédio. Apressou os preparativos, achando que cada dia de demora o "aprofundava no labirinto" da "desdita" de Sien. Ansioso para ir embora, desconsiderou o conselho de Theo em se informar mais sobre o local de destino. Tomou como confirmação suficiente o comentário que Rappard lhe escrevera de Drente: "A região tem um caráter muito sério; as figuras amiúde me fazem lembrar seus estudos". Pediu a Theo que enviasse mais uma soma, para poder viajar "tão logo seja possível... quanto mais cedo, melhor". Se Theo não pudesse enviar o suficiente para a viagem até Drente, Vincent se prontificou a ir *para qualquer lugar*, desde que fosse "longe, bem longe", e pudesse partir de imediato.

Quando finalmente o dinheiro chegou, Vincent partiu no dia seguinte. Ele tentou esconder sua partida de Sien até o último minuto, mas ela apareceu na estação ferroviária para vê-lo, levando no colo o menino Willem, de um ano de idade, imagem que ele receava lhe partir o coração. "O menino gostava muito de mim", escreveu a Theo sobre a despedida, "e, quando já estava no trem, ainda estava com ele no colo. Nós nos separamos com uma tristeza indizível, penso eu, de ambos os lados."

Vincent invocou o manto do "dever" para cobrir sua saída humilhante de Haia. "Meu trabalho é meu dever", escreveu em sua última noite na cidade, "ainda mais premente do que a mulher, e ele não pode sofrer por causa dela." Mas as motivações que o impeliam não tinham se alterado. O fim da família adotada o levara mais uma vez de volta à família verdadeira. As saudades de Theo marcam as últimas cartas de Haia. Prometeu voltar de Drente a tempo da próxima visita do irmão, e então entraria numa associação de aquarelistas que tinha Mauve e Tersteeg entre seus membros, e depois disso iria a Londres para procurar um emprego remunerado. Imaginou os tios se unindo para mais uma ressurreição das boas graças. "O principal agora é pintar muito", declarou. "*Isso* e a serenidade da natureza vão nos trazer a vitória ao final — tenha certeza disso."

Vincent saiu de Haia em busca de Theo. Parecia imaginar que os irmãos afinal encontrariam nos pântanos de Drente a união mítica que haviam jurado na estrada de Rijswijk. Era uma redenção superada apenas por aquela que sempre lhe acenava de um pântano ainda mais remoto. Vincent sacrificara tudo — esposa, família, lar, arte — a essa visão fugidia da irmandade perfeita. Logo seria a vez de Theo fazer o mesmo.

20. Castelos no ar

No percurso de sete horas de trem na escuridão, Vincent ficou com um mapa de Drente ao lado. Nas semanas que antecederam a partida, sua imaginação tinha vagueado várias vezes por ele. Escolhera como destino "um grande espaço em branco sem nome de nenhum vilarejo", onde iam terminar os canais e as estradas. Perto de Drente havia uma extensão de água chamada Zwarte Meer (lago Negro) — "um nome muito significativo", suspirou ele. Sobre o Zwarte Meer havia apenas uma palavra: *Veenen*, turfas.

Ele acordou no dia seguinte diante de uma paisagem de inclemente desolação. Os pântanos — impenetráveis, abafadiços, de solo de aluvião — se estendiam até o horizonte, em todas as direções. "Que espécie de atração pode haver nesta terra pantanosa que se espalha até onde a vista alcança?", escrevera outro visitante da região, três anos antes. "O que se pode esperar além de uma monotonia exasperante?" Não eram as charnecas arenosas de Zundert, nem as dunas de entretenimento de Scheveningen. Nesse planalto de lama, as únicas árvores que sobreviviam eram as plantadas ao longo das estradas — estranhas espécies compridas e espigadas se agarrando ao terreno mais alto. Pequenos musgos, como os de turfa, que gostavam de água, se multiplicavam no solo escuro e pesado — uma densa papa grossa de vegetação morta, em longa decomposição, escura e impermeável como seu velho parente, o carvão. Como o carvão, a turfa também podia ser usada como combustível — crucial numa terra nua de longos invernos rigorosos —, e anos de coleta da turfa tinham roubado à paisagem até mesmo sua desolada grandeza. Por onde Vincent olhasse, o pântano fora despido de suas camadas de turfa e sulcado por uma rede de canais (na verdade valas) para transportar aquela dádiva — processo que esbulhava as várzeas de Drente tão inequivocamente quanto a mineração de carvão havia estripado o Borinage.

A desolação e as valas iam dar no vilarejo de Hoogeveen, onde Vincent desceu do trem. Escolheu Hoogeveen porque o local estava marcado com um ponto vermelho no mapa: "Está classificado como uma vila no mapa", escreveu ele, "mas na verdade não tem sequer uma torre de igreja". Povoado de fronteira, improvisado à beira de um ermo de águas, Hoogeveen era constituída quase exclusivamente das casas modernas e simples de tijolos que Vincent detestava. Havia um trecho mais largo no canal, com a designação grandiosa de "porto", que fora escavado quando Hoogeveen ainda era o centro da indústria de turfa. Mas agora os pântanos estavam pelados e as grandes operações de extração de turfa tinham transferido seus exércitos de cortadores e dragadores pobres mais para o leste. Os poucos moradores restantes conseguiam uma exígua subsistência transportando turfa seca do pântano ao mercado. Batelões e batelões com pilhas do material chegavam diariamente ao porto — alguns puxados por cavalos, outros por pessoas. Mulheres e crianças com trapos incrustados de lama se afanavam em descarregá-los. Na ponta do canal, vacas esqueléticas se saciavam na água imunda, enquanto alguns velhos nos caminhos de areia logo acima conduziam carretas de entrega puxadas por cachorros ainda mais esqueléticos.

A miséria era tão extremada que a ordem holandesa começara a perder influência. Anos de depressão econômica, sobretudo nos produtos agrícolas, condições de trabalho brutais e a insensibilidade oficial (até sobre os cachorros incidiam impostos) tinham reduzido a civilidade praticamente a zero, beirando a anarquia. "As pessoas ficam entregues demais a si mesmas para sobreviver", queixou-se um evangelista local. "São quase selvagens." Drente pagara um alto preço pela política do governo de transferir criminosos e indigentes para as regiões mais inóspitas do país, onde serviam como mão de obra barata para os investidores de Amsterdam. A terra árida se somou a corações áridos para gerar não só uma paisagem solitária e desolada, mas um país dentro do país: uma Sibéria de alto índice de mortalidade infantil, alcoolismo desenfreado e criminalidade impenitente: um ermo selvagem ainda selvagem num país que começara a ser ocupado havia 5 mil anos.

"A charneca é magnífica", exclamou Vincent. "Tudo por aqui é lindo, por todo lugar."

Vincent prometera a si e ao irmão a Drente de seus sonhos: uma terra de beleza outonal e autenticidade moral, local tão perfeito quanto as lembranças brabantinas que compartilhavam. Apenas uma visão do paraíso poderia justificar o abandono da ficção familiar na qual ele tanto investira. Fosse ou não a Drente que via, era a Drente que descrevia: campos de turfa "esplêndidos" e "indizivelmente encantadores"; um clima tão "esplêndido" e "revigorante" quanto o do Brabante; um panorama de "tanta nobreza, tanta dignidade, tanta gravidade" que dava vontade de ficar ali para sempre. "Sinto-me muito contente por estar aqui", escreveu ele, "pois, rapaz, é muito bonito."

Olhou as choupanas miseráveis que os camponeses dividiam com o gado e declarou também que eram "muito bonitas". Comparou os estranhos batelões carregados de turfa às barcaças que ambos tinham visto no canal de Rijswijk, e as mulheres miseráveis que descarregavam o material às pitorescas camponesas de Millet. Descreveu o estalajadeiro da hospedaria onde estava instalado, perto da estação, como "um verdadeiro cule". Encantou-se com os rostos engelhados e consumidos de preocupação que via por toda parte no vilarejo, dizendo que eram "fisionomias que fazem evocar porcos ou corvos". No mau humor empedernido de tanta labuta ele viu "melancolia de uma espécie saudável". "Quanto mais ando por aqui", insistiu ele, "mais gosto de Hoogeveen... É cada vez mais bonito aqui... é tão bonito aqui."

Tão bonito, de fato, que logo no dia seguinte à chegada ele anunciou seu plano de fazer uma viagem de barcaça até o centro das atividades, onde acabavam de ter início as operações de extração de turfa daquela temporada. Ia atravessar de ponta a ponta toda a região de turfa, até a fronteira prussiana, declarou ele, porque, "entrando mais na região, vai ficar ainda mais bonita".

Vincent alicerçou essa visão idílica com imagens de todos os paisagistas prediletos dele e de Theo, desde a Idade de Ouro até a Escola de Barbizon. Descreveu a charneca como nada menos que "quilômetros e quilômetros" de Jan van Goyen, Philips Koninck, Georges Michel, Jules Durpé e Théodore Rousseau. Com menções reiteradas a Michel, em particular, que desde muito tempo se tornara um herói para os dois irmãos, graças a seus céus tempestuosos, Vincent proclamou a aura romântica do novo lar. Enchia suas cartas de elaboradas pinturas comentadas, entre as mais poéticas que escreveu na vida, retratando tudo, desde a voluptuosidade das mulheres à beleza austera dos pântanos:

> Aquela vastidão de terra calcinada pelo sol se destaca escura sobre os delicados tons lilases do céu ao anoitecer, e apenas a derradeira linhazinha azul escura no horizon-

te separa o céu e a terra... A faixa escura da orla dos pinheiros separa um céu de débil luz tremeluzente da terra rugosa, que tem uma tonalidade geralmente avermelhada — fulva — amarronzada, amarelada, mas por toda parte com tons lilases.

Então transpôs essas visões para o pincel. Depois de resistir durante um ano, rendeu-se por completo às instâncias de Theo e retomou a pintura a óleo. "Você sabe muito bem", escreveu, "que pintar deve ser o principal, o máximo possível." Prometendo pintar "uma centena de estudos sérios", arriscou ir ao campo com seu cavalete e caixa de tintas, procurando temas pitorescos que convencessem Theo de sua Drente. Pintou as moradias dos cortadores de turfa (que consistiam basicamente em casas de pau a pique), perfiladas contra um vago lusco-fusco; crepúsculos rubros entre bosques de bétulas e várzeas lamacentas; panoramas de charnecas e brejos com imensos céus pintados em toques arrojados, horizontes vazios e ninguém à vista. Elogiou o "caráter sério, sóbrio" da região e explicou que demandava exatamente a luz, a cor e o grau de elaboração que Theo vinha pedindo para seus trabalhos.

Nesse paraíso de imagens, reais ou não, Vincent percebeu esperanças para mais um recomeço. Poucas semanas depois, enviou algumas das pinturas a Paris e recomendou vivamente que Theo mostrasse as peças a negociantes de arte. Imaginou-se voltando a Haia em triunfo, com pastas repletas de "cenas características da natureza" que seguramente iriam "encontrar boa acolhida" entre os compradores, sobretudo na Inglaterra. Comparou-se a um personagem de romance de Daudet, um "sujeito simples... absorvido no trabalho... desleixado e míope, precisando de pouco para si", que mesmo assim encontra a fortuna no final. Em seu cavalete, ele coroou essa mais nova visão da redenção com uma imagem muito antiga: um semeador numa implausível caminhada pelo lodo turfoso de Drente, arremessando suas sementes no pântano estéril.

Nem mesmo Vincent conseguiria sustentar essa ilusão por muito tempo. Logo a solidão — "aquela especial tortura" — se apoderou dele. No imenso vazio das charnecas, "pode-se andar por horas sem ver uma alma viva", escreveu um visitante de Drente em 1880, "exceto talvez um pastor com seu cão e seu rebanho, entre os quais o cão ainda é a criatura mais interessante". O correio demorava para chegar, a intervalos intermitentes, ressaltando a lonjura do lugar. "Estou tão fora de tudo", queixou-se ele e admitiu que a natureza, por mais "estimulante e bela" que fosse, não bastava. "Também é preciso haver corações humanos que buscam e sentem as mesmas coisas." Não encontrou nenhum coração assim em Hoogeveen. O povo fechado do vilarejo encarava o estranho forasteiro do Oeste com desconfiança ou desdém. Na rua, paravam e ficavam encarando Vincent, tomando-o por um "mascate pobre". Quando passou a bater à porta de desconhecidos, procurando algum tema pitoresco — como havia feito em Etten —, começaram a correr boatos sobre o "maluco" que estava entre eles. Vincent lamentava sua falta de jeito ("Magoa-me muito que eu não consiga me dar melhor com as pessoas"), mas respondia na mesma moeda. Falou que o povoado era "uma desgraça" e que os moradores eram uns "primitivos" que não se comportavam "tão bem quanto, por exemplo, seus porcos".

A antipatia crescente tirou de Vincent o único vínculo de intimidade que conhecera em Haia: seus modelos. Chegara a Drente com grandes esperanças de ter um maior número de modelos, e a custos mais baixos, certo de que conseguiria impressionar os camponeses locais como acontecera em Etten. Mas Vincent não era mais o cavalheiro aspirante a artista de dois verões atrás. As brigas com Mauve e Tersteeg, o isolamento do ateliê na Schenkweg, as febres físicas e mentais tinham trazido mudanças a ele. Mais ferino, mais agressivo, mais cáustico, mais rápido na ira, mais próximo do pânico, Vincent agora vivia no limite do que conseguia tolerar. Além disso, os barqueiros e cortadores de turfa de Hoogeveen não eram os camponeses singelos do Brabante. Conforme se espalhavam os boatos sobre seu comportamento estranho, as pessoas reforçavam a atitude hostil. "Riram de mim, fizeram troça de mim", contou desanimado a Theo, nem quinze dias depois que havia chegado. "Não consegui terminar alguns estudos da figura que tinha começado por causa da má vontade dos modelos."

Pôs a culpa pelas humilhações na falta de um ateliê decente ou na luz desfavorável, e injuriou os locais por não "ouvir solicitações razoáveis, racionais". Como em Haia, ardia de frustração com "as pessoas que seria ótimo ter como modelos, mas não se consegue". Essa frustração o levou à única outra forma de intimidade paga que conhecia: as prostitutas. Numa longa e lamurienta missiva, ele enalteceu as virtudes dessas "irmãs de caridade" e defendeu sua necessidade constante de estar com tal companhia. "Não vejo nada de errado nelas", explicou; "sinto algo de humano nelas."

Sentia falta de Sien e do menino. As dúvidas que o assaltaram na saída de Haia acompanharam Vincent a Drente, como Fúrias. A lembrança dela "me atravessa de um lado a outro", confessou poucos dias depois de chegar. "Penso nela com tanta tristeza e ternura." Enxergava-a em todo canto, como um "fantasma". À vista de uma mulher pobre na charneca, de alguma mãe com seu bebê numa barcaça, de um berço vazio numa estalagem, seu "coração se derretia" e "os olhos se umedeciam". Voltou a se debater com suas justificativas para ir embora e a possibilidade de salvação de Sien. "Mulheres de sua espécie são infinitamente — oh, infinitamente — mais merecedoras de piedade que de censura", escreveu ele. "Pobre, pobre, pobre criatura." Ansiava por sua companhia nos pântanos desertos e deplorava com amargura que não tivesse insistido mais em desposá-la. "Isso poderia salvá-la", punha-se a imaginar, "e também poria fim à minha grande angústia mental, que agora infelizmente anda redobrada." Aguardava a cada dia uma carta de Sien, até se sentir quase esmagado de ansiedade. "O destino da mulher e o destino de meu pobre menininho e da outra criança despedaçam meu coração", gemeu Vincent. "Alguma coisa deve estar errada." Num acesso de culpa e pavor pânico, enviou dinheiro a ela.

Vincent nunca revelou a Theo o montante que deu a Sien quando foi embora (e depois). Mas era um dinheiro de que não podia dispor. Assim, menos de uma semana após a chegada a Drente, voltou a costumeira reclamação: "Meu dinheiro está acabando... Não sei como vou fazer". Tinha de pagar a hospedagem; os moradores locais lhe negaram crédito. Não poderia saldar um empréstimo que havia tomado a Rappard — constrangimento que estorvava seu projeto de se encontrar com ele no extremo norte. Acabava-se o dinheiro, acabavam-se também seus suprimentos. Vincent saíra de Haia com abastecimento para apenas uma ou duas semanas de pintura, embora soubesse que não encontraria nada para comprar em Drente e teria de encomendar qualquer reposição em Haia. Mas deixara a cidade com muitas contas a pagar e ninguém de lá lhe venderia fiado. Enquanto isso, a aproximação do inverno retirava cor à paisagem, vedando-lhe temas importantes. "Encontrei tanta beleza aqui", exclamou frustrado. "O maior gasto é perder tempo." Sem suprimentos suficientes, teve de abandonar as explorações mais distantes pelas terras pantanosas — as árduas incursões que haviam ocupado seus primeiros dias naquela região estranha. "Seria negligência demais fazê-las sem um estoque de materiais", admitiu asperamente.

Na terceira semana de setembro, sua caixa de tintas estava quase vazia. Pela primeira vez desde o Borinage, estava diante da terrível perspectiva da ociosidade. "Sinto uma melancolia inexprimível sem meu trabalho para me distrair", avisou ele. "*Preciso* trabalhar e trabalhar muito, preciso *esquecer de mim no trabalho*, do contrário ela vai me esmagar."

Censurou o tio Cor por não ter se mostrado sensível ao grande número de desenhos que lhe enviara de Haia. Vincent enxergou naquele silêncio todos os descasos e traições do passado. "Ele parece ter certas opiniões inabaláveis sobre mim", escreveu a respeito do único parente além de Theo que apoiara de fato sua atividade artística. "Por certo não preciso aguentar insultos, e *é* sem dúvida um insulto que ele não tenha sequer acusado o recebimento do último pacote de estudos. Nem ao menos uma sílaba." Numa explosão de cólera, ameaçou "atacar" o tio de 59 anos de idade, "ser franco com Sua Excelência" e "tirar satisfação".

> Seria *covardia* deixar por isso mesmo. Devo e vou exigir uma explicação... Se ele não der, então vou lhe cobrar — e *tenho* o direito de lhe cobrar — olho por olho e dente por dente, e assim, sendo minha vez, vou insultá-lo à vontade, com toda a frieza... Não posso admitir ser tratado feito um pária, ser julgado ou acusado de coisas sem ser ouvido.

Por fim, Vincent desviou as penosas lembranças do Borinage para o verdadeiro alvo de sua raiva: Theo. Acusou o irmão de lhe dar cruelmente apenas dinheiro suficiente para perpetuar seu infortúnio e insistiu que não só sua carreira, mas também o relacionamento com Sien teriam dado certo se Theo tivesse sido mais generoso. "Eu teria ficado com a mulher", escreveu ele, "[mas] não tinha os meios de agir em relação a ela da maneira que gostaria." Responsabilizou o irmão pelo "futuro sombrio" que tinha à frente, pelo "coração destroçado", pelo "sentimento de decepção e melancolia" que o perseguia e pelo "vazio" no centro de sua vida.

Relembrando os rigores de sua autopunição no inverno de 1880 ("perambulando para sempre como um vagabundo"), Vincent alertou que estava novamente chegando ao limite. "Você lembra, talvez, o que aconteceu comigo no Borinage", escreveu a Theo. A única maneira de evitar aquele destino terrível seria que o irmão lhe desse uma "prova de sinceridade": primeiro, remetendo imediatamente dinheiro suficiente para Vincent adquirir um novo estoque de materiais; segundo, dando uma garantia férrea (um "acordo definitivo") de que continuaria a enviar 150 francos por mês, *em qualquer circunstância*. Num momento em que, como bem sabia, Theo se encontrava em sérios apuros financeiros, Vincent lançou o desafio supremo: sem mais dinheiro, "devo ficar preparado para qualquer coisa", inclusive "a loucura".

A negociação que Vincent fizera em Haia foi decepcionante. Ao escolher Theo em detrimento de Sien, tinha cedido demais e ganhara muito pouco. À ideia do erro que cometera, Vincent se afundava cada vez mais na depressão — "desânimo e desespero maiores do que consigo descrever" — enquanto espremia até o fim os

Paisagem com fósseis de carvalho, outubro de 1883, lápis e nanquim sobre papel, 30,8 × 37,8 cm.

tubos de tinta para conseguir mais um dia de trabalho. Sem dinheiro, sem material, sem modelos, sem companhia, sem consolo — sem "confiança e afeto" —, confessou infeliz, "estou absolutamente perdido... Não consigo afastar um sentimento de profunda melancolia".

Passadas apenas duas semanas desde que se iniciara, a expedição ao Drente parecia prestes a terminar. "*Tudo é prosa* que, afinal, tem como fim a poesia", lamentou ele. Agora enxergava os pântanos desolados com outros olhos, monótonos e desagradáveis — a paisagem era uma carcaça "em perpétuo apodrecimento", fértil apenas em mofo. Para onde olhasse, via morte e agonia moribunda: num cemitério local onde pintava e desenhava; na figura de uma mulher enlutada de crepe negro; nos restos decompostos de velhos cepos de árvores exumados depois de séculos sob o lodaçal. Enviou a Theo uma descrição detalhada de uma barcaça fúnebre, deslizando misteriosamente pela charneca, as mulheres de luto sentadas no barco enquanto os homens o puxavam da margem do canal.

As lembranças das perdas arrastaram Vincent para um "atoleiro de pensamentos e problemas insolúveis". Dizendo-se "absolutamente esgotado", passava os dias de inatividade remoendo mais uma vez os fracassos do passado, passando-os pelo crivo da culpa, do remorso e da recriminação pessoal. No entanto, continuava a imaginar que resolveria os problemas fugindo a eles. Traçou planos elaborados de se "embrenhar mais fundo na região, apesar da estação ruim", ou talvez encontrar outra casa, "ainda mais distante na charneca". Mas, sem o dinheiro do irmão, não passavam de fantasias. "Vejo com mais clareza como vim parar aqui", reconheceu ele, "e como estou em desvantagem."

Bem no momento em que o futuro parecia desesperado e sombrio demais para suportar, chegaram as chuvas. Nuvens negras fechavam o céu e chovia sem cessar. Enquanto o nível dos pântanos subia, a água dos canais alcançava as margens e as estradas viravam lama, Vincent se sentava em seu sótão escuro, revirando mentalmente um poema de Longfellow:

Minha vida é fria, escura e triste;
Chove, e o vento nunca se cansa;
Meus pensamentos ainda se prendem ao Passado que se desfaz,
Mas as esperanças da juventude se desmoronam na ventania,
e os dias são escuros e tristes.

Acalma-te, melancólico coração! e deixa de te lamentar;
Atrás das nuvens ainda brilha o sol;
Teu destino é o comum destino de todos,
Em cada vida alguma chuva há de cair,
Alguns dias hão de ser escuros e tristes.

Ele citou apenas os dois versos finais numa carta a Theo e acrescentou soturno: "A quantidade de dias escuros e tristes às vezes não é grande demais?".

Num dia lúgubre do fim de setembro, Vincent finalmente chegou ao limite. Não foi necessária uma nova calamidade para desencadear o que pode ter sido, pelo que se tem registro, seu primeiro episódio psicótico. Depois da crise de consciência em Haia e do desastre que se desenrolava em Drente, seu estado mental era tão precário que bastou a mais ligeira das provocações para se iniciar a crise. Quando estava voltando ao quarto, ele olhou o espaço deprimente do sótão e viu sua caixa de tintas iluminada na escuridão por um feixe de luz atravessando uma vidraça. A caixa vazia, a paleta seca, os tubos de tinta retorcidos e jogados fora, o "molho de pincéis gastos" lhe falaram de uma maneira que apenas as metáforas conseguem.

"Tudo isso é triste demais, insuficiente demais, surrado demais", exclamou a respeito de seus materiais deploráveis, mas também a respeito de si mesmo. A enorme distância entre seus planos intermináveis e sua realidade patética se escancarou diante dele, e Vincent viu "como tudo está perdido". Ergueu-se um vagalhão de pavor, que fora reprimido por longo tempo à força de muito trabalho, ameaçando submergi-lo. "Ando oprimido por presságios sobre o futuro", informou a Theo numa carta que chamou de "um grito por mais ar". Sufocando de sentimento de culpa e dor, pensou em se render ao fracasso e até à extinção de si. "Deixe-me com meu destino", rogou ao irmão. "Não há solução; é demais para uma pessoa só, e não há possibilidade de conseguir ajuda em nenhum outro lado. Não é prova suficiente de que devemos desistir?"

Para escapar aos demônios que se puseram à solta naquele dia no sótão, Vincent fugiu para o mundo de sua imaginação — como sempre fazia. A obsessão que surgiria apenas alguns dias depois iria superar todas as grandes obsessões de sua vida.

"Venha, irmão, venha e pinte comigo na charneca."

Esse foi o grito que se ergueu dos pântanos desolados de Drente no começo de outubro de 1883. Nos dois meses seguintes, Vincent empregou todas as fibras de sua inteligência, de sua paixão e de sua imaginação tentando persuadir o irmão a sair da Goupil, a abandonar Paris e vir ficar com ele na charneca. "Venha e acompanhe comigo o arado e o pastor", suplicou. "Deixe que o vendaval que sopra pela charneca sopre por você."

Numa saraivada de cartas, pressionou Theo insensatamente a aceitar esse mais recente projeto de uma vida inteira de projetos de felicidade arrebatados e ilusórios. "Não consigo deixar de imaginar um futuro quando não estarei mais trabalhando sozinho", escreveu num êxtase de desejo, "e sim você e eu, pintores, trabalhando juntos como camaradas aqui nesta terra de pântanos." Nem seu ofício de pregador no Borinage, nem sua corte a Kee Vos, nem mesmo a salvação de Sien Hoornik haviam inspirado fantasias mais maníacas do intelecto ou voos mais ardentes do desejo. Como todas as campanhas do passado, essa outra colocava uma meta inatingível e arregimentou toda a capacidade de Vincent em se iludir para tentar alcançá-la. Embora insistisse em tom defensivo que "não estou vivendo num sonho... ou num castelo no ar", sabia que Theo já recusara várias vezes esse mesmo convite. E ainda no último verão, em 1883, Theo tinha feito ouvidos de mercador aos rogos de Vincent para "se mudar para o campo" e ser pintor.

Por que Vincent retomou tão depressa uma proposta que o irmão rejeitara com tanta frequência e em data tão recente? Ainda mais sendo tão visivelmente absurda? A única coisa que restava entre Vincent e a indigência mais completa era o dinheiro que Theo lhe remetia todo mês. O mesmo salário da Goupil também ajudava a sustentar o irmão, a irmã e os pais. Todos ficariam sujeitos a privações, para não falar da humilhação, caso o filho mais consciencioso da família abandonasse a mais ilustre empresa da família para se juntar ao vagabundo mais ignominioso da família na região mais desolada do país. Mas as necessidades de Vincent superavam qualquer racionalidade. Sozinho nos pântanos de Drente, como ficara no Borinage, simplesmente não tinha alternativa a que pudesse recorrer. Com os acontecimentos do fim de setembro, Vincent tinha se enchido de receios que não podia reconhecer para si nem admitir para o irmão. Quase no mesmo momento, Theo começou a reclamar, irritado, de sua situação em Paris e a falar vagamente em sair da Goupil. Esses surtos periódicos de melancolia e insatisfação sempre levavam Vincent a arroubos de solidariedade, ao ver neles a confirmação de sua própria vida errante. Mas dessa vez Theo foi mais longe do que nunca — literalmente. Ameaçou não só sair da Goupil, mas abandonar totalmente a Europa e ir para os Estados Unidos.

À perspectiva do absoluto abandono num momento de extrema necessidade, Vincent iniciou sua campanha impossível e trágica. Somente cinco anos depois, quando atraiu Paul Gauguin para a Provença, haveria outra capaz de se equiparar a essa.

Muitas vezes Vincent enaltecera ao irmão a "virilidade" do trabalho de um artista. Agora ele redobrou suas acusações de afeminação contra os negociantes de arte e os "homens que vivem de suas rendas". E garantia: "Como pintor, sente-se ser mais homem entre outros homens". Se não se tornasse pintor, alertou ele, Theo só iria chegar à "deterioração como homem", ao passo que, como artista, poderia "vaguear livremente" entre os nativos libidinosos de Zola. Ressaltou o parentesco viril entre os artistas e outros "artífices" — como os ferreiros — que "sabem criar alguma coisa com as mãos". Retomando uma argumentação que Theo fora o primeiro a lhe apresentar no Borinage, Vincent enalteceu a simplicidade e a honestidade da arte como "trabalho artesanal", dizendo ser "uma coisa prazerosa" que faria de Theo "um ser humano melhor e mais profundo". Invocou o Espírito de 1793 para conclamar uma revolução na vida de Theo e citou uma estampa de sua coleção que, disse ele, mostrava a semelhança física entre Theo e os heróis de uma revolução anterior, os puritanos. O irmão tinha "exatamente, exatamente os mesmos traços fisionômicos" dos peregrinos do *Mayflower*, concluiu em tom triunfante, o mesmo "cabelo arruivado" e a mesma "testa quadrada". Poderia existir prova mais convincente de que ele estava destinado a seguir os passos desses "homens de ação", que partiram para um admirável mundo novo, em busca de uma "vida simples" e do "caminho reto"?

Mas não nos Estados Unidos. Misturando sinais contraditórios, Vincent criticou o plano do irmão de atravessar o Atlântico (a única ambição realmente "revolucionária" que Theo expressou na vida). Sem qualquer ponta de ironia, Vincent descartou a ideia como uma invenção criada pelo esgotamento nervoso — fruto de um "momento tristonho, infeliz, quando se está sobrecarregado de coisas". Comparou a um desejo suicida e repreendeu o irmão por não ter sequer considerado a ideia tão "imprópria". E exclamou: "Escute aqui, quanto a se afastar ou sumir, nem você nem eu *jamais* devemos fazer isso, tal como jamais nos suicidaríamos". Respondeu à ameaça de Theo ameaçando de volta — um exemplo dos extremos a que podia chegar para não ser abandonado pelo irmão — e alertando: "Naquelas horas em que você pensa em ir para os Estados Unidos, eu penso em me alistar para as Índias Orientais".

Nas intimações febris de Vincent, não havia lugar no mundo que se comparasse aos pântanos de Drente. Poucos dias antes, vira morte por toda parte, mas agora reencontrava a visão paradisíaca em sua imaginação: "meu pequeno reino", disse ele. "Corresponde tão plena e absolutamente ao que julgo belo... A charneca fala a você... a voz serena da natureza... bela e calma." Outras vezes, a charneca reverberava com a sinfonia de uma "música de partir o coração" e os dias se passavam "como sonhos". Um cenário tão "indizivelmente belo" não era apenas um deslumbramento, garantiu Vincent; era também capaz de curar. Dando como prova sua própria calma, procurou atrair o irmão doente e nervoso com os poderes restauradores da charneca. Apenas sua serenidade poderia salvá-lo do esgotamento nervoso — "seu e meu inimigo constante" — ou mesmo do colapso. Depois de muitos anos vociferando contra qualquer religião, Vincent acenou ao irmão a promessa de uma renovação espiritual na charneca, convocando-o a algo superior à natureza, superior à arte, algo "inconcebível" e "inominável". "Deposite sua confiança na mesma coisa em que depositei a minha", escreveu a Theo, ressuscitando o código que os irmãos usavam para designar o inominável: "*Isso*".

Como para ilustrar seus argumentos com a experiência concreta, Vincent saiu de Hoogeveen e foi se embrenhar ainda mais na terra da turfa. Suprido com uma mesada de Theo, um empréstimo do pai e um novo sortimento de materiais de pintura arranjados a crédito em Haia, tomou uma barcaça vagarosa que o levou 25 quilômetros a leste, até o pequeno vilarejo de Veenoord — "o extremo mais remoto de Drente", como disse. Junto com o povoado gêmeo de Nieuw-Amsterdam, Veenoord ficava no coração da terra da turfa. Durante o verão, milhares de cortadores e dragadores enxameavam por todas as direções da área nua de árvores, amontoando enormes pilhas de turfa ao longo de seus alojamentos temporários. Na época em que Vincent chegou, no começo de outubro, boa parte das pilhas já fora removida para o transporte e os trabalhadores haviam retomado a vida desgraçada que levavam no inverno, confinados nas mesmas choças fedorentas onde ficavam seus animais de criação, presos ao abominado "sistema de servidão por dívida". Os donos da turfa que pagavam o salário de subsistência durante todo o verão agora começavam a tomá-lo de volta, devido aos altos preços que os armazéns da companhia cobravam pelos produtos durante todo o inverno, de forma que os trabalhadores, em sua maioria, chegavam à primavera agrilhoados à terra por causa das dívidas contraídas. Era tão grande a miséria infligida por esse círculo vicioso de exploração que os trabalhadores das turfas já tinham recorrido ao impensável *boljagen* — a greve.

Mas, como no Borinage, Vincent tinha a visão de um paraíso rústico que sobrepujava a realidade circundante da injustiça e do ódio. Da sacada de seu quarto que dava para o canal, via apenas "silhuetas fantásticas de moinhos como os de Dom Quixote" e "monstros curiosos formados pelas pontes levadiças perfiladas contra o céu vibrante do anoitecer". Os vilarejos em torno pareciam "maravilhosamente aconchegantes", disse ele; as choupanas dos trabalhadores, "pacíficas e singelas".

No fim de outubro, Vincent organizou sua mais ambiciosa expedição a título de ilustrar seus argumentos: o percurso até o antigo povoado de Zweeloo, dezesseis quilômetros a noroeste de Veenoord. Tal como havia feito três anos antes, quando foi do Borinage ao ateliê de Jules Breton em Courrières, Vincent alegou uma motivação artística para o castigo que era esse tremendo estirão ("Imagine um percurso pela charneca às três da manhã numa pequena carroça aberta"). Baseando-se em nada mais do que um rápido comentário aprovador de Theo, ele saiu em busca do artista alsaciano Max Liebermann, que estivera em Zweeloo alguns meses antes e, segundo Vincent, diziam os boatos ainda estar por lá. Ao voltar, ele escreveu a Theo um relato da viagem que está entre as descrições visuais mais poéticas e elaboradas de toda a sua correspondência.

Vincent narra a jornada por uma paisagem de Corot ("uma imobilidade, um mistério, uma paz como apenas ele pintou"), sob céus ruisdaelianos ("nada além da terra infinita [e] do céu infinito"), banhada pela "atmosfera enevoada" de Mauve, povoada por lavradores de Millet, pastores "felpudos" de Jacque e velhas fiandeiras de Israëls. Num transe de inventividade desenfreada, acumulou imagens e mais imagens, transformando o inverno inóspito e monótono de Drente numa aliciante fantasia do Jardim do Paraíso. "Agora você pode ver como é aqui", concluiu em sua síntese pictórica. "O que se traz de volta de um dia assim? Apenas vários esboços grosseiros. Mas há outra coisa que se traz também — uma serena alegria com o próprio trabalho."

Se Drente era o paraíso, a Goupil era a serpente que o invadiu. Vincent já se aproveitara várias vezes da crônica insatisfação de Theo para criticar a firma, mas nunca numa linguagem tão ríspida e implacável. "Odiosa, cruel, inconstante e negligente", disse ele, uma instituição que havia "sobrevivido à sua fama" e estava destinada à "merecida ruína". A Goupil transformara a respeitável profissão de comércio artístico, como antigamente seus tios a praticavam, em "nada mais que um jogo de apostas". Quanto aos senhores da Goupil que tinham tornado insuportável a situação de Theo, Vincent os acusou de "arrogância intolerável", "injustiça horrenda" e "ações mesquinhas". Refutou qualquer possibilidade de transigir ("não se iluda com a crença numa reconciliação") e insistiu com o irmão que seguisse seus próprios passos, em desafio — "mantenha sua posição... não ceda". Para dissuadir Theo de passar para outro negociante de arte ou de montar uma galeria própria, Vincent não restringiu as críticas a Goupil e atacou os negociantes do mundo inteiro. "Um e outro se equivalem; o ramo inteiro da arte é podre." Atirou contra todo o setor a crítica retumbante de Zola ao gosto burguês: "um triunfo da mediocridade, da nulidade e do absurdo".

Mas restava uma pergunta sem resposta. Se Theo saísse do emprego, o que os irmãos fariam quanto ao dinheiro? Vincent desfiou todo o usual discurso sobre a vida mais barata em Drente, onde dois poderiam viver pelo preço de um. Lembrou a Theo que os pintores não precisavam de muito para viver; "somos indiferentes ao dinheiro". Além disso, acrescentou, qualquer privação seria por pouco tempo, pois "meu trabalho talvez logo renda *algum* lucro". E, em todo caso, Deus proveria. Mais uma vez invocando os privilégios de um chamado superior, Vincent garantiu ao irmão que "uma força infinitamente poderosa" os protegeria na nova missão da irmandade perfeita. "Basta dispor-se às coisas com amor, com certa compreensão mútua, cooperação e solicitude de ambos os lados", escreveu ele, "e muitas coisas que de outro modo seriam insuportáveis passam a ser suportáveis."

Vincent "calculou" que os dois precisariam de duzentos francos por mês durante dois anos, até conseguirem se sustentar apenas com a pintura. Sugeriu a Theo que obtivesse o valor necessário com um dos tios ricos, oferecendo formalmente como garantia adicional seu próprio trabalho. Tal garantia provaria que "não construímos castelos no ar". Enviou a Theo projeções orçamentárias muito bem elaboradas ("Não sei onde e como conseguir o dinheiro, [mas] vou lhe expor como deveríamos usá-lo"). E no entanto, ao mesmo tempo que defendia com unhas e dentes a racionalidade de seus argumentos, Vincent pediu mais dinheiro e propôs um plano de reserva — os dois irmãos poderiam voltar a viver com os pais — que deve ter emudecido Theo de incredulidade.

Na verdade, essa sugestão aparentemente extemporânea revelava a fantasia que estava no cerne da frenética campanha de Vincent. Fundindo sua visão da irmandade perfeita com outro sonho de reconciliação familiar, ele imaginou uma reunificação do presbitério de Zundert. Ele, Vincent, levaria a família a se unir em torno do irmão mais novo. Todos juntos apoiariam o projeto de Theo de se tornar pintor — incondicionalmente, como jamais o haviam apoiado. Enfrentariam bravamente os reveses da pobreza e os dissabores da desonra. Cooperariam no novo grande "fenômeno de dois irmãos pintores". No sonho de um presbitério unido, ele e Theo não precisariam mais "obedecer". O pai teria de subordinar sua autoridade à "*force majeur*" da vocação de Theo — como nunca fizera com Vincent — e de tratar os *dois* filhos com "cordialidade e amor".

Arrebatado por essa nova fantasia redentora, Vincent pediu a Theo que não se opusesse mais à sua volta ao Brabante, e escreveu ao pai num tom que o convidava a participar dessa nova encarnação da família e, ao mesmo tempo, alertava-o para que não a estragasse mais uma vez: "Se eu tiver de morar em casa por algum tempo, espero, tanto por mim quanto por você, que tenhamos a sabedoria de *não* estragar as coisas por discórdia e que, esquecendo o passado, aceitemos o que as novas circunstâncias possam trazer". Convencido de que agora a concretização de seu sonho dependia inteiramente da vinda de Theo, Vincent transformou seus rogos numa febre vertiginosa de anseios. "Viver juntos... como seria maravilhoso. Tão maravilhoso que mal ouso pensar, mas não posso evitar, embora essa felicidade pareça imensa demais." Imaginou os dois alugando e decorando juntos uma cabana rústica. As súplicas se intensificavam cada vez mais, com o ardor de um pedido de casamento:

> Nenhum de nós estaria sozinho, nosso trabalho se uniria. No começo, teríamos de passar por momentos de ansiedade, precisaríamos nos preparar para eles e providenciar maneiras de superá-los; não poderíamos voltar atrás, não deveríamos olhar para trás nem poderíamos olhar para trás; pelo contrário, iríamos nos obrigar a olhar em frente... Estaremos muito afastados de todos os nossos amigos e conhe-

cidos, travaremos essa luta sem que ninguém nos veja, e será a melhor coisa que pode acontecer, pois assim ninguém irá nos atrapalhar. Buscaremos a vitória — sentimos isso em nossa carne. Estaremos tão ocupados trabalhando que seremos absolutamente incapazes de pensar em qualquer outra coisa que não seja nosso trabalho.

A argumentação cedeu espaço à exortação contínua ("devemos, devemos, devemos ir em frente e vencer"), a mais expressões em francês (*"la patience d'un boeuf"*, a paciência de um boi) e a lemas extraídos de suas leituras ("o sistema de como *não* fazer", de Dickens). Com uma insistência tão repetitiva como a de um bêbado, Vincent frisava que Theo tinha a alma e o estofo de um verdadeiro pintor. Previa que Theo acharia a pintura muito mais fácil do que ele, e seus progressos seriam mais rápidos. "Você será um artista na mesma hora em que pegar um pincel ou um pedaço de creiom", garantiu, confiante. "*Você consegue*, basta querer." Chegou a dizer exatamente a Theo qual tipo de obra deveria fazer. Apresentando Michel, o grande favorito de ambos, como modelo ao alcance de Theo, insistiu que "experimente já a mão na paisagem". As vastas extensões pantanosas e os céus tumultuados de Drente ofereciam panoramas sem fim, praticamente criados pelo mestre francês. "É sem dúvida Michel", escreveu ele, "é sem dúvida *ele* que há aqui." "São os tipos de estudos que eu gostaria que você tentasse já... Venho pensando nisso faz muito tempo."

"A pintura faz o pintor", declarou ele, misturando inspiração e autojustificativa. "Querendo ser pintor, tendo prazer nisso... consegue-se pintar."

Na verdade, nesses rogos desesperados de Vincent, ele e Theo já haviam se fundido. Alegando ter uma percepção especial do que se passava no íntimo do irmão, Vincent via apenas seu próprio reflexo. Oscilando entre a primeira e a terceira pessoa, instruía Theo e consolava a si mesmo:

> Vão lhe dizer que você é um fanático, mas muito certamente você — depois de passar por tantas provações mentais — saberá que é *impossível* que seja fanático... Não deixe que eles tentem inverter as coisas, isso não vai me convencer!

A cada oportunidade, pregava a Theo seu próprio evangelho da temeridade ("Meu plano é sempre arriscar demais em vez de arriscar de menos") e desafio ("Se você ouvir uma voz dentro de si dizendo 'Você não é um pintor', *então pinte por todos os meios*, rapaz, e essa voz silenciará"). "Meu objetivo na vida é fazer pinturas e desenhos, tantos e tão bem quanto puder", disse à guisa de explicação e de orientação;

"então, no fim de minha vida, espero morrer olhando para trás com amor e terno pesar e pensando: 'Oh, os quadros que eu poderia ter feito!'... Você tem alguma objeção a isso, seja para mim ou para você mesmo?"

Todos esses argumentos e outros mais encontravam sua expressão suprema em imagens. Na carta com que iniciou a campanha, Vincent anexou uma folha de desenhos em que havia trabalhado heroicamente: meia dúzia de cenas da vida de Drente — lavradores nos campos, margens dos canais, estradas aldeãs — todas dispostas com muito capricho numa montagem semelhante às que vira em *The Graphic*, apresentando aos leitores profissões estranhas ou locais pitorescos. Quando convocou Theo para pintar os céus das terras pantanosas tal como Michel havia pintado os céus de Montmartre, em acompanhamento enviou desenhos e pinturas "no espírito de Michel": panoramas de uma terra marrom e um céu cinza-ardósia. Transpôs suas exclamações de prazer — "Quanta tranquilidade, quanto espaço, quanta calma nessa paisagem" — para nuvens em toques turbilhonantes e sulcos do solo em traços ousados. Usando apenas lápis, pena e nanquim, mostrou ao irmão a serenidade que o aguardava de uma maneira que as palavras jamais conseguiriam: um canal extenso, uma barcaça à vela, um vasto lusco-fusco perolado.

Os incessantes convites a uma vida de simplicidade na charneca — "Venha e sente comigo, olhando o fogo" — tomaram sua forma mais terna, mais súplice em imagens e mais imagens de choupanas solitárias sob céus crepusculares pintados em largas pinceladas de cinza translúcido. E para representar o nobre trabalho a que chamava Theo — "algo de bom, um empreendimento honesto" —, Vincent conjurou um cortejo de camponeses milletianos: um pastor e seu rebanho passando ao lado de uma igreja de aldeia; um lavrador com sua silhueta recortada contra um céu tão vasto quanto o Oeste americano; duas mulheres igualmente inclinadas num pântano tempestuoso; um agricultor robusto puxando uma grade de arar, curvado pelo esforço com a paciência de um boi, o olhar posto num horizonte sem fim.

Em Drente, por fim Vincent pôs toda sua arte a serviço de sua meta maior. Desde o Borinage, a arte tinha sido o eixo fixo em torno do qual giravam seus argumentos: um núcleo de convenção vitoriana numa imensa turbulência de dor e angústia. O sonho impetuoso e irreprimível de se fundir com Theo transtornou tudo aquilo. Arrancou-o da grande paixão unificadora de Haia — o desenho de figura — e dispersou seus interesses contestadores dos últimos três anos. Vez por outra, Vincent retornaria ao desenho de figura, tanto por amor ao trabalho de seus grandes expoentes quanto pelo afeto e pelo controle que só conseguia ter com os modelos. Mas não estaria mais preso a ele.

Paisagem em Drente, setembro-outubro de 1883, lápis e nanquim sobre papel, 30,8 × 42 cm.

Homem puxando uma grade de arar, outubro de 1883, esboço numa carta, lápis e nanquim sobre papel, 8,9 × 13,5 cm.

A devoção exclusiva ao lápis, à pena e ao nanquim, bem como às imagens em branco e preto assim criadas, foi outra vítima das turbulências de outubro e novembro de 1883. Ele descobriu em Drente como a tinta a óleo podia ser persuasiva, assim como a cor e a pincelada. "Pintar tem sido mais fácil para mim", escreveu a Theo em Veenoord, num guinada fundamental em sua vida e na arte ocidental. "Estou ansioso por tentar todos os tipos de coisas que não fiz até agora." E dessa vez falava a sério. Em Drente, a pintura passou a ser não só uma atitude defensiva, uma tentativa de aplacar o irmão, mas seu argumento mais eloquente — uma linguagem nova e poderosa de persuasão que podia mobilizar para os grandes entusiasmos missionários que regiam sua existência. Em Drente, Vincent descobriu que não precisava apenas sonhar ou verbalizar esses castelos no ar — poderia pintá-los.

No começo, Theo descartou os rogos do irmão com objeções rápidas (a família dependia dele) e reticências gentis (nasce-se pintor, não se vira pintor). Mas a resistência apenas atiçou o fogo. Não demorou muito, e os ataques enfurecidos de Vincent à Goupil e ao comércio de arte foram como um tranco, que arrancou Theo de sua desilusão. Optando pelo dever em vez da solidariedade, como sempre fazia, repreendeu o irmão por ser sonhador e confessou que ainda preferia de coração o ramo de comércio artístico. "Terei de ficar nele por todos nós", escreveu numa recusa que somente Vincent seria capaz de considerar ambígua. "Tudo isso [é] lixo", replicou Vincent, desqualificando as considerações do irmão. E os argumentos não cessaram, carta após carta. No entanto, quanto mais longas e extravagantes eram as missivas de Vincent, mais breves e concisas eram as eventuais respostas de Theo; quanto mais passionais e arrebatados eram os argumentos de Vincent, mais irredutíveis eram as recusas de Theo.

Vincent acabou pondo grande parte da culpa por seus apuros em Marie, a amante de Theo. Desde o início, Vincent incentivara Theo a assumir um compromisso formal com sua companheira de um ano, imaginando-a como aliada na campanha para tirar Theo de Paris. Tomado pela visão de uma família de pintores na charneca, Vincent chegara a recomendar a Theo que trouxesse Marie com ele para Drente. "Quanto mais gente, mais alegre", exclamou, acrescentando: "Se a mulher vier, claro que terá de pintar também". Mas o silêncio de Theo alterou tudo aquilo. Como faria cinco anos depois, quando Theo pediu outra mulher em casamento, Vincent se virou contra a intrusa. "Essa sua mulher, ela é boa? É honesta?" Talvez Marie o tivesse "enfeitiçado", sugeriu Vincent, insinuando dúvidas com termos como "poção" e "sortilégio". Comparou-a a Lady Macbeth — mulher cruel com "perigoso desejo de 'grandeza'" — e alertou que, tal como o infeliz marido da *lady*, Theo corria o risco de perder a "noção do certo e do errado".

Nesse embate de retórica crescente e movimento contrário, era inevitável que Vincent recorresse a ameaças mais sinistras. Desafiando as reiteradas objeções de Theo, ele reafirmou que fugiria para o Brabante e imporia sua presença aos pais idosos caso Theo decidisse ficar na Goupil. Chegou a ameaçar que retomaria as relações com Sien. "Não vou parar de vê-la para agradar aos outros", advertiu claramente. "As pessoas que pensem e digam o que quiserem." Theo aparava todas as provocações com uma mescla de cortesia e protelação, e habilmente sugeriu que fosse Vincent a ir visitá-lo em Paris, acenando-lhe com a possibilidade de participar de uma futura iniciativa de negócios. Esse convite inesperado balançou um pouco o ímpeto de Vincent ("há coisas para eu aprender em Paris, tal como aqui no pântano", admitiu ele), mas logo se recompôs, dizendo que o plano estava "muito no ar para o meu gosto", e desestimulando o irmão a entrar em qualquer novo projeto que não fosse o de pintar em Drente.

No começo de novembro, Theo tentou mais uma vez encerrar a conversa com um bilhete especialmente curto. "Por ora, as coisas ficam como estão", escreveu ele. A mensagem teve o efeito contrário ao desejado. Tomado de cólera, Vincent despachou um ultimato que expunha às claras a necessidade nua e crua que estava sob seus argumentos batidos. Se Theo não saísse da Goupil, avisou ele, "minha intenção é recusar sua ajuda financeira". Por mais que Vincent se empenhasse em apresentar essa ameaça de autodestruição como atitude abnegada ("Não quero que minhas necessidades sejam motivo para você continuar [na Goupil]"), era indisfarçável o cerne sinistro e coercitivo daquele aviso. Jurou que se lançaria de cabeça na "tempestade", estabelecendo rigidamente um prazo final para a decisão de Theo e lhe dando solene permissão "de não ter mais nada a ver comigo". Prometeu que procuraria um trabalho, qualquer trabalho, para se sustentar, mas sem esperança de encontrar, e advertiu que, se encontrasse, sofreria um desgaste nervoso. Anexou alguns estudos "como pequeno sinal de vida" e acrescentou desanimado: "Não suponho, claro, que sejam considerados vendáveis".

Mesmo antes de enviá-la, Vincent se arrependeu da mensagem ameaçadora e do tom petulante da carta. Acrescentou dois pós-escritos de ressalvas e atenuantes ("Por favor, não leve a mal o que lhe digo"), mas remeteu-a mesmo assim. Não tendo Theo respondido nem enviado a soma de cinquenta francos no prazo devido, Vincent entrou em pânico, temendo que o irmão tivesse aceitado a proposta apocalíptica. "*Fiquei louco quando sua carta não veio*", declarou, enquanto afogava Theo em explicações e subterfúgios.

Afinal Theo remeteu mais dinheiro, como sempre fazia, mas tinha se aborrecido tanto com os argumentos de Vincent, ao que parece, que não complementou o valor faltante. Deu-lhe uma alfinetada, dizendo que sentia "prazer renovado" com o trabalho na Goupil, e comparou Vincent aos niilistas de olhar desvairado, defensores do campesinato russo, que haviam assassinado o tsar russo pouco tempo antes — ícones do fanatismo destrutivo e do desprezo pelas normas civilizadas.

Foi o suficiente, por fim, para acabar com os últimos vestígios de esperança — "a gota d'água", disse Vincent. "Diferenças de opinião *não* são motivo para passar por cima do fato de sermos irmãos", escreveu descorçoado. "Não se deve culpar o outro, nem ficar hostil ou despeitado, ou um colocar entraves no caminho do outro."

Poucos dias depois, Vincent deixou Drente. Tencionava ficar um ano, mas as dívidas e o desespero o moveram dali menos de três meses depois. Saiu às carreiras, sem dizer uma palavra ao estalajadeiro de Veenoord nem a Theo. Numa derradeira humilhação, teve de fazer a pé os 25 quilômetros até a estação de trem em Hoogeveen. Maltrapilho, com uma forte gripe, insultado pelos locais como "assassino e vagabundo", levou seis horas para atravessar o pântano inexpressivo, carregando o que podia sob a neve e a chuva gelada. Pelo que contou depois, chorou durante a maior parte do caminho. A cada passo, pensava em Theo: ora ardendo de raiva pela negativa do irmão, ensaiando causticamente mais uma rodada de argumentos; ora cambaleando sob uma nova carga de culpa e remorso. Mais tarde, sintetizou a dura jornada com a imagem mais consoladora de todas: "um semear de lágrimas".

Tomou o rumo do lar, claro: em parte como economia, em parte como desafio a Theo, em parte como imitação de Rappard (que saíra de Drente para ir morar com os pais), em parte porque não tinha outro lugar para ir. Mas sobretudo porque todos os seus caminhos levavam para lá. Carregava um fardo inconcebível de velhas queixas e novas mágoas, com a resignação de um prisioneiro retornando ao carcereiro. "Temos de continuar a viver até que nosso coração se parta dentro de nós", escreveu a Theo. "Somos o que somos." Voltou perseguindo mais uma visão do renascer — "a velha macieira retorcida que porta as flores mais virginais e delicadas sob o sol" — e transportando na caixa de tintas um novo meio para expressar essa visão.

Chegou bem a tempo do Natal.

21. O prisioneiro

O sol bate num Nilo lamacento, o calor se eleva da superfície em vapores sulfurosos. Na margem ao longe, quase indistintos no mormaço, minaretes e colunas arruinadas em forma de lótus vão ficando para trás. O barco corta a água parada, mal deixando uma ondulação. O ar está tão imóvel e abafado que o avanço do barco nem chega a agitar as túnicas de musselina dos cinco homens a bordo. Os dois remadores — um moreno, outro negro — estão inclinados para a próxima remada. Na proa, um homem de turbante alto, uma adaga cruzada no peito, observa o trabalho deles, rigidamente insensível ao calor. Na popa, um homem com pistola enfiada na túnica dedilha um *buzuq*. Num sorriso de escárnio, canta um poema ridicularizando o inimigo derrotado a seus pés. Comprimido de través no barco estreito, firmemente amarrado e amordaçado, o cativo trava o maxilar de frustração e luta para se libertar, mas só consegue olhar impotente enquanto os remadores o conduzem a seu terrível destino e o músico tortura suas horas derradeiras, preso numa situação dramática à qual não pode reagir, transportado por um rio que não consegue enxergar.

O prisioneiro, de Gérôme, encantou o século XIX. Com imagens de um exotismo delicioso e a narrativa misteriosa temperada com um enredo oriental, tornou-se uma das imagens mais populares de um artista popular trabalhando no gênero mais popular da época. Mesmo que Vincent não tivesse visto a pintura quando morava em Paris, viu várias vezes nos depósitos da Goupil, onde se embalavam e se despa-

Jean-Léon Gérôme, *O prisioneiro*, 1861, óleo sobre tela, 45 × 78,1 cm.

chavam milhares de reproduções para uma burguesia mimada, ávida por aventuras e perigos indiretos.

Mas, para Vincent, a imagem falava em termos muito mais pessoais. Ele sempre se vira como prisioneiro nas mãos de captores visíveis e invisíveis. A linguagem do cativeiro e do confinamento — "imobilizado", "impedido", "tolhido", "cerceado" — enche suas cartas de uma frustração de travar as mandíbulas. Dizia-se um homem "consumido por um grande desejo de ação", que não podia fazer nada "porque suas mãos estão amarradas... porque ele está aprisionado em algum lugar". No Borinage, comparou-se a um pássaro engaiolado e comentou com um colega da pensão: "Desde que entrei no mundo, eu me sinto numa prisão". Queixou-se amargamente que os insucessos do passado o prendiam com mais força do que qualquer corda:

> Uma reputação arruinada justa ou injustamente, a pobreza, circunstâncias infelizes, a desdita, todas elas o convertem em prisioneiro. Nem sempre você sabe o que o mantém confinado, o que o empareda, o que parece soterrá-lo, e mesmo assim sente essas grades, cercas, paredes indefiníveis.

Depois da expulsão de Etten no Natal, dois anos antes, Vincent protestou contra o cativeiro do exílio: "A pessoa se sente jazendo de mãos e pés amarrados num poço fundo e escuro, totalmente impotente". Reservava em sua galeria íntima um lugar especial para imagens de confinamento, a começar pela figura acorrentada, prostrada aos pés de Jesus em *Christus Consolator*, de Scheffer. "Estou preso de outras maneiras", escreveu de Isleworth em 1876, "mas as palavras gravadas no alto daquela imagem de [Cristo] são verdadeiras até hoje. 'Ele veio para anunciar a liberdade dos *cativos*'."

Suas pastas transbordavam de cenas de aprisionamento: desde catálogos de prisões famosas a cenas da vida dos condenados. Para horror dos pais, celebrava como heróis os criminosos que encontrava na literatura, desde os pequenos vigaristas de *Roupa suja*, de Zola, aos grandiosos mártires de Hugo em *História de um crime*, *O último dia de um condenado* e *Os miseráveis*. Poucos meses antes de sair de Haia, comentou orgulhoso com Theo que, para sua atitude de desafio, tomara como modelo *Ut mine Festungstid* [Durante minha prisão], a narrativa autobiográfica de Fritz Reuter sobre a vida rebelde numa fortaleza prussiana.

O trem parou em Eindhoven em 5 de dezembro e Vincent se arrastou penosamente a pé até Nuenen, por oito quilômetros, tal como se arrastara nos 25 quilômetros de Drente, num dia de inverno rigoroso. Trazia um peso insuportável de motivos de queixa, cada um deles constituindo um elo maciço numa corrente que remontava ao presbitério de Zundert. Os pais nunca haviam "me dado liberdade", escreveu ele, "nem nunca aprovaram meu desejo de liberdade". Para onde se virasse, eles levantavam oposição, interpunham obstáculos, impediam seus movimentos. Desaprovando sistematicamente o que o filho fizesse, tinham-no levado a lágrimas de indignação. "Não sou um criminoso", bradava. "Não mereço ser tratado de maneira tão desumana." No amor por Kee Vos, nas ambições artísticas, na salvação de Sien, haviam "fechado os olhos e os ouvidos" e "endurecido o coração" contra ele. Tinham zombado dele com seus mexericos absurdos e riram de suas ilusões — "julgando-me alguém que está sempre sonhando e é incapaz de ação". Comparou-se ao prisioneiro de Gérôme, amarrado e amordaçado no fundo de um barco. "Estou acorrentado ao infortúnio e ao malogro", exclamou ele.

Agora tinha vindo se libertar do longo aprisionamento.

Mas não pelo perdão. Era a primeira vez que Vincent voltava para a casa dos pais sem que as imagens do filho pródigo ou da reconciliação familiar acompanhassem seus passos. Pelo contrário, agora cada passo trazia um novo ímpeto de desafio — o desafio de um condenado levado ao patíbulo: um inocente injustamente condenado procurando sua justificação final não na absolvição nem na clemência, e sim no martírio. Como o prisioneiro de Gérôme conduzido a seu Gólgota oriental, Vincent voltou ao lar em busca da vitória como vítima. "Em minha maneira de pensar", disse ele explicando a pintura de Gérôme, "o homem agrilhoado está numa posição melhor do que o sujeito em vantagem que está a insultá-lo." E por quê? Porque "é melhor provocar um golpe, mesmo que seja um golpe duro, do que ficar em dívida com o mundo por *poupá-lo*".

Não se passou nem uma hora desde a chegada, e Vincent provocou o primeiro golpe. Exigiu que o pai reconhecesse que tê-lo expulsado na época do Natal, dois anos antes, tinha sido um grave erro. Pondo a culpa de todos os seus problemas desde então nessa ofensa isolada, Vincent desfiou aos berros toda a litania de suas queixas ao pai sexagenário, que estava com a audição fraca: como aquilo lhe trouxera problemas financeiros; como o levara a um comportamento extremado; como o obrigara a "uma atitude muito mais obstinada do que teria adotado por minha livre vontade"; como "tornou as coisas dez vezes mais difíceis — quase impossíveis" e como condenara todos os seus esforços ao insucesso. Como Dorus se negou a retirar qualquer coisa que tinha dito ou feito, Vincent explodiu em acusações certamente ensaiadas mil vezes na solidão da charneca, chamando o pai de "injusto... arbitrário... censurável... implacável... cego... ignorante". O falso moralismo do pai era uma barreira intransponível que continuava a separá-los, disse ele — e que inevitavelmente se provaria "fatal" para ambos.

Quando Dorus perguntou, desdenhoso, se "você espera que eu me ajoelhe à sua frente?", Vincent abandonou a sala de supetão, dizendo que não ia "gastar mais minha saliva com este assunto".

Mas, claro, logo tomou da pena e do papel e escreveu uma carta enfurecida para Theo, amontoando acusações e mais acusações contra o pai, por sua "mentalidade estreita" e "vaidade clerical". Estava sempre "levando as coisas a extremos" e "causando desastres", escreveu Vincent, tal como tinha feito dois anos antes, em Etten. "Basicamente não houve nenhuma mudança sequer, por ínfima que seja", vociferou. "No espírito do pai, não existia na época, não existe agora, a mais leve sombra de dúvida de que fez a coisa certa."

Ao longo de toda uma noite insone, as acusações ficaram martelando na cabeça de Vincent. Vez por outra, saltava da cama para acrescentar à carta a última delas ou para rabiscar uma nota indignada à margem: "Eles pensam que não fizeram nenhum mal na época, é uma pena". Revoltou-se contra a "dureza de ferro", a "frieza de gelo", a aridez de "areia ou vidro ou estanho" do pai. "O pai não conhece o remorso como você ou eu", escreveu, "ou qualquer ser humano." Também informou de seu estado de desespero pessoal, ao mesmo tempo impotente e agitado:

Eu me sinto de novo quase insuportavelmente perturbado e perplexo... Agora estou de novo num estado quase insuportável de vacilação e luta interior... Sinto em tudo uma hesitação e uma delonga que paralisam meu ardor e minha energia... Há um *je ne sais quoi* no pai que estou começando a considerar incurável e que me deixa inerte e impotente.

Declarando que ele e o pai eram "irreconciliáveis até o fundo de nossas almas", Vincent se rendeu ao desespero já no dia seguinte. Tinha vindo a Nuenen, disse ele, para ter um discernimento mais claro e encontrou apenas a tortura da falsa cordialidade e das boas intenções. Passara dois anos em que "cada um de seus dias era um dia de angústia para mim", apenas para descobrir que, para os pais, haviam sido dois anos de "vida cotidiana — como se não tivesse acontecido nada". Disse a Theo que seria impossível voltar a morar com eles; continuavam tão obstinados e obtusos como sempre. Nada mudara — "Nada, absolutamente nada". À medida que o presbitério de Zundert parecia desvanecer para sempre, ele exclamou exasperado: "*Não* sou um 'Van Gogh'". Considerando inviável toda e qualquer possibilidade de conciliação, pensou em partir de imediato — para Haia, para Utrecht (onde Rappard vivia feliz com os pais *dele*), para qualquer lugar. Mesmo as charnecas estéreis de Drente pareciam preferíveis aos corações empedernidos e à insensibilidade sufocante de Nuenen. "Meu velho", suplicou ao irmão, "me ajude a sair daqui, se puder."

E no entanto ele ficou.

Ficou por quase dois anos.

Dia após dia, voltava ao escritório do pai para retomar o conflito. Dorus sempre começava insistindo calmamente que não tinha do que se arrepender. Mas as acusações incansáveis de Vincent, chamando-o de "hipócrita" e de "jesuíta", quase sempre despertavam "explosões violentas" no pai. Altercavam sobre os fracassos do passado e as desalentadoras perspectivas de Vincent. Brigavam sobre seu dever com Sien e a crueldade do pai em desaprovar a relação. Discutiam sobre a falta de apoio familiar à sua carreira artística, Vincent repetindo o exemplo de seu distinto amigo Anthon van Rappard, cujos pais lhe pagavam todas as contas e assim ele podia "encarar o mundo com dignidade".

Vincent desferia ataques ininterruptos contra o espírito fechado do pai, enquanto ele mesmo rejeitava qualquer encaminhamento que não fosse a capitulação total. "*Não me contento* com uma reconciliação *fingida* ou *tímida* demais", declarou. "Ora! Simplesmente não dá." Dorus se negava de modo sistemático a admitir qualquer falha, enquanto torturava o filho renovando seus votos de inocência. "Sempre fo-

O presbitério em Nuenen.

mos bons com você", insistia. (Para Theo, ele reclamou: "Creio que [Vincent] nunca sente nenhum motivo de censura pessoal, apenas despeito contra os outros".) Entre o sentimento de virtude bem-intencionada do pai e a vulnerabilidade impotente do filho, seria impossível haver qualquer ponto em comum.

De ambos os lados, causas mais elevadas aprofundavam o impasse. Vincent se via combatendo não apenas um simples velho, mas todo um imenso sistema corrupto de repressão e conformismo, cujo centro era ocupado por um Deus tão "arbitrário e despótico" quanto o pai. Insurgia-se contra a religião que outrora o fascinara, dizendo-a "soturna", "lúgubre", "abominavelmente gélida". Condenava o pai e todas as forças das trevas nele representadas como o "*rayon noir*" (luz negra), expressão tomada a Hugo, porque "a luz dentro deles é negra e espalha as trevas, a escuridão a seu redor". Para ajudá-lo a travar a batalha épica que se desenrolava quase todo dia no escritório paterno, Vincent convocou todos os heróis do mundo de sua imaginação: um panteão de escritores e pintores, quase todos franceses — óbvia ferroada no francófobo Dorus. Para completar sua visão maniqueísta, Vincent reivindicou para seus defensores e para si mesmo o rótulo de "*rayon blanc*" (luz branca).

Em suas altercações, ele adotava a veemência intransigente do ataque de Zola à convenção burguesa em *Mes haines* [*Meus ódios*], além do implacável anticlericalismo de Daudet em *L'évangeliste*, duas obras que estava lendo nessa época. Exigia sua liberdade com as expressões religiosas militantes de Eliot em *Felix Holt* e denunciava seu encarceramento com os imperativos lógicos de Mill em *Sobre a liberdade*. O apelo de Mill a "romper os grilhões" da conformidade e sua defesa da excentricidade ("não se deve lamentar que o rio Niágara não deslize suavemente entre suas margens como um canal holandês") ressoam pelas cartas de Vincent como um chamado às armas. "Tenho *o direito* de fazer qualquer coisa desde que não fira outra pessoa", declarou ele, "e tenho o dever de viver à altura da liberdade a que não apenas eu mesmo, mas todo ser humano tem um direito natural e irrestrito."

Para Dorus, esses argumentos representavam muito mais do que as invectivas de um filho ingrato e destemperado que afligia os pais desde longa data. Em quase quarenta anos como pastor, Dorus vira a Igreja Reformada holandesa recuar sob as investidas contínuas, de um lado da ciência profana, de outro lado da sentimentalidade burguesa. Nos últimos vinte anos do século, a quantidade de holandeses que diziam não ter filiação religiosa decuplicou. Os escritores franceses — e também holandeses — que Vincent utilizava para criticá-lo tinham demolido e conspurcado a orgulhosa "*dominocratie*" de outrora, encerrando seus trezentos anos de monopólio do espírito holandês e ameaçando destruir a vida de trabalho de Dorus nas fronteiras de sua fé. O fato de seu filho trazer os argumentos e acusações deles para seu presbitério, para seu escritório, constituía uma ofensa contra Deus, a Igreja e a família.

Os embates entre os dois às vezes se estendiam por três ou quatro horas, segundo uma testemunha. Mesmo quando terminavam — quando Vincent saía de supetão —, não terminavam de fato. A cada gritaria se seguiam longos períodos de silêncio no presbitério, um manto negro de recriminação muito mais temível do que as pirotecnias de temperamento. Tal como fizera em Etten dois anos antes, Vincent passava dias se fazendo de "invisível" — reproduzindo o mesmo juízo contra o qual protestava. Em vez de falar com os pais, escrevia-lhes bilhetes. Às refeições, puxava a cadeira para o canto da sala, punha o prato no colo e ficava sentado em silêncio completo. Comia com uma das mãos e usava a outra para encobrir o rosto, como se estivesse se escondendo. Quando seu comportamento atraía olhares de reprovação, acusava os pais de tratá-lo como "um cachorrão malcriado" que "entra correndo na sala com as patas molhadas", late alto demais e "fica no caminho de todo mundo". Possuído por essa metáfora, teceu com ela uma longa e ríspida acusação que sugere uma interpretação ainda mais estranha dos julgamentos contra ele.

Ele é um animal imundo. Muito bem — mas o animal tem uma história humana e, embora seja apenas um cachorro, tem uma alma humana, e até muito sensível, que lhe permite sentir o que as pessoas pensam dele... O cachorro sente que, se ficam com ele, isso só significa que o aguentam e o toleram *"nesta casa"*, e por isso vai tentar encontrar outro canil. O cachorro, na verdade, é filho do pai e ficou largado demais nas ruas, onde não podia senão ficar cada vez mais malcriado... O cachorro podia morder, podia ter raiva, e o guarda teria de vir sacrificá-lo... O cachorro só lamenta não ter ficado longe, pois era menos solitário na charneca do que nesta casa, apesar de toda a bondade... Eu me descobri — *sou esse cachorro*.

Presos nessa espiral crescente de insultos e ofensas, Dorus e Anna van Gogh recorreram aos únicos meios que conheciam. Ofereceram as panaceias universais de roupas novas e preces sinceras. Prontificaram-se a lhe emprestar dinheiro para pagar as dívidas. Elogiaram seus desenhos ("Ele está fazendo vários que julgamos bonitos", comentou Dorus a Theo). Encontraram justificativas esperançosas. "Deve ser muito doloroso para ele quando olha para trás e vê como rompeu todas as antigas relações", explicou Dorus. Sempre que possível, rendiam-se a seus acessos temperamentais. Quando exigiu um ateliê — como o de Rappard —, puseram de lado as objeções e desocuparam um aposento no presbitério, usado como lavanderia, gastaram um dinheiro precioso para colocar um assoalho de madeira e instalar uma estufa, "para deixá-lo agradável, quente e seco". Sugeriram uma janela para mais luz.

Na concessão que talvez tenha sido a mais difícil de todas, renderam-se ao fato de que a esquisitice do filho era imutável. "Estamos fazendo essa experiência com verdadeira confiança", escreveram a Theo logo após a chegada de Vincent, "e pretendemos deixá-lo inteiramente à vontade com suas peculiaridades nas roupas etc. [...] Simplesmente não há como mudar o fato de que ele é excêntrico."

Mas Vincent não se dava por satisfeito. Toda tentativa de pacificação gerava uma reação cada vez mais intensa, enquanto descarregava a raiva de toda uma vida em seus carcereiros, encarcerados como ele. Nos presentes que ganhava, enxergava apenas críticas ("minhas roupas não eram boas o suficiente") e nas gentilezas via apenas uma condescendência presunçosa. "A acolhida cordial deles me fere", reclamou. "A condescendência deles sem reconhecer o erro é, para mim, talvez pior do que o próprio erro." Referiu-se depreciativamente à área da lavanderia como "um arremedo de ateliê" e quase de imediato começou a exigir um melhor. Respondia a cada proposta de conciliação com exigências mais inflexíveis e discursos mais raivosos. "Não posso suportar a mais leve aparência de estar de acordo com [o pai]", escreveu duas semanas depois de chegar. "Estou mortalmente contra ele, em oposição absoluta a ele." Quando os pais manifestaram dúvidas sobre sua permanência em Nuenen, Vincent resolveu ficar; quando reafirmaram a boa acolhida, ameaçou ir embora. O ateliê na lavanderia com que o presentearam apenas desencadeou lamentações martirizadas ("vocês não me entendem e receio que *nunca* entenderão") e promessas melodramáticas de se afastar. "Preciso achar uma maneira de não '*incomodar*' mais a você ou ao pai", escreveu a Theo. "Deixe-me seguir meu próprio caminho."

Com efeito, quando o novo ateliê estava ficando pronto bem a tempo do Natal, Vincent retribuiu a bondade dos pais da maneira mais ferina possível. Na véspera de uma viagem que faria para visitar Rappard em Utrecht, numa cena que reproduziu a expulsão de Etten dois anos antes, ele provocou mais uma discussão sobre Kee Vos. Não conseguindo ainda obrigar o pai a se render (fato que atribuiu ao "orgulho mesquinho" de Dorus), deixou o presbitério jurando que estenderia a viagem até Haia — ao único lugar que seus pais tinham implorado que não fosse. Passou o Natal com Sien e filhos. Ao voltar, anunciou que estava pensando de novo em se casar com ela, muito embora confidenciasse a Theo que tinham "decidido mais definitivamente do que nunca viver separados".

Como era de prever, Dorus ameaçou impedir o casamento com mais uma petição de tutela do filho — ameaça que lançou Vincent a mais uma rodada de denúncias exaltadas e uma oposição furiosa, quando se iniciava o ano novo.

Era inevitável que Vincent levasse a briga com o pai às ruas de terra e às trilhas de Nuenen. Com população menor que a de Zundert, o vilarejo nas charnecas arenosas de Brabante Oriental também era prisioneiro de seu passado. Preso a antigos métodos agrícolas e a um setor de tecelagem artesanal que mal se alterara desde a Idade Média, o povoado tinha se afundado cada vez mais na pobreza e na insignificância enquanto o resto da Holanda e a Europa rumavam acelerados para um novo século. Era possível fazer tecidos melhores a custos mais baixos nas grandes fábricas com energia a vapor em todo o continente, e as melhorias nos meios de transporte já tinham desencadeado uma depressão agrícola mundial que atingia mais gravemente os pequenos agricultores, como os de Nuenen. Sem a Napoleonsweg de Zundert, a vila tinha se mantido geograficamente isolada e etnicamente fechada durante a maior parte de sua história. A estrada de ferro chegou tarde demais. Na época em que Dorus van Gogh chegou, em 1882, Nuenen era uma cidade em vias de desaparecimento, com baixo índice de nascimentos, alto índice de mortalidade e um nítido fluxo emigratório da população em idade ativa.

Somente uma intimação de sua amada Sociedade pela Prosperidade poderia forçar Dorus a deixar sua confortável semiaposentadoria em Etten para se devotar à obrigação de mais um tempo de serviço em outro posto avançado e entrincheirado nas charnecas. Uma controvérsia sobre o duro tratamento que a Sociedade dava aos arrendatários (expulsando um deles, doente incurável, por não ter pagado o arrendamento) provocara uma grave cisão com os funcionários da Sociedade e dividira seriamente a minúscula congregação (meras 35 almas numa vila de menos de 2 mil habitantes). Dorus fora enviado para submeter os dissidentes e acalmar os rumores sediciosos que ameaçavam corroer a missão da Sociedade no Brabante Oriental. Os inimigos do protestantismo agarrariam qualquer sinal de fraqueza, qualquer indício de escândalo, para desacreditar a Sociedade e a religião a que servia.

Antes de Vincent chegar no dia de são Nicolau em 1883, ninguém em Nuenen — nem mesmo os superiores da igreja de Dorus — sabia de sua existência. O pastor não havia dito uma única palavra sobre o primogênito. A razão do silêncio logo se fez evidente. Numa campanha que parecia proposital para mortificar e constranger os pais, Vincent alardeava seu ateísmo às visitas e se vangloriava do papel de ovelha negra da família. A misteriosa fuga para Haia na véspera de Natal — quando todos os olhos protestantes de Nuenen estavam postos no pároco — anunciou a todos a discórdia no centro da congregação.

Embora ainda fosse capaz de manter o decoro em relação a amigos distantes como Rappard e Furnée, Vincent não dava trégua ao círculo dos pais. Às visitas que iam ao presbitério, ostentava um ar taciturno e sorumbático ou se eriçava dando alfinetadas, quando não as ignorava por completo. Rejeitava ostensivamente qualquer cortesia social, dizendo que eram "absurdas" e "repugnantes". Denunciava o "convencionalismo tacanho" da elite da vila — "esnobes afetados e metidos a virtuosos", como seu pai — e sujeitava suas opiniões bem-educadas a ataques virulentos de "observação honesta", como dizia. Por fim, os Van Gogh acabaram tendo de desencorajar a visita dos amigos, por medo da recepção imprevisível que lhes daria o filho. "Como é possível se comportar com tanta grosseria?", indagava Anna, amargurada.

Nas longas caminhadas pelo vilarejo e pelos campos ao redor, Vincent não precisava fazer nenhum esforço para atrair olhares de reprovação. Em sua maioria, os moradores de Nuenen e suas minúsculas aldeias satélites nunca tinham visto um pintor na vida, muito menos um pintor filho de pastor que praguejava com o maior gosto, usava roupas estranhas, não comia carne, fumava cachimbo sem parar, bebia conhaque direto de um frasco, fustigava sarcasmos quando provocado. "Não era simpático", lembrava um morador cinquenta anos depois. "Era estranho... Ficava bravo. Fechava a carranca." Outro lembrava que até a barba ruiva de Vincent parecia subverter a ordem holandesa: "Uns pelos ficavam espetados para cá e outros para lá... Ele era muito feio". Não havia lugar para esse homem tão esquisito e insubordinado na experiência ou na linguagem dos pacatos camponeses de Nuenen. Referiam-se a ele simplesmente como "*schildermenneke*" — pintorzinho — ou apenas "Ruivo". Já Vincent os chamava de "caipiras". Como ocorria em tantos lugares, Vincent atraía bandos de moleques que o seguiam e motejavam por onde ele fosse, tormento que dizia lhe agradar. Descartava os gozadores, como descartava os fofoqueiros e os cochichos, torcendo o nariz a eles. "Não vou me incomodar com o que as pessoas pensam de mim", dizia. "Sigo meu próprio caminho."

Cada vez mais, Vincent seguia um caminho em particular que mortificava e constrangia os pais acima de qualquer outro.

Os aposentos deles eram escuros e fechados como celas de prisão. Nos dias de sol, alguns raios de luz poeirenta atravessavam obliquamente a escuridão. Mas os dias de sol eram escassos em Nuenen, sobretudo no inverno. "As chuvas, as neblinas afogam [Nuenen] numa umidade constante", reclamou um viajante. "Os moradores ficam à espreita de um sol que raramente brilha por aqui." Na maioria dos dias, o amanhecer trazia apenas um lusco-fusco cinzento a seus aposentos abafados. Depois que o sol se punha, o trabalho deles era iluminado pelo débil rubor das chamas mantidas em fogo baixo, para economizar o precioso combustível, e pela luz amarela e sem calor dos lampiões a gás pendurados nas vigas enegrecidas pela fumaça.

Mas, fosse à sombra ou à luz, o trabalho prosseguia. Do chão de terra batida às traves do teto de colmo, os cômodos trepidavam com o tear em atividade. Ali ficava enorme em sua pequena cela, como um inseto numa armadilha, grande demais para sair rastejando pelos respiradouros ou pela porta bamba. Braços e pernas, vigas e traves se estendiam em todas as direções, algumas grossas como madeira de navio, mostrando as distorções fibrosas das imensas árvores de onde tinham sido entalhadas e os grandes nós pretos de onde antes se estendia uma forte galhada. Em seu centro filigranado, duas meadas de urdidura subiam e desciam, juntavam-se e se separavam num ritmo espectral, enquanto a lançadeira corria por elas arrastando sua trama, para trás, para a frente, numa fuga sem fim.

Vincent pensava em desenhar tecelões desde que se tornara artista. Em 1880,

Tecelão, 1884, aquarela sobre papel, 33 × 44,1 cm.

declarou ter visto "vilas de tecelões" numa de suas fatídicas saídas do Borinage e imediatamente comparou os rostos pálidos e os locais escuros onde trabalhavam aos dos mineiros entre os quais morava. Via em suas atividades um parentesco artesanal com seu próprio "trabalho manual", disse ele, além de uma conexão mais profunda com tecelões que vira durante a infância em Brabante. A mescla de solidariedade e nostalgia lhe inspirou uma visão dos tecelões como heróis sobrenaturais ("aquele olhar distante, quase em devaneio, quase como um sonâmbulo"), extraída de fontes tão variadas como as fantasias rurais dos pintores da Idade de Ouro, os "tecelões místicos" das histórias de Michelet e a "raça deserdada" de *Silas Marner*, de Eliot. Em Haia, ele mobilizava essa imagem idealizada nas infindáveis discussões sobre Sien, exaltando os tecelões como homens de ação, não de contemplação. O tecelão "fica tão absorvido em seu trabalho que ele não pensa, ele age", escreveu Vincent em defesa de seu próprio percurso irrefletido. "Não é nada que ele possa explicar, apenas *sente* como devem seguir as coisas." Quando ele saiu de Haia, os tecelões tinham passado a ocupar um lugar ao lado dos enterros camponeses e dos cemitérios das igrejas na iconografia doméstica de Vincent. Quando estava em Drente, talvez tenha ouvido falar que Max Liebermann estava pintando uma família tecelã em Zweeloo; quando visitou o ateliê de Rappard em dezembro, certamente viu os retratos de fiandeiras, tecelões e teares que o amigo fizera.

Em Nuenen, Vincent encontrava tecelões em quase todas as esquinas. Vinte e cinco por cento dos adultos do sexo masculino da vila ganhavam alguma parte do magro sustento num tear. Trabalhavam como sempre tinham trabalhado, em casa, com os gigantescos teares negros entupindo suas choças precárias, mulheres e filhos a enrolar as bobinas. A curta experiência da vila com fábricas modernas malograra antes da chegada de Vincent, deixando os tecelões destituídos à mercê dos empresários que lhes forneciam o fio (a fiação manual tinha praticamente desaparecido) e de um mercado parado durante a depressão que afetava todo o continente. Os tecelões de Nuenen usavam, em sua maioria, os mesmos teares usados pelos bisavós, com a madeira encardida do suor de gerações. Muitos ainda arrendavam seus teares. Faziam o que sempre tinham feito: tecidos xadrez e listrados em cores vivas, chamados *bontjes*. Alguns faziam panos de cozinha; outros faziam panos de fraldas. O serviço era esporádico e muito mal pago — alguns centavos por dia por um trabalho monótono e cansativo. Muitos tecelões completavam a subsistência cultivando seus pequenos lotes ou fazendo serviços avulsos. Um deles era Adriaan Rijken, que cuidava do jardim do pároco Van Gogh e limpava o ateliê de seu filho esquisito, o pintor. Provavelmente foi Rijken que conduziu Vincent pela primeira vez nas trilhas arenosas que levavam aos arrabaldes da vila, para realizar seu longo projeto de desenhar tecelões.

Mas Vincent deve ter se sentido atraído pelas tristes choupanas no fim dessas trilhas por razões mais fortes do que a rivalidade com Rappard ou a busca de mais um símbolo do trabalho enobrecedor. Em seus primeiros meses em Nuenen, passou horas e horas nas oficinas de teto baixo, cheias de fuligem, apoiado à parede, a poucos pés das máquinas infernais e do fragor incessante que faziam. Chegava de manhã e ficava até tarde da noite — muito mais tempo do que precisava para fazer os toscos esboços preliminares que levava de volta ao ateliê. Apesar dessas longas horas, porém, as obras prontas mostram uma surpreendente desatenção aos rudimentos da operação efetiva dos teares — uma falta de empenho nada característica do colecionador e classificador obsessivo dos bichinhos dos córregos de Zundert.

Tampouco dedicava muito tempo ou atenção aos próprios tecelões. Nas sucessivas imagens, aparecem impassíveis em suas máquinas complicadas, como passarinhos na gaiola, sem qualquer traço fisionômico próprio ou emoção visível. Vincent raramente mostrava as mãos ágeis e infatigáveis ou o movimento incessante dos pés no pedal. Em alguns trabalhos, ele admitiu que acrescentou a figura do tecelão por último, como numa decisão posterior. Para ele, não passava de mera "aparição" — um fantasma na máquina que mal merecia sua atenção. (Em Nuenen, como em Haia, Vincent nunca descrevia nem mencionava o nome de seus modelos.)

Mas evidentemente Vincent se sentia atraído por esses antros barulhentos que o distraíam, com seus ocupantes ali engaiolados, isolados dele pelo estrépito ensurdecedor com a mesma segurança com que a surdez isolava o homem órfão, Zuyderland. Como o tecelão eremita Silas Marner, de Eliot, Vincent parecia encontrar na "resposta monótona" do tear uma válvula de escape para os tormentos da memória e da reflexão, bem como da renhida e insolúvel refrega com o pai. Era a mesma fuga que encontrava em sua arte. "O trabalho de todo homem", escreveu Eliot, "executado constantemente, tem a tendência de se tornar um fim em si mesmo, e assim pode transpor os abismos sem amor de sua vida."

Como tema, não podia haver nada mais inadequado à técnica insegura de Vincent que os tecelões e seus teares. O complexo conjunto do tear apresentava problemas insolúveis de perspectiva. Sua tentativa de usar uma grade de perspectiva se mostrou inútil: os teares eram grandes demais, os aposentos, pequenos demais. Queixou-se: "É preciso sentar tão perto que fica difícil tirar as medidas". Em decorrência disso, não raro as imagens decaíam em ângulos conflitantes, principalmente quando ele acrescentava figuras ou tentava situar os teares em seu ambiente. Por fim, Vincent encontrou um cômodo maior, com dois teares, mas tinha de recuar até o corredor para ter uma visão clara.

O acréscimo dos tecelões só aumentava o problema. Apesar de anos de tentativas, Vincent ainda não dominava a figura humana. Em Haia, usara o ambiente controlado do ateliê, a grade de perspectiva, truques nas poses e intermináveis experiências de tentativa e erro para superar a trôpega inabilidade de suas primeiras tentativas. Mas, nas choupanas apertadas dos tecelões, sua inépcia ficava totalmente escancarada. Conforme se amontoavam os fracassos, tentou pôr os tecelões ao lado dos teares, de costas para ele, ou aparecendo apenas de perfil. Colocava-os na frente de alguma janela, reduzindo-os a mera silhueta, ou deixava todo o aposento tão escuro que suas fisionomias mal se distinguiam — soluções que o obrigavam a escurecer mais e mais as imagens.

Mesmo assim perseverou. Com seu habitual empenho monomaníaco, fez dezenas de desenhos praticamente idênticos nos meses subsequentes à sua chegada, dedicando um cuidado extraordinário ao hachuramento de cada saliência, de cada laçada, de cada travessa, de cada suporte, de cada fuso. Refez as mesmas cenas em aquarela, que era um eterno suplício para ele. Chegou a gastar preciosas tintas a óleo nos teares relutantes, preenchendo vastas telas de alto preço com tentativas de imagens tenebrosas que o deixaram tão insatisfeito que nem se deu ao trabalho de assiná-las.

Por que tanto esforço?

Os tecelões talvez não fossem adequados para a luta artística de Vincent, mas eram totalmente adequados para sua luta maior. No manual burguês dos bichos-papões de Dorus e Anna, os tecelões empatavam com os mascates e os amoladores como gente sem raízes, de hábitos pouco convencionais e um meio de vida pouco responsável. Eliot escrevera em *Silas Marner*: "Não havia certeza se este ofício de tecer, por indispensável que fosse, poderia ser inteiramente realizado sem o concurso do Maligno". Dentro da família Van Gogh, a tecelagem era tida como "pouco saudável" e "perniciosa", segundo a irmã Lies. Os tecelões de Nuenen eram vistos na rua apenas nos domingos ao anoitecer — horário em que gente decente não sairia à rua — quando vinham entregar o tecido feito ao longo da semana e pegar o fio para a semana seguinte. Pálidos, espectrais (segundo Eliot, "homens de aparência estranha"), costumavam andar sozinhos. Os cães latiam à sua passagem. Eram cercados de boatos e lendas. Na década de 1880, o ativismo militante entre tecelões de toda a Europa havia reforçado essas velhas superstições, acrescentando as suspeitas de agitação política e insurreição social.

Vincent por certo escarnecia dos pais, como havia escarnecido de Theo, narrando suas visitas cotidianas à casa desses agentes de perturbação da ordem, com seus "quartinhos miseráveis com chão de barro" e a máquina estranha, "repulsiva", que, dia e noite, enchia as casas de um barulho atroador. "Não passam de pobres criaturas, aqueles tecelões." Se Dorus e Anna levantaram alguma objeção, sem dúvida os calou a gritos, como fez com Theo: "Considero-me absolutamente livre para manter relações com as chamadas classes baixas". Como que para frisar o argumento, à hora das refeições ele entrava na sala de jantar do presbitério com suas pinturas e apoiava as imagens na cadeira em frente, num desafio, convidando os tecelões a tomar lugar à mesa dos pais. "Vincent ainda está trabalhando com tecelões", lamentou Dorus meses depois dessas provocações. "É uma pena que não prefira fazer paisagens."

Em 17 de janeiro de 1884, o destino deu uma última chance a Vincent para se libertar do círculo vicioso de provocação e rejeição. Indo a Helmond para fazer compras, sua mãe escorregou e caiu ao descer do trem. Anna, com 63 anos, já tinha caído no inverno anterior, mas sem danos sérios. Dessa vez, não teve a mesma sorte; fraturou a bacia. Acompanhada pelo filho Cor, voltou de coche às pressas para Nuenen, onde fixaram os ossos e lhe colocaram um gesso enorme. Transferiram sua cama para o escritório de Dorus, no andar de baixo, e lhe deram hidrato de cloral para ajudar a dormir.

Então se iniciou a vigília.

Nos dois meses seguintes, Vincent encontrou um lar no desamparo da mãe. Lançou-se ao trabalho de convalescença com a máxima dedicação, tal como havia feito com os mineiros feridos do Borinage e a prostituta doente Sien. Afligia-se a qualquer sintoma e questionava todo diagnóstico. Preocupava-se incessantemente com os riscos de uma imobilidade prolongada. Ficou ao inteiro dispor de Anna. "Minha mãe vai precisar de muitos cuidados", explicou solenemente a Rappard. "Nestes dias, tenho de ficar em casa a maior parte do tempo." Avisou a Theo da necessária diminuição no ritmo de trabalho. "Por enquanto vou poder trabalhar apenas metade do tempo", escreveu ele, "por causa da infeliz ocorrência, que resultou numa série de outras coisas que *têm* de ser feitas."

Quando precisavam trocar os lençóis, ele emprestava as costas para uma maca que parecia uma espécie de ataúde, inventada pelo médico para mover a paciente sem forçar o quadril atingido. Mais tarde, quando os ossos começaram a consolidar, Vincent transportava a mãe numa liteira improvisada até a sala de estar e, depois, ao jardim do presbitério. Fazia rodízio com outros familiares para ler em voz alta ou alguma outra maneira de distraí-la da dor. Ia colher flores de inverno no jardim — prímulas, violetas, galantos — que arrumava em bandejas e colocava ao lado da cama. Mesmo quando não havia nada para fazer por ela, ficava pela casa, esperando qualquer oportunidade de "prestar ajuda".

Aos poucos a garra do passado parecia se afrouxar. O incidente "empurrou totalmente algumas questões para o plano de fundo", informou Vincent, permitindo-lhe se "dar bastante bem" com os pais. Sua solicitude lhe valeu um raro elogio do reverendo Van Gogh, o qual disse que o filho se mostrava "exemplar em seus cuidados", e até despertou algum apoio a seus esforços artísticos ("ele trabalha com uma tremenda ambição"), se não pela arte em si. "Tenho tanta esperança de que o trabalho dele encontre alguma aprovação", escreveu Dorus a Theo.

Vincent retribuiu na mesma moeda. Depois de mais de um mês de críticas impiedosas, voltou a abraçar os valores convencionais do pai, cumprimentando amistosamente as visitas que vinham ao presbitério para desejar melhoras a Anna ("conviver melhor com as pessoas é de grande importância para mim", declarou) e se preocupando com as perspectivas matrimoniais das irmãs. ("Sem capital", advertiu ele, "não é grande a propensão a desposar uma moça sem um vintém.") No aniversário de Dorus no começo de fevereiro, Vincent lhe deu um exemplar de *Uit de cel* [Da cela], de Eliza Laurillard, uma expoente da mesma *dominocratie* que ele atacara com tanto furor poucas semanas antes. Quando chegaram as contas do médico, num total de duzentos florins, nas primeiras semanas após o acidente, Vincent entregou ao pai toda a última mesada que recebera de Theo (postergando ainda mais suas dívidas em Haia). Era tão intenso seu desejo de auxiliar os pais em suas dificuldades financeiras que pressionou Theo mais uma vez para ajudá-lo a encontrar um trabalho remunerado, "para que você possa dar à mãe o que daria a mim". Finalmente, numa iniciativa que decerto trouxe um sorriso ao rosto de Anna, tentou intermediar um compromisso entre sua irmã Wil e o aristocrata Rappard.

Também na arte, Vincent passou da provocação para a pacificação. Arrebatado pela súbita e inesperada possibilidade de conquistar as boas graças em casa, sua imaginação voltou à primeira de todas as ambições: agradar aos pais. "Fico feliz em dizer que a mãe está com ânimo e muito bem-disposta", informou orgulhoso a Theo. "Ela se diverte com miudezas. Outro dia, pintei para ela uma igrejinha com uma cerca e árvores."

Vincent já havia explorado rapidamente essas imagens nostálgicas numa série de desenhos que fez tão logo chegou a Nuenen, no entusiasmo inicial de estar em casa. Depois de uma intensa nevasca, saiu no frio com seu bloco de desenhos e registrou o inverno brabantino de sua infância: o jardim do presbitério com as árvores desfolhadas e as paisagens cobertas de neve; um casal indo para a igreja pelo caminho bordejado de árvores, deixando suas pegadas juntas na neve; uma camponesa erguendo um forcado de estrume contra um amplo horizonte branco; crianças fazendo um boneco de neve; cruzes tortas cravadas no cemitério de uma igreja. Viera para o lar com muitas dessas imagens já presentes na imaginação — preparado para ver, como sempre, o que mais precisava ver. Traçadas com delicados sombreamentos a lápis e bico de pena, com o esmero que sempre dedicava aos "retratos" dos lares da família, essas lembranças numa folha de caderno valeram a admiração inclusive do pai usualmente cético, no breve intervalo antes que se desencadeasse a tempestade no presbitério. "Você não acha bonitos aqueles desenhos a bico de pena de Vincent?", escreveu a Theo. "Isso lhe vem com tanta facilidade."

A chance de conquistar a aprovação materna reviveu aquelas primeiras imagens esperançosas. Depois da atitude de revolta e desafio com os tecelões, Vincent voltou às imagens reconfortantes com a pequena igreja do pai e o presbitério vizinho. Em vez de vaguear por trilhas desconhecidas, levava o bloco de desenhos apenas até o jardim materno, atrás do presbitério, onde registrava amorosamente seu manto espectral de inverno e as promessas de primavera: as roseiras e os rebentos envoltos em palha para protegê-los da geada; árvores frutíferas esqueléticas gesticulando doidamente; um velho campanário que perdera sua igreja muito tempo antes, erguendo-se sozinho no horizonte, lembrete supremo do renascimento. Levava esses esboços para o pequeno ateliê-lavanderia e os transferia para folhas grandes de papel macio, dedicando-se a incansáveis hachuras a cada mudança de textura, a cada galho retorcido, a cada mourão de cerca, a cada folha, tufo ou capim que enfrentava a cólera do inverno. Abriu sua caixa de tintas e apresentou pela primeira vez suas novas habilidades aos pais, pintando a igreja paterna com a congregação reunida do lado de fora, como um retrato de grupo. Quando terminou, deu a pintura à mãe, encenando um ritual de oferenda e aceitação que vinha da infância e do qual se sentira excluído por muito tempo.

Liberto da necessidade de provar ou persuadir, querendo apenas agradar, Vincent iniciou uma série de imagens que se tornariam as primeiras obras-primas indiscutíveis de sua carreira, que tanto demorou para engatar e depois foi tão fulminante. Afastando-se das dificuldades da pintura a óleo, ele preferiu os instrumentos com que sua mão se sentia mais à vontade: o lápis e a pena. O desenho em branco e preto lhe tinha servido de esteio desde os dias negros no Borinage e todas as demais crises desde então. Era o único meio que lhe granjeara algum elogio da família. Era também o meio sobre o qual desenvolvera a amizade com Anthon van Rappard. Agora, ressurgindo a possibilidade de reconciliação no lar da família, Vincent deu início a mais uma campanha de solidariedade com o favorito de seus pais, sendo o casamento apenas uma parte dela.

Como temas, escolheu locais do presbitério, que eram ambientes familiares e reconfortantes para Dorus e Anna: um lago próximo ao jardim, margeado por matos e arbustos silvestres, de águas avolumadas pelo degelo do inverno; um caminho de areia bem na saída no portão do jardim; um grupo de vidoeiros nus na divisa com a vila, a pequena distância. Se a mãe não podia caminhar pelas trilhas que amava, o filho traria as imagens até ela.

Vincent captou a imobilidade e a expectativa nas margens do lago nos primeiros dias da primavera. Vertendo toda uma vida de observação intensa e meticulosa numa única imagem, preencheu a folha de 40 × 52,5 cm com um registro primorosamente detalhado da devastação trazida pelo inverno: os cepos torturados e os galhos retorcidos dos arbustos sem poda, a nudez espigada das árvores dispostas ao acaso, rivalizando em altura para formar um só dossel rendilhado, traçado em linhas cada vez mais finas até o alto da página. O primeiro plano é ocupado pelo lago de sombras tremulantes, a quietude das águas espelhando as margens desgrenhadas e o grupo de árvores em tons cintilantes de cinza. Captou inclusive o reflexo do céu em infindáveis modulações finamente hachuradas que não deixaram um único espaço do papel velino sem um toque de sua pena. Com a grade de perspectiva, criou uma estrada vazia ladeada por uma cerca viva cinzenta. Ela entra pela esquerda e desaparece no horizonte além das árvores, como se, reta como uma flecha, fosse uma represália ao lago amebiano. À distância, o centro fixo, sempre presente, é o espectro cinza-pálido da torre de uma igreja.

Vincent ambientou nesse gélido cenário invernal a breve historieta de um passarinho em busca de alimento, pairando sobre as águas imóveis. Em leves toques cuidadosos de tinta branca sobre os reflexos escuros do lago, lembrou a época da infância quando observava os pássaros com o pai, *L'oiseau*, o evangelho ornitológico de Michelet que ambos partilhavam, e as recompensas solitárias pela paciente espera à beira de um córrego, premiada com as emocionantes surpresas da natureza. Decidiu dar ao desenho o nome do pássaro: *O martim-pescador*.

Em outro desenho, Vincent concentrou todos os seus extraordinários poderes de observação num pequeno grupo de bétulas decotadas. Cerca de uma dúzia de árvores sólidas e esgalhadas estão dispostas de maneira irregular nas margens de uma vala de drenagem, separando o povoado e a baixada de pastagem mais adiante. Anna van Gogh conhecia bem aquela vista. Vincent montou sua grade de perspectiva tão perto que as duas árvores da frente quase ocupam a folha toda, tanto em cima quanto nas laterais. Atrás delas, desenhou uma fila de árvores seguindo até o horizonte distante, convergindo quase no centro da imagem — uma perspectiva dramática que acentua as árvores da frente, que avançam ainda mais. Vincent já tinha desenhado árvores decotadas com muita frequência: seus típicos troncos com nós retorcidos e a coroa de galhos novos o atraíam como haviam atraído gerações de artistas holandeses. Em muitas das estradas, canais e campos por onde andava, árvores as mais variadas — salgueiros, carvalhos, bétulas ou vidoeiros — eram submetidas à severa poda anual chamada "decote", removendo galhos primários e secundários, a qual lhes dava uma aparência sofrida e desamparada, sobretudo no inverno — figuras grotescas de estrada, semitratadas, seminaturais.

Essa dezena de vidoeiros, veteranos portando as cicatrizes de muitas mutilações de primavera, foi objeto do olhar perscrutador de Vincent. Devia-se desenhar uma árvore decotada "como se fosse um ser vivo", dissera certa vez a Rappard; "concen-

O martim-pescador, março de 1884, lápis sobre papel, 39,05 × 53,02 cm.

trar toda a atenção naquela determinada árvore e não descansar enquanto houver alguma vida nela". Mas, até o momento, Vincent nunca seguira o próprio conselho. Nas tentativas anteriores, a pena vagueara pelo cenário da paisagem ou pela casa rural, pelo céu coberto de nuvens ou pela estrada desaparecendo ao fundo. Ou pelas figuras. Em desenhos e mais desenhos, usava árvores decotadas para enquadrar uma figura solitária trilhando um caminho solitário, suas formas torturadas reduzidas a ecos simbólicos, enquanto ele trabalhava infrutiferamente nas figuras amadas e nos sentimentos que queria partilhar.

Agora, na breve bonança das graças maternas, Vincent podia apenas *olhar*. Seus olhos encontraram e sondaram cada chaga nodosa, cada toco de galho decepado, cada penosa deformação. Captaram as rugas brancas e cintilantes da casca, a inclinação assimétrica de cada árvore, uma levemente diferente da outra. E dos nós escuros que marcavam os cortes mais recentes, captaram a exultação ascendente da retomada do crescimento — os galhos esguios que se estendiam aos céus, em busca do sol, elevando-se das ruínas mutiladas. Em filas e filas de árvores recuando até o fundo, repetiu o gesto triunfal, preenchendo a parte de cima do papel com camadas suces-

Vidoeiros decotados, março de 1884, lápis sobre papel, 39,05 × 53,97 cm.

sivas de linhas verticais, gesto que reverberava em toda a parte de baixo, de lado a lado, em mil traços verticais da pena no capim, nos caniços, nos talos mais afastados.

Apenas uma vez antes disso ele se permitira olhar um tema único com tanto vagar e profundidade quanto agora olhava os vidoeiros decotados. Na busca fanática da figura, havia submetido o homem órfão Zuyderland e sua inesgotável paciência a um escrutínio implacável, mas fora derrotado pelos desafios próprios da forma humana. Mesmo agora, na primavera de 1884, o domínio da figura era uma meta que ainda não atingira, não conseguira submetê-las totalmente a si. Em outro desenho no mesmo mês de março, empenhou-se em desenhar a bico de pena um grupo de quatro árvores decotadas ao lado de uma vala, logo além do portão do jardim. Mas, ao lado delas, acrescentou um homem empurrando um carrinho de mão — um andarilho rígido e sem rosto do ateliê da Schenkweg, de uma época em que a solidão prevalecia sobre o olhar. Depois acabou acrescentando duas figuras ao desenho dos vidoeiros decotados — à direita, um pastor e seu rebanho; à esquerda, uma mulher com um ancinho ao ombro —, mas estão longe, de costas, e quase somem atrás da grandiosa vitalidade ascendente das árvores mutiladas.

Foi nos vidoeiros decotados que Vincent encontrou pela primeira vez a vida fora das figuras. Sempre tivera um olhar incansável para a natureza, para a infinidade de incidentes e a comovente expressividade de *O martim-pescador*, para todos os jardins e trigais que ela prenunciava. Mas agora ele acrescentou a essa intimidade com a natureza o olhar fanático que, até então, sempre reservara para seus modelos: a urgência do gesto, a unidade da visão, a ousadia da expressão. "Uma fila de salgueiros decotados", escrevera ele, "às vezes parece um cortejo de moradores de asilo." Liberta do longo jugo a que a submetia o desenho de figura, sua capacidade de isolar, simplificar e intensificar o tema — alimentada em anos de esboços em cartas — agora podia explorar a vida latente de praticamente qualquer objeto: uma cadeira, um par de sapatos, um girassol.

A tentativa de Vincent de fugir ao passado, porém, estava fadada ao insucesso. A perspectiva de reconquistar seu lugar de direito na família, por mais tênue que fosse, o pôs em rota de colisão com a pessoa que ocupara esse lugar. Em janeiro de 1884, seu relacionamento com Theo já havia descambado para um impasse de grande tensão. Vincent chegara a Nuenen transbordando de rancor — com a oposição de Theo a Sien, com sua negativa em sair da Goupil —, que ficara represado durante a longa e estéril campanha em favor de Drente. Dizendo-se "desiludido" e "desencantado", responsabilizou Theo pelo término "terrivelmente, terrivelmente triste" de seu sonho de irmandade perfeita.

Theo também se sentia traído. Ao ir para Nuenen, Vincent tinha feito exatamente aquilo que Theo mais tentara impedir. Até o último minuto, procurou convencer Vincent a ir a Paris, em vez de voltar para o lar da família. Chegara a lhe conseguir emprego numa revista de lá, *Le Moniteur Universel*. A recusa de Vincent, numa carta com carimbo postal de Nuenen, ia entretecida de mais reclamações contra o ramo do comércio de arte ("dentro de relativamente poucos anos, muitos dos grandes empreendimentos de arte, como *Le Moniteur Universel*... vão se apagar [e] entrar em decadência") e expressões brejeiras de confiança na futura revelação de quem, afinal, estava com a razão: "Digo que é possível que ocorra uma inversão de sentimentos em seu espírito, seja aos poucos ou de súbito, e que ela vai obrigá-lo a adotar uma nova concepção de vida, que talvez afinal resulte em fazê-lo se tornar pintor".

O empenho de Theo em defender o pai (Vincent se gabava de sua "selvageria" na discussão) reacendeu os velhos receios de Vincent sobre uma conspiração contra ele. Acusou Theo de se somar aos risos que sempre ouvia pelas costas e exigiu que o irmão declarasse sua verdadeira lealdade: "Pergunto sem rodeios em que pé estamos — você é um 'Van Gogh' ou é o 'Theo' que eu costumava conhecer?". A resposta de Theo veio em forma de uma carta de censura, dizendo que Vincent era um "covarde" por ficar intimidando o pai já velho e insistiu que retirasse suas críticas ferinas. Vincent reagiu com um frenesi de cartas de autodefesa — ríspidas, petulantes, maldosas, ao mesmo tempo lamentando a perda da intimidade entre eles e culpando Theo por todos os seus problemas. Mal secara a tinta dessa enxurrada de protestos e Vincent acrescentou mais uma provocação: sua ida a Haia pelo Natal. Quando voltou, culpou o irmão pelo estado miserável em que encontrara Sien e sua família, e declarou expressamente que continuaria a sustentá-las, em flagrante violação da exigência de Theo de renunciar à mulher de uma vez por todas. "Seja qual for sua participação financeira", escreveu Vincent, sublinhando sua liberdade com um traço bem forte sob a frase, "*você não conseguirá me obrigar a renunciar a ela.*"

Mas a liberdade concreta foi mais difícil de conquistar. Em sua campanha para recuperar as boas graças após o acidente de Anna, sua dependência financeira de Theo continuou a lhe tolher os movimentos. Tentou escapar à fama de "preguiçoso" abraçando explicitamente o evangelho goupiliano da arte vendável e fazendo trabalhos mais comerciais, como aquarelas (tomando emprestado a Mauve tanto o tema quanto a tonalidade diáfana). Associou suas pinturas de tecelões a artistas de sucesso da Escola de Haia, como Jozef Israëls, e acrescentou sonhadores títulos franceses a alguns dos desenhos de dezembro (*Jardin d'hiver*, *Mélancolie*), como se fossem diretamente destinados ao mercado parisiense. Mas, toda vez que se apresentava aos amigos dos pais — "os respeitáveis nativos destas plagas", dizia agora —, se via submetido a uma chuva de perguntas: "Por que você nunca vende seu trabalho?", "Por que os outros vendem e você não?", "Que estranho que você não faça nenhum negócio com seu irmão ou com a Goupil". Vincent arrolava essas ofensas nas cartas a Theo em tons cada vez mais pesados. "Onde quer que eu esteja, sobretudo em casa, não se para de vigiar se eu consigo alguma coisa por meu trabalho", escreveu ele. "Em nossa sociedade, praticamente todo mundo olha o tempo todo esse tipo de coisa."

Como era inevitável, o sentimento de culpa e a paranoia transformavam qualquer pergunta educada, qualquer olhar indagador em grave reprimenda. "Tenho de aguentar censuras por passar meu tempo à toa — ou até olhares *absolutamente* desdenhosos por "*não ter NENHUM meio de vida*", queixou-se ele. "Escuta-se essa conversa fiada entre dia, sai dia, e a pessoa fica com raiva de si mesma por levá-la a sério." Reclamava muito da impressão pouco lisonjeira gerada por sua dependência financeira do irmão e como isso o deixava numa "falsa posição" — referência indireta às mágoas mais profundas causadas desde longa dada pela ascendência de Theo. Não demorou muito para vergastar o irmão distante, mas sempre presente. "Quando cheguei em casa, fiquei chocado com o fato de que o dinheiro que estava habituado a receber de você era visto... como esmola para um pobre tolo", escreveu revelando as acusações que alimentava mentalmente. "Estou me sentindo cada vez mais tolhido."

Em fevereiro, exasperado com essas desfeitas que se acumulavam, Vincent remeteu ao irmão dois pacotes de desenhos e aquarelas, acompanhados de uma "proposta para o futuro". Numa linguagem que se esforçava em parecer comercial, ele apresentou outro plano para o relacionamento turbulento entre ambos: Vincent enviaria esporadicamente seus trabalhos; Theo escolheria o que lhe agradasse. Qualquer valor que Theo remetesse seria considerado como pagamento pelos trabalhos escolhidos ("remuneração que recebi"); as obras que Theo rejeitasse, Vincent levaria a outros comerciantes. Como sempre, ele cercou sua proposta com floreios afetuosos, apelos à solidariedade entre irmãos e garantias solenes de que assim suas relações manteriam "um curso certo". Mas nada conseguia disfarçar a exigência raivosa que estava no cerne da proposta. "Depois de março, não vou aceitar mais dinheiro seu", escreveu numa retomada do prazo final que impusera em Drente, "[a menos que] eu lhe dê algum trabalho em troca." Era a mesma ameaça de autodestruição que tantas vezes fizera antes: se Theo se recusasse a "comprar" seu trabalho, Vincent se negaria a receber seu dinheiro — mais uma vez lançando a si e a família em outra crise de incerteza.

Durante semanas, esperou uma resposta, ora temeroso, ora furibundo, enquanto Theo o castigava mais uma vez com o silêncio. Enviou lembretes plangentes, em que se comparava a um réu aguardando o julgamento que o poria em liberdade. Tentou aplacar o irmão com poemas e protestos de boa-fé, enquanto combatia uma onda de desconfiança e o pêndulo retornava para o lado da devoção fraterna. "Qualquer que possa ser a diferença de sentimentos e a diferença nisto ou naquilo", escreveu ele, "somos irmãos, e certamente espero que continuemos a nos conduzir como irmãos."

Foi apenas no começo de março que Theo respondeu. Numa linguagem tão inequívoca quanto a de Vincent era indireta, disse ao irmão que o trabalho dele "não [era] bom o suficiente" para vender; "ainda não teve progresso suficiente" desde suas primeiras tentativas canhestras em Etten. Fosse como comerciante ou cliente, disse Theo, não poderia fazer nada para promover a carreira de Vincent enquanto seu trabalho não viesse a "melhorar muito". As empoladas tentativas de Vincent de agradar a Theo pareciam apenas deixar mais clara a recusa do irmão. Ridicularizou a ideia de que Vincent conseguisse encontrar outros comerciantes para sua arte e lhe lembrou que ninguém mais lhe daria algum adiantamento com base em sonhos e retóricas. Levaria "muitos anos" até que seu trabalho tivesse algum valor comercial efetivo, previu Theo — e ainda mais tempo até conseguir se sustentar sozinho. Criticou a técnica tosca dos desenhos de Vincent (o público ficaria "ofendido" com suas imperfeições), a superficialidade dos estudos de pintura, a insipidez das cores. Num menosprezo que beirava um repúdio do que haviam compartilhado no passado, Theo acusou Vincent de ser "obcecado demais" pelo paisagista francês Georges Michel, muito apreciado por ambos a vida inteira, e em particular descartou as pinturas de Drente, inspiradas em Michel, que não passariam de "ruins".

Quando expôs sua proposta, Vincent tinha assegurado ao irmão que, "se [meu trabalho] não o agradar e você não quiser nada com ele, não vou poder dizer nada a respeito". "*Quero que você se sinta em liberdade comigo*", escrevera sublinhando vigorosamente as palavras, "assim como quero me sentir em liberdade com você." Mas, claro, essa liberdade não existia. De nenhum dos lados. A raiva subsequente de Vincent era tão inevitável quanto a repreensão de Theo. Na carta mais enfurecida de todas que enviou ao irmão, ele ergueu o tom da discussão a uma altura inédita de grosseria e ferocidade. Culpou Theo por quase todos os dissabores que sofrera na vida. Se seu trabalho não vendia, era porque Theo não tinha feito nada para vendê-lo. "Pôs tudo num canto escuro" e "não ergueu um dedo" para encontrar algum comprador. Sua indiferença pela arte de Vincent apenas refletia sua hipocrisia e até sua desonestidade no relacionamento entre ambos. Era um irmão "ignóbil", que punha "a construção do próprio ninho" acima do amor à arte e dos laços de sangue. "Você pouco se importa comigo", esbravejou Vincent. Um *verdadeiro* irmão não o teria feito refém da necessidade. Teria dado gratuitamente — sem cobranças nem obrigações — em vez de "apertar os cordões da bolsa" e obrigá-lo a se "render". Reabrindo a mais recente ferida, repisou a traição na Schenkweg. Opondo-se a Sien, Theo o privara de "*uma esposa... um filho...* um lar próprio". Que louco tinha sido ao convidar Theo para ir a Drente! Que esperança vã que o irmão tivesse coração, fibra ou energia para ser pintor!

O que restava, senão romper? Apenas a covardia podia explicar que não tivessem se apartado antes — covardia de Theo. Vincent tinha aguentado tempo demais seus estímulos ocos, sua recusa em "sujar as mãos". A única "ação viril" era pôr fim ao "negócio sórdido" em que se degenerara a irmandade perfeita entre eles. Chegara a hora de se libertar. "É plenamente natural espernear quando se tem certeza de que o mantêm na corda bamba, de que o mantêm no escuro", disse ele. "Se a pessoa vai de mal a pior... que diferença faz?" Era o ultimato que pesava sobre o relacionamento deles desde Haia, mas dessa vez era incondicional. "Não posso deixar as coisas como estão", declarou Vincent. "Estou decidido à separação."

Afirmou que encontraria um novo comerciante, rejeitando o prognóstico de Theo de que ninguém iria lhe dar melhor tratamento. Além disso, aproveitaria todas as ocasiões de criar novos contatos e de mostrar seu trabalho — tarefas que sempre desdenhara no passado. Falou em ir à Antuérpia para encontrar clientes. Ele e Rappard já tinham conversado sobre isso. Talvez até se mudasse para lá. Ou talvez voltasse para Haia. Numa declaração que só poderia ser entendida como ameaça, falou em voltar ao local do desastre anterior e em retomar suas relações na Goupil. "Afinal", afirmou ele, "nunca me comportei mal em relação a eles."

Para frisar sua determinação em seguir o próprio caminho, encomendou a um marceneiro local algumas molduras para seus quadros, requisito necessário para vendê-los (achou que ficariam melhor com molduras pretas). Os primeiros trabalhos que pensou em enquadrar eram alguns estudos de Drente — justamente os que tinham sido criticados por Theo. Também embalou os melhores desenhos mais recentes, inclusive *O martim-pescador* e *Vidoeiros decotados*, que remeteu a Rappard pedindo para "mostrá-los às pessoas". Para Paris, não enviou paisagens — nas quais Theo tanto insistia — e sim mais um lote de tecelões, como que afrontando o irmão para rejeitá-los outra vez.

Nem mesmo em plena fúria, a maior de todas, Vincent conseguiu escapar ao tormento das oscilações de atitude. Quando Theo escreveu informando sobre o rompimento definitivo de seu romance com Marie, Vincent tentou "desdizer" algumas das coisas mais duras que havia dito. ("Veja que não é minha intenção romper relações com você.") Mas, quando Theo retaliou atrasando o pagamento seguinte, Vincent voltou de um salto aos ataques, com raiva redobrada. Acusou Theo não só de lhe faltar na hora de necessidade, mas também de sabotá-lo intencionalmente: "Você comete essa negligência *de propósito* para me dificultar a vida". Vergastou o irmão com a linguagem maldosa e impotente de um menino frustrado, somando todas as injúrias do ano anterior — e de muito antes — numa enorme explosão de insultos. O "ilustre e poderoso" *gérant* o torturara tempo demais com sua condescendência "enfatuada", suas "queridas trapaçazinhas vangoghianas", suas críticas "estúpidas, insípidas". Vincent não conseguiria aguentar nem mais um dia tanta "estreiteza" e "convicção de estar sempre certo". Theo tinha se transformado no pai, disse ele, desferindo seu dardo mais devastador, e o caráter ultrajante desse fato havia se tornado absolutamente intolerável. "Seria *um disparate* seguir *dessa maneira*", trovejou ele. "*Um disparate!*"

* * *

Mas Theo também era um prisioneiro. No começo de abril, acatou todas as exigências de Vincent. Enviaria 150 francos todos os meses, como vinha fazendo. Em troca, Vincent lhe enviaria todos os seus trabalhos. Theo poderia fazer o que quisesse com eles (até "rasgá-los", concordou Vincent). Vincent diria às pessoas em Nuenen que o irmão comprara sua obra. O dinheiro seria uma "remuneração". Theo não imporia condições a seu apoio. Vincent não faria nenhuma exigência adicional ao irmão. Theo não contaria a ninguém, nem mesmo aos pais, os termos do acordo. Apesar de seus apertos financeiros, Theo selou o trato com um pagamento especial de 250 francos para aplacar o implacável irmão. Vincent finalmente contava com seu "acordo definitivo".

Porém não adiantou nada. Na mesma hora, Vincent se pôs a exigir uma reformulação do acordo. Em poucas semanas, lançou outro ultimato para que Theo aceitasse suas alterações *"ou então chegamos ao fim"*. Acusou o irmão de não mostrar entusiasmo suficiente por seu trabalho — de tratá-lo "de maneira frívola demais". Repudiou as imagens apreciadas por Theo e defendeu as rejeitadas, reinstaurando com seu espírito de contradição o impasse de Haia. Depois de mostrar a Theo algumas das grandes paisagens a bico de pena, feitas na primavera, Vincent nunca mais fez outra. "Mudei um pouco minha técnica", informou sem maiores explicações.

Apesar de invocar constantemente sua "liberdade", os meses de intensa batalha com Theo o haviam deixado inescapavelmente preso numa espiral descendente de provocação e desafio — espiral que absorveria sua vida emocional e também sua vida artística no ano seguinte em Nuenen, desfazendo a promessa de recuperação da mãe e renegando a arte que lhe dava conforto. Mesmo no entusiasmo por sua vitória ao obter o acordo com Theo, Vincent só via trevas pela frente. Num trecho que pretendia ser uma advertência ao irmão, Vincent se comparou a seu herói Millet, traído por patronos desleais que lhe davam dinheiro, e só — nada de respeito, nada de entusiasmo, nada de amor. E contou um episódio a respeito de Millet: "Ele agarrou a cabeça com as mãos, como se se sentisse novamente oprimido por uma imensa escuridão e uma melancolia indescritível".

22. *La joie de vivre*

Em maio de 1884, as mulheres de Nuenen ficaram surpresas ao ver à porta um belo desconhecido — um rapaz de maneiras finas e título de uma linhagem nobre: Anthon Ridder van Rappard. Ainda mais surpreendente era seu companheiro: o filho irritante e esquisito do pastor protestante, o *schildermenneke* Vincent van Gogh. Com seus blocos de desenho debaixo do braço, a dupla destoante percorria a paisagem de primavera, batendo à porta da casa de tecelões e agricultores em busca de temas — ou, melhor ainda, de modelos.

Vincent havia feito uma campanha frenética para que o amigo viesse visitá-lo. Para arrancar Rappard de sua agitada vida burguesa em Utrecht, ele acenou com todos os tipos de iscas, desde a beleza do campo brabantino à disponibilidade da irmã. Retomando vários dos argumentos que usara para atrair Theo a Drente, prometeu um paraíso de temas pitorescos e de pintura ao ar livre. Além de remeter quase uma dúzia de seus desenhos, como *O martim-pescador*, Vincent lhe enviou páginas e páginas de poemas transcritos para dar corpo a essa visão aliciante. Bajulou despudoradamente o trabalho de Rappard ("Seu uso do pincel muitas vezes tem um toque individual, próprio, pensado, cuidadoso") e insinuou de modo nada velado que poderia obter o apoio de Theo para promover a carreira do amigo. Chegou a interromper a briga feroz com o irmão para defender Rappard como "um dos que contarão". "Se você sentir afinidade pessoal pelo trabalho de Rappard", escreveu

Vincent, "certamente ele não será indiferente a você." Dando de ombros às duras críticas de Rappard a seus desenhos dos tecelões, bancou um alegre diabrete boêmio que queria apenas se divertir às próprias custas e com as pretensões dos outros. Sem qualquer menção aos vários problemas do inverno, convocou o amigo para passar um Primeiro de Maio artístico nas charnecas do Brabante.

Apesar das batas azuis e dos chapéus de feltro parecidos, os dois realmente formavam uma dupla esquisita nas ruas de areia e nas trilhas rurais de Nuenen. Rappard, que estava acostumado a longas e frequentes excursões de desenho, levava pouca coisa, apenas o bloco de desenho, um pequeno cavalete de tripé (da altura do joelho quando montado) e uma caixa de tintas do tamanho de um livro — bagagem tão leve que ficava com uma das mãos livres para usar uma elegante bengala. Vincent, por seu lado, levava seu ateliê inteiro junto com ele: uma cadeira dobrável, uma pesada caixa de tintas ainda por misturar, blocos de desenhos maiores e a incômoda grade de perspectiva. Mesmo um lavrador desatento teria notado a diferença de porte: um, ágil e confiante, de costas retas e peito aberto; o outro, arrastando-se com os ombros abaulados sob a carga. Os moradores da cidade e do campo, ao ser abordados, veriam de perto um contraste ainda mais acentuado: os bastos cabelos escuros e a barba cuidadosamente aparada de Rappard, os cabelos ásperos cortados rente e as suíças descuidadas de Vincent; os olhos suaves e levemente estrábicos de Rappard, o olhar fixo azul-esverdeado cristalino de Vincent.

Durante dez dias, Vincent fez tudo o que estava a seu alcance para eliminar as diferenças entre ambos. Depois de apresentar Rappard aos tecelões que por tanto tempo lhe obsedavam a imaginação, cedeu ao interesse do amigo por temas mais pitorescos. Organizou expedições a alguns dos moinhos antigos que pontilhavam o campo ao redor de Nuenen — exatamente o tipo de imagem convencional que antes Vincent desdenhava. (Teve de pedir informações para chegar a alguns deles.) Os dois passaram horas na taverna do povoado, onde Vincent entreteve o cosmopolita Anthon com piadas sobre os locais, e por certo renovou todos os argumentos de solidariedade que preenchiam suas cartas dos últimos meses: a irmandade entre os pintores, os riscos do "estilo de ateliê", o mistério de "correntes atuais" como o impressionismo, e sobretudo a solidão da vida do artista — reclamações que deviam soar tristes e estranhas a Rappard, que acabava de comemorar seus 26 anos criando mais um clube social para seus colegas artistas em Utrecht.

Mas havia um assunto que nunca deixava de aproximá-los: as mulheres.

Mesmo antes da chegada do amigo, o tema andava ocupando muito o espírito de Vincent. Após o rompimento definitivo com Sien, ele ficou sem nenhuma perspectiva de intimidade carnal. "Sempre vivi com algum calor", disse a Theo num eufemismo desalentado. "Agora tudo está ficando mais triste, mais frio e mais lúgubre em torno de mim... Não *vou aguentar.*" De início, como sempre, recorreu às prostitutas (que, ao que tudo indica, encontrou em Eindhoven, um centro comercial maior, onde também comprava suas tintas). Enviou ao irmão uma elaborada racionalização e uma triste reclamação: "Ainda não tenho experiência suficiente com mulheres". Brandiu como seu novo exemplo Cent, o tio mulherengo cujo lema, segundo Vincent, era essa piscadela cúmplice: "É possível ser tão bom quanto se queira". Na mesma sequência, começou a pedir mais dinheiro para contratar modelos e a se queixar da dificuldade em encontrá-los. Pode ter insinuado sua intenção de fundo ao elogiar o impressionista Édouard Manet (cujo trabalho mal conhecia), em especial seus quadros de mulheres nuas.

A visita iminente de Rappard apenas atiçou a fogueira. Desde suas idas em conjunto às Marolles, a zona de prostituição de Bruxelas, em 1881, o sexo era a *outra* paixão que os dois compartilhavam. Vincent deu o tom do encontro que teriam em breve enviando não só um maço de desenhos, mas também uma pequena "fábula árabe", na qual se ressaltavam as imagens eróticas e até um suicídio sexual. O assunto dos modelos abrangia esses dois aspectos. Depois do retorno de Utrecht em dezembro, onde havia admirado a pintura de Rappard retratando uma fiandeira, Vincent comprou uma roca de fiar, aparentemente na esperança de atrair alguma mulher que posasse em seus aposentos pessoais, em vez de precisar ir desenhá-la em sua casa, com sua própria roca.

Mas, mesmo que alguma mulher sucumbisse a tal aliciamento, Vincent não tinha aonde levá-la. Por razões desconhecidas, transferira seu ateliê da lavanderia do presbitério, sem janelas, com a frugalidade de uma prisão e sob as vistas de olhos curiosos, para um telheiro anexo de uma água só que, segundo Vincent, "ficava pegado ao depósito de carvão, ao cano de esgoto e à fossa de excrementos". (Escuro e úmido quando chovia, escuro e poeirento em tempo seco, o espaço apertado mais tarde seria convertido em galinheiro.) Logo depois que Rappard escreveu em abril, contando de seu trabalho com modelos, Vincent começou a pressionar por um ateliê melhor. "Preciso para trabalhar com modelos", anunciou. Sem dúvida ansioso por estabelecer distância entre Vincent e a casa paroquial, Theo enviou uma soma extra para a mudança, mas com um aviso para evitar os erros do passado, ao que Vincent respondeu despreocupado: "Pode-se dar o melhor de si ou agir com indiferença, o resultado sempre é diferente daquilo que realmente se pretendia".

No entanto, ao invés de escolher um galpão isolado e longe da cidade — como havia feito em Etten pouco antes de ser expulso no Natal de 1881 —, Vincent encontrou um ateliê perto de casa. Eram dois pequenos aposentos na rua principal, a Kerkstraat, a trezentos metros do presbitério, literalmente à sombra da nova igreja católica, a grande São Clemente. Na verdade, aquele espaço tinha sido usado pela igreja como "escola de costura e oração", antes que Vincent se mudasse no mês de maio. Numa situação ainda mais constrangedora para o pastor protestante Van Gogh, a casa era de propriedade de Johannes Schafrat, o sacristão da São Clemente, que morava lá. Vincent não comentou nada com Theo sobre a grande visibilidade do ateliê, nem sobre o proprietário católico, dizendo apenas que era "grande e nada úmido". Em vez de se desculpar pelas despesas adicionais, anunciou orgulhosamente seus planos para o novo ateliê: "Tenho de novo espaço suficiente para trabalhar com um modelo", escreveu ele. "Não há como saber quanto tempo vai durar."

Quando Rappard chegou no fim de maio, Vincent tinha decorado o cômodo da frente da bela casa com fachada de tijolos da Kerkstraat tal como era o apartamento da Schenkweg, enchendo as paredes com seus desenhos e pinturas e os demais "ornamentos" de um ateliê propriamente dito. Havia recuperado todos os trajes e acessórios de seus modelos que estavam armazenados em Haia, e organizou-os para a próxima campanha de desenhos de figura. A roca nova ficou no meio do aposento. Pendurou seu amado desenho de Sien, *Sofrimento*, em lugar de honra. Estava tudo pronto para se iniciar a "caçada" (termo dele).

"Rappard eu temos feito longas excursões", contou a Theo, "visitamos casas e mais casas e encontramos novos modelos... Meu ânimo voltou, *como se eu tivesse vinte anos*." Quando chegavam a alguma casa, mesmo onde o conheciam, Vincent punha Rappard na frente. Sua boa aparência e os modos gentis lhe valiam a boa vontade quase por toda parte — sobretudo entre as mulheres —, mesmo sem os chamarizes de dinheiro, bebida, fumo e café que Vincent tinha a oferecer.

Foi provavelmente numa dessas expedições de caça com Rappard que Vincent conseguiu Gordina de Groot como modelo. Vizinha de Pieter Dekkers, tecelão que Vincent desenhara com seu tear, Gordina por certo conhecia o *schildermenneke*, pelo menos de nome, quando ele apareceu à sua porta com o colega bem-apessoado. Vincent talvez também soubesse alguma coisa sobre a moça de 29 anos. O pai dela tinha morrido algum tempo antes, e Gordina morava com a mãe, dois irmãos mais novos e uma estranha parentela de velhos solteirões, todos amontoados num pequeno barraco na estrada de Gerwen. No ano seguinte, ela fez muitas visitas ao ateliê da Kerkstraat, posando ao lado da roca e em outras poses para os incansáveis desenhos de Vincent. O nome era Gordina, mas os locais a chamavam de Stien. Vincent, por razões que nunca explicou, a chamava de Sien.

Mas não se tratava da mesma fantasia vitoriana de Haia, resgatando uma pobre mulher. Reagindo às amargas decepções do ano anterior, Vincent tinha desenvolvido uma nova visão da felicidade — uma nova visão de si mesmo. "A fortuna favorece os audazes", anunciou, "e, seja qual for a verdade sobre a fortuna ou '*la joie de vivre*', como dizem, é preciso trabalhar e ousar caso se queira realmente viver." Num surto febril de reinvenção de si mesmo, Vincent renunciou a toda uma vida de introspecção atormentada e se afirmou um homem isento de escrúpulos ou remorsos — um homem de ação, não de contemplação; de instinto, não de reflexão. Tomaria à vida o que queria — em mulheres, nos negócios, na arte — sem se incomodar com as consequências. "Seja o resultado melhor ou pior, feliz ou infeliz", declarou ele, "é melhor fazer *alguma coisa* do que não fazer *nada*... Muitos pensam que se tornam bons apenas por *não fazer mal* — mas é mentira."

Vincent tinha uma nova visão para essa nova vida. Em vez do solícito policial das ilustrações inglesas, do pretendente esclarecido de Michelet ou da humilde boa alma de Dickens, encontrou seu novo modelo nos anti-heróis amorais e espertos de seus autores franceses favoritos, em especial Zola.

E se imaginava cada vez mais como um personagem em particular.

A primeira vez que Vincent topou com Octave Mouret foi em *Roupa suja* [*Pot-bouille*], de Zola. Vendedor e farrista provinciano, que fora a Paris em busca de fortuna, Mouret era o homem moderno por excelência de Zola: fruto selvagem da libertação atual das antigas restrições — morais, empresariais e amorosas. Cavou o sucesso com vigarices e adulações (casando-se com uma viúva rica), num romance transbordante de desprezo pela "nulidade" da convenção burguesa. No inverno sombrio de 1882, isolado na Schenkweg tendo como único consolo seus elevados princípios e seu maltratado amor, Vincent criticara a grosseria e a superficialidade do Don Juan urbano de Zola. "Parece não ter nenhuma outra aspiração a não ser conquistar mulheres", criticou surpreendido, "e apesar disso não sente amor por elas de verdade." Via Mouret, como tudo o que era moderno, como um insulto a seu querido passado bucólico e a suas aspirações sublimes — em suma, como "um produto de seu tempo". Um ano mais tarde, em Drente, recomendou ao irmão distância do exemplo mouretiano: "Você é mais profundo que isso", instou ele, "não realmente um homem de negócios, [mas] um artista de coração, um verdadeiro artista".

Mas, nos longos meses decorridos desde então, Vincent tinha acompanhado *O Paraíso das Damas* [*Au Bonheur des Dames*], a última parte de Zola da saga dos Rougon-Macquart sobre a condição humana, e passara a ver Octave Mouret com outros olhos. Nessa vasta alegoria socioeconômica, o camelô vigarista de *Roupa suja* alça a riqueza da esposa falecida aos píncaros da alta sociedade parisiense. Comandando uma enorme loja de departamento chamada "O Paraíso das Damas", Mouret conquista balconistas às pencas e seduz uma cidade inteira com o afrodisíaco do consumismo. Depois do claustrofóbico *Roupa suja*, Zola oferece ao espalhafatoso provençal um palco grandioso, um dos bulevares de Haussmann, para encenar suas notáveis proezas, tanto comerciais quanto sexuais, e ostentar as recompensas terrenas da *joie de vivre*.

Dessa vez, Vincent encontrou muitos motivos de admiração. "Gosto muito mais dele do que gostei no primeiro livro", escreveu a respeito do protagonista predador de Zola. Em vez de lamentar a visão amoral e oportunista de Mouret, Vincent admirou sua virilidade e paixão. Teceu louvores ao egoísmo despreocupado, ao entusiasmo inesgotável, à extrema audácia de Mouret. Elogiou sua determinação de "*viver intensamente*", e assim transcreveu sua filosofia do *carpe diem*: "A ação é sua própria recompensa — agir, criar, lutar contra os fatos, *vencê-los ou ser vencido por eles*, essa é a fonte de toda a alegria humana". Segundo Mouret, o teste era simplesmente este: "Você está se divertindo?".

Agora, em vez de desaconselhar Mouret ao irmão, Vincent insistiu com ênfase que Theo imitasse seu exemplo. "Gostaria que tivéssemos muitos Mourets no *ramo do comércio de arte*... Se você não é artista, tente ser um *comerciante* como Mouret." Por fim, invertendo totalmente a indignação anterior, abraçou a desavergonhada exploração mouretiana das mulheres ("Desejo-a, vou tê-la"), sustentando que qualquer outra atitude levava apenas à castração e à mediocridade. Copiando longos trechos do livro, insistiu que Theo deveria "ler todo seu Mouret de novo" — tal como tinha lido Michelet — e adotou como lema pessoal o *slogan* malicioso de Mouret: "*Chez nous on aime la clientèle*" ("Aqui amamos a clientela"). Erigiu-se em Mouret das charnecas, cultuando as camponesas robustas e sombrias de Millet como o herói de Zola cultuava as damas burguesas de Paris. "Ambas são a mesma paixão."

No verão e no outono de 1884, Vincent encenou essa sua nova fantasia. Além de "amassar o trigal" com Gordina e sem dúvida outras, ele adotou o imperativo mouretiano de "agir": tomar seu destino nas mãos. "*Fazer muito ou morrer*", anunciou. Redobrando sua campanha de primavera para fazer obras mais vendáveis, passou quase totalmente para a pintura e para temas comerciais como cenas camponesas, igrejas rurais, "crepúsculos esplêndidos" e, no outono, a "*chute des feuilles*" (a queda das folhas). Voltou aos moinhos d'água sem a companhia de Rappard, e fez várias pinturas repetidas em óleo e aquarela.

Mas agora não bastava *fazer* obras mais vendáveis. Mouret impôs que Vincent passasse a *vendê-las*. Baseando-se na frustração que sentira com a longa inércia de Theo, retomou seu projeto de dois anos antes para uma "associação" de artistas — um mercado de arte regido por e para artistas — e continuou a programar uma viagem, ou mesmo uma mudança para a Antuérpia, a fim de "travar algumas relações" e "encontrar meu próprio caminho para meu trabalho". No fim do verão, levou algumas de suas pinturas a um fotógrafo em Eindhoven e encomendou cópias em vários tamanhos, na intenção de "enviá-las a alguns jornais ilustrados, para tentar conseguir algum trabalho ou, pelo menos, para ficar conhecido". Provavelmente também expôs seus quadros na Baijens, a loja em Eindhoven onde comprava tintas.

Aproveitando suas constantes idas à cidade para se abastecer, Vincent também iniciou uma campanha para se estabelecer na pequena comunidade de artistas diletantes e amantes da arte em Eindhoven. Por intermédio do dono, Jan Baijens, pediu para ser apresentado à clientela burguesa da loja, sem dúvida alardeando suas ligações com a Goupil e seus estudos com Anton Mauve. Algumas vezes ficava pela loja, "distribuindo suas opiniões com abundância", segundo um cliente, apontando os defeitos do "chiquê" (referindo-se ao impressionismo) e as virtudes da pintura ao ar livre. A Baijens também dispunha de serviços de emolduramento, e Vincent controlava as pinturas que eram trazidas para enquadrar, em busca de potenciais alunos. Em visita a uma oficina gráfica, viu alguns trabalhos do filho do dono e convenceu os pais do rapaz a mandá-lo a Nuenen para ter aulas. Dimmen Gestel, com 22 anos, foi o primeiro "aluno" a pegar a estrada até a casa do sacristão na Kerkstraat. "Lá ficava ele", recordou Gestel:

> o sujeito baixinho e troncudo, que os agricultores chamavam de pintorzinho. O rosto queimado de sol e batido pelas intempéries era definido por uma pequena barba eriçada meio ruiva. Provavelmente porque pintava ao sol, tinha os olhos ligeiramente injetados. Enquanto falava sobre seu trabalho, costumava ficar com os braços cruzados no peito.

Seguiram-se outros. Durante o outono e o inverno, Vincent vendeu seus serviços a vários pintores diletantes que queriam alguma formação, mas em sua maioria tinham aulas em casa, em Eindhoven, e raramente iam ao ateliê em Nuenen. À diferença de Gestel, esses não eram estudantes de arte, mas "pintores de domingo" — homens que tinham sido criados com os mesmos passatempos burgueses de Vincent. Willem van de Wakker cruzava várias vezes com Vincent quando ia da pensão onde morava em Eindhoven até o serviço em Nuenen, onde trabalhava como telegrafista. Comentou mais tarde: "Ele não era um professor fácil, de maneira nenhuma". Anton Kerssemakers, aos 42 anos, era dono de um próspero curtume e dedicava seu tempo de lazer à pintura. Já havia começado a redecorar seu escritório com uma série de murais de paisagens quando Vincent, por meio de Baijens, soube do projeto. Rumou direto até o curtume e ofereceu seus serviços. "De fato há coisas boas aqui", disse a Kerssemakers depois de examinar o projeto dos murais,

> mas eu o aconselho a fazer primeiro naturezas-mortas, não paisagens. Vai aprender muito com elas. Quando tiver pintado umas cinquenta, então notará algum progresso, e estou disposto a ajudá-lo nisso e a pintar os mesmos objetos com você.

Vincent direcionava todos os novos alunos para a execução de naturezas-mortas, mais fácil do que o infernal desenho de figura que defendera por tanto tempo. "Pintar naturezas-mortas é o começo de tudo", disse a Van de Wakker, invertendo anos de retórica ardente em favor do desenho e da figura. Ele mesmo pintou dúzias de naturezas-mortas naquele inverno, preenchendo telas e telas com as imagens cômodas e convencionais que tanto evitara antes: garrafas e jarras, canecas e tigelas, e até flores.

Mas dois projetos de perfil mouretiano dominaram especialmente o verão de 1884: um artístico, outro amoroso.

Antoon Hermans era um sujeito endinheirado — sem dúvida o cliente mais rico de Baijens. Havia construído sua fortuna aproveitando o gosto da nova burguesia pela forma mais antiga de riqueza: o ouro. Com dom de ourives e instinto de comerciante, ganhara o suficiente para se afastar dos negócios aos 57 anos, com uma vida de opulência. Homem jovial e animado, não ostentava, mas também não escondia sua abastança. Não passava despercebido a ninguém o casarão que construíra na Keizersgracht, à sombra da nova igreja de Eindhoven, Santa Catarina, igualmente pretensiosa. Na verdade, ele admirava tanto a igreja pontiaguda que contratou seu arquiteto, Pierre Cuypers (o arquiteto do novo Rijksmuseum, quase concluído em Amsterdam), para projetar a mansão de sua aposentadoria. Hermans se via como homem devoto e patrono das artes, e o novo estilo gótico se ajustava à perfeição a seu gosto simultâneo pela riqueza e pela espiritualidade. Viajava muito em busca de antiguidades e peças de arte para decorar a casa nova, e participava pessoalmente na decoração dos aposentos suntuosos. Aos sessenta anos, passou a ocupar suas mãos de artesão num novo ofício, a pintura, e se pôs logo a trabalhar num projeto ambicioso de forrar as paredes da sala de jantar com imagens religiosas "num estilo gótico moderno".

Logo que soube do projeto de Hermans, Vincent correu à casa da Keizersgracht para oferecer seus serviços. Em vez do *cabinet* de santos, imitando o estilo medieval, que Hermans imaginara, Vincent insistiu que escolhesse um tema mais moderno: camponeses trabalhando. "Disse-lhe que os comensais teriam seu apetite muito mais estimulado", escreveu a Rappard, "se vissem nas paredes cenas da vida rural do distrito, em vez de Últimas Ceias místicas." Sugeriu uma série de cenas simbolizando as quatro estações: a semeadura no outono, a coleta de lenha no inverno, o pastoreio na primavera e a colheita no verão. E perguntou: pintores "medievais" como o "camponês Brueghel" não tinham escolhido justamente esse tema?

Como de costume, Vincent defendeu sua proposta com muita veemência, chegando a ofender o piedoso Hermans com sua retórica antirreligiosa. Mas, para o novo Vincent, o comércio prevalecia sobre a consciência. Quando Hermans o contratou, mas exigiu que ocupasse seis espaços em vez de quatro, Vincent retificou seu projeto para atendê-lo. Quando Hermans quis mais figuras em cada imagem, e não apenas duas ou três, Vincent fez o acréscimo. Quando Hermans em pessoa decidiu pintar os painéis, Vincent concordou em fazer os esboços preliminares em escala menor para servir de modelo para guiá-lo. Quando Hermans pediu esboços a óleo em escala real, para poder copiá-los mais facilmente, Vincent concordou. Depois de passar anos increpando Rappard por aviltar seus talentos com projetos "indignos" — e apenas poucos meses depois de declarar que seu único critério era a "seriedade" —, Vincent estava adorando o sucesso de suas "decorações" da casa de Hermans, e explicou a Theo como seus projetos "se harmonizavam com o madeiramento e o estilo da sala".

Em algumas ocasiões, Vincent manifestava certo afeto condescendente por seu patrono idoso, que tinha quase a mesma idade de seu pai. Escreveu a Theo: "É comovente ver como um homem de sessenta anos se esforça em aprender a pintar com o mesmo entusiasmo *jovial* dos vinte anos". Em outras ocasiões, fazia pouco das habilidades de Hermans ("O que ele faz não é bonito"), criticava as escolhas de cor, dizia que suas antiguidades eram "feias" e se referia depreciativamente a ele como "meu diletante". Mas continuava a atender a todas as solicitações de Hermans, trabalhando longas horas para manter e fortalecer as boas graças do velho — trabalhando tanto, na verdade, que o pastor Dorus reclamou que Vincent estava ficando "irritadiço e agitado demais" por causa do "esforço de ir e vir da casa do sr. Hermans debaixo de sol e de falar sobre o trabalho".

Vincent nunca disse quanto Hermans pagou por essa obra incomum. Com efeito, assegurou enfaticamente ao irmão que o afável ourives era, na realidade, "mais parcimonioso que generoso" e, devido a isso, acabou recebendo "muito menos que nada" pelo projeto. A Rappard, porém, vangloriou-se que Hermans concordara em pagar não só os materiais, uma despesa considerável, como também os modelos — um arranjo muito lucrativo para um indivíduo com o olhar voraz de Vincent.

Margot Begemann era uma filha solteira da família protestante mais rica de Nuenen. Ela e as duas irmãs mais velhas, também solteironas, moravam pegado à casa paroquial. O pai, ex-pastor em Nuenen, construíra a grande residência de tijolos, chamada Nuneville, pouco antes de se aposentar, sem dúvida supondo que as três filhas (num total de onze filhos) nunca se casariam. Ele morreu dois anos depois, a esposa no ano seguinte, deixando as três irmãs de meia-idade num grandioso palácio de desilusões na principal via pública da cidade. Aos 43 anos, Margot era a mais nova delas. Nascida em Nuenen, tendo recebido sua educação inteiramente dentro de casa, pouco conhecia o mundo. Devido à religião punitiva dos pais e à sua própria aparência pessoal muito simples, ela parecia condenada a uma vida de prazeres privados e de sincera prestimosidade. Era conhecida na família por seu "espírito sensível e bom coração", segundo sua sobrinha, e pelas atenções incessantes que dedicava a amigos e parentes na hora da doença. Uma decepção romântica no passado remoto e décadas de uma vida retraída haviam deixado Margot num estado permanente de fragilidade, suscetível e histriônica, sendo seu único vínculo emocional o cuidado compassivo que tinha pelos aflitos.

Foi numa de suas missões de caridade que Margot encontrou pela primeira vez o filho desconhecido de seus vizinhos, Vincent. Tão logo soube do acidente que Anna van Gogh sofrera em janeiro, foi correndo à sua cabeceira. Voltou várias vezes nos seis meses seguintes, cuidando das roupas de Anna, lendo para ela, assumindo suas obrigações no presbitério. "Temos uma ajuda muito preciosa em Margot Begemann", escreveu Dorus a Theo. Margot, sem dúvida, admirava a dedicação de Vincent à convalescença da mãe, e logo sentiu um interesse de adolescente pelo enigmático pintor, treze anos mais novo que ela. E por sua arte também. De fato, pode ter sido a curiosidade bem-intencionada, mas indesejada, de Margot — sobre suas vendas, as relações com a Goupil, "por que os outros vendem e você não" — a dar origem ao pedido de Vincent, em março, para um novo acordo com Theo, que lhe salvasse as aparências. (Tinha escrito: "Há uma constante vigilância sobre o que faço com meu trabalho, tentando descobrir tudo sobre ele".) De acordo com a sobrinha, todos os dias de manhã Margot se levantava "antes de romper a aurora", para observar pelas amplas janelas de Nuneville quando Vincent saía para suas excursões de desenho, "tímido e mergulhado em pensamentos, e sempre vestido da mesma

Margot Begemann.

maneira". Com seu fardo esquisito e em seu trabalho solitário, em sua seriedade e solicitude, Margot finalmente encontrara uma alma semelhante.

Nos sete meses desde que a conheceu, Vincent não comentou nada com Theo sobre Margot Begemann. Quando Rappard chegou em maio, Margot estava em visita no ateliê da Kerkstraat, mas, ao que parece, Vincent não a apresentou ao amigo, nem se referiu a ela em nenhuma carta posterior. Foi com Rappard numa excursão de desenho até uma fábrica de tecidos da família Begemann, porém Vincent manteve sua ligação em segredo ou considerou que não valia a pena mencionar. Quando Margot passou a acompanhá-lo com maior frequência nas caminhadas, Vincent começou a sentir algum prazer nas atenções dela, modesta e diminuindo a si mesma. "Ultimamente ando me dando com as pessoas daqui melhor do que no começo", informou a Theo, sem citar nomes. "Uma pessoa realmente precisa de alguma distração: se se sente solitária demais, o trabalho sempre sai prejudicado."

Em algum momento daquele verão, ele começou a pensar nas vantagens de uma ligação amorosa. Além de ser a caçula das irmãs Begemann, Margot possuía uma parte da empresa da família, e em 1879 havia usado sua herança pessoal para salvar o irmão Louis da falência. A família de Vincent estava lutando com dificuldades financeiras, com as contas do médico para pagar e os dotes para as filhas. Em julho, seu irmão caçula Cor, agora com dezessete anos, teve de sair da escola e ir trabalhar numa outra fábrica da família Begemann, perto da cidade. Mais ou menos na mesma época, Vincent começou a alimentar a afeição de Margot, presenteando-a com livros, flores e, naturalmente, seus próprios trabalhos artísticos. Eles ocultaram o relacionamento das respectivas famílias (embora Dorus desconfiasse de alguma coisa). As duas desaprovariam: os Begemann, por medo das intenções de Vincent; os Van Gogh, por medo do inevitável constrangimento.

Mesmo com essas perspectivas pouco promissoras, Vincent foi em frente. "O homem de fé, de energia, de ardor... não será posto de lado tão facilmente", escreveu a Theo, citando Octave Mouret. "Ele avança, faz alguma coisa, insiste, em suma, ele violenta, ele 'deflora'." Mais tarde, Vincent iria descrever os meses de sua relação clandestina em termos tomados diretamente ao manual de Mouret. Estava apenas "*perturbando a tranquilidade de uma mulher*", insistiu ele; "devolvendo-a à vida, ao amor". Comparou Margot a "um violino de Cremona danificado por restauradores ruins, ineptos" — "um espécime raro de grande valor" que estava "estragado demais", mas que ainda podia ser tocado. Talvez Vincent não tenha cortejado Margot por causa de sua fortuna, como faria um Mouret; porém o dinheiro, tal como sua condição de solteira por dores do amor, sem dúvida teve seu papel na fantasia mouretiana de uma conquista vantajosa. "Eu a tinha em meu poder", gabou-se ele.

Mas, ao contrário do espertalhão de Zola, Vincent não tinha nenhuma experiência com o poder de ser amado. Enquanto se prendia sonhadoramente à sua fantasia, o relacionamento se precipitava para a inevitável catástrofe. Nas longas caminhadas que faziam juntos, Margot lhe disse: "Eu também estou amando, por fim", e declarou que estava disposta a morrer por ele. Mas, Vincent admitiu mais tarde, "nunca dei nenhuma atenção". Apenas em meados de setembro as juras de Margot de amá-lo até a morte e outros "sintomas" não especificados começaram a inquietá-lo. Temendo que ela pudesse estar com "febre cerebral", ele consultou um médico e avisou discretamente Louis, o irmão de Margot.

No entanto os alertas não alteraram a imagem de audácia amorosa que Vincent alimentava na mente. Um ou dois dias depois, atraiu Margot para um sofá, quando as irmãs estavam ausentes. Uma sobrinha, que tinha ido colher amoras no jardim, viu os dois juntos e contou à mãe a cena de intimidade chocante que presenciara. Disparou o alarme entre todo o clã Begemann, segundo um relato posterior da sobrinha. "Aquele filho degenerado do pastor" que "se imagina um pintor" e "está sempre sem dinheiro" tinha comprometido a virgindade de Margot e "maculou o bom nome da família Begemann". Vincent e Margot foram logo convocados para uma reunião da família Begemann, durante a qual as irmãs passaram uma séria descompostura em Margot, por sua imprudência, e zombaram de seus protestos de amor. Vincent ouvia com uma fúria crescente, até que afinal explodiu. "Vou desposá-la", anunciou com um soco na mesa. "Quero desposá-la. *Devo* desposá-la."

Os Begemann reunidos tomaram sua declaração inesperada como uma confissão de que Margot estaria grávida. Todo o grupo estourou em censuras. Uma das irmãs saltou à frente de Vincent e lhe atirou à face: "Canalha!". O casamento era impensável. Margot estava velha demais, insistiram eles: velha demais para se casar, velha demais para ter filhos, velha demais para ser tão tola. Devia partir dali imediatamente. Para evitar o escândalo, teriam de encontrar um médico amigo, discreto, que a acolhesse e lidasse com as consequências da imprudência de Margot, quaisquer que fossem. Vincent objetou com vigor, segundo o que relatou mais tarde, defendendo suas ações e a honra de Margot, desqualificando as acusações contra ambos como "*infundadas e maliciosas*". "Paguei na mesma moeda", disse ele. Repetiu a proposta de casamento, só que agora como um ultimato raivoso: "Tem de ser já ou nunca mais".

Mas nenhuma palavra sua foi capaz de reverter a expulsão dele ou dela. Alguns dias depois, na véspera de partir para Utrecht, Margot encontrou Vincent num campo nos arredores da cidade — um último encontro furtivo, às escondidas, com certeza proibido. Numa carta a Theo, Vincent descreveu o que aconteceu a seguir. Era a primeira menção que fazia a Margot Begemann:

> Ela se deixou cair no solo. No começo, pensei que era só fraqueza. Mas foi piorando. Espasmos, perdeu a capacidade de falar e balbuciava todo tipo de coisas que só dava para entender pela metade, e se afundou no chão com muitas contrações e convulsões... Fiquei desconfiado e perguntei: "Você tomou alguma coisa?". Ela gritou: "Tomei".

Como Madame Bovary, Margot tinha tomado arsênico. Mas não o suficiente para morrer. Vincent a obrigou a vomitar e a levou correndo a um médico em Eindhoven, que ministrou um antídoto. A honra familiar se fechou imediatamente sobre o episódio e Margot partiu para Utrecht entre o opróbrio privado e a suspeita pública. Anunciou-se que havia "partido para o estrangeiro".

Os "terríveis" acontecimentos de setembro envenenaram a fantasia da *joie de vivre* de Vincent. Tentou salvá-la a qualquer preço, numa enxurrada de cartas. Denunciou os maus-tratos de Margot nas mãos da família, culpando especialmente as irmãs pelas falsas acusações que fincaram "*tantos pregos no caixão da paciente*". Ampliou a acusação para incluir todas "as pessoas respeitáveis" com sua mentalidade burguesa tacanha e sua religião "gélida abominável". "São totalmente *absurdos*", fulminou ele, "fazendo da sociedade uma espécie de asilo de loucos, um mundo totalmente de pernas para o ar." Chegou a invocar o apelo da Revolução a "uma mudança na posição social das mulheres... com os mesmos direitos, a mesma liberdade".

Mas ao mesmo tempo invocou seus direitos especiais como adepto de Octave Mouret de "romper a estagnação" das mulheres, e continuou a afirmar que fizera um favor a Margot ao salvá-la da melancolia de uma vida sem amor. ("Ela nunca tinha realmente amado", explicou ele.) Vincent admitiu que suas próprias ações podiam ter sido impulsivas, e até tolas, mas pelo menos eram *ações viris*. E desafiou: "E os que nunca fazem nada de tolo não são ainda mais tolos a meus olhos do que eu aos deles?".

À diferença de Mouret, Vincent insistiu que amava de fato Margot. "Acredito sem dúvida", declarou, "que ela me ama [e] eu a amo." Mas em seus protestos tardios, como em todas as suas acusações de danos e injustiças, é possível perceber Vincent tentando se esquivar à persistente voz interior de recriminação contra si mesmo. Manteve a firme decisão de não revelar detalhes de seu envolvimento aos pais e mandou que Theo fizesse o mesmo. Inventou longas histórias para ocultar do irmão a verdade completa e humilhante. Em vez de admitir que a família Begemann havia rejeitado categoricamente sua proposta de casamento, levou Theo a crer que esta ainda era uma opção viável, dependendo apenas da saúde de Margot e da autorização do médico — triste arremedo de sua alegação anterior de que o médico de Sien havia "prescrito" o casamento. E, embora anunciasse com ênfase seu amor e defendesse o decoro de suas ações junto ao irmão, ele nunca disse uma palavra sobre Margot a Anthon van Rappard. Ao relatar uma viagem que fez a Utrecht no fim de setembro, Vincent disse a Theo que passara "quase o dia todo com [Margot]". Mas, para Rappard, disse que passara o dia procurando gravuras para comprar.

No começo de outubro, Vincent combinou com Rappard que este faria mais uma visita a Nuenen naquele mesmo mês, e o nome de Margot Begemann praticamente desapareceu de sua correspondência.

Mas nem mesmo as negativas mais categóricas de Vincent conseguiriam impedir que os eventos de setembro repercutissem entre os sofrimentos e insucessos do passado. Escreveu amargurado a Theo: "A felicidade doméstica é uma bela promessa que a sociedade faz, mas não cumpre". Seus veementes arrazoados podiam afastar a culpa que sentia pelo "triste caso" de Margot pelo menos por algum tempo (ela reafloraria no fim de sua vida), mas não podiam protegê-lo do medo. Na dissecação incansável que operou sobre a "doença dos nervos crítica" de Margot — sua "neurite", sua "encefalite", sua "melancolia", sua "mania religiosa" —, Vincent já estava explorando a região tenebrosa para a qual ele mesmo se sentia escorregar. "Existem coisas nas profundezas de nossa alma", confessou num momento de introspecção desconhecido a Octave Mouret, "que nos cortariam até a medula se soubéssemos delas."

Quando chegou em meados de outubro, Rappard mal deve ter reconhecido o robusto companheiro da primavera anterior. Vincent estava na plataforma ferroviária de Eindhoven, uma figura pálida e cadavérica como um fantasma. Fazia um mês que não tinha uma noite inteira de sono e não comia uma refeição completa. Queixou-se de fraqueza, melancolia e "angústia". "Em muitos dias fico quase paralisado", escreveu ele. Os pais de Vincent, que estavam torcendo pela vinda de Rappard, na esperança de distrair um pouco o filho "febril", talvez lhe tenham escrito com antecedência, como escreveram a Theo, preparando-o para o que o aguardava. "Temos tido novamente dias difíceis com Vincent... Ele está muito irritadiço e suscetível... triste e infeliz." A melancolia o levara à bebida e a bebida o levara à "violência", avisou Dorus. "Não sabemos se podemos continuar morando juntos."

Alertado ou não, Rappard se rendeu a mais uma campanha de convites, esta ainda mais frenética do que a anterior. Iniciara-se no mesmo dia em que se encerrara a última visita e prosseguira por todo o verão, com trocas de livros, declarações de solidariedade e promessas de modelos. Vincent pintou várias versões do quadro que tinha visto no ateliê de Rappard em dezembro, com uma mulher à roca de fiar, e comentou com o amigo. O tom de desespero logo se instalou, em agosto, quando Vincent repreendeu Rappard pelas respostas apenas esporádicas. No mês seguinte, os dois discutiram porque Vincent estava se mostrando muito intrometido em seus conselhos artísticos. "Lembre-se, sou *eu* que estou pintando, não você!", escreveu Rappard, numa rara demonstração de raiva que despertou um acesso de autodefesa de Vincent. Rappard não fazia ideia do motivo pelo qual a insistência de Vincent em receber uma visita sua atingira novos níveis de intensidade no fim de setembro.

Passaram os dias frios como sempre, com longas excursões pelo campo, batendo às portas e "descobrindo novos modelos". Foram visitar o diletante de Vincent, Hermans, para que Vincent pudesse exibir sua única encomenda. Desenhavam e pintavam ao ar livre sempre que podiam ("há efeitos outonais magníficos"), mas também passavam muitas horas no ateliê da Kerkstraat, onde Rappard se dedicava à sua tela ("ele está afundado no trabalho", informou Vincent a Theo), enquanto Vincent gozava da rara companhia e se entregava à fantasia de que Rappard era apenas o primeiro de muitos artistas que viriam visitar seu ateliê brabantino.

Mas as coisas não eram mais como antes. Nos seis meses anteriores, o quadro de Rappard, *Velha à roca de fiar*, tinha recebido uma medalha de prata na Exposição Internacional e Universal de Londres, e outra obra sua fora apresentada na Exposição Nacional em Utrecht. "[Ele] está indo muito bem", reconheceu Vincent em carta para Theo, comparando o trabalho do amigo ao de Courbet. "Está tremendamente bem-feito." Rappard tinha retornado a Drente e voltara não desacreditado e sem esperanças, e sim com "uma boa safra de estudos". Como que para lembrar a Vincent como seus caminhos eram diferentes, Rappard insistiu que fossem até Heeze, uma cidadezinha a sudeste de Eindhoven, para visitar um amigo de Utrecht, Willem Wenckebach, outro garboso artista aristocrata, também premiado, e companheiro regular de Rappard em suas excursões de desenho. Mais tarde, Vincent resmungou para um de seus alunos: "Não gosto dessa gente de berço nobre".

Era inevitável que brigassem. Depois de quase duas semanas de dias curtos e noites claustrofóbicas, Rappard se irritou com as críticas implicantes de Vincent e reclamou de sua "maneira de trabalhar" — acusação que podia abarcar qualquer coisa, desde a técnica tosca à maneira pouco convencional de se vestir e ao tratamento ríspido que dava aos modelos, mas que por certo soou com um tom de desaprovação esnobe e classista. A certa altura, ambos podem ter percebido que era a última vez que se viam.

Já ferido pela pungente exprobração dos Begemann, o afastamento — e os êxitos — de Rappard ajudou a desagrilhoar os demônios da culpa e da recriminação pessoal que Vincent mantivera sob controle com suas visões da *joie de vivre*. Quando finalmente estourou, escolheu como alvo não o amigo sem malícia e nem mesmo o irmão distante, mas a fonte original de toda a sua dor e sentimento de injustiça. Num jantar em família, com Rappard assistindo horrorizado à cena, Vincent iniciou uma discussão feroz com o pai. "De repente o filho ficou tão furioso", anotou Rappard num raro registro remanescente dos tempos com Vincent, "que se ergueu da cadeira com o trinchante da travessa na mão e ameaçou o velho aturdido."

23. O espírito das águas

De Paris, Theo acompanhava o mais recente desatino do irmão com desalento e angústia. Cada carta dos pais trazia sinais de novos ultrajes e novos motivos de apreensão. "Vincent está muito irritadiço... Suas atitudes são cada vez mais inexplicáveis... Anda triste e não encontra paz... Esperamos Auxílio do Alto." No ano anterior, Theo vira a crise se aproximar, quando pediu a Vincent que deixasse Drente e viesse para Paris, em vez de prosseguir no tortuoso caminho de volta ao lar. Mesmo depois que o irmão chegou a Nuenen, Theo tinha feito tudo o que estava a seu alcance para intermediar com dinheiro e palavras um mútuo desagrado que escapava ao controle de ambos. Apesar de um ano muito agitado na galeria e mesmo uma viagem a Londres em agosto, Theo encontrara tempo para fazer duas visitas a Nuenen naquele verão: o dobro do fardo habitual de supervisão e preocupação. Agora, apesar de seu empenho, a situação chegara a isto: escândalo público e notícias de violência doméstica.

Vincent também tinha escrito a ele; mas, desde a tremenda discussão que tiveram naquela primavera, as cartas de Vincent haviam escasseado. Apenas uma ou duas vezes por mês chegava na caixa postal de Theo uma missiva curta, que suspeitamente silenciava sobre qualquer notícia pessoal e muitas vezes nem trazia a habitual despedida afetuosa, "*met een handdruk*" (com um aperto de mãos). Mesmo naquela cautelosa calmaria de verão, porém, os irmãos continuaram a travar a batalha sobre o trabalho artístico de Vincent, que vinha desde março. Discutiam a técnica, e Vincent defendia seus desenhos (e a si mesmo) das críticas de Theo, que os considerava toscos, invocando a "simplicidade grandiosa" de mestres da Idade de Ouro como Ruisdael, além de favoritos mais recentes como Jozef Israëls e Charles de Groux. Quando Theo comentou que Vincent ainda não submetera nenhuma aquarela à Sociedade de Desenhistas de Haia (como prometera fazer depois da ida a Drente), Vincent retrucou com um desfiar de justificativas em tom de culpa: "Esqueci totalmente... Não gosto muito disso... Não tenho nenhuma aquarela à mão... Já [é] tarde demais para este ano... Não estou com disposição". Em vez de aquarelas, anunciou outras pinturas e desenhos de tecelões, em desafio frontal à desaprovação de Theo.

Mas, acima de tudo, discutiam sobre a cor.

Fazia muito tempo que Vincent se sentia inseguro sobre o uso da cor. O fiasco com Mauve, o custo da tinta, a dificuldade em manusear a aquarela e seu enorme investimento psíquico nas imagens em branco e preto tinham se conjugado para retardar qualquer progresso efetivo no uso de cores por quase dois anos. "Às vezes eu me pergunto por que não tenho muito de colorista", comentou em agosto de 1883. "Meu temperamento parece indicar claramente isso — mas, até agora, se desenvolveu muito pouco." À exceção de algumas gloriosas experiências no fim do verão de 1882, ele não tinha muito a mostrar pelas dívidas cronicamente pendentes que contraíra comprando tintas de cor.

Mesmo quando tentava, como em Drente, não conseguia deixar para trás o mundo *grisaille* do ateliê da Schenkweg. Assim como "pintava" com carvão e lápis — com incessantes sombras, hachuras e manchas para imitar a vibração da cor —, numa recíproca inversa submetia a paleta a um arco-íris de cinzentos, raramente usando as tonalidades a não ser para distinguir um objeto do outro. Inventou desculpas muito elaboradas para essa omissão, alegando que tinha de manter suas cores num "registro mais baixo" — "abaixo da intensidade da natureza" — para preservar a "delicada coloração cinzenta harmoniosa" do conjunto. Encontrou em sua vasta galeria muitos paladinos, desde o onipresente e muito apreciado Georges Michel ao fugidio Max Liebermann; e, como sempre, enquadrou suas imagens esmaecidas num caleidoscópio de descrições vivamente coloridas.

Por todas essas razões, a crítica de Theo às aquarelas de Drente ("nada que preste"), em março, tinha sido um tremendo golpe para Vincent. Quando o irmão foi visitá-lo em Nuenen, em maio, e reiterou a crítica no ateliê da Kerkstraat, a reação de Vincent foi imediata e vulcânica. "Quanto ao pardo", declarou logo depois que Theo foi embora, numa carta cheia de palavras sublinhadas, "não se devem julgar as cores de uma pintura em separado... As cores podem ser muito *luminosas num quadro*, as quais, consideradas *em separado*, são na verdade de *um tom acinzentado, bastante escuro*". Era a primeira salva de artilharia, inaugurando uma controvérsia que impulsionaria sua arte a uma longa descida às trevas, num desafio que estendeu por um ano.

Durante o verão, numa série de cartas invulgarmente monotemáticas, Vincent canalizou para esse único argumento toda a sua raiva pelas desfeitas do passado e todos os seus medos sobre o que lhe reservava o futuro. Transcreveu páginas de um livro que lera recentemente, *Les artistes de mon temps*, de Charles Blanc, invocando a autoridade de ninguém menos que o gigante Delacroix para sua defesa dos "tons cinzentos e pardos". Quando Theo recomendou o artista francês Pierre Puvis de Chavannes, cuja visão luminosa e diáfana da Arcádia em *O bosque sagrado* havia conquistado o Salon de 1884, Vincent retrucou com a lição de Jozef Israëls ("comece com um esquema de cor carregada, assim fazendo com que mesmo as cores relativamente escuras pareçam claras") e uma enxurrada de exemplos contrários: desde o claro-escuro de Velásquez (cujas "sombras e semitons consistem basicamente em *cinzentos frios e sem cor*") aos céus nublados do Barbizon.

Nada poderia estar mais distante das visões túrgidas e tenebrosas de Vincent sobre a vida na charneca do que as representações idealizadas de Puvis sobre o "*doux pays*" [doce terra], com suas figuras clássicas e as cores serenas do pastel. Certamente sentindo isso, Vincent rejeitou de plano a defesa de Theo quanto aos "tons argênteos" de Puvis e defendeu de forma passional suas duas cores favoritas na tinta a óleo, "bistre e betume" — ambos marrons —, transferindo para elas as mesmas queixas de descaso e pedidos de paciência que tantas vezes fizera em relação a si mesmo:

> Elas possuem essas qualidades muito peculiares e admiráveis... Exigem algum esforço para aprender a usá-las, pois devem ser usadas de maneira diferente das cores comuns... Muitos se desencorajam com as experiências que é preciso fazer de início e que, claro, não dão certo no primeiro dia em que se começa a usá-las... No começo fiquei bastante desapontado, mas não podia esquecer as belas coisas que vira feitas com elas.

Quando Theo tentou retomar a avaliação dos impressionistas, Vincent se retraiu e se abespinhou ainda mais. Alegando ignorância ("Não vi absolutamente *nada* deles") e indiferença ("Não tenho muita curiosidade nem vontade de conhecer outras coisas ou de coisas mais novas"), descartou o impressionismo como mera valorização do encanto em detrimento do conteúdo. "Não desdenho", e desdenhou, "mas não acrescenta *muito* à beleza do que é verdadeiro."

Como Theo continuou a insistir nos argumentos impressionistas para evitar o preto e captar os efeitos da luz do sol, Vincent apenas reforçou sua posição contrária. Questionou a virilidade dos impressionistas e invocou de tudo, desde as leis "indizivelmente belas" das cores à música "infinitamente profunda" de Beethoven, em defesa de sua arte "pardacenta". Longe de evitar o preto, ele anunciou mais um projeto, agora na tinta a óleo, de pesquisar um preto ainda mais preto — "efeitos mais estranhos [e] tons mais carregados do que o puro preto em si". E rejeitou com desinteresse, como "impossível ou feia", qualquer tentativa de captar a luz solar na pintura. Apenas quatro anos antes de instalar o cavalete ao sol brilhante da Provença, condenou todos esses "efeitos de sol do verão" e reiterou sua devoção às sombras, às silhuetas e ao tom crepuscular.

Como numa parelha, a vida de Vincent acompanhou sua arte rumo à escuridão. Os eventos dramáticos de setembro afastaram o debate do verão sobre a cor (que retornaria com furor no ano seguinte), quando Vincent mais uma vez provocava e despertava no mundo uma condenação quase unânime. Ninguém, nem mesmo o amoroso irmão, aceitou as complicadas justificativas mouretianas de Vincent para ter desencaminhado Margot Begemann ("Prefiro perecer de paixão que morrer de tédio"). Quando os rumores sobre o destino da bondosa solteirona nas mãos do filho degenerado do pastor vazaram entre a comunidade, Vincent se retraiu para a segurança do isolamento.

As cartas a Theo se afundaram num atoleiro de desânimo ("Sei muito bem que o futuro sempre vai continuar muito difícil para mim"), pontuadas por erupções ferozmente cáusticas, em geral em extensos pós-escritos, conforme o sentimento de culpa se cristalizava em raiva. "Não consigo engolir tudo", escreveu ele. "[É] de fato ultrajante demais... As coisas não podem continuar assim." Atribuiu a Theo o papel mais condenável que podia imaginar — um inimigo da Revolução — e teceu uma longa metáfora sobre dois irmãos combatendo entre si, talvez matando um ao outro, em cima das barricadas da mais heroica de todas as lutas. As imagens cheias de energia fizeram ressuscitar por breve período o sonho de Drente ("tente descobrir por si mesmo qual é seu *verdadeiro* lugar"), mas seus pensamentos sempre retornavam ao presente — ao presente "infinitamente *sem sentido*, desencorajador, irremediável". Seus planos para o futuro também ricocheteavam entre as ameaças desafiadoras de voltar a Haia e as saudades desesperadas da região negra.

A visita de Rappard no mês seguinte mergulhou Vincent em outro inferno. Ele sempre sentira uma profunda rivalidade com o amigo aristocrático, insistindo sem cessar que "estamos mais ou menos no mesmo nível" e jurando que iria "alcançá-lo". Mas a quinzena de trabalhos em conjunto demonstrara que tudo aquilo era uma ilusão. Na verdade, abrira-se um enorme abismo entre ambos. A medalha de prata, as exposições, a vida social, a família dando apoio, os amigos afáveis, tudo em Rappard conspirara para excluir Vincent. A dor dessa exclusão tinha tingido todas as discussões sobre a técnica que ocuparam a correspondência dos dois na primavera anterior. Em outubro, ao ver o amigo produzindo "belos" estudos de pintura, um após o outro, todos "tremendamente bem-feitos", Vincent entrou num paroxismo de competitividade, que era em parte desespero, em parte determinação. "Chega-se a um impasse", declarou ele, "é preciso se renovar." Escreveu a Theo cartas repletas de defesas grandiloquentes do passado e uma impaciência frenética pelo futuro, quase balbuciando de agitação. "*Preciso* malhar o ferro enquanto está *quente*... não perder um instante... o trabalho tem de ser feito a *toda* velocidade... Preciso mostrar *muito* em breve que realizei de novo alguma coisa."

Num frenesi de determinação, renovou seu compromisso com os objetivos convencionais que sempre lhe haviam escapado. Logo após a partida de Rappard, ele escreveu: "Eu lhe garanto: logo vai acontecer alguma coisa — vou expor ou vender". Tomando Rappard como inspiração, pegou o cavalete e a caixa de tinta, foi para o campo no frio de novembro e pintou uma série de paisagens convencionais agradáveis: uma alameda de choupos em tons outonais dourados, uma estrada rural, diversas vistas dos moinhos locais.

Para mostrar a nova resolução, comprou roupas ("Tenho mais cuidado com as roupas do que antes", assegurou a Theo) e ofereceu "fatos e números" para provar que logo começaria a ter um retorno de 20% sobre o dinheiro de Theo ("adotando uma visão sólida dos assuntos comerciais"). Sem dúvida reconhecendo que nunca conseguiria alcançar Rappard sem o auxílio de Theo, pediu paz ou, pelo menos, uma trégua no conflito crescente entre eles. "Precisamos fazer progressos", escreveu, retomando o fraterno "nós" de dias mais afetuosos. "Precisamos avançar... Fique a meu lado — não de forma neutra, mas de forma enérgica, positiva... Querido irmão e amigo, *atice o fogo*."

Como em Drente, Vincent preencheu o vazio entre o desejo e o medo com ilusões. Sem dizer nada a Theo, escreveu cartas impetuosas a Mauve e a Tersteeg, para que cooperassem com sua nova iniciativa angustiada. "Dê-me outra oportunidade de pintar alguns estudos em [seu] ateliê", pediu a Mauve. Em troca de admitir os erros do passado, imaginava Vincent, Tersteeg iria "retomar as antigas relações" e Mauve lhe daria "sugestões para corrigir e aperfeiçoar meu trabalho". Via-se novamente como um jovem artista de sucesso, como Anthon van Rappard, tendo um aprendizado com um pintor sólido e sério, retomando as ligações com o mundo artístico do poderoso *gérant*. "Estou apenas tomando providências para promover o avanço direto de meu trabalho", explicou a Theo, que deve ter se sentido assombrado e apavorado com as iniciativas do irmão. "Vou insistir nisso até Mauve ceder."

Nem uma pronta e ríspida rejeição de Haia ("eles se recusaram a ter qualquer coisa comigo", informou Vincent) foi capaz de abalar a fantasia de um progresso e sucesso final. "Fico quase contente que Mauve e Tersteeg tenham me recusado", escreveu ele. "Sinto em mim o poder de vencê-los *no final*." De fato, tinha acabado de iniciar uma série de imagens que *sabia* que os faria enxergar o erro que cometiam, disse a Theo. "Vejo uma oportunidade de lhes fornecer provas convincentes."

No começo de dezembro, seu ateliê já estava se abarrotando com as novas imagens. Em todas as paredes, cabeças espiavam da escuridão. Fosse no cavalete ou nas pilhas de esboços, as visitas viam apenas os rostos solenes e anônimos das classes baixas de Nuenen — camponeses e dragadores, tecelões e suas mulheres do povo — captados em infindáveis variações de bistre e betume. Esse era o grandioso novo projeto de Vincent para ter êxito comercial, para prevalecer sobre Mauve e Tersteeg, para encerrar sua dependência de Theo e para reivindicar seu lugar ao lado de Rappard. Na verdade, a série era inspirada no amigo aristocrata, que passara grande parte da visita em outubro pintando cabeças — na maioria de mulheres — que haviam despertado a admiração e a inveja de Vincent. "A visita dele me deu novas ideias para meu trabalho", escreveu a Theo logo que Rappard foi embora. "Mal consigo esperar para começar."

Mesmo o nome que Vincent escolheu para essas novas imagens — "cabeças do povo" — indicava sua nova febre comercial e competitiva. Tal como a famosa série de ilustrações em *The Graphic* mostrara as "pessoas de verdade" invisíveis do proletariado, sua série de tipos camponeses apresentaria ao mundo "a velha raça brabantina". Ao mesmo tempo, reivindicou para os novos trabalhos o sinete comercial de "retratos". (Em seu fervor, Vincent abandonou as dúvidas sobre sua habilidade em retratar "fisionomias", que por muito tempo haviam paralisado suas tentativas na retratística.) Seguramente, mesmo Mauve e Tersteeg enxergariam o potencial de vendas de "cabeças com caráter", insistiu ele. "Há uma demanda cada vez maior de retratos, e não existem muitos que sejam capazes de fazê-los."

Possuído por essa quimera do sucesso, Vincent se lançou a outra campanha maníaca de trabalho. Seu plano inicial era ter trinta cabeças até o fim de janeiro de

1885 — dez por mês — e então levá-las à Antuérpia, na viagem de vendas adiada por tanto tempo. Mas, poucas semanas depois, tinha aumentado a meta para cinquenta cabeças — quase uma por dia — "o mais breve possível, e uma depois da outra". Por quê? "Porque agora entrei no ritmo", explicou a Theo. "Não posso perder nenhum dia." Certo, como sempre, de que o trabalho hercúleo compensaria os parcos resultados, protegeu-se freneticamente contra mais um fracasso. Quase todo dia, de manhã, chegavam os modelos ao ateliê da Kerkstraat: homens e mulheres, jovens e velhos, qualquer um que conseguisse pagar ou persuadir a suportar o suplício de sua atenção. Parecia escolhê-los pela "feiura", comentou um de seus alunos: caras chatas, testas estreitas, lábios grossos, pouco queixo, narizes achatados ou arrebitados, zigomas saltados, orelhas grandes. Posavam à luz invernal acinzentada do ateliê: homens com chapéu, com bonés de trabalho ou com elegantes chapéus-coco de Zeeland; mulheres com elaborados gorros brabantinos, com toucas matinais, toucas diurnas, toucas noturnas, e mesmo de cabeça descoberta. Conforme cada um tomava assento, ele puxava a cadeira para bem perto e perscrutava pela grade de perspectiva.

Então pintava. Correndo contra as horas curtas do dia, pintava diretamente na tela vazia de 30 × 45 cm. Não havia tempo para desenhar ou delinear os contornos. Baseava-se exclusivamente no olhar indo e vindo, do modelo à tela, da tela ao modelo, e em algum esboço que tivesse feito na noite anterior, à luz de gás. Fiel aos argumentos que apresentara a Theo, pintava primeiro as cores mais escuras — as dobras quase negras das jaquetas, das casacas e dos xales, o plano de fundo em betume, os rostos em bistre. Não podia esperar a tinta secar, e assim acrescentava cores mais claras na tinta molhada, ansiosamente misturando e transformando os brancos e ocre em cinza e marrons. A cada pincelada errante, arriscava-se a obter uma lama, enquanto as manchas de cor rapidamente desapareciam no escuro precedente.

O risco exigia velocidade. Pintando imagens após imagens, aprendeu uma economia extraordinária nas pinceladas — par perfeito para o ritmo frenético. Conseguia sugerir xales e golas com poucas estrias ousadas; para lábios, queixos, covinhas e sobrancelhas, bastavam curtas pinceladas isoladas. Qualquer contato mais demorado com a tela seria apenas chamar o desastre, de forma que voltava inevitavelmente às hachuras paralelas dos desenhos a bico de pena e ao esquematismo dos esboços das cartas, movimentos que lhe vinham com tanta naturalidade como se estivesse escrevendo. Sobretudo nas toucas brancas das mulheres, cheias de curvas, ele trabalhava como se a tela queimasse ao toque, fragmentando o jogo de luz e sombra em surtidas de tinta mais e mais escassas, a fim de preservar os delicados tons em que baseava sua mais recente aposta para alcançar o sucesso. "Afinal minha cor está ficando mais sólida e mais correta", tranquilizou o irmão. "Tenho uma noção e o sentimento da cor."

Forçando-se a ser cada vez mais rápido ("Preciso pintar muito"), Vincent aprendeu a fazer um retrato inteiro numa única manhã. Alcançou sua meta de cinquenta cabeças no final de fevereiro de 1885, e ainda continuou a fazê-las — um recorde de trabalho monomaníaco que não tinha igual desde que o homem órfão Zuyderland posara diante de seu lápis incansável em Haia.

E tampouco desde Haia encontrava um grupo tão dócil de modelos. Vinham não só de manhã, para ser pintados à preciosa luz do dia, mas também à tarde e à noite, sentando-se à luz do lampião para mais uma campanha de retratos de cabeças. Para satisfazer essa demanda esfaimada, Vincent atirava sua rede o mais longe possível. Gente respeitável como Adriana Schafrat, mulher do sacristão proprietário do ateliê, considerou "impróprio" o convite para posar. E ninguém posaria para o estranho *schildermenneke* sem pagamento. "As pessoas não gostam de posar", queixou-se ele. "Se não fosse pelo dinheiro, *ninguém* posaria." Mas, no longo e rigoroso inverno de Nuenen, o único florim que Vincent podia gastar por dia com seus modelos atraiu muitos interessados: lavradores ociosos, artesãos desempregados, tecelões sem serviço.

Mas, como em Haia, Vincent preferia atacar os mesmos problemas de sempre, em vez de procurar outros. Passou a concentrar sua atenção maníaca (e seu dinheiro) num pequeno grupo de visitantes regulares do ateliê, e num modelo em particular: Gordina de Groot, aquela a quem chamava de Sien.

As cartas logo passaram a ressoar com apelos já conhecidos: "Preciso ter um modelo", "Tenho necessidade constante de modelos", "Gostaria de pegar mais modelos". Enviou descrições aliciantes de "jovens camponesas" em "corpetes azuis empoeirados" e insinuações de relações carnais totalmente fora do alcance da grade de perspectiva. Falou em "manter uma relação de bastante intimidade" com os modelos, "para compensar as marafonas que não vão me ter", e em moças do campo "limpas e bonitas como algumas prostitutas". Compôs um afetuoso tratado sobre "o tema das cabeças femininas": desde as jovens decorosas de Whistler, Millais e Boughton ("moças como nossa irmã") até o retrato das camponesas lascivas de Chardin, "*sale, grossier, boueux, puant*" (sujo, grosseiro, enlameado, fedido). Falou amorosamente em desenhar nus. No ateliê, pintou Gordina inúmeras vezes, distribuindo com fartura em seus traços simples as pinceladas grossas, escuras, bruscas que aperfeiçoara durante todo um inverno de trabalho ininterrupto.

Ela olha direto para ele, com o nariz arrebitado e os lábios grossos distendidos num ar de familiaridade, a touca formando uma auréola voluptuosa pintada com recortes denteados radiantes de cinza. Era o coroamento da nova arte escura de Vincent, uma Mater Dolorosa em bistre e betume, e ele a defendeu com os mesmos termos passionais e desesperados que utilizara para defender a obra-prima de uma ilusão anterior, *Sofrimento*: "A pessoa deve pintar os camponeses como se fosse um deles", declarou Vincent, "como se sentisse e pensasse como eles, incapaz de evitar o que se é realmente".

O desafio, a obsessão e a ilusão haviam devolvido Vincent à Schenkweg.

Mais uma vez, o casamento invisível entre necessidade emocional e ambição artística levou o relacionamento dos dois irmãos a uma espiral de ressentimento. Para sustentar a nova família de modelos, Vincent precisava de dinheiro. Em sua visita de agosto, Theo diminuíra a mesada de 150 para cem francos por mês, de forma que o cenário do confronto já estava montado quando Vincent iniciou sua série de "cabeças do povo", com seus pedidos extravagantes de tintas e modelos. Mais uma vez, enviou os argumentos em defesa de sua nova vida disfarçados como pedidos de mais dinheiro e mais compreensão por seu trabalho. No pânico que se seguiu à visita de Rappard, implorou ao irmão que remetesse "algum extra", descartando os protestos de falta de dinheiro de Theo com exortações para "se esforçar" — "O que se precisa, consegue-se encontrar". Pressionou Theo várias vezes, exigindo remessas adicionais nos mesmos termos quase históricos com que havia mascarado seu relacionamento com Sien: "Preciso conseguir arranjar cem francos a mais... Para você é totalmente impossível me conseguir isso agora?... Devo insistir, seguramente devo insistir".

Quando Theo se esquivava — quando não apoiou a iniciativa de Vincent de recorrer a Mauve e Tersteeg, quando insistiu que Vincent deixasse o ateliê e alugasse um quarto em Eindhoven ou apenas quando deixava de responder de imediato —, Vincent arremetia com uma onda de imprecações. "Pessoalmente você *não tem a menor utilidade para mim*", escreveu ele, misturando sem cessar ofensas pessoais e profissionais. Mais uma vez, acusou Theo de sabotar sua carreira artística (dinheiro sem afinidade era mera "proteção", censurou-o) e de se unir ao pai numa conspiração contra ele. Comparou Theo a uma marafona desdenhando seus avanços e jurou que não iria "forçá-lo a ser afetuoso comigo". Pelo contrário, se atiraria à aprovação de um mundo que jamais lhe mostrara a mais leve compreensão. "Você deixou claro e manifesto", escreveu com rispidez em dezembro, "que não vai tomar conhecimento de mim pessoalmente nem de meu trabalho, a não ser como proteção. Bem, isso eu me recuso de todo modo a aceitar."

Como era inevitável, os pais de Vincent foram arrastados mais uma vez para o vórtice de fúria e violência. Quando Vincent morava em Haia, a distância havia isolado Dorus e Anna dos extremos mais insultuosos do filho. Mas, em Nuenen, não havia escapatória. Todos os homens, todas as mulheres e todas as crianças nos bancos da igreja de Dorus, nos domingos de manhã, sabiam alguma coisa a respeito do filho aberrante do pastor: o ateliê na casa do sacristão católico, o grupo de modelos pouco apresentáveis, a arte incompreensível. Sabiam que Margot Begemann fora obrigada a abandonar a cidade por causa do estranho *schildermenneke* ruivo.

Vincent, claro, negava com determinação que sua conduta tivesse escandalizado os pais. Chegou, inacreditavelmente, a argumentar que as relações dos Van Gogh com os Begemann não tinham sofrido nenhuma alteração com os acontecimentos de setembro. Mas as cartas de Anna e Dorus ao filho em Paris contam outra história. "Por causa de Vincent e Margot, nossas relações com as pessoas mudaram", escreveu Dorus. "Não vêm nos visitar porque não querem topar com ele. Pelo menos nossos vizinhos. E temos de reconhecer que estão certos." Poucos dias depois de Margot ter sido levada para Utrecht, Dorus contemplou tristemente a possibilidade de ser obrigado a deixar Nuenen. "Seria difícil", comentou ele, "mas, se nossas relações com as pessoas se tornarem demasiado difíceis, pode chegar a isso. Nestes dias, a probabilidade é cada vez maior."

Enquanto invocavam a proteção suprema de Deus, o pastor e sua esposa faziam de tudo para proteger a família contra o escândalo. Logo depois que o romance entre Vincent e Margot veio à tona, enviaram Wil, com 22 anos, para a casa de alguns parentes na distante Middelharnis, porque "será bom para ela ficar num ambiente diferente". Mantiveram Cor, com dezessete anos, na segurança de Helmond, onde o aprendizado na fábrica dos Begemann e sua amizade com um primo Begemann não sofreriam os respingos da transgressão do irmão. Ficaram aflitos com os efeitos que os problemas de Vincent poderiam acarretar à distância para Theo, "que [tinha] feito tanto" para impedir exatamente o tipo de constrangimento familiar que agora recaía sobre eles. Theo e todos os demais familiares, por sua vez, estavam preocupados com os pais, sobretudo com Dorus, agora com 62 anos.

Mesmo antes da queda da esposa em janeiro, a saúde frágil de Dorus já começara a piorar. Em maio, teve de renunciar por razões de saúde ao cargo na Sociedade pela Prosperidade, cortando um laço dos Van Gogh que remontava à fundação da entidade. A lenta convalescença de Anna o sobrecarregara de várias maneiras, visíveis e invisíveis, enquanto ele a ajudava a ficar de pé em março, a andar em julho, a viajar em setembro. Agora, além das preocupações com a mulher que era sua esposa fazia 33 anos e das limitações da velhice, Dorus tinha de controlar o gênio cada vez mais incontrolável e a conduta cada vez mais imprevisível do filho — tudo isso dentro de sua própria casa. "Fazemos o máximo para acalmá-lo", escreveu Dorus a Theo, mal conseguindo disfarçar o desespero. "Mas sua concepção da vida e suas maneiras são tão diferentes das nossas que fica a dúvida se, no longo prazo, será possível continuarmos a morar juntos no mesmo lugar."

Apesar de tudo, Dorus resistiu o máximo possível à solução inevitável: pedir que Vincent fosse embora. Ele conhecia melhor do que ninguém o coração ferido, desregrado do filho. "Prosseguimos e não queremos mostrar o caminho", escreveu desalentado. "Algumas coisas temos simplesmente de deixar acontecer." Assim, ele esperou que Vincent realizasse seu projeto tantas vezes ventilado de se mudar para a Antuérpia, e se comprometeu estoicamente a "se esforçar e suportar tudo" naquele ínterim. Fraco demais para se arriscar a uma briga, Dorus pensou seriamente em abandonar ele mesmo a cidade, caso Vincent não fosse embora. Em novembro, quando veio um chamado de sua antiga congregação em Helvoirt, ele entabulou negociações — com discrição, para não alarmar o filho estourado. "Quantos problemas seriam poupados", lamentou ele, "se [Vincent] fosse mais normal. Mas não é assim que é."

Como Dorus previra, Vincent, quando captou no ar o plano de expulsá-lo ou abandoná-lo, plantou-se no presbitério e excluiu qualquer hipótese de se mudar. Descartou como "absurdo completo" a cautelosa sugestão de Theo para alugar um quarto em Eindhoven. Depois de quase um ano de expectativas ansiosas, abandonou bruscamente os planos de se mudar para a Antuérpia, mesmo durante apenas uma parte do ano. Alegou que Rappard o advertira contra essa ideia (o que, se for verdade, seria uma mudança radical de posição) e inundou o irmão com eflúvios de argumentos desesperados, defensivos, delirantes, que mostravam tudo o que estava em jogo para ele (e assim prosseguiu por muito tempo depois que Dorus declinou da proposta de Helvoirt). O ateliê da Kerkstraat tinha sido a chave de seu sucesso, afirmava ele. Sem o ateliê, sua carreira "teria sido um fracasso". "Certamente não é por meu *prazer* que moro aqui em casa", protestou, "apenas por causa de minha pintura." Preveniu Theo de que seria um grande erro se a família lhe "roubasse" esse local idílico de trabalho. "*Por minha pintura*", frisou ele, "*devo* ficar aqui por mais algum tempo." Quando lhe perguntaram por quanto tempo, respondeu vagamente: "Até que eu tenha feito progressos mais definidos".

Quanto mais Theo defendia os pais, mais Vincent se encarniçava: "*Não posso* desistir do ateliê... e em hipótese nenhuma eles podem exigir que eu deixe a vila".

Retorceu e devolveu a Theo seus argumentos cautelosos e indiretos, transformando--os em exigências de mais dinheiro e, claro, mais modelos. "Preciso pintar uma grande quantidade de cabeças [antes de ir embora]", escreveu ele, "que sairão melhores quanto melhor eu pagar os modelos." Intensificou a discussão, transformando-a em outro choque entre a cidade (Theo) e o campo (Vincent), pintando o irmão como um *connoisseur* estéril e esgotado, sem contato com a fonte de toda verdadeira inspiração, a natureza. Por fim, tocou a corda mais sensível do irmão, ameaçando levar a briga entre eles até sua origem, o pai. "Minha situação aqui está um pouco tensa demais", insinuou sombriamente, "e não me é fácil manter minha alma em paciência."

> Faça a gentileza de levar isso em consideração. E, se possível, faça o melhor que puder no lado financeiro, para facilitar um pouco as coisas para mim. Creio que haverá uma chance de manter a *paz* no futuro, embora esteja longe de uma verdadeira *harmonia*.

Premido a usar de sinceridade, Theo finalmente deixou escapar as dúvidas que abrigava desde longa data sobre as atividades do irmão. "Sinto desconfiança", escreveu ele. Fosse lá o que pretendia dizer com isso — desconfiança dos gastos de Vincent, de suas razões para ficar em Nuenen, de suas intenções em casa, de um futuro êxito —, Vincent entendeu tudo isso e ainda mais: tomou como um questionamento geral de toda a sua *raison d'être*. No clima pesado que se seguiu ao caso Begemann e à visita de Rappard, esta simples palavra — "desconfiança" — foi a faísca que ateou fogo à lenha seca das suscetibilidades de Vincent.

"Estou pouco ligando se você desconfia ou não", esbravejou ele. Brandindo a insinuação de "perfídia", acusou Theo de "agir deliberadamente dessa maneira para se livrar de mim". Sua indignação se alastrou como um incêndio durante meses de correspondência, enquanto a palavra abria caminho a ferro e fogo no vocabulário de sentimento de culpa e injustiça de Vincent:

> Só porque você está numa alta posição, não é razão para ter desconfiança dos que estão por baixo — onde eu estou... [Se] você tem desconfiança de mim, você mesmo é a causa disso... Você terá de retirar o que disse sobre sua desconfiança... Os piores desentendimentos são causados pela desconfiança... O fato de você desconfiar de mim é simplesmente desonesto... Retire a palavra ou explique, pois não vou admitir que digam uma coisa dessas a meu respeito.

A aproximação do Natal, com suas promessas cruéis de harmonia familiar e alegria universal, precipitou Vincent no total desespero. As festas tradicionais do Dia de São Nicolau, com uma encenação de Sinterklaas e presentes escolhidos com todo o cuidado e enviados pelo irmão ausente, apenas reproduziam o estrago de todas as suas relações com a família. Agora brigava até com as irmãs, e se retirou quase totalmente da vida na casa paroquial. "Ele se torna cada vez mais um estranho para nós", escreveu Dorus após as festas.

Tanto a família Van Gogh quanto o mundo inteiro estavam cheios de problemas na época natalina de 1884. A nova economia global continuava paralisada, destruindo os negócios e mandando ondas e ondas de imigrantes pobres para as cidades de todo o mundo, inclusive Amsterdam. Notícias de uma epidemia de cólera que grassava pela França geraram uma torrente de cartas preocupadas com a segurança de Theo. Mesmo o tio Cent, em busca de alívio para suas eternas doenças num hotel da Riviera, não ficou imune ao medo. Mais perto de casa, outro tio, o almirante Jan, viu o imprestável filho Hendrik ser finalmente internado com "ataques epilépticos", depois de dilapidar a fortuna, manchar o bom nome da família e mandar o orgulhoso pai para o túmulo antes do tempo. No presbitério, Anna já podia andar, mas não conseguia ficar parada na cama, condenando o marido e a si mesma a longas noites de insônia. Dorus contraiu mais uma gripe durante a época de Natal, a ruína da estação mais movimentada do pastor. "Está uma situação muito deprimente por toda parte", resumiu ele.

Vincent acrescentou a esse desolado cenário todas as suas preocupações extemporâneas. Às turras com Theo, com desavenças em casa, banido de qualquer outra parte, via pela frente apenas a solidão. Amigos distantes, como Kerssemakers, nunca vinham visitá-lo. Na época do Natal, a ligação com Hermans já desandara em briga e a amizade com Rappard descaíra para mais uma *froideur* [indiferença]. Na véspera de Natal, Vincent se fechou sozinho no ateliê gelado, preferindo trabalhar a ir patinar com o irmão Cor. "[Vincent] não pede conselho e não procura intimidade", lamentou Dorus. No trato com Theo, encarou a humilhação. Um ano inteiro de súplicas, exigências, lisonjas e esbravejamentos não tinha rendido um centímetro a mais no caminho da independência financeira. Passou todo o mês de dezembro implorando ao irmão apenas vinte francos a mais — o que, segundo ele, fez com que se sentisse um "imprestável" e um "aleijado". Pior de tudo, o futuro parecia não reservar nada melhor. "Dificilmente tive um começo de ano de aspecto mais sombrio, de ânimo mais sombrio", escreveu ao passar a época das festas, "e não espero nenhum futuro de sucesso." À medida que se acumulavam os fracassos, sentia sua coragem "se esvaindo" e o ano do turbilhão familiar cobrando seu preço. "Não posso suportar a vida sem mais paz e cordialidade", escreveu no Dia de São Nicolau.

No ateliê da Kerkstraat, os dias curtos e os rigores do inverno se somavam para tirar de Vincent seu único consolo e sua única válvula de escape: o trabalho. "Por Vincent, eu gostaria que o inverno acabasse", escreveu Dorus de mau humor. "Pintar ao ar livre é impossível, claro. E as noites compridas também não ajudam o trabalho dele." Quer Vincent estivesse ou não aquecendo o frio e a escuridão com álcool, como suspeitava Dorus, sua arte continuava congelada no passado. Nas cartas a Theo, ressuscitou os heróis da Schenkweg — Daumier e Gavarni, De Groux e Matthijs Maris — e retomou a mania por ilustrações de revistas, tipos e desenhos de figura. "Talvez fosse aconselhável concentrar de modo exclusivo na figura", escreveu, citando especificamente o trabalho de Haia como o melhor. "Estudando sempre o modelo, manterei um curso reto."

Nos breves surtos de trabalho que conseguia enfrentar, Vincent continuou a fazer retratos escuros de cabeças caricatas, perseguindo incansável a meta de cinquenta cabeças prontas em fevereiro. "Vai me ajudar com a figura em geral", insistiu, rejeitando os constantes rogos de luz e paisagens que lhe fazia Theo. Quando o tempo permitia, pintava com modelos; quando não, fazia desenhos de seus estudos (enviou uma dúzia deles a Theo no Natal). Na meia-luz de inverno, a paleta se fazia cada vez mais escura enquanto ele defendia com veemência, com imagens e palavras, um mundo esvaído de cor. "Ficará provado para além de qualquer dúvida", declarou, insinuando a vitória final que viria como um tsunami, "que, exatamente em matéria de cor, realizei alguma coisa."

Cercado pelas promessas descumpridas de um lar, da família e do Natal, Vincent começou a duvidar das ilusões que, em primeiro lugar, o haviam trazido a Nuenen. "Sempre tive a impressão de que, em Zundert, geralmente havia uma atmosfera melhor na casa", escreveu ele. "O que não sei é se a sensação de que as coisas eram melhores em Zundert é apenas imaginação minha. Bem pode ser este o caso."

Para um homem que sempre lidara com o fracasso aferrando-se a ilusões de um êxito futuro e de uma felicidade perdida, esse olhar franco no espelho guardava graves perigos. Vincent já mencionara antes o tema da doença mental, mas sempre cauteloso e a contragosto. "Sou sensível demais", admitiu em Haia, "tanto física como moralmente." Reconhecia apenas o "nervosismo" e punha a culpa nos "anos desgraçados" que passara na região negra. Quando o chamavam de louco ou o tratavam como insano, como em Drente, alegava ter o controle final de todas "as peças que os nervos pregam" — uma "serenidade" interior que mantinha os demônios à distância. "Senti minha doença muito fundo dentro de mim", escreveu nos pântanos de turfa,

> e tentei curá-la. Esgotei-me com esforços vãos e inúteis, é verdade, mas, por causa daquela *idée fixe* de voltar a um ponto de vista normal, nunca confundi minhas ações, preocupações e labutas com meu verdadeiro eu interior. Pelo menos sempre senti: "É só fazer alguma coisa, estar em algum lugar e isso *deve* melhorar. Vou superar, é só ter a paciência de me recobrar".

Mas os reiterados desastres do outono haviam abalado sua confiança em "voltar a um ponto de vista normal". Pelo contrário, eles tinham mostrado um panorama desolado com uma infinidade de fracassos, um inverno permanente de "embotamento vazio e tortura sem finalidade", como o descreveu Zola num trecho que Vincent copiou. E era apenas o trabalho que o impedia de mergulhar no abismo. "Penso que pintar pode impedir coisas piores", escreve ele, "e que de outra maneira seria ainda pior." Imerso no mundo zolaiano de proles degeneradas e sinas hereditárias, Vincent imaginou que um "defeito de família" dos Van Gogh lhe havia maculado indelevelmente a alma. "Sou uma ovelha negra", exclamou em dezembro, "um *mauvais coucheur* [mau caráter, briguento]."

Agora, quando sua imaginação percorria as desgraças do passado, fixava-se numa imagem não de renascimento, e sim de danação. Em vez do Dante qual Cristo, atravessando o Estige para presenciar os tormentos e sofrimentos do *Inferno* — "uma figura sóbria, severa, cheia de indignação... triste e melancólica" —, Vincent se imaginava como um habitante permanente daquele mundo subterrâneo de dor: o Espírito das Águas. Esse demônio do folclore escandinavo se emboscava em lagos e rios e atraía os viajantes incautos para a morte por afogamento. Segundo Vincent, era "um espírito malévolo atraindo as pessoas para o abismo". E, assinalou, o Espírito das Águas não só sofria o tormento eterno, mas também arrastava as pessoas para compartilhar esse seu terrível destino. Ao contrário de Dante, que "foi e voltou do Inferno", o Espírito das Águas sempre retornava aos ínferos.

Theo via com alarme crescente o desespero de Vincent se expressar em ciclos de agressividade cada vez mais raivosa. Sem dúvida, passara a não fazer muito caso das explosões periódicas — uma em janeiro, outra em fevereiro —, quando Vincent exigia uma separação imediata e definitiva e então acrescentava, muitas vezes na mesma carta, um pedido de mais dinheiro. Mas deve ter notado um tom diferente nas cartas de 1885, depois do Ano-Novo. "Se lhe dá alguma satisfação saber que o que você chama de 'meus planos para o futuro' praticamente desmoronou", respondeu cáustico aos votos de feliz Ano-Novo de Theo, "*divirta-se* com a ideia." Falou em morte — "Se eu caísse morto... você ficaria em cima de um esqueleto" — vibrando uma nota de um fatalismo leviano, pouco habitual no irmão sempre combativo e fervoroso de Theo. Preocupado com a possível reação de Vincent, Theo guardou a notícia de janeiro de que a Goupil tinha registrado boas vendas em 1884, com um salto inesperado em sua gratificação de fim de ano. Também escondeu do irmão uma proposta de emprego que lhe fizera um cliente, disposto a lhe pagar a soma astronômica de mil francos mensais — quase dez vezes mais que o salário do pai. (Ele recusou a proposta depois que Dorus se manifestou contrário a ela.)

Quando Vincent acabou descobrindo, sua reação foi a prevista: despejou sobre Theo uma torrente de protestos e cenas dramáticas de penúria. Relembrando a recente aparição de Theo no presbitério de Nuenen, em agosto, usando os acessórios mais elegantes e modernos de um "almofadinha" da cidade grande, Vincent desenhou uma imagem impiedosa do irmão. "Não consigo deixar de vê-lo mentalmente usando um pincenê de lentes escuras para o sol", escreveu voltando à acusação que mais o amargurava. "Num sentido além do literal, em suas ações e pensamentos, você está olhando com lentes escuras — por exemplo, a desconfiança." Sua decepção com Theo, por não estar se empenhando mais em vender seus trabalhos, passou do protesto estridente para o sarcasmo ferino. Recomendou "deixarmos o tema da afinidade mútua fora da questão" e apenas "tentarmos ser *inofensivos* um para o outro".

Quanto à sua arte, em especial, o tom de Vincent mudou. Depois de passar anos aceitando os amenos incentivos do irmão para "continuar pintando", Vincent fez a pergunta cuja resposta sempre evitara até aquele momento: o que Theo pensava sobre suas chances como artista? "Se eu de fato trabalhar *melhor* mais para a frente, certamente não trabalharei *de maneira diferente* de agora", afirmou vedando a escapatória usual de Theo, desnudando suas dúvidas pessoais e arriscando tudo. "Quero dizer, será a mesma maçã, embora mais madura... Se não sou bom agora, não serei bom mais tarde. Mas se for mais tarde, então já sou agora. Trigo é sempre trigo."

Em outras circunstâncias, Theo talvez arrostasse a cólera do irmão e insistisse para aceitar o inevitável — que se dedicasse à arte como passatempo digno, não como caminho para a independência financeira. Depois de quatro anos de sacrifícios sem agradecimentos e de ofensas incessantes, começara a perder a paciência com Vincent e sua arte movida por um espírito de contradição. Apenas poucos meses antes começara a se queixar das cartas "especialmente desagradáveis" do irmão, dos excessos retóricos, das chantagens emocionais, da obstinada nostalgia pela arte do passado. "Você me faz lembrar aqueles velhos que vivem dizendo que, quando eram jovens, tudo era melhor", escreveu Theo no começo de 1885, depois de anos tentando em vão empurrar Vincent para a pintura mais moderna, "enquanto esquecem que eles mesmos mudaram."

Mas agora Theo nem de longe ousaria abandonar o irmão explosivo. A cada vez que chegava uma carta dos pais, ele ouvia os contidos queixumes de um presbitério em turbilhão. "O gênio estourado dele impede qualquer diálogo", escreveu Dorus em fevereiro. "Certamente para mim não é fácil ficar passivo." Pai e filho já tinham discutido por causa de Margot Begemann e a ideia de mudar para Helvoirt. Dorus reclamou do "tom desagradável" de Vincent ("não conseguimos conversar com ele"); Vincent, da arrogância do pai ("o homem realmente pensava que tinha razão"). Dorus pôs a esquisitice do filho ao lado do acidente da esposa, dizendo que Vincent era "a outra dor que carrego"; Vincent definiu o pai como seu "pior inimigo", lastimando-se com amargura por não ter se rebelado antes contra ele.

Os sentimentos apenas se exacerbaram quando alguns membros da congregação de Dorus em Geldrop o acusaram abertamente de leniência e pouca disciplina — acusação sem dúvida ilustrada, se não provocada, pelo filho criador de problemas. Para um homem que valorizava a unidade acima de qualquer outra coisa, a soma entre a contestação da autoridade em casa e a divisão entre os fiéis drenou as energias de corpo e do espírito, no auge de um inverno muito rigoroso. Em vista do comportamento instável e mesmo ameaçador do filho, suas conversas sobre a morte, suas ilusões conspiratórias, seu frasco de conhaque, quais seriam as consequências de uma efetiva separação? Ou mesmo de um simples desencorajamento?

Num lance desesperado para acalmar o irmão, para poupar ao pai idoso maiores aborrecimentos e para dissolver a crise que avultava no presbitério, Theo tentou um gesto ousado de conciliação. Prontificou-se a submeter um quadro de Vincent à exposição anual mais importante de toda a Europa: o Salon de Paris.

Poucas semanas depois, em 27 de março de 1885, Theo recebeu um telegrama de Nuenen. O pai tinha morrido.

Dorus passou o dia todo em Geldrop, consertando cercas. Depois de jantar com alguns amigos e ouvir um recital de piano, tomou o caminho de casa em Nuenen, uma caminhada de oito quilômetros pela charneca batida pelo vento, numa noite gelada. Por volta das sete e meia da noite, uma criada que passava ouviu um barulho na porta de entrada do presbitério. Ao erguer o trinco, a porta se escancarou sob o peso do corpo de Dorus, o qual, com seu sobretudo grosso, caiu sobre ela. Além da mãe manca, o único integrante da família que podia estar em casa era Vincent. Alguém transportou o pastor imóvel para a sala de estar e o deitou no sofá. Wil voltou correndo da casa de um vizinho — "oh, foi tão terrível", disse descrevendo a cena com que se deparou. Debruçou-se sobre o corpo do pai, num esforço inútil de "lhe devolver a vida", segundo um relato da família. "Mas tinha se acabado." Deu-se como causa da morte um derrame fulminante.

Quatro dias depois foi o enterro de Theodorus van Gogh. A procissão enlutada seguiu da casa paroquial até a pequena igreja de Nuenen, onde aguardava a congregação reunida, além de amigos, dignitários da igreja e outros pastores de todo o Brabante. Os presentes acompanharam o ataúde envolto em panos pretos até o Oude Toren, a antiga torre de igreja que Vincent tantas vezes desenhara e pintara em seus horizontes. O percurso era curto — apenas quinhentos metros por uma estrada rugosa entre os trigais verdes do inverno. Devido à perna doente, talvez Anna tenha ido no coche fúnebre. Fosse a pé ou a cavalo, Theo por certo estava com ela. Ele tomara o trem em Paris no mesmo dia em que o telegrama chegou com a notícia incompreensível. "Ele tinha recebido uma carta do pai no dia anterior", lembrava o amigo que o levou à estação, "dizendo que estava em perfeita saúde. [Theo] mesmo não é muito forte: então você bem pode imaginar a condição em que estava quando partiu." O jovem franzino de 27 anos, retrato do pai, ao lado da mãe, agora era o único arrimo da família.

Haviam cavado uma sepultura entre as cruzes quebradas na base da torre. O pequeno cemitério abandonado, coberto de neve, tinha sido um dos primeiros temas de Vincent em Nuenen. Sobre esse cenário avultava o simbolismo sombrio da igreja em ruínas — poucos meses antes da data marcada para sua demolição. Junto à sepultura estavam o tio Cor, de Amsterdam, e o tio almirante Jan. Willemina Stricker, irmã de Anna e mãe de Kee Vos, tinha vindo de Haia. Arrasado pela notícia, mas doente demais para deixar o hotel, tio Cent havia se trancado no quarto e se recusava a sair, mesmo para comer.

Pode ter sido a presença de tantas testemunhas de seus insucessos passados que manteve Vincent na sombra, no dia de luto da família. Enterros, mesmo de desconhecidos, costumavam levá-lo a gestos heroicos de consolo. Mas este não. O tio Jan, que não era propriamente de mostrar suas emoções, achou que Vincent exibiu uma estranha "tendência de racionalização fria" em meio a tanta dor. Estava "um pouco retraído", observou Jan. À vista do corpo, Vincent comentou com um presente: "Morrer é duro, mas viver é ainda mais". Mesmo depois, nas cartas, Vincent jamais fez qualquer referência aos acontecimentos dolorosos de 26 de março, nem nunca dedicou uma única palavra de sua vasta capacidade descritiva ao dia do enterro do pai, quando o cortejo fúnebre atravessou os campos de trigo.

O dia do enterro, 30 de março, era também o aniversário de Vincent: 32 anos. A estranha coincidência apenas ressaltou a associação entre as duas datas — o nascimento do filho e a morte do pai — que já pesava no espírito de muitos dos presentes. A maioria tinha algum conhecimento da longa e triste luta do pastor com o primogênito. Muitos tinham ouvido, pessoalmente ou por terceiros, as altercações no escritório de Dorus: os gritos exasperados do pai — "não aguento isso", "está me matando", "você vai ser a minha morte" — e as provocações impiedosas do filho. "Pouco me importam reconciliações ao leito de morte", disse Vincent certa vez, recusando os apelos de Theo para que transigisse. A última conversa conhecida que teve com o pai terminara em mais um amargo impasse. "Ele parece incapaz de tolerar qualquer sugestão", escrevera o pastor logo depois, uma semana antes de morrer, "e isso prova mais uma vez que ele não é normal." Tal foi o juízo que Dorus levou para o túmulo, sem se reconciliar.

Se eram essas mesmas lembranças que perseguiam os pensamentos de Vincent enquanto assistia ao descanso final do semeador perseverante, ele nunca revelou. Mas sem dúvida ouviu a acusação em todos os tributos piedosos, em todas as expressões de choque, em todos os silêncios canhestros. Apenas sua irmã Anna, sem freios na língua, ousou lhe dizer no rosto o que outros estavam murmurando: que Vincent tinha matado o pai.

24. Uma ponta de loucura

Vincent estava ocupado demais para ficar de luto. A proposta de Theo de submeter um quadro ao Salon fora um grande desafio que o impelira a um pânico de trabalho nas semanas anteriores à morte do pai. A perspectiva de uma avaliação pública o aterrorizou tanto que, de início, tentou fugir, protestando que não tinha nada adequado para mostrar. "Se eu soubesse disso há seis semanas", objetou, "teria tentado lhe mandar alguma coisa."

Depois de anos insistindo veementemente em ter maior exposição, ele retrocedeu com distinções bizantinas entre "quadros" prontos para mostrar e "estudos" destinados apenas ao ateliê. Incluiu todas as suas pinturas recentes (das quais se gabara com tanta frequência) na segunda categoria, dizendo que "apenas uma entre dez ou vinte vale a pena ser vista". E mesmo essas "podem não valer *nada agora*". Quando Theo foi ao ateliê da Kerkstraat por ocasião do enterro do pai, Vincent lhe deu dois retratos das "cabeças do povo" e sugeriu humildemente que Theo as mostrasse *em caráter privado* aos frequentadores do Salon. E se justificou: "Poderia ser útil, mesmo sendo apenas estudos".

Também mostrou ao irmão os primeiros esboços de um novo trabalho — algo "maior e mais elaborado... uma composição mais importante". Era essa a *outra* reação de Vincent à proposta inesperada de Theo e à morte súbita do pai — não culpa, mas desafio. "Depois de mais de um ano de dedicação quase exclusiva à pintura", declarou ele, "é seguro dizer que [será] algo totalmente diferente." Durante o mês seguinte, num frenesi enfurecido de trabalho, Vincent calou os murmúrios e encheu o vazio com sua mais recente fantasia de justificação final. "As pessoas vão falar em inacabado ou feio", escreveu defendendo sua arte e também a si mesmo, "mas minha ideia é *sem dúvida lhes mostrar.*"

A ideia chegou ao papel pela primeira vez em algum momento de março, antes da morte do pai, com um esboço vago e grosseiro de camponeses sentados ao redor de uma mesa. Na época, Vincent estava passando muitas noites na choupana de Gordina de Groot, na estrada de Gerwen, e mais tarde alegou que tinha se inspirado na cena de Gordina e família à mesa de jantar. Mas a imagem que adquiriu forma em abril, numa enxurrada de desenhos e estudos pintados, chegava a raízes muito mais profundas e mais emaranhadas.

Desde o começo de suas atividades artísticas, Vincent sonhava em retratar grupos de pessoas. Fossem mineiros a caminho do trabalho, compradores de bilhetes de loteria, cortadores de turfa, cavadores de valas, arrancadores de batatas ou enlutados num cortejo fúnebre, ele sempre vira seus incessantes estudos de figura apenas como meio para um único fim: a preparação para algo mais complexo, que consumiria e redimiria seus anos de labuta. Mesmo quando o ateliê e os cadernos de esboços se enchiam com centenas de imagens de figuras solitárias e paisagens vazias, a representação de pessoas *ligadas entre si* — pelo trabalho, pelo lazer, pelo amor — continuava a assombrar a arte de Vincent e a ocupar o primeiro lugar em suas ambições. Com efeito, ele tinha vindo das charnecas solitárias de Drente para Nuenen embalando o sonho de pintar a própria família, tal como havia desenhado seu sucedâneo de família na cozinha da Schenkweg.

Sem dúvida, Vincent enxergou a cena dos De Groot à mesa pelo caleidoscópio de outras imagens. Desde os monumentais lavradores de Millet aos campônios idealizados de Breton e aos plebeus mais banais de Israëls, ele havia memorizado o fascínio narcisista da época com o próprio passado humilde. Também absorvera dezenas de imagens de famílias à mesa, partilhando alimento e orações. Desde o século XVII, quando os pietistas ingleses e holandeses puseram a "oração de graças" na hora da refeição no centro da vida religiosa doméstica, inúmeros artistas, de Jan Steen a Hubert Herkomer, haviam celebrado esse ritual diário em estampas e pinturas. Vincent tinha uma fervorosa admiração por *Le bénédicité* [*A oração de graças*], de Charles de Groux, um solene panorama, como uma *Última ceia*, de uma família

Jozef Israëls, *Família camponesa à mesa*, 1882, óleo sobre tela, 71,1 × 105 cm.

camponesa rendendo graças pela refeição; e pendurou a versão de Gustave Brion da mesma cena em seu quarto de Amsterdam. Mestres da nostalgia como Israëls haviam retomado o tema, com e sem oração de graças, para a nova classe burguesa voltada para o passado.

Em Haia, Vincent vira, em 1882, uma das muitas variações sobre *A refeição frugal*, de Israëls, de imenso sucesso, e o declarou "igual a Millet". Artistas mais jovens, inspirados por Israëls, também tinham se dedicado ao tema, até que as comoventes cenas à mesa de refeições se tornaram onipresentes. Para encontrar exemplos, bastava a Vincent folhear suas pastas de ilustrações de revistas ou olhar o ateliê do amigo Anthon van Rappard, cujas pinturas de "famílias" institucionais ao redor da mesa lhe causaram grande impressão ao visitar Utrecht.

No vendaval de discussões que viriam, Vincent iria invocar todos eles e mais alguns como padrinhos de sua nova obra. Mas, para um homem que ainda sabia rezar a bênção paterna ao jantar, nenhuma imagem conseguiria ter a ressonância da cadeira vazia à cabeceira da mesa do presbitério. Quando olhava a estranha família De Groot reunida à luz amarela do lampião, Vincent não podia deixar de ver o lampião a óleo que iluminara todos os jantares de sua infância e a mesa à qual deixara de ser bem-vindo.

Na primeira semana após o enterro, Vincent trabalhou freneticamente para pôr no papel a imagem que tinha em mente. Fez desenhos e mais desenhos de um grupo de figuras à mesa, experimentando as várias posições, lugares e maneiras de sentar. Voltou diversas vezes à casa da estrada de Gerwen, para conferir sua imagem com a visão do clã de Gordina, os familiares sempre dispostos a recebê-lo e aparentemente esquecidos de sua presença. Desenhava esboços do interior escuro da choupana, com as vigas do teto, a bandeira da janela quebrada, a fornalha suja de fuligem. Sondava a escuridão para fazer estudos detalhados de tudo, desde o relógio na parede e a chaleira no fogo às saliências do encosto das cadeiras.

De volta ao ateliê, os moradores desse mundo adquiriam forma. Vincent pode ter começado com esboços ao vivo dos De Groot e dos outros moradores da casa, os Van Rooijse, mas sua ávida ambição logo os transformou em algo novo e desconhecido. A despeito de sua prática, Vincent nunca dominara a técnica leve e precisa necessária para transpor o rosto humano, sobretudo em pequena escala. A mão dele caía naturalmente nos exageros e cortes da caricatura. Numa era aficionada por estereótipos, esse seu ponto fraco encontrava reforço em todas as partes. Seu herói Millet havia retratado os camponeses como simples animais. A exemplo de Millet, tinha aprendido com as pseudociências da frenologia e da fisiognomia que os traços de um camponês deviam representar os traços de seus parentes do mundo animal: a testa baixa e o peito largo de um boi, o bico pontudo e os olhos miúdos de um galo, os beiços grossos e os olhos esbugalhados de uma vaca. Mais tarde, ele escreveu: "Você sabe o que é um camponês, como ele faz lembrar um animal selvagem, quando encontra um espécime da verdadeira raça".

Como Millet, Vincent queria que suas representações celebrassem não só a unidade dos camponeses com a natureza (a "harmonia" deles com o campo), mas também sua resignação apática sob o peso do trabalho esmagador — a mesma resignação nobre que admirara nos velhos cavalos que puxavam carroças em Londres, Paris e Bruxelas, arrastando cargas de estrume ou cinzas pelas ruas, "pacientes e humildes... espera[ndo] a hora final". Vincent passara o inverno, nos infindáveis retratos de cabeças, tentando dotar o rosto e as mãos de seus modelos com a aura de imortalidade do trabalho pesado. Agora reunia todas essas lições numa correria final de estudos preparatórios, tanto em desenho quanto em pintura, para as figuras ao redor da mesa.

Para conferir a esses animais humildes a solenidade e o sentido que mereciam, situou-os em seu hábitat natural: a escuridão. Tinha um velho fascínio pelas choupanas escuras — "cavernas", dizia ele — onde viviam famílias como os De Groot. Mas

Cabeça de mulher, 1884-5, giz sobre papel, 40 × 33,02 cm.

nem mesmo sua paleta mais escura era capaz de atravessar a escuridão quase completa dessas choupanas com teto de palha. Antes, ele resolvia o problema colocando as figuras contra a luz clara de uma janela ou recortando-as da escuridão com o jogo de realces de uma xilogravura. Mesmo antes de virar artista, sua imaginação se sentia cativada pelo drama dos objetos emergindo das sombras ou com suas silhuetas traçadas sobre os halos de luz ao fundo. Para ele, tais "efeitos" revelavam uma dimensão imortal, e desde Etten começara a experimentá-los. "Quero algo amplo e ousado, com silhueta e relevo", disse a respeito dos desenhos de grupos em Haia. Nas imagens de tecelões, recorreu tanto à sombra quanto à silhueta não só para disfarçar os defeitos do desenho, mas para conferir grandeza às figuras modestas.

Para essa nova cena de camponeses em volta da mesa, ele esboçou a imagem das duas maneiras: o almoço à frente de uma janela, o jantar ao claro-escuro do lampião. Logo se decidiu pelo segundo, mais escuro: retrataria os comensais no escuro da refeição noturna, revelados apenas pela luz amarela do lampião acima da mesa. Já havia praticado essa paleta estigiana em várias pinturas no mês de março, criando complexas misturas de tons para obter um estreito leque de verde-amarronzado, de azul-esverdeado e de preto-azulado — o que chamava de "a cor de sabonete escuro".

Praticamente nenhum pigmento passou do tubo para a tela sem ser tocado, cortado, quebrado por outros tons, na busca incessante dessas pequeníssimas variações de tonalidade. As pregas de uma saia, os objetos numa parede se diferenciavam apenas pelo mais leve toque de clareamento ou escurecimento. Os realces de luz na mesa ou nas mãos demandaram uma legião inteira de cores — azul-da-prússia, amarelo-nápoles, vermelho-orgânico, ocre-amarronzado, laranja-cromo — para atingir um cinza indizivelmente neutro. Vincent tinha se enfronhado recentemente na teoria das cores, lendo livros de Eugène Fromentin e Charles Blanc (copiou longos trechos deste último). Seguindo o exemplo de Millet, chegara a ter aulas de piano, convencido de que os tons musicais lhe ensinariam mais sobre os tons das cores. Mas subordinava todas essas lições "científicas" à sua visão poética da choupana cavernosa ("um relance num interior muito cinzento") e a meses de defesa de "uma escala grave de cores".

Poucos dias depois de concluir o estudo em tamanho retrato, lançou-se a uma tela maior (75 × 90 cm) com seu pincel largo e escuro. Na semana após a Páscoa, trabalhando "ininterruptamente de manhã à noite", debateu-se para encontrar uma nova e melhor expressão da cena imaginada. Frustrado, como sempre, pelos mistérios do corpo humano e pelas dificuldades em modelar as figuras com um espectro de cores tão limitado, travou uma "tremenda batalha" com os materiais, relatou ele, trabalhando e retrabalhando as figuras até a tinta ficar seca demais para ser manejada, mas úmida demais para pintar sobre ela. Embora em muitas noites refizesse o longo estirão até a casa dos De Groot para refrescar a imaginação à luz do lampião, passou a se basear cada vez mais nos estudos de retrato do inverno para os rostos e mãos ao redor da mesa. Para realçar a claustrofobia da pequena cabana, rebaixou o teto de vigas, comprimiu mais o espaço dentro da tela e acrescentou mais detalhes domésticos: um espelho, um suporte de vários utensílios, uma estampa religiosa da Crucificação.

Por fim, atendendo a um chamado incógnito, reimaginou radicalmente os personagens de sua narrativa. Em vez de quatro camponeses famintos debruçados sobre a magra refeição, tão próximos entre si quanto gado no cocho, Vincent pintou uma família. Em vez de uma casa de anárquicos parentescos por afinidade, como era a de Gordina, com suas maneiras rudes e estranhos relacionamentos, ele criou uma cena tão familiar quanto uma lembrança: à mesa forrada com uma toalha, marido e mulher dividem educadamente um prato de batatas, uma matriarca serve café a todos e uma criança aguarda obediente que lhe sirvam o prato.

Por último, Vincent acrescentou uma nova figura, uma quinta pessoa, sentada no fundo, um recém-chegado a esse ritual em família. É um homem de aparência esquisita, de cara larga e triste, com a insinuação de uma ponta de cabelo ruivo.

Para Vincent, a fronteira entre vida e arte sempre tinha sido permeável. Em algum momento do inverno de 1884-5, ele atravessou essa linha. Entre as noites na casa dos De Groot, as noites de má acolhida no presbitério e o explícito afastamento em qualquer outro lugar, ele encontrou um refúgio irresistível nas verdades e confortos de sua arte.

Desde 1881 em Etten, Vincent reivindicava o título de "pintor de camponeses". Era uma designação da moda. Como toda uma geração de jovens artistas, como Rappard, criados nas noções românticas da natureza, encorajados pelos governos de Estado a adular um campesinato cada vez mais politizado, atraídos pelo êxito comercial de pintores como Millet, Breton, Israëls e Mauve, Vincent havia atendido aos chamados de *le doux pays*. Os imperativos da arte, do comércio e da camaradagem se mesclaram à sua ardente saudade da charneca de Zundert (onde todos os camponeses eram "simples e de bom coração", imaginava ele) para transportá-lo além da frustração e da hostilidade real que encontrava sempre que se arriscava ir ao campo. "Vejo pinturas ou desenhos nas choupanas mais pobres", escreveu na véspera de partir para Drente (onde os camponeses o consideravam um "doido" e um "vagabundo"). "Meu espírito é atraído para essas coisas com um ímpeto irresistível."

Anos de rejeição da família e amigos burgueses só fizeram Vincent se afundar ainda mais na fantasia de um lar entre os camponeses, como "pintor da vida rural". Em apoio a essa miragem de felicidade, recorreu maciçamente a outra ficção: a biografia de Millet escrita por Alfred Sensier, um sucesso de vendas. "Interessa-me tanto que acordo de noite, acendo a luz e me sento para ler", escreveu em 1882. "Que grande homem era Millet!"

Mas Sensier era mais do que o biógrafo de Millet: era também seu patrono, colecionador e agente de vendas. Para cercar imagens icônicas como *O semeador* e *O Angelus* com uma lenda que promovesse seu criador, Sensier adornara o passado interiorano de Millet com vistosos clichês sentimentais. O Millet de Sensier passou a infância nos campos, compartilhando a "dura faina" e o "rude trabalho agrícola [que] compõe o cotidiano do camponês". O Millet verdadeiro era o filho sensível de uma pequena nobreza desaparecida, um menino estudioso que cresceu junto à *Eneida* de Virgílio e ao solo pedregoso de sua Normandia natal. Se algum dia chegou a semear e a colher alguma coisa, provavelmente foi apenas cuidando do jardim da família para a avó que o idolatrava. Com um subsídio do Estado que lhe arranjaram alguns parentes bem relacionados, não hesitou em trocar ansiosamente o *pays* de nascimento por um aprendizado em Paris com Paul Delaroche, astro da Goupil e muito apreciado por Cent, o tio de Vincent.

O Millet de Sensier levava uma vida de solidariedade com os temas de sua arte, os camponeses pobres. "Ele sempre sentiu compaixão e piedade pelos pobres infelizes do campo", afirmava Sensier. "Era, ele mesmo, um camponês." Em 1849, Millet fugiu da vida urbana em Paris para ir morar entre o povo simples que tanto amava, segundo Sensier: para compartilhar a vida de pobreza e abnegação. Chegava a usar seus *sabots* (tamancos) e blusas de lã crua — o "uniforme da pobreza", de maneira que para um viajante desavisado não seria difícil tomar o homem robusto e barbudo, se arrastando pelos campos, por "um daqueles entusiásticos camponeses". O Millet verdadeiro era um gastador perdulário que conhecia apenas dívidas, não a pobreza. Dotado de um olho arguto para o mercado e de grande habilidade no pincel, pintava estrategicamente — desde retratos da sociedade a jovens casadouras em cenas sugestivas — e, em toda a sua carreira, poucas vezes lhe faltaram patronos, encomendas ou vendas.

Quando "fugiu" para o povoado rústico da moda, Barbizon, nas florestas de Fontainebleau perto de Paris, o Millet verdadeiro manteve um amplo círculo de amigos, não camponeses, e sim sofisticados parisienses, aumentando o volume das dívidas e da barriga a par das distinções honoríficas. Como outros pequenos nobres rurais, costumava usar roupas simples, mas sempre insistia em ser fotografado nos esplêndidos atavios de um distinto cavalheiro, e gastava prodigamente com alfaiates. Na companhia de artistas como Charles Jacque e Théodore Rousseau e de escritoras como George Sand, ele acompanhou a grande onda de insatisfação artística que se alastrou desde a Revolução de 1848, com quadros como *O semeador*, em 1850, e *Descanso durante a colheita*, em 1853, ano do nascimento de Vincent. Logo depois, a mesma onda carregou Millet e os demais artistas de Barbizon ao triunfo na Exposição Universal e no Salon de 1855.

Mas Vincent via apenas o Millet de Sensier: um meninão sentimental, de imaginação vívida e independente: incompreendido pelo público, desdenhado pela crítica, perseguido por credores; um melancólico solitário dado a incontroláveis acessos de lágrimas e cismas suicidas; um artista cheio de paixão desafiadora e um inexplicável sentimento de culpa. Sensier citou seu biografado: "Não quero parar de sentir dor. A dor é o que faz o artista se expressar com mais clareza". Desde o instante em que leu pela primeira vez a "grande obra" de Sensier, Vincent começou a revestir a hagiografia com camadas de autobiografia, em sua própria busca de rumo e consolo. Embora pouco conhecesse da arte de Millet, exceto em reproduções, ele se imaginava um satélite orbitando em torno do "Sol" e apresentou o francês como sua inspiração ao voltar de Haia para a casa dos pais em 1883. Quando "todas as influências do passado me arrastavam cada vez mais longe da natureza", escreveu ele, "foi [Millet] quem me devolveu à natureza."

Após a morte do pai, Vincent embarcou totalmente numa ilusão de solidariedade com o homem — ou a imagem de um homem — a quem sempre se referira como "Pai Millet". Imaginava seu herói — e a si mesmo — levando uma vida de trabalho incansável e de dedicação altruísta à "verdade" da pintura de camponeses. Concebia Millet como um mártir à imagem de Cristo, sacrificando-se ao sofrimento de seus nobres temas tão pouco valorizados, e ainda como um profeta lançando um apelo a todos os artistas errantes e apreciadores do luxo, para retornar ao humilde e ao infinito na arte. Em meados de abril de 1885, quando seus desenhos e pinturas de um grupo de camponeses ao redor de uma mesa começaram a se amontoar e encher as paredes do ateliê na Kerkstraat, Vincent havia encontrado um novo pai, um novo credo e uma nova missão. "Millet é *pai Millet*", declarou, "um líder e mestre em *tudo* [e] um exemplo de ser humano para os pintores."

Na primavera do mesmo ano, quando o tempo esquentou e começou a época do plantio, diariamente Vincent se levantava cedo e ia encontrar seu rebanho nos campos. Punha uma blusa de tecido áspero azul, dura de suor e que o sol desbotara até deixar da cor de um ovinho de tordo. Sempre usava chapéu — de palha em tempo firme, de feltro preto em tempo úmido —, mas o rosto ainda era "queimado de sol e batido pelas intempéries", segundo um depoimento, aquela coloração de couro típica que caracterizava todos os que trabalhavam a terra. Quando saía do presbitério, enfiava um par de tamancos brabantinos, pesados e rústicos, com a parte de cima lustrosa de tanto uso. Os vizinhos madrugadores podiam vê-lo quando seguia apressado, claudicando nos tamancos até os arrabaldes de Nuenen, com o caderno de desenhos na mão, para pegar o primeiro sulco do dia. Plantava-se nos campos e terreiros, ao lado de qualquer força de trabalho que encontrasse. "Ataco a primeira coisa que vejo as pessoas fazendo", escreveu ele: empilhando o centeio de inverno, cortando as hastes de favas, tirando água do poço. Quando não havia trabalho nos campos, observava a ordenha das vacas ou a tosquia dos carneiros, ou batia à porta das cabanas na esperança de desenhar seus "esplêndidos interiores". Embrenhava-se na charneca quilômetros adentro, "flanando ou marchando" do nascer ao pôr do sol, gabando-se de ficar "ao ar livre dos campos exatamente como os camponeses". Voltava ao anoitecer, "morto de cansaço", mas sem reclamar. Garantia ao irmão que, "graças ao contato com as forças da natureza", seu "físico [tinha] ficado praticamente igual ao de um camponês".

Às vezes nem voltava para casa e pernoitava na casa afastada de famílias camponesas na charneca, aonde ainda não haviam chegado os rumores sobre o estranho *schildermenneke* de Nuenen. "Fiz alguns amigos lá entre as pessoas", comentou alegre, "entre as quais sou sempre bem-vindo." Dividia o pão preto e a enxerga de palha deles, tranquilizando-se que sempre haveria outras casas de estranhos, outros campos "onde nada se espera de mim, como um estranho entre estranhos". Dizendo-se "farto do tédio da civilização", via cada vez menos a família e se dedicava inteiramente a "observar a vida camponesa em todas as horas do dia". Estudava-os em suas silenciosas "ruminações junto ao fogo" e em seus mexericos supersticiosos. Despendendo dinheiro e álcool para lhes ganhar a confiança, aprendeu como "cheiravam o vento" para prever o tempo e onde moravam as bruxas locais. (Atreveu-se a visitar uma delas, apenas para descobrir que "não fazia nada mais misterioso além de escavar suas batatas".)

Aos domingos, fazia longas excursões de reconhecimento, embrenhando-se "muito, muito na charneca", procurando novos temas, "choupanas bonitas" e, claro, modelos. Sem carga que o estorvasse, apenas com um pequeno bloco de desenho, saía das estradas rugosas e das trilhas batidas, indo a terras tão remotas que comparou ao Oeste americano. Essas expedições muitas vezes atraíam a atenção da garotada local, cheia de energia e de tédio depois da missa. Vincent ainda padecia os tormentos e zombarias deles quando saía para pintar, com a estranha carga de seus equipamentos e as imagens ainda mais estranhas; mas tinha gosto em estar com eles nesses passeios de domingo. Tinha aprendido a cooptá-los com moedas. Dava cinco ou dez centavos para cada ninho que lhe trouxessem, dependendo da raridade do pássaro e das condições do ninho. Um dos meninos lembrava anos depois:

> Falei para ele que sabia onde tinha um papa-figo dourado de rabo comprido, um passarinho muito raro. Ele disse: "Vamos até a árvore e ficar de olho". Fomos e esperamos, mas não apareceu nenhum passarinho. "Não vejo nada", disse Van Gogh. Eu falei: "Ali, ali". Ele respondeu: "É um nó do galho". Então dei um chute na árvore, o passarinho saiu voando e ele ficou admirado. Ah, foi uma cena e tanto. Ele arranjou uma escada e cortou habilmente o ninho.

Vincent recrutava meninos em todo canto, e muitas vezes iam juntos em andanças tortuosas pela charneca, procurando, além de ninhos, também passarinhos. Armava redes entre as sebes e mandava os ajudantes irem espantar os pássaros de seus redutos. Também usava estilingues, que ele mesmo fazia. Deu um deles a um companheirinho travesso, que o usou para quebrar as janelas na escola.

Não demorou muito e Vincent já dispunha de toda uma equipe de pesquisadores, felizes em ganhar uns tostões para andar pela charneca, mesmo na companhia do senhor "feio" e "excêntrico" com a "barba ruiva suja". "Andava sempre tão malvestido", lembrava um deles, "que a gente sentia vontade de dar *a ele* alguma coisa, em vez de aceitar alguma coisa dele." Nessas longas andanças na companhia dos pequenos campônios, a invocação milletiana do passado se fundia com suas saudades da infância perdida, repleta de ninhos e córregos. "Gostaria que você estivesse comigo", escreveu a Theo depois de uma dessas aventuras dominicais. "Tivemos de vadear um riacho por meia hora, e cheguei em casa totalmente enlameado." Comparou seus prazeres e necessidades aos de outros "pequenos campônios" e, num devaneio passadista, reclamou dos "eternos disparates" que tinha aguentado dos "pais e professores".

Como pequeno campônio, Vincent se sentia autorizado a outra prerrogativa de sua humilde classe social: o sexo. Por muito tempo subscrevia o mito burguês de que os camponeses fornicavam tal como seus animais: à vontade no celeiro e no campo, sem culpas, inibições ou envolvimentos, sempre que lhes vinha o instinto. Agora essas fantasias de puberdade se amalgamaram na imaginação desejosa de Vincent com o apelo de Millet a "imergir *pessoalmente* na vida camponesa". Em abril, Gordina de Groot foi sozinha ao ateliê da Kerkstraat, quase todas as noites. As línguas locais já começavam a falar do filho do pastor e de sua "Dulcineia" rural. Muitos suspeitaram que ele a estava desenhando nua.

Quando leu *Germinal* de Zola em maio, Vincent encontrou um novo evangelho para sua missão libidinosa. Ambientado num inferno que Vincent conhecia bem — uma mina de carvão no Norte da França —, *Germinal* ferve de indignação perante a brutalidade do sistema capitalista e os sofrimentos de suas vítimas. Mas o ardor de Vincent não se deteve na severa condenação de Zola. Num romance cheio de operários solidários, liderados por um herói romântico fracassado, Vincent fixou seu olhar autobiográfico no administrador burguês da mina, M. Hennebeau. Foram as invejosas fantasias de Hennebeau com o sexo ardente e arfante na classe inferior que

Vincent transcreveu para Theo, como confirmação de sua nova vocação dada pela mais alta fonte possível:

> Se pudesse sentá-los à mesa, entupi-los com seu faisão, enquanto ele iria fornicar atrás das moitas, fornicar com as moças, zombando dos que tinham fornicado com elas antes dele! Daria tudo... se, por um dia, pudesse ser o último dos miseráveis que lhe obedeciam, livre de sua adega... Ah, viver feito bicho, não ser dono de nada, rolar no trigo com a mais feia, a mais suja das carregadoras, e ser capaz de se contentar!

Mas o coração fanático de Vincent queria mais a dor que o prazer. Encontrava no apelo de Millet a uma vida simples os mesmos chamados à automortificação que encontrara no apelo de Kêmpis ou de Cristo. Andava com andrajos de que até os camponeses se apiedavam; recusava abrigar-se da chuva e proteger-se do sol. Quando pernoitava no ateliê da Kerkstraat, insistia em dormir no sótão com a poeira e as aranhas, em vez de ficar em seu quarto mais confortável no andar de baixo. A senhoria lembrava: "Dormir em qualquer outro lugar seria mimar a si mesmo". Como que se negando o "luxo" de ter um ateliê, nunca o limpava nem o arrumava. Segundo uma visita horrorizada, "havia montes enormes de cinzas em volta da fornalha, que nunca tinha visto uma escova ou um polidor". Cadeiras de junco ficavam largadas por ali, esfiapadas e quebradas. Roupas e tamancos, bonés e chapéus para seus modelos, ferramentas e instrumentos agrícolas, espécimes de musgos e plantas de suas intermináveis incursões na charneca, tudo ficava espalhado pelo aposento, juntando pó onde caíam, sumindo debaixo de maços e maços de incontáveis desenhos, abandonados como folhas de árvore.

Ele comia apenas o "pão preto" santificado por Millet, complementado sempre com café e de vez em quando com pedaços de queijo. Quando amigos como Kerssemakers e Van der Wakker lhe ofereciam carne e bolo, ele pedia apenas uma côdea de pão seco. "Não como comida de luxo", dizia recusando refeições que os De Groot devorariam. "Seria mimar demais a mim mesmo." Mas a frugalidade logo levou à desnutrição, como sempre acontecia quando era tomado de ardor. Como para superar Millet ("Eu me considero *abaixo* dos camponeses", disse mais tarde), Vincent passou a se alimentar ainda menos do que os pobres que eram tema de sua arte. "Nunca vi um ser humano tão magro como Van Gogh", lembrava um dos garotos que caçavam ninhos com ele, numa região rural cheia de gente que comia apenas batatas. Amigos como Kerssemakers atribuíam o estranho regime de fome de Vincent à sua inexplicável pobreza, mas nunca faltava dinheiro para o conhaque e o tabaco. Vincent se defendia com outra fantasia de Hennebeau em *Germinal*: "Também queria passar fome, sentir a barriga vazia, o estômago se retorcendo de cãimbras que subiriam aos miolos em acessos de tontura; talvez isso matasse a dor perpétua".

Nem mesmo a rejeição dos próprios camponeses conseguiria alterar a concepção de Vincent de uma vida de dura labuta e sacrifício em nome deles. Ao que tudo indica, pessoas como as famílias De Groot e Van Rooijses consideravam as visitas diárias de Vincent, na melhor das hipóteses, como um incômodo lucrativo; na pior delas, como uma ameaça. Os meninos que lhe traziam ninhos sentiam ao mesmo tempo fascínio e aversão por seus grotescos excessos numa comunidade que punia qualquer sinal de desvio. Pegavam seu dinheiro, mas, por trás, gozavam dele sem dó. Um dos garotos relembrou uma vez em que se arriscou a ir ao ateliê da Kerkstraat, e lá encontrou Vincent trabalhando numa pintura, usando uma roupa de baixo inteiriça, de lã, e um chapéu de palha, fumando furiosamente seu cachimbo:

> Era uma visão estranha. Eu nunca tinha visto ninguém como ele. Ficava a alguma distância do cavalete com as mãos cruzadas no peito — fazia muito isso — e encarava a pintura por longo tempo. Então, de repente, dava um salto como se fosse atacar a tela, dava duas ou três pinceladas rápidas, então voltava para a cadeira, estreitava os olhos, enxugava a testa e esfregava as mãos... Diziam na vila que ele era louco.

Outro menino se lembrava de Vincent nos campos, procurando um local para armar o cavalete. "Punha-se aqui, depois ali, depois acolá, e então voltava, avançava outra vez, até que o povo dizia: 'Lá está aquele doido outra vez'." Seu professor de piano em Eindhoven interrompeu de chofre as aulas, segundo Kerssemakers, porque Vincent passava tanto tempo "comparando as notas do piano a azul-da-prússia e verde-escuro, ou a ocre-escuro com cádmio-vivo, que o professor achou que estava lidando com um louco". Mesmo quem só o conhecia de vista, como os clientes da loja de tintas de Baijens, se referia a ele simplesmente como "aquele homenzinho maluco de Nuenen".

Vincent ouvia as caçoadas e risadinhas, mas prosseguia dizendo que era perseguição e prometendo empenho ainda maior. Millet tinha feito "ouvidos moucos a tais escárnios", disse, "de modo que seria uma vergonha se a pessoa fosse se abalar com isso". Iria se embrenhar *ainda mais* na charneca — "ir morar numa choça de camponeses para não ouvir nem ver mais as pessoas educadas — como elas se nomeiam". Defendia o que chamava de seu "entusiasmo" e "impulsividade" contra os temores e o tédio do mundo, e reivindicava para todos os artistas um *dever* de loucura: "*Le grain de folie qui est le meilleur de l'art*" — "a ponta de loucura que é o melhor da arte".

No começo de maio, a ilusão estava completa. De noite, imaginava-se não um pintor voltando ao ateliê com os estudos feitos durante o dia, e sim um lavrador voltando do campo para trocar a enxada pelo pincel — "Estou arando minhas telas como eles aram seus campos", escreveu —, passando de pintor de camponeses para camponês pintor. (Ele definiu enfaticamente uma obra-prima como uma pintura "*feita por um camponês que sabe pintar*".) Vociferando contra o "chamado mundo civilizado" que o "baniu por causa de meus tamancos", invocou um martírio de solidariedade com todo o "*povo simples*" — não só os comedores de batatas de Nuenen, mas também os rústicos de Zundert e os mineiros do Borinage. Traçou planos de voltar à região negra e "trazer cerca de trinta estudos num mês". Numa fantasia de negação, rogou a Theo que se juntasse a ele na nova vida de pintor-camponês, para adotar Sensier e *Germinal* como evangelhos gêmeos, para "*andar de tamancos*", comer pão preto e "viver como um animal". "Que pinturas você faria então!", exclamou.

Não era uma ilusão, insistiu Vincent. O *mundo* é que era ilusão. A "terra encantada" de Millet — "onde se é livre" — existia de verdade, garantiu a Theo. Essa promessa lhe preenchia o espírito de imagens:

> É uma *boa coisa* no inverno se afundar na neve, no outono se afundar nas folhas amarelas, no verão, entre o trigo maduro, na primavera, entre o capim; é uma *boa coisa* estar sempre com os ceifeiros e as jovens camponesas, no verão com um vasto céu por cima, no inverno junto ao fogo, e sentir que sempre foi assim e sempre será assim.

A mãe e as irmãs de Vincent observavam horrorizadas enquanto ele se desintegrava diante dos olhos. Certamente tinham ouvido falar de seus colapsos anteriores — em Londres, em Paris, em Amsterdam, em Haia —, mas nunca haviam presenciado o desenvolvimento da crise sob o mesmo teto. Mais do que o marido, Anna van Gogh sempre dera muito valor às distinções sociais e aos privilégios da vida de pastor. Desde que chegou, Vincent havia ameaçado esse status especial: com sua indumentária e atitudes estranhas, com o ateliê e os modelos católicos, com a incessante rebelião pública contra o pai, com sua eterna dependência e a arte constrangedora que fazia. Agora, tendo Vincent levado ao túmulo o amado marido de Anna, ele se declarava um *camponês*! Todos os dias em que ele saía da casa paroquial e rumava para os campos — tal como fizera quando menino em Zundert — para vaguear a esmo, sozinho entre as tentações da charneca, e todas as noites em que voltava de seus estranhos afazeres nas choças imundas dos papistas comedores de batatas, Anna devia pensar que era a realização divina de todas as suas mais negras previsões maternas.

Talvez instigado pela mãe, talvez já antevendo a crise, Theo recomendara que Vincent deixasse o presbitério — deixasse Nuenen — logo após o sepultamento de Dorus. Vincent tinha ameaçado inúmeras vezes ir para qualquer outro lugar, e poucos meses antes pensara em se mudar para o ateliê. Mas, à sugestão de Theo, imobilizou-se onde estava. "Pessoalmente não vejo nenhuma vantagem em mudar", escreveu ele. "Tenho um bom ateliê aqui e o cenário é muito bonito." Millet lamentara ter deixado a terra natal; Vincent não cometeria o mesmo erro deixando o Brabante. "Não tenho outro desejo senão viver no mais profundo da região", escreveu desafiador, prometendo "ficar aqui pelo resto de meus dias".

Mas Vincent não tinha levado em conta a irmã Anna, que ficara em Nuenen após o enterro para ajudar a mãe idosa. Já sólida matrona em seu próprio lar, aos trinta anos, Anna tomou prontamente as rédeas da casa paroquial. Sua primeira providência foi pôr o irmão Vincent para fora. "Ele tinha se tornado insuportável", lembrou anos depois. "Cedia a qualquer impulso, sem poupar ninguém. Como o pai deve ter sofrido com tudo isso." Vincent teve altercações furiosas com a irmã, defendendo seu "modo de vida". Mas Anna herdara a vontade férrea da mãe. Com o apoio das irmãs, transformou a vida dele no presbitério num tormento cotidiano. Até Wil, o predileto de Vincent, tomou partido contra ele — traição especialmente dolorosa. Mesmo assim, só quando Anna o acusou de tentar matar a mãe, tal como tinha matado o pai, foi que a resistência de Vincent afinal ruiu. Ferido e amargurado, fez as malas e saiu do lar pela última vez.

A Theo, ele apresentou sua saída sob um véu caridoso. "É *tão* melhor assim", escreveu fingindo que tinha sido por escolha própria. "Penso que o pessoal de casa está longe, muito longe de ser sincero." Deu a entender que a divergência era exclusivamente artística e atribuiu sua saída à incompatibilidade de fundo entre "pessoas que procuram manter certa posição social e um pintor de vida camponesa que não dá a menor importância ao assunto". No mesmo espírito de martírio pela arte e na esperança de aplacar a mãe e as irmãs, ele renunciou a qualquer parcela no modesto espólio paterno. "Na medida em que, nos últimos anos, eu tinha vivido em grande discórdia com meu pai", declarou grandiloquente a Rappard, "renunciei à minha parte da herança."

Mas nem vivos nem mortos se aplacaram. Quando chegou o dia do inventário, Vincent voltou ao presbitério e encontrou seu tio Stricker, pai de Kee Vos, representando os interesses de seus irmãos ausentes, inclusive Theo. Além de Dorus, apenas ele fora testemunha de tantos fracassos de Vincent no passado. Quando o oficial de justiça que acompanharia o inventário chegou, deu uma olhada em Vincent — com sua "aparência desgrenhada e roupas de lavrador", segundo a irmã Lies — e perguntou: "Este homem não deve se retirar?". Anna van Gogh respondeu: "É meu filho mais velho". Fosse por causa do tom de vergonha na voz da mãe, da presença inquietante do tio desaprovador, da lenta especificação dos itens que compunham a vida do pai, Vincent abandonou a casa no meio do inventário — "sem dar razões", anotou o oficial de justiça em seu relatório.

Talvez se encontre um vislumbre das razões de Vincent num raro momento de clareza, ao estilo de um Lear, que teve no mês de abril. Lamentando que a mãe, tal como o pai, era "incapaz de entender o fato de que pintar é um credo", ele ouviu a condenação do pastor em seu túmulo. "É exatamente esta a questão entre ela e mim — como era entre o pai e mim, e continuou a ser. Oh, céus!"

No começo de maio, ele tinha transferido tudo para o ateliê atravancado da Kerkstraat, a poucas quadras do presbitério. No cavalete estava uma terceira e última tentativa de pintar *Os comedores de batatas*, ainda úmida das incessantes reelaborações. No furor da batalha com sua própria família, dera início a uma tela ainda maior, de cerca de 90 × 120 cm, tentando mais uma vez captar o fantasma da instituição família que tinha em sua mente. Tantas vezes pintara, desenhara e imaginara as figuras à mesa que não precisava mais se remeter aos esboços e estudos. "Pinto-o *de cor*", disse ele.

A imagem o obsedara durante todo o lento e doloroso processo de expulsão do presbitério. Depois de concluir a segunda tentativa em meados de abril, anunciou imediatamente sua intenção de fazer uma litografia com ela. Sem esperar a opinião de Theo sobre a imagem ou a iniciativa, foi a Eindhoven e combinou a impressão de cinquenta cópias. Enquanto sua vida em casa desmoronava, retrabalhou mais uma vez a imagem em pedra e fez planos ambiciosos de uma série completa de litografias baseadas no mesmo tema: *"les paysans chez eux"* — os camponeses em casa. Enviou vários esboços a Theo, insistindo que mostrasse a imagem a amigos e colegas comerciantes. Perguntou se o editor de *Le Chat Noir*, uma elegante revista parisiense de arte, "poderia querer um desenho rústico daqueles comedores de batatas", e se prontificou a fazer um em qualquer tamanho.

Ignorando os repetidos desestímulos do irmão, agarrou-se em triunfo à notícia de que um dos colegas de Theo, um pequeno negociante de arte chamado Arsène

Portier, tinha "visto alguma coisa" em seu trabalho anterior. Escreveu prontamente uma longa carta a Portier, "dando-lhe argumentos para seus próprios sentimentos instintivos" e exortando-o a se manter firme em sua opinião. O elogio cortês de Portier (disse que o trabalho de Vincent tinha "personalidade") atiçou uma ebulição de expectativas de Vincent nas últimas semanas de abril. Quando as litografias voltaram da gráfica, enviou cópias a Theo, a Rappard, a Portier e mesmo ao velho colega da Goupil, Elbert Jan van Wisselingh — distribuindo-as como charutos tal qual o pai ao nascimento de um filho, comemorando não só a imagem, que continuava a mudar a cada retomada, mas a nova missão que ela representava. "É um tema que senti", disse ele. "Há certa *vida* nele."

Mesmo quando distribuía as cópias da litografia e fazia planos para outra, Vincent continuou a retornar à tela no cavalete. Nas três últimas semanas de abril, enquanto lutava para ter um lugar à mesa da casa paroquial, retrabalhava incessantemente sua visão de um jantar camponês em família. Pintou e repintou as cabeças, exagerando os traços rudes, envelhecendo e multiplicando os sulcos nos rostos e nas mãos. Apenas Gordina e o "quinto homem" escaparam a suas cruéis retificações. Entregou-se alvoroçado às mais tênues gradações de tom, atendo-se com rigor à sentença de que "a melhor maneira de expressar a forma é com um colorido quase monocromático". Arremessava-se à tela para corrigir ou atenuar um realce destacado demais, e passava horas misturando matizes de cinza na paleta.

A imagem emergia de cada reelaboração ainda mais escura, se possível. Depois de trabalhar semanas nas cabeças, decidiu que sua fórmula para a cor da carne era "*muito clara, clara demais*" e estava "sem dúvida errada", e então repintou os rostos mais uma vez: agora "*na cor de uma batata bem encardida*", disse, "*descascada, claro*". Debatia-se para manter suas cores escuras as mais escuras possíveis. Matizava seus vernizes com betume e misturava suas tintas com bálsamo, uma resina natural que impedia que o óleo da tinta fosse absorvido pela tela e assim se eliminasse o brilho das cores escuras, deixando-as foscas. O bálsamo também mantinha a tinta mais macia por mais tempo — tornando-a um meio mais adequado para sua visão inquieta. Mas a tinta mais macia amortecia as pinceladas impetuosas que desenvolvera nos retratos de cabeças durante o inverno, e assim ele era obrigado a esperar ainda mais para proceder às inevitáveis alterações.

Vincent continuou, semana após semana, trabalhando a qualquer hora: fazendo de manhã, refazendo à tarde, desfazendo à noite, numa discussão infindável consigo mesmo. Invocava para todas essas minúsculas revisões a mais alta finalidade: "incutir-lhe *vida*". Mas quando abril acabou e a cena sombria na choupana dos De

Groot mal se modificara sob seus cuidados maníacos, o próprio Vincent percebeu que tinha um problema: não conseguia parar.

Sempre tivera tendência a trabalhar demais as imagens, em especial as mais importantes para ele ("Não conseguia tirar as mãos deles", confessou a propósito de alguns desenhos que estragou em Haia). E nenhuma era mais importante do que esta. Pode ter conseguido escapar ao desafio de Theo para se inscrever no Salon, mas a aura de uma alta aposta e de uma última oportunidade ainda circundava a pintura inacabada. O próprio Vincent continuou a aumentar as apostas prometendo "algo mais importante" e garantindo que Portier — ou Theo — poderia enviá-la para uma exposição quando ficasse pronta. "*Sei com certeza* que há *algo nela*", assegurou a Theo, algo "em tudo diferente do que você já viu em meu trabalho". A febre alimentava a si mesma. Quanto mais expectativas criava, mais revisava, mais demorava.

Chegou um momento em que teve de se desfazer fisicamente do quadro. No finzinho de abril, levou a grande tela a Eindhoven, ainda úmida, e a entregou aos cuidados de Anton Kerssemakers, com a instrução de "garantir que eu não a estrague". Apesar disso, poucos dias depois, retornou ao ateliê do amigo e voltou à tela munido de um pincelzinho, acrescentando uma mixórdia de "toques de acabamento" por cima de mais uma camada (a quarta) de verniz. Antes que essas mudanças tivessem tempo de secar, ele carregou a pintura de volta para Nuenen, pretendendo remetê-la a Theo por ocasião de seu aniversário, em 1º de maio. Mas o quadro ficou no ateliê da Kerkstraat apenas um ou dois dias antes de ser carregado de novo e transportado pelas ruas empoeiradas até a casinha na estrada de Gerwen, para "lhe dar alguns últimos retoques ao vivo". Chegou e encontrou os De Groot e os Van Rooijs jantando em frente de uma janela, e não sob o lampião pendurado. Ele ficou tão comovido à visão da cena com suas silhuetas recortadas à luz do dia se desvanecendo — "Oh, era esplêndido!", exclamou — que se atirou imediatamente de volta à pintura, escurecendo ainda mais as mãos e os rostos ("a cor de latão baço") e acrescentando toques do "mais suave azul desbotado". Depois disso, escreveu em desespero a Theo: "Nunca vou considerar meu trabalho pronto ou acabado".

Mesmo quando atormentava a pintura com alterações incessantes, revestia-a de um incansável verniz de palavras, tentando desesperadamente preparar a reação de Theo antes de lhe enviar o quadro. "Passei o inverno inteiro com os fios desse tecido nas mãos e procurei o padrão definitivo", escreveu, "e, mesmo que agora seja um tecido de aparência rústica e grosseira, os fios foram escolhidos com muito cuidado." Elogiou a cor viva e a "originalidade" da peça. Cercou seus defeitos com a emotividade do tema ("Vem do próprio coração da vida camponesa") e com o moralismo virtuoso de suas intenções. "Eu quis transmitir a imagem de um modo de vida de todo diferente do nosso, do de pessoas civilizadas", explicou aparando quaisquer objeções à sua crueza.

Na véspera de despachá-lo, Vincent foi tomado por uma última onda de pânico. Ficou preocupado com o tamanho da pintura e, nervoso, sugeriu refazê-la inteiramente numa tela bem menor. Ficou preocupado com o escuro da imagem e invocou todo um panteão de mestres, em apoio à noção crítica de que as pinturas claras não eram tão claras e que as pinturas escuras, como a dele, não eram tão escuras quanto pareciam. Ficou preocupado que Theo rejeitasse de pronto a obra e pensou em nem lhe enviar. Remoeu-se pateticamente sobre os custos exatos do frete, imaginando que, se ficasse alguma diferença a ser paga no destino, a pintura teria mais chance de decepcionar. Sempre convicto de que seu trabalho ganhava melhor aparência visto em quantidade, remeteu um pacote de dez estudos de pintura para preparar o olhar de Theo e lhe abrandar o coração ao ver o quadro prometido por tanto tempo.

Enfim, em 6 de maio enviou a pintura a Paris, embalada num engradado barato, que marcou com um ousado "VI".

Jamais houve a mais remota possibilidade de que Theo fosse gostar de *Os comedores de batatas*. Vincent havia trabalhado durante um mês — na verdade, durante um inverno — numa pintura que desprezava suas sutis recomendações de cor, luz e beleza. Como Vincent fora capaz de defender com tanta veemência e de depositar tanta esperança numa imagem daquelas, eis aí algo que, tanto quanto o próprio quadro, deve ter deixado Theo perplexo. Já tinha criticado explicitamente, no ano anterior, a técnica impetuosa e desordenada do irmão. Os dois tinham se engalfinhado em inúmeras discussões sobre sua paleta "pardacenta", desde o momento em que Vincent pegou um pincel. Era sensato — era racional — responder à proposta de Theo para o Salon com uma pintura tão decidida a desagradar?

Como de hábito, Theo não se atreveu a expressar sua opinião. Preocupado com a mãe viúva e sua constante vulnerabilidade aos desregramentos de Vincent, colocava a paz familiar muito acima da franqueza pessoal. Dotado de tato desde o nascimento, sutil por temperamento e treinado na rarefeita diplomacia do varejo parisiense, Theo negociara os riscos do entusiasmo do irmão por essa estranha imagem, durante todo o processo de sua longa gestação, com a delicadeza que lhe era típica. Quando soube dela pela primeira vez, por ocasião do enterro do pai, Theo não comentou nada ou quase nada, mas assinalou seu desagrado deixando de levar para si qualquer dese-

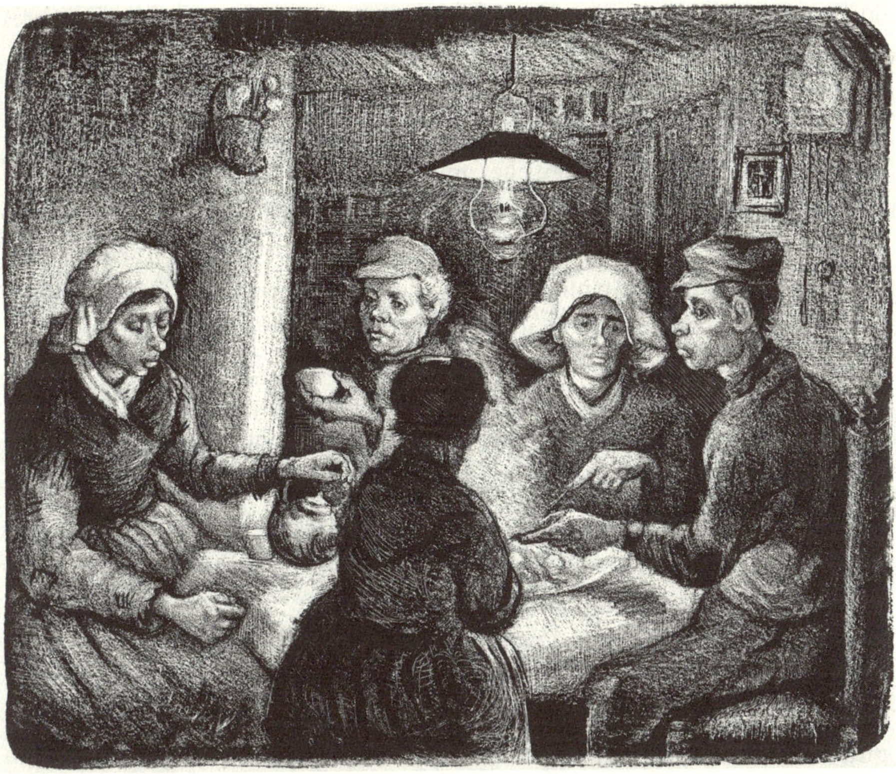

Os comedores de batatas, abril de 1885, litogravura, 26,03 × 32,06 cm.

nho preparatório. De volta a Paris, ficou transmitindo notícias desanimadoras sobre a indiferença do público (não dele) ao trabalho de Millet (não de Vincent). Acatou a instrução absurda de Vincent de mostrar a imagem a *Le Chat Noir* e lhe informou a recusa do editor com uma estudada neutralidade. Levantou objeções ao alto custo de fazer uma litografia da imagem (e não à própria imagem); depois de ver uma cópia, criticou-a apenas por razões técnicas ("o efeito é vago"). Havia contrabalançado sua evidente frieza com o comentário morno de Portier sobre a "personalidade" do trabalho e enviou à mãe relatos pacificadores que ele sabia que Vincent iria ler. "Fiquei feliz em poder dar boas notícias a Vincent recentemente", escreveu Theo a Anna em abril. "Ele ainda não vendeu nada, mas isso virá. Em todo caso, o certo é que, quando alguém como [Portier] vê algo, haverá outros que pensarão da mesma forma."

Ao receber a pintura, Theo enviou prontamente ao irmão uma carta que elogiava os temas camponeses ("Podem-se ouvir os tamancos dos comensais estalando") e, ao mesmo tempo, lhe chamava a atenção para lapsos na execução e as cores tristes. Para atenuar até mesmo esses leves toques indiretos, anexou um pagamento adicional de cinquenta francos e enviou à mãe mais algumas palavras tranquilizadoras um tanto exageradas. "Várias pessoas têm visto o trabalho dele", escreveu Theo, "e em especial os pintores julgam que é muito promissor. Alguns veem muita beleza [no quadro], especialmente porque as figuras são muito autênticas." (Theo jamais mencionou ter mostrado *Os comedores de batatas* a não ser para um único artista, Charles Serret, um velho pintor de gênero que era conhecido seu. "[Serret] notou que era feito por alguém que trabalhava não fazia muito tempo", contou à mãe, "mas encontrou muitas coisas boas nele.")

Theo preferiu apresentar sua crítica mais séria por vias indiretas e através de exemplos. No tocante às imagens de camponeses ao trabalho, ele já tentara várias vezes encaminhar o irmão para a arte de Léon Lhermitte, um renomado artista do Salon, tanto como pintor quanto como ilustrador. Enviara a Vincent algumas gravuras de Lhermitte, em resposta à litografia de *Os comedores de batatas*, decerto na esperança de disciplinar a mão pesada do irmão no traço e nas figuras canhestras com o exemplo da execução meticulosa e das poses dinâmicas de Lhermitte. Vincent se desdobrou em elogios às estampas ("cheias de sentimento... soberbas"), mas ignorou a lição. Theo tentou mais uma vez, depois de receber o quadro pronto, anexando à carta uma resenha do Salon de 1885 que saudava Lhermitte como "sucessor de Millet" e elogiava a ambos pela luz e pela cor de suas obras.

Na mesma carta, Theo recomendou a Vincent *Deixai as criancinhas virem a mim*, de Vincent Fritz von Uhde. Seria difícil encontrar uma réplica mais clara aos moradores animalescos da caverna de Vincent do que a delicada e graciosa atualização do episódio do Evangelho, mostrando uma fila de pequenos camponeses maltrapilhos se dirigindo a Cristo sentado. Cada um deles tem expressões e gestos individualizados, sem nenhuma ponta de exagero ou caricatura. Embora tratados com a mesma paleta de "verde-sabão" de *Os comedores de batatas*, a cena de Uhde é banhada por uma luz suave que revela o interior escuro e, ao mesmo tempo, incide nas crianças com realces dourados. A técnica impecável não diminui a emoção da pintura — o que Vincent chamaria de "sentimento verdadeiro". Como Millet, Uhde conseguira transmitir a sublime nobreza de seus temas humildes sem recorrer a uma cor pardacenta ou a um traço grosseiro.

Vincent encontrou nas brandas censuras do irmão toda a provocação de que precisava para entrar na batalha que sempre quis. Não iriam lhe negar o martírio em prol da arte. "Acredito que, quanto mais sentimento há em alguma coisa que se faz",

Léon Lhermitte, *La moisson* (*A colheita*), 1883, óleo sobre tela, 2,3 × 2,65 m.

escreveu, equiparando ainda mais a arte e o artista, "mais se é criticado e mais animosidade ela desperta." Com sua fantasia camponesa e seu messianismo milletiano, Vincent havia subido suas apostas a um nível tão alto que qualquer concessão seria inconcebível. Rejeitando todos os exemplos de Theo como "frios" e "ortodoxos", insistiu no caráter único de sua arte e na individualidade de seu criador. "Pintemos", pleiteou Vincent, "e, com todos os nossos defeitos e qualidades, *sejamos nós mesmos*." Pelo resto do verão, entregou-se a uma saraivada de réplicas e a novas discussões com Theo, todas com o ilusório objetivo de reverter sua opinião sobre *Os comedores de batatas* e, por extensão, sobre si mesmo.

A crítica de Theo às cores da pintura desencadeou uma tempestade especialmente feroz. Nenhum assunto tinha sido tratado com mais frequência nas discussões entre ambos e nenhuma objeção seria mais previsível. Mas Vincent tratou o irmão como um mestre-escola no primeiro dia de aula, instruindo-o sobre os fundamentos da teoria cromática "científica", que andara estudando o inverno inteiro em livros como *Les artistes de mon temps* e *Grammaire des arts du dessin*, ambos de Charles Blanc, o Michelet das cores. Tinha lhe enviado em abril extensas transcrições dos dois livros, como se estivesse se preparando justamente para essa refrega.

Tudo na natureza, segundo Blanc, se compunha apenas de três cores "realmente elementares": o vermelho, o amarelo e o azul. Combinando duas dessas cores "primárias", obtinha-se uma das três "secundárias": laranja (vermelho + amarelo), verde (amarelo + azul) ou roxo (azul + vermelho). Baseando-se no trabalho do químico francês Michel-Eugène Chevreul, Blanc examinava a fundo as relações entre essas seis cores inter-relacionadas. Atribuía grande importância ao fato de que, a cada cor secundária, *faltava* uma das cores primárias: o laranja não tinha azul, o verde não tinha vermelho e o roxo não tinha amarelo. Para Blanc, a relação entre esses pares de cores não relacionadas era de "complementaridade" — elas se completavam —, mas ele via essa interação como uma luta feroz pela separação e pela supremacia: o azul contra o laranja, o vermelho contra o verde, o amarelo contra o roxo. O olhar lia essa luta entre elas como um "contraste". Quanto mais marcada a oposição — quanto maior a proximidade entre elas, mais viva a tonalidade —, mais violenta era a luta, mais intenso era o contraste. Era ao lado do laranja que o azul parecia mais azul; era ao lado do verde que o vermelho parecia mais vermelho; era em oposição ao roxo que o amarelo parecia mais amarelo. Em seus tons mais vivos, ensinava Blanc, essas justaposições podiam elevar o contraste "a uma intensidade tão violenta que o olho humano mal consegue suportar sua visão".

Blanc apresentava os corolários para controlar esses choques violentos das cores complementares. (Ele estruturava todas as suas "regras" na linguagem do combate, o que sem dúvida constituía uma atração adicional para Vincent.) Podia-se misturá-las em proporções desiguais, de forma que "se destroem apenas parcialmente", produzindo um *ton rompu* (tom quebrado) acinzentado que favorecia uma ou outra das cores constituintes. O *ton rompu* (verde-cinza, por exemplo) podia então ser justaposto à sua complementar (o vermelho), para criar um contraste menos intenso (uma "luta desigual") ou a um *ton entier* (tom inteiro), como o azul, para criar uma harmonia tonal. Assim, teoricamente, mesmo as mais leves variações de tonalidade podiam criar contrastes diferentes (verde-cinza e cinza-vermelho) ou afinidades unificadoras (verde e cinza-verde), bem como todos os matizes intermediários de conflito. Seguindo Chevreul, Blanc deu a essas regras de interações das cores o nome de "lei do contraste simultâneo".

Tais eram as "regras" da cor, anunciou Vincent a Theo: científicas, imutáveis, inquestionáveis. Blanc fizera pela cor "o que Newton fez pela gravidade", disse ele. "Essas leis da cor são um raio de luz... absolutamente corretas." Para prová-lo, Vincent citou de tudo, desde as obras marcantemente coloridas do herói de Blanc, Delacroix, ao xadrez vivo dos tecidos escoceses. E assim explicou: "[Eles] usam as cores mais vivas para equilibrá-las, de forma que o tecido não fica uma mixórdia e o efeito geral do padrão se afigura harmonioso à distância". Reiterou várias vezes que *Os comedores de batatas* observavam todas as regras de Blanc e, portanto, qualquer crítica à sua cor era necessariamente "arbitrária" e "superficial". Onde Theo e outros enxergavam apenas uma escuridão monótona, Vincent alegava uma cornucópia de cores — quebradas, mas mesmo assim vibrantes — travando pequenas guerrilhas de contrastes. Invocou para seus marrons e cinza impenetráveis um entrelaçamento de tons quebrados em delicada modulação, justapostos de tal forma que o olhar não instruído simplesmente não era capaz de apreciar. O tom de "verde-sabão" da pintura era, na verdade, uma trama multicolorida de matizes "entretecidos" por seu pincel "num conjunto harmonioso".

Em resposta à crítica de Theo sobre o traçado em *Os comedores de batatas*, Vincent apresentou o argumento exatamente contrário. Ao invés de defender as regras, voltou-se destemperado contra elas. A coerência sempre era uma vítima precoce em suas campanhas terroristas de persuasão, mas sua defesa de *Os comedores de batatas* escancarou a brecha de uma contradição que já percorria suas ambições artísticas desde o início. Privado de uma facilidade natural, sempre se agarrara à convicção de que o afinco no trabalho e o domínio das regras, de Bargue a Blanc, seriam recompensados com o sucesso. Em tom defensivo, ridicularizava as ideias de um "gênio inato" e de "inspiração", exaltando seus parcos instrumentos pessoais: "labuta", "ciência" e, acima de tudo, energia. Mas, diante dos ininterruptos fracassos e frustrações, sempre deixara aberto outro modo de definir o sucesso. Se um artista tivesse *paixão* suficiente, alegava sempre que as dúvidas o assaltavam, nada mais importava: nem a habilidade, nem a técnica, nem as vendas, nem mesmo a própria arte. Criticando as pinturas no Salon de 1885, Vincent escreveu: "Não me dão alimento nem para o coração, nem para o espírito, porque foram obviamente feitos sem uma certa paixão".

Os comedores de batatas estava ligado a mais uma onda de otimismo quanto à justa recompensa pelo trabalho. Vincent havia tratado a pintura como uma obra-

-prima da Academia, com meses de árduos esboços preparatórios. Nas semanas que levaram à sua finalização, ele reafirmara sua fé nas "verdades fundamentais do desenho... que os antigos gregos já conheciam e que continuarão a se aplicar até o fim do mundo". Afligira-se incessantemente em corrigir cada detalhe da pintura "para deixá-la exata". Frisou como o desenho havia melhorado na versão final e assegurou várias vezes a Theo que as figuras tinham sido desenhadas "com cuidado e de acordo com certas regras". De fato, insistiu que elas estavam corretas e que era Theo que as enxergava errado. E o admoestou: "Não esqueça que essas pessoas não estão sentadas em cadeiras como as do Café Duval".

Somente depois que Portier e Serret uniram suas vozes à crítica de Theo (Serret havia apontado "certos defeitos na estrutura das figuras") foi que Vincent abandonou sua pretensão à "naturalidade" das figuras e recuou para sua última linha de defesa: a paixão. Numa exaltada reviravolta, descartou o desenho convencionalmente correto e as figuras corretas como coisas "*supérfluas* — mesmo que desenhadas pelo próprio Ingres" — e ergueu seu desafio: "*Eu ficaria desesperado se minhas figuras fossem boas*". Elogiou as proporções "quase *arbitrárias*" da caricatura e revirou sua enorme galeria mental em busca de exemplos de "imprecisões, aberrações, reelaborações, transformações da realidade — mentiras, se você quiser", que marcavam a obra dos "verdadeiros artistas". A arte exigia mais do que a correção, bradou ele. Exigia uma verdade "mais verdadeira do que a verdade literal". Exigia autenticidade, honestidade, intimidade, modernidade — "em suma, vida".

Para Vincent, ainda enfeitiçado pelo Millet de Sensier, "vida" significava uma única coisa. A despeito de suas deficiências técnicas, *Os comedores de batatas* expressava a vida camponesa *como realmente era*: vida camponesa, não "perfumada" com cores nem "refinada" com a correção, mas "cheirando a fumaça de banha e vapor de batata" e "fedendo a esterco"; vida camponesa como ele e Millet tinham com efeito *vivido* — não como imaginada por pintores da cidade cujas "figuras *esplendidamente* realizadas... só fazem lembrar os subúrbios de Paris". Doutrinou Theo com um trecho do livro de Sensier sobre a obra-prima de Millet, *O semeador*: "Há algo de grande, de estilo grandioso nesta figura, com seu gesto violento, sua pobreza orgulhosa, que parece ser pintado com a própria terra que o semeador está semeando". Na febre de se justificar, Vincent tomou essa metáfora poética como princípio universal. "Como é perfeito aquele dito de Millet sobre os camponeses", escreveu ele. "*Esses camponeses parecem pintados com o solo que semeiam.*"

Repetiu várias vezes esse mantra, usando-o para eximir suas cores e figuras de todas as "regras comuns" impostas pelos "simplórios da convenção". Gabou-se que eram *suas* pinturas que traziam em si a "poeira das choupanas", bem como as moscas do campo:

> Tive de tirar bem umas cem ou mais moscas das quatro telas que você está para receber, para não mencionar a poeira e a areia etc., para não mencionar que, quando se carrega uma tela pela charneca e pelas sebes durante umas duas horas, é bem possível que saia arranhada por um ou dois galhos.

Devolvendo a Theo suas tímidas insinuações, Vincent ridicularizou a ideia de que os "pintores brilhantes" — impressionistas com suas cores adocicadas e torrentes de luz — conseguissem algum dia expressar a realidade "imunda, fedorenta" da vida camponesa, ou que desenhistas academicamente corretos conseguissem mostrar "cavadores que cavam, camponeses que são camponeses ou camponesas que são camponesas". Apenas a paleta escura e as figuras grosseiras de *Os comedores de batatas* poderiam expressar honestamente a "verdade mais verdadeira" da parca existência dos camponeses. E apenas um pintor que vivesse e sofresse entre eles poderia dar testemunho dessa verdade. Insistiu: "*Tudo* depende do tanto de vida e de paixão que um artista é capaz de expressar".

Em cada defesa tonitruante de sua imagem insultada, podemos ouvir seu pleito em favor de uma causa ainda mais premente. "Que tipo de homem, que tipo de visionário, de pensador ou de observador, que tipo de caráter humano está *por trás* das telas elogiadas por sua técnica?", era o que queria saber. "Foram feitas com *vontade*, com *sentimento*, com *paixão*, com *amor*?" Lembrou a Theo a injunção de Zola: "*cherchez l'homme*" (procure o homem) na obra; "*aimez l'artiste*" (ame o artista) mais do que a pintura.

Como sempre, a arte de Vincent acompanhou o rumo tomado por seus argumentos. Durante todo o verão de 1885, numa profusão de obras que se equiparava à profusão de palavras, intimidou o irmão com uma descarga de imagens em defesa de *Os comedores de batatas*. Secundou suas cores escuras com uma série de pinturas ainda mais escuras: uma paisagem "numa noite sem estrelas, densa e negra como nanquim"; um cemitério "no anoitecer"; uma choupana camponesa como a dos De Groot, "de noite". A choça coberta de palha, de uma espécie que já estava desaparecendo do campo brabantino, oferecia a Vincent não só um tema adequado à sua paleta noturna (com os últimos raios do crepúsculo, em lugar da luz do lampião), mas também uma oportunidade de exibir seu sentimento todo especial pela vida de seus moradores. "Aqueles 'ninhos de camponeses' me lembram muito um ninho

Cabeça de mulher, março de 1885, óleo sobre tela, 42,9 × 33,5 cm.

de carriça", escreveu a Theo prometendo pintar uma série completa de imagens semelhantes e encontrar "mais choupanas bonitas, distantes na charneca", como um pequeno campônio procurando ninhos de passarinhos.

Ao mesmo tempo, continuou a pintar mais "cabeças", algumas ainda mais escuras do que os comensais encardidos à mesa dos De Groot; algumas ainda mais toscas e caricaturais. Enviou a Theo outro retrato de Gordina, feito de memória em pinceladas amplas e seguras, apresentando-o como prova de seu evangelho milletiano: "Nunca tinha feito uma cabeça tão '*peinte avec de la terre*' (pintada com terra)", escreveu ele, "e se seguirão outras." Logo depois chegou a Paris outro engradado, cheio de pinturas escuras e orgulhosamente marcado "V2".

Reagindo à crítica unânime às figuras em *Os comedores de batatas*, Vincent iniciou uma campanha de desenho em resposta e, ao mesmo tempo, em contestação a elas. Declarou sua adesão a uma nova técnica que tornaria as figuras "mais amplas e mais completas", prometendo cinquenta desenhos, cem desenhos ou "ainda mais, até ter exatamente o que quero, a saber, que tudo está harmonioso e... forma um só conjunto harmonioso dotado de vida". Enviou a Theo explicações pormenorizadas da nova técnica, recheadas de sonoras expressões em francês e da sabedoria de figuras célebres como Delacroix e Hébert.

Mas os desenhos em si praticamente não mudaram. Fosse por teimosia ou por falta de modelos, com a aproximação da época de colheita em julho, Vincent voltou às mesmas poses que estivera praticando desde Etten: mulheres curvadas para respigar o trigo ou desenterrar cenouras, alçando as nádegas ao ar; homens cavando com pás, rastelando ou colhendo. Desafiador, escolheu as folhas grandes e os temas isolados que Theo desencorajava desde Etten. Suas promessas de fazer peças harmoniosas e acabadas não acrescentaram nada, a não ser barrigas rotundas, às dezenas de figuras familiares que se amontoaram no ateliê durante aquele verão. A todas essas imagens volumosas e paradas, atribuiu o mesmo "caráter", a mesma "vida" e "poeira" que reivindicara para seus caluniados comedores de batatas.

Quando Anthon van Rappard mandou uma carta criticando a litografia de *Os comedores de batatas*, no fim de maio, Vincent retrucou numa fúria desenfreada de réplicas que levou a amizade de cinco anos entre os dois a um final tumultuado. Rappard se atrevera a especificar, em detalhes impiedosos, todas as imperfeições que Theo sugeria apenas indiretamente:

> Você há de concordar comigo que essa obra não é a sério... Por que você enxergou e tratou tudo tão superficialmente?... Como está distante da verdade aquela mãozinha coquete da mulher no plano de fundo... E por que é que aquele homem à direita não pode ter um joelho, uma barriga e pulmões? Ou estão nas costas dele? E por que tem de faltar quase um metro naquele braço dele? E por que ele tem de ficar só com metade do nariz? E por que aquela mulher à esquerda precisa ter uma espécie de cabo de um pequeno cachimbo com um cubinho na ponta em lugar do nariz?

Rappard comentou que tinha ficado "aterrado" com a imagem e fustigou Vincent com os termos mais duros, por trair os ideais artísticos que ele julgava comungarem: "Trabalhando dessa maneira, como você tem a ousadia de invocar os nomes de Millet e Breton? Ora! Em minha opinião, a arte é algo sublime demais para ser tratada com tanto descaso".

Vincent devolveu imediatamente a carta, acrescentando apenas um bilhete curto, garatujado às pressas. Mas, uma semana depois, sua indignação explodiu em protestos magoados. Passou o mês seguinte cuspindo páginas e mais páginas de argumentos desesperados, como se estivessem na balança todas as brigas de uma vida inteira. Ricocheteava entre contra-ataques raivosos e acessos de autocomiseração em defesa de si e de sua arte. A repetidas declarações de indiferença ("Deixo-o entregue a suas ilusões") sucediam-se longos parágrafos de justificativas acadêmicas. Cuidadosos incentivos dividiam a página com acusações quase insanas. Apresentava defesas que iam do mais técnico ("Usei corrosivos na pedra") ao mais genérico ("Buscamos nossos temas no meio do povo"). Declarou-se o mais fiel discípulo de Millet e profetizou a ruína do amigo se ambos se separassem.

Quanto mais argumentava, mais enraivecido ficava, até que suas increpações reverteram à mágoa e à frustração impotente de um menino birrento. Quando Rappard comentou que Vincent precisava de alguém que lhe dissesse "algumas verdades simples", Vincent deu o troco fulminante: "Eu *mesmo* sou o único a me dizer algumas verdades simples".

Vincent viu na desaprovação de Rappard as mesmas forças sombrias que sempre o haviam oprimido e acuado. "Tenho tido o mesmíssimo tipo de problema faz muitos anos com muitas pessoas", escreveu ele, inclusive "meus pais e toda a minha família". Em sua paranoia, Vincent suspeitou que a traição de Rappard fazia parte de uma conspiração *real* contra ele — conspiração orquestrada, claro, por seu velho arqui-inimigo da Goupil, H. G. Tersteeg. "Qual é a *verdadeira* razão pela qual você rompeu comigo?", perguntou ele. Cismou que Rappard havia se encontrado às escondidas com Tersteeg em suas visitas recentes a Haia e que combinara com ele que trocaria sua opinião positiva sobre *Os comedores de batatas* por favores do implacável *gérant*. Pois Millet não fora traído exatamente da mesma maneira por aqueles que tentavam "eliminá-lo e rejeitá-lo"? Impelido por suas suspeitas em espiral crescente, Vincent não tinha escolha a não ser exigir uma retratação completa. "Esta é minha última palavra", avisou. "Quero que você retire, de modo franco e irrestrito, o que você escreveu."

Preocupado com as cartas desvairadas de Vincent, mas contrariado com suas exigências "despóticas", Rappard não retirou nada. Em lugar disso, ao que parece, pediu ao amigo Willem Wenckebach, que estava novamente veraneando em Heeze, perto de Nuenen, que fosse dar uma olhada no amigo perturbado. O cortês e agradável Wenckebach foi encontrar Vincent entre os ninhos de passarinhos, os móveis quebrados e as roupas sujas do ateliê da Kerkstraat. Vincent reagiu a esse cavalheiresco contato com as mesmas paixões descontroladas que enchiam suas cartas, oscilando entre amenidades educadas e acessos violentos de raiva. Entremeando a conversa com pontapés desferidos no cavalete, num instante vociferava contra a burguesia dita "respeitável", no instante seguinte maldizia os camponeses refratários.

Quando Wenckebach se inclinou para pegar um desenho do chão, Vincent viu cintilar uma abotoadura de ouro. Wenckebach contou mais tarde: "Ele me olhou com desdém e disse enfurecido: 'Não suporto gente que usa tais luxos!'. Esse comentário pouco usual, descortês e rude fez eu me sentir constrangido". A propósito de Rappard, Vincent se manteve inflexível. Ele "jamais [iria] admitir a justiça das censuras" de Rappard, disse ao visitante. Portanto, não havia nada que fosse suficiente para "apagar" os insultos "indignos" do amigo, a não ser a retratação completa. Quando Wenckebach indagou por que ele adotava uma posição tão intransigente e, ao cabo, tão autodestrutiva, Vincent simplesmente respondeu: "Não é bom tomar o caminho fácil na vida! Eu nunca tomo!".

Vincent ficou à espera da resposta de Rappard. Teve de esperar sentado. Por fim, ele mesmo rompeu o silêncio. "Estou disposto a tomar a questão toda como um mal-entendido", escreveu ele, "desde que você se aperceba que estava errado." Se Rappard não retirasse tudo o que havia dito no prazo de uma semana, acrescentou Vincent, "de minha parte, não vou lamentar minimamente romper com você". Era o mesmo ultimato que havia lançado com tanta frequência a Theo. Mas o amigo escolheu a opção que Theo nunca poderia escolher. Encontrou na defesa irracional de Vincent quanto a *Os comedores de batatas* o pretexto final de que precisava para se afastar de seu estranho e opressivo missivista.

Em algum momento daquele verão, Vincent pegou um autorretrato a lápis que Rappard lhe dera e rasgou em dois. "Você está à minha frente em muitas coisas", escreveu ele; "mesmo assim, penso que você foi longe demais."

Com isso, restou apenas Theo.

Como Rappard, Theo se arrepiava com os ataques maníacos e furibundos de Vincent. Já tentara de todas as maneiras possíveis persuadir o impersuadível irmão a deixar sua obsessão com as cores escuras e os temas tristes. Vincent tinha reagido mesmo às insinuações mais diplomáticas e indiretas como um furacão autodefensivo, além de lançar novas investidas contra a Goupil, os negociantes de arte, o Salon, os impressionistas e contra o próprio Theo. Para não despertar a cólera do irmão, Theo havia recorrido a conhecidos como Portier e Serret para apresentar a indesejada verdade. Mas a reação de Vincent foi incluí-los em suas campanhas maníacas de convencimento, inundando-os com as mesmas cartas súplices e intimidadoras que encheram a caixa postal de Theo naquele verão.

Longe de se sentir grato pelo empenho do irmão, Vincent o mobilizara para dedicar esforços maiores e mais constantes em prol de sua arte pouco conhecida. Depois de anos fazendo pouco-caso de exposições, em especial de mostras individuais, agora queria que Theo organizasse uma mostra só dele. Pediu a Theo que apresentasse seu trabalho a outros galeristas; não nulidades como Portier, mas negociantes importantes como Henry Wallis e Elbert Jan van Wisselingh, ex-colega da Goupil. Suplicara a Theo que fosse até Paul Durand-Ruel, um dos negociantes de arte mais celebrados de Paris e desde o começo defensor dos mesmos impressionistas que Vincent tanto ridicularizava. "Deixe-o achar que é feio", vociferou Vincent, ignorando a delicada posição em que estava o irmão. "Não me importa." Em sua insistência febril, chegara a sugerir que Theo aliciasse a ajuda de seu eterno antagonista, Tersteeg ("é um homem que ousa, depois de se convencer") — ideia de uma insensatez impressionante.

Sempre desconfiando do irmão, Vincent insinuou a ameaça de que, se Theo falhasse em suas obrigações, ele iria pessoalmente a Paris e tomaria a seu cargo a promoção de *Os comedores de batatas* — perspectiva que decerto deixou o irmão discreto e circunspecto bastante alarmado.

Ao fim de cada mês, pontual como uma cobrança de aluguel, lá vinha o mesmo brado: "Não tenho dinheiro *nenhum*", "Estou absolutamente liso", "Não tenho um tostão". Numa fase em que as próprias finanças de Theo andavam ainda mais apertadas, com as despesas do enterro do pai e os encargos de uma família inteira, a mesada de Vincent continuava a desaparecer mais rápido do que Theo conseguia acompanhar. "Não consigo e não posso deixar de gastar relativamente muito com modelos", Vincent retorquia desafiando os reiterados pedidos de paciência de Theo. "Longe de reduzir as despesas com modelos, penso que é necessário gastar um pouco mais, é necessário gastar muito mais." Os riscos apavorantes do esbanjamento de Vincent tinham ficado bem claros a Theo em agosto, quando o tio Jan, o ilustre almirante, morreu em desonra e sem um tostão aos 67 anos, quando o filho epiléptico e perdulário dissipou a fortuna da família e escapou para os Estados Unidos.

Na verdade, a situação em Nuenen era muito pior do que pensava Theo. Vincent tinha esbanjado dinheiro com a mesma prodigalidade com que esbanjara seus discursos defendendo *Os comedores de batatas*. O dinheiro do aluguel, o dinheiro das tintas, o dinheiro da comida — ele gastara quase tudo em sua rota fantasia de uma família camponesa. Depois de saldar suas dívidas em abril, com um pagamento extra de Theo, Vincent voltara a comprar tudo o que podia a crédito. No fim de julho, os credores estavam de novo à porta, sobretudo os vendedores de tintas de Haia, cujas contas ele punha de lado sistematicamente. Pelo menos um deles ameaçou que iria confiscar o conteúdo do ateliê de Vincent e venderia todo o lote como sucata. A única coisa que Vincent podia fazer era se esquivar com desculpas e mentiras até o fim do mês, quando Theo viria novamente a Nuenen e então poderia defender seu lado ao vivo.

Mas Theo já se decidira contra o irmão. Deu sinais de sua nova posição de antemão, ao lhe negar alguns florins adicionais para pagar o frete de um terceiro engradado de pinturas. Não levou nenhum trabalho de Vincent para sua ida à Antuérpia, como lhe havia instado o irmão. E por último, o gesto mais incisivo foi ir a Nuenen acompanhado de um novo amigo, colega na Goupil, também holandês, chamado Andries Bonger. Com suas maneiras gentis, modesto em sua inteligência, de afetuosidade sincera, "Dries" representava uma rejeição sob todos os aspectos ao irmão presunçoso com que Theo fora criado. Vincent, que sempre ficava ressentido com as amizades do irmão, enviou bilhetes amuados e desdenhosos ao presbitério de onde estava banido. "Ando muito ocupado, agora que estão colhendo o trigo nos campos", escreveu adiando um pouco mais o encontro. "Você não pode se ofender por eu estar trabalhando."

Porém nada poderia atenuar ou retardar a inevitável explosão quando por fim se encontraram. A faísca foi quando Vincent advertiu Theo sobre o constrangimento familiar que se seguiria se suas contas dos materiais de pintura não fossem pagas. Não conseguindo refrear os ressentimentos que tinham se acumulado durante todos aqueles meses em que Vincent o atormentara com sua defesa de *Os comedores de batatas*, Theo não só negou diretamente o pedido de mais dinheiro, como também avisou a Vincent que não contasse mais com o mesmo grau de apoio. Na verdade, alertou que a mesada poderia cessar por completo. "Leve em conta", disse com gravidade, "que, sob a pressão de certas circunstâncias, posso me sentir obrigado a cortar a corda." Vincent reagiu esbravejando e retomando o teor de um verão inteiro de cartas. Escarneceu das dificuldades financeiras do irmão e ridicularizou suas pretensões burguesas, dizendo: "Em minha opinião, você não faz minimamente parte dos homens em ascensão". Aproveitou a ocasião para lançar mais um ataque prevendo a ruína catastrófica da Goupil e da "tulipomania" no comércio de arte.

Em vez de recuar diante das agressões de Vincent, como tinha feito durante o verão, pela primeira vez Theo resolveu enfrentá-las, uma por uma. Como se respondesse a anos de argumentos que ouvira — contra a pintura, contra a cor, contra a luz, contra a convenção, contra a Goupil, contra o pai —, Theo criticou o "egoísmo" das ininterruptas ofensivas de Vincent contra o mundo. Declarou-se farto das censuras moralistas e das "verdades" cruéis do irmão. Acusou Vincent de tentar desencorajá-lo, de querer ver seu fracasso, de ser mais "inimigo" que amigo seu. Ressuscitando a acusação incendiária do ano anterior, questionou a boa-fé de Vincent e lhe disse com todas as letras que não confiava nele para as batalhas que vinham pela frente: "Vejo muito claramente que não posso contar com você". Por mais que fizesse por Vincent no futuro, por mais dinheiro que enviasse, por mais que se empenhasse em vender suas pinturas, concluiu Theo, Vincent só lhe retribuiria com uma "sórdida ingratidão".

Mais tarde, Vincent escreveu que a conversa "me deixou profundamente desconsolado".

Theo logo saiu de Nuenen, para poder parar em Amsterdam e conhecer a família de Andries Bonger. Dela fazia parte Johanna, a irmã de 22 anos de Dries.

A honestidade contundente e a ameaça de abandono apenas levaram Vincent a se afundar ainda mais na ilusão. Como se a briga nunca tivesse ocorrido, apresentou com despreocupação seus planos de contratar ainda mais modelos ("sempre a melhor linha de ação") e enviou a Theo um orçamento detalhado que requeria um *aumento* na mesada regular, voltando de cem para 150 francos ao mês. "Vamos manter esse meu pequeno negócio de pintura em bom funcionamento", escreveu animadamente. Como se Anthon van Rappard ainda fosse amigo, retomou a correspondência com ele: primeiro, com uma carta jovial, descartando a discussão como um tolo bate-boca teológico; depois, com o contrário: uma longa exposição, petulante e cheia de farpas, advogando a retomada da situação de antes ("Julgo desejável que continuemos amigos") e mantendo a firme defesa de *Os comedores de batatas* ("Pinto o que vejo"). Seus rogos conseguiram arrancar uma última carta de Rappard, antes que a amizade caísse no silêncio total e definitivo.

Como se aquele verão nunca tivesse acontecido, Vincent imaginou uma boa acolhida para suas pinturas em algum lugar. Via uma "reação se instaurando" entre artistas e público contra a tirania da moda. Cada vez mais exigiriam imagens "modernas", com isso se referindo a pinturas que "mostram a figura camponesa em ação... *Esta* é a própria essência da arte moderna". Previu uma "revolta camponesa" contra os jurados do Salon e invocou Millet para prosseguir com os sucessos do verão. "Não posso parar de trabalhar nesse ponto que agora atingi", anunciou ele. "Devo prosseguir." Convocou Theo para trabalhar com maior animação em favor de sua arte, pressionando: "Agora é o momento exato para tentar fazer alguma coisa com meu trabalho". Planejou exposições na Antuérpia e na Holanda, além de Paris.

"Não se deve dizer que é uma luta sem esperanças", exortou o irmão. "Outros venceram e nós venceremos também."

Intimou o irmão a participar dessa fantasia do passado e do futuro usando uma imagem graciosa como uma parábola infantil. Comparando sua carreira de pintor a um pequeno bote rebocado pelo "grande navio" da carreira de Theo como negociante de arte, Vincent vislumbrava o dia em que seus papéis — quem salvava e quem era salvo — se inverteriam:

> No momento sou um barquinho que você traz a reboque, e que às vezes pode lhe parecer um lastro excessivo... Mas eu, que sou o capitão de meu barquinho, neste caso peço que — longe de cortar a corda do reboque — meu barquinho continue em equilíbrio e bem abastecido, para que eu possa ser de melhor préstimo nos tempos de necessidade.

Em setembro de 1885, Vincent van Gogh teve sua primeira mostra pública — na vitrine de seu credor mais insistente, uma loja de tintas em Haia chamada Leurs. Vincent apresentou sua vergonhosa presença na vitrine de Leurs como um salto em sua carreira e uma vitória para todos os meses que passara argumentando. "Estou firmemente convencido de estar no caminho certo", declarou uma semana depois da visita de Theo. "Quero pintar o que sinto e sentir o que pinto."

25. Num impulso só

Em seus meses de argumentação em favor de *Os comedores de batatas*, Vincent tanto falou que se converteu a uma nova arte. Os extremos de retórica e de temperamento o tinham afastado muito do curso que estabelecera originalmente, cinco anos antes, no Borinage, quando a arte parecia a única via para reingressar no mundo burguês de onde fora expulso. Agora, pelo contrário, suas defesas febricitantes o haviam levado a uma plaga remota e desconhecida: um lugar sem linha ou cor "verdadeira"; um lugar onde os tons entravam em choque e os objetos adquiriam forma sem os obstáculos postos por uma natureza de espírito tacanho.

A arte que Vincent descrevia ainda não existia: não em seus livros e pastas de estampas, não nas paredes de nenhuma galeria ou museu e, com certeza, nem em seu cavalete. Nada podia estar mais distante dessa nova arte do que a imagem túrgida e tenebrosa que desencadeara a tempestade, ou do que as dezenas de pinturas e desenhos com que tentara justificá-la. Endurecendo-se em oposição aos conselhos do irmão para usar cores vivas e concentrando-se em mais uma fantasia de família, Vincent continuou aferrado à paleta insultada e aos temas rejeitados de *Os comedores de batatas*, mesmo muito tempo depois de tê-los deixado para trás, impelido por sua visão odisseica.

No outono de 1885, dois acontecimentos de natureza totalmente diversa — uma visita a um museu e um escândalo sexual — se uniram para romper os grilhões

Rijksmuseum, Amsterdam, logo após ficar pronto, em 1885.

do passado. Juntos — um puxando, o outro empurrando —, fizeram Vincent sair do Brabante, deixando-o livre para explorar, pelo resto de sua breve vida, a nova arte estranha que já havia concebido sob a forma de desafio em sua imaginação.

Os visitantes do Rijksmuseum de Amsterdam no dia 7 de outubro de 1885 esperavam encontrar muita gente em filas longas e vagarosas. O novo e grandioso edifício na Stadhouderskade fora inaugurado menos de três meses antes, com uma cerimônia espetacular que incluíra coral, orquestra e fogos de artifício. Durante anos, o zum-zum das controvérsias havia percorrido o país inteiro, conforme a fantástica obra-prima de Pierre Cuypers se erguia devagar no extremo da cidade antiga. Muitos protestantes (entre eles o rei, que boicotou a cerimônia de inauguração) viam em suas janelas de catedral e em suas ressonâncias góticas mais uma conspiração papista (liderada pelo católico Cuypers) — uma afronta em ferro filigranado e tijolos variegados à piedosa dignidade da República holandesa. Outros, como Dries Bonger, consideravam o edifício simplesmente vulgar. "É uma pena que essa grande construção tenha se revelado tão decepcionante", escreveu em agosto, depois de visitá-lo com Theo. "Lá está ele para toda a eternidade, para o desgosto das gerações futuras."

As controvérsias apenas atiçaram a curiosidade pública. Nos três primeiros meses desde a inauguração em julho, 250 mil visitantes, segundo os registros, percorreram lentamente seus salões abobadados — uma quantidade assombrosa num país de apenas 4 milhões de habitantes. Assim, mesmo numa quarta-feira chuvosa do começo de outubro, ainda havia multidões entupindo a entrada dupla do museu, entregando os guarda-chuvas encharcados, para ver a extravagante celebração da cultura holandesa edificada por Cuypers.

Olhar pinturas sempre foi um processo difícil e demorado nas galerias oitocentistas, com seus nichos de imagens do chão ao teto, quadro por quadro, e o Rijksmuseum era pior do que a maioria, tanto por causa da quantidade de peças expostas quanto pela abundância dos ornamentos, que distraíam a atenção. Mas a movimentação dos espectadores naquele dia ficou ainda mais atravancada que o habitual por causa de um homem de aparência estranha, que se plantou feito uma ilha no fluxo do oceano diante de um único quadro, e não se mexia dali. Estava com um casacão felpudo molhado e um boné de pele que se recusou a tirar. "Parecia um gato afogado", lembrava um visitante. Sob o boné encharcado, o visitante viu o rosto tisnado de um marinheiro e uma barba ruiva arrepiada. Pelo menos um circunstante achou que parecia "um ferreiro".

A pintura que havia fascinado Vincent era *A noiva judia*, de Rembrandt, retrato de um mercador e sua nova esposa, famoso desde longa data pela ousada paleta vermelha e dourada, pelos gestos de ternura inefável e pelo deslumbrante trabalho do pincel. "Que pintura íntima, infinitamente harmoniosa", depois escreveu Vincent. Anton Kerssemakers, que se juntara a Vincent durante uma parte da viagem a Amsterdam, continuou a visitar o museu desacompanhado. "Não havia como arrancá-lo dali", lembrava Kerssemakers. Voltando mais tarde ao local, encontrou Vincent ainda ali: ora sentado, ora de pé, ora unindo as mãos em devaneio, como numa prece, ora examinando atentamente o quadro a poucos centímetros de distância, ora recuando e afastando as pessoas que lhe atrapalhassem a vista.

Vincent não tinha visto praticamente nenhuma pintura, nenhuma pintura ao vivo, desde que saíra de Haia dois anos antes. Não vira *essas* pinturas, algumas das maiores preciosidades de seu país, desde os dias áridos e sombrios quando estudava para a carreira de sacerdote, e tinha de espremer entre os sermões suas visitas ao acervo do Trippenhuis ou do Van der Hoop (predecessores do Rijksmuseum). Mas, mesmo as pinturas que conhecia bem, agora olhava com novos olhos. Era a primeira vez que escrutava suas superfícies não como comerciante ou desenhista, e sim como *pintor*. Abeberou-se tão profundamente daquelas imagens que, anos mais tarde, ainda podia lembrar cada detalhe — o reflexo de um tecido, a expressão de um rosto, a profundidade de um matiz. Não hesitava em tocar a tela, em seguir uma pincelada com o polegar, em lamber o dedo e encostá-lo na tela para aprofundar a cor.

A noiva judia foi apenas uma das dezenas de imagens que Vincent contemplou naquele dia. Entrava com Kerssemakers numa galeria e seus olhos brilhavam imediatamente a algum quadro em particular — um velho quadro muito apreciado ou uma nova descoberta —, destacando-o dentre a cacofonia das imagens concorrentes. "Meu Deus, veja aquilo", exclamava e atravessava correndo a multidão até o quadro. "Veja!" Ignorando o percurso prescrito pelo museu, ia de galeria em galeria seguindo um roteiro íntimo. "Ele sabia exatamente onde encontrar o que mais o interessava", lembrava Kerssemakers: aqui, uma paisagem de Ruisdael com os céus se avolumando; ali, dois carvalhos nus iluminados contra um fundo tempestuoso de Van Goyen; acolá, o vislumbre íntimo, de relance, de uma mulher lendo uma carta, de Vermeer. Mas, entre todos os colossos da Idade de Ouro lá expostos, ele procurou dois com especial fervor. "[Estou] ansiando acima de tudo por Rembrandt e Frans Hals", escrevera a Theo quando estava fazendo seus primeiros planos para a viagem.

O Rijksmuseum oferecia um banquete de imagens capaz de saciar até mesmo os insaciáveis anseios de Vincent: desde *A vigília noturna*, de Rembrandt, imagem tão célebre que Cuypers havia construído uma sala especial para ela, situada como um altar no final da Galeria de Honra, que se estendia como uma nave, até *A companhia magra*, de Hals, uma proeza panorâmica de magnífica retratística e de mágica execução. Vincent não o conhecia até o momento em que entrou na galeria onde estava exposto; ficou assombrado com o enorme quadro de Hals, mostrando uma orgulhosa companhia de milicianos de Amsterdam. "Fiquei literalmente travado ali", contou a Theo. "Ele sozinho — aquele único quadro — vale a viagem até Amsterdam."

Mas havia muitos outros. As paredes estavam forradas de nichos escuros dando entrada à imaginação dos dois mestres: as explorações veladas e profundamente misteriosas do sublime e de si mesmo, de Rembrandt; a encantadora documentação da condição humana feita por Hals: soldados maliciosos e ébrios rubicundos, noivos apaixonados e suas noivas aturdidas, citadinos enfatuados e suas esposas cansadas da vida. Mesmo assim, não foi o suficiente para Vincent. Ele arrastou Kerssemakers do Rijksmuseum direto para outro museu, o Fodor, e de lá para a galeria do tio Cor na Kizersgracht, onde empacou no último instante, sem entrar. "Não devo me mostrar a uma família tão rica e decorosa", disse ao companheiro perplexo. Kerssemakers deixou Amsterdam naquela noite, mas Vincent adiou o retorno a Nuenen por mais um dia, gastando centavos preciosos num hotel para poder passar outro dia no Rijksmuseum.

Além da frenética viagem de três dias a Amsterdam, Vincent fez mais uma viagem naquele outono. Algum tempo depois da partida de Theo em agosto, ele e Kerssemakers também foram à Antuérpia, em mais uma reprise da viagem do irmão com Dries Bonger. Por que essa súbita agitação depois de passar anos abjurando a vida na cidade e ameaçando se enfurnar ainda mais na charneca? Embora tivesse declarado várias vezes que iria procurar compradores para seu trabalho em cidades como a Antuérpia, Vincent havia conseguido permanecer em Nuenen por quase dois anos, desde o Natal de 1883, fazendo apenas uma rápida visita de um dia a Utrecht, para visitar Margot Begemann. Mesmo quando seu patrono Hermans lhe ofereceu dinheiro para uma viagem à sua escolha, Vincent preferiu as verdades de sua vida na Kerkstraat aos caprichos de viajar. Ao anunciar seu novo desejo de viajar em setembro de 1885, Vincent invocou uma necessidade longamente reprimida de "ver pinturas outra vez" e explicou que precisava "dar uma saída de vez em quando" para "encontrar compradores para meu trabalho". Quando afinal saiu, porém, não levou nenhuma pintura para mostrar, nem para a Antuérpia, nem para Amsterdam.

Na verdade, Vincent tinha outros motivos mais urgentes para ausentar-se de Nuenen.

No fim de julho de 1885, não era mais possível ocultar a gravidez de Gordina de Groot. Avolumando-se a barriga da solteira de trinta anos, os boatos que fermentaram por meses entraram em ebulição. Somando-se às perguntas não respondidas sobre o desencaminhamento de Margot Begemann e à desconfiança geral pelos modos estranhos e ímpios de Vincent, o falatório logo atingiu níveis venenosos. As veementes negativas de Vincent caíram em ouvidos moucos. Afinal, era o mesmo *schildermenneke* que se embriagava em público, brigava com os passantes, dava-se com gente fora de sua classe social e de sua religião, convidava mulheres solteiras para seus aposentos e, dizia-se, pintava-as nuas.

Por fim, a condenação se espalhou tanto que Vincent disse sentir "uma dose de malícia" a cada vez que saía do ateliê. Apenas poucos meses depois de enaltecê-los, Vincent increpou rispidamente os "nativos tementes a Deus na vila que insistem em suspeitar de mim". Em vez de retroceder diante das acusações, intensificou sua "caça" de modelos, como desafio à hostilidade geral, oferecendo como chamariz somas cada vez maiores aos camponeses desocupados desde o fim da colheita de verão, ao mesmo tempo que amaldiçoava a ingratidão mercenária deles. "Não fazem *nada de graça* aqui", falou espumando de raiva.

A perseverança de Vincent logo rendeu uma visita do padre católico local, Andreas Pauwels, como porta-voz e guardião de seus paroquianos escandalizados. Aconselhou-o a não confraternizar com "gente de condição inferior", segundo o relato de Vincent, e instruiu seus fiéis a não aceitar a proposta de posar, por mais dinheiro que lhes fosse oferecido. Longe de aceitar a advertência, Vincent se defendeu explodindo de raiva. (Mais tarde admitiu que ouvira na repreensão de Pauwels a voz do finado pai.) Alimentado por esses antagonismos insepultos, lançou-se a um ataque destemperado contra todos os clérigos que não "se limitam à sua esfera própria de interesses mais abstratos". Em vez de resolver o escândalo de maneira discreta, como decerto prefeririam sua família e a de Gordina, Vincent levou a questão diretamente ao foro mais público de todos, o burgomestre da cidade.

Em suas cartas, Vincent se eximiu de qualquer responsabilidade pelo "acidente" da gravidez de Gordina e desculpou os camponeses por sua cumplicidade na perseguição a ele, jogando toda a culpa no velho inimigo comum em Roma. Assim como acusara um padre intrometido em Haia de sabotar seu relacionamento com Sien, Vincent passou a ver Pauwels como a origem de todas as suas desgraças. Em argumentos tingidos de paranoia, acusou o padre de fomentar a hostilidade dos camponeses contra ele. Caso se negassem a posar, disse a Theo, era porque o padre lhes tinha prometido pagamento para manterem distância. Se o culpavam pela gravidez de Gordina, era porque Pauwels estava abrigando o verdadeiro pai em sua congregação. Vincent previu que haveria uma insurreição popular em seu favor contra as ordens de Pauwels e prometeu que combateria as forças reunidas contra ele, "olho por olho, dente por dente", confiando que seus modelos voltariam no inverno.

Como era inevitável, a batalha se estendeu ao ateliê. Privado de modelos, Vincent, em desafio, reafirmou sua devoção aos camponeses de Millet numa série de naturezas-mortas. Em lugar das figuras em pose de desenterrar ou de colher, ele montou cestos com as batatas que tinham desenterrado e as maçãs que haviam colhido, revestindo profusamente as imagens com a sombria visão missionária de *Os comedores de batatas*. Num desafio a Theo tão ríspido, em todos os seus detalhes, quanto o desafio a Pauwels, Vincent pintou os novos trabalhos em tons ainda mais escuros e defendeu suas cores com a mesma estridência com que defendera sua inocência diante do burgomestre. Invocando a autoridade de mais um livro sobre a cor, *Du dessin et de la couleur*, de Félix Bracquemond, enviou ao irmão relatórios detalhados dos cálculos que tinha usado para seus cinza impenetráveis e explicações altissonantes das imagens "baças". Pegou o pincel largo e escuro e pintou uma cesta de maçãs em amarelo-enxofre por cima de uma natureza-morta de flores em cores vivas, que havia pintado como um *memento mori* após a morte do pai — gesto de vandalismo dirigido a todos os "senhores reverendos do clero" que o haviam perseguido e continuavam a persegui-lo.

Olhando em torno do ateliê, Vincent encontrou outro tema perfeito para anunciar sua solidariedade com os camponeses que o evitavam. Ele tinha arrumado nas ramagens de um galho de árvore caído mais de trinta ninhos de passarinhos que havia recolhido com seus jovens ajudantes, desde que chegara a Nuenen. Agora concentrou nesses talismãs da infância, que invocavam o lar e a charneca, todos os seus poderes pictóricos frustrados. Numa paleta ainda mais "*de terre*" do que a usada nas maçãs e nas batatas, com seu pincel embarreado pintou todas as características daquela frágil vida em família ornitológica: a palha esfiapada do ninho da carriça; o revestimento de musgo do ninho do pardal; o bojo felpudo do ninho do papa-figo dourado, ainda encaixado entre os galhos. O olho obsessivo e a mão incansável de Vincent transformaram essas choupanas aéreas em monumentos da natureza, símbolos de sua afinidade permanente com os naturais da charneca. Argumentavam, de uma maneira mais persuasiva do que conseguiriam suas palavras, que o pai Millet triunfaria sobre o padre Pauwels e que sua família errante de camponeses acabaria voltando ao ninho.

Mas eles não voltaram. Quando o outono acabou, Vincent continuava sozinho no ateliê, cercado pelos detritos de sua fantasia milletiana. Na época em que foi para Amsterdam e o Rijksmuseum, os camponeses que povoavam aquela fantasia já o tinham abandonado totalmente. Não se atreviam mais a ir ao ateliê da Kerkstraat, fecharam suas casas a ele, nos campos fugiam "assustados" à sua aproximação.

Nem mesmo Hals e Rembrandt conseguiriam destronar de uma vez só o nobre camponês na imaginação de Vincent, em três breves dias. Suas obsessões tinham raízes profundas demais para uma conversão ao estilo de Paulo na estrada de Damasco. Apesar dos meses de ostracismo e hostilidade, apesar do confronto com Theo, apesar do fim da amizade com Rappard, apesar da crítica distante de Portier e Serret, ao que parece Vincent saiu do templo cuyperiano aos deuses da arte holandesa fortalecido em sua defesa de *Os comedores de batatas* e reequipado para suas batalhas contra o mundo. Outro artista talvez se sentisse esmagado pelo contraste entre a indignidade de seus infortúnios pessoais (a ameaça de confisco e venda forçada pelos credores) e as glórias da Idade de Ouro. Mas Vincent não.

Pelo contrário, leu o Rijksmuseum como lia um livro: autobiograficamente.

Olhava as filas de imagens famosas e via por toda parte seus "tons profundos" favoritos: desde o claro-escuro dos retratos de Rembrandt às nuvens escuras nos céus de Ruisdael. "Quanto mais vejo esses quadros", escreveu a Theo num extenso relatório de sua visita, "mais contente fico que meus estudos sejam considerados escuros demais." No brilhante trabalho de execução de Hals e nas superfícies esbatidas de Rembrandt, ele enxergava sua própria imprecisão. Os "grandes mestres" não "retocavam rostos, mãos e olhos", ressaltou ele, sendo, pelo contrário, guiados "por aquela consciência que se chama sentimento". Louvou os temas camponeses de Brouwer e Van Ostade e elogiou o domínio dos cinzentos de Hals. Mobilizou praticamente o museu inteiro como endosso a seu padrinho artístico Israëls (que não estava em nenhum lugar à vista) e como rejeição de pintores "brilhantes" como os amados impressionistas de Theo. "Cada dia que passa odeio mais e mais aqueles quadros que têm luz por toda parte", escreveu, desqualificando o impressionismo como "aquela fragilidade da moda".

Mas, mesmo enquanto se aquecia para outra rodada de desafios autodefensivos, Vincent começou a refazer a vasta arquitetura argumentativa que alicerçava sua defesa de *Os comedores de batatas*. A ida ao Rijksmuseum tinha revelado — até para os olhos obstinados de Vincent — o enorme fosso entre sua retórica e sua arte. Só nos labirintos da obsessão é que conseguiria transpor aquele abismo. Havia justificado seus marrons tristes e cinza baços como as únicas cores adequadas à vida humilde do lar De Groot. Mas, em Amsterdam, enalteceu a paleta terrosa de Millet em temas tão afastados quanto os fidalgos de Hals e os cadáveres de Rembrandt. Chegou a imaginar os nus exóticos e voluptuosos do Renascimento italiano pintado em "uma cor de lama". Tal como os camponeses de Nuenen o haviam renegado, Vincent começou a dissociá-los de sua busca da expressividade cromática.

Liberto da opressão da metáfora, passou a ver em seus tubos de tinta apenas a cor. "Agora minha paleta está degelando", observou em final de outubro, quase aturdido com a mudança. "As cores se sucedem por conta própria e, tomando uma cor como ponto de partida, mentalmente vejo com clareza qual deve vir a seguir... De fato, as cores têm algo a dizer em si mesmas."

Numa carta escrita quando retornou de Amsterdam, Vincent assinalou essa mudança em sua missão com uma descrição extraordinária de uma pintura que fazia uma década que não via: *As bodas de Canaã*, de Paolo Veronese. Essa tela enorme, que estava no Louvre, mostrava o episódio bíblico de Jesus numa festa de casamento. Mas, na visão de Veronese, a cerimônia humilde se transforma num suntuoso banquete imperial, realizado no pátio de um palácio com colunatas de mármore e balcões dourados repletos de espectadores. Dezenas de convidados em trajes brilhantes e adornados de joias tomam vinho de grandes jarros e comem de enormes bandejas servidas por criados de turbantes e babuchas vermelhas, enquanto músicos tocam, cortesãs gracejam e cães bem nutridos cochilam satisfeitos. Seria impossível imaginar um lugar mais distante das choças sujas do Brabante e seus habitantes comedores de batatas. Mas a imaginação de Vincent captou nessa imagem improvável um único trechinho de cinza que o libertou do literalismo *de terre* de Millet — um cinza que reafirmava a paleta de *Os comedores de batatas* e, ao mesmo tempo, abria um novo mundo de cores em si:

> Quando Veronese pintou os retratos de seu *beau monde* nas *Bodas de Canaã*, gastou neles toda a riqueza de sua paleta em roxos carregados, em esplêndidos tons de dourado. Então — pensou também num azul-celeste com um branco-perolado — que não aparece no primeiro plano. Explodiu-o no plano de fundo — e ficou bem... Tão belo é aquele plano de fundo que surgiu espontaneamente de um cálculo de cores. Estou errado nisso?... Por certo *este* é o verdadeiro pintar, e o resultado é mais belo do que a imitação exata das coisas em si.

No cavalete, finalmente a arte de Vincent conseguiria se compatibilizar com seus argumentos. Pouco depois de voltar de Amsterdam, nos dias minguantes do outono, levou seus equipamentos de pintura para a paisagem deserta e montou uma grande tela no fim da curva de uma aleia de carvalhos, que dava numa clareira. Espremeu tubos e mais tubos de carmim e cobalto por cima da paleta empastada de cinzento e aplicou as cores sem medo: faixas de laranja-avermelhado para a clareira poeirenta, salpicos de amarelo e laranja puros para as árvores ensolaradas, um céu azul-vivo com nuvens de um lavanda exuberante. Nenhuma alma e praticamente nenhuma sombra vêm escurecer os vívidos contrastes entre azul e laranja, amarelo e roxo.

Como se reimaginasse em cores os dois anos anteriores, ele voltou ao jardim da casa paroquial e pintou sua frugalidade outonal na nova paleta brilhante. Os grandes desenhos a bico de pena da primavera de 1884 renasceram nas cores ocre e laranja intensas de *A noiva judia*. Envolveu as árvores decotadas nuas, adiante do portão do jardim, num manto dourado de folhas contra um céu invernal em lavanda. No ateliê, deixou de lado as batatas e maçãs empoeiradas do mês anterior e fez uma grande natureza-morta com frutas e legumes em cores vivas, com fortes contrastes das complementares. "Um pintor faz bem em começar pelas cores em sua paleta", escreveu anunciando sua mudança de evangelho, "melhor do que começar pelas cores na natureza."

Nessas e em mais uma dúzia de pinturas que rasgou nas primeiras semanas depois de voltar de Amsterdam, Vincent mostrou outra nova liberdade que aprendera no Rijksmuseum: a rapidez. Também nisso seus argumentos iam muito além de sua arte. Desde o começo da carreira, ele sempre trabalhou como um possesso, usando resmas e mais resmas de papel para praticar os exercícios prescritos por Bargue, elaborando e reelaborando o mesmo desenho, raspando sem cessar a mesma tela. Logo se frustrando e afoito para encontrar algum sinal de progresso, ele justificava seus hábitos maníacos (e caros) de trabalho alegando que, ao final, a quantidade resultaria em qualidade e, portanto, a rapidez era mais importante do que a precisão que nunca conseguiria dominar. Como desenhista, declarou que seu objetivo supremo era "desenhar feito um raio". Quando passou para a pintura, garantiu que iria "*pintar* feito um raio" e "pôr mais vigor em meu pincel". A única maneira "sadia e viril" de aplicar a tinta na tela, pontificou ele, era "lançá-la sem hesitação". Na primavera de 1885, nas infindáveis cabeças preparatórias para *Os comedores de batatas*, Vincent havia transformado esse argumento num mantra obsessivo, gabando-se de conseguir terminar um estudo no espaço de uma manhã e prometendo que iria trabalhar "ainda mais rápido". "Você tem de pôr tudo de uma vez só", explicou a Kerssemakers, "e então deixar." E instruía a si mesmo: "Pinte num impulso só, o máximo possível num impulso só".

Mas a criação de seu *magnum opus* não tinha sido nada disso. Uma agonia de inícios, interrupções e rodeios, *Os comedores de batatas* fora calculado e ajustado inúmeras vezes, num processo trabalhoso que ocupou muitas telas e se estendeu por muitos meses. As cabeças preparatórias, com suas toucas pregueadas e os rostos desenhados às pressas, podem ter sido feitas num ritmo muito veloz, mas eram meros *études* — estudos que ficariam amontoados no ateliê ou seriam enviados em massa para Paris, para provar o quanto estava trabalhando — certamente não para expor nem para vender. Por mais que repisasse consigo mesmo e com os outros as virtudes de trabalhar com ousadia, "num impulso só", Vincent nunca conseguira romper com o ideal dos *tableaux* — quadros de pintura esmerada, acabamento impecável e técnicas ilusionistas — como a expressão mais verdadeira de um artista.

O Rijksmuseum alterou tudo isso. "O que mais me impressionou ao rever os antigos quadros holandeses", escreveu ele, "é que na maioria eram pintados rapidamente; que esses grandes mestres... *compunham rápido uma coisa desde o* 'premier coup' e depois nem retocavam muito." Pela primeira vez olhando essas imagens familiares mais como resultados de um trabalho do que como objetos de admiração, Vincent pôde desemaranhar cada passagem e reproduzir cada pincelada: a investida, o acabamento, o ângulo do pincel, o peso da mão. Pôde rastrear cada gesto e reconstituir cada decisão à luz de sua experiência própria.

Foi no feliz esplendor da execução de Hals, em especial, que ele encontrou a materialização de todos os seus apelos a "pintar num impulso só". Por um instante, a emoção disso chegou a fazê-lo esquecer da defesa de *Os comedores de batatas*. "Que alegria ver um Frans Hals", escreveu, parecendo esquecer as intermináveis retificações de sua própria pintura. "Como é diferente daqueles quadros em que tudo foi cuidadosamente aplainado da mesma maneira." Vincent via a mesma liberdade por onde olhava, em imagens tão diferentes quanto um esboço de Rubens e um retrato de Rembrandt — passagens "feitas com um único toque do pincel sem nenhum retoque que seja". E viu essas imagens não penduradas na parede de um ateliê, e sim emolduradas em ouro nos relicários da catedral de *tableaux* de Cuypers.

Vincent não pôde nem esperar sair de Amsterdam para experimentar a nova liberdade. Em três painéis de 20 × 25 cm que trouxera numa pequena caixa de tintas, finalmente concedeu à sua mão a coragem de seus argumentos. Numa mistura indistinta de pinceladas, ele captou três instantâneos da cidade chuvosa: seu rio marcando a linha do horizonte, os cais arborizados, a estação ferroviária nova e espaçosa. Captou-os "rápido", disse ele, trabalhando com o material no colo ou à mesa de um bar. Quando Kerssemakers chegou à estação, em 7 de outubro, encontrou Vincent sentado à janela do saguão de espera da terceira classe, "trabalhando com ardor" num de seus pequenos quadros, "cercado por uma multidão de cobradores de trem, trabalhadores, turistas etc.".

Obrigado a usar pincéis menores devido à pequena escala, recaiu naturalmente na fulgurante concisão dos esboços que desenhava em suas cartas, lançando imagens como relances vistos de um trem em movimento. Mas não eram mais apenas *études*. Definiu-os como *souvenirs* — palavra que, outrora, reservara para suas transposições mais meticulosas — e tratou-os como *tableaux*. Tão logo chegou a Nuenen, embalou dois deles, que mal haviam secado, e remeteu a Paris num engradado marcado "V4", gabando-se com orgulho: "Se quero, no prazo de uma hora, compor rápido uma impressão em algum lugar, estou aprendendo a fazer como fazem os que analisam suas impressões... É um trabalho agradável compor algo rápido num impulso só".

De volta ao ateliê da Kerkstraat, pegou o pincel largo e avançou ainda mais o argumento. Fortalecido pela visita ao Rijksmuseum e por uma paixão recém-descoberta pela arte setecentista, Vincent se entregou à pura materialidade da tinta. Seus novos heróis — artistas como Boucher e Fragonard — eram paladinos da pintura, não dos camponeses. Suas obras diáfanas em tom pastel não celebravam nada mais profundo do que as fantasias risonhas do *Ancien Régime*, mas aplicavam a tinta com uma combinação de cálculos ousados e pinceladas rápidas que Vincent pretendia reproduzir. Encontrou na "brusquidão do toque" e na "espontaneidade da impressão" deles uma nova defesa tanto para sua arte rude quanto para seu rude autor. Outros poderiam julgar "tolice" esse procedimento sumário de tais pintores, argumentou, mas "não pode ser *imitado* por covardes e fracotes". Num salto de imaginação, associou tal facilidade rococó com a criatividade vulcânica de outro herói, o grande Delacroix. O ideal, disse Vincent, era pintar *"comme le lion qui devore le morceau"* (como o leão devorando seu bocado).

Admirava em especial a maestria deles no *enlever* (ao pé da letra, "erguer, levantar"), um movimento do pincel — um gesto rápido do punho — que deixa montes finos de tinta nas pontas ou extremidades de uma pincelada. No Rijksmuseum, ele vira o reflexo típico e sentira o contorno encrespado dos toques de *enlever* nas obras de pintores da Idade de Ouro, como Hals. Começou então a praticar essa técnica em seu ateliê, carregando o pincel com mais e mais tinta, passando-o de um lado a outro para forçar a cor a subir em arestas mais e mais altas, tentando que ela fizesse aquilo que a tinta terrosa e esmaecida de *Os comedores de batatas* jamais faria.

Acabou por dirigir suas novas habilidades a uma imagem — a uma outra espécie de natureza-morta. Entre sua coleção de animais empalhados no ateliê, pegou um morcego, imobilizado no voo, e o colocou na frente de uma fonte de luz, de forma que a membrana fina das asas ficou parecendo uma lanterna de papel. Usando um pincel largo carregado de amarelo e laranja-vivo, destilou as sutis variações de sombra das asas iluminadas numa trama de pinceladas distintas, entretecidas espontaneamente numa única passada. "Atualmente, para mim tem sido muito fácil pintar determinado tema sem hesitação", escreveu a Theo, "qualquer que seja a forma ou a cor."

Mas a ousadia cromática e a técnica veloz não foram as únicas mudanças impostas a Vincent pelos acontecimentos de 1885. Na defesa de *Os comedores de batatas*, ele apresentara outro argumento radical em prol de sua arte que, agora, o destino exigia que fosse cumprido na prática. Ao afirmar incessantemente a identidade entre sua arte e ele mesmo, Vincent havia captado o grande fundamento do modernismo estabelecido por Zola: a singularidade e a primazia do temperamento artístico. Porém suas produções consistiam sobretudo em repetições pouco elaboradas de pintores nostálgicos como seus ídolos Israëls e Millet. Apesar de todas as alegações de "pintar o que sinto e sentir o que pinto", recusara-se constantemente a se pôr sob as lentes de sua nova arte. Quando os modelos camponeses sumiram, levaram junto a única via de escape que Vincent tinha para evitar a própria avaliação pessoal, que sempre temera. Continuava a resistir à forma de introspecção mais óbvia — o autorretrato —, mas a falta de modelos o levou inexoravelmente a esse caminho interior.

A busca de novos assuntos o levara a adotar temas tradicionais da natureza-morta (jarros, vasilhas, canecas) apenas por curto tempo, e logo passou para objetos dotados de significado especial para ele, como batatas, maçãs e ninhos. Nas paisagens, também logo abandonou os panoramas genéricos e voltou ao presbitério, ao jardim materno, ao grupo de árvores decotadas — *lugares*, todos eles, com significado. Já tinha se arriscado uma vez a esse tipo de imagem íntima, sob coerção, no começo de junho, quando pintou o velho cemitério onde o pai estava enterrado. Logo após a morte do pastor, fora essa a sugestão de Theo, como tema perfeito para um *memento mori*. Embora já tivesse desenhado e pintado várias vezes o cemitério e sua torre condenada à demolição, de início Vincent resistiu à sugestão, prosseguindo em sua resoluta visão dos camponeses em torno de uma mesa. Foi só no último minuto, quando a demolição já era iminente, que afinal armou o cavalete na frente daquele exterior nu, de pedra, e se permitiu sondar profundamente aquela cena de extraordinário significado pessoal.

Ao fazê-lo, enxergou tanto o enterro do pai ("Eu queria expressar como a morte e o sepultamento são uma coisa simples") quanto sua própria queda em desgraça. "Aquelas ruínas me contam como uma fé e uma religião se deterioraram", explicou ele, "embora tivessem alicerces sólidos." Mas a história narrada por seu pincel era mais profunda que a narrada por suas palavras. A velha torre avulta maciçamente no primeiro plano, ocupando quase toda a tela, com seus sólidos contrafortes de pedra enraizando-a na terra como um afloramento de granito. Essa não é uma estrutura temporária. Nenhuma demolição irá apagá-la do campo nu, sem árvores, onde está situada, nem irá desprender os túmulos do domínio que ela tem sobre eles. Apesar dos clichês com os céus carregados e as aves voando em círculos, Vincent criara não um epitáfio, e sim uma premonição: o retrato de um espectro de pedra que sempre lhe assombraria o horizonte.

Olhando em torno de seu ateliê em novembro, à cata de um tema que substituísse os camponeses desleais, Vincent encontrou um objeto que foi o convite para sondar a chaga aberta, apenas aflorada em *A torre da igreja velha de Nuenen*. Entre as roupas jogadas e os espécimes secos havia uma Bíblia enorme. Pertencera ao pai. Como a igreja ficou com a Bíblia do púlpito e a viúva com a Bíblia da família, esse volume suntuoso, com a encadernação reforçada com cantoneiras de cobre e com

A torre da igreja velha de Nuenen, junho-julho de 1885, óleo sobre tela, 65 × 88 cm.

fechos duplos de metal, foi a única Bíblia transmitida em herança quando Dorus van Gogh morreu. E foi herdada não por Vincent, mas por Theo. Tinha ido parar no ateliê de Vincent apenas porque a mãe, num gesto de cruel insensibilidade, havia lhe pedido que remetesse o volume para o irmão em Paris. Abrindo um espaço no amontoado de coisas, Vincent estendeu um pano numa mesa, pôs a Bíblia ali e desengatou os fechos. O enorme livro se abriu no meio, no capítulo 53 de Isaías. Vincent puxou o cavalete bem perto, com o livro aberto ocupando quase toda a grade de perspectiva. Ele escorou a lombada por baixo, para que as páginas de tecido aparecessem mais, com seu texto em densas colunas duplas. Em algum momento, decidiu avivar a composição com outro objeto. Revirando suas pilhas de livros, escolheu uma das edições da Charpentier, em brochura amarelo-vivo, dos romances franceses que tanto apreciava, e colocou na ponta da mesa, aos pés da Bíblia gigantesca.

Então começou a pintar.

O pincel fanático de Vincent encontrou significados em toda parte. Apresentou

Natureza-morta com Bíblia, outubro de 1885, óleo sobre tela, 65,1 × 78,1 cm.

o romance de capa amarela como *La joie de vivre* de Zola e, com um cuidado provocativo, pintou o título, o autor e o local de publicação — Paris. Em poucas pinceladas, registrou a capa surrada e as páginas gastas — um desafio à Bíblia formal e impecável do pai. A rebeldia amarela de Zola despertou uma reação roxa. Vincent misturou várias vezes as duas cores complementares em sua paleta, buscando um cinza que expressasse a estreiteza mental do evangelho de Dorus. Quando obteve a cor que procurava — um cinza-lavanda perolado profundo, em partes iguais do banquete de casamento de Veronese, dos milicianos burgueses de Hals e da carne morta dos cadáveres de Rembrandt —, a "detonou" na tela, numa saraivada de pinceladas vândalas em vez dos blocos nítidos de texto.

Mas o texto respondeu de volta. Vincent conhecia bem as palavras de Isaías à sua frente: "Ele é desprezado e abandonado pelos homens, um homem sujeito à dor, familiarizado com a enfermidade". O texto de dolorosas ressonâncias, somado à justaposição desafiadora dos dois evangelhos, escancarou toda a paisagem dos últimos dois anos, que foi registrada pelo pincel de Vincent com uma franqueza que quase nunca se permitia nas palavras: as brigas com o pai, o sexo com camponesas como Gordina, a corte mouretiana a Margot Begemann à sombra do presbitério, a perseguição infligida pelos padres, a traição dos camponeses. Sobre as páginas de um cinza insondável, Vincent acrescentou tons de azul e laranja — outro conflito de opostos invocado de algum outro lugar que não a mesa diante de si. Executou os fechos idênticos de maneiras opostas: um, deitado de lado numa ondulação tremulante, o outro firme, de pé, num único toque ameaçador. Ao terminar o livro e a mesa coberta, o choque das cores complementares se deu numa discussão de tons quebrados, aplicados com um pincel cada vez mais largo e belicoso. Para concluir essa crônica de rejeição, dor, recriminação pessoal e desafio, Vincent acrescentou no último instante um novo objeto — uma vela apagada —, o sopro final do *rayon noir*, confissão que jamais poderia fazer de nenhuma outra maneira.

Informou prontamente o irmão sobre a nova pintura, vangloriando-se orgulhoso: "Pintei num impulso só, num único dia".

Nesse entrelaçamento contínuo e espontâneo de preocupações pessoais e cálculos artísticos, de demônios interiores e paixões criativas, Vincent alcançara um tipo de arte totalmente novo. E ele sabia disso. Suas cartas vibram com a falsa bravata da incerteza — de um homem que de repente se vê no limiar de um novo mundo ou no extremo de uma longa borda. Não se cansava de invocar Zola para dissipar as dúvidas. "Zola cria, mas não ergue um espelho para as coisas, ele cria maravilhosamente, mas cria, poetiza, por isso é tão belo." Envolveu suas novas liberdades com a ciência de Blanc e com noções medievais de imanência. Seu objetivo, disse ele, era encontrar "*ce qui ne passe pas dans ce qui passe*" (o que não passa naquilo que passa). "Pensar numa coisa só e deixar que o ambiente seja parte dela e dela derive", afirmou ele, "certamente esta é a verdadeira pintura." Mesmo quando anunciava a modernidade de seu "simbolismo" novo e pessoal, imaginava-o como um renascimento do romantismo no qual fora criado. "O romântico e o romantismo são de nossa época", insistiu ele, "e os pintores precisam ter imaginação e sentimento — que levam à poesia."

De fato, Vincent foi o mais relutante dos pioneiros — mais excluído do que excluindo; expatriado da arte que amava devido às insuficiências de sua mão, tal como era um expatriado de suas famílias, tanto a real quanto as adotadas, devido à sua conduta não convencional. Falava da nova poesia de seu pincel num tom que mesclava expectativa e resignação. "Como venho trabalhando absolutamente sozinho faz anos", escreveu em novembro, "sempre enxergarei com meus próprios olhos e pintarei as coisas com originalidade." Encontrava um pálido consolo no fato de que Millet também era um "simbolista" de acordo com essa nova maneira, mas sabia que a segurança e a garantia tranquilizadora de seus antigos favoritos tinham ficado para trás. Defendia seus anos de dura faina nas searas da verossimilhança com nostalgia e sem nenhum arrependimento, mesmo reconhecendo que, ao final, fracassara ali. "Nunca é demais estudar e trabalhar a partir da natureza", escreveu depois de terminar *A Bíblia*. "Por anos e anos, eu mesmo tenho me envolvido tanto, quase em vão e com todas as espécies de resultados infelizes, [mas] não gostaria de ignorar esse erro." Num pungente adeus ao realismo, admitiu quase melancolicamente que "as maiores, as mais poderosas imaginações têm feito coisas diretamente da natureza que deixam a pessoa estupefata".

Uma das poucas autoridades de seu passado que ele não invocou como conforto para esse salto no desconhecido era também a mais eloquente. Num ensaio sobre a poesia, de 1872, que tanto Vincent quanto Zola leram, o filósofo Hippolyte Taine descrevera com uma premonição assombrosa as imagens que estariam no término da jornada tortuosa de Vincent:

> Tudo isso se exprime num estilo único que, a bem dizer, é menos um estilo que uma notação, a mais ousada, a mais sincera, a mais fiel, criada a cada instante e com todas as peças, de forma que nunca se pensa nas palavras, e sempre se vê jorrar o pensamento vivo, diretamente, como de frente, com suas palpitações, seus sobressaltos, seus desdobramentos de repente detidos, seus voos inauditos... linguagem estranha, mas verdadeira até em seus menores detalhes, a única capaz de traduzir os altos e baixos da vida interior, o afluxo, os acessos e o tumulto da inspiração, a brusca concentração das ideias congestionadas, a explosão imprevista das imagens e essas iluminações desmesuradas que, como auroras boreais, explodem uma a uma num espírito lírico...
>
> "Não penses na forma, fia-te no espírito, fia-te nele como faz a natureza soberana para criar a forma, uma forma que não seja uma prisão, e sim um corpo; parte sempre do interior para ir ao exterior, na vida e na arte que também é a vida." A poesia, assim entendida, tem apenas um personagem, o homem interior, e apenas um estilo, o grito do coração triunfante ou sofredor.

No fim de novembro, apenas uma semana antes do Dia de São Nicolau, Vincent deixou Nuenen. Ao que consta, a partida foi dura, amarga e relutante. A despeito de tudo o que dissera para tranquilizar Theo, o escândalo em relação ao filho de Gordina não arrefecera. Os moradores locais continuavam a achar que era ele o pai. O fato de Vincent enfrentar os acusadores com escárnios agressivos e novas provocações apenas contribuiu para que os clamores a favor de sua partida aumentassem. (Depois de uma de suas idas à cidade, ele voltou com um sortimento de preservativos que distribuiu entre os "moleques do campo".) Até o final, continuou a atribuir a culpa exclusiva de todos os seus problemas às intrigas clericais e à histeria pública. "Estou em grande desvantagem com os vizinhos", queixou-se ele; "as pessoas ainda têm medo do padre."

E tampouco encontraria apoio na casa paroquial. Com o novo escândalo, a mãe passara da animosidade fria à hostilidade gelada. Embora estivesse frequentemente ali por perto para desenhar ou pintar, Vincent nunca era convidado a entrar e partilhar de uma refeição quente, nem mesmo se aproximando o inverno e a época das festas. Vincent exercia sua esquisita vingança prevendo que a mãe logo acompanharia o pai ao túmulo. Com toda a veemência de quem rogava uma praga, anunciou agourento que "a morte virá silenciosa e inesperada, tal como veio para o pai", insistindo com Theo que "há muitos casos de esposas que não sobrevivem muito tempo ao marido".

A crise eclodiu quando o senhorio de Vincent, o sacristão Schafrat, não quis renovar o aluguel do ateliê na Kerkstraat. "Nesse ateliê, pegado ao padre e ao sacristão, os problemas nunca se acabariam", escreveu Vincent, "isso está claro, então vou mudar a situação." De início, pensou apenas em alugar outro aposento por perto, onde esperaria a controvérsia amainar — fantasia que durou poucos dias. Pensou em voltar a Drente — sinal claro de que a pressão para sair de Nuenen se tornara insuportável. Por fim, dispôs-se a fazer a viagem comercial à Antuérpia que adiara tantas vezes, e talvez ficasse por lá trabalhando durante algum tempo. Mas só por alguns meses. "Conheço e amo demais a região e as pessoas daqui para ir embora para sempre", disse ele.

Encheu suas cartas com planos de travar contatos e promessas de aprender mais com as pinturas, como tinha feito em Amsterdam. Mas as palavras não conseguiam disfarçar a desonra da partida. Apesar da longa carestia de modelos, ele foi embora sem dinheiro e endividado. Teve de esperar a carta seguinte de Theo para comprar um bilhete de trem e saiu às escondidas da cidade para não ter de pagar o último mês de aluguel a Schafrat. Isso significa que ele teve de largar no ateliê sua coleção de estampas e quase todos os seus desenhos e pinturas — anos de trabalho deixados à mercê dos credores e da mãe.

Sua despedida final do presbitério se deu numa cena desagradável que, meses depois, ainda ressoava com amargor: "Não vou escrever para casa", disse a Theo em dezembro. "Foi o que falei muito simplesmente para eles, quando fui embora... Tiveram o que queriam; quanto ao mais, penso muito pouco, pouquíssimo, neles, e não quero que pensem em mim." Num último golpe à véspera da partida, chegou uma carta do comerciante de tintas de Haia, que havia colocado seus quadros na vitrine. "Ele escreveu que Tersteeg e Wisselingh tinham visto", informou Vincent infeliz, "mas não deram importância."

Apesar de tudo, saiu de Nuenen sem se dar por vencido. Sua nova arte lhe trouxera um novo ímpeto de coragem. "Meu poder amadureceu", declarou mesmo reconhecendo que talvez tivesse "de começar tudo de novo desde o início". Numa visita de despedida aos Kerssemakers em Eindhoven, incentivou as ambições artísticas do amigo em termos que certamente refletiam sua própria esperança e obstinação: "Não se vira pintor em um ano", disse ele, "nem é necessário. Mas já é uma boa coisa no conjunto, e se sente esperança em vez de desesperança diante de um muro de pedra."

Pela primeira vez, Vincent expressou um senso de urgência — um senso de tempo limitado, de portas se fechando e de oportunidades passando. Poucos dias antes da partida, prometeu que adotaria um meio totalmente novo, o pastel, de súbito encantado com as criações intensas e diáfanas dos grandes pastelistas franceses Chardin e La Tour — imagens que estavam tão distantes dos camponeses miseráveis de *Os comedores de batatas* quanto Paris de Nuenen; imagens apresentadas não em terra e poeira, mas em luz e ar; imagens que "expressam a vida com um pastel que quase daria para soprar", comentou maravilhado.

"Não sei o que vou fazer e como vou viver", escreveu ao deixar Nuenen, o Brabante e a Holanda pela última vez, "mas espero não esquecer as lições que estou aprendendo nestes dias: num impulso só — mas com a aplicação absolutamente completa de todo o ser e espírito."

26. Ilusões perdidas

Não fazia nem 24 horas que saíra das charnecas de Nuenen e Vincent estava sentado à janela de um bar de marinheiros na Antuérpia, observando a agitação da vida na cidade. Desde o exílio em Londres, dez anos antes, ele não sofria uma mudança de tanto impacto. Em todas as direções, até onde alcançava a vista, carrinhos e carroças entupiam as ruas estreitas, seguindo muito devagar rumo às docas onde se amontoavam num comércio caótico. "Mais emaranhado e fantástico do que uma moita de espinhos", descreveu a Theo, "tão caótico que a pessoa não tem onde descansar os olhos e sente uma vertigem." Cabeças de gado bufavam impacientes, barcos apitavam, marinheiros "de rosto corado e ombros largos, excitados e bêbados", iam cambaleando do bar para o bordel. Cargas de artigos estranhos entravam e saíam do turbilhão, com "estivadores feios como o pecado" que iam abrindo caminho à força. Vincent ficou especialmente impressionado com os montes de couros e chifres de bisão dos Estados Unidos.

Aqui e ali, brigas desandavam em pancadaria, criando pequenos torvelinhos de comoção na corrente turbulenta do comércio. Logo depois de chegar, Vincent foi apanhado num desses tumultos. "Um marinheiro está sendo atirado pelas moças porta afora de um bordel, em plena luz do dia", anotou sentado à janela, "perseguido por um sujeito furioso e uma fiada de prostitutas, parecendo aterrorizado com elas." À distância, os grandes navios negros oscilavam e rangiam em suas amarras, como animais desassossegados. A floresta dos mastros tremulava ao sol de inverno, quase escondendo a outra margem do Schelde. "É tudo uma confusão impenetrável", escreveu Vincent.

Embora ficasse apenas a quarenta quilômetros da casa paroquial de Zundert, a Antuérpia era como uma ilha no meio do oceano. Situada no extremo do vasto delta do Reno, a cidade tinha sido um dos portos mais movimentados da Europa por quinhentos anos — tão afastada da zona rural que se estendia além de seus muros fortificados quanto dos destinos exóticos dos navios ou da terra natal dos marinheiros. Outro visitante em 1885 arrolou os estrangeiros na cidade: "o norueguês sério e calado; o holandês franco; o escocês ruivo; o português ligeiro; o francês falador e barulhento; o espanhol magro e irritadiço; o etíope de pele negra azulada". De todos os cantos do mundo, traziam suas mercadorias e artigos de luxo. Uma babel de lojinhas se enfileirava nas ruas medievais que levavam às docas, prontas a atender a qualquer capricho mundano. Bordéis anunciavam prostitutas de todas as nações. Bares serviam de tudo, da cerveja local Lambiek a saquê. Uma taverna cheia de marinheiros flamengos rubicundos, comendo mexilhões, ficava pegada a um bar inglês tranquilo, que ficava pegado a um enorme *café-concert*: uma mistura francesa de teatro de variedades, salão de baile, bar e bordel.

Como tantos vagabundos e exilados que, durante séculos, passaram pela Antuérpia antes dele, Vincent tomava cerveja e assediava as prostitutas, dividido entre a visão de um novo começo e o sonho da volta ao lar. Apresentava-se às garçonetes como "barqueiro", marinheiro de água doce. Depois de entrar, sentava-se, como outros marinheiros solitários, no fundo do bar, na ponta do sofá do bordel ou ao lado da pista de dança onde rodopiavam casais. Captava cenas rápidas onde podia, que transferia furtivo para as folhas de um bloquinho de bolso — desenhos rapidíssimos escondidos no colo, feitos ao som de uma pianola rouca. Desenhou espectadores gritando e cantando ao balcão e garçonetes dançando juntas, em pares velozes. Vincent nunca comentou que dançasse; apenas que ficava observando. Depois de ir a "um baile popular de marinheiros nas docas", escreveu a Theo que "faz bem ver pessoas realmente se divertindo".

As primeiras cartas que Vincent escreveu da Antuérpia transbordavam de um entusiasmo cheio de angústia. "Sinto dentro de mim o poder para fazer alguma coisa", escreveu logo após chegar. "Estou muito contente por ter vindo." Fosse por otimismo genuíno ou como disfarce para a saída vergonhosa e apressada de Nuenen,

Casal dançando, dezembro de 1885, giz sobre papel, 8,89 × 16,19 cm.

montou mais uma campanha de respeitabilidade burguesa. Em vez de sermões sobre Millet e tratados sobre a cor, presenteou o irmão com estratégias para expor e vender seu trabalho. Depois de anos de resistência enfática, falou que procuraria um "serviço paralelo" — decorar restaurantes ou pintar anúncios ("por exemplo, para uma peixaria, uma natureza-morta de peixes"). "Uma coisa é certa", afirmou ele. "Quero que minhas coisas sejam vistas."

Abandonando a retórica sobre as alegrias da charneca e a solidariedade com os camponeses, saudou o "alvoroço" da vida comercial caótica da Antuérpia, dizendo que "eu precisava tanto disso". Comprou roupas novas e começou a se alimentar regularmente, invocando o novo imperativo de conseguir sucesso. "A pessoa não pode parecer maltrapilha ou esfaimada demais", escreveu ele. "Pelo contrário, tem de fazer as coisas andarem." Alugou um quarto num edifício imponente, na próspera zona leste da cidade — um bairro novo, mas respeitável —, e o decorou com os apetrechos próprios de um ateliê, inclusive um estoque de telas novas, pincéis melhores e tintas mais caras. Para substituir as amadas ilustrações abandonadas em Nuenen, ele revestiu as paredes com as estampas japonesas coloridas e baratas que se encontravam em qualquer loja do porto. "Meu quartinho ficou melhor do que eu esperava", arrulhou feliz. "É um lugar esplêndido para um pintor."

Lançou-se destemido ao mercado de arte local, levando debaixo do braço as únicas três pinturas principais que trouxera de Nuenen: uma aleia de choupos, uma vista melancólica de um moinho ao anoitecer e *A Bíblia*. Em vez de ficar massacrando os comerciantes com argumentos intermináveis em favor dessas imagens, como fazia com Theo, começou imediatamente a diversificar sua pasta de trabalho. Nas primeiras semanas após a chegada, tentou pintar alguns dos artigos para turistas que via em várias galerias que visitou — cenas de rua pitorescas e panoramas da cidade antiga, vista da outra margem do Schelde; imagens românticas de marcos medievais da Antuérpia, como a catedral, o Grote Markt e o castelo Het Steen, do século IX. Tais imagens, assegurou a Theo, eram "o tipo exato de coisa para os estrangeiros que querem uma lembrança".

Enquanto abrandava algumas obsessões da charneca, a vida urbana inflamava outras. Como um marinheiro que passou tempo demais no oceano, Vincent chegou à Antuérpia com um propósito dominante: as mulheres.

Desde que saíra de Haia dois anos antes, a busca de companhia feminina nunca diminuíra. Continuou a frequentar prostitutas em Eindhoven durante todo o tempo de permanência em Nuenen, e sem dúvida recorreu a seus serviços nas viagens a Utrecht, Antuérpia e Amsterdam. A ligação com Gordina de Groot gerou mais tormento que satisfação. Embora provavelmente ela tenha cedido aos rogos (e ao pagamento) para posar nua, nunca era suficiente. Nas cartas a Theo, Vincent continuou a tecer fantasias de um estudo mais intensivo e sistemático do nu feminino.

Bloqueado pelo puritanismo dos camponeses brabantinos e pela intromissão do padre, Vincent passou cada vez mais a ver a Antuérpia, com sua grande população de meretrizes, como a resposta a todos os seus desejos, artísticos e sexuais. Invocou sua necessidade urgente de "ter bons modelos, *quantos eu quiser* e *bons*" e pensou em tomar aprendizado com um artista "que pega modelos para nus". "Preciso disso por muitas razões", disse de modo enigmático. Baseando-se na leitura de uma passagem da biografia de Sensier, convenceu-se de que poderia recrutar prostitutas que posassem para ele em troca de lhes pintar o retrato — como Millet havia feito em outra cidade portuária, Le Havre. Ao insistir nessa fusão entre modelo e prostituta, ao apagar a diferença entre posar para retratos e posar para nus, Vincent conseguiu transformar as insinuações lascivas de Sensier numa espécie de garantia de plena realização sexual e artística entre a legião de meretrizes da Antuérpia.

Na época em que ele chegou, esses fios de obsessão e desejo tinham se entretecido numa mania que o impelia dia e noite pelo emaranhado de ruas da cidade. Em todos os lugares onde havia gente reunida — em salões de baile, cafés, teatros de variedades —, ele escrutava as multidões em busca de mulheres, ora admirando suas "cabeças esplêndidas", ora avaliando a disponibilidade delas. "O que dizem de

Antuérpia é verdade", informou ele; "as mulheres são todas bonitas." Enviou a Theo longos catálogos das mulheres que observava: algumas "com aparência esplendidamente saudável", outras com "olhos pequenos cinzentos e inexpressivos". Preferia as "moças comuns" pela "força e vitalidade" e por seus "rostos feios e irregulares... vivos e maliciosos à Frans Hals". Admirava as escandinavas pelo cabelo loiro, que era seu preferido, mas as alemãs o deixavam "totalmente frio" porque, disse ele, "são todas feitas a partir do mesmo molde". Comparou inglesas ("muito claras, muito delicadas") e chinesas ("quietas feito camundongos, furtivas, miúdas, com uma natureza que parece de percevejo"). A variedade e a abundância delas o assombrava. "Não há como negar que podem ser lindíssimas... Se pelo menos eu tivesse meu sortimento de modelos!"

Quando as danças terminavam, era inevitável que essa frustração o conduzisse aos onipresentes bordéis da cidade. Admitiu a Theo que ficava "vagueando por inúmeras ruas e travessas" para "travar conhecimento com as prostitutas". Mesmo durante o dia, frequentava a zona do cais, onde as mulheres de rua atendiam 24 horas por dia aos marinheiros e suas necessidades que não conheciam hora. Procurou uma cafetina local — "uma lavadeira que conhece muitas mulheres" — e arranjou um encontro com um sujeito obscuro que lhe ofereceu "um par de putinhas muito bonitas" para pintar. "Suponho que são concubinas", especulou ele. Postava-se do lado de fora dos prostíbulos "em plena luz do dia", para observar o movimento e examinar as mulheres ofertadas. Essas vigílias, segundo ele, eram uma "caça a modelos", mas confessou a Theo que não queria só pintar as moças que via, e sim "tê-las".

Sempre que surgia uma oportunidade, ele se aproximava e fazia sua estranha proposta. Não tendo como pagar os honorários do sexo pelas horas de pose, certamente as importunava com os mesmos argumentos que repetia a Theo: que os retratos, além de estar na moda ("acompanhando os tempos"), eram úteis. Podiam ser colocados em cafés e restaurantes para atrair clientes, podiam ser dados de presente ou mesmo vendidos com lucro. Ao notar que os estúdios fotográficos locais tinham grande movimento nos retratos, Vincent discorria sobre as vantagens da pintura em relação à fotografia. "Os retratos pintados têm uma vida própria", pontificava ele, "vindo diretamente da alma do pintor, o que a [câmera] não consegue expressar." Além de oferecer pagamento aos modelos, propunha-se também a lhes dar seus retratos em troca de posarem — proposta um tanto assimétrica que mal conseguia disfarçar seu fundo sexual. Mesmo quando conseguia — quando alguma mulher ia a seu ateliê —, ele enfrentava a barreira adicional de persuadi-la a tirar a roupa. Ainda assim persistia, convencido de que, "se ao menos eu conseguisse um modelo bem barato, não teria nenhum receio".

O olhar obsessivo de Vincent isolava as mulheres mesmo nas pinturas que via. Numa cidade cheia de obras-primas de todos os gêneros e em todos os estilos ao longo de quinhentos anos, ele via apenas retratos — especificamente femininos — por toda parte. Desde o panorama de Henri Leys com a vida medieval nas ruas da Antuérpia a museus repletos de preciosidades da arte flamenga, ele comentava apenas as figuras femininas: uma Maria Madalena loura de Quentin Matsys, uma santa Bárbara encantadora de Van Eyck. Apreciava sobretudo o retrato de uma prostituta feito por Rembrandt. "[Aquela] cabeça de puta de Rembrandt me impressionou de um modo tão profundo", explicou ele, "porque ele captou aquele sorriso misterioso de maneira indizivelmente bela."

Nas cartas a Theo, já não apareciam mais vinhetas de figuras ou cenas de camponeses e trabalhadores. Entre toda a arte "moderna" que via, falava apenas dos pintores de mulheres — Alfred Stevens, James Tissot, Octave Tassaert, Charles Chaplin. Elogiava-lhes a "delicada intuição da forma feminina" e os comparava aos grandes sensualistas franceses do século XVIII, Greuze e Prud'hon. Os retratos feitos pelos expoentes do academicismo, Ingres e David, não despertavam mais a enfurecida polêmica do verão anterior, e sim uma admiração invejosa dos belos modelos que tinham à disposição. "Oh, se ao menos a gente conseguisse ter os modelos que quer!!!", exclamou num gemido. Numa terra forrada de esculturas, desde as fantasias barrocas da família Quellinus aos nobres trabalhadores de Meunier, Vincent encontrou apenas uma digna de comentários: *O beijo*, de Jef Lambeaux. ("*Soberbo*", declarou.) A figura de uma jovem nua se esquivando envergonhada aos avanços de um galanteador apenas confirmava sua suspeita e inveja de que os escultores tinham acesso mais fácil a modelos nus do que os pintores.

A nova obsessão de Vincent o levou inexoravelmente àquele que talvez seja o maior pintor de mulheres de toda a arte ocidental: Peter Paul Rubens. De qualquer forma, sendo o artista mais famoso da Antuérpia, seria impossível evitá-lo. Suas telas heroicas e altissonantes de mulheres cheias de curvas e homens fazendo esforço físico povoavam a paisagem artística da cidade. Dos horrores voluptuosos do martírio aos bacanais de prazeres da carne, Rubens deixara sua marca nos muros de sua cidade de adoção. Mesmo antes de sair de Nuenen, Vincent havia concebido sua ida à Antuérpia como uma jornada pelo mundo da imaginação exuberante de Rubens — à maior distância possível do mundo escuro e claustrofóbico de *Os comedores de batatas*. Às vésperas da partida, ele escreveu a Theo: "Quanto a Rubens, estou com muita vontade de vê-lo". Não por causa de suas pinturas religiosas, que Vincent considerava "teatrais, e muitas vezes tremendamente teatrais no pior sentido do termo"; não pela seriedade dos temas; não pela qualidade persuasiva do pincel. "O que ele sabe pintar são *mulheres*", frisou Vincent. "É especialmente aí que ele mais dá o que pensar e onde é mais profundo."

Fiel à sua palavra, Vincent chegou à Antuérpia e logo foi procurar as mulheres de Rubens. Descreveu em detalhes extasiados duas louras de seios nus no primeiro plano do imenso *Cristo com santa Teresa no purgatório*. Comentou que eram "muito bonitas, mais belas que as demais... o melhor de Rubens". Voltou várias vezes ao museu para examinar essas e outras mulheres de Rubens, "repetidamente e à vontade". Estudou sobretudo o tratamento da carne feminina dado pelo mestre flamengo, elogiando-o como "*tão cheio de vida*", e repassou a Theo as lições que aprendera usando termos lascivos muito distantes das metáforas piedosas de Millet.

Visitou a catedral e se postou diante dos dois grandes trípticos centrais, *A elevação da Cruz* e *A deposição da Cruz*. Com a escala impressionante, a composição arrojada e a iluminação teatral, as duas imagens preenchiam a imensa catedral com um drama em cores que fascinava os visitantes fazia duzentos anos. Mas Vincent se sentiu decepcionado, sobretudo pela *Elevação*. "[Ele] tem uma peculiaridade que me chamou a atenção de imediato", reclamou ele: "Não há nenhuma figura feminina." Por outro lado, disse "amar" a *Deposição* por causa do "cabelo louro, do rosto e do pescoço claro" das duas Marias ao pé da cruz, acolhendo o corpo flácido de Cristo. Nada mais o comoveu na pintura: nem a delicada graciosidade da figura pálida e flexível escorregando sem vida em sua mortalha; nem a leveza com que seu pé encosta no ombro desnudo de Madalena; nem, principalmente, a representação vívida de uma dor inconsolável. "Nada me toca *menos* do que Rubens expressando o sofrimento humano", desfechou Vincent. "Mesmo suas mais belas Mater Dolorosas ou Madalenas arrependidas sempre me lembram apenas as lágrimas de uma prostituta bonita que contraiu uma doença venérea ou algum desses pequenos contratempos da existência humana."

Quando o próprio Vincent pegava o pincel, eram as mesmas obsessões que lhe guiavam a mão. O mesmo poderoso amálgama de imperativos artísticos e sexuais se apropriou de todas as liberdades duramente conquistadas em Nuenen — adotando algumas e descartando outras. Suas breves incursões promissoras pela paisagem e pela natureza-morta terminaram logo depois de sua chegada à cidade. Exceto pelas tentativas iniciais de produzir imagens para turistas, dedicou todos os seus pensamentos e esforços aos retratos. Nas raras interrupções na caça a modelos, encontrou tempo para pintar apenas duas paisagens urbanas — as duas, cenas de telhados cobertos de neve, vistas pela janela dos fundos do edifício onde morava, imagens que remetiam diretamente à Schenkweg. Como em Haia, ele foi tomado pela convicção frenética de que, sem modelos, não faria nenhum progresso em sua arte ("Acima de tudo, acima de tudo, ainda não tenho modelos suficientes"), à qual se somava uma conveniente certeza de que a chave do sucesso comercial estava nos retratos.

Mas a nova missão fazia uma nova exigência à arte de Vincent: a precisão. As mulheres que aliciava queriam retratos agradáveis e lisonjeiros: registros idealizados, mas identificáveis, de seus encantos únicos — e não do temperamento único do artista. Fazia muito tempo que Vincent havia perdido as esperanças quanto à sua capacidade de criar tais "semelhanças" (como dizia em tom depreciativo), e sempre tomara cuidado para eximir seus retratos dessa particularidade exigida na arte retratística. Os seus, insistia ele, não eram retratos, e sim "tipos" ou "cabeças do povo": um pescador velho, e não o homem órfão Zuyderland com um chapéu de oleado; "uma mulher pobre com um ventre inchado", não Sien Hoornik grávida; "cabeças de camponeses", não a família De Groot.

Mesmo ao planejar sua campanha de pintar retratos na Antuérpia, ele receava as expectativas dos modelos: "Sei que é difícil satisfazer as pessoas quanto à 'semelhança'", escreveu na noite em que chegou, "e não ouso dizer de antemão que me sinto seguro nesse aspecto." A cada vez que uma mulher posava para ele, Vincent se debatia com os imperativos da realidade. Fazia e refazia perfis, narizes, olhos e linhas do cabelo, procurando a precisão que lhe escapava. A necessidade de agradar venceu a retórica valente do "*premier coup*" e do "num impulso só" que trouxera do Rijksmuseum em outubro. Apenas nas margens da imagem — nas dobras volumosas de uma blusa, nos recortes denteados de uma touca ou num cabelo ondulado — é que o pincel largo e impetuoso de Nuenen podia se reafirmar.

A nova missão libidinosa de Vincent pode lhe ter tolhido o pincel, mas fortaleceu sua paleta. Os modelos que mais desejava nunca tolerariam os tons "*de terre*" suportados por Gordina de Groot. Apenas uma vez, quando um velho foi ao ateliê logo após sua chegada, Vincent retornou ao familiar bistre e betume de suas cabeças de Nuenen. Na primeira vez em que uma mulher foi posar para ele, em meados de dezembro, Vincent lhe cortejou com cores vivas e torrentes de luz. Descreveu os resultados a Theo: "Pus tons mais claros na pele, branco tingido com carmim, vermelho-vivo, amarelo... Tons de lilás no vestido". Colocou-a não numa escuridão estigiana, e sim contra "um plano de fundo claro de amarelo-acinzentado".

Para deixar as cores ainda mais vivas e agradáveis, providenciou tintas melhores, convicto de que a cor "é o que dá vida" a um retrato. Descobriu o azul-cobalto ("uma cor divina"), o vermelho-carmim ("quente e vigoroso como vinho"), o amarelo-cádmio ("brilhante") e o verde-esmeralda. Em vez de misturá-los infindavelmente até virarem cinzentos, utilizou-os com ousadia: um vestido verde-jade com um laço escarlate. Aplicou as lições de Blanc e Chevreul à nova missão de agradar: realçando uma face rosada de ruge com um fundo verde-vivo ou o impulso amarelo de um pescoço com uma blusa lavanda. Em vez de finas gradações dos matizes, agora queria uma "cor menos forçada, menos difícil. Mais simplicidade". Agora tinha como metas, disse ele, a pele luminosa das mulheres de Rubens e as cores saturadas dos vitrais. Entre as obras modernas que viu, destacou as telas brilhantes e bruscas de Henri de Braekeleer, um artista da Antuérpia que pintava mulheres (inclusive prostitutas) em rajadas vivas de cores embebidas de luz.

Mas, por maior que fosse seu entusiasmo em adotar as novas cores, as novas tintas, a nova paleta e os novos heróis da Antuérpia, ele nunca perdeu de vista seu objetivo final. "Devemos chegar a um nível tal", escreveu convocando Theo para a nova missão, "que as moças vão começar a gostar que lhes pintem o retrato — tenho certeza de que há algumas que querem."

Mas poucas queriam. Apesar dos esforços hercúleos de Vincent, os modelos não apareceram. No primeiro mês, ele registrou apenas alguns visitantes pingados: o velho, uma senhora de idade, uma jovem e "meia promessa" de outra. No fim de dezembro estava desesperado. Usando um dinheiro extra que Theo lhe enviara, Vincent pagou uma corista do Café-concert Scala, um teatro de revista parecido com o Folies-Bergères, para vir posar no ateliê. Durante semanas ele a observara, apresentando-se no esplendor mourisco barato e de mau gosto do Scala e, desconfiava ele, agradando a clientes seletos depois da função. Quando ela chegou ao ateliê com sua basta cabeleira negra, com ar enfadado e de beicinho, pareceu a Vincent "bonita" e "espirituosa", mas também impaciente. Agitada pelo excesso de noitadas, não conseguia parar quieta. Não aceitou o champanhe que ele lhe ofereceu ("não me alegra, me deixa triste", disse ela) e declinou rapidamente seu convite a se despir.

Desanimado com as recusas, Vincent trabalhou com ardor para produzir "algo voluptuoso" que aplacasse sua modelo *ennuyée*: um contraste forte à moda de Rubens entre o cabelo "preto-azeviche", uma blusa branca e um "laço cor de fogo", com uma "cintilação dourada" como uma espécie de auréola, de um amarelo radiante "muito mais claro que o branco". Ela saiu do ateliê naquela noite com a pintura e uma promessa coquete de posar novamente (da próxima vez, em seu camarim). "*Sacrebleu*", exclamou para Theo logo que ela saiu. "Sinto a beleza infinita do estudo de mulheres... até a medula dos ossos." Mas não há nenhuma indicação de que tenham voltado a se encontrar.

No começo do novo ano, todos os grandiosos planos de Vincent tinham chegado ao mesmo beco sem saída. Não vendeu nada: nem as grandes pinturas que trouxera de Nuenen, como *A Bíblia*, nem seus queridos retratos, nem mesmo as pequenas vistas da cidade que havia feito com o único intuito de vender. Depois de palmilhar as ruas "friorentas e tristes" carregando seus castelos e catedrais, não havia encontrado um único negociante de arte que sequer expusesse e muito menos comprasse seus trabalhos. A ideia de pintar anúncios, de desenhar cardápios ou encontrar alunos se evaporou no calor de sua paixão por prostitutas e retratos. Cobiçando o sucesso dos fotógrafos retratistas, imaginou que conseguiria obter uma semelhança maior em seus trabalhos aplicando tinta direto nas fotografias ("pode-se obter um colorido muito melhor assim") ou simplesmente reacondicionando seus retratos e vendendo-os como "cabeças de fantasia". Quando planos assim falhavam, como acontecia invariavelmente, Vincent culpava a sovinice dos compradores, a desinformação dos galeristas, o mercado moribundo ou a decadência da arte moderna em geral. "Se mostrassem mais coisas e melhores", reclamou, "venderia mais... Os preços, o público, tudo precisa de renovação."

A seguir, o corpo o traiu. Depois de anos se vangloriando de sua sólida constituição "camponesa", Vincent começou a se queixar de fraqueza, que estava "tenso demais" e "nada bem". Agora, no inverno úmido e intenso da Antuérpia, o rigor da dieta milletiana de que tanto se orgulhava em Nuenen estava mais para um regime de desnutrição; mas seu estômago se revoltava contra alimentos mais nutritivos. Fumava cachimbo para acalmar a digestão, porém as gengivas inflamaram e os dentes ficaram bambos. Contraiu uma tosse seca e intermitente. Pela primeira vez, comentou que estava perdendo peso. A certa altura, deve ter sofrido erupções, úlceras ou lesões — como se todas as suas vagas aflições estivessem se manifestando fisicamente. Numa cidade portuária cheia de prostitutas e marinheiros, Vincent teve de procurar tratamento para o flagelo que afligia prostitutas e marinheiros de todo o mundo: a sífilis.

Sem dúvida temendo que Theo entendesse a doença como o preço de sua obsessão por meretrizes e questionasse todo o seu projeto retratista, Vincent lhe ocultou os sintomas e os tratamentos. Nada comentou sobre as consultas ao dr. Amadeus Cavenaille na Rue de Holland, a poucas quadras de seu ateliê; nada sobre os tratamentos no grande hospital Stuyvenberg ali perto; nada sobre a vergonha ou o medo perante o prognóstico incerto. Mas, numa época em que se associava automaticamente a sífilis à gonorreia (que Vincent já contraíra em Haia) e ambas eram condenadas como "monstruosidades" da natureza, o diagnóstico era inevitável e o tratamento, previsível: o mercúrio.

Fosse ministrado nas famosas pílulas azuis, em forma de pomada com um cheiro horrível ou em "fumigações" de vapores tóxicos (Vincent anotou esses tratamentos em seu caderno de desenhos com um nome só, *"bain de siège"* [banho de assento], com os respectivos horários marcados), o mercúrio podia apenas abrandar, mas não curar, a doença. Enquanto isso, o remédio infligia às vítimas uma fieira de sofrimentos, extensa como a de Jó, que rivalizava com a própria doença: desde a queda de cabelo e astenia sexual à insanidade e morte. Mesmo em doses moderadas, o mercúrio podia provocar cãimbras no estômago, diarreia, anemia, depressão, falência dos órgãos e diminuição da capacidade visual ou auditiva. O efeito colateral típico era a salivação — não apenas uma baba desagradável de se ver, mas baldes de muco ("resíduos liquefeitos da doença"), todo ele contaminado com o espiroqueta invisível, que banhava a garganta, a boca e as gengivas e gerava novas infecções, até que o orifício inteiro estourava numa úlcera só, enorme e malcheirosa.

Vincent nunca admitiu a doença nem o tratamento, mas não pôde ocultar ao irmão a devastação que se seguiu. O estômago já afetado se revoltou. Sua energia se acabou. Pela primeira vez na vida, queixou-se que estava se "sentindo fraco fisicamente". Com um contínuo e estranho "muco acinzentado" passando por elas, a garganta e a boca se encheram de chagas que o impediam de mastigar e engolir. Em poucos meses, os dentes moles começaram a apodrecer e cair. Antes de sair da Antuérpia em fevereiro, pagou cinquenta preciosos francos para que um dentista lhe arrancasse um terço dos dentes — um suplício pavoroso numa época em que as extrações eram feitas com alicates e tenazes, em geral tendo como única anestesia alguma bebida.

O Natal de 1885 trouxe outro tipo de tormenta. O fantasma do pastor Van Gogh veio assombrar o dia santo sobre o qual exercera tão longo domínio. Vincent se queixou de que foi perseguido por "certas lembranças [de como] o pai falava e agia em relação a mim" — tal como as lembranças perseguiam Redlaw em "O homem assombrado", seu conto favorito de Dickens. Para fugir às vozes do passado, deu longas caminhadas pelas ruas cheias de neve até o extremo da cidade. Mas tampouco no campo encontrou consolo, apenas uma "imensa melancolia". Inevitavelmente, recorreu a tavernas e bordéis para encontrar algum sucedâneo da alegria natalina. Apesar dos rogos de Theo, manteve-se inflexível na recusa em escrever à mãe ou às irmãs, mesmo no Dia de São Nicolau — uma blasfêmia contra a religião e a família, cujo alvo direto mirava o coração do finado pai. Vincent se considerava fadado a "um perpétuo exílio", condenado para sempre a "uma família mais estranha do que os estranhos".

O desalento se alastrou para todos os aspectos de sua vida. Enquanto as procissões de Natal percorriam as ruas lá fora e o Grote Markt ficava lotado de patinadores, Vincent se sentou no ateliê vazio e amaldiçoou o mundo. Amaldiçoou os comerciantes de arte, como Portier, que haviam faltado com ele; amaldiçoou os modelos que o apressavam e o saqueavam; amaldiçoou as prostitutas que recusavam seu dinheiro e os credores que o exigiam. Amaldiçoou todos os que escarneciam de sua pretensão de ser "um *verdadeiro* pintor". E, claro, amaldiçoou Theo. Nos votos cáusticos que lhe enviou, repreendeu o irmão pelo "descaso frio e insensível e [por] me manter à distância", e o censurou por ter tantas vezes "tomado o lado errado" — o lado do pai — contra ele. "Sempre e sempre", reclamou com Theo exatamente como fazia com Dorus, "você cai na velha crueldade em relação a mim." Revendo os anos anteriores àquele que estava por terminar, admitiu amargurado: "Não estou nem um pouco, literalmente nem um pouco, melhor do que estava há alguns anos".

Quanto mais soturna sua realidade, com mais força Vincent se agarrava à fantasia da realização artística e sexual por meio dos retratos. No finzinho de dezembro, quando persuadiu a moça do Scala a posar para ele, sua obsessão renasceu como uma fênix. Contra todo o peso dos fracassos, aquele único "sucesso" com uma corista revitalizou sua missão. Dizendo ser esse seu "maior desejo" e uma "necessidade absoluta", prometeu que continuaria sua busca de uma genuína "expressão de puta" entre as meretrizes da Antuérpia. Intimou Theo a mais uma rodada de paciência e sacrifício ("Preciso abrir um pouco minhas asas") e redobrou as promessas de sucesso financeiro e triunfo artístico. E desafiou o irmão: "Deve-se almejar algo elevado, genuíno e notável, não é verdade?".

Mas Theo estava com outras ideias.

Em janeiro de 1886, Theo disse a Vincent que deixasse a Antuérpia.

Os irmãos estavam rumando para um confronto aberto desde o instante em que Vincent chegou. Quase imediatamente, seus pedidos insaciáveis de mais modelos e mais dinheiro tinham lançado os dois em mais outra batalha renhida. As incessantes insinuações sexuais e as narrativas despudoradas da caça a modelos entre os bordéis da cidade tinham feito disparar os sinais de alarme do passado. A cada indício de preocupação ou desagrado, claro, Vincent arremetia com um turbilhão de protestos raivosos, acusando o irmão de se esquecer dele, de lhe sufocar a arte, de lhe bloquear a carreira e sabotar seus esforços de "reconquistar algum crédito". Numa das refregas mais estridentes em muitos anos, advertiu Theo que não interferisse em sua mais nova obsessão. "*À tout prix*", ameaçou ele, "quero ser eu mesmo. Também estou me sentindo obstinado e não me importa mais o que as pessoas dizem sobre mim ou meu trabalho."

A discussão atingiu o auge logo depois do Ano-Novo, quando Theo ameaçou lhe retirar o sustento se Vincent não abandonasse seu plano absurdo e espantoso de pagar prostitutas para posar. O plano não só não fazia nenhum sentido comercial (ao dar os retratos para os modelos, no fundo Vincent lhes pagava duas vezes), mas também redespertava o fantasma de Sien Hornik e a possibilidade de mais um escândalo. "Não podemos fazer isso", escreveu Theo no começo de janeiro. "Não temos dinheiro — não há nada a fazer. Digo 'Não'." Mas Vincent não se convenceu. Explodindo de indignação, disse que Theo era um "bronco e cabeça-dura impotente" e, num gesto surreal de desafio, proibiu-o de vetar o plano.

A saúde de Vincent foi a gota d'água. Mais do que as acusações furiosas de intromissão ou do que as ríspidas crispações do Natal, as notícias vagas sobre a doença e suas bravatas por estar passando fome tinham um tom sinistro. Quando escreveu que usaria qualquer verba extra não para comprar comida, e sim para "sair imediatamente numa caça a modelos e continuar até acabar todo o dinheiro", não restou escolha a Theo além de intervir. Sem dúvida antevendo mais uma espiral de excessos autodestrutivos, disse a Vincent que saísse da cidade por causa da saúde. "Se você ficar doente", escreveu ele, "estaremos em pior situação." Convencido da capacidade restauradora da natureza e sem conhecer toda a extensão do banimento do irmão de Nuenen, insistiu que Vincent voltasse ao campo.

A solicitação desencadeou uma tempestade feroz de protestos. Até então, Vincent declarava que ficaria pouco tempo na Antuérpia — "uns dois meses", no máximo. A diretriz de Theo mudou tudo. "Não creio que você possa esperar sensatamente que eu volte ao campo", retrucou de imediato, "vendo que todos os anos futuros vão depender muito das relações que preciso estabelecer [na Antuérpia]." Num frenesi para preservar a vida de retratos, modelos e prostitutas com que ainda sonhava, Vincent acusou Theo de "fraquejar" e "perder a coragem", e apresentou sua permanência na Antuérpia como imperativo financeiro e artístico. "A melhor coisa para mim, de longe, seria ficar aqui *por muito tempo*", agora frisava, "pois os modelos são bons... Voltar ao campo agora resultaria em estagnação."

Situações extremas exigiam providências extremas. Em meados de janeiro, Vincent fez algo que jurara nunca mais fazer: matriculou-se numa escola de arte. Não só uma simples escola de arte, mas a antiga e prestigiosa Academia Real de Arte, a resposta da Antuérpia à lendária École des Beaux-Arts de Paris. Ainda em novembro de 1885, poucos dias antes de chegar à Antuérpia, Vincent tinha descartado a ideia de uma formação acadêmica: "Não iriam me querer na academia, nem eu iria querer entrar lá". Depois da humilhação sofrida na Academia de Bruxelas em 1881 e de anos de ríspidas discussões com Rappard sobre a técnica acadêmica, suas críticas a escolas como a Academia Real da Antuérpia tinham se tornado ainda mais contundentes. Era veemente em condenar seus alunos como "*artistas de gesso*" e ridicularizava o ensino como "supérfluo" para a arte moderna. "Por mais correta que possa ser uma figura em termos acadêmicos", escrevera seis meses antes de se matricular na Academia da Antuérpia, "falta-lhe o aspecto moderno essencial, o caráter íntimo, a ação real."

Mas esse evangelho tinha sido substituído por outro. O estudioso da charneca se transformara no estudioso do corpo feminino; o discípulo de Millet se tornara discípulo de Rubens. Vincent faria qualquer coisa para proteger sua missão entre as prostitutas da Antuérpia. Além disso, podia aprender alguma coisa sobre as "semelhanças" precisas e atraentes na pintura, o que facilitaria a procura de modelos. Para explicar essa súbita reviravolta, encheu as cartas a Theo de argumentos apaixonados, súplices e às vezes contraditórios, todos culminando num único e simples pedido: "Deixe-me ficar".

A matrícula na Academia abriria um mundo de "novos amigos e novas relações", escreveu ele, prometendo pôr fim a anos de solidão artística. "É uma boa coisa ver muitos outros pintando... É preciso viver no mundo dos artistas." O retorno a esse mundo o faria se vestir melhor, garantiu ao irmão, e lhe faria recobrar o "ânimo". Morar na cidade lhe permitiria deixar de lado a melancolia do Natal e as obsessões da charneca, alegou, e morar como estudante significaria economizar no aluguel (deixaria de exigir um ateliê maior), nos materiais de pintura e, sobretudo, em modelos. "Espero que me permitam pintar modelos o dia todo na academia, o que vai facilitar as coisas para mim, pois os modelos são tão tremendamente caros que meu bolso não aguenta a pressão." Recuperando a autoconfiança e a serenidade, o sucesso estaria próximo. "Não poderia haver atalho mais curto para progredir", assegurou mais uma vez a Theo. "Este é o caminho."

Em 18 de janeiro de 1886, Vincent começou a frequentar as aulas no inconfundível edifício da Academia na Mutsaertstraat — uma fachada ao estilo de Palladio acrescentada à igreja de um mosteiro medieval. Disse a Theo que havia se inscrito

Sala de modelos de gesso na Academia da Antuérpia.

em dois cursos: à tarde, aulas de pintura com Charles (Karel) Verlat, o diretor da escola; à noite, aulas de desenho no curso chamado "*antiek*", em que os estudantes desenhavam apenas a partir de gessos de esculturas antigas. Deixando de lado seu velho antagonismo contra qualquer tipo de formação, Vincent enviou notícias de grande satisfação ("Estou muito contente por ter vindo"). Descreveu-se como um homem mudado: não mais um solitário melancólico e beligerante, mas um aluno dedicado cercado de colegas e até amigos artistas. Ingressou em dois clubes de desenho: grupos informais organizados por estudantes, que se encontravam tarde da noite para desenhar modelos, avaliar trabalhos uns dos outros e manter convívio social. "É uma tentativa de entrar em contato com as pessoas", assegurou a Theo.

Sumira também o iconoclasta raivoso, que afugentara família e amigos com suas ideias esquisitas e autoritárias sobre a arte. Quando os instrutores lhe davam conselhos "severos", informou Vincent, ou criticavam suas tentativas, ele não levava a mal e não tomava como provocação, e sim como oportunidade. "Tenho novos olhos para meu trabalho", escreveu radiante. "Posso julgar melhor onde estão os pontos fracos, o que me permite corrigi-los." Nem mesmo a intensa concentração da academia no desenho a partir dos moldes de gesso (a mesma questão que levara à ruptura definitiva com Mauve) conseguia toldar o discurso de contentamento de Vincent. "Observando-os outra vez, com atenção", escreveu a respeito da vasta galeria de gessos da escola, "fico admirado com o maravilhoso conhecimento e o justo sentimento dos antigos."

Não podia ter sido mais claro, mas mesmo assim frisou para o irmão cauteloso: "Talvez aqui, afinal, eu me sinta em casa". Não haviam se passado nem duas semanas desde a primeira aula, e ele escreveu uma longa carta suplicante a Theo:

> Peço-lhe encarecidamente, em nome de um bom resultado, que você não perca a paciência nem o ânimo; estaríamos nos aviltando se perdêssemos a coragem no exato momento em que poderíamos ganhar certo prestígio ao mostrar que sabemos o que queremos, que ousamos fazer e levar em frente alguma coisa.

Ninguém menos que o diretor Verlat o aconselhara a ficar na Antuérpia pelo menos um ano, disse Vincent, desenhando apenas gessos e nus. "Então voltarei a meu outro trabalho ao ar livre ou a meus retratos como homem totalmente diferente", apregoou ele. Mais do que qualquer outra coisa, precisava praticar, e "isso é uma questão de tempo". "Ficar aqui por algum tempo é para meu próprio bem... Repito, estamos no caminho certo."

Na verdade, a catástrofe já chegara.

Charles Verlat entrevistava todos os estudantes aceitos em suas aulas de pintura. Não era fácil prever suas decisões. Tinha um intelecto vigoroso, inquiridor, "um gosto pelo novo e desconhecido", segundo um biógrafo, mas também alimentava convicções fortes e era de gênio irascível. Pessoalmente, ele se via como um paladino da cultura flamenga e, ao mesmo tempo, guia de jovens artistas do mundo inteiro — aceitava legiões de estrangeiros, sobretudo ingleses, nos cursos da Academia. Embora formado em Paris e criado no rígido academicismo herdado dos séculos anteriores, era a favor do fomento a todos os tipos de talento e compreendia os limites da formação artística. Acreditava que a pessoa "já nasce artista, não se transforma em artista". Ainda que admirasse Ingres, Flandrin, Gérôme e outros astros do firmamento acadêmico francês, tinha sido amigo do devasso Courbet e chegara a expor com ele. Em sua carreira conhecera não só o sucesso e a fama, mas também a controvérsia e o fracasso. Evitava os "modismos" dos movimentos artísticos, mas aceitava a lição da nova arte: que os artistas deviam ter liberdade de encontrar seu próprio estilo criativo. O requinte, dizia ele, importava menos do que a capacidade de "instilar vida em algo e transpor claramente [seu] caráter e sentimento".

Vincent, com sua pasta cheia de desenhos toscos e retratos pintados grosseiramente, todos transpostos com "caráter e sentimento", mas com pouco requinte, pode ter constituído um autêntico dilema para o diretor. No outono anterior, uma ampla revisão das normas da academia havia modificado muitos dos velhos critérios, ampliando a aceitação de um leque mais amplo de candidatos. O anglófilo Verlat podia ter olhos favoráveis ao inglês perfeito de Vincent, e os sobrenomes Van Gogh, Goupil, Mauve e Tersteeg se destacariam em qualquer currículo. Mas, mesmo que Verlat tivesse se disposto a dar uma chance à sinceridade de Vincent e a suas promessas de trabalhar com afinco, dificilmente permitiria que novos candidatos ingressassem direto em seu curso. Tinha como hábito enviar artistas com treinamento muito maior que o de Vincent para frequentar pelo menos durante algumas semanas o *antiek*, para demonstrar o domínio do desenho, que Verlat considerava "mais útil" para um pintor "do que saber ler e escrever". Teria sido de fato extraordinário que um calouro como Vincent fosse admitido de imediato no curso de pintura ao vivo do mestre.

E, de fato, não foi. Ao contrário do que afirmou várias vezes a Theo, Vincent nunca chegou a ser aceito no curso de Verlat. Quer tenha sido recusado ou nunca tenha se candidatado (o período letivo estava para terminar), o fato é que Vincent iniciara sua carreira na Academia partindo de uma mentira desesperada. Foi aceito, realmente, para o curso noturno de desenho, o *antiek*, decisão para a qual Verlat pode ter contribuído, mas não foi autorizado a pintar na Academia, nem poderia trabalhar com modelos-vivos. Apesar disso, continuou a manipular Theo com cartas em que se gabava do afinco com que se dedicava ao "curso de pintura", comentando as alegrias de "ver de novo o nu" e os desafios de "acompanhar" o novo instrutor exigente. "Agora faz alguns dias que estou pintando na academia", escreveu ele, "e devo dizer que estou gostando muito."

Segundo o relato de uma testemunha ocular, o primeiro contato de Verlat com o estranho estudante holandês foi súbito e inesperado e se deu algum tempo depois daquela carta tranquilizadora a Theo. Num gesto que deve ter sido um esforço derradeiro para dar veracidade à história que contara a Theo, um dia Vincent apareceu no ateliê de pintura da Academia, com suas tintas e paletas, logo depois que Verlat tinha colocado dois modelos masculinos, nus até a cintura, em pose de luta. Numa sala apinhada com sessenta pintores com suas telas e cavaletes, de início o professor não notou o intruso. Mas outros notaram. "Van Gogh chegou uma manhã, vestido com uma espécie de bata azul", contou um colega, entrevistado décadas mais tarde.

> [Ele] começou a pintar febrilmente, exaltadamente, numa velocidade que [nos] assombrou. Tinha aplicado o empastamento em camadas tão grossas que as tintas da tela pingaram no chão, sem exagero.
>
> Quando Verlat viu esse trabalho e seu criador extraordinário, perguntou em flamengo, um tanto transtornado: "Quem é você?".
>
> Van Gogh respondeu com toda a calma: "*Wel, ik ben Vincent, Hollandsch*" ["Bem, sou Vincent, holandês"].
>
> Então, o diretor muito acadêmico, apontando para a tela do recém-chegado, declarou com desdém: "Não posso corrigir essas porcarias. Meu rapaz, vá correndo fazer o curso de desenho".
>
> Ruborizado, Van Gogh conteve a raiva e saiu depressa da sala.

Fosse ou não por ordem de Verlat, de fato Vincent se matriculou num segundo curso de desenho, logo após a cena no ateliê de pintura. Era mais um curso de *antiek*, que o restringia ao acervo de gessos da Academia. (O curso no qual ele se inscrevera inicialmente também estava no fim e, ademais, Vincent já tinha entrado em choque violento com o instrutor, François Vinck.) O novo curso, com aulas à tarde e não à noite, continuava onde Vinck tinha parado. Só que, para Vincent, a aposta agora era dobrada. Se não se saísse bem, a única coisa que teria a contar para Theo seriam mentiras.

Mas os mesmos problemas que o haviam perseguido durante anos continuaram a acompanhá-lo no grande pátio das esculturas. Os modelos monumentais de gesso branco leitoso que ficavam no centro da sala, entalhados em alto-relevo sob a luz brilhante de um refletor a gás, escapavam à sua mão como os pobres inquietos de Haia e os camponeses de Nuenen. E na Schenkweg e na Kerkstraat, ele não tinha Eugène Siberdt olhando por cima do ombro. Caxias meticuloso de pincenê e penteado Pompadour, Siberdt não sabia o que fazer com aquele "homem desgrenhado, nervoso e inquieto" que, segundo um colega de turma, "caiu feito uma bomba" naquele santuário da perfeição clássica. No começo se trataram com cautela, mas o choque era inevitável. Vincent resmungou: "Eu o irrito e ele a mim".

Siberdt dava aos alunos o prazo de uma semana inteira de aulas — dezesseis horas — para terminar um único desenho. Vincent trabalhava com uma fúria que assombrava e distraía a turma, enchendo folhas e folhas sem retocar, rasgando os desenhos que não o agradavam ou simplesmente os jogando por cima do ombro. Siberdt circulava pela sala, incentivando os alunos a estudar atentamente os modelos de gesso e "*prendre par le contour*" (acompanhar o contorno) — isto é, encontrar as linhas que expressassem à perfeição o perfil, a proporção e a forma de onde brotava todo o resto. Proibia o uso de qualquer camuflagem que pudesse interferir na busca da linha perfeita: nada de tentos para apoiar a mão, nada de hachuras, nada de pontilhados, nada de sombreados a giz ou esfumados. "Primeiro façam um contorno", orientava ele. "Não vou corrigir se vocês fizerem a modelagem antes de ter definido seriamente o contorno."

Mas Vincent só conhecia camuflagens. Todas as suas figuras nasciam do ardor de tentar — dos incansáveis esforços, usando todos os meios e materiais disponíveis, de criar uma imagem convincente. Onde Siberdt exigia simplicidade — linhas pretas num fundo branco —, Vincent só podia lhe dar sombras. Onde Siberdt exigia perfeição, Vincent só podia produzir aproximação. Diante da anatomia lisa e da torção elegante de um discóbolo do século v a.C., Vincent desenhou um semeador fornido e de nádegas largas, a musculatura desenhada com pregas tão fundas como o sobretudo de um homem órfão, contra um fundo hachurado e sombreado com gradações do cinza até quase o preto. Quando Siberdt tentou corrigir seus estranhos procedimentos, Vincent respondeu com objeções tão veementes que Siberdt pensou que ele estava "zombando do professor". Vincent intensificou o confronto apregoando sua heresia da "modelagem vigorosa" entre os colegas de classe e dizendo que os métodos de Siberdt estavam "absolutamente errados".

Em semanas, se não em dias, o conflito eclodiu. Quando a turma foi apresentada a um gesso da Vênus de Milo como modelo, Vincent pegou o lápis e desenhou o torso nu e sem membros de uma camponesa do Brabante. "Ainda posso vê-la diante de mim", relembrou um colega, "aquela Vênus atarracada com uma pélvis enorme... uma figura extraordinária, de traseiro gordo." Outro estudante comentou que Vincent transformara uma "bela deusa grega" em "uma robusta matrona flamenga". Quando Siberdt viu esse desafio de provocação, lançou-se sobre a folha de Vincent com seu creiom, fazendo correções tão frenéticas que rasgou o papel. Vincent partiu para o confronto. "Foi tomado de uma raiva violenta", segundo uma testemunha, "e gritou para o professor horrorizado: 'Você claramente não sabe como é uma jovem, *maldito seja*! Uma mulher precisa ter ancas, nádegas, uma pélvis onde possa carregar um bebê!'."

Segundo alguns relatos, essa foi a última aula de Vincent na Academia.

Mesmo assim, continuou a trabalhar, todas as noites percorrendo um longo estirão até os dois clubes de desenhos que se reuniam madrugada adentro, um deles

Mulher nua de pé (vista de lado), janeiro de 1886, lápis sobre papel, 50,16 × 39,68 cm.

numa velha casa histórica no Grote Markt. Os estudantes tinham formado essas oficinas de trabalho e convívio informais e errantes justamente para fugir às restrições sufocantes do sistema da Academia. Os membros faziam vaquinha para pagar modelos e canecos de cerveja a rodo. Não só permitiam que as mulheres posassem nuas, como as encorajavam vivamente (embora não fossem aceitas como sócias do clube), mas era mais frequente que a turma tivesse de se contentar com um homem, às vezes até mesmo um deles. Regadas a bebidas, conversas e tabaco, as reuniões eram turbulentas, amigáveis e informais — ambiente perfeito para a experimentação artística.

Mas mesmo ali, longe da rigidez "odiosa" dos professores, Vincent só encontrou rejeição e fracasso. Desde o instante em que irrompeu pelas portas da Academia com seu rolo de desenhos estranhos e pinturas esquisitas debaixo do braço, os colegas evitavam sua companhia e se divertiam com seus modos "incrivelmente peculiares". Anos depois, um deles ainda lembrava seu espanto ao ver pela primeira vez aquele excêntrico visitante chegado das charnecas:

Ele entrou arremetendo feito um touro bravo numa loja de porcelanas e abriu seu rolo inteiro de estudos no chão... Todos se amontoaram em volta do holandês recém-chegado, que mais parecia um camelô de oleados, desenrolando e estendendo num mercado de pulgas suas amostras de toalhas de mesa dobráveis em liquidação...

De fato, que espetáculo cômico! E que efeito causou! A maioria da rapaziada se escangalhou de rir.

Logo a novidade de que tinha aparecido um maluco se espalhou feito incêndio por todo o prédio, e as pessoas olhavam Vincent como se fosse um espécime raro da coleção de "prodígios humanos" de um circo ambulante.

No começo, Vincent tentou conquistar seus torturadores, em sua maioria com uns dez anos a menos que ele. Num ano de disputas trabalhistas que desencadeariam a primeira greve geral na história da Bélgica, contou-lhes animadamente suas experiências entre os mineiros do Borinage e tentou lhes inspirar uma mesma solidariedade artística. Rejeitado como "aberração", voltou-se, o que era inevitável, para os outros estrangeiros dos clubes, em especial o grande contingente de ingleses com que compartilhava a língua e o exílio. Tal como Vincent, eles tinham trocado os rigores de suas academias natais pelas regras mais liberais e pelos modelos nus da Antuérpia. Uma noite, chegou a posar para um rápido retrato em aquarela, feito por um jovem estudante inglês chamado Horace Mann Livens.

Mas não ficou claro se Livens pretendia registrar ou zombar do rosto curtido de Vincent. Mais tarde, outros colegas do clube recordaram divertidos como o retrato de Livens havia captado à perfeição "a cabeça rosada chata, o cabelo amarelo, o rosto anguloso, o nariz pontudo e a barba mal aparada". Entre todos os colegas, Livens foi o único com quem Vincent manteve alguma correspondência depois de sair da Antuérpia. Seis meses mais tarde, ele lhe enviou de Paris uma única carta, melancólica ("Há de lembrar que eu gostava de sua cor, de suas ideias sobre a arte e a literatura e, acrescento, de grande parte de sua personalidade"). A missiva ao rapaz de 23 anos de idade não começava com "Caro Horace" nem "amigo", e sim com o tratamento formal "Meu prezado sr. Livens".

Retraindo-se diante da impaciência dos professores e da intolerância dos colegas, Vincent se recolheu cada vez mais no silêncio. Ainda ia todas as noites aos clubes, agarrando-se ao último resquício da vida artística que prometera a Theo. Mas, em geral, ficava sentado no canto, desabafando furiosamente seus desafios com lápis e carvão. Fosse desenhando um trabalhador entediado ou um colega arrogante, Vincent formulava seus argumentos em traços enérgicos, contornos irregulares, sombreamentos carregados, hachuras livres e materiais diversos — uma orgulhosa retomada dos camponeses de Nuenen em novos trajes. Quando afinal teve oportunidade de desenhar uma mulher nua, desforrou-se de professores e colegas com um musculoso e anguloso monumento de carne e fecundidade.

Longe de ganhar adeptos, essas imagens provocadoras só fizeram aumentar a distância entre Vincent e os colegas. Estes entendiam seu silêncio como inimizade, e sua perseverança como arrogância. "Ele fingia não [nos] notar", lembrou um deles, "e apenas se recolhia ainda mais naquele silêncio estoico que logo lhe valeu a fama de egocentrismo."

No começo de fevereiro de 1886, sua vida fictícia na Antuérpia estava desmoronando por todos os lados. Fora expulso de um curso, humilhado em outro e aguardava enraivecido seu desligamento de um terceiro. Os colegas desprezavam sua companhia e escarneciam de sua arte. Não encontrara nenhum galerista receptivo, nenhum contato, nenhum diletante disposto a lhe pagar para ter aulas com ele. Fingiu submeter um desenho ao *concours*, o concurso que encerrava o período letivo, mas zombando de si mesmo por tentar ("Tenho certeza de que vou ficar em último lugar"). De qualquer forma, não estaria preparado para ouvir os jurados lhe recomendarem que voltasse a um curso "de nível elementar", para aprender a desenhar com uma garotada de dez anos de idade.

Enquanto isso, aumentava a impaciência de Theo com a falta de progresso do irmão. Começou a questionar tudo, desde a dificuldade dos cursos de Vincent até sua força de ânimo. A discussão sobre dinheiro se acalorou conforme aumentavam as despesas inexplicadas de Vincent (remédios, tratamentos, álcool, tabaco, prostitutas) e diminuía a possibilidade de vender seus trabalhos. Ao mesmo tempo, o objeto de todos os esforços de Vincent — e boa parte de sua mesada — lhe escapava cada vez mais por entre os dedos. Nunca mais teve notícias da corista do Scala, e nenhum de seus planos de retratos das "sapecas" ou de outros "intercursos com mulheres" se materializou. Os problemas de saúde e os recursos minguantes se somaram para impossibilitar qualquer forma de vazão sexual, exceto uma.

Os dentes que tão constantemente citava como símbolo de sua virilidade apodreceram e caíram. O rosto ficou murcho, o estômago doía, seu físico indestrutível ficou fraco e febril. Mas não podia revelar a razão a Theo. Pelo contrário, continuava a bravatear nas cartas que estava "mantendo a coragem", "fazendo progressos" e "evitando uma doença de verdade". Dividido entre tranquilizar o irmão e prepará-lo para a crise que avultava, enviou uma enxurrada de cartas contraditórias: amargas reclamações sobre as ofensas que sofria, mas envolvidas em declarações de que mantinha a calma, a serenidade e a confiança no futuro. "Continuo me sentindo satisfeito por ter vindo para cá", insistiu ele. "Há uma espécie de ressurreição na atmosfera."

Conforme se ampliava o abismo entre sua vida real e sua vida imaginária, a ilusão se aprofundava. Como em Drente, onde o paraíso nas cartas combatia o inferno em sua mente, algo teria de ceder.

"É um colapso *absoluto*", informou no começo de fevereiro. "Chegou tão inesperadamente."

O que desencadeou esse colapso? Era outra emboscada metafórica, como em Drente? Ou talvez algo mais grave? Pelo menos uma vez naquele inverno, Vincent foi visto bêbado em público. Outra vez, por razões ignoradas, ele anotou na agenda o endereço de uma delegacia local. Pode ter sido apanhado de surpresa por uma leve sugestão, numa das cartas de Theo, de que estaria fazendo a corte a Johanna Bonger. No contexto em que estavam, de mútuo afastamento, esse tipo de notícia traria a ameaça mais temível de todas: o abandono. Ou talvez tenha sido algo simples e corriqueiro, como ver sempre no espelho o rosto cadavérico e desdentado. "Parece que estive dez anos na prisão", gemeu Vincent, como se estivesse se vendo pela primeira vez. "Há algo de duro e desajeitado em mim."

Nas semanas seguintes, foi perseguido pela imagem da decadência. Tentou atribuir o colapso à falta de comida, ao excesso de tabaco e aos nervos delicados. "As pessoas nervosas são mais sensíveis e refinadas", disse ele. Mas, em momentos em que baixava mais a guarda, o tema do nervosismo cedia ao medo da loucura. O que mais poderia se esperar de um homem que tem "comido por anos *de la vache enragée* [o pão que o diabo amassou]", perguntava-se ele. Às vezes, fingia acreditar que, se melhorasse a aparência externa, todos os seus problemas se resolveriam. Mas outras vezes admitira que o rosto estranho no espelho mostrava "uma vida difícil e atormentada, muita preocupação e sofrimento, e nenhum amigo", e que nada o poderia "curar ou salvar". Vagueava pelas ruas invernais perseguido por imagens de agonia e morte: desde os dignos falecimentos de grandes artistas ("eles morrem como morrem as mulheres... feridos pela vida") ao suicídio preventivo de uma moça devastada pela tuberculose. A morte pairava também em seu cavalete. Em algum momento daquele inverno, em algum lugar da Antuérpia, armou uma tela na frente de um esqueleto, pôs-lhe um cigarro entre os dentes e se lançou ao primeiro autorretrato.

Como em Drente — última vez em que temia ter "perdido toda chance de felicidade... fatal e irrevogavelmente" —, recorreu a Theo. Dessa vez, o grito não partiu da charneca solitária, mas das ruas apinhadas da Antuérpia. E, em vez de um

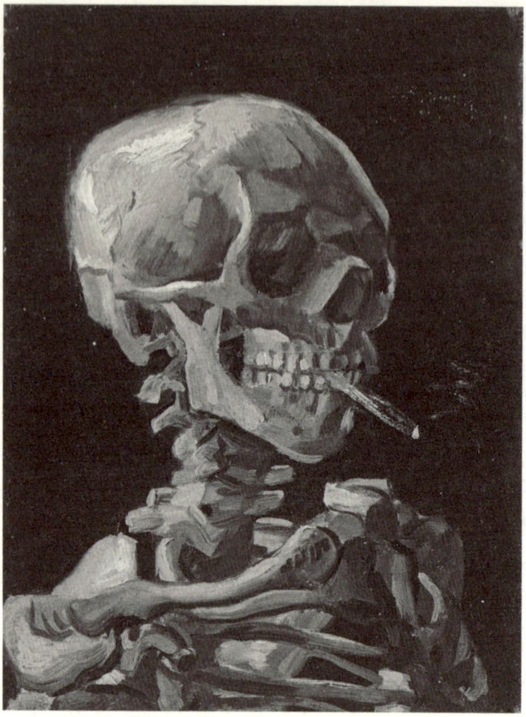

Cabeça de esqueleto com cigarro aceso, janeiro-fevereiro de 1886, óleo sobre tela, 32,7 × 23,49 cm.

pedido exortador — "venha ficar comigo" —, era uma súplica queixosa e pungente: "deixe-me ir ficar com você".

Os dois irmãos vinham se altercando sobre a ida de Vincent a Paris desde 1880 — embora nenhum dos dois o quisesse. Theo o convidara várias vezes, sempre que a arte ou os gastos de Vincent se desequilibravam e saíam de controle; para que o salário dele desse para sustentar os dois, a única alternativa parecia ser morarem juntos, para diminuir as despesas. Mas os convites de Theo vinham sempre acompanhados de um suspiro de resignação e uma ponta de censura, nunca num espírito de verdadeira acolhida. E por isso mesmo Vincent nunca os aceitou. Pelo contrário, invariavelmente esperava até que Theo deixasse de lhe dar dinheiro ou apoio, e aí usava a ameaça de ir a Paris para manipulá-lo e levá-lo a fazer concessões.

E assim prosseguiam o jogo — no Borinage, em Bruxelas, em Drente, em Nuenen —, os dois blefando e forçando um empate a cada vez, até que Paris assumiu um significado muito mais amplo do que ser a meca dos artistas de todo o mundo. Para

Theo, Paris viera a representar seus esforços baldados de promover a autonomia financeira de Vincent; para Vincent, significava a rendição não só de sua independência, mas também de todas as suas candentes defesas do princípio artístico e do sucesso que acabaria vindo. Para ambos, Paris se tornara um reconhecimento do fracasso.

A rodada mais recente em que tinham se enfrentado se deu em janeiro. Em sua iludida determinação de salvar o projeto retratista, Vincent insistira mais uma vez que Theo deixasse a Goupil e viesse abrir uma galeria na Antuérpia. Quando o irmão respondeu dizendo a Vincent que voltasse para a Holanda, ele ameaçou na mesma hora ir a Paris — "sem nenhuma hesitação". E não sairia barato, avisou. Precisaria "trabalhar sistematicamente com modelos, o máximo possível" — e os modelos não saíam de graça, como era na Academia. Além disso, ia precisar de "um ateliê bastante bom para poder receber as pessoas".

Theo propôs uma negociação: Vincent iria a Nuenen por alguns meses, para ajudar a mãe a preparar uma mudança para Breda, e depois iria a Paris, talvez até para trabalhar num ateliê importante. Acenou com o nome de Fernand Cormon, dono de um ateliê que Vincent conhecia de longa data pela fama de ter regras liberais e modelos nus. Mas ele não aceitou a isca. Zangado, desfez das objeções de Theo à Antuérpia, reiterou que estava satisfeito com sua vida ali e, desafiador, declarou suas intenções de ficar "pelo menos um ano". Quanto a Paris, disse em tom desdenhoso, "ainda não chegamos lá".

Mas tudo mudou no começo de fevereiro. Como em Drente, Vincent saiu de sua crise como outro homem. Depois de meses do pinga-pinga de uma carta por semana, por dever de obrigação, ele afogou o irmão com sete longas cartas súplices em apenas uma quinzena. Acabaram-se as justificativas em tom de repreensão e as gritarias por dinheiro. Em vez disso, as páginas transbordavam de argumentos cerrados e implorantes — não para ficar na Antuérpia, mas para ir a Paris. "Se desse para morarmos na mesma cidade", escreveu numa mudança radical de posição, "por certo seria de longe a melhor coisa."

Além de aprovar o plano de Theo quanto ao ateliê de Cormon, Vincent escreveu longos parágrafos dizendo que seria "crucial" para seu projeto artístico. Suas exigências rebarbativas de um ateliê próprio foram substituídas por apelos à prudência e à economia. Bastaria um único aposento, garantiu a Theo. "Qualquer coisa servirá." Quanto à Antuérpia, desculpou-se por não ter feito maiores progressos e admitiu humilde o "desapontamento" com sua estada lá — outra mudança radical de posição. Embora nunca tenha admitido o fiasco na Academia (fez Theo crer que continuava matriculado), desistiu da história de sucesso que tinha inventado e deu ao irmão um raro vislumbre de seu verdadeiro mundo: "Se eu não for para Paris, tenho medo de criar uma confusão e continuar andando em círculos, cometendo os mesmos erros".

Agora, o que mais importava era se juntar a Theo. "A união faz a força", exclamou, retomando o apelo que fizera em Drente. Invocou a visão da estrada de Rijswijk ("É uma ideia tão esplêndida, esta, de trabalhar e pensar juntos") e citou emocionado outros pares de irmãos que se tinham "dado as mãos". Pintou a vida de ambos em Paris com imagens domésticas envolventes, como fizera em Drente. "Não creio que lhe faria mal algum chegar em casa à noite, a um lar que é um ateliê", escreveu a Theo. "Já faz muito tempo que quero que esta seja a maneira entre nós." Prometeu tudo ao irmão, caso concordasse, desde uma melhor saúde a uma maior chance de felicidade.

Nem mesmo o casamento — com Jo Bonger ou quem fosse — toldaria sua visão de uma solidariedade completa. "Desejo que *nós dois* encontremos logo uma esposa", imaginou ele, "pois já é hora." Como em Drente, selou sua proposta com juras de afinco no trabalho, melhor saúde e bom comportamento, pontuadas por acessos angustiados de saudades. "Depois de tantas ilusões perdidas, *precisamos* sentir segurança de poder seguir em frente, *precisamos* conhecer perfeitamente nossa mente, *precisamos*, enfim, ter certa confiança."

Certamente Theo anteviu, nos próprios rogos febris de Vincent, a catástrofe que se avultava. Ele tinha passado os últimos cinco anos aguentando o coração fanático do irmão, suas violentas oscilações entre uma nostalgia chorosa e um ardor desabrido, suas espirais alternadas de raiva e autoflagelação. Já estando com 28 anos, Theo não haveria mais de alimentar nenhuma esperança de uma verdadeira mudança. Suas brigas ríspidas e intermináveis logo chegariam à sua cidade, a seu emprego, a seus amigos, a seu lar. A única coisa que podia fazer era postergar. Veio com escusas — o aluguel só venceria em junho, não havia espaço no apartamento, seria caro demais alugar um segundo apartamento — e voltou a insistir que Vincent fosse para Nuenen, pelo menos até junho.

"O Brabante é um desvio inútil", desdenhou Vincent, num preocupante lembrete de sua volubilidade.

Quando Theo sugeriu que Vincent poderia empregar o tempo no campo pintando paisagens, ele invocou a necessidade absoluta de desenhar "ininterruptamente" a partir de modelos de gesso — fatídico lembrete de sua intransigência.

Por fim, Theo disse o que sempre evitara dizer: falou a Vincent que não. Ele *não* podia vir já para Paris. Teria de esperar até o verão.

Mas Vincent não podia esperar. Poucos dias depois de receber a resposta de

Theo, pegou o trem noturno para Paris. Saiu sem pagar o aluguel, as contas dos materiais de pintura, as despesas do dentista. Não disse nada a Theo sobre seu plano. A primeira notícia que chegou a Theo foi um bilhete entregue em mãos, que recebeu em seu escritório no dia seguinte. *"Mon cher Theo"*, começava a mensagem.

> Não se zangue comigo por chegar sem avisar. Pensei muito a respeito e tenho certeza de que assim ganharemos tempo. Esteja no Louvre a partir do meio-dia, ou antes, se quiser... Venha o mais breve que puder.
>
> Vamos resolver tudo, você vai ver.

PARTE 3

OS ANOS FRANCESES
1886-90

Autorretrato com chapéu de palha, 1887, óleo sobre madeira, 35,5 × 27 cm.

27. Às avessas

Vincent seguiu diretamente da Gare du Nord para o Louvre. Dissera a Theo que o encontrasse no Salon Carré, espaço profusamente enfeitado e dourado que dera origem à grande instituição chamada Salon. Nesse único salão estavam expostas todas as maiores obras-primas do museu que suas paredes podiam comportar — a *Mona Lisa* de Leonardo, a *Sagrada Família* de Rembrandt, o *Erasmus* de Holbein, o gigantesco *Bodas de Canaã* de Veronese e dezenas de outras —, todas de cima a baixo e juntas entre si como peças de um mosaico.

Apenas nove meses antes, o salão ressoara com os gemidos e lamentos dos enlutados que rumavam até o Arco do Triunfo, onde fora erguida uma enorme plataforma negra sob o grande arco de Napoleão. Victor Hugo morrera. Mais de 2 milhões de pessoas lotaram as ruas naquele dia, mais do que toda a população da cidade. Das janelas ocidentais do Louvre, um caudal de gente se estendia até onde alcançava a vista, fluindo pelas ruínas das Tulherias e desembocando na Place de la Concorde, local da lâmina da Revolução. Conforme o cortejo fúnebre atravessava a enorme praça, a multidão engrossava como uma onda, subindo em todas as árvores, fontes, postes de luz e quiosques para conseguir enxergar a grandiosa procissão cujo clímax foi um carro funerário simples, de indigentes — a provocação de adeus de Hugo.

O velho leão socialista atingira uma nova espécie de santidade ridicularizando a anterior. Durante as melhores décadas de um século de consumismo e contentamento burguês, mantivera alta e acesa a tocha do idealismo — a chama da Revolução. Combatera governos retrógrados e a religião ressurgente, escandalizando a todos, de Luís Napoleão a Dorus e Anna van Gogh, com suas celebrações do ateísmo e da criminalidade. De fato, havia se apresentado como um nobre pária em guerra com a sociedade, um profeta da danação para os prósperos e um Moisés para os despossuídos, mantendo-se fiel à sua visão da verdade numa era de ceticismo e sombras.

Em 1885, quando Hugo foi sepultado num Panteão dessacralizado, com uma salva de 21 tiros de artilharia, o mundo tinha se transformado. Se sua condição de pária heroico sobrevivia como exemplo para artistas de todas as espécies, inclusive Vincent van Gogh, sua confiança no triunfo derradeiro do espírito humano não resistiu. A chacina insensata da Guerra Franco-Prussiana, o caos da Comuna, o deslocamento gerado pelas mudanças tecnológicas, os reveses dos ciclos econômicos e o assombro trazido pelos avanços científicos, tudo se somava para que qualquer aspiração a uma verdade superior viesse a parecer mera vaidade burguesa. Quem conseguiria manter o idealismo de Hugo diante das provas de Poincaré de que o tempo e o espaço não eram constantes (subvertendo o universo estável de Newton); diante da descoberta de Pasteur de agentes invisíveis letais; do mapeamento de Flammarion de mundos invisíveis no firmamento noturno — para nem mencionar a incalculável barbárie do capitalismo?

A incerteza gerou o medo. À medida que se aproximava o fim do século, o otimismo utópico de Hugo se convertera num pavor apocalíptico. Seu próprio funeral foi, para muitos, um marco milenarista: o imenso Arco envolto em panos negros, metáfora adequada para fechar um século que parecia fadado a terminar mal. O fatalismo generalizado se expressava numa política demagógica desesperada. O homem forte no poder, um militar, general Georges Boulanger, prometia estabilidade e segurança que eram saudadas com uma aclamação pública desenfreada e ameaçadora. Uma imprensa popular que se instalara recentemente ora atiçava o frenesi "patriótico", ora reforçava os temores do público com matérias alarmantes sobre a corrupção e a criminalidade. Bombas anarquistas, tanto verbais quanto incendiárias, eram a prova definitiva de que o fim da civilização estava próximo.

Em 1885, escritores e poetas haviam, em sua maioria, abandonado o campo que Hugo defendera com tanto vigor — assustados, como todos os demais, pelo espectro da falta de sentido. Alguns, como Zola, firmaram uma paz em separado com as forças sombrias do modernismo. Abraçando o credo positivista da salvação por meio da ciência, dispunham os "fatos" do cotidiano em ordem de combate para atacar a complacência burguesa — o mesmo inimigo que Hugo combatera longamente com criações de impacto e uma retórica elevada. Mas outra geração mais nova de escritores pouco conforto encontrava no mundo limitado dos fenômenos observáveis apresentado pelos naturalistas. Como o registro de dados, mesmo o brilhante registro de dados de Zola, seria capaz de captar a inquietante fermentação das emoções humanas ou o mistério da existência? A realidade absoluta não seria a realidade *sentida*, em vez da observável? Não o mundo "real", mas a *percepção* do mundo real? Se havia significado a encontrar na vida — e esse "se" era crucial —, então só poderia ser encontrado no tortuoso labirinto da psique. O imperativo supremo da arte era, sem dúvida, mapear esse labirinto: expressar diretamente, sem ornamentos nem atenuantes, a realidade elementar da consciência humana.

Mas como atender a tal imperativo? Como expressar em palavras uma realidade ao mesmo tempo individual e não observável? Todos concordavam com a pergunta, mas ninguém concordava na resposta, gerando daí o dilema. Alguns, como Mallarmé, continuavam a crer que as palavras e formas tradicionais, a matéria de Hugo, seriam capazes de enfrentar o desafio de explorar esse novo mundo interior que parece irreal. Outros insistiam que a nova realidade pedia uma nova linguagem. A antiga precisão das palavras era uma quimera, diziam. As palavras, na verdade, se assemelhavam mais a odores, sons ou cores. Era inútil usá-las para descrever ou dar forma a alguma coisa, como fazia Zola. A verdadeira finalidade delas só podia ser a de estimular os sentidos, envolver o coração ou agitar a alma. Sensação, emoção, inspiração. Tais eram as inefáveis "essências" da vida — o único tema digno da arte.

Em 1884, J. K. Huysmans, ex-acólito de Zola (e sobrinho do professor de arte de Vincent no colégio), publicou um manifesto das novas ideias: a narrativa quase indisfarçadamente autobiográfica de um esteta recluso afogando os sentidos em todos os prazeres estranhos e proibidos. Um ano antes da chegada de Vincent, *Às avessas* (*À Rebours*) abalou o mundo literário de Paris. Mas, para outros escritores, como o poeta Paul Verlaine, *qualquer* palavra, mesmo autobiográfica, parecia de uma insuficiência patética. Filho renegado da burguesia, Verlaine passou da devassidão ao escândalo, e do escândalo à autodestruição numa tentativa torturada de viver sua vida interior. No momento em que Vincent chegou, Verlaine jazia doente, bêbado, dissoluto, nos aposentos de uma prostituta no Quartier Latin, não longe do Louvre. Mas, no novo mundo às avessas das letras parisienses, ele era aclamado como um herói.

A crítica cunhou um novo termo para esses avatares dos excessos, fossem reais ou fictícios: os "decadentistas". Os próprios autores não teriam nome melhor. Em 1886, alguém sugeriu "simbolistas" — rótulo que a história acabaria lhes atribuindo —, mas foi rejeitado por ser literário demais, literal demais. O que os unia não eram palavras — fúteis, imprestáveis —, mas o mesmo desprezo pela convenção, o gosto pelo escândalo, a convicção de que apenas o marginal excêntrico — fosse esteta, criminoso ou louco —, seguindo seu caminho interior, poderia expressar os mistérios mais profundos da vida.

Os artistas também haviam sondado o abismo e saíram com o espírito dividido. A ingenuidade nostálgica das pastorais do Barbizon e dos camponeses de Millet já perdera fazia muito tempo seu atrativo para os jovens pintores impacientes pelo futuro. Nos dez anos decorridos desde que Vincent saíra de Paris, desacreditado na Goupil, a longa luta dos impressionistas pelo reconhecimento (e pelas vendas) havia passado da insurreição à vitória e ao eclipse. Suas incessantes cenas ensolaradas e efemérides burguesas pareciam cada vez mais melosas — bonitinhas, otimistas e fúteis — para os artistas e críticos ansiosos por expressões daquele *fin de siècle* sombrio.

Movidos pelo mundo literário fragmentado e caótico, com ideologias rivais apoiadas por seus respectivos críticos militantes e resenhas que lhes serviam de porta-voz, os artistas progressistas se dividiam em facções sempre mutáveis e beligerantes.

Alguns atacavam os impressionistas por não chegar a adotar o cientificismo do futuro. Liderados por Georges Seurat, filho de um funcionário aduaneiro e estudante desiludido das Beaux-Arts, eles sustentavam que a cor podia ser subdividida até seus elementos constitutivos e depois reunificada pelo olho do observador em reação a uma obra de arte. Baseando-se em filósofos positivistas, bem como nas teorias cromáticas científicas de Blanc e Chevreul, rejeitavam a velha prática de misturar as cores na paleta e diziam ser possível obter um efeito mais intenso dividindo cada toque em "pontos" menores de cor mais pura e aplicando cada um deles em separado.

Seurat tinha passado a maior parte do ano de 1885 preparando ansiosamente uma grande "manifestação", que demonstraria essa teoria da cor subdividida. Foi várias vezes fazer desenhos preparatórios numa ilha do Sena, chamada La Grande Jatte, local muito frequentado para recreação e passeio. Anunciou esses preparativos aos seguidores como um elaborado projeto científico, com medições precisas da cor e da luz, e deu à imensa pintura que lentamente ganhou forma, ponto por ponto, em seu ateliê, um título devidamente descritivo: *Un dimanche après-midi à l'Île de la Grande Jatte* (*Uma tarde de domingo na ilha de La Grande Jatte*). Seurat deu a seu novo método o nome de "cromoluminismo", mas mesmo seus próprios seguidores preferiram nomes mais simples, como "divisionismo" ou "pontilhismo".

Outro grupo criticava o impressionismo pela razão oposta: por se basear *demais* na ciência. Nenhuma regra, por mais científica que fosse sua formulação ou aplicação, era capaz de expressar os significados inefáveis e os mistérios profundos da vida

— tema supremo da arte. O aristocrata de província Odilon Redon tinha 45 anos quando Huysmans, em *Às avessas*, chamou a atenção do mundo artístico para seus excêntricos desenhos a carvão, os *Noirs* — imagens inquietantes, alucinatórias, que evitavam totalmente a cor na busca do mistério e do significado. Gustave Moreau tinha sessenta anos quando jovens artistas desiludidos — também alertados por *Às avessas* — começaram a ver em suas misteriosas versões de mitos gregos, episódios bíblicos e fábulas infantis uma saída da literalidade modernista.

Incentivados por esses e outros exemplos, pressionados por críticos e escritores simbolistas, vários artistas começaram a vasculhar o sótão do inconsciente coletivo da cultura, procurando a "realidade" em imagens sobrenaturais e recursos pictóricos que transmitissem a essência sobrenatural da vida real. Envolviam seus temas numa atmosfera etérea e onírica ou os banhavam com uma luz teatral para transformar o cotidiano em monumental, o natural em sobrenatural, o concreto em mítico. Ao transferir o foco impressionista da superfície para a essência da realidade, esses artistas (que a história também viria a designar como simbolistas) esperavam reencantar a arte e também a vida — preencher o vazio deixado pela religião e não ocupado pela ciência.

Um terceiro grupo de artistas, de modo geral mais jovens, havia renunciado a ambos, à ciência e ao sortilégio. Em vez de transigir ou transcender o absurdo da vida moderna, abraçaram-no. Filhos do mal-estar do pós-guerra, esses artistas, principalmente na casa dos vinte anos, achavam toda a atividade artística um empreendimento descabido e sem sentido. Divertiam-se zombando ferozmente do sistema acadêmico e mostrando uma descrença irreverente diante de todas as pretensões da arte a uma verdade superior. Esse ceticismo anárquico se expressava mais na ação do que na arte. Criaram solenes sociedades gozadoras, que ridicularizavam não só o habitual inimigo burguês, mas qualquer tentativa de educá-lo ou reformá-lo. Satirizando os impressionistas, montaram uma exposição de "desenhos feitos por gente que não sabe desenhar"; irreverentes, chamavam a si mesmos "os incoerentes".

A arte dos "incoerentes" se baseava em larga medida em palavras, sobretudo em trocadilhos, como se não confiassem mais apenas nas imagens. No pouco que produziram, mesclavam-se paródias, provocações, palavrões, piadas de adolescente e polêmicas, gerando imagens tão aleatoriamente explosivas quanto as bombas dos anarquistas: desenhos feitos com o pé, pinturas de nus intituladas *"léchées"* (lambidas); pinturas totalmente brancas e totalmente pretas com títulos sugestivos (*Negros lutando num porão à noite*); montagens que somavam imagens tradicionais e objetos concretos pregados nelas (um sapato velho colado no retrato de um carteiro). Um deles repintou a *Mona Lisa* de cachimbo na boca, soltando volutas de fumaça (antecipando em várias décadas uma desfiguração similar, feita por Marcel Duchamp depois da Primeira Guerra Mundial).

Encontraram muitas maneiras de vandalizar as velhas pretensões da "grande" arte. Incorporaram a seus trabalhos os temas espalhafatosos, as cores berrantes e as sensibilidades toscas da propaganda comercial (área em que trabalhavam alguns deles). Tomavam imagens de empréstimo a gêneros estéticos "inferiores", como as revistas de moda, cartazes de rua, calendários e caricaturas, além das estampas baratas e coloridas vendidas aos milhares à classe operária e afixadas por toda parte, em bares, cafés e mictórios públicos. Artistas como os incoerentes se orgulhavam da falta de sentido do que faziam ("o tema não é nada", explicou Paul Signac) e deram à sua abordagem subversiva da arte — e da vida — um nome que refletia à perfeição suas origens nas pilhérias dos cafés e sua alegre imaterialidade: *fumisme* — mais ou menos "soprar fumo".

Numa cultura definida pelo consumismo e pelo desprezo de si mesma, a estética niilista dos *fumistes* logo virou moda. Círculos artísticos que tinham começado basicamente como meros conclaves em bares se transformaram em centros de entretenimento muito frequentados (os *cabarets artistiques*), onde empresários como Rodolphe Salis e Aristide Bruant propagandeavam a boemia extremada da arte vanguardista para o *haut monde* da sociedade parisiense e turistas boquiabertos. Adotavam nomes como Café des Assassins, Cabaret des Truands e Cabaret de l'Enfer. No mais famoso deles, Le Chat Noir (O Gato Preto, um trocadilho obsceno com uma gíria que designava os órgãos genitais femininos), a clientela elegante e na moda se sentava em salas apertadas, decoradas com "a bagunça de um ateliê", servida por garçons usando os fardões verdes e dourados da Academia francesa. O proprietário Salis insultava os clientes com *égalité* republicana, oferecendo mesmo aos mais distintos um *frisson* da vida artística ao "tratá-los como cafetões e putas", segundo um relato.

Os próprios artistas desempenhavam seu papel com gosto nessa paródia de autodestruição. Era a época da publicidade e da autopromoção: uma época em que uma atriz medíocre podia se alçar a uma fama inédita, como "a divina" Sarah Bernhardt (cliente do Chat Noir); uma época em que qualquer artista com uma história chocante ou uma imagem escandalosa, com um crítico ou jornalista a alardeá-la, podia aspirar a um nível de celebridade jamais imaginado pelos favoritos do Salon de outrora. Com tanto a ganhar e afigurando-se tão precário o futuro da arte — e de tudo o mais —, os artistas e animadores da nova geração mal se apercebiam ou pouco se importavam por ter sucumbido ao mesmo espírito burguês que tão impiedosamente fustigavam todas as noites em Le Chat Noir. De uma coisa tinham certeza: se a arte tinha algum futuro — e esse "se" era crucial —, precisaria tomar uma nova estrada, pois eles tinham detonado todas as anteriores.

Tal era o mundo artístico que aguardava Vincent van Gogh em Paris. Apenas poucos anos depois que os impressionistas haviam cravado a primeira cunha, o grande monolito do Salon — com sua hegemonia sobre o gosto público e o discurso intelectual — havia se estilhaçado num caleidoscópio de inúmeros militantes ruidosos e rivais, movidos por ideias nobres e mesquinhas, existenciais e comerciais, evangélicas e interesseiras: um mundo sustentado pelo oxigênio das discussões de bar, de resenhas estrondosas e da certeza de que a história recompensaria generosamente a arte e as ideias que triunfassem, descartando com impiedade todo o resto.

A desintegração da vanguarda artística horrorizava e repugnava Émile Zola. Via aí o malogro de seu grande projeto naturalista. Em *A obra* (*L'oeuvre*), que Vincent começou a ler em fascículos às vésperas de ir para Paris, Zola criticava todos os artistas, mesmo os impressionistas que antes defendera, por não terem conseguido encontrar uma arte unitária e emblemática para a nova época. Narrando a história do personagem Claude Lantier, um pintor à beira da loucura obcecado com a criação da obra perfeita, Zola rejeitava tanto a rendição dos simbolistas ao sobrenatural quanto a ciência impessoal de Seurat. Para criar uma *verdadeira* obra-prima moderna, dizia ele, um artista teria de dar mais de si ("O que era a Arte, afinal, se não simplesmente dar o que se tem dentro de si?") — mesmo que, como no caso de Lantier, isso significasse a insanidade e a morte certa. E Zola desafiou artistas de todos os naipes a aceitar seu desafio. O século inteiro tinha sido e continuaria a ser "um fracasso", trovejou ele, enquanto não se atendesse ao postulado da arte moderna — até que alguém, em algum lugar, encontrasse dentro de si uma arte ao mesmo tempo literal e poética, real e simbólica, pessoal e mítica.

Vincent chegou a Paris com um único objetivo: agradar a Theo. Veio de repente, sem avisar e sem ser convidado. Durante anos, imaginara a reunião entre eles como uma consumação inevitável e perfeita — e, cada vez mais, a única possível. Agora que ela se aproximava, Vincent estava aterrorizado com a possibilidade de uma decepção. "O que não sei com certeza é se nos daremos bem pessoalmente", confessou a Theo poucas semanas antes de sair da Antuérpia. "Se nos encontrarmos em breve, posso desapontá-lo em muitas coisas."

Para evitar esse desfecho, Vincent logo voltou a se dedicar à meta que tantas vezes abandonara: a respeitabilidade burguesa. Foi a um barbeiro que lhe aparou a barba no novo corte da moda e a um alfaiate que lhe fez um terno novo, para não fazer feio ao lado do irmão elegante. Terminou a penosa tarefa de arrumar os dentes, e um dentista moderno de Paris lhe forneceu o que havia de mais avançado em dentaduras de madeira. Renunciando à última atitude de abnegação das charnecas, passou a se alimentar regularmente nos restaurantes. Dessas e de outras maneiras, empenhou-se ao máximo para se misturar às multidões bem-vestidas que passavam afobadas na frente do pequeno apartamento de Theo, na Rue Laval. Situada logo adiante do grandioso Boulevard de Clichy, num agitado bairro teatral, a rua era conhecida de toda a sociedade parisiense. Poucas portas adiante, Le Chat Noir atraía um pessoal elegante e na moda que lotava a rua até altas horas da noite.

Mas as novas ambições de Vincent também trouxeram novas demandas. O pequeno apartamento de Theo não só ameaçava a política de boa convivência dos dois irmãos, como também se demonstrou de todo inviável para a ideia de Vincent sobre "um ateliê bastante bom onde se possam receber as pessoas, se for necessário". Talvez tenha sido obrigado a interromper totalmente a pintura por falta de espaço. Antes de chegar a Paris, ansioso em se juntar ao irmão, Vincent deixara por um tempo de solicitar um ateliê. Chegou a se prontificar a morar sozinho numa mansarda nos primeiros meses, e esperaria um ano antes de providenciar um espaço de trabalho independente. Mas os atrativos de Paris e o estilo de vida cosmopolita de Theo logo reacenderam velhos desejos. Pelo jeito começou a insistir num apartamento maior logo que chegou, e sem dúvida tomou a iniciativa de procurar um — processo que havia encenado várias vezes em suas fantasias. "Se a pessoa quer montar um ateliê", escreveu da Antuérpia, "deve avaliar bem onde alugar, onde há a maior probabilidade de receber visitas, fazer amizades e se tornar conhecida."

O espaçoso apartamento no quarto andar da Rue Lepic, 54, atendia a tais especificações feito uma luva.

Em primeiro lugar, ficava em Montmartre, a zona da cidade onde Vincent havia morado em sua última estada em Paris. Subindo do Boulevard de Clichy, Montmartre se estendia pela famosa elevação de mesmo nome, *la butte Montmartre*, um promontório de calcário que entrava no vale do Sena pelo leste, obrigando o rio a circundá-lo com uma grande curva para o oeste. Do alto da colina, com seu fino traçado de moinhos de vento, enxergava-se o Sena por três lados — cortando a densa cidade ao sul; banhando as baixadas de Asnières e La Grande Jatte a oeste; desaparecendo numa vastidão de fábricas e *banlieues* ao norte.

Nos dez anos desde que Vincent saíra de lá, Montmartre havia mantido a fama de refúgio artístico longe da cidade grande — uma área marginal onde as pessoas se entregavam a atividades marginais, um vilarejo "semisselvagem" onde os ricos escondiam suas amantes e os artistas gozavam de uma liberdade especial em seus ateliês e costumes. Mas agora, como toda a boemia restante, Montmartre tinha adquirido um novo selo burguês. Agora, a nova moda era a margem; artistas e intelectuais afluíam para a periferia descolada. Era lá que Zola e os irmãos Goncourt ambientavam romances (e onde mais tarde quiseram ser enterrados); era lá que pintores do Salon como Alfred Stevens levavam seus clientes ("as mulheres de sociedade [ficavam] extremamente excitadas à ideia de ir a Montmartre", segundo um relato); era em casas lotadas de lá que *chansonniers* populares como Bruant cantavam os louvores do "monte dos mártires".

O edifício que Vincent escolheu, numa curva da Rue Lepic, se situava bem na interseção entre a velha e a nova Montmartre, entre vilarejo e cidade, margem e moda. Ficava logo abaixo da última ladeira do morro — antes que as ruas virassem escadas e as calçadas terminassem em trilhas de grés. Além da curva, os edifícios de calcário, novos e reluzentes, cediam espaço a velhas choupanas batidas de vento e a uma vegetação irregular; e as trilhas levavam os curiosos aos poucos moinhos de vento restantes, agora despidos dos panos de suas pás e reduzidos a atração turística com o advento da energia a vapor.

Construído em 1882, o indefinível prédio de apartamentos de cinco andares fora projetado especificamente para aproveitar a mesma demanda de cruzar fronteiras que, todas as noites, lotava os lugares de Le Chat Noir. Era a velha Montmartre boêmia, repaginada para agradar ao gosto dos bulevares. Grandes portas externas de carvalho levavam a um corredor tranquilo e à vista de um jardim nos fundos. Os visitantes entravam no vestíbulo passando pelas portas internas trabalhadas em ferro e vidro, onde eram atendidos pelo porteiro. Os apartamentos — apenas dois por andar — ostentavam aposentos enormes (para os padrões de Paris), assoalho de parquete em ziguezague, tampos de mármore belga negro e banheiras de alumínio. Entre as comodidades modernas estavam o aquecimento a gás, luz em todos os aposentos e, algo extraordinário numa cidade onde mesmo os bons edifícios ofereciam apenas uma saída de água, *duas* torneiras — uma na cozinha e outra no banheiro. (Os urinóis continuavam a ser uma característica usual, exceto nas casas mais ricas.)

O apartamento de Theo e Vincent contava com as vantagens especiais de ficar num andar alto, longe dos cheiros da rua, banhado de luz e ventilado pela famosa brisa de Montmartre. Em toda a Paris, a altura indicava status: quanto mais alto o andar, mais alta a posição social do morador. Os construtores do prédio da Rue

Lepic, 54, partilhavam o mesmo desdém de seus inquilinos pelas classes mais baixas. A "cozinha" era um espaço minúsculo nos fundos, com apenas um bico de gás numa mesa de madeira. Mas Vincent não se importou: Theo teve de concordar em contratar uma cozinheira em tempo integral, que um amigo descreveu em invejosa admiração como "cozinheira *in optima forma*".

Em junho, logo que expirou o contrato de aluguel da Rue Laval, Vincent levou o irmão para o novo píncaro da moda. Ficou com o quarto menor e reservou um maior para o ateliê. Realizando as fantasias de uma vida doméstica fraterna que nutria desde Drente, por certo se encarregou da decoração — não apenas arrumando os móveis e planejando o tratamento das janelas, mas também colocando nas paredes a coleção de pinturas de Theo, gravuras do acervo de ambos e alguns trabalhos pessoais.

Logo que foi concluída a mudança, como que para celebrar o novo lar e a nova vida, Vincent começou a ler *Bel-Ami*, de Guy de Maupassant, história de outro ambicioso forasteiro que, partindo de um início humilde em Montmartre, subiu ao topo da sociedade parisiense. Como Octave Mouret, Georges Duroy abre seu caminho com audácia e charme até o coração dos homens e a cama das mulheres (daí ganhando o apelido de Bel-Ami, um conquistador vitorioso). Vincent encontrou conforto na visão "despreocupada" de Maupassant sobre a ascensão social — e, sem dúvida, inspiração no tremendo sucesso final de Duroy. Declarou que *Bel-Ami* era "uma obra-prima" e o recomendou como antídoto a todas "as pessoas civilizadas [que] sofrem de melancolia e pessimismo", inclusive ele mesmo:

> Eu, por exemplo, que posso contar a quantidade de anos de minha vida em que perdi qualquer vontade de rir — deixando de lado se foi por culpa minha ou não —, eu, por exemplo, sinto a necessidade, acima de tudo, de uma boa risada. Descobri isso em *Guy de Maupassant*.

Uma nova vida vitoriosa exigia uma arte vitoriosa. Tomado de novo pela visão de um empreendimento de sucesso junto com Theo e aflito para justificar sua vinda inopinada, Vincent se lançou à tarefa de criar trabalhos que vendessem. Começou ilustrando cardápios de restaurantes, cumprindo uma promessa que havia feito na Antuérpia. Para um restaurante fino, ele transcreveu o menu inteiro ("*Cervelle Beurre noir*", "*veau marengo*", "*gâteau de riz au Kirsch*"), rodeando-o com uma cena saída diretamente de *Bel-Ami*: parisienses elegantes passeando por um parque.

Revivendo suas ambições de Haia, tentou vender ilustrações para a infinidade de revistas e jornais ilustrados que enchiam as bancas de Paris, muitos publicados por cafés e cabarés como Le Chat Noir. Calculava cuidadosamente o tema, o tamanho, a ambientação e o espírito de cada desenho, calibrando-o para cada cliente específico em potencial. Para Le Mirliton, o badalado café-concerto de Aristide Bruant não distante da Rue Laval, ele escolheu como tema um integrante do mesmo *demimonde* que Bruant celebrava em suas canções e na revista: uma mulher grotesca de tão gorda passeando com seu cãozinho. Ela aparece na calçada em frente ao Le Mirliton, com pontos de referência bem marcados e, para não haver nenhum engano, Vincent incluiu um verso de uma das canções de Bruant. E até para Le Chat Noir ele criou uma pequena ilustração, do tamanho de um cartão de visitas — ideal para cardápios, guardanapos, papel timbrado ou a famosa revista —, com um esqueleto balançando e um gato preto sentado com olhar macabro.

A mudança para um ateliê próprio em junho abriu outra possibilidade comercial: imagens turísticas. Todos os dias havia um afluxo constante de visitantes subindo a Rue Lepic, o caminho principal para o alto da Butte Montmartre, para ver do alto a famosa vista de Paris. A apenas um quarteirão adiante do apartamento dos irmãos, o Moulin de la Galette — um local de entretenimento muito frequentado, que reunia restaurante, pista de dança e parque — atraía multidões dia e noite com comida, bebida e o *cahut*, uma variante lasciva do cancã. O local incluía dois dos três moinhos restantes no morro, o Radet e o Blute-Fin. No mirante precário deste último descortinava-se a vista mais espetacular de todas: uma panorâmica metropolitana como nunca ninguém vira numa época em que os aeroplanos ainda constituíam uma raridade exótica.

A vista era a marca registrada de Montmartre, tão associada a ela na imaginação pública quanto a Antuérpia à sua catedral, e Vincent se lançou a ela com o mesmo fervor mercenário. Muitas ruas do bairro ofereciam vistas espetaculares em seus pontos mais altos, como as janelas do apartamento da Rue Lepic. Desde o posto de vigia ventoso do Blute-Fin ao barulhento canteiro de obras de Sacré Coeur, ele subia e descia o morro com seu cavalete, em busca de novos ângulos do vasto panorama.

Em algum momento, Vincent se virou e armou sua grade de perspectiva na própria Butte. Viu em seus moinhos de sentinela e no amontoado de casas velhas coisas mais interessantes para seu olhar perscrutador do que nos invariáveis panoramas enfumaçados. Ainda mais importante, viu o potencial de vendas. Os turistas arrebatavam avidamente as estampas da paisagem tão original de Montmartre, um refúgio campestre dentro da cidade — não só os moinhos de vento, mas a velha pedreira, as ruas sinuosas, as casas de madeira no alto do morro. Números especiais de revistas dedicavam páginas e páginas a essas ilustrações. Vincent fez vários dese-

Autorretrato, 1887, óleo sobre tela, 40,95 × 33,5 cm.

Autorretrato com chapéu de feltro cinza, 1886-7, óleo sobre cartão, 40,95 × 32 cm.

Autorretrato com chapéu de palha, 1887, óleo sobre madeira, 35,5 × 27 cm.

nhos e pinturas dos moinhos pitorescos (tanto à distância quanto de perto), da rua do Moulin de la Galette (reproduzindo cuidadosamente o nome na imagem) e da colcha de retalhos formada pelas cabanas e hortas no cimo da *butte*. Usava os tons esmaecidos de Mauve e da Escola de Haia — as imagens mais vendáveis que conhecia. Chegou a tentar a aquarela — um meio sempre frustrante, mas acessível. "Para aparecer, é preciso vender barato ou mesmo a preço de custo. Paris é Paris", disse ele.

Em algum momento daquela primavera, Vincent celebrou sua transformação de uma nova maneira: olhou-se no espelho. Em lugar de um prisioneiro com dentes quebrados e faces encovadas, ele viu um Bel-Ami artista — um homem ainda jovem, mas não imaturo (já com entradas no cabelo), usando não a bata solta azul de Millet, e sim um pesado casaco de lã, colete abotoado e lenço de seda. Ali estava um homem que se cuidava: barba aparada, cabelo penteado, dentes tratados; um homem que se portava com dignidade: queixo erguido e peito aberto. Se não houvesse as indicações da paleta e dos pincéis, poderia passar por um homem de negócios, talvez um negociante parisiense de arte, fumando distraidamente seu cachimbo Príncipe de Gales, devolvendo um olhar cético.

Apenas então, e pela primeira vez, Vincent pintou o que viu no espelho.

Na verdade, gostou tanto do que viu que, nos meses seguintes, pintou pelo menos mais quatro versões da imagem no espelho, cada uma maior, mais bem-vestida e de aparência mais próspera que a anterior.

Mas o elemento central do renascimento burguês de Vincent em Paris não foi a arte vendável, não foram as roupas e dentes novos, nem mesmo o novo apartamento reluzente na Rue Lepic. Foi sua inscrição no ateliê de Fernand Piestre, o artista conhecido como Cormon.

O sistema do Salon pode ter perdido sua hegemonia em 1886, mas não perdeu a popularidade. Uma vasta indústria, com Goupil ainda na liderança, produzia milhares e milhares de cenas de gênero, idílios rurais, fantasias orientais e vinhetas históricas para um público de colecionadores mais numeroso e mais abastado do que nunca. A demanda por essas imagens agradáveis e refinadas havia demolido o velho sistema da Académie para a formação de artistas, financiado pelo Estado e caracterizado pelo elitismo competitivo e por um viés aristocrático. Enquanto isso, a mesma prosperidade que impulsionava o mercado de arte em rápido crescimento também havia gerado um excedente de homens jovens (e pouquíssimas mulheres) com dinheiro, educação e tempo livre para se dedicar a suas ambições artísticas.

Para atender a essas duas demandas, havia surgido outra modalidade de formação artística nas principais cidades do continente, e sobretudo em Paris, terra natal do Salon. Essas escolas particulares, que se chamavam *ateliers* (devido aos sótãos iluminados por claraboias onde costumavam funcionar) ou simplesmente estúdios, variavam no tamanho, no prestígio, no rigor e, claro, nos preços. Mas todas eram crias da École des Beaux-Arts — empregando os mesmos métodos de ensino consagrados e pregando as mesmas metas de capacitação prometidas pela genitora mais celebrada. Quase todos os donos e professores dos ateliês tinham se formado na École. Muitos eram antigos expoentes do Salon, que exibiam suas medalhas, às vezes apenas um único *succès d'estime*, na entrada do ateliê. Cormon era um deles.

Sua carreira atingira o ápice em 1880, quando sua imensa pintura *A fuga de Caim* causou sensação no Salon. Ao representar o fratricida bíblico como um troglodita prognata, Cormon conseguiu inflamar tanto os defensores da religião quanto os paladinos da nova ciência da evolução, obtendo assim uma vertiginosa notoriedade. Dois anos depois, ele abriu um ateliê de ensino. Apesar de sua variada história pessoal como aluno da École e do gosto por temas não tradicionais (além de homens da caverna, pintava também reis hindus e heróis wagnerianos), Cormon adotava na íntegra a meticulosa perícia artesanal da tradição clássica. Como a maioria dos donos de ateliês de ensino, ele considerava que estava trabalhando em consonância com o Salon para formar a próxima geração de artistas, e sua escola reproduzia o modelo da École em todos os detalhes, até no *concours* anual. Em 1884, ele foi indicado para o júri do Salon — tornando sua escola ainda mais atraente para jovens artistas ambiciosos.

Cormon também adotava o luxuoso estilo de vida de um pintor de sucesso do Salon. Além do ateliê de ensino, mantinha um grande ateliê pessoal e um apartamento. Seus entretenimentos eram extravagantes e suas viagens, exóticas. Filho de um diretor de cena na Ópera de Paris, adorava usar figurinos de teatro. A certa altura, estava sustentando três amantes ao mesmo tempo — proeza que lhe granjeava mais aplausos entre seus acólitos na escola do que suas medalhas do Salon ou suas formidáveis pinturas.

Mas, quando Vincent chegou em 1886, a estrela de Cormon já começara a declinar. No universo artístico parisiense, bastante variável, suas cenas do Neolítico tinham se tornado apenas mais um exemplo esquisito na grande busca de uma arte "moderna". A mudança da sorte pode explicar por que Cormon aceitou o irmão de Theo van Gogh em sua escola elitista, apesar de não ter credenciais nem realizações a mostrar. Como subgerente da Goupil, Theo estava numa boa posição para lhe devolver o favor. Não se sabe bem com que rapidez foram feitos os arranjos após a súbita chegada de Vincent. Em vista dos contratempos na Antuérpia, provavelmente ele levou algum tempo até se recompor — recobrar a saúde e arrumar os dentes — antes de começar. Mas, em algum momento daquela primavera, ele fez sua primeira visita ao ateliê de ensino de Cormon, no Boulevard de Clichy, iniciando mais uma rodada do treinamento formal que não conseguia dominar, mas não podia renegar.

Cormon deve ter parecido a Theo a escolha ideal para essa missão ingrata.

Embora fosse requisitado em virtude de sua importância acadêmica, o lionês de quarenta anos de idade também era conhecido como professor indulgente e distraído que raramente impunha sua visão artística aos alunos pagantes. Como Charles Verlat, o diretor da Academia da Antuérpia, Cormon se mostrava "mais receptivo às novidades do que a maioria de seus pares", segundo um relato. As palhaçadas dos incoerentes certamente falavam à sua teatralidade; os temas esotéricos dos simbolistas refletiam seu apreço pessoal pelas lendas e pelo folclore. Só desprezava as pretensões científicas dos pintores de "pontos", como Seurat. Quando visitava a escola, passeava calmamente entre os alunos, oferecendo "apenas alguma cuidadosa palavra de instrução ao parar ao lado de cada cavalete", como um deles comentou mais tarde. "Examinava tudo com uma solicitude que nos surpreendia."

Entre a fama liberal de Cormon e os votos renovados de Vincent de trabalhar com afinco (prometeu ficar "pelo menos três anos" na Cormon), Theo tinha boas razões para esperar que, depois de tantas tentativas malogradas de encontrar um lar artístico para o irmão, esse poderia dar certo.

Na verdade, estava tão fadado ao insucesso quanto os demais.

Para o azar de Vincent, a escola Cormon não refletia o espírito aberto de seu fundador. Como a presença dele era rara (apenas uma ou duas vezes por semana) e seus comentários, muito lacônicos, eram os estudantes que avaliavam mutuamente os trabalhos e os colegas. Para Vincent, como sempre, os colegas se mostraram o público mais exigente e menos clemente. Muito mais do que em Bruxelas ou na Antuérpia, seus colegas na Cormon formavam um grupo fechado e exclusivo. Eram na maioria franceses. Enquanto outros ateliês de ensino atendiam amplamente a estrangeiros ricos, o rigoroso processo de seleção da Cormon garantia uma maioria esmagadora de franceses na turma de cerca de trinta alunos. Devido ao sotaque e depois de dez anos sem falar francês, Vincent ficou, de modo mais evidente do que nunca, marcado como um forasteiro.

Os alunos eram, na maioria, jovens. Havia alguns com menos de dezoito anos, e eram raros os que tinham mais de 25. Como grupo, comportavam-se com as pilhérias e a intolerância da adolescência. Os calouros — chamados *nouveaux* — eram impiedosamente provocados e humilhados de uma maneira que, sem dúvida, os modos esquisitos de Vincent atiçavam ainda mais, mas que sua suscetível dignidade jamais poderia tolerar. Os *nouveaux* eram obrigados a fazer pequenos serviços e a suportar trotes absurdos. Tinham de ficar nus e esgrimir com pincéis cheios de tinta, ou eram amarrados em estacas, como porcos num espeto, e levados até o café próximo, onde em geral acabavam pagando a conta do bar.

Também eram ricos, na maioria: filhos da velha aristocracia de berço ou da nova aristocracia dos negócios. Os dois líderes estudantis do ateliê refletiam perfeitamente a bifurcação da elite e, portanto, da arte francesa. O pai de Louis Anquetin tinha feito sua fortuna como açougueiro na Normandia, depois de se casar com uma mulher de fortuna. Louis, com 25 anos, se destacaria em qualquer turma. Alto, robusto, parecendo um Zeus com sua coroa de melenas luzidias e barba espessa, aprendera a cavalgar e a desenhar aos dez anos de idade, como o filho de qualquer nobre. Mantinha um apartamento e uma amante ruiva na Avenue Clichy, não distante da escola que liderava com inata nobreza.

O outro líder da turma representava o tipo de evolução exatamente contrário. Henri Marie Raymond de Toulouse-Lautrec-Monfa era ao mesmo tempo beneficiário de uma antiga linhagem — os condes de Toulouse, desde 1196 — e vítima de sua maldição: a endogamia. Seus pais, primos de primeiro grau, viviam em "um mundo aristocrático à parte, de caças e passeios a cavalo", segundo um biógrafo. Mas geraram um filho de ossos frágeis e corpo deformado. O jovem Henri quebrara as duas pernas na infância e, mesmo adulto, nunca chegou a 1,5 metro de altura. Jamais poderia *montar* um cavalo — mal conseguia andar sem bengala —, mas podia desenhá-los. Sua tremenda facilidade, a par de um espírito vivaz e um afiado senso de humor ("minha família não faz nada há séculos", comentou ele, "sem humor, eu seria um tolo rematado"), poderia lhe valer um lugar no mundo artístico parisiense, mesmo sem a aparência grotesca ou o sobrenome ilustre. Quando conheceu Louis Anquetin aos dezessete anos, mal chegava à cintura dele. Mas ambos se identificaram como indivíduos especiais. Lautrec (como Vincent sempre o chamava) se referia ao amigo imponente como "meu grande homem" e desde aquela época raras vezes saía de seu lado.

Essa dupla improvável liderava o ateliê de ensino Cormon como se fosse um clube social deles. Anquetin detinha o respeito dos colegas com sua aparência olímpica e o domínio do pincel. (Foi considerado, no Salon des Indépendants, um dos "jovens pintores mais promissores".) Lautrec exercia o poder oficial de *massier* (o estudante responsável por recrutar e dispor os modelos, receber as mensalidades e manter a ordem) e o poder oficioso de favorito do mestre. Ele e Cormon trabalhavam juntos nas encomendas externas e, quando o mestre ia visitar o ateliê, sempre ocupava o lugar de honra, no centro da primeira fila.

Os dois tinham uma liberdade entre si que chocava e deliciava os colegas de Lautrec. Presença fixa nas festas de Cormon, Lautrec também dava recepções semanais em seu estúdio na Rue Caulaincourt, logo depois da esquina da Rue Lepic, onde

Ateliê de Fernand Cormon (c. 1885): Cormon no cavalete, Toulouse-Lautrec com chapéu-coco de costas para a câmera, Émile Bernard no alto à direita.

o vinho e as discussões sobre as novas ideias artísticas corriam com toda a liberalidade. Dentro ou fora da classe, ele desempenhava o papel de mestre de cerimônias, fosse liderando os trotes turbulentos aplicados aos *nouveaux*, ensinando aos colegas a última canção de Bruant com sua voz de barítono estrondeante ou inspecionando burlescamente as "*partes naturales*" de potenciais modelos da perspectiva especial que lhe dava sua altura.

Os alunos da Cormon se uniam sob a liderança do "anão de Velázquez" e de seu companheiro michelangeliano. Todos oriundos de boas famílias, veteranos de muitos clubes sociais no *lycée* ou na universidade, participavam de bom grado da algazarra da sala de aula e do ritual dos trotes escolares.

Vincent não. Propenso a se zangar, ofendendo-se com facilidade, de uma sensibilidade ameaçadora, sem nenhuma sintonia com a ironia e a irreverência da juventude, Vincent baixava no ateliê como uma nuvem de chumbo vinda do mar do Norte. À menor provocação, estourava num temporal de protestos veementes e paixões assustadoras. Gritando e gesticulando, não tinha medo de entrar em altercações violentas, despejando uma torrente de frases numa mistura desenfreada de holandês, inglês e francês; segundo uma testemunha, ele "então se vira, olha para você por sobre o ombro e sibila entre os dentes". Nada poderia destoar mais da atmosfera maliciosa e descontraída, cultivada por Lautrec na ausência do mestre, do que a veemência sem humor de Vincent. O próprio Lautrec, embora nunca fosse cruel em suas atribuições, talvez não encontrasse muita coisa de interesse no holandês sorumbático. Na companhia certa (sobretudo entre seus conterrâneos), Vincent sabia ser sociável e até jovial. Mas seu senso de humor preferia os arremedos cômicos e as insinuações obscenas — um universo distante do de Lautrec, com seus gracejos sarcásticos e as gozações que fazia de si mesmo.

Sem dúvida seguindo o exemplo do *massier*, os colegas de Vincent reagiam ao estrangeiro de pavio curto com uma mescla de tolerância arrogante (desconsiderando-o como "um homem do Norte [que] não apreciava o espírito parisiense") e de ridicularização dissimulada. "Como ríamos por trás dele", lembrava um colega. Fosse por medo, indiferença ou respeito pela boa posição de seu irmão, os colegas o poupavam dos piores abusos cometidos com os *nouveaux* e simplesmente o ignoravam, considerando-o "não interessante o suficiente para se incomodar com ele".

Como na Antuérpia, Vincent foi obrigado a procurar companhia nas margens da turma, entre a meia dúzia de estudantes estrangeiros. Para a sua sorte, o líder desse pequeno grupo era um anglófono simpático, muito longe do lar: um pintor australiano chamado John Peter Russell. Filho de um fabricante de armas e aventureiro dos Mares do Sul, Russell tinha tudo o que Vincent invejava: dinheiro, amigos, tempo livre, posição social e uma maravilhosa namorada loura italiana, Marianna. (Rodin, para quem ela posou, disse que era "a mulher mais bela de Paris".) Farrista incansável, Russell frequentava a vida noturna da moda em lugares como Le Chat Noir e Le Mirliton, muitas vezes conduzindo sua própria carruagem. Nos fins de semana, passeava pelo Bois de Boulogne com a alta sociedade ou ia velejar em seu iate no Sena. Passava o verão na Bretanha e o inverno na Espanha. Um fluxo constante de visitas (inclusive seu amigo pessoal Rodin e Robert Louis Stevenson) subia a imponente escadaria do ateliê de Russell no beco Hélène, de portas sempre abertas. Recebia-os com uma cordialidade ruidosa e indiscriminada que, muitas vezes, era tomada por americana.

Vincent se somou à multidão atraída pela hospitalidade aberta de Russell. Brandindo suas ligações familiares com a Goupil — verdadeiro atrativo para as ambições comerciais do australiano, que ainda pintava no estilo alto vitoriano que ocupava as vitrines da Goupil —, Vincent ia ao ateliê de Russell do outro lado do cemitério de Montmartre. Russell partilhava da opinião geral de que Vincent era "doido, mas inofensivo", e as relações entre eles nunca mereceram nenhuma menção em suas cartas

John Peter Russell, *Retrato de Vincent van Gogh*, 1886, óleo sobre tela, 60 × 44 cm.

da época nem nos escritos posteriores. Mas era um anfitrião afável com gosto pela excentricidade artística — gosto que desconcertava os amigos (que consideravam Vincent um "homenzinho agreste") e consternava Marianna (que reclamou que os olhos de Vincent "brilhavam de maneira assustadora").

Vincent aproveitou a política de porta aberta do beco Hélène com frequência suficiente para que Russell o convidasse a posar para um retrato. Não chegava a ser nenhuma honra especial. Russell era um retratista de talento que, ao contrário de Vincent, conseguia captar os traços com rapidez e segurança, fosse a lápis ou no pincel, e praticava suas habilidades sempre que podia. Usando o mesmo pincel lisonjeiro que costumava usar com as senhoras da sociedade, Russell retratou Vincent como ele queria ser visto pelo mundo: não um esteta boêmio, e sim um artista profissional, próspero e satisfeito como um banqueiro com seu terno escuro, o colarinho duro e a expressão séria. Apenas nos olhos — captados de esguelha, num olhar desconfiado e quase ameaçador — Russell insinuou uma realidade mais sombria.

* * *

O que mais afastava Vincent dos colegas era a falta de traquejo. Se manuseasse um lápis com a graça de Lautrec ou um pincel com o vigor de Anquetin, talvez passassem por cima de sua aparência estranha e perdoassem suas maneiras ríspidas. Liderados por Anquetin, que desenhava primorosamente desde a infância na Normandia, e por Lautrec, ilustrador desde idade precoce, os acólitos de Cormon e o próprio Cormon tinham o desenho em alto conceito. Embora tolerasse a individualidade nos estilos pictóricos, Cormon, como Verlat na Antuérpia, considerava a habilidade no desenho uma competência que ficava acima das variações da moda artística. "Se a pessoa não mede, o desenho sai malfeito", dizia ele. Todos os seus alunos, por mais ousadas que fossem as novas imagens que lhes despertavam admiração, aspiravam a "desenhar como os velhos mestres do Louvre", segundo um deles.

Evitando usar a incômoda grade de perspectiva da qual viera a depender — e que certamente o constrangia numa sala repleta de desenhistas à mão livre —, Vincent se concentrava com enorme intensidade nos velhos desafios da linha e da proporção. Embora os modelos nus fossem uma característica constante da escola, ele ainda se via trabalhando sobretudo com os modelos de gesso, que se alinhavam nas paredes do ateliê. Como Siberdt, Cormon dava mais ênfase ao contorno do que ao sombreamento e ao hachuramento, e desencorajava o improviso. "Eles tinham de copiar estritamente o que tinham diante de si, sem mudar nada", disse um aluno, lembrando as instruções de Cormon.

Submetendo-se mais uma vez à tirania da realidade, Vincent desenhava, apagava e redesenhava até que surgisse um contorno firme e preciso, então modelava delicadamente com giz, esfuminho e apagador, no esforço de criar o tipo de estudo preciso e esmerado que estudantes como Lautrec faziam com grande facilidade. Mas a mão de Vincent ainda não queria, não conseguia obedecer. Mesmo suas imagens mais caprichadas, fossem desenhadas do gesso ou do nu, saíam com nádegas volumosas, membros desalinhados, pés exagerados, faces tortas ou contornos tremidos. "Considerávamos o trabalho dele inepto demais", lembrava um colega da escola Cormon; "deste ponto de vista, havia muitos que o superavam." Outro disse: "Os desenhos dele não tinham nada digno de nota".

O pincel também lhe trazia ridículo e rejeição. Como os alunos da Academia na Antuérpia, os colegas de Vincent no ateliê de Cormon ficavam assombrados com a rapidez e estupefatos com o desregramento de seus métodos de trabalho. Para cada estudo que faziam, ele pintava três, de vários ângulos da mesma pose numa investida só, sem parar, nem mesmo durante o período de descanso do modelo. "Ele trabalhava numa fúria desordenada", lembrava um dos colegas, "atirando todas as cores na tela com uma pressa febril. Pegava a tinta como numa pazada e ela escorria pelo pincel e melava seus dedos... A violência de seus estudos surpreendia o ateliê; os artistas clássicos ficavam horrorizados."

Quando Vincent não estava olhando, os outros alunos arremedavam seus toques estabanados. Quando Cormon parava ao lado de seu cavalete, todos ficavam num silêncio expectante e se inclinavam para ouvir como o plácido mestre reagiria à mais nova provocação do holandês. Mas Cormon apenas fazia reparos à habilidade do desenho e aconselhava Vincent a trabalhar com mais cuidado no futuro. Pelo menos por algum tempo, Vincent tentou seguir o conselho. Ia ao ateliê na parte da tarde, quando todos os outros tinham ido embora, e ficava praticando desenho com os modelos de gesso conhecidos, debatendo-se para captar os contornos fugidios até que a borracha chegava a despedaçar o papel. Alguém que se deparou casualmente com ele sozinho no vasto ateliê, encerrado em suas tarefas furtivas, comentou que Vincent parecia "um prisioneiro na cela".

No verão já tinha desistido. Ele prometera estudar três anos na escola de Cormon; ficou menos de três meses. Talvez tenha continuado a ir de vez em quando ao ateliê no Boulevard de Clichy até o outono; mas, se foi, tomou o cuidado de ir em horários em que não encontraria os ex-colegas. Pressionado para descrever sua breve experiência com Cormon, Vincent respondeu apenas: "Não achei tão útil quanto esperava". Depois de sair de Paris, nunca mais escreveu nenhuma palavra sobre a experiência. O fracasso no prestigioso ateliê foi tão decisivo que Theo não mencionou o assunto uma única vez na carta que escreveu à mãe em junho, resumindo os primeiros meses de Vincent em Paris. Pelo contrário, desfiou uma série de palavras tranquilizadoras, dizendo que Vincent afinal tinha virado uma página de sua vida e que o convívio com ele não era mais o fardo que havia sido em Nuenen. "Ele está muito mais animado do que antes e aqui as pessoas gostam dele", comentou Theo alegremente. "Se conseguirmos manter assim, penso que a fase difícil dele terminou e será capaz de se virar sozinho."

Na verdade, Vincent tinha virado a página para novos fracassos. Apesar de todo o seu empenho naquela primavera, não vendera uma única pintura. E nenhuma das centenas de revistas que circulavam em Paris lhe pagaria uma ilustração. Pior ainda, todas as suas tentativas de angariar o apoio de galeristas para sua causa tinham malogrado, apesar dos contatos do irmão no ramo. Um colega do ateliê de Cormon lembrava como Vincent "costumava reclamar de tempos em tempos que, embora ligado ao comércio da pintura, ninguém comprava nada do que ele fazia".

Apenas o velho colega de Theo, Arsène Portier, o mesmo pequeno negociante que retirara subitamente seu apoio a *Os comedores de batatas* no ano anterior, teve a gentileza de aceitar alguns trabalhos de Vincent em consignação. O que mais poderia fazer? Morando num andar abaixo no mesmo prédio, Portier não só via diariamente os dois irmãos, como decerto também aguentava uma doutrinação incessante — agora ao vivo, não por carta. Pressionado a *mostrar* as pinturas aos clientes (ele trabalhava em seu apartamento), Portier desconversou, fazendo vagas promessas de montar uma exposição em algum momento do futuro. O único lugar que Vincent encontrou para mostrar seus trabalhos foi uma loja de materiais de pintura ali perto, chamada Tanguy — que um contemporâneo descreveu como "uma lojinha pequena e ordinária" —, onde ficaram pendurados, sem iluminação, entre a profusão de miudezas à venda, com dezenas de telas de outros clientes. Mesmo quando tentou trocar suas pinturas com colegas artistas (velha tradição estudantil incentivada por Theo), não teve muito sucesso. Apenas os colegas obscuros e marginalizados como ele próprio se sentiram tentados pela proposta de trocar os trabalhos. Pintores mais conhecidos, como Charles Angrand, amigo de Seurat, simplesmente ignoraram a consulta.

Vincent poderia ter feito mais trocas se tivesse mais amigos. Mas a afirmativa de Theo à mãe, de que "aqui as pessoas gostam dele", não passava de uma mentira reconfortante. As cartas e diários de outros artistas em Paris na mesma época não dão o menor sinal da presença de Vincent, apesar das inúmeras oportunidades de cruzarem caminhos. Ele começou o verão de 1886 tão solitário em Paris quanto era na charneca. Russell tinha saído em férias, emprestando o apartamento a dois ingleses que se mostraram muito menos cordiais como anfitriões. Para A. S. Hartrick, Vincent era "mais do que levemente maluco", e Henry Ryland reagia a suas visitas com horror. ("Aquele homem terrível esteve aqui durante duas horas", Ryland reclamou certa vez a Hartrick. "Não aguento mais.") Apesar disso, ansioso para manter alguma aparência de vínculos profissionais, Vincent continuou a visitar o ateliê de Russell até que uma discussão sobre as aquarelas de Ryland (Vincent disse que eram "anêmicas e imprestáveis") lhe vetou para sempre a acolhida no beco Hélène.

No outono, estava reduzido a escrever para Horace Livens, o colega da Antuérpia que mal conhecia, para informar tristemente que "Trabalho sozinho" e se queixar que "Estou lutando pela vida e pelo progresso na arte". Passados apenas seis meses de sua chegada, implorou ao distante Livens que viesse encontrá-lo em Paris ou, sendo impossível, que o ajudasse a escapar. "Na primavera, ou mesmo antes, talvez eu vá ao Sul da França", escreveu, antecipando em um ano sua ida para a Provença. "E veja, se eu souber que você também tem vontade disso, podemos combinar."

* * *

Depois de malogrado seu projeto na escola de Cormon, sem amigos, sem colegas, sem rumo, Vincent logo se retraiu para as obsessões que trouxera consigo.

O projeto dos retratos que o ocupara na Antuérpia retornou quase de imediato. Entre suas primeiras pinturas em Paris, havia dois retratos do mesmo modelo: uma matrona de cabelos negros como azeviche, cujos trajes burgueses e a touca elegante mostravam a nova aposta do artista na respeitabilidade. Mas, depois de começar no ateliê de Cormon, a mania retornou às suas fontes mais fundas no sexo. As sessões da escola forneciam um cardápio constante de nus para a voracidade de Vincent. Melhor ainda, a escola atraía um fluxo quase ininterrupto de modelos em busca de trabalho. Desfilavam pela sala sob a inspeção de todos os estudantes, que geralmente votavam em suas favoritas. Como os testes exigiam que tirassem a roupa, e como os alunos podiam tocar e apalpar (para verificar a musculatura), muitas vezes se convertiam em ocasiões maliciosas de mútua excitação.

Mas Vincent queria mais. Acostumado às prerrogativas de seu próprio ateliê, logo quis começar a organizar sessões privadas, apenas para se deparar com os mesmos obstáculos que tinham tolhido todas as suas campanhas anteriores. Nenhum dos modelos profissionais que faziam filas diárias para os testes do ateliê aceitou o convite para ir a seu ateliê. "Não quiseram posar para ele", lembrava Theo — fosse para retratos ou estudos de figura. E por certo não para nus. Mesmo as mulheres que Vincent conhecia pessoalmente, como Marianna, a amante de Russell, recusaram os avanços do estranho holandês.

Logo ele foi obrigado a ir caçar em regiões mais familiares.

Os amplos bulevares e bares da nova cidade de Haussmann fervilhavam de prostitutas. A mistura de riqueza, licenciosidade e exibicionismo fazia de Paris a capital do prazer sexual — e das doenças venéreas — num continente lúbrico durante uma era libertina. Elas respondiam por muitos nomes — *pierreuse*, *lorette*, *grisette*, *gigolette*, *apéritive* — e atendiam a quase três quartos da população masculina adulta da cidade. Praticamente todos os artistas do ateliê de Cormon não só mantinham amantes como faziam incursões noturnas pelo submundo libidinoso de Paris. Mesmo Russell deixava a bela (e grávida) Marianna para ir desfrutar a decadência de fim do império, disponível em quase todas as esquinas.

Cercado por tantas oportunidades, Vincent dificilmente se conteria. Livros como *Nana*, de Zola, e *La fille Élisa*, de Edmond de Goncourt (ambos crônicas de prostituição), tinham recheado sua mente com visões de liberdade erótica e atletismo sexual. Nem mesmo o Bel-Ami de Maupassant, com todas as suas conquistas amorosas, conseguiu resistir aos prazeres especiais das prostitutas parisienses. Anos depois, Vincent lembrou com carinho suas escapadas à caça de modelos não só nos movimentados bordéis da cidade, mas também nos quartos dos fundos de velhos prédios, onde mulheres solitárias "fornicam cinco ou seis vezes por dia". Falava com conhecimento de causa sobre as relações das prostitutas com seus "*maquereaux*" (cafetões) e se dizia um mero cliente faminto procurando o melhor pedaço de carne. "A puta é como carne num açougue", escreveu em 1888, "e eu recaio em meu estado bruto."

Talvez tenha sido nessa busca incansável de modelos que Vincent encontrou Agostina Segatori pela primeira vez. Embora velha demais (cerca de 45 anos) para se manter ativa no ofício, Agostina sabia onde encontrar o que Vincent procurava. Desde a adolescência nas ruas de Nápoles, ela vivera na fronteira incerta entre modelo e prostituta. Em 1860, sua aparência sedutora e o corpo voluptuoso lhe tinham conquistado a transferência para Paris, onde posou para o panteão dos maiores pintores da época, entre eles Gérôme, Corot e Manet. Toda a Europa suspirava pela sensualidade descontraída das jovens morenas italianas, muitas vezes retratadas com vistosos trajes típicos e segurando o símbolo de seu espírito "cigano": um pandeiro. Como muitas ex-modelos, Agostina encontrou um patrocinador e, em 1885, aproveitou sua minguante celebridade para abrir um café chamado simplesmente Le Tambourin.

Quando Vincent a conheceu em 1886, ela tinha se tornado uma astuta *signora* boêmia de seios fartos, rodeada por um amante jovem, um gerente brutamontes e dois cães dinamarqueses de pelagem clara. No café, ela comandava seu império com uma autoridade langorosa e um "encanto imponente", segundo um de seus muitos admiradores. Tudo no grande estabelecimento no Boulevard de Clichy, das mesas em formato de pandeiro às garçonetes vestidas de camponesas italianas, transpirava o fascínio exótico e erótico que a celebrizara. Mas o fascínio não era apenas de fachada. Cafés temáticos como Le Tambourin costumavam manter uma próspera atividade paralela na prostituição. Em troca de fornecer um ambiente seguro e um fluxo constante de clientes, os proprietários ficavam com uma porcentagem dos ganhos de suas atendentes após o expediente. Como a intermediária que Vincent encontrara na Antuérpia, Agostina Segatori "conhecia muitas mulheres e sempre podia fornecer algumas".

Mesmo com o auxílio de Segatori, as incursões de Vincent pelo sórdido meretrício de Paris resultaram apenas em alguns esboços apressados, numa espreita furtiva. Um deles mostra uma mulher nua na cama, os braços atrás da cabeça, anunciando com desenvoltura sua plena disponibilidade. Outro apresenta uma mulher sentada na beirada da cama, vestindo num gesto lânguido as meias depois do sexo.

Jean-Baptiste Corot, *Agostina*, 1866, óleo sobre tela, 132 × 98 cm.

Um terceiro traz uma mulher agachada numa bacia, lavando-se. Num dos muitos teatros eróticos que enchiam os porões enfumaçados dos bulevares, ele captou furtivamente, a lápis e giz, a cena de um casal copulando no palco, apresentada tão despudoradamente como se fosse um número de circo.

Quando uma *pierreuse* especialmente rústica concordou em posar para ele, Vincent prodigalizou toda a sua arte no corpo já passado e no rosto grosseiro. Desenhou e pintou a *pierreuse* como uma odalisca grotesca, e então celebrou seus traços animais num retrato feito com os mesmos tons de terra que usara em seus camponeses de Nuenen — um orgulhoso alarde de suas proezas sexuais de camponesa. Chegou a desenhá-la na mesma posição submissa que Sien tinha adotado para *Sofrimento*.

Mas pelo visto ninguém, nem mesmo sua *belle laide* Beatrice, chegou a ir à Rue Lepic, como Sien fora até a Schenkweg. Depois de deixar a escola de Cormon, Vincent ficou reduzido a pintar estudos das pequenas estatuetas nuas que os irmãos colecionavam e, como em Nuenen, a vasculhar desesperançado o conteúdo de seu ateliê atrás de temas para naturezas-mortas que refletissem suas mágoas e pesares. Encontrou a metáfora perfeita num par de sapatos velhos, que pintou nos tons tristes e pinceladas meditativas que usara nos ninhos da Kerkstraat, como que suspirando saudoso pelas liberdades perdidas da charneca.

Tendo falhado na caça aos modelos, Vincent se afundou ainda mais na *outra* obsessão ardente que trouxera consigo a Paris: a cor. Testemunha única dos evangelhos de Blanc e Chevreul, que se desenvolvera nos ermos de Nuenen apenas para ser abandonada na febre comercial e sexual da Antuérpia, ela reemergiu no verão de 1886 num novo surto de ardor evangélico. "A cor o deixava louco", lembra um colega da Cormon. Empunhando a bandeira do "contraste simultâneo" onde sua retórica cessara no inverno anterior, Vincent deixou seus colegas aturdidos ao pintar um modelo nu — o mais prosaico dos temas cromáticos — contra "um azul intenso inesperado" em vez do pano de fundo marrom do ateliê. O resultado, segundo um presente, foi uma explosão de cores complementares "com novos tons violentos, um inflamando o outro". E cada imagem veemente vinha acompanhada por uma enxurrada de palavras de igual veemência. "Ele nunca parava de falar de suas ideias sobre a cor", lembrava outro conhecido de Paris.

Mas, dessa vez, Vincent se viu pregando a uma cidade já incandescida de discussões sobre a cor. O que era? Como era percebida? O que expressava? Enquanto Paris comemorava o centenário de Michel Chevreul, o patriarca da teoria da cor, com um desfile à luz de archotes (a que Vincent sem dúvida compareceu), os artistas disputavam seu legado. Os divisionistas, liderados por Seurat e respaldados por um jovem crítico importante, Félix Fénéon, lutavam para tomar aos impressionistas o cetro da ciência óptica. Invocavam cientistas para validar sua arte e louvavam a *Grande Jatte*, exposta pela primeira vez em abril de 1886, pela "exatidão da atmosfera". Enquanto isso, os acólitos de *Às avessas*, de Huysmans, declaravam guerra a todas as formas de objetividade, inclusive a óptica, e reivindicavam para si o verdadeiro graal da cor: o poder de sugestão. Os debates se propagaram para todos os cantos do mundo da arte, inclusive a escola Cormon. No mesmo ano em que Vincent teve uma breve passagem por lá, a escola, segundo um relato, explodiu numa briga tão ferrenha sobre a cor que o complacente mestre foi obrigado a expulsar os encrenqueiros e a fechar temporariamente o ateliê.

Em meio a todos os rancores e revoltas a seu redor, Vincent se manteve fiel ao evangelho cromático que aprendera na charneca. Durante uma primavera e um verão repletos de oportunidades de ver as imagens que alvoroçavam o mundo artístico, sua devoção nunca esmoreceu. Na oitava e última exposição dos impressionistas

A Casa Amarela (*"A rua"*), setembro de 1888, óleo sobre tela, 76 × 94 cm.

Noite estrelada sobre o Ródano, setembro de 1888, óleo sobre tela, 28,25 × 91,75 cm.

Autorretrato (dedicado a Paul Gauguin), setembro de 1888, óleo sobre tela, 61,5 × 52 cm.

Retrato da mãe do artista, outubro de 1888, óleo sobre tela, 40,5 × 33 cm.

Jardim público com casal e abeto azul: *O jardim do poeta III*, outubro de 1888, óleo sobre tela, 73,5 × 91,75 cm.

Diligência de Tarascon, outubro de 1888, óleo sobre tela, 72 × 91,75 cm.

A arlesiana: Madame Ginoux com livros, novembro de 1888 (ou maio de 1889), óleo sobre tela, 89,6 × 72 cm.

Madame Roulin embalando o berço (*La Berceuse*), janeiro de 1889, óleo sobre tela, 93 × 74 cm.

Cadeira de Vincent com seu cachimbo, dezembro de 1888, óleo sobre tela, 93 × 73,3 cm.

Cadeira de Gauguin, dezembro de 1888, óleo sobre tela, 90,5 × 72 cm.

Autorretrato com orelha enfaixada e cachimbo, janeiro de 1889, óleo sobre tela, 51 × 45 cm.

Natureza-morta: vaso com quinze girassóis, agosto de 1888, óleo sobre tela, 93 × 73 cm.

Íris, maio de 1889, óleo sobre tela, 71 × 93 cm.

Noite estrelada, junho de 1889, óleo sobre tela, 72 × 91,75 cm.

Ciprestes, 1889, óleo sobre tela, 94,6 × 73 cm.

Troncos de árvore com hera, julho de 1889, óleo sobre tela, 74 × 91,75 cm.

Autorretrato, setembro de 1889, óleo sobre tela, 65 × 54,3 cm.

O quarto, começo de setembro de 1889, óleo sobre tela, 73 × 91,75 cm.

O semeador, novembro de 1888, óleo sobre tela, 32 × 40 cm.

Campos de trigo com ceifador, começo de setembro de 1889, óleo sobre tela, 74 × 91,75 cm.

Retrato de Trabuc, um auxiliar do hospício de Saint Paul, setembro de 1889, óleo sobre tela, 61 × 46 cm.

Árvores no jardim do hospício de Saint Paul, outubro de 1889, óleo sobre tela, 90 × 73 cm.

Colheita de azeitonas, dezembro de 1889, óleo sobre tela, 73 × 89 cm.

Meio-dia: descanso do trabalho (*a partir de Millet*), janeiro de 1890, óleo sobre tela, 73 × 91 cm.

Ravina Les Peiroulets, outubro de 1889, óleo sobre tela, 73 × 91,75 cm.

Flores de amendoeira, fevereiro de 1890, óleo sobre tela, 73,5 × 91,75 cm.

Íris, maio de 1890,
óleo sobre tela,
91,75 × 73,5 cm.

A igreja de Auvers,
junho de 1890,
óleo sobre tela,
94 × 74 cm.

Retrato do doutor Gachet, junho de 1890, óleo sobre tela, 66,7 × 56 cm.

Jardim de Daubigny, julho de 1890, óleo sobre tela, 50 × 101,5 cm.

Raízes de árvore, julho de 1890, óleo sobre tela, 50 × 100 cm.

Campo de trigo com corvos, julho de 1890, óleo sobre tela, 50,5 × 100 cm.

em maio, quando pôde afinal estudar as obras que haviam desencadeado o tumulto uma década antes (exceto Monet e Renoir, que boicotaram a exposição — sinal dos tempos turbulentos), Vincent encontrou apenas a confirmação do veredicto que defendera por anos junto a Theo. Mais tarde, lembrando seu primeiro contato com as imagens impressionistas, ele disse: "Quando a pessoa as vê pela primeira vez, sente uma grande, grande decepção e julga que são desleixadas, feias, mal pintadas, mal desenhadas, mal coloridas, tudo o que há de ruim". Depois de vê-las, escreveu a Livens em termos tranquilizadores: "Nem a sua, nem a minha cor tem nenhuma relação com as teorias deles". Explicou a diferença da seguinte maneira: "*Eu* acredito na cor".

Na mesma exposição, viu também *La Grande Jatte*, de Seurat, as reflexões simbólicas de Redon e dezenas de obras de jovens artistas que não conhecia, inclusive Paul Gauguin. Mas teve comentários favoráveis apenas para uma série de mulheres nuas, em pastel, de Degas. Em toda a Exposição Internacional de junho (contando com as obras de Monet e Renoir), o Salon des Indépendants em agosto, igualmente enorme (com a participação de quase 350 artistas), e a exposição dos incoerentes, Vincent só elogiou uma obra na carta que escreveu a Livens naquele outono: uma paisagem de Monet.

O que não via nas exposições podia ver todo dia em dezenas de galerias e antros de negociantes: desde os andares comerciais de Durand-Ruel, o primeiro paladino do impressionismo, onde um visitante podia passar dias olhando o estoque encalhado do galerista quase falido, até o apartamento de Arsène Portier, logo abaixo do dele, onde havia obras de Manet e Cézanne que podiam ser examinadas com atenção. Para coisas mais exóticas, a qualquer noite, bastava ir a um dos vários cabarés como Le Chat Noir ou Le Mirliton, com as paredes cobertas das últimas invenções *fumistes* (inclusive algumas de Lautrec), ou simplesmente andar pelas ruas onde os vendedores de molduras e lojas de tintas como a Tanguy ofereciam em suas vitrines uma infinidade babélica de imagens.

Por entre a saraivada de críticas sectárias e discursos inflamados, por entre as discussões de ateliê e as conversas de bar, Vincent se prendia à visão que trouxera da charneca: a cor complementar era o único evangelho autêntico e Delacroix, seu mais autêntico profeta. "Delacroix era o ídolo dele", lembrava um colega da Cormon; "quando falava desse pintor, seus lábios tremiam de emoção." Em seu ateliê, Vincent tinha uma caixa laqueada com meadas de fios de cores vivas, que juntava e desjuntava infindavelmente para testar a interação das cores — o procedimento exato descrito por Chevreul, que desenvolvera suas teorias como diretor de tingimento dos fios para os teares reais de gobelins.

Em vez de se deter em *La Grande Jatte*, Vincent voltou inúmeras vezes ao Louvre para ver obras como *A barca de Dante*, a grande visão da determinação artística de Delacroix, uma pintura que se tornara mitológica nos escritos de Charles Blanc. Nas mesmas galerias onde ignorava a maioria das obras, procurava imagens menos conhecidas do mestre romântico. Discordando daqueles que, como Anquetin, consideravam Monet e os impressionistas os guardiães da paleta de Delacroix, Vincent cultuava seu panteão pessoal de herdeiros genuínos — pintores como o belga Henri de Braekeleer e o mestre de Barbizon, falecido muito tempo antes, Narcisse Virgile Diaz de la Peña — e ungiu um pintor pouco conhecido de Marselha, Adolphe Monticelli, como o discípulo mais genuíno de todos.

Na atmosfera carregada de tensão, a segurança com que Vincent seguia na contracorrente agastava os partidários de todas as facções. "Ele estava sempre discutindo", escreveu Andries Bonger, o amigo de Theo cujos comentários sobre o trabalho de Vincent despertavam sempre a mesma defesa encarniçada. E reclamou: "Ele insiste na mesma resposta, 'mas eu queria introduzir este ou aquele contraste de cor'", acrescentando mordaz, "como se eu desse a mínima para o que ele *queria* fazer!" Quando ia à Tanguy para comprar tintas — uma ocasião rara em que podia encontrar outros pintores —, Vincent ficava horas discutindo a teoria da cor com os outros clientes.

Teve atritos tremendos com o dono da loja, Julien Tanguy (que todos chamavam de *Père* Tanguy), sobre a paleta alegre dos impressionistas. Tanguy tinha feito misturas de cores para alguns dos grandes nomes da revolução (inclusive Monet e Renoir) e, além disso, se nomeara defensor pessoal de um deles em particular: Paul Cézanne. Os depósitos da loja escura estavam abarrotados até o teto com as obras impopulares do hermético mestre provençal, que as deixara lá para vender ou apodrecer, pouco lhe importava. Tanguy, um velho socialista grisalho com um veio sentimental, defendia os impressionistas e Cézanne com o ardor de um *communard*, o que apenas atiçava ainda mais a veemência de Vincent. Uma vez, um cliente viu Vincent saindo da sala dos fundos da Tanguy, depois de uma discussão, parecendo que "ia explodir em chamas".

Privado de modelos, mas decidido a defender a cor, Vincent adotou um novo tema: flores. A escolha foi retórica e também comercial. Theo admirava igualmente o trabalho de Monticelli, cujas pequenas imagens de flores e *fêtes galantes*, de cores impetuosas solidamente incrustadas, tinham atraído um séquito reduzido, mas entusiástico, em Paris e outros lugares. Theo vendia trabalhos de Monticelli e, ademais, possuía vários deles em sua coleção particular — conferindo assim ao artista de Marselha o selo da saída comercial e a aura da solidariedade fraterna. Quando Monticelli teve uma morte súbita em junho, em circunstâncias misteriosas (dizia-se que ele bebeu até ensandecer e se suicidou), o fervor de Vincent o converteu num herói: um mártir da cor, ao estilo de *L'oeuvre*. Correu para o ateliê e começou uma série de pequenas naturezas-mortas compactas, com flores em pungentes vermelhos e amarelos em tons esbatidos. Pintou lírios alaranjados num campo cobalto e crisântemos ocre, parecendo sóis, amontoados em desordem num vaso de porcelana de um verde insondavelmente profundo. Como Monticelli, mesmo as flores mais coloridas ele pintou com empastamentos pesados, envolvendo-as nas sombras mais escuras de Rembrandt. Cada pintura era uma homenagem a Monticelli (e a Delacroix) e, ao mesmo tempo, uma refutação — em tons ricos, realces dramáticos, fundos escuros e tinta abundante — a todos os coloristas ditos "modernos".

Decidido a provar que suas obstinadas imagens também podiam vender, Vincent levou algumas delas a Agostina Segatori, esperando que comprasse ou, pelo menos, expusesse em Le Tambourin. Segatori, que mostrava obras de outros artistas e anunciava seu estabelecimento como "mais um museu do que um café", ficou com pena do ardoroso holandês e concordou em pendurar algumas de suas pinturas junto com as outras "obras de mestres". Também começou a aceitá-las como pagamento das refeições, e até pode lhe ter enviado flores como sugestão para novos temas — dando a Vincent todas as provas da viabilidade comercial de que precisava.

Impulsionado pela perspectiva de mais "vendas", pelo entusiasmo por Monticelli que partilhava com Theo e por sua devoção pessoal a Delacroix, Vincent se lançou a uma afoita campanha de persuasão pelo pincel. Como se estivesse ilustrando os alentados volumes de estudos de Chevreul, ele utilizou todo o espectro de contrastes complementares e de harmonias tonais, usando flores, vasos e fundos em combinações sempre variadas: gladíolos vermelhos num jarro verde, folhas de cóleo laranja num campo azul, ásteres purpúreos e sálvias amarelas. De reflexões em vermelho com ásteres e floxes a harmonias de verde e azul com peônias e miosótis, e a contrastes turbulentos de vermelho e verde com cravos e rosas, ele defendeu sua posição com uma insistente meticulosidade. Gabou-se a Livens de sua "ginástica" com as cores. Ao longo do verão, esgotou todas as estufas de Paris: lilases e zínias, gerânios e malvas-rosa, margaridas e dálias.

Trabalhava com aquela mesma rapidez de um raio com que pintara as "cabeças" de camponeses em Nuenen — tão depressa que nem dava tempo para as flores murcharem no calor sufocante da cidade —, soltando umas vinte imagens por mês. Talvez encorajado pelo apoio de Segatori, passou para telas cada vez maiores, mas manteve a mesma cor saturada, o claro-escuro carregado e as pinceladas esculturais do injustiçado Monticelli, em vez da luminosidade geral e dos leves toques — e mesmo manchas e pontos — que caracterizavam toda a nova arte a seu redor.

Durante o outono e ingressando no inverno, Vincent ficou cada vez mais isolado e desafiador. Conforme o tempo esfriava e as flores se refugiavam no Sul, ele ergueu ainda mais alto as barricadas da mania. Retomou os temas da primavera: naturezas-mortas de botas, cenas de Montmartre e mesmo os pequenos nus de gesso em seu ateliê. Só que agora os filtrava pelo evangelho da cor complementar: pintou alguns em contrastes vivos, outros em harmonias tonais e outros ainda mesclando ambos. Desafiava a luz solar dos impressionistas pintando suas cenas da vida urbana sob céus carregados e rejeitava as obsessões frívolas do impressionismo com mais outras imagens de cavadores de Nuenen — só que agora vestidos de azul e laranja.

Passou a recorrer mais e mais ao espelho, retratando-se sempre como o artista Bel-Ami burguês de colarinho com acabamento de cetim — só que agora com uma barba laranja-vivo e lenço azul ou com um casaco verde-escuro sobre um fundo vermelho-flamejante. Pintava naturezas-mortas com pinceladas veementes e cores tão "fortes", segundo um colega da Cormon, que a freguesia de Le Tambourin e a clientela de Tanguy ficavam até "com medo delas".

Nesses e noutros trabalhos, Vincent anunciava suas diferenças de visão com um antagonismo tão inflexível que só poderia ter brotado de outras fontes e só poderia ser aplacado por outros meios.

28. Os irmãos Zemganno

Em qualquer lugar onde armassem a tenda, as multidões prendiam o fôlego. Desafiando a gravidade e a morte lá no alto, acima do picadeiro coberto de serragem, atiravam-se no ar, um ao outro, e então voltavam, girando e rodopiando num *pas de deux* de risco e resgate. Soltar e pegar. Soltar e pegar. Os corpos voando pareciam ligados por fios invisíveis; as costas se fundiam, mesmo quando arremetiam em direções contrárias. Gianni, o mais velho — inquisitivo e pressionador —, havia desenvolvido o número dos dois até os limites da possibilidade, sempre forçando os grilhões da resistência e da natureza. Nello, o mais novo — bonito e expressivo —, voava como um pássaro para agradar ao irmão. Juntos davam saltos e cambalhotas, faziam espirais e acrobacias no balé em pleno ar, ora se agarrando, ora se desprendendo, arremessando-se cada vez mais ao perigo, em oscilações cada vez mais altas, testando os ligamentos invisíveis, desafiando a lógica de soltar e pegar.

Vincent leu *Os irmãos Zemganno*, de Edmond de Goncourt, tal como lia tantos romances, como um autorretrato. Em sua busca interminável de duplas de irmãos que fundiam suas vidas, logo se apoderou da história das "almas gêmeas", Edmond e Jules de Goncourt. "Tinham essa ideia esplêndida de trabalhar e pensar juntos", escreveu a Theo da Antuérpia, anexando um resumo das realizações dos Goncourt e notando a propósito que, ao "unir as mãos", puderam enfrentar o futuro "com a simplicidade de crianças grandes".

Sem dúvida Vincent sabia — todo mundo sabia — que Edmond tinha escrito o conto sobre os acrobatas ciganos como um tributo vagamente autobiográfico ao finado irmão mais novo, Jules: era a visão de dois irmãos artistas sentindo e criando como um só — "a efusão de um único ego, de um único *eu*". Era a mesma visão que Vincent trouxera a Paris, desde as docas e pântanos solitários. "Eu gostaria que nós também pudéssemos trabalhar juntos em algum lugar, no fim de nossa vida", escreveu a Theo às vésperas de chegar. "Se temos a vontade e a coragem para isso, não será então algo a conversar?"

Mas não funcionou assim. A euforia do encontro logo sucumbiu à realidade do convívio na mesma casa. Fazia vinte anos que tinham morado juntos no segundo andar do presbitério de Zundert. Desde então, ele só dividira aposento uma única vez, e por pouco tempo, com a prostituta Sien Hoornik. Vincent tratava o apartamento inteiro da Rue Lepic como se fosse o ateliê da Kerkstraat: espalhando tintas e apetrechos por toda parte, até que "começou a parecer mais uma loja de materiais de pintura do que um apartamento", segundo disse uma visita. "Estava tudo de pernas para o ar", disse outra. "[Vincent] espalhou seu gosto pela desordem por todos os cômodos."

Ele não hesitava em misturar roupas sujas e telas úmidas (chegando a usar as meias de Theo para limpar os pincéis) e removia coisas da casa para abrir espaço para uma natureza-morta (ou, raras vezes, para um modelo). Um visitante que pernoitou lá relembrou que, "ao sair da cama de manhã, meti o pé dentro de um pote de tinta que Vincent havia deixado por ali". Depois do fiasco na Cormon, imediatamente Vincent retomou também os hábitos pessoais da vida na charneca, deixando de tomar banho e de trocar de roupa. "Ele parece sempre tão sujo e pouco atraente", queixou-se Theo à irmã Wil. Passados um ou dois meses da mudança para o novo apartamento, Theo caiu de cama com uma doença não identificada e a cozinheira-arrumadeira Lucie foi embora.

Vincent teve uma influência semelhante na vida social de Theo. Antes de sua chegada em março, Theo levava uma vida social resplandecente, numa sucessão de passeios de barco pelo Sena, caminhadas nas Tulherias, recepções oficiais, fins de tarde no teatro, noites no Opera, finais de semana no campo e magníficos saraus de gala à luz de velas, com apresentações de celebridades, danças e ceias às duas da manhã. Embora Theo costumasse se manter sozinho na multidão, era um conviva atraente, agradável, e seu discreto charme lhe rendia não poucos convites à casa dos clientes.

A vinda de Vincent mudou tudo isso. As saídas sociais, parte importante do trabalho de Theo, já não eram possíveis a menos que deixasse para trás o irmão imprevisível — opção cada vez mais inviabilizada pelas exigentes noções de solidariedade fraterna de Vincent. E, pelo visto, Theo tampouco tinha confiança suficiente no comportamento do irmão para apresentá-lo a muitos dos colecionadores, galeristas e artistas importantes cujos nomes recheavam sua agenda de endereços. Pelas mesmas razões, precisava ter cuidado ao convidar alguma visita para o apartamento da Rue Lepic (onde, admitiu ele, "a situação não é nada agradável"). Ele só podia confiar em alguns raros escolhidos, na maioria conterrâneos holandeses, que não se sentiriam ofendidos com os modos pouco convencionais de Vincent.

Mesmo assim, os amigos costumavam recusar os convites. "Ninguém mais quer vir à nossa casa", lamentou-se. "Porque sempre acaba em discussão." Os que ainda apareciam sofriam o torniquete das atenções de Vincent. "Aquele homem não tem absolutamente nenhuma educação", foi como Andries Bonger resumiu o recém-chegado que lhe roubara o amigo mais próximo. "Está sempre brigando com todo mundo." Outra visita considerou Vincent "criador de caso" e falante compulsivo. O próprio Theo, numa carta a Johanna, irmã de Andries, admitiu mais tarde que era "impossível conviver com [Vincent]... pois ele não poupa nada nem ninguém". O juízo do passado o acompanhara a Paris, pelo que disse Theo: "Todo mundo que o vê diz: *'C'est un fou'* [É um louco]".

Tal como no passado, as relações de Theo com as mulheres, em particular, levavam Vincent a extremos de solicitude fraterna. Além de todos os outros transtornos, o novo arranjo doméstico tinha atrapalhado seriamente a vida romântica de Theo. Sua amante de um ano, conhecida apenas como S., entrou numa espiral autodestrutiva de acessos de ciúmes com a intromissão em seus indubitáveis planos de se casar com o jovem e atraente negociante de arte. "Você a enfeitiçou", disse Dries Bonger a Theo, advertindo-o: "Moralmente, ela tem uma grave doença." Vincent também considerava a mulher "demente", mas mesmo assim se ofereceu para "tirá-la das mãos" de Theo. Assegurou ao irmão: "Seria possível chegar a um acordo amigável se você a transferisse para mim". Afinal, os irmãos Goncourt tiveram uma amante comum.

Como Gianni Zemganno, Vincent acreditava que os relacionamentos com mulheres — os que fossem além das relações sexuais — sugavam a energia criativa de uma união fraterna. O ingresso de uma mulher na vida deles não só era uma traição ao sagrado vínculo da irmandade (os irmãos Goncourt jamais se casaram), como trazia o risco de causar danos ainda mais graves. Pois os irmãos Zemganno não tinham se separado — e ao final foram destruídos — pela intromissão de uma mulher apaixonada pelo jovem e boa-pinta Nello?

Mas a mulher na vida de Theo não era a pobre S. — apenas a última de uma sequência praticamente ininterrupta de amantes mal escolhidas. Era a distante Jo

Bonger. Theo vinha sonhando com a jovem de 23 anos, irmã de seu amigo Dries, desde que a conhecera em Amsterdam no verão anterior. A partir de então, os dois não tinham mantido nenhum contato, mas Andries continuava a incentivar o namoro dos dois lados. Ele mesmo noivou naquele inverno e instou com Theo que desse andamento à corte: "Seria tão bom se ambos estivéssemos bem casados em Paris", escreveu. Lies, a irmã de Theo e Vincent, sempre ansiosa em conduzir a desafortunada vida amorosa do irmão a um desfecho feliz, também abraçou a causa. Manteve uma correspondência ativa com Jo, atuando como intermediária de Theo e embaixadora da família. (Contingentes femininos dos Van Gogh e dos Bonger tinham se conhecido em Amsterdam em janeiro.)

A distância só fazia atiçar o ardor de Theo. Como Vincent, achava mais fácil alimentar uma obsessão quando estava distante. Durante todo o inverno, apesar do turbilhão de eventos sociais e das atenções de S., ele escreveu à irmã falando da solidão de Paris ("a pessoa se sente mais sozinha do que numa aldeia") e do vazio no centro de sua vida. A chegada inesperada do irmão problemático no fim de fevereiro, longe de preencher esse vazio, apenas o confirmou. "Havia algo em você que eu procurara em outras pessoas, mas em vão", escreveu depois a Jo, relembrando os suspiros do inverno. "Senti que estava no limiar de uma vida totalmente nova."

Mas, para ingressar nessa nova vida, Theo precisava de dinheiro. Em seu mundo da obrigação em primeiro lugar, um jovem de respeito jamais pediria uma moça em casamento a menos que tivesse certeza de poder sustentá-la adequadamente. Antes sequer de pensar num noivado com Jo, precisaria ter um plano de segurança financeira. Como era inevitável, o chamariz da felicidade conjugal se somou ao dever da responsabilidade, ressuscitando uma velha fantasia: um negócio próprio. Quando tinha seus momentos de insatisfação, não raro Theo imaginava se estabelecer como galerista independente. Apenas dois anos antes, sentindo-se explorado pelos patrões, havia desenvolvido um elaborado projeto para iniciar um "negócio moderno", com diretoria, capital e "maquinário para reproduções". Como o tio Cent, tomaria seu próprio rumo e faria fortuna. Quando sua melancolia diminuiu e os riscos se avultaram maiores, acabou deixando o projeto de lado, como fizera com muitos outros ao longo dos anos.

Mas dessa vez era diferente. Dessa vez as ambições eram alimentadas pelo desejo ("Imaginei meu trabalho e meu amor caminhando juntos, de mãos dadas", escreveu ele), e Dorus não estava mais ali para lhe recomendar cautela. Associando-se ao amigo Andries, agora casado e ansioso por construir seu próprio ninho, Theo se preparou uma vez mais para abordar o tio e pedir respaldo financeiro. Depois de anos ignorando as súplicas apaixonadas e as ameaças suicidas do irmão, e passados dois anos desde que rejeitara os pedidos desesperados de Drente, Theo fazia planos de sair da Goupil — tudo por causa de uma mulher que mal conhecia e com um sócio que não era o irmão.

Em agosto de 1886, Theo foi passar as férias de verão na Holanda. Tinha dois destinos, mas apenas um objetivo. Em Breda, pediria ao tio Cent que investisse em seu futuro. Em Amsterdam, na casa da família Bonger, anunciaria aquele futuro.

Vincent enviou palavras de incentivo da Rue Lepic, onde aguardava a volta de Theo, junto com Andries (pois Theo pedira ao amigo que dormisse no apartamento, por medo de deixar Vincent sozinho) e com S. (a quem Vincent, sem pensar, chamara para ficar com eles depois da partida de Theo). Mas como ele poderia apoiar sinceramente qualquer plano que aproximasse o irmão daquele tio que o desprezara — qualquer plano, aliás, que não fosse o de se tornar pintor? Na expectativa do veredicto de Breda, Vincent caiu doente. Quando afinal chegou a notícia de que Cent se recusara a apoiar a proposta de Theo (ele "me despachou", disse Theo), Vincent reagiu não com as habituais aguilhoadas para que ele tomasse alguma atitude de desafio, e sim com raros conselhos de paciência e resignação: "Em todo caso, falou-se do assunto", escreveu num tom de inequívoco alívio.

Após o "amargo desapontamento" em Breda, a missão de Theo em Amsterdam só trouxe mais frustrações. Sem planos de segurança financeira, não fez a declaração de amor que havia preparado. Voltou a Paris no fim de agosto sem ter pedido sequer permissão de escrever, mas com a paixão redobrada.

Em Jo Bonger, então com apenas 24 anos, Theo via tudo o que pensara ter perdido na vida. Em seu jeitinho de menina e em seu entusiasmo ingênuo, ele encontrava um refúgio de alegre inocência contra a vulgaridade e a hipocrisia de Paris. (Ao conhecê-la, uma das irmãs de Theo descreveu Jo como "viva e meiga, sem saber nada do mundo prosaico, tedioso, rotineiro, estreito, cheios de tristezas e preocupações".) Sendo a quinta de dez filhos, Johanna Gezina Bonger comungava com Theodorus van Gogh o senso de dever e a passividade de um filho do meio. Como ele, tinha apurada sensibilidade para a leitura e para ouvir os outros, pronta a se deixar comover pelas paixões alheias em vez de se render às suas próprias.

Os interesses intelectuais de Jo iam muito além da educação restrita dada às mulheres da família Bonger. Tinha adquirido um enorme domínio da língua inglesa (e já traduzira pelo menos dois romances quando conheceu Theo) e o usava para ganhar a vida como professora — uma marca da firmeza e serenidade holandesa que a apartava tanto de francesas histriônicas como S. Sua seriedade de sentimentos e as

Johanna Bonger, 1888.

ilusões românticas sobre o mundo real (adorava Shelley e não gostava dos romances franceses por considerá-los "tolos") prometiam a Theo exatamente a vida doméstica protegida e tranquila que sempre imaginara. Convicto de que ela, e apenas ela, poderia lhe dar o "amor e compreensão pelos quais meu coração ansiava", como escreveu mais tarde, Theo voltou ao apartamento da Rue Lepic transbordante de esperanças, tomado pelo pensamento — "chame de sonho", disse ele — "de que mais cedo ou mais tarde nossas vidas se uniriam".

Quanto mais Theo sonhava um futuro com Jo Bonger, mais sua vida com Vincent se afundava no pesadelo. Como para castigar o irmão pela longa ausência e pelo coração distante, Vincent transformou o ninho da Rue Lepic num inferno de brigas e recriminações. Brigavam por causa de dinheiro — o inevitável representante de conflitos mais profundos —, pois agora Theo via de perto os esbanjamentos do irmão e Vincent via ao vivo o livro de contas onde Theo registrava cada franco que não era devolvido, documentando sua intolerável dependência financeira. Brigavam por causa da família (Theo o convidou para ir com ele a Breda, mas Vincent não foi) e por causa do comportamento antissocial de Vincent, que Theo dizia ser "insuportável". Vincent não só descarregava a agressividade na esfera pessoal, como também humilhava o irmão em público, despejando desprezo. "Vincent sempre tenta dominar o irmão", contou Andries Bonger, que costumava acompanhá-los aos cafés e restaurantes, "culpando-o das mais variadas coisas, das quais ele é totalmente inocente." O próprio Theo disse que o irmão tirânico era "egoísta", "sem coração", "injurioso". Em suma, concluiu, "[Vincent] voltou a ser o mesmo de antes, e é impossível conversar com ele".

Mas, na maioria das vezes, discutiam sobre arte — assunto que se desviava do campo minado do ressentimento fraterno e dava a Vincent sua arma mais poderosa: o pincel. O espírito de contradição que varreu seu ateliê como uma grande onda no verão, outono e inverno de 1886 veio acompanhado por uma onda igualmente volumosa de oratória — uma enxurrada de argumentos exaltados e ininterruptos como os que vinham da charneca. Só que estes não havia como pôr numa gaveta e ler num outro dia. "Quando [Theo] chegava em casa exausto à noite, não tinha descanso", contou Jo Bonger: "Vincent, violento, impetuoso, começava a expor suas teorias sobre a arte e o comércio de arte... Isso se estendia até tarde da noite; na verdade, às vezes ele se sentava numa cadeira ao lado da cama de Theo para expor até o fim seus argumentos mais recentes".

Quando Theo defendia sua ideia de vender algumas obras de artistas novos, inclusive os impressionistas, como negociante independente, Vincent investia contra a afetação de suas pinturas ao ar livre. "Nunca vai chegar a grande coisa", escarnecia ele. Mas, quando Theo recuava desse plano e decidia continuar na Goupil, Vincent zombava do irmão por ser um escravo assalariado e repisava os mesmos argumentos que haviam amargurado a correspondência entre ambos durante anos. Em sua veemência absurda, muitas vezes Vincent acabava defendendo os dois lados da mesma questão, como se a única coisa que importasse fosse a briga. Theo exclamava exasperado: "Primeiro ele fala de um jeito, depois de outro, com argumentos que uma hora são totalmente favoráveis, e outra hora são totalmente contrários ao mesmo ponto".

A belicosidade de Vincent em relação à arte, implacável e insensata, fosse em palavras ou em imagens, trazia o peso de outras queixas. "[Ele] começava discussões intermináveis sobre o impressionismo", relembrou Dries Bonger, "durante as quais abordava todos os assuntos possíveis." Para Vincent, todas as diferenças entre ambos — sobre a arte, o dinheiro, o plano para Breda e Amsterdam, a aposta para alcançar a independência, o sonho de casamento — tinham se fundido numa única ofensa profunda que não cabia em palavras. "Agora nos entendemos tão pouco", comentou Theo com a irmã. "Ele nunca perde nenhuma oportunidade de me mostrar que me despreza e que lhe causo asco."

Nem mesmo a magia nostálgica do Natal — o primeiro que os dois irmãos passariam juntos em nove anos — foi capaz de refrear os ataques incessantes de Vincent. No Dia de São Nicolau, a animosidade chegara a um nível tão intolerável que Theo convidou uma terceira pessoa para se mudar para o apartamento da Rue Lepic. Alexander Reid, um divertido escocês de 33 anos de idade, tinha chegado pouco tempo antes a Paris, para fazer um estágio de treinamento na Goupil. Devido a seu interesse pelos artistas da Escola de Haia, que tinham boa saída em Glasgow, sua cidade natal, Reid fora encaminhado ao jovem *gérant* holandês. Era uma mera coincidência que os dois fossem muito semelhantes, parecendo irmãos: o mesmo cabelo arruivado e barba avermelhada, a mesma constituição franzina, os olhos azuis faiscantes e a sensibilidade artística delicada. Theo e seu novo protegido também tinham os mesmos gostos em arte: um amor pelos mestres das Escolas de Barbizon e de Haia, que se equiparava a um igual entusiasmo pela nova arte. Ambos admiravam em especial a obra excêntrica do francês Monticelli.

Vincent tolerou o impostor natalino por algum tempo. Reid chegou a posar no apartamento gelado e se submeteu a vários retratos. Mas, depois de um ou dois meses, foi obrigado a fugir: expulso, disse ele, pelas ameaças de agressão física e sinais de demência de Vincent.

Os meses de rancor cobraram um preço terrível à saúde sempre frágil de Theo. A estranha enfermidade que o acometera durante meses após a chegada de Vincent voltou num ímpeto de vingança na época do Natal. As juntas endureceram e ele mal conseguia se mexer; já sendo franzino, perdeu peso e sentia uma fraqueza indescritível. O rosto inchou a tal ponto que os traços nem se distinguiam: "Era como se não tivesse rosto", informou Andries Bonger, alarmado. Mas, na atmosfera amarga e rancorosa do apartamento, mesmo sintomas sérios como esses eram descartados ou desqualificados como mero "nervosismo". Se Theo tinha algum segredo sobre sua saúde — como Vincent tinha —, decerto preferiu não revelar ao irmão insensível.

Como autêntico filho de Dorus van Gogh, Theo acreditava que a doença era uma falha física e igualmente mental (dizia que adoecer era "com certeza impróprio") e procurou formas de corrigir o lapso de autodisciplina que o afligia. Não precisou ir muito longe. "Ele está decidido a se separar de Vincent", Dries Bonger contou a seus pais na véspera do Ano-Novo, "viver juntos é impossível."

Foram mais três meses de abusos antes que Theo agisse. "Houve um tempo em que eu amava Vincent e ele era meu melhor amigo", escreveu à irmã Wil em março, "mas agora isso é passado. Quero que ele vá embora e viva por si, e vou me empenhar ao máximo para que isso aconteça." Mesmo então, resistiu à sugestão de Wil para cortar totalmente os laços. "Se eu dissesse que ele teria de ir embora", explicou desalentado, "seria apenas uma razão para ele ficar." Talvez Theo tenha decidido se mudar por uns tempos, em vez de enfrentar o irmão. Mas finalmente este entendeu a mensagem. Em abril, Vincent solicitou ao consulado holandês em Paris um visto de retorno para a Antuérpia.

Somente quando os fios invisíveis se estenderam a ponto de se romper é que Vincent saltou para repará-los.

Como no passado, ele acorreu com a arte. Theo sempre insistira que o irmão fizesse paisagens, taxativo quanto ao poder restaurador e ao apelo comercial das belezas naturais. Mas tais instâncias soavam vazias para Vincent, desde que Theo desdenhara as paisagens das charnecas de Drente, por considerá-las influenciadas demais por Georges Michel, o favorito da infância de ambos. Para Vincent, cativo de Millet e do fervor de *Os comedores de batatas*, a posição de Theo se afigurava um cerceamento cada vez maior, com a intenção exclusiva de frustrar sua paixão pela pintura de figuras. Essa impressão pareceu confirmar-se na Antuérpia, quando Theo o pressionou para que voltasse ao Brabante e pintasse paisagens, em vez de vir a Paris, onde poderia satisfazer seu desejo de modelos nus. Como reação, Vincent fez pouco da pintura ao ar livre, dizendo que não era chique ("[Os] parisienses não apreciam estudos externos", insistiu ele) e disse que trabalhar fora lhe fazia mal à saúde.

No ano que então decorreu depois disso, ele mal pôs o pé para fora do apartamento da Rue Lepic. Documentava o bairro e a vista pela janela (como fazia em cada novo lar), mas raramente ia sequer a um parque. Numa cidade obcecada em escapar de si mesma na época do verão escaldante, ele passou a estação inteira entocado no ateliê, pintando jarros e mais jarros de flores murchando.

Mas tudo isso mudou no começo de 1887. Antes mesmo que as árvores soltassem brotos, Vincent arrastou seu equipamento e a caixa de tintas até o alto da *butte*, atravessou a precária zona da periferia, passou pelas fortificações decadentes que rodeavam a cidade velha e cruzou o anel de fábricas e depósitos que cercavam a nova. Finalmente, cerca de cinco quilômetros adiante, chegou às margens do Sena — não muito longe da Île de la Grande Jatte, o local de recreação de verão imortalizado por Seurat.

Nos meses seguintes, em vários pontos ao longo desse itinerário, ele arregimentou suas tintas e pincéis, sob o comando de um olhar conciliador, numa campanha extrema para reconquistar as graças do irmão. Renunciando a anos de retórica estridente e de imagens intransigentes, ele se entregou à arte que Theo advogara tanto tempo em vão: o impressionismo. Era uma inversão abrupta e radical mesmo pelos critérios volúveis de Vincent. Armava seu cavalete nos amplos bulevares e nas estradas de subúrbio, ao lado de monumentos industriais e panoramas de periferia — todos eles, temas tratados pela nova arte, mas longamente ignorados por ele —, pintava as cenas nas cores vivas e banhadas na luminosidade envolvente que tinham sido tema de tantas discussões acaloradas na Rue Lepic.

Foi sobretudo nas margens do Sena distante, onde a primavera chegava cedo, que ele se corrigiu de anos de teimosia. Encheu telas e mais telas com as imagens de lazer burguês típicas dos impressionistas: um remador de domingo num rio cintilante, tímidos banhistas na água rasa da beirada, um caminhante de chapéu de palha entre os capins da margem, um barqueiro descansando à sombra mosqueada da orla. Pintou marcos turísticos como o Restaurant de la Sirène, um palácio do prazer vitoriano que se destacava no vilarejo ribeirinho de Asnières, descendo o Sena logo abaixo de La Grande Jatte. Na alta estação, as extensas varandas do Sirène ficavam repletas de espectadores assistindo às regatas do rio e de pessoas que iam passar apenas o dia ali, para fugir ao clima sufocante da cidade. Pintou os enormes saveiros ancorados na praia e os restaurantes da moda, junto às águas do Sena, com toalhas de linho, cristais e buquês de flores — o mais distante das choupanas de Nuenen a que sua imaginação podia levá-lo —, tudo tratado nos tons pastel, com uma luz prateada e sem sombras, que ele criticara com tanta veemência, nas palavras e nas imagens, apenas poucos meses antes.

Ao longo da primavera e no verão, ele voltou diversas vezes à mesma área ao redor de Asnières — saídas que tinham a vantagem adicional, se não a intenção, de tirá-lo um pouco do apartamento. Theo "ansia[va] pelos dias em que Vincent ia passear pelo campo", lembrava Dries Bonger. "Então conseguia paz." Tendo se libertado da velha resistência e aflito para encontrar a chave que lhe devolveria as graças do irmão, Vincent experimentou praticamente todas as técnicas do repertório impressionista, as quais havia estudado com cuidado, mesmo ao rejeitá-las.

Suas experiências com os procedimentos impressionistas já haviam começado antes, naquele inverno, em naturezas-mortas e retratos, como os do escocês Reid. Visto que os evangelhos de Millet e Blanc não diziam muita coisa sobre a aplicação da tinta, ele tinha liberdade para testar no pincel a textura da nova arte, mesmo continuando a atacar sua paleta tímida. Já na Antuérpia, a superfície densa e indistinta de *Os comedores de batatas* havia cedido lugar aos contornos em *enlever* de seus retratos e estes, por sua vez, às incrustações esbatidas das flores do verão anterior. Já em janeiro de 1887, ele experimentou a tinta mais fina e as composições mais abertas de impressionistas como Monet e Degas. Na primavera, abandonou totalmente os empastamentos pesados e as superfícies compactas do passado e começou a experimentar a mão em todo o conjunto da complexa caligrafia do pincel que caracterizava a nova arte, tanto quanto a cor e a luz.

As pinturas da primavera e do verão estavam repletas da caligrafia sumária de manchas e pontos então na moda. Experimentou-os em todos os tamanhos e formatos: desde retângulos parecendo tijolos e curvas parecendo vírgulas até bocadinhos de cor não maiores que uma mosca. Dispôs em filas paralelas regulares, em tramas trançadas como um cesto e em elaborados padrões variáveis. Às vezes seguiam os contornos da paisagem; às vezes irradiavam para fora; às vezes todos atravessavam a tela na mesma direção, como que impelidos por um vento invisível. Aplicava-os em blocos cerrados e sobrepostos, em complexas confederações de cor e em meadas frouxamente entrecruzadas que revelavam as camadas subjacentes de tinta ou de fundo. Seus pontos se juntavam e se agregavam, enchiam extensas áreas com absoluta regularidade ou explodiam numa ebulição aleatória.

Na corrida para compensar o tempo perdido, saltava os abismos ideológicos que levavam outros artistas a socos, não raro juntando pontos divisionistas e pinceladas impressionistas na mesma imagem. Evitando ou ignorando os argumentos ópticos de Seurat, misturava as cores na paleta tal como sempre fizera, em vez de aplicá-las "puras" e deixar ao olho do espectador a tarefa de mesclá-las. Sua *pointille* ia e vinha, aparecia e sumia de pintura em pintura, e inclusive dentro de uma mesma pintura, conforme sua paciência com aquele método trabalhoso aumentava ou diminuía.

Em dias frios ou úmidos demais para ir a Asnières, ele exercitava todas essas novas liberdades num velho e esquivo tema: ele mesmo. Usando apenas folhas de cartolina barata ou pedaços de papel não muito maiores que um cartão-postal, pintava a esmerada imagem de chapéu refletida no espelho em todas as combinações de paleta e pincel: desde rabiscos monocromáticos a delicados camafeus em rosas e azuis pastel; desde esboços em traços amplos a mosaicos de pinceladas em todos os padrões, densidades e diluições. Por fim, passou para a tela e transpôs o rosto familiar numa saraivada de minúsculos toques de pincel que mal encostavam na tela, usando uma tinta quase tão insubstancial como uma aquarela e se precipitando para terminá-la tão depressa que os últimos salpicos de azul no plano de fundo saem voando da figura vibrante como fagulhas de uma chama.

Em todas essas experiências, Vincent dispunha de uma vantagem que não teria previsto. Os anos que passou enxergando com os olhos de um água-fortista o haviam preparado, involuntariamente, para a criação das imagens fraturadas da nova arte. Fazia muito tempo que ele dominava o entretecimento de sólidos e vazios, que fazia o contorno e a textura pontilhando e hachurando, que manejava a forma por meio da densidade e da direção das marcações. Para treinar a mão nos novos estilos, bastou-lhe pôr essas habilidades anteriores a serviço de seu novo entendimento da cor — bastou-lhe substituir o jogo binário de seus amados brancos e pretos pela matriz de Blanc com os contrastes simultâneos e as cores afins.

Ao unir essas duas fontes de criação pictórica, as imagens estimulantes daquela primavera e verão finalmente libertaram Vincent da implacável linearidade do realismo e abriram suas pinturas à espontaneidade e à intensidade de seus melhores desenhos.

Como para celebrar essa síntese triunfal, ele pegou uma tela enorme (de 90 × 120 cm, grande como a de *Os comedores de batatas*) e pintou um desenho: uma vista da *butte* Montmartre por onde passava diariamente no caminho para Asnières. Fruto de uma observação tão minuciosa quanto a do pátio de carpintaria na Schenkweg ou dos vidoeiros decotados de Nuenen, o espaço retalhado e irregular das hortas confere uma vida exuberante à colina calcária. A cor irrompe por toda parte — cercas vivas verdes, telhados vermelhos, tábuas batidas pelo sol em tom lilás, telheiros cor-de-rosa e estacas azul-claras, os restolhos amarelos radiantes nos lotes após a colheita —, vertida em milhares de marcas individuais do pincel incansável de Vincent, desde os vívidos pontilhados dos arbustos de rosas ao miúdo hachuramento das cercas ao longe e aos amplos lanços de céu azul enevoado. Uma estrada de calcário branco, cintilando ao sol de verão, ocupa a parte de baixo da pintura, e então segue de modo admirável para a crista distante do monte, onde um moinho sem as velas se destaca sozinho no horizonte, reduzido a seu esqueleto violeta.

Para Vincent, tudo no quadro era uma renegação do passado: ausência de figuras e sombras, cores claras e infatigavelmente brilhantes, execução peremptória, tinta tão fina que se estende pela tela como um pastel, mostrando o fundo branco entre cada pincelada, onipresente e ofuscante como o terreno de calcário. Se *Os comedores de batatas* era uma reflexão sobre a escuridão, *La butte Montmartre* era um devaneio de luz.

Em suas explorações da nova arte (um autodidatismo que comprimiu dez anos de inovação artística em poucos meses frenéticos), Vincent teve o auxílio de outra fonte inesperada. Paul Signac, aos 23 anos, era uma década mais novo que Vincent — e até mais novo que Theo —, mas já possuía uma grande fluência em todos os múltiplos dialetos de imagens que disputavam a lealdade dos artistas jovens de Paris.

Tomara Manet como ídolo no começo da adolescência, vira a luz do impressionismo no colegial (enquanto Vincent ainda se esfalfava nas minas do Borinage) e escrevera para *Le Chat Noir* na época em que fez vinte anos. Leitor insaciável, tinha devorado não só a literatura naturalista que Vincent amava, como também uma enorme quantidade de filosofia e teoria da arte, e podia discorrer sobre elas com uma facilidade precoce que lhe valia a aceitação em praticamente qualquer círculo intelectual ou artístico que lhe interessasse. Como fundador do Salon des Indépendants, sem jurados, um refúgio não só para os impressionistas, mas para todos os artistas que não contavam com o manto da proteção oficial, Signac criou uma imensa rede de amigos que cultivava com um fervor de prosélito.

Signac e Vincent, durante um ano, moraram a poucas quadras de distância, mas nunca se encontraram. Vincent por certo o conhecia de nome: vira seus trabalhos na mostra dos Indépendants no verão anterior, e talvez tenha voltado a vê-los na exposição seguinte em abril de 1887, que incluía quase uma dúzia de telas de Signac. Mas, ao que consta, o primeiro encontro efetivo entre eles foi totalmente fortuito, num dos dias em que Vincent estava em Asnières. Signac, filho de um próspero varejista, mantinha um ateliê na casa de sua família em Asnières (além de outro ateliê e um apartamento em Montmartre), e o retorno da primavera o atraiu para as margens do rio, como tantos outros parisienses. Dois pintores, ambos trabalhando no mesmo curto trecho da frente do rio, dificilmente deixariam de se encontrar.

Mas, apesar de sua natureza sociável, Signac não dedicou nenhum empenho visível ao prosseguimento daquele contato. Segundo seu próprio relato, apenas viu Vincent "várias vezes" até o fim da primavera: uma manhã de pintura ao ar livre, um almoço num bistrô local, talvez, e pelo menos uma longa caminhada de volta para a cidade. Suas breves reminiscências mostram um Vincent um tanto desajeitado e não propriamente a companhia mais desejada para suas excursões campestres. "Ele gritava, gesticulava e brandia a tela grande ainda toda molhada", lembrou Signac, "respingando tinta em si e nos passantes." Quando chegaram à cidade, cada qual tomou seu caminho. Signac nunca apresentou Vincent a ninguém de seu amplo círculo de amigos, nem jamais o convidou para as recepções noturnas que dava todas as segundas-feiras em sua residência, a poucos metros do apartamento da Rue Lepic.

Vincent, claro, não precisava do jovem Signac para lhe mostrar o "novo" impressionismo. Já vira a nova tendência dezenas de vezes, a começar pela própria *Grande Jatte*, ao que parece em suas duas exibições em 1886. Como muitos jovens artistas, Anquetin e Lautrec, colegas de Vincent na Cormon, tinham caído sob o sortilégio pontilhista de Seurat naquele mesmo verão. Seus trabalhos, a exemplo dos de Signac e outros acólitos, estiveram expostos durante todo o inverno e a primavera seguinte. O novo estilo era assunto de debates intermináveis, mesmo para quem resistia a ele, como John Peter Russell.

Assim, Vincent inquestionavelmente vira as obras e ouvira as ideias muitas vezes antes de topar com o jovem pintor presunçoso nas margens do Sena. Mas Signac era um porta-voz carismático, um expositor incansável, e Vincent era um homem carente de companhia, para quem qualquer demonstração de interesse, qualquer palavra de estímulo, qualquer elogio cordial era capaz de operar maravilhas. O contato entre eles, por mais curto ou canhestro que tenha sido, lhe tocou a imaginação de uma maneira que nenhuma exposição conseguiria. Vincent manifestou sua gratidão na tela. Fosse na companhia de Signac ou apenas para ganhar sua aprovação, Vincent pintou em todos os lugares prediletos dos neoimpressionistas ao longo do Sena, incluindo a própria Île de la Grande Jatte, imitando ansiosamente a densa *pointille*, as regras estritas da cor e a luz radiante de seu jovem mentor. Por fim, selou a ligação entre eles com um autorretrato feito tal como o faria Signac — inteiramente composto de pontos disciplinados e justaposições cromáticas.

Mas, logo que seu companheiro ocasional saiu de Paris no fim de maio, o pincel de Vincent abandonou as restrições do pontilhismo e voltou à meta inicial que o levara a sair da cidade e ir para o campo. Numa série de cenas sombreadas e *close-ups* de solos florestais e trilhas campestres, deixou de lado as regras de Signac, os temas de Monet e mesmo as cores complementares de Blanc, e voltou às intimidades de suas primeiras paisagens — os aconchegantes relances da natureza que sempre eram as cenas que mais agradavam a Theo: um tapete luxuriante de vegetação na base de uma árvore coberta de hera, uma clareira ensolarada vista por entre uma densa treliça de novos rebentos de árvores, um campo de trigo de verão no momento em que um sopro de vento encurva as hastes em ondas e espanta uma perdiz que sai voando de seu esconderijo.

Depois dos lenços de seda e dos chapéus elegantes dos autorretratos, depois dos demonstrativos refulgentes do proveito que teve em suas relações com o distinto jovem Signac, essas reiterações do poder restaurador da natureza constituíam o talismã supremo que a família Van Gogh usava para se corrigir, coroando a dedicação de Vincent, durante meses, para reconquistar a devoção perdida do irmão.

Mas não foi suficiente. Theo decerto reconheceu a mudança na arte do irmão e recebeu bem sua adoção do impressionismo, tão longamente postergada. "As pinturas [de Vincent]", informou à irmã Lies em maio, "estão ficando mais claras; está se empenhando muito em introduzir mais luminosidade nelas." E as imagens da natureza operaram sua magia, ressoando desde o jardim da casa paroquial, despertando em Theo voos poéticos de gosto pelo "vasto esplendor da natureza". As longas ausências de Vincent, quando saía do apartamento, junto com os tratamentos ministrados por outro médico, também ajudaram Theo a recuperar a saúde, pelo menos por um tempo. Fosse por causa das mudanças na arte de Vincent, por sua melhor disposição de ânimo ou simplesmente pela chegada da primavera ("o homem, tal como a natureza, às vezes degela quando brilha o sol", escreveu ele), Theo se reconciliou com o irmão. "Fizemos as pazes", contou à irmã Wil em abril. "Espero que dure... Pedi a ele que ficasse."

Mas, no julgamento mais importante de todos, Vincent não conseguira o perdão. As provações do inverno só fizeram reforçar a determinação de Theo de se casar. Os meses de agourenta enfermidade e de brigas com Vincent tinham transformado sua melancolia natural num profundo pavor de passar o resto da vida privado de "interação com almas em sintonia". Em cartas às irmãs, ele desabafava sua solidão e desespero. Queixava-se de "dias difíceis" quando era "de tanta importância saber que existe alguém que queira ajudar", e de momentos em que se sentia "inteiramente sozinho", enfrentando problemas insolúveis "sem escapatória". Exortava a elas e a si a "encontrar o que o coração deseja, e assim você sempre pode sentir uma ternura a seu redor". Advertia a elas e a si que "não existe a felicidade perfeita neste mundo". Quanto a ele, a resposta era bastante clara. "Pretendo pedir a mão de Jo Bonger", declarou. Não a via desde o verão anterior — nem sequer lhe escrevera —, mas imaginava que "ela pode significar tanto, oh tanto, para mim". "Eu confiaria nela de um modo muito especial, como em mais ninguém."

Em maio, logo depois de completar seu trigésimo aniversário, Theo anunciou suas intenções. Iria a Amsterdam "o mais cedo possível" e imploraria a Jo Bonger que se casasse com ele.

A notícia, por mais esperada que fosse, mergulhou Vincent no desespero. A paleta e o pincel continuaram a captar o sol ardente do verão parisiense, mas seu espírito se afundou na depressão e nas trevas. Falava em suicídio e tinha pesadelos apavorantes. Ruminou a respeito da morte em dois estudos a óleo de uma inflexível caveira à moda de Yorick. Como em Nuenen, onde nunca saía do ateliê sem um frasco de conhaque, procurou consolo no álcool. O caminho para Asnières, na ida e na volta, era bordejado de cafés e bistrôs onde podia terminar o longo expediente encalorado, como faziam muitos parisienses, com o verde frescor açucarado do absinto.

Como Theo, ele só tinha as irmãs para desafogar suas mágoas. Numa carta tão amargurada e desiludida que deve ter alarmado a ingênua Wil, de 25 anos, ele lamentou a "juventude perdida" e amaldiçoou as "doenças" da "melancolia e pessimismo" que o atormentavam. Respondeu a alguns poemas que ela lhe enviara a título de avaliação com um ataque contundente contra todas as aspirações artísticas. No fim daquela estrada, alertou ele, não havia nada de "bom ou sagrado", apenas fracasso e desilusão. Como um sinal, veio de Nuenen a notícia de que tudo o que ele deixara no ateliê da Kerkstraat, incluídos os estudos, os desenhos e mesmo suas preciosas pastas de estampas, ia ser vendido em leilão para pagar os débitos que também deixara para trás.

Atormentava-se com a fonte de suas desgraças e infortúnios. Dizia que seu transe era a maldição que perseguia os artistas desconhecidos em toda parte, condenados a sofrer o destino de "um grão entre as mós" — uma semente arrancada ao solo antes de poder amadurecer ou germinar, uma flor "pisoteada, crestada pela geada ou ressequida". Cismava sobre suas próprias culpas, invocando as teorias de Zola sobre a degeneração e o determinismo para se defender de censuras não ditas. "O mal está em nossa própria natureza", protestava, "que não fomos nós que criamos... O vício e a virtude são produtos da química, como o açúcar e a bílis." Mas, ao fim e ao cabo, não conseguia ocultar a verdadeira fonte de seu terror. Escreveu: "Se eu não tivesse Theo, não me seria possível realizar com meu trabalho o que devo realizar".

Se as luminosas paisagens de verão mascaravam seu desespero, os autorretratos o desmascararam. Numa rápida sucessão, ele fez outra série de confissões no pincel, todas em tamanho natural, todas em tela — como se as imagens da primavera, menores e em papel, não conseguissem conter todo o seu sentimento de culpa ou de injustiça. Despida de sedas e cetins, a figura no espelho aparece com a bata larga e surrada de artista, o cabelo cortado à escovinha, as faces encovadas, o olhar sem cor, sem foco, sem sentimento. Apesar de todo o sol inundando seu ateliê de Montmartre, ele está postado sobre o fundo escuro e triste de uma cela de prisão. O criminoso de olhar vazio da Antuérpia estava de volta. Agora com 34 anos, Vincent contou na carta a Wil que estava "avançando rapidamente para me tornar um velhote — você sabe, com rugas, barba espinhosa, um monte de dentes postiços e assim por diante". Para Theo, ele foi ainda mais direto: "Já me sinto velho e alquebrado".

Vincent já havia lidado antes com a ameaça de uma intromissão feminina, abalando a perfeita irmandade entre eles. Em Drente, ele propôs a Theo que sua amante Marie fosse morar com os dois irmãos pintores na cabana da charneca. "Naturalmente, ela teria de pintar também", encorajou ele, "quanto mais, melhor." Na Antuérpia, ele reagiu às conversas matrimoniais de Theo declarando: "Gostaria que nós dois encontrássemos esposa". No verão seguinte (1886), quando Theo foi a Amsterdam com o noivado em mente, Vincent se oferecera não só para tirar a amante S.

"de suas mãos", mas também para *se casar* com ela — "se vier o pior". Na avaliação de Vincent, estas eram as duas únicas circunstâncias em que o casamento seria concebível, para ele ou para Theo: ou uma mulher só ficava com os dois, ou os dois se casavam. Qualquer outra coisa transtornaria o pleno equilíbrio da irmandade.

Mas Vincent ainda nem conhecia Jo Bonger, a mulher da qual Theo dizia: "Não consigo tirá-la da cabeça; ela está sempre comigo". Jo ainda era uma estranha para Vincent e vice-versa. Na verdade, como Vincent sabia ou suspeitava, Theo ainda não tinha dito *nada* à amada sobre o irmão problemático — sinal da vergonha que ele sentia e amostra prévia da inevitável exclusão que se seguiria.

Se os dois não podiam desposar Jo Bonger, então Vincent precisaria encontrar uma mulher para si. E, de fato, os fantasmas de seus malogros anteriores assombram as cartas daquele verão. "Ainda continuo a manter os casos amorosos mais impossíveis e extremamente impróprios", descreveu à irmã Wil, "dos quais, como regra, eu saio com pouco mais do que vergonha e desonra." Um desses casos "impróprios" pode ter sido com uma mulher mais velha, que ele conheceu em Asnières. Referia-se a ela como "a condessa" e lhe fez a corte presenteando-a com várias pinturas. "Não consigo deixar de pensar [nela]", admitiu mais tarde, mesmo ponderando se o relacionamento deles não era apenas "uma ilusão". Procurou explicar seu infeliz histórico de ilusões semelhantes como o destino inelutável de um artista. "A culpa de tudo é essa pintura maldita", escreveu ele. "O amor da arte é a ruína do verdadeiro amor." E, como sempre, compensava as inadequações da vida com imagens. Armando o cavalete numa alameda frequentada por namorados, pintou casais felizes passeando de braços dados ou abraçados num banco, como se, ao pintá-los, pudesse dar corpo àquela realidade para si mesmo.

Mas, conforme se aproximava o momento da viagem de Theo para Amsterdam, Vincent foi tomado por uma sensação de urgência. Revivendo fantasias do passado, indagou da situação de Margot Begemann e perguntou sem reservas à irmã: "Sien de Groot se casou com o primo?". A versão familiar distorcida de que gozara brevemente na charneca lhe retornou numa onda de pesar e proclamou *Os comedores de batatas*, ícone daqueles tempos, como "a melhor pintura que fiz". Morria de medo de ter esperado demais: que o amor estivesse fadado a ser o último e mais retumbante fracasso de toda uma ladainha. "Em anos passados", lastimava, "quando eu devia ter me apaixonado, entreguei-me a temas religiosos e socialistas, e considerava a arte mais sagrada do que agora." Reavaliando, aflito, as verdades de toda uma vida, indagava-se se "as pessoas que apenas se apaixonam são mais virtuosas do que as que sacrificam o coração a uma ideia".

Somente o desespero podia explicar as investidas amorosas de Vincent em relação a Agostina Segatori.

Os dois tinham continuado a se ver durante o inverno. Vincent pintou um retrato da *signora*, com ar enfarado, vestida com elegância, sentada a uma de suas mesas características, em formato de pandeiro. Ele também continuava a frequentar Le Tambourin, de vez em quando levando o velho comerciante de tintas Tanguy, para o horror de sua esposa rabugenta. Quando Vincent precisou de dinheiro — talvez para resgatar suas preciosas pastas de imagens em Nuenen —, Segatori autorizou que, junto com suas pinturas, ele expusesse nas paredes do cabaré algumas estampas que havia adquirido recentemente, na esperança de levantar rápido alguma quantia. A relação entre eles parecia de bastante cordialidade — afinal, ela era uma anfitriã profissional —, mas não de intimidade.

Enquanto isso, a situação de Agostina, tal como a de Vincent, vinha se tornando cada vez mais complicada e insustentável. Depois da inauguração auspiciosa, Le Tambourin tinha ganhado má fama. O gerente — cujo relacionamento com Agostina continuava suspeitamente obscuro — atraíra um bando de arruaceiros e cafetões ameaçadores. A atmosfera do restaurante passou de excêntrica chique para de fato ameaçadora. Numa época de xenofobia generalizada contra imigrantes italianos, circulavam boatos assustadores sobre o estabelecimento erótico de "La Segatori". Parecia que cada assassinato sensacionalista envolvia bandidos italianos que tinham sido vistos conspirando numa mesa-pandeiro. Quebra-quebras e batidas policiais eram constantes. Um cliente assíduo, que diziam ser um dos ex-amantes de Agostina, foi condenado por homicídio e executado. A freguesia alarmada desapareceu, com o que o café seguiu inexoravelmente para a falência.

Porém Vincent não se abalou. Precisava de uma mulher. E, em seu círculo social limitado, a sensualidade lisonjeira e a cordialidade napolitana de Segatori eram, sem dúvida, a coisa mais próxima da reciprocidade que ele jamais conhecera. Se chegou a tomar conhecimento de algum boato, Vincent ou ignorou ou transformou a pobre beldade em vítima dos que a cercavam ("ela não é livre para agir nem manda na própria casa", explicou ele a Theo). Com sua habitual afoiteza, Vincent cortejou a beldade já um tanto passada usando os mesmos meios de persuasão de sempre: a arte. Revivendo o vínculo do ano anterior, ele voltou a pintar flores, enchendo vastas telas com ramalhetes elaborados, mais vivos e mais ousados do que nunca, num pincel com as cores puras e variegadas que havia praticado em Asnières durante toda a primavera. Sucederam-se as imagens de galanteio, entre elas um cesto de violetas, a flor do amor correspondido, pousado numa de suas mesas-pandeiro — gesto inconfundível de sedução.

Depois que Theo partiu em sua missão matrimonial em julho, a rejeição se tornou simplesmente impensável. Mesmo quando Segatori recusou o galanteio das violetas, Vincent perseverou. "Ela não pisoteou todo o meu coração", comentou otimista numa carta ao irmão em viagem. Quando soube que Agostina se apaixonara por outro, Vincent criticou os mexeriqueiros e reforçou: "Conheço-a o suficiente para confiar nela". Quando Agostina lhe disse para "ir embora", ele imaginou que estava apenas o protegendo dos homens perigosos que a cercavam. "Poderiam lhe fazer coisas terríveis se ela tomasse meu lado", explicou Vincent.

Apesar da expulsão, apesar do perigo, apesar da visita ameaçadora de um empregado do restaurante ao apartamento da Rue Lepic, Vincent voltou a Le Tambourin — sem dúvida com sua habitual certeza de que ainda a persuadiria a amá-lo. O que aconteceu em seguida, não se sabe bem. As versões de fontes secundárias variam, e a de Vincent não é fidedigna. Uma coisa é certa: houve uma briga. Alguém, o gerente ou um de seus capangas, tentou pôr Vincent porta afora. Ele resistiu. Trocaram socos. O agressor pode ter atirado um copo de cerveja no rosto de Vincent, que lhe cortou a face, ou talvez tenha lhe dado na cabeça com uma de suas naturezas-mortas floridas. Seja como for, Vincent abandonou o local, sangrando, envergonhado, desalentado.

Cuidando dos ferimentos e aguardando ansioso o veredicto de Amsterdam, pegou papel e tinta e se debateu para explicar a mais recente catástrofe que se abatera sobre ele. Apresentou o episódio como um lance comercial que deu errado. Alegou que tinha voltado a Le Tambourin apenas para pegar de volta as pinturas e estampas, preocupado com o destino delas por causa do risco de irem a leilão por inadimplência. Foi o gerente que "puxou a briga", não ele, afirmou Vincent. "Pode ter certeza de uma coisa", assegurou a Theo. "Não vou mais fazer nenhum trabalho para o Tambourin." Quanto a Agostina, ele se empenhou com hombridade em justificar seu papel naquela confusão, apresentando-a, tal qual fizera com Sien Hoornik, como uma inocente Mater Dolorosa, mais merecedora de piedade que de censura. "Ela está sofrendo e não está bem", explicou ele. "Não tenho nada contra ela." Como em relação a Sien, apenas a absolvição era capaz de manter a ilusão. "Ainda sinto afeto por ela", insistiu, "e espero que ela também ainda sinta algo por mim." Imaginava que, dali a alguns meses, Agostina iria até lhe agradecer.

Quando não estava se iludindo com uma reconciliação com Segatori, Vincent construía fantasias sobre o lugar que iria ocupar na nova vida do irmão, depois de casado. Theo poderia comprar uma casa de campo "como tantos outros negociantes de arte", sugeriu ele, cujas paredes Vincent decoraria com suas pinturas, e lá os três — Theo, Jo e Vincent — poderiam viver juntos, "parecendo ricos" e "gozando a vida". Afora isso, só via uma alternativa, que expôs sem rodeios a Theo: "dar cabo de si mesmo".

Alimentando os mesmos pensamentos sombrios em imagens, ele pintou um fecho para a sequência de flores que iniciara para Agostina. Escolheu uma flor especial que abria no fim do verão e fez um trio de quadros. Juntos, eles constituem — e, no espírito metafórico de Vincent, certamente era esta a intenção — uma narrativa do verão catastrófico. O tema aparece pela primeira vez: girassóis. Refletiu sobre essas flores enormes com o mesmo olhar demorado e introspectivo que enxergava abandono em ninhos vazios e andanças infrutíferas em sapatos gastos.

Para a primeira imagem, ele simplesmente cortou as hastes e pôs as duas flores, já quase murchas, em cima de uma mesa. Dispôs as duas viradas para a frente e ampliou até que ocupassem a tela inteira, para que a obsessão de seu pincel pudesse explorar cada detalhe do fenecimento: o núcleo das sementes desperdiçadas, a fímbria trêmula das pétalas, as folhas ressequidas. Pintadas em amarelos emaciados, em verdes adstringentes e uma chuva de riscos vermelhos, elas sintetizam num demorado *close-up* a evanescência da perfeição. Na imagem seguinte, ele devolveu vida a uma das flores. O centro rodopiante explode de cor e fertilidade. As pétalas amarelas frescas ainda estão orladas de verde, inclinando-se e curvando-se voluptuosamente num plano de fundo em azul-cobalto rutilante. Mas, dessa vez, ele colocou a segunda flor se acanhando com discrição atrás da primeira: está virada, empanada pela exuberância da companheira.

Por fim, pintou quatro flores enormes dispostas de um lado a outro da maior tela (60 × 105 cm). Três delas explodem como sóis, cada qual com sua coroa frementе de pétalas amarelas, com sua abundância radiante e fervilhante de sementes, com a longa haste verde — recém-cortada, mas ainda cheia de vida. Apenas a quarta flor está virada, escondendo a face, revelando o talo curto, cortado rente, traindo o triste fim que se aproxima.

Sozinho, com medo, sem dinheiro, sem conseguir trabalhar, aguardando ansioso a volta do irmão, só podia olhar impotente enquanto suas pinturas e estampas em Le Tambourin eram leiloadas como refugo — "numa pilha... por um valor irrisório". Foi sua primeira "exposição", além da vitrine de um credor. Mais tarde, um colega artista apelidou a mostra de "*succès de rire*" — um sucesso de risadas.

Porém, nada disso importava mais. A única coisa que importava agora era a notícia que Theo trazia de Amsterdam.

29. Pegar e largar

Jo tinha recusado. Pior: humilhara Theo. Assombrada com a falta de rodeios de um homem que mal conhecia, anotou a cena no diário:

> Às duas da tarde, a campainha tocou: Van Gogh de Paris. Estava contente com sua vinda. Eu me imaginei conversando com ele sobre literatura e arte, recebi-o calorosamente — e então de repente ele começou a se declarar para mim. Se tivesse acontecido num romance, soaria implausível — mas aconteceu de verdade; depois de apenas três encontros, ele quer passar toda a sua vida comigo, quer que sua felicidade dependa de mim. Não tem o menor cabimento... Meu coração fica transido quando penso nele!

Rebatendo a negativa — tal como Vincent fizera com Kee Vos —, Theo lhe ofereceu "uma vida rica cheia de variedade, cheia de estímulo intelectual [e] um círculo de amigos que estão trabalhando por uma boa causa, que querem fazer algo pelo mundo". Mas Jo se manteve firme. *"Eu não o conheço"*, protestou ela, rejeitando não só o pedido de casamento impetuoso, mas toda a sua triste ilusão unilateral de amor. "Lamento profundamente ter causado a ele tanto sofrimento", concluiu Jo. "Como vai estar deprimido quando voltar a Paris."

Com a negativa categórica de Jo, Theo voltou cambaleando ao apartamento da

Lucien Pissarro, *Vincent e Theo van Gogh*, 1887, creiom sobre papel, 22,22 × 17,46 cm.

Rue Lepic, onde Vincent o acolheu como a um filho pródigo. Ele mesmo desdenhado — no amor e na arte —, Vincent viu no infortúnio do irmão uma chance de reviver sua fantasia goncourtiana de "trabalhar e pensar juntos". Sempre ansioso pela reconciliação e arrasado com a recusa de Jo, Theo caiu nos braços que o aguardavam.

Poucos meses antes, ele estava resolvido a enxotar Vincent do apartamento. Mas, mesmo então, confidenciara à irmã que também se prendia ainda à visão da estrada de Rijswijk. "É uma pena", escreveu a respeito do irmão de gênio difícil, "pois, se tivéssemos trabalhado juntos, teria sido melhor para nós dois." Agora, os usuais rogos de Vincent para "unirem as mãos" ofereciam não só um consolo a seu coração ferido, mas também um chamado ao dever. Quando Anna van Gogh soube da notícia a respeito de Jo, alertou Theo sobre os perigos do desânimo invocando a imagem favorita do finado esposo, o semeador perseverante: "Tenha fé, pois virão boas coisas depois dos tempos de tristeza, pois muitas vezes a tristeza dá frutos que acabamos agradecendo".

Com esse espírito, Theo voltou a Paris e repôs o arado no campo dos laços fraternos. Descreveu a tarefa que tinha pela frente em termos resignados e, ao mesmo tempo, resolutos:

> Penso que é muito mais importante, sabendo que somos o que somos, estender a mão um ao outro &, na convicção de que somos mais fortes juntos do que sozinhos, ter esperanças e lutar, vivendo juntos, para alcançar um ponto onde vejamos nossos mútuos defeitos & possamos perdoá-los & tentemos alimentar o que há de bom e nobre um no outro.

Recolhendo-se ao consolo da irmandade, Theo suspendeu as restrições do passado. Depois de mais de um ano com uma vida social comum que consistia basicamente em jantares em casa ou em restaurantes próximos, talvez com um único amigo holandês, ele e Vincent começaram a frequentar juntos concertos, cafés e cabarés. Ouviram Wagner pela primeira vez (ainda uma novidade controvertida em Paris) e viram o famoso "teatro de sombras" em Le Chat Noir, uma apresentação pré-cinemática com fantoches, luzes, música e efeitos especiais.

Também em casa, Theo admitiu a entrada de Vincent em áreas de sua vida que lhe eram barradas fazia muito tempo. Ao que parece, foi então que, enfim, os irmãos revelaram um ao outro todos os seus segredos de saúde. Logo estavam com os mesmos médicos e tratamentos para a sífilis de que ambos sofriam. Suportaram juntos os mais avançados remédios "científicos" de Louis Rivet, um jovem médico especializado em "distúrbios nervosos" (eufemismo genérico para afecções confidenciais), bem como os regimes idiossincráticos do dr. David Gruby, um excêntrico guru da saúde famoso pela clientela de celebridades.

Theo também revelou em detalhes ao irmão a obsessão e o sofrimento amoroso por Jo Bonger. Logo depois de voltar a Paris, sem dúvida por sugestão de Vincent, ele enviou a Jo uma carta combativa e suplicante que simplesmente fazia de conta que ela jamais pronunciara nenhum "não". ("Escrevo na esperança de apressar [sua] decisão, qualquer que possa vir a ser.") Adotando o tom condescendente e defensivo que caracterizara todos os amores malogrados de Vincent, Theo acusou Jo de ingenuidade e desqualificou suas noções adolescentes de amor como "mero sonho... ao qual fatalmente se seguirá um rude despertar". O verdadeiro amor, pontificou ele, só podia ser alcançado pela fé e pelo perdão. E insistiu: ela precisava *aprender* a amá-lo. (Como tantas das missivas exigentes de Vincent, essa carta pôs fim a toda a correspondência.)

A retomada do império da irmandade se estendeu inclusive ao trabalho de Theo. Até aquele momento, as reconciliações entre ambos sempre se detinham às portas da Goupil no Boulevard Montmartre — palco da humilhante demissão de Vincent dez anos antes. Se Theo não proibiu o irmão de pôr os pés lá, Vincent certamente sentiu que não seria bem recebido. Não resta nenhum sinal de que ele tenha algum dia pisado no local de trabalho de Theo durante os dois anos em que esteve em Paris. A simples menção à Goupil podia desencadear discussões sobre as lealdades de Theo e seu "verdadeiro ser", tão ríspidas quanto as cartas enfurecidas de Drente. Vincent fechava a carranca e entrava numa cantilena até tarde da noite sobre a corrupção do mercado de arte em geral e da Goupil em particular. Assim, foi doloroso, embora não muito surpreendente, quando Theo escolheu Andries Bonger como sócio para sua iniciativa abortada de montar um negócio independente em 1886. Theo nunca deixou de admirar o conhecimento fenomenal de Vincent sobre a arte e os artistas, mas a vida de um *gérant* da Goupil era cheia de negociações delicadas e concessões diplomáticas, e ela jamais teria um lugar adequado para seu irmão volúvel e veemente.

Até esse momento.

Na verdade, quando Theo voltou da missão malograda a Amsterdam, a Goupil não era mais a Goupil. A firma mudara oficialmente de nome. Desde 1884, com a iminente aposentadoria do fundador, Adolphe Goupil, a galeria começara a trocar de nome. Quando Vincent chegou a Paris, a placa na porta da galeria de Theo dizia "Boussod, Valadon & Cie." (por causa de Léon Boussod, sócio de Goupil, e o gerente da empresa, René Valadon, genro de Boussod). Mas as pessoas continuaram por décadas a chamá-la simplesmente de "Goupil".

Não foi apenas a placa, porém, que mudou. Toda uma nova geração de administradores tinha entrado na firma. Além de Valadon, de 38 anos de idade, Boussod trouxe para a empresa seus dois filhos, Étienne, com 29 anos, e Jean, com 27. Juntos, passaram a renovar o negócio, que era enorme, mas começava a ficar ultrapassado. Cortaram antigos vínculos com astros do Salon, como Bouguereau (cujas belas mulheres tinham praticamente se convertido numa indústria dentro do setor), e dispensaram muitos dos artistas da École que abasteciam a empresa com pinturas acadêmicas de cenas de gênero e históricas. Reformularam as divisões de impressão e fotografia para aproveitar melhor as novas tecnologias e os novos meios de comunicação, em especial as revistas. Em maio de 1887, realizaram um enorme leilão de seus estoques, tanto para levantar capital para novos empreendimentos quanto para desovar velhos encalhes.

Por fim, decidiram entrar no mercado da nova arte. Dez anos depois do desastroso leilão no Drouot, o sucesso dos impressionistas os convencera de que a Goupil também devia atender aos gostos em transformação de sua clientela. Em 1887, assinaram um contrato com Léon Lhermitte, artista de 43 anos cuja reputação estava se convertendo em aclamação. Os óleos e pastéis vivamente coloridos de Lhermitte amalgamavam à perfeição as imagens rurais da Escola de Barbizon (eterno sucesso de vendas) com a luz e a execução dos impressionistas. (Com efeito, Lhermitte fora convidado a expor com os impressionistas, mas nunca aceitou.) Também aprovaram um plano de negociação direta com alguns impressionistas de primeira geração, sobretudo artistas como Claude Monet e Edgar Degas, cujas obras tinham começado a atingir preços impressionantes, que prometiam continuar a subir.

Mas arriscaram ainda mais. Tendo aprendido a *verdadeira* lição da década anterior — que a arte marginal, e mesmo controvertida, podia render dinheiro, muito dinheiro —, eles aprovaram uma iniciativa para procurar e apoiar artistas desconhecidos. A Goupil iria arriscar capital e renome na busca dos *próximos* impressionistas, fossem lá quem fossem.

Finalmente, escolheram o indivíduo que lideraria a busca: Theo van Gogh.

Mais tarde, a história iria conceder a Theo todos os créditos pela iniciativa da Goupil na nova arte. Mas o que houve, se tanto, foi o enfraquecimento de sua posição dentro da empresa, devido à tentativa de sair de lá no verão anterior. A reformulação também ia muito além de sua galeria no Boulevard Montmartre, e muitos aspectos foram gerenciados totalmente a partir do palácio de Adolphe na Rue Chaptal. Sem dúvida Theo apoiou o plano, e pode até ter pressionado a seu favor. Fazia anos que ele acompanhava e admirava as novas tendências (e recomendava a Vincent); chegara até a se intrometer algumas vezes nesse mercado. E os fatos por certo haviam demonstrado que ele tinha razão.

Mas havia outras pessoas na empresa, inclusive os novos patrões, que compartilhavam de seu entusiasmo. No fundo, a decisão crucial de dar a Theo van Gogh a incumbência de negociar a nova arte em nome da Goupil pode ter resultado de um mero acaso arquitetônico: apenas a filial de Montmartre dispunha de uma área de exposição discretamente separada — um pequeno mezanino mal iluminado, ou *entresol* — onde as novas imagens polêmicas podiam ficar em quarentena, afastadas da clientela menos ousada da firma.

Em abril, um mês antes dos grandes saldos da Goupil, Theo deu início a seu papel na iniciativa global da empresa com um lance que chamou a atenção de todo o mundo artístico de vanguarda. De uma vez só, comprou três pinturas de Claude Monet e concordou em ceder boa parte do *entresol* para expor pelo menos uma dúzia de obras recentes do pintor — em sua maioria, vistas do litoral bretão em Belle-Île.

A negociação representou não só um próspero triunfo para Monet (até o fim do ano, Theo compraria catorze telas suas por quase 20 mil francos, uma soma estrondosa), como também um marco na ascensão do impressionismo, passando de vanguarda a obra de investimento. Quase na mesma época, Theo pagou 4 mil francos, uma quantia de arregalar os olhos, por uma pintura grande de Degas.

Ao aceitar a oferta de Theo, Monet abandonou Paul Durand-Ruel, o negociante que havia edificado o sucesso de Monet a partir das cinzas no leilão da Drouot. Foi uma traição que trouxe os holofotes para as obras expostas no *entresol*, ao mesmo tempo ressaltando a mudança da velha ordem. Ainda mais do que a liquidação dos velhos estoques, o lance de Monet realizado por Theo (e o dinheiro resultante) assinalou para o mundo da arte que a Goupil, a fortaleza do Salon construída com vinhetas de costumes e cenas marciais, de moças bonitas e camponeses pitorescos — a Goupil, com sua rede internacional de lojas, quilômetros de impressoras gráficas e exércitos de colecionadores fiéis —, havia ingressado no mercado da arte "moderna".

Entre as paredes da galeria do Boulevard Montmartre, os grandiosos eventos da primavera e do verão praticamente não alteraram o agitado cotidiano profissional de Theo. Ainda passava a maior parte do tempo no andar principal, vendendo os itens sempre vicejantes da Goupil como Camille Corot e Charles Daubigny (ambos paisagistas de Barbizon) e administrando as relações com pintores da moda como Vittorio Corcos (outro pintor de mulheres), cujas obras continuavam a pagar as contas da galeria. Ainda avaliava com cautela as sensibilidades dos colecionadores antes de dispor do caixa da empresa ou de aceitar um quadro em consignação, e dispensava artistas que não vendessem, por mais que, pessoalmente, admirasse seus trabalhos.

No *entresol*, para onde a incumbência da primavera trouxera um desfile de novas obras e novos artistas ao santuário da Goupil, aplicavam-se as mesmas regras. Ele dava preferência maciça a artistas, como Raffaëlli e Monet, que já tinham renome firmado e mercado existente, ainda que instável. Aparentemente impermeável às batalhas ideológicas que ocupavam os bares dos artistas e as críticas militantes, Theo avaliava o trabalho de pintores menos conhecidos pelos mesmos critérios comerciais que sempre usara — os mesmos critérios que frustravam Vincent desde longa data: Era bem colorido? Era feito com "vigor"? O tema era agradável? Era agradável ao olhar? Em suma: venderia?

Fora das paredes da galeria, porém, tudo na vida de Theo estava mudado. A nova iniciativa da Goupil causou sensação entre as legiões de pintores desconhecidos e iniciantes, em luta para ganhar reconhecimento no concorrido mundo artístico de Paris. Novos ou velhos, a maioria deles vinha da classe média. Por mais dissonantes que fossem suas teorias ou por mais irascível que fosse a retórica, mantinham em suas carreiras artísticas, tal como Vincent, as mesmas aspirações burguesas ao conforto e à fama. As oportunidades de expor suas obras não só a alguns colegas de ideias eram raras; os compradores, ainda mais. Tal como Vincent, enchiam as caixas postais de amigos e parentes com cartas amarguradas, bradando contra as injustiças da penúria e do descaso. A iniciativa da Goupil em abrir as portas — e a carteira — sugeria não só uma possibilidade de terem renda, mas, ainda mais importante, a promessa de ganharem legitimidade — a chance de terem suas obras expostas sob o mesmo teto onde estavam Delacroix e Millet. A família aristocrata de Toulouse-Lautrec, que torcia o nariz ao "naturalismo de submundo" da arte do filho, ficou radiante de orgulho quando soube que suas pinturas seriam expostas "na grande galeria de arte, a Goupil".

Por todas essas razões, Theo gozava de um poder no mundo da arte contemporânea muito desproporcional aos fundos modestos e às iniciativas tímidas que começou a mostrar no outono de 1887. Recebia enxurradas de pedidos de artistas de todos os naipes para expor seus trabalhos no *entresol*. Theo propunha que reduzissem os preços ou mesmo dessem pinturas de graça, em troca de um lugar cobiçado no mezanino da Goupil, mesmo fora de mão. Suplicavam que fosse visitar seus ateliês e ver as mostras sem divulgação que faziam em qualquer café, cabaré ou saguão que os aceitasse. Tentavam agradá-lo com favores e presentes pessoais: bebidas, convites, apresentações — procurando qualquer ponta de vantagem.

Como qualquer negociante de arte, Theo sempre aproveitara os benefícios da informação privilegiada e da gratidão dos artistas. Mas, como jovem *gérant* da Goupil vendendo obras caras de mestres mortos e de artistas vivos importantes, conseguira colecionar apenas alguns pequenos presentes de clientes ilustres como Corcos e uma infinidade de imagens sentimentais compradas por uma pechincha. Tudo isso mudou quando ingressou no mundo fervilhante da arte pouco conhecida, onde muitas vezes as pinturas eram vendidas — se e quando eram vendidas — ao preço de uma boa refeição. Ao que parece, Theo nunca fez negócios pessoais no local de trabalho, mas era impossível uma separação completa, e os artistas sabiam disso. Nada impedia que ele utilizasse o *entresol* para formar a reputação de pintores que apreciava (e nos quais investia), que expusesse obras para despertar interesse do público em artistas específicos antes de investir neles ou que simplesmente soltasse algumas palavrinhas favoráveis entre o vasto círculo de colecionadores que confiavam em seu discernimento.

Para ajudá-lo a se nortear entre todo esse alarido e caos de imagens, Theo recorreu à única pessoa na qual confiava, quanto à lealdade e ao olho artístico: Vincent. No ano anterior, o grande fosso que separava os gostos dos dois irmãos em termos de arte moderna tinha quase se fechado. Da paleta de Monticelli no verão anterior à luz e ao tema dos impressionistas naquela primavera, Vincent havia abandonado, uma a uma, as barricadas de defesa de *Os comedores de batatas* e retornara à consonância natural que unia os olhos de ambos, treinados em imagens praticamente iguais. Os irmãos sempre tinham compartilhado um grande apreço pelo naturalismo, sobretudo por paisagens, além de uma desconfiança diante da artificiosidade (pinturas "premeditadas de maneira forçada") e do desagrado pela vulgaridade.

Ambos viam a nova arte como uma "regeneração", e não uma rejeição da antiga — uma evolução gradual, não uma revolução armada por alguns —, e procuravam sem cessar continuidades entre as novas imagens que os atraíam e as antigas que reverenciavam desde longa data. Tinham aprendido com o mesmo mentor, H. G. Tersteeg, a ver a nova arte "*dans le ventre*", e não só no olhar, e a nunca confundir admiração com popularidade. Tersteeg advertia: "Nunca critique um movimento artístico, [pois] o que você critica hoje, daqui a dez anos vai venerar".

Embora Theo nunca tivesse confiado plenamente no tino comercial do irmão — não existe nenhuma indicação de que tenha algum dia comprado ou vendido um quadro apenas por recomendação de Vincent —, havia razões artísticas e também práticas para incluí-lo nesse novo empreendimento (e sem dúvida Vincent deve tê-las exposto com toda a clareza). Com uma agenda já frenética, Theo precisava de colaboração para acompanhar a quantidade atordoante de obras e artistas que, não tendo endereço fixo numa galeria, expunham em algum lugar da cidade praticamente todos os dias. Com o olhar perspicaz, o vasto conhecimento e uma intensa capacidade descritiva, Vincent podia fazer as vezes do irmão. Artistas marginais e desconhecidos não o tratariam como alguém de fora, e sim como um deles. Poderia conversar na mesma linguagem, dividindo aspirações, e lhes assegurar que Theo, ao contrário de outros negociantes, entendia não só suas atividades, mas também suas dificuldades. Poderia propor "trocas" com seu próprio trabalho, usando a promessa implícita da atenção de Theo para a formação do acervo pessoal de ambos.

Vincent marcou seu novo lugar no mundo profissional de Theo da mesma maneira como marcava todos os tropeços e guinadas do relacionamento deles em Paris: com autorretratos. No outono de 1887, ele se pintou nos dois papéis que Theo lhe designara: como o pintor moderno ao ar livre, com chapéu de palha e bata, pregando a arte do futuro, e como o negociante ambicioso, engalanado para a atividade com um chapéu de feltro cinzento, colarinho duro, lenço de seda e casaco com acabamento de veludo. Parecia que, finalmente, por uma convergência entre decepção amorosa e iniciativa empresarial, ambos haviam encontrado o empreendimento conjunto com o qual Vincent tanto sonhara, a união perfeita de coração e espírito que Theo havia tentado encontrar em outro lugar, sem êxito: "uma vida rica cheia de variedade, cheia de estímulo intelectual [e] um círculo de amigos em redor, trabalhando por uma boa causa".

Na carregadíssima atmosfera competitiva, logo se formou um círculo desses em torno de *les frères* Van Gogh. Como todas as outras coisas no mundo artístico parisiense, foi um grupo efêmero e variável — não tanto um círculo, e sim uma rede frouxa, que só se mantinha pela "boa causa" do interesse próprio de todos: a saber, a promessa comercial da incursão de Theo no que ele chamava imparcialmente de "nova escola" da arte.

Alguns artistas, como Camille Pissarro, eram atraídos apenas pelo potencial monetário. Veterano das primeiras mostras impressionistas, Pissarro observara invejosamente a ascensão de colegas pioneiros como Manet, Degas e agora Monet, enquanto sua própria carreira definhava. No verão de 1887, desesperado atrás de dinheiro, sem confiar em seu antigo negociante Durand-Ruel, atormentado por uma esposa frenética em manter sua identidade de classe média, Pissarro viu no jovem *gérant* da Goupil a única alternativa à "ruína completa". Desde o momento em que Theo fez a primeira compra em agosto, o artista tagarela e muitas vezes excêntrico se tornou um frequentador assíduo do apartamento da Rue Lepic. Embora de início suas pinturas demorassem para vender, Pissarro conseguiu, por intermédio de Theo, um emprego para o filho Lucien no setor de reproduções da Goupil — valioso favor que não terá passado despercebido entre os demais que disputavam as graças de Theo.

Enquanto Pissarro e filho (também aspirante a artista) passaram anos na dependência dessas boas graças, outros artistas passavam feito cometas pelo novo empreendimento. Na febre do entusiasmo por impressionistas "de primeira geração" que se seguiu à negociação com Monet, Theo comprou três pinturas de outro integrante do grupo impressionista original, artista agora envelhecido e ultrapassado, Alfred Sisley. Embora dez anos mais novo que Monet, Sisley havia se mantido fiel aos temas e princípios impressionistas durante todas as tentações de um "neoimpressionismo" e os diversionismos simbolistas da década. Suas paisagens coloridas, mas cautelosas, estavam em perfeita consonância com a nova iniciativa igualmente cautelosa de Theo. (Mais tarde, Vincent declarou que Sisley era "o mais sensível e cuidadoso dos impressionistas".) Mas, chegado o final do ano de 1887 e não tendo vendido nenhuma das telas que comprara, Theo se afastou do artista empobrecido.

A obra de Armand Guillaumin — uma versão mais brilhante e mais arrojada de Monet — chegara ao conhecimento de Theo naquela primavera, quando compareceu a uma exposição "marginal" nas dependências do periódico vanguardista *Révue Indépendante* — uma de suas primeiras incursões documentadas ao *demimonde* da arte de vanguarda. O negociante bem-educado e o artista sagaz trocaram cartas amistosas na época e talvez tenham mantido algum contato social, porém não fecharam nenhum negócio. Mas, quando Theo começou seu novo empreendimento no outono, uma de suas primeiras aquisições foi um trabalho de Guillaumin. O artista estava com 46 anos de idade e, tal como o amigo Pissarro, circulava muito entre outros artistas mais conhecidos, como Monet, Degas, Renoir, Seurat e Cézanne (o qual tinha um ateliê pegado ao de Guillaumin, no Quai d'Anjou). Também possuía uma fonte de renda constante e mantinha boas relações com um círculo de negociantes e colecionadores leais de vanguarda que davam apoio a seu trabalho. Com esses elementos, ele era um valioso aliado em potencial para o empreendimento dos irmãos Van Gogh, tanto como artista quanto como agente de intermediação.

De eminências pardas como Monet e Pissarro ao corpo de guarda com discípulos como Guillaumin, foi um sólido início. Num mundo artístico repleto de jovens celebridades ávidas por atenção, Theo e Vincent nunca se afastaram muito do caminho seguro do impressionismo.

Até que conheceram a mais jovem celebridade: Émile Bernard.

Desde o instante em que chegou ao ateliê de Cormon, aos dezesseis anos de idade, liberto do provincianismo vulgar de Lille e da incompreensão do pai comerciante, Bernard se apresentou como o *wunderkind*, o menino prodígio do mundo artístico parisiense. Alto, esbelto, com traços finos e pensativos, uma inteligência onívora e o destemor da juventude, lançou-se à sua meta de inevitável notoriedade. Na Cormon em 1884, logo assumiu o papel de talentoso *protégé* do mestre e se insinuou junto aos líderes incontestes do ateliê, Anquetin e Toulouse-Lautrec, para formar um triunvirato. No começo de 1886, quando Cormon se irritou com suas bazófias e o dispensou, Bernard se enrolou na bandeira da liberdade artística ("um sopro de revolta passou pelas teorias do local no instante em que entrei no ateliê", vangloriou-se mais tarde) e se declarou um mártir da nova arte.

Vincent e Bernard se desencontraram na Cormon. Mas, no ano seguinte, tiveram muitas ocasiões de se cruzar. Ambos frequentavam a loja de Tanguy. Ambos podem ter voltado ao ateliê de Cormon no outono de 1886, onde talvez tenham se encontrado. Ambos por certo frequentavam os cafés e cabarés preferidos dos artistas, como Le Chat Noir e Le Mirliton. Sabe-se que Bernard era freguês de Le Tambourin, de Agostina Segatori, e mais tarde declarou que vira algumas das pinturas e estampas de Vincent entre o amontoado de obras nas paredes do restaurante. Os dois artistas seguramente tinham conhecidos em comum — Lautrec, Anquetin e Signac, por exemplo. Mas, ao que parece, nenhum dos dois se deu ao trabalho de uma apresentação formal ou, pelo menos, de registrar o fato. Não chega a surpreender. No projeto de Bernard de uma ascensão meteórica, não havia lugar para o holandês marginal e esquisito — nem mesmo para seu irmão mais novo, o negociante de obras do Salon.

Mas tudo isso mudou no verão de 1887. Quando Bernard voltou de seu veraneio na Bretanha em julho, o mundo da arte vanguardista tinha um novo local, o *entresol* da Goupil, e um novo negociante, Theo van Gogh. Com seu faro infalível para as oportunidades vantajosas, Bernard logo se apresentou à Rue Lepic, onde não demorou a tomar Vincent, a quem nunca dera maior atenção, como a rota promissora para os favores de Theo. Algumas semanas depois (antes do final do verão), convidou Vincent para ir visitá-lo na nova casa dos pais em Asnières, onde lhe tinham construído um pequeno ateliê de tábuas no mesmo terreno.

Nesse centro de convívio de madeira, Vincent, aos 34 anos, sem amigos, caiu imediatamente sob o fascínio do suave Bernard, de dezenove anos. Trocaram entusiasmos e talvez telas. Podem ter pintado juntos nas margens próximas do Sena, nos dias finais do verão. Para Vincent, a oferta de amizade e a diferença etária desencadearam velhos hábitos afetivos inalteráveis. Tratava Bernard com a mesma mescla de solicitude e sobranceria, de solidariedade fraterna e viscosidade tirânica, que por seu turno Theo e Rappard já tinham suportado. O jovenzinho folgazão pode ter gostado que o artista mais velho levasse sua ambição a sério. Mas Vincent por certo ingressou naquele relacionamento cego às implicações de tal ambição. Atirou-se de cabeça em mais uma aliança sincera ou de mera conveniência, tomando-a erroneamente como amizade profunda, e que estava destinada a se extinguir numa longa correspondência assimétrica.

Bernard trouxe para a órbita de Vincent seus dois colegas da Cormon: Anquetin e Lautrec. Embora ambos morassem relativamente perto do apartamento da Rue Lepic, Vincent não voltara a encontrar nenhum dos dois, a não ser de passagem, desde que saíra da escola no verão anterior. Theo, por outro lado, começara a se corresponder com Lautrec na primavera daquele ano, atraído por seus vibrantes relances de vida "moderna", ao estilo de Degas, tal como se sentira atraído pelos relances da França rural de Pissarro, ao estilo de Monet. Ao fazer um reconhecimento

Henri de Toulouse-Lautrec, *Retrato de Émile Bernard*, 1886, óleo sobre tela, 54,29 × 44,45 cm.

do terreno da arte de vanguarda, para onde o levaria sua nova iniciativa, Theo encontrou motivos de confiança na saída garantida das obras de Lautrec e, sem dúvida, em suas credenciais de família — tal como Lautrec encontrou motivos de confiança no respeitável renome da Goupil. Com o anúncio da nova iniciativa naquele verão, Lautrec, cioso do status, não hesitou em ingressar com o jovem amigo Bernard no círculo em torno de *les frères* Van Gogh.

Outros artistas foram atraídos pelo novo fulgor empresarial na Rue Lepic e no *entresol*, mas só Bernard apostou em cortejar diretamente o irmão estranho e difícil de Theo para ganhar as graças do *gérant*. Os demais, tal como os estudantes da Academia da Antuérpia ou da escola de Cormon, apenas o toleravam, por deferência ou medo de causar má impressão. Quando se reuniam num café ou no ateliê de um deles (os favoritos eram os de Guillaumin e Lautrec, nunca o de Vincent), raramente o incluíam em suas conversas. "[Vincent] chegava carregando uma tela pesada debaixo do braço", lembrava um participante de uma dessas reuniões, "e esperava que algum de nós prestasse atenção nela. Ninguém reparava." Em contatos diretos, zombavam de seus entusiasmos ingênuos e se irritavam com seu moralismo arrogante, mas temiam seu gênio estourado. Raras vezes iam a seu ateliê e morriam de medo que ele fosse aos deles, pois tinham ouvido histórias de que "[ele] rasgava a roupa e caía de joelhos para reforçar algum argumento e nada conseguia acalmá-lo", segundo o relato de uma dessas visitas.

Camille e Lucien Pissarro, talvez os frequentadores mais regulares do apartamento dos irmãos, uma vez encontraram Vincent na Rue Lepic, voltando de um dia de pintura ao ar livre. Ansioso em mostrar seu último trabalho, Vincent largou seus apetrechos no meio da calçada movimentada e estendeu as telas ainda úmidas no muro, "para o grande espanto dos transeuntes", segundo Lucien. Com base neste e certamente em outros episódios semelhantes, Camille chegou à conclusão de que Vincent, com quase toda a certeza, estava ficando louco. Guillaumin chegou à mesma conclusão quando Vincent foi visitar seu ateliê e logo começou a criticar suas pinturas de homens descarregando areia, "gritando que os movimentos estavam todos errados, e começou a saltar pelo ateliê, empunhando uma pá imaginária, agitando os braços, fazendo o que considerava ser os gestos adequados". A cena fez Guillaumin se lembrar de uma pintura de Delacroix, *Tasso no manicômio*. Mas manter a boa educação diante de um louco era um preço pequeno para ter a chance de expor no *entresol*.

Enquanto isso, Vincent perseguia com ingenuidade sua visão de um "círculo de artistas" guiado e apoiado pelos irmãos Van Gogh. Fazia as apresentações, escrevia cartas, combinava encontros e ministrava conselhos incansáveis aos colegas artistas para avançar na carreira. Insinuava que Theo estava disposto a pagar estipêndios mensais regulares a alguns artistas (tal como fazia com Vincent) — fantasia de todo pintor naquele mundo da fartura ou miséria de quem vivia do pincel. Aconselhava "pôr de lado invejas mesquinhas", pregava "união e força", tal como tantas vezes pregara ao irmão: "Com certeza o interesse comum vale o sacrifício daquele egoísmo de todo homem consigo mesmo". Tomando de empréstimo um termo cunhado provavelmente por Lautrec, tentou unir o grupo fragmentário sob um novo nome: os artistas do "*petit boulevard*", em oposição a impressionistas de sucesso como Degas e Monet, que já haviam conquistado seu lugar nas galerias do "*grand boulevard*". Era o lema perfeito de um homem que vivia de lemas: unir os colegas não pela arte que os dividia, e sim pelas aspirações que compartilhavam.

Em todo apelo à solidariedade e ao sacrifício, claro, ressoava a promessa de retorno, como escreveu a Bernard: "Se você trabalhar com afinco, penso que pode

Henri de Toulouse-Lautrec, *Retrato de Vincent van Gogh*, 1887, pastel sobre cartão, 54,3 × 44,45 cm.

acabar tendo certo estoque de pinturas, *algumas das quais tentaremos vender para você*". Foi essa promessa que manteve Lautrec circulando em torno dele, apesar de seu indisfarçável desdém pelo holandês fervoroso e grosseiro, tão diferente do irmão ameno e sutil. Certa vez num café, Lautrec, que era célere no desenho, fez um esboço de Vincent sentado sozinho num canto, com um copo de absinto. Levou o desenho para casa e fez um retrato em pastel, que presenteou aos dois irmãos. Com um gracejo típico, ele retratou Vincent não de frente, mas de perfil, indiferente ao observador, olhando diante de si, por sobre o absinto já preparado na mesa — talvez imerso em pensamentos, talvez ofendido com algum insulto malicioso ou falta de atenção, mas, de qualquer forma, perdido em seu próprio mundo. Em janeiro de 1888, Theo comprou uma pintura de Lautrec. Depois de sair de Paris em fevereiro, Vincent lhe escreveu uma carta. Lautrec nunca respondeu.

Em algum momento de outubro de 1887, Vincent começou a planejar uma exposição. Seria uma *manifestação* não só da "nova escola" de arte, mas também do papel central que ele desempenhava no novo empreendimento com o irmão. Sua proposta a Theo deve ter sido ao mesmo tempo artística e comercial: uma exposição serviria para testar o interesse do público, para divulgar o empreendimento entre críticos e artistas, para atrair obras para o *entresol* e, não menos importante, para dar a Vincent uma oportunidade de mostrar seu próprio trabalho — coisa que Theo jamais poderia fazer na galeria Goupil.

Theo pode ter aprovado a ideia geral, mas por certo desaprovou o local escolhido por Vincent. Ninguém tomaria o Grand-Bouillon ou Restaurant du Chalet por uma galeria de arte. Com seu enorme salão sem adornos e um pé-direito muito alto, mais parecia "uma capela metodista", disse um visitante. E com a multidão de operários ruidosos e esfaimados, que eram seus fregueses, tinha o aspecto de uma estação de trem. Nada o recomendava como local para uma mostra de arte, exceto o fato de que Vincent, que costumava comer lá com frequência, conhecia o dono, Lucien Martin, e Martin precisava de *alguma coisa* para pôr nas imensas paredes nuas ("espaço suficiente para pendurar uns mil quadros", calculou um observador). Vincent talvez tenha sido pressionado a sugerir esse local pouco convencional por Bernard, cuja afoiteza em ganhar notoriedade o levava inevitavelmente a locais rebeldes; mas, como outros negociantes e artistas de vanguarda, talvez Vincent não dispusesse de alternativa melhor.

A mostra foi um desastre. Na verdade, mal chegou a ser uma mostra (mais tarde, Bernard se referiu a ela como mera "tentativa" de mostra). Por mais veemente que fosse, Vincent não conseguiu reunir a arte de vanguarda e suas irreconciliáveis facções sob as claraboias do Restaurant du Chalet. Bernard vetou a inclusão de neoimpressionistas como Signac e Seurat (contrariando o esforço de Vincent de reatar a ligação com Signac, que voltou a Paris em novembro). Vincent, por seu lado, se recusou a incluir os simbolistas, como Redon, que Bernard lhe impingiu. Pissarro, firme defensor de Seurat, ficou amuado com a exclusão de Signac (referia-se ao neoimpressionismo como "nossa luta em comum") e se negou a participar. Lucien acompanhou o pai. No fim, apenas Bernard e seus camaradas da Cormon, Lautrec e Anquetin, concordaram em contribuir com alguns trabalhos — um atestado do respaldo de Theo e do fascínio exercido pela Goupil. Guillaumin pode ter contribuído pela mesma razão. (Theo fez sua primeira aquisição de uma pintura de Guillaumin na época da inauguração da mostra e expôs seus trabalhos no *entresol* logo após seu encerramento.)

Com a participação de um número tão reduzido de artistas, o plano de Vincent para uma exposição coletiva, uma mostra de "união e força", foi por água abaixo. Para evitar um constrangimento demasiado evidente — uma comédia inconsequente no imenso salão de Martin —, Vincent lotou a exposição com obras suas. Arrastou montanhas de pinturas da Rue Lepic até o restaurante na Avenue de Clichy, a oitocentos metros de distância, praticamente esvaziando o ateliê. Recrutou Arnold Koning, um jovem artista holandês que por acaso estava em visita aos irmãos, vindo da Holanda, para ajudá-lo a pendurar as cinquenta ou cem telas, quase todas feitas por Vincent.

Apesar do esforço hercúleo, a exposição naufragou depois de poucas semanas. Como em Le Tambourin e todos os outros lugares, Vincent se meteu numa briga. O proprietário Martin estava tão ansioso em forrar as paredes nuas do local que começou a pendurar "escudos patrióticos" ao lado das preciosas pinturas de Vincent. A altercação subiu de tom até que Martin cancelou sumariamente a mostra e pôs Vincent e suas pinturas para fora do restaurante.

No breve período entre o fim de novembro e o começo de dezembro, quando a estranha fila de imagens sem moldura ficou nas paredes do cavernoso restaurante de Martin, praticamente nenhuma alma viva se deu conta delas. Não havia catálogo, não havia anúncio na imprensa, não havia resenha. Não apareceu nenhum "público". Os fregueses habituais do restaurante "prestavam mais atenção ao prato do dia" do que à nova decoração, segundo um visitante, embora alguns parecessem "um pouco desconcertados com o aspecto intimidador das pinturas". Alguns pequenos negociantes passaram por ali, fosse para ganhar ou retribuir favores. Alguns artistas do círculo dos irmãos Van Gogh (Pissarro, Guillaumin) foram; outros (Lautrec, Anquetin), ao que parece, guardaram distância. Uma surpresa foi a visita de Georges Seurat, que conversou rapidamente com Vincent.

Entre os visitantes estava um artista que Vincent nunca havia encontrado. Era um indivíduo magro, bronzeado, que acabava de voltar de uma longa viagem ao Caribe: Paul Gauguin.

Entre o proselitismo em prol dos pintores do Petit Boulevard, as estratégias e promoção do novo empreendimento com o irmão e os preparativos para a mostra no Restaurant du Chalet, sobrava pouco tempo para Vincent se dedicar a seu próprio trabalho. Mais tarde, admitiu que tinha apenas "pintado um pouco" nos últimos meses de 1887. Não ajudou o fato de ter sido proibido pela polícia de trabalhar na rua — consequência, sem dúvida, daquelas exibições públicas como os dois Pissarro, pai e filho, haviam presenciado. Os cosmopolitas de Paris, tanto quanto os camponeses de Nuenen, consideravam a estranheza de seus hábitos e a veemência de suas atitudes bastante incômodas.

Quando de fato ia para o ateliê, era inevitavelmente para pôr sua arte a serviço da nova missão conjunta com Theo.

Se Theo agradava e aliciava os artistas com palavras, Vincent usava imagens. Impulsionado pela visão de uma parceria fraterna, pela miragem de uma comunidade e pela imaginação multiforme, Vincent iniciou um diálogo de imagens com cada um dos pintores do círculo dos irmãos Van Gogh. Como um anfitrião ansioso, passava de artista em artista, de inovação em inovação, deixando um rastro ziguezagueante de imagens que desafiariam as tentativas posteriores de ordená-las ou classificá-las.

Para Pissarro, ele já dispunha de montes de obras pontilhistas de suas idas a Asnières, para demonstrar seu compromisso com a ciência seuratiana da cor e da luz. Retribuiu o retrato em pastel que Lautrec fizera com naturezas-mortas — uma delas de um copo de absinto —, usando a mesma paleta suave e as pinceladas leves. Quando Anquetin lhe apresentou as possibilidades das telas monocromáticas — obras com o predomínio de uma só cor —, Vincent respondeu com uma natureza-morta de maçãs toda em amarelo. Quando Guillaumin introduziu as cores violentas e os contrastes brutais na discussão sobre o futuro do impressionismo, Vincent reagiu com telas de cores fulgentes e complementares esmagadoras. Mas, quando Signac voltou a Paris em novembro, Vincent entabulou com ele uma conversa muito diferente: naturezas-mortas de romances franceses, tema que por certo vira na obra anterior de Signac, com as tonalidades alegres e o incansável pincel pontilhista que os dois tinham compartilhado na primavera — uma imagem feita com tanto empenho em agradar o destinatário quanto a mais gentil carta de Vincent.

Émile Bernard apresentou Vincent, em palavras e imagens, a um rumo radicalmente novo em arte. Decidido a ser líder, não seguidor, Bernard defendeu um conjunto de imagens que iria *derrubar* e não apenas "renovar" o impressionismo. Começando em 1887, ele desenvolveu uma arte estilizada de planos lisos de cor e contornos arrojados, dispostos de modo a obter o máximo efeito ornamental, e composições reduzidas às geometrias mais simples possíveis — em suma, uma arte que desafiava os cânones do impressionismo em todas as suas formas, rejeitando da mesma maneira as divagações lânguidas de Monet ou a falsa precisão de Seurat. Ambos tinham falhado na missão suprema da arte, dizia ele: penetrar na essência da vida. Em vez disso, haviam representado a realidade como insubstancial e sem significado — um efeito evanescente teatral, nada *real*.

Essas ideias pertenciam originalmente a Anquetin, inovador destemido; as imagens, ao recluso Paul Cézanne. Mas Bernard as anunciou a Vincent na nova linguagem arrojada dos simbolistas — a linguagem de Huysmans em *Às avessas*. Uma imagem despida dos ornatos temporais e científicos (para Bernard, a verdade objetiva era "uma intrusa na arte"), reduzida à cor e à forma, tinha o mesmo poder expressivo misterioso da pura sensação, dizia ele. Na verdade, *era* sensação. "Para que reproduzir os mil detalhes insignificantes que o olho percebe?", segundo um crítico sintetizou a nova arte rebelde. "Deve-se captar a característica essencial e reproduzi-la — ou melhor, *produzi-la*." Em março de 1888, o mesmo crítico cunhou um nome para a nova arte: "cloisonismo", invocando a cor segmentada como mosaico usada nos objetos de metal esmaltado.

Tal qual os simbolistas, Bernard invocou como origens de suas imagens a iconografia do passado, citando de tudo como precedente, das tapeçarias medievais aos vitrais góticos. E, em especial, invocou a simplicidade e o tratamento direto das estampas japonesas.

Essas humildes imagens onipresentes, que eram importadas aos fardos fazia décadas, apenas recentemente tinham sido arrebanhadas para o debate sobre o futuro da arte. Se o exotismo e o refinamento da estética japonesa haviam fascinado artistas como Whistler e Manet desde a década de 1860, foi apenas com a Exposition Universelle de 1878, com seu deslumbrante pavilhão japonês, que o "*japonisme*" — a mania por tudo que fosse japonês — começou a tomar conta do mundo artístico parisiense. Abriram-se lojas especializadas em artes japonesas nas ruas comerciais mais elegantes da cidade, vendendo de tudo, de porcelanas a espadas de samurai, mas sobretudo uma infinidade de estampas. Monet colecionava estampas e leques, e pintou um quadro famoso com a esposa num admirável quimono vermelho. Le Chat Noir incorporou as imagens das estampas japonesas em seus teatros de sombras, e guias gerais, como *L'art japonais*, de Louis Gonse, desvendavam seus sentidos misteriosos. Em 1886, poucos meses depois da chegada de Vincent à cidade, uma revista de grande circulação, *Paris Illustré*, publicou uma estampa japonesa como capa de um número especial inteiramente dedicado à arte e à cultura do império flutuante.

Os simbolistas, em particular, tomaram as pequenas estampas coloridas, que se encontravam por toda parte, como modelo para a nova arte. A cor prismática, a perspectiva exagerada e a iconografia estilizada representavam a expressão de essência de uma cultura "primitiva" — isto é, não corrompida pelos valores burgueses e pelo mal-estar espiritual da Europa de fim do século. (De modo análogo, as culturas da Europa medieval, do Egito antigo, da África tribal e das ilhas do Pacífico eram todas consideradas "primitivas".) Como os loucos e excêntricos, que os simbolistas tomavam como heróis, essas culturas incólumes e suas criações permaneciam mais próximas do mundo inefável das essências — a própria fonte de toda grande arte.

Vincent talvez tivesse visto a arte japonesa já na infância, graças a um tio navegante que visitou a ilha logo quando se abriu ao Ocidente, e trouxe para casa seus objetos exóticos. Décadas depois, em Haia e mesmo nos grotões de Nuenen, ele percebera o avanço do *japonisme* nos livros que lia, nas estampas que colecionava e nos catálogos de Salon que consumia. Mas foi apenas quando chegou à Antuérpia, no fim de 1885, depois de ler a celebração da arte japonesa que Edmond de Goncourt fez em *Chérie*, que Vincent começou a colecionar as gravuras coloridas e baratas que enchiam as lojas da cidade portuária.

Eram chamadas de *crépons*, por causa do papel crepom, isto é, um papel fino e enrugado como crepe, em que eram impressas. Vincent se sentia atraído sobretudo por imagens de gueixas (como ocorria com todas as imagens de mulheres de prazer) e cenas urbanas movimentadas: panoramas detalhados de um mundo distante que exerciam um apelo em sua longa obsessão com a perspectiva e também em sua natural curiosidade de espiar as coisas na surdina. Mesmo então, considerava essas estampas sobretudo como itens acessíveis, enfeites para o ateliê de um artista e, em caso de emergência, com grande liquidez para vendê-las ou trocá-las. Sua exposição em Le Tambourin tinha se baseado na crença — equivocada, como se demonstrou — da grande liquidez de sua coleção de *crépons*.

Foi só no final de 1887, porém, quando Bernard o apresentou aos segredos simbolistas da arte japonesa — a seu código expressivo —, que Vincent passou a aceitar as singelas estampas como lições para sua própria arte. Outras afinidades artísticas o motivaram para essa adoção tardia. Já na Antuérpia, tinha admirado as cores luminosas dos vitrais e as pinturas de Henri Braekeleer, com suas áreas de cor pura e extrema simplicidade ("não é quase nada, e no entanto é muito").

Mas foi necessária a cruzada de Bernard para atrair Vincent e tirá-lo da trilha batida do impressionismo. O artista mais jovem selou a devoção do mais velho com a declaração — improvável, mas exageradamente lisonjeira — de que a mostra em Le Tambourin contribuíra para que ele e Anquetin formulassem suas imagens revolucionárias. Ávido por conseguir legitimidade, sobretudo do pintor mais novo sobre o qual agora pousava um olhar fraterno, Vincent aceitou de pronto as adulações de Bernard, retribuindo com um eflúvio de admiração pelos *crépons* tão fervoroso quanto o ardor com que compartilhara estampas em branco e preto com Anthon van Rappard.

Instruído pelo guia de Gonse e espicaçado por uma sequência de exposições comemorativas em Paris no inverno de 1887, Vincent aterrissou no primeiro varejo de arte japonesa no mundo ocidental, o empório de Siegfried Bing. As portas de bronze da loja, a poucas quadras da galeria de Theo, davam acesso a um mundo de imagens e artigos exóticos, japoneses e chineses, em todos os suportes e a todos os preços: de peças imperiais autênticas a reproduções feitas nas oficinas do próprio Bing. A mescla entre uma ambição de tipo goupiliano e um genuíno apreço pela arte asiática tinha elevado Bing, alemão de nascimento, ao topo das artes decorativas francesas (trampolim de onde, uma década depois, ele iria lançar o movimento Art Nouveau).

Vincent vasculhou as "montanhas" de imagens estocadas no porão e no sótão de Bing com o fervor de um garimpeiro — "10 mil *crépons*", comentou exultante —, examinando paisagens e figuras, dezenas de montes Fuji e centenas de gueixas, incontáveis pagodes, flores e samurais. "A gente fica deslumbrado, de tanta coisa que há", disse ele. Voltou várias vezes à loja, pechinchando preços com o gerente, oferecendo trocar compras anteriores ou alguma de suas pinturas por um maço dos preciosos tecidos. Usou sua ligação com a Goupil para convencer a loja a lhe abrir crédito — licença que engordou o "estoque" da Rue Lepic para mais de mil *crépons* e gerou uma dívida bastante avultada. Atormentou Theo com planos complicados de comercializar as pequenas estampas e insistiu que investisse mais nelas. Bombardeou outros artistas, em especial Bernard e Anquetin, com exortações para acompanhá-lo na caça ao tesouro ou, pelo menos, ir conhecer as maravilhas que podiam ser encontradas nas pilhas cheias de pó.

Não demorou muito e a febre invadiu seu ateliê. Num inverno em que não fez muito mais coisas por lá, passava horas e horas copiando as novas imagens exóticas e transferindo para a tela. Era um processo insano de trabalho — quase uma autoflagelação para Vincent, sempre irrequieto e impaciente. Primeiro, tinha de fazer um quadriculado no papel; depois, transferia as pequenas cenas — cada flor, cada ramo; então desenhava outro quadriculado maior, na tela, às vezes no dobro do tamanho do original; aí transferia a cópia, quadradinho por quadradinho, linha por linha, para a grade da tela.

Depois de terminar a transferência, porém, ele podia expressar seu ardor com toda a veemência. Utilizando as noções de Bernard sobre as formas simplificadas e as "placas" de cor, enchia os contornos a lápis com verdes-esmeralda, laranjas vivos, amarelos fulgurantes, criando recortes de cor luminosa, margeados de preto, duplicando o tamanho e a intensidade do original. Uma cena de pedestres se apressando sob uma chuva cinzenta numa ponte se transformou numa faixa amarela brilhante arqueando-se sobre um rio turquesa, com uma margem cobalto na distância e um céu cerúleo ao fundo. Os galhos torcidos de uma ameixeira se transformaram numa caligrafia decorativa de veios escuros contra um crepúsculo, reduzida a uma bandeira tricolor: chão verde, horizonte amarelo, céu vermelho.

Traçado da capa de Paris Illustré, julho-dezembro de 1887, lápis e nanquim sobre papel quadriculado, 39,37 × 26,35 cm; e *Cortesã: A partir de Eisen*, outubro-novembro de 1887, óleo sobre tecido de algodão, 1,05 m × 61 cm.

Como os tensores prontos que usava não batiam com as proporções alongadas das estampas, acabavam sobrando bordas em branco na tela. Vincent verteu, nessas margens vazias, não só o velho evangelho de Blanc sobre as cores complementares, como também seu novo fervor pela cor prismática e pelo efeito ornamental. Pintou molduras dentro de molduras: vermelho dentro do laranja, vermelho com verde dentro de outro vermelho. Recorrendo a personagens japoneses de outras estampas, preenchia essas molduras com uma algaravia decorativa de sinais, em faixas oblíquas de verde sobre laranja ou de vermelho sobre verde, com a tinta sem misturar, direto do tubo.

Eram imagens retóricas: não uma reflexão pessoal sobre estampas que lhe agradavam, mas uma exortação imperiosa em favor da nova arte. Os temas que escolheu para esse pródigo engrandecimento — como o pomar de ameixeiras e a ponte sob a chuva, da série *Cem vistas famosas de Edo*, de Utagawa Hiroshige — já eram ícones célebres do *japonisme*, imagens tão familiares a muitos parisienses quanto *Semeador*, de Millet, ou *Olímpia*, de Manet. Ele estava anunciando sua lealdade à nova arte da única maneira que sabia: apregoando as novas ideias e celebrando seus amados *crépons* com fervor evangélico; disputando com Anquetin as graças de seu novo *copain* Bernard; convencendo o irmão cético; talvez até empurrando uma venda ou uma troca.

Na última e maior dessas polêmicas em cor e forma, Vincent não se limitou à sua coleção de estampas e escolheu como tema a figura na capa do número especial de *Paris Illustré* sobre o *japonisme*: uma cortesã sensual convidando a todos para desfrutar dos encantos de sua paradisíaca ilha "primitiva". Depois de transferir a figura para uma tela maior (1,05 × 60,96 cm), revestiu essa imagem de encantamento exótico com um caleidoscópio de cores. Ignorando os matizes ricos e sutis de seu quimono com dragões, envolveu-a em volutas irregulares de verde e asteriscos de vermelho. Transformou as dobras rígidas da seda bordada numa treliça de tinta espessa e cristalina, grande parte dela direto do tubo. Colocou a figura num enquadramento dourado-vivo e cercou com margens largas decoradas com uma imagem totalmente diferente — uma cena à beira de um rio, despojada até restarem seus elementos essenciais mais simples: faixas verticais verdes e amarelas de bambu, faixas horizontais lilases e azuis de água e, flutuando entre eles, bolas cor-de-rosa de nenúfares.

As chamadas *japonaiseries* não foram as únicas imagens exortatórias daquele inverno. Vincent não ia muito ao ateliê, mas, quando o fazia, ia a todo vapor. Voltou a um retrato de Tanguy, mais do início do ano, e começou uma nova versão seguindo o novo evangelho, agora apresentando o velho comerciante de tintas como um Buda num casaco azul-cobalto, contra a parede de um ateliê abarrotada de *crépons*, cada um deles vertido numa fiel e furiosa abstração e cores incandescentes. Revisitou outro retrato anterior, provavelmente de Agostina Segatori, e repintou a *signora* em um deslumbrante traje italiano que, como o quimono da gueixa em *Cortesã: A partir de Eisen*, deu rédeas livres a todo o seu fervor pela simplicidade, pela cor brilhante e pela invenção ornamental. Reduziu tudo — a estampa da saia, as pregas da blusa, a rejeição estampada na face — a plaquetas de puro pigmento. Num frenesi de ornamentação, enquadrou a figura em dois lados com uma margem de faixas tricolores. Pintou naturezas-mortas e autorretratos reduzidos a não mais de três ou quatro cores e número limitado de pinceladas.

Vincent não conseguia controlar sua veemência. Toda ideia que adotava, fazia-o até o extremo; todo entusiasmo, levava ao limite. No esforço de captar "uma sensação da intensidade da vida", escreveu Bernard sobre a pintura de Vincent, "ele tortura a cor... Nega qualquer prudência, qualquer esforço de perfeição ou harmonia". Apresentando seus argumentos na tinta ou em pessoa, na Rue Lepic ou no ateliê de alguém, Vincent tinha de "rasgar a roupa e cair de joelhos". "Quando há um fogo dentro de si", escreveu à irmã Wil no final de 1887, "não se consegue refreá-lo — melhor arder do que explodir. O que está dentro sairá."

A base de apoio na realidade que por fim ganhara em Paris — o empreendimento com Theo com que tanto sonhara, a amizade na Rue Lepic, o respeito relutante dos colegas, a fraternidade aduladora de Bernard — apenas o motivou ainda mais, se possível, a exortações mais intensas, a expressões mais veementes, como se finalmente tivesse encontrado o sacerdócio que preenchia a vocação que sempre sentira.

E então, de repente, foi embora.

Ninguém sabe por que Vincent deixou Paris em fevereiro de 1888. As verdadeiras razões estão ocultas, como muitas outras coisas em seus dois anos em Paris, por trás da cortina de silêncio que cobriu o relacionamento dos irmãos, quando a convivência na mesma casa pôs fim à correspondência entre ambos em fevereiro de 1886. Quando retomaram as cartas, Vincent alegou "mil razões" para a súbita partida: desde as mais poéticas ("procurando uma luz diferente [e] um céu mais brilhante") às mais prosaicas ("esse inverno terrível, que durou uma eternidade").

Algumas vezes pôs a culpa na cidade: o frio, o barulho, o "maldito vinho ordinário" e "bifes gordurentos", tudo isso tornava a vida em Paris "insuportável", segundo ele. Reclamou das restrições oficiais ("A gente não pode sentar onde quer"), além do nevoeiro e da poluição que toldavam as verdadeiras cores das coisas. Culpou também os parisienses — "volúveis e desleais como o mar". Criticou em especial a inconstância dos colegas e atribuiu sua partida à exasperação com suas infindáveis rivalidades e briguinhas de facções.

Outras vezes, apresentou sua partida como um avanço, e não uma retirada: uma busca artística de novos temas que traria "alguma jovialidade e vigor" a suas pinturas — ou, pelo menos, daria aos compradores "o que hoje em dia desejam nos quadros". Outras vezes ainda, explicou que se tratava de uma iniciativa de negócios: uma ousada viagem comercial às províncias, atrás de pechinchas escondidas (em particular, obras de Monticelli em Marselha). De fato, Vincent disse que estava numa corrida com outros negociantes para ser o "primeiro a chegar" ao lar mediterrâneo de Monticelli.

A infinidade de explicações que Vincent deu para a partida — que variavam a cada acesso de entusiasmo ou de justificativa — apenas confirma seu caráter essencialmente inexplicável. Depois de passar anos ansiando por uma união perfeita com o irmão, depois de lamentar a solidão e suplicar por companhia nas carvoarias do Borinage ou nas charnecas de Drente, Vincent largou Theo no exato momento em que, afinal, seus sonhos pareciam ter se realizado — largou-o e voltou a uma vida de solidão numa região distante, desconhecida e sem amizades.

É verdade que muitos artistas costumavam sair de Paris em longas viagens a lugares remotos e pitorescos, tanto no inverno quanto no verão. Cormon fora à África, tal como Georges Duroy, o *Bel-Ami* de Maupassant. Em 1886, Monet tinha passado um proveitoso outono em Belle Île e, quando Vincent saiu em fevereiro, já embarcara para uma nova expedição em Antibes. Bernard deixava a cidade todos os verões, indo para a Normandia ou a Bretanha, e o mesmo faziam Signac e Pissarro. Anquetin havia passado o inverno anterior (1886-7) na costa mediterrânea. Gauguin tinha superado todos, indo à Bretanha no verão de 1886, ao Panamá na primavera seguinte, então à Martinica no verão e outono de 1887. No mês em que Vincent saiu de Paris, Gauguin voltou à Bretanha, onde Bernard pretendia encontrá-lo em abril.

Mas isso era outra coisa. Não era uma agradável escapada elegante de inverno para climas mais amenos, como as de Signac e Pissarro. Tampouco era a permanência de Monet durante meses em províncias pitorescas como a Normandia ou a Riviera. E certamente não eram as viagens de Gauguin pelo globo, atrás de experiências radicais e imagens exóticas. Ao contrário de Vincent, todos esses artistas voltavam. Ficassem fora dois ou seis meses, sempre tinham a intenção de voltar à família, ao lar, ao ateliê e aos amigos que haviam deixado.

Já Vincent, quando saiu do apartamento da Rue Lepic em fevereiro de 1888, foi "para sempre", disse ele. Pelo menos nas cartas, jamais pensou em voltar. O relato de Theo à irmã Wil, logo depois da partida de Vincent, ressoa com um tom definitivo. "Não é fácil substituir alguém como Vincent", escreveu ele. "Ainda parece estranho que ele tenha ido embora." Na verdade, a partida de Vincent tinha suas raízes não nas constantes escapadas dos colegas pintores, e sim em seu próprio projeto de abril do ano anterior, quando pensou em voltar à Antuérpia, motivado a deixar o apartamento que dividia com o irmão pelo rancor e pela ameaça de banimento — uma ruptura que não teria retorno.

Terão brigado outra vez? Será que o empreendimento conjunto sucumbiu de novo aos ressentimentos que sempre assolavam e não raro estragavam *ententes* anteriores? O inverno de 1887-8 esteve cheio de ocasiões para divergências, sem dúvida. O dinheiro ainda corria apenas em mão única na Rue Lepic. Enquanto Vincent acumulava na surdina dívidas nas lojas de Bing e Tanguy, os lançamentos no livro de contas com capa marmorizada de Theo continuavam a documentar a dependência total do irmão. Todas as suas manobras e mesmo as relações de Theo na Goupil não haviam gerado uma única venda. Não fora convidado a participar de nenhuma das amplas mostras coletivas da nova arte, muitas organizadas por artistas que conhecia, e muito menos das mostras seletivas montadas pelos colegas de Theo de outras galerias.

Se Theo fez alguma objeção ao fato de Vincent expor sua obra em locais pouco tradicionais, como Le Tambourin ou o Restaurant du Chalet, sem dúvida Vincent retrucou com acusações a Theo por se recusar a ceder algum espaço no *entresol* por medo de se "comprometer". Outros artistas podiam gozar do privilégio da aprovação da Goupil, mas o irmão não? Até Paul Gauguin, recente integrante do círculo dos *frères* Van Gogh, a partir de dezembro, ganhou um lugar cobiçado no mezanino, poucas semanas depois de conhecer Theo. Enquanto isso, para Vincent sobrava apenas expor várias de suas pinturas sem moldura na sala de espera de um novo teatro experimental, numa miscelânea promovida como "decoração chique".

Em meio a tudo isso, porém, os laços de irmandade continuavam firmes. Se houve alguma mudança, foi uma proximidade ainda maior entre os dois durante o verão, quando mergulharam de mãos dadas no *demimonde* boêmio de Paris. Assombrados ora pelo espectro de uma morte precoce, ora pelo medo de passar a vida sozinhos, entregaram-se à *nostalgie de la boue* (a nostalgia da sordidez), marca registrada da vida social de vanguarda. Das tavernas baratas de Montmartre ao turismo sexual do Moulin de la Galette (ao qual se sucedeu no ano seguinte o Moulin Rouge), a cidade oferecia infinitas oportunidades de saciar apetites vulgares que os irmãos sempre tiveram.

Vincent impôs o ritmo na bebida: absinto à tarde, vinho ao jantar, cerveja à vontade no cabaré e seu favorito, o conhaque, a qualquer hora. Usava o doce "estupefaciente" para tratar sua eterna depressão de inverno, alegando que "estimulava a circulação sanguínea" — coisa ainda mais importante quando o tempo ficava gelado. Mais tarde ele reconheceu que, quando saiu de Paris, estava a caminho avançado de se tornar um "bêbado" e "alcoólatra".

Quanto aos prazeres das meretrizes e aos perigos da sífilis, Vincent se permitiu outra liberdade excessiva: "Depois que você pega, nunca mais vai pegar de novo". Adotou o lema moderno dos *fumistes*, "desdém por tudo" — exatamente o tipo de diversão vazia que o pastor Dorus tanto deplorava. "Melhor você se divertir demais que de menos", aconselhou à irmã Wil naquele inverno, "e não leve muito a sério a arte ou o amor." Andries Bonger denunciou sua "*Weltverachtung*", "um desprezo mórbido pelo mundo". Dando palpites no parecer dos médicos, Vincent resistiu à prescrição de Rivet, que receitou iodeto de potássio (tratamento preferido para a sífilis terciária) e insistiu que Theo fizesse o mesmo. Os dois zombaram do conselho de "sobriedade e continência" que lhes passou Rivet, bem como da advertência mais direta de Gruby: "*nada* de mulheres".

Longe de desencorajar os excessos do irmão, como fazia no passado, Theo se dedicou a imitá-los com gosto. Temporariamente liberto de sua fantasia de uma vida conjugal burguesa e fascinado com seu novo papel de formador dos gostos de vanguarda (segundo um amigo, ele estava "entregue por inteiro à boemia dos jovens pintores"), Theo se soltou de toda uma vida de inibições regidas pelo senso de dever e advertências paternas. Rejeitou expressamente suas metas anteriores de "trabalhar com afinco" e "progredir". Amigos holandeses como Bonger, que ainda estava para se casar em março, se retraíram com decepção e tristeza. "[Theo] está arruinando a saúde", informou ele, "e adotou o tipo de vida radical que fatalmente lamentará mais tarde." Quando Jo recebeu a notícia em Amsterdam, ficou aflita com o destino de Theo e anotou preocupada em seu diário: "Se pelo menos eu soubesse se agi certo!".

Na época em que Vincent foi embora, os irmãos tinham alcançado uma unidade eufórica que não se via desde a época do presbitério de Zundert. Celebraram juntos os rituais nostálgicos do Natal, e Vincent acolheu o ano novo com um vasto autorretrato: uma afirmação categórica de sua nova vida como um *frère* Van Gogh, com todos os paramentos de um artista de vanguarda, pintados com detalhe e segurança a partir do mosaico de cores ao estilo de vitral de sua paleta.

Ele qualificou os últimos dias com Theo em Paris de "inesquecíveis" e saiu da Rue Lepic em 19 de fevereiro não com raiva, mas com tristeza. No dia anterior, pendurou alguns de seus amados *crépons* pelo apartamento, "para que meu irmão sinta que ainda estou com ele", disse a Bernard. A caminho da estação ferroviária, os irmãos foram visitar o ateliê do distante *célèbre* Georges Seurat — uma reiteração do "empreendimento conjunto", mesmo que separados. Desalentado com a despedida, Theo escreveu a Wil: "Quando [Vincent] chegou aqui há dois anos, eu não imaginava que ficaríamos tão apegados, pois, agora que estou sozinho no apartamento, sinto um nítido vazio em torno de mim... Ele veio a significar muito para mim nos últimos tempos".

Apenas uma força poderia romper essa união perfeita. Vincent nunca cederia a um pedido do irmão — como Theo bem sabia —, nem qualquer melhoria no clima ou no cenário iria afastá-lo de tal realização de seus desejos — importava-se muito pouco com o conforto e mesmo com a própria saúde. Mas a saúde de Theo era outra coisa. Em fevereiro de 1888, as afecções do inverno anterior tinham retornado inclementes: articulações entrevadas, desfiguramento pelo inchaço, cansaço inexplicável. O avanço da doença de Theo, as recaídas, o retorno dos sintomas e as torturas do tratamento eram inexoráveis. Mas, para Vincent e, provavelmente também para Theo, pareciam vir como punição. Mais tarde, Vincent atribuiu a desgraça do irmão a "*notre névrose*" e invocou o destino comum dos irmãos, feito de doença e degeneração. De um romantismo incurável, ele imaginou que Theo sofria de uma "*maladie de coeur*" com a perda de Jo Bonger, tal como ele mesmo sofrera com Kee Vos.

Mas o fantasma do pároco morto apontava o dedo acusador em outra direção. Era a busca temerária de prazer, a imprudente entrega de Vincent às tentações e seus incentivos para que Theo seguisse seu exemplo que tinham trazido a destruição ao físico frágil de Theo. Vincent estava matando o irmão — tal como matara o pai.

No inverno anterior, no auge da crise do relacionamento, Theo havia dito a Vincent: "Só lhe peço uma coisa: não me faça mal". Numa carta a Wil, Vincent explicou a saída de Paris nos seguintes termos: "Pensei em ir para algum lugar para não fazer mal a ninguém". Não foi o que Gianni Zemganno fez quando seus incentivos irrefletidos resultaram na queda terrível que levou o irmão mais novo à beira da morte? Como Gianni, que renunciou à acrobacia e abandonou a parceria nos ares para não arruinar o irmão, Vincent deixou Theo para seu próprio bem, como um gesto final de irmandade. Foi a primeira numa sequência de "retiradas" (palavra dele) — de Paris, de Arles, da vida — que, esperava Vincent, poderiam salvar o irmão enfermo. "Se eu chegar a me prejudicar na tentativa", escreveu após a partida, citando especificamente a história dos irmãos Zemganno como advertência, "vou ferir apenas a mim mesmo."

Dois anos depois, poucos meses antes de morrer e com a lucidez da loucura, Vincent admitiu a verdadeira razão para ter ido embora:

> Depois que o pai se foi e estive com Theo em Paris, ele se apegou tanto a mim que entendi a que ponto ele havia amado o pai... É bom que eu não tenha ficado em Paris, pois nós, ele e eu, teríamos ficado próximos demais.

30. Um frenesi mercenário

Por que Vincent escolheu Arles, uma antiga vila da Provença de 20 mil habitantes, a trinta quilômetros do Mediterrâneo, para iniciar seu exílio voluntário de Paris? Se tivesse ido para o lendário Sul da França — o Midi — em busca de um clima mais quente, certamente teria ficado no trem e seguiria mais ao sul. (Pensou em ir até Tânger.) Em vez disso, desembarcou numa neve que lhe cobria os sapatos e se arrastou pelo inverno mais frio dos últimos dez anos em Arles, procurando um quarto para alugar.

Se tivesse ido procurar a "luz brilhante do Midi" prometida por Lautrec e Signac, não teria escolhido como tema de sua primeira pintura um açougue numa travessa de Arles — uma cena urbana sem céu e sem sol que poderia encontrar em qualquer canto de Montmartre. Se tivesse ido apenas por causa das mulheres — as belas "arlesianas" celebradas nos escritos de Michelet e Multatuli e em todos os entretenimentos populares —, teria continuado até Marselha, apenas oitenta quilômetros adiante: o tipo de cidade portuária agitada, como Antuérpia, onde sempre havia todas as espécies possíveis de mulheres.

Em vez disso, entregou-se ao trabalho. Nem o frio intenso, nem o violento mistral o impediram de retomar a tarefa interrompida. Ao deixar Paris, Vincent se separou do irmão, mas não de sua visão de *les frères* Van Gogh. No máximo, a distância que interpusera apenas intensificou sua devoção pelo empreendimento conjunto iniciado no *entresol* e na Rue Lepic. "A única coisa que eu peço", escreveu a Theo logo depois de chegar a Arles, "é que o negócio que você começou na loja no bulevar avance e cresça em importância." Essa tarefa não exigiu sol ou céu, apenas papel e caneta.

Tão logo conseguiu um quarto no andar de cima do Restaurant Carrel, lançou-se a uma campanha de solidariedade tão furiosa quanto o vento que assobiava à janela. Escrevendo em francês — língua não só da arte, mas também do comércio —, bombardeou o irmão com conselhos sobre o negócio incipiente de ambos. Em argumentos ora veementes, ora céticos, lamentou a insensibilidade dos concorrentes e formulou elaborados planos maquiavélicos para derrotá-los. Instruiu o jovem *gérant* nos mais ínfimos detalhes de compra e venda, doutrinando-o sobre a volatilidade do gosto do público e insistindo que fosse impiedoso e ganhasse terreno para obter uma vantagem competitiva.

Pondo-se no papel de *conseilleur extraordinaire* de Theo, especulou sobre os efeitos dos acontecimentos do momento, como a morte do imperador Guilherme, no mercado artístico. Sugeriu que a guerra com a Alemanha, que o beligerante general francês Boulanger parecia disposto a travar, "pode ter uma influência favorável no comércio de pinturas". Adotou a terminologia bélica que enchia os jornais e os cafés para convocar Theo às armas da missão em comum. Os outros galeristas "vão ganhar terreno de você", alertou ao apresentar seu "plano de ataque", e prometeu "voltar à carga", assegurando ao irmão a "vitória" final.

Poucas horas depois de chegar, Vincent saiu sob a neve à procura de "pechinchas" para o *entresol*, em particular pinturas de um protegido dos irmãos, Adolphe Monticelli. Falou que iria a Marselha, terra natal de Monticelli, para fincar a bandeira Van Gogh antes que outros chegassem. Adorou a notícia de que Alexander Reid, o velho colega de Theo, tinha se agastado com aquela sua manobra de se antecipar no Midi, e sentiu uma maldosa satisfação ao saber que o entusiasmo de Reid por Monticelli resultara na valorização dos cinco quadros que Theo já possuía. Para ajudá-lo a capitalizar em cima dessa sorte inesperada, Vincent insistiu vigorosamente com John Peter Russell, o ex-colega da escola Cormon, para comprar um Monticelli de Theo. Comparou o artista recém-falecido com ninguém menos que Delacroix, o gigante da cor. "[Ele] nos dá algo que é apaixonado e eterno", escreveu a Russell, promovendo o pintor de Marselha e também a si mesmo, "a cor rica e o sol rico do Sul glorioso."

Além de cartas longas e aduladoras a Russell, Vincent enviou uma saraivada de conselhos e incentivos aos "camaradas" do círculo dos *frères* Van Gogh, em especial a Émile Bernard. Mantinha-os informados em detalhe sobre as vendas das obras de

Monet no *entresol*, insinuando que Theo também poderia fazer o mesmo por eles. Usou essa promessa dos favores de Theo para propor trocas com seus próprios trabalhos, segundo cálculos cuidadosos do valor relativo e de uma posição estratégica. Quando escreveu a seu outro colega da Cormon, Lautrec, pôs a carta num envelope endereçado a Theo e lhe pediu que a entregasse em mãos — tática que punha o selo do *gérant* da Goupil em todas as cartas que Vincent enviava. Também escreveu ao jovem amigo holandês de ambos, Arnold Koning, exortando-o a "contar àquele pessoal na Holanda o que você tem visto em Paris". Mesmo em cartas à irmã Wil, fez propaganda do empreendimento conjunto com Theo. Escreveu que "Theo está fazendo o máximo por todos os impressionistas" e acrescentou: "Ele é totalmente diferente dos outros negociantes, que não dão a mínima para os pintores".

Com esse novo ardor mercantil, seus pensamentos retornaram inexoravelmente a Haia e ao pequeno escritório de H. G. Tersteeg no fundo da loja, cenário de tantas humilhações prévias. No isolamento gelado de seu quarto de hotel, a perspectiva de reverter os juízos do passado voltou a se apoderar de sua imaginação. Numa febre de entusiasmo, imaginou que arrolaria seu ex-arqui-inimigo a uma "ofensiva" tripla para estender o novo negócio por todo o continente. Com a ajuda de Tersteeg, ele e Theo poderiam montar uma rede de negociantes receptivos — negociantes que "levam a peito os interesses do artista" — na Inglaterra, Holanda e França. Tersteeg introduziria os pintores do Petit Boulevard em Londres e Haia, Theo os exporia no *entresol* e ele mesmo iria a Marselha para "conseguir uma vitrine para mostrar os impressionistas".

Os mais variados pintores se uniriam a essa iniciativa esclarecida, imaginava ele, fundindo seu novo projeto empresarial arrojado e seu velho sonho de uma "comunidade" de artistas. Por "obrigação moral", pintores do Grand Boulevard de renome firmado, como Degas e Renoir, contribuiriam com pinturas, fornecendo um estoque de obras vendáveis que poderiam ser usadas em apoio aos "impressionistas menores" — expressão que agora aplicava a si e a todos os artistas que aspiravam ao *entresol*. Imaginou, por exemplo, que Georges Seurat contribuiria com três pinturas: uma para cada um dos espaços permanentes de exposição que estava planejando e seriam três, em Paris, Londres e Marselha.

Mas, como sempre, tudo dependia da aprovação do implacável *gérant* da Plaats. "Tersteeg precisa estar nisso", insistiu ele. Tersteeg poderia agir como um aliado poderoso para vender a nova arte na Holanda e na Inglaterra, e seu renome atrairia outros para a causa dos irmãos. Vincent elaborou a carta para o ex-chefe, expondo sua vasta fantasia, inclusive com conselhos detalhados para derrotar Reid no mercado inglês e previsões ousadas de grande sucesso comercial. "[Você] poderia facilmente dispor de umas cinquenta [pinturas] para nós na Holanda", escreveu ele, "em vista do baixo preço em comparação ao interesse que oferecem." Enviou a carta a Theo com instruções para que ele acrescentasse suas palavras de incentivo antes de encaminhá-la a Tersteeg. Quando Vincent soube que o *gérant* da Plaats logo iria a Paris, insistiu com Theo para reforçar o plano organizando um "*grand tour*" pelos ateliês dos artistas, onde Tersteeg iria "ver por si mesmo que no próximo ano as pessoas vão começar a falar e continuarão falando sobre a nova escola".

Depois de enviar a carta, Vincent ficou no quarto gelado do hotel ardendo de expectativa. Poucos dias depois, já perguntava a Theo: "Aquele maldito Tersteeg ainda não escreveu?". Passadas duas semanas sem nenhuma palavra, ele começou a bolar um plano complicado para forçar a mão do astuto *gérant*. E augurou sombrio: "Se ele não responder, vai ouvir falar de nós mesmo assim". Vincent estava convencido de que bastaria a Tersteeg ver uma de suas pinturas para abraçar a causa dos irmãos. Para isso, propôs dedicar uma pintura a Anton Mauve, que havia falecido pouco tempo antes, e dá-la a Jet, viúva de Mauve e prima de Vincent. Assim, não só era provável que o caro amigo de Mauve, Tersteeg, visse o quadro, mas o presente também daria aos irmãos uma brecha para reclamar da inércia do *gérant* da Plaats. "Não merecemos ser tratados como se não existíssemos", resmungou ele.

Finalmente, depois de três semanas de espera, Theo recebeu uma carta de Tersteeg, mas sem nenhuma menção a Vincent, à sua carta ou à sua arte. Controlando-se para não reatiçar as ofensas do passado, Vincent descartou aquele descaso dizendo a Theo: "Você verá, ele vai me escrever uma linha tão logo veja o que tenho feito". Reafirmando sua visão de uma vitória ao final, insistiu a Theo que enviasse a Tersteeg uma de suas pinturas de Paris — um estudo da primavera anterior, feito em Asnières — e prometeu que viriam coisas melhores. "Precisamos conseguir nosso lugar ao sol", incentivou ele. "Quando penso nisso, entro num frenesi mercenário."

Em março, quando a neve derreteu e as árvores começaram a soltar rebentos, esse frenesi explodiu na tela.

Theo tinha reacendido a ambição comercial de Vincent no fim de fevereiro, com uma sugestão de submeter alguns quadros seus ao quarto Salon anual des Indépendants, vitrine inaugural da arte de vanguarda. Vindo tão rápido após a separação abrupta entre os dois irmãos, essa proposta talvez fosse motivada por um sentimento de culpa ou de gratidão, ou por ambos. Talvez Theo esperasse compensar o fato de não ter incluído nenhum trabalho de Vincent na mostra que montou no *entresol* em dezembro e janeiro — a qual incluía colegas pintores do Petit Boulevard como Pissarro e Guillaumin, além de Gauguin, que ingressara recentemente no círculo dos irmãos.

Theo prosseguiu com sua proposta selecionando com muito critério as pinturas que submeteria, e ademais mostrando — com prudência — o trabalho de Vincent a clientes selecionados em sua galeria. Uma pessoa que foi visitar o *entresol* naquela época relembrou Theo "nos dizendo que tinha um irmão que era pintor e morava no campo... Trouxe algumas pinturas sem moldura de outra sala [e] ficou modestamente de lado, observando o efeito que essas telas nos despertavam". Tais iniciativas já estavam prometendo render frutos. Poucos meses depois, Theo recebeu um bilhete de um colecionador que tinha estado na loja de Tanguy e queria ver mais pinturas de Vincent — talvez até comprar uma ou duas. Sabia tão pouco a respeito desse novo artista que se referiu a ele, no bilhete a Theo, como "seu cunhado".

Perseguindo essa mais recente esperança de sucesso, Vincent fora correndo até a paisagem branca de neve, antes que começasse o degelo, em busca de imagens. Mas "os dias cinzentos lhe oferecem poucos temas", contou Theo a Wil, e "o frio lhe faz mal à saúde". Quando encontrava algo para pintar — uma estrada sulcada e enlameada ou o perfil de Arles à distância —, voltava às cores frias e aos pontilhados de Signac e Seurat. Quase ao mesmo tempo, Theo abordou os dois mesmos artistas em Paris. Em março, foi visitar Signac em casa; mais tarde, no mesmo mês, comprou uma pintura de Seurat. "Dou-lhe os parabéns", disse Vincent quando soube da aquisição, "com o que vou lhe enviar, você precisa tentar um contato também com Seurat."

Mas a verdadeira estrela do *entresol* naquele inverno e primavera foi Claude Monet. A Boussod, Valadon & Cie já começara a ter grandes lucros com o enorme investimento que havia feito no ano anterior, na série de paisagens de pedras e mar de Belle-Île, de Monet. Esse sucesso animou Theo a procurar mais oportunidades com o artista, que fora passar o inverno em Antibes, na Côte d'Azur, perto de Nice, cerca de 160 quilômetros a leste de Arles. De lá, Monet enviou relatórios sobre o trabalho que estava fazendo numa série de vistas da costa mediterrânea, com suas árvores retorcidas pelo vento e o mar coberto de cintilações. Em março, Theo já estava pavimentando o caminho para uma compra em grande escala das pinturas de Antibes e uma mostra individual no *entresol* em junho, a primeira do artista em dez anos. As expectativas de Theo em relação a essa mostra, sua admiração pela habilidade de Monet na escolha de temas e as notícias do êxito comercial de seus trabalhos certamente chegaram a Vincent.

Retida pela neve e pelos recordes de frio daquele ano, a primavera, quando chegou a Arles, veio num grande impulso. A cor tomou conta do campo numa onda de exuberância. Os pomares de macieiras, pereiras, pessegueiros e ameixeiras explodiram em flor quase todos ao mesmo tempo. Uma abundância de ranúnculos e margaridas se espalhou pelas baixadas. Despontavam rosas nas cercas vivas e íris nas beiras de estrada. Era uma primavera como Vincent jamais vira — uma súbita explosão de fertilidade, se comparada ao vagar com que o jardim do presbitério se desprendia das garras do inverno.

Na viçosa profusão de imagens, Vincent encontrava temas de pintura em toda parte. As longas filas e a variedade infindável de árvores frutíferas ofereciam uma oportunidade perfeita para o tipo de série característica que se revelara tão bem-sucedida para Monet. Todos os dias que o clima variável permitia, ele descia com a carga pesada de equipamentos pela estrada bordejada de árvores, que saía da cidade e ia dar nos campos planos ao redor. Com uma disciplina e um propósito excepcionais mesmo para o metódico Vincent, ele armava o cavalete diante de cada espécie de árvore que encontrava, como se fosse um levantamento botânico das árvores de fruta da Provença. Pintou os graciosos pessegueiros com seus chuviscos de minúsculos botões rosados, as resistentes ameixeiras rosadas, as majestosas pereiras com suas nuvens de flores branco-amareladas. Pintou macieiras e pessegueiros em seus vastos cercados de juncos e ciprestes — proteção contra a violência do mistral. Pintou a cerejeira superflorida e a amendoeira elegantemente parcimoniosa.

Para captar esse catálogo de árvores frutíferas, Vincent convocou um catálogo de estilos pictóricos. Todos os impetuosos "ismos" que circulavam em Paris fizeram uma aparição nos pomares de Arles. Além do suave impressionismo de Monet e seguidores como Guillaumin, ele utilizou a camada fina de tinta como um pó de giz e as tonalidades tristes de John Peter Russell, seu colega da Cormon. Russell pintara uma série de cenas de pomar numa viagem à Sicília no ano anterior, e Vincent invocou esse traço comum para tentar atrair o rico australiano ao empreendimento dos dois irmãos. "Estou trabalhando numa série de pomares em flor", escreveu a Russell em abril, "e involuntariamente pensei várias vezes em você, pois fez o mesmo na Sicília. Algum dia vou lhe enviar alguns trabalhos para Paris e espero que você possa trocar um estudo siciliano comigo." Mas nada podia estar mais distante do lirismo cromático whistleriano de Russell do que os pontos e traços febris que Vincent aplicou a um conjunto de pessegueiros naquele mesmo mês. Seguindo o procedimento (se não a teoria) de Signac, Pissarro e outros devotos da cor científica de Seurat, ele polvilhou o céu de azul e as árvores de miúdos botões rosa.

Para Bernard, Vincent pintou os pomares como vitrais — mosaicos de cor pura e contorno escuro — e documentou à risca sua adesão ao evangelho japonista da simplicidade primitiva, recentemente designado como "cloisonismo", com descrições detalhadas e ilustrações explicativas. "Eis aqui outro pomar", escreveu em abril numa carta que incluía o esboço das linhas de contorno com as indicações das cores. "A composição é bastante simples: uma árvore branca, uma arvorezinha verde, um quadrado verde, solo lilás, um telhado laranja, um amplo céu azul." A essas descrições acrescentou manifestos vigorosos, afiançando sua lealdade a Bernard em sua revolta contra o dogma impressionista:

> Meu trabalho com o pincel não tem nenhum sistema. Dou toques irregulares do pincel na tela, que deixo como saem. Trechos de cor em camadas grossas, locais da tela a descoberto, aqui e ali partes que ficam absolutamente inacabadas, repetições, selvagerias; em suma, estou propenso a achar que o resultado é tão inquietante e perturbador que pode ser uma dádiva dos céus para aqueles que têm ideias preconcebidas sobre a técnica.

Mas, por mais alto que Vincent alardeasse ao jovem rebelde Bernard o quanto compartilhava de suas bravatas, ainda mantinha em alto apreço as opiniões "dos que têm ideias preconcebidas sobre a técnica" — um deles em particular. Suas cartas a Theo, naquela primavera, transbordavam de argumentos em defesa da natureza comercial e vendável de suas pinturas de pomares e de declarações expondo que sua intenção era agradar. "Você sabe que esse tipo de tema agrada a todos", escreveu ele. Imaginava que seus pomares ensolarados iriam "de fato romper o gelo na Holanda" e por fim venceriam a resistência recalcitrante de Tersteeg. Ressaltou várias vezes a "enorme alegria" das imagens — código que simbolizava todas as mudanças em sua arte, que Theo havia propugnado durante anos. Rastreou a linhagem de suas pinturas até os grandes sucessos do *entresol* como Monticelli e luminares impressionistas como Renoir, em defesa da paleta colorida e do apelo comercial de suas imagens.

Para respaldar seus argumentos, expôs planos de um ambicioso "esquema de decoração" para rivalizar com a série das imagens monetianas de Belle-Île e as imensas telas de Seurat que os dois irmãos tinham visto no ateliê do artista em fevereiro. Além das imagens de pomares individuais, Vincent pintaria grupos de imagens relacionadas. Invocando toda uma vida de catalogação e organização, imaginou criar uma série de trípticos: trios de vistas de pomares "combinando", cada qual consistindo numa imagem vertical entre duas imagens horizontais, esquema este que ilustrou numa carta a Theo.

Convencido de que esses agrupamentos resultariam mais decorativos e, portanto, mais vendáveis, começou a "retocar" as pinturas já prontas a fim de "lhes dar certa unidade", e fez planos de montar "um esquema decorativo final muito maior": uma série de nove telas organizadas em grupos de três. Enfeitiçado por mais uma visão de sucesso, Vincent fez promessas extravagantes ao sócio em Paris. "Pegue essas três para seu acervo pessoal", insistiu com Theo sobre um dos trípticos, "e não venda, pois mais tarde cada um valerá quinhentos." "Se tivéssemos cinquenta desses guardados", escreveu à medida que os números disparavam acompanhando a espiral de suas esperanças, "eu poderia respirar mais livremente."

Mas suas ilusões foram efêmeras. Mal as últimas pétalas das árvores de fruta caíram ao chão, deixando seu pincel desocupado, os demônios do passado vieram ocupar de roldão o vazio. O clima meridional não o revigorou e a saúde continuou a declinar. Era assolado por distúrbios estomacais, febres e uma fraqueza generalizada. Entre chagas na boca, dores de dente e problemas digestivos, comer era "um verdadeiro suplício", e voltou a flertar com a ideia de passar fome. Queixava-se de acessos de distração e confusão mental, com faíscas de pânico nas cartas quando olhava o destino de outros pintores, como De Braekeleer e Monticelli, reduzidos a "destroços irrecuperáveis" devido a "doenças do cérebro" — código para o mal que afligia os dois irmãos, a sífilis.

No começo, ele atribuiu a persistência dessas "pragas" ao "inverno maldito" e ao vinho vagabundo de Paris. Quando a primavera finalmente chegou, voltou a reduzir o tabaco e o álcool, convencido de que sua circulação sanguínea não precisava mais de "estimulantes" no ar inebriante do Mediterrâneo. Mas os resultados foram calamitosos. "Quando parei de beber e fumar tanto", escreveu ele, "comecei a *pensar* de novo, em vez de tentar não pensar. Bom Deus, a depressão e a prostração disso!" Ficou de cama por algum tempo no quarto por cima do Restaurant Carrel, encomendando comida melhor e, sobretudo, vinho melhor. Escreveu: "Eu estava tão esgotado e tão doente que não sentia força suficiente para viver sozinho".

Sentia falta de Theo. Arrependeu-se de deixar o irmão quase no mesmo instante em que embarcou no trem em Paris, e se consolou com visões de um feliz reencontro. "Durante a viagem, pensei em você pelo menos tanto quanto pensei na nova região que estava vendo", escreveu a Theo no dia seguinte à sua chegada em Arles. "Só dizia a mim mesmo que, talvez mais adiante, você mesmo virá aqui muitas vezes." Mesmo enquanto nevava lá fora, ele desenhava um retrato atraente da Provença, como tinha feito com Drente, anunciando como o local perfeito para um *gérant* assoberbado vir "se recuperar e recobrar a tranquilidade e o equilíbrio". Quando a neve se desfez, a vibração da primavera e seu frenesi no trabalho mantiveram o vazio à distância. Mas, tão logo as flores começaram a desaparecer, o vazio voltou. "Cada vez mais me parece que são as pessoas que estão na raiz de tudo", escreveu saudoso em abril. Um mês depois, acrescentou: "A aparência das coisas mudou e ficou muito mais dura".

Como sempre, procurou conforto na imaginação, entregando-se à leitura de *Pierre et Jean*, a história de dois meios-irmãos de Guy de Maupassant. Mas, se estava procurando a "despreocupação" que tanto admirava em Maupassant, responsável por sua única risada em Paris, ou a comovente fraternidade de *Os irmãos Zemganno*, deve ter ficado perplexo com o tom sombrio e o final infeliz de *Pierre et Jean*. Porém encontrou consolo no prefácio do livro, em que Maupassant expunha uma teoria da arte que validava o novo exílio de Vincent com a mesma retumbância com que Zola validara o anterior. Ao descrever seu ideal artístico, Maupaussant reivindicava o direito — na verdade, o dever — de todo artista de enxergar o mundo de sua própria maneira: de criar uma "ilusão do mundo... de acordo com sua natureza" e "impor [sua] ilusão pessoal à humanidade". Vincent expôs as ideias de Maupassant ao irmão distante ("Ele explica a liberdade do artista para exagerar, para criar em seu romance um mundo mais belo, mais simples, mais consolador do que o nosso"), e então usou essas ideias para atrair Theo, e todo o seu antigo círculo, para sua própria "ilusão do mundo" — um mundo mais consolador onde se compartilhava a revolta, o sacrifício e, mais importante, o isolamento. "Você sente que está vivo quando lembra que tem amigos que são a vida real lá fora, tanto quanto você", escreveu.

Ao longo da primavera, Vincent negou a realidade de seu isolamento aferrando-se a esse fantasma de irmandade e compartilhamento na Rue Lepic. Nem bem um mês havia passado após a chegada a Arles, e num dos raros momentos em que baixava a guarda reconheceu: "Prefiro me iludir a me sentir sozinho". "Penso que me sentiria deprimido se não me iludisse a respeito de tudo", admitiu.

Encerrado nesse frenesi de fervor mercenário e preso em todos os seus pensamentos à sua antiga casa, Vincent se fechou à nova. Nos primeiros meses que passou em Arles, não escreveu quase nada sobre a cidade ou os habitantes. Quando o tempo permitia, saía do hotel perto da estação de trem e ia diretamente para o campo. Em outros dias, ficava entocado no restaurante ou fazia as refeições no quarto. Foi algumas vezes até a arena de touros da cidade (onde contou ter visto "um toureador esmagar um testículo ao subir na cerca da arena") e, claro, visitou os bordéis locais (que, de modo muito conveniente, ficavam a uma quadra do hotel). Mas, mesmo nessas raras excursões, era o empreendimento com o irmão no *entresol* que lhe guiava a atenção. O toureador machucado, "vestido de azul-celeste e dourado", lhe fez lembrar uma figura saída de "nosso Monticelli", e sua descrição de um bordel oferecia exatamente a paleta vanguardista vistosa que prometera encontrar no Midi:

> Cinquenta ou mais militares de vermelho e civis de preto, seus rostos de um magnífico amarelo ou laranja (que tons têm os rostos daqui), as mulheres de azul-celeste, vermelhão, o mais exagerado e berrante possível. O conjunto numa luz amarela.

Preso demais à cidade que deixara, Vincent nunca registrou a cidade extraordinária para onde viera. Arles, sob constante ocupação desde antes de Alexandre, o Grande, recebera a presença de todas as grandes civilizações que Vincent desenhara centenas de vezes em seus estudos e mapas: colonos gregos, comerciantes fenícios, legionários romanos, invasores visigodos, governadores bizantinos, conquistadores sarracenos, exércitos de cruzados. Aníbal, o cartaginês, pôde espionar Arles do alto das Alpilles, um contraforte rochoso dos Alpes a cerca de quinze quilômetros ao norte. O grande Júlio César rebatizou Arles como "a Roma da Gália" em 46 a.C. Não muito tempo depois, segundo diz a lenda, um grupo de parentes e amigos de Jesus, que tinha fugido da Judeia por mar para escapar aos tumultos após sua crucificação, veio milagrosamente dar à costa ali próxima.

Todos eles e muitos mais haviam deixado suas marcas nas ruas estreitas da cidade. Em particular os romanos deixaram um legado em pedra. A imensa arena de touros onde Vincent admirou "as grandes multidões coloridas, sobrepostas em duas ou três galerias", fora construída no século I pelo imperador Vespasiano. Perto dali, as ruínas saqueadas de um teatro romano lançavam uma sombra histórica avultada sobre o denso traçado das ruas medievais por onde Vincent se apressava com o espírito concentrado numa única finalidade, passando por turistas que, como Henry James, vinham de longe para ver "as ruínas mais comoventes e encantadoras que já contemplei em toda a minha vida".

Se Vincent não estivesse com a mente tão ocupada com outras coisas, também poderia ter visto na história de Arles o exato tipo de metáfora que lhe parecia tão reconfortante. Durante milênios, Arles havia controlado o ponto estratégico de junção entre o rio Ródano e o mar Mediterrâneo. Quase uma ilha, cercada de água e mangue por todos os lados, ela se situava no vértice do imenso delta triangular do rio, embicando na grande via de entrada para uma das regiões mais ricas da Europa.

Mas séculos de assoreamento tinham fechado os canais dos estuários e invadido as áreas de várzea, afastando o mar para o sul, além do horizonte. Perdendo o porto, Arles ficara encalhada no tempo e no espaço. Agora, em vez do movimento dos cais e das águas faiscantes, as velhas pedras serviam de sentinela a um rio largo e vagaroso e ao panorama de uma ondulante vegetação de mangue e de cavalos selvagens.

Mas Vincent enxergava apenas a decadência. "É uma cidade sórdida", escreveu a Theo. "Tudo aqui agora tem um ar fanado e arruinado."

Seu desprezo pela cidade se estendeu aos moradores. Como em todas as suas incursões pelo campo, Vincent considerava os provençais tão estranhos e inabordáveis quanto eles o consideravam. "Todos [eles] me parecem criaturas de outro mundo", comentou um mês depois de chegar. Como os mineiros borinenses, os arlesianos falavam um dialeto quase ininteligível para Vincent, que passara os dois últimos anos com o ouvido afinado para o francês parisiense. Seus hábitos medievais, o catolicismo místico e as superstições entranhadas eram objeto de ridículo mesmo entre os conterrâneos. Em 1872, quando Alphonse Daudet publicou o primeiro livro de uma série de romances cômicos sobre um provençal fanfarrão e azarado, Tartarin de Tarascon, povoado verídico a cerca de dezesseis quilômetros de Arles, os provençais tinham se convertido em piada nacional, motivo de troça por toda parte pela bufonaria e presunção.

Assim como se baseara num guia de viagem para se informar sobre os borinenses, Vincent tomou a caricatura de Daudet como manual sobre o "povo simples e ingênuo" de Arles. Pareceu se sentir ao mesmo tempo divertido e perplexo ao saber que sua única fonte para materiais de pintura era o merceeiro local, artista diletante que ficava com um vasto estoque de gemas de ovo depois de tratar as telas que vendia com as claras. Depois de visitar o museu da cidade, Vincent adotou os ares de superioridade de um parisiense desdenhoso, desqualificando o local como "um horror e um embuste [que] merecia estar em Tarascon".

Os moradores sentiam o desprezo e retribuíam. Lembravam-se dele como "*méfiant*" (desconfiado) e "*frileux*" (muito fechado). Um dos moradores mais tarde comentou que Vincent "sempre parecia estar com pressa, sem se dignar a olhar para ninguém". Como os mineiros do Borinage e os camponeses de Nuenen, deploravam suas maneiras estranhas e roupas grotescas. Uma testemunha disse mais tarde que Vincent era "*vraiment la laideur personnifiée*" — "realmente a feiura personificada". Como em outros lugares, Vincent atraía as atenções indesejadas de garotos que "lhe gritavam insultos quando ele passava", contou um deles, "[com] seu cachimbo entre os dentes, alto e um pouco corcunda, uma expressão insana no olhar". Numa triste admissão, Vincent reconheceu o mais recente fracasso em encontrar um lar. "Até o momento, não fiz o menor progresso na afeição das pessoas", escreveu no verão. "Muitas vezes, passam-se dias inteiros sem eu falar com ninguém, exceto para pedir jantar ou café. E tem sido assim desde o começo."

De vez em quando, porém, Vincent via outros artistas trabalhando na área. Christian Mourier-Petersen, um dinamarquês de 29 anos que morava nas cercanias de Arles, foi o próximo numa sucessão de artistas mais jovens que Vincent tentou tiranizar com doutrinações. "O trabalho dele é árido, correto e tímido", comentou a Theo. "Conversei muito com ele sobre os impressionistas." Como sempre, Vincent enviou relatos entusiásticos de serões animados e excursões de pintura com seu novo companheiro de estirpe. Mas, depois que Mourier-Petersen foi embora em maio, os felizes relatos de Vincent se transformaram nas usuais recriminações cheias de mágoa ("aquele idiota"), em revelações indiretas de discórdias, de queixas antes reprimidas sobre a resistência do pupilo à voz da razão.

Bem na época em que Mourier-Petersen estava saindo, Vincent conheceu Dodge MacKnight, artista americano de 27 anos de idade que alugara um ateliê no vilarejo vizinho de Fontvielle. Vincent nunca gostou de americanos, que considerava rudes, e MacKnight confirmou seu preconceito no primeiro encontro que tiveram. "Como crítico de arte, as opiniões dele são tão estreitas que me fazem sorrir", foi como Vincent resumiu a conversa. Foi somente porque MacKnight era amigo de John Peter Russell — um dos objetos das ambições comerciais de Vincent — que ele refreou sua fuzilaria, adiando o inevitável desfecho pelo menos por alguns meses.

A mescla entre a implacável solidão e as saudades que sentia de Theo, não correspondidas, desencadeou uma onda de nostalgia. Era frequente que Vincent fosse tomado por surtos esgotantes de recordações e remorsos, principalmente quando estava impedido de trabalhar por falta de material ou tema. Conforme as cores desapareciam dos pomares, ele se queixou de "sofrimento interior" e prometeu: "Tenho de sair e procurar um novo tema". As lembranças de coisas do passado se precipitaram para ocupar o vazio, inundando pensamentos, cartas, pena e pincel.

O campo ao redor de Arles era repleto de sinais que lhe recordavam a infância e a terra natal: desde a rede de canais que se entrecruzavam nas baixadas pantanosas aos moinhos que drenavam o solo. Estradas bordejadas de árvores se espalhavam a perder de vista no horizonte e a vegetação das várzeas se estendia como uma charneca até o mar. Mesmo o céu, arqueando-se sobre o desenho axadrezado dos pomares, das pastagens e dos campos de restolho, evocava os grandes panoramas da Idade de Ouro, no pincel de Ruisdael e Philips Koninck. Mas, fosse no delta do Ródano

A estrada de Tarascon, julho de 1888, lápis e nanquim sobre papel, 25,1 × 33,65 cm.

ou nas margens do Tâmisa, a imaginação de Vincent não precisava de acicates para vaguear e voltar ao passado. Na verdade, como Londres, a Provença lhe recordava a Holanda nas diferenças e nas semelhanças. O fato de ambas seguirem o mesmo ciclo das estações ou estarem sob o mesmo sol já bastava para devolvê-lo à planície do Maas. "Continuo pensando na Holanda", escreveu ele, "e pelo duplo afastamento da distância e do tempo transcorrido, essas lembranças trazem em si uma espécie de sofrimento."

Em abril, numa reviravolta surpreendente, ele deixou de lado a caixa de tintas e tomou do lápis e da pena — seus primeiros instrumentos artísticos —, como se os anos em Paris nunca tivessem existido. Enviou a Theo dois desenhos feitos, declarou ele, segundo "um método que eu já tinha experimentado na Holanda algum tempo atrás". Em vez de fitar as ruínas de pedra que o cercavam ou os rochedos alpinos nas proximidades, seu olhar pousou em cenas que já vira ou desenhara centenas de vezes: um par de vidoeiros decotados, uma casa rural isolada como sentinela num campo de trigo, um passante solitário numa estrada arborizada rumo ao infinito. Carregando a pesada grade de perspectiva pela paisagem estranha e ao mesmo tempo familiar, fazia desenhos elaborados e levava para seu quarto, onde se punha a trabalhá-los obsessivamente com a pena.

Usava os caniços rijos que encontrava crescendo em estado natural nas margens dos canais e nas beiras de estrada. Cortando a ponta deles num ângulo "igual ao que faria numa pena de ganso", Vincent distribuía uma variedade espantosa de marcas — hachuras, pontos e traços, camadas finas como pincel e contornos negros acentuados —, observando em minúcia as idiossincrasias de cada galho e de cada folha. Em algumas imagens, colocava o horizonte quase no alto do papel, concentrando o olhar não no céu mediterrâneo, e sim nas minúsculas alterações nas texturas vegetais de uma várzea inculta. Eram as imagens que ele e Rappard tinham desenhado juntos nas margens do pântano de Passievaart, perto de Etten; as imagens que haviam acalentado a mãe durante a convalescença em Nuenen. E eram as únicas imagens sobre as quais o implacável pai dissera, em toda a sua vida, uma palavra favorável.

Vincent retornava incessantemente a uma delas em particular.

Em março, em suas primeiras perambulações pelo campo depois que a neve derreteu, ele veio a se deparar com uma vista familiar: uma ponte levadiça. Construída com troncos enormes, esbranquiçados pelo sol inclemente, ela se estendia sobre o canal que ligava o Ródano ao porto de Bouc, cerca de 45 quilômetros a sudeste de Arles. Vincent tinha visto tais esqueletos de armação por toda parte nas cidades e vilas moldadas pela matriz aquática de sua terra natal. Na verdade, as doze ou mais pontes que se repetiam ao longo do mesmo canal tinham sido construídas por engenheiros holandeses, segundo especificações holandesas. Esse tipo de ponte, conhecida tecnicamente como ponte basculante de folha dupla (a partir do francês *bascule*), funcionava com a simplicidade de um brinquedo infantil. As armações de madeira, como comportas nos dois lados do canal, sustentavam estruturas de vigas pesadas ligadas por correntes às "folhas" do lado da estrada numa das pontas e, na outra, carregadas de contrapesos. Esses pesos eram equilibrados com tanta precisão que um leve solavanco casual era capaz de acionar todo o enorme mecanismo, abrindo caminho para a passagem das embarcações. Com um rangido alto que parecia um navio entrando na doca, a estrada se dividia no meio e se erguia na perpendicular nas duas margens, enquanto os longos braços suspensos por contrapesos desciam até o chão.

Vincent sentia especial atração pela ponte Réginelle, na estrada para o sul que ia de Arles a Port St. Louis no litoral, mesmo que fosse um pouco trabalhoso chegar até lá, vindo do Hotel Carrel, na zona norte da cidade. A primeira vez que topou com a ponte foi em meados de março, bem na época em que o tempo começava a esquentar o suficiente para que as mulheres de lá fossem lavar as roupas na ribanceira do canal, coberta de mato. Àquela cena, a imaginação de Vincent começou a divagar. Não só a ponte, mas as mulheres trabalhando traziam ressonâncias de sua arte no passado — antes de Paris. Os juncos e a margem descuidada lhe trouxeram à lembrança os campos e lagoas de Nuenen, não os locais de entretenimento de Asnière. Tendo ao fundo um céu azul-vivo, ele transpôs a ponte e as impostas de pedra em tons quebrados de castanho e ocre que remetiam ao jardim do presbitério e à Bíblia paterna. Para a ponte em si, usou não as listras coloridas e arrojadas da *japonaiserie*, e sim o laborioso detalhamento dos teares dos tecelões. Empregando sua incômoda grade de perspectiva pela primeira vez desde Paris, registrou toda a complexidade da estrutura: os pivôs reforçados, as cordas e polias, as pequenas curvas das correntes de tração. Erguendo-se numa arrojada vertical sobre suas pesadas impostas, muito acima da margem enxuta do canal, das camponesas se acotovelando e das águas revoltas, ela avulta na paisagem familiar tão indelével quanto a torre no cemitério onde estava enterrado o pai.

No mês seguinte, apesar do percurso puxado, Vincent voltou várias vezes a esse marco da memória, carregando a grade de perspectiva e seu lápis de desenhista. Desenhou a ponte dos dois lados do canal: da margem norte, na frente da casa do *pontier* (guarda da ponte) Langlois, cujo nome era usado pelos moradores locais para apelidar a ponte; e da margem mais íngreme do lado sul, onde a estrada da marginal encostava no rio. Desenhou do lado oeste, dando para o mar, e do lado leste, contra o poente; pela lateral e de frente, num escorço drástico. Com lápis e régua, trabalhava como um menino de escola para ter uma transposição exata do mecanismo da ponte. Enviou um esboço a Bernard, com uma descrição que sugere as longas horas que se demorou à sua sombra. Descreveu os "marinheiros com suas namoradas indo até a cidade... perfilados contra a estranha silhueta da ponte levadiça".

A cada visita, a cada cena, o passado adquiria vulto maior no cavalete e nos pensamentos. No fim de março, bastou um necrológio de Mauve no jornal, que sua irmã Wil lhe remeteu em anexo a uma carta, para Vincent se desfazer em lágrimas de culpa e remorso. "Alguma coisa — não sei o quê — tomou conta de mim", comentou ele, "e me deu um nó na garganta." Ele sabia da morte do primo fazia dois meses. Ainda um mês antes, tinha pensado com frio calculismo em remeter uma pintura à viúva enlutada de Mauve a fim de conseguir a atenção de Tersteeg. Mas as semanas de solidão e trabalho obsessivo com a ponte tinham reaberto todas as velhas feridas. O plano de Theo de ir visitar a mãe e as irmãs na Holanda, pouco antes de seu 31º aniversário em maio, desencadeou mais uma onda de memórias devastadoras. Retomando o mais antigo ritual da família, Vincent pintou um presente

Ponte levadiça com dama de sombrinha, maio de 1888, nanquim e giz sobre papel, 61 × 30,8 cm.

de aniversário: um pomar feito com "um frenesi de empastamentos"; e prefigurou dolorosamente o irmão na Holanda "vendo as mesmas árvores em flor naquele dia preciso".

Vincent combateu a torrente de reflexões com um novo plano angustiado para mostrar que tinha razão. Contemplando as pinturas e desenhos que lotavam seu quartinho de hotel, começou a conceber uma imagem que pacificaria todos os fantasmas da Holanda e inverteria seu exílio interminável: uma única imagem que coroaria o empreendimento dos irmãos no *entresol*, selaria a camaradagem com os colegas pintores de vanguarda e por fim iria "convencer Tersteeg de que sou realmente um verdadeiro impressionista do Petit Boulevard".

Essa imagem era a ponte Langlois.

Numa "febre constante" de determinação, ele voltou à margem do canal. Numa tela grande, protegida do mistral de primavera, espalhou largas áreas de cor: peças gigantes com os mais simples recortes. "Quero pôr as cores nele como vitrais", escreveu repetindo o novo evangelho cloisonista de Bernard, e "um desenho bom, arrojado". Pintou um caminho branco-areia riscando a tela na diagonal, adornado de passantes em cristais de cor contrastante. Sob um retângulo de céu cerúleo, duas grandes impostas lilases cintilavam num triângulo de água esmeralda. Acima, a ponte avultava numa ousada caligrafia de vigas. No horizonte mais atrás, um enorme sol dourado irradia seu brilho crepuscular em ondas estilizadas de amarelo e branco.

Tão logo juntou essas peças e preparou um esboço para Bernard, o vento e a chuva o obrigaram a ficar dentro de casa, onde, lamentou-se a Theo, "estraguei completamente" a imagem tentando terminá-la de memória. Sem se abalar, retomou-a várias vezes. Em abril, como o tempo não cooperava, ele se enfurnou no quarto de hotel e começou uma cópia da primeiríssima versão que fizera. Mas, em vez dos tons quebrados de março, com ressaibos do passado, preencheu os contornos familiares com a cor viva e prismática que aprendera na Rue Lepic. A tela ficou fulgurante de contrastes: em vez de laranja-ocre, ele pintou a terra em vermelho-ferrugem. Substituiu o bistre invernal e o verde-limão primaveril dos caniços finos da margem por leques estilizados de verde de uma floresta tropical. A água ondulada passou do azulão para o azul-marinho; as impostas de pedra modularam do cinza ao lavanda; a própria ponte saltou para a vida num incrível amarelo-vivo.

Era uma síntese deslumbrante — uma imagem que finalmente ligava sua nova arte à nascente emocional de sua imaginação: o passado. Ele percebeu na mesma hora que havia criado algo novo e excepcional — "uma coisa singular, diferente do que costumo fazer".

Alimentado agora pela mesma paixão redentora que o levara aos limites de resistência na região negra e à beira do suicídio na Antuérpia, o fervor mercenário de Vincent redobrou. Deu início a um plano fantástico de espalhar as pinturas entre a família e associados na Holanda: uma para a irmã Wil, outra para o velho companheiro George Hendrik Breitner, duas para um museu em Haia e, claro, uma para o implacável Tersteeg. "Ele *vai* ter um quadro meu", jurou Vincent. E esse quadro seria a ponte Langlois. "Tersteeg não recusará aquela pintura", prometeu. "Estou resolvido." Somente esse quadro poderia trazer uma "vingança" sobre o *gérant* arrogante por ter rejeitado todas as abordagens anteriores dos irmãos. Somente esse quadro poderia acertar as contas do passado.

Num êxtase de otimismo, ele embalou e despachou a pintura para Theo. "Só precisa de uma moldura feita especialmente para ela em azul real e dourado", escreveu exigindo para ela o mesmo tratamento luxuoso que tinha exigido para *Os comedores de batatas*. "No que se refere à causa dos impressionistas, agora há pouco a temer que não vençamos."

* * *

Enquanto sua arte se amalgamava e suas ambições aumentavam, a vida de Vincent retomava seu andamento. Apesar de todo o seu fervor mercenário, quase nada mudara. Os esquemas incessantes e os elaborados argumentos de defesa não tinham gerado nenhuma venda. Russell não comprou nenhum dos dois quadros (um Monticelli e um Gauguin) que Vincent lhe empurrou. Quando Theo enviou para Haia uma seleção de pinturas da "nova escola", a pedido de Tersteeg, que solicitara "apenas aquelas pinturas que você pessoalmente julga as melhores", deixou de fora Bernard e Russell, desconsiderando os argumentos de Vincent em favor deles.

Seu próprio trabalho não estava se saindo melhor. O empenho de Theo no *entresol* não resultara em coisa alguma. O único colecionador que manifestara algum interesse por sua obra não comprou nada. A pintura que Theo remeteu para Tersteeg em abril não foi vendida e retornou em junho. Um autorretrato que Vincent despachou para um negociante de Londres desapareceu totalmente. As três pinturas expostas no Salon des Indépendants em março e abril (duas paisagens de Montmartre e a natureza-morta *Romances parisienses*) escaparam por um triz da lata de lixo ao final da exposição, quando Theo estava fora da cidade e não pôde ir buscá-las. Vincent teve de fazer alguns arranjos às pressas para conseguir que o jovem holandês Koning (que se mudara para o apartamento da Rue Lepic) fosse resgatá-las antes de sumirem. Não conseguiu sequer convencer algum colega artista a trocar obras com ele. Seurat, Pissarro, Russell, Gauguin, Bernard, mesmo alguém sem talento como Koning, todos declinaram das sugestões de trocar pinturas, a despeito das importunações constantes de Vincent.

Se houve algum interesse, foi em menosprezar. Pelo menos um comentarista da mostra dos Indépendants, Gustave Kahn, tinha notado as duas paisagens e a natureza-morta de "M. Van Gogh". Era a primeira vez que Vincent recebia a atenção da crítica. Quanto às paisagens, Kahn criticou o artista por não ter "preocupação suficiente com o valor e a precisão de suas cores". Descreveu *Romances parisienses* como "uma infinidade policromática de livros" e comentou em tom depreciativo que era, "talvez, bom tema para um estudo, mas não pretexto para uma pintura".

Conforme os meses se passavam sem nenhum sucesso, fosse para sua arte ou para o empreendimento com o irmão, Vincent se afundou sob o mesmo peso do sentimento de culpa que o fizera sair de Paris. O dinheiro de Theo se escoava nas ruas de Arles com a mesma rapidez e da mesma maneira inexplicável com que desaparecera nas turfas dos pântanos de Drente. Ao contrário das promessas de Vincent, a mudança para a Provença não trouxera nenhuma economia. "Um azar", escreveu logo depois de chegar. "Dificilmente consigo levar aqui uma vida mais barata do que em Paris." Theo não só mandava os mesmos 150 francos por mês (numa época em que o salário dos professores era de 75 francos mensais), como ainda complementava a quantia com um abastecimento extravagante de telas e tintas, além de remessas adicionais quando as reclamações de Vincent por estar "*sans le sou*" (sem um tostão) alcançavam estridência suficiente.

Logo Vincent se viu dando as mesmas desculpas pelos gastos excessivos e fazendo promessas de iminente sucesso que o perseguiam nas charnecas da terra natal. "Tenho de alcançar o ponto em que minhas pinturas cubram minhas despesas", comprometeu-se em abril, "e ainda mais do que isso, levando em conta o tanto que foi gasto no passado. Bom, isso virá. Nem tudo o que faço é um sucesso, reconheço, mas estou persistindo." A retomada dos velhos hábitos de pleitear e prometer drenou sua confiança. Depois de passar semanas de efervescência com o trabalho nos pomares, ele confessou que não estava "sendo tão afiado assim em minhas pinturas" e propôs se mudar de Arles para Marselha, a fim de se dedicar mais à comercialização e menos à pintura. Chegou a comprar roupas e sapatos novos na expectativa da mudança, garantindo a Theo: "Em vista dos negócios que conto fazer, quero estar bem apresentável".

A proposta de mudança também revelava a crescente tensão nas relações de Vincent com os vizinhos. Com efeito, a desconfiança mútua já tinha degringolado para a franca hostilidade. Tomado de paranoia, Vincent culpava os arlesianos de conspirar para cerceá-lo e explorá-lo em toda oportunidade, e reclamou: "Eles consideram uma obrigação pegar o que podem". Acusava os comerciantes de cobrar a mais, as cozinheiras de tratá-lo com desprezo, os balconistas de tapeá-lo, os funcionários de lhe darem informações erradas. Quando contestava ("Seria fraqueza minha deixar que me explorem"), considerava-os refratários a suas reclamações. E esbravejava: "A indiferença, o jeito despreocupado e indolente do povo daqui são inacreditáveis". Nada o enfurecia mais do que ser ignorado, claro, e ele reconheceu que dizia coisas "tolas e maldosas" no calor da discussão. Em cartas a Theo, investia contra os moradores locais em tom cada vez mais virulento, chamando-os de "maçantes", "preguiçosos", "vadios" e "porcos". Mesmo as prostitutas de Arles perderam seus atrativos, pondo em risco a fonte mais confiável de consolo e companhia de Vincent, afora o álcool. Dizia que eram "acabadas", "estuporadas" e, como a própria cidade, "decadentes". A cada centavo que desembolsava, fosse a uma prostituta ou a um comerciante, deplorava amargamente que o dinheiro estivesse "indo para as mãos de pessoas que a gente detesta".

No fim da primavera, com a mesma inexorabilidade com que as flores caíram das árvores, a vida de Vincent em Arles definhara e se convertera numa sucessão de zangas e confrontos. Brigava com livreiros e donos de bordéis, com o merceeiro que lhe fornecia tintas e telas, com os funcionários do correio sobre o despacho adequado dos pacotes desajeitados que remetia para Paris. Brigava com o pessoal dos restaurantes, por se recusar a preparar os pratos exigidos por seu estômago delicado, e com a rapaziada local que o atormentava ("moleques", dizia ele).

Mas, acima de tudo, brigava com o senhorio. Como em todos os lugares em que morou, Vincent desencadeou uma guerra de nervos contra o estalajadeiro da vez. Em Arles, dirigiu sua fúria contra Albert Carrel, dono do hotel onde estava hospedado. Reclamava da comida horrível e do vinho, um "veneno sistemático", que Carrel servia no restaurante do andar térreo; reclamava da falta de aquecimento e do "viveiro de micróbios" no banheiro do andar de cima. Acusava Carrel de lhe pregar "peças". "Elas são nocivas e me deixam infeliz", escreveu a Theo. Apesar do rosário de queixas, Carrel lhe cedeu um terraço coberto, onde Vincent podia deixar as pinturas secando e usar como ateliê em tempo bom. Mas, quando Carrel tentou cobrar um aluguel extra pelo espaço adicional, Vincent protestou e tomou como mais uma razão para procurar acomodação em outro lugar.

Rejeitado e tolhido ao mesmo tempo, Vincent pôde sentir que seu grande empreendimento no Sul ensolarado ia descendo numa espiral, rumo a mais outro fracasso, apenas dois meses depois de ter iniciado. "Vejo [o futuro] se eriçando de dificuldades, e às vezes me pergunto se não serão demais para mim", escreveu ele. Como no passado, ficou ruminando sobre seus infortúnios. Olhou no espelho e pintou um homem de 35 anos de idade, envelhecido, com rugas e cabelos "da cor da cinza" — "rígido e desajeitado... bastante descuidado e deplorável". Irritado com Bernard por causa de uma discussão sobre imagens cristãs, aflito com a notícia de que Theo adoecera outra vez, perseguido pela continuada rejeição de Tersteeg, os pensamentos de Vincent se voltaram para a direção mais sombria: "morte e imortalidade".

Era um caminho que só levava à melancolia. "Solidão, preocupações, dificuldades, a necessidade insatisfeita de bondade e compreensão — é isso que é difícil de suportar", escreveu a Theo, desabafando seu desespero na tentativa de reanimar o espírito do irmão doente. "O sofrimento mental da tristeza ou da decepção nos desgasta mais do que a dissipação — nós, quero dizer, que somos os felizes possuidores de corações perturbados."

Tendo Vincent renunciado desde longa data à "asneira infecciosa" da religião, só lhe restava um único lugar para procurar consolo. Como tantas vezes no passado, sobretudo em épocas de crise, ele se prendeu à possibilidade de um renascimento — de uma redenção — pela arte. Apenas a arte, disse, "pode nos levar à criação de uma natureza mais engrandecedora e consoladora". Repetindo o imperativo messiânico de Zola em *L'oeuvre*, bem como suas antigas formulações pessoais do "*isso*" sublime, ele convocou uma nova visão do futuro da arte — uma visão que, a exemplo de seu cristianismo evangélico, prometia transformar seus problemas em sacrifícios e seus tormentos em martírio. A todos os correspondentes, passou a pregar uma "revolução" próxima na arte, tendo na vanguarda ele mesmo e os outros pintores do *entresol*. Escreveu a Theo:

> E assim, se acreditarmos na nova arte e nos artistas do futuro, nossa fé não nos enganará. Quando o bom e velho Corot disse, alguns dias antes de morrer — "Na noite passada, vi num sonho paisagens com o céu todo cor-de-rosa" — pois bem, já não veio, esse céu todo cor-de-rosa, trazendo de lambuja o amarelo e o verde, nas paisagens impressionistas? Tudo isso significa que há coisas que a gente sente que estão vindo, e estão vindo de verdade.

Somando a promessa reconfortante da velha fé e a promessa vibrante da nova arte, esse era um modelo de redenção e ressurreição próprio de Vincent — uma concepção micheletiana de reencarnação apocalíptica que engrandecia os pintores do Petit Boulevard e, ao mesmo tempo, resgatava e justificava sua nostalgia ardente por um Paraíso perdido na arte e em sua própria vida. O passado voltaria — mas purificado e aperfeiçoado por um novo entendimento da cor e uma visão mais profunda da "própria verdade".

No fim de abril de 1888, dois acontecimentos levaram Vincent a transformar essa ilusão desesperada em realidade — a "impô-la à humanidade", como pregava Maupassant. O primeiro deles foi uma carta de Bernard, anunciando orgulhoso que tinha alugado uma casa inteira em Saint-Briac, na costa bretã. Quase no mesmo exato momento, a briga de Vincent com seu senhorio finalmente transbordou e ele teve de ir procurar por toda a cidade outro quarto para se hospedar, pensando também em ir para Marselha. A poucas quadras ao norte do Hotel Carrel, do outro lado de um parque público por onde passara várias vezes, no caminho para o campo, Vincent viu uma casa dilapidada, "fechada e desabitada há um tempo considerável". Era pintada de amarelo.

31. *Le Paradou*

Os quatro aposentos que Vincent alugou dificilmente pareciam coisa de sonho. Ocupavam os dois andares da metade de um edifício na esquina nordeste da Place Lamartine, uma praça triangular na zona norte de Arles, entre os muros da cidade antiga e a estação de trem. Fazia muito tempo que ninguém alugava o lugar, apesar da pechincha de quinze francos por mês. Depois de anos de abandono, o revestimento amarelo tinha se esbranquiçado, adquirindo um tom marfim, e as venezianas verdes haviam desbotado, adquirindo um cinza de eucalipto.

Era um fragmento estranho de construção, espremido num terreno trapezoidal de esquina. As duas empenas gêmeas, dando para a praça, disfarçavam o fato de que as "metades" eram desiguais: à esquerda, uma área comprida e espaçosa, ocupada por uma mercearia; à direita, uma área curta e atravancada — que Vincent alugou. O lado direito também sofria mais com o barulho e a poeira da Avenue de Montmajour, via pública principal que passava pelo lado leste do imóvel. O andar térreo tortuoso tinha espaço apenas para um aposento grande, com uma cozinha nos fundos, e o único acesso aos dois dormitórios minúsculos no andar de cima era pela escada do corredor comum. Tirando a cozinha, os demais aposentos davam para o sul, mas nenhum tinha ventilação de ar encanado — fórmula para o calor sufocante do verão, principalmente no segundo andar, e para o frio insuportável do inverno. Nenhum cômodo dispunha de aquecimento, gás ou energia elétrica. Não

A Casa Amarela, Arles.

havia banheiro. As instalações sanitárias mais próximas eram as imundas toaletes públicas no hotel ao lado.

O bairro desencorajava qualquer saída a qualquer hora. O hotel pegado e um café aberto 24 horas, duas portas adiante, despejavam dia e noite farristas, bêbados e hóspedes em trânsito. Na estação, chegavam e partiam trens aos trancos e guinchos, conforme passavam pelos trilhos elevados a menos de trinta metros de distância. No lado da praça, algumas poucas árvores raquíticas ofereciam fiapos de sombra contra o sol inclemente, mas não eram de nenhum alívio contra a poeira sufocante. À noite, figuras escuras sussurravam e gemiam entre as moitas — um tráfico sexual que transbordava da zona de prostituição logo do outro lado da praça. Essa mistura de aposentos inóspitos, barulho e trânsito, perigo e decadência, fazia muito tempo tinha dissuadido qualquer iniciativa de vendedores ou inquilinos com um pingo de sensatez. Para os moradores da cidade, que passavam ali para pôr uma carta no correio ou ir à mercearia todos os dias, ou à noite para fornicar no parque, o imóvel de esquina na Place Lamartine, 2, já tinha desaparecido, vítima da desocupação e do vandalismo, inexoravelmente condenado ao destino que o aguardava, cinquenta anos depois, quando foi transformado em escombros por uma bomba dos Aliados.

Mas, para Vincent, era um paraíso. Onde outros viam um interior com a caiação descascada, um chão de tijolo áspero e aposentos inabitáveis, Vincent via um

Place Lamartine, Arles.

espaço sereno como de uma igreja. "Aqui posso viver e respirar, meditar e pintar", escreveu. Em vez de uma área decadente por onde as pessoas apenas passavam, Vincent via um jardim do Éden de vegetação sempre luxuriante, com um céu sempre "intensamente azul". Disse que a praça empoeirada era "deliciosa" e se gabou à irmã Wil de que as janelas "dão para um jardim público muito bonito, de onde se pode ver o sol nascer de manhã". Em vez de decadência e depravação, Vincent via caricaturas de Daumier, cenas de romances de Flaubert, paisagens de Monet e, nos frequentadores do café noturno, "puro Zola".

Onde outros viam uma coisa feia e arruinada, Vincent viu um lar. "Sinto que posso fazer algo duradouro aqui", escreveu a Theo num arroubo de expectativas. "O chão parece mais firme sob os pés, então vamos em frente." Mais tarde, um visitante comentou que Vincent encontrara a "casa dos sonhos".

Sem esperar pela aprovação de Theo, assinou o contrato de aluguel e iniciou uma campanha extravagante para devolver vida ao imóvel acabado. Mandou consertar a parte interna e repintar a externa — "o amarelo de manteiga fresca no lado de fora com venezianas de verde bem vivo". Arrumou as portas e as janelas, instalou gás e fez outras pródigas despesas para tornar a casa habitável, o tempo todo chorando miséria para o irmão. (Disse a Theo que o proprietário concordara em assumir as reformas.) Ansioso em se mudar o mais rápido possível, transferiu seu ateliê do

Hotel Carrel para a sala do térreo. Mas, quando pediu um desconto proporcional no aluguel do hotel, Albert Carrel fincou pé, desencadeando uma batalha enfurecida ("Fui trapaceado", gritou ele). Obrigado a salvar seus bens restantes de Carrel, que os confiscou quando Vincent se recusou a pagar a conta, ele teve de alugar um quarto no andar de cima do café noturno próximo e levou a disputa com Carrel ao juiz de paz local, estabelecendo um tom de antagonismo que iria amargar todas as suas futuras negociações com os novos vizinhos.

Mas nada conseguia empanar o brilho da Casa Amarela. A perspectiva de um ateliê permanente fizera reviver o sonho mais antigo e poderoso de todos: companhia. Para Vincent, um lar sempre significou o fim da solidão. Já em 1881 tinha rogado a Anthon van Rappard que fosse a Etten e se unisse a ele na busca patriótica dos "tipos brabantinos". "Estou indo *numa direção definida*", anunciou, "e, não contente com isso, quero que outros venham comigo!" Em Haia, teceu planos de transformar o ateliê da Schenkweg numa "casa de ilustradores", onde outros desenhistas em branco e preto (e uma legião de modelos) se uniriam a ele, como nos dias de glória de *The Graphic*. Em Drente, imaginou criar um ateliê na charneca onde "possa surgir uma colônia de pintores". Em Nuenen, se consolou com uma visão do ateliê da Kerkstraat como um "segundo domicílio" para todos os discípulos milletianos pintores de camponeses. Mesmo durante a breve e tumultuada estada na Antuérpia, brincou com a ideia de "fundar um ateliê". E em Paris convidou Horace Livens, seu ex-colega da Academia da Antuérpia que mal conhecia, para "compartilhar meu alojamento e ateliê enquanto eu tiver algum".

A mesma fantasia de uma família artística o acompanhou a Arles. Separado do irmão e dos colegas pintores do Petit Boulevard, mais do que nunca Vincent suspirava pela companhia — pela complementação — que sempre lhe escapara. "Gostaria de ter uma espécie de pequeno retiro", escreveu a Theo logo depois de chegar, "aonde os pobres cavalos de tração de Paris — isto é, você e vários de nossos amigos, os impressionistas pobres — poderiam ir pastar quando estivessem esgotados demais."

Durante uma primavera tomada de solidão, de afastamento e de surtos espasmódicos de nostalgia, seus pensamentos não paravam de voltar a esse sonho de uma vida doméstica. Recordava com afeto alguns vislumbres anteriores (com Van Rappard em Bruxelas) e ruminava sobre suas tentativas malogradas ("Lembrei que em Haia e Nuenen tentei fazer um ateliê, e como deu errado!"). Num dia de primavera em meados de abril, todas essas mágoas do passado e anseios do futuro convergiram para os quatro aposentos para alugar na Place Lamartine, 2.

"Eu podia muito bem dividir o novo ateliê com alguém", anunciou no mesmo dia em que assinou o contrato, "e gostaria disso. Será que Gauguin vem para o Sul?"

Paul Gauguin não foi a primeira escolha de companhia de Vincent. Quando a doença excluiu temporariamente o irmão Theo, ele recorreu de início ao jovem de dezenove anos, Émile Bernard, seu camarada mais afável na Rue Lepic. Ao que parece retomando um convite que já lhe fizera quando ainda estava em Paris, Vincent assediou o rapaz com notícias deslumbrantes sobre a beleza e a vida saudável no Midi ("uma verdadeira vantagem para artistas que amam o sol e a cor") e os atrativos das arlesianas. Apresentou o Sul como uma troca muito vantajosa em vez da Bretanha, onde Bernard planejava passar outro verão. ("Não me sinto atraído pelo mar cinzento do Norte", foi a réplica acerba de Vincent.)

Para aliciar o amigo japonófilo, Vincent reimaginou a paisagem provençal empoeirada como uma galeria de estampas japonesas, repleta de "manchas de um belo esmeralda", com "paisagens de rico azul" e "sóis de esplêndido amarelo". Enviou desenhos e descrições de suas pinturas como vigorosa propaganda da essência cloisonista de uma região rural "tão bela quanto o Japão, pela limpidez da atmosfera e pelos alegres efeitos de cor... como vemos nos *crépons*". Adoçou o convite insinuando progressos no *entresol* e propondo vender o trabalho de Bernard em Marselha.

Quando Bernard declinou (alegando que teria de prestar serviço militar na África do Norte, coisa que nunca fez), Vincent passou a procurar mais perto. Evitando ou evitado pela meia dúzia de artistas franceses que estava trabalhando em Arles na época, por pouco tempo pensou em convidar o dinamarquês Mourier-Petersen para dividir o ateliê, apesar de sua arte "sem fibra" e de sua relutância em acompanhar as frequentes expedições de Vincent ao bairro dos bordéis (ou, como dizia, "a rua das moças bondosas"). Em março, quando Mourier-Peterson anunciou que estava voltando para casa, as ambições domésticas de Vincent passaram para Dodge MacKnight, o rude amigo americano de Russell que morava no vilarejo vizinho de Fontvieille. "É um ianque", resumiu Vincent, "e provavelmente pinta muito melhor do que a maioria dos ianques, mas mesmo assim é um ianque."

Mesmo antes de ver o trabalho de MacKnight, Vincent ficou cismando se poderia "combinar alguma coisa" com o pintor mais jovem para ir morar na Casa Amarela. "Então daria para cozinhar em casa mesmo", imaginou. "Penso que seria bom para nós dois." Passada uma semana, porém, depois que Vincent cobriu aos trancos e barrancos os oito quilômetros até o ateliê de MacKnight em Fontvieille, essa visão, como tantas outras, se desfez numa nuvem de rancor. Durante o verão inteiro, Vincent ficou dardejando o vizinho americano pelas costas: "sujeito sem graça", "insensível", "obtuso", "vulgar", "embrutecedor", "um preguiçoso". Por respeito pelo amigo comum John Peter Russell, os dois continuaram a trocar visitas "gélidas", durante as quais Vincent teve de suportar críticas a seu trabalho, que catalogou asperamente para Theo: "causa uma impressão esquisita demais", "uma monstruosidade total", "absolutamente repulsivo". Como retaliação, Vincent formulou um juízo ainda mais negativo sobre o americano: "[MacKnight] logo vai estar fazendo paisagenzinhas com carneiros para caixas de chocolate".

Uma parceria com Paul Gauguin não era muito mais promissora. Em março, Vincent encontrou defeito em Gauguin, por "não [ter] o tipo de temperamento que tira proveito das dificuldades" — lançando dúvidas sobre seu vigor artístico e também viril. Vincent fez esse comentário em resposta a uma carta saída do nada, que Gauguin lhe enviara de Pont-Aven, uma cidadezinha no litoral bretão, queixando-se de problemas de saúde e da situação de penúria. "Ele está quebrado", contou Vincent a Theo. "Quer saber se você vendeu alguma coisa para ele, mas não quer lhe escrever por medo de incomodar." Vincent declarou que "sentia muito pelos apuros de Gauguin" e de fato pediu a Theo e a Russell que comprassem alguns de seus trabalhos. Também enviou uma resposta solícita a Pont-Aven (sua primeira carta a Gauguin), exclamando contra a maldição dos problemas de saúde que recaía sobre todos os pintores ("Meu Deus! Veremos algum dia uma geração de artistas com corpo saudável!"). Mas se absteve propositalmente de convidar Gauguin a vir se juntar a ele nos ares restauradores no Midi. Conhecido por sua arrogância e desinteresse pelos outros, o francês de quarenta anos não era páreo para o jovem e atencioso Bernard, cuja companhia era agora a meta de Vincent. E tampouco a arte do pintor mais velho, apesar do tema exótico, era tão sedutora quanto o destemido evangelho da cor e da simplicidade do mais jovem — ainda mais depois que o número da *Revue Indépendant* de março anunciara o cloisonismo como a tendência de maior valor na arte de vanguarda.

Vincent, claro, acompanhara de perto e certamente com uma ponta de inveja o sucesso meteórico de Gauguin no *entresol*. Em apenas dois meses, dezembro e janeiro, Theo havia comprado o equivalente a quase mil francos de obras de Gauguin, inclusive a tela da Martinica, *Les négresses*, que pendia orgulhosamente por cima do sofá no apartamento da Rue Lepic. Mas os dois artistas não mantiveram quase nenhuma ligação depois que Gauguin saiu de Paris no começo de fevereiro. Quando Gauguin lhe escreveu acamado em março, endereçou a carta a Paris, sem saber que Vincent tinha se mudado para Arles. Uma semana depois, escreveu mais uma carta queixosa: "Ele reclama do mau tempo [e] ainda está doente", resumiu Vincent. "[Ele] diz que, de todas as várias desgraças que afligem a humanidade, nada o enlouquece mais do que a falta de dinheiro, e se sente condenado a esmolar para todo o sempre." Vincent encaminhou a carta a Theo, sugerindo de passagem que oferecesse uma pintura de Gauguin a Tersteeg, mas passou um mês sem se dar ao trabalho de respondê-la.

No fim daquele mês, porém, tudo havia mudado. Mourier-Petersen anunciara a partida; as relações com MacKnight estavam se encaminhando para uma ruptura; o senhorio Carrel tinha apreendido todos os bens de Vincent. Bernard não lhe dera ouvidos e alugara uma casa na Bretanha, convidando Gauguin a ficar com ele. Theo voltara da viagem à Holanda, sempre com seus inquietantes problemas de saúde, e logo fez planos de ir visitar Claude Monet em Giverny, onde apresentaria à celebridade do impressionismo a proposta mais polpuda do *entresol* até então. Vincent escreveu abatido: "Você vai ver algumas coisas encantadoras por lá e, em comparação, vai achar as coisas que eu lhe mando muito medíocres".

Enquanto isso, a paisagem provençal tinha se tornado abrasadora e o mistral de verão espalhava poeira por toda ela. Cada passeio era atormentado por moscas e mosquitos. Os campos continuavam a se esvaziar de cor, ele de saúde, seu bolso de dinheiro, seu pincel de confiança. (Em 1º de maio, ainda não tinha enviado um único trabalho para Paris.) A Casa Amarela representava a única "centelha de esperança" num horizonte desolado. Mas, para dar vida à sua visão de um paraíso artístico, ele havia se comprometido com dívidas calamitosas sem dizer uma palavra a Theo.

Em meados de maio de 1888, Vincent se convenceu de que apenas uma pessoa poderia reverter essa maré de azar: só trazendo Paul Gauguin a Arles ele conseguiria salvar o sonho de uma família e um lar artístico. "Podemos conseguir compensar um pouco o passado", imaginou. "Terei uma casa sossegada minha [e] serei outro homem."

Para impor essa ilusão à realidade, Vincent montou a campanha de toda uma vida. Enquanto um imóvel reluzente de novo surgia na Place Lamartine, 2, em sua imaginação adquiria forma um edifício muito mais grandioso. Durante meses de longas cartas de rogos e exortações quase diárias, ele construiu o maior de todos os seus castelos no ar, em seus planos de felicidade. Reunindo a estimativa cuidadosa que apresentara no pleito em defesa de Sien e do ateliê da Schenkweg, a premência exaltada de suas súplicas de Drente para "juntar-se a mim" e o ardor evangélico de sua conversão a Millet nas charnecas de Nuenen, a campanha de Vincent no começo do verão de 1888 pôs tudo em jogo, numa nova visão heroica de utopia pessoal e artística

— um paraíso de redenção e renascimento que refulgia ainda mais do que sua encarnação em tijolo e tinta amarela. Em relatos posteriores, essa derradeira fantasia veio a ser chamada de "o Ateliê do Sul", expressão que o próprio Vincent jamais utilizou.

Vincent argumentou que a vinda de Gauguin afinal daria ao empreendimento do *entresol* uma sólida base financeira. Apresentando seu plano como "simples questão de negócios", montou orçamentos elaborados fundados na proposição de que dois podiam viver aos custos de um só, já desacreditada tantas vezes, e na certeza de que obras como *Les négresses*, de Gauguin, iriam "triplicar ou quadruplicar" de preço. Se pelo menos Theo acertasse as dívidas de Gauguin em Pont-Aven, pagasse a viagem até Arles, acrescentasse cem francos ao estipêndio mensal que lhe enviava e pedisse um trabalho de Gauguin por mês, não só teria de volta o dinheiro, mas também, perguntou Vincent em tom conclusivo, "não significaria até um lucro?".

Esse arranjo se pagaria também de outras maneiras, garantiu a Theo. Uma associação com Gauguin atrairia outros pintores de vanguarda e poria o empreendimento dos irmãos "numa posição mais forte conforme aumenta a fama". Na esteira do sucesso de Gauguin, a obra de Vincent também começaria a ter saída, calculou ele — ao ritmo de pelo menos uma ou duas, e talvez até quatro pinturas por mês a cem francos cada. "Então eu digo a mim mesmo que, aos poucos, as despesas serão compensadas pelo trabalho", assegurou a Theo, antevendo ansioso um fim para sua longa e desgastante dependência do irmão. Vincent chegou a imaginar que a vinda de Gauguin poderia inclusive ajudar a conseguir o respaldo comercial daquele eterno cético, H. G. Tersteeg. "Se tivermos [Gauguin]", previu, afoito, "não teremos como perder."

No fim de maio, ele redigiu o convite:

> Meu caro camarada Gauguin:
>
> Quero lhe contar que acabei de alugar uma casa de quatro cômodos aqui em Arles. E que me parece que, se eu encontrasse outro pintor disposto a trabalhar no Sul e que, como eu, esteja absorvido o bastante em seu trabalho para se resignar a viver como um monge que frequenta o bordel uma vez por quinzena... pode ser uma boa coisa... Meu irmão enviaria 250 francos por mês para nós dois, que dividiríamos... E você daria a meu irmão uma pintura por mês.

Além de insinuar a existência de bordéis cheios de belas arlesianas, Vincent reforçou a proposta com elogios ("meu irmão e eu apreciamos muito sua pintura") e promessas de um clima mais ensolarado ("é possível trabalhar ao ar livre quase o ano inteiro") e mais propício à saúde ("Eu estava doente quando vim para cá, mas agora estou me sentindo melhor"). Porém, insistiu ele, "os negócios estão em primeiro lugar". "Meu irmão não pode lhe enviar dinheiro para a Bretanha e, ao mesmo tempo, me enviar dinheiro na Provença", disse sem rodeios em resposta aos pedidos de apoio financeiro de Gauguin. "Mas, se combinarmos, pode haver o suficiente para nós dois. Na verdade, tenho certeza disso." Por fim, advertiu ao astucioso ex-corretor de ações que não recorresse diretamente a Theo tentando uma negociação melhor. "Pensamos cuidadosamente a respeito", frisou ele, "e a *única* forma que encontramos para auxiliá-lo de modo mais prático é essa combinação."

Numa rara demonstração de autocontrole, Vincent enviou o rascunho da carta a Paris, ao que parece para ter a aprovação de Theo. Mas sua argumentação não esperou resposta. Em voos que subiam muito acima da lógica fria dos negócios, ele anteviu a vinda de Gauguin não só como um lance comercial, mas como uma bênção para a arte de ambos. No Sul, disse ele, "os sentidos se tornam mais aguçados, a mão fica mais ágil, os olhos mais atentos, o cérebro mais claro". Pintou o Midi como o destino inevitável de *todos* os verdadeiros impressionistas: uma terra explodindo com as cores prismáticas e a luminosidade límpida da arte japonesa — o novo graal de todo artista de vanguarda — apenas aguardando ser captada na tela por um pintor de fé, ambição e "ousadia". Numa escalada de fervor crescente, ele ampliou o convite como um chamado ao estilo de Zola em *L'oeuvre* a todos os artistas que amavam o *japonisme* e sentiam sua influência: "Por que não vir ao Japão, isto é, ao equivalente do Japão, o Sul?". Arregimentando o ardor apocalíptico de seus tempos de pregador, Vincent profetizou o nascimento de uma nova religião no Midi. "Existe uma arte do futuro", imaginou ele, "e vai ser muito jovial e encantadora... sinto isso muito intensamente." Envolveu esse devaneio profético na retórica da revolução, com seus apelos ao sacrifício comum, ao bem maior e ao triunfo da utopia.

E a promessa revolucionária de um retorno messiânico. Algum dia em breve, garantiu a Theo, um artista da "geração vindoura" iria "se erguer nesta bela terra e fazer por ela o que os japoneses fazem pela sua". Este artista lideraria a revolução para a qual Vincent se via apenas "abrindo caminho". "Não ambiciono essa fama o suficiente para atear fogo a esse rastilho", insistiu ele, "mas *irá* surgir alguém assim." Esse Messias da nova arte seria "o Bel-Ami do Midi", disse ele — "uma espécie de Guy de Maupassant da pintura" que iria "pintar as belas coisas e pessoas daqui com alegria e despreocupação". Rivalizaria com Monticelli na cor, com Monet na paisagem e com Rodin na escultura (os três, luminares do *entresol*). Seria, declarou Vincent sublinhando vigorosamente as palavras, "*um colorista como jamais existiu*".

Ele não nomeou esse salvador que se avizinhava, mas a comparação com o Georges Duroy de Maupassant, um predador sexual ardiloso e sofisticado como o Octave Mouret de Zola, falava a Theo num profundo código fraterno. Não só invocava os grandes escritores realistas franceses que tinham revolucionado a literatura, como também prometia as imagens fascinantes que atrairiam sucesso comercial para o *entresol* e insinuava as proezas sexuais que poderiam ser realizadas com as belas arlesianas. E apontava o dedo do destino inequivocamente para o pintor ambicioso, predador, conhecedor do mundo, que jazia doente e falido numa cama em Pont-Aven.

Como todas as visões utópicas de Vincent, esta olhava ao mesmo tempo para o passado e para o futuro. Unindo-se, ele e Gauguin estariam seguindo na trilha de "confrarias" artísticas anteriores: desde as guildas medievais de artistas que "se amavam como amigos" aos holandeses da Idade de Ouro que "se complementavam"; desde os escritores e desenhistas de *The Graphic* que trabalhavam juntos em seus ateliês, criando lado a lado "algo santo, algo nobre, algo sublime", aos pintores do Barbizon que formavam, não uma simples colônia de artistas, mas uma nobre comunidade de espíritos afins compartilhando "o calor, o ardor e o entusiasmo" na Floresta de Fontainebleau.

A esse sonho de paraísos perdidos, ele acrescentou o mais recente mito da *fraternité* artística: os monges budistas japoneses, conhecidos como *bonzes* (bonzos). Vincent tinha lido sobre essas exóticas irmandades religiosas em fontes sérias (*L'art japonais*, de Gonse) e também sensacionalistas, em especial a mirabolante narrativa de viagem romanceada de Pierre Loti, *Madame Chrysanthème*. Agora, como molde para suas afinidades com Gauguin, ele tomou a imagem desses sacerdotes simples e abnegados do sublime primitivo, que "se gostavam e se apoiavam mutuamente", segundo Vincent, vivendo juntos em "comunidades fraternais [nas quais] reinava a harmonia". Comparando a união mística dos bonzos à "unidade fraterna" (*unitas fratrum*) dos Irmãos Moravianos, cujas comunas de alta carga erótica estavam disseminadas pelas charnecas holandesas, Vincent convocou Gauguin para uma vida monástica de "água fria, ar fresco, comida boa e simples, roupas decentes [e] uma cama decente" — o mesmo discipulato espartano que havia compartilhado por breve período com Harry Gladwell, num sótão de Montmartre, mais de dez anos antes.

Vincent tentou atrair para suas ambições na Casa Amarela não só Gauguin, mas todos os artistas de vanguarda que estavam acuados — todos aqueles "pobres-diabos cujo lar são cafés, que moram em estalagens baratas e vivem da mão para a boca, de um dia para outro". Em favor de todos aqueles pintores "que levam uma vida quase igual à vida de um cachorro de rua", Vincent apregoava uma nova e grandiosa missão comum. Se Theo realmente se importava com "esse vigoroso empreendimento dos impressionistas", escreveu Vincent, ele tinha a obrigação de "se preocupar com o abrigo e o pão de cada dia deles". Reprisando a fantasia do dispensário público na Schenkweg, imaginava oferecer socorro a todos os esfalfados cavalos de carroça, os artistas sem lar de Paris que, como ele, sofriam pela arte:

> Estamos pagando um alto preço para ser um elo na corrente de artistas, em saúde, em juventude, em liberdade, nenhuma das quais temos, tal como o cavalo que puxa uma carruagem que sai lotada de gente para ir gozar a primavera... Você sabe que é um cavalo de carroça e que é ao mesmo velho coche que será amarrado mais uma vez: e que preferiria viver num prado com o sol, um rio e outros cavalos como companhia, igualmente livres, e o ato de procriação.

Como era inevitável, essa visão de oferecer pasto a pintores desatendidos de todas as partes se fundiu com a antiga ambição de Vincent de criar uma "união" de artistas, em que os poucos que tivessem sucesso sustentariam os muitos despossuídos. Por que os pintores teriam de ficar "agrilhoados à faina de ganhar o próprio pão", perguntava projetando sua própria sensação de aprisionamento sobre todos os pintores do Petit Boulevard, "o que significa, de fato, que se está longe de ser livre". Convocou Theo para liderar a luta contra essa grande "injustiça" encabeçando uma nova "Sociedade Impressionista" — uma parceria na qual "o negociante estará de mãos dadas com o artista, um encarregado de cuidar do lado doméstico, de fornecer o ateliê, a alimentação, as tintas etc., o outro de criar". Nessa exortação geral e abrangente para assumir a causa de seus camaradas sofredores, Vincent encontrou o conforto de que mais precisava. Ao transformar sua longa dependência em relação ao irmão num direito moral pertencente a *todos* os artistas que batalhavam, ao converter os anos de sustento a cargo de Theo num imperativo utópico que se impunha a *todos* os negociantes (e artistas) bem-sucedidos, essa visão paradisíaca da Casa Amarela prometia libertá-lo de seu sentimento de culpa mais profundo.

Era tão poderosa essa visão redentora que a possibilidade de fracasso conduziu os pensamentos de Vincent a todos os lados mais sombrios: a doença, a loucura e mesmo a morte — insinuações que prenunciavam o futuro de uma maneira que ele não pretendia. Mas, por ora, suas expectativas febris quanto à companhia de Gauguin levaram sua imaginação para um futuro cheio de sonhos ensolarados, deixando de lado tais dúvidas. "Os sonhos, ah! os sonhos!", escreveu Bernard, relembrando a quantidade de cartas visionárias que recebera, ele também, naquela primavera: "exposições enormes, falanstérios filantrópicos de artistas, criação de colônias no Midi".

Em junho, esses sonhos explodiram na tela. Levando os argumentos aonde as palavras não conseguiam chegar, Vincent deu início à campanha de imagens mais produtiva, mais persuasiva e, em última análise, mais crucial de toda a sua vida. Em Drente, seus convites impetuosos eram acompanhados por ilustrações de revistas mostrando a vida nas turfas. Em Nuenen, ele defendera seu lar entre os camponeses conjurando os encantamentos escuros de Millet e Israëls. Na Provença, tendo nos olhos a nova cor e na mão o novo tipo de execução com o pincel, ergueu a bandeira dos planos para a Casa Amarela com algumas das grandes glórias da arte ocidental.

Com a maresia do Mediterrâneo lhe borrifando o rosto, Vincent fez um desenho de quatro barcos pesqueiros na beira d'água. Tinha ido até o antigo vilarejo de Saintes-Maries-de-la-Mer no fim de maio, percorrendo quase cinquenta quilômetros cansativos numa diligência "para dar uma olhada no mar *azul* e no céu *azul*". Exultou: "Finalmente vi o Mediterrâneo". Debatendo-se contra um vento forte vindo da África, tentou pintar os barquinhos de uma pessoa só enquanto lutavam para atravessar a arrebentação. Mas acabou dedicando a maior parte dos cinco dias que passou em Saintes-Maries passeando pelo pequeno vilarejo refulgente de branco, desenhando as *cabanes* encoscoradas ("caiadas de cima a baixo — o telhado também"), alinhadas em filas retas e num esplêndido isolamento.

Seus pensamentos eram incessantemente atraídos para o passado. O mar lhe fez lembrar o tio marinheiro Jan; as dunas, Scheveningen; as cabanas, as palhoças de Drente. Tudo indica que os mesmos fantasmas o fizeram guardar distância dos muros da igreja, local de peregrinação, que dava nome ao povoado. Tinha sido ali, segundo a lenda provençal, que as Três Marias, entre elas Maria Madalena, haviam desembarcado depois da viagem milagrosa desde a Terra Santa. Todos os anos, no fim de maio, centenas de peregrinos faziam a árdua jornada pela área pantanosa salobra do Camargue para celebrar a Festa de Santa Sara, a criada que viera com as Marias no barco mágico. Talvez a inspiração de Vincent em ver o mar em Saintes-Maries — e não em Marselha, que tantas vezes prometera ir visitar — tenha nascido do trânsito anual desses ardentes *gitans* em suas caravanas multicoloridas, que haviam passado por Arles poucos dias antes.

Mas, depois que chegou a Saintes-Maries, pôs-se a contemplar os barquinhos na praia. Todas as manhãs ia até a orla e ficava a fitá-los: "barquinhos verdes, verme-

Rua em Saintes-Maries, junho de 1888, pena de junco e nanquim sobre papel, 30,5 × 47 cm.

lhos, azuis, tão bonitos na forma e na cor que lembram flores", disse ele. Mas todas as manhãs eles partiam antes que Vincent conseguisse montar seus equipamentos. "Saem quando não há vento", explicou a Bernard, "e voltam quando o vento está forte demais." Na quinta manhã, levantou cedinho e foi correndo até a praia, munido apenas de um bloco e uma pena. Pegou o grupo de quatro barcos de fundo raso ainda descansando na areia, aguardando as labutas do dia com a mesma tranquilidade dos cavalos de coche de Paris. Trabalhando sem a grade de perspectiva, Vincent desenhou os barcos em toda a sua nobreza despercebida: um na frente, ocupando quase toda a folha com sua grande viga mestra e proa larga; os outros três atrás, dispostos na fila irregular em que foram deixados pelos donos: os mastros inclinados de um lado e outro como os vidoeiros decotados de Nuenen, suas correntes e varas de pesca entrecruzadas em ângulos esquisitos. Antes que os pescadores chegassem para se pôr ao mar, ele anotou as cores no desenho.

No mesmo dia, ele também foi embora, interrompendo bruscamente a visita ao litoral após uma intervenção inexplicada do padre da paróquia e de um policial local. Voltou pela região agreste do Camargue, deixando para trás as três telas que pintara em Saintes-Maries porque, segundo ele, "não estão secas o suficiente para ser submetidas com segurança a cinco horas de sacolejos na carruagem". Nunca voltou para pegá-las.

Mas os desenhos ele levou. Logo que chegou à Casa Amarela, enviou um lote a Theo e levou os demais, inclusive os "barcos atracados", para o ateliê, onde começou a transpô-los para a tela. Primeiro, ensaiou as cores que tinha anotado, testando-as numa aquarela do mesmo tamanho do desenho (39,37 × 53,34 cm). Ignorando tudo o que Mauve lhe ensinara sobre o desenho em cores, fez os contornos largos dos barcos em preto com um junco de pena larga, então preencheu o espaço entre as linhas com manchas regulares de cores vivas e diluídas, em complementares: vermelho e verde para os barcos, laranja e azul para a praia e o fundo. Por fim, copiou o desenho dos valentes barquinhos na esquerda de uma tela maior (64,77 × 81,28 cm), deixando à direita e no alto mais espaço para o mar e o céu. Subdividiu o desenho em peças sempre menores de cor clara e pura: um casco marrom e cobalto com a borda em verde-acinzentado; uma proa verde-musgo com a borda laranja; um fundo de barco em verde-abacate e as vergas de reforço em branco; um mastro amarelo, um leme lápis-lazúli, remos de um azul-esverdeado; um arco-íris de varas de pesca.

Porém, ao pintar o céu e o mar, sua visão mudou totalmente. Em vez de colocar seus barcos ornados nas pranchas contrastantes de azul e laranja da aquarela, transportou-os para um mundo suave e sonhador — um mundo de céu cintilante e de luz argêntea que Mauve ou Monet reconheceriam. Nuvens brancas se dissolvem em pinceladas de azuis e verdes suaves, arqueando-se sobre os mastros afilados numa abóbada luminosa. A praia segue matizes de um cinza-amarronzado pontilhado de dourados no primeiro plano, onde estão os barcos, até um castanho-claro ensolarado na distância. Ondas de cristas brancas tingem a areia de lavanda. No horizonte, o mar encontra o céu num beijo pastel de azul-pálido e verde-mar. Contra esse amanhecer diáfano, as cores cristalinas dos barquinhos saltam para fora da tela.

Vincent declarou que *Barcos pesqueiros na praia* e as outras pinturas baseadas nos desenhos que trouxera de Saintes-Maries — quase um livro de imagens para colorir — demonstravam que ele encontrara "o Japão absoluto" no Sul da França. "Estou sempre dizendo a mim mesmo *que aqui estou no Japão*", comentou. "Basta abrir os olhos e pintar o que está bem na minha frente." Escreveu a Bernard e a Gauguin enaltecendo os "temas alegres", as paisagens "*naïves*" e a coloração "primitiva" da costa. Professou sua devoção ao novo evangelho do cloisonismo, que resumiu como "simplificação da cor à maneira japonesa" e "pôr tons lisos lado a lado, com linhas características demarcando os movimentos e as formas".

Para Theo, Vincent alardeou que *Barcos pesqueiros* e outros trabalhos semelhantes eram muito vendáveis, comparando-os às estampas japonesas, tão procuradas como "decoração para as casas de classe média". Em termos que provavelmente reproduziam o discurso propagandístico de Monet para suas pinturas de Antibes (em exposição no *entresol* naquele exato momento), Vincent declarou que aquele breve tempo no Sul lhe havia proporcionado uma nova visão: "A pessoa enxerga as coisas com um olho mais japonês; sente as cores de outra maneira". Pois afinal o próprio Monet não tinha pintado uma cena de quatro barcos de cores vivas na praia? Com todos esses e outros argumentos, pressionou o irmão a estimular outros galeristas "a se unir e enviar gente que trabalhe aqui. Nesse caso, penso que Gauguin *seguramente* viria".

Enviou argumentos parecidos a Bernard e Gauguin, desconsiderando a negativa do primeiro e a indecisão do segundo. Em meados de junho, repreendeu Bernard: "Você percebe como fomos muito idiotas, Gauguin, você e eu, por não irmos ao mesmo lugar?". Algumas cartas depois, ele expôs ao amigo a mesma mensagem oculta na imagem simples dos quatro barcos antiquados. "A vida nos leva tão rápido que não temos tempo de falar e também trabalhar. É por isso que, estando a unidade ainda muito longe, agora navegamos por profundezas desconhecidas em nossos barquinhos frágeis, totalmente sozinhos no alto-mar de nossa época."

Mas o convite fundamental era sempre dirigido a Theo. "Gostaria que você pudesse passar algum tempo aqui", escreveu-lhe depois de voltar de Saintes-Maries. "Penso que, mais uma vez, você deveria se embeber mais na natureza e no mundo dos artistas." Em demandas que lembravam as de Drente, insistiu que Theo deixasse a Goupil ou, pelo menos, pedisse "um ano de licença (remunerada)", e nesse período ele poderia recuperar a saúde, promover o empreendimento de ambos e "se embeber" na serenidade do Midi. "Continuo a pensar em você, Gauguin e Bernard o tempo todo, em qualquer lugar aonde eu vá", escreveu Vincent. "É tão belo, e gostaria tanto que você estivesse aqui."

Com tais devaneios em mente, Vincent voltou à pintura e escreveu uma palavra em letras grandes num dos barcos: AMITIÉ, amizade. Então, no espaço vazio da água verde-mar, pintou quatro barquinhos frágeis, lado a lado, apontados para as profundezas desconhecidas, o vento lhes enfunando as velas e apenas o mar vítreo se estendendo diante deles.

Apenas uma semana depois, Vincent foi para o Norte, até Tarascon, lar do mítico palhaço de Daudet, Tartarin. A estrada passava perto das famosas ruínas da igreja e abadia de Montmajour, uma vertiginosa escarpa de calcário que se erguia reta por cinquenta metros de altura, no extremo do delta do Ródano. Durante a maior parte de sua história, Montmajour tinha sido um reduto de pedra ilhado pelas águas do Mediterrâneo. Vários cristãos do século VI procuraram a segurança de suas alturas e deram graças aos céus cavando na rocha um santuário no topo do monte. Várias gerações subsequentes de monges tinham recoberto essa primeira igreja rústica com camadas e mais camadas de devoção em pedra, desde uma capela bizantina, passando por um *donjon* medieval e um claustro renascentista, até um palácio fortificado e rodeado de jardins no século XVIII. Depois da Revolução, tudo foi abandonado, sujeito a desmoronar.

Tomando a estrada que subia por trás, pelo lado menos íngreme, em meados do verão de 1888 Vincent já subira várias vezes ao topo pedregoso de Montmajour. Tendo sido sempre um andarilho de baixadas e planícies, sentira-se maravilhado com a vista espetacular que se tinha na torre da abadia, dando para o sul, na direção de Arles, numa planície conhecida como Crau. Aqui, no sopé do planalto, o Ródano despejara seus detritos mais férteis, espalhando mais para o sul os depósitos salinos do mar, até o Camargue. No começo do século XIX, um projeto de drenagem ao estilo holandês reconquistara o solo pedregoso, mas cultivável, do Crau para o plantio agrícola, sobretudo para a viticultura. Disso resultou um panorama pitoresco, semeado de ilhas de calcário e povoados minúsculos entre campos e pomares. Em meados de maio, quando Theo sugeriu que o irmão submetesse alguns desenhos a uma exposição em Amsterdam, a imaginação de Vincent se voltou naturalmente para essa vista aérea. Durante uma semana, fez sete cuidadosos desenhos em nanquim púrpura da vista de Montmajour, incluindo quatro vistas panorâmicas do Crau. Mas, poucos dias depois de concluir o último desenho, seu entusiasmo por eles cedeu lugar ao fervor pela cor "japonesa" que o levou a Saintes-Maries no fim de maio.

Mas, quando foi visitar de novo o Crau em meados de junho, seus argumentos em defesa da Casa Amarela já tinham, como o Ródano, mudado de curso; com eles, mudou também a direção de seu olhar sempre ávido. Ao voltar de Saintes-Maries, aguardava-o a notícia de que Louis Anquetin, seu ex-colega da Cormon, tinha sido coroado pela *Revue Indépendante* como "o líder de uma nova tendência, na qual a influência japonesa é ainda mais evidente". Não muito depois disso, Vincent soube de um marco ainda mais invejável: Anquetin vendera um quadro. O comprador era o negociante Georges Thomas, velha meta das ambições comerciais de Vincent, e o quadro era um estudo chamado *O camponês*.

Ainda que Vincent questionasse a primazia de Anquetin no novo movimento conhecido como cloisonismo (ele achava que seu jovem protegido Bernard tinha "avançado mais no estilo japonês do que Anquetin"), não havia como discutir com uma venda — coisa da qual nem ele nem Bernard podiam se gabar. Como líder ungido do movimento, agora era Anquetin que definia a pauta. Em poucas semanas, Gauguin anunciou o projeto de pintar uma grande cena de camponeses bretões numa dança da colheita. Antes de findar o verão, Bernard iria encontrar Gauguin em Pont-Aven e também passaria a pintar os naturais daquela província pedregosa exótica no outro extremo da França. Mais ou menos na mesma época, Theo voltou de Giverny com notícias entusiasmadas sobre as paisagens cintilantes que vira no ateliê de Monet, documentando os efeitos evanescentes da luz e da estação na região rural da Île-de-France.

Também em junho, Vincent leu uma matéria sobre a exposição das pinturas de Antibes, de Monet, que então se realizava na galeria de Theo. Em descrições floreadas, o crítico celebrava a "intimidade" de Monet com a natureza, louvando-o por documentar com seu pincel sensível e luminoso a beleza natural da costa meridional da França, em Antibes, tal como fizera antes na costa setentrional em Belle-Île. Aclamando Monet como o "poeta e historiador do Midi" e sucessor de Millet e Corot, ao elevar a vida rural ao lugar que lhe era de direito na arte, ele instou com seus conterrâneos que se dedicassem novamente à poesia sublime da terra natal. Por que recorrer a ilhas do Pacífico ou civilizações antigas em busca de imagens "primitivas", quando ainda podiam se encontrar tais paraísos intocados na própria França?

Enquanto Vincent estava em Saintes-Maries, o autor desse artigo, Gustave Geffroy, escreveu uma carta a Theo, manifestando interesse em comprar alguns trabalhos de Vincent.

No artigo e na abordagem de Geffroy, na escolha de tema de Anquetin, nas notícias de Paris, de Pont-Aven e de Giverny sobre as novas imagens, Vincent viu novas oportunidades de defender a causa da Casa Amarela. Irromperam argumentos nas cartas e em seus trabalhos. Ninguém tinha maior "conhecimento íntimo" da natureza ou "amava o campo" mais do que ele; ninguém era mais profundamente escolado do que ele na vida simples dos camponeses e sua ligação primitiva com a terra; nenhum lugar era mais adequado do que Arles para que os artistas voltassem a se ligar à poesia impoluta da natureza. Escreveu numa réplica direta ao desafio de Geffroy: "Olho em torno e vejo tantas coisas na natureza que mal tenho tempo para pensar em qualquer outra coisa, pois justo agora é a época da colheita". Cancelando subitamente outra viagem até Saintes-Maries, pôs seus apetrechos de pintura nas costas e lá se foi para o sol abrasador e o mistral turbilhonante do Crau.

Na quinzena seguinte, ele pintou mais de dez imagens em apoio às reivindicações arcadianas. Pintou vistas e mais vistas dos trigais dourados do Crau, elevando cada vez mais o horizonte para concentrar o pincel obsessivo na abundância estival da cor. "O trigo tem todos os matizes de ouro velho", escreveu enquanto pintava, "cobre, verde-ouro ou vermelho-ouro, amarelo-ouro, amarelo-bronze, verde-avermelhado [e] laranjas flamejantes como fogo incandescente." Modulou a luz de um amarelo ofuscante do meio-dia para os tons arruivados do crepúsculo, quando o trigo brilhava "luminoso no escurecer". Também ajustou o céu do cobalto ao lavanda, ao turquesa e por fim a um amarelo tão impiedoso quanto o próprio sol "a pino na escaldante fornalha da colheita". Pintou campos ainda por ceifar, agitando-se ao vento à espera da foice; um camponês andando devagar por entre as hastes compridas, deixando em seu rastro feixes de trigo já colhido; as enormes medas felpudas que enchiam os celeiros, oferecendo leito improvisado a seus exaustos empilhadores.

Incentivado por seus próprios argumentos e acossado pelo calor atroz e pelo vento furioso, corria de pintura em pintura, às vezes concluindo duas num mesmo dia, perseguindo sua visão de um "paraíso dos pintores" na Provença. Vangloriou-se a Bernard: "Tenho *sete estudos de trigais*, feitos rápido, rápido, rápido, bem depressa, exatamente como o camponês silencioso sob o sol abrasador, concentrado apenas em sua colheita".

Uma dessas imagens em especial sintetizava a nova visão de Vincent sobre uma utopia rural fascinante, ao mesmo tempo familiar e exótica, que acenava a todos os verdadeiros artistas para virem ao Midi. Num ponto alto bem a leste de Arles, ele montou a grade de perspectiva voltada ao lado norte, dando para os Alpilles, e captou um panorama espetacular do Crau dourado. "Estou trabalhando num novo tema", informou a Theo, "campos verdes e amarelos até onde alcança a vista." Numa tela com mais de 60 × 90 cm — maior do que qualquer outra que usara até aquele momento em Arles —, a imaginação de Vincent transformou o tabuleiro dos campos lavrados, pedregoso e calcinado de sol, numa luxuriante Shangri-lá. A luz do sol desce suave e uniforme, sem deixar uma só sombra, brunindo os campos recém-ceifados e saturando todos os cantos da planície em um mosaico de cores vivas: trilhas de areia branca, cercas de junco lavanda, telhados laranja, um espectro de campos amarelos e dourados entretecidos com fragmentos verde-limão da rebrota. Pomares, clareiras e matagais em verde-escuro se afastam intermitentes na distância, até as rochas púrpura de Montmajour e, no horizonte, os Alpilles lilases sob um céu cerúleo sem uma única nuvem.

Num triunfo do evangelho cloisonista sobre a realidade observável do mormaço e do fulgor solar, a atmosfera é inteiramente cristalina, desde o cercado eriçado feito de caniços no primeiro plano até a linha serrilhada de montanhas a quilômetros de distância. Cada pedacinho de cor, da pequena carreta azul de feno no centro da tela à cidadela branca das ruínas de Montmajour perto do horizonte, brilha translúcido, sem que o ofusque o pó ou a distância. Nessa paisagem ampla e serena, camponeses pequeninos vão para o trabalho numa narrativa em miniatura da vida rural: um lavrador termina sua colheita num lote; um coche puxado a cavalo trota na beirada de outro lote, um casal volta para casa à distância e, enquanto isso, não muito longe, um agricultor, de pé na traseira de sua carreta, atira o trigo para dentro do celeiro. No primeiro plano, os equipamentos tradicionais da colheita estão dispostos num testemunho silencioso: escadas apoiadas numa meda de feno, a carreta azul vazia, rodas de reserva em vermelho-vivo.

Depois de concluir a imagem num único dia sob o sol escaldante, Vincent voltou para casa transbordando de confiança renovada em sua arte ("esta pintura mata o resto") e de novos argumentos para sua missão no Midi. "Estou no caminho certo", declarou ele. "Se Gauguin estivesse disposto a se juntar a mim... isso nos estabeleceria em definitivo como os exploradores do Sul." Num devaneio passadista, renovou seus votos de solidariedade com os camponeses de Nuenen. "Durante a colheita, meu trabalho não foi nada mais fácil que o dos camponeses que estavam de fato colhendo", frisou ele. "A longo prazo, julgo que vou pertencer totalmente ao campo."

Em apoio à *bona fides* primitiva de suas novas imagens, ele convocou tanto os ícones rústicos de Millet quanto os "seres inocentes e gentis" de Zola. Seguindo as injunções nativistas de Geffroy, comparou suas imagens singelas não a estampas japonesas, mas às "imagens *naïves* dos velhos almanaques dos camponeses, em que o granizo, a neve, a chuva ou o tempo bom são pintados de maneira totalmente primitiva". Citou como inspiração direta uma pintura de colheita que tinha visto em Paris, feita pelo recém-coroado Anquetin. Invocou uma afinidade recente com Paul Cézanne, que tinha a admiração tanto de Gauguin quanto de Bernard e era o padrinho artístico das imagens cloisonistas que agora uniam os três. Assim como Cézanne se tornara "parte natural do campo" que pintava com tanta frequência em Aix, a meros oitenta quilômetros de distância, Vincent dizia ter uma ligação inefável com o Crau. Escreveu: "Voltando para casa com minha tela, digo a mim mesmo: 'Veja! Tenho os mesmos tons do velho Cézanne!'". E acrescentou: "Trabalho mesmo ao meio-dia, em pleno sol, sem nenhuma sombra que seja, nos campos de trigo, e gosto como se fosse uma cigarra".

Para Theo, Vincent invocou um panteão de favoritos que tinham em comum, além dos mais vendidos na Goupil: desde os céus de Philips Koninck e Georges Michel às pastorais de Millet e Dupré no Barbizon e às paisagens de Monticelli. Mas, acima de tudo, ele invocou o astro do momento no *entresol*. Um poente no Crau tinha "o exato efeito daquele Claude Monet", afirmou ele; "foi grandioso". Se Monet tinha o Mediterrâneo em Antibes, Vincent tinha o Crau — "estendendo-se até o horizonte", "belo e infinito como o mar". Assim como Geffroy tinha atribuído às vistas litorâneas de Monet o poder de embalar os sentidos e de induzi-los a um estado onírico, Vincent reivindicou para seu panorama elísio o poder de reconfortar a alma cansada com a contemplação do infinito. "Naquela paisagem plana", escreveu ele, "não há *nada* a não ser a eternidade."

Para reforçar esse ponto, voltou em julho ao alto do Montmajour e desenhou seu amado vale de uma perspectiva ainda mais elevada. Se a caminhada desde a cidade não fosse tão longa ou se o vento não soprasse com tanta violência no topo pedregoso do monte, Vincent provavelmente teria pintado aquela paisagem vertiginosa vista das ruínas da abadia. Mas, mesmo usando apenas papel e pena, Vincent pôde conjurar uma visão do paraíso. Em duas folhas grandes (49,2 × 61 cm), desenhou uma panorâmica de todo o vale. "À primeira vista, é como um mapa", disse ele.

Do afloramento calcário do Mont de Cordes a leste até as margens do Ródano a oeste, num panorama cravejado de minúsculos povoados, celeiros e casas de sítio, num zigue-zague de cercas, estradas e até uma ferrovia, ele documentou a vista que tinha aos pés. Então, com uma intensidade e uma criatividade assombrosas mesmo pelos padrões de Vincent, ele preencheu o contorno com um êxtase de pequeninos toques da pena. Nenhum sulco, nenhuma estaca de cerca, nenhum restolho de trigo, nenhum talo de capim, nenhuma mudança de textura, por mais distantes que estivessem, deixou de ser registrado por sua pena obsessiva. Com pontos e traços, hachuras e sombreamentos, toques e curvinhas em til — cada um deles um argumento em defesa do esplendor e sublimidade do Crau —, ele transformou a vista que parecia um mapa num lugar mágico. Tão logo terminou, remeteu os dois desenhos a Theo como relatório, convite e apelo. "Refresque seus olhos com os espaços abertos do Crau", intimou ao irmão. "Quero tanto lhe dar *uma ideia verdadeira* da simplicidade da natureza aqui."

Mas ainda faltava uma coisa, tanto em sua arte quanto em sua defesa do Midi. Vincent chegara à região, como sempre fazia, em busca de modelos. Tendo passado dois anos em Paris impedido de ter modelos pelos custos e pela falta de um ateliê particular, ele chegou a Arles com os olhos atentos ao potencial para retratos e pinturas de figuras numa região famosa por seus moradores atraentes. "As pessoas daqui

Paisagem perto de Mongajour com trem, julho de 1888, nanquim e giz sobre papel, 49,2 × 61 cm.

geralmente têm boa aparência", confirmou à irmã Wil. Em todos os passeios pelas ruas, disse ele, via "mulheres como um Fragonard ou um Renoir", "moças que faziam lembrar Cimabue e Giotto" ou "figuras tão bonitas como as de Goya ou Velásquez". Mas, tirando uma arlesiana idosa que Vincent pintou logo depois de chegar, sua sorte não tinha melhorado muito em comparação a Paris.

A mudança para a Casa Amarela em maio, que afinal lhe proporcionava um local para receber modelos que não fosse seu apertado quartinho no hotel, e a viagem até a praia em Saintes-Maries, onde tinha esperanças de encontrar banhistas que posassem para ele, anunciaram mais uma explosão de entusiasmo por "figuras, figuras e mais figuras". Declarou: "Vou atacar furiosamente a figura [pois] é esta minha verdadeira meta". Como na Antuérpia, começou a falar em atrair mulheres ao novo ateliê, para fazer retratos. "Tenho bastante certeza de que morderão a isca", escreveu malicioso.

Mas não morderam. Em Saintes-Maries, era cedo demais para a estação dos banhos de mar; em Arles, as exigências da colheita o privaram dos modelos necessários para pintá-la. E tampouco conseguiu persuadir os camponeses desconfiados a ficar imóveis na posição de colher ou empilhar o cereal pelo tempo necessário para desenhá-los em atividade. Em decorrência disso, os heróis da vida rural quase não têm fisionomia nas várias pinturas sucessivas. Ao contrário dos ícones campestres de Millet, as figuras nas pinturas de colheitas de Vincent são pequenas e de traços toscos, praticamente desaparecendo na celebração do sol e do trigo. Ao longo de junho, estragou uma quantidade razoável de imagens tentando desenhar uma figura a mão livre, por falta de modelos que posassem. "*Ainda sinto* falta de meus modelos", escreveu lembrando os dóceis De Groot de Nuenen, "que pareciam feitos para mim e que ainda adoro; se pelo menos estivessem aqui..."

Por fim, em desespero, pediu a Wil que encontrasse algumas das estampas que tinham sido resgatadas do ateliê na Kerkstraat. Se precisava trabalhar a partir de modelos no papel e não de carne e osso, então que pelo menos fossem os melhores. Tal como no passado, imaginou febrilmente que a impossibilidade de conseguir modelos — em especial femininos — punha em risco todo o seu projeto artístico. "Fazer retratos é muito mais profundo", insistiu ele. "Faz-me cultivar o que há de melhor e mais profundo em mim." Projetando essa obsessão em sua visão da Casa Amarela, profetizou em tom oracular que o próximo messias artístico — o "Bel-Ami do Midi" — "será na pintura de figuras o que Claude Monet é na paisagem". E imaginou que, como o herói de Maupassant, o conquistador erótico Gauguin, domador de negras selvagens, viria para a Provença e atrairia as lendárias beldades de Arles para o ateliê que estaria dividindo com Vincent.

Essa visão de uma conquista sexual e artística de segunda mão foi estimulada com a notícia de que Gauguin começara a pintar camponesas dançando — fantasia arcádica saída de Jules Breton. Ao mesmo tempo, o jovem Bernard, de vinte anos, atormentava Vincent com histórias excitantes de bordéis parisienses, acompanhadas de desenhos de prostitutas e poemas de atiçamento erótico. Ansioso em não ficar para trás, Vincent vasculhou os prostíbulos e vielas de Arles, tal como fizera na Antuérpia, procurando "mulheres públicas" que posassem para ele. Pode ter sido assim que encontrou a "mocinha suja" que posou para um único retrato naquele verão e depois desapareceu. Ele se gabou do achado — uma "garota de rua com uma cabeça de Monticelli" — para amigos como Russell, que também apreciava prostitutas e, esperava Vincent, apoiaria seus grandes planos para o Midi. (Mas não comentou nada com Theo, tendo prometido abstinência de mulheres por medo de outra "crise das partes íntimas".)

Na verdade, a melhor propaganda dos atrativos sexuais de Arles que Vincent conseguiu encontrar — e pôde falar a todos — não foi uma mulher. Foi um homem. Em meados de junho, quando a colheita foi interrompida por uma semana de chuvas torrenciais, uma figura admirável entrou na Casa Amarela e se escarranchou na cadeira diante do cavalete de Vincent. Usava uma túnica escarlate sem mangas, decorada com arabescos dourados e um decote bordado. Tinha na cabeça um fez amarrotado, num ângulo brejeiro. Uma grande borla preta pendia do lado. Sentou-se na cadeira estreita do ateliê com as pernas bem abertas, como se montasse um cavalo, as mãos nas coxas e os cotovelos abertos. Ficou encarando Vincent com os olhos fundos e escuros, mascando impaciente seu cachimbo.

Vincent exultou: "Afinal tenho um modelo, um zuavo".

Os zuavos, originalmente recrutados para o exército francês entre a tribo zuava da Argélia, tinham conquistado um lugar na imaginação europeia que ia muito além dos planaltos berberes da África do Norte. Indomados sob séculos de dominação dos beis otomanos, rebelando-se contra a colonização francesa até a década de 1870, os zuavos tinham se tornado símbolos de ferocidade no combate e de virilidade brutal no sexo. Mas, quando Vincent se deparou com eles nos bordéis de Arles, a fama dos zuavos já atraíra tantos franceses para suas fileiras que pouco restava da África, além da farda exótica e da mística erótica. De fato, é provável que Vincent tenha sido apresentado a seu jovem modelo por um tenente do terceiro regimento dos zuavos, chamado Paul-Eugène Milliet, cuja unidade estava aquartelada não muito longe da zona dos prostíbulos. Filho que se afastara da família de classe média e se convertera em soldado mercenário, Milliet tinha vindo passar sua licença em Arles após uma longa campanha na Indochina francesa. Passava as noites nos bordéis, mas durante o dia se entregava a seu outro prazer: desenhar. Vincent compartilhava dos dois passatempos do tenente e logo se ofereceu a lhe dar aulas de desenho.

Mas o rosto de Milliet era suave e os traços, refinados — nada da imagem de selvageria e carnalidade animal que Vincent queria enviar aos colegas em Paris e na Bretanha. O jovem modelo, por outro lado, tinha "pescoço de touro e olhos de tigre", disse Vincent a Theo — descrição que explorava a fama de lutar e fornicar dos zuavos. Talvez por aposta ou desafio, ou depois de se deixar vencer pelo álcool (como Vincent admitiu mais tarde), o jovem soldado foi pelo menos duas vezes à Casa Amarela, posando com ar meditativo sob o olhar fanático de Vincent.

Para transmitir a sexualidade bruta que via em seu tema, Vincent aplicou pinceladas grossas de cor saturada em complementares de grande impacto: o fez vermelho contra uma placa de verde e um borbotão de alaranjado nos tijolos ao lado, as volutas decorativas douradas na túnica partindo de uma larga faixa na cintura, pintada num azul-vivo em vez da cor efetiva, que era o vermelho. Quando o zuavo veio para a segunda sessão usando uma pantalona vermelha enfunada, Vincent o pôs sentado diante de uma parede caiada de branco, com as pernas escancaradas, criando um enorme triângulo de vermelho-vivo que subia do chão de lajota ocre-alaranjado e era encimado pela túnica enfeitada azul e laranja, com uma faixa agora pintada em verde. Está espraiado numa banqueta, fitando fixo com olhos negros de carvão, a pele de um bronzeado escuro que fica ainda mais escuro sobre a parede branca. A mãozorra da direita se remexe inquieta no joelho, a outra está pousada no regaço vermelho-sangue da pantalona, chamando a atenção para as maravilhas que se abrigam ali por baixo.

Por mais dissonantes e irregulares que fossem as cores nesses dois retratos, Vincent descreveu a composição a Theo e aos amigos em termos ainda mais contrastados: "Aquela cabeça felina bronzeada com o chapéu avermelhado, contra uma porta verde e os tijolos alaranjados, é uma combinação selvagem de tons incongruentes, nada fácil de lidar". Invocando a inspiração de Delacroix, o famoso pintor de gatos que manejava a tinta com a mesma ferocidade com que seus temas caçavam a presa, Vincent se gabou da "feiura", da "vulgaridade" e da "horrenda estridência" da imagem, prometendo que faria outras iguais, pois "isso pode pavimentar o caminho para o futuro". A mensagem aos camaradas era bastante clara. Apenas no Midi, apenas em Arles, apenas na Casa Amarela eles poderiam encontrar a sexualidade primitiva que tanto desejavam e as imagens selvagens que a arte lhes exigia. Quanto aos modelos: um predador grandioso como seu zuavo iria caçar qualquer outra coisa que não fosse a presa mais fina na área da mais rica abundância?

Finalmente, em julho, Vincent pôde mostrar a conquista. Conseguiu de alguma forma persuadir ou pagar uma jovem arlesiana para posar. Não era nenhuma beldade, e posar não era novidade para ela. Se pudermos nos guiar pelo retrato que Mourier-Peterson pintou um pouco antes, naquele mesmo ano, era uma moça na faixa dos vinte anos, de rosto comprido, cabelos pretos, lábios finos e olhos penetrantes. Mas não foi isso que Vincent pintou. No ardor para atrair os companheiros à Place Lamartine, não foi isso que ele viu.

Com a licença poética dada por seus desejos, a imaginação de Vincent transformou o modelo pensativo de Mourier-Petersen num ideal de prazer sexual que, naquele momento, estava fascinando os homens de toda a França: uma *mousmé*. Em seu fantasioso relato de viagem ao Japão, *Madame Chrysanthème*, Pierre Loti narrara em detalhes melodramáticos seu encontro com esse espécime sexual exótico — uma virgem no início da adolescência, começando a se tingir com os primeiros botões

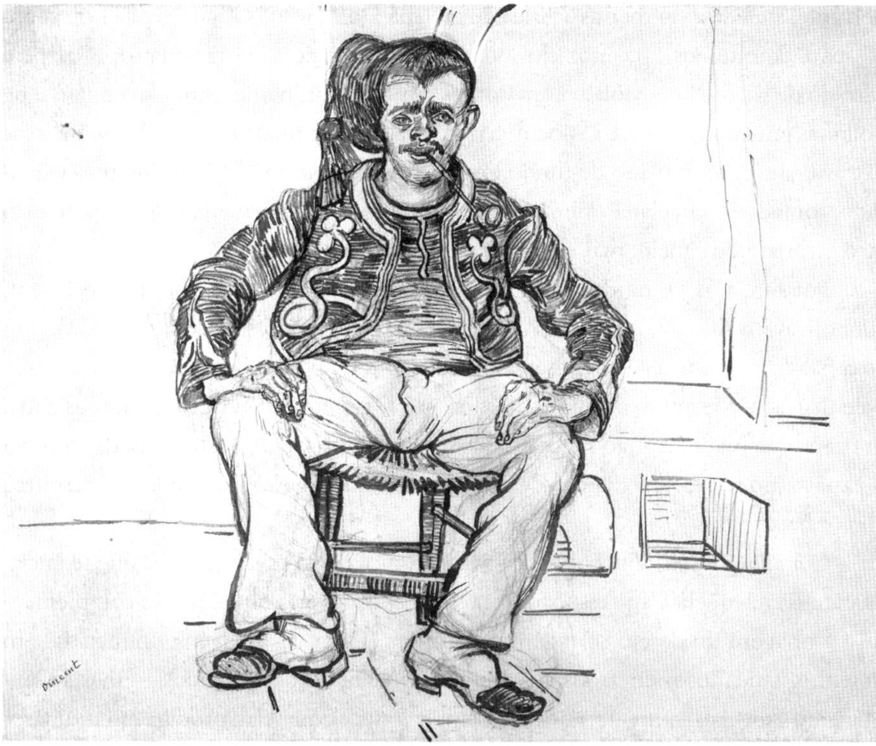

Zuavo sentado, junho de 1888, lápis e nanquim sobre papel, 52 × 66 cm.

róseos da feminilidade, oferecida pelos naturais daquela terra de extremo exotismo para o deleite do visitante branco — uma prostituta, uma amante, uma noiva menina, uma boneca sexual, cujo único propósito era o prazer. "Bom, se você sabe o que é uma '*mousmé*'", anunciou Vincent a Theo, o qual, como todos os demais do círculo dos dois irmãos, estava fascinado pela fantasia recém-publicada de Loti, "acabei de pintar uma. Levou uma semana toda e não pude fazer mais nada."

Naquela semana de trabalho exaustivo, Vincent trabalhou e retrabalhou o retrato da jovem provençal com um ardor em construir a imagem que fazia lembrar *Os comedores de batatas*. Estreitou os olhos, escureceu as sobrancelhas, franziu os lábios do modelo para combinar com a descrição de Loti. Dedicou especial empenho em transformar as faces esguias da jovem no "rostinho redondo" dócil e agradável que tanto enfeitiçara Loti. Acrescentou cores e mais cores nas mãos e no rosto, procurando a combinação exata de amarelo e rosa — o exótico nipônico e o universal feminino — que também Loti se esforçara em conformar. Vestiu a modelo com roupas berrantes que deviam menos a Arles ou ao Japão, ou mesmo à fantasia de Loti sobre o Japão, do que aos preceitos cloisonistas de composição e ornamento: o corpete listrado de vermelho e violeta com botões dourados brilhantes, uma saia bufante de bolinhas em laranja e azul. Colocou-a numa cadeira de madeira vergada com curvas extravagantes, num plano de fundo em puro *celadon*, um verde levemente acinzentado, tomado à porcelana oriental, que resistia às listras vermelhas do corpete e ao laço escarlate do cabelo, mas se submetia ao azulão da saia.

Por fim, pôs numa das mãos um ramo de oleandro, flor que, para Vincent, simbolizava o fascínio e também os perigos excitantes do sexo. Suas flores de um rosa-pálido podiam ser venenosas. As folhas macias podiam provocar lesões numa pele delicada. Mesmo o perfume delicioso, se fosse inalado com muita intensidade, era capaz de matar. A mão segurando esse ramo ambivalente está pousada, como a do zuavo, no regaço, na concha da saia colorida, num gesto insinuando os tesouros ali por baixo.

Com *La mousmé*, Vincent encerrava a crônica da volúpia primitiva que se iniciara com o zuavo: ela e sua disposição de oferecer prazer, com o que se complementava a imagem do desejo selvagem do homem. Com tais imagens, anunciadas em desenhos cuidadosos enviados aos amigos, Vincent acenava a todos — mas a Gauguin, em especial — uma terra de erotismo exótico, uma terra pródiga em mulheres de "seios firmes e bem formados", dóceis como ovelhinhas, que se equiparavam a qualquer mulher do Japão de Loti ou da Martinica de Gauguin; uma terra de aventureiros sexuais tendo à disposição as noivas meninas para entretê-los; uma terra sem inibições, fossem sexuais ou artísticas; um nirvana erótico de sexo primitivo e arte primitiva que se equiparava a qualquer narrativa de marinheiro ou de romancista. Era uma promessa que certamente atrairia ao Midi até mesmo o Bel-Ami.

Com tais visões utópicas lhe ocupando o espírito, Vincent aguardava alguma notícia de Pont-Aven imerso num devaneio expectante. Acompanhado pelo tenente zuavo Paul Milliet, fez várias incursões de desenho pela zona rural em julho e agosto, sobretudo a seu local favorito, o topo rochoso de Montmajour. Exploravam juntos o alto do penhasco e o labirinto de ruínas. Foi numa dessas expedições fraternas que Vincent descobriu o antigo jardim da abadia, um precário recinto cercado, abandonado fazia cem anos, tomado por um matagal exuberante que vicejava ao benévolo sol meridional. "Exploramos juntos e roubamos alguns figos excelentes", contou Vincent a Theo, descrevendo o jardim com "juncos, trepadeiras, heras, figueiras, oliveiras, romãzeiras com flores luxuriantes do mais vivo laranja... e fragmentos de muros desmoronados dispersos aqui e ali entre a vegetação".

Nessa descrição visual do paraíso escondido entre as ruínas de Montmajour, como em todas as coisas, a imaginação de Vincent seguia o que lhe ensinavam suas leituras. O jardim abandonado da abadia lhe recordou o famoso jardim murado de *O crime do padre Mouret* (*La faute de l'abbé Mouret*), de Zola, um prodígio de natureza e descuido onde o herói de Zola descobre a abundância virgem e o abandono sensual do Jardim do Paraíso. Era "um pedaço do paraíso", nas palavras de Zola, onde a natureza "folgava livremente" e "oferecia a si mesma estranhos buquês, que nenhuma mão colheria", onde as flores "transbordavam pelas aleias" e "cabriolavam com tal

Colheita de trigo em Arles, 1888, nanquim sobre papel, 31,11 × 24,13 cm.

exuberância que agora tudo se unia num tumulto, numa turba de arbustos dando contra os muros". Zola deu a esse jardim místico, também abandonado durante um século, o nome de *Le Paradou*.

Como Serge, o herói desmemoriado de Zola que se apaixonou pela única moradora do *Paradou*, uma mocinha loura inculta chamada Albine, Vincent encontrou uma promessa de felicidade no jardim secreto da abadia. Ensaiando a chegada tão ansiada de outro Paul de Pont-Aven, ele percorria as árvores centenárias, as pedras cobertas de liquens, os ramos cheios de frutos desperdiçados do jardim na agradável companhia do jovem tenente Milliet. "É um belo rapaz, muito afável e despreocupado, e muito simpático comigo", escreveu ele.

Vincent pintou o caminho por onde se chegava a Montmajour, com suas árvores de sentinela presas à rocha nua (retomando o velho tema da esperança na vida que brota milagrosamente da adversidade), e fez desenhos cuidadosos da *donjon* da abadia com sua vista vertiginosa. Mas o período de rajadas violentas do mistral impediu que pintasse ou desenhasse no jardim onde ele e Milliet se entretinham. Para exprimir essas deliciosas sugestões de felicidade no papel e na tela, Vincent recorreu às ruas afastadas e aos arredores de Arles, em busca de sinais da exuberância da natureza que pudesse incorporar à visão imaginária do *Paradou*. Em imagens e mais imagens, em pinturas e desenhos, aplicou prodigamente o pincel e a pena em jardins explodindo numa turbulência de flores. Essas visões de uma natureza livre são de uma fertilidade tão exuberante que a vegetação opulenta quase empurra o horizonte para além da vista e suplanta os cercados que tentam restringi-la. Mesmo na península arenosa criada por uma curva do caminho até os banhos públicos, Vincent enxergou uma visão da natureza sem amarras: uma eclosão de "flores luxuriantes do mais vivo laranja" — oleandros que acabavam de abrir.

Mas Paul Gauguin tinha ideias próprias sobre o paraíso. E basicamente envolviam dinheiro. Como ex-corretor de ações com uma família de seis pessoas para sustentar e uma esposa severa para acalmar, além de sérias ambições materiais para sua carreira artística, Gauguin não podia se permitir o luxo dos sonhos utópicos de Vincent. Em resposta ao convite para ir a Arles (que qualificou de "comovente"), Gauguin ofereceu uma expressiva imagem de camaradagem artística que emocionou Vincent até o âmago. Contou a Theo: "Ele diz que, quando os marinheiros precisam mover uma carga pesada ou erguer a âncora, todos cantam juntos para manter o embalo e ganhar força. É exatamente isso que falta aos artistas!".

Mas essa metáfora hipnotizante vinha acompanhada por um esquema de ambições tão atordoantes que apequenava até mesmo os grandiosos planos de Vincent para o empreendimento dos irmãos Van Gogh, o *entresol*. Gauguin sugeriu que Theo liderasse uma iniciativa de arrecadar a assombrosa quantia de 600 mil francos "para se estabelecer como negociante de pinturas impressionistas". Vincent ficou tão boquiaberto com aquela soma que nem quis tratar os detalhes do plano de Gauguin com o irmão. Descartou a ideia como uma "*fata morgana*" — uma miragem —, atribuindo-a ao estado debilitado de Gauguin. Escreveu a Theo, sem a menor ponta de ironia: "Quanto mais necessitado você está, sobretudo estando doente, mais pensa em tais possibilidades. Para mim, esse projeto parece simplesmente mais uma prova do colapso que ele está sofrendo, e seria melhor afastá-lo o mais depressa possível".

A resposta inesperada trouxe uma nuvem aos planos ensolarados de Vincent para a Casa Amarela. Num acesso de cólera que somava humilhação, indignação e rivalidade, qualificou a contraproposta de Gauguin como "nada além de uma veleidade" e exigiu que ele a retirasse imediatamente. Advertiu Theo contra as lisonjas do francês e comentou que Gauguin não devia se intrometer nos assuntos profissionais dos dois. "O bem mais sólido que Gauguin tem agora é sua pintura", escreveu ele, "e o melhor negócio que poderia fazer [são] seus próprios quadros." Na verdade, Vincent tomou a experiência de Gauguin na Bolsa como pretexto para fazer especulações sinistras sobre uma possível conspiração com "banqueiros judeus" para arruinar os irmãos. De mau humor, ameaçou retirar o convite e encontrar outro artista para dividir o ateliê no Sul, que se mostrasse mais agradecido. Num apuro desesperado, Gauguin afinal recuou de seu projeto mirabolante e escreveu a Theo, "respondendo de forma positiva e categórica à proposta que você me fez em relação a Arles".

Vincent subiu às nuvens. "Sua carta traz grandes notícias", respondeu animado. "Gauguin concorda com nosso plano. Certamente a melhor coisa para ele seria vir correndo para cá." Mas a alegria durou apenas uma semana, quando Gauguin adiou mais uma vez a viagem, invocando mais dificuldades financeiras (precisava de dinheiro para viajar), mais problemas de saúde e mais silêncios torturantes entre uma carta e outra. Em meados de julho, Vincent considerou que seria necessário montar mais uma campanha para convencer Theo de que a combinação com Gauguin era sensata do ponto de vista financeiro. Mesmo não muito convencido, insistiu ainda mais que Russell comprasse um quadro de Gauguin; enviou seus desenhos de Montmajour ao galerista Thomas e se prontificou a usar o resultante da venda para quitar as despesas de Gauguin; propôs organizar uma exposição para Gauguin em Marselha. Numa reviravolta surpreendente, quando Theo comentou que talvez saísse da Goupil, Vincent não só insistiu que *ficasse*, pelo receio de que a saída afetasse o plano para Gauguin, como também se ofereceu a voltar a trabalhar para a empresa. Por fim, numa atitude sem precedentes, devolveu parte do dinheiro que Theo lhe enviou.

Em 22 de julho, Vincent se sentiu obrigado a repetir uma proposta surpreendente que fizera inicialmente no final de junho, a última vez em que as negociações pareciam destinadas a fracassar. Renunciando a todos os seus sonhos para a Casa Amarela e um ateliê no Midi, propôs-se a ir a Pont-Aven. E escreveu a Theo: "Se Gauguin não consegue pagar as dívidas ou a viagem, por que eu não iria até lá, se queremos ajudá-lo?". E acrescentou: "Deixo de lado qualquer preferência, seja pelo norte ou pelo sul. Qualquer plano que se faça, sempre há alguma dificuldade em algum lugar". Poucos dias depois, porém, voltou a se animar quando recebeu uma carta de Pont-Aven, na qual Gauguin dava notícias de suas melhoras e terminava num tom otimista: "No aguardo de nos reunirmos afetuosamente, estendo-lhe minha mão". Vincent respondeu de imediato, anexando um esboço de seu mais recente anúncio do Midi, *La mousmé*. Mas semanas se passaram sem qualquer outra palavra — forma de tortura pelo silêncio que Vincent conhecia muito bem —, e sua disposição se abateu de novo.

E assim prosseguiu. A cada novo surto de esperanças se seguiam novos entraves, enquanto Gauguin pesava as opções que tinha e manobrava para extrair a máxima vantagem do convite dos dois irmãos. Para Vincent, enviava queixas sobre seu isolamento na Bretanha. "O bando de caipiras daqui acha que sou totalmente insano", escreveu, reproduzindo algumas lembranças do isolamento de Vincent, "e isso me agrada porque demonstra que não sou." Para Theo (a quem tratava com grafia errada, "Monsieur Van Gog"), lamuriava-se dos "credores importunos" e acenava com promessas de alguma venda iminente, enquanto mantinha seus votos solenes de ir para Arles: "Sou um homem disposto a sacrifícios".

As mensagens ambíguas que vinham de Pont-Aven eram recebidas com iguais dúvidas em Paris. Lendo as missivas carregadas de urgência e exortações de Vincent ao lado dos comunicados frios e táticos de Gauguin, Theo começou a pensar duas vezes. O francês já estava um tanto arisco com as cartas "intimidadoras" e os pródigos elogios de Vincent. As expectativas do irmão não seriam excessivas? Esses dois artistas tão diferentes não teriam gênios incompatíveis? O ardor pretensioso demais do irmão não colidia com a sutil autopromoção de Gauguin?

Quando essas preocupações vazaram e, como era inevitável, chegaram a Arles, Vincent inverteu totalmente o rumo. Depois de meses de frenesi mercenário, desmentiu qualquer expectativa de êxito comercial na combinação com Gauguin e se alongou em sermões extravagantes sobre o desatino da ambição e os perigos da fama. O "público traiçoeiro" nunca saberia acolher o "talento austero" de pintores como Gauguin e ele mesmo, escreveu Vincent, pois "gosta apenas de coisas fáceis e bonitinhas". Acrescentou que esperar de sua arte mais do que "*eterna* pobreza", "isolamento social" e "assédio do fracasso" seria apenas preparar terreno para a desilusão. "Não me importo com meu sucesso nem com a felicidade", afirmou a Theo, renegando seu entusiasmo prévio com as manifestações de interesse de Geffroy em relação a seu trabalho. "Eu me importo é com a permanência dessa iniciativa vigorosa dos impressionistas."

Em meados de agosto, os piores medos de Vincent pareciam em vias de se concretizar quando Gauguin, sempre atento às vantagens, insinuou que poderia ir a Paris em vez de vir para o sul. "Gauguin espera ter sucesso e não pode dispensar Paris", escreveu Vincent desesperado. "Iria se sentir sem fazer nada se estivesse [aqui]." Apenas poucos dias depois, chegou uma carta de Bernard contando sua visita a Gauguin em Pont-Aven. A carta não trazia "nenhuma palavra se Gauguin pretende se juntar a mim", escreveu angustiado, "e nenhuma palavra também se quer que eu vá até lá".

As oscilações dessas negociações triangulares lançaram Vincent num inferno de ansiedade. A cada adiamento de Pont-Aven e a cada ressalva de Paris, sentia seus sonhos de um *Paradou* artístico lhe fugir ao controle. Sempre propenso a enxergar conspirações em vez de dúvidas, ele se afundou mais e mais no rancor e na depressão — um estado no qual se somavam vários fatores: o silêncio continuado de Russell, uma sensação de menoscabo por parte de MacKnight, mais frustrações por causa dos modelos, outra rodada de despesas que acarretavam sentimento de culpa, o ressurgimento de débitos antigos em Paris, a leitura de *O ano terrível* (*L'année terrible*), a narrativa impiedosa e deprimente de Victor Hugo sobre a Comuna de Paris. Aquietava seus medos com jornadas exaustivas de trabalho ao sol abrasador do verão, com incontáveis xícaras de café, às vezes batizado com rum, e com serões sonhadores regados a absinto — bebida ainda mais popular em Arles do que em Paris. "Se eu pensava a respeito, se eu me detinha nas possibilidades catastróficas", escreveu ele, "não havia nada que eu pudesse fazer, [então] me atirava de cabeça ao trabalho... Se a tempestade por dentro ruge demais, bebo muito para me atordoar." Punia-se da maneira habitual, com excesso de trabalho e sem se alimentar. Cortou a barba e raspou a cabeça.

Os meses de incerteza lhe perturbavam o sono, lhe arruinavam o estômago e lhe destroçavam os nervos já frágeis. "Tem me custado uma carcaça bem destruída", admitiu a Theo num momento desprevenido, e "minha cabeça bem desregulada." Sua única companhia esporádica, o tenente Milliet, contou que Vincent era acometido por mudanças de humor tão violentas como o mistral: num minuto era tomado por acessos coléricos de raiva ("quando ficava bravo, parecia louco"); no minuto seguinte, por "sensibilidade exagerada" ("às vezes reagindo como uma mulher"). Suas cartas passavam rapidamente da exuberância à raiva e depois à resignação. Continuava a travar batalhas cerradas contra qualquer objeção ou impedimento, enquanto sua confiança ruía e se convertia num engasgo desesperado: "Tudo o que se espera, a independência por meio do trabalho, a influência sobre outros, tudo resulta em nada, absolutamente nada". Somou com tristeza as quantias que Theo lhe enviara ao longo dos anos ("15 mil francos") e brincou soturnamente que mais valeria ter gastado o dinheiro comprando obras de outros artistas. Num momento de irritação, pôs a culpa por aquela situação não em Gauguin, e sim em "um planeta ingrato" — "a tradição oficial carcomida" que deixava todos os artistas de vanguarda "isolados, pobres, tratados feito loucos".

Num surto de otimismo, pregou trinta telas suas na Casa Amarela, presenteando-se com uma exposição do próprio trabalho enquanto aguardava a tinta secar, para poder enviá-las a Paris. "Fomos longe demais para voltar atrás", foi sua maneira pouco convincente de encorajar o irmão. "Juro que minha pintura vai melhorar. Pois não me sobrou mais nada." Quando o humor estava mais sombrio, via a inelutável mão do destino — "[Talvez] a esperança de melhorar seja também uma *fata morgana*" — e reconhecia o preço de resistir a ela. "Não sinto que tenha me restado força suficiente para continuar assim por muito tempo... Estou me destroçando e me matando." Mesmo assim, reprimia-se à perspectiva de outro fracasso. "Você vê que tenho meu trabalho", escreveu à irmã e confidente Wil:

> e vê também que não tenho mais nada de tudo aquilo que faz parte da vida. E o futuro? Ou vou ficar completamente indiferente a tudo que não faça parte do trabalho de pintar, ou... não ouso falar sobre o assunto.

Mas nenhum ato da vontade podia impedir que seus pensamentos deslizassem para campos mais sombrios. Era com frequência cada vez maior que se referia a si mesmo como "louco", "desregulado" ou "maluco" — às vezes em tom de brincadeira, às vezes totalmente a sério. Ser tratado feito louco, advertiu com todas as letras, pode levar o indivíduo "a virar efetivamente um deles". Depois de raspar a cabeça, olhou-se no espelho e viu as faces encovadas e a expressão "aturdida" de Hugo van der Goes, o "pintor louco" que Émile Wauters pintara com os olhos alucinados, a barba desgrenhada, agarrando as próprias mãos — uma imagem do tormento artístico que assombrava a imaginação de Vincent desde que se tornara artista.

Esses demônios já estavam à solta dentro dele quando, no fim de julho, chegou a notícia de que o tio Cent falecera. Aos 68 anos, o respeitável negociante de arte finalmente sucumbira, depois de sobreviver a todos os irmãos, exceto um, apesar de ter passado décadas com problemas de saúde. Embora já estivesse avisado de que a morte de Cent era iminente, Vincent recebeu a notícia como um golpe violento. Todos os fantasmas da Holanda vieram pousar naquela situação de impasse com Gauguin. Suas cartas transbordavam de longas elucubrações sobre a morte e a mortalidade — os representantes dos erros do passado, das oportunidades perdidas, do fracasso que se avizinhava.

Enfurecido ao saber pela irmã Wil que o inflexível Cent tinha morrido em "paz e tranquilidade", desdenhou da crença reconfortante do tio — e do pai — de uma vida no além, dizendo que não passava de futilidade de velhotas. Mas a possibilidade de um vazio impiedoso o aterrorizou. Para preenchê-lo, ergueu todo um edifício periclitante de reflexões sobre a possibilidade de outros mundos "invisíveis". Somando seu apelo a um renascimento da arte moderna com sua necessidade insatisfeita de uma redenção pessoal — agora ainda mais cerceada pela morte de Cent —, indagou se poderia existir "um outro hemisfério" da vida onde os artistas fossem reconhecidos por si mesmos e não por sua venda, onde se retirasse o peso da culpa e se perdoassem os erros do passado. "Seria tão simples", imaginou, "e explicaria muito as coisas terríveis na vida, que agora tanto nos aturdem e nos ferem."

Fazia longas caminhadas à noite, perscrutando o céu e pensando nas novas notícias sobre planetas distantes e mundos desconhecidos, imaginando um paraíso que lhe parecia impossível construir em seu próprio mundo. "Sempre me sinto como um viajante", escreveu ele, "indo a algum lugar rumo a algum destino. Quando me digo que esse lugar e esse destino não existem, parece-me muito sensato e bastante provável." Comparou a vida a "uma viagem só de ida num trem": "Você vai rápido, mas não consegue distinguir muito bem nenhum objeto e, principalmente, não enxerga a locomotiva".

> Por que, eu me pergunto, os pontos brilhantes no céu não haveriam de ser tão acessíveis quanto os pontos pretos no mapa da França? Se pegamos o trem para ir a Tarascon ou Rouen, pegamos a morte para ir a uma estrela. Uma coisa inquestionavelmente verdadeira nesse raciocínio é a seguinte: enquanto estamos *vivos*, não *podemos* ir a uma estrela, da mesma forma como, estando mortos, não podemos pegar o trem.

Preso num vórtice de ruminações sombrias, Vincent se agarrou ao único consolo sólido que conhecia. Numa tela de grandes dimensões, esboçou uma imagem familiar mais reconfortante do que qualquer promessa de paraíso: um semeador. A ideia lhe veio quando trabalhava nas pinturas da colheita no Crau. Veio como uma visão, não como uma cena. Em junho, era a época da colheita, não da semeadura, que só se iniciaria no outono. Tal como suas visões da ponte Langlois, esta brotou de uma nostalgia ardente e profunda. "Ainda sou enfeitiçado por fragmentos do passado", escreveu ao conceber o quadro, "e sinto um profundo anseio pelo eterno, cujos símbolos são o semeador e o feixe de cereal."

Sem ninguém para posar, ele foi obrigado a confiar em sua lembrança da versão icônica do tema feita por Millet, que vira apenas em reprodução e, rapidamente, numa versão em pastel. Mas não importava. A imagem da figura altaneira, andando a passos largos, com a sacola de sementes ao ombro e o braço estendido, o perseguia desde as profundezas do Borinage, como portadora de uma mensagem de esperança. Nos anos seguintes — em Etten, em Haia, em Drente, em Nuenen —, tentara inúmeras vezes expressar a promessa de redenção pela perseverança, que seu pai pregara, a que Millet dera forma e que todos os heróis de sua imaginação, de Eliot a Zola, confirmavam. Mas falhara em todas as tentativas. "Faz tanto tempo que tenho vontade de fazer um semeador", lamentou-se enquanto observava o término da colheita em Arles, "mas nunca sai. E assim fico quase com medo dele."

Vincent avançava e recuava da imagem angustiante numa luta tão tensa e renhida quanto a luta paralela com Gauguin e Theo sobre o futuro da Casa Amarela. A tela que era o campo de batalha registrou todos os impulsos e todas as derrocadas da confiança. Tal como *Os barcos pesqueiros em Saintes-Maries*, ela começou como mais uma afirmação do novo evangelho cloisonista, que descreveu a Bernard: no primeiro plano, "um púrpura definido" de terra arada; no horizonte, uma linha de trigo maduro em "amarelo-ocre com um pouco de carmim"; um enorme sol num céu "amarelo-cromo, quase tão vivo quanto o próprio sol"; um semeador solitário com "blusa azul e calças brancas". Uma semana depois, suas esperanças para a imagem tinham entrado numa espiral ascendente, em busca de algo "feito de maneira totalmente diferente". Invocando os evangelhos complementares anteriores de Blanc e Chevreul, com seu respectivo messias Delacroix, ele imaginou pintar seu semeador tal como Delacroix pintara Cristo no mar da Galileia: um símbolo da calma em meio à tempestade, da serenidade na adversidade, da reencarnação por meio do sofrimento. Debateu-se para explicar: "Estou tentando chegar a algo profundamente confrangido e, portanto, profundamente confrangedor".

Semeador ao pôr do sol, agosto de 1888, pena de junco e nanquim sobre papel, 24,5 × 32 cm.

Empenhou-se mais a fundo na imagem, com uma visão de Cristo como "grande artista" que disseminava a arte luminosa da redenção, tal como a figura andando no campo espalhava as sementes do renascer. E exclamou: "Que semeador, que colheita!". Mais ou menos na mesma época, Vincent pintou um autorretrato estranho, implausível, andando "na estrada ensolarada para Tarascon" — o caminho da eternidade — a passos confiantes, carregando seus apetrechos de pintura, com telas, blocos de desenho, penas e pincéis: as sementes de sua nova fé. "Considero que fazer estudos é como *semear*", disse certa vez, "[e] anseio pela época da colheita."

Movido por tais ambições metafísicas, Vincent trabalhou e retrabalhou a imagem simples que descrevera a Bernard. Canalizando todas as suas frustrações com o presente e expectativas para o futuro, elaborou e reelaborou a pose do semeador solitário, aproximando-o mais com sua lembrança da figura icônica de Millet. Adicionou várias cores novas à tela, passando traços de verde no céu amarelo para aumentar o brilho do sol e ressaltar suas irradiações, usando laranja no campo púrpura, acrescentando placas grossas de tinta numa obsessão votiva pelo uso impressionista do pincel.

Para todas essas inquietas reelaborações, invocou o mesmo imperativo que invocara para os inquietos sonhos em relação à Casa Amarela: a convocatória de Corot no leito de morte a uma verdade mais profunda. "Pouco me importa como são as cores na *realidade*", disse a Bernard, desde que atendessem a seu "anseio pelo eterno".

Mas a imagem ainda não o satisfazia. Descartou o resultado de toda essa dedicação ao trabalho como mero "estudo exagerado" — mais uma semente que não germinara. Deixou-a de lado no ateliê, "nem me atrevendo muito a pensar nela". Mas a imagem continuou a "atormentar" Vincent, "fazendo-me pensar se não devo atacá-la a sério e fazer uma tremenda pintura. Meu Deus, bem quero. Mas fico me perguntando se tenho energia suficiente para levar a cabo". Em cartas a Theo, zombava de si mesmo, arremedando sua covardia: "Pode-se pintar o Semeador em cores... sim ou não? Ora, *sim*. Bom, então faça". Por fim, num gesto frustrado de desistência, entregou a imagem ao mesmo destino incerto de seus sonhos em relação à Casa Amarela. "Por certo um quadro desses, com esse tema esplêndido, ainda está por aí para ser pintado", escreveu ele, "e espero que algum dia alguém o faça, seja eu ou outrem."

Em meados de agosto, foram revelados os termos do testamento de tio Cent. Conforme se esperava, o velho não deixou um centavo para o sobrinho pobre. Na verdade, Cent aproveitara a ocasião para fustigar seu homônimo imprestável pela última vez. Enquanto legava somas generosas a empregados da família e a parentes distantes, deserdou Vincent não uma, mas duas vezes. E não com uma omissão discreta. "Quero declarar expressamente que minha intenção é que Vincent Willem van Gogh, o filho primogênito de meu irmão Theodorus van Gogh, não receba nada de meu espólio", esbravejou lá do túmulo. Em outro documento, excluiu Vincent "e sua progênie" — expressão inequívoca da eterna suspeita da família de que Vincent era o pai do bebê de Sien.

Mas, além de deixar mais de 25 por cento de seu considerável patrimônio para os filhos de Dorus após a morte de sua esposa Cornelia, Cent também aquinhoara Theo e Anna com partes especiais. Com a dupla herança, Theo pôde se desafogar das preocupações financeiras imediatas e também futuras. Mas o fato lhe despertou um grande sentimento de culpa. "É uma pena", escreveu à mãe lamentando o irmão deserdado. (Anna não se abalou.) Dias depois, Theo escreveu a Vincent e a Gauguin prometendo usar o legado de Cent para "concretizar a combinação" entre eles. Ofereceu a Gauguin as mesmas condições propícias que vinha fornecendo ao irmão por muitos anos: um estipêndio mensal de 150 francos em troca de doze pinturas por ano. Também pagaria as dívidas e as despesas de viagem de Gauguin. Poucos dias depois, chegou uma carta a Arles. "Recebi uma mensagem de Gauguin", anunciou Vincent extasiado. "Está plenamente disposto a vir para o Sul tão logo surja a oportunidade."

Pelas vias ocultas e tortuosas dos sentimentos da família Van Gogh, o velho negociante intransigente tinha fornecido os meios para a aposta mais improvável de reabilitação do sobrinho, aproximando-o de seu *Paradou*.

32. O girassol e o oleandro

As pétalas foram as últimas. Numa ampla pincelada e com um torneio do pulso, ele aplicou os toques sinuosos de amarelo e laranja, um por vez, um depois do outro. As enormes compósitas, com sua auréola de flósculos ligulados crestada de sol e o centro densamente compactado com flósculos tubulares multicoloridos, abriram as comportas da imaginação febril e do pincel maníaco de Vincent. Durante a última florada, um ano antes em Paris, ele havia ruminado obsessivamente sobre os detalhes dessas flores enormes pendendo dos caules rijos. Mas agora, em Arles, às vésperas da chegada de Gauguin, Vincent enxergava apenas a forma extravagante e a cor intensa.

Sobre um fundo do mais intenso turquesa — matiz perfeitamente afinado entre o verde adstringente e o azul repousante —, ele esboçou três flores enormes. Numa rajada de toques minúsculos, transformou os flósculos espiralados em esferas de cores complementares: traços de lavanda nas pétalas amarelas, de cobalto nas alaranjadas. Uma investida incisiva depôs uma grande folha mole sobre um vaso verde-limão, esmaltado e resplandecente à luz brilhante do novo ateliê. Mais uma investida, mais uma folha. Espalhou uma sucessão de toques repetidos na mesa, num fulgor de vermelhos e laranjas, e então deu brilho a ela com pinceladas cintilantes de todas as cores de sua paleta.

Vincent pintava como falava: de supetão, investindo e recuando. Um fogo de artilharia percorria a tela várias vezes, em pinceladas incessantes como tempestades de verão. Às afoitas exortações à tinta, intensas como fogos de artifício, seguiam-se reflexões e reavaliações cautelosas, enquanto ele recuava, cruzava os braços, maquinando a nova saraivada. Então, de repente, o pincel voava para a paleta, batendo e mexendo, batendo e mexendo, procurando outra cor; e aí corria para a tela, explodindo em novos argumentos e num fervor renovado. O zuavo Milliet relembrou em tom de desaprovação: "[Ele] virava um fanático na hora em que tocava num pincel". E acrescentou: "Uma tela precisa ser seduzida; mas Van Gogh, ele, ele a violentava". Outra testemunha contou que Vincent atacava a tela com tinta *e* com palavras — murmurando e resmungando, adulando e agradando, ameaçando e ralhando —, dando voz a seus argumentos enquanto a mão lhes dava forma, textura e cor.

Em ambos os debates, ele adorava o confronto. Se críticos como Kahn e pintores como MacKnight diziam que as cores de Vincent eram vivas demais, ele as fazia ainda mais vivas. As flores silvestres requeriam um amarelo mais amarelo que o de seus tubos de tinta — um amarelo mais cru, mais ensolarado, mais "selvagem" —, e ele remexia na paleta até encontrar o toque certo de verde que faria o amarelo guinchar ou uma cor complementar escura que o faria saltar. Seu objetivo, dizia, era "dispor as cores num arranjo que as faça vibrar". E se Theo criticava seu trabalho dizendo que era apressado demais, "intratável" demais, e insistia que diminuísse o ritmo, ele pintava ainda mais rápido — a uma rapidez inconcebível. Vincent comparava seu estilo de pintar ao estilo de comer de um *paysan* local sorvendo ruidoso e voraz uma *bouillabaisse*, e alegou que, quanto mais depressa trabalhava, melhores eram os resultados. Dizendo-se um homem "movido por certa voracidade mental", desistira de "pintar algum dia pinturas pacíficas, trabalhadas calmamente...". E lamentou: "Será sempre mergulhando de cabeça".

Mas, claro, nunca era. Assim como suas campanhas de persuasão se prolongavam em muitas e muitas cartas, e as cartas às vezes passavam por vários rascunhos, geralmente a gestação de suas pinturas levava semanas, meses ou até anos antes que o pincel encostasse na tela. Ele tinha a imagem mental de um vaso de girassóis fazia pelo menos um ano, quando viu um buquê das flores enormes na janela de um restaurante em Paris, perto da galeria de Theo. Na época, pintou uma sequência de flores individuais, dispostas numa narrativa mórbida e pintadas ao estilo do desenho descritivo e tradicional de Haia. Mas, no ano que se sucedeu, ele descobrira o novo evangelho do cloisonismo, e a imagem mental dos girassóis adquiriu nova forma e nova cor.

Vincent praticou essa nova visão em maio, num vaso de flores silvestres que abriam cedo, e voltou a treiná-la em junho com os barcos na praia de Saintes-Maries — "tão bonitos na forma e na cor que fazem lembrar flores". Durante todo o verão, enquanto corria de campo em campo procurando imagens e ia à caça de modelos de bordel em bordel, ele foi perseguido por essa visão de flores simples. "Censuro-me por não estar pintando flores aqui", escreveu no começo de agosto. "Sob o céu azul, os salpicos alaranjados, amarelos, vermelhos das flores adquirem um brilho maravilhoso e, no ar límpido, elas parecem de certa forma mais felizes, mais bonitas do que no Norte." Quando os primeiros girassóis começaram a abrir logo depois, o projeto saltou de volta à vida. "Estou pensando em decorar meu ateliê com meia dúzia de quadros de 'Girassóis'", anunciou a Émile Bernard.

Para o Bernard simbolista, Vincent prometeu "efeitos como os dos *vitrais* de uma igreja gótica". Para o irmão negociante, prometeu "uma sinfonia de azul e amarelo" que rivalizaria com as pinturas monetianas de Antibes, além de um enorme "esboço decorativo" (que chegou a doze painéis) para concorrer com os projetos ambiciosos de Seurat. De seu lado, Vincent se sentia naturalmente atraído pelas flores singelas, que se abriam mais tarde e agora salpicavam todos os jardins de Arles, sem dúvida enxergando sua história pessoal naquele florescimento glorioso, naquela abundância desenfreada e no triste fenecimento. Mas sua plateia mais importante era o pintor que Vincent aguardava transpor a porta da Casa Amarela a qualquer momento. "Agora que espero morar com Gauguin num ateliê nosso", escreveu sonhador, "quero fazer a decoração do ateliê. *Nada além de grandes girassóis.*"

Mas primeiro teria de fazê-los. No início da carreira, ele escrevera: "As grandes coisas não acontecem só por impulso, porém são uma sucessão de pequenas coisas encadeadas". Passou longos dias e noites insones planejando o "programa" cromático que uniria e diferenciaria as diversas imagens. Comentou com Bernard que seria "uma decoração em que os amarelos-cromo puros ou quebrados vão fulgurar sobre vários fundos — desde o mais pálido verde-malaquita ao azul-real". Fez um levantamento das variáveis até que a cabeça começou a girar numa "mistura infernalmente difícil" de combinações.

Ciente da crítica de que as pinturas monetianas de Antibes, a despeito da atmosfera sensual, sofriam de "absoluta falta de construção", empenhou-se em adotar a "composição lógica" de Cézanne e a "cor calculada" de mestres holandeses como Vermeer. A exemplo desses e outros pintores "científicos", disse ter se preparado para a série dos girassóis com horas e horas de cálculos meticulosos: cálculos de tudo, desde o tamanho e a orientação de cada tela até o esquema exato das cores e a quantidade de tinta que consumiria, cor por cor. Apenas com esse tipo de planejamento prévio cuidadoso, com a mente "tensa ao máximo", poderia ter esperanças de produzir "uma sucessão rápida de telas rapidamente executadas".

No entanto, por mais preparativos que fizesse, nunca pareciam suficientes. "Ai, ai, as pinturas mais belas são as que sonhamos deitados na cama, fumando um cachimbo, mas que nunca pintamos", escreveu a Bernard.

Finalmente, quando todos os "cálculos" de Vincent explodiram na tela nos últimos dias de agosto, haviam restado nos jardins apenas os heliotrópios gigantescos, e já começando a murchar. Mas, claro, com o novo evangelho do exagero dando vida à sua paleta e pincel, quase nem precisava olhar o vaso de girassóis fanados em cima de uma mesa na Casa Amarela. Talvez tenha saltado a etapa do desenho preliminar em carvão que sempre o guiara no passado, começando a pintar diretamente. Esboçando apenas os elementos indispensáveis da composição — o vaso, algumas flores e o horizonte do tampo da mesa —, prendeu-se ao programa cloisonista e aos logaritmos complementares que o haviam impedido de dormir. Não demorou muito e logo estava trabalhando em três pinturas em simultâneo: duas com três flores cada e uma com pelo menos uma dúzia de flores enormes em fases de declínio variadas. Mais do que uma progressão metódica, era uma explosão retórica. "Estou trabalhando nisso todas as manhãs, desde o nascer do sol", informou a Theo, "pois as flores murcham rápido, e o importante é fazer o conjunto num impulso só."

Como era inevitável, tendo o pincel encostado na tela, o cuidadoso planejamento de noites e mais noites colidiu com o ímpeto afoito da tinta. Para um homem cujos entusiasmos não conheciam paciência nem freio, as infinitas permutações de cor e toque ofereciam uma ocasião irresistível para o improviso: uma excentricidade espontânea no traçado, um choque inesperado de cor, um ardor no empastamento, um voo lírico do pincel. Cada desvio, cada acaso, cada inspiração desencadeava uma nova rodada de cálculos, enquanto as semanas de planejamento se digladiavam com o pincel numa renhida dialética de intenção e resultado. As sessões de trabalho, disse ele, pareciam uma "luta de esgrima", na qual se enfrentavam "a intensidade do pensamento" e "a tranquilidade do toque".

Vincent entendia bem essa disputa e, a cada vez, defendia um ou outro oponente. Num dia insistia na necessidade da rapidez, citando o campeão de vendas Monet e o imortal Delacroix. Mas, quando Theo questionava o consumo de tinta ou os resultados apressados e imprevisíveis, insistia que cada pincelada e cada escolha de cor tinham sido determinadas de antemão, citando Monticelli, "o colorista lógico, capaz de realizar os cálculos mais complicados, subdivididos segundo as escalas de tom que estava pondo em equilíbrio". Em outros dias, responsabilizava as ventanias furiosas do mistral pela turbulência na execução, comparando-se a Cézanne, que também precisava domar um "cavalete oscilante".

Mas a verdadeira ventania que desequilibrava o cavalete de Vincent e lhe fazia tremer a mão era a que zunia dentro de sua cabeça. Com efeito, ele trabalhava melhor sob pressão, fosse uma tempestade na praia em Scheveningen, o mistral feroz do Crau ou as vozes acusadoras do passado. Apenas o atrito — entre ele e as forças da natureza, entre a esperança e a experiência, entre o planejamento cuidadoso e o ardor evangélico, entre o ditame cloisonista de simplificar e sua necessidade obsessiva de persuadir —, apenas o atrito podia induzir o "estado febril" de criatividade do qual, a seu ver, nasciam todos os seus melhores trabalhos. Como escreveu: "Dependo da exaltação que me vem em certos momentos, e então me entrego a extravagâncias". Descreveu a "lucidez terrível" que o acometia naqueles momentos, "quando a natureza é linda, não tenho mais consciência de mim e a pintura vem como num sonho". Invocava como modelo os artistas japoneses, com sua execução "feito um raio" e o toque absolutamente seguro ("tão simples como respirar"). Invocava também Monticelli, defendendo o pintor de Marselha tão mal-afamado — e a si mesmo — contra as acusações de pintar num frenesi de embriaguez ou de loucura. "Chamam um pintor de louco se vê as coisas com olhos diferentes dos deles", disse zombando e desafiando qualquer bêbado a realizar as proezas e acrobacias cromáticas que ambos executavam.

No entanto, Vincent sempre apregoara o paradoxo da calma na tempestade, da alegria no sofrimento, do conforto na dor. E já enaltecera seu turbilhão interior confiando à memória um famoso tributo a Delacroix: "Assim morreu — quase sorrindo — um pintor de nobre estirpe, que trazia um sol no intelecto e uma tempestade no coração". Circunstantes como Milliet, que ficavam perplexos diante das investidas de Vincent na tela ou zombavam do teatro maníaco de seu diálogo com as imagens, viam a mesma coreografia esgotante e inflamável de certeza e dúvida, de inteligência ascética e coração fanático, que fulgurava em tudo o que escrevia. Conhecendo a si mesmo, ele alertou Theo:

> Todos vão pensar que eu trabalho depressa demais. Não acredite numa palavra. Não é a emoção, o sentimento sincero pela natureza que nos atrai? E às vezes as emoções são tão fortes que se trabalha sem saber que se está trabalhando, e as pinceladas vêm com continuidade e coerência como as palavras numa conversa ou numa carta.

No fim de agosto, ardendo de expectativa pela chegada de Gauguin, Vincent submeteu mais uma imagem de girassóis à "fornalha da criação". Dessa vez, a lógica das cores complementares perdeu a batalha para a "extravagância" do efeito vistoso. Os mistrais fustigantes da concepção e da execução desprenderam ainda mais o objeto da atmosfera, a cor do contexto, a imagem da realidade. O resultado foi "uma pintura toda em amarelo": flores amarelas num fundo amarelo-esverdeado num vaso amarelo em cima de uma mesa de um amarelo-alaranjado. Vincent decretou que era "certamente diferente" e lhe atribuiu um papel muito especial. Como as próprias flores, que todas as manhãs se viravam a leste para saudar o sol nascente, a tela amarela de Vincent iria saudar o Bel-Ami esperado a qualquer momento. "O quarto que você ou Gauguin terão", escreveu ele a Theo, fundindo os sonhos de uma nova irmandade no Midi e as lembranças da irmandade anterior em Paris, "terá paredes brancas com uma decoração de grandes girassóis amarelos."

A expectativa fremente da chegada de Gauguin, trazendo uma promessa de renovação, ocupava todos os momentos da vida de Vincent em Arles. Todas as manhãs, saltava da cama logo cedo, corria para o ateliê e trabalhava até o pôr do sol. "Sou vaidoso o suficiente para querer causar certa impressão em Gauguin com meu trabalho", confessou ele, "de forma que não consigo evitar a vontade de fazer o máximo possível antes que ele chegue." Comia com apetite duas vezes por dia no Café de la Gare, alegando que a comida melhor de lá não só lhe aquietava o estômago, como também melhorava o trabalho. Fazia "passeios esplêndidos" pelo campo, principalmente entre os vinhedos, onde já estavam em curso os preparativos para a colheita do outono. Comprou um belo paletó de veludo preto e um chapéu novo para acolher o hóspede em grande estilo.

Uma visita especial também exigia acomodações especiais. Em setembro, a Casa Amarela já estava pintada por dentro e por fora, mas ainda não tinha gás. Vincent podia trabalhar lá durante o dia, porém todas as noites tinha de voltar a seu quarto no café 24 horas. Nunca pretendera usar os outros aposentos, além do amplo ateliê no térreo: um cômodo só, para pintar e dormir. O resto serviria como "depósito para a campanha", disse a Theo. Mas a vinda de Gauguin alterava tudo. Apenas uma autêntica "*maison d'artiste*" — "uma casa de artista... num estilo absolutamente individual" — faria as honras ao novo parceiro.

Impressionado com uma notícia de jornal sobre uma "casa impressionista" construída com blocos de vidro violeta, Vincent passou muitas horas concebendo um "esquema de decoração" que transformaria o imóvel comercial simples da Place Lamartine 2 num ateliê que refletisse a *nova* nova arte — a arte do Japão. "Os japoneses de verdade não têm nada nas paredes", disse a Theo, baseando-se em sua leitura de *Madame Chrysanthème*, de Loti. "Os quartos lá são nus, sem decoração nem enfeites." Como se estivesse planejando um quadro cloisonista, Vincent imaginou um espaço definido por paredes brancas, luz clara, chão de lajotas vermelhas e trechos de céu azul. "*Nada valioso*", prometeu ele, nada "trivial": nada do monte de bizarrices da casa da maioria dos artistas. "Estou decidido a fazer um lar do artista... não uma produção ao acaso, mas uma criação calculada."

Porém, como todas as criações calculadas de Vincent, a Casa Amarela estava sujeita a correntes contrárias. Os japoneses de Loti podiam deixar "todos os desenhos e curiosidades escondidas nas gavetas", podiam colocar apenas um rolo ou um requintado arranjo floral num nicho, mas Vincent tinha uma infinidade de argumentos para expor e apenas um lugar para apresentá-los — onde sempre os apresentara: as paredes. Abandonando rapidamente o plano de pendurar apenas girassóis, emoldurou dezenas de suas pinturas com madeira de carvalho e de nogueira e espalhou por toda a casa — sobretudo nos quartinhos do segundo andar, onde ele e Gauguin iriam dormir. Em vez de deixar alguma parede vazia, mesmo na cozinha, ele pendurou "uma grande profusão de retratos e estudos de figuras pintadas", junto com a usual galeria de reproduções.

Então encheu os aposentos de móveis. O modelo japonês dos "colchões brancos simples" e seus votos pessoais de "ordem e simplicidade" não conseguiram refrear por muito tempo a mania de arrumação doméstica de Vincent. Como em Haia, quando preparou o ateliê da Schenkweg para a volta de Sien com o bebê do hospital, ele foi à forra comprando camas, colchões, montes de "roupas de cama", espelhos, penteadeiras, baús gaveteiros, cadeiras e "pequenas necessidades" não especificadas. Tudo teve de ser comprado aos pares, claro, exceto a mesa da cozinha e uma vasta frigideira suficiente para dois. Além dos dois dormitórios no andar de cima, Vincent planejou montar dois ateliês no térreo: a sala grande da frente para Gauguin, a cozinha para ele. Por fim, comprou duas floreiras para colocar nos lados da porta de entrada, para que as plantas floridas dessem as boas-vindas ao recém-chegado.

Quando Theo levantou objeções a essa sangria financeira, Vincent defendeu todas as extravagâncias como despesas necessárias e respondeu com rispidez: "Se Gauguin e eu não aproveitarmos essa oportunidade de nos ajeitar, vamos continuar nos arrastando ano após ano em aposentos acanhados onde só vamos cair no desleixo". E acrescentou: "Já está quase pronto". Depois que um "empréstimo" suplementar de trezentos francos se evaporou, Vincent contrapôs às inquietações de Theo alegres promessas de poupança a longo prazo, de grande retorno, de melhoria da saúde, de um trabalho "mais livre" e de um inevitável sucesso. "E agora você pode dizer que tem uma espécie de casa no campo", completou todo animado, "embora infelizmente um tanto longe."

Nesse fervor de montar o cenário, Vincent renovou não só a casa em Arles, mas toda a sua atitude em relação ao Midi. Depois dos embates de verão com o vento e o sol, depois da decepção de não conseguir modelos e das insolências dos vizinhos, ele voltou a abraçar o Sul "simples e despreocupado" de Tartarin. Pintou para Theo (e Gauguin) um quadro irresistível de uma terra onde um artista poderia encontrar a simplicidade primitiva, a comicidade cósmica e a humanidade sublime do palhaço de Daudet. Pintou-se como Cândido, o herói azarado de Voltaire, à solta numa terra de cores incríveis e de caricaturas à Daumier. Enalteceu o encanto artístico da insipidez provinciana citando os dois simplórios mais famosos da literatura francesa, François Bouvard e Juste Pécuchet, o Gordo e o Magro flaubertianos de cômica presunção e ridículas pretensões.

Vincent anunciou essa sua visão não apenas no autorretrato airoso percorrendo a "estrada ensolarada para Tarascon", mas também num simpático estudo de algumas carroças acampadas à beira da estrada. Essas carroças mambembes, de duas rodas e toldo de cobertura, pertenciam aos "atores de um circo ambulante", como informou a Theo enquanto desfiava um complicado conceito da pintura como truque de feira de diversões e ele mesmo como ator de feira. "É nisso que eu sou bom", gabou-se no espírito de Tartarin:

> fazer o desenho do sujeito de uma assentada só. Se eu quisesse me exibir, meu rapaz, sempre faria assim, beberia com o primeiro que chegasse, pintaria não em aquarela, mas a óleo, ali mesmo, ao estilo de Daumier. Se eu fizesse uns cem desses, teria alguns bons ali no meio. Teria mais de francês, teria mais de *mim mesmo* e beberia mais. Realmente me tenta muito — não beber, mas pintar vagabundos.

Ninguém desempenhou papel mais importante nessa nova visão ruidosamente receptiva do Midi do que Joseph Roulin, um funcionário do correio na estação ferroviária de Arles. Normalmente, Vincent tenderia a detestar Roulin como mais um pequeno burocrata. Com efeito, ele já tinha brigado com os funcionários do correio por causa de seus pacotes mal-ajambrados, e talvez tenham sido essas altercações que chamaram a atenção de Roulin para aquele holandês esquisito. Ou talvez tenham se conhecido no café noturno, onde os dois comiam e bebiam.

Retrato do carteiro Joseph Roulin, agosto de 1888, nanquim sobre papel, 31,11 × 23,5 cm.

Com mais de 1,90 metro de altura, com uma barba densa — "uma mata fechada" — castanha entremeada de fios brancos e penteada em duas pontas, uma testa íngreme como uma escarpa, um olhar de perpétua embriaguez, Roulin, de 47 anos, parecia saído de um romance de Daudet. Bebia, cantava e discursava com gosto até o balcão do bar se esvaziar, restando apenas Vincent. Vangloriava-se de seu republicanismo com a voz retumbante e os floreios burocráticos adequados ao cargo, e desfilava pela cidade a qualquer hora do dia e da noite com o pesado uniforme dos correios — um casaco azul-escuro de peito duplo e botões de latão, as mangas bordadas com enfeites dourados, um quepe rígido com a palavra "POSTES" no alto da pala.

Vincent comparou seus traços aos de Dostoiévski ("a aparência de um russo"), sua oratória à de Garibaldi ("ele pontifica com tanta pose"), seu consumo etílico ao de Monticelli ("bebedor a vida toda"). Mas não foi apenas o álcool — em especial o absinto — que selou aquela improvável ligação. "A mulher [de Roulin] deu à luz hoje", anunciou Vincent no fim de julho, "e assim ele está se pavoneando todo e reluzindo de satisfação." Vincent gostava de bebês e já os tinha usado muitas vezes no passado para ganhar acesso a famílias adotadas. E assim foi com Marcelle, a recém-nascida, e a família de Joseph Roulin — a esposa Augustine e o casal de filhos adolescentes, Armand e Camille —, que morava num soturno imóvel do governo, espremido entre duas pontes ferroviárias, a um mero quarteirão de distância da Casa Amarela. Vincent foi ao batizado de Marcelle e logo fez planos de pintar um retrato do bebezinho bochechudo. Escreveu num arroubo maravilhado: "Uma criança no berço tem o infinito nos olhos".

Mas primeiro tinha de pintar o gigante.

Vincent não pôde esperar para compartilhar seu fantástico achado, esse Tartarin entre os sacos postais do Midi, com os camaradas de Paris e Pont-Aven. Tal como o *Zuavo* e a *Mousmé* prometiam façanhas sexuais na terra do sol e da paixão, o carteiro Roulin fascinaria o mundo com aquele tipo de despreocupação lendária que só se podia encontrar no Sul de Daudet. Com uma proposta de pagar comida e bebida que aquela autêntica esponja que era Roulin dificilmente iria recusar, Vincent conseguiu atrair o modelo relutante até seu ateliê. Roulin ficou sentado rígido, impaciente, enquanto Vincent corria para terminar a imagem numa única sessão. Usou uma tela grande, de 60 × 90 cm, para seu tema descomunal, e colocou o modelo sentado numa cadeira como um orgulhoso citadino holandês, os braços ultrapassando os braços da cadeira como se estivesse num trono imaginário. Ele olha em frente, abaixo do nariz torto, com ar desdenhoso, enquanto Vincent se apressa em captar todos os detalhes da atitude de empáfia, desde o casacão com bordados dourados à barba de duas pontas, cuidadosamente aparada. Fosse por descuido ou caricatura, Vincent pintou Roulin com mãos enormes e pálpebras pesadas. Como fundo usou um azul-celeste, tanto para reforçar o cobalto do uniforme quanto para realçar os enfeites dourados das mangas, a fila dupla de botões niquelados e a inscrição no quepe, POSTES. "Benza Deus!", exclamou para Bernard quando terminou, "que tema para pintar à maneira de Daumier, hein?"

No fim de agosto, a perspectiva de receber Gauguin, e talvez também Bernard, trouxera a Vincent a clara percepção da distância, tanto artística quanto física, que o separava de seus camaradas em Pont-Aven. Para cobrir essa distância, ele escreveu cartas longuíssimas apregoando a união e os mesmos objetivos. Como que prestando um juramento de lealdade à nova causa cloisonista, renunciou a qualquer ligação com o impressionismo de Monet ("Eu não ficaria surpreso se os impressionistas logo enxergassem defeitos em minha maneira de trabalhar", escreveu ele) e com o neoimpressionismo de Seurat (que descartou como "aquela escola que se restringe ao experimento óptico").

Citando uma legião de inspiradores, desde os grandes nomes da Idade de Ouro ao pária Monticelli, de Richard Wagner a Cristóvão Colombo, Vincent apresentou várias vezes a imagem de um triunvirato de exploradores, Gauguin, Bernard e ele mesmo, desbravando uma trilha até "a doutrina definitiva" — uma arte que iria nada menos que "abranger a totalidade da época". E insistia sem cessar: apenas em equipe conseguiriam chegar a essa admirável arte nova. "Pinturas que alcançam o ápice sereno dos escultores gregos, dos músicos alemães e dos romancistas franceses estão além da capacidade de um indivíduo isolado", alertou ao ativista militante Bernard. "Elas só podem ser criadas por grupos de homens que se reúnem para executar uma ideia em comum." Quando Theo sugeriu ao irmão que expusesse na próxima mostra nas dependências da *Revue Indépendante*, apesar da crítica pouco favorável de Kahn no ano anterior, a única preocupação de Vincent foi que sua obra viesse a representar um "obstáculo" aos camaradas de Pont-Aven. "A honra de nós três está em jogo", foi sua salmodia. "Nenhum de nós está trabalhando só para si."

Poucos dias depois que Theo lhe transmitiu o convite da *Revue*, Vincent sobraçou seus apetrechos de pintura e rumou para a Place du Forum. Chegou já caída a noite. O espetáculo de um pintor montando o cavalete entre rangidos e estrépitos no escuro, na praça pavimentada de pedregulhos, deve ter sido motivo de piada para os locais que passeavam por ali ou estavam sentados sob o toldo do Grand Café du Forum (a cena saiu no jornal da cidade, numa nota divertida). Mas, na verdade, Vincent estava protegendo a "honra" dos camaradas. Fazia apenas um ano que Anquetin, o paladino ungido da *Revue*, pintara uma cena noturna semelhante: uma calçada cheia de gente, na frente de um açougue iluminado por dentro e com dois grandes lampiões a gás do lado de fora, suspensos na marquise. Tirando a fila de clientes que se comprimia junto ao clarão alaranjado da vitrine, a imagem consistia quase exclusivamente numa penumbra azul-púrpura, quebrada em fragmentos de matizes, como que vista por um prisma de cristal azul. A pintura noturna de Anquetin (à qual deu o título descritivo em estilo seuratiano de *Avenue de Clichy: Anoitecer. Cinco horas*) se tornou instantaneamente um ícone do novo estilo japonês.

Colocando-se exatamente no ângulo oblíquo que Anquetin escolhera para seu quadro, Vincent utilizou o enorme toldo do café para criar a mesma perspectiva que se afunilava na rua escura e no céu noturno ao fundo. Acendeu o lampião a gás para que a luz amarela banhasse a calçada sob o toldo e se espalhasse pelo pavimento de pedras do Crau em ondulações de cores complementares. "Muitas vezes penso que a noite é mais viva e mais colorida do que o dia", escreveu enquanto acrescentava faixas de laranja (para os pisos) e de azul (para as portas) a seu tributo a Anquetin. Escrevia interminavelmente sobre sua *bona fides* cloisonista: o recurso a estampas japonesas, a admiração pela rapidez e segurança do desenho japonês, sobretudo a devoção à cor japonesa. "O artista japonês ignora os reflexos de cor", escreveu a Bernard como se recitasse um catecismo, "e coloca as cores lisas lado a lado, com linhas características demarcando os movimentos e as formas."

Através das cartas e esboços de carta que recebia de Bernard e Gauguin, Vincent monitorava os refinamentos das ideias japonistas de Anquetin que os dois artistas estavam desenvolvendo durante o verão juntos em Pont-Aven. Mesmo não tendo visto os trabalhos de nenhum dos dois desde o inverno anterior em Paris (quando Gauguin, em particular, estava pintando em estilo muito diferente), Vincent não cansava de jurar lealdade à arte deles e, baseando-se nos informes entusiasmados de Bernard, elegeu o artista mais velho como líder do novo movimento. (Bernard declarou que Gauguin era "um grande mestre e um homem absolutamente superior em caráter e inteligência".)

Gauguin, afinal, pintara negras na Martinica que combinavam exatamente com a descrição de Pierre Loti sobre sua noiva menina do Japão. E afinal o Caribe, o Japão e a Provença não eram regiões do mesmo Sul mágico, argumentava Vincent, "onde a vida se passa muito mais ao ar livre"? Dizia que Gauguin era "um artista grandioso" e entesourava suas cartas como "coisas de importância extraordinária". Para aproximar sua arte do caminho que imaginava que Gauguin estava trilhando, Vincent adotou as afinidades simbolistas do francês e prometeu que faria imagens "mais sutis — mais como música". Começou a se referir a seus trabalhos como "abstrações", termo que unia indissoluvelmente arte e música.

Além de Wagner, ele elogiou outro favorito dos simbolistas, o poeta americano Walt Whitman. Renunciou ao naturalismo ("Viro as costas à natureza") e se entregou ao novo evangelho da clareza, da simplicidade e da intensidade. Comprometeu-se a "pintar de maneira que todos, pelo menos os que têm olhos, vejam". Os girassóis do fim do verão, com sua decidida "simplicidade na técnica" e "cores vivas e claras", anunciavam a nova missão como Vincent a ouvira de Pont-Aven: "Gauguin e Bernard falam agora em 'pintar como crianças'".

Para demonstrar o novo discipulado, Vincent pintou um autorretrato. Desde Paris ele não se analisava ao espelho; o que viu agora não guardava nenhuma semelhança com o garboso empresário nem com o avatar vanguardista que tantas vezes pintara na Rue Lepic. Evitando as telas pequenas e os pedaços de cartolina a que tinham sido relegados inúmeros autorretratos em Paris, Vincent escolheu uma tela imponente, quase quadrada (50 × 60 cm). Esboçou uma cabeça ossuda, virada levemente de lado para mostrar o topo quase calvo e para ressaltar a testa e as faces descarnadas. Com delicadas sugestões de rosa e amarelo, modelou cuidadosamente um rosto encovado, mas tranquilo. A barba, mais crescida do que o cabelo, se eriça em tons de ferrugem e ouro, emoldurando uma mandíbula firme, porém não travada. Pela primeira vez, o bigode aparado revela o lábio superior, quase rubro, com o arco de cupido subindo bem marcado em ambos os lados do filtro labial. A cabeça se firma num pescoço comprido, nu, sem nenhum traço, como o caule de uma flor exótica, tendo apenas um grande colchete ornamental fechando a camisa sem colarinho. Um casaco grosso ferrugem e azul lhe cobre os ombros como um manto. A figura austera é luminosamente cercada por um verde Veronese brilhante, vivo como esmeralda, mas suave como um verde-piscina, irradiando-se em pinceladas circulares, em halo, até as margens da tela. A mesma cor inefável preenche o branco dos olhos (com a íris ocre para dar o contraste), os quais não fitam diretamente o espelho, mas pousam adiante — adiante do espectador, prolongando-se na distância, contemplando esse mundo vivamente colorido, esse mundo melhor.

Naqueles mesmos olhos, Vincent se entregava de novo ao caminho que se descortinava à frente. "Fiz os olhos *levemente* oblíquos", informou a Theo, "como os japoneses." De fato, não só os olhos amendoados e puxados para cima, mas tudo na imagem — o crânio raspado, o pescoço comprido, o casaco parecendo manto, o olhar ascético — evocava as descrições e ilustrações dos monges japoneses que Vincent e todos os seus camaradas conheciam a partir de *Madame Chrysanthème*, de Loti, e outras narrativas. Disse a Gauguin: "[Eu] o concebi como o retrato de um bonzo, um singelo adorador do Buda eterno". Era esta a transformação que os aguardava na Provença, assim prometia a imagem de Vincent: de pintores consumidos pela preocupação e tolhidos pela convenção para sacerdotes do sublime, vivendo em serenidade na natureza — "como se fossem flores". E lhes assegurou: "Não se estuda a arte japonesa sem que se fique muito mais feliz e mais animado".

Ele estava tão ansioso em compartilhar essa convidativa versão de si mesmo, como um girassol, com os camaradas de Pont-Aven que lhes escreveu insistindo que fizessem seus mútuos retratos, e em troca ele lhes enviaria seu "sacerdote plácido". Imaginava aquele intercâmbio como um ritual de iniciação na irmandade dos bonzos do Midi. "Os artistas japoneses costumavam trocar trabalhos entre si", explicou Vincent. "O relacionamento entre eles era evidentemente, e muito naturalmente, fraterno... Quanto mais pudermos copiá-los nesse aspecto, melhor para nós." E, quando enviou a pintura a Gauguin no começo de outubro, acrescentou um voto tão solene e imperioso quanto seu monge japonês: "Gostaria muito de imbuí-lo com uma boa parte de minha convicção de que poderemos começar algo duradouro".

Como todas as apostas arrebatadas para atender à sua necessidade de integração, a campanha de Vincent pela irmandade de artistas "japoneses" trazia as sementes da própria destruição. As mesmas correntes contrárias de devoção e antagonismo, adesão e aversão, que turvavam o amor por Theo e a amizade com Van Rappard, passaram rapidamente a corroer suas relações com Pont-Aven. Tão logo aceitou — e até celebrou — a nova ortodoxia, já começou a sacudir as rédeas. "Não acho fácil pensar em mudar meu rumo", tinha resmungado a Theo em junho. "É melhor nunca se mover."

Ao longo do verão, suas cartas a Bernard e a Gauguin se contorceram entre a lealdade e a resistência. Declarações retumbantes sobre "a doutrina definitiva" e apelos à união e cooperação vinham incomodamente acompanhadas pela defesa arrogante da independência e da individualidade. Vincent anunciava que seus camaradas "vão alterar minha maneira de pintura e vou ganhar com isso", e então acrescentava pesaroso: "mesmo assim, gosto muito de minhas decorações". Expressões calorosas de solidariedade fraterna vinham recheadas de insinuações de rancor competitivo e acessos de ressentimento.

Enquanto Gauguin se mostrava um missivista esporádico e descompromissado, Bernard rebatia Vincent argumento por argumento, paixão por paixão, num cabo de guerra quanto à direção do novo movimento. Com Gauguin, que dispunha de um canal direto com Theo, Vincent usava um tom quase reverente ("Não quero dizer coisas deprimentes, maldosas ou desanimadoras para um artista tão grandioso", explicou a Theo). Mas com Bernard, que mostrava suas cartas a Gauguin, Vincent podia dominar a conversa a três, preservando ao mesmo tempo a aparência de respeito pelo artista mais velho. Quando Bernard apoiou o argumento de Gauguin de que a nova arte devia encontrar seus temas na imaginação — "*ex tempore*" —, Vincent reafirmou teimosamente sua determinação em trabalhar a partir da natureza, repreendeu o jovem amigo por "se afastar do plausível e do verdadeiro" e traçou uma nítida linha divisória entre o "exagero" (que ele praticava) e as "invenções" oníricas dos simbolistas.

Ele fez troça da poesia simbolista na autodramatização de Bernard (questionando seu "propósito moral") e, em particular, zombava de seus desenhos feitos em estilo simbolista ("à Redon"), dizendo que eram "muito estranhos". Quando Bernard defendeu o simbolismo mapeando seu meio século de ascensão desde os escândalos de Charles Baudelaire, desde cedo defensor de Delacroix e Wagner, até os píncaros da vanguarda parisiense, Vincent aceitou o desafio. Em termos veementes e arrebatados, lançou ridículo nas imagens dos simbolistas, dizendo que eram "disparates", "bobagens" e "meditações metafísicas estéreis". Fustigou-os sobretudo por darem as costas aos grandes artistas da Idade de Ouro holandesa, que "pintavam as coisas como elas são". "Enfie em sua cabeça o mestre Frans Hals", recomendou a Bernard; "enfie em sua cabeça o mestre igualmente grandioso e universal... Rembrandt van Rijn, aquele naturalista de vistas largas." A discussão subiu de tom, chegando a acusações de plágio cultural, quando Vincent fez pouco de duzentos anos de arte francesa, afirmando que não passavam de "massa francesa ordinária solidamente recheada de patê holandês".

Nada na tutela simbolista de Port-Aven deixava Vincent tão enfurecido quanto o apelo a imagens religiosas. Bernard já tinha reaberto essas feridas em abril, enviando alguns poemas religiosos para a apreciação de Vincent. Entusiasmado com os debates simbolistas em Paris, tendo feito amizade com o jovem poeta simbolista Albert Aurier, sentindo redespertar seu catolicismo de formação devido a um caso amoroso na Bretanha durante a primavera, Bernard chegou a Pont-Aven com uma pasta recheada de imagens místico-religiosas numa mão e uma Bíblia na outra. Gauguin recebeu de bom grado as novas ideias, e logo os dois artistas estavam planejando trabalhos para sondar o fundo poço de mistérios e significados do Bom Livro.

Depois da acolhida tão calorosa, Bernard deve ter se surpreendido com a enxurrada de protestos com que suas ideias foram recebidas em Arles. "Como a velha história é realmente tacanha!", reagiu Vincent de pronto. "Meu Deus! O mundo é composto apenas de judeus?" Com uma fúria inexplicável, ele se entregou a invectivas contra "aquela Bíblia profundamente deprimente, que desperta nosso desespero e indignação, que nos ofende gravemente e nos confunde totalmente com sua mesquinharia e obtusidade contagiante". Apenas a figura de Cristo sobreviveu à ira de Vincent — era, segundo ele, o "caroço" de consolação "dentro de uma casca dura e uma polpa amarga". Mas menosprezou a ambição de Bernard de captar a imagem de Cristo como "neurose artística" e escarneceu de suas chances de sucesso. E pontificou: "Só Delacroix e Rembrandt pintaram o rosto de Cristo de uma maneira que consigo senti-lo. O resto me faz rir".

O discurso bombástico se espraiou por várias outras cartas, não só para Pont-Aven, mas também para Paris. "Ah, meu caro rapaz", escreveu a Theo, "posso muito bem passar sem Deus em minha vida e em minha pintura." Martelou Bernard com os crimes do cristianismo, sobretudo a "barbárie" das conversões católicas no Novo Mundo, e zombou de suas hipocrisias contemporâneas. Os meses na Provença católica, com suas devoções místicas e festejos medievais, já lhe tinham despertado os sentimentos de infância em relação ao isolamento dos protestantes e à iconoclastia antipapista. (Ao descrever St. Trophime, a igreja gótica em Arles, qualificou-a de "cruel e monstruosa" e, pior, "romana".) Em julho, começou a reler as obras completas de Balzac, como que se vacinando contra o mundo dos espíritos e superstições que o cercava.

Mas o impulso vindo de Pont-Aven era forte demais, a obsessão do passado era profunda e perturbadora demais para que ele conseguisse resistir por muito tempo. Naquele mesmo mês, enquanto enchia as cartas de ríspidas invectivas, Vincent experimentou pintar as imagens criticadas. Pintou "um estudo grande, um horto de oliveiras, com uma figura de Cristo em azul e laranja e um anjo em amarelo". Era a imagem que o assombrara durante toda uma vida de fracassos e campanhas para obter o perdão: Cristo no Jardim do Getsêmani. Só que agora ele o via nas cores vivas da nova arte: "Terra vermelha, montes verdes e azuis, oliveiras de troncos violeta e carmim, folhagem cinza-esverdeada e azul, um céu amarelo-cítrico". Mas a tentativa não deu certo. Num acesso de pânico (mais tarde diria de "horror") que prenunciava as catástrofes vindouras, pegou enfurecido uma faca e retalhou a imagem ofensiva. Não comentou nada a respeito do fracasso com Bernard e Gauguin. Para Theo, disse que o problema era a falta de modelos. "Não devo fazer figuras de tal importância sem modelos", declarou ele. Mas por certo sabia que o problema era mais profundo.

A imagem malograda desencadeou uma nova onda de resistência. Recriminou os colegas por recorrer ao mundo estático e fabuloso da Bíblia, enquanto o mundo da natureza ao redor — sobretudo em Arles — oferecia tantos temas carregados de significado: semeadores e feixes, girassóis e ciprestes, sóis e estrelas — todos eles, oportunidades de "pintar o infinito". "É realmente um *dever* pintar os aspectos ricos e grandiosos da natureza", declarou ele, tendo como alvo os áridos exercícios metafísicos dos simbolistas. "Precisamos de alegria e felicidade, de esperança e amor." E por que enfrentar o semblante perfeito e terrível de Cristo, perguntou ele, quando se pode encontrar o sublime em rostos e figuras por toda parte? Indagou a Bernard, desabrido: "Eu me fiz entender? Estou apenas tentando fazer com que você entenda esta única grande verdade: pode-se pintar toda a humanidade pelo simples meio do retrato".

Com efeito, a marginalização do gênero favorito de Vincent já ia bem adiantada. O olhar de relance e a luz brincalhona do impressionismo jamais conseguiriam penetrar a vida interior de um tema, limitando-se a registrar a superfície bonita — ao passo que para a nova arte, fosse sua obsessão a ciência ou a essência, pouca serventia teriam as peculiaridades fortuitas do rosto humano — como reconhecia o próprio Vincent.

A fim de garantir um lugar para seus queridos retratos (e modelos) na arte da "próxima geração", Vincent fez uma defesa fervorosa do mistério e da santidade — a essência simbolista — da retratística. Um grande retrato era, como disse, "uma coisa completa, uma perfeição, um momento do infinito". Quando o "mago metafísico" Rembrandt pintava santos, anjos ou o próprio Cristo, pintava pessoas de verdade, não abstrações ou "fantasias". Quanto a seus próprios retratos, Vincent reivindicava a ambição dos simbolistas de "dizer algo reconfortante como o reconfortante da música", e se apropriou do postulado religioso que vinha de Pont-Aven. "Quero pintar homens e mulheres com aquele algo do eterno que a auréola costumava simbolizar", escreveu ele. Durante o verão inteiro, enquanto se preparava para a chegada do Bel-Ami do Midi (que "fará no retrato o que *Claude Monet faz na paisagem*"), Vincent bradou a plenos pulmões sua certeza de que os retratos representavam "a coisa do futuro": "Ah! retrato, retrato com o pensamento, a alma do modelo nele, é isso que penso que virá".

No começo de agosto, logo depois que o sucesso de *O camponês*, de Anquetin, desencadeou uma corrida atrás de imagens rústicas tanto em Pont-Aven quanto em Arles, Vincent recrutou um jardineiro idoso, de nome Patience Escalier, para posar em seu ateliê. Descreveu Escalier como "um camponês velho e pobre, cujos traços guardam uma semelhança muito grande com o pai, só que mais grosseiros". Vincent o pintou às pressas, colocando o rosto profundamente sulcado e crestado de sol sobre um fundo cobalto, e lhe deu para vestir uma blusa turquesa-vivo e um chapéu de palha amarela muito parecidos com os que ele mesmo usava em suas incursões de pintura no campo. A Theo e aos camaradas em Pont-Aven, ele anunciou Escalier como um ícone saído de Millet ou Zola ("um homem com uma enxada, ex-vaqueiro do Camargue"), um antídoto primitivo às maneiras "parisienses civilizadíssimas" e também como uma caricatura à Daumier, tal como o amistoso gigante Roulin. "Ouso crer que Gauguin e você entenderão", escreveu a Bernard. "Você sabe o que é um camponês, como ele faz lembrar um animal selvagem, quando você encontra um espécime da verdadeira raça."

Vincent logo entrou em divergências com o modelo por causa dos termos do pagamento, mas a figura do velho permaneceu diante de seus olhos durante todas as discussões com Bernard sobre as imagens religiosas. Por fim, quando conseguiu atrair Escalier de volta ao ateliê, no final do mês, pôs o jardineiro grisalho apoiado num bastão, as mãos dobradas como numa prece. Por sob a aba larga do chapéu de palha, os olhos idosos contemplam serenamente a distância com uma expressão triste, resignada, fita nos céus. Para além dos ombros azuis curvados, o mundo explode num "laranja flamejante" representando a "fornalha" das colheitas passadas, disse Vincent, além do "ouro luminoso" do poente que se aproxima e da aurora que virá depois.

Logo após concluir seu santo rústico, Vincent retomou o desafio supremo de Bernard de evocar o sublime místico. A ocasião se apresentou quando Eugène Boch esteve na Casa Amarela em fins de agosto. Vincent conhecera o artista belga de 33 anos em junho, quando se tornou colega de ateliê de Dodge MacKnight em Fontvieille. Os dois tinham traços fisionômicos semelhantes ("a face como uma lâmina de navalha, olhos verdes e um quê de distinção"), e também origens burguesas parecidas, com irmãos trabalhando no ramo artístico (Anna, a irmã de Boch, era artista e colecionadora de arte de vanguarda).

Mas, para Vincent, Boch era farinha do mesmo saco do "preguiçoso" MacKnight, e Boch comungava da aversão de MacKnight pelo trabalho e pelo temperamento "sorumbático e briguento" de Vincent. Os dois mal se viam, até que MacKnight foi embora de Arles, no fim de agosto. Numa única semana de intensa camaradagem — um ensaio para a chegada iminente de Gauguin —, os dois fizeram caminhadas pelo campo, assistiram a uma tourada, conversaram sobre arte até altas horas da noite. Quando soube que Boch pretendia ir à região mineira de sua Bélgica natal para pintar os mineiros do Borinage, Vincent se desvaneceu de solidariedade, insistindo que Boch designasse seu novo ateliê entre as minas de carvão como a Casa Amarela do Norte, onde ele, Gauguin e Boch poderiam de vez em quando "trocar de lugar".

Para registrar esse breve interlúdio de amizade, Vincent pediu a Boch que posasse para um retrato. Apesar da hostilidade anterior, fazia algum tempo que Vincent andara programando fazer esse retrato. "Gostaria de pintar o retrato de um artista amigo", escrevera a Theo depois de um encontro casual com Boch no começo de agosto, "um homem que tem grandes sonhos, que trabalha como o rouxinol canta, pois é esta sua natureza." Embora Boch tivesse cabelo escuro, Vincent imaginou pintá-lo como "um homem louro [em] tons de laranja, com cromos e amarelo-claro" realçando o cabelo:

> Por trás da cabeça, em vez de pintar a parede comum do aposento simples, [vou] pintar o infinito, um fundo liso do azul mais rico, mais intenso que conseguir e, com essa combinação singela entre a cabeça brilhante e o fundo azul intenso, [vou] ter um efeito misterioso, como uma estrela nas profundezas de um céu cerúleo.

Quando afinal Boch foi posar, Vincent fez uma transposição fiel dos traços cortantes do rosto e do cabelo escuro do modelo (com realces louros apenas no bigode e na barba). Mas o vestiu com um casaco amarelo-laranja e o colocou sobre um fundo do azul mais carregado que conseguiu conceber — tal como havia imaginado. Coroou a cabeça de Boch com um fino halo de amarelo-cítrico — exatamente a cor da "auréola" em torno da cabeça do Salvador na tela de Delacroix, *Cristo no mar da Galileia* — e polvilhou o vazio escuro com estrelas cintilando em amarelo e laranja de mundos distantes.

Era exatamente o esquema que tinha tentado e destruído em seu *Jardim do Getsêmani*: "uma figura de Cristo em azul e laranja".

Tais imagens, segundo Vincent, expressavam suas verdades transcendentais não com os ornatos bíblicos que Bernard defendia, e sim sob outra nova feição: a cor. Fosse com "a mistura de opostos" ou com "as vibrações de matizes afins", Vincent declarou que podia abordar os mistérios mais profundos da vida — o graal dos simbolistas — sem recorrer às asneiras da religião. Podia falar diretamente ao coração "por meio da linguagem da cor, apenas". Assim, as cores crepusculares no rosto de Escalier expressavam "a avidez de uma alma", ao passo que o tom claro da figura de Boch contra o firmamento noturno expressava "o pensamento de uma fronte" e "a esperança depositada numa estrela".

Vincent insistia que as combinações cromáticas corretas podiam despertar todo o leque das emoções humanas: da "angústia" das cores quebradas ao "*repouso absoluto*" das equilibradas; da "paixão" de vermelho e do verde ao "gentil consolo" do lilás e do amarelo. Ao descrever suas cores, especialmente a Bernard, Vincent adotava o vocabulário dos simbolistas (invocando com frequência "o eterno", "o misterioso", "o infinito" e os "sonhos"), mas, desafiante, declarava-se um "colorista racional" e se gabava dos cálculos complicados que orientavam sua paleta — termos seuratianos que constituíam um anátema para o manifesto simbolista da sensação. E rejeitava sem rodeios a posição cloisonista de relegar a cor a mero elemento do conjunto — uma dedução ornamental — em vez de tomá-la como "expressão vigorosa" de "um temperamento ardente".

Onde esse temperamento se expressava com mais vigor ou desafio era no trabalho do pincel. Em Pont-Aven, os camaradas de Vincent andaram desenvolvendo uma superfície de cor que mal mostrava qualquer pincelada. Seguindo o exemplo de Anquetin, tinham levado a retórica cloisonista sobre "placas" de cor e o paradigma do vitral à sua conclusão lógica. Onde Cézanne usara planos ásperos com finas camadas de tinta e pinceladas como numa obra de alvenaria para construir suas cenas facetadas, Gauguin e Bernard dividiram suas imagens em áreas de cor pura e então preencheram cada área com tinta diluída aplicada em pinceladas lisas e impassíveis. Vincent decerto sabia dessas inovações por meio da correspondência que mantinha com os dois e, quando era tomado pelo impulso de solidariedade, até chegou a experimentá-las algumas vezes.

Mas, como era inevitável, seu pincel maníaco se rebelou. Os esboços que desenhava nas cartas a Pont-Aven continuavam a mostrar apenas o dogma dos blocos de cor pura, cada qual com a etiqueta de "*rouge*" ou "*bleu*", como num livro de colorir. Porém no ateliê, sem ser visto pelos colegas, sua mão de desenhista preenchia de modo incansável aqueles blocos com voos do pincel num manual de texturas e topografias complexas da técnica do *enlever*. Às vezes seguia os contornos dos temas com sulcos ondulantes de cor, traçando fielmente as agulhas pontiagudas de um pinheiro ou os galhos serpenteantes de um vinhedo. Outras vezes, no fundo ou nas placas exigidas pelo novo evangelho, seu pincel irrompia em pródigas repetições de toques, convertendo um céu límpido num mar encapelado ou um terreno arado num campo de batalha esbatido. Numa irrupção especialmente intensa de empastamento — o próprio Vincent qualificava esses episódios de "violentos" —, ele carregou o pincel de tinta e transformou um pitoresco moinho ao lago de um riacho num castelo de pigmentos, estilhaçando todos os planos — paredes, telhado, céu e córrego — em toques de cor de uma visibilidade desafiadora, cada um deles um protesto mudo, um punho erguido contra a ortodoxia vinda de Pont-Aven.

No fim de setembro, quando faltavam poucas semanas para a vinda de Gauguin, os obstáculos, as discussões e as recusas tinham se misturado para formar uma sonora rebelião contra seus colegas do triunvirato da nova arte. Escreveu sediciosamente à irmã Wil: "Como é absurdo depender da opinião dos outros naquilo que se faz". Em oposição às imagens cerebrais e decorativas defendidas na Bretanha, ele expusera os elementos de uma arte muito diferente: uma arte de retratos, não de parábolas; figuras, não fantasias; camponeses, não santos; uma arte de impacto, não de enigma; de tinta, não de vitral. Mas, acima de tudo, uma arte de sentimento — "confrangida e, portanto, confrangedora". A cor, com seu poder mágico, como que musical, de despertar emoções, desempenhava um papel fundamental. "Uso a cor... para me expressar com energia", escreveu ele. "Esta é a teoria." Se a cor era sua música, o pincel era seu instrumento. As pinceladas podiam vir "entretecidas de sentimento", defendia ele, para despertar uma gama de emoções: da "*dor*" do empastamento à alegria do pontilhado; da serenidade da tinta lisa ("como porcelana") à sublimidade dos toques irradiantes.

Ele aceitava a prescrição cloisonista de simplificar, simplificar, simplificar — mas não pelo mero fim decorativo da simplicidade. A simplificação e o exagero, como a cor e o trabalho do pincel, tinham de servir a alguma verdade emocional mais profunda. Ao descrever como pintou a praça na frente da Casa Amarela — uma área de terreno público malcuidado —, Vincent admitiu encabulado que estava "deixando de fora algumas árvores" e "alguns arbustos que escapam ao caráter... Chegar a esse caráter, *à sua verdade fundamental*".

Apressou-se em acrescentar que não se tratava de "imaginar", rejeitando o termo simbolista na acepção em que Bernard e Gauguin o utilizavam. Insistiu que não imaginava nada; apenas *olhava* e *sentia*. Não ignorava a natureza e tampouco a reproduzia servilmente; ele a "consumia". E corrigiu Bernard: "Não invento a imagem; pelo contrário, já a encontro na natureza; tenho apenas de libertá-la". Quando Rembrandt pintava anjos, explicou ele, "não inventava nada... conhecia-os; *sentia*-os ali". Assim também, quando Vincent olhava a praça movimentada, premia os olhos e via não uma ilusão óptica da realidade dos caminhos descuidados, num desleixo muito pouco holandês, e sim as moitas de oleandro vicejando de flores — "carregadas de flores frescas e também uma quantidade de flores murchas, o verde se renovando sem cessar em brotos novos e fortes, aparentemente inesgotáveis" —, uma imagem de consolo angelical que não guardava mais nenhuma relação com a realidade, dizia ele, assim como a realidade pouca relação tinha com uma fotografia sem cor.

Essa era a única teoria que a arte refratária de Vincent podia aceitar — a expressão inevitável de uma inteligência sintetizadora presa para sempre a um coração impulsivo. "Quando algo me comove", disse ele, "são estas as únicas coisas que parecem ter algum sentido profundo." E admitiu que pintar essas coisas "me absorve tanto que me entrego, sem pensar em nenhuma regra". Com uma instrospecção obsessiva e quase sempre sozinho, Vincent se absorvia em questões que preocupavam os escritores, artistas e filósofos que lia; mas suas teorias pessoais sobre a arte — e sobre tudo o mais — não eram coesas nem coerentes. Jamais conseguia exigir coerência de si (nem sequer numa mesma carta, e muito menos com seus correspondentes), nem conseguia isolar suas ideias do torvelinho das emoções. Mesmo numa única pintura, muitas vezes a paleta e o pincel passavam de teoria em teoria, de modelo em modelo, na busca da emoção que se apoderaria dele — o único dogma que importava. "O que importam essas diferenças", escreveu a Bernard, defendendo seus desvios numa declaração de independência, "quando a grande coisa, afinal, é se expressar com vigor?"

A arte rebelde de Vincent abriu as portas a um século de imagens "expressivas" e, como anunciara, de visões "ainda mais pessoais e mais originais". Mas, como todos os grandes ardores de Vincent, este redimia o passado ao defender o futuro. "O que aprendi em Paris está *me deixando*", escreveu a Theo no auge de sua insurreição no verão de 1888. "Estou voltando às ideias que tinha no campo antes de conhecer os impressionistas." Seus argumentos dissidentes em favor da cor exagerada, "sugestiva", passavam totalmente por cima dos impressionistas e invocavam o evangelho anterior de Charles Blanc sobre o contraste simultâneo, bem como, claro, seu messias Delacroix. "Minha maneira de trabalhar foi mais fecundada pelas ideias de Delacroix do que pelas deles", reforçou ele. Era Delacroix, o herói do ateliê da Kerkstraat — não Monet ou Seurat, nem Cézanne ou Anquetin —, que "falava uma linguagem simbólica apenas através da cor" e, por meio dessa linguagem, expressava "algo apaixonado e eterno". Era Delacroix, o explorador-artista da África, que lhe mostrara a rota para o Sul, até a terra da cor exagerada, e demarcara o caminho até a Casa Amarela.

Também não deu nenhum crédito de reconhecimento aos simbolistas. Relembrou a Theo que, anos antes de ouvir a música de Wagner ou as lições de Bernard, já tinha estudado a relação entre cor e música tomando aulas de piano em Nuenen. E havia escrito, nos pântanos do Brabante, como o grande pintor do Barbizon Jules Dupré expressava uma "enorme variedade de estados de espírito" usando "sinfonias de cor". Procurara inspiração em seu interior — por "instinto, inspiração, impulso e consciência" — e se unira ao brado de Delacroix, "*Par coeur! Par coeur!*" [De coração! De coração!] muito antes que *Às avessas* de Huysmans agitasse a vanguarda parisiense.

Desde que voltara a Nuenen após a visita ao Rijksmuseum em outubro de 1885, seu pincel se guiara pelo milagre da técnica do *enlever* e pelo postulado de trabalhar "*num impulso só*", como fazia Rembrandt, para obter uma imagem de "sentimento nobre, de profundidade infinita". Libertado depois de contemplar os Rembrandt e os Hals que "não precisavam ser *literalmente* verdadeiros", Vincent já reivindicara o direito "de idealizar, de ser um poeta" e deixar suas cores "falarem por si sós". No ateliê da Kerkstraat e no precário barraco do clã De Groot, já tentara pôr em uso esse direito. Os retratos que pintou com brusquidão — usando um pincel carregado, na penumbra, numa única sessão — lhe haviam apontado o caminho. Três anos antes de *O camponês*, de Anquetin, Vincent tomara o exemplo de Millet (em cujas obras "toda a realidade também é, ao mesmo tempo, simbólica", disse ele) e encontrara as imagens perfeitas para expressar o desespero estoico de seus modelos — e dele mesmo — na cor e na textura. Ao pintar sua família primitiva "como se pintada com a terra que semeavam", e assim procedendo "com *vontade*, com *sentimento*, com *pai-*

xão, com *amor*", já havia alcançado a "verdade mais verdadeira" à qual seus camaradas em Pont-Aven agora apenas aspiravam.

Em suma, o mundo dera a volta e retornara a seus camponeses humildes. Vincent declarou que seu retrato de Patience Escalier era "uma continuação absoluta de certos estudos de cabeças que fiz na Holanda". O semblante radioso do velho jardineiro assinalava a saída dos De Groot — e de Vincent — das sombras da charneca e o ingresso no sol brilhante do Midi. Os anos em Paris trouxeram apenas o florescimento da semente da arte revolucionária, que já havia sido plantada no barro escuro da retórica em defesa de *Os comedores de batatas*. Seu pleito em favor da nova arte se eriçava com a demonstração da justeza da arte anterior. Refutando asperamente os juízos negativos do passado, disse a Theo que, se tivesse "conservado a fé" de Nuenen, "eu seria um louco admirável. Agora sou apenas um louco insignificante".

Como em Nuenen, Vincent encontrou uma imagem que expressava e ao mesmo tempo inspirava o ressurgimento de sua obstinada visão. Como todas as suas autojustificativas na pintura, ela lhe veio não da imaginação, mas da vida. Naquele verão, quando a Casa Amarela ficava às escuras, todas as noites Vincent voltava ao Café de la Gare, a uma quadra de distância. Fazia uma refeição tardia no salão simples do térreo, com sua mesa de bilhar, os lampiões a gás pendurados e o relógio em destaque. De vez em quando dividia uma refeição ou um absinto com Roulin numa das mesas com tampo de mármore, mas em geral sentava sozinho ou ficava de pé, bebendo alguma coisa no balcão ao fundo. Depois, subia a escada estreita até seu quartinho e adormecia por cima daquele cenário que jamais dormia.

Como um dos poucos estabelecimentos em Arles que ficavam abertos depois da meia-noite — além dos bordéis —, o café atraía toda uma galeria de vagabundos, rufiões, refugiados e desabrigados. Eram os "*rôdeurs de nuit*", dizia Vincent, catalogando-os como aqueles que "não têm dinheiro para pagar um alojamento ou estão bêbados demais para ser aceitos". Excêntricos falando de política, malucos tartamudeando sozinhos, clientes de prostíbulos arrastando suas prostitutas, enamorados rejeitados embalando suas mágoas — todos acabavam à luz de mercúrio do Café de la Gare. "Eles se deixam cair a uma mesa e passam a noite inteira assim", disse a Bernard, descrevendo seu lar-longe-do-lar como "um hotel do amor livre".

Vincent iniciou sua pintura dissonante com um ânimo dissonante. Tinha brigado para conseguir um acordo com o dono Joseph Ginoux: se este lhe perdoasse os atrasos no pagamento, Vincent pintaria um retrato do estabelecimento "lúgubre" de Ginoux. "Para me vingar por lhe pagar tanto dinheiro por nada", informou a Theo, "eu me ofereci para pintar toda a sua espelunca podre." Mais divertido do que persuadido, Ginoux aceitou a proposta e Vincent começou imediatamente. Esperava o relógio do bar bater a meia-noite, armava o cavalete e uma tela enorme no canto dianteiro do salão, ao lado da porta, para ter a melhor vista do cortejo noturno.

A maioria dos outros clientes fugia a seu pincel, abandonando a cena, largando pela metade xícaras de café e copos de bebida no lugar onde estavam sentados, deixando as cadeiras em desordem. Os poucos que ficavam, sentados nos cantos afastados da sala, cochilavam ou viravam o rosto para o outro lado — sem dúvida acostumados a ser ignorados ou a ignorar as atividades inconvenientes no *demimonde* noturno do café. Somente o proprietário Ginoux se manteve no lugar. Desembaraçado, imune a qualquer ofensa, indiferente a qualquer escândalo, postou-se orgulhoso ao lado da mesa de bilhar, de casaco e avental branco, olhando direto para Vincent, recebendo todo o calor da luz do lampião.

Durante três noites seguidas, depois de dormir durante o dia, Vincent voltava ao antro de perdição sob seu quarto para captar na tela e na cor a sensação de isolamento e marginalização que ali encontrava. Quaisquer que fossem as cores que Ginoux escolhera para o interior do bar, Vincent via apenas a dor do vermelho e do verde. Das paredes "vermelho-sangue" ao teto jade, da mesa de bilhar malaquita à sua sombra vermelho-alaranjada, do "verde Luís XV terno e suave" do balcão do bar ao "ramalhete rosa delicado" das flores incongruentes naquele espaço, cada canto da sala era refratado pelas lentes da visão de Vincent, compondo as cores num padrão xadrez de tormento interior. O verde arranha as tábuas do assoalho, enquanto o vermelho se infiltra pelas fendas; o turquesa se entremeia nos tampos de mármore das mesas e na porcelana da estufa, enquanto uma solitária bola vermelha repousa no feltro verde da mesa de jogo. Os copos faíscam rosados perto das garrafas verde-absinto com rótulos vermelhos. Uma mulher ao fundo está de saia verde e xale rosa. Um vagabundo tímido dormita, mas cintila em esmeralda.

Sobre esse campo de batalha de "choques e contrastes", Vincent despejou um impiedoso clarão amarelo. Quatro lampiões suspensos, irradiando toques de amarelo, laranja e verde, jorram luz como quatro sóis sobre os habitantes desse mundo desnaturado, expondo-os como ao clarão de um holofote, lançando apenas uma única sombra, a da mesa de bilhar no centro da sala.

Como em Nuenen, Vincent reivindicou o mais elevado propósito para suas figuras humildes acotoveladas em torno de uma mesa à luz de um lampião. "O café é um lugar onde é possível se arruinar, enlouquecer ou cometer um crime", explicou a Theo, invocando um romance de Zola e também uma peça de Tolstói. Ao descrever os exageros de cor e forma em *O café noturno*, ele empregou a mesma linguagem de desafio que usara antes, em seu brado de dissidência no ermo da charneca. "Esta pintura é uma das mais feias que fiz", escreveu, orgulhosamente inabalável como o proprietário Ginoux. "É o equivalente, embora diferente, dos 'Comedores de batatas'." (Para mostrar o motivo de seu orgulho, no dia seguinte enviou a Theo a imagem em aquarela.)

Numa rápida reverência a Pont-Aven, ele apontou a "jovialidade japonesa" da pintura e lhe atribuiu a "boa índole" do Tartarin daudetiano. Mas também invocou para seu tema francamente profano um mistério e um "sentido profundo" equivalentes a qualquer ficção bíblica de Bernard. "Procurei expressar as terríveis paixões da humanidade", escreveu elevando seu bar esquálido ao nível do *Semeador* de Millet.

Mas o verdadeiro tema, como sempre, era o próprio Vincent; as verdadeiras paixões, as suas próprias. Ao contrário de Zola ou Daudet, Vincent era incapaz de registrar ou imaginar vidas alheias, de sentir dores ou alegrias de outrem. Fosse pintando sapatos ou ninhos, barcos na praia, cardos na beira da estrada ou famílias à mesa, todas as suas janelas davam para dentro. Tinha escrito a Theo em agosto, quando começava a planejar uma pintura do Café de la Gare, que "sempre me sinto um viajante, indo a algum lugar e a algum destino". Movido pelo mesmo medo, pela mesma falta de raízes e pela mesma marginalização de seus colegas *rôdeurs de nuit*, havia se refugiado temporariamente na estranha luz do dia invertida em meia-noite no café de Ginoux, tal como antes procurara consolo na escuridão do meio-dia na choupana dos De Groot. Em nome de todos os seus colegas párias, Vincent se indagava esperançoso se "aquelas coisas sem as quais passamos muito bem — como a terra natal e a família — não serão talvez mais atraentes na imaginação de pessoas como nós do que são na realidade".

Ao contrário dos outros, porém, Vincent tinha para onde ir. Todas as noites, podia galgar os degraus até seu quarto, deitar-se na cama, fumar seu cachimbo e sonhar com o visitante que estava por vir e as pinturas que estavam por pintar.

33. O jardim do poeta

Apenas a expectativa da vinda de Gauguin mantinha a solidão de Vincent à distância. Quando o tenente zuavo Milliet saiu de licença em agosto, Vincent sentiu falta das idas aos bordéis, mas imaginou que Gauguin atrairia ainda mais a atenção das belas arlesianas na Rue des Récollets. Depois da partida de Eugène Boch no começo de setembro, Vincent manteve a amizade com uma sucessão de cartas, um segundo retrato feito de memória, palavras de incentivo para que Boch e Theo se encontrassem em Paris e até um plano mirabolante para que Boch desposasse sua irmã Wil. ("Sempre tive esperanças de que Wil se casasse com um artista", escreveu ele. "E, além disso, ele não é propriamente um pobretão.") Passava as noites solitárias dizendo a si mesmo que a presença de Gauguin na Casa Amarela atrairia inevitavelmente outros artistas, como Boch, até lá. De fato, o próprio Boch tinha "certeza de voltar", assegurou ele a Theo, depois que Gauguin se instalasse.

Conforme seus poucos conhecidos iam embora, somente a perspectiva da companhia de Gauguin podia protegê-lo da hostilidade crescente dos vizinhos — problema que piorou quando Vincent por fim saiu do Café de la Gare, em meados de setembro, e passou a pernoitar em seu novo lar. "O isolamento deste lugar é bastante sério", escreveu a Theo. Reclamou com amargura por ser "tratado como um louco", e se sentia "paralisado" porque "ninguém gosta [de mim] como pessoa". Imaginava que Gauguin iria de certa forma partilhar e reverter aquele isolamento. Quando um bando de "arruaceiros" o atacou na rua, espremendo os tubos de tinta na calçada enquanto ele pintava, Vincent fez troça do episódio, tomando-o como um prelúdio cômico e indireto da "fama" que ele e Gauguin ganhariam em Arles.

Procurava o mesmo consolo quando os modelos eram escassos, não apareciam, regateavam os preços ou pegavam um adiantamento e nunca mais voltavam. Mesmo os modelos que apreciava, como Milliet, não posavam bem. O carteiro Roulin não quis deixar que ele pintasse a bebê Marcelle. "As dificuldades com modelos continuam exatamente com a mesma tenacidade do mistral aqui", escreveu ele. "Quase fazem a gente desanimar." Mas Gauguin, o domador das nativas da Martinica e dos camponeses da Bretanha, mudaria tudo aquilo. Iria atrair os modelos relutantes do Midi até a Casa Amarela. Faria com que os locais parassem de rir dos retratos de Vincent ou de "sentir vergonha de se deixarem pintar". Conquistaria as "pobres alminhas" de Arles para as maravilhas da nova arte.

Sempre que o deboche dos arlesianos o deixava "abatido", sempre que perdia a confiança em seu trabalho (como aconteceu quando Theo lhe sugeriu que expusesse na mostra da *Revue Indépendante*), sempre que "lutava para ser mais do que uma mediocridade", Vincent pensava nos "outros colegas na Bretanha, que certamente estão ocupados fazendo um trabalho melhor do que eu", e nas "belas coisas ainda a ser feitas" no Sul. Sempre que ficava inquieto com o preço irrecuperável que a idade e a doença lhe tinham cobrado ao corpo, à mente e à arte, pensava em Gauguin e na ocasião próxima de "dar o máximo" do que lhe restava de forças. Alertou Theo: "Podemos ter a capacidade de trabalhar hoje, mas não sabemos se vai durar até amanhã".

Gauguin possuía a chave também para sua vida sexual em declínio. Em setembro, Vincent teve dificuldades em atrair para a cama (ou para o ateliê) até mesmo as prostitutas "de dois francos" que os zuavos ignoravam. O problema não era o dinheiro (para o sexo, ele sempre conseguia arranjar algumas moedas), nem sua arte estranha ou a personalidade agressiva. O problema era o desejo — ou, mais precisamente, o desempenho. Os anos que passara "correndo atrás de caça", disse a Theo, o haviam deixado impotente — muitas vezes nem conseguia ter ereção. Ignorando os processos físicos e mentais mais profundos que estavam em ação (em especial a sífilis), Vincent, aos 35 anos, atribuía a disfunção erétil à idade — "estou ficando mais velho e mais feio do que exigem meus interesses" — ou ao simples esgotamento.

A Bernard e Gauguin, porém, ele apresentava sua castidade não como um triste destino, e sim uma escolha audaz, insistindo que seguissem seu exemplo. "Se queremos ser másculos de verdade em nosso trabalho", pontificou, "às vezes temos de nos resignar a não fornicar muito." Em apoio a esse mandamento inesperado, Vincent citou todo um panteão de artistas viris, mas abstinentes: desde os holandeses "bem regulados" da Idade de Ouro ao poderoso Delacroix, que "não fornicava muito e só tinha casos fáceis para não reduzir o tempo que dedicava ao trabalho". Entre os modernos, citou o impressionista Degas, que "não gosta de mulheres pois sabe que, se gostasse e fornicasse muito com elas, viraria um pintor insípido", bem como Cézanne, o favorito dos cloisonistas, em cujo trabalho Vincent via "muita potência viril".

Invocou o primeiro mestre que ele e Theo tiveram concernente ao amor, Michelet, e o mais recente, Zola, além "daquele grande e poderoso" Balzac, que, como é notório, tinha saído de um encontro se queixando: "Perdi um livro hoje de manhã!". Afirmava ainda que "pintar e fornicar muito não combinam, amolece o cérebro". A exemplo dos bonzos com sua autodisciplina, ele podia ir a um bordel uma vez por quinzena por razões "higiênicas", conforme disse a Bernard, mas, afora isso, ele e os colegas deveriam "verter toda a nossa seiva" na criação artística, em vez de desperdiçá-la com meretrizes vulgares para as quais "os cafetões profissionais e os tolos comuns são melhores no quesito de satisfazer seus órgãos genitais". Deviam era tomar a Arte como amante e a Pintura como sexo, criando obras "espermáticas" em "jorros profundos". "Ah! Meus caros amigos", convocou-os exaltado, "nós os doidos vamos ter o mesmo orgasmo com nossos olhos, não é?"

Para reservar toda a sua "seiva" para a vindoura união artística com Gauguin, Vincent renunciou não só ao sexo, mas à família e à ideia de uma esposa. Quanto menos sentia o instinto de procriação, com mais premência apregoava o instinto de criação. "O gozo de uma coisa bela é como o coito", explicou a Bernard, "um momento de infinitude." Juntos, ele e Gauguin propagariam a fecundação da nova arte. O destino o "privara da capacidade de criar fisicamente", admitia ele, mas, com a ajuda de Gauguin, faria quadros "em lugar de filhos".

Fazia muito tempo que Vincent propugnava que espíritos afins tinham o poder de gerar grandes obras de arte. Quase desde o início da carreira, falava de suas pinturas como frutos gerados por uma união mais elevada: seus laços de irmandade com Theo. "Juro que você as terá criado tanto quanto eu", reforçou em setembro. "Estamos fazendo juntos." Mas a visão de Gauguin como cônjuge artístico vinha suplantando cada vez mais todas as imagens de dupla e parceria que lhe obsedavam a imaginação desde longa data.

Abordou o tema em suas cartas com uma tortuosa digressão sobre um dos pares criativos mais famosos da história ocidental: Francesco Petrarca e Giovanni Boccaccio. Depois de ler um artigo sobre a "amizade muito além do amor" que unia os dois poetas do século XIV, Vincent tomou o fecundo elo entre ambos como modelo para

Jardim público com cerca, abril de 1888, lápis e nanquim sobre papel, 32 × 24,5 cm.

a união que desejava. (O artigo descrevia a relação entre eles como "uma devoção constante, uma delicadeza maravilhosa e uma comovente tolerância mútua [que os] elevaram acima de si mesmos e de sua época".) Embora tenha sido Petrarca quem passou a maior parte da vida na Provença, Vincent se via como o prestimoso ajudante Boccaccio, autor de *Decameron*, obra de sublime vulgaridade ("um homem melancólico, infeliz, bastante resignado... o forasteiro"), atribuindo a Gauguin o papel do mestre recluso e reverenciado, anunciando-o como "o novo poeta destas plagas". Tal como um mundo medieval envolto em trevas fora despertado para o humanismo pela luz oriunda da união entre Petrarca e Boccaccio, da mesma forma, imaginava Vincent, o mundo artístico parisiense se assombraria perante a arte gerada por sua "combinação" com Gauguin. "A arte sempre renasce após períodos inevitáveis de decadência", escreveu, prevendo que mais uma renascença logo explodiria no Midi.

Ele celebrou esse vínculo sagrado e fecundo no cavalete com uma profusão de paisagens. Tal como a casa de Petrarca em Vaucluse (apenas a 75 quilômetros a nordeste de Arles) dispunha de um retiro ajardinado onde ele e Boccaccio podiam consumar seus anos de anseios epistolares, a Casa Amarela também contava com um jardim: o parque público da Place Lamartine. Lá, entre os ciprestes eternos e os arbustos de oleandros que ofereciam um abrigo noturno para grosserias dignas do *Decameron*, Vincent montava o cavalete, franzia os olhos e via "um jardim do poeta". "Este parque tem um caráter fantástico", escreveu a Theo e a Gauguin, "que nos permite imaginar plenamente os poetas do Renascimento, Dante, Petrarca, Boccaccio, passeando entre esses arbustos e o mato florido." Tomado por esse devaneio, Vincent pintou mais de dez versões do parque descuidado nas últimas semanas de setembro e no começo de outubro, trabalhando do amanhecer até depois do crepúsculo, quando se acendiam os lampiões. Em algumas, a natureza viceja com a exuberância e o isolamento de um *Paradou*; em outras, namorados passeiam nas pegadas dos poetas mortos.

Amalgamando o fraterno e o fecundo, o sexual e o espiritual, a febre de Vincent em consumar uma conjunção transbordou dos devaneios na pequena praça maltratada e invadiu todos os recessos do mundo de sua imaginação. Enquanto suas cartas invocavam o rol de casais criativos (Rembrandt e Hals, Corot e Daumier, Millet e Diaz, Flaubert e Maupaussant), seu pincel encontrava ocasião de copular por todas as partes. De cardos a coches, de barcaças de areia a sapatos, ele enxergava pares de objetos que se "complementavam" com a mesma inevitabilidade com que o vermelho complementava o verde. "Existem cores que se fazem brilhar mutuamente", escreveu ele, "que formam um *casal*, que se completam como homem e mulher."

No fim de setembro, Vincent encontrou um tema que lhe permitiu condensar todas essas sugestões de acasalamento numa única imagem. O tenente zuavo Milliet passou rapidamente por Arles a caminho de retomar o serviço na África. Entre a preparação da bagagem e a "terna despedida" em todos os bordéis de Arles, praticamente não sobrava tempo a Milliet para posar para seu ex-professor de desenho. Quando Vincent conseguiu por fim atraí-lo para a Casa Amarela, ele posou impaciente, remexendo-se e criticando enquanto Vincent se apressava em terminar. A pintura resultante casava a tinta grossa e pinceladas fortes com uma das transposições mais cuidadosas de Vincent — não como a caricatura de Roulin, mas também não uma semelhança verdadeira (como ele mesmo reconheceu pesaroso).

O escarlate do quepe militar do tenente invocava a lendária carnalidade do zuavo de pescoço taurino e olhos tigrinos que posara antes, naquele mesmo verão. Mas

Retrato de Milliet, segundo-tenente dos zuavos, setembro de 1888, óleo sobre tela, 60 × 49,2 cm.

o fundo jade, verde e azul em proporções iguais atenuava o contraste "selvagem" e expressava uma masculinidade mais tocante do que ameaçadora. Nos belos traços do rosto de Milliet, Vincent viu tanto o melífluo libertino de *Bel-Ami*, de Maupassant, quanto o ingênuo sentimental do romance favorito de Milliet, *O abade Constantin* (*L'abbé Constantin*), tanto a ambição calculista de Gauguin quanto o coração generoso de seu irmão. Como Theo, Milliet "complementava" a intensidade canhestra de Vincent com sua "desenvoltura e tranquilidade", com sua juventude ("ele tem apenas 25 anos, pelo amor de Deus") e sobretudo com sua virilidade. "Milliet tem sorte", escreveu Vincent, explicando por que ele e o jovem zuavo faziam um par tão perfeito como o verde e o vermelho. "Ele tem todas as arlesianas que quer, mas não consegue pintá-las; e, se fosse pintor, não as teria."

Vincent pôs o retrato, que intitulou simplesmente como *O amante*, na parede de seu novo quarto, ao lado do de Boch, que tinha chamado de *O poeta*. Juntos, formavam um bom protótipo para o par ainda mais perfeito que estava por vir. "Meu quarto de dormir será extremamente simples", informou a Theo sobre a decoração que estava fazendo para a Casa Amarela, ao passo que o quarto de Gauguin seria "bonito" e "gracioso". Escreveu: "Tentarei que fique parecido ao máximo possível com o *boudoir* de uma mulher realmente artística".

Transportadas em imagens assim, as expectativas de Vincent se alçaram a novas alturas. A combinação com Gauguin não só iria "completar" Vincent, como também o colocaria no epicentro de um grande e novo movimento na arte. A Casa Amarela se tornaria a Meca de todos os autênticos "coloristas" que se sentiam inspirados pela luz mágica do Sul. Ele e Gauguin os instruiriam na nova arte e então os enviariam, como Boch, para pregar o evangelho em toda a Europa. Vincent comprou doze cadeiras para acomodar os "apóstolos" que atenderiam ao chamado. Depois, seus sonhos passaram a incluir um museu e uma *école* permanente que alimentariam gerações de pintores. Mesmo o recluso Seurat poderia ser atraído por essa visão tão cintilante do futuro, sugeriu Vincent, criando uma aliança com Gauguin que acabaria por trazer unidade aos herdeiros do impressionismo. "Você percebe", perguntou pomposamente a Theo, "que estamos no começo de algo muito grande, que abrirá uma nova era para nós?"

Visões como estas não só aguçavam a expectativa da vinda de Gauguin como mantinham vivo o sonho de Drente: o sonho de que igualmente Theo viria se unir a ele, algum dia, na Casa Amarela. "Digo a mim mesmo que eu, por mim, não sou capaz de fazer uma pintura de importância suficiente para justificar sua vinda ao Sul", escreveu lamentando. "Mas, se Gauguin viesse e se tornasse fato bem conhecido que estaríamos vivendo aqui e ajudando artistas a viver e a trabalhar, não vejo em absoluto por que o Sul não haveria de se tornar outra terra natal não só para mim, mas também para você." Em suas cartas ressurgiram as referências aos irmãos Zemganno e suas proezas "audazes". Falou em "marcar um tento" em Paris e prometeu a Theo que iria "ganhar e devolver todo o dinheiro que você vem me emprestando por vários anos". Imaginou seu velho desafeto H. G. Tersteeg vindo a ter conhecimento desse grande lance com Gauguin e se imaginou por fim liberto do longo domínio do passado.

Vincent deu vida a essas visões na pintura. Numa tela grande (com mais de 60 × 90 cm), transformou o humilde imóvel da Place Lamartine, 2, num monumento em amarelo. Situando a casinha no meio da tela entre duas perspectivas abruptas, fincou suas raízes no Midi ensolarado com a mesma firmeza irremovível com que a torre da velha igreja de Nuenen se enraizava no solo negro da charneca. O amarelo "de manteiga fresca" e o céu cobalto-vivo renegavam os colossais cinzentos da torre e as nuvens carregadas, assim como as calçadas borbulhantes de vida na Avenue de Montmajour — casais com filhos, gente nos cafés — troçavam dos túmulos inertes, inclusive o paterno, na base da torre. Convidativa e eterna, a Casa Amarela brota do campo luminoso como um raio de luz — um *rayon blanc* em vez do *rayon noir* da torre da igreja.

Em outra tela de grandes dimensões, Vincent pintou o único lugar da casa onde podia ter esses sonhos em paz: seu dormitório. Mesmo no andar térreo, a realidade sempre lhe parecia intrusa: credores o perseguiam, modelos o desdenhavam, prostitutas o repeliam, colegas pintores o censuravam. Mas, no quarto, ele podia fechar a porta a tudo isso e ler sobre as ideias de Tolstói a respeito da religião ou da música de Wagner. E refletiu: "No fim, todos nós vamos querer viver mais musicalmente". Fosse ruminando tais pensamentos ou cantarolando hinos para si mesmo, como fazia na Inglaterra, podia ficar acordado até tarde da noite, flutuando acima da "descrença, ceticismo e tapeações" do mundo, pairando nas nuvens dos sonhos e da fumaça do cachimbo.

Para captar essa música da serenidade, montou o cavalete no canto do quarto minúsculo e preencheu a tela com seu santuário íntimo. No passado, ele fizera vários desenhos registrando os espaços onde morava, bem como as vistas que descortinava das janelas, para presentear a família com essas "lembranças" ou para guardá-los como *aides-mémoires*. Mas agora ele dispunha de um novo meio de registro. "Aqui a cor será tudo", vangloriou-se antes mesmo de terminar a pintura, "dando com sua simplificação um estilo mais grandioso aos objetos." E também tinha uma nova razão para fazer tal registro. Como a pintura da Casa Amarela, *O quarto*, com a mobília aumentada e a perspectiva exagerada, transformou o trivial em monumental. Formas simplificadas e cores saturadas converteram uma cena doméstica num vitral sacro ("pintado em tons lisos livres", escreveu reivindicando o manto do cloisonismo) — uma celebração da sacralidade da vida interior em cores complementares vivas e acessórios caricaturados. "A contemplação dessa pintura deve repousar o cérebro", disse ele, "ou pelo menos a imaginação."

Em Nuenen, ele havia pintado *A Bíblia* como forma de justificar sua vida na charneca, em constante desafio. Em *O quarto de dormir*, documentou as possibilidades ilimitadas de seus sonhos no Midi. O assoalho se abre como um livro para mostrar não o texto desolado do pai, mas a *"joie de vivre"* do romance de Zola: uma cama larga para dois, de pinho amarelo-alaranjado, sólida como um navio, e um par de cadeiras com assento de palha. Nos ganchos do cabideiro atrás da cama, a bata turquesa e o chapéu de palha. Acima da cama, os retratos de Boch ausente e de Milliet de saída — cujas imagens pintadas, disse ele, faziam a casa "parecer mais habitada".

A luz amarela do sol se filtra pelas venezianas fechadas, lançando um tom cítrico nas fronhas e lençóis. As listras desafiantes de cor que havia usado nas páginas de *A Bíblia* saltam da prisão do cinza para encher a tela de um tumulto de contrastes: uma bacia azul numa mesinha de penteadeira alaranjada; tábuas do assoalho em rosa entretecido de verde; pranchas amarelas e portas lilases; uma toalha verde-limão numa parede azul-esverdeada; na cama, a mancha escarlate da colcha. No fundo do quarto visto em profundidade, ao lado da janela, pende da parede um pequeno espelho de barbear, que reflete não uma imagem, mas uma cor — o mesmo verde Veronese sereno que irradiava da cabeça raspada do bonzo e cintilava em seus olhos.

Mas, tendo subido tão alto, a queda foi maior. Em meados de setembro, após um silêncio prolongado, Gauguin escreveu outro bilhete curto e enigmático. Destacava-se uma linha entre todas as demais: "A cada dia eu me endivido mais e a viagem fica cada vez mais fora de cogitação".

A carta deixou Vincent num estado vertiginoso de fúria e mágoa. Acusou Gauguin de trair a generosidade dos irmãos e pressionou Theo para lançar um ultimato: "Pergunte a Gauguin sem rodeios... 'Você vai vir ou não?'". Espumando de raiva, Vincent disse a Theo que, se Gauguin continuasse a vacilar ou adiar, ele devia cortá-lo — retirar imediatamente a proposta de auxílio. "Devemos nos comportar como uma mãe de família", advertiu em tom de repreensão, com uma severidade que jamais tolerara no irmão. "Se fosse dar ouvidos a ele, a pessoa continuaria esperando algo vago no futuro... e continuaria vivendo num inferno sem saída."

Tomado pela paranoia, Vincent imaginou que Gauguin encontrara uma "combinação" melhor com seu amigo Charles Laval, um jovem pintor que contava com a abastança da família e acompanhara Gauguin à Martinica no ano anterior, e que havia se juntado a ele recentemente em Pont-Aven. "A chegada de Laval lhe abriu por algum tempo uma nova fonte de recursos", concluiu Vincent. "Julgo que ele está hesitando entre Laval e nós." Quando chegou uma carta de Bernard, sugerindo que *ele* é que viria a Arles no inverno, Vincent suspeitou de imediato de um complô para arrancar ainda mais dinheiro de seu generoso irmão. "Gauguin o está enviando como substituto", escreveu a Theo, alertando-o para não admitir tal traição. E vociferou: "Nada de arranjo nenhum com [Bernard]; ele é volúvel demais".

Vincent tentou de tudo para manter vivas as esperanças na Casa Amarela. Inundou Theo com um dilúvio de longas cartas maníacas oscilando entre a dúvida ("Tenho a intuição de que Gauguin é um intrigante") e a tranquilização ("nossa amizade com ele resistirá", "estamos no caminho certo"). Convocou Theo a partilhar visões sempre mais grandiosas de um ateliê no Midi, enquanto aconselhava Gauguin sobre os aspectos mais delicados de escapar aos credores (sugeriu processar o senhorio ou deixar os aluguéis atrasados sem pagar). Lançou-se aos detalhes das negociações empacadas, na tentativa de romper o impasse. Aplacando ora Theo, ora Gauguin, se revezava ao lado de um ou outro: ora pressionando o irmão para aceitar as condições de Gauguin (pagar todas as dívidas *e* as despesas de viagem); ora exigindo novas concessões impensavelmente onerosas (dar a Theo todas as suas pinturas *e* pagar suas próprias despesas). Expunha com veemência as vantagens comerciais do acordo, enquanto se aferrava ao mandado do destino. "Todos os verdadeiros coloristas *precisam* vir aqui", insistia; "o impressionismo *vai* permanecer." Comprou mais móveis para o dormitório de Gauguin. Na mesma carta, assegurou a Theo que seguiria sozinho caso o acordo não desse certo ("a solidão não me incomoda", disse ele) e, exaltado, propôs trazer *os dois*, Gauguin e Laval, para a Casa Amarela. "Nada mais justo, já que Laval é aluno dele e eles já mantêm uma casa juntos", raciocinou Vincent. "Poderíamos encontrar alguma maneira de receber os dois."

No fim de setembro, quando Theo sugeriu gentilmente que deixasse seus planos em relação a Gauguin e até saísse da Casa Amarela, Vincent sentiu a confiança desmoronar. Aparou com coragem os apelos do irmão para que se concentrasse mais nas vendas que na decoração, abandonasse o sonho fantástico de uma utopia em que os artistas não pagariam sua subsistência e deixasse seus planos grandiosos de uma instituição impressionista no interior. Declarou que seu objetivo final era comercial — "É meu dever absoluto tentar ganhar por meu trabalho" — e se comprometeu uma vez mais a "fazer progressos". Recuou de qualquer intenção imediata de proporcionar um refúgio gratuito a outros artistas, ao mesmo tempo defendendo debilmente "o direito de desejar um estado de coisas em que o dinheiro não fosse necessário para viver".

Mas a perspectiva de outro malogro catastrófico o impelia cada vez mais a um colapso nervoso. Sem os sonhos da união para refreá-la, uma onda de sentimento de culpa e recriminação pessoal o tomou de assalto. Retornaram as velhas defesas do ateliê da Schenkweg: as promessas mirabolantes de um futuro sucesso, as alegações de estar virando uma nova página, a aposta na solidariedade fraterna. Como em Haia, às confissões contritas se seguiam pedidos de mais dinheiro, numa espiral de culpa e ofensas.

Bem no momento em que a carga de autojustificativa parecia se tornar excessiva, chegou de Paris a notícia de que Theo adoecera outra vez, a sífilis cobrando seu preço inevitável à sua constituição frágil. "Pensando e pensando nestes dias como todas essas despesas de pintura estão lhe pesando", escreveu ele num pânico de remorso, "você não pode imaginar como estou preocupado... horrivelmente atormentado, sem cessar, por essa inquietação." Respondendo aos velhos pecados com a velha penitência, punia-se com o trabalho incessante, um jejum estrito, o descuido com os problemas de saúde e o excesso de álcool. Reimaginou os extremos do clima arlesiano — sobretudo o sol abrasador e o mistral fustigante — como uma espécie de autoflagelação. E, ao receber uma carta de Eugène Boch no Borinage, Vincent prontamente pensou em voltar à região negra. "Amo tanto aquela terra desolada", respondeu a Boch no mesmo dia, abraçando com avidez os tormentos do passado. "Será sempre inesquecível para mim."

Como era inevitável, passou a pensar na morte e, pior, na loucura. Pela primeira vez, reconheceu-se em Claude Lantier, o herói de *L'oeuvre*, de Zola, um pintor levado ao suicídio por ambições ensandecidas e autodestrutivas. Olhou no espelho e reviu o ícone da demência artística, o retrato de Hugo van der Goes, o monge pintor insano pintado por Émile Wauters. "Estou de novo praticamente reduzido à loucura [daquele] quadro", confessou em outubro.

Cada vez mais, porém, os temores mais sombrios de Vincent adquiriam o rosto e a forma de um homem: Adolphe Monticelli.

Vincent havia nomeado o artista de Marselha como padrinho espiritual da irmandade de coloristas que sonhava ver nascer no Midi. Afinal, foi Monticelli o primeiro a extrair uma grande arte (bem como uma fortuna comercial) do sol meridional. Foi Monticelli quem negou "a cor local ou mesmo a verdade local" a fim de realizar "algo apaixonado e eterno". Quanto mais os sonhos de Vincent para a Casa Amarela escapavam para o futuro, mais ferrenhamente ele se agarrava ao exemplo de Monticelli. Em voos retóricos cada vez mais desvairados, Vincent dizia ter uma identidade praticamente completa com o finado artista. Não apenas seguia Monticelli, mas o "ressuscitou". E declarou: "Estou continuando seu trabalho aqui, como se fosse filho ou irmão dele". Comparou seus girassóis às pinturas monticellianas do Sul — "tudo em amarelo, tudo em laranja, tudo em enxofre". Traçou planos alucinados para uma exposição conjunta, que resgataria a si e ao predecessor perante os olhos de um mundo cético, e concebeu uma elaborada fantasia de seu "retorno" triunfante a Marselha. "É minha firme intenção ir passear lá na Cannebière", escreveu num devaneio de reencarnação, "vestido exatamente como ele... com um chapéu amarelo enorme, um paletó de veludo preto, calças brancas, luvas amarelas, uma bengala de bambu e um altaneiro ar meridional."

Mas Monticelli tinha morrido num torpor de loucura e bebida, desabado à mesa de um bar, segundo as histórias que circulavam no mundo artístico. Embora reconhecesse que seu herói tinha algum distúrbio mental — "um pouco desregulado", admitiu, "ou melhor, muito" —, Vincent punha a culpa nos "tormentos da pobreza" e na hostilidade do público que o desdenhava. "Dizem que um pintor é louco se enxerga com olhos diferentes dos deles", disse escarninho. Se isso era loucura, retrucava ele, era a loucura que vem do excesso de sol — uma loucura de inspiração e fecundidade. Era a loucura das plantas no *Paradou* de Zola ou das moitas de oleandros "loucamente delirantes" no jardim da praça em frente de sua casa, "florescendo tão desbragadas que podem até pegar uma ataxia locomotora". Se isso era loucura, era *sua* loucura — admissão esta que celebrou em tela com a natureza-morta de um vaso de oleandros em flor numa mesa ao lado de um exemplar de *La joie de vivre*.

Mas, fosse Monticelli louco ou não, a imagem de seu fim ignóbil assombrava Vincent. Confessou: "Fico pensando nas histórias que circulam sobre a morte dele". Era um mistério que o aturdia e lhe dava medo. Tentou ver seus esforços no Midi como uma forma de redimir seu herói caído. "Tentaremos provar à boa gente que Monticelli não morreu desabando nas mesas dos bares da Cannabière", prometeu ele, "e sim que o sujeito ainda está vivo." Mas e se tais esforços falhassem? O que aconteceria? Quem, senão Vincent, iria redimir o glorioso legado monticelliano de cor e de luz? E quem iria redimir Vincent?

Com tais perguntas, seus pensamentos escorregavam de volta para as areias movediças da religião. E reconheceu: "Quando fico num estado de agitação nervosa, meus sentimentos me levam à contemplação da eternidade e da vida eterna". Procurou respostas num artigo sobre as posições de Tolstói a respeito do futuro da fé, mas não encontrou nenhum conforto no impossível apelo do russo a um retorno à fé singela do "povo simples" e sua rejeição geral da vida após a morte. "Ele não admite a ressurreição do corpo, nem mesmo a da alma", comentou Vincent desolado, "mas diz, como os niilistas, que não há nada depois da morte." Sem se sentir persuadido pela profecia tolstoiana de "uma revolução interior e oculta" que iria "ter o mesmo efeito consolador... que a religião cristã costumava ter", Vincent protestou exasperado contra a incapacidade dos pensadores modernos de responder à pergunta suprema, erguendo um grito que somava uma censura furibunda, uma confissão angustiada e um pânico existencial:

> Só queria que conseguissem nos provar algo que nos tranquilizasse e confortasse, para podermos parar de nos sentir culpados e desgraçados, e prosseguir apenas como somos, sem nos perder na solidão e no nada, e não precisar parar a cada passo

em pânico ou calcular, aflitos, o mal que podemos estar causando involuntariamente a outras pessoas.

Em seu desespero, Vincent retornou outra vez à imagem mais consoladora que conhecia: Cristo no Horto. Imaginou Monticelli "atravessando um Getsêmani perpétuo" e se concebeu como o espírito ressurrecto do mártir — "um vivo se erguendo imediatamente no lugar do morto". Imbuiu-se da missão de "retomar a mesma causa, continuar o mesmo trabalho, viver a mesma vida, morrer a mesma morte". No fim de setembro, tentou mais uma vez captar com o pincel essa visão da imortalidade. "Tenho a coisa na cabeça", escreveu ele, "uma noite estrelada; a figura de Cristo em azul, todos os azuis mais fortes, e o anjo matizado em amarelo-cítrico." Mas falhou de novo. Subjugado uma segunda vez pelo peso de uma imagem sobrecarregada de passado — "bela demais para ousar pintar" —, Vincent pegou outra vez da faca e "destruí impiedosamente" a tela, dando apenas a mesma desculpa tímida: a forma não tinha sido "estudada previamente a partir do modelo".

Mas logo iniciou outra tentativa. Dessa vez, deixaria de lado as figuras terríveis, insustentáveis de Cristo e do anjo, e pintaria apenas o céu noturno estrelado onde se dava o sublime encontro entre eles.

Era uma imagem profundamente entranhada na iconografia da imaginação de Vincent, tal como os semeadores e os girassóis. "As lindas estrelas da noite expressam o cuidado e o amor de Deus por todos nós", era o que escrevera Anna van Gogh ao filho adolescente. Para Anna, as estrelas representavam a promessa divina de "criar luz das trevas; e dos problemas, boas coisas". O pai de Vincent gostava de rememorar seus passeios em noite avançada "sob belos céus estrelados", enquanto a irmã Lies via nas estrelas "todas as pessoas que me são queridas... me dizendo: 'Tenha coragem'". Os céus noturnos mágicos de Anderson tinham encantado a infância de Vincent, enquanto na adolescência fora guiado pela romântica luz das estrelas de Heine. Os sinais da estrela da Consciência o haviam levado ao cristianismo, enquanto a "terna estrela do amor e dos sonhos" de Longfellow tinha consolado seu longo exílio. Em Ramsgate, olhava a noite estrelada e via a família ("Pensei em todos vocês, nos anos de meu passado e em nosso lar") e, ao mesmo tempo, a própria vergonha. Em Amsterdam, nos passeios ao cair da noite pela margem do rio, ouvia "a voz de Deus sob as estrelas" e pintou em palavras uma elaborada imagem do consolo que sentia no "abençoado anoitecer", quando "só as estrelas realmente falam".

Em Paris, as luzes da cidade praticamente extinguiam as estrelas, mas sua imaginação ganhava asas nas fantasias "prodigiosas" de Jules Verne e nas descobertas astronômicas de Camille Flammarion, que colocou novos mundos no mapa do firmamento noturno e deu a cada centelha de luz um mistério novo e próprio, abrindo um universo de possibilidades infinitas. Ou podia também sonhar com as noites estreladas que mantinha ao lado da cama, nos livros de Zola, Daudet, Loti e em particular Maupassant, autor de *Bel-ami*. "Amo a noite com paixão", escreveu Maupassant no verão de 1887. "Amo como se ama a terra natal ou a amante, com um amor profundo, instintivo, invencível... E as estrelas! As estrelas lá no alto, as estrelas desconhecidas cravejadas ao acaso na imensidão, onde desenham aquelas figuras estranhas que tanto nos fazem sonhar, que tão profundamente nos fazem meditar."

Em Arles, Vincent redescobriu as estrelas. "À noite, a cidade *desaparece* e tudo é *negro*", comentou deleitado, "muito *mais negro* do que em Paris." Percorria à noite as ruas da cidade, as margens do rio, as estradas rurais, os pomares, mesmo os campos abertos, atraído pela oportunidade de "meditar profundamente" e de passear sem ser incomodado. Tanto quanto o famoso sol, a abóbada estrelada definia sua experiência no Midi. Logo depois de chegar, começou a imaginar uma pintura. "Preciso ter uma noite *estrelada*", escreveu a Theo em começo de abril. "Um céu estrelado é algo que eu gostaria de tentar fazer", escreveu a Bernard, "assim como, de dia, vou tentar pintar uma campina verde ondulando com dentes-de-leão." Quando foi ao litoral em maio, essa vontade se tornou fervente num passeio noturno ao longo da praia. "Era lindo", escreveu a Theo.

> O céu azul-escuro estava semeado de nuvens de um azul mais escuro do que o azul fundamental de cobalto intenso e outra de um azul mais claro, como o branco-azulado da Via Láctea. Na profundidade azul, as estrelas cintilavam esverdeadas, amarelas, brancas, rosadas, em outros tantos brilhantes, esmeraldas, lápis-lazúli, rubis, safiras.

Naquela praia escura, onde a água negra e o céu cintilante convidavam à reflexão, a intenção de se juntar com Gauguin — que ainda era mais um sonho do que um plano — se fundiu com sua visão do céu noturno. Tal como via os fantasmas do passado nas dunas e casas de Saintes-Maries, viu o futuro nas estrelas sobre o Mediterrâneo. "Olhar as estrelas sempre me faz sonhar", escreveu, "tal como sonho fitando os pontos pretos de um mapa." Voltou a Arles com a imagem ardendo na imaginação. "Quando vou poder fazer o céu estrelado", perguntava-se em meados de junho, "aquela imagem que está sempre em minha mente?" Entre todas as provações do verão, as negociações oscilantes com Gauguin e a morte do tio Cent, ele via no espetáculo noturno do firmamento não só o mapa para um mundo a uma distância impossível, onde a vida para os pintores seria mais fácil, mas também a promessa de um futuro quase a seu alcance. "A esperança está nas estrelas", disse ele. "Mas não esqueçamos que esta terra também é um planeta e, portanto, uma estrela."

No começo de setembro, pensou em voltar ao litoral para confirmar e registrar a imagem que tinha na cabeça. "Quero sem falta pintar um céu estrelado", disse à irmã Wil. Com uma veemência que denunciava meses de observação e planejamento, explicou a ela como a noite era "mais intensamente colorida do que o dia, com matizes dos mais intensos violetas, azuis e verdes", e discorreu sobre o arco-íris da luz das estrelas: "Se você prestar atenção, verá que certas estrelas são amarelo-cítrico, outras tem um reflexo rosa ou um azul-verde e a claridade do miosótis". Para fixar essa visão no firmamento das imagens simbolistas, Vincent invocou a poesia de Walt Whitman, cujo chamamento geral a um futuro repleto de amor, sexo, trabalho e amizade "sob a grande abóbada estrelada do céu" se casava perfeitamente com a imagem que Vincent via ao fitar e examinar o céu noturno.

Ele praticou essa visão várias vezes ao longo do verão e do outono. Concluiu o retrato de Eugène Boch no começo de setembro colocando uma constelação de "estrelas faiscantes" multicoloridas no fundo azul-escuro do quadro. Ao mesmo tempo, deu o novo título ao retrato, *O poeta* — designação que associava o rosto de Boch à luz das estrelas com o novo Petrarca do Midi, Gauguin.

Mas só pintar as estrelas não bastava: ele queria pintar *sob* as estrelas. Escreveu: "O problema de pintar cenas e efeitos noturnos no próprio local e de noite me interessa imensamente". Para atender a essa vontade, arrastou seus equipamentos até a Place du Forum e pintou sua vista noturna do terraço do café com o toldo iluminado e a rua em perspectiva aguda, "estendendo-se sob um céu azul cravejado de estrelas". Ao contrário da distribuição aparentemente aleatória dos pontos estrelados no retrato de Boch, a cunha de céu noturno no *Café Terrace na Place du Forum* revela um universo de estrelas e planetas dispostos em sistemas solares de cor. "Aqui você tem uma pintura noturna sem nenhum preto nela", gabou-se ele, "feita com nada além da bela cor de azul, violeta, verde e amarelo-cítrico." Comparou o quadro a uma descrição de Maupassant em *Bel-Ami*, outro elemento-chave de seu sonho para o Midi. Traçou planos de pintar uma série de "noites estreladas" para rivalizar com os girassóis de verão, inclusive um campo arado sob o céu noturno e, em especial, a Casa Amarela, lar de todos os seus sonhos. "Um dia ou outro, você terá uma pintura da própria casinha", prometeu a Theo, "com a janela iluminada e um céu estrelado."

Quando sua tentativa similar de pintar Cristo sob um céu estrelado falhou fragorosamente no final de setembro, Vincent pôs ao ombro seus apetrechos em plena noite e foi procurar seu tema bem sob as estrelas. Escolheu um lugar a poucas quadras de distância, numa amurada com vista para o Ródano. Para ter luz, armou o cavalete sob um dos lampiões a gás que seguiam a calçada ao longo da margem. A experiência o ensinara que a luz dourada do lampião era inadequada e até enganosa. "No escuro, posso confundir um azul com um verde", admitiu, "um lilás-azulado com um lilás-rosa, pois não se consegue distinguir corretamente a qualidade de um matiz." Mas, frisou ele, a premência da imagem era mais importante que a exatidão. E não havia outra maneira de evitar "a pobre luz amarela-esbranquiçada" das cenas noturnas convencionais.

Uma vez preparado, voltou-se para o sul, olhando rio abaixo a cidade às escuras. Ela se estendia ao longo da grande volta do Ródano, curvando-se e recuando da esquerda para a direita, visível apenas pela fiada de lampiões a gás e pelo contorno escuro denteado no horizonte: a torre do convento das carmelitas de um lado, a cúpula de St. Trophime no meio, os pináculos de St. Pierre na outra margem. Há apenas algumas janelas iluminadas. Os barcos estão atracados na água escura logo abaixo dele. É tarde.

Mas, ao olhar para cima, Vincent viu um céu diferente do que tinha visto três meses antes, em outras margens. Ou melhor, viu com olhos diferentes. Em junho, seus sonhos exaltados sobre a união com Gauguin tinham se inspirado em fantasias daudetianas de viagens de trem a estrelas e galáxias longínquas de mundos melhores. Agora, tendo a perspectiva da vinda de Gauguin recuado como o sol no ocaso, Vincent procurou no céu da noite uma consolação mais antiga e mais profunda. "Tenho uma necessidade terrível de — digo a palavra? — religião", escreveu, estremecendo àquela confissão. "Então saio à noite para pintar estrelas."

Da melhor forma que pôde, ele usou a paleta de verdes e azuis com realces "cítricos" que usara no malogrado Getsêmani, cores que associava a Cristo desde longa data — do *Christus consolator* de Scheffer à *Barca* de Delacroix — e às cores de suas próprias pinturas, de *Os comedores de batatas* a *O jardim do poeta*, retratando "um mundo diferente do nosso". Mergulhou a própria cidade no azul mais negro que conseguiu. Para deixá-lo ainda mais escuro, pintou a fila de lampiões em explosões de "ouro cru". O tema principal podia estar acima, mas o rio também atraiu seu olhar sonhador. O jogo de luzes na água — em rios, lagos ou poças — sempre movera Vincent a profundas reflexões sobre os mistérios do infinito. Fitando a linha dos lampiões em recuo, marcou seus "reflexos impiedosos" na água agitada do rio com centenas de toques curtos e meditativos. Para o pequeno molhe a seus pés, onde os barcos pretos oscilavam silenciosos, Vincent utilizou o verde-amarelo para mostrar o alcance de seu próprio lampião, mas desestabilizou o primeiro plano com realces de malva, uma mistura de azul e vermelho que adicionava uma nova luz misteriosa.

No céu, começou colocando devidamente as estrelas da constelação da Ursa Maior no quadrante sul, no centro da ampla tela — as sete estrelas do Grande Carro em destaque. Porém, quanto mais olhava, mais via e mais o pincel vagueava. Viu pontos e manchas, círculos perfeitos e fragmentos disformes. Imaginou algumas estrelas nas mais tênues tonalidades de rosa e verde, "faiscando" como gemas matizadas no vazio escuro. Comparou-se a um joalheiro arrumando pedras preciosas "para lhes realçar o valor". A algumas acrescentou coroas de toques irradiantes, como pétalas ou fogos de artifício na distância, criando para cada uma delas um halo em cítrico como a auréola que circundava a cabeça de Cristo em Delacroix. Transpôs a Via Láctea com levíssimos toques do pincel — o mais tênue véu de azul-claro na vastidão cobalto. Com um cuidado primoroso, passou o pincel no céu noturno a golpes largos ritmados, "firmes e entremeados de sentimento".

Se conseguisse atingir com o pincel delicado e a cor "harmoniosa" o mesmo consolo que lhe daria a inalcançável imagem de Cristo, se conseguisse captar na tela "o sentimento das estrelas e o infinito alto e límpido sobre si", talvez sua solidão terminasse — ou pelo menos aliviasse. O café noturno que jamais escurecia também oferecia, claro, seu próprio tipo de consolo àqueles que, como ele, eram "sem terra natal ou família". Mas, para Vincent, os bálsamos efêmeros do absinto e da luz artificial nunca seriam suficientes. E tampouco aceitava seu próprio argumento suspeito de que "as Artes, como tudo o mais, são apenas sonhos; de que o eu não é nada". Seus olhos se voltavam inevitavelmente para o céu noturno estrelado, onde enxergava outra consumação, mais verdadeira, mais profunda, por distante que fosse. Com os planos para a Casa Amarela se desfazendo, o anseio de Vincent por aquele futuro extravasou para a tela, enquanto ele se empenhava com mais ternura do que nunca para expressar uma verdade transcendente por meio do pincel e da cor, para captar a única emoção excluída do Café de la Gare, a mais importante de todas: a esperança — por mais frágil ou remota — de redenção. "É só isso", perguntou desesperançado, "ou há mais além disso?"

No fim, talvez já de volta ao ateliê, ele acrescentou ao quadro um casal indistinto de pé na praia: amantes de braços dados, ali chegados de uma estrela distante.

No começo de outubro, Gauguin escreveu a Theo: "Logo vou me juntar [a Vincent]... Devo ir para Arles pelo final do mês". Ao mesmo tempo, Gauguin enviou a Vincent o retrato que este lhe pedira como sinal de irmandade, declarando com pompa: "Nós realizamos seu desejo". À notícia, Vincent se desvaneceu. Escreveu a Theo no mesmo dia: "Agora finalmente algo começa a aparecer no horizonte: a Esperança".

Ainda mais emocionante do que a notícia foi a descrição feita por Gauguin da pintura que estava a caminho. Ele se imaginara no autorretrato como Jean Valjean, o famoso pária de Hugo, com "a máscara de um bandoleiro" ocultando uma "nobreza e gentileza interior". Explicou que, com isso, pretendia mostrar não apenas sua fisionomia, mas os traços de todos os pintores de toda parte que se sentiam "oprimidos e proscritos pela sociedade". Era uma visão de ostracismo artístico e mostrava um sofrimento que podia ter saído do punho do próprio Vincent. Este comentou: "A descrição dele mesmo me comove até o fundo da alma".

Depois de meses de avanços e recuos torturantes, todas as suas expectativas para a Casa Amarela explodiram de uma só vez, num jorro de cartas extasiadas e aduladoras. Comprometeu-se a trabalhar de forma incansável para proporcionar ao "grande mestre" Gauguin "paz e tranquilidade para produzir e poder respirar livremente como artista". Abandonando todas as reservas anteriores, acolheu bem a vinda de Bernard e de Laval junto com Gauguin — e até de outros dois protegidos seus de Pont-Aven, que Vincent nunca tinha visto. Todos eram bem-vindos à irmandade do Midi. "A união faz a força", exclamou.

Mas apenas um poderia liderar a confraria. "Precisa haver um prior para manter a ordem", insistiu Vincent. "Gauguin, não eu, será o líder do ateliê." Até admitiu que Theo poderia ser o "primeiro apóstolo-negociante", mas deveria ser fiel. "Você se comprometeu com Gauguin de corpo e alma", explicou solenemente ao irmão. Apenas assim poderiam alcançar o triunfo procriador que por tanto tempo Vincent imaginara. "Posso ver minha própria pintura ganhando vida", declarou ele. "E se persistirmos, tudo isso ajudará a fazermos algo mais duradouro do que nós."

Todavia, em Paris, Theo lia aquela onda vertiginosa de cartas de Vincent com preocupação cada vez maior. Após meses de negociações, ele conhecia até bem demais a futilidade e o egocentrismo gaulês de Gauguin (o compromisso "final" de ir para Arles estava condicionado ao pagamento de mais cem francos). E conhecia ainda melhor o ardor irrefletido do irmão. Tinha passado por toda a ampla gama de exaltações apaixonadas de Vincent: besouros e pássaros, bordéis e prostíbulos, Cristo e os mineiros ignorantes, Mauve e seu pincel mágico, Herkomer e as ilustrações em branco e preto, Millet e os camponeses heroicos, Delacroix e a cor: uma sucessão de evangelhos e salvadores. Gauguin, com seu oportunismo, devia lhe parecer um esteio especialmente instável para uma carga tão grande de expectativas.

O peso dessa carga ficava cada vez mais patente a cada nova despesa (à carta de Gauguin se seguiu outra farra de gastos), a cada novo pedido de mais dinheiro e a cada nova promessa de restituí-lo integralmente. (Em outubro, Vincent expôs mais um plano mirabolante de reembolsar tudo o que Theo tinha despendido ao longo dos anos.) Com efeito, Vincent passara a ver a combinação com Gauguin como maneira de equilibrar as contas de uma vida inteira. Quando a irmã Wil enviou uma foto recente da mãe, Vincent logo fez uma pintura com base nela, vertendo o rosto do passado naquele mesmo "colorido cinéreo" e verde Veronese vibrante que tinha usado no autorretrato como bonzo.

Mas e se Gauguin *realmente* viesse? Mesmo de longe, a incansável campanha de persuasão e os incessantes pedidos de afirmação de Vincent lhe pareciam "intimidadores". Theo conhecia melhor do que ninguém as provações de morar com o irmão: a insegurança e a agressividade defensiva, as correntes alternadas de franco otimismo e de depressão abissal, a guerra interna entre a ambição grandiosa e a frustração fácil. ("Tenho medo de desanimar se não conseguir já", confessou Vincent naquele mês de setembro.) Como Gauguin, aos quarenta anos, com várias ocupações e uma grande experiência de vida, iria reagir à necessidade devoradora de Vincent de remodelar as pessoas e coisas mais próximas a ele, já que não conseguia mudar quase nada em sua vida? Mesmo agora, aguardando a vinda do "prior", Vincent já estava em campanha para cancelar a vinda de Bernard e ditar os termos da felicidade de Gauguin com tanta segurança como havia planejado a reabilitação de Sien Hoornik: "Ele precisa comer e passear comigo por lugares agradáveis", escreveu a Theo, "pegar uma moça bonita de vez em quando, ver a casa como está e como a deixaremos, e se divertir à vontade".

Além de sua experiência pessoal, Theo tinha os relatos do tenente Milliet e de Eugène Boch, que o haviam visitado pouco tempo antes em Paris e lhe contaram em primeira mão como era a vida encarniçada de Vincent sob o sol meridional. O dinamarquês Mourier-Petersen (que depois disse que Vincent era "louco") tinha se hospedado alguns dias na casa de Theo, depois de sair de Arles, e Theo por certo conhecia os dois lados da história da desavença rancorosa de Vincent com Dodge MacKnight, seu primeiro candidato a uma "combinação" na Casa Amarela. O próprio Vincent falou sinistramente em "loucura" e na necessidade de "ficar atento a meus nervos".

Como uma confirmação dos piores medos de Theo, Vincent se lançou a um assalto preventivo a Gauguin, uma semana depois, se tanto, de receber sua concordância final em vir. Quando o autorretrato descrito por Gauguin de maneira tão palpitante chegou a Arles, Vincent achou as cores "escuras demais" e "tristes demais". "Nem uma sombra de alegria", queixou-se ele. Como o Bel-Ami do Midi era capaz de pintar uma imagem tão "desesperante" e "desanimada"? "Ele não pode continuar assim", apressou-se em declarar. "Precisa se reanimar, sem falta. Ou então..."

O que aconteceria se esse castelo no ar desmoronasse, como tantos anteriores? Theo já tinha pressionado Vincent para que seguisse em frente: pressão que só se intensificaria se Gauguin empacasse outra vez. Numa fúria denegatória, Vincent alegou que ficaria dez anos em Arles, levando a vida imperturbável de um monge japonês, contentando-se em "estudar uma única folha de grama" e "desenhar a figura humana". Mas já tinha dito a mesma coisa em Haia, antes que o escândalo e o fracasso o levassem à casa da família em Nuenen; e a mesma coisa em Nuenen, antes que o escândalo e o fracasso o levassem a Theo em Paris.

Em seus momentos mais sombrios, Vincent deve ter pensado em voltar a Paris; mas mesmo a estrada da vergonha estava cheia de incertezas. A saúde de Theo andava precária e, além disso, seu coração estava em outro lugar. Sozinho no apartamento da Rue Lepic, "sentindo o vazio por toda parte", Theo se lamentava de "um vácuo" que Vincent não poderia preencher. Voltara a pensar no amor, no casamento e numa família própria.

Em seu delírio de expectativas, Vincent ignorou os sinais vindos de Paris, alertando que a rede de proteção sob a corda em que se equilibrava lá no alto poderia ser removida. Numa celebração da união perfeita que se avizinhava, ele pintou outra vista do parque público diante de sua porta — o "jardim do Poeta" de Petrarca e Boccaccio. Um imenso abeto espraia sua sombra por um caminho sinuoso de cascalho e uma ilha de grama luxuriante. O tronco revestido de folhagem bloqueia o sol e o céu, ocupando a metade superior da tela com ramos que se erguem e se irradiam num maravilhoso turquesa profundo — cor de primoroso equilíbrio entre o azul e o verde: um casamento perfeito, de encanto insondável. À sua sombra, como um leque persa, caminha um casal de mãos dadas.

Quando a tinta secou, Vincent pendurou o quadro no pequeno dormitório que preparara para Gauguin, junto com as outras pinturas do jardim do Poeta e os girassóis de verão, como um coro harmonioso de boas-vindas. Ao mesmo tempo, nas floreiras que ladeavam a porta de entrada da Casa Amarela, plantou duas mudas de oleandro — invocando a fecundidade da loucura e a embriaguez do amor.

34. Selvagem imaginário

Charles Laval amava tanto Paul Gauguin que o seguiria até o inferno. E foi exatamente o que fez em abril de 1887. Derrubado pela febre, delirando num colchão feito de algas marinhas, numa choça de escravos, tremendo descontroladamente encharcado numa poça do próprio suor, Laval em momento algum questionou a decisão de ir à Martinica com o amigo e *maître* Paul Gauguin.

Os dois tinham se conhecido no verão anterior no litoral fresco e rochoso da Bretanha — o mesmo verão que Vincent passou enfurnado no apartamento da Rue Lepic, pintando flores. Gauguin tinha irrompido no pequeno balneário de artistas de Pont-Aven como uma rajada de vento tropical soprando da corrente do golfo. A comunidade de jovens pintores — na maioria britânicos, americanos e escandinavos —, ávida para se pôr a par das turbulências em Paris, se aglomerou em torno dele. Ali estava um homem que havia pintado junto com os heróis do impressionismo, de Manet a Renoir, que havia exposto junto com ele desde os primeiros dias dos *refusés* até a recente exposição impressionista, a oitava e última, em maio, poucos meses antes. Nessa mostra, a obra de Gauguin dividira as paredes com a *Grande Jatte* de Seurat — uma imagem de originalidade eletrizante. Com a roupa extravagante, um passado exótico e um ar de misteriosa reserva, Gauguin, aos 38 anos, parecia deter a chave que abriria todos os segredos do mundo da arte. No afã de conquistar suas graças, os jovens artistas de Pont-Aven pagavam sua hospedagem, serviam-no à

Paul Gauguin, 1891.

mesa, sentavam-se enfeitiçados para assistir a suas entrevistas noturnas na Estalagem Gloanec.

Ninguém se empenhava com maior ardor nem ouvia com maior fascínio do que Charles Laval. Usando o pincenê de um esteta e a barba rala de um asceta, o jovem de 25 anos reunia as sensibilidades refinadas do pai, um arquiteto parisiense, e as saudosas emoções da mãe russa. Fora criado entre as alas do impressionismo, estudou com Toulouse-Lautrec e expôs no Salon ainda na adolescência. Com segurança financeira, mas sequioso em termos espirituais, tendo perdido o pai verdadeiro aos oito anos de idade, Laval se distinguia entre todos os jovens pintores de Pont-Aven como o acólito mais devotado de Gauguin.

Assim, não foi nenhuma surpresa quando, no inverno seguinte, Laval aceitou o convite do mestre para se integrar a uma expedição até o Caribe, em busca da liberdade erótica e das verdades artísticas que apenas as culturas primitivas conheciam. Gauguin pintou um quadro irresistível de uma terra "livre e fértil", onde "o clima é excelente e pode-se viver de peixe e frutas, que basta apanhar". Era uma imagem tirada diretamente das páginas da narrativa fabulosa de Pierre Loti sobre sua viagem ao Taiti,

O casamento de Loti. Charles Laval, inebriado como tantos filhos sem rumo da burguesia por essa visão de Loti sobre o paraíso na terra, dificilmente conseguiria recusar.

Na verdade, Laval tinha todos os motivos para crer na visão sedutora de Gauguin quanto ao paraíso nas Américas. Como todos na Estalagem Gloanec sabiam, Gauguin remontava sua linha genealógica até os dirigentes espanhóis da colônia do Peru, onde tinha passado seus primeiros anos. Às vezes, ele insinuava uma linhagem ainda mais antiga, mais nobre e mais primitiva, entre os grandes governantes indígenas do Novo Mundo, incluindo quiçá o próprio Montezuma, o imperador asteca — o que seus traços marcados e a tez escura pareciam comprovar. Falava de relações de parentesco com famílias ricas em Lima, onde passara uma infância animada por brisas tropicais e criados chineses.

Com histórias assim, Gauguin pintava a viagem ao Caribe mais como um retorno triunfal do que uma aventura despreocupada. Na verdade, escolhera o destino deles — uma ilha minúscula chamada Taboga — por ficar próximo de seu cunhado, um negociante de sucesso que retornara pouco tempo antes à Colômbia natal. No norte desse país, num istmo estreito chamado Panamá, estava em andamento um grandioso projeto de construção a cargo de empresas francesas: um canal que ligaria o Atlântico e o Pacífico. Gauguin assegurou ao discípulo que seu cunhado estava ganhando uma fortuna na enxurrada de verbas e materiais despejados naquela região remota e poderia muito bem financiá-los no pequeno paraíso em Taboga.

Laval também tinha um parente entre as dezenas de empresas que haviam afluído ao Panamá, mas não entendia nada de dinheiro nem de negócios. Nessas questões, especialmente, confiava em Gauguin. Afinal, ele tinha trabalhado na Bolsa de Valores de Paris durante anos, antes de virar artista. Como corretor e "liquidante", havia transformado uma respeitável herança deixada por um benfeitor misterioso num estilo de vida da alta burguesia, com carruagens contratadas e passeios aos domingos. Nesse meio-tempo também formou uma família, com esposa e cinco filhos, embora o funcionamento dessa família deva ter parecido muito estranho ao convencional Laval. O único filho que morava com Gauguin em Paris, Clovis, fora posto de lado, na segurança de um internato, e aparentemente não era nenhum impedimento para as longas ausências paternas; os outros estavam com Mette, a esposa dinamarquesa, na longínqua Copenhague. Gauguin falava pouco sobre eles e Laval não se atrevia a perguntar. Assim como o sotaque incomum (sua primeira língua era o espanhol), as finanças turvas e a linhagem incerta, tais questões se incluíam no enigma que era Paul Gauguin.

Sua arte apenas aumentava o mistério. Da amizade da avó com Delacroix a seu flerte pessoal com o simbolismo, a arte de Gauguin parecia em constante movimento, baseando-se em tudo, prometendo tudo, percorrendo as várias latitudes do mundo artístico com a mesma desenvoltura com que seus antepassados (e ele mesmo) atravessavam os trópicos. Como corretor de ações, adquirira a arte e o deleite dos impressionistas. Nos passeios dominicais, pegava o pincel e, sob a tutela de Pissarro, aprendia o estilo alado do impressionismo. Em 1882, quando seu emprego na Bolsa desapareceu na grande crise do mercado financeiro daquele ano, Gauguin sentiu confiança suficiente para transformar seu passatempo artístico numa atividade de tempo integral. Para o horror da esposa ciosa de sua posição social, que o largou prontamente e voltou para a Dinamarca, ele adotou a "vida vagabunda" de um artista e ficou à mercê do mercado de arte. Não conseguindo conquistar a atenção da crítica nem uma clientela (ele admitiu que tinha se oferecido "como uma puta no mercado e ninguém quis"), Gauguin logo se viu obrigado a aceitar um emprego de vendedor com um fabricante de oleados e a se reunir à família em Copenhague. Mas, depois de seis meses, abandonou a família e voltou para Paris, mais decidido do que nunca a deixar sua marca no mundo artístico. Trouxe apenas o filho Clovis, o favorito da mãe — por despeito, pensavam alguns. Num sótão minúsculo com pouca comida e ainda menos aquecimento, o menino de seis anos logo adoeceu de varicela.

Enquanto isso, a arte de Gauguin saltou do impressionismo para o simbolismo. Esboçou manifestos ambiciosos em favor de um novo tipo de imagem — "espiritual, enigmática, misteriosa e sugestiva" — e adotou um novo paladino, Cézanne. Mas, antes que conseguisse criar uma arte à altura desse imperativo de tipo zoliano, o solo sob seus pés voltou a ceder. Em 1886, a *Grande jatte*, de Seurat, varreu tudo o que havia pela frente. As telas de Gauguin se perderam no vagalhão do mais novo *succès de scandale*, e sua retórica se afogou sob os zunzuns ensurdecedores a respeito do "novo" impressionismo. Quase de imediato, traçou um plano complicado para se engraçar junto ao novo herói Seurat, cuja bandeira atraíra muitos dos ex-camaradas de Gauguin, em especial Pissarro. Mas um "*contretemps*" inexplicado com o genioso Seurat em junho de 1886 trouxe um desfecho abrupto a tal iniciativa. Não demorou muito, ele e seu patrocinador de longa data, Pissarro, estavam trocando insultos. Gauguin denunciou os neoimpressionistas como fazedores de "tapeçarias em *petit-point*" e praguejou contra "aqueles malditos pontos". Pissarro acusou Gauguin de "falta de educação" e desqualificou seu trabalho como "uma arte de marinheiro, pescada aqui e ali". "No fundo, ele tem um caráter antiartístico", sintetizou Pissarro: "é um fazedor de bugigangas". Degas dizia que ele era "um pirata".

Mas Gauguin voltou à carga outra vez. Quando Laval o conheceu poucos meses mais tarde, na Estalagem Gloanec, já encontrara um novo mentor, Félix Bracquemond, adotara um novo meio, a cerâmica, e assumira um novo perfil: um "selvagem do Peru". Propagandeando sua herança "índia", modelou figuras de argila que combinavam formas pré-colombianas e sugestões simbolistas, formando imagens de grande carga sexual: cobras ameaçadoras e cisnes com pescoços fálicos. Assinava as peças como "PGO", gíria em francês para "caralho". Também se reconstituiu como um "animal" estranho, sorumbático, inconstante, que se sentia preso nos ateliês e salas de visitas da França. Renegando o passado de pintor burguês de domingo, corretor de ações e frequentador de impressionistas, deixou o cabelo crescer e passou a se vestir de modo teatral (num dia no mais extremo desleixo, no outro dia ondulando longas capas, não raro ostentando muitas joias de enfeite). Os amigos se sentiam preocupados com a aparência estranha e os humores histriônicos. Alguns achavam que tinha caído na megalomania. De um lado, cultivava os boatos (iniciados com a discussão com Seurat) sobre seu gênio estourado e sua beligerância brutal, enquanto de outro continuava a lisonjear e encantar. "Você precisa lembrar que dentro de mim moram duas naturezas", explicava em tom de advertência, "o índio e o homem sensível. O ser sensível desapareceu e agora o índio avança."

Este era o Gauguin que Laval conhecia e amava, e ao qual dedicava a vida: homem que não aceitava as peias da convenção ou da boa reputação; homem de cultura e mistério, cultivado e perigoso; homem, como dizia o próprio Gauguin, "fora dos limites impostos pela sociedade". Podia ser afável e sociável num instante, agressivo e intimidador no seguinte; ora sardônico, ora rabugento. Alguns viam em seus olhos verdes límpidos "gentileza e afabilidade"; outros, um desdém "zombeteiro"; outros ainda, uma "sensualidade intensa".

Numa profissão tida como efeminada, numa era de ironia e languidez, Gauguin praticava pugilismo e esgrima e não recuava do confronto físico — fama que deleitava os admiradores e intimidava os adversários. Era baixo mesmo para os padrões da época (1,60 metro), mas era robusto e de constituição sólida. Para alguns, ele emanava um "poder ameaçador que parecia refreado a custo". Diziam-no "*malin*" — manhoso. "As pessoas, na maioria, tinham medo dele", escreveu um pintor inglês em Pont-Aven em 1886, "e nem mesmo os mais temerários tomavam liberdade com sua pessoa... Era tratado como alguém que se devia aplacar, não atiçar." Os que não conseguia intimidar, ele seduzia. Pelo que dizia Gauguin, não só as mulheres, os homens também podiam provar do mel de seus encantos, e Laval não era em absoluto a única prova de tais asserções. O próprio Gauguin, a despeito das várias histórias de conquistas amorosas, parecia viver além do sexo. Exigia a castidade dos acólitos como Laval, com a determinação "*pas de femmes*" (nada de mulheres), e enaltecia a androginia acima de todas as outras formas de fascínio sexual. Com esses meios vários e variáveis, Gauguin conquistava corações como o de Laval. "Todos os artistas me temem e me amam", vangloriava-se em Pont-Aven. "Nenhum consegue se opor a minhas teorias... pedem meu conselho, receiam minhas críticas e nunca contestam nada do que eu faço."

Paris, por outro lado, continuava a resistir a ele. Quando voltou para lá, no outono de 1886, o rompimento com Pissarro e Seurat havia se ampliado e se transformado num fosso de desconfianças e recriminações. Ninguém compraria, venderia ou sequer exporia seus trabalhos. O afastamento, a obscuridade, a pobreza, um longo período de hospitalização e a guinada completa da pintura para a cerâmica se somaram para apagá-lo do cenário vanguardista. Em janeiro de 1887, Pissarro podia escrever com certo alívio: "Gauguin sumiu... desapareceu por completo". Numa noite de inverno, em seu aposento gelado, aquecido apenas pelo forninho de olaria, pela frustração e pela obstinada adulação de alguns poucos acólitos de Pont-Aven como Laval, Gauguin apresentou seu plano emocionante de se atirar de volta às vistas do público: iria se "rebatizar" nos trópicos. "Estou indo para o Panamá", anunciou, "para viver como um selvagem."

A longa viagem em condições miseráveis, acossados por temporais e "espremidos feito rebanho" numa cabine de terceira classe, apenas insinuava os horrores que estavam por vir. Mas Laval enxergava apenas a firmeza e o traquejo marítimo do mentor, numa travessia que já tinha feito várias vezes. Em seus dois anos como marujo da frota mercante, Gauguin adquirira firmeza nas pernas, mas também um talento para o ritual de bordo de contar histórias. Com os dotes de um bom narrador (ele se gabava de ser "um magnífico mentiroso"), para Gauguin era mais fácil bancar o fanfarrão do que dizer a verdade. Pode ter sido nessa viagem transcontinental que Laval ouviu pela primeira vez algumas das histórias de Gauguin que faziam lembrar o Cândido de Voltaire: terremotos e naufrágios; antepassados da realeza e loucos acorrentados no telhado do lar de sua infância; a iniciação sexual aos seis anos de idade e prostitutas em todos os portos; participação na Guerra Franco-Prussiana e a insubordinação que quase o levou à corte marcial; proezas próprias de um romance de capa e espada num complô malogrado para derrubar o rei da Espanha. Numa de suas histórias mais espantosas, Gauguin cruzou caminho com outro prolífico fabulista, Julien Viaud — alma artística afim, de sexualidade ambígua, enfiada num uniforme de aspirante da Marinha. Dez anos depois do encontro, Viaud havia se tornado um dos escritores mais famosos da época, adotando o nome de um personagem que inventara para sua narrativa fantasiosa de uma viagem ao Pacífico: Pierre Loti.

Mas nenhuma história de marinheiro e nem mesmo Loti poderiam preparar Laval para o Panamá e o que encontrou em Colón, na base da grande obra de escavação. Uma favela imensa se estendia até onde alcançava a vista: 20 mil pessoas amontoadas num dedo de mangue avançando mar adentro. As chuvas torrenciais, as enchentes periódicas e a falta de drenagem tinham convertido o povoado da baixada, que em poucos anos decuplicara de tamanho, num buraco dos infernos, cheio de lama e miséria — um "brejo de malária", disse Gauguin. Lixo e serragem cobriam as ruas, que formavam novos desenhos em círculo com o refugo infestado de ratos a cada aguaceiro ou inundação. Na vila superpovoada e sem policiamento, reinava "uma espécie de anarquia imunda, apodrecida", segundo um relato. Surtos de violência — da população indígena contra os recém-chegados e entre os operários — deixavam trilhas de cinzas e ruínas entre as filas de barracos. A morte pairava no ar. Mosquitos da malária e febre amarela fervilhavam na península enlameada, infectando metade da população. No canal propriamente dito, três em quatro cavadores — quase todos negros recrutados nas Índias Ocidentais — morriam em ondas e mais ondas de contágio descontrolado. No único hospital de Colón, o índice de mortalidade era ainda maior.

Os planos de trabalho de Gauguin se mostraram ilusórios como suas promessas de um paraíso. A "firma comercial" do cunhado na cidade do Panamá, no lado do istmo dando para o Pacífico, era apenas um armazém geral, onde Gauguin não encontrou nem serviço, nem dinheiro, nem simpatia. Ele e Laval foram obrigados a voltar a Colón, onde, segundo uma notícia de jornal, era comum "o triste espetáculo de homens educados passando fome nas ruas". Graças a um contato de Laval, conseguiram emprego como escreventes no escritório de uma construtora, mas apenas por duas semanas. Depois disso, Laval tentou ganhar algum dinheiro pintando retratos. Gauguin foi para a zona rural, pretendendo comprar terras dos índios locais, usando o pouco que lhes tinha restado. Não dando certo, ele persuadiu Laval a seguirem para Taboga, o destino original. Em vez de uma preservada Shangri-lá, porém, encontraram uma armadilha para turistas — nativos fantasiados só de encenação, curiosos de fim de semana e passeios com guias turísticos. Os nativos espertos cobravam preços exorbitantes por tudo, especialmente pela terra. Frustrado, Gauguin pensou de imediato em ir para a Martinica, uma ilha francesa "alegre e simpática" no Caribe oriental, onde o navio tinha feito uma rápida escala na vinda. "Devíamos ter ido para lá", fulminou ele, "onde a vida é fácil e barata e o povo é afável." Seguido por seu adorador Laval, saiu do istmo fétido, convencido de que uma "vida encantadora" estava a aguardá-los no final da viagem de 1,6 mil quilômetros até a Martinica.

Mal tinham encontrado o pequeno barraco escravo nas montanhas com vista para o porto de Saint-Pierre, e Laval foi derrubado pela febre amarela. A doença acometia as vítimas com tremenda rapidez, reduzindo homens antes saudáveis a dores excruciantes, febres, tremedeiras, náuseas e convulsões num único dia. O veneno se espalhava por todos os órgãos, danificando o fígado, os rins e os pulmões. Os suadouros de encharcar, as diarreias e os vômitos com sangue provocavam tonturas, delírios e alucinações. A pele e os olhos adquiriam um amarelo bilioso. Nas cartas aos amigos e parentes, Gauguin minimizou a agonia de Laval ("tudo está bem quando termina bem", escreveu ele). Enquanto Laval permanecia na cama empapada de suor, Gauguin explorava os mangueirais e observava as *porteuses* morenas com suas cargas na cabeça, atravessando os desfiladeiros. Informou que estava pintando "alguns bons quadros... com figuras muito superiores às do meu período em Pont-Aven". Por fim, Laval se recuperou o suficiente para acompanhá-lo em algumas dessas excursões de pinturas, pelo menos nas imediações da cabana.

Em julho, Gauguin também adoeceu, mas não a ponto de merecer menção nas cartas. Isso mudou um mês depois, quando chegou a notícia de que um colecionador em Paris tinha manifestado algum interesse em suas peças cerâmicas. Subitamente descortinou-se um novo Eldorado. "Tenho de sair daqui", escreveu a um amigo, "senão vou morrer feito um cachorro." Numa fúria de cartas que depunham contra sua versão de estar debilitado pela doença, Gauguin rogava que lhe enviassem dinheiro para voltar. "Estou reduzido a um esqueleto", lamuriava-se. "Minha cabeça ficou muito fraca, tenho um pouco de força apenas nos intervalos entre os delírios. Crises nervosas quase diárias e guinchos horríveis, como se meu peito estivesse queimando. Eu lhe imploro... faça tudo o que é possível para me enviar imediatamente 250 ou trezentos francos." Numa mentira descarada, alegou que tinha trabalhado nas valas do canal ("cav[ando] a terra das cinco e meia da manhã até as seis da tarde, sob o sol dos trópicos") e isso o "envenenara". Descreveu as "agonias no estômago" e as "dores atrozes". "Minha cabeça gira", escreveu ele, "meu rosto está coberto de transpiração e sinto arrepios descendo pelas costas." Todas as noites "esperava morrer", e apenas a volta à França o salvaria da morte ou de uma vida de "doença e febre".

Gauguin terá de fato adoecido? Ou criou essa narrativa realista inspirado nos sofrimentos do amigo, para justificar os pedidos de dinheiro? Embora a duração da doença fosse misericordiosamente curta, a recuperação (quando havia) costumava levar meses. Em outubro, quando Gauguin afinal conseguiu dinheiro para a passagem de volta à França, Laval ainda estava fraco demais para viajar. Gauguin, por seu lado, tomou o destino de casa, deixando o amigo entregue à própria sorte, sem dúvida defendendo sua partida nos mesmos termos que usara apenas seis meses antes, quando abandonou o filho Clovis em Paris: "Tenho *só o suficiente* para minha passagem... meu coração e mente são impermeáveis a qualquer sofrimento".

Quase um ano exato depois de voltar da Martinica, Paul Gauguin bateu à porta da Casa Amarela. Não vira a esposa ou os filhos nenhuma vez durante esse intervalo. E tampouco o mundo artístico parisiense se prostrara diante do artista que agora se dizia "um homem dos trópicos". Sim, vendera três pinturas da Martinica ao adventício Theo van Gogh (cuja galeria no *entresol*, descobriu ele, havia se tornado "o centro dos impressionistas" durante sua ausência), mas não resultou em nada. Voltara de sua aventura exótica esperando um triunfo — "chocar todo mundo" como fizera a *Grande jatte* de Seurat. Em lugar disso, encontrou apenas o otimismo cauteloso de Theo e o entusiasmo asfixiante do irmão esquisito. "Tudo o que eu trouxe dos trópicos desperta a maior admiração", escreveu mordaz em novembro de 1887. "Mesmo assim, não chego lá."

Em vez de sofrer a obscuridade em Paris, Gauguin voltou ao lugar de seu primeiro e, até então, único *succès* — Pont-Aven — quase no mesmo momento de fevereiro de 1888 em que Vincent foi para o Midi. Lá, tinha se empenhado incansavelmente para firmar sua nova identidade de artista com temperamento selvagem e essência primitiva. Falava sem cessar de suas experiências "decisivas" na Martinica e instruía os acólitos reunidos: "Se alguém quiser saber quem sou eu... deve me buscar nas obras que eu trouxe de lá". Fazia paralelos forçados entre a Bretanha e a Martinica, dizendo que ambas eram locais "escuros e primitivos", cujos nativos traziam a marca dos "tempos primitivos". Utilizando mais uma fantasia de Loti, *Mon frère Yves*, vestia-se como um lobo do mar bretão, com camisa de lã e boina de marinheiro — um lembrete de todas as suas viagens exóticas e do "selvagem escondido" que Loti via em todos os homens que "habitavam o mundo primitivo dos mares".

Com essa aparência, Gauguin tinha reprisado o sucesso de dois verões anteriores. Enquanto tentava granjear o apoio de Theo com cartas humildes dirigidas ao "*Cher Monsieur*" e enrolava Vincent, respondendo a seus insistentes convites a Arles com charadas sugerindo uma partida iminente, Gauguin circulava entre a multidão de férias em Pont-Aven, retomando o papel de *chef d'école* entre um círculo de jovens pintores que, esperava ele, levariam de volta a Paris a chama da celebridade. Chegou a reivindicar de novo a adulação do jovem Laval, que por fim voltara penosamente da Martinica em julho de 1888, oito meses depois que Gauguin o deixara lá. Com o auxílio de Émile Bernard, novo acréscimo a esse círculo mágico, Gauguin desenvolvera uma arte para acompanhar sua nova encarnação — uma arte de "crueza" primitiva e intensidade espiritual. As formas e cores arrojadas do cloisonismo de Anquetin e o catolicismo místico revivido de Bernard se ajustavam à perfeição ao autorretrato de Gauguin como selvagem. (O autorretrato que enviou a Vincent tinha um "rosto afogueado e sanguíneo", escreveu ele, com "olhos como lava incandescente".) Gauguin não só dominou o jovem contestador Bernard (embora os dois logo viessem a entrar em conflito sobre a autoria da nova arte), como também reforçou seu primado primitivo seduzindo Madeleine, a irmã de dezessete anos de Bernard.

Não é de admirar que ele tenha ficado em Pont-Aven o máximo de tempo possível. Só depois que todos foram embora, inclusive Bernard e Madeleine; só depois que ficou sem nenhum tostão; e, então, só depois que Theo comprou algumas cerâmicas, se ofereceu para expor suas pinturas de Pont-Aven no *entresol* e deu um incentivo final de cinquenta francos, é que, relutante, Gauguin subiu num trem e iniciou a longa jornada até Arles. Enquanto Vincent aguardava com enorme ansiedade a consumação próxima da irmandade (alertado por um baú de viagem remetido de antemão), Gauguin avaliava com frieza os planos de Theo — não de Vincent — para o futuro: "Por mais que Van Gogh possa estar apaixonado por mim, ele não iria me sustentar no Sul só pelos meus belos olhos", escreveu a um amigo na véspera da partida. "Ele examinou o terreno como um holandês cauteloso e pretende avançar com o máximo de suas forças... Dessa vez, realmente estou pisando em terreno firme."

Com a vista tão fixamente cravada nas relações em Paris e ambivalente até o último minuto, Gauguin não informou a Vincent o dia ou a hora em que chegaria a Arles. Quando o trem entrou na estação, pouco depois das cinco da manhã de 23 de outubro de 1888, ainda estava escuro — cedo demais para aparecer à casa de alguém que mal conhecia. Assim, ele entrou num café próximo que estava aberto, o Café de la Gare, para aguardar o amanhecer. "É você", exclamou o gerente, deixando-o perplexo. "Eu o reconheço." Na empolgação da expectativa, Vincent havia mostrado o autorretrato de Gauguin ao dono do café.

Um pouco mais tarde, Vincent saltou da cama ao som da batida longamente aguardada e correu para a porta.

Havia nessa confusão mais do que um descuido ou uma indecisão. Como esgrimista e pugilista traquejado, Gauguin sabia da importância de manter o adversário na incerteza. "Espere o primeiro avanço", aconselhou certa vez a um aluno derrotado na escola de esgrima onde dava aulas. Quando fazia uma escolha, planejava meticulosamente e agia com decisão. Quando percebia um ponto fraco, não hesitava em atacar. Mas o empreendimento com Vincent tinha muitas incógnitas, e Gauguin preferiu não avançar demais enquanto não conhecesse melhor o oponente.

Onde Vincent via uma irmandade, Gauguin via uma disputa. "Tenho necessidade de lutar", anunciara antes de chegar, usando o termo francês *la lutte* para a disputa de vontades que Gauguin via em todos os contatos, fosse com espadas, punhos, palavras ou imagens: "revidar golpe por golpe". Para reforçar esse *en garde*, ele enviou a Vincent o desenho de um quadro que havia feito. Eram dois jovens bretões atracados num abraço de luta romana. Apresentou como uma imagem de combate primitivo "vista pelos olhos de um selvagem peruano".

35. *La lutte*

O primeiro golpe veio quando Vincent abriu a porta da Casa Amarela. Depois de meses de cartas súplices de Gauguin e suas alegações de estar profundamente debilitado pela doença, Vincent achava que iria encontrar um homem fraco e incapacitado. Era o que tinha visto no autorretrato que Gauguin enviara antes: "Gauguin parece doente e atormentado!!", exclamou ao receber a imagem. Mas o homem parado à entrada da porta era a própria encarnação da saúde e do vigor: físico musculoso, rosto corado, olhos fogosos. "Gauguin chegou em boa condição", escreveu Vincent a Theo, visivelmente desconcertado. "Até me parece melhor do que eu mesmo."

Nos dias subsequentes, Vincent ficou admirado com o estômago resistente e o corpo cheio de energia do hóspede — dois critérios em que muitos artistas, inclusive Vincent, com frequência eram reprovados. Corado e de saúde sólida, Gauguin não só desautorizava o autorretrato e desmentia meses de queixas, mas também desarmava um dos argumentos mais veementes de Vincent em favor do Midi. Havia prometido inúmeras vezes a Theo que o sol provençal ajudaria Gauguin a recuperar a saúde, a rejuvenescer o estado de espírito e lhe devolver a alegria e a cor de suas pinturas da Martinica. Mas aquele pugilista baixote e belicoso à porta não tinha a menor necessidade de ser resgatado. "Estamos, sem a menor sombra de dúvida, na presença de uma criatura virgem com instintos selvagens", anunciou Vincent assombrado.

O golpe seguinte veio poucos dias depois. Theo escreveu que tinha vendido *Les bretonnes*, o quadro das camponesas dançando de Gauguin, por uma bela quantia. Na carta seguinte, anexou uma ordem de pagamento a ele no valor de quinhentos francos — quantia superior a qualquer coisa que jamais enviara a Vincent. "Então, por ora", acrescentou animado, "ele estará muito bem." Vincent declarou devidamente que a venda tinha sido "um tremendo golpe de sorte" para "nós três". Mas não conseguiu disfarçar a mágoa que isso lhe infligiu. Qualquer congratulação que fizesse a Gauguin era afogada por uma exclamação de culpa perante Theo. "Não posso fazer nada se minhas pinturas não vendem", escreveu desesperançado num longo *mea-culpa* no mesmo dia em que chegou a notícia da venda.

> Entendo por mim mesmo a necessidade de produzir até ficar mentalmente destroçado e fisicamente esgotado, porque afinal não tenho outra maneira de vir a recuperar algum dia o que gastamos... Mas, meu querido rapaz, minha dívida é tão grande que, quando eu tiver pagado, o que penso conseguirei fazer, o duro esforço de pintar quadros terá, porém, tomado toda a minha vida e vai me parecer que não vivi... Para mim, é angustiante que não haja nenhuma demanda por [minhas pinturas] agora, pois você sofre por causa disso... Creio que chegará um momento em que eu também vou vender, mas por ora estou em grande dívida com você e, enquanto continuo a gastar, não contribuo com nada. Às vezes esse pensamento me entristece.

Indiferente à dor do irmão, Theo deu sequência à venda de *Les bretonnes* com uma rápida mostra no *entresol* do trabalho mais recente de Gauguin na Bretanha. Poucas semanas depois de chegar a Arles, Gauguin estava recebendo de Paris notícias deslumbrantes com as quais Vincent só podia sonhar. "Certamente será de seu agrado saber que suas pinturas estão tendo um grande sucesso", escreveu-lhe Theo em meados de novembro. "Degas está tão entusiasmado com suas obras que está divulgando entre muita gente... Duas [outras] telas foram vendidas agora em caráter definitivo." Theo aproveitou a oportunidade para começar a negociar com Gauguin um aumento da comissão da Goupil, "visto que começamos a vender seu trabalho em bases mais ou menos constantes". Era uma conversa que jamais tivera com Vincent. Em dois meses, Theo vendeu cinco pinturas de Gauguin, mais algumas peças cerâmicas e lhe enviou quase 1,5 mil francos, além do estipêndio mensal.

Vincent se sentiu cambalear sob o vagalhão de sucesso do hóspede. Tal como a saúde vigorosa de Gauguin demolia o argumento de Vincent de que todos os verdadeiros artistas sofriam por sua arte, os êxitos de Gauguin no *entresol* destruíam anos de justificativas segundo as quais a arte de Vincent não encontrava compradores. Forçado pelos fatos a justificar seu trabalho "do ponto de vista financeiro", a única coisa que Vincent pôde oferecer foi uma defesa patética: "É melhor que [a tinta] esteja em minha tela do que nos tubos".

Revertendo anos de rogos e insistências, disse ao irmão que desistisse de qualquer esforço de vender suas pinturas e o aconselhou a "ficar com meus quadros para você mesmo". Dessa maneira, explicou, poderia dizer a Gauguin e outros que Theo valorizava demais seus trabalhos para vendê-los. "Além disso", acrescentou, "se o que estou fazendo for bom, não perderemos dinheiro, pois irá amadurecer com calma, como o vinho na adega." Ele escorou esse fiapo de esperança com duas imagens familiares. Em sua primeira incursão pelo campo com Gauguin, Vincent pintou o tronco cheio de escaras de um velho teixo, imagem que, num código fraterno tácito e profundo, exprimia o renascer da vida a partir dos destroços do passado. Enviou prontamente um esboço da pintura a Theo, conclamando-o para a missão de ambos em prol de um "grande renascimento" do impressionismo no Midi — missão que ia além de qualquer artista individual.

Na mesma incursão, começou uma nova versão do Semeador. Mais do que qualquer outra imagem, a figura de Millet, a passos largos e ritmados, atravessando um vasto campo de terra revirada em azuis e amarelos sob uma fina faixa de céu azul-marinho, vibrava as notas consoladoras da superação da adversidade e da recompensa pela perseverança, consolo tão necessário a Vincent como contraste naquela nova provação.

Outro golpe veio quando Gauguin escolheu o destino da nova excursão de pintura. Rejeitando os campos estéreis e celeiros poeirentos do amado Crau de Vincent, Gauguin escolheu ir ao coração romântico de Arles: o Alyscamps. Na época dos romanos, havia uma necrópole no sul e leste dos muros da cidade — recebera o nome, tal como a grande avenida de Paris, a partir dos *Campi Elysii*, os Campos Elísios. O cristianismo acrescentara um verniz de santidade ao antigo cemitério pagão. Construíram-se capelas, santos davam suas bênçãos, corriam lendas de milagres, Cristo apareceu numa visão. Na época medieval, famílias ansiosas em garantir um lugar no Juízo Final desciam com seus mortos pelo Ródano até Arles, convencidas de que o dever cristão lhes garantiria um lugar privilegiado nos Alyscamps.

No decorrer dos séculos, desenvolveu-se uma precária cidade dos mortos. Milhares de sarcófagos, dispostos de maneira tão aleatória quanto a morte, se espalhavam pela planície de aluvião, todos reivindicando a eternidade na pedra e nos epitáfios. Mas nem a antiguidade, nem a santidade iriam tolher o caminho do progresso

Les Alyscamps, Arles.

industrial. Quando Vincent chegou à cidade, a estrada de ferro já havia irrompido no terreno consagrado, revirando o local das sepulturas e removendo os detritos fúnebres de mármore em completa desconsideração pelos apelos de *pacem* e *aeternam*. Tardiamente, os vereadores reuniram alguns dos escombros saqueados e dispuseram numa longa alameda ligando um dos portões antigos do cemitério à capela românica de St. Honorat. Bordejando esse fac-símile de história, puseram bancos e choupos e lhe deram o nome solene de "*allée des tombeaux*" [aleia das tumbas].

As árvores ainda eram novas e flamejavam com as cores do outono quando Gauguin levou Vincent ao famoso Alyscamps, no fim de outubro de 1888. Em parte foi como turista (os guias dedicavam capítulos ao cemitério "antigo"), mas basicamente foi como *voyeur*. Pois o tempo trouxera um insulto derradeiro às almas desalojadas do Alyscamps. Jovens amantes tinham encontrado um refúgio perfeito entre as sombras e os recessos da alameda. Gerações de arlesianas haviam convertido o velho local do acerto de contas do Juízo Final numa passarela de vaidades: uma alameda do amor ilustrada com a morte. Aqui podiam passear com suas exóticas roupas domingueiras para a alegria dos turistas e o convite de solteiros, ou mesmo andar de braços dados com algum namorado sem causar escândalo.

Devido à fama de beleza das arlesianas (costumavam ser tidas como descendentes diretas das "virgens romanas" que ornamentavam os vasos da Antiguidade), suas perambulações entre as tumbas tinham adquirido um renome romântico que ia muito além da Provença. Em imagens e histórias bastante difundidas, o Alyscamps se tornara a alameda dos amantes mais célebres da França, uma fantasia amorosa coletiva de beleza nobre, encanto faceiro e amor casto. Quando uma beldade local atirava o bebê indesejado num canal ali próximo, a fantasia revelava seu lado mais sombrio: uma agitada vida noturna de encontros secretos entre os sarcófagos e de sexo nas sombras.

Vincent provavelmente explorou o Alyscamps em algum momento dos sete meses que estava em Arles, mas nunca mencionou, desenhou ou pintou o local. De modo geral, ele mantinha distância de todas as ruínas da cidade, evitando os turistas e a imortalidade escarninha das pedras antigas. Para os entretenimentos femininos, preferia os prostíbulos da Rue des Récollets, perto da Casa Amarela, onde a única coisa que importava era o dinheiro. Incentivado por Bernard, que enviou desenhos e poemas sobre bordéis, Vincent fez com Gauguin o circuito de todos os seus lugares favoritos, reproduzindo suas rondas noturnas com o tenente zuavo Milliet (que foi para a África logo após a chegada de Gauguin), com a dupla finalidade ostensiva da recreação e do "estudo".

Gauguin tolerou essas excursões iniciais às *maisons de tolérance* despidas de encanto e sujeitas a uma regulamentação rigorosa (e que, segundo um relato, atendiam basicamente ao "proletariado da feiura e da doença"), mas preferia o esporte mais desafiador e as presas mais esquivas do Alyscamps — um jogo de olhares e faceirices que Vincent abandonara havia muito tempo, por não resultar em nada. ("Meu físico não atrai as mulheres o suficiente para conseguir que posem de graça para mim", lamentou ele.) Por seu lado, Gauguin vicejava nesse campo lendário. Com uma sensualidade hipnótica e uma carnalidade ameaçadora, ele seduzia as belas e altivas arlesianas com uma audácia — e falta de consciência — que punha Vincent fora de si de inveja.

Os sucessos amorosos de Gauguin desferiram um golpe especial em seu anfitrião. Não só consolidavam o lugar de Vincent entre os infelizes rebotalhos da Rue des Récollets, como também demoliam o mito dos artistas abstinentes e monacais, resignados "a fornicar apenas *um pouco*", que ele havia concebido para encobrir a vergonha da impotência. Ali estava um artista em quem as dádivas do "sangue e sexo prevaleciam sobre a ambição" (ou assim pensava Vincent); um homem que não precisava poupar seu sêmen — na verdade, esbanjava-o com gosto — e ainda lhe restava uma abundante "seiva criativa" para o trabalho. Já impressionado com os cinco filhos de Gauguin (e, segundo os boatos, o dobro de bastardos), Vincent se admirava que Gauguin tivesse "encontrado meios de produzir filhos e quadros ao mesmo tempo".

Como que para reforçar essa vantagem decisiva, Gauguin se lançou imediatamente a uma retomada de suas negras da Martinica — elemento decisivo de sua atração artística e autoridade erótica para os dois irmãos Van Gogh. No Alyscamps, pintou três belas arlesianas com seus trajes típicos, posando satisfeitas na margem do canal que corria ao longo da alameda de sepulturas. (Mais tarde, ele passou para o lado sombrio do Alyscamps, com uma cena ameaçadora, semioculta atrás de uma árvore, de um homem mais velho abordando uma moça, a que deu o título malicioso de *Vous y passerez, la belle*.) Vincent, como de hábito, não conseguiu ninguém que posasse para ele e foi obrigado a povoar suas pinturas do Alyscamps com figuras baseadas em rápidos relances e desenhos anteriores. Defendeu-se da única maneira que podia: com uma cena de bordel, mostrando um homem e duas mulheres jogando baralho (preliminar onipresente nos prostíbulos), cercados por casais se apalpando e beldades morenas entediadas em vestidos de baile coloridos como confeitos.

Gauguin logo lançou suas vistas de rapina numa mulher mais próxima de casa. Marie Ginoux, esposa de Joseph Ginoux, o dono do Café de la Gare, provavelmente atraíra a atenção de Gauguin desde o instante em que chegou a Arles e ficou esperando no café antes de ir até a casa de Vincent. Quarentona bonita da mesma idade de Gauguin, com cabelos negros de azeviche, olhos semicerrados e "sempre com um sorriso", segundo um admirador, Marie desposara um homem mais velho, com mais de dez anos de diferença, resignando-se a um casamento sem filhos e ao atendimento diuturno dos frequentadores do bar. Vincent também sentira atração pela cordialidade mediterrânea e pela beleza fanada de Marie, que tanto lembrava Agostina Segatori, a dona do restaurante que ele tentara cortejar em Paris. A exemplo de Henry James, com seus elogios a uma "esplêndida arlesiana madura" que conhecera "entronada" atrás de um balcão de bar ("admirável dispensadora de cubos de açúcar"), Vincent viu no rosto oval, na testa estreita, no nariz "grego" reto e nos cabelos compridos de Marie, presos num elaborado coque, a imagem da feminilidade arlesiana cantada pelos poetas desde Ovídio a Daudet — "intensamente feminina", mas "magnificamente fornida e robusta e plena de certa nobreza física".

Apesar disso, nos meses desde que conhecera tal modelo de perfeição, Vincent não havia pintado Marie. A despeito de sua admiração pelas lendárias arlesianas, só conseguira atrair uma velha para posar no ateliê. Em agosto, pagou adiantado a uma jovem para posar com os trajes locais, mas ela nunca apareceu. Ou Marie Ginoux re-

Paul Gauguin, *Madame Ginoux (Estudo para "Café noturno")*, 1888, carvão sobre papel, 91,75 × 73 cm.

cusou suas propostas ou, temendo que ela recusasse, Vincent nunca falou nada. Paul Gauguin não tinha esses receios. Não fazia uma semana que ele tinha posto os pés em Arles, combinou com Marie que fosse posar na Casa Amarela. "Gauguin já encontrou sua arlesiana", escreveu Vincent estupefato. "Quisera eu ter chegado a tanto."

Ela chegou a rigor, na iconografia completa da espécie: um vestido preto comprido com o típico *fichu* (xale) de musselina branca, o cabelo enrolado num birote sob uma touquinha coquete, com uma faixa preta pendente no ombro. Foi até uma cadeira, pôs na mesa a sombrinha e as luvas e então tomou assento de frente para Gauguin e seu bloco de desenho. Quando Vincent, ávido, tomou posição perto dele, Marie ergueu o braço e pôs a mão numa das faces, bloqueando sua visão e concentrando o foco dos olhos no sedutor recém-chegado, ao qual tratava como "Monsieur Paul". Enquanto Gauguin desenhava languidamente em carvão, soerguendo a vista do papel para manter a atenção do modelo e captar seu sorriso de Mona Lisa, Vincent trabalhava com furor à tinta, compondo depressa um vestido preto-azulado, um rosto sério em verde, uma cadeira alaranjada contra um fundo de amarelo elétrico, numa corrida contra o relógio. Em menos de uma hora, Gauguin terminou o desenho e Ginoux foi embora. Por sorte, Vincent concluíra sua pintura em tempo. Para Theo, anunciou bravamente uma vitória: "Afinal tenho uma arlesiana".

Nas duas semanas seguintes, tomou forma no cavalete de Gauguin uma pintura que somava um insulto artístico à sua tentativa de prevalecer sexualmente. O rosto de Madame Ginoux pairava no ateliê de ambos enquanto Gauguin transferia devagar o desenho para uma tela de grandes dimensões. Ele lhe conferiu traços fisionômicos ainda mais suaves e um sorriso mais malicioso e brejeiro. Transformou a mesa de madeira do ateliê, onde a modelo se apoiara, no tampo de mármore leitoso do Café de la Gare e colocou diante dela os instrumentos do ofício: uma dose de absinto, um sifão de água com gás e dois cubos de açúcar.

Atrás de Madame Ginoux, ele pintou uma réplica esquisita da cena do *Café noturno* de Vincent, vista de dentro — uma perspectiva mais baixa, de cliente, em vez do panorama alto, com visão geral, de Vincent. O campo verde da mesa de bilhar ocupa o plano médio, imprimindo no assoalho a mesma sombra carregada. Na parede do fundo — pintada com o mesmo exato vermelho-alaranjado intenso —, um lampião de querosene lança a mesma luz sem sombras e, sob ele, o mesmo bêbado está ferrado no sono em cima da mesa. Para completar o quadro, Gauguin se apropriou de duas das imagens mais caras de Vincent, os retratos de Milliet e Roulin, e os incluiu como clientes: o zuavo à mesa com o bêbado dormindo e o carteiro com um trio de meretrizes taciturnas, transparecendo sob os vapores doentios da fumaça de cigarro. Por fim, acrescentou um gatinho sob a mesa de bilhar, símbolo da lascívia feminina que alardeava uma conquista sexual.

Esse tributo ambíguo ao mundo de Vincent — lisonjeiro e ao mesmo tempo trocista — marcou o primeiro golpe de um cerco artístico: um ataque com palavras, imagens e frustrações de expectativas que apanhou Vincent totalmente de surpresa. A despeito dos meses de anúncios convidativos como *La mousmé* e *O zuavo*, Gauguin fez pouco do mágico Midi de Vincent, dizendo que era "mesquinho e ordinário". Olhava o Crau e o Café de la Gare e não via os tons brilhantes e a vida zoliana que Vincent via, mas apenas um "colorido local barato". Disse que Arles era "o lugar mais imundo do Sul" e continuava a enaltecer Pont-Aven como o paraíso do verdadeiro artista. "Ele me fala da Bretanha", Vincent comentou magoado, poucos dias após a chegada do hóspede, "[como] tudo lá é melhor, maior, mais bonito do que aqui. Tem um caráter mais solene, especialmente mais puro na tonalidade e mais definido do que o cenário murcho, mirrado, trivial da Provença."

Vincent queria pintar; Gauguin queria desenhar. Vincent queria correr para o campo na primeira oportunidade; Gauguin exigia um "período de incubação" —

pelo menos um mês — para perambular, desenhando e "conhecendo a essência" do lugar. Vincent gostava de pintar *en plein air*; Gauguin preferia trabalhar em espaço fechado. Via essas excursões como missões para encontrar temas, oportunidades para reunir esboços — "documentos", dizia ele — que então sintetizaria em *tableaux* na calma e reflexão do ateliê. Vincent defendia a espontaneidade e o acaso ("quem espera a calma ou trabalha devagar perde sua chance", advertia ele); Gauguin construía suas imagens lenta e metodicamente, experimentando formas e esboçando cores. Vincent se atirava à tela com o pincel carregado de tinta e um propósito impetuoso; Gauguin montava suas superfícies em sessões tranquilas de pinceladas cuidadosas. Nas primeiras semanas na Casa Amarela, Gauguin concluiu apenas três ou quatro telas; Vincent descarregou uma dúzia.

Vincent tinha imaginado que Gauguin compartilharia da fecundidade de seu *Paradou* tão logo sentisse o poder regenerador do sol provençal. Mas Gauguin teve a reação exatamente contrária. Homem urbano, achou que a vida bucólica o tornava "indolente" nos hábitos pessoais e ainda mais lacônico em sua técnica artística, que resumiu numa frase famosa: "A pessoa sonha e então pinta com calma". Sua morosidade foi um golpe mortificante para Vincent. Desde que chegara a Arles, ele tinha defendido com toda a veemência sua rapidez e produtividade (e o abundante consumo de tinta) contra a repetida insistência de Theo para diminuir o ritmo e dedicar mais cuidado a cada pintura. Toda vez que Gauguin pegava um pincel e começava um de seus lentos percursos pela tela com pinceladas miúdas e curtas, Vincent ouvia as reclamações e resmungos do irmão. Vincent se esbaldava com o frenesi no trabalho, gabando-se a Theo: "Nossos dias são tomados de trabalho e mais trabalho; ao cair da tarde, estamos arrebentados e vamos para o café, e depois vamos dormir cedo. Tal é nossa vida". Para a esposa, Gauguin escreveu sardônico: "Vincent está se matando de trabalhar".

Os programas elaborados e a execução metódica de Gauguin também contradiziam o entendimento que Vincent tinha a respeito da teoria cloisonista. "Não é a intensidade do pensamento que estamos buscando, mais do que a tranquilidade do toque?", escrevera a Bernard naquele verão. Vincent lutava para reduzir suas imagens ao menor número possível de elementos, dispondo-os em mosaicos definidos de cor — campanha que divulgara em dezenas de esboços nas cartas, com indicação das cores; Gauguin fazia ajustes intermináveis em linhas e tons, dissolvendo toda a superfície em planos cuidadosamente modulados de matizes que se entrelaçavam e se sobrepunham. Vincent respondia ao apelo à "crueza" e "feiura" que ouvia nas ideias de Anquetin e na retórica de Bernard — a prova de sua ousadia estava à mostra em todas as paredes da Casa Amarela; Gauguin se sentava ao cavalete na sala da frente e moldava imagens destras e delicadas, cheias de toques leves e escolhas de cor. Vincent colocava no centro de sua arte a lei do contraste simultâneo, o evangelho de Blanc e Delacroix; Gauguin ridicularizava o catecismo das cores complementares, desdenhando-o como simplista e monótono. Quanto ao amarelo que inundava as pinturas em seu quarto — Gauguin mal conseguiu disfarçar seu desdém e exasperação: "Merda, merda, é tudo amarelo: não sei mais o que é pintura!".

Vincent queria que moessem as próprias cores; Gauguin detestava as tintas de Vincent e providenciou que as suas viessem de Paris. Vincent costumava dar acabamento a suas pinturas com verniz (resina ou clara de ovo); Gauguin preferia a superfície fosca, sem verniz, dos impressionistas. Vincent pintava em telas preparadas comercialmente; Gauguin preferia uma superfície mais áspera e comprou um rolo de juta, com a textura grosseira da aniagem, cortou, estendeu e armou ele mesmo a tela. Vincent esbanjava tinta nas imagens, usando um pincel largo bem carregado e sempre reabastecido, sulcando contornos profundos e picos gerados pelo *enlever*; Gauguin arrumava os pigmentos na paleta em montinhos rijos de cor que ia aplicando num registro invariável de traços curtos e paralelos. Vincent retrabalhava as pinceladas, remoldando o empastamento várias vezes antes, e às vezes até depois, que a tinta começasse a firmar, numa tempestade de inspiração; Gauguin, que raramente repintava, criticava a desordem e a indecisão do método de Vincent — uma "bagunça", dizia. "Ele gosta dos acasos da tinta em camadas grossas", Gauguin avisou a Bernard. "Eu detesto a superfície retrabalhada."

Vincent defendia Monticelli, outro apaixonado escultor da tinta. Quando falava de Monticelli, contou Gauguin, "ele chorava". Mas Gauguin também desprezava o excêntrico de Marselha e seus quadros atropelados. Elogiava outro mestre da luz meridional, Paul Cézanne. Desde sua encarnação prévia como corretor e colecionador, Gauguin admirava as versões serenas e cerebrais de Cézanne para a região rural de Aix-en-Provence, não distante de Arles. Para ele, a paleta seca e o pincel comedido de Cézanne captavam à perfeição o jogo de cor, pó e luz característico do Midi. No verão anterior, tentando aliciar Gauguin, Vincent tinha invocado uma afinidade especial com seu colega meridional ("Veja! Tenho os mesmos tons do velho Cézanne!"), mas mesmo então não conseguiu se abster de criticar a falta de energia e ardor de Cézanne — as qualidades definidoras que celebrava no mártir Monticelli e em si mesmo.

Vincent propôs outro herói para a Casa Amarela: Honoré Daumier, o "grande gênio" da caricatura que traduzia em imagens o sublime ridículo do Tartarin de Daudet e do Cândido de Voltaire. Às vésperas da chegada de Gauguin, Vincent tinha se referido ao Midi como "terra soberba, sublime... [como] um Daumier encarnado". Provas de sua convicção pendiam de todas as paredes: desde reproduções de Daumier a paisagens povoadas com figuras caricaturais e a retratos em escala maior, com o carteiro Roulin e o camponês Escalier. Mas Gauguin via apenas esqualidez e trivialidade no povo de Arles. "É estranho que Vincent sinta a influência de Daumier aqui", escreveu a Bernard em novembro, na mesma época em que dava os toques finais em sua sátira às ilusões daumierianas de Vincent em *O café noturno*.

Aqui também ele contrapôs outro artista: Pierre Puvis de Chavannes, o criador de cenas de estilo mítico, povoadas com figuras impassíveis como imagens de frisos, pintadas com um cálculo clássico e a pincelada serena e indiscernível — as qualidades decisivas que Gauguin celebrava em sua própria obra. Nas ruas, via o futuro da arte não nas caricaturas de Daumier, e sim nas deusas de Puvis: "As mulheres aqui possuem uma beleza grega", escreveu a Bernard, admirando as coifas e roupas elaboradas das arlesianas. "A moça passando pela rua tem uma aparência virginal como Juno... Então há aqui uma fonte de beleza, o *estilo moderno*."

E assim a coisa prosseguiu, passando por todo o panteão de Vincent: cada surtida de entusiasmo bloqueada por uma parada de desdém ou de contradição. Vincent admirava os grandes pintores do Barbizon, Daubigny, Dupré e Rousseau; Gauguin "não conseguia suportá-los" e propunha como modelos melhores os grandes ilusionistas Ingres e Rafael — artistas que Vincent, segundo Gauguin, "odiava". Vincent enaltecia os pintores de gente *de verdade*, como Breton, Lhermitte e, evidentemente, Millet; Gauguin contrapunha a perfeição "primitiva" de Giotto e Michelangelo e não se importava nem um pouco com o sagrado pintor de camponeses de Vincent. Quanto aos modernos, Gauguin erguia uma viva defesa de seu novo patrocinador, o mestre do contorno, Degas — escolha que "desesperou" Vincent. Mesmo quando concordavam, discordavam. Vincent venerava Rembrandt pelas tonalidades tristes e significados profundos; Gauguin, pelas formas refinadas. Para Vincent, Delacroix era um "gênio universal" por causa da expressividade cromática, da execução primorosa e da visão divina ("ele pinta a humanidade"); Gauguin admirava sua consumada habilidade técnica. "Falando em termos gerais", disse Gauguin sucintamente a Bernard, "Vincent e eu não nos acertamos muito, sobretudo em relação à pintura."

Por trás dos ataques de Gauguin aos ídolos de Vincent, avultava outra ameaça muito maior. O arremedo gozador de Gauguin em *Café noturno* punha em questão toda a maneira de trabalhar de Vincent. Ao criar *sua* imagem, em momento algum Gauguin armou seu cavalete no Café de la Gare; em momento algum pintou à sua luz crua; em momento algum enfrentou o dar de ombros cético e os olhares de desconfiança que Vincent enfrentava; em momento algum sentiu a solidão que unia os clientes no isolamento da mesma luz de mercúrio que os banhava. Foi apenas pela imaginação que Gauguin entrou no mundo pictórico de Vincent e construiu uma cena imaginária vislumbrada de um ângulo impossível — cena tão irreal quanto a aparição de um anjo. Com isso, ele erguia mais uma vez a bandeira de que a verdadeira arte nascia não dos olhos, e sim da cabeça — *"de tête"*.

Mesclando a retórica simbolista e o ditame de Zola para criar uma arte "moderna" perfeita, Gauguin insistia que somente as imagens removidas da realidade — transformadas pela imaginação, pela reflexão e pela memória — poderiam captar a essência fugidia da experiência, o quociente humano que representava o supremo tema da arte. "Meu centro artístico está em meu cérebro, e não em algum outro lugar", insistiria mais tarde. Em seu *Café noturno*, tal como no autorretrato que enviara antes, Gauguin advertia Vincent contra as "trivialidades pueris" da técnica, como o golpe do pincel e o empastamento. Mesmo a tinta em si comprometia a Verdade. Como instruíra todos os discípulos em Pont-Aven, um artista devia buscar a pintura do puro pensamento (*"sans éxécution"*), libertando-se da interferência da realidade por um processo de "abstração" no qual o artista sintetiza a experiência desordenada numa *"idée"* pura.

Vincent já ouvira essas lições de um daqueles discípulos de Pont-Aven, Émile Bernard. Tinham travado durante o verão uma batalha epistolar sobre o postulado de *le maître* para renegar os acidentes da técnica e buscar a verdade interior da imaginação. Vincent adotara o vocabulário da "abstração" musical de Gauguin e até se arriscara a algumas imagens *de tête* — em particular, as duas versões de Cristo no Jardim do Getsêmani. Mas, quando essas duas pinturas falharam vergonhosamente, ele se retraiu diante da nova doutrina. "Nunca trabalho de cabeça", escreveu no começo de outubro. "Minha atenção se fixa tanto no que é possível e existe de verdade que nem tenho muito a vontade ou a coragem de lutar pelo ideal." No uso da cor, protestou ele, já estava seguindo o evangelho gauguiniano do irreal, "dispondo as cores, exagerando e simplificando". Mas, "em matéria de forma", disse a Bernard, continuaria "a fazer o que estou fazendo, entregando-me à natureza".

Por que Vincent traçou essa linha divisória? Por que resistiu ao mandato de pintar *de tête* "em matéria de forma", mas não de cor? Apesar de sentir agora que tinha uma missão conjunta com Gauguin e Bernard, a imaginação de Vincent se aferrava encarniçadamente aos ideais artísticos de velhos heróis como Millet e Monticelli e às práticas de ateliê que aprendera com eles. Como ambos, ele nascera num mundo repleto de metáforas religiosas e sentimentos vitorianos — lentes que revelavam novas camadas de significados na realidade, mas nunca a abandonavam. A natureza romântica fora seu fascínio na adolescência e a observação naturalista havia moldado sua maturidade. Como o irmão, Vincent entrara na idade adulta como homem de "coisas lógicas e terrenas" — guardião artístico do francês expulso do presbitério de Zundert, Émile Zola. Quando lhe perguntaram se Vincent parecia o pintor Claude Lantier, obcecado por uma *idée*, personagem que Zola apresentava depreciativamente em *L'oeuvre*, Theo respondeu: "Aquele pintor estava buscando o inatingível, ao passo que Vincent ama demais as coisas existentes para se deixar seduzir por ele".

Para aceitar o mundo da pura imaginação de Gauguin, Vincent teria não só de renunciar a seus amados rituais de pintar ao ar livre: teria também de erradicar o engajamento de toda a sua vida com a realidade (o que chamava de "luta corpo a corpo com a natureza"). Teria de trocar o mundo dos modelos e retratos por um mundo povoado por quimeras e fantasmas; teria de substituir os infindáveis encantos do mundo exterior — dos ninhos das aves às noites estreladas — pelos terrores inominados da memória e da reflexão.

Na verdade, as imagens de Vincent, com sua destreza idiossincrática e desafiadora, com seu simbolismo profundamente pessoal, já atendiam ao apelo de Gauguin por uma arte de "intenção e sentimento individual" — atendiam com mais vigor e pertinência do que as construções demasiado elaboradas de Gauguin, com seus mistérios pouco sutis. Com efeito, desde os primeiros dias da carreira, Vincent tinha utilizado a linguagem da pintura *de tête* para definir sua arte e defender suas prerrogativas artísticas. Dez anos antes, num de seus primeiros trabalhos em idade adulta, desenhara uma cena da Bíblia "como imaginei o lugar". Em seus argumentos ardorosos em defesa de *Os comedores de batatas*, brandira o direito do artista de transformar a realidade em imagens "mais verdadeiras do que a verdade literal" — a *idée* de Gauguin — e apoiara com ardor o apelo de Delacroix à arte criada *"par coeur"*.

Mas as ideias de Gauguin representavam uma ameaça ao delicado equilíbrio que estava no cerne do projeto artístico de Vincent. Ao contrário do hóspede, Vincent não conseguia desenhar à mão livre. Dependia de modelos, de "truques" como a grade de perspectiva e de uma repetição interminável para obter algo próximo da verossimilhança. Mesmo assim, fugiam-lhe as linhas seguras e os contornos graciosos de Degas (ou de Gauguin). Podia usar o ditame de "exagerar e simplificar" da nova arte como desculpa para sua pouca habilidade no desenho, tal como havia usado o apelo de Delacroix ao *par coeur* para justificar as linhas errantes, o pincel impetuoso e a perpétua incapacidade de transpor "semelhanças". Mas sem a oposição da realidade, sem o pretexto da dissidência por desafio, seus pontos fracos ficariam expostos a nu. Não havia grade de perspectiva para a imaginação.

Em seus momentos de otimismo, Vincent imaginava que, com o tempo, essas lacunas desapareceriam, finalmente lhe permitindo criar as "invenções" puras requeridas por Gauguin. "Não quero dizer que não farei depois de outros dez anos de estudos de pintura", escreveu. Mas, enquanto não chegasse aquele dia, a liberdade de Gauguin em "inventar" imagens — esquivar-se aos impedimentos da natureza e "apenas pintar" — era um golpe que paralisava Vincent. Um ano depois, ele relembrou numa carta a Theo: "Quando Gauguin estava em Arles, eu considerava a abstração um método atraente. Mas era uma ilusão, caro amigo, e logo a pessoa se depara com um muro de tijolo".

Para Vincent, era bastante fácil esgrimir as ideias de Gauguin em cartas a Bernard (ainda em outubro lhe dissera: "Receio demais me afastar do possível e do verdadeiro"). Mas a presença do mestre em pessoa — trabalhando na Casa Amarela com ele, pintando no cavalete a seu lado, sentado à mesa do café diante dele — mudava tudo. Contra a certeza imperiosa de Gauguin, seu domínio do discurso em voga, seu francês melhor e, acima de tudo, sua arte persuasiva, as defesas de Vincent falharam. (Mais tarde, ele disse que Gauguin era "um gênio" para expor suas teorias.) Gauguin também tinha a vantagem de se preocupar menos. Já tinha um ponto de apoio seguro no *entresol*. Theo lhe devia quase mil francos. Para ele, um fracasso em Arles quase não teria consequências. Para Vincent, elas eram inimagináveis.

Depois de uma salva inicial de imagens de autoafirmação — o semeador e o choupo —, Vincent logo sucumbiu à vantagem esmagadora de Gauguin. Em uma semana, as ideias do hóspede ganharam acesso ao pincel de Vincent. Trabalhando na juta áspera de Gauguin, ele domou o empastamento, atenuou a cor e recorreu aos modelos seguros das estampas japonesas e dos cenários idealizados de Puvis de Chavannes, que os dois compartilhavam. Numa de suas pinturas do Alyscamps, desprendem-se das árvores folhas alaranjadas, flutuando nos traços enxutos e criteriosos de Gauguin.

A rendição oficial se deu no primeiro domingo de novembro, num passeio até Montmajour. Passando os vinhedos vazios no sopé do monte, Vincent expôs a Gauguin a cena que presenciara um mês antes, durante a colheita das uvas: os trabalhadores, na maioria mulheres, azafamando-se entre as parreiras gordas e purpúreas, suando ao sol ainda intenso. Motivado por essa descrição cheia de vida, Gauguin desafiou o anfitrião a pintar a cena *de memória*. Gauguin se prontificou a pintar também a mesma cena, baseado apenas no relato de Vincent — ou seja, a partir da imaginação. Para Vincent, a intimidade daquele passeio — lembrando tanto Petrarca e Boccaccio — e o "esplendor" do ocaso nos vinhedos foram incentivos irresistíveis. Ele aceitou o desafio. "Gauguin me dá coragem de imaginar coisas", escreveu.

No decorrer da semana seguinte, confinados no ateliê devido a uma chuvarada constante, os dois artistas montaram suas visões rivais. Vincent se baseou em anos de trabalho de campo e em seu tesouro de desenhos para povoar o vinhedo vazio de mulheres trabalhando, curvadas sobre as parreiras baixas como os cavadores de batatas de Haia. Nas roupas usou púrpuras e azuis para contrastar com o amarelo do sol escaldante durante a labuta. Perto do horizonte, colocou um sol típico do Midi.

Gauguin respondeu com uma imagem completamente diferente. Evitando a profundidade e a luz meridional, Gauguin concentrou o foco ampliado numa única camponesa — uma figura triste e misteriosa com o rosto feito uma máscara e uma cabeça ruiva. Robusta como qualquer de suas negras da Martinica, está sentada no chão, exausta, com o queixo apoiado entre as mãos, descansando entre os estirões da lida. A figura em grande escala e a pose desenhada com primor fazem grande contraste com as figurinhas canhestras de Vincent, arrastando-se anônimas pela paisagem. Os antebraços nus e a pose cismarenta irradiam energia sexual, criando um retrato da essência animal da camponesa, de todo ausente da multidão sem rosto dos colhedores de Vincent.

A trabalhadora de Gauguin está com a roupa típica da Bretanha, não da Provença — é uma rejeição, tal como seu repúdio às cores complementares em favor de "tonalidades uniformes". Ao contrário da cena prosaica de Vincent com as figuras amontoadas, a narrativa clara e o crepúsculo de cartão-postal, a visão de Gauguin para a colheita de uvas abrevia a tarefa (aparecem duas mulheres trabalhando no plano de fundo), recorta nitidamente o primeiro plano e apresenta mais perguntas que respostas — quem é esta mulher? por que está tão desolada? —, transformando a colorida vinheta do trabalho rural de Vincent numa reflexão simbolista sobre a inacessibilidade da vida interior. Qualificando a pintura de Gauguin como "muito boa, muito incomum" e "tão bela como as negras", Vincent admitiu sua derrota. E reconheceu: "As coisas da imaginação por certo adquirem um caráter mais misterioso".

Depois de sua vitória no vinhedo, Gauguin passou imediatamente para outra imagem que vencia Vincent no desenho, no erotismo e no mistério. Baseando-se em alguns esboços intrigantes que tinha feito na Bretanha antes de sair de lá, e em seu amor pelas banhistas de Degas, Gauguin pintou uma camponesa despida até a cintura, vista de costas. "Gauguin está trabalhando numa mulher nua muito original, no feno, com alguns porcos", informou Vincent em meados de novembro. "Promete ficar muito bom e de grande distinção."

Cansada, a mulher está deitada numa meda de feno, mostrando as costas musculosas, a nuca e alguns fiapos louros saindo por sob a touca. Segurando-se num gancho da meda com um braço, bronzeado até a metade, e o outro servindo de apoio para a cabeça, ela pode estar descansando ou rezando — ou se preparando para alguma atividade sexual — enquanto ao redor os porcos sob sua guarda grunhem e cavoucam com a indiferença de seus semelhantes do mundo animal. Gauguin deu ao conjunto o simples título de *Os porcos* (*Les cochons*) e enviou a pintura a Theo com um recado lascivo: "[É], a meu ver, bastante viril... Será o sol do Sul que nos deixa excitados?".

Com essa imagem, desmoronaram as últimas defesas de Vincent. "Vou começar a trabalhar frequentemente de memória", disse ele. "As telas feitas de memória são sempre menos desajeitadas e têm uma aparência mais artística do que os estudos feitos a partir da natureza." Escolheu como imagem impossível uma cena a que assistira meses antes: uma tourada na grande arena romana no centro de Arles. Ele tinha adorado o espetáculo — "montes variegados de pessoas amontoadas umas sobre as outras", a "bela vista [da] luz do sol e multidão". Chegara a pensar em tomar a arena como tema da série posterior aos pomares da primavera — em explorar "o efeito de sol e sombra e as sombras projetadas pelo enorme ringue". Gauguin apoiara a ideia numa carta naquele verão, arrolando a tourada como o tema provençal que mais gostaria de "interpretar". Mas, quando chegou em outubro, a temporada do esporte sangrento já tinha encerrado. Assim, tendo apenas a lembrança a guiá-lo, Vincent sentou no ateliê e soltou o pincel numa grande peça da juta grossa de Gauguin.

A mão o traiu em tudo. Os espectadores à distância se converteram em pontos indistintos; os que estavam a meia distância, em figurinhas rígidas; os mais próximos, em caricaturas desajeitadas. Preencheu o primeiro plano com pessoas extraídas vagamente de seus estudos — Roulin, Ginoux, um casal do Alyscamps — dispostas em poses desconjuntadas e numa perspectiva atravancada: alguns rostos estão apenas rascunhados, outros trabalhados com um singular cuidado, outros em branco, outros borrados em sinal de frustração. A juta grosseira anulava mesmo os empastamentos mais marcados e tornava permanente qualquer traço avulso do pincel. Ele nunca mencionou essa pintura a Theo.

Mas tentou de novo. Dessa vez, recorreu à fonte de sua arte mais autêntica: o passado. Em meados de novembro, ele recebeu três cartas da Holanda que lhe despertaram um arroubo nostálgico. Uma era de Jet Mauve, prima e viúva de seu ex-mentor. Agradecia-lhe a pintura "*mémoire*" que ele lhe enviara por intermédio de Theo, e "falou dos velhos tempos" de maneira tocante. Outra era de sua irmã mais nova, Wil, com 26 anos de idade, que havia se incumbido tempos antes de cuidar da mãe idosa. Ela contava que começara a ler o escandaloso *O Paraíso das Damas* de Zola, e Vincent se sentiu impressionado como o tempo passava. A terceira carta, que lhe chegara por intermédio de Theo, era da própria Anna van Gogh, que não lhe escrevia diretamente desde a morte de Dorus. Ela parecia melancólica.

Chegando quase em simultâneo, as três cartas desencadearam uma onda de recordações que desembocaram na tela. Vincent voltou mentalmente ao último lugar onde vivera em paz sob o mesmo teto com os pais e irmãos: Etten. Seguindo o programa de Gauguin sobre a composição assimétrica e os recortes nítidos, ele imaginou uma cena no jardim do presbitério de onde fora expulso em 1881. Nos contornos sinuosos que Gauguin lhe havia ensinado, Vincent preencheu o lado esquerdo do primeiro plano com duas grandes figuras femininas, mostradas apenas da cintura para cima e quase saindo da tela. "Vamos supor que as duas senhoras saindo para um passeio são você e nossa mãe", foi como descreveu a imagem a Wil.

Para dar às figuras o ar de mistério requerido por Gauguin, ele envolveu uma delas num manto escuro, como uma enlutada num enterro, e a outra num xale arrepanhado junto ao rosto. Usando a fotografia que Wil lhe enviara, Vincent deu à figura de luto os traços da mãe; a outra, ele pintou com a intensidade *naïve* de sua irmã leitora de Zola, mas com os olhos e o nariz de Madame Ginoux. Atrás delas, o caminho sinuoso do jardim público serpenteia até o horizonte fora da visão, interrompido apenas pela figura de uma camponesa, fantasma indesejado proveniente de Nuenen, com as ancas se destacando para cima de uma maneira que ele já tinha desenhado centenas de vezes. No plano de fundo, viu tanto os ciprestes retorcidos e flamejantes dos jardins do Midi quanto as flores multicoloridas que outrora enchiam todos os jardins da mãe.

As lembranças eram suas, mas a imagem pertencia a Gauguin. Das tonalidades atenuadas à laboriosa execução, das curvas sensuais à composição estilizada, das figuras misteriosas à paisagem sem sombras, Vincent se rendera à persuasão do *maître*. Montou a imagem em pinceladas curtas e pouca tinta, como fazia Gauguin — um espantoso exercício de disciplina para o pincel desabrido de Vincent.

Mas a ausência de modelos e o processo vacilante trouxeram de volta todos os demônios do desenho — sobretudo o desenho da figura humana — que tantas vezes o haviam derrotado no passado: faces inexpressivas e mãos grotescas; perspectivas conflitantes e proporções distorcidas. Na carta a Wil, que incluía um esboço da pintura, ele defendeu seu novo trabalho pouco natural ("estranho", disse ele) invocando o postulado gauguiniano da imaginação. Em vez de procurar "a semelhança fátua e vulgar", ele apresentara a cena "como num sonho". E se justificou: "Sei que dificilmente seria o que se pode chamar de semelhança, mas para mim transpõe o caráter poético e o estilo do jardim, tal como sinto".

Ao mesmo tempo, Vincent disse a Theo que recusasse um convite da *Revue Indépendante* para expor seus quadros na próxima mostra da revista, na primavera do ano seguinte (1889). Gauguin tinha descoberto um complô contra ele, armado pelo grupo dos "*petits points*", que pretendiam usar a mostra da *Revue* como plataforma para atacar a ele e Bernard como "piores do que demônios, dos quais é preciso fugir como da peste". Para não participar de tal emboscada, Vincent abandonou uma ambição de anos e abraçou o sectarismo de vanguarda que tantas vezes denunciara. Qualificou o editor da *Revue*, Édouard Dujardin, de "salafrário" e ridicularizou a mostra, dizendo que era "um buraco negro". "Por favor, diga-lhes apenas de maneira nenhuma", instruiu Theo. "Fico revoltado à ideia." Era um preço baixo pelos novos laços de fraternidade. Jactou-se a Wil: "Meu amigo Paul Gauguin, um pintor impressionista, está agora morando comigo e somos muito felizes juntos".

Mas a nova irmandade de arte e ideias, como a velha irmandade de sangue e família, era abalada por correntes contrárias. Em poucas semanas, incapaz de atingir o domínio da linha e da forma exigido pela arte de Gauguin, Vincent passou da submissão ao desafio. A tinta obediente do jardim de Etten mal tivera tempo de secar e ele voltou à tela, atacando-a com seu pincel contraditório. Pontilhou a figura da mãe envolta no manto com toques de vermelho e preto e a camponesa inclinada com uma saraivada de pontos azuis, laranja e brancos. Num momento em que Gauguin se atracava com os pontilhistas em Paris, as revisões de Vincent anunciavam uma insurreição sob o mesmo teto.

Vincent nunca capitulara totalmente aos métodos não naturais de seu mentor. Mesmo em pleno enfeitiçamento com as superfícies à Puvis e os contornos à Degas de Gauguin, ele continuara a celebrar suas caricaturas à Daumier e suas incrustações à Monticelli. Mesmo quando obedecia à instrução de Gauguin de remover o brilho de seu empastamento lustroso, depois voltava às telas e retocava para devolver a cor cintilante como pedra preciosa, que nunca deixou de valorizar. Mesmo quando aceitava a crítica de Gauguin de que pintava rápido demais e concordava contrito em "fazer algumas alterações", gabava-se a Theo de "fazer algumas coisas *ainda mais* depressa".

No fim de novembro, a grande transformação que Gauguin lhe traria, segundo suas previsões, tinha se reduzido a esta concessão a contragosto: "Apesar dele e apesar de mim, Gauguin mais ou menos provou que é hora de eu variar um pouco meu trabalho".

Vincent marcou essa oscilação do pêndulo com uma ousada reafirmação de si: um Semeador. Tentou primeiro numa tela pequena, não na juta de Gauguin, com a figura a passos largos de Millet colocada frontalmente no centro do quadro, não de lado nem cortada de forma esquisita. Usa o uniforme do cloisonismo, como o entendia Vincent: fragmentos de cor pura, e percorre um campo azul e vítreo como um mar sereno. Os símbolos de realidade — um cavalo puxando o arado, uma casa rural, o perfil de Arles à distância (incluindo as fábricas soltando fumaça) — emolduram a figura cristalina numa natureza de Zola. Está plantada em tinta numa topografia de empasto. Noutra tentativa poucos dias depois, Vincent "variou" a imagem ampliando a figura familiar e deslocando-a para um dos lados, mas cravou ainda mais suas raízes na paisagem de sua arte pessoal. No meio da tela, colocou uma enorme árvore decotada com rebentos florindo das velhas feridas, perfilada contra um céu corotiano rosa e verde. Acima do semeador, um imenso sol amarelo se põe num horizonte pontilhado de violeta — assim Vincent erguia o punho na forma, na cor e no toque. "Eu me permiti vaguear", comentou mais tarde a respeito de suas experiências à Gauguin, "e [então] me fartei daquilo."

A seguir, intensificou a insurreição com retratos. Ele tinha pensado que Gauguin atrairia uma hoste de modelos à Casa Amarela e preparara o ateliê para acomodar doze ao mesmo tempo. Imaginava que os dois retornariam à casa depois de passar o dia nos campos "trazendo amigos e vizinhos e, enquanto conversavam, [pintariam] retratos das pessoas à luz de um lampião a gás". Mas, depois da breve sessão com Madame Ginoux, Gauguin em larga medida ignorara os pleitos de Vincent em favor da "pintura do futuro". Vincent passou quase um mês parado, esbravejando a cada vez que perdiam a oportunidade de conseguir modelos, por causa da devoção de Gauguin à arte de abstrações aéreas. "Se aos quarenta anos", escreveu ele citando a idade de Gauguin e as boas ocasiões que desperdiçava, "eu pintar figuras ou retratos da maneira que sinto, penso que é algo que terá mais valor do que qualquer sucesso atual."

No fim de novembro, Vincent reagiu contra o boicote de suas imagens favoritas. "Tenho feito retratos de *uma família inteira*", anunciou triunfal a Theo. "Você sabe como me sinto a esse respeito, como me sinto em meu elemento... Pelo menos terei feito algo de meu gosto e algo pessoal." Após uma longa ausência, o agente postal Roulin tinha reaparecido na vida de Vincent, e trouxe a família junto: o filho Armand, de dezessete anos, a filha Camille, de onze, e a esposa Augustine. Provavelmente o dinheiro teve algum papel nessa reaproximação. Vincent estava tão ansioso em pintar retratos que concordou em remunerar cada modelo fornecido pelo carteiro, que tinha de sustentar a família com apenas 130 francos por mês, metade do que enviava Theo. Mesmo Marcelle, bebê de colo, entrou na fila dos Roulin que frequentavam a Casa Amarela.

Vincent, numa correria, fez seis retratos ao ritmo de um por dia. Depois de passar semanas ouvindo Gauguin defender a invenção e o olhar introspectivo, ele se esbaldou com o puro caráter físico e tátil dos rostos, posturas e roupas. Em vez de explorar os recessos escuros da própria mente, registrou com alegria todas as nuances dos estados de espírito de seus modelos: a resignação taciturna de Armand, a distração irrequieta de Camille, a indiferença enfarada de Marcelle nos braços da mãe. Passava depressa de um retrato a outro (dois de Armand, três de Camille), extasiado com a retomada da conexão com a realidade. Dedicou-se amorosamente aos traços fisionômicos, alcançando algumas das semelhanças mais fiéis que produzira em dez anos de tentativas. "Estou completamente atolado em estudos, estudos e mais estudos", escreveu num arroubo de meticulosa observação; "fica uma tal confusão que me dá dó."

Seu tema seguinte foi uma defesa ainda mais veemente da confusão e maravilha que é a vida real. O que poderia estar mais distante dos fantasmas e ilusões de Gauguin do que as ripas de madeira, as pernas robustas, o assento de palha e os pés rombudos de uma sólida cadeira de pinho? Vincent tinha comprado uma dúzia delas, preparando-se para os acólitos que, esperava ele, seguiriam Gauguin até a Casa Amarela. Agora ele pegou uma delas, pôs diante de uma tela grande e *apenas olhou*. Como os ninhos, os troncos e as pontes, a cadeira simples, sem braços, prendeu sua imaginação de uma maneira que nenhuma *idée* conseguiria.

Vincent redescobriu as cores fortes de *O quarto de dormir* no chão vermelho, na porta azul, nas paredes em azul-claro e no amarelo-vivo da própria cadeira. Rejeitando as curvas evasivas e o espaço fugidio de Gauguin, ele plantou firmemente a cadeira de juntas quadradas em suas quatro pernas, numa perspectiva cuidadosa, e anunciou expressamente o lugar dela *neste* mundo, concentrando o pincel nos nós da madeira e nas dobradiças da porta. Combateu a juta áspera de Gauguin até o triunfo do empastamento, cobrindo cada lajota do piso com sua textura entrecruzada de tinta, que era sua característica própria. Trabalhando com uma rapidez desafiante, aplicou grandes faixas de cor e fez o contorno de cada elemento da cadeira monumental, recuperando o Midi para a realidade. Esta era a visão do futuro da arte que havia propugnado em pinturas como *A Casa Amarela*: o evangelho japonês da simplicidade e intensidade ao qual prestara um juramento sagrado antes da chegada de seu hóspede.

Bebê Marcelle Roulin, dezembro de 1888, óleo sobre tela, 35,24 × 23,5 cm.

Reencontrara sua voz.

Ardendo em protestos, pegou imediatamente outro pedaço grande de juta e iniciou uma segunda imagem: a cadeira de Gauguin. Nos debates interiores que sempre acompanhavam seus entusiasmos, Vincent costumava adotar os argumentos dos adversários e adaptá-los a seus contra-ataques, garantindo assim a vitória. Fazia a mesma coisa na tela. Em Nuenen, pintara a Bíblia paterna nos cinzas pesados e inertes do *rayon noir*, para poder atacá-la com um exemplar de *La joie de vivre* de Zola num clarão amarelo solar. Agora tinha escolhido outro combate com outro opressor inimigo. Dessa vez, como representantes usou cadeiras, não livros, e encenou a refrega em telas separadas.

Ele tinha comprado a cadeira especificamente para o dormitório de Gauguin. As pernas curvas como cimitarras, os braços recurvados e as volutas da parte superior preenchiam plenamente sua intenção de criar um quarto "mais bonito" para o requintado hóspede. Também fazia contraste com o pinho áspero e barato da cadeira de seu quarto, que era complementada pela "solidez, durabilidade e serenidade". O mesmo choque de opostos aparecia nas duas telas: *naïveté* humilde versus elegância vistosa; as formas robustas de Millet versus as linhas lânguidas de Degas; o sol do Midi *versus* a luz a gás de um café noturno; a consolação amarelo-azul versus a purgação vermelho-verde.

Não podendo ou temendo convidar Gauguin para posar, Vincent amontoou todas as suas queixas reprimidas na cadeira enfeitada. Talhou o contorno na juta resistente com tanta força que a perna da frente saiu da tela. Preencheu suas curvas sensuais com os argumentos cromáticos que Gauguin rejeitava: laranja e azul para a cadeira de nogueira, vermelho para o chão e um verde ácido, profundo, na parede. Impôs a ela — de uma maneira que jamais poderia impor a seu ocupante ausente — não só a lei do contraste simultâneo, mas também o empastamento crostoso de Monticelli, a simplicidade caricatural de Daumier e um estranho programa passadista de "efeito diurno" e "efeito noturno" — exatamente o tipo de execução direta que o sofisticado Gauguin desprezava. Por fim, colocou no assento da cadeira uma vela acesa e dois livros — uma reprimenda sob a forma de romances rosa e amarelos, ícones do naturalismo francês — como refutação aos excessos simbolistas de Gauguin e um apelo a um eventual esclarecimento ou inevitável prestação de contas.

Enquanto a luminosa cadeira camponesa ressuscitava o sonho do Sul mágico de Daudet, o trono abandonado de Gauguin convocava memórias mais antigas e mais sombrias. Seu assento vazio evocava inevitavelmente a famosa imagem, feita por Luke Fildes, da escrivaninha de Dickens após a morte, com a pena pousada, o papel em branco e uma cadeira vazia, afastada para trás pelo mestre antes de partir. Anos antes, Vincent tinha invocado a imagem de Fildes para lamentar a perda de coragem e rumo entre os artistas modernos. Em 1878, depois da ida de seu pai a Amsterdam e de dar um basta em seus estudos para o sacerdócio, Vincent desceu do trem e voltou para seu quarto, e lá chorou ao ver a cadeira vazia do pai. Uma década mais tarde, a mesma imagem de fracasso e abandono reaflorou na Casa Amarela. Como admitiu mais tarde, o verdadeiro tema da *Cadeira de Gauguin* não era uma cadeira, de forma alguma. "Tentei pintar 'seu lugar vazio', a pessoa ausente."

O Bel-Ami estava escapando.

Praticamente não se passava um dia sem conflito na Place Lamartine, 2. Desde o momento em que Gauguin chegou, os pequenos contratempos da vida cotidiana vieram a cavar uma distância sempre crescente entre anfitrião e hóspede. Além de desdenhar Arles e os moradores locais, Gauguin reclamava do frio fora de estação, do vento incessante e da comida ruim. Ficou chocado com os espaços apertados e a desordem doméstica da Casa Amarela, e abominou a "bagunça" do ateliê de Vin-

Luke Fildes, *A cadeira vazia* (*"Gad's Hill, 9 de junho de 1870"*), 1870, xilogravura.

cent. ("Em sua caixa de tintas mal cabiam todos aqueles tubos espremidos, que ele nunca tampava", comentou mais tarde.) Alguns móveis do quarto cuidadosamente arrumado não lhe agradaram, e logo comprou um novo gaveteiro e uma longa lista de artigos domésticos. Desfez-se das caprichadas roupas de cama que Vincent arrumara e mandou vir seus lençóis de Paris. Também mandou buscar talheres, pratarias e águas-fortes — cada item, uma censura ao perfeito "lar do artista" ao qual Vincent havia dedicado tanta atenção.

Tudo em Gauguin frustrou as expectativas de Vincent: a testa estreita (segundo a frenologia, sinal de pouca inteligência), os estranhos floretes e máscaras de esgrima que trouxera inexplicavelmente na bagagem, os retratos dos cinco filhos. As mesmas correntes contrárias que percorriam a arte de ambos invadiram todos os recantos do convívio diário. Apesar da promessa prévia de Vincent de "não brigar" com o hóspede, desde logo os dois entravam em atrito sobre tudo, das tarefas da casa às escolhas no restaurante. Gauguin se encarregou dos serviços domésticos (com o auxílio da ex-faxineira de Vincent), enquanto as divergências alimentares só se resolveram quando Gauguin se ofereceu para cozinhar. Vincent, criatura de cafés e bistrôs, tentou aprender — como tentou a pintura *de tête* —, mas os resultados foram parecidos. "Vincent quis preparar uma sopa", relembrou Gauguin, "mas não sei que mistura fez nela — sem dúvida, como as cores em seus quadros — seja como for, não conseguimos comer." A partir daí, era Gauguin que cozinhava e Vincent fazia as compras. As tarefas não eram compartilhadas, eram divididas.

Também tiveram atritos em relação ao dinheiro. Gauguin, ex-corretor de ações, encontrou as finanças da casa na mesma desordem do ateliê de Vincent. Estabeleceu prontamente um regime de registro das contas, tão meticuloso quanto seu pincel. Pôs numa mesa na sala da frente duas caixas com dinheiro dentro: uma era para comida, outra para eventualidades (bebidas, prostitutas, tabaco) e "despesas imprevistas como aluguel". Num pedaço de papel, "cada um escreveria honestamente a quantia que tinha retirado do caixa". Vincent, que nunca tolerou seguir um orçamento (Gauguin, mais tarde, se referiu às questões monetárias como "aquela grande suscetibilidade dele"), rebelou-se contra o arranjo solicitando um valor adicional a Theo.

Gauguin logo formou um conceito do adversário e armou uma estratégia. "Seu irmão está de fato um pouco agitado", escreveu a Theo poucos dias depois de chegar, usando um eufemismo para as tempestades passionais e doutrinárias de Vincent, que devem ter eclodido com furor depois de tanto tempo reprimidas. "Espero acalmá-lo aos poucos." Para isso, em vez de seguir Vincent em sua verborragia entusiasmada (ele tinha prometido que manteriam "conversas o dia todo"), Gauguin se esquivava e disfarçava. "Ele simplesmente é impassível", Vincent escreveu perplexo em seu primeiro relatório a Theo. Enquanto Vincent despejava mágoas do passado e planos para o futuro, Gauguin se entretinha com histórias de seus dias de marinheiro. Enquanto Vincent prodigalizava lisonjas ao hóspede ("seu irmão é extremamente tolerante", escreveu Gauguin com modéstia a Theo), Gauguin reservava seu julgamento. "Ainda não sei o que Gauguin pensa de minhas decorações em geral", queixou-se Vincent depois de uma semana de silêncio constrangido.

O ardoroso holandês achou aquela complicada coreografia de apaziguamento e esquivança profundamente irritante. Sempre atento a sinais de descaso e alerta às intenções de Gauguin após aquele arrastado namoro, ele via o hóspede como um tigre "à espreita do momento certo para dar um salto". Mas, quando Vincent tentava forçá-lo a uma discussão, Gauguin respondia apenas com uma frase de brincadeira — "Sim, senhor sargento" —, citando uma canção popular sobre um policial disfarçando o desdém por seu superior tolo.

Como era inevitável, essa luta diária de concordância sarcástica e antagonismo velado encontrou vazão na tela. Naquele mesmo outono, um pouco antes, Gauguin havia desenhado uma caricatura de Vincent perigosamente sentado à borda de um penhasco, fitando o sol num olhar hipnotizado e ignorando o perigo aos pés. Quando Bernard enviou o desenho a Vincent, ele descartou com uma risada, objetando: "Sofro de vertigens". Depois dessa humilhação, é improvável que Vincent tenha posado para o retrato que Gauguin pintou no começo de dezembro. O desenho preliminar de Gauguin parece sincero: Vincent está sentado ao cavalete, aplicando uma pincelada, os olhos na tela diante de si. Seu desconforto é evidente e pode explicar a rapidez e a concisão do desenho de Gauguin — muito distante do afetuoso envolvimento visual de Madame Ginoux.

A imagem que brotou na grande tela de Gauguin nos dias seguintes trouxe à tona o conflito íntimo que se prolongava por semanas. Com faro certeiro para atingir o ponto fraco, Gauguin pintou Vincent trabalhando em seu tema favorito: os girassóis. Já fazia tempo que desaparecera a última flor dos jardins de Arles, mas no mundo ilusório de Vincent, sugeria Gauguin, elas nunca morriam. Ao lado do cavalete de Vincent, há um vaso com as flores abundantes. Ele as observa intensamente, franzindo e vibrando os olhos à sua maneira peculiar de enfocar o campo de visão. A fisionomia é abatida e melancólica. Os lábios estão cerrados e o queixo se projeta como um muxoxo ou talvez um resquício dos traços simiescos que Gauguin lhe dera no esboço preliminar.

Tal como na versão de *O café noturno*, Gauguin agiu sem piedade ao reunir os ícones da imaginação de Vincent: não só os venerados girassóis, mas também suas cores. A mescla característica de amarelos e laranja escorre das flores enormes e passa para o casaco, o rosto e a barba de Vincent. As dimensões do corpo, a testa estreita e os traços simiescos infligem a Vincent a mesma caricatura daumieriana que ele impusera a Gauguin. O polegar saliente que atravessa a paleta no colo diminui sua humanidade. "Talvez meu retrato não guarde muita semelhança com ele", disse Gauguin modestamente a Theo, "mas contém, penso, algo do homem interior."

Gauguin colocou seu modelo desamparado sob um enorme quadro feito em *seu* estilo: *de tête*. A paisagem inventada que assoma além do ombro de Vincent — tão grande que quase o transporta para seu amado *plein air* — celebra o mundo ilimitado da imaginação ao qual ele virou as costas. Em vez de tomar aquele caminho, o Vincent de Gauguin fixa a vista na mais efêmera das efemeridades da natureza: as flores. Como o macaco de Darwin, ele se prende ao degrau mais baixo de uma inexorável ascensão ao fogo e ao ar da pura *idée*. Para frisar essa mensagem de desdém, Gauguin pintou o pincel de Vincent numa posição ambígua entre as flores que copia e a imagem que pinta, impondo um mistério simbolista ao gesto sincero, mas néscio, de transcrever a natureza.

Paul Gauguin, *Vincent van Gogh pintando girassóis*, novembro de 1888, óleo sobre tela, 73,02 × 91,12 cm.

Em meados de dezembro, Gauguin desferiu o golpe de misericórdia. "Sou obrigado a voltar para Paris", escreveu a Theo. "Vincent e eu não podemos de modo algum continuar a viver lado a lado sem atritos, devido à incompatibilidade de nossos temperamentos e porque nós dois precisamos de tranquilidade para nosso trabalho. Ele é um homem de inteligência admirável que tenho em grande estima e deixo com pesar, mas, repito, é necessário que eu parta."

36. O estranho

Gauguin queria ir embora ainda mais cedo. Já em meados de novembro, poucas semanas depois de chegar, escreveu a Bernard: "Estou como um peixe fora d'água". Conforme as horas de luz diminuíam e o tempo fechava, os dias começaram a se estender intermináveis. Quando lhe perguntaram mais tarde quanto tempo ficara na Casa Amarela, Gauguin não soube dizer com precisão, mas reconheceu que "me pareceu um século". Chegara pensando em ficar talvez um ano (ao passo que Vincent imaginara que ficaria para sempre). Então começou a falar em ir embora dali a alguns meses; depois, simplesmente "logo". A outro amigo, ele expôs sua situação em termos mais carregados, comparando-a a um trem "em disparada a toda velocidade". "Consigo antever o fim da linha", escreveu ele, "mas continuo avançando contra as chances de descarrilar."

De início, ocultou a verdade a Theo. "O bom Vincent e o arrogante Gauguin continuam a formar um casal feliz", escreveu animadamente a Theo, ao mesmo tempo em que se desesperava na carta a Bernard. Ainda inseguro em termos financeiros e decidido a "não desferir meu ataque antes de ter todos os materiais necessários nas mãos", esperava aguentar impondo alguma distância entre si e seu anfitrião. Sempre que podia, deixava a casa e sumia na noite por conta própria, dizendo a Vincent que precisava de um pouco de "independência".

Quando o clima ruim o condenava a passar muito tempo na sala de estar, que lhe servia de ateliê, enterrava-se no trabalho para evitar cair nos grandes debates que se inflamavam continuamente na cabeça de Vincent. Mas nem isso lhe trazia a "paz e calma" que buscava. "Quando estou pintando", reclamou ele, "[Vincent] está sempre encontrando defeito nisso, naquilo ou naquilo outro." Gauguin, aparentemente, conseguiu manter o anfitrião trabalhando exilado na cozinha, que fora montada como ateliê separado. Mas ainda se cruzavam todos os serões no jantar e todas as noites quando se recolhiam aos quartos (Gauguin, para chegar ao seu, precisava passar pelo de Vincent). Mesmo então, as paredes de seu pequeno recesso estavam povoadas de argumentos que jamais dormiam.

Como era inevitável, seus pensamentos abandonaram a Casa Amarela muito antes que ele ousasse abandoná-la fisicamente. Seu entusiasmo se desvaneceu; sua energia esmoreceu. Gauguin deixou esboços apenas iniciados e pinturas inacabadas. Passou a recorrer cada vez mais a velhos desenhos de Pont-Aven ou retomou pinturas anteriores, e chegou até a copiar o trabalho de Vincent, em vez de se envolver com um lugar e uma gente que desprezava. Raramente mencionava Vincent em suas cartas — a única forma de privacidade que lhe restara. Sentindo-se comprado e ludibriado, ruminava seus ressentimentos. Poucas semanas depois de chegar, começou a imaginar uma fuga. Um rápido encontro com o tenente zuavo Milliet, que partiu para a África no começo de novembro, reacendeu seus planos de voltar à Martinica no ano seguinte. Decidiu ficar em Arles apenas até juntar dinheiro suficiente para partir, como escreveu a um amigo, "[então] vou à Martinica e sem dúvida farei alguns bons trabalhos por lá... Vou até comprar uma casa lá e montar um ateliê onde os amigos poderão encontrar uma vida fácil por quase nada".

No começo, Vincent procurou ver os planos de Gauguin para a Martinica como uma continuação de seu grande projeto pessoal para o Sul. "O que Gauguin fala dos trópicos me parece maravilhoso", escreveu logo após a chegada do hóspede. "Certamente lá reside o futuro de um grande renascimento na pintura." Mas, com o aumento das tensões e o constante distanciamento diário de Gauguin (Vincent disse que ele estava "com saudades do trópico"), qualquer comentário sobre a partida lançava Vincent num pânico de suspeita e ansiedade que empurrava mais e mais o relacionamento entre eles a uma ruptura aberta. "Entre nós dois", comentou Gauguin mais tarde, "um inteiramente vulcânico e o outro também fervendo, mas por dentro, alguma luta estava fadada a ocorrer."

Enquanto o comportamento de Vincent tornava cada vez mais intolerável a permanência de Gauguin em Arles, o empenho de Theo em Paris a tornava cada vez mais desnecessária. Em meados de novembro, quando afinal chegaram as telas de

Pont-Aven, Theo as expôs no *entresol* e fez uma diligente divulgação entre colecionadores e críticos. As vendas dos quadros e das cerâmicas aumentaram; os admiradores se multiplicaram. A Casa Amarela foi inundada por uma nova onda de elogios e dinheiro. Gauguin começou a fazer listas de seus compradores. Vangloriou-se a Bernard de seus ilustres "aduladores", em especial Degas, e maquinou maneiras de garantir que sua família desaprovadora "tivesse notícias de meu sucesso". Theo enviava cartas com centenas de francos, apresentava planos elaborados para o emolduramento dos quadros e pedia a aprovação de Gauguin para vendas pendentes. Outras cartas vinham repletas de elogios aduladores ("a riqueza e a abundância de sua produção me assombram... Você é um gigante") e projetos de exposições. Recebeu um convite para expor sua obra com Les Vingt, uma associação de artistas de Bruxelas que, graças a suas conexões com a importante revista *L'Art Moderne*, havia se tornado o ponto central da arte de vanguarda.

Como Vincent, ele declinou um convite para expor na mostra da *Revue Indépendante* em janeiro, convicto de que era uma armadilha montada por seus inimigos. Em vez disso, começou a planejar uma mostra pessoal independente — "uma exposição séria em oposição ao *petit point*". Inflado com essa renovação de sua autoconfiança, Gauguin escreveu à esposa: "Meus assuntos profissionais estão apontando na direção certa [e] minha reputação está se estabelecendo solidamente". Enviou aos amigos uma nova foto sua, mostrando o "semblante selvagem", como se estivesse anunciando seu retorno triunfal — e iminente — do agreste.

Logo a seguir, chegou o aviso a Theo: "É imprescindível que eu parta".

Vincent vira o fim se aproximar. Já em meados de novembro, o receio começara a se insinuar em suas cartas. "Estamos tendo vento e chuva", informou ele, "e estou muito contente por não estar sozinho." Quando Gauguin recebeu o convite de expor com Les Vingt em Bruxelas, Vincent foi tomado por uma suspeita paranoica de que o companheiro pretendia se mudar para lá. "Gauguin já está pensando em se instalar em Bruxelas, para poder rever sua esposa dinamarquesa", imaginou ele. Talvez para ocultar a ansiedade a Theo, suas cartas se tornaram mais curtas e mais esparsas, enquanto as noites ficavam mais compridas e mais solitárias. Atribuía os atritos na Casa Amarela ao tempo e ao vento, às obrigações familiares de Gauguin ou às tensões normais da vida criativa. A verdade era simplesmente inaceitável. Quando Gauguin anunciou sua decisão de ir embora, Vincent iniciou uma campanha frenética para revertê-la, fingindo para Theo que a decisão não fora tomada. "Penso comigo mesmo que Gauguin estava um pouco aborrecido", explicou ele. Numa ilusão denegatória, alugou mais dois quartos na Casa Amarela.

Como a recusa de Theo em ir a Drente ou a crítica de Rappard a *Os comedores de batatas*, Gauguin teria de voltar atrás e desdizer sua decisão de deixar Arles. Vincent o obrigaria a "retirá-la". Disse a Gauguin: "Antes de fazer qualquer coisa... repense e reavalie as coisas". Vendo dúvidas onde não existia nenhuma, ele retomou todos os argumentos da primavera e do verão — as "boas razões" pelas quais o destino de Gauguin estava em Arles — apresentando-os com veemência renovada e uma ponta de desespero.

Apesar das provas em contrário que seus próprios olhos lhe haviam mostrado, Vincent insistiu que Gauguin tinha chegado "com dor e gravemente doente" e adoeceria de novo se deixasse o abrigo restaurador da Casa Amarela. Advertiu também que o sucesso dos trabalhos de Gauguin dependia da magia do Midi. Fez elogios rasgados a trabalhos recentes como *A vindima* e *Os porcos*, dizendo que eram "trinta vezes melhores" que as pinturas de Pont-Aven. Opondo-se aos planos para a Martinica, apresentou seus próprios "cálculos" para mostrar que Gauguin precisaria para a viagem de muito mais dinheiro do que havia pensado. Só se ficasse mais tempo no Sul frugal — com Theo cuidando de seus quadros e Vincent cuidando de sua saúde — ele conseguiria juntar os recursos de que realmente precisava. Sem dúvida, pontificou Vincent, ele tinha obrigação de atender a esse dever de prudência por causa da esposa e dos filhos.

Depois de esgotar todos esses argumentos, Vincent voltou ao mais antigo de todos: a solidariedade. Revelou a Gauguin os segredos mais profundos sobre seus fracassos — na família, na religião, no amor — e extraiu deles uma lição que projetava sobre o hóspede sua última esperança de felicidade. "Gauguin é muito forte e com grande vigor criativo", escreveu a Theo, "mas é exatamente por causa disso que precisa ter paz. Se não a encontrar aqui, encontrará em algum outro lugar?"

Como era inevitável, tais rogos desembocaram na tela. Com imenso cuidado, Vincent pintou um grande quadro com uma cena que ele e Gauguin haviam presenciado poucas semanas antes: o baile nas Folies Arlésiennes. Vincent sempre se sentira atraído por multidões. Das missas ardorosas no Tabernáculo Metropolitano em Londres às danças dos marinheiros barulhentos na Antuérpia, o anonimato das aglomerações lhe permitia desfrutar do calor humano que sempre lhe fugia em contatos mais íntimos. O baile de inverno anual nas Folies Arlésiennes, um enorme teatro que também abrigava peças natalinas e feiras zoológicas itinerantes, ultrapassava com sua franca animação e esplendor *naïf* todas as celebrações que Vincent vira na vida.

Quando ele e Gauguin chegaram, na noite de 1º de dezembro, o teatro e o balcão estavam tão abarrotados que não havia espaço para dançar. O clima festivo caótico e a alegria contagiante desfizeram a claustrofobia da Casa Amarela e as tensões que se avolumavam lá dentro.

Assim, não foi uma surpresa quando, duas semanas depois, Vincent invocou aquela noite ruidosa de vinho, mulheres e camaradagem para dissuadir Gauguin de deixar Arles. Trabalhando à maneira de Gauguin, *de tête*, ele captou na tela o oceano de participantes: mulheres com chapéus dominicais e toucas regionais, soldados zuavos com o fez vermelho do regimento, ambos os sexos de cabeça descoberta — uma audácia de *esprit* rústico. Ombro a ombro, atravessam em ondas o salão de baile e se inclinam dos balcões ao fundo sob uma galáxia de lanternas chinesas luminosas.

O vasto mosaico de vultos e rostos explode em motivos e padrões decorativos, alguns tomados num empréstimo direto do trabalho de Gauguin na Bretanha e de um quadro de Bernard que Gauguin trouxera de Pont-Aven. Os penteados elaborados das arlesianas, como de gueixas, vistos por trás, ocupam o primeiro plano com suas curvas sensuais de cachos e faixas. Mais além, os rostos se dissolvem em máscaras sem rosto — filas e filas dos misteriosos fantasmas de Gauguin, como integrantes festivos de uma mascarada. Apenas a fisionomia de Madame Roulin se destaca como uma pessoa real. Em homenagem ao *maître*, Vincent também abjurou dos contrastes cromáticos vivos de sua obra e preencheu os elementos de contornos marcados com a sutil paleta *crépon* de Gauguin, aplicada em pinceladas criteriosas. Não era o baile das Folies a que tinham assistido: era uma *idée* de baile.

A ida às Folies teve êxito suficiente para Gauguin propor um passeio diurno mais longo. Destino: Montpellier, uma cidade medieval pitoresca a 95 quilômetros a sudoeste de Arles, próxima do litoral mediterrâneo. Gauguin escolheu o lugar não por causa da costa rochosa nem pelas ruas antigas, mas por seu tesouro mais famoso: o Musée Fabre. Ele visitara o museu anos antes, e convenceu Vincent a encarar a longa viagem de trem (cinco horas, ida e volta) com a descrição dos magníficos Delacroix e Courbet em suas paredes, como parte de uma coleção doada por Alfred Bruyas, famoso benfeitor das artes e amigo de artistas. Na Galeria Bruyas, alta e forrada de claraboias, os dois pintores discutiram apaixonadamente as pinturas que revestiam as paredes. Enquanto Gauguin defendia as tonalidades brandas de Delacroix, Vincent tomava o partido retratista que tanto amava — chegando a defender as dezenas de retratos que Bruyas, narcisista incansável, havia encomendado a vários artistas.

Depois da viagem, desceu uma paz tensa sobre a Casa Amarela. Em resposta a discussões como a da Galeria Bruyas, Gauguin pintou o retrato de um velho apoiado numa bengala — um aceno de aprovação ao santo rural de Vincent, Patience Escalier, inspirado em Daumier. Na mesma época, ele concordou em participar de mais uma rodada de retratos de Madame Roulin, a mulher do carteiro, um modelo de maternidade que começara a ocupar obsessivamente a imaginação de Vincent. Os dois retratos não só indicavam um acordo sobre o tema do retratismo, mas também anunciavam que os dois artistas tinham voltado a trabalhar juntos na sala da frente. Gauguin até acedeu ao pedido de Vincent de trocarem autorretratos — penhor supremo da irmandade artística. Como as diferentes percepções pessoais de Augustine Roulin, os autorretratos recíprocos combinavam à perfeição em tamanho, orientação e paleta. Para o plano de fundo, Vincent adotou as pinceladas meticulosas de Gauguin; já Gauguin adotou o verde-bonzo de Vincent.

Poucos dias depois de voltar de Montpellier, Gauguin retirou a ideia de sair de Arles. "Por favor, considere minha ida a Paris como imaginária", escreveu misteriosamente a Theo, "e, por conseguinte, a carta que lhe escrevi como um sonho ruim." Foram os rogos de Vincent que persuadiram Gauguin a ficar? Sentiu-se comovido pela paixão artística que Vincent mostrou em Montpellier? Ficou com pena do passado problemático de Vincent? Ou simplesmente teve medo de que o companheiro enlouquecesse se ele fosse embora?

Sem dúvida, nesse ínterim houve a intervenção de Theo. Conhecendo as necessidades frenéticas e o espírito frágil do irmão, certamente, com seu tato habitual, terá pedido a Gauguin para reconsiderar e, se possível, permanecer. A soma de piedade e pressão — qualquer que tenha sido — se mostrou persuasiva até para o pirata Gauguin. "Devo muito a Van Gogh e a Vincent", escreveu ao amigo Émile Schuffenecker. "Apesar de alguma discórdia, não posso invocá-la contra um homem de tão bom coração que está doente, sofrendo, e chama por mim." Indicando a ameaça que vislumbrava, Gauguin comparou Vincent a Edgar Allan Poe, "que se tornou alcoólatra por causa de seus sofrimentos e neuroses", e insinuou uma causa mais sombria: "Mais tarde, explicarei em detalhe".

Mas nada mudara. Onde Vincent via acordo e nova dedicação, Gauguin via apaziguamento e adiamento. O que Vincent tomava como mudança interior, Gauguin entendia apenas como reavaliação. Gauguin calculou que, se ficasse e assim pudesse preservar as boas relações em Paris e evitar uma explosão em Arles, poderia aguentar um pouco mais a vida com Vincent. "Continuo aqui", confidenciou a Schuffenecker, "mas minha partida é sempre iminente."

Para Theo, Vincent afirmou que tudo voltara ao normal na Casa Amarela. "É assim que as coisas estão", escreveu animado. "Gauguin estava me dizendo hoje de manhã, quando lhe perguntei como se se sentia, 'que sentia seu velho eu voltando', o que me deu enorme prazer." Mas ele sabia a verdade. Mesmo quando alardeava uma reaproximação e dizia que Gauguin era "um excelente amigo", continuava a temer o pior. "Até os últimos dias", confessou mais tarde, "eu só via uma coisa, que [Gauguin] estava trabalhando com o coração dividido entre a vontade de ir a Paris para dar andamento a seus planos e a vida em Arles." A incerteza o imobilizava. Apesar de alegar um esforço ininterrupto, o trabalho se interrompeu. Sentindo fraquejar sua confiança, tal como acontecera em Haia, ele pediu a Theo que lhe devolvesse as telas em Paris e propôs não enviar mais nada pelo menos por um ano. "Certamente seria melhor se eu puder me abster de enviá-las", escreveu desesperançado. "Pois não há necessidade de mostrá-las agora. Sei muito bem disso." Todavia, apesar de todos os presságios da catástrofe, ele afirmava sua "absoluta serenidade" e confiança no futuro.

Como em Drente e na Antuérpia, a contradição entre as palavras e a vida real impeliu Vincent a uma espiral de culpa e recriminação pessoal nas semanas que antecederam o Natal, período ao qual ele era mais vulnerável. Gauguin certamente viu os primeiros sinais da crise próxima em Montpellier, quando, diante do retrato de Alfred Bruyas feito por Delacroix, Vincent se lançou a um estranhíssimo discurso sobre a semelhança de família entre Bruyas de barba e cabelo ruivo e ele mesmo. Numa sequência de associações tortuosas, associou Gauguin e Theo aos retratos de Rembrandt, criando uma irmandade delirante a partir de semelhanças fisionômicas, e terminou com uma imagem de si mesmo como o poeta Torquato Tasso, imerso em reflexões, acossado por demônios, preso num manicômio, como o pintara Delacroix num quadro famoso.

Até onde pôde, Vincent ocultou a Theo a tempestade que se avolumava em sua mente. Falou vagamente sobre "dificuldades [que] estão mais dentro do que fora de nós mesmos". Queixou-se que as discussões com Gauguin o deixavam "esgotado como uma pilha elétrica depois de acabar a bateria". Só mais tarde ele admitiu múltiplas "crises nervosas" e acessos de "delírio" nas últimas semanas de dezembro. Mas, mesmo na época, Theo deve ter percebido como as cartas esparsas de Vincent vagueavam distraídas de um assunto para outro, de uma imagem para outra, inquietas e soltas como fantasmas. Contou que olhava pinturas e enxergava visões do passado. Contou a Theo que o retrato de Bruyas feito por Delacroix lhe despertou um devaneio especialmente vívido: uma figura espectral de um poema de Alfred de Musset, que muito apreciava — "um desgraçado vestido de negro" que o seguia em silêncio por onde ia, observando como se estivesse do outro lado de um espelho:

Meu desafortunado irmão, vestido de negro
Como se tivesse se erguido da tumba.

A religião, o mais espinhoso de todos os assuntos, estava de volta. Do irmão ressuscitado de Musset ao Tasso sofredor como Cristo e a Delacroix, o "homem de Deus", Vincent via os fantasmas do passado em aparições que quase não se distinguiam da vida real. Entre os vários retratos do "irmão perdido" Bruyas que viu em Montpellier, havia um em que o colecionador ruivo e descarnado aparecia como Cristo coroado de espinhos. Armando-se contra o "cerco" do sucesso de Gauguin, Vincent invocou o lema de são Paulo, "sofredor, mas sempre jubiloso". Envolveu-se em discussões sérias com Gauguin, explorando as fronteiras arriscadas e movediças entre a arte, a religião, a ilusão e o sobrenatural. Segundo disse este último, Vincent ficava tão exaltado e veemente durante essas conversas que chegou a rabiscar em giz amarelo na parede do ateliê: "*Je suis Saint-Esprit*" — Sou o Espírito Santo.

Mas nenhuma imagem de alienação ou desintegração poderia assombrá-lo mais do que "O Horla" ("Le Horla"), de Guy de Maupassant. Esse termo gótico obscuro, extraído do dialeto normando, cabia perfeitamente à narrativa de Maupassant sobre um homem que enlouqueceu devido a alucinações e fantasias paranoicas. Vincent leu "O Horla" provavelmente quando ainda estava em Paris. Mas seu plano para a associação com Gauguin não tinha lugar para esse diário sombrio de um espírito possuído. O futuro cintilante e o otimismo ilimitado de *Bel-Ami* se ajustavam melhor a seus sonhos para o Midi. Quando esses sonhos começaram a se desfazer em dezembro, os pensamentos de Gauguin se voltaram para a terrível história de Maupassant. Gauguin, admirador do sobrenatural, anotou o conto e o título estranho em seu bloco de desenhos de Arles — sinal de sua influência na vida cada vez mais carregada de tensão que ambos levavam na Casa Amarela — e, mais tarde, Vincent comentou suas alucinações vendo o próprio "Horla".

Como Vincent, o narrador de Maupassant sofria de noites de insônia, crises de nervos e visões estranhas. Em poucos meses, registrados dia a dia em detalhes pungentes, ele desce ao abismo da loucura. Passa a desconfiar dos próprios sentidos e a temer os sonhos ("esse sono traiçoeiro").* Imagina-se vítima involuntária de um hipnotizador ou de um sonâmbulo levando uma vida dupla misteriosa. Gradualmente avança do vago desconforto para o medo paranoico, e então para o terrível

* Esta e outras citações do conto "O Horla" são da tradução de Amilcar Bettega em *125 contos de Guy de Maupassant*, São Paulo, Companhia das Letras, 2009. (N. E.)

delírio. Sente a presença constante de um espírito ameaçador — um "ser invisível" decidido a lhe sugar a vida e então a lhe cravar uma faca durante o sono. O ser o persegue constantemente, como o desgraçado vestido de negro de Musset, bebendo sua água à noite, virando as páginas de seu livro, roubando-lhe o reflexo no espelho. Compara-o aos "gnomos, espíritos, gênios, fadas, duendes" do antigo folclore, e principalmente à ilusão mais assustadora de todas, que desde sempre assombrou o espírito dos homens: "a lenda de Deus".

Suas alucinações se tornam mais intensas e mais estranhas. Ele vê objetos se movendo no ar, como guiados por uma mão invisível. Sente-se acorrentado à cadeira, incapaz de escapar — "um espectador escravo e aterrorizado" de sua própria dissolução. Combate a loucura pelo máximo de tempo possível, com a mesma brava pretensão de lógica e autoconsciência que Vincent usava como baluarte contra suas desordens mentais. "Eu me pergunto se estou louco", registra o narrador em seu diário. "Com certeza eu me julgaria louco, totalmente louco, se não estivesse consciente, se não conhecesse perfeitamente meu estado, se não o examinasse, analisando-o com completa lucidez." Mas, finalmente, ele sucumbe. Num acesso furioso de paranoia, tenta matar o torturador invisível prendendo-o no quarto e ateando fogo à casa. Quando esse plano falha, ele volta seu terror e sua vingança contra si mesmo. "Não... não... Sem nenhuma dúvida, sem nenhuma dúvida...", ele grita no fim da história, jurando levar a luta contra o Horla a seu inevitável desfecho. "Ele não morreu... Então... então... então serei eu que vou ter que me matar!..."

Na Casa Amarela, os acontecimentos também estavam numa espiral de descontrole. Explosões veementes pontuavam as horas de todos os dias. "Nossas discussões são *elétricas demais*", Vincent contou a Theo. Discutiam "até nossos nervos ficarem tensos a ponto de sufocar todo calor humano", lamentou ele. Gauguin tentava desfazer as erupções vulcânicas do anfitrião ignorando-as — estratégia que fora usada pelo pai de Vincent. Mas isso apenas piorava as coisas. As explosões constantes deixavam a casa extremamente tensa. Os silêncios no intervalo entre elas eram tão pesados que as visitas, como o carteiro Roulin, sentiam um clima de perigo mesmo durante as tréguas. Como o herói perseguido de Maupassant, Vincent parecia em guerra consigo mesmo: tomado por paixões titânicas num minuto, melancólico ou nervoso no seguinte. "Acessos horríveis de ansiedade" se alternavam com "sensações de vazio e cansaço", admitiu mais tarde. Aos dias de discussões esgotantes seguiam-se noites de insônia e agitação.

Gauguin notou as "contradições" no comportamento de Vincent e tomou-as como sinais de um acirrado conflito interior. "Vincent tem ficado muito estranho", comentou com Bernard, "mas está combatendo." Anos depois, Gauguin lembrou a violência e a rapidez com que Vincent podia mudar de personalidade: de "brusco e impetuoso em excesso" para ameaçadoramente silencioso, e vice-versa. Num minuto, ele expunha de modo irrefutável as razões pelas quais Gauguin devia ficar em Arles e afetuosamente traçava planos para uma exposição conjunta; no minuto seguinte, ficava colérico e acusava o hóspede de maquinar maldades e, depois que Gauguin se recolhia ao quarto, ficava andando de cá para lá, como se receasse uma fuga noturna. Num surto de desconfiança, pegou o autorretrato como bonzo, que dera a Gauguin como convite para vir ao Midi, e apagou a dedicatória (*"à mon ami"*) com solvente de tinta.

De todas as visões paranoicas que ocupavam o cérebro de Vincent, havia uma que o aterrorizava sobremaneira. Desde a chegada de Gauguin a Arles, suas relações com Theo mudaram. As cartas de ambos se reduziram não só em extensão e frequência, mas também no grau de intimidade. Theo tinha palavras mais afetuosas para os dois jovens artistas holandeses que tinham vindo visitá-lo em Paris do que para o irmão distante e perturbado. (Comentou sem rodeios o quanto a "companhia agradável" deles havia melhorado a vida na Rue Lepic.) Quando os dois artistas saíram de Paris para ir ao campo, Theo não lhes recomendou que fossem a Arles, ao contrário do que Vincent insistira que fizesse.

Este foi apenas um dos vários sinais de que a confiança de Theo no projeto artístico do irmão começara a diminuir. Ele pareceu sinceramente surpreso quando Gauguin por fim apareceu em Arles — como se tivesse duvidado o tempo todo do sucesso daquela combinação. Depois da chegada de Gauguin, Theo abandonou a longa e rancorosa pressão sobre Vincent para fazer obras vendáveis, pressão que havia definido o relacionamento entre ambos por quase dez anos. Em vez disso, enviava apenas palavras consoladoras e condescendentes ("eu quero é que você consiga nunca ter nenhuma preocupação") e amenidades vazias ("você está vivendo como os grandes do mundo"), todas parecendo indicar que ele aceitara o inevitável fracasso. "Temos de cuidar para não assumirmos uma carga pesada demais para nossos ombros", escreveu estranhamente inabalado pelo plano de Vincent de não enviar nenhuma pintura durante um ano. "Conseguiremos prosseguir por algum tempo, mesmo sem vender nada."

Para Gauguin, por outro lado, Theo enxergava apenas o futuro mais brilhante. Em cartas repletas de otimismo e louvores, ele enviava notícias do *"grand succès"* de Gauguin em Paris e informes sobre novas vendas. Previa ousadamente que Gauguin teria fama "maior do que qualquer um havia pensado" — maior até que a de Monet.

Enaltecia a obra de Gauguin não só por vender bem, mas por seu "estranho lirismo". "Gauguin sussurra palavras de conforto a quem não se sente feliz ou saudável", escreveu, usurpando a linguagem da consolação que Vincent lhe ensinara. "Nele, é a própria natureza que fala." Mas, entre todas as lisonjas com que Theo cobria Gauguin, nenhuma poderia ferir tanto o irmão quanto esta: "Ele pode ter o mesmo rumo de Millet".

Gauguin respondia na mesma moeda, enviando cartas assíduas, muitas vezes extensas (num contraste marcado com as de Vincent), repletas de notícias positivas, gestos de cortesia, explicações convincentes da teoria simbolista e sugestões comerciais incisivas. Enquanto Vincent não enviava nenhuma pintura para Paris, Gauguin despachava múltiplas remessas, com orientações para o emolduramento e a venda. Numa dessas remessas, ele incluiu seu retrato zombeteiro de Vincent pintando girassóis, que ofereceu pomposamente como um presente para Theo. Theo o recebeu como "uma grande obra de arte" e disse que era "o melhor retrato" jamais feito de Vincent, "em termos de captar seu ser interior".

Semanas e semanas de louvores unilaterais e cartas que o excluíam apenas intensificaram a rivalidade entre irmãos que se construíra e aumentara ao longo da primavera e do verão. Na estufa de paranoia da Place Lamartine, as suspeitas iniciais de Vincent de que Gauguin era "um intrigante" com intenções políticas em relação a Theo facilmente se converteram em delírios de traição. Por que, por exemplo, as relações de Vincent com Bernard tinham chegado a um final abrupto, misterioso, logo após a chegada do hóspede a Arles? Bernard continuava a se corresponder com Gauguin, mas as cartas de Vincent, estranhamente, não recebiam resposta. Suas relações com Theo sofreriam o mesmo destino? Seria Gauguin outro Tersteeg, outro falso irmão atraindo Theo para a *fata morgana* do conforto e do sucesso convencional?

Vincent recebera Gauguin como um irmão perdido, como Bruyas. Teria, sem querer, convidado a entrar em suas vidas um estranho que, como o "infeliz" de Musset, *parecia* um irmão, mas trazia apenas o desespero e a ruína? Em seus acessos de pavor inexplicável, todos os medos pareciam plausíveis. Pela primeira vez, começou a amealhar as cartas de Theo — como se prendendo a algo que sentia lhe fugir — e bisbilhotar desconfiado a correspondência de Gauguin com Paris. Entre a próxima ida de Theo à Holanda, no Natal, que incluiria inevitavelmente uma visita ao invejoso Tersteeg, e a alegre anuência ao convite de Gauguin de ir a Arles, depois de passar anos resistindo às súplicas do irmão, Vincent podia ver os contornos de uma traição. Se Theo viria à Casa Amarela por causa de Gauguin, iria abandoná-la se Gauguin fosse embora?

Nada fazia Vincent se sentir mais separado da família, real ou postiça, do que a chegada do Natal. Como Redlaw em *O homem assombrado*, o conto de Dickens sobre um acerto de contas numa noite de Natal com um gêmeo espectral (história que relia todos os anos), Vincent não encontrava nada além de uma temida reflexão e arrependimento nos rituais jubilosos da época natalina — época que envolvia toda a Arles desde o começo de dezembro. Para onde olhasse, ele via pratos de "trigo de *Sainte Barbe*"* nos parapeitos das janelas — uma das muitas tradições locais que misturavam o misticismo católico com antigos ritos pagãos de fertilidade. Logo a carne sumiu das refeições e dos cardápios, apareceram pães especiais e se multiplicaram as sobremesas. Enfeites de frutas e flores enchiam as salas decrépitas e empoeiradas de toda a cidade — até o infernal Café de la Gare.

Então vieram os presépios. Todos os lares e lojas de Arles reencenavam o milagre da natividade em pequenas estatuetas de barro, chamadas *santons*, que davam fama ao Midi. A mesma cena ganhava vida e irrompia na música nas *pastorales* apresentadas nas Folies Arlésiennes. Essas elaboradas apresentações teatrais — em parte peças de mistério medievais, em parte musicais de teatro de revista — atraíam milhares de espectadores ao teatro, assim como o desfile de pastores tocando instrumentos rústicos e conduzindo um cordeiro imaculado atraía milhares de pessoas às ruas, que se ajoelhavam e se persignavam enquanto a procissão santa passava.

A despeito das encenações e da devoção na cidade, o Natal de Vincent nunca conseguia escapar ao espectro do homem que presidira a todos os seus Natais passados. As festas natalinas que os arlesianos chamavam de Calendo eram celebrações de família — tanto dos familiares vivos quanto dos mortos. Somente os pobres infelizes mais despossuídos e desamparados passavam o Natal sozinhos. Mas, no estado de agitação em que se encontrava, Vincent não precisava de nenhum estímulo especial para conjurar o pai desaprovador. Nas semanas que antecederam o Natal, ele concebeu mais um plano ilusório para reverter os juízos do passado. Envolvia mais uma vez ganhar a aprovação de seu arqui-inimigo, H. G. Tersteeg, o único homem que ainda portava a tocha do *rayon noir*. Aumentando ainda mais suas apostas na Casa Amarela, Vincent imaginou usar os sucessos recentes de Gauguin para obter o apoio de Tersteeg a uma exposição conjunta em Londres. Assim, num mesmo gesto, conseguiria apaziguar o implacável gerente *e* dar descanso ao espectro que o visitava no Natal.

* No dia 4 de dezembro, dedicado a santa Bárbara, era um costume provençal pegar grãos da última colheita de trigo e colocá-los num prato com um pouco de água, para germinar: tais eram os chamados "*blés de Sainte Barbe*". (N. T.)

Mas as fantasias redentoras não bastavam. Na semana anterior ao Natal, torturado pelo sucesso de Gauguin e por seu ininterrupto fracasso, receando que Gauguin fosse embora e Theo o abandonasse a qualquer momento, acossado pelos usuais demônios do período natalino, Vincent se recolheu ao ateliê em busca de consolo. Nos dias que se seguiram, adquiriu forma no cavalete uma imagem que já vinha se gestando em sua imaginação desde o verão: Madame Roulin e a filhinha Marcelle.

Desde sua infância num presbitério povoado de bebês e berços, Vincent se sentia fascinado pelo eterno quadro de mãe e filho — o que Michelet definia como "o absoluto da beleza e da bondade, o auge da perfeição". No apartamento que dividira com Sien Hoornik, ele fazia festas e carinhos a seus filhos postiços e se sentia tomado de emoção ao ver Sien debruçada sobre o berço — imagem que reproduziu várias vezes. Fosse contemplando uma estampa preferida, descrevendo uma visita de Kee Vos e seu filho ou pintando uma cena doméstica em Paris, a imagem de mãe e filho invariavelmente lhe "umedecia os olhos" e lhe "derretia o coração". Quando se mudou para a Casa Amarela em setembro, pensou em decorar a sólida cabeceira da cama com a imagem de "uma criança num berço".

Nos cinco meses desde o nascimento de Marcelle, Vincent havia pintado várias vezes a matronal Augustine — com e sem o bebê. Quando chegou a foto de sua mãe em setembro, suas ambições redobraram. Em meados de dezembro, ele já pintara tantas vezes a esposa do carteiro que a paciência dela com o estranho pintor do Norte parecia ter chegado ao limite: Vincent teve de dar início a seu projeto mais recente usando um de seus retratos anteriores.

Transpondo seus anseios familiares pessoais para a imagem onipresente da Sagrada Família — em especial, a Virgem e o Menino de olhar beatífico que se encontravam em todos os santuários, festas e presépios domésticos da Provença —, ele preencheu uma tela grande com a imagem mais consoladora que podia imaginar. "Como aquele a quem sua mãe conforta", escrevera da Inglaterra em 1876, num outro momento de terror existencial, "assim te confortarei, disse o Senhor." Em Isleworth, tinha derramado sua dor não na arte, mas em sermões ("a jornada de nossa vida segue do regaço amoroso de nossa Mãe na terra para os braços de nosso Pai nos céus") e em milhares de versos cuidadosamente copiados no livro de visitas de Annie Slade-Jones, outro modelo de conforto e fecundidade maternal. Em 1882, abandonado por parentes e amigos, devaneara com uma imagem sonhadora de Sien e o recém-nascido, como "aquela eterna poesia da noite de Natal com o menino na manjedoura... uma luz na escuridão, um brilho no meio de uma noite escura".

Tal como havia convertido Patience Escalier num santo rústico e a si mesmo num sacerdote bonzo, agora ele transformou a esposa rude e desgastada do carteiro num ícone da maternidade. Verteu o busto volumoso em curvas ondulantes e com a plenitude de uma fruta madura. Vestiu-lhe um casaco simples abotoado, em vez da blusa frívola e amarfanhada de retratos anteriores. Ampliou a testa para aproximá-la das Virgens de suas lembranças, afinou a vasta papada e o queixo saliente, dando-lhe um ar virginal. Transformou os lábios, antes cor de carne, num vermelho-rubi vivo, e em seus olhos fez faiscar íris de um verde sublime e sobrenatural. O cabelo, que antes sempre aparecia preso num coque frouxo e um pouco despenteado pelo trabalho, agora formava uma coroa trançada, impecável como uma estatueta de porcelana.

Ele coloriu essa caricatura daumieriana de indômita maternidade de província com a paleta mais consoladora que podia conceber — "uma cantiga de ninar de cores", disse: para o casaco, um verde forte e carregado marcado nos punhos e na gola com o mais terno azul-bebê; a saia ampla, de cintura alta, em verde-claro contra o vermelho-terra da cadeira e o vermelhão do piso — uma escala graduada de contrastes calculados para acalmar o olhar, não para estimulá-lo. Vincent comentou: "Como arranjo impressionista de cores, nunca concebi nada melhor". Para o rosto, trabalhou e retrabalhou amarelos e rosas para dar luz e vida ao semblante, e lhe coroou a cabeça com um halo amarelo e alaranjado de cabelos — como os dele mesmo —, a cintilante auréola de Delacroix que marcava todas as suas tentativas de representar a consolação suprema de Cristo.

Nesse retrato simples, Vincent sintetizou toda uma vida de imagens reconfortantes: desde a água-forte de Rembrandt com um berço à luz de vela que havia na casa paroquial de Zundert (e no ateliê da Schenkweg) a um Getsêmani de Carlo Dolci e à sua própria *Noite estrelada* — imagens, todas elas, que lhe haviam mostrado "uma luz na escuridão" em tempos de crise. Via nele tanto a verdade simples de Daumier quanto a magia inefável de Corot. Apresentou-o como justificação suprema de seu velho amor pelos "tipos" e de sua convicção de que os retratos de gente simples figuravam entre os símbolos mais sagrados do sublime. Defendeu-o como promessa de fecundidade artística — uma deusa provençal da fertilidade que garantia que a Casa Amarela não se incluiria entre as "*entreprises sans issue*" [iniciativas sem futuro].

A pintura também ressuscitou o sonho de Haia — as ilustrações de revistas e as litografias —, o sonho de atingir diretamente as massas, contornando o mundo hostil das galerias e dos negociantes de arte, inclusive o próprio irmão, para tocar o coração das pessoas comuns que ansiavam por sua arte dolorida. Comparando seu talismã maternal a uma "cromolitografia de loja barata", imaginou-o como portador levando o evangelho consolador da cor a suas vidas descoloridas, tal como trouxera à sua.

Como sempre, Vincent reforçou seus argumentos com imagens extraídas de suas leituras. Tolstói não pregara o retorno a uma religião mais humilde e mais humana — mais próxima à fé simples dos "cristãos primitivos"? E aquela fé mais simples não exigia uma arte mais simples e modesta? Tolstói havia nomeado como santa dessa nova religião sua babá — "um exemplo memorável de fé despojada e sábia singeleza" —, a própria imagem da sólida mãe terrena de Vincent, com sua forma tosca e cor de almanaque. E no místico *Le rêve*, de Zola, que Vincent leu naquele outono, ressoavam os mesmos temas da fé rústica e da santidade terrena numa narrativa que falava de artesãos medievais buscando o sublime na simplicidade do trabalho manual.

Vincent deu a seu ícone bizantino o título de *La berceuse*, termo que se aplicava tanto à figura materna que embala o berço quanto à cantiga de ninar. Ele disse que a imagem fora inspirada pelo grande criador de mitos simples, Pierre Loti. Em *O pescador da Islândia* (*Pêcheur d'Islande*), Loti descrevera uma pequena estatueta de louça da Virgem Maria, que acompanhava os valentes pescadores nos percursos arriscados pelas águas geladas e violentas do Atlântico Norte. Presa à parede da cabine do barco, essa Mãe de louça, "pintada no estilo mais *naïf*", ouvia as rudes orações dos marinheiros, acalmava-lhes as angústias da solidão, protegia-os durante os vendavais e temporais e à noite embalava seu sono no berço da embarcação. E foi assim que ele se gabou do quadro: "Se alguém colocasse essa tela, tal como ela é, num barco pesqueiro, mesmo da Islândia, alguns pescadores haveriam de sentir que estavam ali, dentro do berço".

O "pescador" que Vincent mais desejava confortar com sua *Berceuse* vivamente colorida era seu companheiro de casa Gauguin, que dizia ter visitado a Islândia em seus dias na marinha mercante e ainda usava a boina de marinheiro descrita em *O pescador*. (Vincent percebera a "afinidade" de Gauguin com os pescadores de Loti no momento em que chegou.) Do tema ao estilo pictórico, *La berceuse* era um apelo a Gauguin, para permanecer em Arles. Como o baile nas Folies, a imagem da esposa do carteiro retomava um momento de solidariedade, quando os dois tinham trabalhado lado a lado na sala dianteira da Casa Amarela, tendo Augustine Roulin como modelo de ambos. Vincent imaginava que, na verdade, fora Gauguin que fecundara seu ícone da fertilidade. "Ele e eu estávamos falando sobre os pescadores da Islândia e do triste isolamento deles, expostos a todos os perigos, sozinhos no mar infeliz", comentou ele.

> Seguindo aquelas conversas íntimas nossas, me veio a ideia de pintar um quadro de uma maneira que os marinheiros, que são ao mesmo tempo crianças e mártires, ao

vê-lo na cabine de seu pesqueiro islandês, se sentissem tomados pela velha sensação de ser embalados e lembrassem suas cantigas de ninar.

Seu pincel abordou o tema usando os contornos pesados, a textura plana e as cuidadosas gradações cromáticas de Gauguin. Adotou elementos do retrato de Gauguin e assentou sua Madame Roulin imponente na cadeira majestosa de Gauguin. Agora trabalhando inteiramente *de tête*, preencheu o piso com o vermelhão de Gauguin, sem nenhum tom quebrado, e, apesar da tentação que lhe ofereciam os vastos trechos de cor, refreou a mão impetuosa para impedir que qualquer sombra de empastamento prejudicasse suas esperanças de reconciliação. Na parede atrás da figura, essas esperanças assomaram em grandes florações de cor, tendo Vincent preenchido mais de metade da tela com um papel de parede florido. Rajadas de dálias cor-de-rosa — a mesma flor que enfeitava a cena onírica de sua mãe e irmã no jardim do presbitério de Etten — explodem contra um fundo verde-azulado — um devaneio relembrando o papel de parede em seu quarto no sótão em Zundert — salpicado com laranja e azul-marinho num ardente tributo ao ornamento cloisonista.

Para dar à figura simples um encantamento cercado de mistério, ao estilo de Gauguin, Vincent decidiu não pintar a bebê Marcelle, e sim apenas *sugerir* sua presença com a corda que Augustine costumava segurar para embalar o berço. Sua maneira de segurar a corda — com firmeza, mas também com ternura — captaria a essência simbolista do vínculo mágico entre mãe e filho. Seria, em suma, um triunfo da imagem elíptica de Gauguin. No entanto, mais uma vez faltou a Vincent a perícia no desenho. Enquanto trabalhava e retrabalhava todas as outras partes da tela na semana anterior ao Natal, as mãos do ícone continuavam inacabadas.

Vincent deve ter atribuído o obstáculo à falta de modelos. O gesto amoroso de segurar e a tensão da corda constituíam um desafio especial para um artista que sempre teve problemas com mãos. E ele mesmo não poderia servir de modelo para si. Mas, à medida que a Casa Amarela rodopiava e se afundava cada vez mais no delírio, à medida que sua própria capacidade de se segurar na realidade se fazia mais e mais incerta, as mãos inacabadas no cavalete certamente adquiriram na imaginação febricitante de Vincent um significado mais amplo e mais sombrio. Cercado de comemorações em família e de imagens de integração, ele estava perdendo a luta para manter as conexões — tanto no mundo quanto dentro de si mesmo. Sem uma corda que o prendesse firme, sofreria o mesmo destino dos pobres marinheiros que confiaram na Virgem de louça de Loti: o barco virou durante um temporal e todos a bordo morreram.

* * *

Os esforços de Vincent também ruíram.

Em 23 de dezembro, o último domingo antes do Natal, chegou enfim o momento que tanto temia. Quando Gauguin saiu da Casa Amarela naquela noite, não está claro se pretendia ir embora de Arles. Mas foi o que Vincent pensou. O convívio de ambos, nos últimos dias, tinha se tornado insuportável. Estavam presos dentro de casa devido ao mau tempo: Vincent, obcecado com o estranho retrato de Madame Roulin; Gauguin, inativo e inquieto. Quando não estava trabalhando, Vincent passava os dias com argumentos desconexos pontuados por explosões de fúria e vazios de silêncio sorumbático. Finalmente convencido da verdadeira "loucura" de seu anfitrião, Gauguin estava preocupado que, a qualquer momento, "um ataque trágico e fatal" poderia pôr em risco sua segurança — sobretudo à noite, quando Vincent perambulava ameaçador pela casa. Gauguin comentou com Bernard: "Tenho vivido com os nervos no limite".

Gauguin pode ter saído naquela noite apenas para espairecer no intervalo entre as pancadas de chuva, para amortecer sua infelicidade no Café de la Gare ali próximo ou para ir ao bairro dos bordéis do outro lado da Place Lamartine — escapadas a que vinha recorrendo com mais frequência, à medida que aumentavam as pressões na Casa Amarela. Ele e Vincent tinham discutido ferozmente a respeito das notícias do jornal sobre um famoso assassino ao estilo de Jack, o Estripador, o qual, enquanto aguardava a execução, era perseguido por pesadelos como os de "O Horla". Seja qual for a razão para Gauguin ter saído, Vincent ouviu a porta se fechar e pensou que era a última vez.

Gauguin mal chegara ao meio da praça e ouviu passos conhecidos atrás de si. "Vincent correu atrás de mim", contou a um amigo poucos dias depois, "me virei, pois andava muito estranho ultimamente e eu não confiava nele."

Vincent perguntou: "Você vai embora?". Gauguin respondeu: "Vou".

Talvez Gauguin estivesse apenas reiterando suas intenções futuras (das quais Vincent já estava a par) ou, irritado por aquela perseguição ameaçadora, pode ter sentido que precisava tomar a decisão súbita e urgente de fugir. Seja como for, Vincent entendeu a resposta como o veredicto final que aguardava fazia muito tempo e veio armado com uma resposta. Sem dizer uma palavra, estendeu para Gauguin uma história rasgada do jornal do dia e apontou para a última linha: "*Le meurtrier a pris la fuite*" — o assassino fugiu.

Gauguin se virou e continuou a andar. Ouviu Vincent correr e se afastar no escuro.

Ninguém sabe o que aconteceu a seguir. Os colapsos anteriores de Vincent deixaram traços nas cartas: rastros de imagens e pensamentos que acompanhavam a descida e registravam o impacto da queda. Em Drente, a desolação da charneca, o arrependimento por causa de Sien, a escassez dos materiais de pintura, trechos de poemas desconsolados delineavam o caminho para o calamitoso episódio psicótico de setembro de 1883. Passados menos de três anos, na Antuérpia, o diagnóstico de sífilis, a indignidade do apodrecimento dos dentes, as mentiras para o irmão, a ridicularização das prostitutas e modelos, as imagens onipresentes da morte e da loucura marcaram sua espiral para o abismo do "colapso absoluto". Nas duas localidades, o clima sombrio, a pobreza constante e o abuso alcoólico se somaram para derrubar as defesas de Vincent contra o desespero. Nesse estado de extremo nervosismo, o mais leve insulto ou contratempo desencadearia o apocalipse.

Três anos depois, em Arles, o processo se repetiu. Dessa vez, ele pouco falou do "ataque" (termo seu). Disse não se lembrar de nada, exceto das "febres mentais" e de alucinações terríveis, como o Horla. Tal como antes, o cenário estava montado. Fazia dias que não parava de chover em Arles — uma chuva fria de inverno. Vincent também andava bebendo de novo: não só vinho e conhaque, mas algo muito mais forte, absinto. Depois de confrontar Gauguin na praça, pode ter ido a um café para tomar uma ou duas doses do consolo verde. E mais uma vez estava sem dinheiro. Em alguma hora daquele dia, pôs a mão no bolso e encontrou apenas uns patéticos trocados — "um luís e três tostões" —, o que lhe recordou não só a pobreza naquele instante, mas todas as dezenas de milhares de francos que Theo lhe remetera ao longo dos anos — tudo escoado.

As imagens que lhe giravam na cabeça, numa noite de domingo, dois dias antes do Natal, incluíam o diabólico Horla de Maupassant, o perseguido Redlaw de Dickens, os marinheiros afogados de Loti e, sobretudo, o fantasma do homem que dominava todos os domingos e todos os Natais de sua vida — imagens, sem exceção, de culpa, medo, fracasso e morte. Naquela noite, quando voltou à Casa Amarela escura e vazia, viu os detritos de seu sonho por toda parte: nas paredes, nos rostos acusadores do bonzo, do zuavo, de Patience Escalier, em todos os seus convites rejeitados ao mágico Midi; e, ao cavalete, na inacabável e inclemente *Berceuse*, agora repudiada pelo único homem que pretendia agradar.

Anteriormente, Vincent sempre conseguira se reerguer e sair do abismo: no Borinage, imaginando uma nova vida de irmandade artística com Theo; em Drente, convidando Theo a se reunir a ele na charneca; na Antuérpia, planejando se juntar a Theo em Paris. No Natal de 1888, porém, todas essas rotas de fuga estavam vedadas.

Os dois anos de convívio com Theo quase resultaram na morte do irmão, e o peso do sentimento de culpa quase o esmagara. Mesmo agora, a advertência dada pelo exemplo dos irmãos Zemganno, que se separaram para conseguir sobreviver, ainda lhe pesava na consciência. Saíra de Paris para salvar Theo; não podia voltar. Nem Theo viria até ele. Qualquer resquício daquela fantasia fora posto de lado com a dolorosa transferência das boas graças de Theo, passando do impossível empreendimento de Vincent no Midi para a nova estrela do *entresol*, Gauguin.

Em 23 de dezembro, chegara a Arles uma notícia que apenas confirmava o abandono que Vincent já sentia: Theo pedira Jo Bonger em casamento. Os dois tinham se reencontrado em Paris, ao que parece por iniciativa de Jo, e pediram autorização para se casar às duas famílias. Se o anúncio do noivado não o magoou, por certo se sentiu ferido com o sigilo que cercara o rápido namoro. Vincent sempre suspeitou que, ao final, Gauguin sairia da Casa Amarela atraído pela esposa e filhos. Agora, pelas mesmas razões, ele soube que Theo jamais viria.

Naufragando sem esperança de salvação, delirante, desorientado e provavelmente bêbado, seguiu tropeçando até o quarto de dormir. Foi ao canto onde ficava a mesinha do lavatório. De lá ele podia enxergar o interior do quarto de Gauguin, ainda vazio. Quando se virou, olhou o espelho acima da mesinha. Em vez do rosto familiar que pintara dezenas de vezes, viu um estranho — um "pobre desgraçado" que faltara à família, matara o pai, dessangrara a saúde e as finanças do irmão, destruíra o sonho de um ateliê no Midi e expulsara seu Bel-Ami. O fracasso era demasiado esmagador. O crime era demasiado grande. Precisava ser punido. Mas como?

Vincent tinha passado a vida infligindo dor e incômodo à imagem no espelho: recusando alimento, dormindo no chão em choças geladas, espancando a si mesmo. Mas esse crime exigia mais. A mente febril fervilhava com imagens de punições ao pecado, dos golpes de espada que os apóstolos infligiram aos agressores de Cristo no Getsêmani aos brutais exorcismos do *Rêve* de Zola e às mutilações em *La terre* e *Germinal*. O irmão traiçoeiro que arrancara o herói de Zola ao jardim do *Paradou* tivera a orelha decepada.

Vincent pegou a navalha em cima da mesinha e abriu a lâmina. Agarrou a orelha do criminoso e esticou o lóbulo com toda a força. O braço cruzou o rosto e ele golpeou a carne culpada. A lâmina escapou da parte de cima da orelha, desceu até mais ou menos a metade e cortou até a mandíbula. A carne se desprendeu com facilidade, mas a cartilagem borrachenta exigiu brutalidade ou perseverança até a carne se soltar e ficar entre seus dedos. A essa altura, o braço estava todo ensanguentado.

Voltando de chofre à realidade, ele tentou prontamente estancar o sangramento desatado das artérias. Deve ter ficado surpreso com a quantidade de sangue, enquanto corria até a cozinha para pegar mais panos, deixando um rastro carmesim pelo corredor e pelo ateliê. Quando o sangramento diminuiu, já estava possuído por outro delírio. Iria encontrar Gauguin e lhe mostrar o terrível preço que pagara. Talvez então ele reconsiderasse. Vincent lavou o naco mutilado e embrulhou com muito cuidado, como uma posta de carne, num pedaço de jornal. Enfaixou a ferida, cobriu a bandagem com uma grande boina e então saiu na escuridão.

Vinte e quatro horas antes do Natal, numa noite de chuva, eram poucos os lugares onde Gauguin poderia estar. Vincent, provavelmente, tentou antes os bordéis. O favorito de Gauguin, na Rue du Bout d'Arles, ficava a poucos minutos de caminhada da Casa Amarela. Vincent pediu para ver "Gaby", o *nom de théâtre* de uma mulher chamada Rachel, muito apreciada por Gauguin. Mas o porteiro do bordel não o deixou passar. Talvez na certeza de que Gauguin estava lá dentro, entregou o pacote ao "vigia" e lhe pediu que entregasse com o recado: "Lembre-se de mim".

Voltou para a Casa Amarela, subiu cambaleante até o quarto ensanguentado, deitou-se tonto na colcha escarlate e fechou os olhos, esperando — até desejando — o pior.

37. Dois caminhos

Theo não conseguia acreditar na própria sorte. Finalmente Jo dissera "sim". Dezoito meses depois de rejeitar o pedido de casamento, ela reingressara milagrosamente em sua vida e, num torvelinho de quinze dias, transformara sua existência. Em 21 de dezembro, Theo anunciou a "grande notícia" à mãe, dando-lhe o melhor presente de Natal que se podia imaginar. "Temos nos visto muito nesses últimos dias", escreveu Theo. "Ela me disse que também me ama e vai me aceitar da maneira que sou... Oh, mãe, não posso descrever como estou feliz."

A família comemorou a notícia num coro de aprovação festiva. "Que boa notícia, ficamos tão felizes com ela!", respondeu a irmã Wil. "Eu me sinto tão grata por você não ficar mais sozinho, pois você não é esse tipo de pessoa." Lies acrescentou: "Faz muito tempo que desejamos isso a você". A mãe agradeceu "ao bom Senhor por ouvir minhas preces". Na véspera de Natal, Theo combinou com Jo que iriam à Holanda para anunciar formalmente o noivado para as duas famílias. "Será uma grande guinada na minha vida", disse ele. "Estou no sétimo céu."

No mesmo dia, um pouco mais tarde, chegou um mensageiro à galeria com um telegrama de Arles. Vincent estava "gravemente enfermo". Theo precisava vir na mesma hora. Gauguin não deu maiores detalhes. Theo imaginou o pior. "Oh, tomara que seja possível retardar o sofrimento que temo", rabiscou num bilhete para Jo enquanto se precipitava para a rua. "Vou manter o ânimo pensando em você."

Às sete e quinze daquela noite, enquanto velas, lampiões e lâmpadas elétricas iluminavam toda a cidade, ele embarcou num trem para a viagem de mais de setecentos quilômetros até Arles — viagem que por muito tempo evitara. Jo se despediu dele na estação.

Na manhã de Natal, o hospital em Arles estava excepcionalmente vazio. Os funcionários, as visitas e todos os pacientes em condições de andar lotavam as igrejas da Provença católica — uma delas pegada ao hospital — ou estavam com a família em casa. Construído nos séculos XVI e XVII, quando qualquer doença era uma coisa mortal e demoníaca, o hospital parecia uma prisão, de muros altos de pedra com janelas bem pequenas e poucas vias de entrada. Os construtores lhe haviam dado um nome, entalhado sobre a porta principal, ao mesmo tempo esperançoso e desolado: Hôtel Dieu — Casa de Deus. Procurando o irmão, Theo percorreu os longos corredores repletos de lembretes de sua autoridade espiritual: crucifixos, plaquetas, inscrições. Talvez ele tenha ido primeiro à Casa Amarela, perto da estação, e pedido a Gauguin que lhe servisse de guia. Se pediu, Gauguin recusou. (Depois de recobrar a consciência, Vincent tinha chamado várias vezes o companheiro de casa, na esperança de dissuadi-lo de fazer o que ele já tinha feito: chamar Theo.)

Com tão poucos funcionários e tantos leitos, não deve ter sido fácil encontrar Vincent. Desde sua entrada no hospital, 24 horas antes, talvez já tivesse sido removido da "enfermaria da febre" — uma sala enorme, de pé-direito alto, com dezenas de leitos separados por cortinas de musselina. A polícia o deixara lá, sangrando e inconsciente, na manhã anterior. Mas, quando recuperou a consciência, começou a gritar coisas ininteligíveis numa mistura de holandês e francês que enervou pacientes e funcionários. Por fim, transferiram-no para uma solitária — um aposento minúsculo com paredes acolchoadas, janelas com grades e uma cama equipada por correntes.

Quando Theo o encontrou, Vincent tinha se acalmado de novo e talvez estivesse de volta à enfermaria — um vaivém que faria muitas vezes. "De início, parecia estar bem", contou Theo a Jo. A certa altura, ele se estendeu na cama ao lado do irmão e lembraram os anos de infância no sótão do presbitério de Zundert. "Que comovente", escreveu a mãe quando Theo lhe contou a cena, "juntos no mesmo travesseiro." Theo perguntou se Vincent aprovava seus planos de se casar com Jo. Vincent deu uma resposta esquiva: "o casamento não deveria ser considerado o principal objetivo na vida". Mas não demorou muito e os demônios voltaram. "Ele caiu em reflexões sobre filosofia e teologia", relatou Theo. "Foi extremamente triste... De tempos em tempos, toda a sua dor lhe subia por dentro e ele tentava chorar, mas não conseguia."

E Theo pensou: se pelo menos Vincent tivesse alguém como Jo. "Pobre lutador e pobre, pobre sofredor", escreveu a ela depois da visita. "Se pelo menos uma vez tivesse encontrado alguém a quem pudesse abrir o coração, talvez as coisas nunca tivessem chegado a tal ponto."

E então foi embora.

Depois de poucas horas no hospital, com uma rápida visita à Casa Amarela, Theo voltou para a estação e tomou um trem que saiu de Arles às sete e meia da noite — nove horas apenas depois de chegar. Na longa viagem de volta a Paris, Theo provavelmente teve a companhia de Gauguin, que levou consigo um carregamento de pinturas de Vincent como troféus de seus dois meses em Arles. Esforçando-se em explicar por que fugira tão rápido da cabeceira junto a Vincent, Theo escreveu a Jo: "Seu sofrimento é profundo e é difícil para ele suportar", mas "não se pode fazer nada agora para aliviar sua angústia".

No breve tempo que ficou no hospital, Theo conseguiu falar com apenas um médico: um interno de 23 anos de idade chamado Félix Rey. Como o mais novo da equipe médica, coubera a ele a tarefa de dar plantão no feriado. Rey, um afável nativo do Midi, ainda não tinha se formado, mas pôde informar a Theo as estranhas circunstâncias do "acidente" de Vincent e a agonia do primeiro dia de internamento. Todos os médicos do Hôtel Dieu ficaram assombrados e perplexos com o caso de Vincent: a violência da autoagressão, a veemência do estado de agitação, a estranheza do comportamento. Nenhum deles ainda se atrevera a dar um diagnóstico. Sem dúvida estava com a mente perturbada. Qualquer um podia ver isso. O ferimento e a febre eles poderiam tratar, mas alguns já o estavam declarando insano e insistindo em sua transferência para um manicômio, onde poderia receber atendimento mais especializado.

Rey, que estava concluindo sua tese de doutorado sobre infecções do sistema urinário, pouco conhecia a respeito de doenças mentais, mas arriscou briosamente seu prognóstico pessoal, tranquilizando o irmão aturdido do paciente. Vincent estava sofrendo apenas de "superexcitação", disse ele — resultado natural de uma "personalidade de extrema hipersensibilidade". Previu confiante que os sintomas logo passariam. "Voltará a ser ele mesmo em poucos dias."

Se Theo tivesse ficado mais um dia em Arles, poderia ter contatado o administrador ou diretor médico do hospital e ouvir outras opiniões menos otimistas. Mas uma entrevista formal acarretaria perguntas dolorosas sobre os segredos das enfermidades em família, físicas e mentais: fazia parte da rotina do processo de internação que os dois irmãos temiam. (Os registros hospitalares de Vincent não traziam nenhuma das informações familiares que Theo poderia fornecer.) A opinião de Rey pode ter sido precipitada, imatura ou inexperiente, mas deu a Theo o que ele mais queria: a permissão de voltar para Paris. Assim como sua velha vida ameaçava chegar ao fim, uma nova vida lhe acenava. Escreveu a Jo: "A perspectiva de perder meu irmão me fez perceber o vazio terrível que eu sentiria se ele não estivesse mais aqui. E então imaginei você diante de mim".

Era um padrão que se repetiria várias vezes nos cinco meses seguintes, enquanto Vincent entrava e saía do hospital, ia e voltava da solitária acolchoada, caía e se reerguia da dissociação: um irmão sofrendo em silêncio e recriminação contra si mesmo, o outro se retirando para o otimismo e a indecisão; um assombrado pelo passado, o outro olhando o futuro; ambos se agarrando a qualquer fiapo de esperança, minimizando cada medo, movendo-se em espirais de negação em sentidos contrários, que os afastavam mais e mais a cada volta. "Não nos esgotemos em tentativas inúteis de mútua generosidade", escreveu Vincent num momento de terrível clareza e resignação após a partida de Theo. "Você cumpre seu dever e eu cumprirei o meu... e no fim do caminho talvez nos reencontremos."

Quando a notícia da partida de Theo lhe chegou à consciência, Vincent mergulhou outra vez nas trevas.

Ele não lembrava quase nada de seus ataques (escreveu: "Nada sei sobre o que eu disse, o que eu queria ou o que fiz"), mas lembrava a escuridão. Ela desceu sem avisar. Num átimo, "o véu do tempo e a fatalidade das circunstâncias pareciam ter se rasgado", disse, como se de repente e inexplicavelmente tivesse desaparecido do mundo. Uma testemunha no hospital, que presenciou um de seus acessos, disse que parecia "perdido". Na escuridão, sentia-se esmagado por medos desconhecidos. Sentia ondas de "angústia e terror" e "acessos horríveis de ansiedade". Investia com violência contra as ameaças que via por toda parte, despejando incoerências raivosas contra os médicos e expulsando quem se aproximasse da cama. Passada a fúria, ele se retraía num canto ou sob as cobertas, encolhendo-se numa febre de "angústia mental indescritível". Não confiava em ninguém, não reconhecia ninguém, duvidava de tudo o que via ou ouvia, não se alimentava, não conseguia dormir, não escrevia e se recusava a falar.

No escuro, sombras amorfas o perseguiam. Fantasmas como o Horla — "alucinações insuportáveis" — apareciam e desapareciam como vapor, mas vivos e palpáveis como sua própria carne. "Durante as crises", ele escreveu, "eu pensava que tudo o que imaginava era real." Os fantasmas lhe falavam. Acusavam-no de crimes terríveis. Diziam-lhe que ele era "um fracasso patético e deplorável", um "caráter fraco", um "pobre desgraçado". Vincent devolvia os gritos, defendendo-se desesperado contra o ar. Mas não conseguia se fazer ouvir. Depois de passar a vida argumentando e persuadindo, estava preso em seu pior pesadelo: um prisioneiro sob julgamento, amordaçado e impedido de falar. "Eu gritava muito durante os ataques", relembrou; "queria me defender e não conseguia." As acusações sem resposta o precipitavam numa espiral de surtos de nojo de si mesmo e de "remorsos atrozes".

Vincent nunca forneceu a identidade de seus acusadores fantasmagóricos. Mas, em suas horas de "sofrimento pavoroso... quando chegava a tal ponto que era mais do que um desmaio", gritava alguns nomes: Degas, cujas linhas elegantes e desenvoltas lhe escapavam; Gauguin, cuja recusa em ficar em Arles confirmava o malogro de seu grande sonho do Midi; Theo, que chegou tarde demais a Arles e pelas razões erradas. E, claro, o pastor que o condenava, que assinalava incessantemente todas as falhas e espreitava em todos os crucifixos. "Durante minha doença", Vincent escreveu,

> revi todos os aposentos da casa em Zundert, todas as trilhas, todas as plantas no jardim, as vistas dos campos ao redor, os vizinhos, o túmulo, a igreja, nossa horta no fundo — até o ninho da pega numa acácia alta no cemitério.

Nessas "irrupções de memória", como dizia Flaubert, de tipo alucinatório, Vincent revisitou todas as mágoas do passado. Relembrou: "Em minha loucura, meus pensamentos singraram muitos mares". Para ele, a memória sempre foi o sexto sentido da imaginação, e a nostalgia, um turbulento mar interno de inspiração. Seu delírio rompeu o dique entre passado e presente. Flaubert, que sofria de acessos mentais parecidos, contou como as imagens afluíam "como torrentes de sangue... tudo na cabeça explodindo ao mesmo tempo".

Onde outros viam loucura, Vincent via lembranças. Subia na cama dos outros pacientes, como fazia em Zundert com Theo. Perseguia as enfermeiras vestido com seu camisolão, como tinha feito com Sien em Haia. Chegou a passar carvão no rosto, como fizera no Borinage. Rey achou que era coisa de maluco — "ele foi se lavar *na lata de carvão*", informou incrédulo. O que Rey não podia ver, o que somente Vincent podia ver, era o ridículo e a rejeição que sofrera entre os borinenses miseráveis e seu costumeiro ritual de autodegradação em solidariedade aos mineiros que, como ele, "andavam na escuridão".

Às vezes a escuridão se dissipava logo — um temporal repentino que apagava o sol por alguns momentos ou durante uma hora. Outras vezes, prolongava-se dias a fio, enquanto temporais e mais temporais lhe fustigavam a razão e pareciam ter banido o sol para sempre.

Em 30 de dezembro, a escuridão se desfez. Ou assim pareceu. "O estado dele melhorou", Rey escreveu a Theo naquele dia, exatamente uma semana depois de Vincent empunhar a navalha. "Não creio que sua vida esteja em perigo, pelo menos por ora." Saindo das trevas, Vincent se viu preso e sozinho. "Por que eles me mantêm aqui como um condenado?", perguntou zangado. Sem lembranças, sentia apenas culpa. "Ele se esconde em silêncio absoluto", informou um visitante, "cobre-se com os lençóis e às vezes grita sem dizer uma única palavra." A raiva e a vergonha ameaçavam reiniciar o ciclo de loucura. Outra visita disse que ele estava "calmo e coerente", mas tão "espantado e indignado" com sua situação ("trancafiado [e] totalmente privado de sua liberdade") que um novo ataque parecia inevitável. A raiva alimentou dias de protestos contra o confinamento que se prolongava. Por algum tempo, recusou-se a cooperar com seus carcereiros. Rey escreveu: "Quando ele me viu entrar em seu quarto, disse que não queria nada comigo".

Os médicos estavam cada vez mais convencidos de que o caminho era um só: a internação em um manicômio. No auge dos ataques, eles tinham emitido um "atestado de alienação mental", declarando que Vincent sofria de "um delírio generalizado" e determinando a necessidade de "cuidados especiais" num dos dois hospícios públicos da região, em Aix e Marselha. Mesmo Rey parecia convencido disso. Escreveu a Theo manifestando sua preferência pelo hospício de Marselha, onde tinha trabalhado pouco tempo antes como médico residente. O futuro de Vincent parecia definido, até seu súbito retorno das trevas no fim de dezembro. Transido à perspectiva de sobrecarregar ainda mais Theo, ele se empenhou vigorosamente em recuperar a liberdade e pediu ao carteiro Roulin que defendesse sua causa junto aos funcionários do hospital. Mas nenhuma demonstração de calma e coerência, nenhuma promessa de Roulin de cuidar do amigo, nem mesmo a rápida cicatrização da ferida na cabeça de Vincent conseguiu persuadir os médicos a lhe dar alta. Mesmo Rey, o mais otimista deles, temia as consequências violentas de uma recaída. Além disso, já haviam dado início ao processo de internação.

Numa tentativa desesperada de evitar um conflito, Rey escreveu a Theo propondo outra via. "Você gostaria de ter seu irmão num hospício perto de Paris?", perguntou ele. "Você tem recursos? Em caso afirmativo, pode lhe enviar."

Mas Theo estava pensando em outros assuntos. "Agora me diga o que temos de fazer, de acordo com o costume holandês", escreveu a Jo Bonger no dia em que chegou a carta de Rey. "Poderíamos começar enviando as participações, não é?"

Ele voltara a Paris no dia seguinte ao Natal decidido a retomar a felicidade perfeita que fora interrompida por Arles. "Penso em você e quero tanto estar com você", escreveu a Jo, que tinha partido para Amsterdam poucas horas antes do retorno de Theo. A perspectiva do futuro com Jo o acompanhou nos longos dias na galeria, em sua temporada mais movimentada, e nas longas noites no apartamento vazio da Rue Lepic. "Fico olhando constantemente o canto da sala onde gozamos de tanta paz juntos", escreveu a ela. "Quando poderei chamá-la de minha mulherzinha?"

O dilúvio de felicitações de parentes e amigos recomeçou imediatamente, afastando ainda mais Theo do breve desvio sobrenatural por Arles. "Abençoado seja o futuro de vocês juntos", escreveu a irmã Lies no dia seguinte a seu retorno. "Para a mãe, é como um raio de sol saber que sua vida não será mais solitária." Apenas a incerteza quanto ao destino de Vincent (que pairou no período de festas como um "nevoeiro", disse ele) o impedia de ir correndo para a Holanda e encontrar a bem-amada, como haviam planejado antes do Natal. "Não vou adiar um único dia, a menos que *deva* necessariamente fazê-lo", assegurou a ela. "Quero tanto estar com você." Enquanto isso, ele se ocupava com os preparativos para a nova vida: a impressão dos anúncios do noivado, a programação de um circuito de visitas aos amigos, a procura de outro apartamento — "o lugar onde construiremos nosso ninho".

Assim como a vontade de encontrar Jo o distraía do destino do irmão, as notícias de Arles o deixavam confuso. Escreveu: "Fico oscilando entre a esperança e o medo". Os relatórios iniciais de Rey resumiam bastante bem o estado de Vincent, mas com um distanciamento clínico e uma cautela profissional que dificilmente expressavam as tempestades emocionais que Theo sabia estavam abalando o irmão. A determinada altura, Rey, que aspirava à distinção social, se afastou muito do caso, sugerindo delicadamente que Theo o apresentasse à sociedade parisiense depois que obtivesse seu diploma em medicina. Por entre as brumas do decoro e da incerteza (Rey se esquivava dizendo que "é muito difícil dar respostas categóricas a todas as perguntas que você me faz"), talvez Theo tenha desconsiderado os indícios de que o jovem interno já começara a ganhar a confiança de Vincent, e que Vincent já começara a controlar as informações que Rey lhe passava.

Quando esteve em Arles, Theo aceitara o oferecimento de Joseph Roulin de manter Vincent sob suas vistas e informá-lo de suas condições. Em suas cartas e quadros, Vincent tinha retratado Roulin não só como modelo, mas também como amigo e líder de certa importância da comunidade. Ao que parece, Theo conheceu o imponente carteiro no hospital no dia de Natal e soube do papel de Roulin (provavelmente por ele mesmo) em tirar Vincent da cama encharcada de sangue, no dia anterior. A própria presença de Roulin no hospital indicava sua preocupação com o bem-estar de Vincent. Quando o agente postal ofereceu seus préstimos de *rapporteur* ao distinto *gérant* de Paris (cujos envelopes elegantes e frequentes ordens de pagamento Roulin bem conhecia), Theo aceitou contente, sem dúvida prometendo alguma espécie de compensação pelo incômodo.

Mas, quando Theo voltou para Paris, os relatórios de Roulin apenas aumentaram as distorções da distância. Seu gosto por mexericos, por exageros dramáticos, pela autopromoção e por uma linguagem floreada resultava num estilo tortuoso, que confundia Theo. "Gostaria de poder ter a honra de anunciar uma melhora na saúde de seu irmão", começava sua primeira carta. "Sinto não ser possível." Roulin informava que Vincent estava à beira da morte num dia e "totalmente recuperado" no dia seguinte; vitimado por "ataques terríveis" num dia, "completamente recuperado" no dia seguinte. Quanto à proposta de internar Vincent num manicômio, no decorrer de uma semana ele a aprovou como uma infeliz necessidade e a condenou como um ultraje inconcebível.

No fim de dezembro, poucos dias depois do informe tartarinesco de Roulin, Theo, frustrado, recorreu a um completo estranho para ter notícias do irmão. Frédéric Salles, pastor local, atendia oficiosamente aos ocasionais pacientes protestantes do hospital. Ao que parece por recomendação de Rey, Theo combinou com Salles, então com 47 anos, que faria visitas regulares à cabeceira de Vincent e informaria sobre seus progressos. Prático e cheio de energia — requisitos indispensáveis a um pastor entrincheirado na sensual Provença católica —, Salles se revelou um missivista diligente e supervisor consciencioso. Garantiu a Theo: "Farei tudo o que está ao meu alcance para tornar a vida de seu irmão o mais suportável possível".

Mas a boa vontade e o otimismo de Salles não se revelaram muito mais úteis a Theo do que a fanfarrice de Roulin. Seus informes também saltavam das sombrias insinuações de "insanidade" para alvissareiras previsões de uma recuperação iminente. Salles oferecia preces, ao passo que Theo precisava de informações úteis; censuras, ao passo que ele precisava de orientação; fé, ao passo que o destino de Vincent pendia do mais delicado equilíbrio entre ciência e intuição. Sobre a questão de internar Vincent num manicômio, Salles informou devidamente a indecisão dos médicos e transmitiu as vigorosas objeções de Vincent, mas não arriscou nenhuma opinião própria baseada em suas observações pessoais: uma reticência paralisante que se equiparava à de Theo.

À falta de informações sólidas e de conselhos fundamentados, Theo abriu o coração ao desalento. "Há pouca esperança", escreveu a Jo. "Se tiver de falecer, que seja." Dias depois de Rey lhe ter assegurado as melhoras de Vincent, Theo continuava a temer a chegada súbita de um telegrama de Arles, chamando-o ao leito de morte, e falava como se Vincent já tivesse morrido. "Gostaria que ele, perto ou longe, tivesse continuado a ser aquele mesmo conselheiro e irmão para nós dois", disse a Jo. "Essa esperança agora desapareceu, e com isso ambos ficamos mais pobres... Honraremos sua memória."

Em resposta ao fatalismo persistente e sombrio de Theo, Jo lhe passou uma severa repreensão. "Não fique pensando o pior." Mesmo assim, somou-se aos encômios. "Eu teria sentido um grande prazer e muito orgulho", escreveu ela, "se Vincent também tivesse desejado ser um irmão para mim." Outros parentes e amigos reagiram com ostensiva indiferença ou franco alívio. Em sua maioria, eram da mesma opinião da mãe, de que a morte de Vincent já era prevista e era melhor assim. "Creio que ele sempre foi insano", resumiu Anna com frieza, "e que o sofrimento dele e o nosso resultaram disso." Mesmo Theo, apesar das lamentações, não podia discordar. "Quase não ouso esperar sua recuperação completa", confidenciou a Jo, "porque o ataque foi o ápice de uma série de coisas que o foram empurrando naquela direção por um longo tempo. O máximo que se pode esperar é que seu sofrimento seja breve."

Mas, quando as notícias de Arles se mostraram mais favoráveis, quando as histórias preocupantes de Roulin cederam lugar às mensagens esperançosas de Salles, Theo passou da desesperança para a ilusão denegatória. "Há uma chance de que tudo se acerte de novo", escreveu a Jo em 3 de janeiro. As "explosões" de Vincent podiam se revelar muito positivas, se o fizessem "parar de impor exigências tão excessivas a si mesmo". Passando da resignação ao otimismo, Theo abraçou o diagnóstico benigno de Rey, uma "hiperexcitação". Descrevendo Vincent como indivíduo "movido por sua bondade e sempre cheio de boas intenções", Theo descartou todo o episódio como "um desabafo". Talvez o irmão precisasse apenas de um período no campo, sugeriu ele. "Quando chegar a primavera, ele poderá trabalhar de novo ao ar livre e espero que isso lhe dê alguma paz de espírito. A natureza é muito revigorante."

O ponto de referência fixo nessa súbita inversão era Amsterdam. Fosse pela tragédia ou pela negação, Theo chegaria a Jo. "Vamos esperar pelo melhor", escreveu, alegremente encerrando um capítulo e começando outro. "Agora não há nenhuma razão para adiar mais minha chegada e vou transbordar de alegria por estar de novo com você."

Nada podia interromper essa narrativa da nova vida. Nas noites compridas e escuras do fim de dezembro, Theo escreveu cartas e cartas para Jo, mas nenhuma para o irmão. Na véspera de Ano-Novo, Salles informou o "espanto" de Vincent por não ter recebido nenhuma linha de Theo desde o rápido encontro no dia de Natal, que se passara como num sonho. Salles repreendeu Theo: "Ele até queria que eu lhe enviasse um telegrama para que você escrevesse". Quando Theo afinal enviou os obrigatórios votos de Ano-Novo, falou apenas de Jo e pôs de lado qualquer esperança de um retorno ao passado. Nem a carta urgente de Rey sobre a questão de enviar Vincent para um hospício pôde romper o fascínio do futuro. Theo havia dito a Jo que a decisão final não cabia a ele e estava nas mãos dos médicos. E nunca lhe contou da carta sugerindo que Theo o aceitasse de volta e o pusesse discretamente num hospício em Paris. No dia seguinte à chegada da carta de Rey, ele escreveu a Jo: "Continuo pensando em você e como será nossa vida". No outro dia, ainda sem ter respondido à carta de Rey, tomou o trem noturno para Amsterdam.

Em 7 de janeiro, um dia depois da chegada de Theo à Holanda, Vincent voltou para a Casa Amarela. Em menos de uma semana, invertera-se o movimento de interná-lo. O empenho em "libertá-lo" viera tanto da parte do solícito Salles, que acreditava que Vincent fora milagrosamente curado, quanto do amigável carteiro fanfarrão. Roulin, claro, chamou a si a principal responsabilidade pela reviravolta dos médicos. "Fui ver o chefe do hospital, que é um amigo meu", informou a Theo. "Ele respondeu que faria como eu quisesse." Mas o verdadeiro responsável pela liberdade de Vincent foi o próprio Vincent, que por fim se somou às discussões sobre sua alta em 2 de janeiro. "Meu caro Theo", começava a carta:

> Para tranquilizá-lo totalmente a meu respeito, escrevo-lhe essas poucas linhas... Ficarei aqui no hospital por mais alguns dias, então penso que poderei voltar com tranquilidade para casa. Agora, eu lhe peço apenas uma coisa: não se preocupar, pois isso me traria demasiada preocupação.

Vincent despertou do pesadelo de uma semana com um único propósito: tranquilizar o irmão. Orientou para esse fim todas as fibras da razão que reemergia. Depois que os médicos assinaram a papelada atestando sua insanidade, ele iniciou uma campanha desesperada para provar que estavam errados — para "retomar" os acontecimentos da semana anterior e convencer Theo de que tudo voltara ao normal.

A campanha começou com Félix Rey, em quem Theo havia depositado uma confiança cega. Em vez de protestar contra a injustiça de interná-lo, como tinha feito durante seus delírios, Vincent procurou cativar o rapaz jovem e impressionável — tal como fizera com Rappard, Bernard e o próprio Theo — com erudição, lisonjas, discussões profundas, insinuações de possíveis favores e até relances de humor. Rey convidava Vincent a seu consultório para manterem "conversas interessantes", como dizia ele. Davam longas caminhadas pelo pátio do hospital, enquanto Vincent discorria de maneira vigorosa e infindável sobre suas ambições artísticas, a magia das cores complementares, o gênio de Rembrandt e a missão de consolar e reconfortar que médicos e artistas compartilhavam. "Disse a ele que eu sempre lamentaria não ser médico", escreveu Vincent. "Que homens são estes médicos modernos!"

Rey se dizia um "apaixonado por pintura". Vincent insistiu que Rey se tornasse colecionador e se propôs a lhe presentear, para inaugurar sua coleção, uma reprodução de *A aula de anatomia*, o famoso hino de Rembrandt aos médicos. Quando Rey comentou os desafios de começar uma nova profissão, Vincent lhe prometeu que Theo o ajudaria a criar contatos em Paris.

Vincent também fez amizade com os outros médicos mais graduados. Descobriu um em particular, parisiense, que conhecia Delacroix e parecia "muito interessado no impressionismo". "Penso que posso esperar aprofundar a amizade com ele", escreveu animado. Em 5 de janeiro, Vincent levou uma delegação de médicos, inclusive Rey, até a Casa Amarela para lhes mostrar seus quadros. Enquanto estavam lá, prometeu que faria um retrato do esperto residente — para provar seu "equilíbrio" mental — logo que recebesse alta. Também jurou solenemente que, "ao primeiro sinal de um sintoma sério", voltaria ao hospital e se submeteria de modo voluntário aos cuidados de Rey.

Uma coisa era transferir um louco furioso — nada menos que um holandês protestante — para um hospício distante. Para Rey, era algo que parecia bastante apropriado. Mas condenar um artista inteligente, sensível, à companhia de malucos por causa de um único surto emocional? Depois que Vincent começou a pleitear sua causa, a contestar o internamento com calma e lucidez, num francês razoável, o que mais poderia fazer Rey senão lhe dar alta? "Fico feliz em lhe dizer", escreveu Rey no verso de uma das cartas de Vincent a Theo, "que essa superexcitação foi apenas temporária. Tenho a forte sensação de que ele voltará a ser ele mesmo em poucos dias."

Por segurança, ele providenciou que Vincent fosse até a Casa Amarela em 4 de janeiro, acompanhado de Roulin e precedido pela faxineira que arrumou a desordem resultante dos crimes do Natal. Em sua visita subsequente à casa, Rey pôde não só ver o trabalho de Vincent, como também avaliar pessoalmente as condições em que vivia — precaução adequada, em vista da ausência de familiares que cuidassem dele. Pode ter sentido algumas reservas, mas, com os rogos de Vincent de um lado e o silêncio ostensivo de Theo de outro, excluindo melhores opções, Rey assinou os documentos dando alta.

Então Vincent direcionou sua campanha de reescrever o passado para o irmão. "Meu caro rapaz", escreveu a Theo em seu primeiro dia de liberdade, "estou *constrangidíssimo* por causa de sua viagem. Gostaria que o tivessem poupado disso, pois afinal não me aconteceu nada de ruim e não havia razão para você se dar a esse incômodo." Semana após semana, até o fim de um janeiro frio e desolado, Vincent extravasou seu sentimento de culpa em tons de ilusão e negação. Minimizou o ferimento como "uma ninharia", um acidente que mal mereceria a atenção de Theo; o colapso como mera indisposição; a recuperação como desfecho já previsto. Tais incidentes aconteciam o tempo todo "nesta parte do mundo", disse num gracejo. "Todos nesta boa terra de Tarascon são um pouco malucos." Em outras ocasiões, explicou o ocorrido como simples risco do ofício — "um rompante de artista" que podia ter acontecido a qualquer pintor. O próprio Gauguin tinha "pegado exatamente a mesma coisa" no Panamá, insistiu Vincent, "essa sensibilidade excessiva".

Num voo da fantasia, alegou que ele mesmo tinha dado entrada no hospital e que sua estada lá "de fato me revigorou bastante". Orgulhoso, informou que estava com grande apetite, boa digestão e sangue saudável — sempre reiterando com muita ênfase que, "por favor, esqueça de vez sua vinda infeliz e minha doença". Reassegurou várias vezes a Theo que estava plenamente recuperado e que "dia a dia volta a serenidade a meu cérebro". Retirou os desafios retóricos sobre seu trabalho que tinham ocupado suas cartas antes do Natal, acedendo com docilidade: "Se você quiser pinturas, com certeza posso lhe enviar algumas".

Nenhuma promessa era grande demais, nenhuma lorota improvável demais, nenhuma prevaricação extrema demais, desde que ajudassem a apagar o passado. Fingiu que ele e Gauguin ainda eram amigos, informando alegremente a Theo (que sem dúvida estava a par da situação) que Gauguin, "no geral, pôde descansar aqui". Imaginou que outros pintores viriam ficar com ele, agora que ambos tinham resolvido os pequenos problemas da rotina doméstica em dois.

Receando que Theo talvez o obrigasse a voltar para Paris — hipótese talvez divulgada por Rey —, Vincent retomou com fervor renovado a defesa de seu sonho do Midi, afirmando que descobrira uma afinidade com o povo de Arles, que na verdade ainda zombava e desdenhava dele. "Aqui todos são gentis comigo", afirmou ele, "gentis e atenciosos como se eu estivesse em casa." Comparou-se ao Cândido de Voltaire, instalado no melhor dos mundos possíveis. Enviou notícias entusiasmadas a amigos na Holanda, apenas com alguns gracejos sobre "algo a ver com meus miolos" antes de retomar a campanha para ganhar as graças de Tersteeg. Sem saber que Theo e Roulin já haviam contado a verdadeira história à sua mãe e irmãs, Vincent lhes escreveu uma carta que retratava o período no hospital como uma espécie de férias numa estação de águas ("nem vale a pena informá-las a respeito") que lhe revigoraram o ânimo e "proporcionaram a oportunidade de conhecer inúmeras pessoas".

Gauguin também sentiu a investida irrealista de Vincent. Ele saíra do hospital com os sentimentos em relação ao colega pintor envoltos numa névoa de esquecimento e pesar. "Agora, vamos falar de nosso amigo Gauguin", perguntou a Theo em 2 de janeiro: "Eu o assustei? Por que ele não tem dado nenhum sinal de vida?". Mas, logo a seguir, Gauguin também foi incluído no projeto de negação e tranquilização. Dois dias depois, Vincent lhe escreveu severo do escritório de Rey: "Olhe aqui, meu velho, era realmente necessário chamar meu irmão Theo?". Na mesma carta, disse a Gauguin para "tranquilizar todos completamente" — em especial Theo — e lhe pediu para não "falar mal de nossa pobre casinha amarela".

Após a saída do hospital, Vincent se lançou às obrigações de um bom anfitrião, providenciando a remessa dos estudos e outros pertences (inclusive o equipamento de esgrima) que Gauguin deixara para trás em sua fuga pouco decorosa. Escreveu cartas loquazes a "Meu caro amigo Gauguin", perguntando sobre Paris, sobre seu trabalho e os planos para o futuro. Para Theo, expressou benévola admiração pelas pinturas de Gauguin (mesmo pelo retrato trocista que fizera de Vincent) e "aprovação sincera" por seu retorno à Martinica. "Naturalmente lamento", acrescentou afável, "mas, você entende, desde que esteja tudo bem com ele, é só isso que eu quero."

Quando Gauguin respondeu à estranha abordagem de Vincent louvando seus quadros dos girassóis — dois dos quais Gauguin levara ao sair de Arles —, Vincent agarrou o elogio evasivo ("é um estilo essencialmente seu") para provar que seu projeto no Sul ainda estava vivo — se não na Casa Amarela, pelo menos no coração daqueles que o haviam compartilhado. "Gostaria muito de dar verdadeiro prazer a Gauguin", escreveu a Theo. "E, depois de tudo, gostaria de continuar a trocar minhas coisas com [ele]."

No fim de janeiro, essa ilusão de reconciliação tinha se apoderado de sua imaginação. "Uma coisa é certa", escreveu cogitando o incogitável. "Ouso dizer que, no fundo, Gauguin e eu gostamos tanto um do outro que, se necessário, seríamos capazes de recomeçar juntos." Para Gauguin, ele admitiu que "talvez eu tenha insistido demais para você ficar aqui" e "talvez tenha sido eu a causa de sua partida".

Por fim, convidou o ex-colega de casa para reescreverem juntos o passado. Arriscou: "Seja como for, espero que ainda nos apreciemos o suficiente para podermos, se necessário, começar de novo".

Para escorar essa ficção da recuperação e renovação, Vincent convocou todos os poderes fabulistas de seu pincel. O retrato do dr. Rey, que ele começou a pintar praticamente no instante em que retornou à Casa Amarela, retomava o grande postulado de *Bel-Ami* — abandonado por Gauguin — de "fazer no retrato o que *Claude Monet faz na paisagem*". Pintou o médico de cavanhaque e cabelos brilhantinados com um casaco azul e viés laranja, tendo como fundo um papel de parede provençal decorado em verde pintalgado de vermelho — uma aula de complementares, bem como prova de que estava com a mão firme e a mente recomposta.

Para documentar sua recuperação física e mental, Vincent pintou uma natureza-morta mostrando os remédios que a possibilitaram. Sobre uma prancheta (ela mesma um penhor de produtividade) banhada de sol, ele pôs um exemplar de sua nova bíblia, o *Manual de saúde*, de F. V. Raspail, um manual muito conhecido de primeiros socorros, orientações de higiene e remédios caseiros. Ao lado do livro grosso em formato de bolso, pôs um prato com brotos de cebola, um dos vários alimentos saudáveis recomendados por Raspail (junto com alho, cravo, canela e noz-moscada). Para representar a mais famosa panaceia de Raspail, a cânfora (sua receita para tudo, da tuberculose à masturbação), Vincent incluiu uma vela, provavelmente com perfume de cânfora, e um pote de óleo de cânfora. (A faixa na orelha de Vincent, que era trocada diariamente no hospital, também era embebida em cânfora, graças aos louvores de Raspail às propriedades antissépticas do óleo.) Para completar esse inventário de sua nova vida saudável, Vincent também pôs na mesa seu cachimbo e a bolsa de fumo — promessa de serenidade — e uma carta de Theo — seu elemento de ligação com o passado. No canto da tela, uma garrafa de vinho vazia é o penhor de moderação no futuro.

O pincel de Vincent também ajudou a abordagem a Gauguin. No mesmo dia em que voltou do hospital, ele começou uma série de naturezas-mortas com pares de peixes e caranguejos, as quais retomavam a obsessão com duplas e parcerias que haviam marcado os meses que culminaram na chegada de Gauguin. Aferrando-se ao elogio que imaginara na carta de Gauguin, ele também se lançou a um vasto novo projeto de pinturas de girassóis, começando com réplicas exatas das duas imagens que pendiam no "quarto de Gauguin". "Você sabe, Gauguin tem um apreço extraordinário por elas", gabou-se Vincent. "[Ele] é totalmente apaixonado por meus girassóis." Adotando o quadro gozador que Gauguin fizera dele como "O Pintor

Retrato do dr. Félix Rey, janeiro de 1889, óleo sobre tela, 63,8 × 53 cm.

de Girassóis", Vincent tomou a flor de verão como marca pessoal de sua arte. "O girassol *é* em certa medida meu", concordou: "Adquire uma riqueza quanto mais a gente o observa". Mudou o tema, mas não a paleta, numa natureza-morta de laranjas e limões que pintou na mesma época. Para Theo, vangloriou-se de que a imagem amarelo elétrico tinha "certa distinção" — código para o tipo de pintura que ele sabia ter a aprovação de Gauguin.

Almejando as graças de Gauguin, inevitavelmente Vincent retornou à imagem que esteve no cavalete durante a época do Natal: a inacabada *Berceuse*. Inspirado por mais um elogio ambíguo do ex-colega de casa, imaginou completar esse ícone materno de inspiração lotiana, a relíquia mais conspícua do tempo que moraram juntos, colocando-o entre duas pinturas de girassóis, criando um tríptico devocional que reunia sua visão daumeriana pessoal do Midi e os elegantes buquês cromáticos de Gauguin. Em voos de uma retórica encandeada pelo fogo missionário do passado ("temos uma luz aos pés e uma lâmpada em nosso caminho"), Vincent imaginou esse casamento de imagens como uma redenção que afinal viria resgatar a associação malograda com Gauguin e, sobretudo, todos os seus sofrimentos e sacrifícios no Midi. "Fizemos o máximo pelos impressionistas", escreveu a Theo enquanto planejava uma série completa de decorações de *Berceuses* e girassóis, "e agora, no que depende de mim, estou tentando acabar telas que certamente me assegurarão o cantinho que tenho reivindicado."

Para seus médicos, Vincent pintou dois autorretratos, ambos mostrando a orelha esquerda enfaixada e o curativo cuidadoso do hospital. Nos dois quadros, ele aparecia protegido contra o frio de janeiro num casaco verde-escuro e um gorro de peles novo: uma maneira clara de assegurar a Rey e aos demais que estava seguindo as instruções (deles e de Raspail) para fazer passeios e tomar ar fresco. Em ambos, ele olha além da tela, com calma e foco de atenção. Num, está fumando tranquilamente seu cachimbo. No outro, tem ao fundo o cavalete — promessa de dedicação ao trabalho — e uma estampa japonesa na parede, atestando tanto a legitimidade artística quanto a boa-fé de vanguarda para o benefício de seus médicos de província, amantes da arte.

Mas, para Theo, Vincent viu uma imagem muito diferente no espelho (e nunca mencionou a imagem ferida e enfaixada). Feito nas mesmas dimensões reduzidas e na mesma paleta ensolarada que utilizara nos vários autorretratos que pintou em Paris quando moravam juntos, esse autorretrato para o irmão mostra Vincent pelo outro lado — o lado jovial e saudável (barbeado no hospital), ocultando completamente as bandagens e o ferimento que mostrara aos médicos. Para Theo, ele relegou os episódios recentes ao reino etéreo do humor. "Quanto a mim, estando nesta terrinha minha, não tenho a menor necessidade de ir para os trópicos", escreveu. "Pessoalmente estou velho demais e (se me puserem, ainda por cima, uma orelha de *papier mâché*) remendado demais para ir para lá."

Numa carta a Jo Bonger, Theo, gracejando, comparou-se a "uma ostra em sua concha" e convidou a noiva a abri-lo à força. Tinha voltado da Holanda num êxtase de expectativas. A semana com Jo apenas elevara à perfeição a tremenda paixão que subvertera sua existência sossegada nas semanas anteriores ao Natal. "Você não faz ideia de como transformou minha vida", escreveu-lhe Theo tão logo chegou a Paris. Tinham passado sua "semana maravilhosa" (como disse Jo) encontrando parentes e amigos, mas principalmente descobrindo um ao outro. Falaram de Shakespeare e Goethe, de Heine, Zola e Degas. Ela tocou Beethoven para ele. Ele a levou a galerias. Confessaram seus vários defeitos e se disseram um indigno do outro. "Você é o sol de minha vida", disse Theo. "Sou mesmo seu sol?", respondeu Jo enrubescida.

Autorretrato com orelha enfaixada, janeiro de 1889, óleo sobre tela, 60 × 49,2 cm.

A luz com que Theo voltou da Holanda alterou seu "mundo sombrio" em Paris da noite para o dia. Encontrou novos prazeres na vida social: desde jantares íntimos com Andries, irmão de Jo, a "grandes saraus" com resplandecentes desconhecidos. (Jo ralhou de brincadeira com ele, por ficar "saracoteando por aí despudoradamente".) Em casa, agradava-lhe a companhia do pintor holandês Meijer de Haan, que ocupara o lugar de Vincent no apartamento da Rue Lepic e todas as noites ouvia Theo desfiar seu amor. Nem mais receava ficar sozinho. "Às vezes me pego assobiando ou cantarolando uma música", disse a Jo. "Culpa sua."

Tarde da noite ou nos intervalos durante o expediente, encontrava tempo para escrever cartas, numa enxurrada que fazia lembrar Vincent, de declarações de amor e afeto ("Gostaria de deitar em seu colo e me aquecer em seu amor"). Apesar da agenda corrida e dos preparativos para outra mostra de Monet em fevereiro, raramente se passava um dia sem uma carta, às vezes duas. Enviava livros (Michelet, o santo padroeiro dos amantes), fotografias suas e mesmo um retrato seu desenhado por De Haan. Disse que gostaria de ser pintor, pois "posso vê-la com tanta nitidez que, se soubesse, poderia pintá-la". Ansiava dar a Jo "o melhor e o mais íntimo" de

Meijer de Haan, *Esboço de Theo van Gogh*, 1888, giz em papel, 21 × 14 cm.

si, e concordava com ela que "suave e imperceptivelmente os laços que me prendiam à minha vida antiga estão se afrouxando, e vivo sobretudo no futuro".

Nesse futuro cintilante, não havia muito lugar para o irmão problemático. Nas três semanas após a volta da Holanda, Theo escreveu quinze cartas a Jo — volumosas, cheias de detalhes do cotidiano, perguntas íntimas e juras de amor. No mesmo período, enviou três cartas a Vincent, todas acompanhando pagamentos. Não mandou nenhuma foto. Enquanto Vincent respondia de imediato (às vezes com duas cartas no mesmo dia) e extensamente (uma das cartas tinha doze páginas), as missivas de Theo demoravam e tratavam de assuntos monetários. Quando Vincent expôs suas necessidades depois de sair do hospital (pois Theo não tinha feito o primeiro pagamento de janeiro), ele respondeu dizendo que Vincent preparasse um orçamento para o ano. E alertou que a vida de casado lhe traria novas responsabilidades financeiras.

No caudal de palavras correndo de Paris para Amsterdam, depois que Theo voltou da Holanda, o nome de Vincent raramente era mencionado. Jo se via obrigada a perguntar: "Você não me falou nada sobre [ele]... há algo de errado?". Mais de uma semana depois, Theo respondeu com uma parábola tortuosa comparando "pessoas que querem algo apaixonadamente" a girassóis. "É impossível impedi-las [de] virar a face para o sol", ponderou ele, mesmo que "isso faça com que murchem um pouco mais cedo!" Vincent, escreveu Theo em termos vagos, "sem dúvida é uma das pessoas que mais fazem e querem fazer isso". Para Jo, com sua sensibilidade literária, ele invocou dom Quixote e suas nobres ilusões, o qual, como o irmão, possuía "um coração excepcionalmente bondoso". Então mudou rápido de assunto, passando para os planos de casamento e "beijos no pensamento".

Pelas mesmas razões, Theo desconsiderou os sinais de novos problemas em Arles. Em resposta às cartas cada vez mais "agitadas" e "carregadas" de Vincent, ele aconselhou com rispidez que se resignasse. Retomando em igual medida o piedoso estoicismo do pai e o fatalismo precavido da mãe, Theo instruiu a "não ter nenhuma ilusão sobre a vida" e "aceitar a realidade provavelmente desastrosa". Tomou os informes de Vincent sobre a continuação das alucinações, pesadelos e medos de uma recaída como "sinais de melhora em vez de sintomas de doença". Explicou a Jo que eles mostravam que Vincent "entendia sua condição". Prendendo-se aos planos de casamento, ao bom nome da família e à sua última chance de felicidade, Theo continuou a insistir que Vincent sofria apenas de "um estado de saúde imperfeito", provocado pelo excesso de trabalho e desleixo consigo mesmo.

O fatalismo de autodefesa de Theo mascarava uma dupla negação. Não só a doença de Vincent lançava uma sombra sobre seu casamento próximo (e os filhos que pretendia ter com Jo) numa época que, em larga medida, considerava a insanidade doença hereditária, como ainda Theo tinha suas próprias doenças secretas. Ainda não revelara a Jo a luta contra a sífilis — outra ameaça à sua visão de felicidade conjugal. (Na época, acreditava-se amplamente que a sífilis podia ser transmitida não só aos parceiros sexuais, mas também aos bebês no ventre.) Quando Theo, por engano, pensou que Vincent tinha contado a verdade ao dr. Rey, desatou numa reprimenda tão feroz que Vincent ficou desconcertado e se desculpou: "Não pensei que estivesse fazendo algo que o comprometesse".

Mas os pensamentos de Theo logo passaram para um tema mais animador: a procura de um imóvel. "Passo todo o meu tempo livre olhando todos os tipos de apartamentos feios e sem graça nas casas mais impraticáveis com escadas intermináveis", contou às irmãs em fins de janeiro, enquanto a carta de Rey continuava sem resposta e Vincent definhava. Depois de ver mais de cem lares em potencial, no começo de fevereiro Theo avisou a Jo que finalmente encontrara o "ninho acolhedor" para eles. Fica "perto o suficiente da galeria para ir jantar em casa", escreveu feliz, e tinha vista para um jardim com "uma bela catalpa logo embaixo da janela, que ficará linda quando florescer".

Três dias mais tarde, a polícia chegou à Place Lamartine, 2 e arrastou Vincent para fora de sua querida Casa Amarela. Levaram-no para o Hôtel Dieu e lá o deixaram, acorrentado a uma cama numa cela de isolamento. Sua faxineira correu até o pastor Salles para dar a terrível notícia. Salles foi imediatamente ao hospital e encontrou Vincent se escondendo embaixo das cobertas, recusando qualquer auxílio e segurando os soluços. Salles informou a Theo no mesmo dia: "Acabo de ver seu irmão e tive uma impressão muito dolorosa do estado em que ele se encontra".

Desde o momento em que Vincent saiu do hospital, um mês antes, as circunstâncias tinham voltado a sair do controle. A exigência de Theo em meados de janeiro, para que fizesse um orçamento, desencadeou um paroxismo de culpa. Já perturbado com o custo do atendimento médico (cada bandagem e cada lençol manchado de sangue eram cobrados à parte), Vincent chegou em casa para receber a notícia de despejo por não ter pago o aluguel de janeiro. Talvez Theo quisesse apenas dizer que mantivesse suas finanças em ordem enquanto ele projetava as despesas de uma nova casa e uma nova família, mas Vincent viu no pedido de previsão de gastos uma vida inteira de punição. "O que fazer?", exclamou desamparado. "Minhas pinturas não têm valor, é verdade que me custam um preço extraordinário, às vezes talvez até em sangue e cérebro. Não vou repisar, e quem sou eu para lhe falar sobre isso?"

Num reflexo defensivo, não só não enviou a Theo o orçamento solicitado, mas reuniu todos os argumentos do passado para justificar suas despesas, expor sua parcimônia, pedir um *aumento* no estipêndio e explicar por que suas pinturas não vendiam — mas logo venderiam. "Recomecei a trabalhar com uma energia férrea", escreveu ele, estimando que algum dia seus girassóis valeriam tanto quanto um Monticelli. "Deixe-me trabalhar com todas as minhas forças... Se eu não estiver louco, chegará a hora em que vou lhe enviar o que prometi desde o começo." Se falhasse, então "me trancafie num manicômio imediatamente — não vou me opor".

Janeiro se revelou cruel também para sua fantasia de reaproximação com Gauguin. Vincent talvez soubesse ou não das tentativas de Gauguin, que se iniciaram poucos dias depois de sair de Arles, de explorar em seu favor os acontecimentos de dezembro e transformá-los num mito de engrandecimento pessoal (com resultados que, no fim, sairiam pela culatra). Mas ele nunca confiara plenamente nas intenções de Gauguin e com certeza sabia, em meados de janeiro, que seu pedido para "não falar mal de nossa pobre casinha amarela" tinha sido ignorado. Preocupava-se em especial com as conversas de Gauguin com Theo, o qual continuava a lhe enviar dinheiro e a apoiar entusiasmado seu trabalho depois do problema em Arles.

No começo, Vincent apoiou essa posição, esperando acalmar Gauguin e conseguir seu silêncio. Mas, quando Theo deu a entender que Gauguin acusara os dois irmãos de explorá-lo e dissera a Theo para excluir o irmão perturbado de qualquer outra negociação, Vincent estourou numa fúria de queixas acumuladas. "Eu o vi fazer coisas que você e eu não nos permitiríamos", escreveu causticamente, "porque *nós* temos consciência." Culpou Gauguin pelo "desastre" no período do Natal, acusando-o de sabotar de propósito a Casa Amarela — traindo não só a generosidade de Theo, mas a própria causa do impressionismo. Zombou com sarcasmo de sua fama de coragem física, dizendo que ele se alternava entre a covardia e a bufonaria. Ridicularizou os equipamentos de esgrima de Gauguin como "brinquedos" e fez pouco de suas atitudes belicosas, chamando-o de "o pequeno tigre Bonaparte do impressionismo" — o "Pequeno Cabo" que "sempre deixava seus exércitos em apuros". Zangado, exigiu que Gauguin devolvesse pelo menos um dos quadros de girassóis que tinha roubado do ateliê e insistiu com o irmão que rompesse relações com o "desertor" pérfido e ingrato. No fim do mês, tinha convertido as vaidades de marinheiro de Gauguin numa acusação de ter abandonado o barco, e insinuou obscuramente que tinham levado o pintor errado da Casa Amarela até o pavilhão dos loucos em dezembro.

Gauguin foi apenas o primeiro a rejeitar o fantasma da recuperação de Vincent. Na segunda quinzena de janeiro, o carteiro Joseph Roulin se mudou para Marselha ("por um aumento microscópico no salário", comentou Vincent pesaroso), deixando por um tempo a família para trás. Voltou para uma breve visita no fim do mês, resplandecente em seu novo uniforme, e esteve na Casa Amarela para comentar a política na cidade grande. Mas logo depois Augustine Roulin, modelo de *La berceuse*, pegou os filhos e foi para a casa da mãe no campo, admitindo mais tarde que sentia medo de estar perto de Vincent. Privado desse fac-símile de família, Vincent voltou ao bordel na Rue du Bout d'Arles, onde deixara o pacotinho de presente com sua orelha na véspera de Natal. "Ontem fui ver a moça a quem eu tinha ido quando estava fora de mim", informou no começo de fevereiro. Mas, aparentemente, até a prostituta Rachel se negou a recebê-lo.

Quase na mesma época, chegou uma carta de Theo. Em outra tentativa inútil de pôr em ordem seus assuntos financeiros, ele respondeu ao desafio monetário de Vincent com uma visão impassível do futuro. Em termos lúgubres, Theo informou sobre seu estado de saúde, que pelo jeito tinha piorado mais uma vez (como acontecia em todos os invernos). Confirmou o receio de Vincent de que sua saúde precária talvez o impedisse de voltar algum dia a Arles. A perspectiva de sua deterioração física, as implicações do fato para a família que logo formaria e as dificuldades contínuas de Vincent tinham obrigado Theo a fazer uma avaliação rigorosa. Com uma calma e uma clareza que conseguiram penetrar e provocar ondas de choque no mundo irreal de Vincent, ele expôs as consequências em caso de morte. Assegurou a Vincent que, ao contrário de tio Cent, ele fizera em seu testamento disposições "generosas" para o sustento de Vincent e, ao que parece, chegou a prometer ao irmão uma parcela de seus negócios — assim como Vincent sempre lhe dera uma parcela em seu empreendimento pictórico.

Theo, sem dúvida, pretendia que sua apresentação sóbria e objetiva tranquilizasse o irmão — uma demonstração de solidariedade fraterna às vésperas de seu casamento. Mas o efeito foi contrário. Vindo tão próxima da traição de Gauguin, da transferência de Roulin, da fuga de sua esposa e da rejeição de Rachel, a conversa de Theo sobre dívidas e morte foi um golpe arrasador para Vincent. "Por que você está pensando em seu contrato matrimonial e na possibilidade de morrer justo agora?", escreveu horrorizado. Numa longa carta, expôs suas objeções numa mescla frenética de consolo e desespero. Afastou as especulações macabras do irmão ("Vai dar tudo certo no fim, acredite em mim"), retirou suas exigências prévias e descartou quaisquer comentários de doença e morte como destemperos de uma mente perturbada — não muito diferente da sua — e que, portanto, não mereciam confiança. "Quando estou num delírio e tudo o que mais amo vira um tumulto", escreveu ele, "não me engano pensando que é a realidade e não me faço de falso profeta."

Qualquer ameaça de abandono — fosse pela morte ou pelo casamento — despertava o espectro da mortalidade e sua eterna companheira, a religião. "A doença ou a morte não me assustam", declarou Vincent, indicando por antítese que as tempestades do Natal tinham voltado. "A ambição não é compatível com as vocações que seguimos." Na primeira semana de fevereiro, os pesadelos — que nunca tinham deixado de lhe atormentar o sono — saltaram para a vida real. Ele tinha visões, fazia discursos incoerentes na rua, seguia desconhecidos e entrava na casa deles. "Tenho momentos em que me contorço de entusiasmo, de loucura ou de profetização", reconheceu a Theo. Descuidou da comida e se excedia na bebida. A memória tinha lapsos temporais.

Para Theo, ele continuava a alegar que o povo de Arles o tratava "bondosamente". "Aqui, todo mundo sofre de febre, alucinações ou loucura", escreveu envolvendo sua confissão num véu de humor. "A gente se entende como se fosse da mesma família." Mas, na verdade, com os rumores sobre os acontecimentos de dezembro, os vizinhos estavam como espectadores apalermados ou espiões atemorizados. Suas relações cada vez mais rancorosas em Arles, somadas à sua suspeita de que Gauguin andava espalhando boatos depreciativos sobre ele, em especial junto a Theo, atiçaram uma fantasia paranoica de que alguém tentava envenená-lo. "Ele acredita que está sendo envenenado e por toda parte não enxerga nada além de envenenadores e envenenados", contou a faxineira de Vincent, apavorada, ao pastor Salles.

Fustigado por ondas de fracasso, solidão e paranoia, Vincent se aferrou, como os marinheiros lotianos batidos pelos temporais, à imagem que lhe servia de corda de segurança: a Virgem de louça que chamava de *La berceuse*. Pintava-a e repintava-a, copiando meticulosamente cada detalhe de seu cabelo de porcelana e o olhar imóvel. Trabalhando "furiosamente... de manhã até a noite", desenhava e redesenhava o traçado do papel de parede florido que ocupava o fundo da tela — uma celebração do Midi (famoso por seus papéis de parede com motivos florais) e também do evangelho cloisonista que dividia com o Bel-Ami que se fora. A cada tempestade ou dissabor, fosse na mente ou na vida, ele se precipitava de volta a esse ícone da consolação.

Quando Theo falou do casamento e de uma nova família, os pensamentos de Vincent voltaram à sua infância. Imaginou-se "cantando uma cantiga de ninar em cores" para o irmão pequeno no quarto que dividiam em Zundert, e na mesma hora deu um "novo começo" à *Berceuse* do Natal. Quando Theo pediu uma avaliação de seu projeto no Midi, Vincent viu em seu constante papel de parede provençal, pintado por Monticelli, novas provas de que "de fato, de fato estamos seguindo a trilha de Monticelli", e iniciou mais uma *Berceuse*. Quando Vincent voltou às Folies Arlésiennes, refazendo seus passos com Gauguin, viu uma *pastorale* que o comoveu às lágrimas com sua cena rembrandtiana do "berço místico" e uma velha camponesa que cantava para o bebê "com uma voz de anjo"; voltou imediatamente para casa e começou outra *Berceuse*. Quando a família Roulin fez uma rápida visita ao ateliê, a derradeira, no fim de janeiro, Vincent lhes ofereceu escolha entre todas as *Berceuses* que tinha feito e, então, começou logo a trabalhar numa cópia da escolhida, como se a separação de apenas uma das imagens praticamente idênticas fosse insuportável.

Em 7 de fevereiro, todas as virgens talismânicas de Vincent observaram serenamente, de seu vívido mundo floral do além, quando a polícia entrou na Casa Amarela e levou Vincent à força. (Alertados por vizinhos que temiam pela própria segurança, fazia dias que os policiais vigiavam a casa.) A mesma imagem lhe permaneceu no espírito por mais de uma semana, enquanto Rey e os demais médicos tentavam, sem êxito, desvendar o mistério de sua enfermidade. De início, ele não os reconheceu e passou dias se recusando a dizer qualquer palavra. Quando afinal começou a falar, as palavras saíram num murmúrio incoerente. Na solitária do hospital, recebeu uma carta da mãe descrevendo uma nevasca na Holanda, seguida por um rápido degelo, e desejando que o "Senhor da Natureza" operasse o mesmo milagre na vida de Vincent. Quando seu estado melhorou o suficiente para sair durante o dia, ele voltou à Casa Amarela e começou a trabalhar em mais uma versão, a quarta, de seu talismã maternal, sua Belle Dame do Midi, entronada em seu *Paradou* de papel de parede.

Quase ao mesmo tempo, a 650 quilômetros ao norte, Theo também estava pensando em papéis de parede. "Estou enviando em anexo algumas amostras do papel de parede que eles estão instalando para nós", avisou a Jo enquanto avançava a alvoroçada redecoração do novo apartamento, "embora você tenha de ver tudo, para avaliar se é adequado." Poucos dias antes, Theo remetera amostras das "cortinas divinas" que tinha planejado para a sala de jantar. "As pessoas que gostam de veludo e cetim iriam achá-las vulgares", alertou ele, "mas qualquer um que tenha noção de cor iria achá-las lindas."

Depois de passar um mês recebendo bem as palavras tranquilizadoras e ilusórias de Vincent e ignorando os diversos sinais tácitos de que seu estado se deteriorava, Theo ficou desconcertado com as notícias mais recentes de Arles sobre o irmão. Ficou particularmente horrorizado por ter sido preso pela polícia e internado à força. Theo omitiu essa parte do relatório de Salles na carta que escreveu a Jo no mesmo dia: "Pobre, pobre sujeito, como é dura a vida dele". "Que situação triste, não concorda, querida? Sei que você também ficará muito preocupada e isso é um conforto para mim." Transmitiu a Jo a pergunta (feita por Salles) se Vincent devia ser enviado a um hospício na Provença ou em Paris, mas usou-a apenas como prelúdio a uma defesa retumbante do irmão como um herói byroniano incompreendido:

> Aquela mente esteve por muito tempo preocupada com coisas que nossa sociedade de hoje tornou impossível solucionar e que ele, com seu coração bondoso e tremenda energia, mesmo assim combateu... Ele possui ideias tão radicais sobre o que é humano e como deveríamos encarar o mundo que, para entender o que ele quer dizer, a pessoa precisa antes abandonar todas as suas ideias convencionais.

A carta logo se desviou e passou para as belezas da arte, especialmente Monet (cuja mostra acabava de ser inaugurada no *entresol*), e estranhas elucubrações sobre a morte, desencadeadas por uma escultura de Rodin, também na mostra, com a cabeça de João Batista numa bandeja. A cabeça do santo, disse Theo, "guarda uma semelhança impressionante com Vincent... Aquele cenho vincado e contorcido traindo uma vida de reflexão e ascetismo". Como Vincent contemplando um retrato de Bruyas, parecido com ele, Theo viu o irmão e a si mesmo na imagem de mortalidade de Rodin. "A morte não deixou nenhum sinal de angústia naquele rosto, nem uma aura de paz eterna", escreveu ele. "Conservou um ar de tranquilidade e também uma enérgica preocupação com o futuro."

Na semana seguinte, enquanto Vincent enfrentava os temporais das trevas num isolamento letárgico, os pensamentos de Theo continuaram fixos na "difícil questão" de decorar o apartamento. Em certo momento, ele enviou um telegrama ao dr. Rey pedindo notícias, mas não respondeu ao apelo urgente de Salles para transferir Vincent para Paris. "Seu irmão precisa ficar em observação contínua e deve ter a atenção especial que só pode receber num hospital de doentes mentais ou na família", escrevera o pastor uma semana antes. "Avise-me se você quer tê-lo perto de si." Salles chegara a combinar com a leal faxineira de Vincent que ela o acompanharia na longa viagem. "De todo modo, temos de tomar uma decisão rápida", insistiu ele; "não faremos nada até receber uma notícia sua."

Mas, antes que Theo tivesse de decidir, Rey telegrafou dando o alívio de uma boa notícia: "Vincent muito melhor, recuperação iminente cuidaremos dele aqui, não se preocupe por ora". Poucos dias depois, o próprio Vincent escreveu, informando de sua volta condicional à Casa Amarela (apenas durante o dia) e minimizando seus males, mais uma vez, como mera "febre da região". Recomendou a Theo: "Você não deve pensar demais em mim nem se afligir". E acrescentou: "Não podemos mudar muitas coisas em nosso destino". Theo encaminhou a Jo a carta tranquilizadora de Vincent (observando que "ele está no caminho certo"), junto com amostras do papel de parede para a sala de jantar.

38. O verdadeiro Sul

Cinco dias depois, a polícia foi outra vez à Casa Amarela e arrastou Vincent. Ele estava bêbado demais para resistir. Dessa vez, fecharam as venezianas, passaram um cadeado na porta e colaram selos oficiais nela — como se esperassem que ele não fosse voltar.

Como suspeitava Vincent, de fato os vizinhos o tinham envenenado. Não com poções ou feitiços, mas com uma petição secreta às autoridades. "O sujeito holandês chamado Vood", escreveram estropiando o nome, "tem dado provas faz algum tempo e em diversas ocasiões de que não está em plena posse de suas faculdades mentais... Não sabe mais o que faz nem o que diz." Devido à "agitação" e à "instabilidade" de Vincent, segundo eles, viviam temerosos, principalmente por causa das esposas e filhos. "Em nome da segurança pública", pediam que Vincent fosse "devolvido à sua família o mais breve possível" ou internado num asilo de doentes mentais, "para prevenir qualquer infortúnio que por certo ocorrerá um dia, caso não sejam tomadas providências enérgicas".

Trinta vizinhos tinham assinado a petição — número muito expressivo. Esse protesto extraordinário representava o auge de uma onda que viera se avolumando desde o dia em que Vincent chegou a Arles. Antes mesmo dos episódios do Natal, as crianças amofinavam e atormentavam "o pintor esquisito", como uma delas disse mais tarde. Depois das calamidades de dezembro, os adultos também o evitavam e zombavam dele. Quando Vincent passava na rua, batiam na cabeça e murmuravam entre si: *"fada"*, termo do dialeto do Midi para "doido". As prostitutas dos bordéis o apelidavam de *"fou roux"*, o louco ruivo. Seu andar furtivo, as pestanas nervosas, as tiradas em holandês, seus gaguejos no dialeto local, tudo começou a assumir um aspecto alarmante.

A ridicularização logo se transformou em suspeita e medo numa comunidade que ainda acreditava na possessão demoníaca. Sua segunda hospitalização em fevereiro desgastou ainda mais as normas de civilidade. Agora as crianças atiravam pedras, não nacos de comida. Vincent atiçava ainda mais o fogo com o desdém de ébrio que ostentava pelos antagonistas, desqualificando seus temores como "absurdos" e a eles mesmos como caipiras supersticiosos. Convicto de que seus preconceitos retrógrados contra os pintores exigiam uma resposta firme, Vincent lhes devolvia os insultos. Já tinham feito o pior que podiam, disse ele: "Aonde posso ir que seja pior do que o lugar onde estive duas vezes: a cela de isolamento?". Um atrito que se prolongava com o dono do imóvel (que tinha outras propriedades na área) pode ter impelido os vizinhos a pedir medidas oficiais. No fim de fevereiro, Vincent não se arriscava mais a sair à rua e tinha de enviar a faxineira para as incumbências externas.

Depois de encaminhada a petição, os meses de boatos e rancores particulares vieram a público. O delegado, que sem dúvida já considerava Vincent um desordeiro desde sua briga com o estalajadeiro Carrel no ano anterior, mandou os policiais irem de porta em porta colher depoimentos para fundamentar as alegações expostas na petição (no oficialês da ordem do prefeito, "para estabelecer o grau da loucura de Van Goghe [*sic*]"). As testemunhas (identificadas apenas por idade, sexo e profissão) despejaram uma mistura impetuosa de fatos, falatórios e suspeitas, que foram para os registros. Informaram que Vincent perseguia as crianças na rua com a intenção de "lhes fazer mal", que bebia demais e que falava coisas incoerentes.

Uma costureira reclamou que tinha sido "agarrada pela cintura e erguida no ar". Outros informaram mais genericamente que tinham visto Vincent "se comprazendo em apalpar mulheres que vivem no bairro" e "se permitindo acariciá-las". Outro o acusou de "fazer comentários obscenos na presença" de mulheres. O merceeiro que dividia a Casa Amarela, François Crevoulin, contou que Vincent costumava "entrar em minha loja, insultar meus clientes e apalpar mulheres". Mais de uma testemunha declarou que Vincent seguia as mulheres até suas casas — chegando a entrar —, de maneira que não se sentiam "mais seguras". Acima de tudo, rechearam seus depoimentos com o veredicto da multidão: exclamações de "insano" e "louco", diagnósticos de "perturbação mental", declarações de "ameaça pública" e exigências de que fosse "internado numa instituição especial" ou simplesmente "preso".

Entre as paredes já conhecidas do Hôtel Dieu, Vincent vociferou contra os acusadores numa carta a Theo: "Que soco na cara, de fazer cambalear, foi descobrir aqui tanta gente covarde a ponto de se reunir num bando contra um só, e ainda por cima doente". Chamou-os de "idiotas intrometidos" e "vagabundos peçonhentos" — uma "corja de ordinários e covardes" que só queria destruí-lo. Ele solicitou, e pode ter recebido, uma audiência com o prefeito ou outra autoridade, para apresentar todos os argumentos que lhe giravam na cabeça — uma vida inteira de argumentos contra os preconceitos e conspirações que o tolhiam eternamente. Insistiu que tinham exagerado os acontecimentos de dezembro e zombou da ideia de que ele pudesse representar um risco a quem quer que fosse, afora a si mesmo.

> Respondi com toda a clareza que estava plenamente disposto, por exemplo, a me atirar na água de uma vez por todas se isso fosse do agrado dessa boa gente, mas que, de qualquer modo, se eu tinha infligido a mim mesmo um ferimento, não fiz nada desse gênero a eles.

Quanto ao estranho comportamento pormenorizado na petição, Vincent alegou que fora provocado pelos acusadores. "Eu teria ficado mais calmo", argumentou, "se a polícia tivesse protegido minha liberdade, impedindo que as crianças e mesmo adultos ficassem rodeando meus alojamentos e subindo até minha janela como fizeram (como se eu fosse um animal estranho)." Qualquer outro homem teria pegado um revólver e matado a tiros os "idiotas pasmacentos", exclamou ele. Virando os argumentos contra seus atormentadores, ele exigiu indenização pelos danos que tinham lhe causado. "Se esses sujeitos aqui protestam contra mim, eu protesto contra eles", contrapôs, "e o que eles têm de fazer é me pagar os danos com juros... me devolver o que perdi devido a suas grosserias e ignorância."

Invocando o manto do martírio, comparou-se a heróis como Victor Hugo, condenado por uma "oposição malévola" a sofrer calúnias e a prisão ou, pior, servir de "eterno exemplo" às gerações futuras. A despeito do que tivesse feito, disse Vincent, tinha feito pela nova arte, "a primeira e última causa de minha aberração". E se isso lhe trazia dor ou indignidade às mãos de tolos e covardes, que assim fosse. "Um artista é um homem *trabalhando*", declarou em tom desafiador, "e não é o primeiro vagabundo que aparece que vai esmagá-lo como se nada fosse." Além disso, acrescentou ele, "Todo esse tumulto acabará sendo bom para o 'impressionismo'".

Os sentimentos de traição e martírio de Vincent só fizeram intensificar-se quando seus médicos se negaram a vir em sua defesa. Desde o começo, ele concordara com o pastor Salles que "deviam ser os médicos, e não o superintendente da polícia, os juízes num caso assim". Mas as súbitas e violentas recaídas de Vincent tinham deixado todos os médicos do Hôtel Dieu perplexos e cautelosos. Não conseguiam chegar a um diagnóstico unânime — ora falavam em câncer, ora em epilepsia — e não se atreviam a prever se e quando os ataques voltariam. Um deles, dr. Delon, já fornecera à polícia um relatório atestando a "alienação mental" de Vincent e apoiando a petição para removê-lo da comunidade. Nem mesmo Rey, que considerava "um ato de crueldade confinar em caráter permanente um homem que não fez nenhum mal a ninguém", segundo Salles, contradisse o parecer oficial de que Vincent constituía uma "ameaça pública" em potencial. Em todo caso, pouco poderia fazer o jovem residente contra um delegado decidido, um senhorio zangado, um prefeito pusilânime e um grupo de cidadãos atemorizados.

Em meio a suas objeções enraivecidas, Vincent passou o mês de 25 de fevereiro a 23 de março no Hôtel Dieu — quase o tempo todo "sob chave e cadeado", sozinho num quarto sob observação. Sua indignação serviu apenas para piorar a situação. Quanto maior a fúria com que vociferava contra a injustiça de seu confinamento, mais se confirmava o veredicto de "insano perigoso". Aprendeu na marra que, mesmo no isolamento, seus carcereiros podiam castigá-lo. Retiraram-lhe não só o frasco de bebida, mas também o cachimbo e o tabaco. Não lhe permitiam sequer um livro ou uma lufada de ar fresco. Salles lhe trouxe algumas tintas e pincéis da Casa Amarela, mas "o deixaram frenético", informou o pastor, e foram prontamente removidos. "*Sinto falta* do trabalho", comentou desolado. "O trabalho afasta minha mente das coisas, ou melhor, me mantém em ordem." Durante semanas, não escreveu a ninguém e ninguém lhe escreveu. Afora as raras visitas de Salles, não tinha outra companhia além dos médicos que o "atormentavam", disse ele, como "vespas numa fruta". Mas tampouco tinha privacidade. Dia e noite, estava sempre sob observação.

A indignidade e a injustiça de tudo aquilo desencadearam novas tempestades de "angústia indescritível". A cada vez ressurgia assombrado e "revoltado" com sua situação. Sentia-se engolfado por ondas de "profundo remorso" e "ódio à vida". Passava longos períodos imerso num silêncio aterrorizado, à espera do próximo ataque. Era um ciclo angustiante que o deixava praticamente nu, acorrentado ao leito, olhando o escuro, segurando a cabeça entre as mãos, mais uma vez pleiteando sua causa "no tribunal secreto de minha alma", lembrando os livros e as pessoas que amava, imaginando a arte que teria feito, revivendo todos os fracassos que o tinham

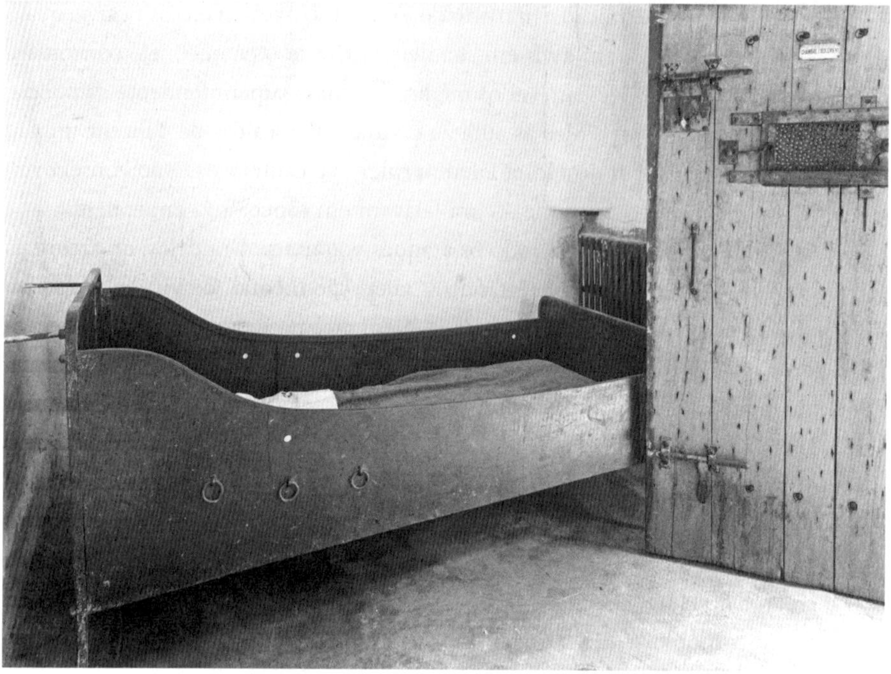

Cela de isolamento, hospital de Arles.

trazido a esse lugar sombrio. "Tudo por nada", desesperou-se. "É uma vergonha... Preferia ter morrido a ter causado e sofrido tal transtorno."

No mês que precedeu seu casamento em 18 de abril, a vida de Theo entrou num turbilhão de atividades. A mostra de Monet no *entresol* foi um imenso sucesso, principalmente depois que o crítico Octave Mirbeau despejou uma "torrente de entusiasmo" em *Le Figaro*. "Em que correria eu ando", escreveu a Jo. "Estamos com muita pressa no trabalho por causa da exposição." Sempre que sua agenda lotada permitia, Theo visitava Andries, irmão de Jo, e a esposa Annie no bairro afastado de Passy, elegante e arborizado, onde espaireciam passeando pelos bosques. Na cidade, ele passava os serões com os amigos, que começavam com um jantar, depois uma peça ou um concerto, então conversas e bebidas num café dos bulevares bem além da meia-noite.

Por Jo, ele ouviu a "adorável" Sétima Sinfonia de Beethoven. Assistiu também a *Le petit duc*, de Lecocq, uma ópera-bufa de amor ingênuo e flerte juvenil que lhe recordou Jo de uma outra maneira. Sempre apareciam visitas de fora, com parentes distantes desejando felicidades pelas bodas tão esperadas. Por mais que se estendessem suas noitadas, nunca chegava a um lar vazio, graças ao companheiro de casa De Haan, que muitas vezes recebia seus próprios convidados no apartamento da Rue Lepic.

Nessa azáfama toda, de alguma maneira Theo sempre encontrava tempo para fazer planos matrimoniais. Escolheu um jogo de jantar, comprado por uma pechincha numa loja de acessórios para banquetes e aluguel de smokings, deu destino aos presentes em dinheiro que recebera dos parentes, providenciou testemunhas e pesou as várias possibilidades para a lua de mel, ao mesmo tempo acompanhando de perto as atividades correspondentes de Jo na Holanda. (Perguntou: "Como é seu vestido de casamento?".)

Nenhum preparativo, claro, era mais importante do que o novo apartamento, que continuava a demandar grandes esforços e a gerar crises frequentes sobre a mobília, os tecidos e o papel de parede. "Os pintores e decoradores acabaram", anunciou Theo em 25 de fevereiro, o dia em que a polícia prendeu Vincent pela segunda vez, "mas infelizmente parece que nem todos os franceses têm gosto." Mesmo quando começou a pendurar quadros no novo apartamento, Theo continuava a hesitar sobre os arranjos finais, e amostras de papel de parede continuavam a trafegar entre Paris e Amsterdam. "Receio que vá ficar bonito *demais*", afligiu-se ele.

A comoção da vida diária se desenrolava sobre uma sólida base de correspondência — às vezes, três ou quatro cartas por semana —, revivendo os acontecimentos de cada dia dentro da realidade que mais importava: seu amor por Jo e o futuro juntos. "Sou tão grato por não estar mais sozinho", escreveu-lhe Theo em 7 de março, "que minha vida não seja mais desprovida de finalidade." No primeiro dia de primavera, ele escancarou as janelas do novo apartamento e sentiu o sopro de uma brisa fresca do futuro. "De repente, um músico de rua começou a tocar violão, acompanhado pela voz de uma menina de uns dez anos", disse contando seu augúrio a Jo. "Sua vozinha suave vibrava no ar, cantando uma letra que não dava para distinguir sobre *printemps, amour, lumière*." "Querida", escreveu ele, "tenho de lhe agradecer por aquele momento." Tratava-a de "minha pequena", "florzinha" e "futura esposa". Ela o tratava como "meu caríssimo marido". Ambos contavam os dias que faltavam para ficar juntos de novo. Com quase um mês de antecedência — mais de seis semanas antes do dia do casamento —, ele marcou a data em que voltaria a Amsterdam.

Agora, o nome de Vincent aparecia pelo menos uma vez em cada carta, fosse como queixa inquieta de Theo ("nenhuma notícia de Arles"), fosse como pergunta educada de Jo ("Nenhuma notícia ainda de Vincent?"). De vez em quando, uma nuvem negra toldava o sol de ambos, como quando chegou a notícia de que Vincent fora levado de novo ao hospital, em fins de fevereiro — "dessa vez, a pedido dos vizinhos", escreveu Theo, "que provavelmente estavam com medo dele". Mas, em meados de março, o irmão distante se reduzira a uma senha — "E Arles?". Theo lamentava: "Que triste nuvem num céu afora isso límpido".

Nesse meio-tempo, a consulta de Salles se tornara um brado. "É preciso tomar uma decisão", frisou o pastor ao informar Theo sobre a terceira hospitalização involuntária de Vincent. "É sua intenção receber seu irmão, ou pretende interná-lo numa instituição de sua escolha, ou prefere deixar nas mãos da polícia? Precisamos de uma resposta categórica a esse respeito."

Por dois meses, Theo tinha conseguido contornar os constantes apelos para a transferência de Vincent para um hospício em Aix ou Marselha, onde poderia receber cuidados especializados. Avesso a impor uma solução ao irmão obstinado (Vincent advertiu: "Não é admissível que ninguém, nem mesmo você ou um médico, dê tal passo sem me consultar") e sempre confiando numa cura, Theo recorrera constantemente a uma estratégia de postergação. A cada rodeio, sua cautela inata encontrara reforço no otimismo piedoso de Salles, na indecisão respeitosa de Rey e na negação de Vincent. ("Deixe-me continuar quieto com meu trabalho", retrucou Vincent, "se é de um louco, bom, tanto pior.") As repentinas oscilações da doença de Vincent, fosse qual fosse, sempre contrariavam qualquer tentativa de decisão, lançando Theo numa gangorra de esperança e desesperança, às vezes na mesma carta.

Mas, se consignar o irmão a um manicômio era difícil, trazê-lo para casa era impensável. Desde o começo, Theo conseguira evitar qualquer conversa de Rey e Salles sobre o assunto, para a consternação de ambos. Também refutara uma sugestão da irmã Wil para transferir Vincent para Breda, onde ela já cuidava da mãe idosa. "Gostaria que Vincent pudesse estar em casa", escreveu Wil. "É tão estranho que outros estejam cuidando dele e que nós não façamos nada." A mãe Anna também se opunha a essa ideia. "[Vincent] é seguramente um pobre coitado", escreveu Anna quando se aproximava o quarto aniversário da morte prematura do marido e lhe fugia a capacidade de perdoar.

Mas, por volta da mesma época, Jo, que visitou as mulheres da família Van Gogh em fevereiro, abraçou a causa. "Theo querido", perguntou com doçura, "[Vincent] não poderia ir para casa, como qualquer pessoa comum quando fica doente?" Tomando a peito a defesa que Theo fazia do irmão, como "um espírito nobre e elevado", Jo ponderou que Vincent estaria melhor num "ambiente calmo e amigável" do que sozinho ou num hospital. "Isso não acalmaria os nervos dele? Ao passo que a solidão, a meu ver, o levaria a recair de novo no tormento." Se não Breda, por que não Paris? "Se ele estivesse agora em Paris", arriscou ela, "você poderia simplesmente ir vê-lo. Como estão as coisas agora, ele está sozinho e muito longe."

Theo arrolou freneticamente uma lista de razões pelas quais, nesse caso, o óbvio era inviável. "Se você o conhecesse, pensaria duas vezes como é difícil resolver o problema do que deve e do que pode ser feito", escreveu ele. "Pela maneira de se vestir e se comportar, na mesma hora se percebe que ele é diferente e, faz anos, todo mundo que o vê diz *C'est un fou*." Num artista, admitia Theo, esse comportamento podia ser compreensível e até vantajoso ("muitos pintores ficaram insanos e mesmo assim começaram a criar verdadeira arte"), "mas", insistiu ele, "em casa *não* é aceitável".

Ele contou outra vez o desastre dos anos de Vincent em Paris, quando os modelos se recusavam a posar para ele, os passantes o importunavam e a polícia o expulsou da rua onde tentava trabalhar. "Depois de tudo isso, Paris foi mais do que suficiente para ele", disse Theo, e ele, mais do que o suficiente para Paris. "Mesmo aqueles para quem ele é o melhor dos amigos têm dificuldade em aguentar", Theo tentou explicar. "Há algo em sua maneira de falar que faz as pessoas o amarem muito ou o acharem insuportável." Ele insinuou que Vincent era um pária entre seus colegas artistas (referindo-se de forma enigmática a "montes de inimigos") e contradisse brandamente a ideia de Jo de uma recuperação no seio tranquilo e acolhedor da família: "Não existe um ambiente pacífico para ele... Ele não poupa nada nem ninguém".

Para reforçar sua posição de manter o irmão afastado, Theo finalmente procurou os conselhos de Louis Rivet, o médico que tratara de Vincent em Paris e continuava a tratar de Theo e sua "condição nervosa", termo que mascarava sua sífilis que vinha piorando. "Rivet diz, e eu concordo, que [Vincent] estaria melhor no pior hospital do que por conta própria, mesmo que estivesse bem", informou Theo no começo de março. "Ele me aconselhou veemência a não o trazer para cá por enquanto, pois pode ser uma ameaça a si e aos outros." E por que não o transferir para um hospício particular em Paris ou perto de Paris, onde, como assinalou Jo, "você poderia simplesmente ir vê-lo"? Rivet também tinha uma resposta para isso, segundo Theo: "Como regra, as instituições [na França] são muito bem equipadas e... os pacientes que são atendidos de graça recebem o mesmo cuidado e tratamento dos pagantes".

Evidentemente, Theo nunca mencionou a questão do dinheiro a Vincent, cujas cartas vinham permeadas de sentimento de culpa por cada franco gasto com os cuidados médicos e por cada dia privado da oportunidade de trabalhar e pagar a dívida crescente. Vincent escreveu em janeiro: "Se não for de necessidade absoluta me trancar numa cela, então ainda estou bem para pagar, pelo menos em produtos, o que se considera que eu devo". Theo tocou no assunto numa carta a Jo, admitindo o investimento que os dois irmãos tinham em jogo. "Embora ele não faça ideia de dinheiro", escreveu Theo resguardando a ficção, inventada para Jo, de que Vincent era um espírito livre e altruísta, "ficaria transtornado se tudo o que colocamos nisso viesse a se perder."

Mas o dinheiro nunca se afastava do espírito de Theo. Sendo um homem que considerava o casamento a suprema responsabilidade financeira, o dinheiro determinava todas as decisões ou indecisões. Quando as irmãs Wil e Lies enviaram uma parte da herança paterna para ajudar a pagar o atendimento de Vincent, em vez disso Theo depositou o dinheiro no banco, dizendo a elas: "Não há razão para mudar seu tratamento atual, que é gratuito". Se as irmãs gastassem a herança, algum dia Theo seria chamado a repô-la, fosse como dote de casamento ou mesada de solteirona.

Sem dúvida, a culpa explica por que Vincent recusou o morno convite de ir para Paris, que Theo lhe fez em fins de fevereiro, por fim obrigado a agir pela vergonha em face da inocente solidariedade de Jo. Deve ter sentido alívio, embora não surpresa, quando Vincent declinou a proposta. "Você é muito gentil em dizer que eu poderia ir para Paris", escreveu poucos dias antes que a polícia o prendesse pela segunda vez, "mas penso que a agitação de uma cidade grande nunca serviria para mim." Para aplacar o próprio sentimento de culpa — e, de novo, para aplacar Jo, que insistira para que ele fosse até Arles caso Vincent não viesse a Paris —, Theo propôs um plano diferente. Ele enviaria outro artista a Arles para reacender o ardor missionário de Vincent em relação ao Midi. Explicou a ela: "É a única coisa que consigo pensar que realmente lhe daria paz de espírito".

De início, Theo tinha pensado apenas em conterrâneos como Arnold Koning ou Meijer de Haan, por ter confiança na discrição deles. Mas Vincent recuou à ideia, num acesso de culpa e vergonha. Escreveu: "Não ouso persuadir pintores a vir para cá depois do que aconteceu comigo; eles correm o risco de perder o juízo como eu". O plano ficou no ar por um mês, enquanto o silêncio em Arles aumentava e os detalhes da petição contra Vincent se faziam mais claros. Por fim, em meados de março, Theo persuadiu Paul Signac, o qual estava prestes a ir passar suas férias anuais de verão em Cassis, um pitoresco vilarejo litorâneo a 120 quilômetros de Arles. "Signac, um conhecido meu, está indo a Arles na semana que vem e espero que ele possa fazer alguma coisa", informou vagamente a Jo. "Estou quase propenso a voltar eu mesmo lá", acrescentou como mais um pretexto conciliador, "mas não adiantaria nada."

Em vez disso, foi para a Holanda na data marcada. Pegou o trem noturno que saiu em 30 de março — dia do 36º aniversário de Vincent.

Signac e Vincent tiveram de derrubar a porta. Para desencorajar a entrada de intrusos, as autoridades tinham fechado, trancado e selado a Casa Amarela. Alguns vizinhos hostis tentaram impedir a volta do pintor louco à cena do crime, causando um tumulto que mais uma vez atraiu a polícia à porta da casa. Mas Signac os acalmou — tão persuasivo em arrombar casas quanto em pintar quadros. "Ele foi tão bom e direto", escreveu Vincent com admiração. "No início eles não queriam que entrássemos, mas mesmo assim acabamos conseguindo."

Os dois artistas não se viam nem se correspondiam desde os breves encontros às margens do Sena, dois anos antes. Vincent descreveu o dia que passaram juntos como se fosse a primeira vez que via Signac, então com 25 anos. "Achei Signac muito calmo, embora digam que é tão violento... ele me parece uma pessoa com equilíbrio e compostura." Os dois se encontraram no hospital, onde o dr. Rey deu a bênção para saírem — a primeira saída de Vincent em um mês. Quando estavam na Casa Amarela, Vincent mostrou suas pinturas e deu uma delas ao jovem artista. Falaram sobre tudo — arte, impressionismo, literatura, política —, enquanto Vincent dava vazão a seus monólogos de um mês de solidão.

Desabafou com Signac todas as queixas e injúrias que estivera reservando para outra visita. Reclamou da falta de privacidade no hospital e insistiu na possibilidade de ir para Paris de uma maneira que nunca poderia expor diretamente a Theo. Mostrou-se agastado com as despesas da hospitalização e vociferou contra as autoridades, por continuarem a mantê-lo preso — uma acusação inequívoca a Theo por não o resgatar, por delegar seus deveres fraternos a alguém que era quase um estranho, e por escolher ir para o norte em vez do sul. Signac comentou mais tarde que esses pensamentos deixaram seu anfitrião "nervoso", e ele atribuiu a loquacidade de Vincent a um "mistral medonho" que sacudia as janelas. Em certo momento, Vincent ficou tão agitado que pegou uma garrafa de aguarrás — substituto desesperado do álcool que lhe estava proibido fazia tanto tempo — e começou a beber dela.

Quando a realidade do casamento de Theo se assentou em seu cérebro, o mundo frágil de Vincent se esgarçou. Ele passara meses negando. Quando recobrou a consciência após o ataque do Natal, referiu-se vagamente ao fato não como um casamento, de maneira alguma, e sim como uma aproximação desejável com Andries Bonger. "Como fico contente que você tenha feito as pazes com os Bonger", escreveu do leito de hospital em janeiro. Quando, enfim, chegou à verdade, suas congratulações a Theo foram indiferentes ("a casa não ficará mais vazia") e evitou a todo custo mencionar o nome de Jo (como faria até poucos dias antes do casamento). A certa altura, aconselhou claramente o irmão a apenas "fornicar com a moça", em vez de se casar com ela. "Afinal", acrescentou numa referência maliciosa às várias amantes de Theo, "é prática normal no Norte." A seguir, tratou o casamento de modo depreciativo, como mera coisa adequada a se fazer — uma convenção sem amor por "posição social" e dever filial.

Mas os intermináveis relatos de Theo sobre o novo apartamento e suas cartas sonhadoras sobre Jo logo obrigaram Vincent a retomar a ilusão que se apoderava dele sempre que o irmão parecia em vias de se casar. "Um lar seguro para você é um grande ganho para mim também", escreveu ele, propondo que os três morassem juntos. Como em Drente, quando convidara Marie, a amante de Theo, a se juntar à missão de ambos na charneca, Vincent imaginava Jo como parceira no trabalho dos dois irmãos em prol da nova arte: "[Ela] se juntará a nós trabalhando com os artistas". Como em Paris (na primeira vez em que Theo estava planejando passar a vida com Jo), Vincent se entregou à fantasia de que os recém-casados comprariam uma casa no campo, a qual ele encheria de pinturas. Imaginou a iminente união abençoada não como um matrimônio, mas como uma fusão que asseguraria o êxito do empreendimento conjunto dos dois irmãos por um longo futuro. "Na primavera, você e sua esposa fundarão uma casa comercial para várias gerações", escreveu ele. "E, acertado isso, peço apenas o emprego de um pintor contratado."

Mas o mês que passara numa solitária pulverizou essas fantasias. Quando saiu do hospital no fim de março, sua atitude em relação ao casamento havia mudado. Um mês esperando em vão que Theo viesse resgatá-lo, um mês sem receber uma única carta do irmão ou de Jo tinham confirmado seus piores receios. O casamento significava uma única coisa: o abandono. E o fato de que ninguém lhe participara nada sobre os planos de casamento não ajudava muito. Não sabia a data nem o local da cerimônia. Era como se tivessem medo que ele pegasse um trem e aparecesse feito um fantasma nas bodas do irmão, sem ser convidado, sem ser desejado, para estragar o dia especial da família, como tinha estragado inúmeros outros.

Tampouco ajudou muito quando Theo, finalmente voltando a lhe escrever, insistiu que Vincent partilhasse de sua felicidade encontrando uma esposa para si. Cruelmente, qualificou esse estado de felicidade conjugal como "o *verdadeiro* Sul". Esse comentário desencadeou um paroxismo de desespero, enquanto Vincent via o irmão sumindo por um caminho que ele jamais poderia seguir. "Com muito acerto deixo [o casamento] a homens que têm uma mente mais equilibrada, uma maior integridade do que eu", escreveu. "Nunca conseguiria erguer uma estrutura imponente sobre um passado tão mofado e danificado."

Quando Signac chegou — derradeira abdicação do dever fraterno —, Vincent estava mergulhado no desespero. Cáustico, recomendou a Theo que não se incomodasse com coisas tão triviais como seu encarceramento até *depois* do casamento. "Deixe-me quieto aqui", disse ele. "Exceto pela liberdade... não estou muito mal." Numa das passagens mais negras e desesperadoras de toda a correspondência entre ambos, ele renunciou não só ao casamento, mas a qualquer esperança de poder amar alguém sem lhe causar dor. "A melhor coisa para mim sem dúvida seria não viver sozinho", escreveu ele, "mas prefiro viver numa cela para sempre a sacrificar outra vida à minha." Sua amargura com o casamento de Theo também deve ter ocupado suas conversas com Signac, como por certo ocupou sua carta ao jovem artista, logo depois:

> Bom Senhor — não é de sentir dó do pobre coitado que, depois de se munir dos documentos necessários, é obrigado a ir a um local onde, com uma ferocidade que nem os canibais mais cruéis conseguem igualar, ele é casado vivo no fogo lento das recepções e da pompa fúnebre acima citada.

Mas a visita de Signac também mostrou um novo caminho a Vincent. A companhia de um colega artista, as discussões elevadas, os rituais de ateliê lhe deram outro vislumbre da vida de pintar com que sempre sonhara, mas raramente conhecera. Ousou imaginar: talvez pudesse recomeçar — e dessa vez por conta própria. Estando com boa saúde e lucidez mental (ou assim pensou), Vincent apostou numa vida normal. Quando Signac escreveu de Cassis, sugerindo-lhe vagamente "vir fazer um ou dois estudos nessa terra agradável", Vincent alimentou por algum tempo a ilusão de que os dois poderiam "encontrar um lugar juntos" e formar outra irmandade de pintores sob o sol meridional.

Enviou uma carta exagerada, cheia de imagens convidativas — em palavras e em esboços — de um novo lar para o *japonisme* na Côte d'Azur. Se não podia casar, pelo menos poderia ter um *verdadeiro* amigo. "Meu melhor consolo, se não o melhor remédio, se encontra em amizades profundas", escreveu a Signac numa censura a seu irmão desleal, "muito embora elas tenham a desvantagem de nos ancorar com mais firmeza na vida do que seria desejável nos dias de nossos grandes sofrimentos."

Quando o acerto com Signac, como tantas outras ilusões, não se materializou, Vincent passou a considerar uma nova vida em Arles. Persuadido de que jamais poderia voltar à Place Lamartine, pelo temor de que os vizinhos o provocassem outra vez, ele permitiu que Salles procurasse um apartamento em outra parte da cidade. "Preciso ter meu próprio canto fixo", escreveu antevendo a iminente liberação; "então, certamente poderia ir até Marselha ou mais longe." Mas o único senhorio de boa vontade que o pastor conseguiu encontrar foi o dr. Rey, que concordou em alugar a Vincent dois "quartinhos bem pequenos" na casa de sua mãe. ("Nem de longe agradável como o outro ateliê", queixou-se Vincent.) Enquanto se programava para sair da Casa Amarela na Páscoa (21 de abril) — prazo final imposto pelo dono do imóvel —, Vincent também persuadiu o bom doutor a autorizá-lo a praticar suas "habilidades manuais" dentro e ao redor do terreno do hospital. No fim de março, encomendou a Theo um sortimento de tintas e foi pessoalmente à cidade comprar outros suprimentos.

Vincent começou com mais uma rodada de mantras: sua quinta *Berceuse* e mais um retrato do carteiro Roulin, que fora a Arles pouco tempo depois de Signac, reacendendo as fantasias tartarinescas de Vincent sobre o Midi como uma terra de camponeses folgazões e despreocupados, com "físico forte" e "alegria" irreprimível. A seguir, retomou uma promessa que tinha feito em janeiro, quando parecia a ponto de voltar à normalidade: "Logo chegará o tempo bom e vou recomeçar os pomares em flor". Primeiro, ele pintou uma grande vista do *doux pays* com um pomar de pessegueiros floridos, invocando o instrutivo Crau do ano anterior; depois, um *close-up* de uma só árvore retorcida solta num mar de relva esmeralda pintalgada de dentes-de-leão, expondo todos os seus argumentos em favor de um Japão do Sul.

A seguir, reafirmou sua visão de um *Paradou* em Arles com um desenho e uma pintura do jardim no pátio do hospital, com seus canteiros desgrenhados e orlados de buxo numa profusão de flores novas — "miosótis, heléboros, anêmonas, ranúnculos, goivos, margaridas", arrolou ele —, um centro secreto de vida e abundância entre os muros da prisão e a lúgubre rotina da morte.

Para sua nova vida, Vincent adotou uma nova atitude de independência e paz interior. Informou solenemente a Theo que "estou no caminho da recuperação" e declarou que a única coisa que queria era continuar nesse caminho. Receando que qualquer irritação pudesse desencadear uma recaída e convicto, como sempre, de que poderia vencer suas tormentas mentais com a simples força de vontade, encarou o futuro com uma serenidade nipônica e um riso cósmico voltairiano. "Estou recobrando uma espécie de calma apesar de tudo", disse a Theo, lembrando tanto o padre Pangloss quanto Bouvard e Pécuchet, os palhaços sublimes de Flaubert. "O melhor que podemos fazer é, talvez, rir de nossas pequenas dores e, em certo sentido, também das grandes dores da vida humana." Renegou a realidade áspera do

O pátio do hospital de Arles, abril de 1889, óleo sobre tela, 73 × 91,75 cm.

naturalismo e retomou as obras sentimentais e calmantes da juventude: *A cabana do pai Tomás* e, de Dickens, *Contos de Natal*. "Leio para meditar", disse à irmã Wil.

E também *pintava* para meditar. Imitando o monge japonês que silenciava seus demônios internos estudando "uma única folha de capim" durante uma vida inteira, Vincent pintava vinhetas de flores, borboletas e touceiras retorcidas — imagens tão exatas como estudos botânicos, porém tão imobilizadas como abstrações puras —, intimidades com a natureza às quais recorrera algumas vezes no passado, sobretudo para agradar a Theo, mas que agora apontavam uma nova direção para sua mente e sua arte.

Para modelos de serenidade, recorreu ao passado, mas também ao futuro. Pela primeira vez na vida, encontrou alívio na ciência. Adotando a ideia do dr. Rey, que brincava dizendo que o amor era causado por um micróbio, Vincent imaginou que mesmo seus acessos de melancolia e remorsos "talvez também tivessem sido causados por micróbios" — teoria que lhe permitia pensar em seu suplício não como um inexorável martírio, mas como um "simples acaso" num universo indiferente. "Estou começando a considerar a loucura uma doença como outra qualquer e a aceitar a coisa como tal", escreveu ele. "Quase todos os amigos que conhecemos têm algo de errado."

Mas não funcionou. Os sabujos do fracasso, do erro e do abandono sempre o encontravam. "Ah, se pelo menos não tivesse acontecido nada para transtornar minha vida!", exclamou de repente ao descrever suas pinturas dos pomares. "Você vê que não tenho mais sorte no Sul que no Norte. É praticamente a mesma coisa em toda parte." Queixou-se de "certa corrente subterrânea de tristeza vaga e difícil de definir" e, perscrutando o futuro, não via "nenhuma perspectiva de sorte melhor em lugar algum". Os pedidos de desculpas pela "fraqueza de caráter" e pelo "fracasso melancólico e deplorável" da Casa Amarela vertiam antes que ele conseguisse detê-los. (E se conteve: "Mas não vamos recomeçar".) Remetia envergonhados informes de suas despesas, incluindo até um novo par de meias.

A paranoia, o desejo de privacidade e a necessidade de trabalhar o motivaram a deixar o hospital, mas se sentia aterrorizado à perspectiva de viver sozinho. "Vou sair, claro", escreveu timidamente, "logo que eu souber como lidar com isso." Confidenciou a Signac que, toda vez que sua mente tinha "acabado de voltar ao estado normal", era novamente tomado por "acessos internos de desespero de uma intensidade bastante grande" e assim recomeçava o ciclo do pavor.

O brometo de potássio que tomava para prevenir tais acessos amortecia seu entusiasmo e lhe toldava a mente. "Não é todos os dias que sinto clareza suficiente para escrever com coerência", confessou a Theo. Se não conseguia lembrar em que mês estava ou se sentia cansado demais para escrever uma carta, como conseguiria viver por conta própria? Ademais, não conseguia resistir à sedação que encontrava na bebida durante os longos períodos que passava fora do hospital (apesar das promessas de manter "um modo de vida muito sóbrio"), nem controlar os relâmpagos mentais quando voltava inevitavelmente a pensar nos acontecimentos decisivos que se desenrolavam à distância, na Holanda.

Quando avaliou que o fato estaria consumado, finalmente escreveu e admitiu o inadmissível. Desejou tudo de bom ao irmão, agradeceu-lhe por todos os anos de afeto e bondade, desculpou-se uma última vez por lhe ter retribuído tão pouco e desprendeu as amarras. A partir daí, reconheceu Vincent, Theo iria procurar "bondade" e "conforto" em outro lugar; chegara o momento de "transferir ao máximo possível esse afeto para sua esposa".

Poucos dias antes, na véspera do casamento, Vincent havia dito a Salles: "Sou incapaz de cuidar de mim mesmo e de me controlar. Eu me sinto muito diferente do que costumava ser". Pediu para ser enviado "imediatamente" a um manicômio.

Enfermaria no hospital de Arles, abril de 1889, óleo sobre tela, 74 × 91,75 cm.

Salles ficou surpreso com a declaração, pois pensara que Vincent parecia "infinitamente melhor" — "como se não restasse nenhum vestígio do problema". Os médicos tinham concordado em lhe dar alta do hospital; sua nova moradia estava providenciada. Os dois estavam indo assinar o contrato de aluguel quando algo dentro de Vincent desmoronou. "De repente ele me confessou que, por enquanto, não tinha coragem de se manter sozinho", informou Salles, "e que seria infinitamente mais prudente e muito melhor para ele se passasse dois ou três meses num asilo para doentes mentais."

Na carta a Theo anunciando a decisão, Vincent se desculpou por não querer entrar em explicações. "Falar sobre isso seria tortura mental", disse ele. Mas, nos dias seguintes, enviou uma rajada de cartas repletas de razões para a súbita mudança: desde a mais prosaica ("Ando com a mente ausente e não conseguiria dirigir minha vida por ora") até a mais íntima: "Vivi 'numa toca' a minha vida toda, e meu estado mental é vago não só agora, mas sempre foi, de forma que, a despeito do que se faça por mim, não consigo pensar as coisas para equilibrar minha vida".

Mas a verdadeira razão era bastante clara. Estava tomando aquela decisão por Theo. "Quero continuar internado tanto para minha própria paz de espírito quanto para a de outras pessoas", informou ao irmão. "Lamento dar trabalho a M. Salles, a Rey e principalmente a você." Porém Salles relatou a Theo uma realidade muito mais turbulenta à medida que se aproximava o dia do casamento. "Você mal acreditaria o quanto seu irmão está preocupado e aflito à ideia de estar lhe causando inconvenientes", escreveu o pastor. Vincent estava preocupado sobretudo com "cenas em público", se fosse acometido por outro ataque após a liberação do hospital. O que Theo seria obrigado a fazer? "Meu irmão", exclamou a Salles, "que sempre fez tanto por mim e agora lhe causar ainda mais problemas!"

Apesar de ter aguardado meses até que Vincent escolhesse seu próprio destino, quando finalmente veio a decisão, Theo vacilou. A perspectiva "repugnante" de seu irmão internado num hospício, mesmo por poucos meses, destruiu sua ilusão de uma "convalescença" num hospital, estragou sua interpretação byroniana e quixotesca e lançou uma sombra sobre sua carga genética, no exato momento em que começava a planejar uma família própria. Nada, a não ser a vergonha, poderia explicar os esforços frenéticos de Theo em dissuadir Vincent de uma decisão sobre a qual se debatera por tanto tempo. Não só reiterou o relutante convite de se mudar para Paris, onde ele e Jo tinham acabado de chegar (dispensando a lua de mel), como chegou a sugerir que Vincent talvez quisesse passar o verão com Gauguin em Pont-Aven — ideia de uma insensatez surpreendente.

Também questionou a escolha do hospício. Por recomendação de Salles, Vincent já havia escolhido um pequeno asilo ligado à igreja, em Saint-Rémy, um povoadinho a cerca de 24 quilômetros a nordeste de Arles, no sopé dos Alpilles, as faldas rochosas do Alpes que se viam no horizonte do Crau. A opção por uma instituição pequena, particular e dispendiosa foi uma surpresa para Theo, depois de meses de correspondência concentrada exclusivamente nos hospícios maiores, públicos e mais baratos em Aix e Marselha. Um tanto tarde demais, sugeriu a Vincent que examinasse melhor as condições nesses asilos e que, de qualquer maneira, aguardaria maiores informações antes de tomar uma decisão final. E quer seu destino fosse Saint-Rémy ou qualquer outro lugar, insistiu que Vincent reduzisse sua estada de três meses para apenas um mês, continuando a falar no assunto mais como se fosse um período de férias num acampamento do que uma internação psiquiátrica.

Mesmo em meio a seus apelos de reavaliação e adiamento, Theo apenas confirmou todos os receios que haviam levado Vincent a essa súbita inversão. Descreveu alegremente a cerimônia do casamento e anunciou extasiado a felicidade conjugal que encontrara com Jo. "Nós nos entendemos totalmente, e assim sentimos uma satisfação mútua completa", escreveu Theo, aprofundando a ferida a cada exclamação irrefletida. "Tudo caminha melhor do que jamais fui capaz de imaginar e nunca ousei esperar tanta felicidade."

A resistência e a insensibilidade de Theo apenas empurraram Vincent a extremos mais radicais, em suas ameaças de se afastar. "Eu poderia sair dessa confusão entrando na Legião Estrangeira por cinco anos", escreveu no fim de abril. "Penso que seria preferível." Perturbado com os custos mais altos do que esperava em Saint-Rémy e com as informações iniciais de que não teria autorização de pintar fora do hospício, Vincent imaginou uma fuga para o *extremo* Sul: os desertos da Arábia. Lá teria "supervisão" de graça e talvez lhe permitissem continuar o trabalho nos quartéis da Legião. Lá encontraria a ordem e a serenidade de uma enfermaria hospitalar e, depois de cinco anos, "poderia me recuperar e ser mais dono de mim mesmo". Lá, acima de tudo, poderia escapar ao sentimento de culpa. "O dinheiro que custa a pintura me esmaga com uma sensação de dívida e indignidade", exclamou numa explosão que pôs Theo de alerta, "e seria bom se fosse possível parar com isso."

Por mais que Theo tenha se horrorizado com a ameaça do irmão de entrar na Legião Estrangeira ("Devo entender como um gesto de desespero, não?", replicou em tom acusador), via ameaças ainda mais sombrias num artigo de jornal que Vincent lhe enviou, a respeito de um artista desconhecido de Marselha que tinha se suicidado. "Tem-se um vislumbre de Monticelli nisso", insinuou Vincent, invocando o mestre do Midi cuja morte ignominiosa (com boatos de suicídio) o perseguia ainda mais, desde a derrocada da Casa Amarela. "Sinto dizer que é mais um caso lamentável." Se ele não tivesse fracassado de maneira tão fragorosa, especulou Vincent, poderia ter salvado esse colega anônimo? "Pois era exatamente para pintores como o pobre coitado do artigo em anexo que o ateliê poderia ter servido." Agora, as únicas coisas que restavam do sonho eram "profundos remorsos", mais despesas e o leal Theo. "Se eu não tivesse a sua amizade", alertou ao irmão recalcitrante, "eles me levariam ao suicídio sem qualquer arrependimento e, covarde como sou, eu acabaria me matando."

No fim das contas, Theo não teve escolha. Concordou em pagar a despesa adicional e redigiu a carta necessária para o ingresso em Saint-Rémy (solicitando as acomodações mais baratas, "de terceira classe"). Mas, num derradeiro afã de negação, ele assegurou ao diretor do asilo que a internação do irmão era "necessária mais para prevenir uma recorrência de ataques anteriores e não porque seu estado mental esteja atualmente afetado". Para Vincent, não encontrou conforto melhor do que dizer: "De certo ponto de vista, não há por que se compadecer de você, embora possa parecer o contrário... Tenha ânimo: seus reveses certamente vão terminar".

No começo de maio, Vincent tinha acabado de desmontar a Casa Amarela. Foi uma tarefa torturante. Em sua ausência prolongada, o aquecimento fora desligado e o Ródano, ali próximo, tinha sofrido uma enchente, que levou suas águas até quase a porta da casa. Na escuridão fria e úmida, as paredes exsudaram água e sal e se espalhou um mofo espesso. Muitos desenhos e pinturas ficaram arruinados. "Foi um golpe", reconheceu, "pois não só o ateliê ficou uma calamidade, mas até os estudos que seriam registros seus." Revirando os destroços, ele salvou o que pôde. A mobília, ele armazenou no andar de cima do infernal café noturno dos Ginoux. Levou semanas para separar as pinturas e deixá-las secar. Uma por uma — a amada *Berceuse*, o quarto de dormir, o Semeador, a cadeira, a noite estrelada, os girassóis — ele removeu das armações, intercalou com folhas de jornal, embrulhou, pôs em caixas e remeteu a Paris com instruções entremeadas de justificativas. "Há montes de meros borrões entre elas, que você terá de destruir... guarde [apenas] o que lhe parecer aceitável."

Enquanto fazia os pacotes, foi inundado por ondas de remorsos. Passou apenas algumas noites no novo apartamento, e logo a solidão e os pesadelos o levaram de volta ao hospital, para seus dias finais em Arles. "Certamente estes últimos dias foram tristes", escreveu a Theo,

> mas o que mais me entristeceu no entanto foi que você tinha me dado todas essas coisas com tanto amor fraterno, e por tantos anos você sempre foi o único que me apoiou, e agora ser obrigado a voltar e lhe contar essa triste história.

Olhou ao redor do aposento e viu não um ateliê, mas "um cemitério", e recitou um epitáfio desesperador: "Quadros murcham como flores". Na carta de despedida de Arles, passou sua carreira em revista como se a existência lhe passasse diante dos olhos. Retomou seus camponeses de Millet e a "paleta holandesa com seus tons cinzentos", e alertou o irmão: "Não se torne única e exclusivamente impressionista. Afinal, se existe algo de bom em alguma coisa, não vamos perdê-lo de vista". Relacionou os artistas que amava, mas temia que caíssem no esquecimento. Quanto a si mesmo, disse, "como pintor nunca chegarei a nada de importante, tenho absoluta certeza disso".

Mesmo enquanto pensava em desistir totalmente da pintura, conseguiu pintar mais duas imagens antes de ir embora. Ambas mostravam estradas. Numa delas, uma família passeia pela trilha de um parque "banhado de luz e sombra", sob um luxuriante dossel de castanheiras floridas. Na outra, uma estrada vazia avança sinuosa na distância e desaparece atrás do muro de uma casa. O caminho sulcado e solitário é ladeado por touceiras de mato e vidoeiros decotados totalmente nus, deformados e mutilados, até onde alcança a vista.

39. Noite estrelada

O asilo para doentes mentais de Saint-Paul-de-Mausole ficava num vale entre montanhas que encantava os visitantes desde a época dos romanos. Alguns comparavam aquele vale estreito e oculto aos mágicos desfiladeiros dos Alpes suíços, que se erguiam a grandes altitudes na espinha dorsal da Europa. Outros viam em seus campos verdes e bosques de oliveiras as terras onduladas da Toscana. "Pura Itália", disse o compositor Charles Gounod, "o vale mais belo do mundo." Alguns viam as colinas áticas da antiga Grécia — a Arcádia original.

Os temíveis visigodos tinham preferido as alturas rochosas de Les Baux — uma cidade no alto de uma escarpa, entalhada na pedra sólida e encarapitada numa posição inacreditável na beira dos Alpes, onde as montanhas encontravam o delta do Ródano numa grande muralha de calcário. Mas os romanos civilizadores encontraram segurança e um arremedo de suas colinas natais no longínquo vale fértil logo adiante da crista rochosa. Ficaram tão impressionados com a serenidade secreta do lugar que construíram uma pequena estância chamada Glanum, inteiramente dedicada aos cuidados com a saúde e à restauração do espírito.

No século x, Glanum fora reduzida a escombros para a construção da cidade vizinha de Saint-Rémy, mas os poderes regeneradores do vale encontraram nova expressão nos comentários sobre um milagre (uma vara, fincada no chão, vicejara numa profusão de flores) e na inevitável criação de um mosteiro. Preservando um

Hospício de Saint-Paul-de-Mausole, Saint-Rémy.

apreço que remontava a mil anos, os fundadores lhe deram o nome da relíquia mais importante legada pelos romanos, um imponente monumento funerário. Pelos oitocentos anos seguintes, a igreja do mosteiro de Saint-Paul-*de-Mausole* (do mausoléu) acolheu milhares de peregrinos, especialmente os que procuravam auxílio para perturbações mentais e males espirituais. Na segurança de seu reduto na montanha, ela sobreviveu a todas as epidemias de peste e ondas de destruição que tinham levado a ruína a suas vizinhas nas planícies. No começo do século XIX, o clima salubre, as paisagens serenas e as lendas de seu poder terapêutico trouxeram ao velho mosteiro, agora espraiado num grande complexo de edificações, sua derradeira encarnação: um hospício para os insanos.

A herança católica de Saint Paul deve ter suscitado alguma hesitação em Vincent e Theo. Mas o folheto do hospício (que os dois leram) praticamente nem mencionava a religião, ressaltando, pelo contrário, a salvação mais antiga, a cura pagã proporcionada pelos bosques e arvoredos e pelo ar puro da montanha sob um "céu de esmalte precioso":

Ar, luz, espaço, belas árvores, águas potáveis — frescas, abundantes, de boa qualidade, provenientes das montanhas, e distância suficiente de todos os grandes centros populacionais: tais são as razões principais do sábio fundador para a escolha do local.

Das ordens monásticas que tinham rezado sob as arcadas românicas de Saint Paul (agostinianas, beneditinas, franciscanas), o que restava eram apenas algumas freiras que completavam o pessoal da equipe, uma rotina com a mesma regularidade das matinas e vésperas, uma extraordinária calma permeando tudo. De fato, depois do percurso sinuoso da viagem de duas horas de trem, desde Arles, subindo pelas gargantas assustadoras que, desde a época de Dante, eram conhecidas como o Portão do Inferno, Vincent deve ter visto o asilo mais abaixo, com a entrada bordejada de árvores, os jardins bem cuidados, os campos verdejantes, exatamente como tantos outros peregrinos anteriores o viram: uma ilha de serenidade num mundo escarpado e repleto de perigos.

No espírito restaurador de Glanum, Saint-Paul-de-Mausole funcionava mais como uma estância de repouso do que como uma casa de alienados mentais. À exceção da rotina monástica das refeições em conjunto e do horário dos banhos, os residentes costumavam ficar por conta própria, sob supervisão vigilante, mas à distância. Não tendo mais o financiamento da igreja, Saint Paul atraía a classe média abastada — que não queria manter os parentes nos hospícios públicos, repugnantes e lotados de internos — com promessas de oferecer condições higiênicas, alimentação saudável ("abundante, variada e mesmo requintada"), passeios frequentes, visões panorâmicas, aquecimento com radiadores e tratamento médico moderno, que consistia num atendimento com "brandura e benevolência" (isto é, sem recorrer a correntes ou camisas de força), e um programa de "trabalhos manuais e entretenimentos".

As acomodações, claro, variavam "de acordo com a classe do pensionista", mas as vacas suíças da instituição forneciam "laticínios naturais em abundância" a todos por igual. Havia aposentos destinados ao trabalho manual das mulheres (costura) e à diversão dos homens (bilhar). Uma biblioteca dava acesso a "revistas ilustradas, livros e vários jogos recreativos". Havia instalações e equipamentos para os pacientes que quisessem tocar música, escrever ou desenhar. Havia também uma sala para as visitas dos familiares. Os pensionistas de "nível social mais alto" dispunham de apartamentos separados, próprios, atendidos por "empregados domésticos a seu serviço".

Os pacientes eram incentivados a passar o máximo de tempo possível ao ar livre, passeando pelas longas alamedas de pinheiros altos e nodosos, que os ventos inclinavam em graciosas curvas, ou pelas trilhas bordejadas de íris e loureiros; ou podiam ficar simplesmente sentados num dos vários bancos de pedra dispostos nas arcadas dos pátios, ouvindo o rumor das águas de uma fonte ou olhando as andorinhas que tinham seus ninhos sob os arcos antigos.

Mesmo com essas amenidades, Saint Paul não conseguia ocupar todos os leitos que herdara de uma época anterior, quando era uma instituição de caridade e os males mentais eram atendidos pelos cuidados de um padre, não de um médico. Nem metade dos quartos estava ocupada. Quando Vincent chegou, no dia 8 de maio, havia dez pacientes homens e cerca do dobro de mulheres (sendo a loucura ainda vista como um distúrbio basicamente feminino). O faturamento baixo teve consequências sobre os "alimentos de primeira qualidade" e nos "jardins bem cuidados" anunciados nos folhetos. Vincent considerou o passadio servido no refeitório "um pouco bolorento", carecendo de carne e se excedendo nas leguminosas, "como num restaurante de Paris infestado de baratas, ou numa pensão". Os "jardins descuidados" passavam meses sem ser podados e as ervas daninhas, sem ser arrancadas, o que conferia aos velhos edifícios de pedra um ar de decadência pouco adequado a um retiro que pretendia operar uma renovação espiritual.

No leme desse empreendimento em declínio ficava o dr. Théophile Peyron, um viúvo gordo, de óculos, que tinha pavio curto e gota na perna. A legislação determinava que o hospício fosse capitaneado por um médico, não por um sacerdote, mas ainda não dava crédito suficiente à ciência da "alienação mental" para exigir que o diretor tivesse formação específica na área. Peyron, oftalmologista de formação e médico naval por experiência, não trouxe para a sinecura de sua aposentadoria em Saint Paul nada além de um conhecimento geral de medicina, uma mania de ordem própria de um oficial da marinha e um olho de contador para as despesas. Exigia um registro rigoroso de todas as entradas e saídas e apertava o orçamento incessantemente. Qualquer acesso de mau comportamento era tratado de maneira rápida e sumária, sendo o interno levado para um pátio separado ou, no pior dos casos, para um pavilhão distante, que mais parecia uma prisão da marinha, longe dos demais "pensionistas".

Vincent se deu muito bem nesse mundo apartado, ordeiro, controlado, monitorado. "Penso que fiz bem em vir para cá", escreveu poucos dias depois de chegar. "Nunca estive em tanta paz como aqui." Descreveu a Theo, com detalhes amorosos, o espaço iluminado e asseado que agora chamava de lar. "Tenho um pequeno quarto com papel cinza-esverdeado e duas cortinas verde-mar com um desenho de rosas bem pálidas", escreveu ele; "muito bonito." Gostou muito da poltrona velha, como se tivesse sido escolhida especialmente para ele: "[Ela] é forrada com uma tapeçaria pintalgada como um Diaz ou um Monticelli em marrom, vermelho, rosa, branco, creme, preto, azul-miosótis e verde-garrafa". A janela tinha grades, claro, mas dava para um campo de trigo cercado — "uma vista como um Van Goyen" —, voltada para o leste, de maneira que "de manhã vejo o sol nascer em toda a sua glória".

Na reclusão tranquila do hospício, sem polícia, credores, senhorios, meninada da rua e vizinhos desconfiados a perturbá-lo, Vincent encontrou a serenidade com a qual sempre sonhara. "Onde preciso seguir uma regra", disse certa vez, "me sinto em paz." Aqui podia comer com regularidade, mesmo que não muito bem, e beber com moderação, sem precisar enfrentar as tentações do Café de la Gare. Durante o dia, podia passear por todo o terreno, aspirando o perfume das ervas aromáticas e o ar límpido ("aqui se enxerga muito mais longe do que em casa"), ou simplesmente ficar sentado e observar a paisagem. "Nunca me canso do céu azul", escreveu ele.

Duas vezes por semana, tomava um banho de duas horas — um ritual terapêutico que "me estabiliza muito", disse ele. À noite, instalava-se em sua poltrona monticelliana, lia um livro ou um jornal e fumava em paz. Não havia nenhuma pintura a observá-lo das paredes — nenhum fantasma do passado. Tudo ficara em Arles ou fora enviado a Theo. Fora-lhe retirado o enorme peso da ambição e da expectativa. "Não temos mais de viver pelas grandes ideias", escreveu, "mas, creia-me, somente pelas pequenas. E acho isso um alívio maravilhoso." Como o dinheiro para sua manutenção nunca passou por suas mãos, ele podia escapar, pelo menos temporariamente, à "desgastante tarefa diária de ganhar a vida" — ou, pior, ao "sentimento esmagador [de] dívida e indignidade". Nem o mistral o atormentava mais. "Como há montanhas em volta", admirou-se ele, "[o vento] parece muito menos desagradável do que em Arles, onde ele sempre bate com sua força inicial."

Outros ventos também passaram a soprar a favor de Vincent. Em comparação ao povo de Arles, os pacientes em Saint Paul eram um modelo de boa educação e cordialidade. "Eles dizem que devemos tolerar os outros para que os outros possam nos tolerar", comentou Vincent, "e nós nos entendemos muito bem." Pela primeira vez em sua carreira de artista, pôde desenhar e pintar em público sem ser molestado nem ridicularizado. Na opulenta Haia, cuspiam nele; em Nuenen, era banido dos lugares; em Arles, apedrejavam-no. Mas no jardim das arcadas de Saint-Paul-de-Mausole, onde passava a maior parte do tempo, Vincent encontrou a paz de que precisava para trabalhar e se recuperar.

Ali por perto jogavam *boules* e xadrez sem ser incomodados. Os passantes até paravam para observar, mas sempre a uma distância respeitosa. Ao contrário da "boa

Sala de banhos, hospício de Saint-Paul-de-Mausole.

gente de Arles", Vincent comentou a respeito de seus colegas de internação: "*eles* têm a discrição e a educação de me deixar em paz". Na verdade, adorava aquelas atenções inocentes, comentando: "Meu grande desejo sempre foi pintar para os que não conhecem o aspecto artístico de uma pintura".

Pelo que dizia Vincent, os pacientes em Saint Paul eram, em geral, refinados e corteses. A pessoa que jogava *boules* enquanto ele pintava, por exemplo, ou que sentava a seu lado na mesa do refeitório, podia ser vítima tanto de uma desavença familiar quanto de um distúrbio mental (um "rico arruinado", na expressão de Vincent), ou talvez um excêntrico incompreendido que insistia em andar vestido como se fosse sair (com chapéu, bengala e casaco) mesmo na hora de ir para a cama. Outro era um estudante de direito frustrado que tinha "esgotado demais o cérebro" ao se preparar para os exames, segundo os registros do hospício; outro ainda era um indivíduo acusado de pedofilia. Pelo menos um dos internos recebeu diagnóstico de "idiota" porque só grunhia e acenava com a cabeça. Vincent o considerava um excelente ouvinte: "Posso falar com [ele] porque não tem medo de mim". Havia também os que gritavam, claro, e à noite os que uivavam. E alguns que, como Vincent, explodiam de repente em surtos de paranoia e pânico alucinatório. Mas, quando isso acontecia, outros pacientes não fugiam de medo, e sim corriam para acalmá-los, antes mesmo que chegassem os vigias. "As pessoas ficam se conhecendo muito bem", escreveu Vincent, "e se ajudam umas às outras quando vêm os ataques."

Nem mesmo os piores casos resistiriam a tal solicitude, acreditava ele, citando o exemplo de um recém-chegado, um rapaz que "quebra tudo e grita dia e noite, rasga furiosamente a camisa de força, derruba a comida, destrói a cama e tudo o que há no quarto". Era um caso "muito triste", escreveu Vincent, mas ele sabia que seus colegas, em especial os veteranos, iriam "intervir para garantir que ele não se machuque" ao ser tomado por um acesso. E previa confiante: "Vão tirá-lo da crise".

Pela mesma lógica forçada, todos os surtos, todos os acessos maníacos, todos os uivos na noite acalmavam as ansiedades de Vincent em relação ao futuro. "Vendo a *realidade* da vida dos vários loucos e insanos neste zoológico", escreveu ele, "estou perdendo o pavor vago, o medo da coisa." E todas as intervenções dos outros pacientes lhe davam o sentimento de pertencer a uma comunidade, exatamente como sentira uma década antes, no Borinage, quando os mineiros feridos auxiliavam uns aos outros: uma comunidade não de idiotas e párias, mas de verdadeiro companheirismo e consolo mútuo. "Pois, embora existam alguns que uivam ou tresvariam muito mesmo", observou ele, "há *muita* amizade verdadeira."

Enquanto a rotina e a sensação de familiaridade de Saint Paul impunham ordem à vida cotidiana de Vincent, as sessões com o dr. Peyron dissipavam suas sombras mentais. Ele trouxera do hospital de Arles o diagnóstico oficial de "mania aguda com delírio generalizado". Foi durante um ataque com esses sintomas em dezembro que, concluía seu relatório de entrada, Vincent tinha cortado uma parte da orelha. Mas o dr. Rey também comunicara a Peyron sua convicção de que Vincent sofria de "uma espécie de epilepsia". Não a epilepsia, conhecida desde a Antiguidade, em que braços e pernas se convulsionavam e o corpo caía ("a doença de cair", como diziam alguns), e sim uma epilepsia *mental* que acometia a mente: um colapso do pensamento, da percepção, da razão e da emoção que se manifestava inteiramente no cérebro e muitas vezes desencadeava um comportamento estranho e dramático. Entre os médicos de Arles que atenderam a Vincent, somente o jovem residente Rey conhecia bastante sobre essa variante recém-definida da antiga e temida doença.

Os médicos da França e outros países já sabiam da existência de uma epilepsia não convulsiva desde cinquenta anos antes, mas suas causas e sintomas indistintos derrotavam uma identificação positiva. Os nomes dados mostravam a dificuldade em defini-la. Os médicos falavam em "epilepsia latente" ou "epilepsia larvar", devido aos longos períodos de latência entre os episódios, durante os quais o portador podia levar uma vida relativamente normal, sem perceber que o pesadelo se avolumava dentro dele. Falavam também em "epilepsia disfarçada", devido às causas ocultas e seus vários disfarces. Alguns médicos nem aceitavam que fosse epilepsia, por causa da sintomatologia muito vaga. Outros falavam em "doença intelectual", por atingir cruelmente as funções superiores do cérebro, mas tentavam impor a seus ataques invisíveis a mesma hierarquia do *"grand mal"* e do *"petit mal"* aplicada aos ataques visíveis. Outros ainda, como Rey, falavam simplesmente em "uma espécie de epilepsia" para cobrir a enorme lacuna conceitual entre a mais extrovertida de todas as enfermidades mentais e sua mais introvertida expressão.

Em Arles, Rey já havia debatido seu diagnóstico com Vincent (que ficou preocupado que a Legião Estrangeira talvez não aceitasse "um epiléptico") e chegou a lhe apresentar estatísticas tranquilizadoras sobre a grande incidência e o caráter relativamente benigno da doença em sentido mais amplo. "Existem 50 mil epilépticos na França", Vincent informou animado a Theo em maio, "dos quais apenas 4 mil estão internados, então não é algo extraordinário." Rey explicou como os ataques mentais da epilepsia latente às vezes provocavam alucinações — auditivas, visuais e olfativas — que levavam suas vítimas a gestos desesperados de automutilação, como morder a língua ou cortar a orelha.

Se Rey lhe descreveu o "caráter epiléptico" tal como fora elaborado por duas gerações de médicos franceses, Vincent certamente terá visto uma figura que lhe era familiar. Tendo "propensão à irritação ou raiva", os epilépticos latentes espantavam e assustavam parentes e amigos com suas variações de humor, grande excitabilidade, hábitos frenéticos de trabalho e "atividade mental exagerada". A mais leve ofensa era capaz de levar um epiléptico latente à raiva — ou, pior, à "fúria epiléptica", que o pioneiro psiquiatra francês descrevera em 1953 como um "raio condensado em atos terríveis". Os epilépticos latentes estavam sempre se mudando, instáveis na vida como na mente: nunca ficavam num lugar por muito tempo, pois seus surtos imprevisíveis e descontrolados irritavam, geravam antipatia e por fim enfureciam todos ao seu redor.

O retrato o descrevia com tanta perfeição que Peyron, o qual provavelmente o ouvira de Rey, aceitou de imediato o diagnóstico do jovem médico, anotando no registro do hospício, apenas 24 horas após a chegada de Vincent: "Eu creio, à luz de todos os fatos, que M. Van Gogh é sujeito a alguns acessos epilépticos vez por outra, de tempos em tempos". (Vincent informou a Theo: "Até onde consigo entender, o médico aqui é propenso a considerar que tive alguma espécie de ataque epiléptico".) Nas semanas seguintes, Peyron entrevistou Vincent, informando-se de detalhes de sua vida e da história de sua família. Como observador meticuloso, mesmo sem empatia, considerou confirmada a opinião de Rey. "Tenho todas as razões para crer", escreveu a Theo no fim de maio, "que o ataque que [Vincent] teve é resultante de um estado de epilepsia." Embora sua formação fosse em oftalmologia, Peyron "mesmo assim se mantinha a par do que então se sabia sobre doenças mentais", segundo um colega, e sem dúvida acabou de completar, em suas sessões com Vincent, o retrato do "tipo" epiléptico latente que Rey havia esboçado.

A doença costumava se apresentar na infância, sob a forma de "irritabilidade e agitação malcriada", segundo uma das principais autoridades no assunto na década de 1880. Qualquer coisa podia desencadear os ataques, desde o excesso de sol ou álcool a emoções perturbadoras, em especial os sentimentos de culpa. A agitação causada por "profundo sofrimento mental" era o prelúdio de um ataque registrado com maior frequência. Alguns pacientes contavam que se sentiam presos de repente num pesadelo desperto ou que estavam "caindo num abismo". As dores de consciência sabidamente provocavam ataques, em especial nos casos em que a vítima se sentia perseguida por infortúnios inexplicáveis ou insuperáveis. Lembranças dolorosas também podiam desencadear ataques, bem como as obsessões religiosas, sobretudo com pecados que a vítima considerava não terem sido perdoados.

Quando vinham os ataques, muitas vezes eram acompanhados por sensações de estar fora do corpo, como se a psique da vítima se dividisse ou se projetasse em outras entidades — entidades que às vezes tinham voz própria. As vítimas balbuciavam coisas desconexas e agiam "automaticamente" — sem o controle consciente ou nem mesmo o reconhecimento de suas ações. Isso indicava o início do surto em si — era o período mais perigoso, sobretudo para a vítima. Os sinais característicos eram a violência e paroxismos de raiva. O homicídio e o suicídio eram ambos possíveis. Quase sempre o ataque era seguido pela perda da consciência: um sono profundo e inquieto do qual a vítima despertaria sem nenhuma lembrança do ocorrido. Os dias e semanas subsequentes eram marcados por uma "letargia epiléptica" — um estado indistinto de torpor, mau humor, falta de motivação e remorso esmagador.

Para Peyron, o diagnóstico ficou plenamente confirmado quando Vincent revelou que havia outros casos de epilepsia na família. Os especialistas em epilepsia latente discordavam em muitos aspectos, mas num ponto todos eram unânimes: a epilepsia, sob qualquer forma e de qualquer origem, podia ter transmissão hereditária. Os relatos de Vincent forneceram uma autêntica árvore genealógica de distúrbios mentais. O avô Willem Carbentus tinha "morrido de uma doença mental", segundo uma anotação de rara sinceridade na crônica da família. Clara, sua tia pelo lado materno, sofrera de epilepsia durante toda a sua vida de reclusão e celibato. Outro tio materno se suicidou. Um tio paterno, Hein, teve seu primeiro "ataque epiléptico" aos 35 anos, quase a mesma idade de Vincent. Ele se aposentou cedo, depois que vários acessos seguidos o deixaram "semiparalisado", segundo o relato de sua irmã, e morreu em idade prematura em meio à conspiração de silêncio da família. Outro tio, Jan, o almirante, teve "acessos" inexplicados aos quarenta anos, segundo o mesmo relato. Entre seus vários problemas de saúde, tio Cent era sujeito a "acessos". E pelo menos dois primos de Vincent eram vítimas de doença mental. Um deles, Hendrik, filho do almirante Jan, "sofreu de alguns fortes ataques epilépticos", de acordo com o pai de Vincent, em razão dos quais foi internado e pode ter se suicidado. Peyron anotou conclusivamente no prontuário de Vincent: "O que aconteceu a este paciente seria apenas a continuação do que aconteceu a várias pessoas de sua família".

O "eureca" de Peyron ressoava com a convicção de sua profissão — e de sua época — de que a hereditariedade continha a chave para entender todos os comportamentos humanos. Em 1857, dois anos antes da *Origem das espécies* de Darwin, Bénédict Morel, o pioneiro especialista francês em epilepsia latente, havia publicado um estudo sobre doenças mentais que levava as teorias evolucionistas pré-darwinianas a uma direção muito mais sombria. Ele sustentava que não só a epilepsia, mas todas as deficiências mentais, da neurose ao cretinismo (bem como os defeitos físicos e os desvios de personalidade), resultavam de uma deterioração genética gradual, um processo que chamou de "degeneração". O destino de uma família — ou de uma raça inteira — podia ser determinado pelo efeito cumulativo desses poluentes genéticos, poderosos o suficiente para alterar a anatomia humana.

Na França do fim do século, a teoria de Morel sintetizava o pessimismo do milênio. Após um século de revoluções de Pirro, de impérios caídos e, principalmente, da derrota humilhante na Guerra Franco-Prussiana, a identificação moreliana de um inimigo interno, de um câncer de debilidade e deformação corroendo a vitalidade da nação, tomou conta da imaginação pública. Peyron, tal como a maioria dos alienistas e diretores de hospícios na França, adotava a teoria de Morel, tanto porque enaltecia sua posição profissional (tornando-os protetores do patrimônio genético nacional) quanto por ajudá-los na longa batalha para conquistar a autoridade sobre a mente humana, arrancando-a dos padres, frenólogos e hipnotizadores de feira. "Antes, eu cuidava dos olhos do corpo", uma vez disse o ex-oftalmologista Peyron; "agora cuido dos olhos da alma; ainda é o mesmo serviço."

A teoria da degeneração de Morel — a expressão final e mais sinistra do fascínio oitocentista (partilhado por Vincent) pelos "tipos" — iria cobrar um preço terrível ao século seguinte: de campanhas de esterilização a campos de extermínio. Mas, para Vincent, foi uma libertação. Dando a suas tormentas mentais uma explicação médica, Peyron lhe removeu o peso do passado. "Minha vida não tem sido muito calma", escrevera ele às vésperas da chegada; "todas aquelas amargas decepções, adversidades e mudanças impedem que me desenvolva de maneira plena e natural em minha carreira artística." Agora, além de dispensar Vincent da necessidade de se virar sozinho (tarefa, reconhecia, que o "paralisava"), o diagnóstico de Peyron devolvia a Vincent a sensação de controle sobre seu destino — o que ele chamava de "meu autocontrole" —, coisa que não sentia desde o Natal. Explicou a Theo: "Quando a gente sabe o que é, pode fazer algo para evitar que a angústia ou o terror nos tome de surpresa".

Também o libertou — pelo menos por um tempo — de uma vida inteira de sentimento de culpa. Se seus quadros não vendiam ou se ele não conseguia se sustentar, não era culpa sua: era apenas vítima de uma doença. "Infelizmente, estamos sujeitos às circunstâncias e às enfermidades de nossa época", escreveu, imitando Morel, "gostemos ou não." Sua doença era como outra qualquer, não mais censurável, sustentou Vincent, do que "a tuberculose ou a sífilis". Se havia alguma culpa, não era do passado *dele*, e sim do passado das *gerações*: não recaía em seus ombros — defeitos seus, fracassos seus —, mas totalmente nos ombros de sua família inclemente e acusadora.

Para fortalecer essa nova visão redentora, Vincent começou a montar um *asile imaginaire* — um asilo imaginário de artistas que, como ele, tinham sofrido não fracassos, ignomínias ou acessos de loucura, mas apenas uma "doença dos tempos". Montou uma longa lista dos acusados injustamente — Troyon, Marchal, Méryon, Jundt, Matthijs Maris e, claro, Monticelli — e assegurou a si mesmo que nada impediria que recuperasse a serenidade criativa, tal como se dera com eles. "São tantos os artistas que — apesar de doenças nervosas ou ataques epilépticos de tempos em tempos — mesmo assim seguem em frente", escreveu ele, "e na vida de um pintor parece ser suficiente pintar."

Uma vez removido o peso da culpa, Vincent pôde abraçar a nova vida. Ele sempre sentira atração por instituições de custódia, fosse procurando modelos nos orfanatos e albergues de Haia ou se imaginando fundador de um mosteiro da arte moderna no Midi. (Em 1882, disse que era "bonita, muito bonita" a cena de "convalescentes" reunidos em locais como estes.) Colecionava estampas de cenas de hospital e descrevia com afeto suas próprias idas a hospitais, ainda que fosse para os tratamentos mais penosos. Costumava não perder oportunidade de acompanhar outras pessoas a um hospital, mesmo quando eram praticamente desconhecidas, e ainda em data recente, em Arles, tinha pensado em se tornar um atendente hospitalar. Disse certa vez: "Talvez seja com os doentes que se aprende a viver".

Vincent tinha se oposto vigorosamente ao plano de ser internado em Gheel, mas apenas porque era uma proposta do pai. Agora, falecido o implacável pastor e seu fantasma banido pela ciência médica, ele podia desfrutar a ordem monacal e a simplicidade espartana a que sempre aspirara. Seu "tratamento" consistia basicamente em doses de brometo (um sedativo), longos banhos numa banheira de pedra, refeições regulares (com pouca carne, que era considerada um estimulante), bebidas em grau moderado (apenas vinho, em quantidades racionadas) e a rotina calmante da vida cotidiana no vale encantado. Como os heróis e heroínas de alguns de seus romances favoritos, encontrou no claustro do hospício uma serenidade que jamais conhecera no mundo exterior e, como eles, passou a ver esse outro mundo como, ele sim, o verdadeiro manicômio.

Depois de alguns dias, Vincent começou a enviar a Theo atualizações sistemáticas sobre suas melhoras de saúde, "tranquilidade" e "paz de espírito". "Meu estômago está infinitamente melhor", anunciou, "minha saúde está boa e, quanto a meu cérebro, será, esperemos, uma questão de tempo e paciência." Avivava esses informes encorajadores com uma atitude jovial em relação à sua doença e mesmo com relances de humor. Comparou o ar abafadiço nos corredores do asilo num dia de chuva com "a sala de espera de terceira classe em algum vilarejo estagnado" e comentou espirituosamente que o cardápio de grão-de-bico, feijão e lentilha criava "certas dificuldades" com a digestão, levando os pacientes "a preencher seus dias de uma maneira ofensiva e também barata". Gracejou dizendo que esse distúrbio gástrico coletivo era uma das principais "distrações diárias, junto com as *boules* e o xadrez".

No fim de maio, não fazia nem um mês que chegara, Vincent já tinha decidido: "Penso que meu lugar é aqui". Chegara imaginando que ficaria três meses, no máximo. Agora, enquanto se abria à sua frente a perspectiva de um lânguido verão na atmosfera clara, nem lhe passava pela cabeça a ideia de sair de lá. "Faz quase um mês inteiro que estou aqui", escreveu a Theo; "nenhuma vez tive a mais leve vontade de estar em outro lugar, apenas a vontade de trabalhar é que está aumentando."

Como era inevitável, a nova serenidade de Vincent encontrou vazão na tela. Alguns dias depois de chegar, obteve permissão para montar um ateliê num quarto espaçoso do térreo, um dos muitos cômodos não utilizados na habitação semivazia.

Sua localização junto à entrada lhe dava fácil acesso ao jardim e um lugar para pôr as pinturas a secar ao sol e ao ar livre.

Nos canteiros descuidados e nas trilhas de passeio logo depois da porta, Vincent retomou imediatamente a série de "cantos de jardim" iniciada em Arles. Só que agora a pena e o pincel podiam relaxar. Em vez de apresentar um argumento veemente para defender sua serenidade (e saúde mental), como ocorria nas obras anteriores, agora ele podia apenas *olhar*. Foi um caudal de desenhos e pinturas. Enchia folhas grandes de papel com vinhetas de vegetação contemplada com olhar lânguido. Registrava todos os detalhes da hera subindo por uma árvore, um banco aninhado na relva alta, uma treliça de sombras no chão. Uma única touceira emaranhada podia ocupar uma folha inteira, numa incansável observação da textura, das características, da luz e do ar. Como o famoso monge japonês, dedicou pena e pincel a uma só mariposa e viu numa moita de lilases beleza suficiente para ocupar uma tela enorme.

Quanto mais seus olhos refletiam sobre essas cenas da "natureza em roupas íntimas", mais a imaginação voltava a suas primeiras raízes. Relembrou *Viagem à roda do meu jardim*, de Alphonse Karr, o guia de sua infância para os mistérios das flores e jardins, e especialmente os mestres de Barbizon, que tinham sido os primeiros a lhe mostrar a magia que se encontrava no mais humilde arbusto. "Todas aquelas telas adoráveis", suspirou ele; "não parece muito provável que alguém venha a fazer melhor, e ademais seria desnecessário." Lembrou a Theo como Daubigny e Rousseau tinham "expressado toda a intimidade da natureza", bem como "toda a sua vasta paz e majestade", e ao mesmo tempo "acrescentaram um sentimento tão individual, tão comovente".

Em comparação aos mundos de imagens que via no jardim revolto de Saint Paul, as batalhas de Paris agora pareciam distantes e absurdas. "Sempre manteremos uma espécie de paixão pelo impressionismo", escreveu ele, "mas sinto que volto mais e mais às ideias que já tinha antes de ir para Paris." Não teve nem pediu notícias de Gauguin e Bernard. Quando soube que Gauguin planejava uma exposição rebelde para a Exposition Universelle em Paris, naquele verão, mal conseguiu disfarçar o desinteresse. "Assim, tendo a crer que se formou mais uma nova seita", suspirou ele, "tão infalível quanto as já existentes... Quanta tempestade em copo d'água!" Mais tarde, ele admitiu ter passado o verão "fazendo coisas miúdas a partir da natureza, sem conceder um pensamento ao impressionismo ou a outra coisa qualquer".

Uma dessas "coisas miúdas" era um canteiro de íris. Aninhado junto à moita muito maior de lilases, o pequeno maciço de flores arroxeadas mal lhe chegava aos joelhos. Ele deve ter se deitado em alguma posição que lhe permitisse vê-las como viu: ocupando a tela da esquerda para a direita, numa sucessão de folhas pontiagudas e encimadas de flores. Sem céu, com pouco plano de fundo e apenas um canto de primeiro plano, a tela condensa e dá uma escala monumental a toda a abundância e exuberância da primavera numa dúzia de hastes desalinhadas, num esplendor de folhas e duas nuvens bulbosas de flores. O grupinho de flores que assoma ao fundo guarda todos os ardores do passado — um pouco do pincel impressionista, os contornos do cloisonismo, uma faixa de tagetes em contraste —, mas não faz a defesa de nenhum deles. "Não tenho ideias", declarou Vincent. Em vez de argumentar ou pensar demais, preferia "sair e olhar uma folha de capim, o galho de um abeto, uma espiga de trigo, para acalmar".

As íris também anunciaram a cor da nova serenidade de Vincent: o violeta. Como se sua vida fosse uma pintura, ele pegou a complementar do amarelo que tanto dominara seus dias de sol causticante em Arles para pintar sua nova vida monástica em Saint Paul. Havia contraste melhor com a luta e o desespero da Casa Amarela do que a calma e o contentamento de seu retiro no vale entre as montanhas, pintados em violeta, lavanda, lilás ou púrpura?

Essas e outras dezenas de variações ocupavam as primeiras pinturas que Vincent pôs a secar junto à porta. Pintando a vista que tinha pela janela de seu dormitório, viu apenas um céu lavanda, colinas lavanda e um trigal verde-primavera — outro *ton rompu* de azul. Ele próprio disse a Theo que as vistas amplas e as harmonias frias da pintura formavam um complemento perfeito do retrato introspectivo e intensamente colorido de seu lar anterior, *O quarto de dormir* em Arles. "O que eu sonho em meus melhores momentos", escreveu numa inversão completa, "não é tanto com efeitos intensos de cor, e sim, mais uma vez, com os semitons." Fosse examinando a mais baixa vegetação rasteira ou fitando diretamente o céu, via matizes da mesma mistura calmante de vermelho e azul. Nas cartas, lutava para diferenciá-las: "violeta", "azul-purpúreo", "lilás", "lilás-pálido", "lilás-suave", "lilás-quebrado", "lilás-simples", "rosa-acinzentado", "rosa-amarelado", "rosa-esverdeado", "rosa-violeta".

Para acompanhar esses semitons em refinado equilíbrio, Vincent encontrou o complemento perfeito em imagens do passado. "Sinto-me tentado a recomeçar com as cores mais simples", escreveu a Theo, "os ocres, por exemplo." Recuando décadas e séculos, citou as paisagens em sépia do grande Jan van Goyen, da Idade de Ouro, e os tons amarelados e fulvos de Georges Michel, um de seus favoritos por muito tempo, dois pintores que haviam transformado "céus lilases delicados" e realces ocre em obras de serenidade sublime. Pôs-se a praticar numa vista de trilha pelo jardim, seguindo a fachada ocre do asilo sob um dossel de folhas ocre contra um céu lavanda-

Oliveiras numa paisagem montanhosa, junho de 1889, lápis e nanquim sobre papel, 46,7 × 62,5 cm.

-escuro. Quando Peyron lhe deu permissão para se aventurar além do jardim (mas ainda não além dos muros do hospício), ele armou o cavalete no campo cercado logo adiante da janela de seu dormitório, bem a tempo de captar a mudança do trigo de verde para dourado. Numa carta à irmã, descreveu amorosamente como o ocre do cereal maduro, com "os tons quentes de uma crosta de pão", se destacava contra os "montes violeta distantes e um céu da cor do miosótis".

O regime de observação próxima e cor serena deu tão certo que, no começo de junho, Vincent foi autorizado a procurar seus temas no mundo além dos portões do hospício. "Como o vejo inteiramente tranquilo", Peyron informou a Theo, "prometi que o deixaria sair para encontrar cenários." Evidentemente, só podia fazer passeios durante o dia e era acompanhado por um guarda. Mas mesmo essa liberdade restrita lhe soltou o pincel. As caminhadas pelos campos e pomares além-muros eram convites para que seus olhos explorassem o horizonte serrilhado de uma maneira impossível na cena fixa que tinha pela janela do quarto ou nas trilhas do jardim, onde as construções bloqueavam totalmente a visão.

Os Alpilles ali vizinhos mudavam de contorno a cada passo. As escarpas íngremes de calcário, orladas apenas com uma fímbria verde, se projetavam para o céu em formas estranhas e curvas que desafiavam a gravidade. Adiante, o terreno se ondulava. Arvoredos e campinas se alternavam com trechos áridos e pedregosos, a depressões se seguiam outeiros, conforme o vale subia de altura até encontrar os contrafortes de pedra.

Nesse vale suave e pacífico, distante das turbulências de Paris, cercado pelos meandros e formas fantásticas dos Alpilles, Vincent concebeu uma nova noção de linha e forma. "Quando a coisa representada está, em termos de caráter, em concordância absoluta com a maneira de representá-la", comentou após uma de suas primeiras saídas, "não é exatamente isso que dá qualidade a uma obra de arte?" Não só a *cor* devia expressar a essência do tema representado (os tons terrosos para os camponeses de Nuenen, o vermelho e o verde para os frequentadores solitários do café noturno); a *forma* também devia refletir a verdadeira natureza do tema, não apenas sua aparência exterior. E o que podia estar em "concordância" maior com este vale encantado e suas montanhas feéricas do que uma arte de formas exageradas e linhas galhofeiras?

Já fazia muito tempo, claro, que o exagero era um postulado da nova arte, pelo menos tal como Vincent o entendeu inicialmente na correspondência com Bernard, depois de sair de Paris. Mas Gauguin levara à Casa Amarela uma noção de modelagem muito diferente: uma insistência na linha precisa e na forma idealizada que escapavam e frustravam a mão indisciplinada de Vincent. Agora, por fim, na claridade e serenidade de seu retiro alpino, Vincent pôde abandonar a inútil grade de perspectiva, soltou o pulso e deixou o pincel encontrar a imagem mais verdadeira. "Ao ar livre", escreveu ele, "a pessoa trabalha o melhor que pode, pinta a tela sem pensar. E no entanto é assim que capta o verdadeiro e o essencial — a parte mais difícil."

Vincent encontrou apoio a essa nova arte serena no local mais inesperado. Depois de ler um artigo sobre um estande na Exposition Universelle, concluiu que os antigos egípcios — outro povo "primitivo", como os japoneses — deviam ter conhecido o segredo da verdadeira arte que ele descobrira nos montes e vales do Midi. Relembrando as imagens de granito que vira no Louvre, imaginou que os artistas egípcios, "trabalhando por instinto e sentimento", tinham conseguido expressar a "paciência, a sabedoria e a serenidade" de seus potentados simplesmente "com algumas curvas hábeis e as proporções maravilhosas". Vincent encontrou a mesma "harmonia" entre tema e arte nas naturezas-mortas de Chardin e nas glórias da Idade de Ouro, com Hals, Rembrandt e Vermeer. Mas indagou a Theo se os impressionistas ou algum de seus pretensos e ruidosos sucessores poderiam ter a mesma pretensão.

Enquanto isso, em seu mundinho próprio, ele encontrava essa harmonia por toda parte. Nas telas, os parapeitos rochosos do vale ganhavam vida em caricaturas de pedras redondas imensas empilhadas em muros precários e projeções impossíveis. Visto de perto, o solo se enruga como um mar encapelado. Na distância, ele se redobra e se amontoa numa multiplicação vertiginosa de horizontes. As nuvens no alto pairam não como luz ou atmosfera, mas como objetos no espaço, sólidas como as montanhas abaixo, porém bulbosas e flutuantes. A lua sobe como um imenso crescente, com um brilho e um tamanho fantásticos, em seu pequeno trecho do firmamento. No solo, oliveiras estendem os galhos tortos e parecem ganhar vida, como personagens de um conto de fadas de Andersen. Com a folhagem trêmula e as raízes torcidas, erguem-se do solo ondulado como feéricas volutas de fumaça.

Nesse vale encantado, tudo tem vida própria. Mesmo o muro de pedras que cercava o campo adiante da janela de Vincent parece fundir-se na paisagem viva. Seus cantos se atenuam, suas arestas vivas se dissolvem. Em vez de abrir e talhar um curso reto, o muro segue pelo campo ondulante como uma sebe ou uma vereda, parte da zona rural como os sulcos e campos a que serve de cerca. Vincent se sentia convicto de que os velhos camaradas Bernard e Gauguin aprovariam seu novo "desenho mais espontâneo". "Eles não pedem o feitio correto de uma árvore", frisou ele. Mas, na verdade, nada poderia estar mais distante da tentativa ambiciosa de Gauguin em seguir Degas, nem do ornamentalismo cerebral de Bernard, do que o mundo fora do mundo de Vincent, tranquilo e infantil.

Tal mundo não teria sido possível sem as pinceladas. "Que coisa estranha é a pincelada, o toque do pincel", escreveu no prodígio que acabava de descobrir. Alterando a pincelada "de acordo com o tema", ele descobriu que "o resultado é, sem dúvida, mais harmonioso e agradável de se olhar, e pode-se acrescentar toda a serenidade e felicidade que se sente". Liberta dos "ismos" que a tinham tolhido por tanto tempo, a mão de Vincent agora retomava sua meta de Haia (que, desde então, se mantivera viva em desenhos e esboços nas cartas) de encontrar o ajuste perfeito entre tema, linha, textura e estado de espírito. Citou os grandes gravuristas Félix Bracquemond e Jules Jacquemart, que tinham transferido obras de arte de um meio (a tinta a óleo) para outro (chapa de cobre) e, no processo, lhes deram uma nova perfeição. Ele faria o mesmo com a natureza, utilizando as marcas características de *seu* meio: a pincelada.

Para praticar esse "ajuste", encontrou os temas ideais logo a seu alcance, por onde havia passado o olhar milhares de vezes: os ciprestes.

Eles cresciam por todo o vale, alguns desde os tempos romanos. Serviam como

Ciprestes, junho de 1889, nanquim sobre papel, 62,5 × 47 cm.

barreiras contra o vento e marcas de sepulturas; bordejavam estradas e delimitavam fronteiras; erguiam-se em grupo e se postavam como sentinelas solitárias. Quando Vincent os *viu*, ficou cativado pela folhagem densa "verde-garrafa" e pelo formato cônico simples. Em "beleza das linhas e das proporções", comparou-os a obeliscos egípcios. "Os ciprestes estão sempre me ocupando os pensamentos", escreveu ele. "Gostaria de fazer com eles algo como as telas dos girassóis, pois me espanta que ainda não tenham sido feitos como eu os vejo."

Via-os não só como cones simples ("uma mancha de preto numa paisagem ensolarada"), mas como constelações de toques. Como um astrônomo olhando por um telescópio, quanto mais observava, mais via — e mais o pincel registrava. À distância, os ramos densos se encurvavam e subiam até a ponta do topo, retorcendo-se e cintilando como labaredas, sempre para o alto. Mas, conforme se aproximava mais e mais, cada ramo tremulante se tornava uma pequena espiral de cor e movimento. Alguns se enrolavam e subiam, projetando a árvore para o alto; outros se abriam no espaço. Com paciência, sobrepôs ramo por ramo, espiral por espiral, transformando antigos monumentos da natureza em altaneiros monumentos de tinta.

No fim do mês, Vincent estava trabalhando numa dúzia de telas ao mesmo tempo — quase todas com ciprestes. Outra dúzia estava na entrada da ala dos dormitórios, secando ao calor de junho. Uma das telas era um estudo noturno de uma única árvore, com sua silhueta perfilada sobre um estranho fundo celeste. "*Enfin*", escreveu a Theo, "tenho um novo estudo de um céu estrelado."

O empenho de Vincent em expressar a serenidade que sentia inevitavelmente o levou a essa imagem familiar. Orgulhava-se da paisagem noturna sobre o Ródano, que pintara em setembro do ano anterior (1888), às vésperas da chegada de Gauguin. Theo também tinha gostado. Uma semana depois de receber os elogios do irmão por aquele quadro, em fins de maio, Vincent sugeriu submetê-lo à mostra da *Revue Indépendante* em setembro — "para não expor nada louco demais". Se não fosse pelos confinamentos no hospital de Arles — permissão para sair apenas de dia, celas de isolamento sem janelas, proibição de tintas e pincéis —, sem dúvida teria voltado antes ao tema.

Em Saint Paul, as restrições não haviam diminuído muito. Ainda não podia sair para pintar após o cair da noite, como preferia, diretamente sob as estrelas. Os pincéis e tintas ficavam no ateliê no andar térreo, ao qual só tinha acesso durante o dia. Para pintar uma noite estrelada, só podia observar por trás das barras da janela de seu quarto, quando as luzes do hospício se apagavam, o céu escurecia e as estrelas apareciam. Talvez tenha feito desenhos — e testado algumas invenções mais profundas — enquanto fitava o pequeno quadrante do céu oriental que preenchia o vão de sua janela. Durante a noite, via uma lua minguante e a constelação de Áries, baixa no oriente, logo acima do topo das colinas, com suas quatro pontas brilhantes dispostas mais ou menos em arco sobre a pálida mancha da Via Láctea. Na madrugada antes do alvorecer, Vênus, a estrela matutina, aparecia com destaque no horizonte, branca e cintilante — perfeita companhia para um despertar logo cedo ou para uma noite insone. Ele fitava, fitava a luz de cada estrela e a escuridão faiscante em torno delas.

Tudo isso e outras coisas mais avançavam para a tela de Vincent durante o dia. Para dar um alicerce à sua visão celeste, acrescentou uma aldeia adormecida

Noite estrelada, junho de 1889, nanquim sobre papel, 47 × 62,5 cm.

a meia distância. Antes disso, ainda em junho, ele tinha ido de dia até a cidade de Saint-Rémy, a cerca de 1,5 quilômetro do asilo. Nessa visita, ou numa de suas outras incursões pelos montes que olhavam para a cidade, fez um esboço cuidadoso da famosa estância das montanhas, com sua densa rede de ruas medievais cercadas por avenidas largas e modernas: célebre local de nascimento de Nostradamus, astrólogo e profeta, e ainda uma estação de águas que recebia a rápida passagem de luminares como Frédéric Mistral e Edmond de Goncourt.

Para sua pintura, porém, Vincent reduziu a cidade agitada de 6 mil habitantes a uma aldeia modorrenta com algumas centenas de almas — não maior do que Zundert ou Helvoirt. A igreja de são Martinho, do século XII, a qual dominava a vila com seu intimidante campanário de pedra, eriçado feito uma lança, se tornou uma capela rural simples com um pináculo fino que mal tocava o horizonte. Por fim, transferiu a cidade que ficava a norte do asilo para o leste, diretamente entre a janela de seu quarto e a linha serrilhada dos Alpilles — um local de onde a vila também poderia presenciar o espetáculo celeste prestes a se iniciar.

Com todos esses elementos — cipreste, vila, montes, horizonte — guardados na imaginação, o pincel de Vincent se lançou ao céu. Sem ser tolhido por esboços, sem ser dirigido por um tema diante de si, sem ser limitado pela grade de perspectiva, sem ser guiado pelo ardor, seu olhar estava livre para refletir sobre a luz — a luz insondável e perpetuamente reconfortante que sempre via no firmamento noturno. Viu aquela luz refratada — encurvada, ampliada, dispersada — por todos os prismas de seu passado: dos contos de Andersen às viagens de Verne, dos poemas simbolistas às descobertas astronômicas. O herói de sua mocidade, Dickens, escrevera sobre "um mundo inteiro com todas as suas grandezas e misérias" visível "numa estrela faiscante". O herói de sua maturidade, Zola, descreveu o céu de uma noite de verão "polvilhado com o pó cintilante de estrelas quase invisíveis":

> Atrás dos milhares de estrelas, outros milhares de estrelas apareciam, sem cessar, na profundeza infinita do céu. Era um desabrochar contínuo, uma brasa acesa de mundos ardendo com o fogo sereno das pedras preciosas. A Via Láctea já se esbranquiçava, desdobrava seus átomos de sol tão incontáveis e tão distantes que, na abóbada do firmamento, não passam de uma faixa de luz.

Em sua leitura, em sua reflexão, em seu olhar, fazia muito tempo que Vincent olhava além do céu noturno "real" — os minúsculos pontinhos estáticos e a luz de uma palidez doentia das pinturas noturnas que detestava — em busca de algo mais fiel à visão das possibilidades ilimitadas e da luz inextinguível — a serenidade suprema — que encontrava na noite cintilante, abundante, exuberante de Zola.

Para registrar essa visão, ele arregimentou sua nova paleta de violeta e ocre, as curvas espontâneas de seus cumes montanhosos, as espirais rodopiantes de seus ciprestes e o singular toque de seu pincel maravilhado, com o qual podia "acrescentar toda serenidade e felicidade" que sentia. Guiado apenas pelo "instinto e sentimento", como os egípcios da Antiguidade, ele pintou um céu noturno como jamais vira o mundo com seus olhos habituais: um caleidoscópio de luzes pulsantes, redemoinhos de estrelas, nuvens irradiantes, uma lua que brilhava como um sol — um fogo de artifício de luz e energia cósmica que se fazia visível apenas à mente de Vincent.

No século que decorreu após a execução da *Noite estrelada*, os cientistas descobriram que os acessos de epilepsia "latente" se assemelhavam a fogos de artifício de impulsos elétricos no cérebro. William James lhes deu o nome de "tempestades nervosas" — "explosões" de descargas neuronais anormais que podiam ser desencadeadas por um pequeno número de "neurônios epilépticos" num cérebro formado por bilhões de neurônios. Essas cascatas de faíscas errantes muitas vezes se originavam ou afetavam as áreas mais sensíveis do cérebro, em especial o lobo temporal e o sistema límbico: as sedes da percepção, atenção, compreensão, personalidade, expressão, cognição, emoção e memória. O "bombardeamento" de uma rajada epiléptica podia abalar qualquer um desses alicerces da consciência e da identidade.

O cérebro, descobriram os pesquisadores, podia enfrentar essas tempestades, mas jamais conseguia se recuperar totalmente delas. Cada ataque baixava o limiar para o ataque seguinte e alterava de vez as funções que haviam sofrido o abalo. A combinação entre o medo (de outro ataque) e as mudanças neurológicas subjacentes na área afetada do cérebro criava um padrão de comportamento — uma síndrome — associado ao que veio a ser conhecido como "epilepsia do lobo temporal".

Os acessos costumavam ser seguidos por períodos de extrema passividade — uma apatia e vagueza em que as vítimas mostravam pouco interesse pelo mundo exterior ou por suas próprias condições. O desejo sexual declinava. Um leigo e mesmo a vítima podiam se enganar e entender essa passividade como serenidade. Mas, aos poucos, a apatia dava lugar a seu oposto: um estado de grande excitabilidade. Obsessivamente alerta ao mundo exterior, a vítima seria tomada por sentimentos intensos, emoções aprofundadas (fossem exaltação e euforia ou depressão e paranoia) e entusiasmos exagerados. Em muitos casos, esse estado de realidade intensificada — que o álcool com facilidade exacerbava — levava a visões cósmicas e êxtases religiosos. À medida que a mente se excitava cada vez mais, ressurgiam a irritabilidade, a impulsividade e a agressividade — marcas características da epilepsia latente. As perturbações emocionais levavam inexoravelmente a distúrbios violentos — a "violência paroxística" de um ataque — e o ciclo recomeçava.

Quanto à causa de fundo — a origem dos neurônios "epilépticos" disfuncionais no cérebro —, continuava a ser um mistério. Alguns cientistas, já na época de Vincent, pensavam que os responsáveis podiam ser tumores, lesões cerebrais ou malformações congênitas. A hereditariedade continuava a ser suspeita. As pesquisas conseguiram identificar as causas imediatas dos ataques — os gatilhos que podiam levar a pessoa da passividade à euforia, à paranoia, à agitação, ao surto violento, com o intervalo às vezes de um ano, às vezes de um mês, às vezes de um dia após o último ataque.

O estresse, o álcool, a alimentação insuficiente, deficiências vitamínicas, choques emocionais, tudo poderia aumentar a suscetibilidade do cérebro a tempestades elétricas. Os entusiasmos intensos que ocupavam a mente epiléptica também eram passíveis de paralisá-la com *idées fixes* — ideias fixas que entravam na consciência da vítima excluindo todo o resto, distorcendo a percepção e a memória e afastando as pessoas em redor, até que o atrito e a exacerbação, precursores do ataque, se tornavam inevitáveis. Qualquer estímulo excessivo das áreas cerebrais afetadas — isto é, perturbações da percepção, da cognição ou da emoção — abriria caminho para tempestades de "raios" neuronais. Os surtos podiam ser desencadeados por estímulos visuais variados, desde a luz do sol se filtrando pelas folhas de uma árvore, um tremor das pálpebras e mesmo imagens despertadas pelo trecho de um livro. Sonhos vívidos, acontecimentos inesperados, a rejeição expressa por seres amados, a depreciação expressa por estranhos, ciladas da memória, irrupções de "intensas cargas de significado" (fosse por reflexões religiosas ou elucubrações metafísicas) — qualquer um deles ou todos em simultâneo podiam levar o cérebro perturbado a um novo ataque.

A imagem eufórica de um cosmo solto e rodopiante assinalava que as defesas de Vincent tinham sido rompidas.

Mesmo encerrado em seu sereno retiro entre as montanhas, Vincent não podia fugir às provocações que espreitavam por toda parte — inclusive em seu cérebro. Regularmente vinham cartas de Paris e da Holanda, cheias do ambíguo afeto da família. Theo escrevia com carinho sobre a arte e os artistas que os dois irmãos sempre tinham apreciado e comentava com solicitude as dificuldades de Vincent ("Não deve ser lá muito agradável estar perto de tantos malucos"). Mas as pressões da vida conjugal reduziam a frequência de suas cartas e aumentavam sua ansiedade com o custo adicional do hospício de Saint Paul.

Enquanto isso, continuava sempre morno em relação às obras de Vincent em Arles. "Com o passar do tempo, vão ficar muito bonitas", comentou evasivo, "e certamente algum dia serão apreciadas." Qualificou pinturas como *La berceuse* de "muito curiosas" e, para descrever a cor e a execução dessas obras, só conseguiu encontrar termos como "vigorosas" e "vivas". Quando começaram a chegar as paisagens estranhas e exageradas de Saint-Rémy, em junho, Theo não se conteve e perguntou abertamente por que "torturavam a forma" daquela maneira, enxergando na resposta a perturbação mental do irmão. "Suas últimas pinturas me deram muito material para refletir sobre seu estado mental na época em que você as fez", escreveu ele. "Como seu cérebro deve ter se esforçado, e como você deve ter arriscado tudo até o limite, onde a vertigem é inevitável!"

Jo também escrevia, às vezes intervindo alegremente nas cartas de Theo, às vezes se aventurando a entrar sozinha nas trevas da vulnerabilidade de Vincent. "Querido irmão", foi como iniciou sua primeira abordagem no começo de maio. "Já é hora de sua nova irmãzinha conversar com você... agora que somos realmente irmão e irmã de verdade." Ela não podia fazer ideia das feridas que infligia ao se apresentar no novo papel de "Madame van Gogh" e expor a felicidade doméstica que partilhava com Theo. "É como se sempre tivéssemos estado juntos", escreveu Jo. "Ele sempre chega em casa ao meio-dia para almoçar e às sete e meia para jantar." Comentou que habitualmente tinham companhia, inclusive da família, durante os serões. Aos domingos — "tão agradáveis e aconchegantes" — passavam o dia todo juntos, só os dois, às vezes visitando galerias, mas em outras ocasiões ficando em casa para "nos entreter à nossa própria maneira". Suas insinuações pueris sobre as intimidades conjugais ("Em geral estamos muito cansados à noite e vamos cedo para a cama") abalavam os fundamentos da irmandade e virilidade de Vincent, assim como o comentário da cunhada, dizendo que "quase nunca passamos um dia sem falar de você", desencadeava tremores de culpa e ansiedade.

A irmã Wil também inundava o irmão com questões irrefletidas. Na família, tinha sido ela, a irmã mais nova, quem seguira mais de perto seu caminho torturado. Sem nenhum histórico e nenhuma perspectiva de pretendentes, Wil parecia destinada, como Vincent, a uma vida de solidão e introspecção. Com a estada de Vincent no hospício de Saint Paul, ela se sentiu autorizada a comentar o destino de ambos. "Por que tantas pessoas tentando abrir caminho na vida fazem mais progressos do que eu?", indagou Wil. Seria vítima, como o irmão, de alguma "doença fatal" que a impedia de levar uma "vida normal"? O tema da falta de amor e felicidade levou inevitavelmente a reflexões sobre Theo e sua nova vida de marido e pai. Para dar um quadro a suas indagações, Wil enviou a Vincent um exemplar de *O sentido da vida* (*Le sens de la vie*), a novela sentimental de Édouard Rod sobre uma alma perdida burguesa que encontra alegria e significado nos braços de "uma esposa doce e muito dedicada e seu filho" (como, zombeteiro, Vincent resumiu o enredo). A mãe também escreveu celebrando o mais recente triunfo de Theo, com uma exuberância obtusa que beirava a crueldade.

Os livros também encerravam perigos. A ciência podia ter apontado o dedo acusador à sua família, mas, na literatura, Vincent encontrava aquele dedo apontando de novo para ele. Embora ainda anunciasse uma "admiração ilimitada" pelas obras de escritores naturalistas como Zola e os irmãos Goncourt, absteve-se expressamente de lê-los durante o período em Saint Paul, sem dúvida receando que suas tentações demasiado reais e suas recriminações, que vestia como carapuça, pudessem resultar em outro ataque. Em lugar deles, optou pelo melodrama filosófico de Ernest Renan, *A abadessa de Jouarre* (*L'abbesse de Jouarre*), uma peça sobre um amor impossível, tremendos sofrimentos e um casamento por obrigação, mas sem amor. O que poderia ser menos perturbador do que uma peça empolada sobre uma freira exonerada durante o Terror?

Mas mesmo aí as provocações espreitavam. Tal como a novela moralista anódina de Rod sobre o convencionalismo burguês e o casamento feliz, o drama de Renan santificava a maternidade e retratava a solidão como um destino pior que a morte. "O autor encontra consolo na companhia da esposa", deplorou Vincent, sintetizando o livro de Rod e a peça de Renan. "Certamente não é muito animador... não me ensina nada sobre o 'sentido da vida', seja lá o que se pretenda dizer com isso."

Como no Borinage, procurou refúgio no mundo distante de Shakespeare, afastado no tempo e na linguagem. Concentrou-se nas peças históricas — o único gênero na obra do Bardo que ele ainda não explorara — e sem dúvida encontrou corajoso consolo contra a adversidade em *Ricardo II*, *Henrique IV*, *Henrique V* e *Henrique VI*, que informou ter lido. Mas também encontrou cenas de sementes ruins e degenerações familiares, rivalidades fraternas e traições filiais, direitos de primogenitura roubados ou dilapidados, heróis arruinados por defeitos incorrigíveis.

Vincent se defendeu contra essa saraivada de acusações involuntárias e provocações despercebidas com uma mescla frenética de raiva e negação. "Com a quantidade de precauções que estou tomando agora", assegurou a Theo, "não é provável que eu tenha uma recaída." A precaução mais importante era evitar a culpa debilitante que ameaçava subjugá-lo a cada carta que recebia de Paris. Esquivou-se às ansiedades financeiras de Theo renovando suas promessas de trabalhar com afinco, suas campanhas de fazer imagens vendáveis (flores e paisagens, principalmente) e planos complicados de ressuscitar as relações comerciais na Inglaterra e na Holanda. Desviou-se das dolorosas intimidades de Jo descartando-a como uma interiorana meiga, mas superficial.

Respondia aos débeis elogios de Theo a seus quadros com avaliações igualmente mornas de Jo ("Ouso dizer que ela encontrará o meio de tornar a vida um pouco mais agradável"), e enchia as cartas de brincadeiras que apenas os dois entendiam, de comentários de quem conhecia a arte por dentro, de louvores a Paris (cidade que, sabia ele, não agradava a Jo), tudo isso frisando o lugar especial que Vincent ocupava na vida de Theo — um lugar que nenhuma esposa, muito menos a "valente e alegre" Jo, jamais conseguiria preencher. Defendeu-se da solicitude da irmã Wil com um ríspido ataque a seu gosto ingênuo em matéria de leitura ("boas mulheres e livros são duas coisas diferentes", zombou dela a Theo) e um conselho desolador para perder qualquer esperança. "Temos de nos resignar à obstinada insensibilidade dos tempos e a nosso isolamento", escreveu, prevendo para ela, tal como para si, uma vida de "pobreza, doença, velhice, loucura e perpétuo exílio".

Vincent poderia contrapor à insondável fatalidade de Shakespeare a leitura do "poderoso" Voltaire, que "pelo menos oferece um relance da possibilidade de que a vida tenha algum sentido", observou ele. Mas nada poderia protegê-lo do juízo condenador que ouvia na alegria da mãe. "Fazia muitos anos que eu não via uma carta da mãe mostrando tanta serenidade interior e tanta calma alegria", confessou a Theo. "E tenho certeza de que isso se deve a seu casamento. Dizem que agradar aos pais garante vida longa."

Tinham voltado os fantasmas do presbitério de Zundert.

Em meados de junho, sua imaginação estava sendo inundada por imagens perigosas, vindas de todos os lados. Obcecado com a mãe e seu prazer com o triunfo de Theo, os pensamentos de Vincent voltaram mais uma vez à *Berceuse*, ícone da maternidade que testemunhara toda a sua desgraça em Arles. Da amada *Berceuse*, seus pensamentos passaram para o amor frustrado que tinha pelas figuras e retratos e o sonho irrealizado do Bel-Ami do Midi. "Se eu tivesse alguém como a mulher que posou para 'La berceuse'", escreveu ele, "faria ainda algo muito diferente." Logo subiu dentro de si o velho grito pedindo temas "com vida em si" — seres humanos "transformados em algo luminoso e confortante, sereno e puro", figuras como as dos desenhos de Daumier, dos romances de Zola ou das peças de Shakespeare. "O que também tem vida em si", escreveu retornando à mágoa original, "é que a mãe está contente com seu casamento."

Não demorou muito, e esses velhos anseios deram o salto para a tela, numa pintura do campo cercado que se estendia diante da janela de seu quarto, mostrando a figura solitária de um camponês colhendo o trigo dourado sob um céu amarelo fulgurante. Enquadrou a figura luminosa numa reflexão shakespeariana que revelava os pensamentos mais sombrios e os perigos mais profundos agora à solta em sua imaginação:

> Nós, que vivemos de pão, não somos em boa medida como o trigo, não somos, quando menos, obrigados a nos submeter a crescer como uma planta sem poder se mover, quero dizer, no rumo a que nos impele nossa imaginação, e a ser colhidos quando estamos maduros, como o próprio trigo?

Vincent chegara a Saint-Rémy fazendo pouco da religião (dizendo que era "o rabo de alguma espécie de budismo"), decidido a evitar as obsessões que tantas vezes lhe transtornaram o mundo emocional em Arles, trazendo consequências tão catastróficas. Mas as cartas e as pinturas continuaram assombradas pelo desejo de "provar que também existe algo muito diferente", e ele ainda cismava vagamente com "o outro lado da vida". Passou a falar da arte usando cada vez mais a terminologia messiânica de um evangelho anterior. Os artistas, dizia, existem "para dar consolo ou para preparar o caminho para uma pintura que dará consolo ainda maior". Afirmava em vão que tais pensamentos "não [eram] uma volta às ideias românticas ou religiosas, não". Mas seus olhos e sua imaginação diziam o contrário.

Quando Theo elogiou irrefletidamente um desenho de Rembrandt com um anjo, Vincent começou a enxergar imagens religiosas por toda parte: desde a *Pietà* de Delacroix em sua parede até as outras cenas bíblicas de Rembrandt em sua memória. Fosse no melodrama empolado de Renan ou no palavrório sentimental de Rod, fosse nas misteriosas figuras sagradas de Rembrandt ou nos heróis imperfeitos de Shakespeare, ele encontrava "aquela ternura triste, aquele vislumbre de uma infinitude sobre-humana" que conduziam inexoravelmente às ideias da mortalidade e do além. Quando Theo cometeu outro deslize mencionando a *Educação da Virgem* de Delacroix, a mente de Vincent retornou à sua virgenzinha talismânica, a *Berceuse*, levando o anseio por uma família e a busca de significado a um vórtice de desespero que só podia desembocar num lugar. Aconselhando Wil no momento de crise *dela*, Vincent revelou qual era, para ele, esse lugar: "Penso que é muito corajoso de sua parte, irmã, não recuar desse Getsêmani". Como se testasse aquele solo sagrado, Vincent se aventurou pelos bosques de oliveiras em torno do asilo e pintou várias vezes a cena vazia, embora admitindo que era "belo demais para ousar pintar ou conseguir imaginar".

Finalmente, em meados de junho, ele desviou os olhos das figuras impossíveis e perigosas no horto, olhou para o alto e pintou o firmamento noturno estrelado. Se não fizesse isso, alertou a Theo e a si mesmo, iria "se arriscar à vertigem" e, com ela, "a um dilúvio desesperado de dor".

As frágeis defesas de Vincent (as "precauções" que alardeara a Theo) mal conseguiam enfrentar as ameaças dentro de seus próprios pensamentos, espreitando por todos os lados. Contra os insultos e a indiferença do mundo real, não tinham a menor chance. Em sua primeira excursão à vila de Saint-Rémy no começo de junho, o velho terror o seguia tão colado como seu acompanhante do asilo. "A mera vista de coisas e pessoas teve tal efeito sobre mim que achei que ia desmaiar e passei muito mal", relatou a Theo depois do passeio. "Devia haver dentro de mim alguma emoção forte demais para me transtornar daquela maneira, e não faço ideia do que pode tê-la causado."

Peyron e sua equipe não percebiam nenhum sinal desse pavor enquanto observavam Vincent zanzando pelo ateliê no térreo ou se apressando até os portões do asilo, carregado de equipamentos, nos dias em que saía a passeio até o campo. Assim, em 6 de julho, quando Vincent foi pedir autorização a Peyron para ir até Arles no dia seguinte, o médico não viu nenhum motivo de objeção, desde que um assistente o acompanhasse. Vincent falou em trazer seus móveis para o hospício e se instalar em caráter mais permanente no novo lar — aparentemente concordando com a recomendação de Peyron para estender seu tempo de permanência. "Preciso esperar um ano antes de me considerar curado", escreveu a Theo, "pois a menor coisinha pode levar a outro ataque."

Sem que Peyron soubesse, essa "coisinha" já tinha acontecido. No mesmo dia em que pediu para ir até Arles, Vincent recebeu uma carta de Paris com uma notícia fulminante: Jo estava grávida. "Meu querido irmão", escreveu ela (em francês pela primeira vez), "agora vou lhe dar uma grande notícia... Estamos esperando um bebê, um lindo menininho — e vamos lhe dar o nome de Vincent, se você aceitar ser o padrinho."

O feliz anúncio de Jo não trouxe a tempestade imediatamente. Vincent se recompôs e respondeu no mesmo dia com uma carta efusiva a seus "Queridos irmão e irmã". Escreveu: "Minhas congratulações. Estou muito contente em saber [e] fiquei muito comovido com a ideia de vocês". Mas, entre as congratulações sinceras e as alegres expressões tranquilizadoras, avultavam nuvens negras e carregadas. Queixou-se da "saúde fraca", dos impedimentos das dívidas e dos sentimentos de remorso — que vinham inalterados desde o passado; da falta que sentia da bebida, da ausência de companhia e do medo da morte. Com a notícia de Jo, não só se alteraram seus planos de ficar pouco tempo no hospício — concordando com Peyron em continuar pelo menos mais um ano —, como sua viagem a Arles deixou de ser mera tarefa doméstica (recuperar algumas pinturas para enviar a Theo) e se tornou uma arremetida desesperada em busca de uma nova vida — uma tentativa de anular o abandono que agora parecia selado.

Mas não tinha tempo e não traçara nenhum plano. No fim do trajeto vertiginoso do trem pelas gargantas, chegou a uma Arles praticamente deserta de amigos. Foi à casa do pastor Salles, mas lhe disseram que o sacerdote saíra em férias prolongadas. Tomou coragem de visitar o Hôtel Dieu, onde passara tantas noites tormentosas, na esperança de encontrar o dr. Rey; mas este também tinha ido embora. Alguém comentou que fora aprovado nos exames e se mudara para Paris; porém o porteiro do hospital, que por certo reconheceu Vincent, não lhe disse nada. Acabou passando a maior parte do dia num café ou bordel, com um grupo que descreveu em termos muito vagos como "ex-vizinhos", sugerindo que tampouco viu os Ginoux (a mobília dele continuou em Arles) e que as únicas pessoas que se sentaram com ele eram prostitutas e colegas de bebida cujos nomes jamais se atrevera a mencionar a Theo. Sob as vistas do acompanhante do hospício, Vincent, ao que parece, amorteceu a solidão na bem-aventurança do álcool de que sentia tanta falta.

Mesmo Peyron, em sua atitude de distanciamento, percebeu a mudança quando Vincent voltou de Arles. Seu estado de agitação e os informes sobre seus excessos quando estava fora podem ter levado o diretor a lhe cortar a ração de carne e vinho, numa tentativa de acalmá-lo. Ainda mais agourentos eram os sinais de advertência que Peyron não podia ver: as ondas de saudades, de arrependimento e recriminação pessoal que verteram da pena de Vincent nos dias subsequentes à viagem malograda a Arles. O anúncio de Jo o fizera mergulhar ainda mais fundo no desvanecimento da emoção materna, que se iniciou com a carta da mãe no começo de julho, radiante com o casamento de Theo. Em suas felicitações, Vincent se empenhou em consolar Jo, inquieta que os persistentes problemas de saúde de Theo poderiam prenunciar um filho com constituição frágil. Ele lhe lembrou que a bebê Marcelle, filha dos Roulin, cujo retrato estava numa das paredes do novo apartamento de Theo, "nasceu sorridente e muito saudável quando os pais estavam em dificuldades".

As conversas sobre bebês e as imagens maternas, sobretudo de Madame Roulin, modelo para *La berceuse*, prenderam Vincent com força ainda maior à obsessão de seus anseios e identificação com a maternidade. Comparou ter filhos às aflições "amorosas, mas purificadoras" do mistral que tão bem conhecia e previu que ser tio o ajudaria a "recuperar meu interesse na vida". Pela primeira vez em anos, escreveu à própria mãe uma longa carta íntima ("Nem tenho como lhe dizer o quanto fico feliz com aquela carta!", comentou Anna a Theo) — uma carta fremente de nostalgia por um lar e uma infância da imaginação, não da realidade. Devaneando entre recordações, falou das casas cobertas de musgo, das matas de carvalho, das sebes de faia e dos "belos vidoeiros de Nuenen" que sabia que ela amava. A pretexto de consolar a mãe pela partida iminente de Cor, o filho mais novo, para a região aurífera do Transvaal no sul da África, Vincent explorou o tema mais sensível de todos, o longo afastamento entre ambos, e chegou a alimentar fantasias de reconciliação. A "dor" da "separação e perda", escreveu penosamente, "ajuda-nos a nos reconhecer e nos reencontrar mais tarde".

Mas, para onde se virasse, ele só ouvia as recriminações do fantasmagórico Horla: nos informes de Jo sobre os graves problemas orgânicos de Theo e os receios da degeneração que poderia transmitir aos filhos; nas inquietações ainda maiores da mãe com a constituição frágil de Theo e as incessantes demandas do passado e do futuro impostas à sua saúde. Vincent se defendia com panaceias panglossianas ("a doença às vezes nos cura") e exortações à paciência e serenidade: "Uma condição enferma é apenas o resultado das tentativas da natureza de se restaurar". Mas nenhuma palavra o reconfortava; nenhum argumento o absolvia. Na preocupação da mãe com Theo, ele ouvia uma defesa do velho desafeto, Goupil; na futura paternidade do irmão, via a vitória final do pároco inclemente. Quando, em começo de julho, chegou a notícia de que uma pintura de Millet fora vendida em Paris pela espantosa quantia de meio milhão de francos, Vincent sentiu não a confirmação de suas convicções, e sim uma acusação. Reconheceu que, perante a própria pobreza e obscuridade, a venda lhe fez sentir mais, não menos, "a negra necessidade que sempre torturou Millet".

Passou dias equilibrando-se no frágil fio de uma culpa aniquiladora. Ouvia vozes de acusação até nas cigarras que zuniam de noite à sua janela. Elas lhe falavam de um passado e de um futuro perdidos porque "as pequenas emoções são os grandes capitães de nossas vidas e obedecemos a elas sem saber". A ideia de que Theo o estava abandonando, ou morrendo, despertou todos os demônios da Casa Amarela. A mente de Vincent voltou a se fixar em Monticelli, o pintor insano de Marselha que ele dizia reencarnar. Descobriu que um médico no asilo conhecera Monticelli, mas o considerava apenas "um excêntrico" — isto é, louco somente "um pouco... perto do fim". O estranho é que isso lhe pareceu consolador. "Considerando toda a desgraça de seus últimos anos", escreveu ele, vendo a si mesmo e seu destino inevitável, "há algum motivo de surpresa se ele cedeu sob uma carga tão pesada?"

Vincent escreveu uma carta a Gauguin, a única testemunha de seus crimes, procurando mais uma vez um indulto de normalidade. Para Theo, ele pintou outra das cenas de jardim que sabia ser do gosto do irmão: um recanto coberto de hera, num bosque sombreado e mosqueado de sol, que invocava não só velhos favoritos do Barbizon como Diaz, mas também, na tinta magnífica e no fantástico mosaico de cores, o louco Monticelli. No ateliê, Vincent selecionou entre as pinturas que trouxera de Arles algumas para enviar a Theo, marcando suas falhas com a severidade do ceifeiro que observava pela janela. "Ainda é difícil para mim retomar a coragem depois dos erros cometidos", admitiu numa carta que enviou junto.

Por fim, acossado por acusações de todos os lados, Vincent deu a Theo permissão para deixá-lo. Numa carta de despedida tão carregada de emoção que mal conseguia manter uma coerência nos pensamentos, ele disse ao irmão: "Se você também se vir diante de grandes responsabilidades... honestamente, não vamos nos preocupar demais um com o outro". Os acontecimentos os haviam afastado "de nossas concepções de juventude sobre a vida de um artista", acrescentou inconsolável, e agora Theo tinha sua própria família para cuidar. Terminou esse dolorido adeus com uma ilusão de solidariedade que mais parecia uma alucinação, de tão vívida e espectral que era. Descrevendo Theo como "um homem exilado, estrangeiro e pobre" como ele mesmo, Vincent sacramentou a infância que tinham passado juntos na charneca ("ela ainda permanece conosco, indizivelmente amada") e a breve parceria despreocupada em Paris. Era uma vida, admitiu, que agora podiam viver "apenas na lembrança". O passado era o passado. Chegara o momento de "encarar nossos destinos".

Poucos dias, se não horas, depois de escrever essa carta, Vincent foi derrubado por outro ataque. O surto veio durante uma de suas excursões de pintura em meados de julho. Como todos os seus contatos com a natureza, esses passeios sempre vinham permeados de perigos. "As emoções que me tomam diante da natureza podem ser tão intensas que perco a consciência", admitiu mais tarde. Tinha sido avisado. Apenas um ou dois dias antes, ele pintara uma vista das escarpas dos Alpilles, "com uma choça escura no sopé entre algumas oliveiras". Enquanto pintava, uma cena de *O sentido da vida* de Rod lhe perfurava os pensamentos: a pequena cabana montanhesa onde o herói de Rod encontrou a felicidade com a esposa e o filho — o "refúgio encantado", como dizia Rod. A imaginação de Vincent deu uma guinada perigosa para a imagem de Theo e Jo com "o filho que está para chegar" e a vida feliz e tranquila deles — imagem, reconheceu Vincent, "que continua me perseguindo".

Mas logo depois, talvez no dia seguinte, ele se viu enfrentando mais uma vez a temível solidão da natureza. Embrenhou-se mais no campo, procurando "locais agrestes, onde é preciso fincar o cavalete entre as pedras para que o vento não leve tudo embora". Chegou a uma pedreira antiga, uma depressão entalhada na terra, abandonada fazia séculos — um lugar solitário mesmo num ensolarado dia de verão.

Tão logo firmou o cavalete e começou a trabalhar, um forte pé de vento atravessou o local numa rajada violenta, espalhando tela, cavalete e tintas. Num clarão metafórico, o soçobro daquela pequena excursão se tornou o soçobro de sua vida. A indiferença esmagadora da natureza se ergueu sobre ele; o abismo bíblico da pedreira se abriu a seus pés. A natureza consoladora que "nos faz sentir mais facilmente os laços que unem todos nós" se tornou de repente gélida e cruel, enquanto "uma sensação horrível de solidão me dominou", relembrou ele. Então veio uma tontura. E então a escuridão.

40. O isolado

Dessa vez, a escuridão se prolongou por mais de um mês.

De meados de julho até o fim de agosto, os ataques voltaram várias vezes — "como em Arles, se não pior", comentou ele mais tarde. Os acessos de alucinações pavorosas eram seguidos por desmaios, vertigens ("nesses momentos, não sei onde estou") e perda de consciência. A cada vez, ele despertava num oceano de amnésia e angústia. Disse que "ficava tão abatido que não tinha vontade de rever os amigos nem de trabalhar".

A cada vez, esperava que fosse a última. "Um ataque mais violento", receava ele, "poderia destruir definitivamente minha capacidade de pintar." Mas os ataques se tornavam mais intensos e mais prolongados; o intervalo entre eles, menor; seu comportamento, mais grotesco e violento. Uma vez, no jardim, apanhou um punhado de terra e começou a comer. Outra vez, atacou seu acompanhante do asilo, acusando-o de ser um espião da polícia secreta.

A cada escalada, aumentava a aflição entre os ataques e se reforçava o controle das restrições. Ficou confinado ao hospício; depois ao prédio dos dormitórios; então ao quarto; por fim, ao leito. Passou quase dois meses privado do "ar livre". A garganta se inflamou de úlceras. Mal falava ou comia e não escrevia nenhuma carta. Às vezes queria morrer, e esperava que o ataque seguinte fosse o derradeiro. "Odiava a ideia de recuperar a saúde", disse mais tarde, "vivendo sempre no medo de uma recaída... Preferia que não houvesse mais nada, que fosse o fim de tudo."

Por algum tempo, teve autorização de trabalhar entre os ataques. Terminou o quadro da pedreira que o mistral soprara para longe. Mas a cada vez tinha de pedir "permissão para pintar" — um ritual humilhante. Então os guardas o flagraram bebendo o querosene da lamparina e comendo a tinta dos tubos. No receio de que houvesse se envenenado, tiveram de contê-lo à força para ministrar um antídoto. Os médicos tomaram como uma tentativa de suicídio, e foi o que Peyron informou a Theo. Retiraram-lhe as tintas e pincéis e trancaram o ateliê. Ele escreveu: "Não poder ir ao aposento que me destinaram para pintar é quase insuportável". No fim de agosto, quando enfim emergiu dos negros temporais tempo suficiente para expor sua queixa a Theo, escreveu com um pedaço de giz; ainda não tinham confiança em lhe permitir o uso de objetos pontudos.

Os ataques mergulharam Vincent nos subterrâneos da memória. "Minha mente anda *inteiramente dispersa*", escreveu ele. Em visões alucinatórias, reviu imagens e lugares do passado. Pelo menos numa ocasião, imaginou que estava de volta à Casa Amarela, perseguido pela turba enfurecida. Via e ouvia pessoas (e talvez tenha conversado com elas) que conhecera, sobre as quais lera ou vira em quadros — como nos retratos de Rembrandt que sempre lhe lembravam a família e o lar natal. Sua imaginação sempre tinha sido povoada por figuras — do presente e do passado, da realidade e da ficção —, que ganhavam vida e vulto com sua dolorida nostalgia ou com a necessidade insaciada de companhia. Mas agora os outros internos e os atendentes do hospício adquiriam os traços dos mortos e imaginados. Ele contou: "Durante os ataques, as pessoas que vejo são *em tudo diferentes* de quem são na realidade, e me parece vê-las com as fisionomias agradáveis ou desagradáveis de pessoas que conheci em outros tempos e lugares".

Suas visões eram povoadas sobretudo por figuras religiosas. "Os ataques tendem a assumir um teor absurdamente religioso", informou em setembro. "Tenho ideias distorcidas e assustadoras sobre a religião." Vincent nunca descreveu essas aparições espirituais e esses acessos histéricos, mas duas imagens em particular assombraram de forma obsessiva seus pensamentos febris durante todo o verão.

Em julho, ele retirara a estampa da Pietà de Delacroix da parede de seu quarto, pregando-a ao lado do cavalete, como se pregasse na mente a imagem de uma mãe amorosa abraçando o filho retornado dos mortos. O ícone materno de Delacroix ocupou o lugar da ausente Berceuse. Entre os ataques, ele folheava revistas procurando outras imagens de uma maternidade consoladora e cantava melodias da infância. Em certo momento, recompôs-se o suficiente para escrever aos Roulin, a família verdadeira da Berceuse, fundindo lembranças, imagens e ilusões numa mesma fantasia redentora.

Antes de ser impedido de entrar no ateliê, Vincent tentou pintar uma versão da cena inefavelmente confortadora de Delacroix, decidido a "fazer retratos de santos e santas". Mas, num lance inexplicado de "azar" — outro ataque, talvez —, deixou cair a preciosa reprodução e outras estampas "em óleo e tinta", estragando todas elas. "Fiquei muito triste com isso", comentou pesaroso.

A outra imagem que se fixou em sua mente naquele verão foi a de um anjo. Fora Theo que o trouxera a seu espírito em junho, desencadeando tremores de remorsos e autoacusações. Então, no fim de julho, enquanto Vincent era fustigado por ataques sucessivos, chegou um presente do irmão: uma reprodução do quadro de Rembrandt com o arcanjo Rafael — uma visão de benevolência e luz, radiante como os sóis meridionais de Vincent, anunciando não só o milagre do nascimento a Maria, mas o divino consolo da maternidade a todos. No entanto, sem que Theo soubesse, Vincent via no anjo de Rembrandt não apenas um bem-vindo mensageiro que levava conforto aos "abatidos e desiludidos", como escrevera uma década antes, mas também a imagem acusadora do pai (que pregava com "o semblante de um anjo"), advertindo sobre o acerto de contas no Juízo Final.

Em setembro, quando Vincent foi autorizado a retomar a pintura (sob as vistas de um guarda), entre as primeiras imagens que saíram dos destroços de sua mente e de seu ateliê estavam a Pietà de Delacroix e o anjo de Rembrandt — grandes versões em cores das pequenas reproduções cinzentas que o torturaram e o embalaram durante as intermináveis tormentas: a mãe amorosa e o sublime anunciador. Ao pintar essas imagens, viu seus próprios traços no rosto do Cristo levitando e deu ao anjo incolor seus cabelos causticados de sol. Nesses dois quadros — pintados entre luzes e trevas — estão suas tentativas mais aproximadas de documentar as imagens que lhe arrebataram e devastaram a mente durante aquele verão.

Vincent ressurgiu no fim de agosto abalado, amedrontado e solitário. Os ataques terminaram de repente; um "intervalo" como outro qualquer se estendeu por dias e depois por semanas. Mas "tudo permanece duvidoso", avisou a Theo. "Eu mesmo estou *contando* que retornem." A ameaça de outra recaída o apavorava. Continuava a ter tonturas e acessos de pavor que o paralisavam. Seus dias ainda eram cheios de "solidão e angústia", disse ele; o sono, povoado de "pesadelos abomináveis". Apesar do vazio da solidão, tinha medo de ver qualquer pessoa e de ir a qualquer lugar. Os riscos eram demasiados. Continuou a se agarrar à segurança do confinamento solitário, muito tempo depois de ter recebido permissão médica para sair. Mesmo a caminhada até o ateliê era eivada de perigos. "Tentei me obrigar a descer as escadas", confessou ele, "mas em vão."

Agora os outros pacientes lhe causavam terror. Meses de alucinações e fantasias paranoicas tinham destroçado a solidariedade que antes sentia pelos "companheiros de infortúnio". Agora, a simples proximidade de tantas "almas esquisitas" o transtornava, e temia que a ociosidade "vegetativa" deles pusesse em risco sua recuperação. Comparou-os aos "idiotas pasmacentos" que o tinham tirado da Casa Amarela e acusou-os também de abrigar secretamente ideias supersticiosas sobre os pintores e de lhe causar "dor sem fim". Declarou que ia "limitar minhas relações [com eles] por medo de adoecer de novo". A paranoia se estendeu igualmente à equipe do hospício. Desconfiava que estavam roubando nas contas e envenenando sua comida. Acusou-os de espalhar falsos rumores sobre seu comportamento esquisito durante os ataques naquele verão e, ainda, de nutrir um preconceito implacável contra pintores. Comparou-os a proprietários mesquinhos e extorsivos — os piores dos piores — aos quais era preciso repetidamente "mandar para o inferno".

Destampando o profundo poço de antipapismo de seu passado, Vincent insinuou que o hospício, na verdade, era dirigido não pelo dr. Peyron, e sim por autoridades católicas, e apontou a meia dúzia de freiras da equipe como agentes desse poder sombrio e controlador. Escreveu: "O que me incomoda é a visão constante dessas boas mulheres, que acreditam na Virgem de Lourdes e inventam esse tipo de coisa". Começou a se considerar prisioneiro de uma instituição dedicada a "cultivar aberrações religiosas doentias", em vez de curá-las. Citou como prova dessa influência nefasta o conteúdo religioso de seus ataques no verão. E perguntava: por qual outra razão um homem de "ideias modernas" — um homem que admirava Zola e detestava o exagero religioso — teria as "ideias distorcidas e assustadoras" de um camponês supersticioso?

Ele argumentou que, na verdade, era tão "sensível ao ambiente" que a estada prolongada nos velhos claustros de Saint Paul (e, antes, no Hôtel Dieu) "bastaria para explicar esses ataques". Por fim, sua paranoia se estendeu para além da equipe e dos pacientes do asilo, abarcando os campos em torno e, de fato, a região inteira. Via "um mal geral" espreitando em toda parte, que o apanharia em sua armadilha mesmo se fosse apenas até o jardim. Em meados de setembro, quando finalmente ousou dar um pulo até seu ateliê, trancou a porta a suas costas.

A fuga parecia a única saída. Mesmo durante os ataques naquele verão, Vincent imaginou fugir de Saint Paul. Conforme as semanas se passavam sem recaídas, pensou várias vezes em "escapar" aos carcereiros. "Temos de acabar com este lugar", escreveu ansioso a Theo. "Com o tempo, aqui vou perder a faculdade de trabalhar, e isso é o decisivo." Quando o dr. Peyron se negou, "sem rodeios", a levá-lo em viagem até Paris ("Foi repentino demais", disse-lhe o médico), Vincent começou a traçar um elaborado plano de fuga.

Prendeu-se à notícia de Theo sobre o revés sofrido por Camille Pissarro, que fora morar no campo, perto de Paris. Vincent se imaginou mudando para lá, morando com o velho e a esposa rabugenta. Melhor que o dinheiro de Theo fosse "alimentar pintores" do que sustentar freiras, argumentou ele. Quando Theo lhe disse que "não era o momento certo" de abordar Pissarro, Vincent ampliou o plano a qualquer outro. Certamente, insistiu ele, "algum dos artistas que vivem duros vai concordar em dividir a casa comigo". Como candidatos, arrolou artistas que mal conhecia e outros que conhecia até demais. "O que você diz sobre Gauguin me interessa muito", disse num desplante inacreditável. "E ainda digo a mim mesmo que Gauguin e eu talvez voltemos a trabalhar juntos."

Se ninguém o recebesse, ameaçou que então iria a *qualquer lugar* — a prisão, o exército, as ruas — para escapar aos terrores do asilo.

Mas a saída também o aterrorizava. A perspectiva de enfrentar outra vez o mundo real e o medo do que poderia acontecer, caso tivesse o próximo ataque em público, se somavam para imobilizá-lo. No começo de setembro, escreveu: "Sair agora talvez seja temerário demais". Deixou de lado seus elaborados planos dizendo que era apenas "por poucos meses" e invocando os terríveis perigos que o aguardavam no mundo exterior. "No fim das contas", concluiu ele, "*prefiro* sem dúvida estar doente como me encontro a estar da maneira como estava em Paris, quando tudo isso fermentava." Como que para documentar o tormento que sentia, preso entre os terrores de dentro e os terrores de fora, iniciou um autorretrato logo que retornou ao ateliê. Descreveu-se como uma figura "magra e de uma palidez mortal", com as faces encovadas e os olhos assombrados. O cabelo fulvo se destaca sobre uma escuridão, um *rayon noir*, que se irradia num roxo carregado e uma sombra verde lívida lhe atravessa o rosto.

Era uma imagem que jamais poderia compartilhar com Theo. Vincent reconhecia que o filho a caminho tornava "impossível" voltar a Paris. Seu primeiro e único dever fraterno, agora, era não incomodar o irmão. Guardara as notícias de seus ataques naquele verão pelo máximo de tempo possível, e talvez tenha persuadido Peyron a fazer o mesmo. O primeiro informe em agosto, aquele em giz, começava com um pedido de desculpas: "Espero que não seja lamuriento demais se lhe contar esses detalhes". A seguir, tentou de todas as maneiras atenuar o problema. E sua carta seguinte começava: "Tenho me sentido melhor desde que lhe escrevi".

A cada queixa espontânea ("Estou de péssimo humor, as coisas não vão bem") logo se seguiam palavras tranquilizadoras ("Dia a dia, minhas forças estão voltando") e até de esperança por um futuro sucesso ("Talvez minha jornada até o Sul ainda dê frutos"). Quando soube que Peyron ia visitar Theo em Paris, iniciou uma campanha frenética para desacreditar o médico e qualquer notícia inquietante que pudesse transmitir. "O bom M. Peyron vai lhe contar montes de coisas", alertou Vincent, "probabilidades e possibilidades, e atos involuntários. Muito bem, mas, se ele for mais específico do que isso, eu não acreditaria em nada."

Para reforçar sua mensagem confiante, Vincent pintou um segundo autorretrato, este o mostrando equilibrado, irrepreensível como um bibelô, usando um terno novo e vistoso de linho verde-azulado, sobre as curvas em azul-claro do fundo sereno como uma noite estrelada. "O trabalho está indo muito bem", escreveu enquanto pintava.

> Estou descobrindo coisas que procurei por anos em vão e, ciente disso, lembro-me constantemente daquele dito de Delacroix que você conhece, que ele descobriu a pintura quando não lhe restava mais fôlego nem dentes.

A diferença entre esses dois autorretratos — um para mostrar, outro para esconder — traía o fosso que se estava abrindo entre Vincent e Theo. Mesmo antes de se iniciarem os ataques em julho, Theo já começara a se afastar. Suas cartas sempre demoravam, muitas vezes eram indiferentes e às vezes ferinas. Ele falava dos agradáveis fins de semana no campo, da decoração do apartamento e dos enjoos matinais de Jo. Levou semanas até se dar conta que Vincent tinha parado de escrever, e só então percebeu o silêncio de Saint-Rémy. Entre os problemas na galeria (Monet tinha se transferido para outro negociante), as demandas do novo lar e as preocupações com a família que logo ia aumentar, a atenção de Theo estava em outro lugar.

Vincent tentou recuperá-la no começo de setembro com uma enxurrada de cartas de muitas páginas, detalhadas como um diário, mas tinha de esperar cada vez mais até receber resposta. Defendeu durante semanas seu plano de fugir do hospício, chegando a ameaçar que iria para Paris. Mas Theo vedava todas as saídas. Nenhum artista tinha espaço ou vontade de receber Vincent, informou ele. Pissarro havia rejeitado categoricamente a ideia. A Bretanha era ainda mais perigosamente religiosa do que o Midi, o que excluía a hipótese de Gauguin. Na verdade, não havia local adequado no Norte, lembrou-lhe Theo, porque "você sabe como sofre com o frio". Não era confiável que Vincent vivesse sozinho, e qualquer companhia corria o risco de o "enervar". Theo pôs fim à conversa com uma instrução rigorosa: "Não faça nada imprudente... Fique sob a supervisão de um médico".

Outros parentes, como sempre, seguiram o exemplo de Theo. Depois de passar meses praticamente ignorando a internação constrangedora de Vincent, sua mãe e a irmã Wil se mudaram de Breda para Leiden, abandonando o Brabante de sua infância. Quase na mesma época em que Theo formou família em Paris, o irmão Cor foi para a África (sem dizer uma palavra a Vincent), dissolvendo assim o último vestígio de unidade familiar do presbitério de Zundert. Numa tentativa desesperada de mantê-la, Vincent enviou pinturas e congratulações (pelo aniversário de setenta anos da mãe), acompanhadas de melancólicos protestos de união inquebrantável. "Sinto uma necessidade quase irresistível de enviar alguns trabalhos meus para a Holanda", escreveu a Wil. "A pessoa mantém a ligação com os afetos do passado." Distribuiu meticulosamente suas pinturas entre os familiares e velhos amigos (inclusive Margot Begemann), mas insistiu que os destinatários "os guardem todos juntos", como se pudesse recompor o passado com sua arte. "Certamente tenho o direito", disse, reconhecendo como se afastavam dele, "sim, o *direito* de trabalhar de vez em quando para amigos que estão tão distantes que talvez nunca volte a ver."

Abandonado pela família, temendo a equipe do hospício, sentindo ameaças em qualquer outro contato humano, Vincent se refugiou no trabalho. Como sempre, acreditava que apenas o trabalho frenético poderia lhe devolver o equilíbrio e manter à distância os demônios da doença. "O trabalho me distrai infinitamente mais do que qualquer outra coisa", escreveu ele. "Fortalece a vontade e, por conseguinte, diminui o poder dessas fraquezas mentais." Tão logo lhe abriam a porta do ateliê, ele se atirava ao trabalho "com toda a minha energia possível". Na primeira semana, deu início a doze telas. Começou com todas as imagens que lhe arderam na imaginação durante o longo período solitário: a Pietà, o anjo, o rosto no espelho e, principalmente, a vista pela janela gradeada de seu quarto de dormir.

Trabalhando todo o tempo que lhe permitiam os guardas — "de manhã, de tarde e de noite", disse a Theo —, retomou telas que iniciara antes da crise e retocou outras que julgara terminadas. Anunciando um novo alvorecer e uma colheita madura, começou mais uma versão de *O ceifador*, pintando a figurinha que trabalhava sem cessar no campo diante de sua janela, ao nascer do sol. Utilizou uma tela igualmente enorme e terminou em poucos dias. Durante todo o longo suplício, a pintura de seu dormitório em Arles tinha ficado no ateliê. Pouco antes da crise, Theo a remetera de volta para alguns reparos, mas Vincent a deixara ainda enrolada, no receio de que lhe transtornasse ainda mais o cérebro perturbado. Agora a abriu destemido e começou outra versão, em outra tela de grandes dimensões.

Terminou-a também na primeira semana, e logo decidiu repintar uma grande quantidade de imagens que pintara na Casa Amarela e lhe agradavam: os vinhedos, o Crau e, "acima de tudo, aquele Café Noturno". Encomendando um novo e enorme suprimento de materiais, imaginou pintar cópias reduzidas de todas as suas "melhores telas" para enviar aos parentes, e depois dar início a uma nova série de "efeitos outonais" — todas até o fim do mês. Foi o princípio de uma produção espantosa — quase uma pintura a cada dois dias, durante os oito meses seguintes —, numa corrida para ocupar as mãos e distrair a mente. "Estou trabalhando como um verdadeiro possuído", escreveu ele, "mais do que nunca estou entregue a uma fúria represada de trabalho, e tenho certeza de que ajudará a me curar."

O que mais queria, como sempre, era pintar retratos. Mas a reclusão no hospício significava que só poderia recrutar modelos entre os colegas pacientes ("uma impossibilidade", admitiu) ou entre os funcionários. Ao que parece, conseguiu persuadir um interno aturdido, de olhar vazio, a posar usando o roupão de doente num retrato feito às pressas. Porém os únicos verdadeiros modelos que conseguiu foram os dois guardas que eram pagos para vigiá-lo enquanto pintava. Um era Jean-François Poulet, o jovem atendente que o acompanhara em várias ocasiões nos passeios fora do asilo. O outro era Charles Trabuc, o chefe da vigilância que morava com a esposa numa casa dentro do terreno do hospício.

Universalizando seu minúsculo mundinho de companhia humana, Vincent pintou os dois como tipos: Poulet como o sorridente camponês local com chapéu de palha e camisa colorida, totalmente à vontade ao ar livre que era seu lar; Trabuc (conhecido como "o Major") com a imponência grave e aprumada da autoridade. Trabuc com seu casaco protocolar de listras brancas e pretas, sério e inexpressivo, se converte, no retrato austero de Vincent, num símbolo da rigidez e morbidez do hospício, da igreja, da região e da vida. "Ele possui um ar militar e olhos negros pequenos e vivos", escreveu Vincent, "uma autêntica ave de rapina... um tipo muito meridional."

O retrato de Trabuc, com a paleta contida, a transposição cuidadosa e a intenção de criar um tipo, anunciava mais uma frente na campanha de trabalho de Vincent: o passado. Ele saíra daquele verão, como sempre ocorria após as crises, "esmagado pelas lembranças como uma avalanche". Assombrado pelas alucinações e, em igual medida, pela realidade da desintegração familiar, Vincent caiu num devaneio de regressão ao passado. Contou que se sentia "com saudades de casa" e "afundado numa nostalgia profundamente melancólica". Para aplacar esses fantasmas, mergulhou outra vez em seu álbum do passado: a pasta de reproduções. A Pietà de Delacroix e o anjo de Rembrandt haviam feito uma brecha, aberto uma saída, para uma obsessão anterior que lhe era tão consoladora no isolamento em Saint Paul como fora em Haia. Na primeira semana de setembro, ele traçou o plano grandioso de transformar toda a sua coleção de imagens queridas num ateliê repleto de pinturas em cores. Se não conseguia encontrar modelos entre os estranhos que andavam a seu redor o dia todo, iria encontrá-los entre os íntimos de seu *musée imaginaire*.

Partiu de onde se iniciaria seu percurso artístico: de Millet. Dez anos antes, quando escapou do Borinage munido apenas da ambição de ser ilustrador, começara copiando a famosa série de Millet com os lavradores dos campos, *Les travaux des champs*. Em seu quartinho em Cuesmes, encarapitado na precária banqueta dobrável com o bloco de desenho nos joelhos, fizera cópias e mais cópias, concentrando-se atentamente nas cenas de lenhadores e tosquiadores de ovelhas, de camponeses enfeixando as espigas de trigo e debulhando os grãos. Agora, recorria de novo aos ícones rústicos milletianos lá das profundezas da região negra.

Usando a habilidade de esquadrejar e ampliar que desenvolvera em suas estampas japonesas em Paris, ele traçou um quadriculado nas pequenas imagens em branco e preto e transferiu uma por uma para a tela. Distribuiu generosamente cores contrastantes — principalmente amarelos e azuis em tons quebrados — e pródigos empastamentos. Os tamanhos variavam, desde bem pequenos (40 × 24 cm) a muito grandes (90 × 60 cm — do tamanho de *O quarto de dormir*), e Vincent não se prendeu em momento algum às proporções homogêneas de Millet. Empenhou-se em pintar os planos de fundo e dar colorido às faces.

Em duas semanas, tinha terminado sete de dez figuras de Millet e começara uma oitava. Ao cabo de um mês, esgotara *Les travaux* e passou para as gravuras de obras de outros artistas — embora pedisse a Theo que lhe enviasse mais estampas de Millet, em especial *Les quatre heures de la journée*. Seus planos se estendiam por vários meses — mais Delacroix e mais Rembrandt, depois Doré e Daumier —, até que tivesse reunido uma coleção "grande e completa o suficiente para dar o conjunto a uma escola". E então passaria para o mundo além das estampas: os desenhos. Millet, afinal, tinha feito desenhos que nunca foram para a tela; se os pintasse, imaginou Vincent, "a obra de Millet poderia se tornar mais acessível ao grande público em geral". "Talvez eu seja mais útil assim do que fazendo minha própria pintura."

Vincent apresentou várias versões desse projeto excêntrico, sem fim, voltado

Adrien Lavielle a partir de Jean-François Millet, *A sesta*, 1873, xilogravura, 14,3 × 22,2 cm.

para o passado. Primeiro atribuiu ao feliz "acaso" de danificar algumas estampas e precisar substituí-las como decoração. ("Não gosto especialmente de ver meus próprios quadros em meu quarto", explicou.) Conforme a tarefa se ampliava, citou o tempo fechado e a falta de modelos como motivos para dar continuidade a ela. Em outro lugar, declarou que era algo essencial para sua convalescença. A disciplina de copiar assegurava a "mente clara" e os "dedos firmes", disse a Theo. Um dia, dizia que era uma obrigação monótona, mas necessária — como os desenhos no Borinage —, a única maneira de compensar o tempo perdido e os fracassos anteriores ("aqueles dez anos de estudos infelizes que não deram em nada"). Outro dia, porém, reivindicava para esse novo rumo um objetivo artístico mais elevado. Retomando os voos retóricos e o fervor evangélico de Haia, afirmava que as figuras, longe de serem relíquias de uma arte do passado, apontavam o caminho para o futuro do impressionismo. Ao aplicar o novo evangelho da cor contrastante a esses venerados ícones do primitivo, ele poderia fazer pela pintura da figura o que Monet havia feito pela paisagem.

Para justificar esse grande retrocesso em sua imaginação, essa arrebatada "ligação com os afetos do passado", Vincent insistiu que não estava apenas copiando as imagens, e sim "*traduzindo-as para outra língua*" — tal como Jo traduzia livros do inglês para o holandês. Em vez de apenas recriar a paleta do original, ele "improvisava" a cor no esforço de encontrar "a vaga consonância de cores que são certas pelo menos no sentimento". Assim, o novo trabalho se tornava, frisou ele, "*minha própria* interpretação". "Não é como na música?", perguntou acrescentando razões sempre mais elaboradas e poéticas para suas imagens rebuscadas. "Quando alguém toca Beethoven, acrescenta sua própria interpretação pessoal." Não era o que fazia Jo ao tocar piano para Theo? E disse que a pintura era a mesma coisa para ele. "Meu pincel corre entre meus dedos como um arco no violino, e exclusivamente para meu próprio prazer."

A verdadeira razão era bastante clara e Vincent acabou por admiti-la. "Como agora estou doente, tento fazer algo para me consolar", escreveu. "Acho que isso me ensina algumas coisas e, acima de tudo, às vezes me dá consolo." Dez anos antes no Borinage — a última vez que Theo lhe enviou *Les travaux* —, Vincent saíra do poço de escuridão com a visão de uma solidariedade fraterna na "terra das pinturas". Agora, apenas uma fantasia de reunificação fraterna poderia salvá-lo. As infindáveis reelaborações de Millet eram apenas a parte mais visível dessa fantasia. Em busca de conforto, seus devaneios o reconduziram a Henri Conscience, o escritor belga apreciado pelos dois irmãos, cujas evocações da vida nas charnecas, disse Vincent, "me reergueram". Fez planos de se mudar para um sítio durante um ano e "viver com o povo simples". Como em Nuenen, adotaria a existência "viril e completa" que só podia ser vivida no campo.

Theo tomou o retorno das ilusões rurais de Vincent como sinal de recuperação, e deu incentivo citando os nobres mineiros e lavradores de outro belga, Constantin Meunier, junto com imagens das filhas da terra "frescas como novilhas" e pinturas feitas com a "autenticidade de um pão integral". Com tais fios, Vincent teceu uma visão comovente e consoladora. A partir daí, viveria sua vida em paralelo invertido com o irmão: o rústico autêntico de Vincent e o urbano sofisticado de Theo (os "tamancos de madeira" e as "botinas de verniz"), o artista e o negociante, o monge e o casado, o criador e o procriador. Nas charnecas místicas da memória, dedicando-se diariamente a imagens que "cheiravam a terra" como os camponios de Millet, Vincent adotaria a vida rural pela qual, sabia ele, no fundo Theo ansiava entre o bulício e as distrações de Paris. Viveria pelos *dois*, imaginava ele, vivenciando a "natureza mais simples e mais verdadeira" que sempre compartilhariam — na arte e nos pensamentos —, num lugar onde Jo jamais poderia se intrometer. Escreveu: "Oh, meu querido irmão, uma coisa dessas não é sentida, nem sequer vista, por alguém que aparece por acaso".

* * *

Dez anos antes, Vincent imaginara sair da região negra com uma fantasia ao estilo do Barbizon e a promessa da estrada de Rijswijk ("dois irmãos... sentindo, pensando e acreditando como iguais"). No asilo de Saint Paul, sua nova visão de uma irmandade da imaginação — união mais perfeita do que qualquer casamento — o soergueu das trevas. Em meados de setembro, informou que estava se "sentindo completamente normal" e "devorando a comida feito um cavalo". No ateliê devorava as telas também, enquanto imagens e mais imagens apareciam à porta do hospício, ali postas a secar. Pedia a Theo quantidades enormes de novos materiais e enviava rolos e rolos de pinturas, para mostrar como a saúde estava ressurgindo. Passo a passo, aventurou-se a sair da segurança do ateliê e voltou ao ar livre, pintando à medida que avançava: primeiro o jardim do asilo; depois, o campo cercado que via pela janela do quarto; por fim, iniciando-se o mês de outubro, o mundo além dos muros. "Eu me banqueteei com o ar dos montes e dos pomares", anunciou triunfante.

Vincent chegou bem na época do outono. "Estamos tendo alguns dias magníficos de outono", escreveu ele, "e estou aproveitando." Como um marinheiro em terra firme após uma longa viagem, ele esbanjou prodigamente o pincel nas cores voluptuosas da estação. Pintou um par de choupos ao lado da estrada como dois jatos de fogo arremetendo num céu violeta. Pintou uma única amoreira — não muito maior que um arbusto — como uma Medusa laranja e rubra com melenas de folhas ocupando uma tela inteira. Experimentou a mão em todos os estilos do passado, da tinta diáfana e da textura vaga de Paris ao empastamento escultural de Monticelli, dos enxames de pinceladas impressionistas às placas de cor japonesas. Aplicou a tinta com o toque mais leve possível — meros relances de cor — para mostrar a queda das folhas; então carregou o pincel com pazadas de pigmento para pintar a trama ondulada de troncos nus mais atrás. Sua paleta também cedeu a todos os ardores do passado: desde os tons quebrados e harmonias tranquilas de Nuenen às miragens em tom pastel da Grande Jatte, aos amarelos pungentes e aos azuis insondáveis de Arles.

Além da mão, experimentou também a mente. Numa de suas primeiras excursões fora dos muros do hospício, aventurou-se por um bosque de oliveiras, tema eivado dos riscos do Getsêmani. Não só pintou as fileiras de árvores retorcidas e folhagens prateadas, como até encontrou alguém para posar. O guarda-chefe do hospício, Trabuc, morava ao lado do olival, e sua esposa Jeanne acedeu às importunações de Vincent. Desde Madame Roulin, a inspiração para *La berceuse*, nenhuma mulher havia posado para ele. Com uma confiança que parecia inconcebível poucas semanas antes, ele pintou um retrato cuidadoso do "rosto cansado, fanado, queimado de sol", usando um painel, não uma tela, como tantas vezes fizera Monticelli.

Não demorou muito, ele se aventurou ainda mais longe — até o sopé dos Alpilles, onde já uivava o vento hibernal. Fazia três meses que aquele vento lhe derrubara o cavalete e a sanidade mental. "Mas não faz mal", escreveu à irmã Wil, "agora estou tão bem de saúde que minha parte física alcançará a vitória." Desceu uma "ravina muito agreste" e conseguiu de alguma maneira firmar uma tela enorme na ponta do leito rochoso que a percorria. Pintou os penhascos "todos em violeta", com duas figuras sólidas atravessando a garganta sombreada. Gostando do resultado, imaginou que estaria com força suficiente para fazer uma série toda dessas "austeras" cenas montanhosas, vangloriando-se que "estou mais à altura".

A seguir, foi até o extremo das pedreiras, não muito longe do local onde tivera a crise em julho. Escorou o cavalete com pedras e pintou uma tela suntuosa, um verdadeiro desafio de cor e luz. O sol forte do Midi bate nas rochas em filetes de rosa e manchas de azul. A luz chega até o fundo da gruta, enchendo-a de lilás e lavanda. À sua entrada escarpada, uma figura avança destemida, infensa à solidão ou à vertigem.

A cada expedição que dava certo, a cada retorno em segurança, a cada nova tela encostada do lado de fora do ateliê para secar, diminuía o medo de outro ataque e aumentava a confiança. E exultou: "Estou mais senhor de mim mesmo, minha saúde anda estável... Ainda não esmoreci". Os médicos também viam uma luz no fim do túnel. Quando Peyron foi visitar Theo em fins de setembro, comentou admirado que o paciente parecia "sem dúvida saudável" — ainda não pronto para deixar o asilo, talvez, mas visivelmente a caminho disso. A boa notícia do irmão alegrou Vincent, e seus pensamentos se guiaram em disparada para o futuro. Theo lhe ergueu ainda mais o ânimo com uma informação de Pissarro sobre um médico em Auvers, vila muito bucólica ao norte de Paris, que poderia receber Vincent quando chegasse a hora. "O que você diz de Auvers é uma perspectiva muito agradável", respondeu ele, "temos de nos concentrar nela."

Na mesma carta, Theo multiplicou os elogios às últimas pinturas vindas de Saint-Rémy, frutos da reabilitação de Vincent. Apresentavam, disse ele, "aquele algo inabalável que a natureza tem, mesmo em seus aspectos mais selvagens". Também deu a ótima notícia de que seu amigo Jozef Isaäcson pretendia escrever um artigo sobre Vincent para uma revista de arte holandesa, *De Portefeuille* [O portfólio]. Mas, comentou Theo, isso era apenas parte de um processo interessante. Cada vez mais amiúde, as pessoas o abordavam em Paris pedindo para ver o trabalho de Vincent. Tinham visto na mostra *Indépendante* do outono, em que a primeira *Noite estrelada*

— a de Arles — e os *Íris* de maio dividiram as paredes com obras de Seurat, Signac e Toulouse-Lautrec. Ou na loja de Tanguy. Ou souberam que Vincent fora convidado a expor em janeiro com o grupo belga Les Vingt — a principal vitrine da arte de vanguarda fora de Paris. Fazia apenas um ano, Gauguin fora convidado a expor lá, mas Vincent não.

As boas notícias de Theo e Peyron redespertaram as ambições de Vincent. Apenas um mês antes, ainda abalado pelas semanas de ataques, ele quase desistira da mostra dos Vingt. "Tenho consciência de minha inferioridade", escreveu na época, indagando tristemente se os organizadores da mostra sequer lembrariam que o tinham convidado e, na verdade, se não "seria preferível que me esquecessem por completo". Depois de passar meses se esquivando dos velhos camaradas, animou-se a escrever para Gauguin e Bernard: agradando e repreendendo, sendo condescendente e intimidador, como se as turbulências do verão nunca tivessem ocorrido. "Pretendo voltar à carga", disse a Bernard (a quem não escrevia fazia um ano). Reafirmando seu lugar de direito na vanguarda da nova arte, propôs que trocassem trabalhos e pediu atualizações sobre as obras mais recentes de ambos. Teceu lisonjas, fez brincadeiras e reiterou o compromisso de todos eles com a beleza primitiva e a autenticidade do *japonisme*. Sem revelar os demônios do verão, foi veemente ao advertir que não usassem imagens religiosas em seus trabalhos e defendeu que mantivessem uma solidariedade fraterna na busca da verdade mais profunda — "algo em que se tem sólida fé" —, a qual ele encontrara em Millet, não na Bíblia.

A nova disposição de Vincent também reavivou outras aspirações mais antigas. Escreveu a Theo, imbuído de confiança pelas notícias das exposições e pelo contato com os velhos camaradas: "Se eu voltar a tentar vender, expor, trocar, talvez consiga diminuir um pouco a carga que sou para você". Para provar sua *bona fides* comercial, começou imediatamente uma série de pinturas de "efeitos outonais": cenas convencionais de dosséis sombreados na mata, de caminhos cobertos de folhas e bordejados de árvores, todas em tons atenuados, pintadas com uma moderação muito disciplinada. Essas versões aéreas dos recessos de jardins cobertos de hera, que Theo tanto amava, não mostravam quase nada da liberdade imaginativa, do pincel extravagante ou da forma espontânea de seus horizontes dos Alpilles ou das visões noturnas do céu de verão. Mas *eram* vendáveis, segundo seu irmão negociante. "Você tem mais força quando pinta coisas *verdadeiras*", escreveu Theo no fim de outubro, destacando "a vegetação baixa com hera" como uma de suas prediletas.

A nova meta comercial de Vincent acabou por obrigá-lo a renunciar às grandes visões do verão. O conselho de Theo também destacou a *Noite estrelada* mais recente, a de junho, como objeto de crítica específica. "A busca de um estilo é prejudicial ao sentimento verdadeiro das coisas", escreveu ele, descartando todas as imagens "forçadas" desse tipo como frutos de uma "preocupação" equivocada. Os trabalhos recentes de Gauguin também mostravam uma tendência semelhante à abstração, lamentou Theo, usando este termo para se referir a qualquer imagem que não tivesse base na realidade. Em decorrência disso, o depósito do *entresol* estava ficando lotado de quadros de Gauguin "menos vendáveis que os do ano passado". A censura de Theo se estendia não só às cenas bíblicas que assustavam Vincent, mas a todas as aplicações pretensiosas do simbolismo. "As coisas que mais agradam", disse ele, "são as coisas autênticas, verdadeiras, sem nada daquela história de escolas e ideias abstratas."

Vincent não só concordou por princípio ("é melhor abordar as coisas com simplicidade do que ir atrás de abstrações"), como ainda admitiu ter errado no passado, com imagens como *La berceuse* e a segunda *Noite estrelada*, descartando as duas obras como "fracassos". "Deixei-me extraviar ao procurar estrelas que são grandes demais", escreveu, "e já tive minha dose disso." Para mostrar a Theo que estava decidido a fazer coisas melhores, logo deu sequência às cenas outonais com um projeto de ambições comerciais muito mais grandiosas. O que Monet fizera em Antibes e Gauguin na Bretanha, ele faria agora no Sul. Num vasto plano para uma série de pinturas que se chamaria "Impressões da Provença", iria captar a essência primitiva — "o solo verdadeiro" — da região.

A série teria imagens de auroras e crepúsculos, com "as oliveiras e as figueiras, os vinhedos e os ciprestes", com "os campos ressequidos e seu perfume delicado de tomilho", e os Alpilles contra "o sol e o céu azul" — todas pintadas "na plenitude de sua força e esplendor". Com imagens assim, pensava ele, poderia "fazer aflorar o caráter interior" do lugar, usando não a abstração, e sim a simplicidade, não símbolos "vagamente apreendidos", e sim "sentimento e amor". Vincent se sentiu tão arrebatado pela escala e perspectiva de sucesso desse projeto que escreveu a Isaäcson, o amigo de Theo, insistindo que adiasse o artigo até a nova série ficar pronta. Apenas então ele poderia "sentir a totalidade da região", reiterou Vincent, invocando o padroeiro da nova arte: "não é isso o que distingue um Cézanne de todo o resto?".

Ele deu início ao grandioso projeto com mais um ciclo de pinturas dos olivais. Theo já havia aprovado o tema, e no fim de setembro Vincent anunciara a intenção de "fazer uma impressão pessoal deles, como foi no caso dos girassóis". Aqui, entre as famosas árvores com seus troncos contorcidos e as folhas prateadas, ele poderia demonstrar sua força contra os demônios do passado e comprovar sua lealdade aos

Olival, junho de 1889, óleo sobre tela, 72,15 × 91,75 cm.

imperativos comerciais da "autenticidade" e "sentimento verdadeiro", propugnados por Theo — a arte sem afetação.

Uma após a outra, Vincent pintou quatro grandes telas nas primeiras semanas de novembro, cada uma mostrando os bosques antigos de um ângulo diferente, em horas diferentes do dia, com uma atmosfera diferente: ao sol nascente e ao sol poente, sob um céu amarelo, um céu verde e um céu azul-claro. Pintou as oliveiras num solo vermelho e verde, num solo azul e laranja, contra uma vista das montanhas em lavanda e amarelo. Pintou as folhagens esmeralda flamejando como os ciprestes, com as partes prateadas de baixo das folhas cintilando como estrelas. Não usou o pincel carregado de Arles (Theo não aprovava seu empastamento pesado), mas criou uma textura solta de pinceladas curtas, evocando a atmosfera de Seurat e a execução de Gauguin. Nas descrições a Theo, Vincent ressaltou que as imagens tinham suas raízes na "realidade dura e grosseira" — "cheiram a terra", disse ele —, e não em cálculos de ateliê.

Mas como poderia captar a verdadeira essência da Provença sem figuras? Gauguin escrevia sedutoramente sobre seus estudos das camponesas bretãs trabalhando nos campos de cânhamo e colhendo algas marinhas. Gabava-se de seu plano de pintar cinquenta quadros que iriam "instilar nessas figuras desoladas uma natureza selvagem que percebo nelas e também dentro de mim". Sem figuras, como Vincent poderia aspirar à verdade primitiva, à aprovação fraterna e ao inevitável sucesso comercial de imagens assim? E como poderia pintar figuras sem modelos? O que poderia ser mais real — menos abstrato — do que carne e osso? Os camponeses de Millet alinhados nas paredes de seu ateliê zombavam das pretensões dos impressionistas, disse ele. "'Mas escute aqui'", imaginava-os a espicaçá-lo, "'quando é que veremos esses seus camponeses?'" Respondia humilhado: "De minha parte, sinto vergonha e fracasso".

Movido por tais pensamentos e borbulhando de confiança renovada, Vincent partiu numa jornada inconcebível dois meses antes: Arles.

Não foi fácil obter autorização. Peyron ainda considerava a última ida a Arles, em julho, responsável por "provocar" a crise naquele verão. Havia dito a Theo em outubro que Vincent teria de "passar por muitos testes" antes de poder fazer outra viagem tão longa. Mas, conforme os dias se passavam sem nenhuma recaída, ficava mais difícil resistir às solicitações de Vincent. No fim de outubro, Theo enviou uma quantia extra para a viagem. Alguns dias depois, Peyron deu sua permissão. Vincent informou: "[Ele] disse que há uma melhora considerável e que uma boa expectativa no meu caso". A viagem que se iniciou duas semanas depois, em meados de novembro, pareceu confirmar o otimismo de Peyron. Dessa vez tudo correu de acordo com os planos. Vincent viu o pastor Salles e recebeu o dinheiro que estava guardando para Theo. Corajosamente, comprou "um estoque de tintas" para a grande empreitada que tinha pela frente.

No entanto, o mais importante de tudo é que viu Madame Ginoux.

Desde a ocasião em que não conseguira encontrá-la, em julho, Vincent vinha fantasiando o reencontro com a dona do Café de la Gare, que posara para ele e Gauguin exatamente um ano antes. O amigo de Theo, Isaäcson, vira e elogiara o retrato feito por Vincent. "Fico contente em saber que mais alguém viu alguma coisa naquela figura de mulher", escreveu ele em junho, "embora eu pense que o mérito está no modelo, e não em minha pintura." Desde então, ele pensara várias vezes na arlesiana escultural de cabelos azeviche e temperamento mediterrâneo. Em outubro, escreveu vagamente a Theo sobre "algumas pessoas" em Arles "que senti, e sinto outra vez, a necessidade de ver" — vagueza exigida para esconder um súbito frêmito de desejo ou uma longa paixão por uma mulher que mal conhecia.

Isso já tinha acontecido antes, como Theo sabia até demais: um rosto feminino amigável ganhava exagero devido à solidão e aos anseios maternos e se transformava numa fantasia de ternura e até intimidade — fantasia que só podia levar a excessos na conduta e à desilusão. Apenas dois anos antes, em Paris, quando Theo saiu pela primeira vez do apartamento da Rue Lepic para fazer a corte a Jo Bonger, Vincent tinha navegado por essas águas turvas com Agostina Segatori, outra sensual dona de café de olhos negros amendoados. Esse episódio resultara numa catástrofe. Para evitar tais lembranças, Vincent revestiu seu ardor, como fizera tantas vezes antes, com um imperativo artístico. "Desisto de algum dia encontrar modelos", queixou-se ao saber do elogio de Isaäcson. "Ah, se de vez em quando eu tivesse alguém como [Madame Ginoux]... Eu ainda faria algo muito diferente."

Na viagem de novembro, Vincent não só encontrou sua modelo, mas pelo visto a persuadiu a posar para ele. Talvez tenha posado ou simplesmente permitido que ele fizesse o esboço a lápis enquanto ela continuava com suas tarefas. Mas, de volta ao hospício dois dias depois, Vincent se sentou na mesma hora e registrou a visita pintando mais um olival e inserindo sua Dulcineia na árvore da frente, com os braços estendidos para colher o fruto imemorial. Não se atreveu a compartilhar esse êxito com Theo, apenas o insinuando nas entrelinhas da carta: "É uma boa coisa aparecer por lá de vez em quando", escreveu a propósito de Arles; "eles foram muito simpáticos e até me receberam bem."

Nos dias seguintes, tudo parecia possível. Para Theo, Vincent envolveu seu otimismo em cautela. "Primeiro vamos esperar um pouco para ver se essa viagem provocará outro ataque", escreveu ele. "Quase ouso prever que não." Mas o longo período de boa disposição, coroado pela viagem sem incidentes, já estava reforçando sua confiança e catapultando seus pensamentos para o futuro. Imaginou deixar o hospício e voltar a Arles, onde, afirmou, "hoje em dia ninguém tem nenhuma aversão a mim". Falou que estava "curado" e que iria para o Norte na primavera, prevendo que "não precisaremos sequer do médico em Auvers ou dos Pissarro". Sua mente chegou a antever as imagens que faria quando estivesse de volta a Paris e pudesse concentrar as forças recém-descobertas, o pincel fidedigno e a luminosidade meridional sobre a cidade cinzenta que dera origem à nova arte.

Suas ambições corriam de um lado a outro, ao mesmo tempo para o futuro e para o passado. Esboçou planos de vender suas pinturas na Inglaterra ("Conheço bastante bem o que eles querem por lá") e, tomado de coragem, escreveu a Octave Maus, de Les Vingt, uma lista com as seis obras que esperava apresentar em breve na mostra de Bruxelas — mais que o dobro designado para cada artista. Imaginava um mundo onde a arte seria levada ao povo em geral por meios menos caros do que a tinta a óleo e menos complicados do que "exposições grandiosas". "Ah, precisamos inventar um método mais prático de pintar", escreveu convocando Theo, como fizera em Haia, para um mundo onde "um quadro será tão corriqueiro como um sermão", e mesmo o trabalhador mais humilde "poderia ter em casa alguns quadros ou reproduções". Imaginou-se produzindo litografias de suas telas, para fazê-las "mais acessíveis ao público" — invertendo mentalmente seu projeto milletiano de traduzir as estampas em pinturas e revivendo a distante miragem da popularidade.

Com as velhas ambições e os velhos ardores, vieram as velhas raivas. Vincent retornou de Arles e encontrou à sua espera duas cartas, uma de Gauguin e outra de Bernard. Ambas traziam notícias alarmantes. Gauguin se vangloriava de ter terminado recentemente um quadro de Cristo no Horto. "Penso que você vai gostar", escrevia ele; "tem o cabelo em vermelhão." Bernard informava que estava com um ateliê inteiro lotado de imagens bíblicas, entre elas sua versão pessoal da cena no Getsêmani. Theo fora visitar seu ateliê em Paris e enviou uma descrição pormenorizada a Vincent. Era "uma figura de joelhos cercada de anjos", expôs ele, "muito difícil de entender, e a busca de estilo empresta às figuras uma qualidade ridícula". A notícia sobre Bernard, em especial, deixou Vincent furioso. Respondeu de imediato, repetindo em tom desdenhoso a crítica do irmão. "Nosso amigo Bernard provavelmente nunca viu uma oliveira", escarneceu. "Agora está evitando a mera ideia de algo possível ou da realidade das coisas, e essa não é a maneira de chegar a uma síntese — não."

Poucos dias depois, quando Bernard enviou fotos das obras ofensivas, Vincent teve um acesso de indignação moralista: "Essas suas pinturas bíblicas são absurdas", "uma tapeação", "espúrias", "pavorosas" — um "pesadelo" e, pior, "um clichê". Num tom que oscilava entre uma condescendência de irmão e uma apoplexia de ridicularização, entre o *tu* e o *vous*, exigiu que Bernard abandonasse suas "tapeçarias medievais" e "tremesse" diante do único Deus verdadeiro: o Deus do "que é possível". Como ousava trocar o "êxtase espiritual" da verdade pelos caprichos e falsidades de figuras imaginadas em cenários oníricos? "Será que pretende fazer isso?", indagou trovejando. "*Não!*" Em termos tão apocalípticos quanto os da carta a Anthon van Rappard em defesa de *Os comedores de batatas*, Vincent exprobrou Bernard a se afastar do "perigo naquelas abstrações" e a se "imergir" outra vez na realidade — como ele mesmo havia feito. E esbravejou: "Peço-lhe pela última vez, gritando com todas as forças da minha voz: por favor, tente ser você mesmo de novo!".

Essa carta, como a anterior, pôs fim à amizade. Os dois artistas nunca mais trocaram correspondência. Mas, longe de lamentar a explosão, Vincent redigiu imediatamente uma reprimenda parecida para Gauguin. Então escreveu a Theo, alardeando o duplo golpe que desfechara contra a superstição e a abstração. "Escrevi a Bernard e a Gauguin que nosso dever é pensar, não sonhar", informou orgulhoso, "[e] fiquei atônito que se deixem levar dessa maneira." Os artistas deviam trabalhar "sem preocupações artísticas", reiterou ele, tomando com firmeza o lado do irmão nas guerras partidárias que grassavam nas revistas e cafés de Paris. Juntos, defenderiam a arte do passado contra as audácias e sofismas dos simbolistas e sua laia, que fingiam ver o que não podiam ver e conhecer o que não podiam conhecer. "Eles simplesmente me tiram a calma", bradou: "dão-me uma sensação penosa de ruína em vez de progresso."

Porém, em sua imaginação — e em seu cavalete — transcorria um debate mais sutil e inquisidor. Durante todo o outono e o inverno, longe das vistas de Theo e sem menção nas cartas, Vincent esteve experimentando a liberdade simbolista de invenção. Ao deixar as linhas do horizonte vaguearem, os topos de montanha se encresparem, as luas incharem, as nuvens se arredondarem, Vincent se aproximava cada vez mais da linha entre o real e o inventado. Na busca do "verdadeiro e essencial", o exagero e a simplificação logo se transformaram em algo totalmente diferente.

Ao pintar uma garganta rochosa, ele relegou o céu a uma estalactite de verde, as vertentes, a manchas de laranja, as montanhas, a largas pinceladas de violeta e branco. Do alto de um penhasco, olhando lá para baixo, não viu céu nenhum, apenas faixas onduladas de terra arada, os cimos verdes de um arvoredo irregular pontuados aqui e ali por uma irrupção de amarelo — um plátano no outono. Pintou tantas vezes os olivais retorcidos que eles assumiram uma simplicidade quase estenográfica: tramas verdes e brancas de pinceladas nas vertentes do morro, reduzidas a cascatas de luz multicor e notações de sombras de um azul-violáceo. Era a isso que levava a liberdade de simplificar: a imagens de pura forma, cor e textura — imagens às quais as gerações posteriores se refeririam utilizando a palavra que Theo tanto menosprezava: abstração.

Em seus infindáveis gestos de encorajamento, Theo, sem saber, dera sua bênção a essas digressões para longe da realidade. "É admissível pintar uma cena de natureza exatamente como a pessoa a vê", escreveu no começo de dezembro. "A afinidade que um artista sente por certas linhas e por certas cores fará com que sua alma se reflita nelas." O que Vincent fizera pela cor em Arles — libertando-a das exigências da realidade e infundindo-lhe um significado pessoal —, fez pela forma em Saint-Rémy. Mesmo enquanto reiterava seus votos de lealdade à realidade com camponeses milletianos de manual e "efeitos" outonais agradáveis, seu pincel teimoso testava os limites da liberdade que denunciava, explorando como o mundo real poderia ser retratado de maneira irreal e indômita, como a arte poderia se desenraizar da natureza.

No ar límpido e na serenidade monacal do asilo de Saint Paul, Vincent poderia ter se aventurado ainda mais no caminho da pura abstração — o caminho pelo qual seguiu o século artístico seguinte e por onde desapareceu. Mas, como em Arles, a escuridão o impediu.

Vincent nunca revelou o que desencadeou os novos ataques que se iniciaram em dezembro de 1889. Mas, para ele, não existia outro período mais perigoso do que o Natal — mesmo antes dos acontecimentos sombrios na Casa Amarela, no ano anterior. Ele mesmo previra o perigo. Em setembro, pouco depois de se recuperar da última sucessão de ataques, tinha praticamente anunciado o próximo: "Vou continuar a trabalhar sem interrupção, e então, se eu tiver outro ataque por volta do Natal, veremos, e quando passar...". Antever qualquer outra consequência, disse ele, "seria temerário demais".

Podem-se ouvir os demônios ao fundo, nas cartas que antecederam o temido período de festas. O tempo que se fazia mais inclemente e os dias mais curtos do inverno o obrigavam a passar mais horas no hospício, onde a ociosidade e o desespero ocupavam os corredores. Comentou que se sentia "mortalmente entediado" e, às vezes, tomado de "uma grande depressão". Quando as folhas caíam em novembro, o campo nu e o ar frio e úmido lhe lembravam mais e mais "o Norte" e as pessoas de quem estava apartado. "Penso muito em você e Jo", escreveu a Theo, "é como se houvesse uma enorme distância entre aqui e Paris e fizesse anos desde a última vez que o vi." Com a distância, sentia-se solitário e desamparado. Queixou-se de não ter "nenhuma ideia quanto ao futuro", "sentindo que não posso fazer nada a respeito". Às vezes questionava se sua confiança não seria mero "fingimento" e indagava se "o próprio destino está decidido a nos frustrar".

Com a aproximação das festas, seus pensamentos foram inundados por imagens do lar e de volta ao lar. Presenteou a mãe e a irmã Wil com uma montanha de pinturas para decorar as paredes do novo lar em Leiden e, no ritual familiar de compartilhar a vida, enviou-lhes uma pintura de seu novo lar também — a vista da janela de seu ateliê. Colocou o prédio dos dormitórios, de aparência melancólica e institucional, bem no canto da tela, para mostrar mais o jardim do asilo, que parecia um parque, cheio de flores e com um dossel verdejante, tendo ao fundo um crepúsculo radiante. No primeiro plano, uma antiga árvore enorme mostra a ferida no local onde, recentemente, haviam serrado um galho imenso. Descreveu-a como "um gigante triste, com seu orgulho ferido", e explicou como a imagem da "grande árvore atingida pelo raio... dá uma impressão de angústia".

Começou também mais uma rodada das imagens milletianas que o prendiam ao passado. Uma em particular, chamada *Anoitecer*, tocava os mais profundos recessos da memória e do remorso. Mostrava um jovem casal de camponeses junto à lareira, reclinados sobre um bebê no berço. Na mesma época em que o hospício começava a se encher de prenúncios do Natal e imagens da Sagrada Família, Theo escreveu contando que Jo estava "ficando maior" e "já sentindo a vida" dentro dela. Vincent repintou numa tela enorme a pequena cena de sublime vida doméstica, de Millet, imaginando enviá-la para Paris como presente de Natal. Ao mesmo tempo, escreveu à mãe rogando antecipadamente um indulto de Natal pelo incômodo e sofrimento que tinha infligido ao irmão — e, por extensão, à família — em tantos Natais do passado. "Sem dúvida concordo com você", escreveu ele, "que para Theo é muito melhor agora do que antes."

A culpa nunca sumira. Vincent dizia que era "o pesar que se acumula em nosso coração como água num charco". Os indícios de futuro sucesso que vinham de Paris apenas ressaltavam ainda mais, se possível, os fracassos do passado. "Quanto mais minha saúde volta ao normal", escreveu no fim de outubro, "mais tolo me parece, algo que contraria a razão, estar fazendo essa pintura que nos custa tanto e não resulta em nada." Theo não ajudou. Como ele escrevia tão raras vezes, com tanta relutância e em geral sobre dinheiro; como se concentrava incansavelmente nas vendas — com boas ou más notícias —, mais uma vez Vincent se sentiu convencido de que apenas o sucesso poderia lhe devolver as boas graças do irmão e da família.

A cada remessa de tintas e telas de Paris, a cada cálculo envergonhado das despesas, a cada notícia sobre a saúde ameaçada de Theo (ele "ainda está tossindo — raios — isso não me agrada nem um pouco"), Vincent se afundava mais e mais no atoleiro da culpa. "Se algum dia eu pudesse provar que não empobreci a família", escreveu na época do Natal, "isso me confortaria." Por fim, mal conseguia reunir coragem para escrever uma linha. Com o sentimento de culpa lhe emudecendo as palavras, iniciava várias vezes uma carta, mas, admitiu, "sem conseguir terminá-la".

Não foi preciso muito para impelir essa mistura venenosa de medo, saudade e dor para uma espiral de desespero. Uma semana antes do Dia de São Nicolau, o correio trouxe um pacote para Vincent. Theo tinha lhe enviado um casaco de lã.

Era um presente prático e atencioso. O inverno no idílico vale de Saint-Rémy

O jardim de Saint-Paul-de-Mausole, novembro de 1889, óleo sobre tela, 73,5 × 91,75 cm.

entre as montanhas se mostrou muito mais rigoroso do que em Arles. Vincent tinha reclamado do frio e Theo perguntara: "Você não quer algo quente?". Mas o singelo casaco cristalizou todas as culpas e fracassos do passado. "Como você é bom comigo", Vincent escreveu agradecendo imediatamente, "e como queria poder fazer algo bom, para lhe provar que eu gostaria de ser menos ingrato."

Na primeira quinzena de dezembro, ele complementou esse autorretrato de censura com toques de humildes escusas e perda de confiança, enveredando por um caminho que só podia levar a um lugar. Reagiu aos elogios de Isaäcson com humildade e até incompreensão ("Não há nada que valha a pena mencionar sobre meu trabalho agora"), enquanto sua atitude em relação à mostra próxima de Les Vingt passou a ser de frenética anulação de si mesmo — quase um terror em ter reconhecimento. "*Precisamos* trabalhar com o afinco e a despretensão de um camponês", advertiu Theo e a si mesmo. "O trabalho longo e demorado é o único caminho, e qualquer ambição e ânsia em mostrá-lo sob uma boa luz é falsa." Apesar das temperaturas geladas e do vento invernal "insuportavelmente cortante", ele redobrou o afã, embrenhando-se entre as forças hostis da natureza num impulso tão fervoroso de autoflagelação que Theo se sentiu obrigado a pagar um adicional para manterem um fogo aceso em seu ateliê, de forma a tirá-lo do frio e atraí-lo para lá.

Poucos dias depois de dizer que não seria necessário um médico em Auvers, ou nenhum outro lugar, e de se imaginar de volta a Paris na primavera, Vincent escreveu pedindo para ficar pelo menos mais um ano no hospício. "Não há pressa", disse ele, "pois afinal Paris apenas distrai." Redobrou as promessas de fazer trabalhos melhores no futuro — muito melhores do que as coisas "feias", "rudes", "grosseiras" que estava enviando, e rogou a Theo que o deixasse terminar suas "Impressões da Provença", seu retrato do Midi, "atacando os ciprestes e montanhas" outra vez. Em suas andanças no inverno rigoroso, tinha escolhido vários temas em potencial para a primavera e, assegurou ao irmão, "estão começando a brotar boas ideias". Sua permanência em Saint-Rémy não só seria melhor para sua arte e de necessidade absoluta para sua saúde, mas também, argumentou, sairia mais barato. E alegou: "Se eu sair daqui, penso que dificilmente haverá alguma vantagem do ponto de vista das despesas, e o sucesso de meu trabalho será ainda mais duvidoso se eu sair".

Ou poderia abandonar totalmente a pintura. Mesmo enquanto imaginava uma redenção artística no vale dos Alpilles e fazia uma lista das pinturas que seriam remetidas para Bruxelas, Vincent se indagava se sua vida "não teria sido mais simples se eu tivesse ficado em paz no Brabante do Norte". Mais uma vez, alimentou rapidamente a fantasia de que, "se eu desistisse da pintura e tivesse de levar uma vida dura, digamos, como soldado no Oriente, eu me curaria". Conforme se aproximava a data fatídica, era perseguido pelas assombrações de todos os caminhos que não tomara. "Muitas vezes penso que, se eu tivesse feito o que você fez", escreveu a Theo num espasmo de arrependimento, "se eu tivesse ficado com os Goupil, se eu tivesse me limitado a vender quadros, teria me saído melhor."

Na semana anterior ao Natal, Vincent chegara a um clímax de pavor. "Faz exatamente um ano que eu tive aquele ataque", escreveu quando o dia estava se aproximando. "É de se temer que volte de tempos em tempos. E isso deixa a cabeça num estado latente de sensibilidade." Como se estivesse testando essa sensibilidade, as cartas corriam de cá para lá, entre Paris, a Holanda e mesmo a África do Sul, enquanto a família Van Gogh se entregava efusivamente aos rituais de votos, presentes e expressões de união. A irmã Wil descreveu amorosamente o novo lar e anunciou seus planos de ir a Paris em janeiro, para ajudar Theo e Jo com o recém-nascido. A mãe Anna escreveu sem pensar sobre a alegria que sentia por estar rodeada pela fa-

Jo e o filho Vincent, 1890.

mília e anunciou que ia visitar a irmã doente em Breda. Mas ninguém fez planos de ir ao Sul. Em vez disso, festejaram o grande acontecimento previsto para janeiro em Paris — a união perfeita de família e fé na época natalina. "Recebemos uma batelada de coisinhas para o bebê", escreveu Theo feliz da vida. "Você fará o retrato dele logo que estiver aqui."

Sentado sozinho em seu quarto com grades na janela, Vincent deu o máximo de si para se unir à alegria das festas. Para Wil, prometeu que pintaria um quadro da casa nova em Leiden e se prontificou a arranjar um encontro entre ela e seu jovem amigo pintor Bernard — "um bom rapaz, muito parisiense, muito elegante". Seria um presente de Natal para a família capaz de rivalizar com o presente de uma nova vida oferecido por Theo. Para a mãe, perguntou lamentoso pelo irmão Cor, que tinha escrito do Transvaal para os outros, mas não para ele. Todas as suas investidas de harmonia, porém, resultaram em decepção ("Suponho que seus pensamentos estejam ocupados com Theo e Jo", acrescentou ele). No ateliê, enquanto isso, entregou-se a uma tristonha imagem natalina com pinheiros esqueléticos contra um sol no ocaso.

Desde sua visita a Arles em novembro, Vincent vinha fazendo planos delirantes para voltar nas festas e, sobretudo, para reencontrar Marie Ginoux. Falou dela a Theo em termos apenas crípticos, relembrando um retrato feito por Puvis de Chavannes que tinham visto juntos em Paris, o qual ele associou sonhadoramente a uma passagem favorita de *L'amour*, de Michelet, que outrora fora o evangelho amoroso dos dois irmãos: "Não existe nada como uma mulher de idade". Como no passado, converteu um comentário feito por Marie — "Quando são amigos, são amigos por muito tempo" — num lema tão poderoso como "ela, e mais ninguém" ou "*aimer encore*" (ambos também de Michelet). Madame Ginoux havia "caído doente" no período do Natal do ano anterior, na mesma época de Vincent, e ele se agarrou a essa coincidência como sinal do destino para ficarem juntos. Conforme se aproximava a data festiva, ele comparou a sedutora arlesiana a Augustine Roulin, seu ícone do amor materno, e meses depois confessou que costumava sonhar com ela.

Para comemorar na tela seu próprio conto de Natal, cheio de lembranças assustadoras, amores frustrados e anseios confusos, Vincent retornou aos olivais. Quer enfrentasse o frio fustigante e a solidão cortante, montando o cavalete ao ar livre, ou simplesmente trabalhasse no ateliê a partir de estudos anteriores, era um conjunto de imagens perigosas num período perigoso. Pintando sem cessar nos dias curtos do advento natalino, ele fez telas e mais telas, todas de grandes dimensões, com imagens das "árvores santas" e a colheita das mulheres — uma delas sempre retratada com os cachos negros característicos da arlesiana.

Para agradar a Theo, evitou todas as afetações e exageros do passado, pintando cada imagem em toques curtos e atentos de um pincel pouco carregado. ("Não vou mais fazer coisas com empastamento", prometeu. "Não sou tão violento assim.") Convocou os contrastes cromáticos mais brandos que conseguiu — folhas verde-prata sobre um céu rosa ou cidra — convencido de que apenas esses matizes "suaves", acariciantes, poderiam conquistar o coração de uma mulher ou as graças de uma família. Em vez das complementares violentas e dos temas primitivos da Casa Amarela, agora falava em "cores discretas" entretecidas num "rendilhado primoroso". Para a irmã, disse que o novo trabalho era "a coisa mais delicada que já pintei". Para Theo, prometeu que, como as cenas de Monticelli, esta se prestaria a uma litografia em cores — e, em última análise, ao lucro. Imaginou que conseguiria conquistar até corações mais empedernidos. Poucos dias antes do Natal, escreveu à mãe: "Comecei mais um quadro grande para você, com mulheres colhendo azeitonas".

Como *La berceuse*, essa imagem consoladora pintada tantas vezes mostrou a Vincent o caminho para sair da escuridão: avançando e recuando. "Você me diz para não me preocupar *demais* e que dias melhores ainda virão para mim", escreveu a Theo quando começou a fazer a cópia para a mãe e a irmã. "Esses dias melhores começam para mim quando vislumbro a possibilidade de concluir meu trabalho e lhe dar uma série de estudos provençais realmente harmoniosos, que de certa maneira estarão ligados, espero, a nossas lembranças distantes de nossa mocidade na Holanda."

Mas o consolo das imagens e das lembranças nunca era suficiente. No dia anterior à véspera de Natal, Vincent se sentou e escreveu para Anna. Numa carta que alternava exclamações de culpa, pedidos de perdão e arroubos saudosos, declarou:

> Costumo sentir muitos remorsos por coisas do passado, minha doença sendo mais ou menos culpa minha, em todo caso receio que não possa compensar os erros de alguma maneira. Mas raciocinar e pensar sobre essas coisas às vezes é muito difícil, e às vezes meus sentimentos me esmagam mais do que antes. E então penso muito em você e no passado. Você e o pai significam, se possível, ainda mais para mim do que para os outros, tanto, tanto, e não pareço ter um caráter feliz.

Ele se culpava não só pela doença, mas também por não ter procurado tratamento antes e não estar se recuperando mais rápido. Confessou que tratara mal o pai em Nuenen, que desencaminhara o irmão em Paris e desapontara a mãe por não ter filhos. Tentou uma última vez convencê-la a gostar de sua arte, mas admitiu que era "impotente" para pintar de outra maneira. Para todos os pecados do passado, apresentou uma única e humilde defesa: "errar é humano".

No mesmo dia — exatamente um ano depois dos terríveis episódios na Casa Amarela — ele sucumbiu outra vez. O pânico da data que se aproximava sem dúvida contribuiu para o ataque do Natal de 1889. Vincent estava pintando mais um bosque de oliveiras quando sobreveio a escuridão. "Eu estava trabalhando com toda a calma", contou em janeiro, "e de repente, sem nenhuma razão, a aberração me tomou de novo."

Depois de uma semana de "exaltação e delírio", de violência e desorientação, o ciclo recomeçou. Tal como antes, Vincent saiu das trevas abalado, paranoico e "oprimido pelo desânimo". Ao ressurgir, viu que lhe haviam tirado as tintas, depois de tentar comê-las outra vez. Daquela semana inteira, ele lembrava apenas um momento, e mesmo este podia ter sido um sonho. "Quando eu estava doente, caiu uma cerração e neve derretida", escreveu. "Levantei à noite para olhar o campo. Oh, nunca, nunca a natureza me parecera tão comovente e tão repleta de sentimento."

Tal como no passado, iniciou de imediato uma campanha para assegurar ao irmão que a tormenta havia terminado e que seu barquinho continuava incólume. "Quanto a mim, não se preocupe demais", escreveu tão logo lhe permitiram empunhar uma pena. "Então vamos continuar trabalhando o máximo possível, como se não tivesse acontecido nada." Prometeu um rápido retorno à "minha condição normal". Atribuindo paranoicamente a recaída às "ideias supersticiosas" dos que o rodeavam e à condição dos pintores em geral, entregou-se de novo ao trabalho antes mesmo que lhe devolvessem as tintas e acalmou o irmão com uma fantasia do dia em que sua doença iria "passar por completo".

Como no passado, de repente se sentiu preso e fez planos de escapar — ao menos para um hospício onde os pacientes tivessem permissão de trabalhar nos campos e pudessem trabalhar para ele. Ou talvez para a Bretanha, para encontrar Gauguin. Ou talvez Paris. Como no passado, uma onda de culpa se agitou a seus pés enquanto se afligia com as novas despesas e inutilmente se imaginava "fazendo um pouco de negócios" como comerciante de arte ou "encontrando algum outro emprego". "Vamos aceitar as terríveis realidades como elas são", escreveu em meados de janeiro, "e se me for necessário deixar de pintar, penso que deixaria."

Theo também cumpriu seu papel habitual. A notícia da crise de Natal o tomou, mais uma vez, de surpresa. Depois de meses retardando-se na correspondência, agora se lançou a uma correria de cartas cheias de preocupação fraterna, de conselhos prudentes, de notícias alegres e de comentários elogiosos, até expondo os motivos de louvor. ("Há mais atmosfera nesses últimos trabalhos... porque você não está usando a tinta tão grossa em toda parte.") Fazia convites vagos e superficiais para ir a Paris ("sempre ficaremos felizes em tê-lo conosco"), e então, pensando melhor, os retirava ou fazia ressalvas. Quando Vincent propôs se mudar para um hospício onde tivesse mais liberdade para trabalhar, Theo sugeriu impensadamente o hospício comunal de Gheel, na Bélgica, onde o pai tentara internar Vincent uma década antes.

Nas semanas após os ataques do Natal, o diretor do asilo de doenças mentais de Saint Paul também retomou seu papel. Quando veio o ataque inicial, Peyron escreveu uma carta alarmada a Theo, na qual descrevia a tentativa mais recente de Vincent de se envenenar comendo tinta. De saída para as festas de Ano-Novo, o médico respondeu às pressas a correspondência de Vincent e proibiu que pintasse qualquer coisa. Sumiu de vista por quase uma semana — doente, de férias ou simplesmente inacessível. Quando reapareceu, Peyron encontrou Vincent em larga medida recuperado e ansioso em "apagar" os acontecimentos da semana anterior.

Negligente e distraído como sempre e claramente sensível aos argumentos persuasivos do paciente, Peyron logo retirou o prognóstico sinistro que apresentara a Theo e voltou ao tratamento usual de brometo e vagas panaceias. Vincent escreveu: "Ele me disse: 'Esperemos que não haja nenhuma recorrência', exatamente a mesma coisa de sempre". Com a vacilação e a frouxa supervisão de Peyron (Vincent começou a pintar muito antes que o médico suspendesse a proibição), só restou a Theo insistir que o irmão evitasse os "perigos" da cor, pelo menos por enquanto, e se dedicasse ao desenho. Vincent, como sempre, ignorou o alerta. "Por que mudaria meu meio de expressão?", retrucou. "Quero continuar como de hábito."

Logo depois de voltar ao ateliê, poucas semanas após as tormentas do Natal, a imaginação de Vincent começou a preparar a próxima crise de solidão e anseios. Confinado ao ateliê pelo clima, agora frio demais até para ele, Vincent começou a trabalhar em outra cópia de Millet. Theo tinha elogiado *Anoitecer*, a cena de um casal junto ao berço de um recém-nascido, e os pensamentos de Vincent foram outra vez atraídos para o filho aguardado em Paris. "Estas são as coisas sem as quais a vida não seria vida", respondeu ele aos informes exaltados de Theo sobre a gravidez de Jo, "e nos torna sérios." Enquanto isso, no ateliê, ele esquadrejava e transferia cuidadosamente para outra grande tela a imagem milletiana de um jovem casal de camponeses ajudando o filho a dar os primeiros passos. Trabalhando apenas em azuis e verdes — um devaneio de tons atenuados e harmonias tranquilizantes —, sonhava "com a Holanda, nossa mocidade no passado", e chegou a imaginar que iria a Paris para o nascimento da criança.

Mas esses mesmos pensamentos passavam por Arles. Vincent tinha emergido dos ataques nos primeiros dias de 1890 já ansioso em voltar à sua arlesiana de olhos negros. No começo, esperava conseguir fazer a viagem apenas em fevereiro. Escreveu a Theo comentando obliquamente que precisava "rever meus amigos, que sempre me revigoram". Concebeu planos elaborados que incluíam a mobília que armazenara no Café de la Gare, todos eles exigindo sua presença em Arles. Como antes, fez uma insinuação indireta desse desejo ao pretextar a necessidade urgente de modelos. Apresentou a viagem como mero "teste" para ver "se sou capaz de enfrentar a viagem até Paris". Mas, enquanto a imagem dos genitores felizes adquiria forma na tela e o acontecimento aguardado para breve em Paris lhe cativava a imaginação, não conseguiu esperar mais. Em 19 de janeiro, depois de comprar um terno novo, partiu de novo na perigosa jornada pelas montanhas até Arles.

Não encontrou a acolhida pela qual ansiara. Madame Ginoux tinha adoecido outra vez — mau sinal. Talvez estivesse doente demais até para vê-lo. Depois de uma breve estada, provavelmente tendo passado a maior parte do tempo em outro lugar que não o estabelecimento dos Ginoux, buscando outras formas de consolo, Vincent retornou ao asilo em Saint-Rémy. A mobília permaneceu onde estava. De volta, logo escreveu duas cartas, longas e queixosas: uma para os Ginoux e outra para a irmã Wil. Na primeira, deu vazão a seus sentimentos sob a capa da solicitude. Estabelecendo uma constante identidade entre a gripe de Marie Ginoux e sua própria doença, bem mais sombria, desejou-lhe que "se levante da cama totalmente restabelecida". Tal como a cena de Sien grávida em Haia ou de sua mãe acidentada em Nuenen, a imagem de sua Dulcineia enferma o alçou a grandes voos de consolação. "As doenças existem para nos lembrar que não somos feitos de madeira", escreveu para confortar tanto a ela quanto a si mesmo, "e esse me parece o lado positivo de tudo isso."

Mas, na carta à irmã — a qual ele sabia que a mãe iria ler —, Vincent não encontrou nenhum consolo e não viu nenhum lado positivo em coisa alguma. Escreveu sobre "a vida passando mais rápido" e a urgência de "compensar o tempo perdido". Disse: "O futuro é mais misterioso e, creia-me, um pouco mais sombrio". Tirou do ar a imagem da mãe saudável à beira da morte, e esse pensamento de um fim irreversível lhe arrancou palavras de desespero: "Muitas vezes penso com um profundo suspiro que eu devia ter sido melhor do que sou". Tentou sofrear o pensamento — "Vou parar já de falar nisso, pois do contrário pode me deprimir" —, mas não conseguiu. "Não se podem refazer os próprios passos", concluiu desoladamente.

Dois dias depois, as tormentas o golpearam outra vez. Theo recebeu a notícia na semana seguinte, quando Peyron, sempre demorado, escreveu: "Estou lhe escrevendo em lugar de M. Vincent, que foi mais uma vez vítima de outro ataque... Está incapacitado de fazer qualquer trabalho e dá apenas respostas incoerentes a qualquer pergunta que se faça". O informe neutro de Peyron ocultava uma realidade muito mais grave. Vincent não só não conseguia pintar, como tampouco ler ou escrever. Sempre que alguém se aproximava ou tentava falar com ele, retraía-se bruscamente "como se o machucassem", informou uma testemunha. Passava os dias no quarto frio, de grades na janela, sentado "com a cabeça entre as mãos", ora recriminando a si mesmo pelo "passado triste e melancólico", ora perdido numa solidão inatingível.

Em Paris, no mesmo dia em que Peyron enviou a triste notícia, Johanna van Gogh-Bonger escreveu uma carta ao cunhado distante. Sentou-se à mesa da sala de jantar no apartamento que Theo havia decorado com tanta diligência. Era meia-

-noite, mas não estava sozinha. Theo, sua mãe Anna e a irmã Wil estavam junto com ela. Havia também um médico pernoitando no apartamento; o bebê devia nascer logo — talvez naquela noite mesmo. Theo, exausto, cochilava na poltrona ao lado. Na mesa diante de Jo, havia um exemplar da revista parisiense *Mercure de France*, que Theo trouxera do trabalho para casa. A revista continha um artigo sobre Vincent. Todos à mesa haviam lido e "falamos longamente sobre você", contou Jo.

Na verdade, todos em Paris haviam lido e começado a falar.

O título do artigo, o primeiro da programação de uma série, era "Les isolés": "Os isolados".

41. "Um filho degenerado"

Os pedestres que saíram às compras para as festas e passaram pela loja de materiais de pintura de Julien "Père" Tanguy, na época do Natal de 1889, viram algo muito estranho na vitrine: dois maços enormes de girassóis. Suas auréolas típicas de pétalas amarelas e alaranjadas se destacavam intensamente nas ruas cinzentas de Paris. Mas não era apenas o tema fora da estação que chamava a atenção dos passantes. Eram as dimensões, a gesticulação das formas e, acima de tudo, a intensidade das cores. Num dos quadros, as gigantescas flores se destacavam sobre um fundo turquesa perolado vivo; no outro, sobre um amarelo tão intenso que quase feria os olhos. Alguns se espantaram com essa visão estival na melancolia invernal; outros se sentiram perturbados; muitos ficaram consternados. "Era horrível", lembrou mais tarde um transeunte, "o brilho exagerado de um girassol."

Mas outros vieram procurá-los expressamente. Tinham lido o artigo de Jozef Isaäcson em *De Portefeuille* em setembro ou notaram a breve menção em *La Vogue*, naquele mesmo mês; ou, ainda, viram a irresistível e enigmática resenha de um colunista com o pseudônimo de "Luc le Flâneur" em *Le Moderniste Illustré* de abril, sugerindo que fossem à loja de Tanguy, onde encontrariam "quadros fantasticamente vivos, intensos, repletos de sol". Alguns seguiram as pistas dadas por pessoas do grande círculo de conhecidos de Theo quanto à identidade do misterioso pintor, o qual fora citado tanto por Isaäcson quanto por Luc le Flâneur apenas pelo primeiro nome, Vincent. Alguns já conheciam as histórias que circulavam no mundo artístico parisiense sobre o contato sangrento de Gauguin, um ano antes, com o estranho holandês que se mudara para o Sul e enlouquecera.

As imagens na vitrine de Tanguy pareciam comprovar tudo isso e ainda mais.

Um dos curiosos que foram à loja de Tanguy interessados na arte e também no mito era um jovem crítico de arte chamado Albert Aurier. Como Vincent van Gogh (tema de seu primeiro texto no *Mercure de France*), o jovem de 24 anos seguia o processo histórico de breve celebridade, morte prematura e fama duradoura. Mas, à diferença de Vincent, ele viu o processo se desencadear. Chegou a Paris em 1883 como estudante de direito e logo sucumbiu à vida fervilhante e dissoluta da boêmia de fim de século. Aurier era um furacão de produtividade em todos os campos, exceto em seus estudos jurídicos — poeta, crítico, romancista, dramaturgo, pintor —, e abraçava cada novo "ismo" que brotava do caldeirão borbulhante da moda intelectual e até inventou o seu: o "*Sensationnisme*". O primeiro romance de Aurier imitava as ambições e o naturalismo de Balzac. Mas *Às avessas*, de Huysmans, o fascinou, como a toda uma geração de jovens poetas, pensadores e artistas, e ele se pôs a serviço do simbolismo. Na altura em que completou vinte anos, ingressou nas fileiras dos decadentistas: declarou que *As flores do Mal* de Baudelaire era sua "Bíblia", que os amantes malditos Verlaine e Rimbaud eram seus heróis, que a excentricidade ("uma aparência esquisita") era o mandamento supremo na vida e na arte.

Aurier chegou a Paris como menino prodígio nas letras e na crítica. Publicou seu primeiro diário aos dezenove anos, escreveu para *Le Chat Noir* aos vinte e atraiu o olhar de Mallarmé aos 21. Sua ascensão meteórica coincidiu precisamente com a ascendência do crítico como a voz mais poderosa no mundo da arte. Após o fim do patrocínio estatal ao sistema do Salon em 1881, artistas de todos os naipes foram lançados ao mundo competitivo e superpovoado dos marchands particulares, das galerias e das casas de leilões. À medida que minguava a importância dos prêmios do Salon, críticos e resenhas acorreram para ocupar esse vácuo de critérios de discernimento, bradando clamorosamente para atrair a atenção dos clientes burgueses, desconcertados com a vertiginosa quantidade de escolhas que agora se abriam a eles.

Enquanto o Salon antes sacramentava imagens unitárias, os novos críticos se aliaram aos negociantes de arte para promover artistas e até movimentos inteiros, em vez de obras individuais. Um quadro só não era capaz de fazer o renome de um crítico, de financiar uma revista ou de sustentar a família de um negociante. Era preciso convencer os compradores de que *qualquer* pintura de um artista aprovado ou pertencente a um estilo aprovado era preferível a uma obra de qualquer outro artista ou em qualquer outro estilo. Iniciara-se a era das franquias de arte. O modelo, evidentemente, era Georges Seurat, cujas típicas imagens pontilhistas tinham sido promovidas pelo crítico Félix Fénéon não só como decorações atraentes e obras-primas do ofício, mas como expressões incontornáveis do *zeitgeist*. A defesa incansável de Fénéon na *Revue Indépendante* criou todo um exército de pintores e colecionadores neoimpressionistas. A arte por si só não bastava. Numa cultura embriagada pelas palavras e pela moda, a arte precisava de defensores para persuadir e mobilizar; os artistas precisavam de movimentos para ter sucesso. Os críticos cumpriam os dois papéis.

Gauguin e Bernard tinham observado a espantosa ascensão de Seurat e aprenderam bem as lições da nova era. Para ser vistos pelo público, os artistas tinham de ser expostos pelas galerias; para ser expostos pelas galerias, tinham de ser comentados nas revistas. Trabalhando numa tensa aliança de interesses próprios (que mais tarde iria resultar numa disputa rancorosa pelos créditos), os dois artistas começaram a manobrar para conseguir a posição central na arte de vanguarda. De sua parte, Bernard cortejava potenciais patrocinadores entre os amigos que eram colaboradores nas revistas de arte. No longo verão de 1888, enquanto Vincent torpedeava seus camaradas na distante Bretanha com apelos sonoros em prol da nova arte nipônica, Bernard circulava entre as multidões de férias em Pont-Aven usando as ideias de Vincent, e até algumas passagens e desenhos de suas cartas, para "vender" o novo movimento a críticos importantes como Gustave Geffroy. Outro alvo seu era a nova estrela em ascensão, o jovem magricela e desengonçado de 23 anos de idade, Albert Aurier.

Quando o mundo artístico voltou a Paris no outono, Bernard prosseguiu com sua campanha. Enquanto Gauguin se preparava para ir a Arles, Bernard passou a expor seus argumentos a Aurier com visitas à loja de Tanguy, ao *entresol* da Goupil e mesmo ao apartamento de Theo van Gogh, para ver trabalhos de Guillaumin, Gauguin, Vincent e, claro, dele mesmo — todos, exemplos desse novo empolgante movimento que precisava apenas de um defensor.

Nesse meio-tempo, Gauguin urdia suas próprias formas de atrair a atenção da crítica. Das profundezas da armadilha em que se sentia preso na Casa Amarela, imaginou armar uma revolta contra o *establishment* vanguardista, tal como os impressionistas tinham feito no famoso Salon des Réfusés, 25 anos antes. Num só gesto teatral, poderia apresentar o movimento ainda sem nome e marcar um tento contra os "neos" da *Revue Indépendante*, que haviam conspirado contra ele durante a preparação da mostra de janeiro. E haveria lugar mais adequado para encenar esse golpe do que a próxima Exposition Universelle, que seria inaugurada em Paris em maio de 1889? Tal como as visitas de Bernard pelas galerias, a *manifestation* de Gauguin incluiria uma quantidade de colegas ("um pequeno grupo de camaradas", como disse mais tarde) suficiente para impressionar críticos como Aurier, quanto à força e à viabilidade do novo movimento. "Vincent às vezes diz que sou o homem que veio de longe e que irá longe", falou para incentivar o camarada Bernard. "[Mas] precisamos trabalhar juntos e chegar de mãos dadas."

Poucos dias depois, na véspera de Natal de 1888, Gauguin fugiu da Casa Amarela. Não surpreende que, ao chegar a Paris, contatasse imediatamente Bernard, nem que a primeira pessoa a quem Bernard contou a história medonha tenha sido Albert Aurier:

> Estou tão triste que preciso de alguém que me ouça e possa me entender. Meu melhor amigo, meu querido Vincent, está louco. Desde que eu soube disso, estou quase louco também.

Bernard e Gauguin montaram um conto que parecia saído de Poe, cheio de significados simbolistas, ressonâncias religiosas e frêmitos góticos. Vincent acreditava que "era uma espécie de Cristo, um Deus", escreveu Bernard, "um ser do outro mundo". Tais visões estranhas tinham levado sua "mente poderosa e admirável" e sua "extrema humanidade" à loucura. Acusara Gauguin de tentar "assassiná-lo" — acusação insana que levou o leal amigo a se afastar no exato momento em que se revelou o horrendo crime: "A população inteira de Arles estava na frente de nossa casa", escreveu Bernard, transcrevendo o relato de Gauguin em primeira pessoa. "'Foi então que os guardas me prenderam, pois a casa estava cheia de sangue.'" *Pensavam que Gauguin o tinha matado!*, tal era a conotação dramática da versão de Bernard. Mas, na verdade, Vincent tinha decepado a própria orelha e entregado o prêmio sangrento a uma prostituta.

A carta deu início à campanha de Gauguin para se apresentar como a vítima inocente da loucura homicida de Vincent, e não como o agente provocador culpado. Ela também chegou ao crítico decadentista da moda. Apenas seis meses antes, Aurier escrevera um artigo para o debate promovido por *Le Figaro* sobre a nova ciência da antropologia criminal. O artigo citava obras de simbolistas conhecidos (com títulos provocativos como *O assassínio considerado como uma das belas-artes*), defendendo o assassinato como um instinto natural, não uma abominação.

Aurier aproveitou o debate para comentar o caso mais sensacional dos jornais de Paris na época: o julgamento de Luís Carlos Prado, um vistoso libertino e vigarista acusado de cortar a garganta de uma prostituta de Paris. Como Gauguin, Prado tinha morado no Peru e trabalhara no mercado financeiro. O "Caso Prado" trouxera à atenção pública a obsessão dos simbolistas pelos desvios de comportamento, sobretudo os crimes, e o artigo de Aurier confirmava o fascínio sofisticado pelos "assassinos sensíveis". Gauguin já havia explorado a nova moda com seu autorretrato como o Jean Valjean de Victor Hugo, o herói criminoso mais célebre da literatura francesa. Durante a estada de Gauguin na Casa Amarela, o julgamento voltara a incendiar as manchetes dos jornais, enquanto um público sequioso de sangue contava os dias faltantes para a execução de Prado. (Gauguin, de fato, voltou a Paris bem a tempo de assistir ao espetáculo público da decapitação.)

Mas a carta teve efeito contrário. Na verdade, a campanha de Gauguin para se eximir prejudicou sua tentativa de ganhar as graças de Aurier. Para esse verdadeiro crente, paladino dos párias e marginais, era Vincent van Gogh, não Paul Gauguin, que surgia da narrativa de Bernard como o artista mais autêntico. Para Aurier, a fúria desarrazoada de Vincent — dirigida contra Gauguin (como este alegou mais tarde) ou contra si mesmo — representava exatamente o tipo de experiência radical, a rendição suprema à sensação, que Huysmans enaltecia em *Às avessas*. O que poderia ser mais primitivo, mais *essencial*, do que o impulso homicida de Caim contra Abel? Na verdade, não era a violência, de qualquer espécie que fosse, a rejeição mais completa do convencionalismo burguês e, portanto, o caminho mais verdadeiro para a arte?

A reclusão de Vincent no hospital de Arles e, depois, no hospício de Saint-Paul-de-Mausole apenas reforçava a imagem do gênio torturado que Aurier, a exemplo de Huysmans, valorizava acima de todas as coisas. Pois o grande criminologista italiano Cesare Lombroso não acabara de revelar a relação entre epilepsia, insanidade, criminalidade e gênio? Segundo Lombroso, muitos dos maiores artistas da história — Molière, Petrarca, Flaubert, Dostoiévski, os irmãos Goncourt — tinham sofrido ataques epilépticos. O que era o "gênio criador" senão um estado alterado, aberrante — um ataque — de sensações e percepções intensificadas? E não era esse o mesmo êxtase espiritual que os grandes místicos e profetas sentiam ao ter visões e falar as palavras de Deus? Lombroso citava são Paulo entre seus "gênios epileptoides" e via em todos eles a mesma "psicose degenerativa" de assassinos natos como Prado — psicose que, dizia ele, podia documentar nos estigmas de suas fisionomias "selvagens".

Ao longo de todo o ano de 1889, enquanto Gauguin e Bernard disputavam os favores do crítico católico com imagens cada vez mais exortativas de Cristo, Aurier manteve seu interesse concentrado na figura solitária trancafiada num manicômio do Midi. Em abril daquele ano, escrevendo sob o pseudônimo de Luc le Flâneur, ele foi o primeiro a anunciar o milagre que estava se passando sob o sol meridional.

Nem mesmo a estranha mostra improvisada de Gauguin na Exposition Universelle, no mês seguinte, foi capaz de distrair por muito tempo a atenção de Aurier. Em seu desespero de conseguir uma posição de destaque, Gauguin tinha alugado o Café Volpini, uma vasta *brasserie* de baixa categoria bem diante da entrada da exposição artística oficial. Colocou uma dúzia de quadros dele e outra dúzia de Bernard, disputando com as paredes vermelho-romã e uma orquestra russa composta exclusivamente de mulheres as atenções dos visitantes. Gauguin tinha convidado Theo para expor a obra de Vincent. Mas Theo retirou o irmão da mostra antes da abertura, certo de que os trabalhos não ficariam bem naquele café feio e enorme. Aurier foi, mas, não vendo nenhuma imagem do estranho holandês desvairado que usava um nome só, concedeu à mostra apenas uma rápida atenção.

Preferiu voltar mais uma vez a Tanguy e a Theo para ver a obra de um artista que havia atravessado a ilusão da realidade e penetrara no cerne da experiência humana. Haveria tema melhor para o primeiro número de sua nova revista, *Mercure de France*, que ia saudar o Ano-Novo e a nova década que começava em janeiro de 1890? Haveria maneira melhor de prender a atenção do mundo da arte e assegurar sua reputação do que um perfil desse pária do Norte, pária mesmo entre os párias da vanguarda? Com o estômago do público ainda revirado à vista da cabeça cortada de Luís Prado, haveria herói melhor para portar o estandarte simbolista da sensação *in extremis* e levá-lo ao novo milênio do que esse holandês demente, esse interiorano autêntico que mutilara *a si mesmo* por paixão pela vida e pela arte, esse *poète maudit* do Midi, esse profeta e pregador, esse vidente e estrangeiro?

Quando começou a redigir o artigo no fim do ano, Aurier estava exaltado de admiração.

Abriu o artigo ao clarim de Baudelaire, invocando as mais profundas raízes do simbolismo oitocentista, *As flores do Mal*:

E tudo, mesmo a negra cor,
Parecia polido, irisado;
O líquido engastava a glória
*Naquele raio cristalizado**

Com essa abertura altissonante, o artigo de Aurier vibrava com a emoção da descoberta. Encontrara um gênio — um artista "empolgante e poderoso", "profun-

* Tradução de Fernando Pinto do Amaral em *Baudelaire: As flores do Mal*, Lisboa, Assírio e Alvim, 1992. (N. T.)

do e complexo" — um "colorista intenso e fantástico, moedor de ouros e pedras preciosas" — "vigoroso, exaltado, brutal, intenso" — "mestre e conquistador" — "incrivelmente deslumbrante". Os simbolistas enalteciam o excesso, e Aurier, além de afirmar, passou a mostrar. Num texto longo, denso, delirante, que fundia prosa e poesia, tentou captar em palavras a *sensação* de ver as imagens que descrevia — a obra desse mestre recém-descoberto. Multiplicou suas descrições com voos de centenas de palavras em sequência, cascatas voluptuosas de metáforas, torneios extravagantes da sintaxe e do vocabulário, mandamentos imperiosos e juízos categóricos, brados de reconhecimento e exclamações de surpresa e prazer. Desvendara nas pinturas de Vincent van Gogh uma arte que expunha, disse ele,

> uma estranha natureza, ao mesmo tempo verdadeiramente verdadeira e quase sobrenatural, uma natureza excessiva em que tudo, seres e coisas, sombras e luzes, formas e cores, se subleva, se levanta numa vontade raivosa de gritar sua própria e essencial canção, no timbre mais intenso, mais ferozmente agudo... é a matéria, a natureza inteira retorcida de maneira frenética, elevada ao paroxismo, erguida aos ápices da exacerbação; é a forma se tornando o pesadelo, a cor se tornando labaredas, lavas e pedras preciosas, a luz se fazendo incêndio, a vida febre ardente... Oh! Como estamos longe — não estamos? — da grande e bela arte antiga...

Aurier viu na pintura de Vincent "atmosferas pesadas, ardentes, abrasadoras que parecem se exalar de fantásticas fornalhas", "terras de resplendor, de sol refulgente e cores cegantes", "montanhas arqueando dorsos de mamutes", árvores contorcidas proclamando com "o gesto de ameaça de seus braços nodosos... o orgulho de sua musculatura, sua seiva quente como sangue" e "grandes muros coruscantes feitos de cristal e sol".

De onde vinham aquelas estranhas "paisagens flamejantes"? Aurier invocou o grandioso Zola, que ainda dominava o mundo da vanguarda, e reivindicou para Vincent o puído manto do naturalismo. Ninguém podia duvidar, dizia ele, do "grande amor [de Vincent] pela natureza e pela verdade". "Ele tem grande consciência da realidade material, de sua importância e beleza." Mas Vincent fora além, declarou Aurier. Revelara a realidade como a "feiticeira" que era — uma feiticeira que mantinha os mortais sob seus sortilégios usando "uma espécie de linguagem maravilhosa" que só artistas sábios como Vincent eram capazes de decifrar. E ele comunicava essa linguagem ao mundo pelo único meio possível: os símbolos. Van Gogh "é, quase sempre, um simbolista", anunciou Aurier, tomando o novo gênio como um dos seus, "um simbolista que sente a necessidade invencível de revestir suas ideias em formas precisas, tangíveis, palpáveis, em exteriores intensamente sensuais e físicos".

Para fundamentar essa afirmação tão extraordinária, apresentou as pinturas de Vincent como visões oníricas, suas paisagens como "quimeras belas e vazias", suas flores como exorcismos do "cadinho diabólico de algum alquimista". Seus ciprestes erguiam "as assustadoras silhuetas em chamas, que seriam negras", e seus pomares acenavam "como os idealizadores sonhos das virgens". Nunca houve nenhum pintor, exclamou Aurier, cuja arte apelasse tão diretamente aos sentidos: desde o "aroma indefinível" de sua sinceridade à "carne e matéria" de sua tinta, desde as "sinfonias fulgentes e radiantes" de sua cor à "intensa sensualidade" de suas linhas. O que, senão a ambição simbolista, poderia explicar os excessos exuberantes dessas pinturas, suas "extravagâncias quase orgiásticas"? "Ele é um fanático", concluía Aurier, "um inimigo da sobriedade e das minúcias burguesas, uma espécie de gigante embriagado... O que caracteriza sua obra como um todo é seu excesso, o excesso de força, de nervosismo, a violência de expressão."

Fazendo todas as referências à extravagância orgiástica e ao escândalo burguês, Aurier invocou o espírito de *Às avessas* de Huysmans, a Bíblia de sua geração de artistas e escritores. Para muitos, Des Esseintes, o protagonista decadente de Huysmans, indicava o caminho para o próximo milênio. Agora, Aurier o encontrara na vida real. "Finalmente, e acima de tudo", escreveu ele, "[Van Gogh] é um hiperesteta... que percebe com intensidades anormais, talvez até dolorosas" — intensidades "invisíveis a olhos sãos" e "afastadas de todos os caminhos banais... É um cérebro em ebulição, derramando de um jeito irresistível sua lava em todas as ravinas da arte, um gênio terrível e demente, amiúde sublime, por vezes grotesco, *sempre à beira do patológico*".

Com insinuações aos rumores que alguns conheciam, falou vagamente em "leis atávicas inelutáveis" e invocou a criminologia de Lombroso com referências às "mostras inquietantes e perturbadoras de uma natureza estranha" e uma "fronte brutalmente brilhante". Qualquer um podia *invocar* ideias ou imagens simbolistas, escreveu Aurier, lançando um desafio a todos os artistas que aspirassem ao exemplo de Vincent. Mas apenas alguns privilegiados podiam invocar um verdadeiro temperamento simbolista. E esses eleitos eram escolhidos pela natureza, não pelo gosto; por instinto, não pelo intelecto. Apenas os eleitos — os gênios, os criminosos e os loucos — os selvagens entre nós — podiam enxergar além da superfície banal da complacência burguesa e ver o "coruscar universal, desvairado e ofuscante das coisas". Era nisso que aquele artista "estranho, intenso e febril", Vincent van Gogh, superava todos os outros. Era, afirmou Aurier, um "artista robusto e verdadeiro, um espécime perfeito com as mãos brutais de um gigante, os nervos de uma mulher histérica, a alma de um místico".

De fato, Aurier reivindicou para Vincent o prêmio mais alto: a coroa de *L'oeuvre*. Desde que a obra-prima de Zola fora lançada, em 1885, pouco antes da chegada de Vincent a Paris, ninguém respondera à sua convocação de uma nova arte para os novos tempos. Desde então, as acirradas disputas entre as facções apenas apequenavam os artistas, enquanto o novo século cada vez mais avultava no horizonte. Mas a expectativa de uma arte moderna eletrizante não morrera com o suicídio de Claude Lantier, o gênio louco criado por Zola. Agora, nessa exortação incessante, incandescente, um jovem crítico destemido ungira Vincent como sucessor de Lantier.

Como seu predecessor, Van Gogh trabalhara demais ao calor escaldante da verdade — "insolente ao encarar o sol a pino". Fora para o Midi ensolarado em busca de iluminação, Aurier escreveu, reformulando o exílio de Vincent como uma missão simbolista, "pondo-se a descobrir com *naïveté* a tradução direta de todas essas novas sensações, tão originais e tão afastadas do ambiente de nossa patética arte atual". Como Lantier, Vincent era "um sonhador, um crente fanático, um devorador de belas Utopias, vivendo de ideias e sonhos". E, como Lantier, ele pagara um alto preço por isso. Na verdade, apenas uma vez, antes de Vincent, alguém sofrera tanto pela verdade. Comparando Vincent ao tema que "lhe assombrava o cérebro", o Semeador de Millet, Aurier invocou em defesa dele a suprema "*idée fixe*" da redenção, à qual nem Vincent, nem o século poderiam escapar: "o necessário advento de um homem, um messias, um semeador da verdade, que regeneraria a decrepitude de nossa arte e talvez de nossa sociedade imbecil e industrial".

Como sem dúvida esperava Aurier, seu artigo caiu feito uma bomba anarquista no mundo da arte. Quase de imediato, o texto o catapultou ao firmamento dos críticos, elevou sua nova revista aos píncaros e colocou em todas as bocas o nome "Vincent". Poucos tinham visto seus quadros e menos ainda eram os que lhes haviam dado alguma atenção. Para muitos, a exposição de Les Vingt, inaugurada em Bruxelas poucas semanas depois da publicação do artigo, foi a ocasião de ter pela primeira vez um vislumbre do novo "gênio" de Aurier. Para avivar ainda mais o interesse do público, Aurier escreveu uma versão condensada de seu hino de louvor, intitulado simplesmente "Vincent van Gogh", para o número de 19 de janeiro de *L'Art Moderne*, o órgão belga de Les Vingt, que saiu na véspera da abertura da mostra.

Nas elegantes galerias do Palais des Beaux-Arts, os girassóis, o trigal, o pomar e o vinhedo ocuparam pela primeira vez um lugar ao lado de obras de Cézanne, Renoir, Toulouse-Lautrec, Signac e Puvis de Chavannes. Mas os holofotes do artigo de Aurier deixaram todos os demais na sombra. Críticos tradicionalistas, que ainda não tinham perdoado Les Vingt por apresentar os pontilhados de Seurat ao mundo em 1887 — e nunca hesitavam em declarar que qualquer desvio das convenções acadêmicas era "loucura" —, perderam a fala, perplexos diante das imagens bravias de Vincent.

Mas os artistas e críticos da vanguarda se uniram, redobrando o ataque. Elogiaram o "empastamento impetuoso" e os "efeitos poderosos" de Vincent. "Que grande artista!", exclamavam. "Instintivo... um pintor nato." As emoções aumentaram a ponto de criar sérias brigas. No jantar oficial de Les Vingt, um dos integrantes disse que Vincent era "um charlatão", o que fez Toulouse-Lautrec se pôr de pé num salto, em suas perninhas curtas, gritando "Absurdo! Calúnia!" e exigindo uma retratação. Para defender a honra do "grande artista" Vincent, Lautrec desafiou o detrator para um duelo. Depois de resolver o entrevero (obrigando o cético a renunciar), Octave Maus, fundador de Les Vingt, escreveu a Theo para informar que a obra de Vincent provocara muitas "discussões candentes" e ganhara "grande apoio artístico" em Bruxelas.

Mas, nos lugares que importavam a Vincent — Paris e Holanda —, todos os olhos estavam concentrados em outro Vincent van Gogh: o filho recém-nascido de Theo. A notícia chegou a Saint Paul quase junto com o primeiro exemplar do artigo de Aurier. Desde o ataque que se seguira à viagem de Vincent até Arles, em janeiro, a correspondência vinha se amontoando sem ser lida. Ele ressurgiu da crise para encontrar a comovente carta de Jo escrita à meia-noite, antes do parto, na qual ela confidenciava ao cunhado distante seus temores mais profundos. "Se as coisas não saírem bem", escreveu ela, "se eu tiver de deixá-lo — então você diga a ele — pois não existe ninguém no mundo a quem ele ame tanto — que jamais se arrependa de ter se casado comigo, pois ele me fez, oh, tão feliz." Um dia depois chegou o anúncio triunfal de Theo: "Jo trouxe ao mundo um lindo menino, que chora muito, mas parece saudável". Juntas, as cartas contavam uma história de angústia pessoal e de uma tragédia que foi evitada — uma montanha-russa de emoção que empanou o brilho dos elogios de Aurier.

Pouco disposto (e desacostumado) a lisonjas, Vincent inicialmente respondeu ao artigo com surpresa e acanhamento, modéstia e autodepreciação. "Eu não pinto assim", escreveu de pronto a Theo, como que para cortar qualquer expectativa nascente. "Minhas costas não são largas o suficiente para carregar tal empreendimento." Preferiu tomar os comentários de Aurier como exortações gerais a *todos* os artistas, e não como elogios a apenas um em particular. "O artigo está muito certo ao indicar o vazio a ser preenchido", esclareceu ele. "O autor na verdade o escreveu mais para guiar, não só a mim, mas também os outros impressionistas." Declinou os cumprimentos de Aurier, como havia declinado os de Isaäcson (e, antes dele, os de Gauguin), considerando-os exagerados e imerecidos — ou, na melhor das hipóteses, prematuros — e comparou a retórica agitada e a visão utópica do artigo a um hino de campanha política: mais uma palavra de ordem do que uma crítica sóbria. "[Aurier] indica algo a ser feito, e não tanto uma coisa já feita", objetou. "Ainda não chegamos lá."

Sob a reação de humildade, porém, o artigo já estava abrindo caminho até os pensamentos mais profundos de Vincent sobre o futuro. ("Quando minha surpresa diminuiu um pouco", admitiu mais tarde, "algumas vezes me senti muito encorajado com aquilo.") Como novos rebentos brotando de uma árvore longamente castigada pela seca, velhos sonhos voltaram à vida. Na avalanche de elogios de Aurier, Vincent viu não uma vitória pessoal, e sim a comprovação do valor do empreendimento dos dois irmãos no *entresol* — um anúncio ao mundo todo, disse ele, "de que, na atualidade, os artistas tinham desistido de suas rixas, e um movimento importante estava se iniciando em silêncio na pequena galeria do Boulevard Montmartre". Começou imediatamente a conceber maneiras de traduzir a prosa grandiloquente de Aurier em vendas e trocas. O artigo "vai nos prestar um verdadeiro serviço para o dia em que nós, como todo mundo, formos obrigados a tentar recuperar o custo das pinturas", escreveu a Theo. "Qualquer coisa afora isso me deixa bastante indiferente." Vincent marcou o renascimento de sua missão no Midi com um velho ícone da esperança que agora trazia outros níveis de significado: *O semeador* de Millet.

Vincent pressionou o irmão para que enviasse o artigo de Aurier ao negociante inglês Alexander Reid, bem como ao tio Cor em Amsterdam — e talvez até a seu velho desafeto, H. G. Tersteeg — a fim de "aproveitá-lo para vender alguma coisa". Retomou a correspondência com o ex-colega da Cormon, John Peter Russell, após quase dois anos de silêncio. "Minha intenção", escreveu sem rodeios, anexando o artigo, "é lembrá-lo de mim e de meu irmão." Acenou ao australiano rico o convite de ir à galeria de Theo prometendo-lhe uma pintura (implicando tacitamente uma troca) e tentou reavivar um velho plano para que Russell montasse uma coleção da nova arte para seu país natal — um projeto grandioso de aquisições que exigiria não só a habilidade de Theo, mas também a arte de Vincent. E, insistiu ele, haveria maneira melhor de começar essa coleção do que comprando um dos muitos Gauguin que lotavam o depósito do *entresol*? "Asseguro-lhe que devo muito às coisas que Gauguin me falou sobre a questão do desenho", escreveu, transferindo o aval de Aurier para o ex-colega de casa.

Em alguns dias, o artigo encorajou Vincent a imaginar uma reunificação na Casa Amarela. Gauguin havia escrito pouco antes, reclamando das condições na Bretanha e até ameaçando abandonar de uma vez a pintura. Falou vagamente em passar algum tempo numa terra exótica (dessa vez, a colônia francesa do Vietnã), mas enlanguescia em Le Pouldu, cada vez mais desesperado e sem recursos. Pouco antes, ainda em janeiro, ele desdenhara a sugestão absurda de Vincent de se juntar a ele na costa. Mas, alguns dias mais tarde, certamente depois de ler o artigo de Aurier, surpreendera Vincent com a proposta de montarem um ateliê conjunto na Antuérpia, alegando que "o impressionismo não será de fato aceito na França enquanto não voltar do exterior".

Delirando com a perspectiva de reconciliação e de retomar a amizade, mas receando os custos de montar um novo ateliê na Antuérpia, "como fazem os pintores holandeses estabelecidos", Vincent voltou a insistir no plano ilusório de um retorno de Gauguin ao Midi. "Parece-me uma pena que ele não tenha ficado aqui por mais algum tempo", escreveu a Theo devaneando com um "e se...". "Juntos, teríamos trabalhado melhor do que eu sozinho nesse ano. E agora teríamos uma casinha nossa para morar e trabalhar, e poderíamos até receber outros."

Perseguindo essa visão de ressuscitar o Midi, Vincent sentou e escreveu à única pessoa que poderia transformá-la em realidade: Albert Aurier. "Muito obrigado por seu artigo no *Mercure de France*", iniciou humildemente. "Parece-me que você pinta com as palavras; de fato, vejo minhas telas renovadas em seu artigo, mas melhores do que são na realidade, mais ricas, dotadas de mais significado." Vincent não entrou na densa argumentação de Aurier e não contestou a estranha e intolerável declaração de que era "quase sempre um simbolista".

Por outro lado, alertou que Aurier deixara passar os dois elementos mais importantes da história: primeiro, as raízes inextirpáveis de sua arte no Sul; segundo, sua dívida com Gauguin. Invocou várias vezes o finado mestre marselhês Monticelli, tanto pela intensa "qualidade metálica, de pedra preciosa" de seu cromatismo quanto por suas credenciais de "*isolé*" ("um homem melancólico, bastante resignado, infeliz... o forasteiro"). Quanto a Gauguin — "aquele artista singular, aquele indivíduo estranho" —, ninguém era capaz de rivalizar com a autenticidade e "moralidade" de sua arte. "Trabalhamos juntos por vários meses em Arles", continuou Vincent, "antes que minha doença me obrigasse a ir para um hospício."

Reinterpretando o artigo de Aurier como "um estudo da questão do futuro da arte nos trópicos", ele insistiu que esses dois artistas — Monticelli e Gauguin — deviam ser o foco principal de qualquer estudo do gênero, e que seu próprio papel sempre seria apenas secundário. Sua única aspiração era ser apenas um facilitador, um discípulo, uma testemunha — ou seja, retomar o papel que desempenhara naqueles dois meses preciosos em Arles. Se Aurier deixasse de lado o "pensamento sectário", também veria a necessidade de se retornar àquele momento no tempo, quando o artista perfeito, Gauguin, e o companheiro incentivador perfeito, Vincent, haviam trabalhado juntos no lugar perfeito, o Sul de Monticelli. Se Aurier tinha dúvidas, poderia ver por si mesmo os frutos dessa brevíssima tripla colaboração sob o sol meridional visitando a galeria de Theo no *entresol*, onde o aguardava um presente, um novo quadro de ciprestes, "tão característicos da paisagem provençal".

Terminada a carta, Vincent fez uma cópia para Gauguin e enviou o original a Theo, para encaminhá-la ao crítico. Num bilhete separado para o irmão, acrescentou um ávido voto de esperança de que o artigo de Aurier e sua resposta pessoal pudessem convencer Gauguin ao "trabalho conjunto de novo, aqui", e um frêmito de expectativa de que, se desse certo, Vincent poderia se tornar o artista descrito por Aurier. "[Isso] me daria coragem para relaxar e me aventurar ainda mais", imaginou ele, até talvez a "abandonar a realidade e fazer uma espécie de música com notas de cores".

Se o artigo de Aurier conseguisse ressuscitar a combinação com Gauguin, talvez isso cicatrizasse feridas mais antigas. Desde o começo, quando recebeu o primeiro exemplar do artigo junto com o anúncio do nascimento do filho de Theo, Vincent fundira os dois triunfos num só. "A boa notícia que você mandou e esse artigo fizeram que me sentisse muito bem hoje", respondeu ao irmão. Previu, confiante, que o elogio de Aurier traria a *ambos* "alguma espécie de reputação" e comemorou a conquista conjunta com uma congratulação genuína: "Bravo — como a mãe vai gostar". Começava a ver o louvor do crítico, como o filho de Theo, como seu retorno longamente adiado de filho pródigo. "Sinto vontade de me renovar e de me desculpar", escreveu à irmã Wil enquanto cópias do artigo eram distribuídas a todos os parentes, ao mesmo tempo e de forma tão generalizada quanto os cartões de Theo anunciando o nascimento do filho.

Os sonhos de uma redenção familiar e os anseios pela mãe levaram inevitavelmente à cena da manjedoura num apartamento de Paris. "Jo está amamentando o bebê e não lhe falta leite", informou Theo no começo de fevereiro. "Às vezes, o pequenino fica deitado com os olhos bem abertos e os punhos junto ao rosto. Então tem um ar de absoluto bem-estar." Vincent se embebia com os relatos dos primeiros dias do bebê e escreveu a Jo uma carta em holandês — intimidade da qual, até então, havia se reservado altivamente —, assinando com um recíproco "Seu irmão, Vincent". Theo procurava agradar o coração saudoso do irmão com descrições amorosas do nascituro ("tem olhos azuis... e bochechas grandes e redondas") e a comovente insistência em lhe dar o nome de Vincent, dizendo: "Espero de todo o coração que ele possa ser perseverante e corajoso como você". Vincent viu na nova missão paterna de Theo "um novo sol nascendo dentro dele" e fez planos de ir a Paris "quando for livre de novo".

Enquanto isso, seu coração se voltava para outra direção: Arles. Desde a visita baldada em janeiro, ele mantinha a imagem de sua arlesiana, Marie Ginoux, a seu lado: não só na imaginação, mas no desenho que Gauguin fizera mais de um ano antes. A retomada da correspondência com Le Pouldu e a perspectiva da volta de Gauguin ao Sul, por ilusória que fosse, fizeram reaparecer a grande folha desenhada a carvão de onde quer que estivesse secretamente guardada. Se os elogios de Aurier conseguissem atrair o Bel-Ami de volta ao Midi, por certo conseguiriam também persuadir a arlesiana relutante a qualquer consumação que Vincent estivesse imaginando. Entre as primeiras cartas que enviou divulgando o artigo, estava uma endereçada ao Café de la Gare. "Andaram saindo artigos sobre meus quadros, publicados ao mesmo tempo na Bélgica e em Paris", escreveu como um garoto orgulhoso, mas acanhado. "Falam muito melhor deles do que eu mesmo desejaria." Agora outros pintores estavam ansiosos em vir visitá-lo, disse ele, e recentemente "Mr. Paul" havia escrito, e "é possível que eu o veja logo".

Como que ensaiando essa dupla fantasia, transpôs meticulosamente para a tela o desenho de Marie Ginoux feito por Gauguin. Com cada curva sinuosa da face, ele se aproximava mais das duas figuras esquivas cujos destinos pareciam entrelaçados ao seu: Ginoux, a desdenhosa dona do café que recusava seus favores enquanto distribuía cubos de açúcar, e o camaleônico Gauguin, que fazia convites que, na verdade, eram rejeições. Vincent preencheu as formas sensuais com os mais suaves tons de rosa e verde, aplicados com o pincel seco e cuidadoso do próprio *maître* — um devaneio do passado e uma antevisão do Ateliê do Sul que sonhava ressuscitar. Já tinha usado essa mesma paleta recatada nos olivais, na época do Natal — os quadros que pintou para a mãe e a irmã —, tons tão encantadores, contrastes tão delicados, que nenhuma mulher conseguiria resistir a eles. Tão logo terminou, começou outra versão, esta com cores mais intensas e um pincel mais carregado: uma necessidade premente de afeto e autoafirmação que se estendeu com especial cuidado na expressão do rosto de Madame Ginoux, lisonjeiramente acrescentando à altivez do desenho de Gauguin um sorriso afável.

A mesma premência transformou os livros na mesa diante dela. Em vez de meros elementos para preencher o espaço, Vincent pintou duas obras repletas de nostalgia, seus favoritos da infância: *Contos de Natal*, de Dickens, e *A cabana do pai Tomás*, de Stowe. Com o mesmo diligente cuidado com que anotara os registros no livro de visitas de Annie Slade-Jones, ele pintou os nomes nas capas e nas lombadas. Terminada a segunda versão, começou imediatamente uma terceira. E então uma quarta, numa paleta mais virginal — vestido rosa-claro, lenço verde-cidra, papel de parede amarelo-pálido com pequenos empastamentos florais —, como se o novo ícone da feminilidade oscilasse em sua imaginação entre a sedutora urbana e a consoladora maternal.

Como a fecunda *Berceuse* que se multiplicava em seus olhos a cada nova repetição, a provocante dona de bar ia aos poucos povoando o ateliê de Vincent. Trabalhando dia e noite, fez cinco versões, preparando-se febrilmente para a dupla reunião que previa a qualquer momento, a despeito dos perigos que acarretava, tudo isso possibilitado pelos louvores que lhe presenteara Albert Aurier.

Mas era tudo uma fraude.

Quase no mesmo instante em que leu o artigo de Aurier pela primeira vez, Vincent se sentira preso numa mentira. "Eu *deveria* ser assim", disse ele, "em vez da triste realidade do que me sinto ser." Enquanto exibia seu novo sucesso à família e aos amigos, o embuste lhe pesava cada vez mais. "O orgulho, como a bebida, embriaga", confessou ele. "Quando se é elogiado e se bebe aquele elogio, vem a tristeza." Sua vida toda de "fraquezas, doenças e perambulações" desdizia as belas palavras de Aurier, parecendo impor um terrível acerto de contas. Mais tarde, Vincent relembrou: "Logo que li o artigo em questão, fiquei imediatamente com medo de que teria de ser punido por causa dele".

Para onde olhasse, enxergava fracasso e trapaça: nas filas de telas encalhadas no ateliê, tanto quanto nas falsas intimidades repetidas à exaustão em seus retratos de Madame Ginoux, cujas elegantes linhas à Degas não pertenciam a ele, como tampouco lhe pertencia o olhar sedutor da modelo. Já estava com "escrúpulos de consciência" em relação a todo o seu projeto de "traduções" de Millet, quando então o Semeador em seu cavalete se recusou a "sair". De súbito, a grandiosa ambição de levar essas obras-primas às massas começou a parecer cada vez mais um simples plágio. E agora estava dedicando seus esforços à imagem de sua amada, feita por outro homem — uma espécie de plágio do coração. E quanto a ela mesma, a esquiva Madame Ginoux? Não era apenas uma ficção amorosa — uma intimidade tão falsa quanto as doenças que inventava ou exagerava para justificar suas repetidas viagens a Arles, para visitá-la? Enfarada com seus constantes protestos de afeição, na certa ela proibira suas visitas e nem mais aceitava suas cartas.

O medo de acertar contas por suas ações vinha das profundezas de sua infância. No presbitério de Zundert, a mãe ensinara que o destino sempre se vinga dos extremos ou da falsidade. Vincent aprendera bem a lição. "Receio que, depois de todo o sol que tenho gozado", escreveu de Londres quando tinha vinte anos, "logo poderá vir a chuva." Em fevereiro de 1890, suas cartas regurgitavam com os mesmos presságios receando o preço que teria de pagar por bênçãos imerecidas. "Você há de prever, como eu", escreveu a Theo logo depois de ler o artigo de Aurier, "que esse elogio *deve* ter seu inverso, o outro lado da moeda." O mesmo pavor fez com que resistisse vigorosamente ao plano de Theo de dar seu nome ao filho. Vincent já tinha medo da herança familiar do bebê — a semente de degeneração que Vincent por certo portava e pelo jeito Theo partilhava. Por que confundir e provocar o destino com outro Vincent? Sugeriu que, em lugar de seu nome, o menino recebesse o nome de Theo, "em memória de nosso pai", e acompanhava com grave preocupação todas as notícias sobre o ânimo tristonho e a "disposição nervosa" do bebê.

A cada dia que se passava, Vincent via se aproximar o Juízo Final. Theo remeteu cópias do famigerado artigo a parentes e amigos, mas fez questão de não fazer nenhum comentário ou elogio. ("É preciso se tornar conhecido sem se impor", observou de modo indireto.) Em vez disso, comentou que a doença de Vincent era "a única nuvem no céu de nossa felicidade" e que "Jo e eu sofremos também por saber que você está doente" — expressões de solidariedade que apenas aumentavam o peso do desmedido fardo de culpa que Vincent já carregava.

O artigo de Aurier — com os inevitáveis rumores que se seguiram — deu origem a um novo terror: o constrangimento. Como sua família iria suportar quando os detalhes de seu "crime" e sua internação em Saint Paul começassem a ser comentados abertamente? Ela seria arrastada por entre os "cardos e espinhos" do escárnio público? As perspectivas matrimoniais da irmã diminuiriam? O bebê sofreria? "Tenha cuidado em não expor *demais* sua nova família em ambientes artísticos", alertou ao irmão. E tudo isso para quê? Desde que o artigo saíra, passara-se um mês, não se realizara nenhuma venda, não viera uma única alma visitá-lo. A visita de um artista de Marselha (que Theo havia combinado) foi misteriosamente cancelada sem uma palavra, confirmando os piores medos de Vincent quanto ao preço do "fingimento". Bernard manteve seu silêncio de pedra, enquanto Gauguin, pobre demais para ser honesto, escondeu sua fúria pelo fato de Aurier o ter ignorado.

Sentindo frieza por todos os lados, Vincent se retirou para seu ateliê, voltou aos retratos furtivos do amor fantasmagórico e recusou o convite mais recente de Theo para ir a Paris — "não há pressa", respondeu —, certo de que ninguém o queria realmente. "Minhas pinturas, afinal, são quase um grito de angústia", escreveu a Wil numa súplica destinada aos ouvidos da mãe. "Sinto que me tornei um filho degenerado."

Em sua dor, Vincent recorreu à única pessoa que poderia aplacá-la. Escreveu à mãe e começou uma nova pintura: "um céu azul com ramos cheios de flores se destacando na frente".

A pena e o pincel imploravam perdão. Desculpou-se outra vez pela decisão de Theo de dar ao filho o nome de Vincent — uma segunda morte para o finado pastor. "Eu preferiria que ele tivesse dado ao menino o nome do pai", escreveu ele, "em quem tenho pensado muito nestes dias." Num tropel confuso e desesperado de frases, desfiou seus pecados: desde uma infância em que se embrenhava demais na charneca a uma vida feita de dependência, sofrimento e agora doença. Confessou que transgredira "os limites do orgulho e da excentricidade" e que se "desonrara na luta pela vida".

Seus olhos acompanhavam os pensamentos que retornavam a Nuenen e aos dias em que vivia "como vivem os camponeses". Num passeio ao ar livre, viu uma amendoeira — suas flores brancas e rosadas sendo as primeiras da primavera. Um ramo velho em particular lhe prendeu a atenção: um galho nodoso, retorcido, semimorto que se estendia tortuosamente ao céu. Desse destroço ferido brotava uma floração exuberante.

Era uma imagem da natureza redentora que confortava Vincent desde seus tempos nas charnecas e nas choupanas do Brabante. Para captá-la, ele retomou a observação intensa e as imagens carregadas de emoção do ateliê da Kerkstraat — os ninhos de aves e as botinas velhas. Entre todos os desenhos e pinturas que fez na vida, os únicos que sua mãe de fato chegou a apreciar algum dia foram as cenas da natureza próxima que ele fez para ela, durante sua convalescença no presbitério de Nuenen — em especial o grupo de bétulas decotadas tristes e altaneiras. Agora, com um pincel no lugar da pena, ele concentrou o olhar fanático em outra aberração triunfante da natureza.

Numa tela grande, arrojou-se diretamente à imagem, sem se incomodar sequer em pintar a cor do plano de fundo, já delineando o galho com seus calombos e o delicado ornato de vida nova: cada flor em feitio de estrela, cada vergôntea errante, cada tenro botão róseo. A florada vicejante se espraiava por toda a pintura, nos quatro lados e ainda além — uma promessa na tela de que mesmo o galho mais velho, mais humilde, mais alquebrado, estéril e adoentado ainda era capaz de ter o mais glorioso florescimento no pomar.

Ao mesmo tempo, defendeu em palavras essa visão da ressurreição. Para a mãe, que vira o artigo de Aurier, negou categoricamente as acusações de fingimento, fraude e degeneração que suscitava — sobretudo em sua própria cabeça. Desfiou um ardente rosário de artistas que tinham trabalhado nos limites do amor, da espiritualidade e da sensatez: Giotto, que chorava enquanto pintava; Fra Angelico, que pintava ajoelhado; Delacroix, que trabalhava "cheio de dor", mas "quase sorrindo". E, sem dúvida, ninguém merecia mais o santo título da sinceridade do que Millet, que amava os camponeses e pintara o célebre *Angelus*, o qual encontrou a divindade nos "sulcos serenos dos campos". "Oh, Millet! Millet!", exclamou Vincent. "Como ele pintou a humanidade e aquela '*quelque chose là-haut*'!"

Como não haveria sua mãe de acatar exemplos tão elevados, modelos de tal devoção e humildade? Anna Carbentus sempre criticara o filho por não andar "em boa companhia". Que melhor companhia poderia ter tido, além desses *copains imaginaires* da nova arte — "nós, os impressionistas"? Que melhor refutação da denúncia de isolamento e desespero, que fazia Aurier, do que esses colegas discípulos do sublime, esses reveladores da verdade e portadores de consolo, tanto quanto seu pai pastor e pregador?

Para mostrar seu renovado compromisso com esse chamado superior, essa crença em algo "que não está em nós mesmos", essa fé na misericórdia suprema do outro mundo, ergueu os olhos aos céus, colocando o galho ressurrecto da amendoeira sobre um céu azul límpido e transparente: acima dos muros do hospício, acima das montanhas ao redor, acima de qualquer horizonte — olhando para o "outro hemisfério da vida", onde se reuniam arte, religião e família. Misturando e remisturando um azul sobrenatural, Vincent contornou com o pincel cada um dos ramos torturados e das belas flores, preenchendo todos os vazios irregulares, todas as fendas deformadas, num êxtase de pinceladas numa cor que chamou de "*bleu céleste*", azul-celeste.

Aturdido pelas saudades e anseios maternos, Vincent tomou o rumo de Arles no dia seguinte, antes que secasse a tinta da tela suplicante. Levou consigo uma imagem de aspiração e desejo muito diferente, um retrato de Madame Ginoux. Talvez tenha pensado em conquistar a modelo relutante com a notícia alvissareira de Bruxelas: uma das telas na mostra de Les Vingt teve comprador. Anna Boch, irmã de Eugène Boch, o artista belga que posara para ele em Arles, comprara seu quadro da vindima, *O vinhedo vermelho*, por quatrocentos francos. ("Comparado a outros preços", desculpou-se à mãe, "é pouco.") Em todo caso, saiu do asilo levando a mensagem que recebera de Theo, na certa esperando causar impressão em Ginoux, mulher vivida e avara de atenções a ele.

Mas aconteceu alguma coisa no caminho. "Meu trabalho estava indo bem", relembrou um mês depois, "e, no dia seguinte, eu estava esgotado feito um animal." Vincent nunca revelou o que converteu seu sonho de reconciliação num pesadelo. Mas, apenas um mês antes, escrevera a Gauguin dizendo que suas idas a Arles eram sempre "perturbadas por lembranças". Admitiu a Theo: "Minha doença me deixa agora muito sensível". Apesar das reclamações contínuas de estar com a "cabeça fraca" e "pensamentos excêntricos" desde o último ataque, via aquela viagem como um teste. "Vou tentar ir a Arles outra vez como uma espécie de experiência", escreveu a Wil na véspera da viagem, "para ver se consigo aguentar a tensão de sair da vida rotineira sem que os ataques retornem."

Não conseguiu. Foi encontrado na manhã seguinte vagando pelas ruas de Arles, atordoado e perdido, sem lembrar quem era, onde estava ou o que fazia ali. Tanto a pintura quanto a preciosa carta tinham desaparecido. As autoridades foram avisadas. O hospício enviou pessoal para trazê-lo de volta de carruagem — percurso longo e traiçoeiro. Os Ginoux nunca disseram se ele chegou a ir ao Café de la Gare levando seu presente.

No dia seguinte ao retorno, o dr. Peyron escreveu a Theo, tranquilizador: "Será apenas por alguns dias e ele vai recuperar a saúde mental como antes".

Mas dessa vez foi diferente. Dessa vez os demônios não o largaram. Dia após dia, semana após semana, ele se sentava no quarto tomado de um medo paralisante e de alucinações febris. Era invadido por ondas e mais ondas de desespero. Não conseguia ler nem escrever. Ninguém se atrevia a chegar perto dele e muito menos tinha segurança para lhe dar uma pena ou pincel. Peyron proibiu que entrasse no ateliê e vetou o uso de tintas. Reteve as cartas que chegavam a Vincent, receando que trouxessem novos estímulos. De vez em quando, as tormentas pareciam ceder por curtos interlúdios de "estupor" atordoado, de solidão e impiedosas recriminações contra si mesmo — períodos em que conseguia expor de forma coerente o pesadelo em que estava preso. Mas aí, de forma igualmente súbita, anotou Peyron em seus registros, as trevas voltavam a se fechar sobre ele e "o paciente cai outra vez no abatimento e na desconfiança e não responde mais às perguntas que lhe são feitas".

Passou-se quase um mês até que Vincent tivesse um intervalo de lucidez suficiente para escrever uma só carta, e mesmo essa demandou várias tentativas até ficar pronta. "Não se preocupe comigo", escreveu a Theo em 15 de março. "Meu pobre garoto, aceite as coisas como elas são, não se aflija por mim; saber que você está dirigindo bem seu lar me dará mais coragem e apoio do que você imagina." Terminou a breve carta com a pálida esperança de que "os dias pacíficos voltarão" e a promessa de "escrever de novo amanhã ou depois de amanhã", quando sentisse clarear o cérebro. Mas não houve outra carta; o cérebro não clareou. Pelo contrário, voltou a se afundar na escuridão.

Em outro breve interlúdio, conseguiu persuadir seus guardiões a lhe trazer do ateliê um bloco de desenho, giz e lápis. Sem modelos, com a mente devastada pelas lembranças, encheu folhas e folhas com desenhos de figuras — camponeses cavando e lavrando os campos, pais e filhos, cabanas aconchegantes —, devaneios distorcidos do passado e do futuro, todos desenhados com a mão trêmula de uma criança assustada, todos em posições desajeitadas e traçados de maneira canhestra, como suas primeiras tentativas na região negra. Como se documentasse as visões que o afligiam, desenhou semeadores e andarilhos, sapatos vazios, pais e bebês, versões intermináveis de camponeses comendo ao redor de uma mesa, cadeiras vazias junto ao fogo.

E então mergulhou outra vez nas trevas.

Nem mesmo a soma de atenções familiares que lhe chegou no fim de março — por ocasião de seu aniversário de 37 anos — foi capaz de resgatá-lo dos meses de tormentas. As cartas do Norte conseguiram, no máximo, despertar novas ondas perigosamente nostálgicas. "Tudo o que lhe recorda o passado lhe traz tristeza e melancolia", Theo avisou à mãe. Com ou sem autorização de Peyron, Vincent utilizou esses breves momentos de lucidez para pintar diversas imagens, todas encenando as regressões que assombravam seu mundo mais tenebroso. Pintou cenas de sua meninice brabantina, idealizadas como contos de Andersen: cheias de cabanas cobertas de musgo, vilarejos tranquilos, poentes pitorescos, todas elas pintadas na paleta "sabão escuro" de *Os comedores de batatas*. Deu a essas ilusões nostálgicas o nome de "Reminiscências do Norte" e fez planos para uma série muito maior, incluindo novas versões de seus "Camponeses ao jantar" e da torre da igreja velha de Nuenen. Imaginava que "agora posso fazer algo melhor com eles, de memória". Mas suas tentativas de reconstituir o passado na tela apenas desencadearam novos espasmos de culpa, empurrando-o inexoravelmente de volta ao abismo.

Afinal, nos últimos dias de abril, na véspera do aniversário de Theo, ele emergiu das trevas tempo suficiente para escrever outra carta — apenas duas em dois meses.

Agradeceu humildemente ao *waarde* irmão por "toda a bondade que você me tem mostrado", mas foi cauteloso quanto às perspectivas de sua saúde ("Neste instante eu me sinto um pouco melhor") e então logo se abriram as comportas do desespero. "O que posso dizer sobre estes dois últimos meses? As coisas não foram nada bem. Sinto-me mais triste e mais desgraçado do que consigo dizer, e não sei o que vai ser."

Duas semanas depois, deixou para sempre o asilo.

O que aconteceu? O que mudou? O que deu a Vincent (e a Theo) a confiança para abandonar a relativa segurança de Saint-Paul-de-Mausole depois de dois meses de ataques devastadores incessantes — os piores até aquela data — e esperanças baldadas de uma recuperação durável?

Vincent despertou do longo pesadelo como sempre despertava: paranoico, irritadiço, decidido a ir embora. "Realmente não tenho sorte", lamentou na carta de parabéns pelo aniversário de Theo. "Preciso tentar sair daqui." Retomou as velhas reclamações por ter se atrasado no trabalho (o período de floração nos bosques já passara) e se dispôs a ir para um hospício em Avignon ou Paris, reativando planos de fuga que iam e voltavam com a mesma frequência dos ataques. "Não creio que poderia estar mais tolhido e mais prisioneiro nos lugares onde não fingem deixá-lo em liberdade", escreveu ríspido sobre seu confinamento "voluntário" no claustro de Saint Paul. "O que se tem de aguentar aqui é quase intolerável." Censurou Theo por ter deixado passar os prazos anteriores para sua permanência e aventou a hipótese absurda — baseada na "observação dos outros pacientes", segundo ele — de que era jovem demais e tinha muita energia para ser vitimado por outro ataque em pelo menos um ano.

Dias depois, essa ilusão de invulnerabilidade o reconduziu ao plano, proposto inicialmente por Theo, de se mudar para a zona rural perto de Paris e morar com um colega artista, ou sozinho, perto de Paul Gachet, o médico recomendado por Pissarro. Essa ideia já tinha saído do horizonte, mas foi retomada em março quando Theo contou que encontrara Gachet. "Ele dá a impressão de ser um homem de entendimento", escreveu Theo. "Quando lhe contei como começaram suas crises, ele me disse que não acreditava que tivesse alguma coisa a ver com loucura e que, se fosse o que pensava, poderia garantir sua recuperação." A carta de Theo, que só foi lida no começo de maio, adicionou uma quimérica certeza de recuperação à determinação de Vincent de ir embora de Saint Paul. "Estou quase certo de que no Norte logo me restabelecerei", escreveu, concentrando seu facho obsessivo no vilarejo de Auvers, ao norte de Paris, onde morava Gachet. "Ouso pensar que encontrarei meu equilíbrio no Norte." Queria sair em "uma quinzena, no máximo", anunciou impaciente, "mas ficaria mais feliz se fosse em uma semana".

Theo, porém, já tinha ouvido tudo aquilo antes. Seguira os altos e baixos das crises de Vincent e resistira aos inevitáveis pedidos de salvação urgente que se seguiam a cada ataque. Tinha visto muitas vezes que o mais sólido otimismo se rendia ao pavor e, depois, ao silêncio. Contornando os pedidos de Vincent para ser liberado, Theo aconselhara cautela e propusera vários "testes", e Vincent fracassara em todos sem exceção. Horrorizado com a perspectiva de outro episódio público como o ocorrido na Casa Amarela, Theo insistiu com delicadeza que o irmão continuasse "sob a supervisão de um médico" — outro obstáculo a uma saída rápida. Para manter Vincent pelo menos *perto* do hospício, ele tentou (sem êxito) encontrar um pintor disposto a ocupar um ateliê em Saint-Rémy durante o inverno. Convidou-o devidamente a ir para Paris, claro, mas sempre impondo como condição determinado prazo de segurança. (Um ano antes, tinha exigido o período de cinco meses sem ataques antes de considerar que fosse mesmo uma recuperação segura.)

Em meados de março, depois do terrível informe de Peyron e outro prolongado silêncio, Theo se resignara ao ciclo inexorável da doença de Vincent e aconselhou a mãe e a irmã a fazerem o mesmo. "Agora que a crise durou tanto tempo", escreveu a elas, "será mais difícil para ele superar." Vincent nunca voltaria a ser "totalmente o mesmo" e seria "irresponsável" deixar que ele saísse do hospício.

Mas, no começo de maio, tudo mudara.

Em maio, a condição de Vincent deixara de ser apenas uma "situação lamentável" — um estorvo familiar que era melhor deixar entregue a médicos numa instituição distante, com o consolo ocasional de cartas com palavras de incentivo sinceras, mas vazias. ("Prenda-se à esperança de que as coisas logo tomarão um rumo melhor", escreveu Theo em março.)

Em maio, Vincent era uma celebridade.

O artigo de Aurier acendera o rastilho. A explosão ocorreu em março, quando o Salon des Indépendants daquele ano foi inaugurado no esplendor do pavilhão Ville de Paris nos Champs-Élysées. Estando Vincent encerrado num sofrimento mudo, Theo escolheu as dez pinturas que ficaram expostas ao lado de obras de Seurat, Lautrec, Signac, Anquetin, Pissarro, Guillaumin e outros. O presidente francês fez a inauguração oficial em 19 de março e, nas semanas subsequentes, todo o mundo artístico de Paris afluiu ao pavilhão. Muitos foram especialmente para conhecer o gênio atormentado de Aurier. Poucos se decepcionaram. "Seus quadros estão muito bem situados e causam bom efeito", escreveu Theo numa carta que Vincent só teve condições de ler em maio. "Muitas pessoas vieram até nós e pediram para lhe enviar seus cumprimentos."

A obra de Vincent foi qualificada como *"le clou"* — a estrela — da mostra, deixando na sombra até mesmo os novos trabalhos de Seurat. Theo foi abordado por colecionadores que "discutiam seus quadros sem que eu sequer tivesse chamado a atenção para eles", comentou admirado. Vários artistas voltaram algumas vezes para revê-los; muitos propuseram trocas. Theo era abordado por pintores na rua, que congratulavam o irmão: "Diga a ele que suas pinturas são extremamente fora do comum", disse um deles. Outro foi ao apartamento de Theo para manifestar seu "êxtase" com as imagens de Vincent. "Ele disse que, se já não tivesse um estilo próprio", relatou Theo, "mudaria de curso e iria procurar o que você está procurando." Mesmo Claude Monet, o monarca do impressionismo, declarou que as pinturas de Vincent eram "as melhores de toda a exposição".

Os críticos ratificaram o triunfo. Em *Art et Critique*, Georges Lecomte louvou o "empastamento impetuoso", os "efeitos poderosos" e a "impressão vívida". Na revista de Aurier, *Mercure de France*, Julien Leclercq saudou o "extraordinário poder de expressão" de Vincent e reivindicou para ele o manto do simbolismo. "Ele tem um temperamento apaixonado, através do qual a natureza aparece como em sonhos", escreveu Leclercq, "ou melhor, em pesadelos." Instou os leitores a ir ver por si mesmos essas novas imagens "fabulosas" e "magníficas": "dez pinturas que dão prova de um gênio raro".

Mas nenhuma crítica poderia ter mais importância para Vincent que a de seu ex-companheiro na Casa Amarela (cuja carta, como as notícias de Theo, mofava no escritório de Peyron, sem ser lida). "Envio-lhe meus sinceros cumprimentos", escreveu Gauguin. "Dos vários artistas expostos, você é o mais admirável." Disse que Vincent era "o único expositor que *pensa*" e rendeu à sua obra o supremo tributo: "Há algo nela emocionalmente tão evocativo quanto Delacroix". Gauguin também pediu uma troca.

Uma coisa era isolar um parente perturbado no distante retiro montanhoso de Saint-Rémy, longe dos insultos da vida cotidiana e do escárnio público. Outra totalmente diferente era manter prisioneiro um artista aclamado por toda a vanguarda de Paris como um gênio. À medida que os elogios se multiplicavam e as ofertas proliferavam, à medida que dinheiro de verdade aparecia pela primeira vez nos registros contábeis de Theo (em março, ele depositou o cheque de Anna Boch por *O vinhedo vermelho*), aumentavam as perguntas incômodas. Que pena — quase um crime — que Vincent não fosse livre para pintar como quisesse. Por que o privavam com tanta frequência do ateliê e das tintas? Por que era tratado feito uma criança mal comportada e não como o grande artista que era?

Sob a saraivada de dúvidas e perguntas, Theo capitulou depressa. Poucas semanas antes, ele tinha se resignado à trágica ironia do destino de Vincent. "É uma grande pena que justo agora o trabalho dele esteja tendo muito sucesso", escreveu à mãe em meados de abril. Mas em 10 de maio, quando não se passara sequer uma quinzena desde a última "recuperação" de Vincent, Theo lhe remeteu os 150 francos de que precisava para a viagem ao Norte. Sempre pragmático, ele viu as oportunidades comerciais do súbito sucesso do irmão, bem como os obstáculos impostos por seu isolamento para a plena materialização desse sucesso. Tal como Vincent, Theo também se sentia frustrado com os longos períodos de confinamento e interrupção da produtividade. Os negócios andavam devagar (um grande declínio econômico tinha arrastado o mercado inteiro de arte para uma depressão) e decerto lhe parecia atraente a perspectiva de que o irmão finalmente se sustentasse sozinho.

Mas Theo era um romântico, ele também. E, no exato momento em que por fim se resignara à cruel inexorabilidade do exílio de Vincent, o triunfo na mostra dos *Indépendants* lhe permitiu recuar da beira do fatalismo e imaginar um final feliz para a longa e triste jornada do irmão. "Gostaria que você se sentisse melhor", escreveu a Vincent com a simplicidade da esperança, "e que seus acessos de tristeza desaparecessem."

Na primeira quinzena de maio, as apreensões cautelosas de Theo perderam a batalha com seu coração impulsivo. Insistiu que Vincent assumisse a responsabilidade pela decisão de sair de Saint-Rémy (Vincent tentava caracterizá-la como ideia de Theo) e lhe recomendou que não tivesse "ilusões demais sobre a vida no Norte". Pediu-lhe apenas para "agir em conformidade" com os conselhos de Peyron — um argumento circular, pois Peyron, que era contrário à liberação por considerá-la prematura, não daria sua bênção sem a concordância de Theo. Às objeções raivosas de Vincent, Theo retorquiu que o hospício forneceria um acompanhante na viagem de trem até Paris, lembrando expressamente a absoluta calamidade que tinha sido a excursão de Vincent a Arles em fevereiro, quando foi desacompanhado. Assim prosseguiram, num duelo de negação e ilusão, de rodeios esquivos e reações defensivas, precipitando-se rumo a uma decisão pela qual nenhum dos dois queria se responsabilizar.

Mas Vincent não perdeu tempo. Convencido de que sua janela de "sossego completo" estava se fechando rapidamente (já reduzida de um ano a "três ou quatro meses", enquanto a batalha sobre sua saída continuava a se arrastar), ele se arrojou de volta à pintura. Sempre saía de seus ataques num ímpeto maníaco de energia represada e um pródigo consumo de tinta, como que para compensar todas as telas de que se abstivera durante os delírios. Nunca o reservatório esteve tão cheio. "Tenho mais ideias na cabeça do que jamais conseguiria realizar", escreveu. "As pinceladas vêm regulares como um relógio."

Começou no jardim, bem no momento em que a primavera principiava a desbotar, com dois "recantos verdejantes" que Theo tanto apreciava: imagens do solo com a grama crescida revolta e um tapete de dentes-de-leão entre os troncos nodosos. Mas, enquanto empacotava seus equipamentos na expectativa de ir embora a qualquer instante, demorava-se cada vez mais no ateliê, restringindo o ardor do pincel a naturezas-mortas de flores que colheu no jardim do hospício: íris e rosas — as últimas da primavera. Enfiou as flores já pendentes em vasos de cerâmica e, numa fúria de trabalho como se fosse o último minuto — "como um homem num frenesi" —, encheu telas e mais telas de grandes dimensões, em que deu expressão ao coração impetuoso e às esperanças para o futuro.

A escolha do tema não era somente uma questão sazonal ou circunstancial. O quadro de íris da primavera anterior recebera muitos louvores desde sua primeira apresentação na exposição dos *Indépendants* em 1889 — principalmente de seu irmão Theo. Haveria prova mais bonita de gratidão — argumento mais convincente de sucesso — do que essas flores humildes, disformes, mas orgulhosas em sua efêmera glória? Pintou-as depressa, com o pincel generoso e o pulso flexível de seu retiro sereno nas montanhas. A mesma alquimia única que conjurara os girassóis de Arles — a incrível combinação entre pressa e cuidado, cálculo e desenvoltura ("planejar me parece mais difícil do que pintar", disse ele) —, agora, num passe de mágica, transformou as íris de Saint-Rémy em constelações preciosas de púrpura, violeta, carmim e "azul-da-prússia puro".

Fez dois quadros com elas: um tendo como fundo o amarelo elétrico de Arles, gerando um salto de contraste mais acentuado do que qualquer coisa que fizera sob o sol do Midi; o outro sobre uma ampla serenidade em rosa-perolado, cintilando nas mesmas cores de pedra preciosa e formas monumentais louvadas por Aurier. Fez o mesmo com as rosas, amontoando todas juntas numa bilha singela que chegou a transbordar de flores brancas, levissimamente tingidas de vermelhos e azuis, sobre um fundo ondulante de verde-bonzo; depois, como uma coroa de flores que se erguia qual nuvem, no mais delicado rosa, equilibrando-se penosamente numa parede de verde primaveril, a cor da nova vida.

No fim, restou apenas um tema. Ele tinha despachado seu baú e escrevera uma carta de despedida aos Ginoux, deixando a maior parte de sua mobília no Café de la Gare como lembrança e esperança de voltar. Mas reteve uma quantidade suficiente de telas, tintas e pincéis para continuar trabalhando, e combinou que lhe remetessem depois qualquer tela que ainda não estivesse seca na hora de ir embora. Com isso, restaram-lhe apenas algumas pinturas prontas, que ia levar como presentes, e um maço de reproduções. A seu pedido, Theo lhe enviara algumas no começo de maio e ele já convertera duas delas em pinturas grandiosas, densas de cor e significado: *O bom samaritano*, de Delacroix, e *A ressurreição de Lázaro*, de Rembrandt. Como a coisa que mais o apavorava era a ociosidade, ocupou seus últimos dias no hospício — enquanto negociava com Theo os detalhes da viagem — pintando uma "tradução" derradeira. Escolheu como modelo não uma imagem de salvação, como o samaritano, nem de renascimento, como Lázaro. Optou por uma litografia que ele mesmo fizera em Haia, em 1882. Mostrava um velho sentado junto ao fogo, com a cabeça enterrada entre as mãos, esmagado sob o peso das desgraças e do vazio da vida. Trazia a legenda que ele próprio escrevera oito anos antes, enquanto outro ateliê e outra fantasia de família desmoronavam a seu redor: "No portão da eternidade". A despeito de todos os protestos de boa saúde e de esperanças para o futuro, a despeito de todas as coroas de louvores e planos de recuperação, não conseguia afastar o medo nem fugir ao passado. "Penso nela como um naufrágio", disse a propósito de sua jornada sulina.

Mortificando-se de desespero, transferiu laboriosamente o patético autorretrato para uma tela grande, usando laranja, azul e amarelo — as cores de seu empreendimento naufragado no Midi. "Confesso-lhe que saio com grande pesar", escreveu a Theo. "Oh, se eu pudesse ter trabalhado sem essa maldita doença — que coisas poderia ter feito!"

42. O jardim e o trigal

Em 16 de maio, o dr. Peyron anotou "curado" na ficha de Vincent no asilo de doenças mentais. Na manhã seguinte, seu trem entrou na grande Gare de Lyon em Paris. Theo estava na plataforma para recebê-lo. Tirando o encontro turvo e rapidíssimo no hospital de Arles, fazia mais de dois anos que os irmãos não se viam. Tomaram um coche puxado a cavalo, que os conduziu pelos cintilantes cânions de calcário de Haussmann até o novo apartamento de Theo em Cité Pigalle, 8. Uma mulher lhes acenou de uma janela. Era Jo Bonger, a nova Madame van Gogh. Recebeu-os à porta. Era a primeira vez que os dois se viam. "Eu esperava um doente", escreveu ela mais tarde, "mas ali estava um homem robusto, espadaúdo, com cores saudáveis, um sorriso no rosto e uma aparência muito decidida."

O apartamento acolheu Vincent com um desfile espectral do passado: na sala, *Os comedores de batatas* de Nuenen; na sala de estar, uma vista do Crau e a *Noite estrelada* de Arles; no quarto de casal, um pomar florido do Midi sobre a cama de Theo e Jo. Uma pequena pereira em flor vigiava o berço de lençóis rendados onde estava o Vincent de três meses e meio de idade. Os irmãos contemplaram em silêncio o bebê adormecido, relembrou Jo, até lhes virem lágrimas aos olhos.

Nos dois dias seguintes, ele passou rápido de galeria em galeria: desde uma modesta mostra de estampas japonesas aos salões grandiosos do Champs de Mars, onde ainda estava exposta a mostra de primavera do Salon. Como fazia muito tempo que não via nada além de seus próprios trabalhos, Vincent se sentiu assoberbado pelo gigantesco mural de Puvis de Chavannes, *Inter artes et naturam* (*Entre a arte e a natureza*), com seu casamento entre a forma arcaica "primitiva" e a simplicidade moderna. "Olhando-o por longo tempo", escreveu extasiado, "tem-se a sensação de estar diante de um renascimento, total mas benéfico, de todas as coisas em que devíamos ter acreditado, que devíamos ter desejado."

No apartamento, suas pinturas ocupavam não só as paredes, mas também os armários e gavetas — pinturas e mais pinturas que embalara e despachara para o irmão, às vezes antes mesmo que a tinta secasse. "Para o grande desespero de nossa arrumadeira", escreveu Jo, "havia pilhas enormes de telas sem moldura debaixo da cama, do sofá, dos armários na pequena despensa." Vincent arrastou pilha por pilha até o chão e à luz, estudando cada uma das pinturas "com grande atenção", comentou Jo mais tarde. Também foi visitar o depósito da loja de Tanguy e reviu os montes de imagens familiares, acumulando pó junto com uma fila de colegas pintores.

Ele chegara prometendo uma breve estada, mas sonhando com uma longa. Para acalmar os temores de Theo de um ataque longe de qualquer supervisão médica, Vincent tinha falado em se mudar para Auvers "o mais rápido possível" após a chegada — talvez até deixando a bagagem na estação ferroviária. Mas, no íntimo, imaginava passar "uma quinzena" em Paris, pelo menos — tempo suficiente para restabelecer o contato com o querido irmão e a jovem família que conhecia apenas de fotografia. "O que me consola", escrevera duas semanas antes a Theo, "é o grande, o enorme desejo que tenho de revê-lo, você, sua esposa e filho... pois de fato nunca deixo de pensar neles."

Levou nas costas a prova desse grande desejo: um fardo pesado contendo cavalete, telas, esticadores, tintas e pincéis. Seu plano era sair à rua com os equipamentos — já "no dia seguinte à minha chegada" — e pintar todos os "temas essencialmente modernos" de Paris que lhe haviam assombrado o longo exílio. "Sim, existe uma maneira de ver beleza em Paris", disse ele. Então, talvez, pintaria um retrato de Jo. Nada lhe faria tanto bem, nada poderia protegê-lo melhor dos perigos do mundo exterior do que "passar alguns dias com vocês".

Mas, em 20 de maio — três dias apenas depois de chegar —, Vincent arrumou abruptamente suas coisas e voltou para a estação. Embarcou no trem para o Norte levando a mesma bagagem que trouxera, acrescida apenas de algumas pinturas de Saint-Rémy. A caixa de tintas nem fora aberta. Chegou a Auvers cerca de uma hora depois. Quando o trem partiu, estava novamente sozinho. Paris passara como um sonho ou uma orgia de embriaguez: meses de anseios consumidos num clarão de horas. Atordoado com a súbita solidão, escreveu a Theo: "Espero que não seja desagradável se reencontrar depois de uma longa ausência".

Tal como no passado, Vincent atribuiu sua saída intempestiva à própria cidade de Paris. "Senti muito claramente que todo o alvoroço de lá não era para mim", explicou em Auvers, depois de consumado o fato. "Paris teve um efeito tão ruim sobre mim que julguei prudente para minha cabeça ir logo para o campo." Mas sua acolhida em Paris sempre fora incerta e suas intenções de visita eram sempre contrariadas. Rogara a Theo que ele "insistisse" com Aurier para não escrever mais sobre sua pintura. "Estou arrasado demais de dor para conseguir enfrentar a publicidade", escreveu na véspera de sair do hospício. "Pintar quadros me distrai, mas, se ouço que são comentados, isso me dói mais do que ele imagina." Mesmo assim, planejava ver o crítico quando estivesse em Paris (plano que deu em nada) e se desesperou quando nem Gauguin, nem Bernard se deram ao trabalho de vir vê-lo, embora ambos estivessem em Paris naquele momento.

Theo o recebeu de coração, até com lágrimas, mas os anos de sacrifício e doença secreta haviam cobrado um preço terrível, que Vincent viu estampado nas faces cavas, na palidez e na tosse rascante do irmão. (Mais tarde, Jo admitiu seu espanto com a aparência muito mais saudável de Vincent, quando os dois irmãos ficavam lado a lado.) Apesar dos anos de separação, Theo passou a maior parte do tempo da visita de Vincent trabalhando longas horas na Goupil, onde havia uma mostra de Raffaëlli no mezanino, preocupado em conceber alguma estratégia para reconquistar Monet para a galeria.

Não transcorrera tempo suficiente, porém, para apagar as manchas do passado. Ainda se sentindo mal recebido no local de trabalho do irmão, Vincent não foi ver a mostra de Raffaëlli e nem mesmo as últimas pinturas de Gauguin na Bretanha. Na verdade, tudo na nova vida de Theo em Paris parecia censurá-lo ou excluí-lo: desde as condições de saúde do irmão às pilhas de pinturas encalhadas, escondidas sob as camas e no depósito infestado de bichos de Tanguy; desde o reluzente apartamento burguês em Cité Pigalle ("que certamente é melhor do que o outro", admitiu Vincent) ao holandês que Jo insistia em falar. Mesmo nos choros de cólica do bebê, Vincent ouvia o juízo da família e de seu passado. "Não posso fazer nada quanto à minha doença", escreveu compungido de seu desterro em Auvers.

> Não digo que meu trabalho seja bom, mas é o menos pior que consigo fazer. Todo o resto, as relações com as pessoas, é muito secundário, porque não tenho talento para isso. Não há o que fazer.

* * *

Quando Vincent despertou de seu sonho de três dias em Paris, tudo mudara e nada mudara. Podia andar pelas ruas de Auvers sem acompanhante, mas todos os rostos ainda eram estranhos, todos ainda o olhavam com suspeita. Podia comprar a comida que quisesse e escolher o hotel que bem entendesse, mas ainda era Theo que tinha de pagar as contas. "Mande-me algum dinheiro até o fim da semana", escreveu no dia seguinte à sua chegada, já sem recursos. "O que tenho só vai durar até lá." Na pressa, saíra de Paris sem combinar novos "termos" com o irmão, de forma que sua primeira carta o jogou de novo no tormento da dependência monetária. Foi obrigado a perguntar: "Serão 150 francos por mês, pagos em três vezes, como antes?".

Em Auvers, finalmente Vincent poderia ser atendido por um médico que entendia os artistas. Em seus quarenta anos de prática, Paul Gachet cuidara das aflições físicas e mentais de um rol de grandes nomes da vanguarda, entre os quais estavam Manet, Renoir e Cézanne, além de colegas de Van Gogh como Pissarro e Guillaumin. Mas, quando Vincent foi ver Gachet no dia em que chegou, o médico de 61 anos de idade lhe pareceu tão distante e distraído quanto o oftalmologista Peyron. Numa casa cheia de cães e gatos e um quintal cheio de aves de criação, Gachet, de cabelos tingidos de louro, o recebeu reclamando da profissão de médico, recomendando algumas panaceias ("ele disse que preciso continuar a trabalhar com vigor") e oferecendo um misterioso tratamento "estimulante" se Vincent caísse em depressão ou se "qualquer coisa ficasse pesada demais para mim". Desolado, descartou qualquer esperança de que Gachet pudesse lhe dar suficiente supervisão médica — esperança que fora o principal motivo a levá-lo a Auvers. "Não podemos contar com dr. Gachet de maneira nenhuma", escreveu ele. "Em primeiro lugar, ele está mais doente do que eu, creio... Ora, quando um cego guia outro cego, não caem os dois dentro da vala?"

Em Auvers, era a primeira vez em anos que Vincent podia encontrar pessoas à vontade — circular, recomeçar, sem os terríveis boatos que o acompanhavam por toda parte em Arles. Paris ficava a não mais que trinta quilômetros adiante do horizonte bucólico, e nas ruas com seus chalés se alvoroçava uma gente cosmopolita — refugiados aposentados, de temporada ou mesmo de fim de semana, que não alimentavam nenhuma das superstições ou preconceitos que, outrora, haviam perseguido suas aventuras pelo campo. (No verão, a população de Auvers passava de 2 para 3 mil moradores.) Mas Vincent trazia o exílio dentro de si. Apesar do belo cenário ("Aqui há muita cor", escreveu a propósito da pitoresca vila ribeirinha), fez planos de se trancar no quarto do hotel e refazer mais uma vez os *Exercices* de Bargue.

Com acesso irrestrito a pena e papel, podia escrever a quem quisesse. Mas a mente se dispersava e a mão hesitava. Começava as cartas inúmeras vezes e mesmo as concluídas não enviava. Também no trabalho, a liberdade tolhia a resolução. Falava vagamente em pintar mais "traduções" de antigos desenhos seus e talvez "trabalhar um pouco na figura". "Algumas imagens se apresentam vagas à minha mente", comentou com indiferença, "que vai levar algum tempo até clarear, mas isso virá aos poucos."

Em Auvers, finalmente podia ver o céu noturno sem espiar por entre as grades da janela. Mas as estrelas ainda falavam de solidão e seres amados distantes. Sentado sozinho no quarto vazio do hotel (seu baú tinha se atrasado), privado de companhia ou mesmo de qualquer atenção, os pensamentos de Vincent voltaram inevitavelmente à família que deixara em Paris. "Muitas, muitas vezes penso em meu pequeno sobrinho", escreveu poucos dias depois de chegar.

> Ele vai bem? Tenho interesse por meu pequeno sobrinho e fico apreensivo com seu bem-estar. Como vocês tiveram a bondade de lhe dar meu nome, gostaria que ele tivesse uma alma menos inquieta do que a minha, que está se afundando.

Com esse voto confessional e dolorido, Vincent iniciou a última grande campanha de sua vida. Os dias em Paris tinham sido breves, mas mesmo a visão fugidia da mulher e filho de seu irmão desencadeara um profundo anelo que se sobrepunha a todos os anteriores. Na solidão enclausurada de seu quarto de hotel em Auvers, sonhou com um projeto — um derradeiro "castelo no ar" — tão descomunal quanto aquele anseio. Traria a família de Theo para Auvers e a transformaria em *sua* família.

A ideia se formara quando saiu de Paris, ou talvez até antes. Era a mesma visão de reunificação que bradara lá dos ermos de Drente, dizendo a Theo — e à sua amante — "junte-se a mim" numa cabana nas charnecas, para formar uma "família de pintores". Era a mesma visão que o consolara em 1887, quando Theo fez seu primeiro pedido de casamento a Jo Bonger e Vincent imaginou os três vivendo numa "casa de campo" cheia de filhos de um e de quadros do outro. Com a mesma visão, chamara Theo, com palavras e imagens, para fazer da Casa Amarela seu lar no Sul, para que ambos pudessem nutrir a geração seguinte de impressionistas.

Mas, dessa vez, a família era real, não imaginária. Poucos dias antes, Vincent pegara a criança no colo. E tinha seu nome.

Os primeiros dias solitários em Auvers converteram essa visão, de sonho anelante que era, numa poderosa obsessão. Quando a confiou ao papel, em 24 de maio, numa carta dirigida a Jo, bem como a Theo, ela saiu não como um pleito, mas como uma acusação. "No presente, parece-me que, embora o menino ainda não tenha mais do que seis meses, seu leite já está secando", disse, repreendendo a cunhada. "Você — como Theo — já está cansada demais... As preocupações já avultam demasiado grandes, demasiado numerosas, e você está semeando entre espinhos." Censurou os jovens pais por se esquivarem à obrigação com o filho ao ficar na cidade, onde os três estavam sempre "no limite e esgotados". Se continuassem naquele caminho temerário, advertiu Vincent, "prevejo que o menino sofrerá mais tarde por ter sido criado na cidade". Em suma, corriam o risco de condenar o filho a uma vida de "sofrimento" e "ruína" — ou seja, uma vida como a do tio.

Vincent nunca enviou essa carta. Sem dúvida considerando-a dura e honesta demais, deixou-a de lado e redigiu um convite diferente, menos sinistro: "Muitas e muitas vezes, penso no filhinho de vocês e então começo a desejar que já fosse crescido o suficiente para vir para o campo. Pois o melhor sistema é criá-los aqui". Mas as chamas da obsessão arderam com a mesma intensidade nas semanas de persuasão que se seguiram. "Auvers é muito bonita", escreveu, "de fato extremamente bonita... sem dúvida muito bonita." Era "o verdadeiro campo, típico e pitoresco... longe o suficiente de Paris para ser um campo *verdadeiro*... um campo quase suntuoso [com] muito bem-estar no ar". Comparou-o ao mural de Puvis, um Paraíso sereno, antigo, imaculado — só que amorosamente cultivado como um jardim holandês, e não como o *Paradou* inculto de Zola — "sem fábricas, mas uma encantadora vegetação abundante e bem cuidada".

Para Jo, ele prometeu a fuga ao ar sufocante e ao barulho da cidade, uma menor pressão sobre o marido sobrecarregado de trabalho, uma "alimentação [mais] substanciosa" e melhor saúde para todos — em especial para o bebê. "Acredito sinceramente que Jo teria o dobro de leite aqui", escreveu ele. Apelou repetidas vezes ao dever da mãe para com o filho. "Costumo pensar em você, Jo, e no menino, e noto que as crianças aqui, ao ar livre e saudável, têm boa aparência." Entendia a "terrível dificuldade" de criar os filhos na cidade: "mantê-los sãos e salvos em Paris num quarto andar". Ouvira os choros incessantes do bebê e vira a exasperação da mãe diante do garoto "colérico", "berrando como se o estivessem matando". Ele precisava, insistiu Vincent, era de ar puro, de um leite melhor, das distrações das flores e animais que o acalmariam e, "ainda mais, do pequeno alvoroço de outras crianças que há num vilarejo".

Para Theo, Auvers dispensava apresentações. A cidade medieval junto ao Oise, um tributário do Sena, ingressara na imaginação francesa desde a década de 1850, quando Charles Daubigny atracou seu barco-ateliê a suas margens e começou a registrar seus encantos arquetípicos. Estabelecida no rico solo de aluvião entre o rio e o planalto circundante, alimentada durante séculos pelas águas piscosas do Oise, a vila crescera ao longo do rio como uma trepadeira, em vez de avançar para o planalto.

Com muitos quilômetros de comprimento, mas poucas ruas de largura, onde aos grupos de casas cobertas de colmo e lavouras cercadas se misturavam vinhedos e plantio de hortaliças para venda no mercado, Auvers se tornou o modelo das utopias campestres típicas de cartão-postal, incansavelmente reproduzidas na mania nostálgica que acompanhava as depredações do avanço industrial. Com o advento das ferrovias, a mesma mania atraía bandos de parisienses, todos procurando vestígios do passado perdido. Artistas como Corot, Cézanne e Pissarro seguiram o exemplo de Daubigny, captando essas cenas rústicas graciosas para o consumo de massa, e negociantes como Theo van Gogh vendiam milhares dessas imagens com chalés pitorescos, trilhas campestres e moradores locais, todas anunciando o poder restaurador da vida no campo.

Mas Vincent tinha uma promessa mais específica para Theo. Saíra do primeiro encontro com o dr. Gachet desanimado e até desdenhoso. Porém sua nova visão de família mudou tudo aquilo. O excêntrico doutor agora tinha um papel crucial a desempenhar na campanha para trazer Theo a Auvers. Haveria chamariz melhor para o irmão doente do que um médico famoso, compreensivo, atento (e rico)? Vincent pôs imediatamente de lado a carta na qual depreciara Gachet ("um cego guiando outro cego") e substituiu por um relato entusiasmado sobre a amizade nascente entre ambos. "[Ele] mostrou muita afinidade comigo", escreveu Vincent. "Posso ir à casa dele sempre que quiser." Na verdade, ele vira no médico meio amalucado mais um irmão perdido. "*Père* Gachet é muito, sim, muito parecido com você e comigo", retornando ao "nós" de tempos pregressos. "Sinto que ele nos entende plenamente e que trabalhará com você e comigo com toda a sua capacidade, sem nenhuma reserva, por amor à arte pela arte."

Para dar provas ao irmão dessa sedutora visão, Vincent levou seu cavalete até o casarão de Gachet na encosta de uma colina, armou-o no quintal entre galinhas, patos e perus, e iniciou um retrato daquele homem estranho que se tornara seu baluarte contra as tormentas e sua melhor chance de conquistar uma família própria. Pintou o médico numa pose pensativa: sentado a uma mesa com a cabeça virada, apoiando comodamente uma das faces na mão, como se estivesse ouvindo o conviva a seu lado durante um jantar. A atitude de interesse, o rosto franco, os grandes olhos azuis franzidos de atenção atraem confidências do corpo e da alma.

Dr. Paul Gachet.

Na mesa diante dele, Vincent colocou um copo com ramos de digitális, emblema da predileção de Gachet por remédios homeopáticos e promessa mais profunda dos poderes terapêuticos da natureza. Ao lado do copo, Vincent pintou dois livros, com os títulos cuidadosamente redigidos como mensagem para Theo — *Germinie Lacerteux* e *Manette Salomon*, ambos de Edmond e Jules de Goncourt, o grande modelo de todas as irmandades artísticas: o primeiro, uma história de advertência sobre doença e morte na cidade; o segundo, uma história de salvação por meio da arte. Juntos, asseguravam a Theo que esse excêntrico médico do interior, com seu barrete branco engraçado e o casaco pesado demais para o verão, aceitava plenamente o mundo moderno da mente, mesmo trabalhando para curar seus males inevitáveis.

O retrato do dr. Gachet marcou a rodada inicial de uma fuzilaria de argumentos na tela em favor de Auvers. Em Drente, Vincent enviara ilustrações de revistas convidando Theo a partilhar a "poesia áspera" da charneca. Em Arles, convocou seus *copains* para a nobreza primitiva do Midi com monumentos de cor e de luz. Agora, num ateliê improvisado num quarto dos fundos de seu hotel, importunou o irmão (e Jo) com dezenas de propagandas da vida saudável, feliz, de convívio familiar amigável, que só podia se encontrar na utopia rural de Auvers.

Num frenesi de trabalho que começava diariamente às cinco da manhã, muitas vezes deixando telas inacabadas ou apenas esboçadas, tal como ocorria com as cartas, Vincent pintou o vilarejo em toda a sua extensão, dedicando telas e telas às cabanas de colmo que já estavam quase desaparecendo do continente europeu, mas ainda eram porta-vozes eloquentes de um tempo mais simples e mais sólido. Pintou a união entre campo e vila, própria de Auvers. Devido à sua extensão, a vila não tinha um verdadeiro centro; casas, vinhedos e jardins se alternavam ao longo das duas artérias principais. A natureza estava presente por toda parte. Cada casa que Vincent pintou, cercada de vegetação, tinha uma área verde própria — promessa de que o conforto e a restauração estavam sempre a poucos passos de qualquer porta.

Era tão potente o sortilégio da natureza em Auvers que até as novas "*villas*" de classe média, que Vincent desdenhava em outros lugares, se transformavam em "agradáveis casas de campo". Pintou-as também: residências imponentes com amplas fachadas e orgulhosas filas de janelas — o tipo de casa que os parisienses ricos construíam, compravam ou alugavam —, casas adequadas a um importante negociante de arte e família. Como se levasse o irmão a um giro pela vizinhança, Vincent pintou relances de todas as ruas e estradinhas de Auvers. Pintou as grandes castanheiras na Rue Boucher, as *maisons* dos notáveis locais e as trilhas sinuosas de pedestres junto ao rio, todas ladeadas e sombreadas por árvores floridas, arbustos e flores silvestres.

Subiu ao alto da ribanceira e mostrou a Theo as curvas tortuosas do Oise, com sua ponte ferroviária moderna que deixava Paris a um pulo de distância. Dali, bastou-lhe virar para o outro lado para revelar a planície fértil da Île-de-France. A diferença entre a ribanceira do rio e a planície era acentuada: de um vale fundo de vegetação luxuriante para uma extensão contínua de leiras e lavouras, de hortas e campos, até onde alcançava a vista. Vincent pintou o brusco panorama em todo o seu esplendor como um mosaico do Crau. E assim prometia a Theo, pintura após pintura, que ele poderia partilhar de tudo isso.

Uma terra de magia requeria moradores à altura, e Vincent também pintou a magia de seus habitantes: andando pelos caminhos verdejantes e pelas ruas sem trânsito, passeando entre trilhas sombreadas com sombrinhas ou chapéus de palha. Eram quase todas mulheres ou moças, em geral aos pares, entregues a longas conversas — promessa de companhia para uma jovem holandesa encalhada em Paris. Ninguém trabalha na Auvers encantada de Vincent. Aqui e ali, alguns cuidam dos jardins ou vinhedos no terreno de casa, mas nunca ninguém aparece curvado, ajoelhado ou usando uma ferramenta. Nenhuma dura labuta milletiana desfigura a beleza prístina dos campos de Auvers, nem mesmo em pleno período de colheita.

Vincent pintou uma moça da localidade entre o trigo maduro. Mas ela está serenamente parada, com um vestido comprido de bolinhas, usando um avental limpo e um laço muito ajeitado no chapéu. As faces coradas e os seios redondos cheios falam, não de trabalho pesado, mas de uma vida saudável e de leite abundante. Também pintou crianças: risonhas, bochechudinhas, abrigadas no regaço da natureza, brilhando de saúde e alegria. Por fim, numa sugestão do futuro, pintou um rapazinho vigoroso com topete louro-arruivado, cor característica dos cabelos de Theo. Traz uma nigela-dos-trigos entre os dentes, com arzinho malicioso: sinal — garantia — de vigor de adolescente.

Como todos os devaneios de união de Vincent, porém, sua campanha em prol de Auvers defendia o passado com mais ardor do que o futuro. Os chalés cobertos de colmo com que divulgava o vale do Oise eram mais parecidos, não com as cabanas que via em seus passeios pelo vilarejo, e sim com as imagens esquemáticas de conto de fadas que desenhara e pintara durante o delírio nostálgico em Saint-Rémy, pouco antes naquela mesma primavera: suas "Reminiscências do Norte". Naquela época, ele pretendia repintar todas as imagens escuras do passado, inclusive *Os comedores de batatas*, usando a cor do Sul para transformá-las em ícones de uma nova era. Em Auvers, retomou esse projeto da redenção pessoal por meio da renovação artística. Encheu telas e telas com cenas familiares da vida no campo — evocando tanto o Brabante quanto Auvers — nas cores e formas da nova arte: os luminosos campos de papoulas de Monet, a alegre margem ribeirinha de Renoir, o *doux pays* de Puvis. Encontrou uma *villa* moderna que se parecia com o presbitério em Nuenen, que pintou sob o céu noturno estrelado do Midi — exatamente como pretendera pintar a Casa Amarela.

Cumprindo uma promessa específica que fizera a Theo em abril, levou o cavalete até a igreja gótica que sobranceava a vila de Auvers e entregou o pincel à tarefa mais difícil de todas: repintar a medonha torre da igreja de Nuenen onde seu pai estava enterrado. Usando uma tela ainda maior, transformou o lúgubre maciço de pedra passado num palácio cristalino de cor. As paredes e botaréus do século XII se erguem no capim semeado de flores silvestres em tons vivos de violeta e ocre. O movimentado contorno de transepto, abside e torre brinca livremente contra o céu "de cobalto simples, puro, profundo". Uma faixa de telhado laranja-vivo, com um choque, devolve à vida o velho edifício tortuoso. Na parte de baixo, um caminho arenoso "com a luz do sol se escoando em rosa" contorna e abraça a construção.

No instante em que ficou pronto, Vincent anunciou um veredicto triunfal sobre todos os seus esforços de reimaginar o passado e recuperar o irmão: "Mais uma vez, é quase igual aos estudos da torre velha e do cemitério que fiz em Nuenen; só que agora a cor é mais expressiva, mais suntuosa".

Theo viu e ouviu os pleitos do irmão. Mas, como sempre, Vincent pedia demais. Começara de maneira bastante sensata (um dia depois de deixar Paris), com um simples: "Eu ficaria muito contente se algum dia você viesse até aqui com a família, para um domingo". Porém logo suas expectativas tinham passado para "um mês de absoluto descanso no campo". A seguir, pressionou Theo a cancelar suas três semanas de férias habituais na Holanda e vir para Auvers. A mãe deles sentiria não ver o netinho, admitiu, mas ela "decerto entenderia o que era melhor para o bebê". Por fim, imaginou "morarmos juntos por anos". Theo, como sempre, conseguiu aparar esses avanços mais insensatos sem repelir por completo as esperanças do irmão. Não escreveu nada até começo de junho, e mesmo então respondeu de maneira vaga às semanas de convites ardorosos. "Uma hora ou outra terei de ir até aí", disse ele, "e pensarei com gosto em sua proposta de ir com Jo e o menino. Ponderou a possibilidade de repartir as férias de verão ainda distantes (dando uma rápida parada em Auvers a caminho da Holanda), mas não se comprometeu com nada.

Então, de repente, anunciou uma visita. Depois de toda a insistência de Vincent, bastou um convite casual de dr. Gachet, que apareceu na galeria em Paris, para que o impossível acontecesse. "Ele me disse que o considerava inteiramente recuperado", contou Theo sobre a rápida visita de Gachet, "e que não via nenhuma razão para o retorno de sua doença." Mesmo depois de aceitar o convite, porém, Theo não quis "prometer categoricamente" até chegar o dia marcado, e só iria se o tempo estivesse firme.

No domingo, 8 de junho, o dia esteve lindo, e Vincent passou uma tarde maravilhosa com o irmão e sua pequena família no Paraíso de Auvers. Foi recebê-los na estação ferroviária com um ninhozinho de presente para seu pequeno xará de quatro meses. Almoçaram na varanda da casa de Gachet, que dava para o Oise. Vincent insistiu em levar o bebê ao quintal e mostrá-lo a seus moradores emplumados, "para apresentá-lo ao mundo animal", relembrou Jo. Os galos, as galinhas e os patos debandaram, criando um alvoroço que apavorou o menino. Vincent tentou acalmá-lo imitando o som do galo cantando — "cocoricó" —, mas isso só fez o bebê berrar ainda mais. Levou a família a um passeio pelo paraíso que lhes havia mostrado tantas vezes em sonhos e nas telas. Então puseram o carrinho do bebê no trem e foram embora.

Theo, sem dúvida, esperava que a breve excursão fosse acalmar o irmão exigente. Mas ela teve o efeito contrário. A rápida visita apenas fortaleceu ainda mais, se possível, sua visão de uma nova família, juntos para sempre no vale pacífico do Oise. "O domingo me deixou uma lembrança muito agradável", escreveu logo a seguir: "você precisa voltar logo." Imediatamente se pôs a imaginar uma sequência inteira de visitas sucessivas porque "agora vivemos muito mais próximos um do outro". Arriscou-se até a confiar às palavras seu desejo mais precioso: "Gostaria muito que vocês dois tivessem uma segunda casinha no campo, junto comigo".

Como em Drente, Vincent aplicou todas as energias de sua imaginação para transformar aquele desejo em realidade.

Para acalmar o medo de Theo de uma recaída inesperada, Vincent não perdia ocasião de anunciar sua boa saúde. Incentivado pelo otimismo distraído de Gachet, pôs de lado os dois anos anteriores, desconsiderando-os como um sonho ruim do qual afinal despertara. "Meu cérebro setentrional foi oprimido por um pesadelo", escreveu, mais uma vez atribuindo seus males a "uma doença do Sul" e prometendo que "o retorno ao Norte vai me libertar dela". De fato, "os sintomas da doença" — em especial os pesadelos — haviam "desaparecido totalmente", disse ele. Escreveu ao dr. Peyron como que o dispensando ("Por certo nunca me esquecerei dele") e anunciou sua recuperação à mãe e às irmãs, convocando-as para sua cruzada por uma segunda chance. "Fico feliz", escreveu a irmã Lies a Theo, "que Vincent esteja de volta num ambiente de mentes sãs e possa gozar a vida mais naturalmente."

Entre todas aquelas mentes sãs, a que mais impressionou Theo foi Paul Gachet. "Espero que vocês [dois] se tornem amigos", escreveu com uma ponta de inveja. "Gostaria muito de ter um amigo que é médico." Em resposta, Vincent passou a enviar uma sucessão crescente de cartas em que se blasonava das relações com o bom doutor. "Encontrei um verdadeiro amigo no dr. Gachet", escreveu, "uma espécie de outro irmão, tanto nos assemelhamos física e também mentalmente."

Vincent declarou que Gachet mostrava "grande compreensão" de seu trabalho e visitava o pequeno ateliê no hotel duas ou três vezes por semana, "durante horas, para ver o que estou fazendo". "*O doutor conhece muito pintura*", escreveu Vincent, "e gosta bastante da minha." Gachet o convidara para trabalhar no jardim de sua residência e até pernoitar lá, se quisesse. Comia com frequência à mesa elaborada de Gachet ("jantares de quatro ou cinco pratos", gemeu Vincent), e lá fez amizade com os dois filhos do viúvo: Paul *fils*, de dezesseis anos, e Marguerite, de 21. Para Theo, descreveu seus serões na *villa* como rememorações de tempos antigos e mais afetuosos: "aqueles jantares de família que conhecemos tão bem".

Marguerite Gachet ao piano, junho de 1890,
óleo sobre tela, 102 × 50,2 cm.

Vincent selou esse atraente quadro do *temps perdu* familiar com pinturas, a primeira delas o retrato de "*père*" Gachet, apresentado como terapeuta, ouvinte paternal compreensivo e abastado patrono da nova arte. No fim de junho, Vincent pareceu aventar a possibilidade de uma ligação familiar ainda mais direta, ao anunciar que havia feito um retrato de Marguerite, a filha de Gachet. Em sua escala ambiciosa e figuração meticulosa, a pintura de uma jovem bem-vestida tocando atentamente um pianino deu azo a especulações — talvez na mesma época e com certeza mais tarde — de um amor inconfessado de um dos dois.

Mas Vincent pintou Marguerite não tanto como objeto de desejo, e sim como irmã: uma pianista séria, cultivada, como a cunhada Jo — a parceira perfeita para um Beethoven *à quatre mains* —, promessa diferente, mas não menos poderosa, de vínculo com a família e a cultura no seio da natureza. "Imagino que Jo logo faria amizade com ela", escreveu Vincent. Poucos dias depois de terminar o retrato, ele enviou mais um convite a Theo: "Penso que seria um bom plano que vocês viessem e ficassem aqui — com Gachet — com o menino".

Apesar de todas as suas excentricidades, a casa de Gachet proporcionava conforto, posição social e companhia artística — todos os requintes da cidade somados às vistas estonteantes do vale do Oise. A família de Gustave Ravoux oferecia outra versão, esta mais premente, do ideal bucólico. Vincent escolhera a pequena estalagem dos Ravoux, em frente ao prédio da prefeitura, devido a seus preços baixos. Mas, em sua narrativa do recanto perfeito, os Ravoux — recentes refugiados da cidade — ilustravam o "efeito imenso do ar campestre". "As pessoas da estalagem aqui moravam em Paris, onde viviam indispostos, pais e filhos", escreveu sem rodeios a Theo. "Aqui nunca têm nenhum problema."

O bebê dos Ravoux "veio para cá aos dois meses de idade", informou Vincent com toda a gravidade, "e naquela época a mãe tinha dificuldade em aleitá-lo, mas aqui tudo se endireitou quase imediatamente". Para reforçar esses argumentos, pintou mais dois retratos: um, da filha Adeline, de treze anos — de faces coradas, com rabo de cavalo, pintada nos azuis mais profundos e serenos que foi capaz de conjurar; o outro, de sua irmãzinha Germaine, de dois anos de idade, cabelo louro-claro, brincando com uma laranja. "Se você vier com Jo e o pequenino", resumiu ele, "a melhor coisa seria ficar nessa mesma estalagem."

Os retratos dos homens, mulheres e crianças de Auvers tinham a mesma intenção convidativa das luxuriantes paisagens do vale do Oise. "Não vejo a hora de fazer os retratos de todos vocês ao ar livre", escreveu a Theo num arroubo de expectativas: "o seu, de Jo e do pequeno." Como as pinturas da mãe e do pai que estava sempre imaginando fazer, mesmo nos dias mais sombrios de Drente e Nuenen, mas nunca fez, os retratos da família do irmão, que não fizera, assombravam todas as imagens de Auvers, destacando-se pela ausência. Numa carta a Wil, Vincent expôs seu amor constante pelo retratismo em palavras que expressavam com igual pungência sua luta pela perfeição artística e seu anseio por relações humanas:

> O que mais me apaixona — muito, muito mais do que todo o resto de meu ofício — é o retrato, o retrato moderno... *Gostaria* de pintar retratos que parecessem, para os que viverem daqui a um século, assombrações. Com isso quero dizer que não me esforço em consegui-lo por meio de uma semelhança fotográfica, mas por meio

A família Ravoux diante da Estalagem Ravoux.

de nossas expressões ardentes — isto é, usando nosso conhecimento e nosso gosto moderno pela cor como meio de chegar à expressão e à intensificação do caráter.

Os retratos que se enfileiravam sem cessar no ateliê de Vincent também anunciavam o renascimento de suas ambições de sucesso comercial — sem o qual nenhuma visão do paraíso estaria completa. "A fim de conseguir alguns clientes para retratos", escreveu no começo de junho, "é preciso mostrar vários prontos. É a única possibilidadc quc vcjo dc vcndcr alguma coisa." No mês quc sc scguiu, cnquanto trabalhava incansavelmente em seu mostruário da utopia rural, Vincent demonstrou sua determinação comercial pintando flores (sempre de saída garantida), planejando uma mostra num café em Paris, escrevendo razões de venda a críticos, imaginando incursões em novos suportes, como cartazes e estampas, negociando intercâmbios complicados de seus trabalhos (por quadros de outros artistas e também por serviços prestados). Mas nunca deixou de se prender à ilusão que o dominava desde a Antuérpia: que poderia ganhar dinheiro fazendo o que mais gostava — retratos.

Tais pensamentos o reconduziram irresistivelmente a Paul Gauguin, o Bel-Ami do Midi com quem Vincent esperara deflagrar "uma grande revolução no retratismo". Entre todas as pinturas de Vincent que o mundo vira desde janeiro, Gauguin expressa especial admiração pela *Arlésienne* — o retrato de Madame Ginoux que Vincent pintou com base no desenho de Gauguin. Ainda convencido de que sua viabilidade comercial estava ligada a Gauguin e às imagens "meridionais" em que ambos tinham sido pioneiros, Vincent se dirigiu ao ex-colega de casa em tom humilde ("Caro *maître*"), com terna afeição ("desde minha volta, penso em você todos os dias") e insistência nos pedidos de reconciliação. Prontificou-se inclusive a se juntar a ele na Bretanha, onde, prometeu de forma solene, "tentaremos fazer algo significativo e sério, como provavelmente teria se tornado nosso trabalho se tivéssemos conseguido levá-lo em frente lá embaixo" — isto é, em Arles.

Era inevitável que os devaneios diurnos e as noites enfumaçadas, pensando em retratos, modelos e reminiscências da Casa Amarela, levassem Vincent mais uma vez a procurar um ateliê. Os Ravoux lhe haviam cedido um quartinho no fundo do corredor da estalagem, para lhe poupar o trabalho de galgar a escada até o sótão com seus equipamentos incômodos. Chegaram a separar um lugar no celeiro onde podia pôr as pinturas para secar. Mas, quando Theo e família foram visitá-lo no começo de junho, Vincent já estava falando em alugar uma casa em algum lugar do vilarejo.

Escreveu aos Ginoux pedindo que enviassem as duas camas da Casa Amarela, ainda guardadas no sótão do café, e começou a militar para recuperar as pinturas empilhadas a esmo na loja de Tanguy e no apartamento de Theo. Precisava ter um ateliê para impedir que elas se estragassem, alegou, e dar retoques nas que precisassem. "Ao guardá-las em boas condições", lembrou a Theo, apelando pelas pinturas, mas também por si, "será maior a chance de obter algum lucro com elas." E desferiu, numa acusação em que ressoava uma queixa pessoal: "Descuidar delas é uma das causas de nossa penúria mútua".

Em meados de junho, poucos dias depois da visita de Theo, ele encontrou uma casa particular (por quatrocentos francos ao ano) e iniciou a longa marcha de persuasão. "Eis como são as coisas. Aqui pago um franco por dia para dormir, de forma que, *se eu tivesse meus móveis*, penso que a diferença entre 365 e quatrocentos francos não seria grande coisa." Em alguma altura dessa rota, o velho sonho de um ateliê se fundiu com a perspectiva maior de lar e família. A procura de um ateliê se converteu na busca de uma casa onde todos pudessem morar. Começou imediatamente a pensar como iria decorar esse conjunto de ateliê do artista e lar da família — o primeiro desde a Schenkweg — e fixou-o na imaginação com uma pintura.

Mas mesmo suas maiores telas foram pequenas demais para esse duplo sonho. Precisava de dimensões maiores para pintar sua nova visão de lar e família, finalmente, maior do que a vida. Vincent tinha visto muitos quadros grandes, panorâmicos, ao longo dos anos, mas nenhum mais recente ou mais poderoso do que o imponente mural de Puvis de Chavannes no Salon de Paris, *Entre a arte e a natureza*. Para atingir o mesmo mundo pictórico envolvente — o abraço e a fuga que pinturas assim proporcionavam —, Vincent começou a trabalhar numa tela com mais de um metro de largura e a metade disso em altura: o tamanho máximo que conseguia equilibrar no cavalete.

Nesse enorme espaço horizontal em branco — e outros similares —, Vincent fez seus derradeiros e mais veementes pleitos em favor de Auvers.

Nenhuma cena se prestava ao novo formato com perfeição maior do que os campos na orla do vale junto ao rio. Theo e Jo admiravam a vista do Crau que Vincent pintara em Arles — tanto que colocaram o quadro na parede da sala de estar do apartamento em Paris. Haveria tema melhor para seu primeiro convite num panorama visual do que essa ampla vista de lotes cuidadosamente cultivados que recuavam num quebra-cabeça de trigais amarelos maduros e batatais verdejantes, de medas de feno cortado e leiras de solo recém-revolvido? Ele preencheu o amplo fundo com uma profusão de flores, na maioria papoulas, pintadas com um ardor de pigmento e pincel que se torna mais livre, mais solto e mais fervoroso conforme avança para o observador como uma enchente que vem se avolumando. A estreita faixa de céu no alto, ele simplesmente aviou numa pincelada larga e um azul sem nuvens.

Em seguida, transferiu sua grande-angular para o solo da floresta. Não a floresta primordial, com sua variedade desenfreada e a vegetação rasteira virgem, mas um bosque de choupos adultos, plantados em fileiras simétricas — provavelmente um *bois* formal no terreno do *château* local. Vincent concentrou o foco no tapete de flores silvestres: um *sous-bois* de "mato com flores, em rosa, amarelo, branco e vários verdes". Uma luz dourada se filtra por um dossel de folhas que paira logo acima do quadro, mas não se faz visível em lugar algum. As árvores em linha mostram apenas os troncos — filas e filas de faixas violeta em perspectiva que mergulham até o fundo, desaparecendo num horizonte alto e escuro de bosques cada vez mais distantes. No meio desse bosque paradisíaco, manso e comovente como um cenário de teatro, Vincent colocou um casal bem trajado num passeio íntimo. Tais eram os momentos fulgurantes de comunhão com a natureza que aguardavam Theo e Jo no vale do Oise.

E, retornando dos passeios, voltavam ao lar na cena que Vincent pintou em outra tela de grandes dimensões. Uma estrada de terra segue sinuosa para uma casa de campo na distância, semioculta entre árvores no final de uma espécie de parque e de trigais verdes. Atrás dela, o sol no ocaso preenche o céu de cores intensas. A luz declinante traça as silhuetas dramáticas de duas pereiras próximas em azul-da--prússia, criando o tipo de vinheta pitoresca, a cena de beleza inesperada que sempre detinham Dorus e Anna van Gogh em suas caminhadas pelo Zundert, para um momento de contemplação em silêncio. Na distância, ele pintou o famoso *château* de Auvers aninhado entre a vegetação. Mas, na visão onírica de Vincent, o elegante castelo — um vasto amálgama de dois séculos de construção e plantio, de canteiros e terraços — ficou reduzido a uma simples silhueta de azul-miosótis: imagem do lar no horizonte, do descanso ao fim do dia, que convidava o irmão para o melhor dos dois mundos: o conforto burguês e o sublime rural.

Se a jovem família de Theo não aparecia em nenhum desses panoramas visionários na vida no campo era porque não precisava. Theo também tinha visto a grande pintura de Puvis no Salon, e os convites de Vincent em formato de mural invocavam aquela imagem dispensando palavras. Numa carta a Wil, Vincent descreveu o quadro da vida familiar na Arcádia que Puvis pintara como um friso:

> De um lado, duas mulheres com vestidos compridos simples conversam, e do outro lado homens com aparência de artistas; no meio do quadro, uma mulher com o filho no colo está colhendo uma flor de uma macieira florida.

No começo de julho, Vincent se apropriou dessa visão de família e arte em outro panorama convidativo. Escolheu como tema não uma vista da planície à Michel, nem o mistério dos bosques à Gauguin, nem a magia corotiana de um crepúsculo campestre. Levou o cavalete, as tintas e a tela desajeitada até uma casa a poucos passos da Estalagem Ravoux: a casa de Charles Daubigny.

Além de Millet, nenhum pintor da época de Vincent lhe comovera o coração ou influenciara tanto a arte quanto Daubigny: herói do Barbizon, defensor da pintura ao ar livre, libertador do pincel do jugo retilíneo do Salon, padrinho do impressionismo, amigo e mentor de gerações de pintores da natureza, de Dupré e Corot a Cézanne e Pissarro. Daubigny atrairia muitos deles a Auvers: primeiro em seu barco-ateliê, *Le Botin*, depois a uma sucessão de casas que construiu na margem verdejante do Oise. A última e mais grandiosa delas foi uma construção estreita e comprida com reboco cor-de-rosa e telhas azuis dando para o rio e um belo e amplo jardim.

Daubigny morreu antes de poder usufruir esse paraíso de árvores frutíferas e canteiros de flores, sebes de lilases e caminhos bordejados de roseiras na encosta do monte. O trágico daquele fato chegou até Amsterdam, onde um rapaz de 24 anos, filho de pastor e candidato desistente ao sacerdócio, aguardava ansiosamente a próxima virada de seu destino. "Fiquei desalentado ao saber da notícia", escreveu Vincent quando soube da morte de Daubigny em 1878. "Deve ser bom morrer sabendo que se fez algum trabalho de verdade e, portanto, viverá na lembrança pelo menos de algumas pessoas."

Doze anos depois, a viúva de Daubigny ainda morava na grande casa cor-de-rosa perto da estação — imagem de renúncia à feminilidade e de luto fiel que cativou a imaginação de Vincent. Desde o momento em que chegou a Auvers e ouviu aquela história emocionante, decidira pintar o jardim onde ela velava a memória do marido. De vez em quando se permitia a entrada do público, que ainda via de relance a viúva Sophie Daubigny-Garnier trajando preto. Vincent já fizera um estudo do jardim — tão decidido a isso que usou um pano de linho, pois não conseguira encontrar uma tela.

Dessa vez, ele trouxe a tela quadrada dupla e encheu o quadro com todos os jardins de uma vida inteira: as trilhas de passeio do presbitério de Etten, como pintara para Gauguin; as folhas cintilantes dos olivais no campo ao redor de Arles; os vórtices espiralados do céu noturno sobre o jardim do Getsêmani. No devaneio de Vincent, era a estação de florada de todas as plantas. Cada folha em cada árvore tremulava de luz. As florezinhas silvestres amarelas da primavera ainda pintalgavam a grama e os canteiros adubados irradiavam um lavanda-vivo. Touceiras sem graça ganharam vida com torvelinhos de cores e vibrações de tons. Árvores em amarelo-limão seguiam o caminho até a casa ao fundo com troncos absurdamente finos, coroados por copas ondulantes em formações de nuvem.

Como o "jardim do poeta" em Arles, esse jardim também tinha seus fantasmas, seu Petrarca e seu Boccaccio. Não apenas a figura espectral de Madame Daubigny, que Vincent acrescentou no plano de fundo, usando o luto da viuvez, de pé ao lado de uma mesa e cadeiras vazias — outro eco dos jardins de outrora no presbitério —, mas também o próprio falecido, como se fosse "visto" na cadeira vazia da aleia e no misterioso gato que desliza no primeiro plano, e sobretudo na grande efusão de vida em redor: o êxtase da natureza que tantas vezes Daubigny pintara e mesmo agora o fazia reviver na memória.

Mas essa imagem convidativa da "terra exuberante" e de "graciosa vegetação em abundância" que Vincent prometia em Auvers, do "sossego como o de Puvis de Chavannes", falava a Theo num código ainda mais profundo. Daubigny passara seus últimos anos não somente com a esposa e filhos, mas também com um colega artista, Honoré Daumier, o pintor e caricaturista imoral, que ficara cego na velhice. Os *três* tinham se sentado juntos a uma mesa no jardim, sob um caramanchão de hera, e haviam preenchido a casa de Daubigny com risadas e grandes obras de arte. Nessa paisagem de sonhos, viveram juntos o fim da vida — marido, mulher e *confrère* enfermo: um modelo de lar e ateliê, de família e irmandade, que Vincent imaginava para si, Theo e Jo no paradisíaco vale do Oise.

Era uma visão atraente, linda — até onde o pincel e as palavras conseguiam apresentá-la assim. Mas a vida real para Vincent em Auvers não tinha nada de idílico. Chegara em maio estando por um fio: aterrorizado pela possibilidade de outro ataque, ainda devastado de culpa por causa do dinheiro desviado da nova família de Theo, perseguido pela assombração das pilhas de pinturas encalhadas em Paris. Deu vazão a seu desespero numa carta tão desolada que não se atreveu a postá-la: "Estou longe de ter alcançado qualquer espécie de tranquilidade... Sinto-me um fracasso... um destino que aceito e não mudará... A perspectiva se torna mais sombria, não vejo nenhum futuro feliz".

O passado nunca ficava no passado. A simples tarefa de retirar a mobília de Arles se converteu num tormento de lembranças. Apesar das repetidas solicitações e do compromisso de pagar as despesas da remessa, os Ginoux tergiversavam com histórias tartarinescas absurdas (que um touro tinha chifrado o sr. Ginoux) e o simples descaso ("a tradicional preguiça", resmungou Vincent), ameaçando a cada atraso ressuscitar os demônios que ele lutara para afastar (o que chamava de "aquele negócio que foi tão comentado em Arles").

Tampouco Gauguin o deixava esquecer. Descartou a proposta de Vincent de ir à Bretanha como "inviável", pois, explicou ele, seu ateliê ficava "a uma boa distância da cidade" e, "para uma pessoa que é doente e às vezes precisa de um médico, seria arriscado". Além disso, Gauguin andava pensando de novo em climas exóticos — agora em Madagascar ("o selvagem voltará ao selvagem", disse). Bernard contava acompanhá-lo. Vincent se permitiu brevemente sonhar em ir com eles ("pois vocês *têm* de ir em dois ou três"), mas logo se sujeitou à verdade. "Com certeza o futuro da pintura está nos trópicos", escreveu a Theo, "mas não estou convencido de que você, Gauguin ou eu sejamos os homens desse futuro."

A mesma resignação marcava sua vida pessoal. Estava velho demais não só para Madagascar, disse, mas também para ter esposa e filhos. "Estou — pelo menos me sinto — velho demais para refazer meus passos ou desejar algo diferente", admitiu. "Esse desejo me abandonou, embora o sofrimento mental disso permaneça." Queixava-se cada vez mais dos limites impostos à sua época, ao seu trabalho, à sua energia, e refletia sobre a precariedade da lucidez e da vida. Imaginava como teria passado de outra maneira a década anterior — sua carreira artística inteira — "sabendo o que sei agora". Lamentava o declínio da ambição e da virilidade, e reclamava como um velho com o dobro de idade contra "a passagem extremamente rápida das coisas na vida moderna". Olhava-se no espelho e via uma "expressão melancólica", que dizia ser "a expressão sofredora de nosso tempo", e comparava ao rosto de Cristo no Horto.

Em junho, sua mãe enviou outra estocada do passado. Ela acabava de voltar de Nuenen, onde marcou o quinto aniversário da morte do marido com uma visita ao túmulo. Contou sua peregrinação a Vincent num relato devastador ("Revi com gratidão tudo o que antes era meu"), que o deixou engasgado de culpa e remorso. Numa carta que escreveu para consolá-la, ele recorreu a uma passagem bíblica que falava de modo mais direto a seus próprios sentimentos de dor inexplicável e destino irreversível. "Como num espelho, obscuramente", escreveu Vincent invocando a passagem de Coríntios I, em que todos os sofrimentos se tornam suportáveis à promessa de uma finalidade suprema, "assim ficou; a vida, o motivo ou razão de partir, de findar, a permanência da agitação — apenas isso é o que se conhece". "Por mim", confessou, "a vida pode continuar em solidão. Nunca percebi aqueles a quem mais amei senão por um espelho, obscuramente."

Essa sentença de solidão, o julgamento do passado, o seguira mesmo ao vale verdejante de Auvers. As fileiras de belos lugares e rostos felizes que cobriam as paredes do ateliê não podiam ocultar o fato de que Vincent não tinha nenhum amigo. Em julho, as relações com o dr. Gachet tinham entrado na habitual espiral de afastamento e rancor. As demandas incessantes de Vincent e o distanciamento irritadiço de Gachet puseram os dois numa rota de colisão. Como o médico se ausentava com frequência de Auvers, Vincent sentiu confirmados seus receios de que não poderia contar com ele numa crise. O comportamento estranho e as ideias artísticas categóricas de Vincent (e talvez suas atenções a Marguerite Gachet) criaram um tumulto na casa do médico. Gachet proibiu que se pintasse na casa; Vincent jogou o guardanapo no chão e saiu da mesa de jantar pisando duro. A ruptura final veio durante uma altercação, quando Gachet não quis emoldurar uma pintura de Guillaumin.

Sendo ele mesmo um neurótico excêntrico, Gachet entendia em certa medida as esquisitices no comportamento de Vincent. Outros não eram tão tolerantes. O jovem Paul Gachet descreveu sua "maneira cômica de pintar": "Era muito estranho observá-lo", lembrou mais tarde. "A cada vez que aplicava seus pequenos toques de tinta na tela, primeiro inclinava a cabeça para trás e examinava com os olhos semicerrados... Eu nunca tinha visto ninguém pintar assim." Marguerite Gachet recusou durante um mês o pedido de Vincent para posar, e por fim consentiu apenas que ele a observasse enquanto tocava piano. O pedido para posar outra vez nem recebeu resposta. O esforço intenso de Vincent atrás do cavalete também espantou e amedrontou Adeline Ravoux. "Sua violência ao pintar me assustou", declarou mais tarde a um entrevistador, e disse que o retrato resultante foi "uma decepção, pois não achei fiel à realidade". Ela também se negou a posar uma segunda vez.

Na verdade, o ano que Vincent passara no hospício de Saint-Paul-de-Mausole deixara marcas indeléveis em sua atitude — uma ansiedade sempre alerta à possibilidade de uma crise iminente, que ficava visível em sua expressão ausente e no olhar fugidio — e enervava não só uma jovem adolescente, mas também homens-feitos. "Quando você se sentava diante dele e conversava cara a cara", relembrou uma testemunha de Auvers,

> e aparecia alguém a seu lado, ele não virava apenas os olhos para ver quem era, virava a cabeça toda... Se passasse alguma ave enquanto você estava conversando com ele, em vez de apenas olhar de relance, ele erguia totalmente a cabeça para ver que tipo de ave era. Isso dava aos olhos dele uma espécie de olhar fixo, mecânico... como faróis.

Anton Hirschig, um jovem pintor holandês, chegou à Estalagem Ravoux em meados de junho, enviado por Theo como substituto com a tarefa de proporcionar ao irmão a companhia de um colega artista e o conforto de um conterrâneo. Vincent pareceu ao rapaz de 23 anos um homem assustado, com tremores e tiques nervosos — "um sonho ruim", "um louco perigoso" —, com a mente sinistramente à deriva. "Ainda o vejo sentado no banco diante da janela do pequeno café", escreveu Hirschig mais tarde, "com sua orelha decepada e os olhos desvairados com uma expressão ensandecida que eu não me atrevia a fitar."

Vincent não teve melhor sorte com o artista espanhol que fazia suas refeições na Estalagem Ravoux ("Quem foi o porcalhão que fez aquilo?", disse ao ver pela primeira vez as pinturas de Vincent), nem com outro artista holandês que trabalhava em Auvers, tampouco com a família de artistas de língua inglesa que morava ao lado, "pintando o tempo todo, entra dia, sai dia", nem com o artista francês que esteve em Auvers e conseguiu evitar todo e qualquer contato. Mesmo o velho camarada da Rue Lepic, Pissarro, que morava a menos de dez quilômetros de distância, nunca lhe fez nenhuma visita. Vincent até chegou a fazer uma rápida amizade com um dos vizinhos, um artista chamado Walpole Brooke, o qual logo desapareceu no mesmo poço de hostilidade mútua de Hirschig, a respeito de quem Vincent comentou: "Ele ainda tem algumas ilusões sobre a originalidade de sua maneira de ver as coisas... Não irá muito longe, acho".

Os locais mostravam ainda menos tolerância em relação aos modos esquisitos do visitante. Evitavam-no nos cafés e escapavam quando ele os abordava na rua pedindo que posassem. Um deles ouviu Vincent murmurando consigo mesmo: "É impossível, impossível!", ao se afastar de maneira arrogante depois de uma recusa dessas. Os moradores, na maioria, não tinham conhecimento do que acontecera em Arles nem do hospício de Saint Paul, mas podiam ver facilmente a orelha mutilada. "Era a primeira coisa que a gente notava ao vê-lo", disse um deles, "e era muito feio." Alguns comparavam à "orelha de um gorila". Os moradores de Auvers talvez não partilhassem as superstições ou preconceitos dos arlesianos contra os pintores, mas de qualquer modo sentiam repulsa pela aparência molambenta de Vincent, sua barba descuidada, o cabelo que ele mesmo cortava, o sotaque indeterminado — perguntavam-se se seria alemão ou inglês —, tudo indicando falta de raízes e uma vida rústica. Como em Arles — e em todos os lugares a que ia —, Vincent atraía a atenção da meninada. Com seus trapos de campônio, levando aquela carga estranha de equipamentos de pintura, parecia "um espantalho", um deles disse mais tarde numa entrevista. Os valentões locais o perseguiam pelas ruas gritando a cantilena de sempre: "*fou*", louco. Mas alguns dos rapazolas de Auvers eram mais sofisticados que os "moleques de rua" de Arles. Muitos vinham de escolas de Paris para passar o verão, filhos da burguesia em férias. Suas brincadeiras com o vagabundo esquisito eram mais inventivas do que atirar legumes podres, mas não menos cruéis.

Fingiam fazer amizade com ele — compravam-lhe bebidas, convidavam-no para passear — apenas para lhe pregar peças. Punham sal no café ou uma cobra na caixa de tintas. (Ele quase desmaiou ao encontrar a cobra.) Quando notaram seu hábito de ficar chupando a ponta de um pincel limpo, distraíram-no por tempo suficiente para passar pimenta vermelha forte no pincel, então ficaram observando divertidos enquanto a boca queimava com o ardido. "Como a gente gostava de endoidecer o pobre Toto", jactou-se um dos garotos, usando o apelido em dialeto para aquele pintor estranho — outra maneira de dizer "louco".

O líder dos rapazotes em férias era René Secrétan, de dezesseis anos de idade, filho de um farmacêutico rico de Paris. Os Secrétan tinham uma casa de veraneio na região e todos os anos vinham no mês de junho, no começo da temporada de pesca. René Secrétan, que adorava a vida ao ar livre e não hesitava em cabular aulas em seu prestigioso *lycée* para ir caçar ou pescar, e que só gostava de pinturas se fossem de mulheres nuas, provavelmente nunca teria cruzado o caminho de Vincent van Gogh se não fosse por seu irmão mais velho, Gaston, aspirante a pintor. Gaston, de dezenove anos, sensível, poético, o exato oposto do irmão, considerava fascinantes as histórias de Vincent sobre a nova arte e o mundo artístico de Paris, de uma maneira insondável para René, que continuava a torcer para que as autoridades algum dia o agarrassem e levassem embora "por causa de suas ideias malucas e a forma como vivia".

Na solidão, Vincent aceitava os insultos do irmão mais novo como preço a pagar pela companhia do mais velho. Deu-lhe o apelido de "Buffalo Bill", tanto por se pavonear de suas bravatas de caubói quanto por causa da roupa que tinha comprado no "Wild West Show" de Bill Cody, na Exposition Universelle de 1889 em Paris, com botas, casaco de franjas e chapéu de caubói. Mas, devido ao sotaque, Vincent pronunciava o nome como "Puffalo Pill", o que apenas atiçava ainda mais René, levando-o a escárnios mais agressivos e zombarias mais extremas. Como toque adicional de autenticidade e ar ameaçador, ele acrescentou um revólver a seus trajes de caubói, uma "pistolinha" antiquada de calibre 38 que "disparava quando queria", como lembrou mais tarde.

Embora tenha concordado em posar pelo menos uma vez (pescando à beira do rio), René usava sua proximidade "de amigo" de Vincent basicamente como disfarce para maldades e provocações mais elaboradas. "Nossa brincadeira predileta", disse René, "era deixá-lo bravo, o que era fácil." Era René, um atleta do copo, que lhe pagava rodadas e mais rodadas de Pernod no bar do pescador clandestino local. Era René que, depois de descobrir o gosto de Vincent pela pornografia que ele e seus amigos comerciavam, desfilava suas namoradas parisienses na presença do pintor, acariciando-as e beijando-as para atazanar o pobre Toto, encorajando as moças (algumas delas eram coristas do Moulin Rouge) a espicaçá-lo e atormentá-lo fingindo mostrar interesse amoroso por ele.

Mas nenhuma peça de adolescente e nenhuma humilhação sexual poderia ferir Vincent tão profundamente como a carta que chegou de Paris no começo de julho. Num *cri de coeur* como jamais se erguera durante a longa correspondência com o irmão, Theo descreveu o inferno em que se transformara sua vida. O bebê estava doente — "chorando sem parar, dia e noite". "Não sabemos o que fazer", escreveu ele, "e tudo o que fazemos parece agravar seus sofrimentos." Jo também estava doente — doente de preocupação: tão apavorada que o filho pudesse morrer que "gemia durante o sono".

Cabeça de menino com chapéu de aba larga (provavelmente René Secrétan), junho-julho de 1890, giz sobre papel, 13,65 × 8,5 cm.

Para todos esses infortúnios, Theo enxergava uma única causa: falta de dinheiro. "Trabalho o dia inteiro, mas não ganho o suficiente para proteger a boa Jo das preocupações sobre questões monetárias", confessou ele. Punha a culpa em seus patrões de dezessete anos — "aqueles canalhas" — por pagá-lo tão pouco e tratá-lo "como se eu tivesse acabado de entrar na firma". Mas, acima de tudo, culpava a si mesmo. No teste supremo da masculinidade — prover à esposa e ao filho —, ele fora impiedosamente reprovado. A vergonha o levou, mais uma vez, à ideia de se demitir: de "arriscar-se às cegas" estabelecendo-se como galerista independente. Para Theo, avesso a riscos, isso equivalia a uma ameaça de suicídio.

Vincent ouviu em cada grito de angústia uma acusação a si. Quando Theo arrolou Vincent entre as bocas que tinha a alimentar, quando se retratou como um cavalo de tração exausto, puxando uma carroça pesada onde Vincent *ia sentado*, quando previu que "passaria pelo mundo como um mendigo totalmente despossuído", as Fúrias da culpa voltaram de roldão à vida de Vincent, para se desforrar. A carta inteira protestava contra a injustiça da obrigação familiar e fraterna ("Não gasto nada em extras e mesmo assim não tenho dinheiro"). Theo chegou a tocar no assunto mais sensível de todos, a saúde se deteriorando, ao expressar em tom lacrimoso seu desejo de viver o suficiente para ver o filho "crescer e se tornar Alguém" — ao contrário do pai fracassado e do tio dissoluto.

Nesse paroxismo de amargura e desespero, Theo não poupou as patéticas ilusões de família do irmão. "Espero do fundo de meu coração que algum dia você também tenha uma esposa", escreveu ele. Somente por esse caminho Vincent de fato viria a "se tornar um homem" e conheceria, além das alegrias, o peso esmagador da paternidade. Descartando qualquer invocação de um vínculo superior e transcendente oriundo do passado ("as margaridas e os torrões de terra recém-revolvidos pelo arado", parodiou ele), Theo afirmou que seu amor por Jo era a condição *sine qua non* de *sua* felicidade e a genuína semente de onde *sua* família brotava. A mensagem era bem clara: se Vincent queria uma família, teria de formar a sua.

Em Auvers, a carta desferiu um golpe devastador. Ambos, o tom e o conteúdo, deixaram Vincent alarmado. Jo talvez não conhecesse a verdadeira natureza da doença de Theo, mas Vincent por certo conhecia, e sabia melhor do que ninguém o terrível preço que ela cobrava ao juízo e ao equilíbrio da pessoa. Também viu como o plano de sair da Goupil ameaçaria seu sonho de uma vida conjunta em Auvers. Sem seu emprego, sem o *entresol*, Theo iria precisar de todo o capital que conseguisse reunir para se lançar ao novo empreendimento de negociante independente. Não haveria dinheiro para um refúgio no campo, não haveria fins de semana ociosos, não haveria férias prolongadas.

De início, Vincent combateu o impulso de pegar o primeiro trem para Paris. "Gostaria imensamente de ir vê-lo", escreveu a Theo no dia em que recebeu a carta, "[mas] receio aumentar a confusão se eu for agora." Em vez disso, fez outro convite suplicante — o mais desesperado até aquele momento — para virem ao campo, dizendo que precisariam "pelo menos de um mês inteiro" para que o ar puro tivesse pleno efeito. Acrescentou esboços de suas pinturas mais atraentes e até fez uma proposta delirante de trocar de lugar com Jo e o bebê. Estes ocupariam o quarto de Vincent na Estalagem Ravoux, assegurando a Theo que ele iria a Paris "para que você não fique sozinho demais".

Mas, poucos dias depois, sem conseguir esperar, tomado de pavor e decidido a "desfazer" a decisão desastrosa do irmão, Vincent correu a Paris. Chegou a Cité Pigalle de maneira inesperada, sem se anunciar.

Na tentativa de desfazer um desastre, Vincent desencadeou uma catástrofe.

O apartamento já estava pronto para uma erupção. Nos cinco dias desde que

Theo enviara sua carta aflita, as crises só haviam aumentado. Decidira enfrentar os patrões com um ultimato: ou lhe davam um aumento ou ele se demitiria. Nos últimos tempos, Theo tivera alguns sucessos de venda, e Andries, o irmão de Jo, havia concordado em ajudá-lo a encontrar financiamento para uma galeria independente. O acerto lhe deu coragem para arriscar tudo. Os choros do bebê e as aflições de Jo lhe tinham causado desespero suficiente.

Mas a implacável Jo ficou ainda mais preocupada com a atitude temerária de se lançar um ultimato. Será que Theo poria em risco a jovem família abandonando o emprego e "seguindo imprudente rumo ao desconhecido"? Como poderia ter certeza do sucesso como negociante independente? O que fariam caso se vissem "sem um tostão de renda"? Vincent chegou e encontrou os dois "aflitos", "tensos", entregues a uma discussão áspera sobre uma decisão em que tudo estava em jogo — para eles e para Vincent também. "Não foi coisa pouca quando todos vimos que nosso pão de cada dia estava em risco", comentou depois a respeito da discussão em andamento, à qual ele logo se juntou. "Sentimos que nossos meios de subsistência eram frágeis." Quando a vulnerabilidade e a loquacidade de Vincent se somaram à mistura de problemas, as discussões dispararam. Mais tarde, ele disse que foram "violentas".

Quando Andries Bonger chegou, o rancor se voltou contra ele. Agressivo, Vincent questionou o apoio que ele dera aos projetos de Theo, sobretudo à luz do passado, quando Andries voltara atrás numa iniciativa semelhante. Talvez até tenha dito a Theo para "romper" com o cunhado naquele mesmo instante. Mas ele mirou sobretudo no que lhe parecia a principal ameaça: o plano de Theo de se mudar para o apartamento do térreo no mesmo edifício e dividir o jardim com Andries e esposa. A mudança significava uma rejeição de todos os rogos fervorosos de Vincent para uma casa no campo e um refúgio na natureza. Com um jardim à porta, Theo e família não teriam necessidade das glórias de Auvers que Vincent apregoara com tanto fervor em suas telas. Viu morrer o sonho de uma reunificação na charneca.

Na fúria que se seguiu, as reclamações de Vincent contra Jo como mãe negligente (por criar o filho na cidade) e o ressentimento de Jo por Theo gastar dinheiro com o irmão desocupado parecem ter encontrado vazão em palavras duras e ríspidas. "Se pelo menos eu tivesse sido um pouco mais gentil com ele, quando estava conosco!", escreveu Jo mais tarde. "Como lamento ter sido impaciente com ele." Numa troca de palavras especialmente ferinas, irmão e cunhada tiveram uma altercação exaltada sobre o lugar onde estava um quadro.

Vincent saiu do apartamento e de Paris no mesmo dia. Escapou antes da visita marcada de um velho conhecido, Guillaumin. "As horas que passei com vocês foram um pouco difíceis e penosas demais para todos nós", escreveu depois. Resumiu a rápida — e última — ida a Paris numa só palavra: "agonia".

As discussões naquele dia foram tão acaloradas que todas as cartas detalhando os acontecimentos do domingo, 6 de julho, desapareceram ou foram destruídas em data posterior. Em substituição a elas, Jo depois criou uma alegre história de almoço de verão e um desfile de visitas importantes que deixaram Vincent "demasiado agitado e cansado" — o primeiro (e único) sinal do fim terrível que viria três semanas mais tarde. Mas Vincent contou outra história. Saiu de Paris naquele dia sentindo-se esmagado de outra maneira. Como escreveu depois a Theo: "Receei que, sendo um fardo para você, você me sentia como algo a ser temido".

De volta a Auvers, o mundo de Vincent mudou. Perseguido pela "tristeza" e pelas "tempestades" de Paris, enxergava ameaças por toda parte. Quando subiu a ribanceira até os campos que se estendiam além do rio, encontrou os panoramas pitorescos da vida rural substituídos pela escuridão vazia de um deserto impiedoso. Todos os vestígios de consolo tinham desaparecido da paisagem, junto com a promessa de redenção e de uma segunda oportunidade.

Puxou pela encosta acima duas das incômodas telas de largura dupla para registrar essa nova visão ameaçadora da natureza. Onde antes pintara um ondulante mosaico rural, agora pintou "vastos trigais sob um céu carregado" — um deserto inexpressivo de trigo, tão nu e solitário como a charneca. Nada — nenhuma árvore, nenhuma casa, nenhum campanário — quebra o horizonte que se estende numa incrível distância. Uma leve saliência no meio sugere mais a curva da terra do que uma colina. Em vez de um céu azul cristalino ou um ocaso radiante, ele pintou um céu carregado agourento onde rolam nuvens de trovoada em tons de azul sempre mais escuros.

Na outra tela, ele mergulhou diretamente no trigo ondulante, seguindo a trilha irregular de um ceifeiro até uma bifurcação no meio do campo. O vento fustiga o cereal maduro, erguendo redemoinhos de cores e pinceladas — e a ventania é tão forte que assusta um bando de corvos de seu esconderijo. Batem as asas e erguem voo no pânico para fugir ao látego impiedoso da natureza. Nessas duas vistas de desolação geral, ele baniu qualquer indício de um ambiente doméstico rústico: não há uma alma, uma moradia que se faça visível num raio de quilômetros. Em vez de anunciar os consolos da vida campestre, agora, disse ele, estava usando o pincel "para expressar a tristeza e a solidão extrema". "Minha vida está ameaçada na própria raiz", escreveu poucos dias depois de voltar a seu ex-paraíso. "Meus passos estão cambaleando."

Em 15 de julho, Theo levou a família diretamente de Paris para a Holanda. Só a verdadeira atmosfera rural do lar, percebeu ele, devolveria vida à esposa e ao filho. Não pararam em Auvers durante a viagem, como antes Theo se prontificara a fazer. Jo e o bebê passariam um mês na Holanda. Theo partiu depois de alguns dias e voltou a Paris por uma rota de contorno, parando para fazer negócios em Haia, na Antuérpia e em Bruxelas, mas não em Auvers. Vincent enviou uma carta de protestos magoados, expondo mais um alarme que sentia sobre os terríveis acontecimentos de 6 de julho. Numa mescla de angústia e súplica ("Fiz algo de errado?"), desabafou seus maiores medos: sobre seu papel na "desavença" de Theo com Jo, sobre sua contínua necessidade de dinheiro num período tão difícil, sobre o "grave perigo" que via por toda a parte.

Theo anunciou que iria à Holanda em 14 de julho, o dia da Queda da Bastilha. Poucos dias antes, Vincent havia recebido uma carta da mãe e da irmã, deliciadas com a perspectiva da chegada de Theo com esposa e filho dentro em breve. Afinal haveria uma reunificação da família na charneca. "Penso muito em vocês duas", respondeu desesperançado, "e gostaria muito de revê-las." Em resposta à recomendação materna de que devia passar, por questão de saúde, algum tempo num jardim ("para ver as flores crescendo"), Vincent expôs sua visão contrária e mais sombria da natureza: "De minha parte, estou totalmente absorvido na imensa planície com trigais até as colinas, que se estendem como um mar".

Theo podia ajudar a mãe no jardim; Vincent estava fadado a vaguear pela charneca solitária. "Até logo, por hoje", foram as últimas palavras que escreveu à mãe e à irmã. "Tenho de ir trabalhar."

Bastou-lhe pôr o pé na porta da Estalagem Ravoux para encontrar uma imagem de solidão e abandono. Bem do outro lado da rua, o prédio da Mairie, a prefeitura local, estava enfeitado com bandeiras, guirlandas e lanternas chinesas, pronto para a Fête Nationale anual, com fogos de artifício e comemorações naquela noite. Mas, até lá, a praça estava deserta, as arquibancadas vazias. Foi como Vincent pintou: sem multidões, sem banda de música, sem fogos de artifícios, sem bailes. A prefeitura — um cubo de pedra — está ali sozinha, impassível, num isolamento completo, ornada melancolicamente para festejos dos quais não vai — nem ela nem ele — participar. O edifício guarda uma inequívoca semelhança fantasmagórica com a prefeitura no Markt de Zundert, que ficava na frente do presbitério de sua infância.

Quando Theo voltou ao apartamento de Paris em 18 de julho, não convidou Vincent a ir ficar com ele, como havia se oferecido. Por mais de uma semana, nem sequer escreveu. Quando por fim o fez, foi apenas para descartar as preocupações de Vincent, exclamando que não sabia do que ele estava falando ("Onde você viu essas brigas domésticas violentas?"), e para tratar como "ninharia" o que o perseguia em sonhos.

Vincent não se atreveu a perguntar — e Theo não contou — qual fora o desfecho previsível do confronto no trabalho. Os patrões ignoraram o ultimato, negaram o aumento e foram indiferentes à sua ameaça de sair. Extremamente saudoso da família (escrevia a Jo todos os dias) e aflito quanto ao futuro — a carreira, a saúde —, Theo pensou em cortar sua ligação com o irmão inconsolável. Mas, como sempre, o dever falou mais alto. "Não se pode abandoná-lo quando está trabalhando tanto e tão bem", escreveu a Jo em tom exasperado. "Quando chegarão tempos felizes para ele?"

Vincent enviou um pedido de tintas, sem dúvida na esperança de que o próprio Theo trouxesse a Auvers, a apenas trinta quilômetros de distância. Theo o aconselhou, em tom de brincadeira, que, se "há alguma coisa incomodando você ou que não esteja indo bem... dê um pulo para ver o dr. Gachet; ele lhe dará algo para se sentir melhor". Usando muitos rodeios, Vincent pediu mais informações ("Espero que tenha encontrado aqueles dignos senhores bem-dispostos em relação a você"), deixando outras cartas no rascunho, sem terminá-las nem enviá-las. "Há muitas coisas sobre as quais eu gostaria de lhe escrever", disse numa delas, "mas sinto que é inútil." Theo manteve seu silêncio de pedra. Para Vincent, devia parecer que havia um continente entre eles.

Nada constituía maior ameaça à sua estabilidade — à sua saúde mental — do que o recuo de Theo. Desde que voltara de Paris, os acontecimentos daquele dia assombravam seus pensamentos como Horlas. Outros temores também o perseguiam, em especial o avanço da doença de Theo — e da própria doença. À medida que se aproximava o primeiro aniversário do terrível ataque do verão anterior, em Saint-Rémy, outro parecia iminente e inevitável. "Estou arriscando minha vida", escreveu num dos rascunhos postos de lado, "e minha razão está semidestroçada." Queixou-se que sentia "um certo horror" quando pensava no futuro. Às vezes, tremia tanto de medo que tinha dificuldade em escrever e mal conseguia segurar um pincel.

Para acalmar os nervos, Vincent sempre tinha a bebida (fosse Pernod no bar de um pescador com o jovem René Secrétan ou absinto num bar de estrada com o policial local). Mas, para expulsar os demônios da cabeça, nada era melhor do que o trabalho para distraí-lo. "Dedico-me a minhas telas com toda a minha mente", escreveu a Theo. O dr. Gachet lhe recomendara o mesmo remédio. "Ele me diz que, em meu caso, o trabalho é a melhor coisa para manter meu equilíbrio... que eu devo me atirar ao trabalho com todas as forças." Quanto mais as tormentas lhe "pesavam", mais desenfreado pintava. Na terceira semana de julho, Vincent tinha começado uma sequência inteira de novas pinturas, a maioria no vasto quadrado duplo que se tornara o formato de sua imaginação. Apenas numa imagem desse tamanho ele poderia se perder — se deixar tragar — nos êxtases do pincel e nas eternidades do olhar.

Pintou de tudo, de cenas rurais panorâmicas com chalés sob céus imensos — com chuva e com sol — a singelos feixes de trigo, dispostos como os vidoeiros decotados de Nuenen, em filas mambembes como velhos veteranos. Pintou medas que pareciam casas transformadas em feno por alguma rústica magia e chalés que se mesclavam tanto no mosaico dos campos ao redor que se faziam quase invisíveis. Fixou o olhar penetrante nas raízes expostas de uma árvore até conseguir preencher uma de suas telas imensas com um mero cantinho da cena: um recôndito *sous-bois* engrandecido como uma floresta. Cerrou tanto o olhar atento nas raízes velhas torcidas, nas trepadeiras e nos rebentos novos — eliminando o céu, o solo e até a própria árvore — que as formas e cores perdem a conexão com a realidade e, como Vincent, entram num mundo distante, mais profundo, abstrato e absorvente.

Nessa nova febre de trabalho, renasceu uma velha fantasia. As vastas imagens edificantes da vida rural, os chalés convidativos, as ressonâncias de Nuenen e das charnecas, os amados recantos nos bosques — tudo indicava a renovação das esperanças de que Theo viesse se juntar a ele em Auvers. Comovido pela imagem do irmão sentado sozinho num apartamento em Paris, Vincent deixou de lado todo o rancor e as recriminações dos últimos contatos. Desistiu de uma carta que rejeitava claramente a versão de Theo sobre os acontecimentos de 6 de julho ("tendo visto em pessoa os dois lados") e enviou uma proposta de "recomeçar". Para se prevenir contra o descaso de Theo, ele apresentou seus apuros como os apuros de todos os artistas. "Os pintores estão lutando cada vez mais acuados", escreveu em tom resignado, e *qualquer* "união" entre artistas e negociantes estava fadada ao fracasso. Tentou consolar Theo dizendo que o mercado impiedoso havia traído *todos* os impressionistas e tornara "impotentes" mesmo as "iniciativas pessoais" mais sinceras, como a de Theo.

Na carta, incluiu uma profusão de esboços mostrando o sonho renascido de uma vida no campo e a reunificação fraterna. Virou uma folha de lado e, veementemente, fez um esboço do convite mais enfático a essa nova vida: *O jardim de Daubigny*. Desde que pintou pela primeira vez essa vista, no começo de julho, tudo indica que Vincent voltou várias vezes a esse famoso jardim, que ficava a poucas quadras da Estalagem Ravoux. Nesse meio-tempo, tinha repintado sua suntuosa versão do jardim em outra tela de largura dupla. Certamente ouviu falar dos murais que ocupavam as

Raízes de árvore, julho de 1890, óleo sobre tela, 50,2 × 99,7 cm.

paredes do outro ateliê de Daubigny em Auvers. Toda a família do pintor dera sua contribuição a eles — uma ressonância da visão de "uma família de pintores" numa cabana nas charnecas, que Vincent concebera em Drente. De fato, as telas largas que irromperam da imaginação de Vincent em julho também poderiam encher uma casa de campo com cenas de rusticidade sublime.

Para Vincent, cujos olhos sempre eram atraídos para conjuntos de quadros — as "decorações" em série de Seurat e Monet —, esses panoramas contínuos talvez constituíssem justamente um desses coros de imagens. Escreveu a Theo, conforme os quadrados duplos iam se desenrolando e passando um após o outro no cavalete. "Estou tentando fazer como certos pintores que amo e admiro muito." E não havia pintor que amasse e admirasse mais do que Charles Daubigny. E não havia imagem mais convidativa do que um jardim que Daubigny podia ter partilhado com a esposa e o camarada Daumier. "Talvez você observe este esboço do jardim de Daubigny", insinuou na carta que acompanhava o desenho. "É uma de minhas telas mais objetivas."

No primeiro rascunho da mesma carta, Vincent chamou o irmão, mais uma vez, para a parceria criativa que tinham prometido um ao outro na estrada de Rijswijk, dezoito anos antes. "Sempre vou considerá-lo mais do que um simples negociante", escreveu em palavras que repercutiam os chamados de Drente. "Por meu intermédio, você tem sua participação na produção efetiva de algumas telas, que conservarão a calma mesmo na catástrofe." Na carta enviada — a última a seu

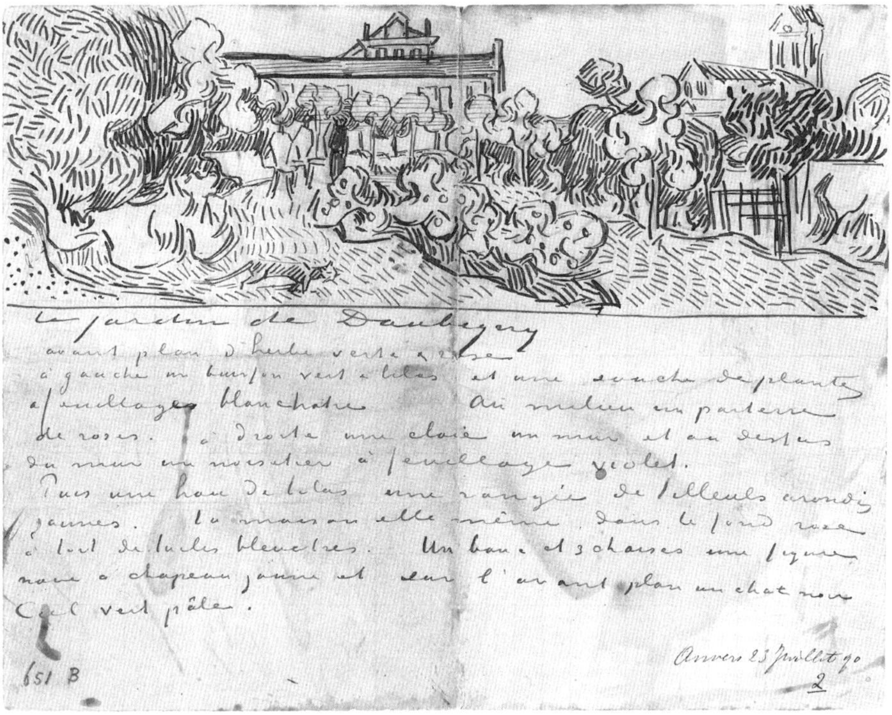

Jardim de Daubigny, julho de 1890, esboço numa carta, bico de pena, 7,6 × 22 cm.

waarde Theo —, ele substituiu o pedido explícito pela atraente imagem daquele jardim milagroso. Explicou: "A verdade é que só podemos fazer nossas pinturas falarem".

Quatro dias depois, 27 de julho, um domingo, Vincent voltou de sua sessão matinal de pintura para almoçar na Estalagem Ravoux. Ao terminar, pôs a sacola de tintas e pincéis a tiracolo, equilibrou o cavalete nas costas e voltou ao trabalho, como vinha fazendo quase diariamente nas últimas semanas. Pode ter ido até o jardim de Daubigny ali perto, ou ter enveredado pelo campo acrescentando outra tela de largura dupla à sua carga desajeitada.

Horas depois, já tendo o sol se posto, voltou cambaleando à estalagem, sem sacola, sem tela e sem cavalete. Os Ravoux e os outros pensionistas, que tinham jantado ao ar livre num anoitecer quente de verão, estavam passando o tempo no terraço do café. Viram Vincent se aproximar na rua escura. "[Estava] segurando a barriga e parecia mancar", lembrou um deles mais tarde. "O casaco estava abotoado até em cima" — coisa estranha numa noite tão quente. Passou por eles sem dizer uma palavra e foi direto para quarto. Gustave Ravoux, preocupado com o comportamento estranho do hóspede, pôs-se à escuta ao pé da escada. Quando ouviu gemidos, foi até o quarto de Vincent. Encontrou-o deitado na cama, enrodilhado de dor. Ravoux perguntou qual era o problema.

"*Je me suis blessé*", respondeu Vincent enquanto erguia a camisa para lhe mostrar o pequeno orifício sob as costelas: "Eu me feri".

43. As ilusões desaparecem; o sublime permanece

Ninguém sabe o que aconteceu nas cinco ou seis horas entre o almoço de Vincent na Estalagem Ravoux, no domingo de 27 de julho, e seu retorno à noite com uma bala no estômago.* Surgiram muitas teorias, tanto no momento como depois. A polícia fez uma rápida investigação. Mas não apareceu nenhuma testemunha das atividades de Vincent naquele dia. Ninguém soube dizer onde ele estava quando ocorreu o episódio. O cavalete, a tela e o jogo de tintas e pincéis desapareceram. A arma nunca foi localizada.

Ora perdendo, ora recuperando os sentidos, oscilando entre a dor e o choque, a princípio Vincent parecia não entender bem o que havia acontecido. Pediu atendimento médico como se tivesse sido vítima de um acidente. Anos depois, uma testemunha declarou que ele dissera: "Eu me feri no campo. Disparei em mim com um revólver". Chamaram um médico. Vincent não explicou por que estava com uma arma ou como chegara a dispará-la em si mesmo.

Ninguém ficou sabendo claramente se tinha sido um acidente ou alguma outra coisa até a manhã seguinte, quando chegou a polícia para investigar os rumores de um disparo. Quando souberam que Vincent tinha se ferido, perguntaram de ime-

* Para a apresentação completa de nosso parecer sobre o que aconteceu no dia do disparo, ver "Nota sobre o ferimento fatal de Vincent", p. 1011.

diato: "Você quis se suicidar?". Vincent respondeu vagamente: "Sim, creio que sim". Lembraram-lhe que o suicídio era crime — contra o Estado e contra Deus. Com uma estranha veemência inesperada, Vincent insistiu que tinha agido sozinho. "Não acusem ninguém", disse ele; "fui eu que quis me matar."

Em poucas horas, essa brusca declaração se transformou em história. "Vincent tinha se dirigido ao trigal onde havia pintado antes", Adeline Ravoux contou mais tarde a um entrevistador, relembrando o relato que seu pai tinha montado a partir dos trechos e fragmentos que ouvira no leito de morte de Vincent:

> À tarde, no caminho recôndito que segue ao longo do muro do castelo — segundo o que entendeu meu pai —, Vincent atirou em si mesmo e desmaiou. Com o frescor da noite, ele recuperou os sentidos. Procurou por todo lado a arma para dar cabo de si mesmo, mas não conseguiu encontrá-la. Então Vincent se levantou e desceu a vertente para voltar para nossa casa.

A história explicava alguns fatos estranhos daquelas horas de intervalo, mas não todos, de maneira nenhuma. Vincent não conseguiu encontrar a arma no escuro "para dar cabo de si mesmo", mas como ela poderia ter caído tão longe dele? E por que ninguém conseguiu encontrá-la no dia seguinte — e nunca mais — em plena luz do dia? E o que aconteceu com o cavalete e a tela que sumiram? Como ele podia ter ficado inconsciente por tanto tempo e ter perdido tão pouco sangue? Estando ferido e apenas semiconsciente, como podia ter descido no escuro pelas matas da encosta íngreme que ficava entre o campo e a estalagem? Onde e quando tinha conseguido a arma? Por que tentou se matar? Por que mirou o coração, não a cabeça? Por que errou o tiro?

Não que Vincent nunca tivesse pensado em suicídio. Num momento de auge do desespero que recuava a 1877, em Amsterdam, ele se pusera cismarento a pensar na serenidade e na libertação da morte — em como seria ficar "longe de tudo". De vez em quando brincava a respeito (recitando a "receita" de Dickens para o suicídio). Outras vezes, ameaçava. Dos fundões do Borinage, ele prometeu a Theo que preferia "deixar de existir" se algum dia sentisse que era "um incômodo ou um fardo para você ou os de casa — inútil para todos".

Mas, na maioria das vezes, censurava o suicídio. Considerava-o "mau" e "terrível" — um gesto de "covardia moral" —, um crime contra a beleza da vida e a nobreza da arte, além de ser esse o exemplo de Cristo. Citava a famosa frase de Millet que dizia que o suicídio "era o ato de um homem desonesto", e era veemente em afirmar que "realmente não penso que eu seja um homem com tais inclinações". Sim, Vincent tinha seus momentos de "profunda melancolia", "vazio" e "infelicidade inexprimível", disse ele — como Theo também. Mas rejeitava qualquer intenção de aniquilação pessoal e insistia que o irmão melancólico fizesse o mesmo. "Escute aqui", escreveu de Drente, "quanto a se afastar ou sumir — agora ou em qualquer outro momento —, nem você nem eu *jamais* devemos fazer isso, tal como jamais nos suicidaríamos."

Os acontecimentos de Arles e o início de sua doença tinham posto à prova essa corajosa determinação, mas não a venceram. Por entre todos os tormentos do corpo e do espírito — o isolamento e o confinamento, os pesadelos e as alucinações — havia mantido sua promessa a Theo. Quando Vincent chupava seus pincéis, o dr. Peyron pensou ver aí uma tentativa de suicídio, e uma vez, sentindo lhe escapar o amor de Theo, ele reagiu com uma ameaça desesperada: "Se eu ficasse sem sua amizade, eles me levariam ao suicídio sem nenhum arrependimento", escreveu em abril de 1889, "e, covarde como sou, eu acabaria me matando."

Houve tempos em que a morte lhe parecia bem-vinda — e até ansiava por ela; tempos em que o "*horror*" e o "ódio à vida" o oprimiam tanto que a abraçaria de bom grado. "Preferia ter morrido", escreveu da solitária no hospital de Arles, "a ter causado e sofrido tal transtorno." Em Saint-Rémy, ele pintou um Ceifeiro radiante e "belo" como um anjo salvador e disse a Theo: "Não há tristeza na morte". Com as provações, ele estava mais maduro, mais pronto para ser ceifado — e até ansioso pela foice. Açoitado por ondas sucessivas de ataques e "sempre vivendo no medo de recaídas", admitiu que "muitas vezes eu me dizia que preferia que não existisse mais nada, que este fosse o fim". Mas, por grata que fosse a vinda da morte, não ousava trazê-la a si mesmo. Em todas as noites assombradas na Casa Amarela, em todos os passeios solitários por Saint-Rémy, Vincent mantivera a promessa. Não se afogara no Ródano, não saltara de um penhasco dos Alpilles, não se atirara debaixo de um trem para Paris.

Na verdade, Vincent se descrevia como um homem que chegara perto demais do gesto covarde e hediondo para algum dia voltar a ele. "Estou tentando me recuperar", escreveu, "como alguém que pretendia se suicidar, mas então volta para a terra firme pois achou a água fria demais."

Fosse no vale entre as montanhas de Saint-Rémy ou na região negra do Borinage, fosse na Casa Amarela ou no ateliê da Schenkweg, sempre que a ideia de suicídio transpunha as barreiras da consciência e penetrava na imaginação de Vincent, aparecia numa única forma: o afogamento. Quando Kee Vos recusou suas juras de amor em 1882, ele pensou em "pular dentro d'água" de desespero. Mais tarde, cogitou uma exceção à regra de Millet contra o suicídio: "Posso entender quem se afoga". Um ano depois disso, avisou a Theo que Sien Hoornik era capaz de se afogar se ele a abandonasse. Na Antuérpia, mostrou compreensão por uma tuberculosa anônima "que talvez se afogue antes de morrer de alguma doença"; e em Arles declarou com todas as letras ao prefeito e aos denunciantes reunidos que estava "plenamente disposto a me atirar na água de uma vez por todas se isso fosse do agrado dessa boa gente".

Na imaginação de Vincent, os artistas e as mulheres sempre se suicidavam por afogamento porque possuíam a mesma inteligência, "delicadeza" e "sensibilidade ao próprio sofrimento". Os artistas "morrem como morrem as mulheres", escreveu na Antuérpia, "como mulheres que amaram demais e foram feridas pela vida". Margot Begemann ingerira estricnina, e ele conhecia outras, na vida e na literatura, que tinham se envenenado. (Com efeito, ele tinha grande conhecimento de venenos e seria fácil se envenenar de maneira eficaz.) Mas tais pessoas não possuíam a mesma "consciência de si" que tinham os artistas. Ao contrário dele, sentiam desprezo pela vida.

Vincent lera *Ilusões perdidas* (*Illusions perdues*), de Balzac, e ouvira as reflexões de Lucien Chardon, o poeta desiludido do livro, sobre a gravidade e o método do suicídio. "Como poeta, ele queria ter um fim poético", escreveu Balzac, e por isso escolheu um "lugar bonito" junto ao rio e planejou que encheria os bolsos de pedras. Vincent, claro, também lera sobre as pessoas que saltavam das alturas, desde muito tempo antes em *Jeanne d'Arc*, de Michelet, até data mais recente em *Germinie Lacerteux*, dos irmãos Goncourt. Os heróis atrapalhados de Flaubert, Bouvard e Pécuchet, combinaram se enforcar — juntos, evidentemente —, mas não conseguiram. Claude Lantier, de Zola, conseguiu: "Enforcou-se na grande escada diante de sua obra-prima inacabada, inacabável". Um personagem de *O Paraíso das Damas*, de Zola, se atirou debaixo de um ônibus. Evangelist, de Daudet, escolheu um trem.

Nas leituras de Vincent, o uso de armas de fogo sempre terminava mal — e muitas vezes falhava. Em *Pot-Bouille* de Zola, o advogado dissoluto Duveyrier atirou em si mesmo com um revólver pequeno, mas só conseguiu ficar desfigurado pelo resto da vida. Em *Pierre e Jean*, de Maupassant, um disparo acidental provocou um ferimento "pavoroso" no estômago, "por onde despontaram os intestinos". Na vida pessoal de Vincent, armas eram coisas exóticas, distantes, restritas a aventuras na selva e chamados à batalha. Quando seu irmão Cor chegou ao Transvaal em 1889, Theo ilustrou como a região era "selvagem" dizendo que "a pessoa precisa andar com um revólver o dia todo".

Ninguém em Auvers (na época) se lembrava de ter visto Vincent com uma arma, e ninguém admitiu lhe ter dado, vendido ou emprestado alguma. Quem, afinal, iria confiar ao holandês *fou* um revólver (ainda uma novidade na França rural)? E o que tinha acontecido com a arma? Em anos posteriores, o mistério do revólver sumido deu ensejo a uma infinidade de hipóteses infundadas: que ele o tomara emprestado do estalajadeiro Ravoux para "espantar os corvos" no campo; que ameaçara outras pessoas com a mesma arma; que já tinha brandido uma arma dessas em outros tempos.

Mas o primeiro médico a chegar à cena, um certo dr. Mazery, não precisou ver a arma para saber que era de pequeno calibre. O ferimento logo abaixo das costelas de Vincent era "mais ou menos do tamanho de uma ervilha graúda" e soltou apenas um fio de sangue. Havia se formado uma mancha roxa em volta do pequeno círculo vermelho-escuro. Mazery concluiu que a bala não tinha atingido nenhum órgão vital nem as artérias principais. Sondando o corpo de Vincent, num procedimento doloroso, julgou ter localizado o projétil no fundo da cavidade abdominal. Isso significava que podia ter perfurado um pulmão, roçado uma artéria ou se alojado perto da coluna vertebral — as três sendo ameaças mortais.

A bala tinha percorrido um caminho estranho. Se a intenção de Vicent era acertar no coração, era inexplicável que tenha errado tanto a pontaria. A arma fora empunhada baixo demais e apontada para baixo, colocando o pequeno projétil numa posição perigosa, mas longe do alvo pretendido. Parecia o ângulo imprevisto de um disparo acidental, e não a trajetória estudada de um suicida resoluto. Outra esquisitice: normalmente, uma bala disparada a distância tão pequena, se não atingisse o osso, teria atravessado o tecido mole da seção média e saído pelo outro lado. O fato de ter permanecido no corpo indicava não só um pequeno calibre com quantidade limitada de pólvora, mas também que a arma fora disparada de uma distância maior — "longe demais", segundo o relatório do médico —, talvez além do alcance de Vincent.

A certa altura, chegou o dr. Gachet. Tinha ido pescar com o filho e soube do disparo por um passante — sinal da velocidade com que a notícia estava se espalhando. Como responsável nominal por Vincent em Auvers, Gachet tinha muito a responder. Correu para a Estalagem Ravoux, sem dúvida esperando o pior. Encontrou Vincent surpreendentemente lúcido — fumando seu cachimbo —, mas solicitando que alguém lhe removesse a bala do estômago. "Ninguém vai abrir minha barriga?", pediu ele, segundo uma testemunha.

O próprio Gachet examinou o ferimento e conferenciou à parte com o dr. Mazery. Nenhum dos dois se atreveu à cirurgia. Mazery era um obstetra de Paris em férias; Gachet, um especialista em nutrição e neuroses, não em ferimentos à bala. A transferência de Vincent para um hospital em Paris apresentava riscos ainda maiores. Sem nenhum sintoma a tratar, puseram um curativo e ficaram torcendo pelo melhor. Com certeza contrariando os protestos de Vincent, Gachet escreveu a Theo dizendo apenas que Vincent tinha "se ferido". "Não ousaria lhe dizer o que fazer", escreveu ciosamente, "mas creio que é seu dever vir, para a eventualidade de alguma complicação."

Para evitar o susto de um telegrama, Gachet pensou em enviar a carta pelo correio. Mas, quando pediu o endereço de Theo, Vincent se recusou a dar. Gachet decidiu mandar o jovem pintor holandês Hirschig até Paris, na manhã seguinte, para entregar em mãos a carta a Theo, em sua galeria, onde Gachet já estivera em visita. Depois disso, os dois médicos saíram do quartinho do segundo andar. Vincent ficou fumando seu cachimbo e esperando. De vez em quando, o corpo se enrijecia e ele apertava as mandíbulas de dor. Naquela noite, Anton Hirschig, que ocupava o quarto contíguo, ouviu Vincent "gritando alto".

Na manhã seguinte, Auvers fervilhava de rumores sobre os extraordinários eventos da noite anterior. Alguns tinham visto Vincent, por volta do anoitecer, entrando num terreno cercado logo adiante da rua principal — longe dos campos no alto do vilarejo. Parecia estar se escondendo atrás de uma esterqueira, como para um encontro marcado, ou talvez tivesse sido detido por companheiros fora do campo de visão. Foi lá, diziam os boatos, que se disparou o tiro fatídico. Vincent, ferido, podia ter se arrastado pelo terreno plano entre a esterqueira e a estalagem — a um quilômetro e meio de distância —, uma rota muito mais fácil do que a encosta íngreme e acidentada da ribanceira. O cavalete, a tela e a arma podiam ter sido jogados fora.

Os revólveres eram raros em Auvers e, nos dias que se seguiram ao disparo, os moradores fizeram um levantamento completo de todos eles. Faltava apenas um — junto com seu proprietário. René Secrétan e sua "pistolinha" de "Puffalo Pill" tinham deixado a cidade, com o irmão Gaston, a instâncias do pai farmacêutico que, após o disparo, mandou que sumissem de vista em plenas férias de verão. Os irmãos depois voltaram a Auvers, mas nunca mais se viu o revólver. Décadas depois, René Secrétan apresentou uma explicação. Após mais de cinquenta anos de silêncio, disse numa entrevista que Vincent lhe roubara a arma. "Costumávamos deixá-la por lá, junto com todo o nosso equipamento de pesca", declarou ele, "e foi onde Vincent a encontrou e pegou."

Mas os rumores já tinham dado seu veredicto muito tempo antes. Na década de 1930, quando o grande historiador da arte John Rewald visitou Auvers e entrevistou as testemunhas remanescentes daquela noite de verão de 1890, elas disseram que alguns "jovenzinhos" tinham disparado acidentalmente em Vincent. Os rapazes nunca se apresentaram, ouviu Rewald, porque ficaram com medo de ser acusados de assassinato, e Vincent resolveu protegê-los como um ato final de martírio.

Theo chegou no dia 28 ao meio-dia, poucas horas depois que Hirschig esteve na galeria. Mesmo após todas as surpresas inesperadas do passado, a notícia de Auvers foi um choque. Theo passara a semana anterior analisando o apartamento no térreo do edifício onde morava, sonhando reencontrar a esposa e o filho em agosto, na Holanda, e planejando, nesse ínterim, uma excursão de fim de semana até Passy — uma estação de águas de veraneio próxima de Paris, não muito diferente de Auvers. Quando se permitia alguma preocupação, não era a respeito de Vincent, e sim a respeito do emprego. Desde o ultimato malogrado, ouvira rumores de que duas filiais da firma em Paris iriam fechar — uma delas, a sua.

A carta de Gachet interrompeu tudo isso. No trem para Auvers, sentiu-se esmagado pelo velho pavor. Fazia apenas uma semana que tinha descartado essas preocupações em termos que, agora, deviam assombrá-lo no trem que partia de Paris. "Desde que não esteja melancólico e rumando para outra crise", assegurou a Jo em 20 de julho, "tudo está muito bem." Na carta, Gachet dizia que Vincent tinha "se ferido". Na última vez em que fora convocado por uma notícia parecida, Theo chegara a Arles para encontrar o irmão mutilado e mentalmente perturbado num leito de hospital. Que novo horror o aguardava em Auvers? Hirschig talvez tenha mencionado a hipótese de uma tentativa de suicídio — acusação escandalosa que Gachet omitira discretamente de sua carta —, erguendo mais um espectro para atormentar a interminável hora de viagem.

Quando chegou à Estalagem Ravoux, Theo estava com o rosto "distorcido de aflição", segundo Adeline Ravoux. Subiu as escadas correndo até o quarto de Vincent. Mas, em vez da cena de um moribundo no leito que temia encontrar, viu Vincent sentado na cama, fumando. "Encontrei-o melhor do que esperava", escreveu a Jo no mesmo dia, "embora esteja de fato muito doente." Os dois irmãos se abraçaram, ainda segundo Adeline (que acompanhara Theo e seu pai Ravoux até o quarto), e imediatamente se empenharam numa conversa em holandês. Os Ravoux se retiraram.

Durante o resto do dia e até o anoitecer, eles falaram: Vincent na cama baixa de armação de ferro, Theo na solitária cadeira de palha que puxou para perto da

Quarto de Vincent na Estalagem Ravoux.

cama. Ora agitado, ora cansado, com a respiração curta e tremores de dor, Vincent agradeceu ao irmão por vir e dar a ambos essa oportunidade de "ficarem juntos constantemente". Perguntou de Jo e do bebê. Que ótimo que "não [faziam] a menor ideia de toda a tristeza da vida", disse ele. Se Vincent alegou uma tentativa de suicídio — como declarou a Ravoux e outros —, por certo Theo fez perguntas. Por que não alertara de nada? Sua última carta transbordava de disposição ("boa sorte nos negócios... um aperto de mãos em pensamentos") e de empolgação nos esboços das cenas de vida rural — e até uma encomenda de tintas. Olhando ao redor do quarto, Theo não veria nenhum sinal de preparação para a morte — nenhuma arrumação, nenhum bilhete de despedida. Havia rascunhos abandonados e fragmentos de cartas rasgadas em cima da mesa, coisas que Vincent, visivelmente, não tinha nenhuma intenção que fossem lidos.

Num dos poucos intervalos da conversa — talvez enquanto Vincent tentava dormir ou comer alguma coisa, ou estivesse inconsciente —, Theo escreveu a Jo. Não fez nenhuma insinuação de suicídio, apenas de capitulação. "Pobre sujeito, não lhe foi concedida uma parcela generosa de felicidade", comentou Theo, "e ele não abriga mais nenhuma ilusão. Estava sozinho, e às vezes era mais do que conseguia suportar." Tranquilizou Jo, e a si mesmo, relembrando ferimentos e recuperações anteriores. "Antes era igualmente desesperado", comentou esperançoso, "e os médicos ficaram surpresos com sua constituição sólida." Prometeu voltar a Paris no dia seguinte, "se ele estiver melhor hoje à noite".

Mas o ferimento de Vincent não se curou, e o tratamento era um só. Ele perdera a "fé na vida", concluiu Theo. O destino lhe dera essa chance — fosse por sua própria mão ou por mão alheia — e ele estava escolhendo a morte. *"Eu não buscaria expressamente a morte"*, Vincent escrevera em Nuenen, *"mas não tentaria escapar se ela viesse."*

Quando o sol se pôs e o sótão começou a esfriar, o diálogo e o descanso se tornaram mais fugidios. A respiração de Vincent se tornou mais curta e rápida. O coração disparou. A cor e o calor se esvaneceram do corpo. Em alguns momentos parecia estar quase "sufocando", lembrou Theo. Ao cair da noite, o fim parecia próximo. Os estertores se amiudavam. Falavam cada vez menos.

A cada estertor, a cada reminiscência querida, a cada lágrima derramada, o tema da morte pairava mais e mais perto. Os irmãos tinham conversado pouco sobre o suicídio ao longo dos anos — exceto para condená-lo —, mas a morte era um assunto que obcecara as cartas de Vincent desde o começo. A ideia da morte "me aqueceu e me afogueou o coração", escreveu da Inglaterra em 1876. Demorava-se nos cemitérios e ansiava por desenhar cadáveres. Gostava de imagens de enterros e pestes e de representações da Morte. Via a serenidade no rosto dos mortos e lhes invejava a libertação do "fardo da vida, que temos de continuar carregando". "Morrer é difícil, mas viver é ainda mais", foi a censura que fez a um dos presentes ao enterro do pai.

Os anos de fracasso, pobreza, culpa, solidão e, por fim, loucura lhe tinham mostrado uma outra face da morte. Privado do conforto da religião com a morte do pai em 1885, nunca mais conseguira preencher aquele vazio. Experimentou de tudo, desde o niilismo de Tolstói à gargalhada cósmica de Voltaire, e tudo lhe pareceu insuficiente. No fim, apenas a arte consolava. "Meu objetivo na vida é fazer pinturas e desenhos, na maior quantidade e qualidade de que eu for capaz", escreveu; "então, no final da vida, espero morrer olhando para trás com amor e terno pesar e pensando: 'Oh, os quadros que eu podia ter feito!'."

Mas só os quadros não eram suficientes. "Sobre a vida futura dos artistas por meio de suas obras, não penso muito", escreveu em Arles. "Sim, os artistas se perpetuam passando a tocha adiante... Mas é só?" Não podia viver sem a possibilidade de um mundo no além — um lugar onde finalmente poderia se libertar da "estupidez vazia e [da] tortura sem sentido da vida". Para manter viva a promessa de uma segunda chance, de um recomeço — para ele, era este o indispensável consolo da religião —, Vincent passara horas e horas construindo suas versões pessoais de um além: visões gloriosas de orbes distantes e "hemisférios invisíveis" — de caminhos até as estrelas e vidas tão incontáveis quanto os planetas do universo. Como suas pinturas, esses conceitos elaborados se baseavam nas belezas da natureza, nos atrativos da ciência, na "Bíblia profundamente entristecedora" e, sobretudo, no poder transcendente da arte. "As ilusões podem desaparecer", escrevera na Antuérpia, "mas o sublime permanece."

Entre todas essas visões consoladoras — algumas das quais certamente perpassaram seus pensamentos enquanto sentia se aproximar o fim —, nenhuma era mais gloriosa, mais esperançosa ou mais reconfortante do que a visão que imaginara em Arles em 1888, enquanto aguardava na Casa Amarela a chegada de Gauguin:

> Sinto cada vez mais que não devemos julgar Deus a partir deste mundo. É apenas um estudo que não saiu. O que você pode fazer com um estudo que deu errado? — se você gosta do artista, não encontra muito o que criticar — refreia a língua. Mas você tem o direito de pedir algo melhor. Teríamos de ver outras obras feitas pela mesma mão; este mundo foi evidentemente feito às pressas num de seus dias ruins, quando o artista não sabia o que estava fazendo ou não estava com a cabeça no lugar. Apesar disso, pelo que diz a lenda, esse pobre Deus teve um trabalhão tremendo com esse seu estudo de mundo...
>
> Minha tendência é pensar que a lenda está certa, mas o estudo saiu estragado em muitos aspectos. Somente um mestre é capaz de fazer uma asneira dessas, e talvez este seja o melhor consolo que podemos extrair dela, pois, nesse caso, temos o direito de esperar ver a mesma mão criadora compensar o que fez. E esta nossa vida, tão criticada, e por boas e até excelentes razões, não devemos tomá-la senão pelo que ela é, e continuar na esperança de que veremos em alguma outra vida algo melhor do que isso aqui.

À meia-noite e meia de 29 de julho, aninhado nos braços do irmão e lutando para respirar, Vincent disse suas últimas palavras a seu *waarde* Theo: "É assim que quero morrer". Continuou ali por mais meia hora, um braço caído ao lado da cama, a mão pousada no chão, a boca aberta e arquejante. Pouco depois da uma da manhã, com os olhos abertos, seu coração fanático parou.

"Ele encontrou o descanso que desejava", escreveu Theo à mãe. "A vida era um fardo muito grande para ele... Oh, mãe, ele era um irmão tão querido, tão querido!"

* * *

Naquela mesma manhã, Theo enterrou sua dor em outra missão: dar a Vincent na morte a dignidade que ele nunca teve em vida. Trabalhando com eficiência e foco cerrado, apresentou-se à prefeitura e preencheu toda a documentação oficial. Providenciou com um gráfico que imprimisse em questão de horas os avisos do falecimento e os convites para o funeral. Os convites tinham de estar no correio a tempo de ser entregues em Paris no mesmo dia ou logo cedo no dia seguinte, 30 de julho, quando seria o enterro. Fez uma lista dos horários dos trens para garantir o maior comparecimento possível. A cerimônia começaria na igreja de Auvers às 14h30 "em ponto" e teria "procissão, ofício fúnebre e sepultamento". Enquanto isso, contratou um carpinteiro para providenciar um caixão e um agente funerário para manter o corpo em condições no calor sufocante do verão.

Enquanto o agente fazia seus serviços funerários no quarto dos fundos que Vincent usava como ateliê, Theo estava ocupado em converter um dos dois salões da estalagem numa capela mortuária, usando flores e folhagens à maneira holandesa. O conterrâneo Hirschig, que conhecia bem o costume, percorreu as redondezas para encontrar o material adequado. Mas Theo queria em primeiro lugar a arte. Com brio inabalável, ele explorou o ateliê e o telheiro dos fundos, onde estava armazenada boa parte dos trabalhos recentes de Vincent, e selecionou alguns quadros de acordo com algum dolorido critério do coração.

Uma por uma, ele pregou as telas — algumas sem armação, outras ainda úmidas — ao redor da mesa de bilhar que ia servir de estrado para o ataúde: o retrato de Adeline Ravoux, a prefeitura de Auvers, os trigais solitários, o jardim encantado de Daubigny. Mal terminara quando o agente funerário e seus ajudantes entraram trazendo o esquife, ergueram-no para depô-lo sobre a mesa de bilhar e o cobriram com um lençol. Ravoux tinha fechado as venezianas, e o cheiro de ácido carbólico, um líquido conservante, se espalhou pela sala. Imperturbável em seu dever, Theo decorou o caixão com folhagens e flores — especialmente flores amarelas. Pôs velas ao redor da sala e, por fim, colocou o cavalete, a paleta e a banqueta aos pés do caixão.

Mas, mesmo na morte, Vincent atrapalhava seus planos. O padre local não permitiria um ofício fúnebre na igreja de Auvers. Theo se apressara demais no convite. Fosse porque Vincent era um protestante estrangeiro ou suspeito de suicídio, o abade Tessier chegou a vetar o uso do coche fúnebre da paróquia. E nem toda a cortesia parisiense de Theo nem a influência de Gachet conseguiram que ele mudasse de opinião. O máximo que Tessier permitiu foi que Theo comprasse um lote no cemitério novo, pouco ocupado, na parte de cima a cidade, longe da igreja que Vincent pintara. Era um local solitário — praticamente não passava de um pouco de terra nua num campo estéril. Theo procurou apresentar essa rejeição final a Jo (e a si mesmo) a uma luz favorável. Descreveu como "um local ensolarado entre os campos de trigo".

Na manhã seguinte, dia 30 de julho, aos poucos começaram a chegar os convidados. Tanguy, o velho negociante e *communard* grisalho, chegou cedo — como tinha feito outras vezes. Lucien Pissarro veio, mas não seu pai Camille, que alegou a idade e os problemas de saúde. Émile Bernard trouxe Charles Laval, o lacaio de Gauguin, como representante do próprio *maître*, o qual, apesar de suas muitas dívidas com Theo, pretextou não ter recebido a tempo o convite na Bretanha. (Na verdade, mais tarde Gauguin disse a Bernard que seria "idiota" de sua parte permitir que o associassem àquele louco.) Bernard entrou no velório improvisado e começou imediatamente a rearranjar as pinturas. O dr. Gachet trouxe um séquito de moradores locais, inclusive alguns artistas que tinham evitado Vincent em vida. Andries Bonger também veio — se não por Vincent, pelo menos pela irmã e por Theo. Da família de Vincent não veio ninguém, exceto Theo.

Os presentes passaram pelo caixão, um a um. Alguns trouxeram flores. Tanguy chorou. Theo se conduziu como um anfitrião perfeito. Foi servido um almoço na sala de refeições da Estalagem Ravoux. Por volta das quinze horas, os mais fortes transportaram o caixão para um coche fúnebre que Hirschig e o jovem Paul Gachet tinham conseguido numa paróquia vizinha, e o grupo rumou para o cemitério sob um sol escaldante. À frente do pequeno cortejo iam Theo e Andries Bonger.

Junto à sepultura, o dr. Gachet, a pedido de Theo, murmurou alguns vagos elogios ("um homem honesto e um grande artista") para um homem que mal conhecia. Aturdido pelo calor e interrompido pelas lágrimas, deixou a maioria das pessoas perplexa. Embargado de emoção, Theo o agradeceu "de todo o meu coração", mas não fez nenhum discurso. O caixão foi baixado à cova. Theo e Bonger lançaram as primeiras pazadas de terra. O pequeno grupo começou a se dispersar: os parisienses seguiram para a estação ferroviária ou de volta para a estalagem, os moradores locais se evaporaram pelos campos.

Theo ficou na charneca e caiu em prantos.

Epílogo

Ici repose

O tormento de Vincent terminara, mas o de Theo apenas se iniciara. Fustigado por acessos de dor e remorso, sua constituição frágil não resistiu. A sífilis que lhe congestionara os pulmões e paralisara seu andar durante anos agora passou para o cérebro. A mente debilitada de Theo ficou possuída por uma única ideia: "Ele não será esquecido". O mundo tinha ignorado a obra de Vincent — "essas obras-primas" — por demasiado tempo, disse ele. As pessoas precisavam saber que Vincent era um grande artista; a posteridade precisava honrá-lo; o mundo precisava "lamentar que ele nos foi tirado tão cedo". Esta era a nova missão de Theo. "Eu me culparia", escreveu num paroxismo de culpa recalcada, "nunca me perdoaria se não fizesse tudo o que está a meu alcance para que isso aconteça."

Nada mais o confortava. Os pêsames que começaram a chegar logo a seguir o deixavam alternadamente enraivecido e envergonhado. Artistas e colegas que tinham ignorado ou ridicularizado Vincent em vida estendiam-lhe na morte o consolo da obra do irmão. "Como acontece tantas vezes", escreveu amargurado, "agora todo mundo é só elogios." Em notas e mais notas, encontrava a mesma mensagem sem conforto: Theo estava melhor sem o irmão perturbado. Mesmo a própria família acolheu a notícia com indisfarçado alívio. Palavras destinadas apenas a consolar, como as de Wil, eram como facadas no peito: "Que coincidência estranha", escreveu ela, "pois ele tinha esse desejo de ser e viver mais como as pessoas normais e agora estava tão perto de você".

Theo van Gogh, 1890.

Nas primeiras semanas após o enterro, a culpa se converteu em obsessão. "Oh, como tudo está vazio", escreveu de Paris a Jo. "Sinto muito a falta dele; tudo me parece recordá-lo." Só falava de Vincent. Numa viagem à Holanda no começo de agosto, passou dias inteiros com a mãe e Wil, mergulhado em conversas sobre Vincent. Em Amsterdam, juntou-se à esposa e ao filho, mas admitiu que, de noite, o espectro de Auvers lhe assombrava o sono. Quando voltou a Paris, queria ver apenas pessoas que tivessem conhecido Vincent. Convidava-as para jantares e longos serões em que, informou com orgulho, "Vincent era praticamente o único assunto de conversa". Ligou-se em especial a Paul Gachet, o médico que conhecera Vincent tão brevemente no final. Suas lágrimas de velho às reminiscências de um paciente que mal conhecia regaram a obsessão de Theo num momento em que o mundo inteiro parecia disposto a esquecer.

Passou horas revirando as pilhas de cartas de Vincent que enfiara — muitas vezes com alívio — num guarda-louças da sala de jantar. Novamente a sós com o irmão, Theo reviveu os anos de provações e atribulações, e uma nova resolução ganhou corpo. "Encontro coisas muito interessantes nas cartas de Vincent", escreveu à mãe, "e seria um livro admirável se a pessoa conseguisse ver quantas reflexões fez e como se manteve fiel a si mesmo." Dizendo que era "um livro que *tem* de ser escrito", primeiro pediu a Paul Gachet para escrevê-lo, mas depois mirou mais alto: pediu ao crítico Albert Aurier. Zangado com os poucos e curtos obituários que tinham sido publicados (em particular um deles, que se referia à arte de Vincent como "expressão de uma mente enferma"), viu no recente renome de Aurier a oportunidade de imortalizar um artista a quem a fama mal concedera um relance de olhos. "Você foi o primeiro a apreciá-lo", escreveu ao crítico, "e, ao fazê-lo, enxergou o homem com muita clareza."

Nisto, como em tudo, Theo honrou a memória do irmão sonhando alto. Após uma vida de planejamentos cautelosos e ambições de lento crescimento, ele concebeu um memorial panorâmico para Vincent: uma exposição na galeria do negociante pioneiro dos impressionistas, Durand-Ruel, acompanhada por um grande catálogo ilustrado com litografias dos trabalhos de Vincent e fragmentos de suas cartas. Defendeu essa mostra geral exatamente como faria Vincent — "é essencial que se vejam muitas obras juntas, pois assim se entendem melhor" — e apresentou a proposta com todo o ardor evangélico de Vincent. Quando Durand-Ruel hesitou diante do "grande espaço" que Theo solicitava ("para lhe fazer justiça"), Theo reagiu exatamente como reagiria Vincent — redobrando as solicitações e justificando-as com cálculos orçamentários complicados, detalhes extravagantes e promessas delirantes. Quando alguém se atrevia a contestá-lo, reagia destemperado — como sempre fizera Vincent. "A memória do irmão o assombra em tal medida", escreveu Andries Bonger, "que se ofende com quem não compartilha suas opiniões."

A mania da recordação atingiu seu senso de identidade. Como Vincent em Arles, Theo parecia perseguido por um "desafortunado irmão vestido de negro". Em setembro, estava brigando com os patrões na Goupil, convocando o mundo artístico para uma utópica "associação de artistas", planejando uma exposição no café Le Tambourin, fechado já fazia um bom tempo, local da primeira mostra de Vincent em 1887, quando os dois irmãos moravam juntos na Rue Lepic. Nos acessos descontrolados de desafio e raiva — alguns dirigidos contra a esposa e o filho —, nos ataques de paranoia, nos surtos de negação e ilusão mágica, ao descuidar da saúde, do sono e até das roupas, o luto de Theo pelo irmão foi se transformar nele.

Esse processo de transferência chegou a um auge catastrófico no começo de outubro, quando Theo se demitiu sumariamente da Goupil — tal como Vincent sempre insistira que ele fizesse —, desafogando insatisfações acumuladas durante décadas, armando uma tremenda cena ao estilo de Vincent, gritando e batendo portas. Praticamente seu último ato ao sair da firma, onde trabalhava desde a adolescência, foi um iludido gesto de desafio sob a forma de um telegrama a Gauguin: "Viagem aos trópicos garantida, segue dinheiro, Théo, diretor".

Passados alguns dias, o colapso foi completo. Em 12 de outubro de 1890, Theo deu entrada num hospital em Paris. Dois dias mais tarde, foi transferido para um hospício particular em Passy, o verdejante subúrbio por onde fora passear no verão anterior. Depois disso, seu percurso reproduziu em grande medida o de Vincent. Houve algumas diferenças. Quando Theo renunciou à liberdade, seu físico estava muito mais depauperado que o do irmão. Agora, a paralisia lhe acometia o corpo inteiro. Às vezes não conseguia nem andar. Muito mais frágil do que Vincent não só no físico, mas também mentalmente, sofria acessos de delírios mais furiosos e mais perigosos. Atirava os móveis longe e rasgava as roupas com tal violência que tiveram de lhe dar clorofórmio e reduzi-lo à passividade. Em vez de jovens médicos residentes como Félix Rey, ele foi atendido pelos melhores médicos da França. O hospício particular do dr. Antoine Blanche *era* a casa de repouso como Vincent imaginara que seria Saint Paul; Passy era a estação de águas elegante como Glanum fora antigamente. O alienista Blanche, além de ser o pai de um artista famoso, era também colega de Jean-Martin Charcot, o monstro sagrado da neurologia francesa e mestre de Freud.

Ao contrário da solidão de Vincent em Arles e Saint-Rémy, a internação de Theo atraiu uma legião de parentes e amigos à sua cabeceira. Wil veio de Leiden, trazendo a inexprimível preocupação da mãe com o "orgulho e alegria" de sua vida. H. G. Tersteeg, o implacável arqui-inimigo de Vincent, acorreu de Haia. Apenas Gauguin se manteve distante — temendo que a loucura dos dois irmãos Van Gogh maculasse sua reputação e a do movimento que ainda lutava para criar. Reclamou com Bernard que o enlouquecimento de Theo "é um tremendo azar para mim" e começou a procurar verbas em outro lugar para financiar sua mais nova ideia para um triunfo nos trópicos: o Taiti.

Mas Bernard enxergou sua sorte na direção contrária — como pesaroso *confrère* de Theo, paladino de Vincent, hagiógrafo-mor dos dois irmãos. Seu plano de organizar uma retrospectiva da obra de Vincent em memória de Theo foi rechaçado por Gauguin, em Le Pouldu, que não teve papas na língua ("Que asneira!"), desencadeando uma disputa pelos créditos que ocuparia o resto da carreira dos dois artistas. Outros integrantes da comunidade de vanguarda que conheciam Theo tiveram a mesma reação de Camille Pissarro, que lamentou estupefato: "Ninguém conseguirá substituir esse pobre Van Gogh... É de fato uma grande perda para todos nós".

Além dos sinceros compadecidos, Theo tinha outra coisa que Vincent nunca teve: uma companheira solícita e constante. Jo Bonger foi quem lutou mais bravamente, por mais tempo, pela saúde e reputação do marido — luta na qual prosseguiria por muito tempo após sua morte. Negou-se a acreditar nos médicos do hospício de Blanche quando lhe disseram que a paralisia e a demência de Theo resultavam da mesma doença de base: a sífilis. Além do diagnóstico, rejeitou também os tratamentos médicos. "[Jo] não consegue aceitar o que está sendo feito", relatou o irmão Andries, aflito, "e sempre quer alguma outra coisa porque pensa que conhece mais Theo e sabe melhor do que ele precisa." Recusava os conselhos de resignação e aceitação que vinham de todos os lados. Prendendo-se à alegação de Theo, o qual dizia que a fonte de todos os seus males eram os "nervos" sensíveis e a dor pela perda do irmão, Jo julgou que a hipnose poderia ajudá-lo. Chamou o escritor e psicólogo holandês Frederik van Eeden para ir vê-lo no hospício. O jovem e carismático Van Eeden pregava um evangelho místico do amor fraterno que dava esperanças num mundo sem fé. Vincent também fora atraído a esse evangelho no fim da vida.

Depois de apenas um mês em Passy, com a anuência de Van Eeden, Jo providenciou a transferência de Theo para um asilo de doenças mentais em Utrecht, na Holanda. A viagem de trem, longa e insone — amarrado numa camisa de força, acompanhado por guardas —, completou o retorno ao Norte que Vincent tantas vezes prometera. Jo foi no mesmo trem, com o bebê no colo, de volta à terra natal. Poucos meses depois, estabeleceu-se na cidadezinha de Bussum, 35 quilômetros ao norte de Utrecht, onde Van Eeden morava e mais tarde criou uma comunidade utópica. Theo chegou ao hospício em 18 de novembro, "num estado lastimável": balbuciando numa mistura de línguas, desgrenhado, com incontinência, quase incapaz de andar. Não sabia dizer quem era, onde estava ou que dia era.

Nos dois meses seguintes, Theo levou a mesma vida de confinamento em Utrecht que Vincent levara em Arles e Saint-Rémy. Aos longos dias de delírios, alucinações e um torpor induzido por medicamentos, seguiam-se longas noites de agitação, sono inquieto ou simples insônia. Passava horas sentado na cela acolchoada, entregue a monólogos febris e incoerentes — discutindo consigo mesmo — em várias línguas. Segundo os registros do hospício, seu estado de espírito sofria oscilações radicais, passando de "alegre e ruidoso" para "apático e letárgico". Outras vezes, um furor súbito tomava conta de seu físico delicado. Tremores lhe sacudiam o corpo da cabeça aos pés, em ataques de paralisia idênticos a acessos epilépticos. A expressão do olhar, o timbre da voz, a personalidade, tudo mudava — como se estivesse possuído por alguma outra entidade. Nessas transformações, o *marchand* culto de gostos refinados arranhava as roupas de baixo, arrancava e rasgava os lençóis da cama, dilacerava o colchão de palha. Os guardas tinham de dominá-lo com uma camisa de força e lhe dar tranquilizantes.

Fazia-se cada vez mais difícil não só andar, mas também falar, enquanto os tremores lhe invadiam todo o corpo. Os músculos do rosto se contorciam incontrolavelmente. Tinha dificuldade em engolir. Comer era uma tortura, e vomitava quase tudo o que ingeria. Seus intestinos funcionavam mal. Era doloroso urinar, e as tentativas de inserir um cateter não deram certo. Não conseguia se vestir nem se alimentar sozinho. Depois que o encontraram adormecido na banheira, não o deixavam mais tomar banho desacompanhado, temendo que pudesse se afogar por acidente. À noite, tinha de ser posto num "berço de grades", coberto e acolchoado, para não ferir a si mesmo.

Decerto por atenção a Jo, os médicos anotaram no prontuário de Theo o diagnóstico benigno de que seus tormentos eram causados por "hereditariedade, doença crônica, excesso de esforço e tristeza" — uma bênção adequada aos dois irmãos. Mas, quando Jo pediu para levar o marido para casa, os médicos se opuseram, unânimes. Registraram em sua ficha: "Sua condição geral é tal que deve ser considerado absolutamente incapaz de convívio normal e atendimento em casa", descrevendo seu estado como "assustador", "deplorável", "lamentável em todos os aspectos".

No fim, até Theo parecia estar contra ela. Quando Jo vinha visitá-lo, ele a recebia num silêncio empedernido ou irrompia em acessos de raiva, como se a culpasse por alguma ofensa que sua voz não podia nomear. Em vez disso, atirava cadeiras e derrubava mesas. Na época do Natal, quando ela lhe trouxe um buquê, Theo agarrou e estraçalhou as flores. Ficava sorumbático após cada visita, e os médicos acabaram considerando a presença de Jo prejudicial.

Tendo ouvido as histórias sobre o artista irmão do paciente, um médico tentou penetrar na solidão inatingível de Theo lendo-lhe um artigo sobre Vincent, que fora publicado num jornal holandês. Mas, ouvindo o nome familiar se repetir várias vezes, seu olhar ficou ausente e dirigiu sua atenção para algum recôndito dentro de si. "Vincent...", murmurou consigo mesmo, "Vincent... Vincent..."

Tal como o irmão, Theo morreu envolto numa bruma de mistério. Nem mesmo a data se sabe com certeza. Um informe dá o dia 25 de janeiro de 1891, mas os registros do hospício indicam que o corpo foi removido em 24 de janeiro. De acordo com um relato, ele morreu depois de mais uma visita de Jo. Desafiando os médicos até o final, ela não autorizou a autópsia. Quatro dias depois, Theo foi enterrado sem nenhuma cerimônia num cemitério público de Utrecht, na ignomínia do silêncio da família que falou mais alto do que todos os protestos de Jo.

Lá ele aguardou durante quase 25 anos, enquanto ascendia a estrela de Vincent e os demais integrantes da família Van Gogh desapareciam num vórtice de tragédias. Dez meses após a morte de Theo, em dezembro de 1891, a irmã Lies se casou com o homem que era seu patrão fazia muito tempo e cuja esposa morrera de câncer. Na verdade, Lies já dera à luz um filho dele, em segredo, cinco anos antes, o qual ela abandonara entregando a uma família de camponeses na Normandia. A vergonha a perseguiu até o túmulo. O irmão Cor nunca voltou do Transvaal. Depois de um curto casamento infeliz, entrou na guerra dos bôeres contra os ingleses em 1900. Não muito tempo depois, num surto febril, ele atirou em si mesmo e morreu. Estava com 32 anos de idade. Dois anos mais tarde, a irmã Wil foi internada num manicômio. Ficou lá até o fim da vida — durante quase quarenta anos. Na maior parte do tempo, não dizia uma única palavra e tinha de ser alimentada à força. Tentou várias vezes o suicídio.

A mãe Van Gogh absorvia todos os golpes com fé invencível. "Confia em Deus, que tudo vê e tudo sabe, mesmo que Sua solução possa ser profundamente triste", foi o lema que manteve até a morte, em 1907. Pelo menos uma dessas tristes soluções nunca chegou a seu conhecimento. Em 1904, Sien Hoornik, a prostituta amante e sucedâneo de esposa de Vincent em Haia, se atirou num canal e morreu afogada, cumprindo a promessa que fizera a Vincent em 1883: "Sim, é verdade que sou uma puta, e meu destino é acabar me afogando".

Em 1914, Jo Bonger já tinha se casado e enviuvado pela segunda vez. A primeira publicação das cartas e a venda vultosa das obras de Vincent tinham atraído sobre si as atenções do mundo. Para compartilhar esse reconhecimento com o finado marido e, sem dúvida, para apagar os terríveis acontecimentos em Paris e na Holanda durante os seis meses de intervalo entre as mortes dos dois irmãos, Jo providenciou o translado do corpo de Theo, em Utrecht. Sepultou-o ao lado de Vincent, com vista para os trigais de Auvers. Pôs lápides iguais nos dois túmulos, com o mesmo epitáfio: ICI REPOSE VINCENT VAN GOGH e ICI REPOSE THEODORE VAN GOGH.

Finalmente Vincent teve seu reencontro na charneca.

Túmulos de
Vincent e Theo
van Gogh,
Auvers.

Apêndice

Nota sobre o ferimento fatal de Vincent

Sendo um episódio de tanta importância e notoriedade posterior, é surpreendente que se saiba tão pouco sobre o incidente que levou Vincent van Gogh à morte, aos 37 anos de idade.

O máximo que se pode afirmar com certeza é que ele morreu devido a um ferimento de bala que o atingiu na cidade de Auvers, ou em suas cercanias, cerca de 36 quilômetros ao norte de Paris, em 27 de julho de 1890. O ferimento se deu em algum momento depois de ter almoçado na estalagem onde estava hospedado, quando saiu para uma excursão de pintura curvado sob o peso de seus apetrechos. Voltou à Estalagem Ravoux logo após o horário do jantar, com um orifício na parte superior do abdômen. Chamou assistência médica, mas o ferimento foi fatal. Ele morreu cerca de trinta horas depois.

Os dois médicos que o atenderam durante esse tempo examinaram o ferimento e sondaram manualmente a seção média. Concluíram: primeiro, a bala não saíra do corpo, mas se alojara perto da coluna vertebral; segundo, a arma que causou o ferimento era um revólver de pequeno calibre; terceiro, a bala entrara no corpo num ângulo oblíquo (não reto); quarto, a arma fora disparada a alguma distância do corpo, não à queima-roupa.[1]

Nunca foi apresentada nenhuma prova material do disparo. Nunca se encontrou nenhuma arma. Nunca foi recuperado nenhum apetrecho do equipamento de pintura que Vincent levara ao sair da estalagem — cavalete, tela, tintas, pincéis, blocos de desenho. Nunca houve nenhuma identificação conclusiva do local do disparo. Não foi feita nenhuma autópsia. O projétil que o matou não foi removido. Não foi localizada nenhuma testemunha ocular do disparo. Na verdade, não se apresentou ninguém capaz de asseverar o paradeiro de Vincent em momento algum durante o período de cerca de cinco horas quando houve o disparo.

Depois que Vincent voltou à Estalagem Ravoux, começaram a circular rumores sobre as circunstâncias que haviam levado ao ferimento fatal. Esses rumores logo se aglutinaram como uma narrativa dos eventos de 27 de julho. Segundo essa narrativa, que foi adotada em praticamente todos os relatos posteriores, Vincent tomou emprestado um revólver de Gustave Ravoux, o dono da estalagem onde estava hospedado, e o levou naquele dia na expedição de pintura que costumava fazer todas as tardes. Então galgou a ribanceira e enveredou por um trecho dos trigais que se estendiam acima e fora da cidade. Lá ele pousou a carga no chão e disparou em si mesmo. O tiro não o matou (não acertou no coração), mas o derrubou. Quando recobrou a consciência, já escurecera e não conseguiu encontrar a arma. Então desceu cambaleando a ribanceira íngreme e voltou à estalagem em busca de atendimento médico.

Era — e é — uma narrativa satisfatória. Oferece um final trágico compatível com uma vida inegavelmente trágica: um artista desequilibrado, sem reconhecimento, procura fugir ao descaso do mundo tirando a própria vida. A história não só apareceu logo, como se firmou depressa e desempenhou um papel importante na ascensão meteórica da fama de Vincent nas décadas que se seguiram à sua morte. Em 1934, quando foi imortalizada na biografia romanceada de Irving Stone, *Sede de viver*, de grande êxito comercial, a história do suicídio de Vincent no trigal já tinha se instalado solidamente na lenda do artista. Duas décadas depois, quando a fama de Vincent van Gogh atingiu novas alturas com o centenário de seu nascimento em 1953,[2] ela ficou definitivamente selada na mitologia com o lançamento, três anos depois, da adaptação cinematográfica de *Sede de viver*, premiada com um Oscar.

Mas, ao revermos os indícios disponíveis, encontramos pouca base de apoio confiável e verificável para a narrativa resumida acima. O objetivo desta nota é apresentar um relato dos fatos de 27 de julho que se encaixa melhor com os fatos conhecidos a respeito do episódio e do homem, examinar as origens da versão tradicional e explicar por que, em nossa opinião, essa versão não se sustenta.[3]

No mesmo ano em que foi lançado o filme *Sede de viver* — 1956 —, um francês de 82 anos de idade chamado René Secrétan veio a público para expor sua versão sobre o estranho pintor que tinha conhecido em Auvers no verão de 1890. Filho de um farmacêutico próspero, criado num bairro nobre de Paris, René estava com dezesseis anos na época em que Vincent morreu.[4] Estudava no famoso Lycée Condorcet de Paris, a mesma escola onde estudaram Paul Verlaine e Marcel Proust e onde lecionaram Stéphane Mallarmé e Jean-Paul Sartre.[5]

René e seu irmão Gaston iam a Auvers todos os verões para pescar e caçar na *villa* paterna, à margem do rio Oise.[6] René era um adolescente turbulento, aventureiro, que gostava mais da vida ao ar livre que de sua prestigiosa escola (costumava matar aulas). Nesse aspecto, era totalmente diferente de Gaston, rapaz sensível de dezoito anos[7] que preferia a pintura e a música a pescarias e caçadas. Foi por intermédio de Gaston que René conheceu Vincent van Gogh. René contou a Victor Doiteau, um escritor francês que realizou com ele uma série de entrevistas em 1956, que Gaston e Vincent conversavam muito sobre arte e que Vincent passou a procurar a companhia de Gaston para manter essas conversas.[8]

Reconhecendo-se um tacanho,[9] René desdenhava aqueles diálogos artísticos, mas, na companhia do irmão, passou muitas horas observando o estranho holandês. Nas entrevistas a Doiteau, René traçou um retrato íntimo de Vincent, com detalhes que revelavam um contato próximo e reiterado, condiziam com descrições de outras fontes que não seriam de seu conhecimento e não guardavam a mais remota semelhança com a imagem hagiográfica do artista, então divulgada por *Sede de viver*. ("Ele comparou a orelha destroçada de Vincent à de um gato bravo e à de um gorila."[10]) René descreveu as roupas, os olhos,[11] a voz,[12] o andar de Vincent, seu gosto pela bebida[13] e como era dividir o balcão de um bar com ele.[14]

Apesar de tudo isso, René não alegou que fosse amigo do pintor famoso. Na verdade, muito pelo contrário. Quando não estava junto com o irmão, René liderava um bando de garotos desordeiros, que em sua maioria, como os dois irmãos Secrétan, eram colegiais parisienses passando as férias de verão em Auvers. Cheio das bravatas, de espírito aventureiro e com gosto por travessuras endiabradas, René era aquele que todos queriam seguir. Excelente atirador, levava-os para caçar esquilos, coelhos ou o que encontrassem pelos campos e matas. Guiava-os pelas áreas mais piscosas do Oise. Também os liderava em aventuras amorosas.[15] Graças a suas ligações com o filho do diretor, regularmente importava moças do Moulin Rouge (René dizia que eram "nossas *cantinières*") e organizava festas de barco e piqueniques para a diversão dos colegas e suas namoradas.[16]

René também trouxe outra coisa de Paris: uma roupa de caubói que tinha comprado ao assistir o Wild West Show de Buffalo Bill, na Exposição Universal do ano anterior (1889).[17] Consistia num colete de pele de gamo com franjas, botas e um chapéu de rodeio com a aba da frente levantada. Aquele traje, com um ar de fora da lei desregrado, cabia feito uma luva em René, com seu espírito presunçoso, o gosto pelo risco e o prazer pelas diabruras.[18] Para emprestar ao figurino maior autenticidade (e, sem dúvida, uma ponta de ameaça genuína), ele acrescentou uma arma de verdade. A Doiteau, René disse que era um revólver velho, calibre 38, caindo aos pedaços, que só funcionava quando lhe dava na veneta.[19] Mas funcionava bastante bem. Quando não estava brincando de Buffalo Bill repelindo um ataque índio, René o usava para atirar em esquilos, aves e qualquer peixe que se aproximasse demais de seu barco. Com ou sem a roupa de caubói, estava sempre com ele à mão, na mochila. Então não era um brinquedo, por mais que René o apresentasse dessa maneira.

Segundo René, a arma lhe foi vendida (ou emprestada) por Gustave Ravoux, o estalajadeiro.[20]

Quando estava na cidade, René liderava seus seguidores em outro passatempo favorito: pregar peças ao amigo de Gaston, o holandês esquisito chamado Vincent.[21] Punham-lhe sal no café e ficavam observando à distância enquanto ele cuspia e praguejava furioso. Puseram uma cobra verde em sua caixa de tintas; ao descobri-la, ele quase desmaiou, segundo René lembrava. René notou que Vincent às vezes ficava chupando um pincel seco enquanto pensava; então esfregaram pimenta vermelha no pincel, numa hora em que ele não estava olhando. Tudo isso fazia parte de uma campanha para "deixar [Vincent] louco da vida", reconheceu René.[22]

Por suas razões pessoais, Vincent preferia não se ofender. Nem as peças cada vez mais maldosas transformaram René em inimigo. Vincent inventou um apelido para o rapazote de dezesseis anos: "o terror dos arenques defumados", um tributo brincalhão a seus talentos de pescador. Vendo-o muitas vezes com seus trajes de faroeste, Vincent também o chamava de "Buffalo Bill". Mas, segundo René, devido ao "sotaque estranho" de Vincent, saía como "Puffalo Pill",[23] provocando mais uma rodada de zombarias a cada vez que ele pronunciava o nome.

Embora evitasse o bando de garotos liderados por René[24] (tal como sempre evitara outros atormentadores parecidos em quase todos os lugares onde morou), Vincent aguentava os abusos de René sem se queixar e até com bom humor (nunca os mencionou nas cartas a Theo). Os dois continuavam a tomar alguma bebida juntos na Estalagem Ravoux e no bar de um velho pescador clandestino na margem do Oise, a cerca de 1,5 quilômetro da cidade — René dizia que era "nosso bebedouro favorito".[25]

Vincent tolerava as travessuras de René em parte para preservar sua preciosa camaradagem com Gaston, cujas ideias sobre pintura, segundo René, pareciam bastante avançadas a Vincent.[26] Sem dúvida, também gostava que os irmãos sempre pagassem as contas do bar.[27] Os irmãos Secrétan, ademais, eram o tipo de companhia certa — filhos de uma respeitável família burguesa, que poderia desempenhar um papel importante no plano ilusório de Vincent de atrair Theo e sua família para Auvers.[28]

Mas René Secrétan também fornecia a Vincent algo que não conseguiria por nenhum outro meio: mulheres. (Não havia nenhum bordel na cidade.)[29]

René notara a cobiça com que Vincent observava as *cantinières* vindas de Paris. Quando René e seus legionários se sentavam na ribanceira beijando e acariciando as namoradas, Vincent observava à distância, entre excitado e temeroso. "[Van Gogh] olhava com pudor para o outro lado, o que parecia loucamente engraçado para nossas garotas", disse René a Doiteau.[30] Sempre em busca de novas maneiras de atormentar o amigo de seu irmão, René incentivava as moças a lançar suas seduções ao pintor reticente — para "provocá-lo com suas atenções amorosas".[31]

Como essas atenções não exerceram nenhum efeito visível em Vincent,[32] René começou a pensar que "não era apenas a orelha que tinha sido cortada fora",[33] mas então flagrou Vincent com os bolsos cheios de fotos e livros eróticos.[34] Certa vez, René descobriu o pintor se masturbando na mata.[35] Esse encontro humilhante forneceu novas ocasiões para tormentos e zombarias ainda mais cruéis. René lhe pespegou um novo apelido insultuoso: "fiel amante da Viúva Punheta".[36] Estava cada vez mais fácil atingir o objetivo de deixar Vincent louco da vida. E cada vez mais "ele levava a mal", relembrou René. "Um dia, ele ficou vermelho de raiva e queria matar todo mundo."[37]

Era essa a atmosfera pouco saudável que prevalecia nas relações entre Vincent e René Secrétan em julho de 1890.

Outra testemunha se apresentou na década após o centenário de Van Gogh. Era a filha de um senhor que, em 1878, morava perto de um dos locais de pintura favoritos de Vincent em Auvers,[38] a casa e o jardim outrora pertencentes ao grande pintor francês do Barbizon, Charles Daubigny. Na década de 1960, ao dar uma entrevista a Marc Tralbaut, biógrafo de Van Gogh, ela usou apenas o sobrenome de casada, Madame Liberge. Em 1890, estava com cerca de vinte anos de idade.[39]

Madame Liberge descartou a versão tradicional de que Vincent recebera o ferimento mortal nos trigais adiante do cemitério de Auvers. Contou a Tralbaut:

> Não sei por que as pessoas não contam a verdadeira história. Não foi lá, perto do cemitério... [Van Gogh] saiu da Estalagem Ravoux na direção da vila de Chaponval.

Na Rue Boucher, ele entrou num pequeno terreiro. Lá ele se escondeu atrás da esterqueira. Então cometeu o ato que levou à sua morte poucas horas depois.[40]

Madame Liberge disse que seu pai, cidadão de importância, lhe contara essa versão anos antes. "Essas foram as palavras exatas de meu pai", disse ela. "Por que ele haveria de inventar um caso tão absurdo e falsificar a história? Todos os que conheciam meu pai poderiam lhe dizer que sempre se podia confiar nele."[41]

Alguns anos depois, outra moradora de Auvers, chamada Madame Baize, confirmou a história de Madame Liberge ao contar a outro entrevistador que seu avô "viu Vincent sair da Estalagem Ravoux naquele dia e seguir na direção da vila de Chaponval".[42] A mesma testemunha disse ter visto Van Gogh entrar num pequeno terreiro na Rue Boucher e então ouviu um disparo. Depois de esperar algum tempo, "ele entrou pessoalmente no terreiro", segundo o relato de Madame Baize, "mas não havia ninguém à vista. Nenhuma arma, nenhum sangue, apenas um monte de esterco".

A vila de Chaponval e os trigais atrás do cemitério ficam em direções contrárias — a primeira a oeste, os segundos a leste da Estalagem Ravoux. A Rue Boucher citada por Madame Baize cruza com a estrada de Chaponval a menos de oitocentos metros a oeste da estalagem. Na época, a estrada de Chaponval (agora Rue Carnot) era ladeada apenas pelo tipo de terreiro cercado descrito nesses dois relatos, separados entre si por um intervalo de quase trinta anos. As esterqueiras eram uma característica comum desses cercados. Vincent tomava várias vezes a estrada de Chaponval para ir a Pontoise, a 6,5 quilômetros de distância, onde aproveitava os serviços de trem mais eficientes para despachar seus trabalhos e receber os suprimentos enviados de Paris.[43] A estrada de Chaponval também dava diretamente numa curva do Oise, a meio caminho entre Auvers e Pontoise, onde em geral se encontrava René Secrétan,[44] tanto por causa da área muito piscosa quanto pelo bar que gostava de frequentar.[45] Era desse ponto que, muitas vezes, René iniciava suas expedições em busca de aventuras, entrando em Auvers pela estrada de Chaponval.

É bem possível que o tiro que matou Vincent van Gogh tenha sido disparado não num trigal, e sim num terreiro ou nas proximidades de um terreiro na estrada para Chaponval, como o descrito por Madame Liberge e Madame Baize. Além disso, ao que tudo indica, quem levou ao terreiro a arma que desferiu o tiro fatal foi, não Vincent van Gogh, que nada entendia de armas e não precisava delas, e sim René Secrétan, que raras vezes ia a algum lugar sem sua "pistolinha" calibre 38. Os dois podem ter se encontrado por acaso na estrada de Chaponval, ou podiam estar voltando juntos do bebedouro favorito de ambos. Quase certamente Gaston estava junto com eles, pois Vincent teria evitado René se estivesse sozinho ou na companhia pouco agradável de seus seguidores.

René tinha um histórico de provocar Vincent com o objetivo de enfurecê-lo. Vincent tinha um histórico de explosões violentas, em especial sob a influência do álcool. Uma vez sacada a arma da mochila de René, qualquer coisa podia acontecer — intencional ou acidental — entre um adolescente imprudente com fantasias de faroeste, um artista embriagado que nada sabia de armas[46] e um revólver antiquado com tendência a não funcionar direito.

Ferido, Vincent deve ter saído trôpego para a rua, logo que pôde, e rumou para a Estalagem Ravoux, deixando para trás os apetrechos de pintura que tivesse levado. De início, talvez não fizesse ideia da gravidade do ferimento. Este não sangrou muito.[47] Mas, passado o choque inicial, a dor da lesão abdominal deve ter sido excruciante.[48] Os irmãos Secrétan deviam estar apavorados. É impossível saber se tentaram dar alguma assistência a Vincent. Mas, pelo visto, tiveram tempo e presença de espírito para recolher a arma e todos os pertences de Vincent antes de desaparecer correndo na noite que se aproximava — de forma que, quando o avô de Madame Baize apareceu logo a seguir para investigar (se é que foi mesmo), encontrou apenas um terreiro vazio e uma esterqueira.

Essa reconstituição hipotética dos acontecimentos de 27 de julho de 1890 resolve muitas das contradições, preenche muitas das lacunas e junta muitas das peças soltas da narrativa tradicional de suicídio, a qual tem dominado a mitologia de Van Gogh desde o dia do disparo.

• Ela explica o desaparecimento imediato e permanente de todos os indícios e provas em torno do episódio, apesar da investigação policial que começou no mesmo dia. No estado em que se encontrava, Vincent jamais teria condições de sumir com tudo logo a seguir, e ninguém, afora um cúmplice culpado, teria motivos para pegar, esconder ou jogar fora os apetrechos largados, que, na maioria, não valiam nada. Na pressa para encobrir o feito e caindo a noite, os irmãos Secrétan podiam deixar passar alguma coisa — uma mancha de sangue ou um cartucho vazio —, mas a polícia nunca encontraria, pois estava revistando os trigais distantes, não os terreiros da estrada de Chaponval.

• Explica as peculiaridades do ferimento de Vincent, tal como foram registradas pelos médicos que o examinaram: que o tiro foi no corpo, não na cabeça; que o projétil entrou a partir de um ângulo oblíquo incomum — não reto, como se esperaria num suicídio; que o tiro parecia ter sido disparado de "longe demais" para ter sido Vincent a puxar o gatilho.[49]

• Explica como Vincent conseguiu se arrastar naquele estado, desde o local do disparo até a Estalagem Ravoux, apesar do buraco no abdômen e da forte dor que se agravava a cada passo. Mesmo o trecho relativamente curto de oitocentos metros da Rue Boucher até a estalagem — um percurso em linha reta numa estrada plana — deve ter exigido um tremendo esforço. Uma longa descida desde os campos de trigo, tomando por uma trilha íngreme, irregular, numa ribanceira com matas, à escassa luz do anoitecer (como depois diria a lenda), seria praticamente impossível em seu estado.

• Explica por que Vincent foi visto na estrada de Chaponval por duas testemunhas separadas ao anoitecer do incidente. Até onde se sabe, não apareceu nenhuma testemunha independente que situasse Vincent nas proximidades do trigal (no outro lado da cidade), que a lenda aponta como local do disparo. E ninguém atestou tê-lo visto em qualquer ponto da longa estrada que precisaria ter tomado entre o trigal e a Estalagem Ravoux. Numa noite quente de verão em julho, muitos moradores estariam ao ar livre após o crepúsculo, comendo, bebendo, fumando, conversando (tal como estavam os Ravoux). Dado que todas as rotas que Vincent poderia ter tomado a partir do trigal até a estalagem incluíam ruas públicas com moradias, e dado que ele estaria cambaleando de maneira muito evidente, com certeza alguém o teria visto passar pelo dito caminho naquela noite.

• Explica por que Vincent não deixou nenhum bilhete de suicídio e por que Theo não encontrou nenhum sinal de "despedida" quando revistou o quarto e o ateliê de Vincent, nos dias seguintes ao disparo. Explica por que Vincent se deu ao trabalho de sair com toda a sua carga de apetrechos de pintura na expedição daquele dia — algo improvável caso não pretendesse voltar.

• Explica por que não "terminou o serviço" quando o primeiro (e único) tiro falhou e preferiu pegar o caminho muito mais penoso e doloroso de volta para seu quarto na mansarda da Estalagem Ravoux.[50]

• Explica o estranho desaparecimento de uma meda de feno na narrativa do suicídio de Van Gogh. A primeira versão por escrito do disparo (numa carta de alguém que esteve presente no funeral) informava que Vincent "apoiou o cavalete numa meda de feno antes de atirar em si mesmo".[51] Mas esse detalhe foi omitido nas retomadas posteriores dessa história, pelo jeito porque não havia nenhuma meda de feno na pintura que foi de modo errôneo mas amplamente considerada a última de Vincent, *Trigal com corvos*. Na verdade, a "meda de feno" dos primeiros relatos era, com quase toda certeza, a "esterqueira" relembrada pelas testemunhas posteriores.

• Explica por que a origem da arma que infligiu o ferimento fatal só veio a ser revelada setenta anos depois, muito embora devesse ser do conhecimento de algumas pessoas na época do disparo. Sendo Auvers uma cidadezinha pequena e os revólveres, uma raridade na França rural,[52] muitos amigos de Gustave Ravoux, que tinha uma vida bastante pública, e de René Secrétan, que brandia a arma à vista de todos, seguramente estavam familiarizados com a arma exótica do estalajadeiro. Adeline, a filha de Ravoux, não mencionou em momento algum, em suas versões iniciais da morte de Vincent, a ligação entre seu pai e a arma fatal. Quando veio por fim a admitir o fato, na década de 1960, ela omitiu René Secrétan de sua narrativa, em vez disso sustentando que Vincent tinha pedido a arma para espantar corvos diretamente a seu pai, que então lhe emprestou — um pretexto excogitado (ao que parece pelo pai dela) para explicar à polícia como seu revólver viera a se envolver no disparo fatal; para ocultar sua culpa por ter colocado uma arma de fogo nas mãos de um adolescente com fama de beligerante; e para proteger os irmãos Secrétan (cujo pai era um cliente rico e importante) de uma investigação prolongada e potencialmente embaraçosa — e até um possível julgamento — sobre algo que Ravoux, com quase toda a certeza, acreditava ter sido um acidente infeliz ou, na pior das hipóteses, uma brincadeira de adolescente que degringolara de maneira terrível.

• Por fim, essa reconstituição explica por que Vincent "confessou" sua tentativa de suicídio, de acordo com testemunhas da época, de maneira tão tímida, hesitante e estranhamente resguardada. Quando a polícia lhe perguntou em termos diretos: "Você queria se suicidar?", Vincent respondeu com um indeciso: "Sim, creio que sim".[53] Quando lhe disseram que tentar suicídio era crime, Vincent se mostrou mais preocupado que culpassem outra pessoa do que em ser ele mesmo acusado de um crime. "Não acusem ninguém", respondeu; "fui eu que quis me matar."[54] Por que Vincent iria declarar, de modo espontâneo e enfático, que agira sozinho se o natural em qualquer caso de suicídio seria inferir uma intenção e execução solitária? Por que recomendaria aos policiais que não "acusem ninguém" do disparo e insistiria em assumir a responsabilidade exclusiva? Essa inexplicável atitude defensiva inicial quanto à participação de terceiros indica uma intenção — na verdade, uma determinação — de proteger os irmãos Secrétan de qualquer sugestão de envolvimento no episódio.[55]

Mas por que Vincent chegaria a tais extremos para proteger os irmãos Secrétan, em especial seu atormentador René, de uma investigação policial ou talvez de um processo judicial? Por que iria "confessar" repetidamente que disparara em si mesmo na intenção de se suicidar, quando, de fato, tinha sido vítima de um terrível acidente, se não de algo pior?

A resposta, para nós, é que Vincent acolheu bem a morte. "Pobre sujeito, não lhe foi concedida uma parcela generosa de felicidade", Theo escreveu à esposa quando estava junto à cabeceira de Vincent, em suas últimas horas. "Se ao menos pudéssemos lhe dar mais fé na vida."[56] Émile Bernard, que veio a Auvers para o enterro, afirmou que Vincent expressara seu "desejo de morrer".[57] O dr. Paul Gachet, outra testemunha em seu leito de morte, escreveu a Theo, apenas quinze dias depois do funeral, manifestando sua admiração pelo "desprezo soberano que [Vincent] sentia pela vida"[58] e comparando seu fim ao mártir abraçando a morte. Como certa vez o próprio Vincent escrevera (e sublinhara enfaticamente): *"Eu não procuraria expressamente a morte... mas não tentaria escapar se acontecesse"*.[59]

Com efeito, fosse por acidente, descuido ou malícia, René Secrétan pode ter oferecido a Vincent a saída que ele desejava, mas não podia ou não queria dar a si mesmo, depois de passar a vida rejeitando o suicídio como "covardia moral" e "uma ação de homem desonesto".[60] Tendo acabado de voltar de uma visita desastrosa a Paris, durante a qual lhe ficara dolorosamente explícito o fardo que impunha a Theo e sua jovem família, sem dúvida Vincent viu sua chance de se "retirar" — tal como havia se retirado de Paris em 1888 — e poupar ao irmão maiores angústias (ver capítulo 29).

Com tanto a ganhar, Vincent não deve ter visto nenhuma razão, nenhum proveito, em arrastar os Secrétan — mesmo o maldoso e imprudente René — aos holofotes de um inquérito e um constrangimento público, apenas por lhe terem prestado esse favor.

Nossa reconstituição se baseia maciçamente nas entrevistas que René Secrétan deu a Victor Doiteau em 1956 e 1957, data em que morreu, aos 83 anos de idade.[61] Enquanto Gaston, seu irmão mais velho e de pendores artísticos,[62] se tornou cantor de cabaré de certo renome, escrevendo canções para o cinema nos anos 1920 e 30[63] e chegando até a aparecer em alguns dos filmes,[64] René levou uma vida muito distante do mundo da arte. Depois da adolescência turbulenta, assentou-se e se tornou homem rico e respeitado na sociedade. Teve uma longa e ilustre carreira como banqueiro, empresário e campeão de tiro.[65]

Apesar da idade avançada, René era uma testemunha excelente. Doiteau, que o encontrou e se correspondeu com ele várias vezes, declarou que René manteve a boa forma física e mental até o fim da vida.[66] Ao contrário de tantas testemunhas, René apresentou seu primeiro relato dos últimos dias de Vincent quando o pintor já era famoso desde muito tempo. Ele veio a público não para se associar à sua lenda ou para reivindicar uma parte de sua imortalidade, mas simplesmente para corrigir os anais. René lera uma matéria em *Paris Match* sobre o lançamento do filme *Sede de viver*, com uma foto de Kirk Douglas no papel de Vincent van Gogh. A imagem do ator robusto, saudável, bonitão feriu tanto seu senso de dever com a verdade que não conseguiu mais reter sua história. A foto, com botas próprias para caminhadas, "não guardava nenhuma semelhança com nosso amigo, que sempre pareceu mais um andarilho que só usava sapatos", disse a Doiteau.[67] O relato de René a Doiteau, tomado em conjunto, não só contradiz as projeções de Stone e Hollywood que dominaram a época, mas também é rico em detalhes convincentes, tem coerência interna, pode ser verificado em alguns aspectos por outras fontes independentes, não adota uma atitude vaidosa nem interesseira. Na verdade, muitas vezes incrimina a si mesmo, de maneira intencional e também involuntária.

Todavia, apesar da surpreendente franqueza com que expõe sua própria conduta abusada e beligerante em relação a Vincent, René nunca admitiu nenhum papel direto no disparo fatal de 27 de julho de 1890. Em relação aos fatos daquele dia, René afirmou a Doiteau que Vincent lhe roubara a arma da mochila e disse que tinha uma vaga lembrança de ter saído de Auvers com o irmão Gaston para a *villa* da família na Normandia, em algum momento de julho, e que a primeira vez que soube da morte de Vincent foi lendo uma matéria num grande jornal diário de Paris,[68] embora não lembrasse que jornal era e, desde então, nunca se tenha localizado essa matéria. Mas não há em suas negativas a coerência e a convicção que se encontram no resto de seu relato. Elas traem a cautela digna de advogado de um homem que sabe que está falando para os anais da história, o que não acontece em nenhuma outra passagem de suas inúmeras reminiscências. René disse a Doiteau, por exemplo, que levava sua mochila (contendo o revólver pesado) a todos os lugares a que ia — mesmo assim, só foi se dar conta de que a arma estava faltando depois de ir para a Normandia. Em outra parte, ele deu a entender que Vincent lhe havia furtado o revólver no mesmo dia do disparo, e assim René ainda estaria em Auvers naquela data.[69]

Tanto quanto em suas confissões impetuosas, ouvimos nessas negativas hesitantes a voz de um homem que guardou a verdade para si durante uma vida inteira, mas não podia morrer sem a revelar — ou, pelo menos, grande parte dela —, para aliviar sua consciência no final de seus dias.

A história de que a morte de Vincent resultou de uma tentativa malsucedida de suicídio ganhou forma ao longo de mais de setenta anos. Os primeiros relatos do disparo — os que foram escritos nos dias imediatamente subsequentes — não mencionam suicídio. Quando Paul Gachet, um dos médicos que atendiam a Vincent, escreveu a Theo em 28 de julho chamando-o a Auvers,[70] não disse nada sobre as circunstâncias ou a natureza da lesão de Vincent, a não ser que ele "se feriu".[71]

Em seus informes a Jo, à cabeceira do irmão, Theo também não fez nenhuma insinuação de que Vincent tivesse tentado se matar — ou que ele, Theo, tivesse alguma suspeita disso.[72] Retratou-o triste ("Pobre sujeito, não lhe foi concedida uma parcela generosa de felicidade"),[73] mas não suicida. Nada no quarto e no ateliê de Vincent indicava qualquer intenção de cometer um suicídio. Não deixara nenhum bilhete de despedida. Nem sequer arrumara nada.[74] Suas cartas mais recentes estavam repletas de expressões indicando boa disposição[75] e desenhos atraentes mostrando seu novo lar em Auvers.[76] Na verdade, poucos dias antes, havia feito uma grande encomenda de tintas e outros suprimentos — o que dificilmente seria a atitude de um homem que planejava acabar com a própria vida, sobretudo alguém tão suscetível ao fato de estar gastando o dinheiro do irmão.

Além disso, como Theo bem sabia, Vincent sempre repudiara o suicídio nos termos mais veementes. Considerava-o "terrível" e "mau".[77] Julgava-o covarde[78] e desonesto.[79] Mesmo à beira do desespero no Borinage, em 1881, assegurara a Theo: "Realmente não penso que sou um homem com tais propensões".[80] Também em Drente, durante outro período de melancolia profunda, deixara claras suas posições a respeito do suicídio: "Quanto a se afastar ou sumir — agora ou em qualquer outro momento —, nem você nem eu *jamais* devemos fazer isso, tal como jamais nos suicidaríamos" (grifo no original).[81]

Theo também conhecia o irmão o suficiente para saber que, se algum dia viesse a tentar se suicidar, não usaria uma arma, dispositivo sobre o qual não sabia praticamente nada.[82] Por outro lado, Vincent tinha um grande conhecimento de venenos, e poderia ter usado esse conhecimento para se matar de maneira muito mais prática e menos dolorosa.[83] Entre os vários métodos de suicídio, o afogamento era o que Vincent sempre considerou o mais "artístico"[84] e o único que algum dia chegou a aventar (uma vez, num momento de exasperação).[85]

A primeira pessoa a levantar a hipótese de que Vincent tentara se matar não foi testemunha do disparo nem esteve presente a seu leito de morte. Em 30 de julho, Émile Bernard veio a Auvers para o funeral de Vincent. Dois dias depois, escreveu uma carta ao crítico Albert Aurier — o mesmo a quem Bernard tinha enviado uma versão romanceada sensacionalista sobre o episódio da orelha em Arles, dois anos antes.[86] Essa carta continha a primeira descrição escrita do episódio do disparo e a primeira sugestão de uma tentativa de suicídio: "No domingo de noite [27 de julho], [Van Gogh] foi para o campo de Auvers, apoiou seu cavalete numa meda de feno e foi para atrás do *château* para se dar um tiro de revólver".[87]

Qual era a base dessa versão? Bernard alegou que ouvira os detalhes entre os moradores da cidade, em especial de Gustave Ravoux, o dono da estalagem onde Vincent morreu. Mas Bernard era prolífico em inventar histórias,[88] Ravoux não deixou nenhum relato pessoal e Auvers andava zumbindo de boatos infundados na época do enterro. A polícia já começara a investigar o disparo e a entrevistar testemunhas. As pessoas que sabiam do período de Vincent num hospício e tinham visto a orelha deformada não demoraram em supor uma ligação entre a automutilação e o suicídio — ligação desmentida por pesquisas posteriores.[89] A suspeita de suicídio chegou a tal ponto que o abade local não permitiu que o corpo de Vincent fosse enterrado perto da igreja nem transportado pelo coche fúnebre da paróquia.[90]

Uma semana depois (7 de agosto), um breve artigo em *L'Écho Pontoisien*, um jornal local, rejeitou os boatos sensacionalistas de suicídio e noticiou o episódio em termos diretos, deixando claramente aberta a possibilidade de um acidente:

> No domingo 27 de julho, um Van Gogh, de 37 anos de idade, pintor holandês hospedado em Auvers, disparou em si mesmo um revólver nos campos, mas, ficando apenas ferido, voltou a seu quarto, onde morreu dois dias depois.[91]

De fato, os policiais que estavam investigando o ocorrido devem ter suposto, de início, que estavam lidando com um disparo acidental.[92] Logo iriam saber pelos depoimentos que Vincent não estava habituado a armas de fogo (nunca tinha visto uma arma na vida),[93] às vezes bebia muito, levava bebida nas expedições de pintura, era desajeitado, descuidado e, portanto, propenso a acidentes.[94]

Certamente sabiam por experiência própria o que estudos posteriores vieram a comprovar: que a maioria esmagadora (98 por cento) dos suicídios com armas de fogo consiste num tiro na cabeça, não no peito nem no abdômen.[95] O fato de ter Vincent procurado imediatamente cuidados médicos também indicava um disparo acidental. Um homem decidido de fato ao suicídio acabaria de se matar com um segundo tiro, em vez de empreender a descida íngreme e penosa até a Estalagem Ravoux com uma bala na barriga.[96] Puxar outra vez o gatilho demandaria muito menos energia e causaria muito menos dor. Ademais, os médicos que o atenderam provavelmente já tinham dito aos policiais que o tiro fatal fora disparado de um ângulo estranho e de "longe demais",[97] o primeiro aspecto sugerindo que tinha sido uma descarga acidental, o segundo que outra pessoa poderia ter apertado o gatilho.

Na verdade, a questão primária para a polícia não seria se o disparo era um acidente ou uma tentativa de suicídio, e sim se havia outros envolvidos — hipótese tanto mais provável por causa do sumiço do revólver e de todo o equipamento de pintura de Vincent. Quando uma busca minuciosa na área, à luz do dia, não encontrou nenhum dos objetos faltantes (e nada foi entregue pelos moradores), seguiu-se necessariamente a suposição de que alguém escondera ou se desfizera das provas, no momento ou logo depois do disparo.

Mas o conto dramático do artista levado ao suicídio, de Bernard, havia plantado uma semente na lenda de Van Gogh que a lógica e a inexistência de provas não conseguiram remover. Mesmo os que tinham conhecimento de primeira mão dos acontecimentos de 27 de julho de 1890 ficaram expostos a seu fascínio. Anton Hirschig era um artista holandês de 23 anos de idade, que por acaso estava hospedado na Estalagem Ravoux no dia em que Vincent foi ferido. Em 1912, 22 anos depois, quando Hirschig registrou pela primeira vez suas lembranças dos acontecimentos que presenciara naquela noite de 1890, não mencionou suicídio. Relembrou que Vincent tinha dito apenas: "Vá me buscar o médico... Eu me feri no campo... Disparei um revólver em mim"[98] — declaração que, como a de Gachet, é compatível tanto com um acidente por descuido quanto com uma tentativa de suicídio.

Foi somente em 1934 — no mesmo ano em que Irving Stone imortalizou a versão triste de Bernard em *Sede de viver* — que Hirschig atestou a *intenção* suicida de Vincent naquele dia de julho de 1890, 44 anos antes. "Posso vê-lo em seu pequeno leito na pequena mansarda, presa de uma dor terrível", disse Hirschig a um entrevistador. "'Não aguentava mais, então atirei em mim', disse ele."[99]

A versão que se iniciou com a carta de Bernard — a história de uma tentativa de suicídio no campo de trigo — não adquiriu plena forma senão nos anos 1950, quando o centenário de nascimento de Vincent levou a longas comemorações, durante dez anos, da vida e obra do pintor. O principal responsável em transformar o frágil conto de Bernard na versão definitiva dos últimos dias de Vincent foi Adeline Ravoux, a filha do estalajadeiro Gustave Ravoux, com treze anos de idade na época do disparo. Nos anos 1950 e 60, Adeline deu várias entrevistas sobre a morte de Vincent, acrescentando novos detalhes e intensificando o drama a cada vez que falava.[100]

As versões de Adeline seguiam as linhas gerais do conto de Bernard e, como ele, ela deu como fonte seu finado pai. Para suas versões de fatos que o estalajadeiro não presenciou — como o disparo —, ela alegou que Vincent tinha confidenciado sua história ao pai nas horas que antecederam sua morte. Assim, fatos que tinham ficado envoltos em mistério durante sessenta anos entraram de repente nos anais em todos os seus ricos detalhes. Eis, por exemplo, a versão de Adeline em 1956 — a primeira delas — sobre o dia do disparo:

> Vincent tinha ido para o trigal onde havia pintado antes, situado atrás do *château* de Auvers, que então pertencia a M. Gosselin, que morava em Paris na Rue de Messine. O *château* ficava a mais de meio quilômetro de nossa casa. Chegava-se lá escalando uma subida bem íngreme, sombreada por grandes árvores. Não sabemos a que distância ele ficou do castelo. À tarde, no caminho recôndito que segue ao longo do muro do castelo — segundo o que entendeu meu pai —, Vincent atirou em si mesmo e desmaiou. Com o frescor da noite, ele recuperou os sentidos. Procurou por todo lado a arma para dar cabo de si mesmo, mas não conseguiu encontrá-la. (E também não foi encontrada no dia seguinte.) Então Vincent se levantou e desceu a vertente para voltar para nossa casa.[101]

As versões de Adeline Ravoux parecem suspeitas por várias razões: (1) Pelo que ela própria disse, são basicamente declarações de terceiros:[102] isto é, envolvem recordações do que o pai lhe disse ter visto ou ouvido, e não o que ela de fato presenciou ou ouviu. (2) Suas múltiplas versões muitas vezes carecem de coerência interna, bem como são incoerentes entre si.[103] (3) Suas versões são distorcidas por sua determinação em provar que o pai tinha intimidade com o famoso artista (projeto que se tornou o trabalho de sua vida).[104] (4) Suas versões posteriores são imensamente mais detalhadas que as iniciais. Em particular, muitas vezes acrescentou diálogos para ressaltar a dramaticidade de suas histórias,[105] às vezes invocando cenas inteiras.[106] (5) Ao que parece, ela adaptou suas versões ao longo do tempo para responder a críticas ou corrigir incongruências.[107]

O melhor exemplo desse procedimento de Adeline em adaptar sua versão às exigências do momento talvez tenha sido sua surpreendente admissão na última série de entrevistas (nos anos 1960) de que o revólver que matou Vincent van Gogh pertencia a seu pai[108] — fato que nem ela nem o pai tinham apresentado por mais de setenta anos, apesar das intensas pesquisas e indagações, durante todo esse período, para saber onde e por que Vincent obteve a arma fatídica.[109]

A nova versão de Adeline confirmava a história de René Secrétan, o qual afirmou que o revólver pertencia a Gustave Ravoux, mas não o álibi de René sustentando que Vincent lhe furtara a arma da mochila. Em vez disso, Adeline declarou ao entrevistador (Tralbaut) que Vincent pedira a arma ao pai dela "para espantar corvos" — falsidade flagrante, visto que Vincent não tinha medo de pássaros e considerava os corvos em particular como bons presságios.[110] Quando Adeline contou essa história, porém, acreditava-se amplamente que o último quadro de Vincent tinha sido *Trigal com corvos*,[111] o que emprestava credibilidade à sua história e uma pungência adicional à pintura. Agora se sabe que *Trigal com corvos* foi pintado por volta de 10 de julho, uma quinzena antes do disparo fatal.[112]

Nossa reconstituição dos acontecimentos de 27 de julho de 1890 se baseia numa análise de todas as provas e indícios, diretos e circunstanciais, que se encontram nos anais públicos, e numa avaliação de todos os depoimentos de testemunhas relativos aos fatos daquele dia, desde as versões múltiplas de Adeline Ravoux às confissões de René Secrétan em seu leito de morte.

Foi também exatamente a mesma história que John Rewald ouviu quando foi a Auvers nos anos 1930 e entrevistou moradores da cidade que eram nascidos à época da morte de Vincent. Rewald, estudioso de meticulosidade e integridade ímpares, veio a se tornar a autoridade máxima no impressionismo e no pós-impressionismo, sobre os quais escreveu dois estudos magistrais e muitos outros livros, entre eles obras sobre Cézanne e Seurat. A história que ele ouviu, foi que "rapazinhos dispararam acidentalmente em Vincent" e que "ficaram relutantes em falar por medo de ser acusados de assassinato e que Van Gogh decidiu protegê-los e ser um mártir".[113]

Cinquenta anos depois (em 1988), Rewald repetiu essa história a um jovem estudioso chamado Wilfred Arnold, que a incluiu em seu livro *Vincent van Gogh: Chemicals, Crises, and Creativity*, de 1992. Arnold atribuiu explicitamente a história a Rewald, que faleceu dois anos depois. Afora sua flagrante incapacidade de "corrigir" o relato de Arnold, Rewald, até onde sabemos, nunca confirmou nem contestou diretamente essa outra versão da morte de Van Gogh que ouvira em Auvers. Porém ele revisou seu estudo fundamental sobre o pós-impressionismo, citando a entrevista de René Secrétan a Victor Doiteau, quando revelou pela primeira vez que a arma que matara Van Gogh era o revólver que René adquirira de Gustave Ravoux.[114] Estudioso muito meticuloso, Rewald teve de entender que a história de René Secrétan, eivada de sentimento de culpa, contando que atazanava o pintor a ponto da "tortura" e que lhe forneceu (com ou sem seu conhecimento) a arma mortífera, confirmava os rumores que ele ouvira duas décadas antes sobre os rapazinhos que causaram acidentalmente a morte de Vincent van Gogh.

Notas

1. Para todos os informes sobre o ferimento de Vincent, ver cap. 43.

2. Sjraar van Heugten, "Vincent van Gogh as a Hero of Fiction", in *The Mythology of Vincent van Gogh*, org. Tsukasa Kôdera e Yvette Rosenberg (Filadélfia: John Benjamins, 1993), p. 162.

3. Grande parte dos materiais nesta nota aparece em outros trechos do texto (basicamente no cap. 43, "As ilusões desaparecem; o sublime permanece"), nas passagens em que são pertinentes à narrativa. Reunimos aqui para apresentá-los da maneira mais clara e concludente possível.

4. René Secrétan nasceu em janeiro de 1874. Victor Doiteau, "Deux 'copains' de Van Gogh, inconnus: Les frères Gaston et René Secrétan. Vincent, tel qu'ils l'ont vu", *Aesculape* 40, mar. de 1957, p. 57.

5. Doiteau, p. 39.

6. Paul Gachet, "Les Médecins de Théodore et de Vincent van Gogh", *Aesculape* 40, mar. de 1957, p. 38.

7. Gaston nasceu em 18 de dez. de 1871. Doiteau, p. 57.

8. Cit. in Doiteau, p. 40.

9. Doiteau, p. 40.

10. Cit. in Doiteau, p. 55.

11. Doiteau, pp. 55-6.

12. "Ele sempre falava francês com o sotaque indefinível, que já mencionei, daqueles que percorrem muitos lugares." Cit. in Doiteau, p. 56.

13. Especificamente Pernod 72°. Doiteau, p. 41.

14. Cit. in Doiteau, p. 40.

15. Doiteau, p. 42.

16. Cit. in Doiteau, p. 39.

17. Segundo René, Buffalo Bill era a maior moda entre os jovens da época. Doiteau, p. 45.

18. Cit. in Doiteau, p. 45.

19. Doiteau, p. 46.

20. Doiteau, p. 46.

21. Doiteau, p. 56.

22. Cit. in Doiteau, p. 42.

23. Cit. in Doiteau, p. 45.

24. Cit. in Doiteau, p. 41.

25. Cit. in Doiteau, p. 41.

26. Doiteau, p. 56.

27. Ibid.

28. Ver cap. 43.

29. Doiteau, p. 44.

30. Cit. in Doiteau, p. 42.

31. Cit. in Doiteau, p. 47.

32. Doiteau, p. 44.

33. Cit. in Doiteau, p. 42.

34. Doiteau, p. 42.

35. Cit. in Doiteau, p. 44.

36. Cit. in Doiteau, p. 42.

37. Cit. in Doiteau, p. 41.

38. Ver cap. 43.

39. Marc Edo Tralbaut, *Vincent van Gogh* (Nova York: Viking, 1969), p. 326. Tralbaut diz que Madame Liberge tinha "por volta da idade de Marguerite Gachet", que estava com vinte anos na época da morte de Vincent.

40. Cit. in Tralbaut, p. 326.

41. Cit. in Tralbaut, p. 326. Tralbaut comenta: "O enigma permanece: por que esta versão, que tem mais de noventa anos, nunca apareceu em nenhuma biografia de Vincent?" (p. 326).

42. Cit. in Ken Wilkie, *In Search of Van Gogh* (Rocklin, Calif.: Prima, 1991), p. 124.

43. Em sua carta de 1911 a Plasschaert, Hirschig conta que acompanhou Vincent numa dessas idas a Pontoise (b3023V/1983) "Hirschig, A. M." a "Plasschaert, A.", 8/9/1911, parcialmente publicada in Jan van Crimpen, "Friends Remember Vincent in 1912", International Symposium (Tóquio, 1988), p. 86.

44. Doiteau, pp. 42-3.

45. Doiteau, p. 41.

46. Vincent sabia que René guardava o revólver em sua mochila. Vira-o ali várias vezes. Doiteau, p. 46.

47. Doiteau e Edgar Leroy, "Vincent van Gogh et le rame de l'oreille coupée", *Aesculpae*, 1936, p. 280. Ver cap. 43.

48. "Hirschig, A. M." a "Bredius, A." (publicada in *Oud-Holland*, 1934). Cit. in Tralbaut, p. 328. Ver cap. 43.

49. Doiteau e Leroy, p. 280. Ver cap. 43.

50. Num último adendo à sua versão, Adeline Ravoux sustentou que, depois de voltar do des-

maio, Vincent *de fato* tentou dar outro tiro em si, mas não conseguiu encontrar a arma. Adeline Carrié-Ravoux, "Recollections on Vincent van Gogh's Stay in Auvers-sur-Oise", in *Les Cahiers de Van Gogh* em 1956, in *Van Gogh: A Retrospective*, org. Susan Alyson Stein (Nova York: Hugh Lauter Associates e Macmillan, 1986), p. 214. Isso pode ser verdade; os Secrétan já podiam tê-la apanhado.

51. Cit. in Ronald Pickvance, *Van Gogh in Saint-Rémy and Auvers* (Nova York: The Metropolitan Museum of Art, 1986), p. 216.

52. Eugen Weber, *Peasants into Frenchmen: The Modernization of Rural France, 1870-1914* (Stanford: Stanford University Press, 1976), p. 40.

53. Cit. in Carrié-Ravoux, in Stein, p. 215.

54. Ibid.

55. Curiosamente, quando os policiais continuaram a pressionar Vincent sobre a questão do possível envolvimento de outras pessoas no disparo, foi Gustave Ravoux quem interveio para deter aquela linha de interrogatório. Segundo a versão de sua filha, depois que Vincent lhes disse: "Não acusem ninguém; fui eu que quis me matar", Gustave "pediu aos policiais, com certa rispidez, que não insistissem mais". Cit. in Carrié-Ravoux, in Stein, p. 215. Essa intervenção pode ser vista, como foi a intenção de Adeline, como exemplo da solicitude de seu pai em relação a Vincent — ou como esforço para garantir que Vincent, em seu delírio irrefletido, não envolvesse os irmãos Secrétan no disparo.

56. b2066 V/1982, "Gogh, Theo van" a "Gogh-Bonger, Jo van", 28/7/1890.

57. b6918 V/1966, "Bernard, Émile" a "Aurier, Albert", cit. in Bernard, "On Vincent's Burial", in Stein, p. 220.

58. b3266 V/1966, "Gachet, Paul-Ferdinand" a "Gogh, Theo van", c. 15/8/1890.

59. Johanna van Gogh-Bonger, *The Complete Letters of Vincent van Gogh* (Boston: Little, Brown, 1978), carta 355a, jan. de 1885 (doravante BVG). Leo Jansen, Hans Luijten e Nienke Bakker, *Vincent van Gogh: The Letters; The Complete Illustrated and Annotated Edition* (Londres: Thames and Hudson, 2009), carta 474, 10/12/1884 (doravante JLB): "Se eu caísse morto — *o que não recusarei se acontecer, mas não vou procurar expressamente* — você ficaria em cima de um esqueleto — e — seria uma posição altamente insegura" (grifo no original).

60. Numa carta a Theo em 1882, de Haia, Vincent citou uma máxima de seu herói Millet: "*Il m'a toujours semblé que le suicide était une action de malhonnête homme*" ("Sempre me pareceu que o suicídio era uma ação de desonestos"). BVG 212, 6/7/1882 (JLB 244, 6/7/1882). Ver cap. 15.

61. Doiteau, p. 57.

62. Gaston Secrétan morreu em 1943.

63. "Vitus en vitesse" da *Lune Rousse* de 1927, http://100ansderadio.free.fr/HistoiredelaRadio/Radio-Vitus/RadioVitus-20.html.

64. "Il est charmant" (1932), "Avec le sourire" (1936), "L'habit vert" (1937) e "La fin du jour" (1939), http://www.omdb.si/index.php/ooseb/?i=636527.

65. Doiteau, pp. 57-8, 22. Ver cap. 42.

66. Doiteau, p. 57.

67. Cit. in Doiteau, p. 57.

68. Doiteau, p. 47.

69. Aparentemente se referindo a um momento em que estavam nadando no rio, René disse a Doiteau: "Deixamos [a arma] no local com todas as nossas coisas de pesca, mochilas... e até nossas calças... quis o destino que, no dia em que Van Gogh a usou, ela funcionou" (p. 46).

70. Dr. Paul Gachet a Theo, 27/7/1890, cit. in Distel e Stein, *Cézanne to Van Gogh* (Nova York: The Metopolitan Museum of Art, 1999); *The Collection of Doctor Gachet*, p. 265. Ver também Bonger, *Memoir*, p. lii, in BVG. Ver cap. 43.

71. "Com o maior pesar, devo incomodar seu descanso. Mas penso que é meu dever lhe escrever imediatamente... Fui chamado por seu irmão Vincent, que queria me ver depressa. Fui até lá [a Estalagem Ravoux] e o encontrei muito doente. Ele se feriu." Cit. in BVG, p. lii.

72. "[Vincent] está realmente muito doente. Não entrarei em detalhes, tudo é aflitivo demais, mas devo avisá-la, querida, que a vida dele pode estar em perigo." b 2066 V/1982, "Gogh, Theo van" a "Gogh-Bonger, Jo van", 28/7/1890, in *A Brief Happiness*, org. Leo Jansen e Jan Robert (Zwolle: Waanders, 1999), p. 269.

73. b2066 V/1982, "Gogh, Theo van" a "Gogh-Bonger, Jo van", 28/7/1890, in Jansen e Robert, p. 269. Pode ser que Theo estivesse tentando proteger Jo, com filho de colo, da verdade traumática — ou o nome da família de mais um constrangimento. Mas seu informe sobre o estado de Vincent é mais convincente (e soa mais condizente com Vincent) do que o clichê de um suicídio malsucedido, que já circulava nas ruas de Auvers.

74. Vincent deixara entre os papéis em sua mesa rascunhos desprezados e fragmentos de cartas rasgadas que, visivelmente, não tinha a menor intenção que Theo lesse. Ver cap. 42.

75. Ver cap. 42.

76. Tralbaut, pp. 337-40.

77. "Deveria cair em desespero naquele momento, pular dentro d'água ou algo assim? Deus me livre — só o faria se fosse um homem mau" (BVG 193). Ver cap. 43.

78. Ibid. Ver cap. 43.

79. BVG 212 (6/7/1882). Ver nota 60 acima. Ver cap. 15.

80. Ibid. Ver cap. 15.

81. BVG 337 (31/10/1883). Ver cap. 43.

82. Apesar de várias tentativas póstumas de colocar uma arma nas mãos de Vincent antes de sua morte — A. S. A. Hartrick in *A Painter's Pilgrimage Through Fifty Years* (Cambridge: Cambridge University Press, 1939), p. 42, e Paul Gauguin in *Intimate Journals* (*Avant et après*), tradução de Van Wyck Brooks (Bloomington: University of Indiana Press, 1963), pp. 126-7, bem como os Gachet (ver nota 93, abaixo) — Vincent deixou clara sua ignorância de armas de fogo (e seu desdém por elas) numa carta de Saint-Rémy: "Eu deveria ter defendido melhor meu ateliê... Outros em meu lugar teriam usado um revólver" (BVG 605; c. set. de 1889). Ver cap. 43.

83. Ver nota 48 acima.

84. Ver cap. 43.

85. Em Arles, Vincent desafiou a petição dos vizinhos para interná-lo num manicômio dizendo ao prefeito da cidade que estava "plenamente disposto, por exemplo, a me atirar na água de uma vez por todas se isso fosse do agrado dessa boa gente". Ver cap. 38.

86. Ver cap. 41.

87. Cit. in Pickvance, p. 216. Como seria de esperar, a história que Bernard contou a Aurier ressalta maciçamente o drama do suicídio. Antes de morrer, escreveu Bernard em sua carta, Vincent tinha dito que "seu suicídio era absolutamente lúcido e deliberado" e manifestara "seu desejo de morrer". Na verdade, segundo Bernard, Vincent, num gesto especialmente dramático, ameaçara "fazer de novo" caso se recuperasse do ferimento. In Bernard, in Stein, pp. 219-20. Essa inven-

cionice irresistível foi adotada por cronistas posteriores, como Tralbaut (p. 328): "Gachet disse [a Vincent] que ainda tinha esperança de curá-lo. Vincent respondeu de pronto: *Farei tudo de novo*" (grifo no original).

88. No relato que fez a Aurier, Bernard deu à sua versão do incidente um toque de martírio cristão: "Pela violência do impacto (a bala passou por baixo do coração), [Van Gogh] caiu, mas se levantou e caiu três vezes, e então voltou à estalagem onde morava... sem dizer nada a ninguém sobre o ferimento". Bernard, in Stein, p. 220. Ver cap. 43. Para esse lustro cristão igualmente fantasioso que Bernard deu à história do episódio da orelha em Arles, ver cap. 41.

89. R. R. Ross e H. B. McKay, *Self-Mutilation* (Lexington, Mass.: Lexington Books, 1979). Segundo Ross e McKay, "Raramente há na ação do automutilador uma intenção de morrer, e em geral pouquíssimo risco de morte. Embora um automutilador possa causar a própria morte com seu comportamento, na imensa maioria dos casos isso não acontece. Na verdade, em vez de suicida, seu comportamento é de intenção contrária ao suicídio" (p. 15). Ver também a importante análise da questão em Barent W. Walsh e Paul M. Rosen, *Self-Mutilation: Theory, Research, and Treatment* (Nova York e Londres: Guilford Press, 1988), pp. 3-53. Walsh e Rosen afirmam: "As similaridades entre suicídio e automutilação podem ser enganadoras. As duas formas de comportamento se dirigem à própria pessoa, e ambas resultam em danos físicos concretos. Mesmo assim, quando os comportamentos são analisados de acordo com o modelo dos dez pontos em comum de Shneidman, fica evidente que os comportamentos são diferentes em muitas facetas e chegam a ser opostos sob muitos aspectos" (p. 51).

90. Tralbaut, p. 335. Ver cap. 43.

91.Ver Tralbaut, p. 333.

92. Mesmo a versão melodramática de Bernard reconhece: "O estalajadeiro nos contou todos os detalhes do acidente", escreveu a Aurier (b6918 V/1996, "Bernard, Émile" a "Aurier, Albert", in Bernard, in Stein, pp. 219-20).

93. Em "La curieuse figure de Docteur Gachet" (pp. 278-9), Doiteau relata uma história posterior, que Paul, o filho do médico, pôs em circulação em 1957, segundo a qual Vincent ameaçara o pai dele com uma pistola depois de uma discussão sobre uma pintura não emoldurada na coleção do médico. Descartamos essa história como uma invenção audaciosa para tentar associar aquela discussão com a morte de Vincent, por um ferimento de bala, logo depois. Ver cap. 42.

94. No asilo de doenças mentais de Saint-Paul-de-Mausole, Vincent informou que muitas de suas estampas caíram em óleo ou tinta, ou ficaram respingadas, e assim algumas de suas favoritas se estragaram. Ver cap. 40.

95. Num estudo de 464 suicídios com arma de fogo, Di Maio descobriu que apenas oito (dois por cento) dos tiros foram no peito ou no abdômen. Vincent J. M. Di Maio, *Gunshot Wounds: Practical Aspects of Firearms, Ballistics, and Forensic Technique* (Boca Ratón, Fla.: CRC Press, 1999), cap. 14 (ver Tabela 14.1), p. 358.

96. "Você chegava [ao campo de trigo] escalando uma subida bem íngreme, sombreada por grandes árvores." Carrié-Ravoux, in Stein, p. 215.

97. Paul Gachet, cit. in Doiteau e Leroy, pp. 169-92, cit. in Tralbaut, p. 327. Ver cap. 43.

98. "*Allez me chercher le docteur... je me suis blessé dans les champs... je me suis tiré un coup de revolver là.*" "Hirschig, A. M." a "Bredius, Dr., A.", 8/1911, b3023 V/1983, parcialmente publicada in Jan van Crimpen, "Friends Remember Vincent in 1912", p. 86. Ao avaliar as recordações de Hirschig, é

preciso levar em conta seu francês notoriamente fraco, que Adeline Ravoux qualificou de "risível" (Carrié-Ravoux, in Stein, pp. 211-2), e a versão contrária de Adeline, segundo a qual Vincent não disse nada ao entrar na estalagem naquela noite (ibid.).

99. "Hirschig, [A. M.]" a "Bredius, Dr. A.", publicada in *Oud-Holland* em 1934, cit. in Tralbaut, p. 328.

100. Comparem-se as três versões muito diferentes que Adeline deu do mesmo acontecimento (o retorno de Vincent à Estalagem Ravoux depois do disparo) nas seguintes fontes: (1) Maximilien Gauthier, "La femme en bleu nous parle de l'homme à l'oreille coupée", in *Les Nouvelles Littéraires*, 16 de abril de 1953; (2) Carrié-Ravoux, in Stein, pp. 211-9; (3) Tralbaut, pp. 325-6.

101. Carrié-Ravoux, in Stein, p. 214.

102. Adeline alegou que esteve presente apenas em "uma maioria" dos fatos que relatou. Disse a um entrevistador: "Obviamente não presenciei a agonia de Van Gogh". Carrié-Ravoux, in Stein, p. 215. Os tribunais costumam considerar comentários de terceiros como elementos não confiáveis e, portanto, inadmissíveis. Existem exceções a essa regra, como as palavras no leito de morte e declarações contra o próprio interesse, mas não cremos que alguma delas se aplique às versões de Adeline, no que envolvem de comentários de terceiros. Um exemplo é sua versão do interrogatório da polícia a Vincent. Embora apresente uma reconstituição palavra por palavra, ela não pretende ter estado presente no quarto e, como garota de treze anos na época, é improvável que tivesse sido convidada a presenciar.

103. Em sua primeira versão (1953), por exemplo, Adeline disse que Vincent entrou na estalagem e subiu ao quarto "sem dizer uma palavra". Na segunda versão (1956), ela lembrou que Vincent trocou rápidas palavras com sua mãe ao subir as escadas. Na terceira versão (anos 1960), ela acrescentou esse interlúdio dramático à caminhada de Vincent até o quarto: "Ele se apoiou durante alguns minutos na mesa de bilhar para não perder o equilíbrio e respondeu em voz baixa: 'Oh, nada, estou ferido'". Outro exemplo: na primeira versão de Adeline, é seu pai o primeiro a ouvir os gemidos vindos do quarto de Vincent. Numa versão posterior, é ela mesma a primeira a ouvir os gemidos de Vincent e chama o pai para vir ajudá-lo.

104. Adeline recheou suas diversas versões com exemplos da bondade, da solicitude e sobretudo da atitude protetora de seu pai em relação ao pintor durante sua agonia final. Por exemplo: quando a polícia veio interrogar Vincent sobre o disparo, seu pai "precedeu os policiais no quarto [e] explicou a Vincent que a lei francesa prescrevia em tais casos uma investigação, que os policiais estavam vindo fazer". Quando o policial falou com Vincent "num tom desagradável", seu pai "pediu para ele abrandar suas maneiras".

105. Em sua primeira entrevista (1953), Adeline apresentou apenas um breve resumo do interrogatório que a polícia conduziu com Vincent, como parte da investigação do disparo. Na segunda entrevista (1956), porém, ela citou palavra por palavra os extensos diálogos dos participantes.

106. De acordo com a primeira versão (1953) de Adeline, seu pai foi ao quarto de Vincent e o encontrou ferido, momento em que Vincent "lhe mostrou o ferimento e disse que, desta vez, realmente esperava não ter errado". Na segunda versão (1956), ela atribuiu aos dois o seguinte diálogo: "'O que há de errado com você?', perguntou o pai. 'Está doente?' Vincent então ergueu a camisa e lhe mostrou um pequeno ferimento na região do coração. O pai exlamou: 'Pobre homem, o que você fez?'. 'Eu quis me matar', respondeu Van Gogh". Na época da terceira e última versão (anos 1960), esse diálogo tinha se transformado numa cena dramática completa: "A porta não estava

trancada e meu pai entrou e viu Monsieur Vincent deitado em sua cama estreita de ferro, com o rosto virado para a parede. Meu pai lhe pediu com gentileza que viesse e descesse para comer. Não houve resposta. 'O que há com você?', prosseguiu meu pai. Então Monsieur Vincent se virou cuidadosamente para o lado de meu pai. *Olhe*... ele começou e, pegando-lhe a mão, mostrou-lhe o lugar no corpo, na base do peito, onde havia um pequeno orifício sangrando. Novamente meu pai perguntou: 'Mas o que você fez?'. E dessa vez Monsieur Vincent respondeu: 'Atirei em mim mesmo... Só espero não ter falhado'".

107. Por exemplo, em sua segunda versão (1956), Adeline acrescentou o detalhe de que Vincent desmaiou depois do disparo, aparentemente para explicar por que, se pretendia se suicidar, não deu um segundo tiro. Na hora em que recobrou a consciência, já era noite e não conseguiu encontrar a arma no escuro, embora tenha procurado "por todo canto", esclareceu ela, ainda na esperança de "liquidar consigo mesmo".

108. Tralbaut, pp. 325-6.

109. Em entrevistas posteriores, Adeline explicou por que a ligação de seu pai com a arma não tinha vindo antes à tona: primeiro dizendo que o pai simplesmente esquecera que o revólver lhe pertencia (isto é, ele ficou "tão transtornado que, na hora, não lembrou que tinha emprestado sua pistola a Monsieur Vincent" [cit. in Tralbaut, p. 326]), e depois dizendo que, na verdade, o pai revelara o fato à polícia naquele momento (quando o policial perguntou a Vincent: "De onde veio a pistola?", seu pai Gustave "se apressou em explicar que fora ele a emprestá-la", e Vincent não negou nem confirmou, segundo a versão de Adeline [cit. in Tralbaut, p. 329]).

110. Em 1877, durante seus estudos pastorais, Vincent comentou em tom aprovador que os romanos acreditavam que, se um corvo "pousasse na cabeça de alguém, era sinal de que o céu aprovava e abençoava aquela pessoa" (BVG 114: 24/11/1887). Para mais elementos sobre o destemor, o conhecimento e o afeto que Vincent sempre teve por pássaros, ver também cap. 3.

111. JH2117.

112. Na nova edição das *Collected Letters*, a carta onde Vincent declara ter concluído a pintura dos corvos no campo de trigo (JH2117) tem a data de 10 de julho de 1890 (JLB Carta 898, n. 4). Ver cap. 42.

113. Wilfred Arnold, *Vincent van Gogh: Chemicals, Crises, and Creativity* (Boston: Birkhäuser, 1992), p. 259.

114. Ver John Rewald, *Post-Impressionism from Van Gogh to Gauguin*, 3. ed. rev. (Nova York: Museum of Modern Art, 1978), p. 403, n. 35. O texto a que se refere a nota está na p. 380.

Agradecimentos

Somos profundamente gratos a nossos vários amigos no Van Gogh Museum, que nos acolheram numa das instituições mais instigantes em termos intelectuais e mais gratificantes em termos profissionais de todo o mundo da arte. Nenhum outro artista além de Vincent van Gogh dispõe de uma instituição de pesquisa exclusiva numa escala comparável a uma biblioteca presidencial americana. Este livro não teria sido possível sem as décadas de trabalhos de arquivo, de pesquisas e estudos feitos pela excepcional equipe do museu.

Queremos agradecer em especial a Leo Jansen, curador e editor das *Complete Letters*, o qual, apesar de uma agenda extremamente ocupada, leu grande parte deste livro ainda em manuscrito e apontou erros factuais e nuances equivocadas. Fieke Pabst e Monique Hagemann, as arquivistas do museu, foram muito generosas em partilhar o conhecimento enciclopédico que têm sobre Van Gogh e nos receberam com grande amizade. Fieke também leu o manuscrito com enorme cuidado, apontando erros, recomendando aperfeiçoamentos e até nos indicando fotos pouco conhecidas, algumas das quais têm aqui sua primeira aparição pública. (Com uma assistência tão especializada como esta, deve estar claro — mas vale a pena frisar — que, se tiver restado algum erro, somos nós os únicos responsáveis.) Rianne Norbart, diretora de desenvolvimento do museu, foi de um encorajamento contagiante, dando-nos conselhos perspicazes e sendo de um apoio vital em todos os aspectos.

Por fim, agradecemos a Axel Rüger, diretor do museu, que nos estendeu seu apoio e amizade desde o momento em que assumiu a direção do museu até o fim de nosso longo projeto. Leo, Fieke, Monique, Rianne e Axel foram generosos a ponto de vir nos visitar em nossa casa em Aiken, Carolina do Sul (que não faz parte de uma rota turística habitual), e de nos oferecer hospitalidade extremamente acolhedora em nossas estadas em Amsterdam.

Também no museu, foi de grande importância para nós a contribuição dos curadores Sjraar van Heugten, Louis van Tilborgh e Chris Stolwijk, grandes especialistas no estudo da vida e obra de Van Gogh. A eles, agradecemos não só por compartilhar seus conhecimentos, mas também pela calorosa acolhida no museu. Nunca esqueceremos o tempo que passamos com Sjraar na "Cripta" do museu, abrindo caixas e mais caixas Solander, cheias dos mais gloriosos desenhos de Vincent. Heidi Vandamme, a diretora de publicidade do museu, também deu um enorme apoio a nosso trabalho, bem como Maria Smith e Femke Gutter, do Departamento de Direitos e Autorizações, sem as quais este livro não seria a preciosa tapeçaria que é.

Hans Luijten e Nienke Bakker, colegas de Leo Jansen no Projeto das Cartas, também merecem nossos inúmeros agradecimentos. Os estudos sobre Van Gogh foram definitivamente transformados graças à admirável retradução e anotação das cartas de Van Gogh, num trabalho de quinze anos — um monumento de erudição em seis volumes que o *Guardian*, com toda a razão, qualificou como "o livro da década". Durante os dez anos que passamos escrevendo este livro, foi fonte de grande consternação que estivéssemos trabalhando adiante desse grandioso projeto. Felizmente, os editores nos deram acesso a seu website desde cedo e, nos últimos anos, o trabalho deles se adiantou ao nosso, permitindo-nos aproveitar plenamente essas fontes incríveis ao finalizarmos nosso livro.

Nenhuma lista de agradecimentos estaria completa sem uma menção a Theo van Gogh e sua esposa Johanna Bonger. Todos os estudos sobre Van Gogh guardam uma imensa dívida de gratidão a Theo, por ter guardado tantas cartas de Vincent (e de outros membros da família), e a Johanna, por ter preservado esse tesouro e providenciado a primeira tradução e publicação das cartas de Vincent. Sua tradução para o inglês, embora não seja literal nem erudita, ainda ressoa com as cadências da voz vitoriana de Vincent e com a autenticidade do conhecimento em primeira mão. O filho de Jo e Theo, sobrinho, afilhado e homônimo de Vincent, deu continuidade ao trabalho dos pais com a doação generosa das cartas e de muitas obras de arte à nação holandesa, para o usufruto e o enriquecimento do mundo.

Várias outras pessoas leram o manuscrito, e queremos lhes agradecer também.

Marion e George Naifeh, bem como Elizabeth Toomey Seabrook, leram uma versão inicial. Somos muito gratos a suas recomendações e ficamos profundamente tristes que George, pai de Steve, William e Kathryn Smith, pais de Greg, e Liz Seabrook não tenham vivido para ver como suas inestimáveis contribuições foram fecundas. Carol Southern, a editora de nossa biografia de Jackson Pollock, também leu o manuscrito e lhe deu a mesma sábia orientação que foi tão proveitosa para o livro anterior.

Este livro foi desenvolvido em bases muito sólidas — praticamente uma biblioteca inteira de livros e artigos criada por uma legião de estudiosos brilhantes e fiéis aficionados que dedicaram parte da vida a Vincent van Gogh. A tarefa de contar em detalhes a vida de Van Gogh teria sido inexequível sem esse corpo grandioso e às vezes assombroso de pesquisas. Ao longo dos anos, tivemos o prazer de conhecer e, em certos casos, de criar amizade com alguns estudiosos fora do Van Gogh Museum que têm dado contribuições excepcionais a esse corpo de conhecimento, entre eles Douglas Druick, Ann Dumas, Cornelia Homburg, Colta Ives, Debora Silverman, Susan Stein e Judy Sund. Agradecemos a todos eles pela amizade, pelo incentivo e pelo apoio.

Nossas experiências prévias não tinham nos preparado para o *esprit de corps* que existe em boa parte da comunidade Van Gogh — um espírito de cooperação que, acreditamos, nasce diretamente de Vincent e sua arte abrangente, bem como do museu que continua a portar sua chama missionária. (Para uma lista completa dos estudiosos com contribuições importantes para a bibliografia sobre Van Gogh e, portanto, para nosso livro, veja-se a Bibliografia on-line em www.vangoghbiography.com.) Também tivemos o prazer de conhecer David Brooks, que não só oferece contribuições conscienciosas às pesquisas sobre Van Gogh, mas é também um divulgador incansável da vida e obra do artista.

Queremos agradecer a Robert e Elizabeth Kashey, David Wojciechowski e Joseph Gibbon, da Shepherd Gallery em Nova York, que muito nos ensinaram sobre o mundo da arte oitocentista que Vincent amou e, ao mesmo tempo, transcendeu. O dr. Gregory Greco, cirurgião e amigo próximo, conversou longamente conosco sobre o episódio da orelha e também sobre o ferimento fatal de Vincent, permitindo-nos reconstituir melhor, a partir da escassa documentação, os aspectos médicos dessas ocorrências. Joseph Hartzler e Brad Brian, dois advogados importantes (respectivamente promotor e advogado de defesa) e amigos que conhecemos há décadas, analisaram os rascunhos da "Nota sobre o ferimento de Vincent" e forneceram pareceres criteriosíssimos sobre um tema muito sensível em termos históricos e complexo em termos de provas.

Um dos maiores desafios na pesquisa deste livro foi que nenhum de nós lê holandês. No fim, conseguimos transpor esse fosso graças ao empenho extraordinário de onze tradutores: Keimpe Andringa, Casandra Berkich, Jan Christianen, Isabel Daems, Frank Gabel, Prgito von Bannisseht, Nolly Nijenhuis, Huub van Oirschot, Mel Oppermann, Jan Sawyer e Inge De Taeye. Graças a suas habilidades e dedicação, pudemos absorver a enorme bibliografia de fontes primárias e secundárias em holandês ainda sem tradução para o inglês. Queremos agradecer em especial a nossos tradutores principais, Pim Andringa e Inge De Taeye, pelas horas que passaram examinando conosco livros, artigos e outras fontes para determinar os materiais que deveriam ser traduzidos. Para as traduções do alemão, agradecemos a Adrian Godfrey. Embora nosso francês seja bastante razoável, em algumas ocasiões recorremos aos serviços dos tradutores franceses Jean-Pascal Bozso, Peter Field, Catherine Merlen, Christian Quilliot e Karen Stokes, quando o original era difícil (por exemplo, arcaico) ou era preciso fazer uma tradução formal. (Todas as nossas traduções estarão disponíveis nos Arquivos do Van Gogh Museum.)

Também temos uma enorme dívida de gratidão com a equipe de pesquisadores e conferentes de dados que permitiram reunir o que, muito provavelmente, é o maior corpo de notas de acompanhamento a uma biografia. A equipe trabalhou sob a direção de Elizabeth Petit, de enorme competência, e de sua talentosa colega Beth Fadeley. Elas contaram com a assistência de Kristin Barron, Brad Petit, Laura Storey, Ernest Wiggins e Renée Zeide, todos trabalhando conosco durante os dois anos que levou o processo de preparar as notas para a publicação on-line. Também colaboraram De'Andrea Youmans e Daniel Lutz. Apesar de estarmos distantes de grandes bibliotecas de pesquisa, pudemos contar com o empréstimo de livros e artigos de todo o mundo, graças ao milagre do programa de empréstimos entre bibliotecas e os bons préstimos de Bridget Smith, bibliotecária da Universidade da Carolina do Sul, Aiken.

No começo deste projeto, ao examinar a escala do empreendimento que estávamos assumindo, encomendamos um programa de computador específico para o gerenciamento das pesquisas, que reproduzia os métodos de pesquisa que tínhamos utilizado em todos os nossos livros anteriores. Esse programa especial — que nos permitiu digitalizar a biblioteca dos materiais de fonte, criar "fichas de indexação" digitais e então organizá-las com um modelo interativo — foi desenvolvido para nós por Stephen Geddes e Jeremy Hughes, com a ajuda de Phillip Greer e Keith Beckman. No outro extremo, o trabalho de reunir referências, notas de texto, ilustrações e fotografias num único website contínuo foi gerenciado por Jeremy Hughes, Elizabeth Petit e Beth Fadeley, com a assistência da dra. Jennifer Giuliano, do Centro de Humanidades Digitais na Universidade da Carolina do Sul, com Jun Zhou, Aidan Zanders e Shawn Maybay. Essa tecnologia extraordinária nos permitiu assimilar e ter acesso a uma quantidade de informações mais de dez vezes maior que a disponível para nossa biografia de Jackson Pollock, e compactou numa simples década um projeto que poderia facilmente se estender por trinta anos.

Essa economia de tempo se revelou mais importante do que poderíamos imaginar. A redação deste livro foi interrompida várias vezes por exigências médicas. Em algumas ocasiões, pensamos que Greg talvez não conseguisse chegar ao termo de nossa odisseia de uma década. Um tumor cerebral obstinado o afastou do computador durante longos períodos de incerteza. Nossa pesquisa sobre Van Gogh se iniciou quando estávamos na UCLA para dois meses de sessões de radiação. Enquanto a carreira meteórica de Vincent descrevia um arco sobre nós, passamos por uma grande cirurgia cerebral, uma cirurgia renal e um programa de radioterapia mediada por receptores. Vincent morreu no exato momento em que passávamos por uma série de regimes quimioterápicos avançados. Sem a contribuição de todos estes e outros médicos, este livro não existiria. Queremos manifestar nossa mais profunda gratidão sobretudo ao dr. James Vredenburgh e ao dr. Michael Morse, do Centro de Tumores Cerebrais Preston Robert Tisch do Centro Médico da Universidade Duke, ao dr. Francis DiBona e ao dr. Davor Sklivovic em nossa cidade de Aiken.

Agradecemos também a nosso fantástico agente no William Morris Endeavor, Mel Berger, que nos deu um sólido e paciente apoio durante este longo trabalho.

Por fim, em quase trinta anos escrevendo livros, literalmente nunca tivemos tanto apoio em todos os níveis de uma editora como o que recebemos na Random House. Nossa editora, Susanna Porter, tolerou nossos atrasos, deu forma a nosso manuscrito e acompanhou nosso livro ao longo de todo o complicado processo de publicação com um entusiasmo, uma gentileza e uma inteligência maravilhosa que fazem de nós seus eternos devedores. A equipe editorial de Vincent La Scala, Benjamin Dreyer e Rebecca Berlant, trabalhando com a preparadora Emily DeHuff, trouxe uma clareza e uma coerência admiráveis a um vasto original um pouco desconjuntado. A diretora de arte Robbin Schiff e as *designers* Anna Bauer (sobrecapa) e Barbara Bachman (miolo) criaram o livro com a elegância que Van Gogh sempre mereceu e com que nós sempre sonhamos. A seguir, a equipe de produção de Sandra Sjursen e Lisa Feuer transformou o projeto gráfico em realidade e Ken Wohlrob lhe deu vida digital. Enquanto isso, a diretora de marketing Avideh Bashirrad e a diretora de publicidade Sally Marvin operaram milagres para levar o fruto de todo o nosso trabalho à atenção do público. Desde Priyanka Krishnan, a diligente assistente de nossa editora, a nossos *publishers* Tom Perry, Susan Kamil e Gina Centrello — todas estas e mais outras pessoas tiveram participação significativa na imensa rede de colaboração que é este livro agora em suas mãos.

Nota sobre as fontes

De início, pretendíamos incluir neste livro um conjunto completo de notas, para que o leitor pudesse identificar exatamente a fonte de todos os materiais factuais utilizados no texto, e também acrescentaríamos informações adicionais. Nossa biografia de Jackson Pollock trazia quase cem páginas de tais materiais auxiliares, consistindo em partes mais ou menos iguais de identificação e comentário das fontes.

Mas, depois de começar o livro, logo percebemos que a vida de Vincent van Gogh e a vasta bibliografia inspirada por ela apresentavam um desafio muito maior para uma biografia baseada numa documentação exaustiva do que a vida pouco documentada de Jackson Pollock. (A maior parte da pesquisa para aquele livro consistiu em entrevistas com as pessoas que tinham conhecido o artista.)

Há várias razões para isso. Em primeiro lugar e acima de tudo, claro, estão os famosos milhares de cartas que Vincent escreveu. Por inestimáveis que tenham sido para esta biografia (e todas as demais) de Van Gogh, também representam um nó górdio nas dificuldades da pesquisa. A mais importante delas, pelo menos para o biógrafo não holandês, é a tradução. Até data muito recente, existia apenas uma tradução autorizada e completa em inglês das cartas de Vincent: a feita por sua cunhada, Johanna Bonger, esposa de Theo. Sua tradução é a mais conhecida dos falantes de inglês e a mais fácil de encontrar nas bibliotecas do mundo de língua inglesa. Foi a tradução de Bonger que nos guiou em grande parte deste livro.

Mas, recentemente, o Van Gogh Museum concluiu um projeto de quinze anos de retraduzir as cartas de Vincent, cujo resultado é a obra monumental e indiscutivelmente definitiva *Complete Letters*, publicada em 2009 e disponível on-line em www.vangoghletters.org.

A existência de duas traduções — uma mais moderna e erudita, a outra, no entanto, mais conhecida — teve um impacto considerável num corpo de notas que se pretendia completo. Sempre que citamos um trecho curto das cartas (ou apenas uma palavra, como fazemos com frequência), sentimos a obrigação de fornecer a passagem mais completa em nota, para informar o leitor sobre o contexto de onde foram extraídas as palavras. Com duas traduções, uma com mais peso no passado e outra com mais peso para o futuro, sentimo-nos obrigados a incluir as passagens de contextualização de *ambas* as traduções. Isso teve o efeito imediato de dobrar o comprimento das notas.

Outro problema muito maior do que a tradução foi a interpretação — o qual se apresentaria mesmo que as cartas fossem escritas originalmente em inglês. Nossa biografia se distingue de muitas biografias anteriores de Vincent van Gogh pelo menos neste aspecto importante: não tomamos as cartas de Vincent como registro necessariamente fidedigno dos acontecimentos de sua vida, ou nem mesmo de seus pensamentos num determinado momento — pelo menos não de maneira direta. As cartas não são registros de um diário, ainda que sejam amiúde tratadas como tal. Não são desabafos íntimos apenas para o próprio autor. O corpo dos escritos de Vincent consiste quase exclusivamente em cartas que escreveu à família e aos amigos. A imensa maioria delas era endereçada a seu irmão Theo.

Theo ocupou um lugar único na vida de Vincent. Não só era seu único amigo durante boa parte da correspondência, mas também único patrocinador e único apoio. Era um relacionamento complicado. Theo era mais novo e bem-sucedido: amado pela família, ao passo que Vincent era motivo de lástima; celebrado, ao passo que Vincent era criticado; favorecido (sobretudo pelos tios ricos), ao passo que Vincent era excluído. Em nossa opinião, todas as informações e reflexões que Vincent compartilhava com o irmão em suas cartas devem ser vistas por esses vários prismas, potencialmente distorcedores. Às vezes, isso exige questionar a exatidão e mesmo a veracidade dos relatos de Vincent; outras vezes, exige ler nas entrelinhas das cartas, procurando a verdade que se está ocultando ou comunicando por vias indiretas: seja pelo silêncio ostensivo, pelo *non sequitur* sugestivo ou pela elipse evasiva ("etc." era uma das favoritas), todas elas usadas para esconder a mágoa, o ressentimento, a humilhação e a contrariedade.

Se Vincent extravasou o coração nas cartas a Theo, ocultou pelo menos o mesmo tanto, por medo de desagradar ao irmão, de pôr em risco seu apoio financeiro ou de confirmar o juízo condenatório da família a seu respeito. Ao mesmo tempo, podia usar esses pontos sensíveis como arma: ameaçando alguma coisa que despertasse a desaprovação do irmão ou o constrangimento da família a fim de arrancar mais dinheiro de Theo, por exemplo; ou então se prontificando a abandonar algum curso de ação temerário, a fim de ganhar a aprovação de Theo para outro curso que já tinha em mente desde o começo. Com esses e inúmeros outros estratagemas semelhantes, Vincent utilizava as cartas para moldar as opiniões de Theo e manipular suas reações da maneira mais meticulosa possível. Pelo menos em alguns casos, temos indicações concretas de que Vincent redigiu vários rascunhos das cartas e há muitos indícios de onde podemos inferir que não era uma prática inusual, sobretudo quando o tema em pauta era importante ou delicado.

No nível humano, claro, é profundamente lamentável que Vincent não fosse capaz de falar com franqueza e espontaneidade à única pessoa que de fato se preocupava com sua vida interior. Para o biógrafo, essa ciranda de rodeios (e, às vezes, de trapaças) apresenta um desafio todo especial. Para desconsiderar ou mesmo desacreditar algum relato de Vincent a Theo (como fizemos), é preciso apresentar uma explicação extensa — quando menos porque os leitores (e estudiosos) podem acompanhar nosso raciocínio e, se quiserem, contestá-lo. Mais do que qualquer outro fator, foi essa necessidade de apresentar com transparência nossas leituras das cartas de Vincent que levou ao grande volume das notas deste livro.

Evidentemente, também usamos notas em suas funções tradicionais: (1) trazer à discussão estudiosos acadêmicos e biógrafos anteriores, sobre questões controversas na bibliografia; em parte, a escala das notas reflete a quantidade e qualidade dos estudos sobre Van Gogh anteriores ao nosso; (2) alertar os leitores quando adotamos uma posição contrária ao cânone dos estudos sobre Van Gogh e explicar, muitas vezes em grande detalhe, as razões pelas quais adotamos tal posição; (3) ampliar o texto com informações adicionais sobre participantes secundários, locais, movimentos da história da arte, artistas específicos, obras de arte etc.; (4) oferecer sugestões paralelas sobre temas interessantes que vêm mencionados no texto, mas que são apenas circunstanciais para a apresentação da vida de Van Gogh.

Em decorrência de todos esses fatores, as notas resultaram em cerca de 5 mil páginas datilografadas — uma quantidade inviável para uma biografia num único volume e incompatível com nosso objetivo de alcançar não só os especialistas, mas também os leitores em geral. A solução que encontramos foi retirar as notas do texto e colocá-las on-line, com acesso gratuito, em www.vangoghbiography.com [em inglês].

Essa solução permite navegar à vontade pelo material adicional, fazer buscas por palavra-chave ou ir diretamente às notas de qualquer página do livro. Também nos permite enriquecer as notas com centenas de ilustrações e fotos complementares, além de facilitar a consulta a referências cruzadas por meio de hiperlinks e receber comentários dos leitores.

Visto que as notas também atendem a outro objetivo mais amplo para o leitor em geral — identificar o corpo de pesquisas que constituiu a base do livro e dirigir os leitores interessados às fontes principais —, também incluímos neste volume a bibliografia a seguir. Ela traz todos os livros, catálogos de exposições, artigos de revistas e de livros que foram citados no texto. Informações sobre fontes adicionais citadas no texto, inclusive materiais de arquivo, dissertações, artigos de jornal e websites podem ser encontradas nas bibliografias de cada capítulo, disponíveis on-line em www.vangoghbiography.com. No mesmo site encontram-se também várias fontes adicionais citadas nas notas, mas não no texto.

Bibliografia selecionada

Esta bibliografia traz apenas os livros, catálogos de exposição, artigos de revistas e de livros citados no texto da obra impressa. Materiais de arquivo, dissertações, artigos de jornal e websites citados no texto constam na seção de bibliografias on-line em www.vangoghbiography.com.

A grande quantidade de outras fontes citadas apenas nas notas, e não no texto em si, está disponível apenas on-line, em www.vangoghbiography.com.

LIVROS E CATÁLOGOS DE EXPOSIÇÃO

ACKERMAN, Gerald M. *The Life and Work of Jean-Léon Gérôme: With a Catalogue Raisonné*. Londres: Sotheby's Publications, 1986.

ACKROYD, Peter. *London: The Biography*. Londres: Chatto and Windus, 2000.

AGLIONBY, William. *The Present State of the United Provinces of the Low-Countries as to the Government, Laws, Forces, Riches, Manners, Customs, Revenue, and Territory of the Dutch*. Col. W. A. Fellow. Londres: John Starkey, 1669.

ALPERS, Svetlana. *The Art of Describing: Dutch Art in the Seventeenth Century*. Chicago: University of Chicago Press, 1984.

ANDERSEN, Hans Christian. *What the Moon Saw and Other Tales*. Trad. H. W. Dulcken. Londres: George Routledge and Sons, 1871.

ARIKAWA, Haruo; CRIMPEN, Han van et al. *Vincent van Gogh: International Symposium*. Tóquio: Tokyo Shimbun, 1988.

ARNOLD, Wilfred Neil. *Vincent van Gogh: Chemicals, Crises, and Creativity*. Boston: Birkhaüser, 1992.

AURIER, Gustave-Albert. *Oeuvres posthumes*. Paris: Mercure de France, 1893.

BAEDEKER, Karl. *Belgium and Holland: Handbook for Travelers.* Londres e Paris: Williams & Northgate e Haar & Steinbert, 1869.

———. *Paris and Environs.* Leipzig: Karl Baedeker, 1888.

BAENA, duque de. *The Dutch Puzzle.* Haia: Boucher, 1966.

BAILEY, Martin. *Van Gogh in England: Portrait of the Artist as a Young Man.* Londres: Barbican Gallery, 1992.

———. *Young Vincent: The Story of Van Gogh's Years in England.* Londres: Allison and Busby, 1990.

BALZAC, Honoré de. *Lost Illusions (Illusions perdues).* Trad. Herbert J. Hunt. Londres: Penguin Books, 1837-43.

BARENTSEN, P. A. *Het Oude Kempenland.* Groningen: Noordhoff, 1935.

BARING-GOULD, S. *In Troubadour-Land: A Ramble in Provence and Languedoc.* Londres: W. H. Allen & Co., 1891.

BERNIER, Georges. *Paris Cafés: Their Role in the Birth of Modern Art.* Nova York: Wildenstein, 1985.

BÍBLIA DO REI JAIME.

BILLEN, Claire; DUVOSQUEL, Jean Marie (Orgs.). *Brussels.* Antuérpia: Mercatorfonds, 2000.

BLANC, Charles. *Les artistes de mon temps.* Paris: Firmin-Didot, 1876.

BLANCH, Leslie. *Pierre Loti: The Legendary Romantic; A Biography.* Nova York: Carroll and Graf, 1985.

BLOM, J. C. H.; LAMBERTS, Emiel (Orgs.). *History of the Low Countries.* Oxford e Nova York: Bergham Books, 1999.

BLUMER, Dietrich (Org.). *Psychiatric Aspects of Epilepsy.* Washington, D.C.: American Psychiatric Press, 1984.

BONNET, Marcel. *Au coeur du vieux Saint-Rémy.* Saint-Rémy-de-Provence: Office de Tourisme, 1979.

BOSSENBROEK, Martin; KOMPAGNIE, Jan H. *Het mysterie van de verdwenen bordelen: Prostitutie in Nederland in de negentiende eeuw.* Amsterdam: Bert Bakker, 1998.

BOSSUET, Jacques-Bénigne. *Selections from the Funeral Orations of Bossuet.* Boston: D. C. Heath, 1907.

BOTWINICK, Michael (Org.). *Belgian Art, 1880-1914 (Belgische Kunst, L'art belge).* Brooklyn: Brooklyn Museum, e Bruxelas: The Ministries of Communities of the Government of Belgium, 1980.

BOUYER, Raymond. *Anton Mauve: Sa vie, son oeuvre.* Paris: Ch. Soccard, 1898.

BRETTELL, Richard, et al. *The Art of Paul Gauguin.* Washington: National Gallery of Art, e Chicago: Art Institute of Chicago, 1988.

BROUWER, Jaap W.; SIESLING, Jan Laurens; VIS, Jacques. *Anthon van Rappard.* Trad. G. Kilburn e G. Schwartz. Amsterdam: Rijksmuseum Vincent van Gogh, e Maarssen: Gary Schwartz, 1974.

BROWN, Frederick. *Flaubert: A Biography.* Cambridge, Mass.: Harvard University Press, 2007.

BRUGMANS, I. J. *Stapvoets voorwaarts: Sociale geschiedenis van Nederland in de negentiende eeuw.* Bussum, Holanda: Fibula-Van Dishoeck, 1970.

BULWER-LYTTON, Edward. *Kenelm Chillingly and Godolphin.* Boston: Dana Estates, 1880.

BUNYAN, John. *The Entire Works of John Bunyan.* V. 1. Londres: James S. Virtue, 1859.

———. *The Pilgrim's Progress.* Org. com introdução de N. H. Keeble. Oxford: Oxford University Press, 1984.

BURCHELL, S. C. *Imperial Masquerade: The Paris of Napoleon III.* Nova York: Atheneum, 1971.

BYRNE, Julia Clara (Busk). *Gheel: The City of the Simple.* Londres: Chapman and Hall, 1869.

CAIRD, Mona. *Romantic Cities of Provence.* Londres: T. Fisher Unwin, 1906.

CARLYLE, Thomas. *The Complete Works of Thomas Carlyle.* Boston: Dana Estes and Charles E. Lauriat, 1884.

CARLYLE, Thomas. *On Heroes, Hero-Worship, and the Heroic in History.* Boston: Houghton Mifflin and Company, 1907.

______. *Sartor Resartus.* Org. Archibald MacMechan. Boston: Ginn & Company, 1896.

CARPENTER, Humphry; PRICHARD, Mari (Orgs.). *The Oxford Companion to Children's Literature.* Oxford: Oxford University Press, 1999.

CARTER, G. R.; FLORES, E. F.; WISE, D. J. (Orgs.). *A Concise Review of Veterinary Virology.* Ithaca, N.Y.: International Veterinary Information Service, www.ivis.org.

CATE, Phillip Dennis; SHAW, Mary (Orgs.). *The Spirit of Montmartre: Cabarets, Humor, and the Avant--Garde, 1875-1905.* New Brunswick: Jane Voorhees Zimmerli Art Museum, e Rutgers: The State University of New Jersey, 1996.

CATES, Michael; CHAMBERLAIN, Diane (Orgs.). *The Maritime Heritage of Thanet.* Ramsgate: East Kent Maritime Trust, 1997.

CHAPMAN, Joan M.; CHAPMAN, Brian. *The Life and Times of Baron Haussmann: Paris in the Second Empire.* Londres: Weidenfeld and Nicolson, 1957.

CHASSÉ, Charles. *Gauguin et le groupe de Pont-Aven: Documents inédits.* Paris: H. Floury, 1921.

CHETHAM, Charles S. *The Role of Vincent van Gogh's Copies in the Development of His Art.* Nova York: Garland Publishing, 1976.

CHEVALIER, Louis. *Classes laborieuses et classes dangereuses à Paris pendant la première moitié du XIX siècle.* Paris: Plon, 1958.

CHEVREUL, Michel Eugène. *The Principles of Harmony and Contrast of Colors and Their Applications to the Arts.* Nova York: Reinhold, 1967.

CLARK, T. J. *The Painting of Modern Life: Paris in the Art of Manet and His Followers.* Nova York: Alfred A. Knopf, 1985.

CLÉBERT, Jean-Paul; RICHARD, Pierre. *La Provence de Van Gogh.* Aix-en-Provence: Édisud, 1981.

CLEGG, Gillian. *Chiswick Past.* Londres: Historical Publications, 1995.

CLEMENT, Russell T.; HOUZÉ, Annick. *Neo-Impressionist Painters: A Sourcebook on Georges Seurat, Camille Pissarro, Paul Signac, Théo Van Rysselberghe, Henri Edmond Cross, Charles Angrand, Maximilien Luce, and Albert Dubois-Pillet.* Westport, Conn.: Greenwood Press, 1999.

CLOAKE, John. *Richmond Past: A Visual History of Richmond, Kew, Petersham and Ham.* Londres: Historical Publications, 1991.

CONRAD, Barnaby. *Absinthe: History in a Bottle.* San Francisco: Chronicle Books, 1988.

COOK, Theodore Andrea. *Old Provence.* 2 v. Nova York: Charles Scribner's Sons, 1905.

COPLEY, Antony R. H. *Sexual Moralities in France, 1780-1980: New Ideas on the Family, Divorce, and Homosexuality.* Londres: Routledge, 1989.

COQUIOT, Gustave. *Vincent van Gogh.* Paris: Ollendorff, 1923.

CORBIN, Alain. *Women for Hire: Prostitution and Sexuality in France After 1850 (Les filles de noce: Misère sexuelle et prostitution aux 19e et 20e siècles).* Trad. Alan Sheridan. Cambridge, Mass.: Harvard University Press, 1990.

CRAIK, Dinah Maria. *Thirty Years, Being Poems New and Old.* Londres: Macmillan and Company, 1880.

CRISSEY, John Thorne; PARISH, Charles Lawrence. *The Dermatology and Syphilology of the Nineteenth Century.* Introdução de William B. Shelley. Nova York: Praeger, 1981.

DAUDET, Alphonse. *The Evangelist (L'évangéliste).* Trad. W. P. Trent. Nova York: Society of English and French Literature, 1889.

DE BROUWER, Ton. *Van Gogh en Nuenen*. 2. ed. rev. Venlo, Holanda: Van Spijk, 1998.

DÉFOSSEZ, Marie-Paule. *Auvers, or the Painters' Eye (Auvers ou le regard des peintres)*. Trad. Patricia Wallace Costa. Paris: Valhermeil, 1986.

DEJOLLIER, René. *Charbonages en Wallonie, 1345-1984*. Namur: Éditions Érasme, 1988.

DE LEEUW, Ronald; SILLEVIS, John; DUMAS, Charles (Orgs.). *The Hague School: Dutch Masters of the 19th Century*. Paris: Grand Palais, Londres: Royal Academy of Arts, e Haia: Haags Gemeentemuseum, em associação com Weidenfeld and Nicolson, 1983.

DEMORY, Évelyne. *Auvers en 1900: Entre coteau et rivière*. Paris: Valhermeil, 1985.

DENVIR, Bernard (Org.). *The Impressionists at First Hand*. Londres: Thames and Hudson, 1987.

DE VRIES, Jan; VAN DER WOUDE, A. M. *The First Modern Economy: Success, Failure, and Perseverance of the Dutch Economy, 1500-1815*. Cambridge: Cambridge University Press, 1997.

DICKENS, Charles. *The Centenary Edition of the Works of Charles Dickens: The Uncommercial Traveller*. V. 36. Londres: Chapman and Hall, 1911.

______. *Christmas Books and Stories*. Nova York: Doubleday & McClure Company, 1899.

______. *The Complete Works of Charles Dickens: Christmas Books*. V. 25. Nova York: Harper & Brothers, 1902.

______. *The Pickwick Papers*. Nova York: Books, Inc., 1868.

______. *A Tale of Two Cities*. Org. Richard Maxwell. Londres: Penguin Books, 2000.

DIJK, Wout J.; VAN DER SLUIS, Meent. *De Drentse tijd van Vincent van Gogh*. Groningen, Holanda: Boon, 2001.

DISTEL, Anne; STEIN, Susan Alyson. *Cézanne to Van Gogh: The Collection of Doctor Gachet*. Nova York: The Metropolitan Museum of Art, 1999.

DOITEAU, Victor; LEROY, Edgar. *La folie de Van Gogh*. Paris: Aesculape, 1928.

DORN, Roland; KEYES, George S.; RISHEL, Joseph J. com Katherine Sachs et al. *Van Gogh Face to Face: The Portraits*. Detroit: Detroit Institute of Fine Arts, Boston: Museum of Fine Arts, e Filadélfia: Philadelphia Museum of Art, 2000.

DOWBIGGIN, Ian R. *Inheriting Madness: Professionalization and Psychiatric Knowledge in Nineteenth-Century France*. Berkeley: University of California Press, 1991.

DRUICK, Douglas; ZEGERS, Peter. *Van Gogh and Gauguin: The Studio of the South*. Chicago: Art Institute of Chicago, e Amsterdam: Van Gogh Museum, 2002.

DRUMMOND, Lewis. *Spurgeon, Prince of Preachers*. Grand Rapids, Mich.: Kregel Publications, 1992.

DUFWA, Jacques. *Winds from the East: A Study in the Art of Manet, Degas, Monet, and Whistler*. Estocolmo: Almqvist and Wiksell International, 1981.

DYOS, H. J.; WOLFF, Michael (Orgs.). *The Victorian City: Images and Realities*. 2 vols. Boston e Londres: Routledge and Kegan Paul, 1973.

EDWARDS, Tudor. *The Lion of Arles: A Portrait of Mistral and His Circle*. Nova York: Fordham University Press, 1964.

ELIOT, George. *Adam Bede*. Org. Stephen Gill. Londres: Penguin Books, 1980.

______. *Daniel Deronda*. Londres: Penguin Books, 1995.

______. *Felix Holt: The Radical*. Org. Lynda Mugglestone. Londres: Penguin Books, 1995.

______. *Scenes of Clerical Life*. Org. Jennifer Gribble. Londres: Penguin Books, 1998.

______. *Silas Marner: The Weaver of Raveloe*. Org. David Carroll. Londres: Penguin Books, 1996.

EMERSON, Ralph Waldo. *Essays*. Org. Arthur Hobson Quinn. Whitefish, Mont.: Kessinger Publishing, 2008.

ENGEL, Louis. *From Handel to Hallé: Biographical Sketches; With Autobiographies of Prof. Huxley and Prof. Herkomer.* Nova York: Scribner and Welford, 1890.

ERCKMANN-CHATRIAN, Émile. *The Conscript: A Story of the French War of 1813 (Histoire d'un conscrit de 1813).* Nova York: Charles Scribner's Sons, 1904.

ERPEL, Fritz. *Van Gogh: The Self-Portraits (Vincent van Gogh: Lebensbilder, Lebenszeichen).* Trad. Doris Edwards e prefácio de H. Gerson. Greenwich, Conn.: Nova York Graphic Society, 1968.

FAVAZZA, Armando R.; FAVAZZA, Barbara. *Bodies Under Siege: Self-Mutilation in Culture and Psychiatry.* Baltimore e Londres: The Johns Hopkins University Press, 1987.

FELL, Derek. *Van Gogh's Women: Vincent's Love Affairs and Journey into Madness.* Nova York: Carroll & Graf, 2004.

FÉNÉLON, François. *The Adventures of Telemachus, the Son of Ulysses (Les aventures de Télémaque, fils d'Ulysse).* Org. O. M. Brack, Jr., trad. Thomas Smollett, introdução de Leslie A. Chilton. Athens, Georgia e Londres: University of Georgia Press, 1997.

FLAUBERT, Gustave. *Madame Bovary.* Trad. Alan Russell. Londres: Penguin Books, 1950.

FORSTER, John. *The Life of Charles Dickens.* Filadélfia: J. B. Lippincott, 1897.

FOSTER, Julie; SIMONS, Judy. *What Katy Read: Feminist Re-Readings of "Classic" Stories for Girls.* Iowa City: University of Iowa Press, 1995.

FROMENTIN, Eugène. *The Old Masters of Belgium and Holland (Les Maîtres d'Autrefois).* Introdução de Meyer Schapiro. Nova York: Schocken Books, 1963.

GACHET, Paul. *Deux amis des Impressionnistes: Le docteur Gachet et Murer.* Paris: Éditions des Musées Nationaux, 1956.

______ (Org.). *Lettres Impressionnistes.* Paris: Bernard Grasset, 1957.

______. *Souvenirs de Cézanne et de Van Gogh à Auvers: 1873-1890.* Paris: Les Beaux Arts, 1953.

GALBALLY, Ann. *The Art of John Peter Russell.* Melbourne: Sun Books, 1977.

GAUGUIN, Paul. *Intimate Journals (Avant et après).* Trad. Van Wyck Brooks. Bloomington: University of Indiana Press, 1963.

______. *Letters to His Wife and Friends (Lettres de Gauguin à sa femme et à ses amis).* Org. Maurice Malingue, trad. Henry J. Stenning. Cleveland: World Publishing Co., 1949.

______. *Paul Gauguin: 45 Lettres à Vincent, Théo et Jo van Gogh.* Org. Douglas Cooper. Haia: Staatsuitgeverij, 1983.

______. *The Writings of a Savage: Paul Gauguin (Écrits d'un sauvage: Paul Gauguin).* Org. Daniel Guérin. trad. Eleanor Levieux. Nova York: Da Capo Press, 1978.

GAUZI, François. *Lautrec mon ami.* Paris: La Bibliothèque des Arts, 1992.

GAY, Peter. *The Naked Heart: The Bourgeois Experience; Victoria to Freud.* Nova York: W. W. Norton, 1995. [Ed. bras. *O coração desvelado: A experiência burguesa da rainha Vitória a Freud*, São Paulo, Companhia das Letras, 1999.]

______. *Pleasure Wars: The Bourgeois Experience; Victoria to Freud.* Nova York: W. W. Norton, 1998. [Ed. bras. *Guerras do prazer: A experiência burguesa da rainha Vitória a Freud*, São Paulo, Companhia das Letras, 2001.]

______. *The Tender Passion: The Bourgeois Experience; Victoria to Freud.* Nova York: Oxford University Press, 1986. [Ed. bras. *A paixão terna: A experiência burguesa da rainha Vitória a Freud*, São Paulo, Companhia das Letras, 1990.]

GEDO, Mary Mathews. *Looking at Art from the Inside Out: The Psychoiconographical Approach to Modern Art.* Cambridge: Cambridge University Press, 1994.

GIGOUX, Jean. *Causeries sur les artistes de mon temps.* Paris: Calman Lévy, 1885.

GILMAN, Sander L., et al. *Hysteria Beyond Freud.* Berkeley e Los Angeles: University of California Press, 1993.

GOLDSTEIN, Jan. *Console and Classify: The French Psychiatric Profession in the Nineteenth Century.* Chicago: University of Chicago Press, 2001.

GOLDWATER, Robert. *Symbolism.* Nova York: Harper and Row, 1979.

GONCOURT, Edmond de. *Elisa (La fille Élisa).* Trad. Margaret Crosland. Nova York: Howard Fertig, 1975.

______. *The Zemganno Brothers (Les frères Zemganno).* Trad. Leonard Clark e Iris Allan. Londres: Mayflower-Dell, 1966.

______; GONCOURT, Jules de. *French XVIII Century Painters: Watteau, Boucher, Chardin, La Tour, Greuze, Fragonard (L'art au dix-huitième siècle).* Trad. Robin Ironside. Londres: Phaidon Press, 1948.

______. *Germinie (Germinie Lacerteux).* Trad. Martin Tunnell. Londres: Weidenfeld and Nicolson, 1955.

______. *Paris and the Arts, 1851-1896: From the Goncourt Journal.* Trad. e org. George J. Becker e Edith Philips, com prólogo de Hedley H. Rhys. Ithaca, N.Y., e Londres: Cornell University Press, 1971.

______. *Sister Philomène (Soeur Philomène).* Trad. Laura Ensor. Nova York: Howard Fertig, 1975.

GOUDSBLOM, Johan. *Dutch Society.* Nova York: Random House, 1967.

GOWERS, William Richard. *Epilepsy and Other Chronic Convulsive Disorders, Their Causes, Symptoms and Treatment.* Londres: J & A Churchill, 1881.

GRAETZ, H. R. *The Symbolic Language of Vincent van Gogh.* Nova York: McGraw-Hill, 1963.

GRAY, Christopher. *Armand Guillaumin.* Chester, Conn.: Pequot Press, 1972.

GROOT, Reindert; DE VRIES, Sjoerd. *Vincent van Gogh in Amsterdam.* Amsterdam: Stadsuitgeverij, 1990.

GUIRAL, Pierre. *La vie quotidienne en Provence au temps de Mistral.* Paris: Hachette, 1972.

HAMMACHER, Abraham Marie. *Van Gogh en Belgique.* Trad. A. H. Wolters-Girard. Mons: Musée des Beaux-Arts de Mons, 1980.

HARSIN, Jill. *Policing Prostitution in Nineteenth-Century Paris.* Princeton: Princeton University Press, 1985.

HARTRICK, Archibald Standish. *A Painter's Pilgrimage Through Fifty Years.* Cambridge: Cambridge University Press, 1939.

HAVARD, Henry. *The Heart of Holland.* Trad. Mrs. Cashel Hoey. Londres: Richard Bentley & Son, 1880.

HENDRIKS, Ella; VAN TILBORGH, Louis. *Vincent van Gogh: Paintings, Volume 2: Antwerp and Paris, 1885--1888.* Zwolle: Waanders, e Amsterdam: Van Gogh Museum, 2011.

HERBERT, Eugenia. *The Artist and Social Reform: France and Belgium, 1885-1898.* New Haven: Yale University Press, 1961.

HERKOMER, Hubert von. *The Herkomers.* 2 vols. Londres: Macmillan, 1910.

HOMBURG, Cornelia. *The Copy Turns Original: Vincent van Gogh and a New Approach to Traditional Artistic Practice.* Amsterdam e Filadélfia: John Benjamins, 1996.

______; CHILDS, Elizabeth C.; HOUSE, John; THOMSON, Richard. *Vincent van Gogh and the Painters of the Petit Boulevard.* St. Louis: Saint Louis Art Museum e Rizzoli, 2001.

HOWELLS, John G. (Org.). *World History of Psychiatry.* Nova York: Brunner/Mazel, 1975.

HUGO, Victor. *The Last Day of a Condemned Man and Other Prison Writings* (*Le dernier jour d'un condamné*). Trad. Geoff Woollen. Oxford: Oxford University Press, 1992.

HULSKER, Jan. *The New Complete Van Gogh: Paintings, Drawings, Sketches.* Ed. revista e ampliada. Amsterdam: John Benjamins; Meulenhoff, 1996.

______. *Vincent and Theo van Gogh: A Dual Biography.* Org. James M. Miller. Ann Arbor, Michigan: Fuller Publications, 1990.

HUTCHISON, Sidney C. *The History of the Royal Academy: 1768-1968.* Londres: Chapman and Hall, 1968.

INWOOD, Stephen. *A History of London.* Nova York: Carol and Graf Publishers, 1998.

IVES, Colta; STEIN, Susan Alyson; VAN HEUGTEN, Sjraar; VELLEKOOP, Marije. *Vincent van Gogh: Drawings.* Nova York: The Metropolitan Museum of Art, Amsterdam: Van Gogh Museum, e New Haven: Yale University Press, 2005.

JACKSON, J. Hughlings. *Neurological Fragments. With a Biographical Memoir by James Taylor.* Oxford: Oxford University Press, 1925.

JAMES, Henry. *A Little Tour in France.* Boston e Nova York: Houghton, Mifflin & Company, 1884. (Publicado originalmente com o título *En Province* em 1883-4, em capítulos em *The Atlantic Monthly.*)

______. *Parisian Sketches: Letters to the Nova York Tribune, 1875-1876.* Org. Leon Edel e Ilse Dusoir Lind. Nova York: Collier Books, 1961.

JANSEN, Leo; LUIJTEN, Hans; BAKKER, Nienke. *Vincent van Gogh: Painted with Words; The Letters to Émile Bernard.* Nova York: Rizzoli, 2007.

JEFFERIES, Richard. *The Story of My Heart: My Autobiography.* Londres: Longmans, Green and Company, 1883.

JERROLD, Blanchard; DORÉ, Gustave. *London: A Pilgrimage.* Nova York: Dover Publications, 1970.

JIRAT-WASIUTYNSKI, Vojtech. *Paul Gauguin in the Context of Symbolism.* Nova York: Garland, 1987.

JULLIAN, Philippe. *Montmartre.* Trad. Anne Carter. Oxford: Phaidon, 1977.

KARR, Alphonse. *A Tour Round My Garden.* Rev. e org. John George Wood. Londres e Nova York: G. Routledge & Co., 1855.

KEARNS, James. *Symbolist Landscapes: The Place of Painting in the Poetry and Criticism of Mallarmé and His Circle.* Londres: Modern Humanities Research Association, 1989.

KEMPIS, Thomas à. *The Imitation of Christ: In Three Books* (*De imitatione Christi*). Trad. e org. Joseph N. Tylenda, prefácio de Sally Cunneen. Nova York: Vintage Spiritual Classics, 1998.

KING, Edward. *My Paris: French Character Sketches.* Boston: Loring, 1868.

KNIPPENBERG, Hans. *Deelname aan het lager onderwijs in Nederland gedurende de negentiende eeuw.* Amsterdam: Koninklijk Nederlands Aardrijkskundig Genootschap voor Sociale Geografie, Universiteit van Amsterdam, 1986.

KÔDERA, Tsukasa. *Vincent van Gogh: Christianity Versus Nature.* Amsterdam e Filadélfia: John Benjamins, 1990.

KOOLS, Frank. *Vincent van Gogh en zijn geboorteplaats: als een boer van Zundert.* Zutphen, Holanda: Walburg Pers, 1990.

KRAUS, G. *The Relationship between Theo and Vincent van Gogh.* Trad. G. J. Renier. Otterlo: Kröller-Müller Stichting, e Amsterdam: J. M. Meulenhoff, 1954.

LANIER, Dorris. *Absinthe: The Cocaine of the Nineteenth Century; A History of the Hallucinogenic Drug and Its Effect on Artists and Writers in Europe and the United States*. Jefferson, N.C.: McFarland and Company, 1995.

LA PLANTE, Eve. *Seized: Temporal Lobe Epilepsy as a Medical, Historical, and Artistic Phenomenon*. Nova York: Harper Collins, 1993.

LAUZAC, Henry. *Galerie historique et critique de dix-neuvième siècle: J. B. A. Goupil*. Paris: Bureau de la Galerie Historique, 1864.

LAVATER, Johann Kaspar. *Essays on Physiognomy: For the Promotion of the Knowledge and the Love of Mankind*. Trad. Thomas Holcroft. Londres: G.G.J. and J. Robinson, 1789.

LEGOUVÉ, Ernest. *Les pères et les enfants au XIXe siècle*. Paris: J. Hetzel, 1910.

LENNOX, William Gordon; LENNOX, Margaret A. *Epilepsy and Related Disorders*. 2 v. Boston: Little, Brown, 1960.

LESSEPS, Ferdinand de. *Recollections of Forty Years* (*Souvenirs de quarante ans*). Trad. C. B. Pitman. Londres: Chapman and Hall, 1887.

LÖVGREN, Sven. *The Genesis of Modernism: Seurat, Gauguin, Van Gogh, and French Symbolism in the 1880s*. Bloomington: Indiana University Press, 1971.

LOTI, Pierre. *An Iceland Fisherman* (*Pêcheur d'Islande*). Trad. Guy Endore. Nova York: Alfred A. Knopf, 1946.

______. *Japan: Madame Chrysanthemum* (*Madame Chrysanthème*). Trad. Laura Ensor. Londres: KPI, 1985.

______. *Mon frère Yves*. Paris: Calmon Levy, 1884.

LUBIN, Alfred J. *Stranger on the Earth: A Psychological Biography of Vincent van Gogh*. Nova York: Da Capo Press, 1972.

LUTJEHARMS, W. *De Vlaamse Opleidingsschool van Nicolaas de Jonge en zijn opvolgers*. Bruxelas: Société d'Histoire du Protestantisme Belge, 1978.

LUYENDIJK-ELSHOUT, A. M. *Safe in the Performance of the Reproductive Duty: The Leyden Obstetricians*, [s.n.], 1979.

MACCORMICK EDWARDS, Lee. *Herkomer: A Victorian Artist*. Aldershot e Brookfield, Vermont: Ashgate, 1999.

MACKAY, James Hutton. *Religious Thought in Holland During the Nineteenth Century*. Londres: Stodder and Houghton, 1911.

MAK, Geert. *Amsterdam: A Brief Life of the City* (*Een kleine geschiednis van Amsterdam*). Trad. Philipp Blom. Cambridge, Harvard University Press, 2000.

MALINGUE, Maurice (Org.). *Lettres de Gauguin à sa femme et ses amis*. 2. ed. Paris: Grasset, 1949.

MARÉ, Eric de. *Victorian London Revealed: Gustave Doré's Metropolis*. Londres: Penguin Books, 2001.

MASHECK, Joseph (Org.). *Van Gogh 100*. Westport, Conn.: Greenwood Press, 1996.

MATHEWS, Nancy Mowll. *Paul Gauguin: An Erotic Life*. New Haven: Yale University Press, 2001.

MATHIJSEN, Marita. *Het literaire leven in de negentiende eeuw*. Leiden: Martinus Nijhoff, 1987.

MAUPASSANT, Guy de. *Bel-Ami*. Trad. Margaret Mauldon, introdução de Robert Lethbridge. Oxford: Oxford University Press, 2001. [Ed. bras. *Bel-Ami*, São Paulo, Estação Liberdade, 2009.]

______. *Le Horla*. Org. Paul Ollendorff. Paris: Paul Ollendorff, 1887. [Ed. bras. "O Horla" em *125 contos de Guy de Maupassant*, São Paulo, Companhia das Letras, 2009.]

______. *Pierre and Jean, Father and Son, Boitelle, and Other Stories* (*Pierre et Jean, Hautot père et fils, Boitelle, et autres histoires*). Trad. A. E. Henderson et al. Londres: P. F. Collier and Son, 1910.

MAURON, Charles. *Van Gogh: Études psychocritiques*. Paris: Librairie Joseph Corti, 1976.

MAUS, Madeleine Octave. *Trente années de lutte pour l'art: 1884-1914*. Bruxelas: Librairie L'Oiseau Bleu, 1926.

MAYHEW, Henry. *London Labour and the London Poor: Cyclopaedia of the Condition and Earnings of Those That Will Work, Those That Cannot Work, and Those That Will Not Work*. Londres: Griffin, Bohn, 1862.

MERLHÈS, Victor. *Correspondance de Paul Gauguin. Documents. Témoignages. Tome premier 1873-1888*. Paris: Fondation Singer-Polignac, 1984.

______. *Paul Gauguin et Vincent van Gogh, 1887-1888: Lettres retrouvées, sources ignorées*. Taravao, Taiti: Avant et Après, 1989.

MEYERS, Jan. *De jonge Vincent: Jaren van vervoering en vernedering*. Amsterdam: De Arbeiderspers, 1989.

MICALE, Mark S. *Approaching Hysteria: Disease and Its Interpretations*. Princeton: Princeton University Press, 1995.

MICHELET, Jules. *Love (L'amour)*. Trad. John Williamson Palmer. Nova York: Rudd and Carleton, 1859.

______. *Woman (La femme)*. Trad. John Williamson Palmer. Nova York: Rudd and Carleton, 1860.

______. *The People (Le peuple)*. Trad. John P. McKay. Urbana: University of Illinois Press, 1973.

MICHON, Pierre. *Vie de Joseph Roulin*. Dijon: Verdier, 1988.

MILL, John Stuart. *On Liberty*. Org. Currin V. Shields. Indianápolis e Nova York: Bobbs-Merrill, 1859.

______. *Utilitarianism*. Londres: Parker, Son, and Bourn, West Strand, 1863.

MILNER, John. *The Studios of Paris: The Capital of Art in the Late Nineteenth Century*. New Haven e Londres: Yale University Press, 1988.

MONNERET, Sophie. *Sur les pas des Impressionnistes: Les sites, les musées, les promenades*. Paris: Éditions de La Martinière, 1997.

MONROE, Russell R. *Creative Brainstorms: The Relationship Between Madness and Genius*. Nova York: Irvington Publishers, 1992.

MOORE, George. *Confessions of a Young Man*. Nova York: Modern Library, 1925.

MOREL, Bénédict-Auguste. *Traité des dégénérescences physiques, intellectuelles et morales de l'espèce humaine*. Paris: J. B. Baillière, 1857.

MORGAN, Howard Gethin. *Death Wishes? The Understanding and Management of Deliberate Self-Harm*. Hoboken, N.J.: John Wiley and Sons, 1979.

MURGER, Henry. *Le pays latin, Les buveurs d'eau, La scène de gouverneur*. Paris: Librairie Garnier Frères, 1855.

MURRAY, Gale Barbara. *Toulouse-Lautrec: The Formative Years, 1878-1891*. Oxford: Clarendon Press, 1991.

NAGERA, Humberto. *Vincent van Gogh: A Psychological Study*. Madison, Conn.: International Universities Press, 1967.

NARMON, Francis. *Académie royale des beaux-arts de Bruxelles: 275 ans d'enseignement; Exposition placée sous le haut patronage de leurs Majestés le Roi et la Reine*. Bruxelas: Crédit Communal-Gemeentekrediet, 1987.

NEWMARK, Michael E.; PENRY, J. Kiffin. *Genetics of Epilepsy: A Review*. Nova York: Raven Press, 1980.

NORDENFALK, Carl. *The Life and Work of Van Gogh*. Nova York: Philosophical Library, 1953.

NYE, Robert. *Masculinity and Male Codes of Honor in Modern France*. Nova York e Oxford: Oxford University Press, 1993.

OBERTHUR, Mariel. *Cafés and Cabarets of Montmartre.* Salt Lake City, Utah: Peregrine Smith Books, 1984.

OZANNE, Marie-Angélique; JODE, Frédérique de. *Theo: The Other Van Gogh* (*L'autre van Gogh*). Trad. Alexandra Bonfante-Warren. Nova York: Vendome Press, 2004.

PABST, Fieke (Org.). *Vincent van Gogh's Poetry Albums.* Zwolle: Waanders, e Amsterdam: Rijksmuseum Vincent van Gogh, 1988. (Cahier Vincent 1.)

PACH, Walter. *Letters to an Artist: From Vincent van Gogh to Anthon Ridder van Rappard: 1881-1885.* Nova York: Viking Press, 1930.

PENRY, J. Kiffin (Org.). *Epilepsy: Diagnosis, Management, Quality of Life.* Nova York: Raven Press, 1986.

PERES, Cornelia; HOYLE, Michael; VAN TILBORGH, Louis (Orgs.). *A Closer Look: Technical and Art-Historical Studies on Works by Van Gogh.* Zwolle: Waanders, e Amsterdam: Rijksmuseum Vincent van Gogh, 1988. (Cahier Vincent 3.)

PERROT, Michelle (Org.). *A History of Private Life: From the Fires of Revolution to the Great War* (*Histoire de la vie privée: De la révolution à la grande guerre*). V. 4. Trad. Arthur Goldhammer. Cambridge, Mass., e Londres: Harvard University Press, 1990. [Ed. bras. *História da vida privada: Da Revolução Francesa à Primeira Guerra*, São Paulo, Companhia das Letras, 1991.]

PERRUCHOT, Henri. *La vie de Van Gogh.* Paris: Hachette, 1955.

PICK, Daniel. *Faces of Degeneration: A European Disorder c. 1848-1918.* Nova York: Cambridge University Press, 1989.

PICKVANCE, Ronald. *English Influences on Vincent van Gogh.* Nottingham: University of Nottingham, e Londres: The Arts Council of Great Britain, 1974-5.

______. *Van Gogh in Arles.* Nova York: The Metropolitan Museum of Art e Harry N. Abrams, 1984.

______. *Van Gogh in Saint-Rémy and Auvers.* Nova York: The Metropolitan Museum of Art e Harry N. Abrams, 1986.

PIÉRARD, Louis. *The Tragic Life of Vincent van Gogh* (*La vie tragique de Vincent van Gogh*). Trad. Herbert Garland. Londres: J. Castle, 1925.

______. *Visage de la Wallonie.* Bruxelas: Labor, 1980.

PINCKNEY, David H. *Napoleon III and the Rebuilding of Paris.* Princeton: Princeton University Press, 1985.

PISSARRO, Lucien. *Lettres impressionistes au Dr. Gachet et à Murer.* Paris: B. Grasset, 1957.

POLLOCK, Griselda. *Vision and Difference: Femininity, Feminism and Histories of Art.* Londres e Nova York: Routledge, 1988.

______; CHONG, Alan. *Art in the Age of Van Gogh: Dutch Paintings from the Rijksmuseum, Amsterdam.* Toronto: Art Gallery of Ontario, 1998.

PORTER, Roy. *London: A Social History.* Cambridge, Mass.: Harvard University Press, 1994.

QUESNE-VAN GOGH, Elisabeth Huberta du. *Personal Recollections of Vincent van Gogh* (*Persoonlijke herinneringen aan Vincent van Gogh*). Trad. Katharine S. Dreier. Boston e Nova York: Houghton Mifflin, 1913.

QUÉTEL, Claude. *History of Syphilis* (*Le mal de Naples: Histoire de la syphilis*). Trad. Judith Braddock e Brian Pike. Baltimore: Johns Hopkins University Press, 1990.

RANSOME-WALLIS, P. (Org.). *Illustrated Encyclopedia of World Railway Locomotives.* Nova York e Toronto: Hawthorne Books e McClelland & Stewart, Ltd., 1959.

RENAN, Ernest. *The Life of Jesus* (*La vie de Jésus*). Amherst, N.Y.: Prometheus Books, 1991.

REWALD, John. *The History of Impressionism*. 4. ed. rev. Nova York: Museum of Modern Art, e Boston: Nova York Graphic Society, 1973.

______. *Post-Impressionism from Van Gogh to Gauguin*. 3. ed. rev. Nova York: Museum of Modern Art, e Boston: Nova York Graphic Society, 1978.

______. *Studies in Post-Impressionism*. Org. Irene Gordon e Frances Weitzenhoffer. Nova York: Harry N. Abrams, 1986.

______; PISSARRO, Lucien (Orgs.). *Camille Pissarro: Letters to His Son Lucien* (*Lettres à son fils Lucien presentées avec l'assistance de Lucien Pissarro*). Trad. Lionel Abel. Nova York: Pantheon Books, 1945.

RIBOT, Théodule. *Heredity: A Psychological Study of Its Phenomena, Laws, Causes and Consequences* (*L'hérédité psychologique*). Nova York: D. Appleton, 1895.

RICHARDSON, Joanna. *La Vie Parisienne: 1852-1970*. Londres: Hamish Hamilton, 1971.

RIETBERGEN, P. J. A. N.; SEEGERS, G. H. J.; BENNETT, M. E. *A Short History of the Netherlands from Prehistory to the Present Day*. 4. ed. Amersfoort: Bekking, 1992.

ROD, Édouard. *Sens de la vie*. Paris: Librairie Académique Perrin, 1921.

ROESSINGH, Karel Hendrik. *Het modernisme in Nederland*. Haarlem: De Erven F. Bohn, 1922.

ROLLET, Pierre. *La vie quotidienne en Provence au temps de Mistral*. Paris: Hachette, 1972.

ROSKILL, Mark. *Van Gogh, Gauguin and the Impressionist Circle*. Greenwich, Conn.: Nova York Graphic Society, 1970.

SALTER, Elizabeth. *The Lost Impressionist: A Biography of John Peter Russell*. Pymble: Angus and Roberston, 1976.

SANDERS, Piet. *Genealogie Van Gogh*. Geldrop: Genealogisch Tijdschrift voor Midden-en West-Brabant [s.d.].

SCHAMA, Simon. *The Embarrassment of Riches: An Interpretation of Dutch Culture in the Golden Age*. Nova York: Alfred A. Knopf, 1987.

SCHAPIRO, Meyer. *Vincent van Gogh*. Nova York: Harry N. Abrams, 1983.

SCHIMMEL, Herbert D. *The Letters of Henri de Toulouse-Lautrec*. Introdução de Gale B. Murray. Oxford: Oxford University Press, 1991.

SCHUCHART, Max. *The Netherlands*. Nova York: Walker, 1972.

SCULL, Andrew (Org.). *Madhouses, Mad-Doctors, and Madmen: The Social History of Psychiatry in the Victorian Era*. Filadélfia: University of Pennsylvania Press, 1981.

SECRÉTAN-ROLLIER, Pierre. *Van Gogh chez les gueules noires: L'homme de l'espoir*. Lausanne: Éditions L'Age d'Homme, 1977.

SENSIER, Alfred. *Jean-François Millet: Peasant and Painter* (*Jean-François Millet: La vie et l'oeuvre de J.-F. Millet*). Trad. Helena de Kay. Boston e Nova York: Houghton, Mifflin and Company, 1880.

SHEPPARD, Francis Henry Walliston. *London: A History*. Oxford: Oxford University Press, 1998.

SILLEVIS, John. *Dutch Watercolors of the 19th Century from the Printroom of the Rijksmuseum Amsterdam* (*Hollandse aquarellen uit de 19de eeuw uit het Prentenkabinet Rijksmuseum Amsterdam*). Trad. Liesje Offerhaus e Anita Weston. Amsterdam: Prentenkabinet, Rijksmuseum Amsterdam, 1985.

SILVERMAN, Debora. *Van Gogh and Gauguin: The Search for Sacred Art*. Nova York: Farrar, Straus and Giroux, 2000.

SOUVESTRE, Émile. *An Attic Philosopher in Paris, or a Peep at the World from a Garret, Being the Journal of a Happy Man* (*Un philosophe sous les toits; journal d'un homme heureux*). Nova York: D. Appleton, 1901.

SOUVESTRE, Émile. *Les derniers Bretons*. Paris: Michel Lévy Frères, 1858.

STEIN, Susan Alyson (Org.). *Van Gogh: A Retrospective*. Nova York: Hugh Lauter Levin Associates e Macmillan, 1986.

STENGERS, Jean; VAN NECK, Anne. *Masturbation: The History of a Great Terror* (*Histoire d'une grande peur, la masturbation*). Trad. Kathryn A. Hoffman. Nova York: Palgrave, 2001.

STEVEN, Mary Anne, et al. *Émile Bernard, 1861-1941: A Pioneer of Modern Art*. Amsterdam: Rijksmuseum Vincent van Gogh, e Zwolle: Waanders, 1990.

STOKVIS, Benno J. *Nasporingen omtrent Vincent van Gogh in Brabant*. Amsterdam: S. L. Van Looy, 1926.

STOLWIJK, Chris. *Uit de schilderswereld: Nederlandse kunstschilders in de tweede helft van de negentiende eeuw*. Leiden: Primavera Pers, 1998.

______; THOMSON, Richard. *Theo van Gogh, 1857-1891: Art Dealer, Collector and Brother of Vincent*. Amsterdam: Van Gogh Museum, e Zwolle: Waanders, 1999.

STONE, Irving. *Lust for Life: The Novel of Vincent van Gogh*. Londres: Longmans, Green, 1934. [Ed. bras. *Sede de viver: A vida trágica de Vincent van Gogh*, Rio de Janeiro, Record, 1985.]

SUND, Judy. *True to Temperament: Van Gogh and French Naturalist Literature*. Cambridge: Cambridge University Press, 1992.

SWEETMAN, David. *Paul Gauguin: A Life*. Nova York: Simon and Schuster, 1995.

SZYMANSKA, Anna. *Unbekannte Jugendzeichnungen Vincent van Goghs und das Schaffen des Künstlers in den Jahren 1870-1880*. Berlim: Henschelverlag, 1968.

TAINE, Hippolyte. *Taine's Notes on England*. Trad. e introd. de Edward Hyams. Londres: Thames and Hudson, 1957.

TEMKIN, Owsei. *The Falling Sickness: A History of Epilepsy from the Greeks to the Beginnings of Modern Neurology*. 2. ed. rev. Baltimore e Londres: Johns Hopkins University Press, 1971.

THOMPSON, E. P. *The Making of the English Working Class*. Nova York: Vintage Books, 1966.

THORNTON, Esther M. *Hypnotism, Hysteria and Epilepsy: An Historical Synthesis*. Londres: Heinemann Medical, 1976.

TORREY, Edwin Fuller. *Surviving Schizophrenia: A Family Manual*. Nova York: Harper and Row, 1983.

______; MILLER, Judy. *The Invisible Plague: The Rise of Mental Illness from 1750 to the Present*. New Brunswick, N.J.: Rutgers University Press, 2002.

TRALBAUT, Marc Edo. *Vincent van Gogh*. Nova York: Viking, 1969.

TRIMBLE, Michael R.; BOLWIG, Tom G. (Orgs.). *Aspects of Epilepsy and Psychiatry*. Londres: John Wiley, 1986.

UHLAND, Johann Ludwig. *The Poems of Uhland* (*Die Gedichte von Uhland*). Trad. e org. Waterman T. Hewett. Nova York: Macmillan, 1896.

______. *The Songs and Ballads of Uhland* (*Die Lieder und Balladen von Uhland*). Trad. W. W. Skeat. Londres: Williams and Norgate, 1864.

VAN BRUGGEN, H. W. E. (Org.). *Théophile de Bock, schilder van het Nederlandse landschap*. Waddinxveen, Holanda: Stichting Documentatie Théophile de Bock, 1991.

VAN DER MAST, Michiel; DUMAS, Charles (Orgs.). *Van Gogh en Den Haag*. Zwolle: Waanders, 1990.

VANDERLAAN, Eldred C. *Protestant Modernism in Holland*. Londres: Humphrey Milford e Oxford University Press, 1924.

VAN EEKELEN, Yvonne (Org.). *The Magical Panorama: The Mesdag Panorama, an Experience in Space and Time*. Trad. Arnold e Erica Pomerans. Zwolle, Holanda: Waanders, 1996.

VAN GOGH, Theo; VAN GOGH-BONGER, Johanna. *Brief Happiness: The Correspondence of Theo van Gogh and Jo Bonger.* Org. e trad. Leo Jansen e Jan Robert, introdução e comentários de Han van Crimpen. Amsterdam: Van Gogh Museum, e Zwolle: Waanders, 1999.

VAN GOGH, Vincent. *The Complete Letters of Vincent van Gogh: With Reproductions of All the Drawings in the Correspondence* (*Verzamelde Brieven van Vincent van Gogh*). Trad. com Johanna Gezina van Gogh-Bonger. 2. ed. Boston: Little, Brown, 1978.

______. *Vincent van Gogh: The Letters; The Complete Illustrated and Annotated Edition.* 6 vols. Org. Leo Jansen, Hans Luijten e Nienke Bakker. Amsterdam: Van Gogh Museum, Haia: Huygens Instituut, e Bruxelas: Mercatorfonds, 2009.

______. *Verzamelde Brieven van Vincent van Gogh.* Org. Johanna van Gogh-Bonger e V. W. van Gogh. Amsterdam: Vincent van Gogh Foundation/Rijksmuseum Vincent van Gogh, 1954.

______. *Verzamelde Brieven van Vincent van Gogh.* Org. Johanna van Gogh-Bonger, introdução de V. W. van Gogh. Amsterdam e Antuérpia: Wereldbibliotheek, 1955.

VANHAMME, Marcel. *Bruxelles: De bourg rural à cité mondiale.* Antuérpia e Bruxelas: Mercurius, 1968.

VAN HEUGTEN, Sjraar. *Vincent van Gogh: Drawings, Volume 1: The Early Years, 1880-1883.* Amsterdam: Van Gogh Museum, e Londres: Lund Humphreys, 1996.

______. *Vincent van Gogh: Drawings, Volume 2: Nuenen, 1883-1885.* Amsterdam: Van Gogh Museum, e Londres: Lund Humphreys, 1997.

______; PISSARRO, Joachim; STOLWIJK, Chris. *Van Gogh and the Colors of the Night.* Amsterdam: Van Gogh Museum, Bruxelas: Mercatorfonds; Nova York: Museum of Modern Art, 2008.

VAN LOOIJ, L. Theo. *Een eeuw Nationaal Hoger Instituut voor Schone Kunsten te Antwerpen.* Antuérpia: Nationaal Hoger Instituut e Koninklijke Academie voor Schone Kunsten, 1985.

VAN RAPPARD-BOON, Charlotte; VAN GULIK, Willem; BREMEN-ITO, Keiko. *Catalogue of the Van Gogh Museum's Collection of Japanese Prints.* Amsterdam: Rijksmuseum Vincent van Gogh; Zwolle: Waanders, 1991.

VAN TILBORGH, Louis. *The Potato Eaters by Vincent van Gogh.* Contribuições de Dieuwertje Dekkers et al. Zwolle: Waanders, 1993. (Cahier Vincent 5.)

______ (Org.). *Van Gogh and Millet.* Contribuições de Sjraar van Heugten e Philip Conisbee. Amsterdam: Van Gogh Museum; Zwolle: Waanders, 1988.

______; VELLEKOOP, Marije. *Vincent van Gogh: Paintings, Volume 1: Dutch Period: 1881-1885, Van Gogh Museum.* Amsterdam: Van Gogh Museum; Londres: Lund Humphries, 1999.

VAN UITERT, Evert. *Van Gogh in Brabant: Paintings and Drawings from Etten and Nuenen.* Zwolle: Waanders, 1987.

______; HOYLE, Michael (Orgs.). *The Rijksmuseum Vincent van Gogh.* Amsterdam: Meulenhoff/ Landshoff, 1987.

VEITH, Ilza. *Hysteria: The History of a Disease.* Chicago: University of Chicago Press, 1970.

VELLEKOOP, Marije; VAN HEUGTEN, Sjraar. *Vincent van Gogh: Drawings, Volume 3: Antwerp and Paris 1885-1888, Van Gogh Museum.* Amsterdam: Van Gogh Museum; Londres: Lund Humphries, 2001.

VELLEKOOP, Marije; ZWIKKER, Roelie. *Vincent van Gogh: Drawings, Volume 4: Arles, Saint-Rémy & Auvers-sur-Oise, 1888-1890, Van Gogh Museum.* 2 v. Zwolle e Amsterdam: Van Gogh Museum, 2007.

VENTURE, Rémi. *Arles.* Marguerites: Éditions de l'Équinoxe, 1989.

VERGEEST, Aukje. *The French Collection: Nineteenth Century Paintings in Dutch Public Collections.* Amsterdam: Amsterdam University Press, 2000.

VERLAT, Charles. *Plan général des études à l'Académie Royale d'Anvers.* Antuérpia: L'Académie Royale d'Anvers, 1879.

VERMEEREN, Karel. *Eindhoven.* Haia: Kruseman's Uitgeversmaatschappij, 1976.

VOLLARD, Ambroise. *Recollections of a Picture Dealer* (*Souvenirs d'un marchand de tableaux*). Trad. Violet T. Macdonald. Boston: Little, Brown, 1936.

WALSH, Barent W.; ROSEN, Paul M. *Self-Mutilation: Theory, Research, and Treatment.* Nova York e Londres: Guilford Press, 1988.

WALTHER, Ingo F. (Org.). *Masterpieces of Western Art: A History of Art in 900 Individual Studies.* Colônia: Taschen, 1999.

WEBER, Eugen. *France, Fin de Siècle.* Cambridge, Mass.; Londres: Harvard University Press, 1986.

WEINER, Dora B. *Raspail: Scientist and Reformer.* Nova York e Londres: Columbia University Press, 1968.

WEINREB, Ben; HIBBERT, Christopher (Orgs.). *The London Encyclopedia.* Londres: MacMillan, 1983.

WEISBERG, Gabriel P., et al. *Japonisme: Japanese Influence on French Art, 1854-1910.* Cleveland: Cleveland Museum of Art, 1975.

______ (Org.). *Montmartre and the Making of Mass Culture.* Prólogo de Karal Ann Marling. New Brunswick, N.J.: Rutgers University Press, 2001.

WELSH-OVCHAROV, Bogomila. *Van Gogh à Paris.* Paris: Musée d'Orsay, 1988.

______. *Vincent van Gogh and the Birth of Cloisonism.* Toronto: Art Gallery of Ontario, 1981.

______ (Org.). *Van Gogh in Perspective.* Englewood Cliffs, N.J.: Prentice-Hall, 1974.

______; CATE, Philip Dennis. *Émile Bernard (1868-1941): The Theme of Bordellos and Prostitutes in Turn-of-the-Century French Art.* New Brunswick, N.J.: Jane Voorhees Zimmerli Art Museum, Rutgers University, 1988.

WHITE, Christopher; BUVELOT, Quentin (Orgs.). *Rembrandt by Himself.* Londres: National Gallery Publications; Haia: Royal Cabinet of Paintings Mauritshuis, 1999.

WHITE, Harrison C.; HARRISON, Cynthia A. *Canvases and Careers: Institutional Change in the French Painting World.* Nova York: John Wiley and Sons, 1965.

WILDENSTEIN, Daniel; CRUSSARD, Sylvie. *Gauguin: A Savage in the Making. Catalogue Raisonné of the Paintings (1873-1888).* 2 v. Milão: Skira, 2002.

WILKIE, Ken. *In Search of Van Gogh.* Rocklin, Calif.: Prima, 1991.

YOUNG, George Malcolm; CLARK, George Kitson. *Portrait of an Age: Victorian England.* Oxford: Oxford University Press, 1960.

ZELDIN, Theodore. *France, 1848-1945.* Oxford: Clarendon Press, 1973-7.

ZEMEL, Carol M. *The Formation of a Legend: Van Gogh Criticism, 1890-1920.* Ann Arbor: UMI Research Press, 1980.

______. *Van Gogh's Progress: Utopia, Modernity, and Late Nineteenth-Century Art.* Berkeley: University of California Press, 1997.

ZOLA, Émile. *The Belly of Paris* (*Le ventre de Paris*). Trad. Ernest Alfred Vizetelly. Los Angeles: Sun and Moon Press, 1996.

______. *The Earth* (*La terre*). Trad. Douglas Parmée. Londres: Penguin Books, 1990.

______. *Germinal.* Londres: Penguin Books, 1885.

______. *A Love Affair* (*Une page d'amour*). Trad. Jean Stewart. Londres: Elek, 1957.

______. *The Masterpiece* (*L'oeuvre*). Trad. Roger Pearson. Oxford: Oxford University Press, 1993.

ZOLA, Émile. *My Hatreds (Mes haines)*. Trad. Palomba Paves-Yashinsky e Jack Yashinsky. Lewiston, Nova York: Edwin Mellen Press, 1991.

______. *Pot Luck (Pot-Bouille)*. Trad. Brian Nelson. Oxford: Oxford University Press, 1999.

______. *The Sin of Father Mouret (La faute de l'abbé Mouret)*. Trad. Sandy Petrey. Englewood Cliffs, N.J.: Prentice-Hall, 1969.

______. *The Dream (Le rêve)*. Trad. Eliza E. Chase. Londres: Chatto and Windus, 1893.

ARTIGOS DE REVISTAS

ANDERSEN, Wayne. "Gauguin and a Peruvian Mummy". *The Burlington Magazine,* v. 109, n. 769, abr. de 1967, pp. 238-42.

ARENBERG, I. Kaufman, et al. "Van Gogh Had Menière's Disease and Not Epilepsy". *Journal of the American Medical Association,* v. 264, n. 4, 25 de jul. de 1990, pp. 491-3.

ARNOLD, Wilfred Niels. "Vincent van Gogh's Birthday". *The Pharos,* outono de 1995, pp. 28-32.

AURIER, Gustave-Albert [Luc le Flâneur]. "En quête de choses d'art". *Le Moderniste Illustré,* v. 1, n. 2, 13 de abr. de 1889, p. 14.

BAILEY, Martin. "Memories of Van Gogh and Gauguin: Hartrick's Reminiscences". *Van Gogh Museum Journal,* 2001, pp. 96-105.

______. "Theo van Gogh Identified: Lucien Pissarro's Drawing of Vincent and His Brother". *Apollo,* v. 138, n. 388, 1994, pp. 44-6.

______. "Vincent's Other Brother: Cor van Gogh". *Apollo,* v. 138, n. 380, out. de 1993, pp. 217-9.

______. "Vincent van Gogh, the Writer". *The Art Newspaper,* n. 35, fev. de 1994, p. 16.

BERNARD, Émile. "Lettre ouverte à M. Camille Mauclair". *Mercure de France,* v. 14, jun. de 1895, p. 334.

______. "Louis Anquetin, artiste-peintre". *Mercure de France,* v. 239, 1º de nov. de 1932, pp. 590-607.

______. "Souvenirs sur Van Gogh". *L'Amour de l'Art,* v. 5, dez. de 1924, pp. 393-400.

______. "Vincent van Gogh". *Les Hommes d'Aujourd'hui,* v. 7, n. 390, 1890, pp. 65-9.

______. "Julien Tanguy dit le 'Père Tanguy'". *Mercure de France,* 16 de dez. de 1908, pp. 600-16.

BLUMER, Dietrich. "Hypersexual Episodes in Temporal Lobe Epilepsy". *American Journal of Psychiatry,* n. 126, 1970, pp. 1099-106.

______. "The Illness of Vincent van Gogh". *American Journal of Psychiatry,* v. 159, n. 4, abr. de 2002, pp. 519-26.

______; WALKER, A. Earl. "Sexual Behavior in Temporal Lobe Epilepsy: A Study of the Effects of Temporal Lobectomy on Sexual Behavior". *Archives of Neurology* 16, 1967, pp. 37-43.

BOIME, Albert. "Van Gogh's 'Starry Night': A History of Matter and a Matter of History". *Arts Magazine,* dez. de 1984, pp. 86-103.

BREDIUS, A. "Herinneringen aan Vincent van Gogh". *Oud-Holland,* v. 51, n. 1, 1934, p. 44.

BREKELMANS, Franciscus Antonius. "Vincent van Gogh in Zundert". *De Oranjeboom,* n. 6, 1953, pp. 48-59.

BRONKHORST, H. "Wie was oom Cor?" *Baerne: Tijdschrift van de Historische Kring "Baerne",* n. 2, jun. de 1987, pp. 10-1.

BUSS, A.; LANG, P. "Psychological Defi cit in Schizophrenia". *International Journal of Abnormal Psychology,* n. 70, 1954, pp. 2-24.

CASSEE, Elly. "In Love: Vincent van Gogh's First True Love". *Van Gogh Museum Journal,* 1996, pp. 108-17.

COCHIN, Henry. "Boccace". *Revue des Deux Mondes,* n. 3, 1888, pp. 373-413.

COMMISSION ON CLASSIFICATION AND TERMINOLOGY OF THE INTERNATIONAL LEAGUE AGAINST EPILEPSY. "Proposal for Revised Clinical and Electroencephalographic Classification of Epileptic Seizures". *Epilepsia,* n. 22, 1981, pp. 489-501.

COYLE, Laura. "Strands of Interlacing: Colour Theory, Education and Play in the Work of Vincent van Gogh". *Van Gogh Museum Journal,* 1996, pp. 118-31.

DAGEN, Philippe. "L'aliéné de la société (Review of 'La face humaine de Van Gogh')". *Le Monde des Livres,* 1º de jan. de 2000, [s.p.].

DECAUDIN, M. "Aurier l'ignoré". *Dossiers Acénonètes du Collège de Pataphyisique,* n. 15, out. de 1961, pp. 41-6.

DEKKER, Hendrick Adriaan Christiaan. "A. Mauve". *De Portefeuille,* v. 1, 1888, pp. 237-9.

DE LEEUW, Ronald. "George Henry Boughton and the 'Beautiful Picture' in Van Gogh's 1876 Sermon". *Van Gogh Museum Journal,* 1995, pp. 48-62.

DESTREMAU, Frédéric. "L'atelier Cormon (1882-1887)". *Bulletin de la Société de l'Histoire de l'Art Français,* 1996, pp. 171-84.

DEWHURST, Orrin; BEAR, David. "Varieties of Aggressive Behavior in Temporal Lobe Epilepsy". *British Journal of Psychiatry,* n. 117, 1970, pp. 497-507.

DIJK, Wout. "'Dark and Dreary Days': Dating Van Gogh's Letters from Drenthe". *Van Gogh Museum Journal,* 1996, pp. 102-7.

DIRVEN, Herman. "De kunsthandelaar Vincent van Gogh uit Prinsenhage". *Werkgroep Haagse Beemden,* n. 19, jul. de 1977, pp. 4-80.

DOITEAU, Victor. "La curieuse figure de Docteur Gachet". *Aesculape,* ago.-dez. de 1923, pp. 169-73, 211-6, 250-4, 278-83; jan. de 1924, pp. 7-11.

______. "Deux 'copains' de Van Gogh, inconnus: Les frères Gaston et René Secrétan, Vincent, tel qu'ils l'ont vu". *Aesculape,* v. 40, mar. de 1957, pp. 38-62.

______; LEROY, Edgar. "Vincent van Gogh et le drame de l'oreille coupée". *Aesculape,* n. 7, 1936, pp. 169-92.

DORRA, Henri. "Gauguin's Dramatic Arles Themes". *Art Journal,* v. 30, n. 1, 1978, pp. 12-7.

DUFAU, J. C. "De tout un peu: Textes sur Van Gogh: Van Gogh et la famille Rouline". [S.n., s.d.], pp. 4-5.

DUJARDIN, Édouard. "Aux XX et aux Indépendants: Le Cloisonisme". *La Revue Indépendante,* v. 6, mar. de 1888, pp. 487-92.

DUMAS, Ann. "The Van Gogh Literature from 1900 to Present: A Selective Review". *Van Gogh Museum Journal,* 2002, pp. 40-51.

ELLISON, James M. "Alterations in Sexual Behavior in Temporal Lobe Epilepsy". *Psychosomatics,* n. 23, 1982, pp. 499-509.

"EN BORINAGE, LÀ OÙ VÉCUT VAN GOGH". *Nord-Éclair* (Lille), 10 de dez. de 1971, p. 11.

FABBRI, Remo, Jr. "Dr. Paul-Ferdinand Gachet: Vincent van Gogh's Last Physician". *Transactions and Studies of the College of Physicians of Philadelphia,* v. 33, 1966, pp. 202-8.

FÉNÉON, Félix. "Georges Seurat". *Bulletin de la Vie Artistique,* v. 7, 14 de maio de 1914, [s.p.].

FLES, Etha. "Anton Mauve and the Modern Dutch School, 1838-88". *The Magazine of Art* 1896, pp. 71-5.

FOWLE, Frances. "Vincent's Scottish Twin: The Glasgow Art Dealer Alexander Reid". *Van Gogh Museum Journal*, 2000, pp. 90-9.

FRANITS, Wayne. "The Family Saying Grace: A Theme in Dutch Art of the Seventeenth Century". *Simiolus*, v. 16, n. 1, 1986, pp. 36-49.

GACHET, Paul. "Les médecins de Théodore et de Vincent van Gogh". *Aesculape*, v. 40, mar. de 1957, pp. 4-37.

GARDNER, A. R.; GARDNER, A. J. "Self-Mutilation, Obsessionality and Narcissism". *The British Journal of Psychiatry*, v. 127, 1975, pp. 127-32.

GASTAUT, Henri. "Clinical and Electroencephalographical Classification of Epileptic Seizures". *Epilepsia*, n. 11, 1970, pp. 102-13.

______. "État actuel des conaissances sur l'anatomie pathologique des épilepsies". *Acta Neurologica et Psychiatrica Belgica*, n. 56, 1956, pp. 5-20.

______. "Interpretation of the Symptoms of Psychomotor Epilepsy in Relation to Physiological Data on Rhinencephalic Function". *Epilepsia*, n. 3, 1954, pp. 84-8.

______. "Mémoires originaux: La maladie de Vincent van Gogh envisagée à la lumière des conceptions nouvelles sur l'élepsie psychomotrice". *Annales Medico-psychologiques*, v. 114, 1956, pp. 196-238.

______; COLLOMB, H. "Étude du comportement sexuel chez les épileptiques psychomoteurs". *Annual Médical de Psychologie*, n. 112, 1954, pp. 657-96.

______; MORIN, G.; LESÈVRE, N. "Étude du comportement des épileptiques psychomoteurs dans l'intervalle de leurs crises". *Annual Médical de Psychologie*, n. 113, 1955, pp. 1-27.

______; ROGER, J.; LESÈVRE, N. "Différenciation psychologique des épileptiques en function des formes électroniques de leur maladies". *Revue de Psychologie Appliqué*, n. 3, 1953, pp. 237-49.

GEFFROY, Gustave. "Chronique: Dix tableaux de Claude Monet". *La Justice*, v. 9, n. 17, jun. de 1888, n. 3077, pp. 1-2.

GELFAND, Toby. "Neurologist or Psychiatrist? The Public and Private Domains of Jean-Martin Charcot". *Journal of the History of the Behavioral Sciences*, v. 36, n. 3, verão de 2000, pp. 215-29.

GODFREY, Caroline Durand-Ruel. "Paul Durand-Ruel's Marketing Practices". *Van Gogh Museum Journal*, 2000, pp. 82-9.

GRAM, Johan. "De kunstverzameling Vincent van Gogh in Pulchri Studio". *Haagsche Stemmen*, v. 2, 1889, pp. 371-82.

GREEN, Nicholas. "Dealing in Temperaments: Economic Transformation of the Artistic Field in France during the Second Half of the Nineteenth Century". *Art History*, v. 10, mar. de 1987, pp. 59-78.

GREER, Joan E. "A Modern Gethsemane: Vincent van Gogh's 'Olive Grove'". *Van Gogh Museum Journal*, 2001, pp. 106-17.

GRONBERG, Theresa Ann. "Femmes de brasseries". *Art History*, v. 7, set. de 1984, pp. 328-44.

HAMMACHER, Abraham Marie. "Van Gogh and Italy". *Van Gogh Museum Journal*, 2001, pp. 118-23.

HERKOMER, Hubert von. "Drawing and Engraving on Wood". *The Art Journal*, 1882, pp. 133-6, 165-8.

HONEYMAN, T. J. "Van Gogh: A Link with Glasgow". *The Scottish Art Review*, v. 2, n. 2, 1948, pp. 16-20.

HOWARD, Michael. "Toulouse-Lautrec and the Art of Japan". *Art Quarterly*, outono de 1991, pp. 23-7.

HULSKER, Jan. "1878, a Decisive Year in the Lives of Theo and Vincent". Trad. J. van Hattum. *Vincent: Bulletin of the Rijksmuseum Vincent van Gogh*, v. 3, n. 3, 1974, pp. 15-36.

HULSKER, Jan. "Critical Days in the Hospital in Arles". *Vincent: Bulletin of the Rijksmuseum Vincent van Gogh*, v. 1, n. 1, 1970, pp. 20-31.

______. "The Elusive Van Gogh, and What His Parents Really Thought of Him". *Simiolus*, v. 4, 1989, pp. 243-63.

______. "A New Extensive Study of Van Gogh's Stay in Haia". *Vincent: Bulletin of the Rijksmuseum Vincent van Gogh*, v. 3, n. 2, 1974, pp. 29-32.

______. "The Poet's Garden". Trad. J. van Hattum. *Vincent: Bulletin of the Rijksmuseum Vincent van Gogh*, v. 3, n. 1, 1974, pp. 22-32.

______. "Van Gogh's Dramatic Years in The Hague". Trad. J. van de Vathorst-Smit. *Vincent: Bulletin of the Rijksmuseum Vincent van Gogh*, v. 1, n. 2, 1971, pp. 6-21.

______. "Van Gogh's Studio in The Hague identified". *Vincent: Bulletin of the Rijksmuseum Vincent van Gogh*, v. 1, n. 2, 1971, pp. 2-5.

______. "Van Gogh's Threatened Life in St. Rémy and Auvers". Trad. J. van Hattum. *Vincent: Bulletin of the Rijksmuseum Vincent van Gogh*, v. 2, n. 1, 1972, pp. 21-39.

______. "Van Gogh's Years of Rebellion in Nuenen". Trad. J. van Hattum. *Vincent: Bulletin of the Rijksmuseum Vincent van Gogh*, v. 1, n. 3, 1971, pp. 15-28.

______. "Vincent's Letters to Anton Kerssemakers". *Vincent: Bulletin of the Rijksmuseum Vincent van Gogh*, v. 2, n. 2, 1973, pp. 16-24.

______. "Vincent's Stay in the Hospitals at Arles and Saint-Rémy: Unpublished Letters from the Postman Joseph Roulin and the Reverend Salles to Theo van Gogh". Trad. J. van Hattum. *Vincent: Bulletin of the Rijksmuseum Vincent van Gogh*, v. 1, n. 2, 1971, pp. 24-44.

______. "What Theo Really Thought of Vincent". Trad. J. van Hattum. *Vincent: Bulletin of the Rijksmuseum Vincent van Gogh*, v. 3, n. 2, 1974, pp. 2-28.

JACKSON, J. Hughlings; BEEVOR, Charles E. "Case of Tumour of the Right Temporosphenoidal Lobe Bearing on the Localisation of the Sense of Smell and on the Interpretation of a Particular Variety of Epilepsy". *Brain*, n. 11, 1889, pp. 345-57.

JAMES, Henry. "'Les Maîtres d'Autrefois', Review of *Les Maîtres d'Autrefois: Belgique-Hollande* by Eugène Fromentin". *The Nation*, 13 de jul. de 1876.

JAMPOLLER, Lili. "Theo van Gogh and Camille Pissarro: Correspondence and an Exhibition". *Simiolus*, v. 16, 1986, pp. 50-61.

JANSEN, Leo; LUIJTEN, Hans; FOKKE, Erik. "The Illness of Vincent van Gogh: A Previously Unknown Diagnosis". *Van Gogh Museum Journal*, 2003, pp. 113-9.

JANSEN, Leo; LUIJTEN, Hans; BAKKER, Nienke. "Self-Portrait between the Lines: A Newly Discovered Letter from Vincent van Gogh to H. G. Tersteeg". *Van Gogh Museum Journal*, 2003, pp. 99-111.

JANSEN, Leo; LUIJTEN, Hans; PABST, Fieke. "Paper Endures: Documentary Research into the Life and Work of Vincent van Gogh". *Van Gogh Museum Journal*, 2002, pp. 26-39.

JIRAT-WASIUTNYSKI, Vojtech. "A Dutchman in the South of France: Van Gogh's 'Romance' of Arles". *Van Gogh Museum Journal*, 2002, pp. 78-89.

JUNEJA, Monica. "The Peasant Image and Agrarian Change: Representations of Rural Society in Nineteenth-Century French Painting from Millet to Van Gogh". *Journal of Peasant Studies*, v. 15, n. 4, 1988, pp. 445-71.

KEEFE, J. W. "Drawings and Watercolors of Anton Mauve". *Museum News* (Museu de Arte de Toledo), v. 9, 1966, pp. 75-94.

KOLDEHOFF, Stefan. "When Myth Seems Stronger than Scholarship: Van Gogh and the Problem of Authenticity". *Van Gogh Museum Journal*, 2002, pp. 8-25.

KORN, Madeleine. "Collecting Paintings by Van Gogh in Britain Before the Second World War". *Van Gogh Museum Journal*, 2002, pp. 120-35.

KRIJT, Chris. "Young Vincent's Art Collection". *Vincent: Bulletin of the Rijksmuseum Vincent van Gogh,* v. 4, n. 3, pp. 24-6.

LEROY, Edgar. "Le séjour de Vincent van Gogh à l'asile de Saint-Rémy-de-Provence". *Aesculape,* maio-jul. de 1926, pp. 16, 137-43, 154-8, 180-6.

LESSEPS, Ferdinand de. "Souvenir d'un voyage au Soudan". *La Nouvelle Revue*, n. 26, 1884, pp. 491--517.

LISTER, Kristin Hoermann. "Tracing a Transformation: Madame Roulin into La Berceuse". *Van Gogh Museum Journal*, 2001, pp. 63-83.

LOYRETTE, Henri. "On the Occasion of the Reopening of the Museum Mesdag". *Van Gogh Museum Journal*, 1996, pp. 41-3.

LUIJTEN, Hans. "As It Came into My Pen: A New Edition of the Correspondence of Vincent van Gogh". *Van Gogh Museum Journal*, 1996, pp. 88-101.

MAHER, B. "The Scattered Language of Schizophrenia". *Psychology Today*, n. 2, 1968, pp. 6-30.

MANTZ, Paul. "Jean-François Millet". *Le Magasin Pittoresque*, v. 6, n. 2, 1888, pp. 399-402.

MENNINGER, Karl A. "A Psychoanalytic Study of the Signifi cance of Self-Mutilations". *Psychoanalytic Quarterly*, v. 4, n. 3, 1935, pp. 408-66.

MERKUS, F. W. H. M. "Het medische dossier van Theo van Gogh". *Nederlands Tijdschrift voor Geneeskunde,* v. 136, n. 43, 1992, pp. 21-41.

MIDDAG, Ineke. "Vincent van Gogh: The Graphic Work". *Van Gogh Museum Bulletin Three*, 1995, pp. 3, 6.

MONROE, Russell R. "Another Diagnosis for Van Gogh?" *Journal of Mental Disorders,* n. 179, 1991, p. 241.

______. "The Episodic Psychoses of Vincent van Gogh". *Journal of Mental Disorders,* n. 166, 1978, pp. 480-8.

MOREL, Bénédict-Augustin. "D'une forme de délire, suite d'une surexcitation nerveuse se rattachant à une variété non encore décrite d'épilepsie: l'épilepsie larvée". *Gazette Hebdomadaire de Médecine et du Chirurgie,* n. 7, 1860, pp. 773-5, 819-21, 836-41.

MURRAY, Ann H. "'Strange and Subtle Perspective...': Van Gogh, the Hague School, and the Dutch Landscape Tradition". *Art History,* v. 3, n. 4, 1980, pp. 410-24.

NIEDERMEYER, Ernest. "Neurologic Aspects of the Epilepsies". *Psychiatric Aspects of Epilepsy,* 1984, pp. 99-142.

NONNE, Monique. "Theo van Gogh: His Clients and Suppliers". *Van Gogh Museum Journal*, 2000, pp. 38-51.

OP DE COUL, Martha. "In Search of Van Gogh's Nuenen Studio: The Oldenzeel Exhibitions of 1903". *Van Gogh Museum Journal*, 2002, pp. 104-19.

ORTON, Fred. "Vincent van Gogh in Paris, 1886-87: Vincent's Interest in Japanese Prints". *Vincent: Bulletin of the Rijksmuseum Vincent van Gogh,* v. 1, n. 3, 1971, pp. 2-12.

PERRY, Isabella H. "Vincent van Gogh's Illness: A Case Record". *Bulletin of the History of Medicine,* n. 21, 1947, pp. 146-72.

PERSINGER, Michael A. "Religious and Mystical Experience as Artifacts of Temporal Lobe Function: A General Hypothesis". *Perceptual & Motor Skills*, n. 57, 1983, pp. 1255-62.

PIÉRARD, Louis. "Van Gogh à Auvers". *Les Marges*, jan.-maio de 1914, pp. 47-53.

POLLOCK, Griselda. "Labour — Modern and Rural: The Contradictions of Representing Handloom Weavers in Brabant in 1884". *Australian Journal of Art*, v. 6, 1987, pp. 25-44.

______. "Stark Encounters: Modern Life and Urban Work in Van Gogh's Drawings of the Hague, 1881-1883". *Art History*, v. 6, set. de 1993, pp. 330-8.

______. "Van Gogh and the Poor Slaves: Images of Rural Labour as Modern Art". *Art History*, v. 11 set. de 1988, pp. 408-32.

PRIOU, Jean-Noel. "Van Gogh et la Famille Roulin". *Beaux Arts*, 31 de ago.-6 de set. de 1955, pp. 5-6.

RENTCHNICK, Pierre. "Pathographie de van Gogh". *Médecine et Hygiène*, n. 45, 1987, pp. 1750-61.

REYNOLDS, Edward H. "Hughlings Jackson: A Yorkshireman's Contribution to Epilepsy". *Archives of Neurology*, n. 45, 1988, pp. 675-8.

RICHARD, Pierre. "Vincent van Gogh's Montmartre". Trad. Jan Hulsker e Barbara Potter Fasting. *Jong Holland*, v. 4, n. 1, 1988, pp. 16-21.

RITCHIE, Alick P. F. "The Antwerp School of Art". *The Studio*, v. 1, 1893, pp. 141-2.

ROETEMEIJER, H. J. M. "De Bruinisten in Amsterdam". *Ons Amsterdam*, jul. de 1969, pp. 194-201.

RUSIC, Svetozar. "Biographie d'Albert Aurier". *Dossiers Acénonètes du Collège de Pataphyisique*, n. 15, out. de 1961, pp. 47-51.

SECRÉTAN-ROLLIER, Pierre. "Looking through Vincent's Book of Psalms". Trad. J. van Hattum. *Vincent: Bulletin of the Rijksmuseum Vincent van Gogh*, v. 2, n. 4, 1973, pp. 21-4.

SHEEHY, Jeanne. "The Flight from South Kensington: British Artists at the Antwerp Academy, 1877--1885". *Art History*, v. 20, n. 1, mar. de 1997, pp. 124-39.

SHEON, Aaron. "Theo van Gogh, Publisher: The Monticelli Album". *Van Gogh Museum Journal*, 2000, pp. 53-61.

SILVERMAN, Debora. "Framing Art and Sacred Realism: Van Gogh's Ways of Seeing Arles". *Van Gogh Museum Journal*, 2001, pp. 44-61.

SLAGTER, J. "Van Goghiana". *De Tafel Ronde*, v. 11, n. 8-9, 30 de abr. de 1955, p. 91.

SMEE, Sebastian. "Is It a Bird? Is It a Plane? No, It's an Australian!" *The Art Newspaper*, n. 119, 11 de nov. de 2001, p. 13.

SPALDING, Frances. "The Low Life and High Art of Toulouse-Lautrec". *Harpers and Queen*, out. de 1991 [s.p.].

STEVENS, Janice R.; HERMANN, Bruce P. "Temporal Lobe Epilepsy, Psychopathology, and Violence: The State of the Evidence". *Neurology*, n. 31, 1981, pp. 1127-32.

STOLWIJK, Chris. "An Art Dealer in the Making: Theo van Gogh in Haia". *Van Gogh Museum Journal*, 2000, pp. 19-27.

______. "Un marchand avisé: La succursale hollandaise de la maison Goupil". Trad. Jeanne Bouniort. *État des Lieux* (The Musée Goupil in Bordeaux), n. 2, 1999, pp. 73-96.

______. "'Our Crown and Our Honour and Our Joy': Theo van Gogh's Early Years". *Van Gogh Museum Journal*, 1997-8, pp. 42-57.

TEN BRINK, Jan, et al. "The Art Collection: Vincent van Gogh in the Pulchri Studio". *Hague Voices*, n. 31, 30 de mar. de 1889, pp. 371-82.

THOMAS, W. L. "The Making of the 'Graphic'". *The Universal Review*, n. 21, set.-dez. de 1888, pp. 80-93.

THOMSON, Richard. "Trading the Visual: Theo van Gogh, the Dealer Among the Artists". *Van Gogh Museum Journal*, 2000, pp. 28-37.

TRALBAUT, Marc Edo. "Addendum bij de Antwerpse Periode". *Van Goghiana*, v. 5, 1968, pp. 43-7.

______. "André Bonger: L'ami des frères Van Gogh". *Van Goghiana*, v. 1, 1963, pp. 5-54.

______. "Feuillets de Bloc-Notes". *Van Goghiana*, v. 7, 1970, pp. 71-102.

______. "In Vincent van Gogh's voetspoor te Antwerpen". *De Toerist*, v. 34, n. 11, jun. de 1955, pp. 361-71.

______. "Vincent van Gogh, épileptique ou schizophrène?" *Van Goghiana*, v. 3, 1966, pp. 24-38.

TRAPP, F. A. "The Art of Delacroix and the Camera's Eye". *Apollo*, abr. de 1966, pp. 270-88.

VAN DEN EERENBEEMT, H. F. J. M. "The Unknown Vincent van Gogh, 1866-1868, (1) The Secondary State School at Tilburg". *Vincent: Bulletin of the Rijksmuseum Vincent van Gogh*, v. 2, n. 1, 1972, pp. 2-12.

VAN GEERTRUY, Anieta. "De familie Van Gogh te Etten (1875-1882)". *Jaarboek van de Geschied — en Oudheidkundige Kring van Stad en Land van Breda, De Oranjeboom*, v. 36, 1983, pp. 35-64.

VAN LINDERT, Juleke. "'De aap van het sentiment': Dordrechts Museum herdenkt romanticus Ary Scheffer". *Vitrine*, v. 8, n. 8, 1995, pp. 20-3.

VAN TILBORGH, Louis. "Letter from Willemien van Gogh". *Van Gogh Bulletin*, 1992-93, p. 21.

______; PABST, Fieke. "Notes on a Donation: The Poetry Album for Elisabeth Huberta van Gogh". *Van Gogh Museum Journal*, 1995, pp. 86-101.

VERKADE-BRUINING, A. "Vincent's Plans to Become a Clergyman (1)". Trad. J. van Hattum. *Vincent: Bulletin of the Rijksmuseum Vincent van Gogh*, v. 3, n. 4, 1974, pp. 14-23.

______. "Vincent's plans to become a clergyman (2): Vincent in Belgium". Trad. J. van Hattum. *Vincent: Bulletin of the Rijksmuseum Vincent van Gogh*, v. 4, n. 1, 1975, pp. 9-13.

VOSKUIL, P. H. A. "Het medische dossier van Theo van Gogh". *Nederlands Tijdschrift voor Geneeskunde*, v. 136, n. 36, 1992, pp. 1777-9.

______. "Het ziektebeeld van Vincent van Gogh". *Some & Psyche*, v. 16, n. 1, 1990, pp. 17-23.

______. "Het ziektebeeld van Vincent van Gogh". *Some & Psyche*, v. 16, n. 2, 1990, pp. 25-30.

______. "Vincent van Gogh's Malady: A Test Case for the Relationship Between Temporal Lobe Dysfunction and Epilepsy?". *Journal of the History of the Neurosciences*, n. 1, 1992, pp. 155-62.

WEBSTER, John. "Notes on Belgian Lunatic Asylums, Including the Insane Colony of Gheel". *Journal of Psychological Medicine and Mental Pathology*, n. 10, 1857, pp. 50-78, 209-47.

WEISBERG, Gabriel P. "S. Bing and the Evolution of Art Nouveau". *National Gallery of Art: Center for Advanced Study in the Visual Arts, Center 3, Research Reports and Record Activities*, jun. de 1982-maio de 1983, pp. 79-80.

WESTER, J. P. J. "Het medische dossier van Theo van Gogh". *Nederlands Tijdschrift der Geneeskunde*, v. 136, n. 49, 1992, p. 2443.

WHITELEY, Linda. "Goupil, Delaroche and the Print Trade". *Van Gogh Museum Journal* 2000, pp. 74-81.

WOLINSKY, Howard. "What Ailed Van Gogh?". *The Medical Post*, 18 de jun. de 1991, pp. 13-4.

WYLIE, Anne Stiles. "An Investigation of the Vocabulary of Line in Vincent van Gogh's Expression of Space". *Oud Holland*, v. 85, n. 4, 1970, pp. 210-22.

______. "Vincent and Kee and the Municipal Archives in Amsterdam". *Vincent: Bulletin of the Rijksmuseum Vincent van Gogh*, v. 2, n. 4, 1973, pp. 2-7.

WYLIE, Anne Stiles. "Vincent's Childhood and Adolescence". *Vincent: Bulletin of the Rijksmuseum Vincent van Gogh*, v. 4, n. 2, 1975, pp. 4-27.

ZEMEL, Carol M. "Sorrowing Women, Rescuing Men: Van Gogh's Images of Women and Family". *Art History*, v. 10, n. 3, set. de 1987, pp. 351-68.

ZIMMERMANN, Michael F. "'... which Dazzle Many an Eye': Van Gogh and Max Liebermann". *Van Gogh Museum Journal*, 2002, pp. 90-103.

ARTIGOS EM LIVROS PUBLICADOS

Os livros citados nesta seção estão listados na primeira seção desta bibliografia.

AURIER, Gustave-Albert. "The Isolated Ones: Vincent van Gogh" ("Les isolés: Vincent van Gogh", *Mercure de France*, 1º de jan. de 1890, pp. 24-9). In: *Van Gogh*, org. Stein, pp. 181-93.

BASELEER, Richard. "Vincent Van Gogh in zijn Antwerpse Periode" (*Richard Baseleer Reminiscences*). In: Van Gogh, *Verzamelde Brieven van Vincent van Gogh* [ed. 1954], org. Van Gogh-Bonger e Van Gogh). In: *Van Gogh*, org. Stein, pp. 70-1.

BEAR, David M. "Behavioral Changes in Temporal Lobe Epilepsy". In: *Aspects of Epilepsy and Psychiatry*, org. Trimble e Bolwig, pp. 19-30.

BEAR, David M.; FREEMAN, Roy; GREENBERG, Mark. "Behavioral Alterations in Patients with Temporal Lobe Epilepsy". In: *Psychiatric Aspects of Epilepsy*, org. Blumer, pp. 197-227.

BERNARD, Émile. "Émile Bernard on Vincent (1886-1887)" ("Vincent van Gogh", *La Plume*, v. 3, n. 57, 1º de set. de 1891). In: *Van Gogh in Perspective*, org. Welsh-Ovcharov, pp. 37-41.

______. "Les Hommes d'Aujourd'hui" ("Vincent van Gogh", *Les Hommes d'Aujourd'hui, Mercure de France*, v. 8, n. 390, 1891 [s.p]). In: *Van Gogh*, org. Stein, pp. 282-5.

______. "Julien Tanguy, Called Le Père Tanguy" ("Julien Tanguy dit le 'Père Tanguy'", *Mercure de France*: 16 de dez. de 1908, pp. 600-16). In: *Van Gogh*, org. Stein, pp. 92-4.

______. "On Vincent's Burial" ("L'enterrement de Vincent van Gogh", *Art Documents*, fev. de 1953, n. 29, pp. 1-2; ver b3052 V/1985, "Bernard, Émile" a "Aurier, Gustave-Albert", 7/3/1891). In: *Van Gogh*, org. Stein, pp. 219-22.

BILLEN, Claire. "Episodes: The Socio-Economic Framework of a Capital City". In: *Brussels*, org. Billen e Duvosquel, pp. 108-25.

BLOCK, Jane. "Les XX: Forum of the Avant-Garde". In: *Belgian Art*, org. Botwinick, pp. 17-40.

BLOM, J. C. H. "Holland Since 1830". In: *History of the Low Countries*, org. Blom e Lamberts, pp. 393-470.

BLUMER, Dietrich. "Epileptic and Pseudoepileptic Seizures: Differential Diagnostic Considerations". In: *Psychiatric Aspects of Epilepsy*, org. Blumer, pp. 179-96.

______. "The Psychiatric Dimension of Epilepsy: Historical Perspective and Current Significance". In: *Psychiatric Aspects of Epilepsy*, org. Blumer, pp. 1-66.

BOELE VAN HENSBROEK, Pieter. "Uit". In: *Verzamelde Brieven van Vincent van Gogh* (ed. 1955), org. Van Gogh-Bonger e Van Gogh, pp. 334-5.

BOIME, Albert. "Van Gogh, Thomas Nast and the Social Role of the Artist". In: *Van Gogh 100*, org. Masheck, pp. 71-111.

BOLWIG, Tom G. "Classification of Psychiatric Disturbances in Epilepsy". In: *Aspects of Epilepsy and Psychiatry*, org. Trimble e Bolwig, pp. 1-8.

BONGER, Andries. "Letters and Art" ("Letteren en Kunst: Vincent", *Nieuwe Rotterdamsche Courant*; 5 de set. de 1893). In: *Van Gogh*, org. Stein, p. 105.

"BROCHURE FOR THE ASYLUM". Maison de Santé de Saint-Rémy-de-Provence, c. 1865. In: *Van Gogh*, org. Stein, pp. 147-50.

BRUSSE, M. J. "Vincent van Gogh as Bookseller's Clerk". In: Van Gogh, *The Complete Letters of Vincent van Gogh*, pp. 107-14.

CACHIN, Françoise. "Van Gogh and the Neo-Impressionist Milieu". In: *Vincent van Gogh*, org. Van Crimpen, pp. 225-37.

CADORIN, Paolo. "Colour Fading in Van Gogh and Gauguin". In: *A Closer Look*, org. Peres, Hoyle e Van Tilborgh, pp. 12-9.

CATE, Phillip Dennis. "The Spirit of Montmartre". In: *The Spirit of Montmartre*, org. Cate e Shaw, pp. 1-94.

CHILDS, Elizabeth C. "Seeking the Studio of the South". In: *Vincent van Gogh and the Painters of the Petit Boulevard*, org. Homburg, pp. 113-52.

CHRISTENSEN, Carol. "The Painting Materials and Technique of Paul Gauguin". In: *The Art of Paul Gauguin*, org. Brettell et al., pp. 63-104.

COLLINS, Philip. "Dickens and London". In: *The Victorian City*, org. Dyos e Wolff, pp. 537-58.

COX, Kenyon. "The 'Modern' Spirit in Art: Some Reflections Inspired by the Recent International Exhibition" (*Harper's Weekly*, v. 15, mar. de 1913, p. 10). In: *Van Gogh*, org. Stein, p. 338.

DAM, Mogens; MOURITZEN, Agnete. "Is There an Epileptic Personality?". In: *Aspects of Epilepsy and Psychiatry*, org. Trimble e Bolwig, pp. 9-18.

DEKKERS, Dieuwertje. "The Frugal Meal". In: *The Potato Eaters by Vincent van Gogh*, org. Van Heugten e Van Tilborgh, pp. 75-84.

DE MEESTER, Johan. "Vincent van Gogh" (*Algemeen Handlesblad*, 31 de dez. de 1890). In: *Van Gogh*, org. Stein, pp. 246-57.

DENIS, Maurice. "From Gauguin and Van Gogh to Classicism" ("De Gauguin et de van Goghs au classicisme", *L'Occident*, 1909). In: *Van Gogh*, org. Stein, pp. 335-7.

DE WINKEL, Marieke. "Costumes in Rembrandt's Self Portraits". In: *Rembrandt by Himself*, org. White e Buvelot, pp. 58-74.

DISTEL, Anne. "Gachet, Father and Son". In: *Cézanne to Van Gogh*, org. Distel e Stein, pp. 3-25.

DORN, Roland. "The Arles Period: Symbolic Means, Decorative Ends". In: Dorn et al., *Van Gogh Face to Face*, pp. 134-71.

______. "Vincent van Gogh's Concept of 'Décoration'". In: *Vincent van Gogh*, org. Van Crimpen, pp. 375-85.

DU TOUR, Willem. "De Amsterdammer" (*De Amsterdammer*, 21 de fev. de 1892). In: *Van Gogh*, org. Stein, pp. 286-7.

EIDELBERG, Martin; JOHNSTON, William R. "Japonisme and French Deocrative Arts". In: Weisberg et al., *Japonisme: Japanese Influence on French Art, 1854-1910*, pp. 141-56.

FÉNÉON, Félix. "The Fifth Exhibition of the Société des Artistes Indépendants" ("Salon des Indépendants, Paris, 1889", *La Vogue*, set. de 1889). In: *Van Gogh*, org. Stein, pp. 180-1.

FENWICK, Peter. "Aggression and Epilepsy". In: *Aspects of Epilepsy and Psychiatry*, org. Trimble e Bolwig, pp. 31-60.

FERGUSON, Shirley M.; RAYPORT, Mark. "Psychosis in Epilepsy". In: *Psychiatric Aspects of Epilepsy*, org. Blumer, pp. 229-70.

FRY, Roger. "Monthly Chronicle: Van Gogh" (*The Burlington Magazine*, dez. de 1923). In: *Van Gogh*, org. Stein, pp. 353-5.

GAUGUIN, Paul. "Avant et après" (*Avant et après*, Paris: Les Éditions G. Crès, 1903). In: *Van Gogh*, org. Stein, pp. 123-8.

______. "Gauguin on Vincent (1888)" ("Natures Mortes", in *Essais d'Art Libre*, 4 de jan. de 1894, E. Girard, Editeur, Paris, pp. 273-5). In: *Van Gogh in Perspective*, org. Welsh-Ovcharov, pp. 42-9.

______. "On Van Gogh's Legacy" (carta de Gauguin a Bernard, jan. de 1891; ver b1481 V/1962, Paul Gauguin a Émile Bernard, 1/1891). In: *Van Gogh*, org. Stein, p. 240.

______. "On Vincent's Death" (carta de Gauguin a Theo, c. 2 de agosto de 1890; ver Malingue, *Lettres de Gauguin à sa femme et ses amis*, carta n.113). In: *Van Gogh*, org. Stein, p. 231.

______. "Still Lifes" ("Natures Mortes", *Essais d'Art Libre*, 4 de jan. de 1894, E. Girard, Editeur, Paris, pp. 273-5). In: *Van Gogh*, org. Stein, pp. 121-2.

______; VAN GOGH, Vincent. "On Working Together in Arles" (cartas de Vincent e Gauguin, out.-dez. de 1888). In: *Van Gogh*, org. Stein, pp. 128-30.

GAUZI, François. "Lautrec et son Temps" (*Lautrec et son temps*, Paris: David Perret et Cie, 1954). In: *Van Gogh*, org. Stein, pp. 71-2.

GESHWIND, Norman. "Dostoievsky's Epilepsy". In: *Psychiatric Aspects of Epilepsy*, org. Blumer, pp. 325-34.

GILOT, Françoise; LAKE, Carlton. "Life with Picasso" (*Life with Picasso*, Nova York: McGraw-Hill, 1964). In: *Van Gogh*, org. Stein, pp. 379-80.

GÖRLITZ, Paulus Coenraad. "Among the People" (carta de Görlitz a M. J. Brusse, "Onder de Menschen, Vincent van Gogh als Boekverkopersbediende", *Nieuwe Rotterdamsche Courant*, 2 de maio e 2 de jun. de 1914). In: *Van Gogh*, org. Stein, pp. 41-2.

______. "Vincent in Dordrecht (1877)" (carta de Görlitz a M. J. Brusse, in "Onder de Menschen, Vincent van Gogh als Boekverkopersbediende", *Nieuwe Rotterdamsche Courant*, 2 de maio e 2 de jun. de 1914). In: *Van Gogh in Perspective*, org. Welsh-Ovcharov, pp. 16-8.

______; VAN EEDEN, Frederik. "Brief van P. C. Görlitz aan Frederik van Eeden". In: *Verzamelde Brieven van Vincent van Gogh* (ed. 1955), org. Van Gogh-Bonger e Van Gogh, pp. 327-35.

GRAM, John. "Overgenomen uit". In: *Verzamelde Brieven van Vincent van Gogh* (ed. 1955), org. Van Gogh-Bonger e Van Gogh, pp. 299-301.

GROJNOWSKI, Daniel. "Hydropathes and Company". In: *The Spirit of Montmartre*, org. Shaw, pp. 95-110.

H. A. "LES VINGT" ("Les XX", *La Wallonie*, n. 5, 1890). In: *Van Gogh*, org. Stein, pp. 207-8.

HAGEMAN, Victor. "Van Gogh in Antwerp" (in Louis Piérard, "Van Gogh à Anvers", *Les Marges*, 13 de jan. de 1914, pp. 47-53). In: *Van Gogh*, org. Stein, pp. 68-70.

HAMMACHER, Abraham Marie. "Van Gogh's Relationship with Signac (1962)" (*Van Gogh's Life in His Drawings: Van Gogh's Relationship with Signac*, Londres: Marlborough Fine Art Ltd., maio-jun. de 1962). In: *Van Gogh in Perspective*, org. Welsh-Ovcharov, pp. 143-7.

HIMMELHOCH, Jonathon M. "Major Mood Disorders Related to Epileptic Changes". In: *Psychiatric Aspects of Epilepsy*, org. Blumer, pp. 271-94.

HIRSCHIG, Anton. "Recollections of Vincent van Gogh" (carta de Hirschig a A. Bredius, in Bredius,

"Herinneringen aan Vincent van Gogh", *Oud-Holland*, v. 51, n. 1: 1934, p. 44). In: *Van Gogh*, org. Stein, pp. 210-1.

HOUSE, John. "Towards the Modern Landscape". In: *Vincent van Gogh and the Painters of the Petit Boulevard*, org. Homburg, pp. 159-98.

HUMMELEN, Ijsbrand; PERES, Cornelia. "The Painting Technique of *The Potato Eaters*". In: Van Tilborgh, *The Potato Eaters by Vincent van Gogh*, pp. 49-57.

JAMPOLLER, Lili. "Theo and Vincent as Collectors". In: *The Rijksmuseum Vincent van Gogh*, org. Van Uitert e Hoyle, pp. 30-7.

JASPERS, Karl. "Van Gogh and Schizophrenia (1922)" (*Strindberg und Van Gogh,* Leipzig: Ernst Bircher, 1922). In: *Van Gogh in Perspective*, org. Welsh-Ovcharov, pp. 99-101.

JIRAT-WASIUTYNSKI, Vojtech. "Painting from Nature Versus Painting from Memory". In: *A Closer Look*, org. Peres, Hoyle e Van Tilborgh, pp. 90-102.

KAHN, Gustave. "Painting" ("Peinture: Expositions des Indépendants", *La Revue Indépendante*, n. 18: 18 de abr. de 1888, p. 163). In: *Van Gogh,* org. Stein, p. 176.

KERSSEMAKERS, Anton C. "Reminiscences of Vincent van Gogh" ("Herinneringen aan Vincent van Gogh", *De Amsterdammer: Weekblad voor Nederland*, 14 de abr. de 1912). In: *Van Gogh,* org. Stein, pp. 48-55.

KEYES, George S. "The Dutch Roots of Vincent van Gogh". In: Dorn et al., *Van Gogh Face to Face*, pp. 20-49.

KÔDERA, Tsukasa. "Christianity Versus Nature". In: *Van Gogh 100*, org. Masheck, pp. 227-49.

______. "Van Gogh and the Dutch Theological Culture of the Nineteenth Century". In: *Vincent van Gogh and Millet,* org. Van Tilborgh, pp. 115-34.

KORSHAK, Yvonne. "From 'Passions' to 'Passion': Visual and Verbal Puns in *The Night Café*". In: *Van Gogh 100*, org. Masheck, pp. 29-42.

LAGYE, Gustave. "Chronicle of the Fine Arts at the Salon of Les Vingt" ("Chronique des Beaux-Arts, Salon des XX", *L'éventail*, 1º de mar. de 1891). In: *Van Gogh,* org. Stein, p. 266.

LAUZAC, Henry. "Galerie historique et critique du dix-neuvième siècle, par Henry Lauzac". In: *Verzamelde Brieven van Vincent van Gogh* (v. 4, ed. 1955), org. Van Gogh-Bonger e Van Gogh, pp. 302-4.

LECLERCQ, Julien. "Vincent van Gogh" (*Mercure de France*, dez. de 1890). In: *Van Gogh,* org. Stein, pp. 240-1.

______. "Fine Arts at the Indépendants" ("Beaux-Arts aux Indépendants", *Mercure de France,* maio de 1890). In: *Van Gogh*, org. Stein, p. 207.

LECOMTE, Georges. "L'exposition des néo impressionistes" (*Art et Critique*, 29 de mar. de 1890). In: *Van Gogh*, org. Stein, p. 207.

MACKNIGHT, Dodge. "On Van Gogh in Arles" ("Lau's Dodge MacKnight", Archives of American Art). In: *Van Gogh*, org. Stein, p. 108.

MAUCLAIR, Camille. "Galerie Le Barc de Boutteville" (*La Revue Indépendante,* n. 23, 1892). In: *Van Gogh*, org. Stein, pp. 294-303.

MEIJER DE HAAN, Jacob. "On Vincent's Death" (carta de Jacob Meijer de Haan a Theo van Gogh, c. 1 de ago. de 1890). In: *Van Gogh*, org. Stein, p. 232.

MENDES DA COSTA, Maurits Benjamin. "Personal Reminiscences of Vincent van Gogh" ("Persoonlijke herinneringen aan Vincent van Gogh", *Het Handelsblad*, 2 de dez. de 1910). In: *Van Gogh*, org. Stein, pp. 43-5.

MINKOWSKA, Françoise. "Van Gogh as an Epileptic (1922)" ("Van Gogh: les relations entre sa vie, sa maladie et son oeuvre", *L'Évolution Psychiatrique*, n. 3, 1933, pp. 53-76). In: *Van Gogh in Perspective*, org. Welsh-Ovcharov, pp. 102-4.

MIRABEAU, Octave. "Le Père Tanguy" (*Des artistes*, Paris: Ernest Flammarion, fev. de 1894). In: *Van Gogh*, org. Stein, p. 222.

MOURIER-PETERSEN, Christian Vilhelm. "On Van Gogh in Arles" (carta de Mourier-Petersen a Johan Rohde, mar. de 1988, in Rohde, *Den frie udstelling: Journal fra en I rejse 1892*, cortesia de H. P. Rohde). In: *Van Gogh*, org. Stein, p. 108.

NEWTON, H. Travers. "Observations on Gauguin's Painting Techniques and Materials". In: *A Closer Look*, org. Peres, Hoyle e Van Tilborgh, pp. 103-11.

NIEDERMEYER, Ernst. "Neurologic Aspects of the Epilepsies". In: *Psychiatric Aspects of Epilepsy*, org. Blumer, pp. 99-142.

"OBITUARY" (*L'Écho Pontoisien*, 7 de ago. de 1890). In: *Van Gogh*, org. Stein, p. 219.

OP DE COUL, Martha. "Nuenen and Its Environs in the Work of Vincent van Gogh". In: *Van Gogh in Brabant*, compilado por Van Uitert, pp. 92-101.

OSBORN, Max. "Der Bunte Spiegel" (*Der Bunte Spiegel*, Nova York: Verlag Frederich Krause, 1945). In: *Van Gogh*, org. Stein, p. 89.

PABST, Fieke; VAN UITERT, Evert. "A Literary Life, with a List of Books and Periodicals Read by Van Gogh". In: *The Rijksmuseum Vincent van Gogh*, org. Van Uitert e Hoyle, pp. 68-84.

PARRY-JONES, William L. "The Model of the Geel Lunatic Colony and Its Influences on the Nineteenth-Century Asylum System in Britain". In: *Madhouses, Mad-Doctors, and Madmen*, org. Scull, pp. 201-17.

PEREIRA, Orlindo Gouveia. "The Role of Copying in Van Gogh's Oeuvre and Illness". In: *Van Gogh 100*, org. Masheck, pp. 159-72.

PERES, Cornelia. "An Impressionist Concept of Painting". In: *A Closer Look*, org. Peres, Hoyle e Van Tilborgh, pp. 24-38.

PERROT, Michelle; MARTIN-FUGIER, Anne. "The Actors". In: *A History of Private Life IV*, org. Perrot, pp. 95-338.

"PETITION AND INVESTIGATION REPORT" (Cidade de Arles vs. Vincent van Gogh, fev.-mar. de 1889). In: *Van Gogh*, org. Stein, pp. 132-4.

PEYRON, Théophile. "On His New Patient, Vincent" (carta de Peyron a Theo van Gogh, 26 de maio de 1889). In: *Van Gogh*, org. Stein, pp. 152-3.

PICKVANCE, Ronald. "An Insatiable Appetite for Pictures: Vincent the Museumgoer". In: *The Rijksmuseum Vincent van Gogh*, org. Van Uitert e Hoyle, pp. 59-67.

PIÉRARD, Louis. "Among the Miners of the Borinage" (*La vie tragique de Vincent van Gogh*, Bruxelas: Éditions Labor, 1939). In: *Van Gogh*, org. Stein, pp. 45-48.

PIERLOOT, Roland. "Proceedings of the 8th European Conference on Psychosomatic Research, Belgium, 1970". In: *World History of Psychiatry*, org. Howells, pp. 136-49.

PISSARRO, Lucien. "On Van Gogh in Paris" (carta de Pissarro ao dr. Paul Gachet, 26 de jan. de 1928; ver Pissarro, *Lettres impressionistes au Dr. Gachet et à Murer*, pp. 54-6). In: *Van Gogh*, org. Stein, pp. 88-9.

RAVOUX-CARRIÉ, Adeline. "Recollections on Vincent van Gogh's Stay in Auvers-sur-Oise [1956]" ("Les Souvenirs d'Adeline Ravoux sur le séjour de Vincent van Gogh à Auvers-sur-Oise", *Les Cahiers de Van Gogh* I, pp. 7-17). In: *Van Gogh*, org. Stein, pp. 211-9.

"REGISTER OF VOLUNTARY COMMITMENTS" (Maison de Santé de Saint-Rémy-de-Provence, 1889). In: *Van Gogh*, org. Stein, pp. 151-2.

REY, Felix. "With Van Gogh's Friends in Arles" (em entrevista a Max Baumann, "Bei Freunden Van Goghs in Arles", *Kunst und Künstler*, v. 26, 1928). In: *Van Gogh*, org. Stein, pp. 131-2.

ROBERTSON, Mary M. "Ictal and Interictal Depression in Patients with Epilepsy". In: *Aspects of Epilepsy and Psychiatry*, org. Trimble e Bolwig, pp. 213-34.

RODIN, Ernst. "Medical Treatment of Epileptic Patients". In: *Psychiatric Aspects of Epilepsy*, org. Blumer, pp. 143-78.

ROSKILL, Mark Wentworth. "Van Gogh at Auvers". In: *Van Gogh 100*, org. Masheck, pp. 321-34.

SALLES, Frédéric. "On the Petition and Investigation Report" (cartas de Salles a Theo van Gogh, mar.-abr. de 1889; ver Hulsker, "Vincent's Stay in the Hospitals at Arles and Saint-Rémy," pp. 24-44). In: *Van Gogh*, org. Stein, pp. 134-6.

SCHAPIRO, Meyer. "On a Painting of Van Gogh" (*View: The Modern Magazine*, v. 7, n. 1, out. de 1946, pp. 9-14). In: *Van Gogh in Perspective*, org. Welsh-Ovcharov, pp. 159-68.

SEURAT, Georges. "On Van Gogh in Paris" (rascunho de carta de Seurat a Maurice Beaubourg, 28 de ago. de 1890, coleção particular; ver Fénéon, "Georges Seurat"). In: *Van Gogh*, org. Stein, p. 90.

SHACKLEFORD, George T. M. "Van Gogh in Paris". In: Dorn et al., *Van Gogh Face to Face*, pp. 86-125.

SHEON, Aaron. "Van Gogh's Understanding of Theories of Neurosis, Neurasthenia and Degeneration in the 1880s". In: *Van Gogh 100*, org. Masheck, pp. 173-91.

SIGNAC, Paul. "Vincent van Gogh" (carta de Signac a Gustave Coquiot, in Coquiot, *Vincent van Gogh*). In: *Van Gogh*, org. Stein, p. 136.

———; VAN GOGH, Vincent. "On Signac's Visit to Arles" (cartas de Signac e Vincent, mar.-abr. de 1889; ver Van Gogh, *The Complete Letters of Vincent Van Gogh*). In: *Van Gogh*, org. Stein, pp. 145-7.

SILLEVIS, John. "Van Gogh in the Hague Art World". In: *Van Gogh en Den Haag*, org. Van der Mast e Dumas, pp. 146-65.

SONN, Richard D. "Marginality and Transgression: Anarchy's Subversive Allure". In: *Montmartre and the Making of Mass Culture*, org. Weisberg, pp. 120-41.

SOTH, Lauren. "Fantasy and Reality in the Hague Drawings". In: Dorn et al., *Van Gogh Face to Face*, pp. 60-79.

SUND, Judy. "Van Gogh's 'Berceuse' and the Sanctity of the Secular". In: *Van Gogh 100*, org. Masheck, pp. 205-25.

———. "Famine to Feast: Portrait Making at Saint-Rémy and Auvers". In: Dorn et al., *Van Gogh Face to Face*, pp. 182-227.

TARDIEU, Eugène. "The Salon of the Indépendants" (*Le Magazine Français Illustré*, 25 de abr. de 1891). In: *Van Gogh*, org. Stein, p. 280.

TERSTEEG, H. G. "Brief van H. G. Tersteeg aan Theo van Gogh, Haia, 7 Apr. 1890". In: *Verzamelde Brieven van Vincent van Gogh* (ed. 1955), org. Van Gogh-Bonger e Van Gogh, pp. 304-5.

THOMSON, Richard. "The Cultural Geography of the Petit Boulevard". In: *Vincent van Gogh and the Painters of the Petit Boulevard*, org. Homburg, pp. 65-108.

TONIO. "Notes and Recollections" ("Notes et souvenirs: Vincent van Gogh", *La Butte*, 21 de maio de 1891). In: *Van Gogh*, org. Stein, pp. 281-2.

TRUBLOT, Paul Alexis. "At Midnight" (*Cri du peuple*, 7 de set. de 1887). In: *Van Gogh*, org. Stein, p. 96.

VALADON, Suzanne. "Vincent van Gogh" (entrevista a Florent Fels, in Fels, *Vincent van Gogh*, Paris: Henry Floury, 1928). In: *Van Gogh*, org. Stein, p. 87.

VAN CRIMPEN, Han. "The Van Gogh Family in Brabant". In: *Van Gogh in Brabant*, compilado por Van Uitert, pp. 72-91.

______. "Vincent van Gogh: Friends Remember Vincent in 1912". In: *Vincent van Gogh*, org. Arikawa, Van Crimpen et al. [s.p.].

VAN DER HEIJDEN, Cor G. W. P. "Nuenen Around 1880". In: *Van Gogh in Brabant*, compilado por Van Uitert, pp. 102-27.

VAN DE WETERING, Ernst. "The Multiple Functions of Rembrandt's Self-Portraits". In: *Rembrandt by Himself*, org. White e Buvelot, pp. 10-37.

VAN GOGH, Theo. "On Vincent in Paris" (cartas de Theo, 1886-8; ver Hulsker, "What Theo Really Thought of Vincent", pp. 2-28). In: *Van Gogh*, org. Stein, pp. 105-7.

______; AURIER, G.-Albert. "On Posthumous Tributes to Vincent" (cartas de Theo e Aurier, ago.-set. de 1890; ver Distel e Stein, *Cézanne to Van Gogh*, pp. 259-69). In: *Van Gogh*, org. Stein, pp. 232-6.

VAN GOGH, Vincent. "An Early Biography" (carta de Vincent ao reverendo Thomas Slade-Jones, 17 de jun. de 1876). In: *Van Gogh*, org. Stein, pp. 32-41.

______. "Lettres de Vincent van Gogh à Émile Bernard" (*Lettres de Vincent van Gogh à Émile Bernard*, Paris: Ambroise Vollard, 1911). In: *Van Gogh*, org. Stein, pp. 237-9.

______; VAN GOGH, Theo; GAUGUIN, Paul. "On Exhibition Plans and Responses to Vincent's Work" (cartas de Vincent, Theo e Gauguin, 1888-90). In: *Van Gogh*, org. Stein, pp. 156-76.

VAN GOGH-BONGER, Johanna. "Memoir of Vincent Van Gogh by His Sister-in-law". In: Van Gogh, *The Complete Letters of Vincent Van Gogh with Reproductions of All the Drawings in the Correspondence*, v. I, pp. xv-lxvii.

VAN TILBORGH, Louis. "'A Kind of Bible': The Collection of Prints and Illustrations". In: *The Rijksmuseum Vincent van Gogh*, org. Van Uitert e Hoyle, pp. 38-44.

VAN UITERT, Evert. "Vincent van Gogh, Painter of Peasants". In: *Van Gogh in Brabant*, compilado por Van Uitert, pp. 14-46.

WAGENER, J. Frits. "Vincent of Zundert". In: *Van Gogh 100*, org. Masheck, pp. 195-203.

WEILLER, Pierre. "Nous avons retrouvé le Zouave de Van Gogh" (*Les Lettres Françaises*, 24-31 de mar. de 1955). In: *Van Gogh*, org. Stein, pp. 108-11.

WENCKEBACH, Ludwig "Willem" Reijmert. "Letters to an Artist" (ver Pach, *Letters to an Artist*, pp. xiii-xiv). In: *Van Gogh*, org. Stein, pp. 66-7.

WERNESS, Hope B. "The Symbolism of Van Gogh's Flowers". In: *Van Gogh 100*, org. Masheck, pp. 43-55.

WILSON, Michael L. J. "Portrait of the Artist as a Louis XIII Chair". In: *Montmartre and the Making of Mass Culture*, org. Weisberg, pp. 180-204.

ZEMEL, Carol M. "The 'Spook' in the Machine". In: *Van Gogh in Brabant*, compilado por Van Uitert, pp. 47-58.

Créditos das imagens

Guardas: © The Pierpont Morgan Library, Nova York, NY, EUA, doação de Eugene V. Thaw em homenagem a Charles E. Pierce Jr. Crédito da foto: The Pierpont Morgan Library/ Art Resource, NY;

Imagens em branco e preto nas páginas: 6, 22, 26, 30, 32, 43, 46, 66, 83, 89, 99, 104, 155, 170, 183, 206, 223, 237, 241, 265, 270, 275, 283, 291, 305, 309, 357, 377, 379, 382, 393, 405, 434, 443, 449, 457, 458, 475, 502, 504, 519, 526, 547, 548, 555, 587, 572, 576, 582, 601, 618, 646, 653, 682, 683, 705, 715, 746, 778, 797, 800, 838, 850, 867, 871, 920, 922, 962, 969, 986, 987, 996, 1002 e 1008: © Van Gogh Museum, Amsterdam (Fundação Vincent van Gogh);

61, 672: David Brooks (www.vggallery.com);

75: © Vincents Tekenlokaal, Tilburg/ Faculdade Koning Willem II, Tilburg;

122: © Coleção Mrs. Kathleen Eugenie Maynard/ Ken Wilkie. Crédito da foto: Van Gogh Museum, Amsterdam (Fundação Vincent van Gogh);

168: © Amsterdams Historisch Museum;

286: © Coleção Centraal Museum, Utrecht;

287: © Virginia Museum of Fine Arts, Richmond. Coleção de Mr. e Mrs. Paul Mellon;

294, 332, 351, 384: © Stichting Kröller-Müller Museum;

320: © Kupferstichkabinett, Staatliche Museen, Berlim, Alemanha. Crédito da foto: Bildarchiv Preussischer Kulturbesitz/ Art Resource, NY;

337: © The Museum of Modern Art/ Licenciado por SCALA/ Art Resource, NY;

372: © Royal Holloway, Universidade de Londres/ The Bridgeman Art Library;

424: © Museum of Fine Arts, Boston;

439: © Musée des Beaux-Arts, Nantes, França, Réunion des Musées Nationaux/ Art Resource, NY;

521: © Mildred Lane Kemper Art Museum, Universidade de Washington em St Louis, aquisição da universidade, Parsons Fund, 1912;

594: *Autorretrato com chapéu de feltro cinza,* © Stichting Rijksmuseum, Amsterdam; *Autorretrato,* © Wadsworth Atheneum Museum of Art, Hartford, Connecticut; *Autorretrato com chapéu de palha,* © Detroit Institute of Arts, EUA/ aquisição da cidade de Detroit/ The Bridgeman Art Library;

607 e 795: © Coleção Chester Dale. Imagem por cortesia da National Gallery of Art, Washington;

634: Ashmolean Museum, Oxford, Reino Unido;

644: © Tate, Londres, 2011;

675: © Los Angeles County Museum of Art, Los Angeles, CA, EUA. © 2009 Museum Associates/ LACMA/ Art Resource, NY;

683: © Rémi Venture, *Arles*, 1989;

693: © The Metropolitan Museum of Art/ Art Resource, NY;

701: © The Trustes of the British Museum;

707: © Nationalgalkerie, Museum Berggruen, Staatliche Museen, Berlim, Alemanha. Bildarchiv Preussischer Kulturbesitz/ Art Resource, NY;

726: © The J. Paul Getty Museum, Los Angeles;

748: © Stichting Kröller-Müller Museum. Crédito da foto: Foto Marburg/ Art Resource, NY;

765: © Fotógrafo: Apic, Getty Images;

781: © Fine Arts Museums of San Francisco. Doação em memória de dr. T. Edward e Tullah Hanley, Bradford, Pensilvânia;

835: © Scala/ Art Resource, NY;

837: © Museu Púchkin de Belas-Artes, Moscou, Rússia. Crédito da foto: Erich Lessing/ Art Resource, NY;

859 e 861: © Coleção Oskar Reinhart "Am Römerholz", Winterhur;

880: © The Museum of Modern Art/ Licenciado por SCALA/ Art Resource, NY;

883: © Brooklyn Museum, Frank L. Babbott Fund e A. Augustus Healy Fund;

885: © Kunsthalle Bremen — Der Kunstverein in Bremen/ Foto: Sickelmann;

913: © Stichting Kröller-Müller Museum. Crédito da foto: Bildarchiv Preussischer Kulturbesitz/ Art Resource, NY;

950: © Kunstmuseum Basel, Martin P. Buhler;

979: © Musée du Louvre. Crédito da foto: Réunion des Musées Nationaux/ Art Resource, NY.

PRANCHAS EM CORES

Vista do mar em Scheveningen; Duas mulheres no pântano; Cabeça de mulher; Os comedores de batatas; A torre da igreja velha de Nuenen ("O cemitério dos camponeses"); Cesto de batatas; Natureza-morta com Bíblia; Torso de Vênus; No café; Agostina Segatori em Le Tambourin; Garrafa e prato com frutas cítricas; Vista do apartamento de Theo; Campo de trigo com perdiz; Autorretrato com chapéu de palha; Ameixeira florida: a partir de Hiroshige; Autorretrato como pintor; O zuavo; A Casa Amarela ("A rua"); Cadeira de Gauguin; Troncos de árvore com hera; O semeador; Campos de trigo com ceifador; Ravina Les Peiroulets; Flor de amendoeira; Íris; Raízes de árvore; Campo de trigo com corvos: © Van Gogh Museum, Amsterdam (Fundação Vincent van Gogh);

Par de sapatos: © The Baltimore Museum of Art: The Cone Collection, formada por dra. Claribel Cone e Miss Etta Cone de Baltimore. Crédito da foto: Mitro Hood;

Hortas em Montmartre: La Butte Montmartre: © Coleção Stedelijk Museum, Amsterdam;

Interior de um restaurante; *Pessegueiro rosa em flor (Reminiscência de Mauve)*: © Stichting Kröller--Müller Museum;

Pessegueiro rosa em flor (Reminiscência de Mauve); *Noite estrelada sobre o Ródano*; *Autorretrato*; *Meio--dia: descanso do trabalho (a partir de Millet)*; *A igreja de Auvers*; *Retrato do doutor Gachet*: © Musée d'Orsay, Paris. Crédito das fotos: Réunion des Musées Nationaux/ Art Resource, NY;

Autorretrato; *Madame Roulin embalando o berço (La Berceuse)*; *O quarto*: © The Art Institute of Chicago;

Retrato de Père *Tanguy*: © Musée Rodin, Paris, França. Crédito da foto: Erich Lessing/ Art Resource, NY;

A ponte Langlois em Arles com lavadeiras; *O Café Terrace na Place du Forum, Arles, à noite*: © Stichting Kröller-Müller Museum. Crédito das fotos: Erich Lessing/ Art Resource, NY;

La mousmé, sentada: © National Gallery of Art, Washington, DC;

Retrato do carteiro Joseph Roulin: © Museum of Fine Arts, Boston. Doação de Robert Treat Paine;

Retrato de Patience Escalier; *Retrato da mãe do artista*: © Norton Simon Art Foundation;

Natureza-morta: vaso com oleandros e livros; *A arlesiana: Madame Ginoux com livros*; *Ciprestes*; *Colheita de azeitonas*: © The Metropolitan Museum of Art. Crédito das fotos: The Metropolitan Museum of Art/ Art Resource, NY;

O café noturno na Place Lamartine em Arles: © Yale University Art Gallery. Crédito da foto: Yale University Art Gallery/ Art Resource, NY;

Autorretrato (dedicado a Paul Gauguin): © Harvard Art Museums, Fogg Art Museum. Legado da Coleção de Maurice Wertheim, Turma de 1906. Crédito da foto: David Mathews © President and Fellows of Harvard College;

Jardim público com casal e abeto azul: O jardim do poeta III: © Coleção particular. Crédito da foto: Erich Lessing/ Art Resource, NY;

Diligência de Tarascon: © The Henry and Rose Pearlman: empréstimo permanente ao Princenton University Art Museum. Crédito da foto: Bruce M. White;

Cadeira de Vincent com seu cachimbo; *Natureza-morta: vaso com quinze girassóis*: © The National Gallery, Londres. Crédito das fotos: National Gallery, Londres/ Art Resource, NY;

Autorretrato com orelha enfaixada e cachimbo: © Coleção Niarchos;

Íris: © The J. Paul Getty Museum, Los Angeles;

Noite estrelada: © The Museum of Modern Art, Nova York, NY, EUA. Crédito da foto: Digital Image © The Museum of Modern Art/ Licensed by SCALA/ Art Resource, NY;

Retrato de Trabuc, um auxiliar no hospício de Saint Paul: David Brooks (www.vggallery.com);

Árvores no jardim do hospício de Saint Paul: © The Armand Hammer Collection. Doação da Armand Hammer Foundation, Hammer Museum, Los Angeles, Califórnia;

Jardim de Daubigny: © Kunstmuseum Basel.

Índice remissivo

Os números de página em *itálico* se referem a ilustrações.

Steven Naifeh e Gregory White Smith se formaram na escola de direito de Harvard em 1977. Naifeh, que escreve para periódicos de arte e trabalhou na National Gallery of Art, em Washington, estudou também história da arte em Princeton. Smith formou-se em literatura inglesa na Colby College e estudou música medieval e renascentista na Europa. Juntos, eles escreveram diversos livros sobre arte e outros temas, como a biografia *Jackson Pollock: An American Saga*, que ganhou o prêmio Pulitzer em 1991 e foi finalista do National Book Award. Este livro inspirou ainda o filme *Pollock* (2000), dirigido por Ed Harris, e o romance *Busca o meu rosto* (Companhia das Letras, 2005), de John Updike.

1ª EDIÇÃO [2012] 9 reimpressões

ESTA OBRA FOI COMPOSTA POR ACOMTE EM DANTE E IMPRESSA
PELA GEOGRÁFICA EM OFSETE SOBRE PAPEL PÓLEN DA SUZANO S.A.
PARA A EDITORA SCHWARCZ EM MAIO DE 2024